Neumiller

Zivilprozeßordnung

2. Auflage.

Zivilprozeßordnung

für das Deutsche Reich

vom 30. Januar 1877.

In der Fassung der Bekanntmachung vom 20. Mai 1898 mit den Abänderungen des RG. vom 5. Juni 1905.

Handausgabe mit Erläuterungen

unter besonderer Berücksichtigung

der Bayerischen Gesetzgebung und Rechtspflege

nebst einem Anhange,

enthaltend einen Auszug aus dem Gerichtsverfassungsgesetz,

herausgegeben von

Josef Neumiller,

Rat am K. Landgerichte München I.

Zweite umgearbeitete Auflage.

München 1907

J. Schweitzer Verlag (Arthur Sellier).

Druck von C. Brügel u. Sohn in Ansbach.

Aus dem Vorwort zur ersten Auflage.

Gegenwärtige Ausgabe wendet sich vor allem an die Bayerischen Praktiker und versucht, in einem mäßigen Bande und ohne einen ausführlichen Kommentar ersetzen zu wollen, knapp und handlich soviel Erläuterungsmaterial zu bieten, als zur raschen Orientierung, insbesondere für den Sitzungsdienst, unumgänglich erforderlich ist. Zu diesem Zwecke umfaßt zunächst jeweils eine Vornote die Verweisungen auf die Entscheidungen des Reichsgerichts und des Bayerischen obersten Landesgerichts (soweit einschlägig, auch des Bayerischen Verwaltungsgerichtshofes), ferner auf Parallelstellen, Nebengesetze und Vollzugsvorschriften; dabei wurden auch das Gewerbegerichtsgesetz, die Versicherungsgesetze und die Rechtsprechung in Strafsachen entsprechend berücksichtigt. Hinweisungen auf das in den Blättern für Rechtsanwendung aufgespeicherte reichhaltige Material durften in einer vorzugsweise für Bayern bestimmten Ausgabe nicht fehlen. In den eigentlichen Erläuterungsnoten ist sodann der wichtigste Inhalt des vorzitierten Stoffes kurz wiedergegeben sowie auf die in der Rechtsprechung noch nicht ausgetragenen Streitfragen hingedeutet; Fingerzeige für den praktischen Gesetzesvollzug sind beigefügt.

Die Literaturzitate wurden auf das knappste Maß beschränkt; bei Verweisungen auf das ältere Zivilrecht ist vorzugsweise das bayerische Landrecht berücksichtigt. Entsprechend den Bedürfnissen der auch heute noch fortdauernden Übergangszeit läßt die Anordnung des Textdruckes jede spätere Änderung als solche ersehen; innerhalb der ZPO. ist der frühere Wortlaut beigefügt.

Daß bei solcher Zusammendrängung des Stoffes auf eingehende Erörterungen von Streitfragen verzichtet werden mußte, zeigt ein Vergleich mit dem vier- bis fünffachen Umfang der großen Kommentare.

In einem Anhange sind zunächst dem Texte des Gerichtsverfassungsgesetzes ähnliche Verweisungen und kurze Bemerkungen, wie die Vornoten zur ZPO., beigegeben. Von einer ausführlichen Kommentierung zwang die Rücksicht auf Raumersparnis Umgang zu nehmen; bezüglich zahlreicher Punkte konnte übrigens die Erläuterung in die Noten zu den konnexen Stellen der ZPO. eingefügt werden.

Die gleiche Notwendigkeit der Raumersparnis hinderte auch den sonst wünschenswerten vollständigen Abdruck der Bayerischen Ausführungsvorschriften, insbesondere der Geschäftsanweisungen und Dienstesvorschriften für die Gerichtsschreiber und Gerichtsvollzieher. Es war vielmehr Beschränkung auf die Wiedergabe des Textes der wichtigsten Reichs- und Landesnebengesetze, insbesondere der Kosten gesetze und solcher Justizverwaltungsvorschriften geboten, die in den älteren Jahrgängen des Justizministerialblatts zerstreut sind, aber im Sitzungsdienst häufiger benötigt werden. Die vorerwähnten Instruktionen dürften jedoch hier um so eher entbehrlich sein, als Sonderabdrücke allgemein verbreitet und die Anweisungen selbst in den Noten gegenwärtiger Ausgabe erschöpfend zitiert sind.

Im übrigen wird nach der Natur der Sache beim Gebrauche des Buches der Eine dieses, der Andere jenes vermissen oder entbehrlich finden. Der Verfasser muß sich daran genügen lassen, daß er nach seinen Erfahrungen aus der Praxis für die Praxis zu arbeiten versucht hat; ob es ihm gelungen ist das Richtige zu treffen, kann wiederum nur durch die Praxis entschieden werden.

München, im November 1902.

Der Verfasser.

Vorwort zur zweiten Auflage.

Die neue Auflage erscheint im äußeren gegenüber ihrer Vorgängerin wesentlich verändert. Zwecks größerer Handlichkeit und Verbilligung sind Format und Satz verkleinert, die Sammelzitate in den Vornoten samt den Bezugsstellen aus dem BGB. und der älteren Fassung der ZPO. beseitigt, die Gesetzabdrucke im Anhang mit Ausnahme eines Auszugs aus dem GVG. weggelassen, endlich in den Erläuterungen selbst unbeschadet der Verständlichkeit weitgehende Abkürzungen verwendet. Inhaltlich ist dagegen, abgesehen von dem selbstverständlichen Zurücktreten des älteren Rechts und der Übergangsfragen, nicht nur keine Minderung eingetreten, sondern der gewonnene Raum tunlichst zur Erweiterung des Kreises der zitierten Zeitschriften und Spruchsammlungen sowie zu Hinweisen auf das Grundbuchrecht mit benützt worden. Nach wie vor will also das Werk eine gedrängte, bis heute fortgeführte Übersicht der oberstrichterlichen Entscheidungen und der Bayerischen Justizverwaltungsvorschriften in Verbindung mit kurzen praktischen Bemerkungen und Verweisungen nach Art eines Kommentars darbieten und damit den Bedürfnissen der Rechtsprechung wie der Einführung in letztere dienen.

Möge das Buch in seinem neuen Gewande neue Freunde zu den alten gewinnen!

München, Lichtmeß 1907.

Der Verfasser.

Inhalts-Übersicht.

Zivilprozeßordnung.

Erstes Buch.

Allgemeine Bestimmungen.

Zweites Buch.

Verfahren in erster Instanz.

Neuntes Buch.

Zehntes Buch.

Abkürzungen.

Im allgemeinen sind die Vorschläge des 27. Juristentags befolgt: als Abweichungen sind hervorzuheben:

AGB., EZP. = Ausf.-Ges. z. BGB., EinfGes. z. ZPO.
AGSchrG., LGSchrG., OLGSchrG. = Geschäftsanweisg. f. d. Gerichtsschreibereien der AmtsG. (LG., OLG.); JMB. v. 30. Dez. 1901.
AZB. = JMB. v. 16. Dez. 1899, die Ausführung der Zustellungen v. amtsw. betr.
Bl. = Seufferts Bl. f. Rechtsanwendung (EB. = Ergänzungsband).
DuHO. = Dienst- u. Hausordnung für die Gerichtsgefängnisse v. 10. April 1883.
E. (ESt.) = Entsch. des Reichsgerichts in Zivilsachen (Strafsachen).
EF. = Entsch. in Angelegenh. der freiw. Gerichtsb. u. des Grundbuchrechts.
FinBl. = Bl. f. d. Bayer. Finanzwesen.
FinBB. = Bek. des Staatsminist. d. Finanzen v. 27. Dez. 1899 betr. die Beitreibung der Staatsgefälle.
GBDA. = Dienstanweisung für die Grundbuchämter v. 27. Febr. 1905.
GBDB. = JMB. v. 28. Dez. 1899, Dienstesvorschr. für die Gerichtsvollzieher betr.
GBGA. = JMB. v. 28. April 1900, die Geschäftsanweisung für die Gerichtsvollzieher betr.
HRegAnw. = JMB. v. 24. Dez. 1899, die Führung des Handelsregisters betr.
IFrÜ. = Intern. Übereinkommen über den Eisenbahnfrachtverkehr.
IPRA. = Abkommen zur Regelung von Fragen des internat Privatrechts.
KAB. = K. Vdg. v. 23. Dez. 1899, die Ausführung des RGKG. betr.
KJ. = FinanzMB. v. 25. Dez. 1899, Instruktion zum Vollzuge des RGKG.
KK. = Kompetenzkonflikt.
NachlO. = JMB. v. 20. März 1903, das Nachlaßwesen betr.
PZA. = Anweisung zur postdienstl. Behandlung der Schreiben mit Zustellungsurkunde vom 31. Jan. 1900.
R. = Das Recht.
RO. = Die Rechtsprechung der OLG. v. Mugdan u. Falkmann.
RSt. = Rechtspr. des Reichsgerichts in Strafsachen.

S. (NS.) = Sammlung v. Entsch. des Bayerischen Obersten Gerichtshofs (Obersten Landesgerichts) in Gegenständen des Zivilrechts und Zivilprozesses (neue Folge).
SSt. (NSSt.) = Desgl. des Strafrechts und Strafprozesses (neue Folge).
SubmBek. = MB. v. 2. April 1903, die Vergebung staatl. Arbeiten u. Lieferungen betr. (Anhang = SubmBed.)
VormO. = JMB. v. 19. Jan. 1900, das Vormundschaftswesen betr.
VZ. = Zeitschr. f. Vollstreckungsrecht u. Zustellungswesen (früher Ztschr. f. GVollz.; jetzt Ztschr. f. d. preuß. GVollz.-Verband).
ZHaftB. = JMB. v. 6. Dez. 1881, die Vollstreckung der Zwangs- u. der Sicherheitshaft betr.
ZR. = Zeitschr. für Rechtspflege in Bayern.

* vor der Paragraphenziffer bedeutet, daß die ursprüngliche Fassung des Paragraphen von der jetzigen abweicht. — Bei den Verweisungen bezeichnen Ziffern ohne weiteren Beisatz die ZPO. — Die Materialien z. ZPO. von 1877 sind mit „Mot., Prot.", diejenigen zur Novelle von 1898 mit „Begr., KB." bezeichnet; die Seitenzahlen beziehen sich auf die amtliche Ausgabe.

Zivilprozeßordnung

vom 30. Januar 1877 (RGBl. S. 83) in der Fassung der Bekanntmachung vom 20. Mai 1898 (RGBl. S. 410) mit den Abänderungen vom 5. Juni 1905 (RGBl. S. 536).

Erstes Buch.

Allgemeine Bestimmungen.

Erster Abschnitt.

Gerichte.

Erster Titel.

Sachliche Zuständigkeit der Gerichte.

§ 1 (1). Die sachliche Zuständigkeit der Gerichte wird durch das Gesetz über die Gerichtsverfassung bestimmt.

A. **Amtsgerichte**: §§ 188, 486, 510, 584, 609, 645, 676, 680, 685, 689, 761, 764, 828, 853, 873, 899, 919, 936, 942, 946; EZP. 13; GVG. 23, 24, 158; EGB. 3, 4, 18; BGB. 21, 29, 37, 48, 55, 60, 73, 78, 132, 176, 230, 261, 1141, 1435, 1558; FGG. 35, 65, 69, 72, 125, 145, 149, 164, 165, 166, 167, 183, 190, 191, 193; HGB. 195; ZVG. 1, 2, 163; EZB. 13; KO. 71; § 4 RG. v. 4. Dez. 1899; 11, 14, 66 PersStG.; 109, 112 GenG. — Art. 15, 15a, 76 AGB.; § 89 HypG.; Art. 1 ff., 53 AGBO.; 87, 166 AVG.; 24, 29 ff., 33, 234 AZP.; 1 UnschädlZG.; 3 ErbGG.; 30, 31 FlurbG.; 12 LKultRG.; 34 bis 38, 143, 147 ÜG.; 2, 3 NachlG.; 1 ZwErzG.; §§ 10, 20, 21 ZustVdg. — **Landgerichte**: §§ 36, 45, 606, 665, 679, 684, 686, 957; GVG. 70, 71, 101; HGB. 272, 309; RBeamtG. 152, 154; GenG. 51, 96, 109; GmbHG. 61, 62, 75; GewGG. 55; KaufmG. 16; RStempel G. 70; UnlWG. 15; BörsenG. 47; FGG. 19, 47, 64, 143, 147, 159, 161; GBO. 72, 81; StrafEntschG. 5; HaftEntschG. 6; RErbStG. 57; OffPensG. 39, 45, 62; MilVersorgG. 42, 49, 63; MStGO. 465; MBek. v. 5. Mai 1902 (GVBl. 188); Art. 9, 26 bis 33 AGB.; 10, 57, 80 NotG.; 50, 288 GebG. — Disziplinarsachen nach Art. 114 AStP., §§ 21 GewGG., 15 KaufmGG. gehören zur Strafkammer. — **Oberlandesgerichte**: §§ 117, 123, 160, 183 GVG.; 3, 4, 10 EGB.; 59, 99 RAO.; 79, 102 GBO.; 87 HypG.; 28, 30, 64, 143, 199 FGG.; Art. 36 bis 40, 77 AGB. (befreiter GStand der Mitgl. des K. Hauses nach § 5 EGB.; standesherrl. Vormundsch. nach § 10 der IV. VerfBeil.; Fideik. nach der VII., nicht nach der IV. VerfBeil.); Art. 13 RDiszG. — **Oberstes Landesgericht**: §§ 3, 4, 5, 8, 9 EGB.; 6, 7, 9 EZP.; 79, 102 GBO.; 28, 199 FGG.; Art. 1, 129, 135 AVG.; 34 ÜG.; 10, 42 bis 49, 77 AGB.; 57 ff., 83 NotG.; 50 GebG.; 16 RDiszG. — **Reichsgericht**: §§ 132, 135, 160 GVG.; 3, 8, 11, 15, 17 EGB.; 6, 7, 9 EZP.; 5, 14, 18, 71 KonsGG.; 2, 3, 6 SchutzGG. mit § 8 Kais. Vdg. v. 9. Nov. 1900 (RGBl. 1005); 79, 81 GBO.; 28, 30, 143, 199 FGG.; BundesG. v. 12. Juni 1869; RG. v. 22. April 1871, 14. Juni 1871 u. 16. Juni 1879; §§ 2 FlößAbgG.; 10 HaftpflG.; 152 ff. RBeamtG.; 50 RBankG.; 44 StrandO.; 19 MarkenSchG. 16 KunstUrhG.; 9 PhotG.; 15 MustG.; 38 PatG.; 155 GenG.; 12 GebrMSchG.; 21 WarenZG.; 15 UnlWG.; 70

RStempelG.; 43 BörsenG.; 130, 131 BinnenSchG.: 31 FlößG.; 49 VerlagsG.; 59 LitUrhG.; 57 RErbStG. u. insbes. Art. 6 EBG., IX EÜKL.

B. Gewerbegerichte: RG. v. 29. Juli 1890 u. 30. Juni 1901 (Neufassung v. 29. Sept. 1901, RGBl. 353); Vdg. v. 16. Aug. 1900 (GVBl. 571); MB. v. 2. März 1893 (GVBl. 63); Art. 1 BRAGL.; Verzeichnis: JMBl. 03[255] 04[70]. BerggewerbeG. München: MB. v. 3. Nov. 1901 (GVBl. 658). — **Kaufmannsgerichte:** RG. v. 6. Juli 1904 (RGBl. 268); Vdg. v. 3. Aug. 1904 (GVBl. 273) u. 10. Nov. 1904 (GVBl. 567; JMBl. 05[27 30]. — **Rheinschiffahrtsgerichte:** Art. 34 RheinSchAkte (RBl. 69[1131]); 9 AGB.; §§ 14 GVG.; 3 EZP.; 3 EGV.; Vdg. v. 18. Juni 1879 (GVBl. 661); Art. 23 GebG.; 1 BRAGL.; §§ 75, 79, 85, 87 AGSchrG.; 26, 28, 36 LGSchrG.; 52, 209 GVGA. — **Merkantil-, Friedens- u. Schiedsgericht Nürnberg:** Art. 7 AGB.; 86 AZP. äF.; GVBl. 50[428] 92[585]; § 191 FGG.; § 52 GVGA. — **Zivilgerichte im Felde:** § 7 EGV. — **Familiengerichtsbarkeit des K. Hauses:** §§ 5 EZB.; 5 EGV. — **Thurn- u. Taxische Gerichte:** Art. 106 ABG. — **Gerichtshof für Kompetenzkonflikte:** § 17 GVG. — **Konsular- u. Schutzgebietsgerichte:** KonsGG. v. 7. April 1900 (RGBl. 213) u. SchutzGG. in der Fassung v. 10. Sept. 1900 (RGBl. 813) samt den dazu ergangenen Vdg., insbes. RGBl. 00[991 1005]; RZentrBl. 00 S. 574 (Schutzgenossen); 576 (Kosten); 577 (Dienstanweisung). Verzeichnis der KonsularG.: JMBl. 06[134]; der SchutzgebietsG.: JMBl. 87 S. 165, 284 mit RGBl. 00[1005] 05[971] 06[138]. Vgl. auch § 52 GVGA. u. Note zu §§ 199, 363.

§ 2 (2). Insoweit nach dem Gesetze über die Gerichtsverfassung die Zuständigkeit der Gerichte von dem Werte des Streitgegenstandes abhängt, kommen die nachfolgenden Vorschriften zur Anwendung.

§§ 23, 70 GVG. (nichtverm. Ansprüche gehören an sich auch unter 300 M. zum LandG. u. sind revisibel); 97, 546, 567, 568, 709 ZPO.; 3, 148 KO. (E. 10[66]); 55 GewGG.; 16 KaufmG.; Art. 27 BRAGL. — Für die Gebührenberechng. gelten die teilweise abweichenden §§ 9, 9a, 10, 10a GKG.; 10 RAGL. Keine Rückwirkg. dieser Abweichungen auf frühere Kostenanfälle (JW. 01[458]) oder altrechtl. Renten (JW. 01[724]).

Nicht vermögensr. (StrW. 200—50 000 Mk., regelmäßig 2000 Mk., vgl. FinBl. 14[26]) sind Ehe-, Kinds-, Entmündigungss., Todeserkl., Prozesse über Namen (RS. 3[974]), Stand, Ehrenrechte, Vereinsmitgliedsch. idealer Tendenz (JW. 97[531]), unehel. Vaterschaft (RS. 4[285] FinBl. 14[44]), Bildnegatorien (JW. 91[311]). — Vermögensrechtl. sind (StrW. meist nach fr. Erm.) Prozesse über Firmen-, Zeichenschutz (JW. 01[652]), unl. Wettbew. (E. 40[413]), Zeugnisse (JW. 02[362], unrichtig S. 11[121]), Verschönerungsservituten (RS. 3[415]), Schädig. literar. Rufs (JW. 04[391]), Grabbenützung (RS. 5[565]), Kirchenstühle (S. 5[893]), Kirchenbaulast (S. 15[17]), Fabrikboykott (E. 61[80]).

§ 3 (3). Der Wert des Streitgegenstandes wird von dem Gerichte nach freiem Ermessen festgesetzt; dasselbe kann eine beantragte Beweisaufnahme sowie von amtswegen die Einnahme des Augenscheins und die Begutachtung durch Sachverständige anordnen.

Angabe des StrW. (Ziffer, nicht nur Klasse: JW. 96[506] vgl. 03[9]) in Klage, RevBegr., Urteil, ProzReg.: §§ 253, 495, 554; GKG. 14, 17; AGSchrG. 3; LGSchrG. 12; KJ. 25. **Anwaltskostenrechnung:** § 86 RAGL. — Die Festsetzung des StrW. zwecks Prüfung der Zustdgk. oder der Zulässigk. des RMittels erfolgt in den Gründen der Hauptsacheentschdg. und teilt deren Anfechtbarkeit; mangels solcher Festsetzg. in den Gründen gesonderter Beschluß jedes Instanzgerichts (JW. 98[576]) nach § 16 GKG. auf Parteiantrag (nicht des RA. persönl.: Bl. 65[150]) oder v. amtsw. (auch auf Anregung der Staatskasse), falls nach der Natur der Sache erforderlich. Kein AnwZwang (E. 10[373]; bestr.); mV. fakult. (§§ 85 AGSchrG., 34 LGSchrG.). **Kosten:** §§ 16 GKG.; 29 RAGL. (frei). — Beschw. der Partei nur gegen zu hohen Ansatz (vgl. JW. 05[676]), des Anwalts persönlich (E. 12[362]) nur gegen zu niederen Ansatz; nur für letztere Beschw. gilt AnwZw. (E. 22[425]). Änderung v. amtsw., auch bei Kostenfestf.-Beschw. (E. 44[403]). — StrW. der Beschw.: Gebührenunterschied (E. 51[173]).

Maßgebend unmittelb. Interesse des Klägers (E. 24[428] S. 12[42]) nach dem KlAntrag (E. 26[433]), ohne Rücks. auf mittelb. Vorteile (E. 5[410] S. 11[184]) oder auf bekl. Vorbringen (E. 33[4]); Ausnahme: § 7; UnlWG. 1. Unerhebl., wenn der Klaginhalt sich selbst als unbestr. hinstellt (S. 13[483]); beachtl. aber Abzug e. Gegenfrdg. schon im Klagantrag (E. 3[420] 4[388]); sonstige Gegenleistung bei zweiseit. Verträgen weder zu- noch abrechenbar, E. 5[410] 46[420]. — Parteieinigung für das Gericht nicht bindend, E. 34[418]; kein vermögensr. Anspruch ist unschätzbar, E. 40[413]. — **Einzelnes:** *Abnahme:* § 3, JW. 05[24]; *Affektionswert:* beachtl., wenn Klageggstd., S. 11[314]; *Alternativanträge* zur Wahl des Bekl.: der mindere W. (E. 55[81]), zur Wahl des Kl.: der größere W. (SA. 46[70]); *Anfechtung* (paul.): fr. Erm.; Vorbelastg. abziehbar (E. 47[376]; aM. E. 7[393]); *Anfechtungskl.* der Aktionäre: E. 24[428] 45[402] 48[381]; *Auflassungserteilung:* Bruttowert des Grundstücks (E. 5[410] 22[388]); *A.-Entgegennahme:* § 3, JW. 01[718]; *Auskunft* s. Rechngsstellg.; *Austrag* (Altenteil): S. 11[411]; *Bürgschaftsfeststellung:* § 6, E. 25[386]; *Einwilligung* (Konsens, Duldung): § 3, NS. 1[588] 4[858] JW. 03[180]; *Erfüllungsart* allein: § 3, S. 9[683]; *Eventualanträge:* Mehrwert (E. 16[342] 58[295]); *Feststellungskl.*, neg.: bestr. Recht selbst (S 12[361]), auch wenn FKl. unzulässig (JW. 05[206]); sonstige Feststkl. u. Vorrechtskl.: S. 12[169]; im Konkurs: § 148 KO.; FKl. für Vergangenheit: fr. Erm. (JW. 05[204]); *Geldforderung:* Klagesumme, kein fr. Erm. auch vor Fälligkeit (S. 15[521]; vgl. § 148 KO.); *Güterstandsänderung:* fr. Erm. (JW. 05[24]); *Haftungsbeschränkung* = Frdg. (E. 54[412]); *Hinterlegung:* Depot (S. 11[374]), bei § 2039 BGB. Anteil (E. 38[422]); *Lebensversicherung:* E. 28[182] (Rückkaufswert) 37[415] (Versicherungssumme) S. 10[1] (Prämien); *Kaution:* Hauptsache (E. 31[386] 40[418]); *Kollation:* E. 33[427] JW. 02[362]; *Inventarerrichtung:* fr. Erm. (JW. 98[279]); *Liberation:* Frdg. (JW. 98[499]); *Nachverf.* = Hauptf. (E. 23[350]). *Negatoria* ohne Servitutsanmaßung hierher (E. 3[394]), sonst § 7; *Noralklage* ä. R.: E. 20[199]; *Provision* für Darlehensvermittlg.: S. 16[185]; *Prozeßhdlg.* einzelne: s. diese; *Rechnungsstellung:* fr. Erm., geringer als Saldo (JW. 97[227] S. 10[559]; *Reszission:* bestr., ob. fr. Erm. (E. 52[429]) oder Leistung (E. 46[420] NS. 5[171]); *Teilung:* Anteilswert, E. 33[427] S. 14[151] JW. 01[395] (bestr.); *Urkundenherausgabe:* soweit ersetzbar, Aufgebots-, Ausfertigungskosten (BPostO. § 9); soweit unersetzlich, Beweisinteresse (JW. 98[3] 02[418]); soweit Träger der Frdrg. § 6; Wechsel: § 3 JW. 99[276] 05[113]; Hyp.-Brief: E. 46[401]; *Vorkaufsrecht:* JW. 02[181] S. 14[647]; *Vorlegung*, insbes. wenn nur Ort streitig, gleich den Transport- oder Reisespesen (E. 2[403] S. 9[61] 11[433 679]); *Zwangsenteignung* (Unterschied zwischen Klaganspr. u. Verwaltgsfests.) E. 4[386] S. 13[481] (vgl. Art. 21 NZP.), bei reiner Zahlungskl. deren volle Summe.

***§ 4** (4). I Für die Wertsberechnung ist der Zeitpunkt der Erhebung der Klage entscheidend; Früchte, Nutzungen, Zinsen, Schäden und Kosten bleiben unberücksichtigt, wenn sie als Nebenforderungen geltend gemacht werden.

II Bei Ansprüchen aus Wechseln im Sinne der Wechselordnung sind Zinsen, Kosten und Provision, welche außer der Wechselsumme gefordert werden, als Nebenforderungen anzusehen.

Grund: Erleichterung der Kostenberechnung. — *Klageerhebung:* § 253. — *Früchte und Nutzungen:* §§ 99, 100 BGB.; *Zinsen:* §§ 246, 288, 291 BGB.;

Schäden: §§ 252, 340, 823 BGB. — Kosten: § 91; auch außerhalb des Prozesses, E. 13[397]. — Vgl. §§ 546, 866.

Abs. 1. Erschöpfende Aufzählung (E. 13[396]). Spätere Kurs-, Konjunkturänderung unbeachtlich (JW. 89[107] S. 12[41] 14[265]); anders bei Änderung des Streitgegenstands selbst, zB. Klagerhöhung (E. 15[407] 23[361]); alsdann Fests. des StreitW. nach Prozeßabschnitten (S. 9[583]). — Die Nebensache bleibt außer Ansatz, selbst wenn größer als die Hauptf. (Mot. 50); erst wenn sie alleiniges Streitobjekt, ist ihr Wert der StreitW., E. 9[414] 10[345]. Nebensache sind: Zins und Kosten bei Vorrechts- und FeststellungsKl. im Konkurs (E. 7[326]), Einwdgs.- und WsprKl. (E. 10[393] 26[412] 28[429] JW. 99[421]), Prioritätskl. zweier Glb. (E. 18[372]), Arresten (E. 26[412]); im Prozeß verfallene Zinsraten (E. 11[387]); Kosten, (auch e. TeilU.), solange Zins rückständig (E. 39[386] RS. 4[138]); eigene Provision nach § 354 HGB. (E. 33[408]); Schadensersatz neben Vertragsauflösung (JW. 01[206]), neben Weideverbot (S. 13[483]); Rechnungslegung zwecks Zinsbezifferung neben Kapitalskl. (E. 29[395]); Vorprozeßkosten beim Bürgschaftsregreß (E. 56[256]), bei der Eviktion (E. 55[82]); Futterkosten, Lagergeld neben Wandelung (E. 42[388] 52[166]), desgl. Frachtkosten (JW. 04[177]), Vertragsstrafe neben Erfüllung (JW. 98[353]). Zur Hauptsache gehören (Zusammenrechnung!): vertragsmäßig kapitalisierte Zinsen (E. 32[377]); nicht aus dem eingekl. Kapital erwachsene Zinsrückstände (Bl. 51[398]); Zins- u. Kostenschuld des haftungspfl. Zedenten gegenüber dem Zessionar (E. 8[365]; vgl. aber JW. 05[114]); ähnlich bei § 268 BGB. (E. 12[280]), DuldungsKl. (E. 26[413]), Kautionsleistungen, cond. indeb. (JW. 96[300]), AnfechtungsKl. (E. 10[345] 26[413] BlEB. 11[10]), Anspruch aus § 717 (RS. 6[584]; bestr., vgl. E. 31[378]), Schadensersatz statt Erfüllung (JW. 01, 206). — Hängende Früchte sind Bestandteil der Hauptf. (JW. 93[535]). Bei selbständiger Pfändg. für die Kosten erhöhen letztere den StrW. der einheitl. WsprKl. — Bei Erledigung vor Zustellung ist Zeitpunkt ersterer maßgebend, E. 7[356]. — **Abs.** 2 gilt auch für ordentl. Prozeß.

§ 5 (5). Mehrere in einer Klage geltend gemachte Ansprüche werden zusammengerechnet; eine Zusammenrechnung des Gegenstandes der Klage und der Widerklage findet nicht statt.

Anders für Gebührenberechng.: GKG. §§ 10 (bei Verbindg. e. nicht vermögensr. Anspr. mit einem von ihm abhäng. vermögensr. Anspr. gilt nur der höhere Wert); 10a (ähnl. Grundsatz für § 254); 11 (Zusammenrechng. von Kl. u. WKl., soweit nicht ohnehin identisch; desgl. bei wechself. RMitteln); vgl. ferner §§ 15, 91 GKG.; 10 RAGO. — Revisionssumme: § 546.

Zusammenrchng. auch bei Verbbg. nach § 147 (E. 5[354] S. 12[273]). Zwischenkl. nach § 280 (S. 12[103]), bei sonstiger akt. u. pass. Streitgen., (S. 16[376]) ausgen. Solidaransprüche (ZZP. 6[475]). — Keine Z. wegen Einheit oder Abhängk. der Ansprüche: bei Kl. auf Abnahme u. Zahlung (JW. 95[222]); auf Unwirksamkt. u. Rückgewähr (E. 46[422]); auf Abwsg. u. Rückzahlung nach § 717 (E. 31[386] betr. Gläubigerkaution); Scheidung u. Herstellung (auch bei WKl., E. 33[375] JW. 01[232]); Nichtbestand (ZR. 05[470]) oder Zahlung u. Löschung (JW. 91[297]); Löschung u. Briefrückgabe (JW. 97[158]); bestr. bei Zahlung und Duldung.

§ 6 (6). Der Wert des Streitgegenstandes wird bestimmt: durch den Wert einer Sache, wenn deren Besitz, und durch den Betrag einer

Forderung, wenn deren Sicherstellung oder ein Pfandrecht Gegenstand des Streits ist. Hat der Gegenstand des Pfandrechts einen geringeren Wert, so ist dieser maßgebend.

Zuständigkeit: §§ 24 ff., 771. — Vgl. insbes. bzgl. Wert auch Note zu § 3: der Kläger muß beide Werte angeben, Bl. 51[38]. — Arrest, einstw. Verf.: §§ 919, 936.

Besitz: sowohl dingl. als oblig., auch mittelb. (E. 61[92]), Herausgabekl. zB. des Eigentümers, Pfandgläub., (JW. 93[73] 99[423]; vgl. S. 17[287]), wenn auch zeitl. beschränkt (JW. 92[329]); ferner FeststellKl. (zB. Nichtigkeit der Auflassung, NS. 6[394]), Zurückbehaltgsstreite (E. 12[154] JW. 01[120]; lediglich Wert des Zurückbeh. maßgebend). Nicht hierher (§ 3): Abnahme (JW. 05[24]), Besitzstörung, Vorlegung (E. 3[390]). — Sicherstellung: zB. Bürgschaftsbestand (E. 25[367]), Grundbuchvormerkg. (E. 35[394]): nicht Realisierung. — Pfandrecht: Löschung (E. 34[176] JW. 00[827]), Rangeinräumg. (S. 10[162]), Pfandherausgabe zwecks Verkaufs, WsprKl. nach § 771 (maßgebend der geringere Betrag der Fordg. oder des Pfands, E. 10[394] S. 11[417]); ähnlich bei Prioritätsstreit über Pfandrang (E. 4[368]). — Streitggstd.: nur nach Klage, JW. 94[260]; Einreden belanglos, zB. Pfandeinrede gegen Eigentum. — Sachwert: ohne Abzug der Vorbelastung (E. 22[488]); bei Miteigentum Anteilswert (JW. 97[106]); bei Wertp. Kurs; Forderung: nominal (S. 12[169]), auch bei Kautionslöschung (BlEB. 11[17]); ohne Nebensache (E. 26[412]); Hypothekwert gleichgiltig. — Satz 2 unanwendbar auf verbundene persönl. Kl. (E. 31[386]) oder Eigentumsfeststellg. bei WsprKl. (BlEB. 4[68]; aM. E. 3[393]) sowie auf Zurückbehaltung (E. 12[154]) außer § 371 HGB.

§ 7 (7). Der Wert einer Grunddienstbarkeit wird durch den Wert, welchen dieselbe für das herrschende Grundstück hat, und wenn der Betrag, um welchen sich der Wert des dienenden Grundstücks durch die Dienstbarkeit mindert, größer ist, durch diesen Betrag bestimmt.

BGB. §§ 1018 ff.; EBG. Art. 115, 184, 191; ABG. 84; UG. 10 ff., 44 ff. — Reallasten: § 9; Erbbau-, Realrecht: §§ 3, 6; Überbau, Mauerbauchung: § 3 (JW. 99[18]). — Wert selbst nach fr. Erm.; Höchstgrenze Grundstückswert.

Hierher auch persönl. Kl. auf Einräumung, ferner Baubeschränkg. zu Gunsten e. Behörde E. 29[406]; aM. JW. 05[662]; Negatoria nur bei Servitutsanmaßung, E. 3[394]. — Hier ist u. U. ausnahmsw. das Interesse des Bekl. entscheidend; vgl. jedoch E. 16[342] NS. 6[571] (RMittel des Kl.); beachtlich der Gegensatz zu § 6, wo die niedere Summe maßgebend.

§ 8 (8). Ist das Bestehen oder die Dauer eines Pacht- oder Mietverhältnisses streitig, so ist der Betrag des auf die gesamte streitige Zeit fallenden Zinses und, wenn der fünfundzwanzigfache Betrag des einjährigen Zinses geringer ist, dieser Betrag für die Wertsberechnung entscheidend.

Vgl. BGB. §§ 535 ff., 581 ff. — Zuständk.: § 23 GVG. — Gebührenberechnung: §§ 9a GKG.; 10 RAGO. (höchstens einjähr. Betrag); Übergang: Note zu § 2.

Hierher Untermiete, Jagd- (E. 3[424]), Geschäftspacht (JW. 95[537]), auch Räumungskl., wenn inhaltl. derselben Bestand oder Dauer der Miete streitig, E. 33[3] (VZS.); bei unbestimmter Dauer entscheidet nächst-

mögl. unstreit. Kündbarkeit, E. 17[377]. Für Naturalien gilt Geldanschlag; bei Teilstreiten (zB. Garten, RO. 4[261]) Ausscheidung, bei Zinsschwankung (Hektoliterpacht) Durchschnitt (E. 36[416]). — Nicht hierher: Dienstmiete (fr. Erm., E. 4[399]), insbes. Dienstwohnung (E. 30[372]); Lehr-, Werkverträge; Räumg. ohne Streit über Vertragsende, Zinsrückstände (E. 33[3]).

§ 9 (9). Der Wert des Rechts auf wiederkehrende Nutzungen oder Leistungen wird nach dem Werte des einjährigen Bezuges berechnet und zwar:

auf den zwölfundeinhalbfachen Betrag, wenn der künftige Wegfall des Bezugsrechts gewiß, die Zeit des Wegfalls aber ungewiß ist;

auf den fünfundzwanzigfachen Betrag, bei unbeschränkter oder bestimmter Dauer des Bezugsrechts. Bei bestimmter Dauer des Bezugsrechts ist der Gesamtbetrag der künftigen Bezüge maßgebend, wenn er der geringere ist.

Vgl. §§ 69 ff., 148 KO.; Art. 187 GebG.; 114 ff. SubhO. mit Art. 2 SubhNov.; §§ 45 ff. ZVG.; 100 ff., 197, 1105 BGB.; 216 HGB. — Gebührenberechng.: §§ 9a GKG., 10 RAO. (bei gesetzl. Unterhalt u. Renten aus BGB. §§ 843, 844 sowie HaftpflG. Gesamtbetrag, jedoch nicht über 5 Jahre; Unterhalt während Eheprozeß: einjähr. Betrag); Übergang: Note zu § 2. Auf anderwtg. Renten (zB. § 136 GUVG.) nicht ausdehnbar, RL. 11[168].

Recht: auch Leistgs- u. Unterlassgs-Kl. nach § 259, FeststellKl.; nicht Einzelleistg. Hierher (12½fach) lebenslängl. Pension, Leibrente, Austrag (S. 16[508]); Unterhalt unehel. Kinder (NS. 4[285] JW. 93[196] 97[341]), U. bis bis zur wirtschaftl. Selbständigkeit (JW. 97[228]), bis zur Wiedervereinigung der Gatten (JW. 00[180]); ferner (25fach) vererbl. Leibrenten, Reallasten. — Rückstände vor KlZust. werden gesondert angesetzt und mit obigem Wert zusammengerechnet, E. 19[416] (VZS.) 58[293]; bei schwankd. Beträgen jährl. Durchschnitt, E. 36[416]. Landesges. Ablösungssumme belanglos. Gegenleistg. sind abrechenbar (vgl. jedoch JW. 02[162]). — Nicht hierher (§ 3): ununterbrochene oder ganz unregelmäßige Leistungen, zB. Wohnungsrecht (JW. 99[1]), Bierlieferung (NS. 1[608]), Baulast (S. 15[17]), aufschieb. bed. Ansprüche (E. 26[409]), Futter-, Lagergeld (JW. 99[230]); sicherer Wegfall vor 12½ Jahren, zB. Unterhalt auf Prozeßdauer (E. 24[373]), bis zur Volljährigk., mögl. Änderung nach § 323 (vgl. jedoch E. 44[370]).

§ 10 (10). Das Urteil eines Landgerichts kann nicht aus dem Grunde angefochten werden, weil die Zuständigkeit des Amtsgerichts begründet gewesen sei.

Ausnahme von § 511; vgl. §§ 39, 275, 528, 545. — Grund: präsumtiv bessere Rspr.

Hierher auch ZwU. nach § 275 (aM. Bl. 64[95]) u. nicht vermögensrechtl. Anspr. (E. 11[433] 13[168]); e. die Zustdk. des LG. bejahendes Urteil des OLG. ist irrevisibel (E. 23[429]). — Unanwendbar auf den Einspruch (keine „Anf.") sowie auf sachl. u. örtl. gemischte ausschließl. Z. (E. 18[361] 37[369]), zB. Arrestwspr., VollstrGegenkl.

§ 11 (11). Ist die Unzuständigkeit eines Gerichts auf Grund der Bestimmungen über die sachliche Zuständigkeit der Gerichte rechtskräftig ausgesprochen, so ist diese Entscheidung für das Gericht bindend, bei welchem die Sache später anhängig wird.

§§ 36, 276, 505, 506: GVG. 107; GewGG. 28, 86; KfmGG. 16; RheinSchiffG.; § 5 Vdg. v. 18. Juni 1879 (GVBl. 661).

Das später befaßte G. kann die sachl. Z. auch aus anderen Gründen nicht mehr verneinen (gem. M.) — Ob Verweisung erfolgte, ist gleichgiltig; keine Nachforschung v. amtsw. bzgl. Vorprozeß. — Unanwendbar auf RevisionsG., E. 17^{383}.

Zweiter Titel.
Gerichtsstand.

§ 12 (12). Das Gericht, bei welchem eine Person ihren allgemeinen Gerichtsstand hat, ist für alle gegen dieselbe zu erhebenden Klagen zuständig, soferne nicht für eine Klage ein ausschließlicher Gerichtsstand begründet ist.

Verzeichnis der ausschl. GSt. der ZPO. s. Register. Vgl. ferner GVG. §§ 18 bis 21 (Exterritoriale); EZP. 5, EGV. 5 (landesherrl. Familie); AZP. Art. 1 (Zivilliste: Hauptstadt); RPostG. 13; RBeamtG. 21, 154; RBankG. 38; UnlWG. 2, 3; GenG. 87, 109; GmbHG. 61, 62, 69; BörsenG. 47; HGB. 272, 306, 309, 371, 488, 578; KO. 71, 146, 164, 214, 238; SeemO. 129; JFrU. 53. — Nachträgl. Zustdk.: § 263; Wahlrecht: § 35.

Beweis der Z. obliegt dem Kläger; entfällt bei untrennb. Zusammenhang mit der Klagebegr., auch wenn letztere bestr. (E. 29^{373} 61^{69}; aM. S. 13^{66} R. 05^{81}). Bei mehrfachen Klagegründen, zB. Bereicherg. neben Vertrag gesonderte Prüfung (Zwll., nicht TeilU.), E. 27^{385} 42^{406} RS. 3^{561}; mangels Z. für den Prinzipalantrag Abwsg., JW. 96^{396} 03^{372}. — § 23 Abs. 2 GVG. begründet keine ausschl. Z., E. 9^{349}.

§ 13 (13). Der allgemeine Gerichtsstand einer Person wird durch den Wohnsitz bestimmt.

Militär: § 14; Beamte im Ausland: § 15; Jur. Pers.: §§ 17, 18; Zivilliste: Art. 1 AZP.; Ausländer: § 23; Wohnsitzmangel: § 16. — Vgl. §§ 27 GewGG.; 16 KaufmGG. — Domicil élu (nur bzgl. Zustellung): § 15 EZP. äF.; Art. 157 EBG.; 169 AZP.; 166 XVI ABG. — Älteres Recht: GO. Kap. I §§ 3, 14; Art. 81 AZP.; 166 ABG.; E. 26^{69}; vgl. Art. 14 ff., 202 EBG.; § 17 ZPO. äF.

Wohnsitz: Ort (Gr. 50^{209}) ständiger Niederlassung (BGB. § 7; E. 30^{348} NS. 6^{495} ZBlFG. 4^{306}); auf Lebenszeit nicht erforderl. (NS. 1^{740}); DoppelW. möglich (S. 15^{9}; BGB. § 7 Abs. 2). Wohnrecht (E. 8^{146} vgl. aber 34^{339}), Heimat, Staatsangeh. belanglos; Unterschied von Wohnort, Aufenthalt, Wohnung beachtl.; Beweis durch ZustUrk., Polizeiauskunft. Allg. GSt. des Inländers kann im Ausland, des Ausl. im Inland sein. — Regelmäßig kein W. am Arbeits-, Dienstplatz (S. 5^{269} NS. 4^{597} bzgl. Dienstboten; vgl. jedoch wegen gewerbl. Arbeiter, Lebensstellung: NS. 1^{762} 2^{110}), in der Strafanstalt (E. 15^{368} NS. 1^{654} ^{762}; Tatfr., ob früherer W. wegfällt: SA. 55^{134}), Irrenhaus, Heilanstalt (NS. 2^{869} 5^{527}). Ähnlich bei Studenten, Praktikanten (S. 3^{520}), Sommergästen (S. 13^{144}), Bauakkordanten (S. 1^{18}), bloß gewerbl. Niederl. (Kontor-E. 30^{350}). Nachkommenlassen der Familie; JW. 83^{125}; vgl. hierzu § 21. — Aufhebung des W.: Aufh. der Niederl. mit dem Willen sie aufzugeben (BGB. § 7 Abs. 3); nicht Abmeldg., große Reise (E. 31^{190} NS. 6^{495}) oder Hausverkauf (NS. 1^{763} 2^{580}) allein; Vorbehalt unbeachtl. (NS. 4^{458}). — Geschäftsunfähige, Geschäftsbeschränkte können ohne den Willen des ges.V. einen W. weder begründen noch aufgeben (BGB. §§ 8, 1631; S. 11^{297} NS. 5^{527} BGH. 25^{221}. — Ehefrau

u. ehel. **Kinder** teilen kraft Gesetzes den jeweiligen W. des Ehemanns (Vaters), unehel. Kinder den der Mutter (NS. 4[493]). Die Ehefrau kann einen selbstd. W. nur mangels W. des Ehemannes oder mangels Folge u. Folgepflicht ins Ausland haben; Getrenntleben (E. 59[340]), Vertrag (E. 23[176]) belanglos. W. erlischt nach Aufh. der ehel. Gem. (§ 1575 BGB., E. 59[340]). **Kinder** (auch großj.) behalten den letzten W. des Vaters, bis sie ihn rechtsgiltig (vgl. BGB. § 8 Abs. 3) aufheben (RO. 10[56] Bl.EB. 11[337]). Wiederverheiratg. der Mutter hierauf einflußlos; Wegzug der Witwe samt Kindern: NS. 4[679] 5[527] (ges.V.). — **Beamte** haben trotz Residenzpflicht keinen gesetzl. W. am Amtssitz (Art. 6, 53 AGV.; 11, 118 NotG.; 18 ff. RAO.), E. 8[146] 22[385]; Nachbarorte: GVBl. 79[1168] (GStand nach tatsächl. Bezirkszugehörigk.); regelm. Niederl. nach § 7 BGB. (S. 10[2]).

§ 14. Ist der für den Wohnsitz einer Militärperson maßgebende Garnisonort in mehrere Gerichtsbezirke geteilt, so wird der als Wohnsitz geltende Bezirk von der Landesjustizverwaltung durch allgemeine Anordnung bestimmt.

MilPers. (Pers. des Soldatenstandes u. Militärbeamte, nicht Zivilbeamte der MilVerw.): §§ 4, 5 MStGB. samt Anlage: **aktives Heer**: 37 RMilG.: 7 EGV.; BWehrO. § 109; **Sträflinge** auf Oberhaus: aut. JME. v. 11. Jan. 1906 Nr. 47225; **Klasseneinteilung** der MilBeamten: RGBl. 01[283]; **Stellenverzeichnis** für Landheer und Marine: RGBl. 02[108]. — Vgl. §§ 13, 19, 20; FGG. § 3 Abs. 2 (RGBl. 06[387]), ferner § 8 Abs. 2 RG. v. 28. Mai 1901 (RGBl. 187): „Für Militärpersonen, deren Truppenteil sich im Ausland aufhält, und im Inland einen Garnisonort weder hat noch gehabt hat, kann für Angelegenheiten der streitigen Gerichtsbarkeit ein im Inlande belegener Ort als Garnisonort durch Kaiserliche Verordnung bestimmt werden." Hierdurch ist hinsichtl. des GStandes der in Abs. 1 a. a. O. aufgehobene Abs. 3 § 39 RMilG. ersetzt; Abs. 2 des § 39 ist durch §§ 13, 20 Abs. 2 ZPO. mit BGB. 9 gegenstandslos; Abs. 1 gilt fort. Ostas. Besatzungsbrigade: RGBl. 02[280] Berlin).

Nach § 9 BGB. haben geschäftsfähige deutsche **BerufsMilPers.** (zB. vollj. Offiziere, Kapitulanten) den gesetzl. W. am letzten deutschen Garnisonort (Standort); daneben kein bürgerl. W. Geschäftsbeschränkte BerufsMilP. (zB. minderj. Fähnrich, Leutnant) und alle nur zur Erfüllung der Wehrpflicht dienenden (auch Freiwillige, Offiz. des Beurlaubtenstd.) haben lediglich ihren bürgerl. W. nach §§ 7, 8, 11 BGB., der mit dem GO. identisch sein kann; vgl. auch § 20 ZPO. Abkommandierung (bis zu sechs Monaten) ändert den GO. nicht; Offiz. à l. s. haben keinen GO. (SA. 36[233] KrMBl. 82[548]). **Nicht** zu den MilPers. gehören Kadetten, Gendarmen (Vdg. v. 24. Juli 1868, RBl. 1385, § 43; ESt. 29[211] Bl. 68[213]; die Offiz. gelten als abkommandiert), Schutzmannschaft München (einschl. Offiz.), Grenzwache; bzgl. Hartschiere vgl. Seydel StR. 1[178]. — In Bayern ist kein GO. derart geteilt. Die Zivilabt. des AG. München I sind nicht selbständig; Lage der Kaserne maßgebend. Einfluß der Teilg. e. Ortschaft in mehrere Gerichtsbezirke bzgl. Erfüllungsort, Prorogation: Gr. 50[209].

***§ 15** (16). [I] Deutsche, welche das Recht der Exterritorialität genießen, sowie die im Ausland angestellten Beamten des Reichs oder eines Bundesstaates behalten in Ansehung des Gerichtsstandes den Wohnsitz, welchen sie in dem Heimatstaate hatten. In Ermangelung eines solchen Wohnsitzes gilt die Hauptstadt des Heimatstaates als ihr Wohnsitz; ist die Hauptstadt in mehrere Gerichtsbezirke geteilt, so wird der als Wohnsitz geltende Bezirk von der Landesjustizverwaltung durch allgemeine Anordnung bestimmt. Gehört ein Deutscher einem Bundesstaate nicht an, so gilt als sein Wohnsitz die Stadt Berlin; ist die Stadt Berlin in mehrere Gerichtsbezirke geteilt, so wird der als Wohnsitz geltende Bezirk von dem Reichskanzler durch allgemeine Anordnung bestimmt.

II Auf Wahlkonsuln finden diese Bestimmungen keine Anwendung.

§§ 27, 606, 642, 648, 961: EZP. 13: GVG. 18 bis 21. — Vgl. §§ 11 StPO., 21 RBeamtG. (RGBl. 06[403]: AG. Berlin-Mitte): 3 FGG.; 25, 26 KonsGG.: 2, 9 SchutzGG.: Art. 35 EBG. — Materiell kann ausld. Recht anwendbar sein; vgl. RGBl. 05[11] GBBl. 05[36].

Abs. 1 Satz 1. Hierher neben dipl. Korps u. Berufskonsuln des Reichs z. B. Bahn-, Zollbeamte in Kufstein, Forstbeamte in Lofer (Saalforste). — **Satz 2** trifft nur zu, wenn der letzte W. nicht im Heimatstaat war.

§ 16 (18). Der allgemeine Gerichtsstand einer Person, welche keinen Wohnsitz hat, wird durch den Aufenthaltsort im Deutschen Reich und, wenn ein solcher nicht bekannt ist, durch den letzten Wohnsitz bestimmt.

Ehefrau, Kinder: BGB. §§ 10, 11: Mot. 1[77]. — Gilt auch für nicht vermögensr. Prozesse, Ehe-, Kinds-, EntmS.: §§ 606, 642, 648; Aufgebot: §§ 961, 1005; vgl. §§ 2 UnlWG.: 36, 45, 66 FGG. — Auswanderung u. U. Arrestgrund: § 919.

Hierher zB. Flüchtlinge, Hausierer, Zigeuner; auch Minderj. (BGH. 24[396]). Dauer, Zweck, Unfreiwilligkeit des A. gleichgiltig, SA. 48[133] (Durchreise). — Unauffindbarkeit e. Wohns. mittelst der üblichen u. naheliegd. Behelfe genügt, E. 27[400] NS. 5[144]; nicht Postvermerk ohne Polizeiauskunft, JW. 00[411]. — Ein dermaliger ausld. Wohns. hindert die Anwendung; lag der letzte bekannte W. des jetzt Aufenthaltsunbekannten im Ausland, so besteht kein inländ. deutscher allg. GStand. Nachträgl. Bekanntgabe des W. einflußlos: § 263 Nr. 2.

*** § 17** (19). I Der allgemeine Gerichtsstand der Gemeinden, der Korporationen, sowie derjenigen Gesellschaften, Genossenschaften oder anderen Vereine und derjenigen Stiftungen, Anstalten und Vermögensmassen, welche als solche verklagt werden können, wird durch den Sitz derselben bestimmt. Als Sitz gilt, wenn nicht ein Anderes erhellt, der Ort, wo die Verwaltung geführt wird.

II Gewerkschaften haben den allgemeinen Gerichtsstand bei dem Gerichte, in dessen Bezirke das Bergwerk liegt, Behörden, wenn sie als solche verklagt werden können, bei dem Gerichte ihres Amtssitzes.

III Neben dem durch die Vorschriften dieses Paragraphen bestimmten Gerichtsstande ist ein durch Statut oder in anderer Weise besonders geregelter Gerichtsstand zulässig.

§§ 15 Nr. 2 EZP. ä. F.: 24, 49, 57, 80 BGB.; Art. 65, 67, 69, 75, 82, 83, 163, 167 EBG.; 106, 124, 156, 161 ff., 182, 198, 210, 294, 306, 309, 320, 325 HGB.; 6, 12, 17, 51, 87 GenG.: 3, 10, 13, 61, 62, 69 f., 75 GmbHG.: 12, 38 RBankG. (E. 15[236]): 5 HilfsKG.: 83, 100 b, 104 a GewO.; Art. 53 JFrG.; §§ 86, 89, 115 PrVersG. mit Bayer. Vdg. v. 11. Sept. 1872 (RBl. 2113) u. JunMB. v. 3. Okt. 1872 (RBl. 2397): 37 GewUVG.: 38 LuFUVG.; 14 BauUVG.: 37 SeeUVG.: 67 JnvVG.; Art. 95 BrandVG.: 150, 153 GmdO.: 30 Bayer.

Ges. betr. privatrechtl. Stellung v. Vereinen; 1 ÜG. — Mot. BGB. 1[77]. — Parteifähigkeit: § 50; GStand der Mitglieder: § 22; Fiskus § 18. Ortsteilung: § 19.

Ort der Verw.: Aufbewahrung der Gelder, Bücher, Datierg. der Schriftstücke (JW. 94[278] 04[231]). Erstreckt sich ein Bergwerk (Abs. 2) in mehrere GBezirke, so ist bei jedem der allg. GSt. begründet; Abs. 1 u. 2 sind durch Statut (Abs. 3) nicht generell beseitigbar, E. 32[384]; Abs. 3 schafft e. zweiten allg. GSt. (wichtig gg. ausld. Gesellsch.); Prorog.: E. 59[106] JW. 05[724].

§ 18 (20). Der allgemeine Gerichtsstand des Fiskus wird durch den Sitz der Behörde bestimmt, welche berufen ist, den Fiskus in dem Rechtsstreite zu vertreten.

Das anzuwendende materielle Recht bestimmt sich nach den allg. Regeln; zB. LandesR. gegen Reichsfiskus, E. 54[199]. — Rechtsweg: §§ 4 EZP.; 13 GVG.; Vorentscheidung: § 11 EGV.; Art. 7 BGHG.; Vorbeschwerde: Art. 2 AZP.; § 148. — Sachl. Zuständigkeit: §§ 70 GVG.; Art. 26 AGB.; Ortsteilung: § 19. — Vgl. §§ 50, 51, 171, 313, 829; VerfUrk. Tit. VIII § 5; SubmB. § 44. — Wahlrecht: §§ 12, 35. — Zivilliste: Art. 1 AZP.; § 50. — Kosten: §§ 91; GKG. 98; die JMB. in JMBl. 81[61] 82[289] finden auf andere Fiskalprozesse keine Anwendung. Festsetzung: § 105.

Berufen: durch zustdg. Formationsnorm; braucht kein Gesetz, ja nicht einmal publiziert zu sein, E. 35[14]; der Zustellungsempfänger (§ 171) ist nicht notwendig auch Vertr. im Prozeß (vgl. § 829). — GStand bei fiskal. AktivProz. richtet sich nach Bekl. — Gerichtsbkt. über fremde Souveräne u. Staaten: Art. 76 RVerf.; Art. 15 IntSchiedsAbk. (RGBl. 01[406]); E. 2[385] 3[123] 14[130]; KKE. 85[1]; Bl. 5[75]; Böhm Z. 10[68] 13[397]; Gr. 26[289]; SA. 50[97] JW. 06[91].

Einzelheiten: A. Deutsches Reich: Reichskanzler (Art. 15, 17 RVerf. mit RG. v. 17. März 1878, E. 8[1] 11[93] 15[37]); Militärkontingente (außer Bayern): E. 15[37] 20[148] 24[36] 35[17] 42[66] 43[12] 58[329]; RayG. § 42; RMPensG. § 116 (E. 53[240]) OffPensG. § 39, MilVersorgG. § 42; § 1 RG. v. 25. Mai 1873; vgl. ferner §§ 13 RPostG. (Oberpostdirektion; nur PassivProz., nicht Telegraph Gr. 47[558]; Bayern s. u.); 144, 151 ff. RBeamtG.; 2 FlößG.; 34 KriegsLG.; 24 KonsGG.; SchutzGeb.: JW. 02[418]; Reichseisenbahnen in Luxemburg: RGBl. 03[184]. Elsaß-Lothr. ist Landesfiskus. Reichsbank: § 17.

B. Bayern: Regelmäßig die (zur freiwilligen Anerkennung zuständige) Kreisregierung, K. d. Fin. (Vorstand: RegPräsid.) nach §§ 87, 120, 129 Form.-Vdg. v. 17. Dez. 1825 (RBl. 1049), insbes. auch für Justizfiskus nach Art. 60, 61 ABG. (bzgl. Haftentschädigung bestr.), Forstärar (BGH. 25[354]), Stempelprozesse. Verfahren: Vdg. v. 27. Nov. 1825 (RBl. 921); Kollegialberatung nötig. Örtl. Zustdgk.: Bl. 12[268] 17[375] RBl. 40[5] 51[732] S. 6[488]. Ausnahmsweise haben flgd. zentralis. Mittelstellen in ihrem Geschäftskreise selbst die ges. Vertr.: a) die Generaldirektion der Staatseisenbahnen, sowie diejenige der Posten u. Telegraphen: Vdg. v. 17. Juli 1886 (GVBl. 443), 24. Dez. 1896 (GVBl. 674), 22. Okt. 1898 (GVBl. 587), 14. Dez. 1903 (GVBl. 673); vgl. JMBl. 99[401] 04[15]. Boden- u. Ammerseedampfschiffahrt, Ludwigs- u. Frankenthaler Kanal sowie die Kettenschleppschiffahrt auf dem Main gehören zur GDirektion der Staatseisenbahnen. b) die Staatsschuldentilgungsanstalt: Vdg. v. 14. Okt. 1867 (RBl. 1081), 7. Mai 1880 (GVBl. 321); vgl. GVBl. 76[538] 84[124] [415]; c) die Generaldirektion der Zölle u. indirekten Steuern: Vdg. v. 20. Jan. 1827 (RBl. 82)

31. Aug. 1880 (GVBl. 551), 16. Jan. 1906 (GVBl. 9); d) die Generalbergwerks- u. Salinenadministration: Vdg. v. 13. Febr. 1807, (RBl. 300), 27. Sept. 1820 (RBl. 825), 20. Juli 1900 (GVBl. 839); FinMBl. 85[514] (Handelsbureau); e) das Hauptmünzamt: Vdg. v. 28. Okt. 1808, RBl. 2751; vgl. RBl. 23[1362] GVBl. 75[791]; — sämtlich in München. Endlich steht den Staatsministerien selbst die ges. Vertr. zu, insoweit ihnen schon die Verwaltungsentschdg. I. J. gebührt (zB. § 29 der IX. VerfBeil., Ansprüche des Bayer. Fiskus gegen fremde Staaten), insbes. stets dem Kriegsminister für den Militärfiskus (Form.-Vdg. v. 9. Dezbr. 1825, 31. Jan. 1829, 25. März 1848, 1. Dez. 1871); die Abteilungen sind nicht selbständig: JMBl. 78[105]; vgl. VGH. 23[125]. Bzgl. der Kgl. Bank in Nürnberg ist bestr., ob selbständ. Staatsanstalt oder bloße statio fisci (Vdg. v. 13. Dez. 1878, GVBl. 489; E. 62[7] S. 11[531] ZR. 05[119]); ähnlich bei der Landeskulturrentenanstalt (GVBl. 84[415] 00[455]). — Fiskale (Kronanwälte, Kreisfiskale) sind lediglich ProzBevollm. (VGH. 13[287]) u. unterliegen dem Anwaltszwang u. Vollmachtsnachweis (JMBl. 79[1605]; Ausnahme zB. KKG. Art. 16; VGH.-VV. §§ 4, 45); Vdg. v. 27. Nov. 1825 (RBl. 921) mit §§ 92 Form.-Vdg. v. 9. Dez. 1825 (RBl. 997); 4, 120 ff. Form.-Vdg. v. 17. Dez. 1825 (RBl. 1049); FinMB. v. 22. Juni 1870 (JMBl. 399); vgl. Hock 1[316] 3[136]. Militärfiskalat: Vdg. v. 31. Jan. 1829 (RBl. 109); JMBl. 63[193] GVBl. 83[185] Bl. 6[224]. Das Fiskalat der Verkehrsanstalten ist aufgehoben (Vdg. 22. April 1905, GVBl. 317). Bankkonsulent: Vdg. v. 13. Dez. 1878 (GVBl. 484). Fiskalgeschäfte der Staatsschuldentilgungsanstalt: JMBl. 78[89] (Oberbayer. Kreisfiskalat). — Vertretg. des Ärars im Konkurse: FinMB. v. 2. Okt. 1879 (JMBl. 1605); bei der administr. ZwV.: FinVV. §§ 58, 96; vgl. RentAGeschA. (FinMBl. 03[248]); ZR. 05[325]. Beachtl. die beschränkte Zustdgk. der Rentämter. — Von der Parteistellung des Fiskus ist die ges. Vertr. selbstdg. Anstalten durch Staatsbehörden (zB. Versicherungskammer) u. die Staatsanwaltschaft als Partei (zB. in Ehes. zu unterscheiden.

§ 19. Ist der Ort, an welchem eine Behörde ihren Sitz hat, in mehrere Gerichtsbezirke geteilt, so wird der Bezirk, welcher im Sinne der §§ 17, 18 als Sitz der Behörde gilt, für die Reichsbehörden von dem Reichskanzler, im Übrigen von der Landesjustizverwaltung durch allgemeine Anordnung bestimmt.

Vgl. § 14; RGBl. 06[64]; AG. Berlin-Mitte, AG. Charlottenburg.

***§ 20** (21). I Wenn Personen an einem Orte unter Verhältnissen, welche ihrer Natur nach auf einen Aufenthalt von längerer Dauer hinweisen, insbesondere als Dienstboten, Hand- und Fabrikarbeiter, Gewerbegehilfen, Studierende, Schüler oder Lehrlinge sich aufhalten, so ist das Gericht des Aufenthaltsorts für alle Klagen zuständig, welche gegen diese Personen wegen vermögensrechtlicher Ansprüche erhoben werden.

II Diese Bestimmung findet auf Militärpersonen, welche nur zur Erfüllung der Wehrpflicht dienen oder welche selbständig einen Wohnsitz nicht begründen können, in der Art Anwendung, daß an die Stelle des Gerichts des Aufenthaltsorts das Gericht des Garnisonorts tritt. Die Vorschrift des § 14 findet entsprechende Anwendung.

Wohnsitz daneben: § 13; Wohnsitzlose: § 16. — Vermögensr. Anspr.: § 2. — Vertreter: § 57. — Mahnverf.: § 689.

Absicht längeren A. genügt; kurze Abwesenheit (zB. Ferien) unschädlich, E. 30[326]. Selbständigkeit, Schuldentstehung während A. nicht nötig (JW. 93[265]). — Hierher zB. Sommergäste, nicht Passanten (S. 10[496]); bestr. ob unter Abs. 2 auch kurze Einberufung.

§ 21 (22). I Hat Jemand zum Betriebe einer Fabrik, einer Handlung oder eines anderen Gewerbes eine Niederlassung, von welcher aus unmittelbar Geschäfte geschlossen werden, so können gegen ihn alle Klagen, welche auf den Geschäftsbetrieb der Niederlassung Bezug haben, bei dem Gerichte des Orts erhoben werden, wo die Niederlassung sich befindet.

II Der Gerichtsstand der Niederlassung ist auch für Klagen gegen Personen begründet, welche ein mit Wohn- und Wirtschaftsgebäuden versehenes Gut als Eigentümer, Nutznießer oder Pächter bewirtschaften, soweit diese Klagen die auf die Bewirtschaftung des Guts sich beziehenden Rechtsverhältnisse betreffen.

§§ 269, 270, 772 ff., 795 BGB.; 13, 371, 488, 508 HGB.; 38 RBankG.; 2 UnlWG.; 6, 97 BinnenSchG.; 25 FlößG.; 89 PrVersG.; 27 GewGG.; 16 KfmGG.; 238 KO. Keine Beschränkg. auf Verträge; §§ 29, 32 gelten daneben.

Abs. 1. Nicht hierher Agentur (E. 2[386]), Marktstand (RGBl. 00[32]), Bahnhof (E. 50[396]), rein techn. Vorrichtung (Sägwerk ohne Kontor), E. 41[66]; **Bauburcau:** RO. 9[50]. Abschluß von Geschäften ohne Rückfrage entscheidend; ZweigN.: E. 50[428]. — Fortbestand der N. bei Klagezustellg. erforderlich, JW. 89[452]; nicht aber Abschluß des streit. Geschäfts von der N. aus (zB. Anstellung; vgl. jedoch E. 44[355]), E. 23[428] 30[329]. — **Abs. 2.** Selbstbewirtschftg. nicht erforderl.; im Namen u. für Rechng. des Bekl. genügt, E. 44[354]; Verpachtg. reicht nicht.

*__§ 22__ (23). Das Gericht, bei welchem Gemeinden, Korporationen, Gesellschaften, Genossenschaften oder andere Vereine den allgemeinen Gerichtsstand haben, ist für die Klagen zuständig, welche von denselben gegen ihre Mitglieder als solche oder von den Mitgliedern in dieser Eigenschaft gegen einander erhoben werden.

Vgl. §§ 17, 31; BGB. 49; GVG. 13.

Hierher Prämien („Vorschüsse") parteifähiger VersGesellsch. auf Gegens., E. 3[386] 4[395]. Fortdauer der Mitgliedsch. nicht erforderlich; auch RNachf. hierher (E. 54[207]), dagegen nicht stille Ges. (JW. 00[621]), Vereinsbeamte als solche, Kl. gegen Verein. — Nach Auflösg. e. nicht parteifäh. Sozietät ä. R. ist für Nachschüsse oder Rückstände das Gericht des letzten Kassensitzes (§ 29) zuständig.

§ 23 (24). Für Klagen wegen vermögensrechtlicher Ansprüche gegen eine Person, welche im Deutschen Reich keinen Wohnsitz hat, ist das

Gericht zuständig, in dessen Bezirke sich Vermögen derselben oder der mit der Klage in Anspruch genommene Gegenstand befindet. Bei Forderungen gilt als der Ort, wo das Vermögen sich befindet, der Wohnsitz des Schuldners und, wenn für die Forderung eine Sache zur Sicherheit haftet, auch der Ort, wo die Sache sich befindet.

Wohnsitz: § 13; vermögensr. A.: § 2; vgl. auch §§ 16, 29, 32, 34. — Wahlrecht: § 35. — Zustellung: § 199 ff. (JMBl. 05[6]). — Arrest: § 917. — §§ 2369 BGB.; 371 HGB.; 73 FGG.; 12 PatG.; 13 GebrMustG.; 23 WarenZG.; 2 UnlWG.; vgl. §§ 722, 797, 828, 919, 930.

Niederl. (§ 21) daneben möglich (E. 27[422]); der GSt. gilt für u. gegen In- u. Ausländer (S. 11[336]), selbst im Konkurs (E. 14[408], [414] 16[391]) sowie gegen Handelsges., E. 7[324]. — **Genügend:** Individualanspr. (JW. 94[378]); unpfändb. Vermögen (E. 4[409] 6[400] 7[325]); dritterseits gestellte Arrestabwendgskaution (wenn pretium succedit), E. 36[356]; eigene Ford. des Bekl. an Kl., soweit nicht Tilgung erhellt (E. 3[381] 7[309]; Vorklagekosten: DJZ. 04[262]); Befreiungsanspr., JW. 97[322]; Handelsbücher, E. 51[163]; **nicht genügend:** Beweisurk. (JW. 83[225]), Handakten (E. 24[415]), Hutschachtel, Musiknoten (JW. 97[457]; bestr.). Nachträgl. Dispositionsstellg. e. Ware ändert an sich nicht das Eigentum, E. 27[395]; vgl. aber auch 12[81] 18[162]. — Die Beweislast hat der Kläger (E. 3[382]); entscheidend KlZust. (E. 1[435] 7[325]); bei Wertp. Depotort (E. 51[257] 58[10]) AktienG. als Drittschld. hat keinen Wohnsitz (E. 59[108]). — Kontokorrent: E. 44[386]; Sicherungszession: E. 55[389]. Arglist bei Herbeiführung des GSt. unerheblich, E. 16[392] (weil jus publ.); nachträgl. Aufrechng. unschädlich, E. 58[258].

***§ 24** (25). [I] Für Klagen, durch welche das Eigentum, eine dingliche Belastung oder die Freiheit von einer solchen geltend gemacht wird, für Grenzscheidungs-, Teilungs- und Besitzklagen ist, sofern es sich um unbewegliche Sachen handelt, das Gericht ausschließlich zuständig, in dessen Bezirke die Sache belegen ist.

[II] Bei den eine Grunddienstbarkeit, eine Reallast oder ein Vorkaufsrecht betreffenden Klagen ist die Lage des dienenden oder belasteten Grundstücks entscheidend.

Ausnahme: § 27; Gerichtsbestimmung: § 36. — Mobilien: § 23. — **Teilungsversteigerung:** ZVG. §§ 180 ff.; MahnVerf.: § 689; UrkGegenkl.: §§ 797, 800; Arrest, einstw. Verf.: §§ 919, 942; Aufgebot: §§ 978, 983, 988, 1005. — **Landesherrl. Familie** (DLG.): § 5 EZP.; FamStatut Tit. X § 1; **Zivilliste:** Art. 1 AZP.; **Fiskus:** § 18. — **Exterritoriale:** § 20 GVG. — **Unbewegl. Sachen:** §§ 94 ff., 1017, 1018, 1094, 1105 BGB.; § 864 ff. nicht anwendbar (Zubehör). Beachtl. die Unterschiede in der Überleitung des Besitzes, Eigentums u. der dingl. Belastungen, insbes. bei Servituten (vgl. auch ÜG. Art. 44, 45, 61). — **Dienstbarkeiten:** § 7. — **Reallasten** (Verzeichnis bei Becher LCR. 1[136]; zB. Ablösungsbodenzinse, Zehentbaupflicht, Ewiggeld): §§ 1105 ff. BGB., Art. 52, 113, 120 ff., 184, 189 EBG.; 41, 85, 86, 128 ABG.; § 22 HypG.; Art. 46, 61, 116 ÜG.; GBDA. §§ 384, 610; ZPC. § 857. — **Vorkaufsrecht:** §§ 1094, 2037 ff. BGB., Art. 13 UnschädlZG.; § 988; vgl. Becher LZR. 1[184]; § 28 LT.-Absch. v. 10. Nov. 1861 (GBl. 77). — Keine ausschließl. Zustdk. der LandG.; keine unbeschränkte Revision, keine Prorogation (§ 40). — **Streitwert:** §§ 6, 7, 3; vgl. § 1821 BGB.

Abs. 1. **Hierher** Lehens-, Fideikommißfolge, S. 13[143] E. 13[386]; pos. u. neg. Feststellkl. auf das dingl. Recht selbst, E. 13[386] 21[411]; Mutung (Art. 12 BergG.), E. 21[225] (Pr. R.); Löschungskl. (auch persönl., E. 15[386] 20[403]; s. u.); Kl. auf Herausgabe (Vindikation), E. 33[4]; Grundbuchberichtigung, Gr. 44[361]; neg. Schadensanspruch, selbst wenn zediert, JW. 92[477];

Rückschaffg. verschleppter Bestandteile S. 8[632]. — **Nicht hierher** (vgl. §§ 25, 26): Kl. auf Eigentumserwerb oder Begründg. e. dingl. Last (JW. 91[509]); Zahlg. e. Fideikommißrente, (E. 21[225]); Löschg. e. Zessions- oder Pfändungseintrags (E. 51[231] S. 16[100]); Leistg. aus dem Pfarrverband (S. 12[579]); gg. Dritte auf Herbeiführg. e. Löschung (E. 10[193] 25[384], s. auch E. 35[366]); Quittierung zwecks Löschgsvorbereitg. (E. 23[339]; Auszahlungsbewillig. (E. 44[389]); Richtigk. des oblig. Vertrags als solchen (NS. 5[287]), Auseinandersetzung bei Gesamthand (E. 54[278]); persönl. Anspruch auf Sicherungshypothek (§§ 648, 883 BGB.), SA. 44[214]; paul. Anf. (E. 52[82]). — **Abs. 2** gilt nur für deutsches Gebiet, E. 32[414] (bestr.).

***§ 25** (26). In dem dinglichen Gerichtsstande kann mit der Klage aus einer Hypothek, Grundschuld oder Rentenschuld die Schuldklage, mit der Klage auf Umschreibung oder Löschung einer Hypothek, Grundschuld oder Rentenschuld die Klage auf Befreiung von der persönlichen Verbindlichkeit, mit der Klage auf Anerkennung einer Reallast die Klage auf rückständige Leistungen erhoben werden, wenn die verbundenen Klagen gegen denselben Beklagten gerichtet sind.

Kein ausschl. GStand: sonstige Klagenhäufung nur beim Vorliegen örtl. Zustdk. §§ 60. 260. — Auf Exterritoriale nicht anwendbar. — Die Inanspruchnahme der dinglichen Haftung muß aus dem Antrag erhellen („insbes. aus dem Grundstück"): wichtig für § 56 HypG., S. 17[21].

§ 26 (27). In dem dinglichen Gerichtsstande können persönliche Klagen, welche gegen den Eigentümer oder Besitzer einer unbeweglichen Sache als solchen gerichtet werden, sowie Klagen wegen Beschädigung eines Grundstücks oder in Betreff der Entschädigung wegen Enteignung eines Grundstücks erhoben werden.

Vgl. §§ 32, 76, 77; RayG. 42; BGB. 809, 835, 836, 767, 914, 1005; FeldschadenG. v. 6. März 1902 (GVBl. 99). — Bei **Expropriationen** (vgl. § 15 EZP.) ist der GStand **ausschließlich** Art. 21 AZP.). — Hierher die act. in rem script. des gem. R.: auch zB. Wildschaden, nicht jedoch AnfKl. (Ausnahme §§ 40 KO., 11 AnfG.) oder rein oblig. Anspr.

***§ 27** (28). I Klagen, welche die Feststellung des Erbrechts, Ansprüche des Erben gegen einen Erbschaftsbesitzer, Ansprüche aus Vermächtnissen oder sonstigen Verfügungen von Todeswegen, Pflichtteilsansprüche oder die Teilung der Erbschaft zum Gegenstande haben, können vor dem Gericht erhoben werden, bei welchem der Erblasser zur Zeit seines Todes den allgemeinen Gerichtsstand gehabt hat.

II Ist der Erblasser ein Deutscher und hatte er zur Zeit seines Todes im Inlande keinen allgemeinen Gerichtsstand, so können die im Abs. 1 bezeichneten Klagen vor dem Gericht erhoben werden, in dessen Bezirke der Erblasser seinen letzten inländischen Wohnsitz hatte; in Ermangelung eines solchen Wohnsitzes finden die Vorschriften des § 15 Abs. 1 Satz 2, 3 entsprechende Anwendung.

Allg. GStand: §§ 12 bis 19. — Kein GStand durch letztw. Verf., E. 35[418]. ZwV.: §§ 747, 778 ff.; Art. 24, 213 EBG. (vgl. Bl. 71[335]); KO. § 214; FGG. §§ 73, 99; Todestag: §§ 970; BGB. 18. — Übergang: Note zu Art. IX EÄZP.: vgl. Art. 55 ÜG.

Der GStand durchbricht den § 24 (Mot. 60); ist zeitl. nicht beschränkt; anwendbar auf Fiskus, TestVollstr. (E. 35[416] S. 14[111]), Erbeserben (E. 3[380]), Anfechtung letztw. Verf. Ergänzungskl. nach § 2329 BGB. — Beachtlich die Abschaffg. des Vindikationslegats u. der fam. hercisc. actio im eigentl. Sinne; Auskunft, Ausgleichung (RS. 3[566]), Zustimmung (S. 16[335]) gehören zur Teilung. — Nicht hierher Sondernachfolgen (zB. Lehen), E. 21[412], Singularklagen des Erben, zB. Auskunft nach § 2028, Gütergemeinschaft als solche. Nachlaßpassiven: § 28.

***§ 28** (28). In dem Gerichtsstande der Erbschaft können auch Klagen wegen anderer Nachlaßverbindlichkeiten erhoben werden, solange sich der Nachlaß noch ganz oder teilweise im Bezirke des Gerichts befindet oder die vorhandenen mehreren Erben noch als Gesamtschuldner haften.

§§ 1963, 1967 ff., 2060 ff., 2382 BGB.; früher Generalmandat v. 30. Okt. 1767 mit Bl. 31[35]. — GStand der Erbschaft: § 27; Wahlrecht: § 35.

Gemeint sind sog. Nachlaßpassiven aller Art, z. B. Leichenkosten, E. 35[410] 62[14]; für Nachlaßaktiven gelten nur die allg. Vorschr. — Vorhandensein von Nachlaßsachen im Bezirk (§ 23) bezieht sich nicht auf mehrere Erben; die Gesamthaftg. muß nur hinsichtl. der eingeklagten Schuld bestehen. Der Nachweis, daß Teilhaftg. eingetreten, obliegt dem Bekl.; die Teilung allein ist hierauf einflußlos (§ 2060 BGB.). Information des Kl., Unterschied von Haftgsbeschränkg.: § 778.

§ 29 (29). Für Klagen auf Feststellung des Bestehens oder Nichtbestehens eines Vertrags, auf Erfüllung oder Aufhebung eines solchen, sowie auf Entschädigung wegen Nichterfüllung oder nicht gehöriger Erfüllung ist das Gericht des Ortes zuständig, wo die streitige Verpflichtung zu erfüllen ist.

EO. (Holschuld): BGB. § 269; vgl. §§ 697, 700, 1194; öffentl. Kassen: Art. 92 EBG., 11 ABG.; E. 42[249]; Hock 1[414]. Vgl. WO. Art. 39, 91. — Älteres R.: Art. 170 EBG.; ALR. T. IV Kap. XIV § 10 Nr. 3 (Bringschuld): S. 17[171]. Vdg. v. 11. Juni 1816 (RBl. 387) mit S. 11[551]; HGB. Art. 324, 325, 342 (Holschuld). — Materielles R.: E. 54[311] JW. 05[714] RS. 6[47] mit Art. 11 EBG. — Beweislast: § 12; Urkundenechtheit: § 256; Aufgebot: §§ 1003, 1005. — GewGG. §§ 4, 5, 27 mit E. 33[428]; KaufmGG. §§ 5, 16. — SubmB. §§ 24, 44; FinMBl. 05[97]. — StreitW.: § 3; vgl. wegen sachl. Z. § 23 GBG.

Mehrere EO. stehen zur Wahl des Kl., E. 10[351]; zweiseit. V. haben nicht notwendig den gleichen EO., außer bei Zug um Zug, E. 1[438] 2[122] 30[412] 46[193]; der aus der Natur des V. fließende EO. (zB. Installation) ist nicht beliebig durch Vereinbarung änderbar, E. 41[361]; der gewillkürte EO. gilt im Zweifel für beide Teile, JW. 95[101]. — Klausel „cif“, „fob“ (E. 14[114]), Transportkostenübernahme, Geldübersendgspflicht („zahlbar in N“) einflußlos: §§ 269 Abs. 3, 270 Abs. 4 BGB.; Unterschied zwischen EO. u. Abliefergs.-, Bestimmgsort: E. 30[379]. — Einseitiger einzelner Fakturavermerk bindet nicht, E. 5[394] JW. 99[483], ebensowenig Preisliste (E. 52[135]), Kostenanschlag (JW. 03[431]); anders in der Regel bei Bestellzettelvermerk (E. 41[358]), Schlußnote, (JW. 05[146]), längerer Geschäftsverbindg. (JW. 04[342]), Bestätigungsbrief (E. 58[68]). RNachf. einflußlos, E. 46[352] S. 16[315]; sog. Änderg. des EO. durch Verzug: E. 32[405]. — Entscheidend ist der Hauptinhalt des Vertrags, E. 10[352] 52[54]; beim Käufer ist die Zahlung Hauptverpflichtung, nicht Abnahme oder Rücknahme, E. 55[112] 56[138] 57[15]; bei

Rücknahme gegen Frachtkostenersatz erstere, E. 57[14]. Vertrag: jeder Art; nicht dingl. (E. 7[338]) oder einseit. Schuldversprechen, Testament. Insbes. gehören mangels „Vertrag" nicht hierher: Paul. Anf. (E. 30[402]); § 12 GewUWG. (E. 61[371]); Aussonderg. (E. 31[392]); Herausgabe e. Prozeßkaution (S. 15[640]); Quasikontrakt (insbes. cond. sine causa, ex causa finita, neg. gest., auch wenn nachträglich genehmigt) E. 2[406] 26[389]; Quittierung (E. 28[434]); konkurr. Delikt (E. 40[408]); Schadensanspr. aus der Anfechtg. wegen Betrug, Irrtum gehören nach Bl.-EB. 14[411] jedoch hierher (bestr.) — Weitere **Einzelheiten**: Auftrag: Ausführungsort, E. 12[35] (bestr.). Austrag: Bringschuld, S. 2[491] Art. 33 ABG.; Bürge: dessen WO., nicht des Hauptschuldners, E. 10[282] 30[300] (Mitbürge), 34[17]; Darlehen: Holschuld bei Empfang, Bringschuld bei Rückgabe; Drittleistung: Bl. 51[360]; Falsus procurator (auch § 11 GmbHG., Bl. 63[472]): SA. 55[104]; Haftung für Güte u. Einbringlichkeit: JW. 01[640]; EO. der Handelsges. gilt auch für die Gesellschafter, E. 32[44]; EO. bei Handwerkslieferungen Tatfrage (Verkehrssitte); Immobiliarverträge: EO. des Verkäufers = Ort der belegenen Sache (S. 12[40]), des Käufers: dessen gewöhnl. EO. für Zahlg., E. 9[350], Inhaberpapiere: § 797 BGB.; Inkassomandat: E. 23[195]; Kaufverträge: für Preis WO. des Käufers, auch neben Abnahme u. Frachtvorlage, E. 49[72] 55[425]; ebenso Abnahme allein, E. 56[138]; bei Feststellg., Reszission, Wandelg., Minderg. vor Erfüllung (E. 3[111] [412] 9[350] 10[350]) entscheidend, ob Kl. Bestand oder Nichtbestand des Vertrags behauptet; ersterenfalls ist e. Verpfl. des Bekl., letzterenfalls e. Verpfl. des Kl. streitig. Rücknahme bemängelter Ware u. Rückzahlung des Preises nach beiders. Erfüllung (Wandelung): Lagerort der Ware, nicht WO. des Verkäufers oder Käufers schlechthin: E. 55[105] vgl. E. 57[14] ZR. 05[10] (bestr.); Rückzahlg. des Preises nach Rücktritt wegen Verkäuferverzug oder Betrug: WO. des Verkäufers (E. 31[383] 49[421]); Schadensersatz wegen Nichterfüllung: EO. der nicht betätigten Leistung (E. 32[430] 50[264] 55[423]); Reugeld: WO. des Zurückgetretenen (E. 32[430]). Kommanditeinlage: E. 46[352] JW. 05[443]; Kommissionsgeschäfte: WO. des Kommissionärs, E. 8[369] (Vorschußrückgabe), 10[89] (Selbsteintritt), 23[412]; Kontokorrent: EO. der Einzelposten, S. 16[118]; Konventionalstrafe: EO. der Hauptschuld, E. 15[435]; Mäklervertrag: E. 31[291]; Pacht: WO. des Pächters (S. 13[68]); Provision: WO. des Auftraggebers, nicht Dienstleistungsort. JW. 96[202]; Schenkung vgl. Darlehen. Spedition: EO. des Vertragsschlusses, E. 38[51]. Transport (Bahn): Bestimmungsort, JW. 05[147]; Unterlassung: Vornahmeort, E. 51[311]; Verlöbnisbruch: Ort der beabsicht. Eheschließg., E. 23[170] 24[172]; vgl. E. 7[338] 20[335]. Verwahrung: nicht WO. des Verwahrers, sondern VerwO., Gr. 40[1779]; Versicherung auf Gegens.: EO. für Prämien Gesellschaftssitz, Gr. 39[436]; Entschädigung: JW. 01[468]; Viehverkauf (München): Bringschuld, S. 7[909]; Wechsel: § 603, E. 21[400].

§ 30 (30). Für Klagen aus den auf Messen und Märkten, mit Ausnahme der Jahr- und der Wochenmärkte, geschlossenen Handelsgeschäften (Meß- und Marktsachen) ist das Gericht des Meß- oder Marktorts zuständig, wenn die Erhebung der Klage erfolgt, während der Beklagte oder ein zur Prozeßführung berechtigter Vertreter desselben am Orte oder im Bezirke des Gerichts sich aufhält.

§§ 217, 262, 498, 520, 557: GVG. 23, 70, 101, 202: HGB. 343 ff.: GewO. § 64: Pol.-S:GB. Art. 146: GVBl. 92[72]; § 75 UGSchrG. — Grund: Beschleunigung, Kenntnis der Platzusancen. Einheit. HGeschäft, Aufenthalt. KlZust. auch nach der Messe genügt; nicht hierher Miete, Zeche der Meßbesucher oder Jahrmärkte, Dulten (vgl. § 29).

§ 31 (31). Für Klagen, welche aus einer Vermögensverwaltung von dem Geschäftsherrn gegen den Verwalter oder von dem Verwalter gegen den Geschäftsherrn erhoben werden, ist das Gericht des Orts zuständig, wo die Verwaltung geführt ist.

Verwaltungssitz: § 17. — Rechnungsstellung: § 254. — Wahlrecht (zB. §§ 29, 32): §§ 12, 35. — Vgl. §§ 1833 BGB.; 488, 508, 761 HGB.; 13 EzP. — Hierher auch Ehemann, Vormund, neg. gest. — Fortdauer der Verw., Sitz der Aufsichtsbehörde gleichgiltig: Generalagentur genügt (E. 20[394]). — Auf Klagen Dritter unanwendbar.

§ 32 (32). Für Klagen aus unerlaubten Handlungen ist das Gericht zuständig, in dessen Bezirke die Handlung begangen ist.

BGB. §§ 823 bis 853; Art. 12, 30, 32, 160 EBG.: §§ 154 RBeamtG.; 2, 3 UnlWG.; 45, 47 BörsenG. — Buße: §§ 443 ff. StPO. — Aussetzung: § 149. — Wahlrecht: § 35. — Feldschaden: § 26. — Sachl. Zuständigk.: §§ 23, 70 GVG. — Beachtlich die kurze Verjährung nach § 853 BGB.: 11 AZP. Die altrechtl. Schadenskl. sind seit 1. Jan. 1903 verjährt (E. 56[254] RS. 6[140]); vgl. Art. 8a WildSchG. (6 Tage).

Auch die früheren Quasidelikte gehören hierher, E. 2[411] (vgl. jetzt BGB. §§ 833, 835, 836), nicht aber die Quasikontrakte, zB. receptum, cond. ob turp. c., ex inj. c; die Haftung des Wirts nach § 701 BGB., des Frachtführers nach HGB. § 431 beruht nicht auf Delikt (bestr.) — Schuldhafte Rechtskränkung erforderlich (E. 24[394]), zB. arglistige Verleitg. zum Vertragsschluß (JW. 92[150]), auch Unterlassg; Verstoß gegen § 35 PatG. genügt (E. 13[424]), nicht gg. § 13 MarkenSchG. (E. 29[61]) oder fahrl. Vertragsverletzg. (E. 21[424] S. 3[472]). — Hierher Wegnahme beschlagnahmten Zubehörs (S. 8[632]); Feststell.-, Unterlassungskl. (E. 56[288]), Haftung für fremde Delikte, E. 6[384] 16[4] (vgl. jetzt BGB. §§ 831, 832, Art. 60 ABG.), Anspr. aus §§ 1, 2 HaftpflG. (E 60[300]), nicht aber aus § 717 ZPO. (RS. 4[17]). Ferner hierher Anspr. aus außerehel. Beischlaf nach ält. R.: PlE. v. 23. Juni 1841 (RBl. 633), 5. Juni 1855 (RBl. 678), jedoch nicht gegen die Großeltern, S. 15[145]. Kl. aus §§ 1708, 1298, 1300 BGB. gehören nicht hierher, wohl aber aus §§ 825, 826 BGB. — Von den Anfechtungs-Kl. haben nach gem. M. nur die nach §§ 31 Nr. 1 u. 2 KO., 3 Nr. 1 und 2 AnfG. Deliktsnatur, E. 21[420] (VZS.) 48[401]; WsprKl.: § 771. — Anerkenntnis, Vergleich, RNachfolge ändern den GStand nicht (E. 7[338]; vgl. 12[368]); wichtig bei Kl. Dritter, ob gesetzl. Übergang oder nützl. Geschäftsführg. vorliegt. Für konkurr. Klagegründe bestimmt sich der GStand selbständig, E. 27[385] (VZS.); vgl. § 12. — Tatort: nicht lediglich. Vollendungsort, sondern überall, wo ein Tatbestandsmerkmal mit dem Willen des Täters in Erscheing. tritt. Mehrere TO. möglich (Schuß über die Grenze; Notzucht im Expreßzug); vgl. E. 4[380] 19[383] 27[418] (Täuschung durch die Zeitung, wo gelesen; bei ungerechtem Haftvollzug Ort der Ergreifg., nicht der Haftbefehlsunterschrift); Gr. 38[1200] (Anf. e. Grundbucheintrags beim Gericht der Eintrg., nicht der Bewilligung). Briefversendung: E. 54[198]

SSt. 10[141]. Beihilfe: ESt. 19[147]. — §§ 7 Abs. 2, 10 StPO., 3 StGB. nicht anwendbar (E. 60[363]); aber Beschränkung auf Schaden im Bezirk.

§ 33 (33). I Bei dem Gerichte der Klage kann eine Widerklage erhoben werden, wenn der Gegenanspruch mit dem in der Klage geltend gemachten Anspruche oder mit den gegen denselben vorgebrachten Verteidigungsmitteln in Zusammenhang steht.

II Diese Bestimmung findet keine Anwendung, wenn die Zuständigkeit des Gerichts für eine Klage wegen des Gegenanspruchs auch durch Vereinbarung nicht würde begründet werden können.

Vollmacht: §§ 81, 613; Sicherheit: § 110 Nr. 3, 112; Trennung: § 145; Verbindung: § 147; Besitzprozeß: § 260; zeitl. Zulässigkeit: §§ 278 ff., 529; InzidentWKl.: § 280; Form: § 281; TeilU.: § 301; Rechtskraft: § 322; VersVerf.: § 347; sachl. Unzustdk. des AG.: § 506 (beim LandG. auch WKl. unter 300 Mk., E. 7[314]); UrkProz.: §§ 595; Ehe-, Kinds-, EntmdgS.: §§ 615, 633, 640, 641, 667, 669, 684, 686. — Vgl. auch §§ 102 ff. GVG., 469 ff. HGB.; Art. 28 JFrU. — Kosten: §§ 91 ff., 120; GKG. 11, 30, 81, 94; RAGO. 10, 11. Streitwert: §§ 5; GKG. 11, 30, 80, 94 mit E. 57[307] (VZS.).

Die Vorschrift regelt außer dem GStand die Zulässigkeit der WKl. überhaupt, E. 34[366] (gem. M.); bestr., ob Formmängel der HauptKl. auch der WKl. schaden (vgl. E. 40[331]). — Unzulässig sind WKl., soweit identisch mit Kl. zB. pos. u. neg. FKl. (R. 06[691]); bedingte WKl. (E. 21[206]; außer Ehes., JW. 05[150]); in ungleicher Prozeßart (E. 51[41]); bzgl. Dritter einschl. streitgen. NebenJ. (JW. 92[309]; vgl. Prot. BGB. 4[172]) WKl. gegen WKl. (vgl. § 280); WKl. nach Erlöschen der Rechtshgk. (S. 11[46]; Ausbleiben des Kl. allein hindert nicht, E. 28[407]); gegen die Kl. aus § 146 KO. u. gg. HauptJ. ist WKl. zulässig, E. 16[118]. — Zusammenhg.: rechtl. (E. 11[423]); erfordert nicht Identität des Vertrags oder anzuwendenden Rechts, E. 25[396] (Gesellschaftseingehung, -Auflösg.) E. 51[322] 57[7] S. 14[721] Bl. 69[95] (Akkord und Regie). WKl. wegen des zur Aufrechn nicht verbrauchten Überschusses c. Geldsordg. möglich (S. 13[527] Bl. 63[400]); mangels Aufrechnung gegens. Verurtlg. — Vorgebracht: auch wenn vom Kläger in der Kl. erwähnt. Die konnexen VertM. müssen zulässig sein (E. 23[396]; aM. S. 14[50]); vgl. BGB. §§ 393 ff. Mangels Konnex bei sonst vorhandener Zustdk. nur Trennung, nicht Abwsg. (bestr.; vgl. E. 46[425]). — Die WKl. erfordert selbstdg. Antrag (E. 51[8]; Ehes. E. 45[400]); Anträge nach §§ 302 Abs. 4, 717 Abs. 2 ZPO., 1574 Abs. 3, 1575, 343 BGB. (JW. 03 B. 96) erfordern zwar Ausspruch in der Formel, sind aber keine WKl.

§ 34 (34). Für Klagen der Prozeßbevollmächtigten, der Beistände, der Zustellungsbevollmächtigten und der Gerichtsvollzieher wegen Gebühren und Auslagen ist das Gericht des Hauptprozesses zuständig.

Vgl. §§ 29, 31; Wahlrecht: § 35; Kosten: § 91; Beitreibung v. Gegner: §§ 105, 124; KfHS.: § 767; GVollz.: § 70 DV. — Streitwert: JW. 93[270] (für die sachl. Zustdk. belanglos); mangels Fests. nach freiem Ermessen des ProzG.

Zustdg. Gericht I. J. für die Kosten aller J. (E. 29[414]), einschl. Wiederaufnahme (ZZP. 6[142]). Auch Bürgschaft (KO. 7[273]), Substitut., KorrespMandat hierher (E. 58[110]), desgl. Konkurs, Subhast.; nicht Strafsachen oder Klagen des Auftraggebers als solchen (zB. Vorschußrückgabe). — Urteil im Hauptproz. entbehrlich (§ 85 RAGO.).

§ 35 (35). Unter mehreren zuständigen Gerichten hat der Kläger die Wahl.

Ausnahme: § 36 Nr. 4; vgl. §§ 689, 828, 919; § 27 GewGG.; 17 KaufmGG. — Auch auf mehrere ausschließl. GStände anwendbar. Die Klagerhebg. erschöpft nicht das Wahlrecht: nur Einrede der Rechtshgk.

§ 36 (36). Die Bestimmung des zuständigen Gerichts erfolgt durch das im Instanzenzuge zunächst höhere Gericht:

1. wenn das an sich zuständige Gericht in einem einzelnen Falle an der Ausübung des Richteramts rechtlich oder tatsächlich verhindert ist;
2. wenn es mit Rücksicht auf die Grenzen verschiedener Gerichtsbezirke ungewiß ist, welches Gericht für den Rechtsstreit zuständig sei;
3. wenn mehrere Personen, welche bei verschiedenen Gerichten ihren allgemeinen Gerichtsstand haben, als Streitgenossen im allgemeinen Gerichtsstande verklagt werden sollen und für den Rechtsstreit ein gemeinschaftlicher besonderer Gerichtsstand nicht begründet ist;
4. wenn die Klage in dem dinglichen Gerichtsstande erhoben werden soll und die Sache in den Bezirken verschiedener Gerichte belegen ist;
5. wenn in einem Rechtsstreite verschiedene Gerichte sich rechtskräftig für zuständig erklärt haben;
6. wenn verschiedene Gerichte, von welchen eines für den Rechtsstreit zuständig ist, sich rechtskräftig für unzuständig erklärt haben.

§§ 11, 245, 650, 676; EGZ. 8, 10; GVG. 144; EZP. 9; KO. 72; FGG. 5, 10, 46, 199; ZVG. 2, 18, 146; Art. 129 AVG.; 5, 8 AGBO.; 19 bis 21, 33, 40, 42 AGB.; 7 GmdO.; 14 SubhO.; 22 KKG.

Der Beschluß begründet e. Replik gg. die Einrede der Unzustdk., Rechtshgk., Rechtskraft. Keine Bestimmung e. ungleichartigen G.; keine Delegation v. amtsw. Auf ausld. G. unanwendbar. — **Nr. 1.** Zuständigk. dritter G. gleichgiltig, jedoch für die Auswahl beachtlich. Rechtl. Behinderung: § 45; tatsächl. B.: § 245 E. 44[394]. — **Nr. 2.** Die Grenzlinie kann bekannt sein; zB. Straftat in e. Grenzhaus (§ 5 BauO.), Expreßzug. — **Nr. 3.** Hierher Bürge u. Hauptschld. (E. 8[366]), Arreste (E. 36[347]), Mahnverf. (E. 39[425]), Aufgebote, VollstrGegenKl. (E. 45[388 391]); nicht Pfändungsbeschl. (E. 27[404] 44[418]), Sühne (S. 15[660]). Wechsel: § 603. Nachträgl. Zutritt von Streitgen.: S. 17[256]. — **Nr. 4.** Vgl. ZBlFG. 6[882]. Anwesen als Einheit hierher (E. 25[395] NS. 2[64]); nicht aber auf mehrere Bez. sich erstreckendes Bergwerk (E. 30[384]) oder objekt. Klagenhäufung (bestr.) — **Nr. 5, 6.** Parteiverschulden gleichgiltig. Nr. 5 (weiter als Nr. 6) gestattet auch die Bestimmung e. bisher nicht befaßten G.; erfordert ausdrückl. Zuständigkeitserkl. (gem. M.), vgl. § 580 Nr. 7. Hierher auch ZwVollstr., E. 54[206]; Entmündigung, BlEB. 3[79].

§ 37 (37). [1] Die Entscheidung über das Gesuch um Bestimmung des zuständigen Gerichts kann ohne vorgängige mündliche Verhandlung erfolgen.

II Eine Anfechtung des Beschlusses, welcher das zuständige Gericht bestimmt, findet nicht statt.

Zuständigk.: Note zu § 36. — Anwaltszwang bestr.: Bl. 45[97, 228]. — Akten: §§ 1 AGSchrG.: 29 LGSchrG.: 8 OLGSchrG. — Zustellung: § 329. — RMittel gegen Ablehng.: einf. Beschw. (§ 567): Stattgebg. auch in der Oberinstanz unanfechtbar (SA. 40[240]); im Prozeß nicht nachprüfbar, JW. 05[148]; späterer Wegfall der Gründe einflußlos (Bl. 8[191]). — Verjährung: §§ 210, 942 BGB. — Kosten: §§ 47, 80a GKG.; 29, 23 RAGO.

Dritter Titel.

Vereinbarung über die Zuständigkeit der Gerichte.

§ 38 (37). Ein an sich unzuständiges Gericht erster Instanz wird durch ausdrückliche oder stillschweigende Vereinbarung der Parteien zuständig.

Vgl. §§ 274, 650, 676; GVG. 103 ff.; FGG. 164; PrVersG. 9; SubmV. 44. — Vollmacht: § 81. — Domicil élu (Art. 169 AZP.) nicht hierher. — Streitwert unverändert.

Prorog. auch formlos (zB. Mietvertrag, Polize), auf örtl. oder sachl. Zustdk. beschränkbar; auch mit ausschließl. Wirkung statthaft (SA. 52[193]); auf bloße Gerichtsabteilg., bestimmten Richter, ein OLG. unzulässig; von Zustimmung des Ger. nicht abhängig; bindet RNachf, aber nicht gewöhnl. StrGen. — Wechseldomizil ist nicht Prorog. für das Grundgeschäft; „nimmt Recht" umfaßt auch Aktivproz. (vgl. aber BlEB. 12[278]). — Beachtlich Einfluß auf Zulässigkeit der RMittel u. Revisibil. des angewendeten Rechts. Der Instanzenzug des prorog. Gerichts ist nur durch Verzicht auf RMittel beeinflußbar.

§ 39 (39). Stillschweigende Vereinbarung ist anzunehmen, wenn der Beklagte, ohne die Unzuständigkeit geltend zu machen, zur Hauptsache mündlich verhandelt hat.

Vgl. §§ 230, 269, 274, 328, 504, 528, 566; Ausbleiben des Bekl.: § 331. — Hauptf.: nicht Prozeßvoraussetzg.; Parteiwille gleichgiltig, JW. 00[12]. Schriftl. Eingaben unschädlich. — Bestreiten der KlBehauptg. ist bei untrennb. Zusammenhang nicht schon Bestr. der Zuständk. als solcher; vgl. § 12.

§ 40 (40). I Die Vereinbarung hat keine rechtliche Wirkung, wenn sie nicht auf ein bestimmtes Rechtsverhältnis und die aus demselben entspringenden Rechtsstreitigkeiten sich bezieht.

II Die Vereinbarung ist unzulässig, wenn der Rechtsstreit andere als vermögensrechtliche Ansprüche betrifft, oder wenn für die Klage ein ausschließlicher Gerichtsstand begründet ist.

§§ 3 EZP.; 5, 26 GewGG.; 6 KaufmG.; 89, 115 PrVersG. — Ausschließl. GStände: §§ 12, 528; Rechtsweg: § 274; Schiedsgericht: § 1025. — Prüfung von amtsw., E. 1[430] — RVerh.: zB. Vertrag, nicht ganzer Geschäftsverkehr, RO. 7[274]. — Unter Abs. 2 fäll an sich auch der gewillkürte ausschließl. GStand (bestr.). — § 23 Nr. 2 GVG. wirkt nich ausschl., E. 9[349]; die Vaterschaftskl. ist aber nicht vermögensrechtl. Ausschließl. örtl. Z läßt sachl. Prorogation zu, E. 13[359].

Vierter Titel.
Ausschließung und Ablehnung der Gerichtspersonen.

§ 41 (41). Ein Richter ist von der Ausübung des Richteramts kraft Gesetzes ausgeschlossen:

1. in Sachen, in welchen er selbst Partei ist, oder in Ansehung welcher er zu einer Partei in dem Verhältnisse eines Mitberechtigten, Mitverpflichteten oder Regreßpflichtigen steht;
2. in Sachen seiner Ehefrau, auch wenn die Ehe nicht mehr besteht;
3. in Sachen einer Person, mit welcher er in gerader Linie verwandt, verschwägert oder durch Adoption verbunden, in der Seitenlinie bis zum dritten Grade verwandt, oder bis zum zweiten Grade verschwägert ist, auch wenn die Ehe, durch welche die Schwägerschaft begründet ist, nicht mehr besteht;
4. in Sachen, in welchen er als Prozeßbevollmächtigter oder Beistand einer Partei bestellt oder als gesetzlicher Vertreter einer Partei aufzutreten berechtigt ist oder gewesen ist;
5. in Sachen, in welchen er als Zeuge oder Sachverständiger vernommen ist;
6. in Sachen, in welchen er in einer früheren Instanz oder im schiedsrichterlichen Verfahren bei der Erlassung der angefochtenen Entscheidung mitgewirkt hat, sofern es sich nicht um die Tätigkeit eines beauftragten oder ersuchten Richters handelt.

§§ 49, 406, 1032; GVG. 116, 156, 193; RAO. 31; FGG. 6, 170 ff.; GBO. 10, 81; GewGG. 29; KaufmG. 6; PatG. 14; PrVerfG. 73; BGB. 1591, 1757, 1762; vgl. §§ 34 RVersAGG.; 10 LVersAGG.; 4 SchiedsGV.; 18 VGHVV.; Art. 129 ABG.; 8, 25 AGBO.; § 6 GKDA. — Verstoß bewirkt Nichtigkeit (Unkenntnis belanglos) im Umfange der §§ 551, 579, 957. Die Gründe sind erschöpfend, E. 20[389]; unanwendbar auf den StaatsA. (ESt. 4[264]) oder auf Bestreitg. der Eigenschaft als Richter überhaupt. — Verwandtschaft der Richter unter sich: Art. 5 AGG.; mit dem StaatsA.: Art. 52 AGV.; mit den RA.: § 14 RAO.; mit dem GSchr.: Mot. 73 (nur Ablehng.). — Verfahren von amtsw.: § 48; auf Parteiablehnung: §§ 42, 44.

Nr. 1. Nur unmittelb. Beteiligung, E. 7[312] NS. 1[754]; nicht Vereinsmitglied, wenn e. parteifäh. V. klagt; off. HG.: ESt. 37[414]. Nicht hierher Gläubiger, Schld. der Partei; Unterschied von § 393 Nr. 4 beachtl. — **Nr. 2.** Formeller Eheabschluß genügt bis zur RKraft des Nichtigkllrt. (ESt. 18[42]). Verlöbnis: § 42. — **Nr. 3.** BGB. §§ 1589, 1590 (quot partus, tot gradus); EBG. Art. 33; Uebergang: Bl. 66[251]. „Bis": einschl. Nicht hierher unehel. Kinder gegenüber Vater, Kinder e. geschiedenen Gatten aus späterer Ehe, zusammengebrachte Geschwister. — **Nr. 4.** ZB. Gegenvormund (ESt. 11[223]), Sozius (mit Kollektivvollm.) oder Substitut e. RA. Tatsächl. Auftreten nicht erforderlich; bloßes Konzept belanglos. — **Nr. 5.** Nicht Vorschlagung (ESt. 17[173]) oder formlose Auskunft (ESt. 12[180]); bestr. bei Beweissichrg. Selbstvernehmung unzulässig, E. 44[394]. — **Nr. 6.** Urteilsfindung (auch ZwU.); nicht Beweis-, Ergänzungs-, Verkündungsbeisitz (E. 26[383]), früherer StA., GSchr., Notar, VormRichter. Urteilsfasser I. J. kann d. d. e. R. II. J. sein. Wiederaufn.: BlEB. 4[91]; Zurückverwig.: E. 53[4].

§ 42 (42). I Ein Richter kann sowohl in den Fällen, in welchen er von der Ausübung des Richteramts kraft Gesetzes ausgeschlossen ist, als auch wegen Besorgnis der Befangenheit abgelehnt werden.

II Wegen Besorgnis der Befangenheit findet die Ablehnung statt, wenn ein Grund vorliegt, welcher geeignet ist, Mißtrauen gegen die Unparteilichkeit eines Richters zu rechtfertigen.

III Das Ablehnungsrecht steht in jedem Falle beiden Parteien zu.

Kein Recht auf vorgängige Benennung (vgl. § 24 StPO.) — Bei Abl. aus § 41 Unterschied des RMittels beachtlich. Gültigkeit dringl. Handlungen: § 47.

Die A. steht beiden Parteien zu (Gefährdg. durch vermeintl. Gewissenhaftigkeit), nicht aber Dritten (Zeugen); ist unzulässig gegen ein Gericht als solches (ESt. 27[175] SSt. 9[91]) oder für alle Prozesse (Bl. 59[42]). — Gründe (objektiv zu würdigen, S. 6[258]): Verlöbnis; nahe Verwandtsch., Schwägersch. außer § 41; enge Freundsch.; große Feindsch. (auch wenn vom Ablehnenden verschuldet, JW. 97[53]); Ersatzpfl. gegen Dritte; sonstige mittelbare Beteiligung; früherer Rat. — Kein Grund: allg. polit. Parteistellung, ESt. 7[340]; gleiche Religion (Israelit), SSt. 6[497]; frühere Kollegialität (S. 5[257]; vgl. E. 47[427]); Erklärung nach Aufhbg. e. Urteils, bei demselben zu beharren (ESt. 5[437] SSt. 8[195]); Urteilsabfassung im Stammprozeß (HauptJ.), JW. 87[270]; frühere private (liter.) Kundgabe der Rechtsansicht, SA. 47[57] JW. 04[241]; Beteilig. e. Vorgesetzten, SSt. 9[91]; Bestreitg. der RKenntnisse; Fordg. gegen Partei (S. 15[531]); Möglichkeit ähnlichen Prozesses (Bl. 11[33]).

§ 43 (43). Eine Partei kann einen Richter wegen Besorgnis der Befangenheit nicht mehr ablehnen, wenn sie bei demselben, ohne den ihr bekannten Ablehnungsgrund geltend zu machen, in eine Verhandlung sich eingelassen oder Anträge gestellt hat.

AblGrund: Tatsache (JW. 04[495]); Einlassung e. Vertr. (JW. 00[129]), schriftl. Antrag in Kenntnis der verbescheidenden Person genügt. Nicht hierher Terminsgesuche (E. 36[378]), Ausbleiben, Abl. aus § 41.

*__§ 44__ (44). I Das Ablehnungsgesuch ist bei dem Gerichte, welchem der Richter angehört, anzubringen; es kann vor dem Gerichtsschreiber zu Protokoll erklärt werden.

II Der Ablehnungsgrund ist glaubhaft zu machen; zur Versicherung an Eidesstatt darf die Partei nicht zugelassen werden. Zur Glaubhaftmachung kann auf das Zeugnis des abgelehnten Richters Bezug genommen werden.

III Der abgelehnte Richter hat sich über den Ablehnungsgrund dienstlich zu äußern.

IV Wird ein Richter, bei welchem die Partei in eine Verhandlung sich eingelassen oder Anträge gestellt hat, wegen Besorgnis der Befangenheit abgelehnt, so ist glaubhaft zu machen, daß der Ablehnungsgrund erst später entstanden oder der Partei bekannt geworden sei.

Glaubhaftmachg.: § 294. — Anwaltszwang (außer Gesuch): § 78. — Akten: §§ 1 AGSchrG.; 29 LGSchrG.; 8 OLGSchrE.

Abs. 1. Anbringung auch in mV. selbst, E. 35[348]. — **Abs. 2.** Zeugnis: dienstl. Aeußerg. — **Abs. 4.** Vers. an Eidesstatt zulässig

§ 45 (45). I Über das Ablehnungsgesuch entscheidet das Gericht, welchem der Abgelehnte angehört; wenn dasselbe durch Ausscheiden des abgelehnten Mitglieds beschlußunfähig wird, das im Instanzenzuge zunächst höhere Gericht.

II Wird ein Amtsrichter abgelehnt, so entscheidet das Landgericht. Einer Entscheidung bedarf es nicht, wenn der Amtsrichter das Ablehnungsgesuch für begründet hält.

GewGG. § 29. — Kosten: §§ 47, 80a GKG.; 29, 23 RAGO.; vgl. § 96. Streitwert: fr. Erm., erheblich unter Hauptſ., JW. 97[548].

Abs. 1. Gericht: Kammer, Senat (E. 16[414]). Beschlußunfähigkeit durch Zuziehung der ges. Stellv. (nicht Hilfsrichter) vermeidbar, E. 16[414]; §§ 62, 66 GVG.; Art. 33, 40 AGV. — Verbescheidung offenbar grundloser und nur zur Verschleppung eingebrachter Gesuche durch die Abgelehnten selbst (E. 46[402]), zB. frivole Wiederholung (ESt. 30[274]), generelle Abl., JW. 04[64]; im übrigen darf der Abgel. nicht mitentscheiden, ESt. 37[112].

Abs. 2 gilt auch für AmtsG. mit mehreren Richtern, Art. 21 AGV. (keine Stellvertr.). Schlußsatz auf KollegialG. unanwendbar.

§ 46 (46). I Die Entscheidung über das Ablehnungsgesuch kann ohne vorgängige mündliche Verhandlung erfolgen.

II Gegen den Beschluß, durch welchen das Gesuch für begründet erklärt wird, findet kein Rechtsmittel, gegen den Beschluß, durch welchen das Gesuch für unbegründet erklärt wird, findet sofortige Beschwerde statt.

Anwaltszwang: § 569 Abs. 2; E. 36[362]. Gehör des Gegners sachgemäß; des Abgelehnten: § 44. — Verbindung mit dem Beschl. aus § 36 Nr. 1 zulässig (AG. mit einem Richter). — Keine aufschbd. Wirkung der Beschw. außer § 47; keine weitere Beschw. gg. Stattgebung, E. 35[420].

Der mitverbescheidende Ersatzrichter braucht bei Anbringung in mV. nicht anwesend zu sein, RSt. 8[89]. — Die Beschw. wird gegenstandslos, wenn vor deren Verbeschdg. Urteil ergeht, JW. 95[539]. Zurückverweisung: JW. 05[209].

§ 47 (47). Ein abgelehnter Richter hat vor Erledigung des Ablehnungsgesuchs nur solche Handlungen vorzunehmen, welche keinen Aufschub gestatten.

Erldg.: auch Begründeterkl. nach § 45 Abs. 2. — Hierher insbes. Vertagung, soweit Abl. dazu nötigt. — Ein ausgeschlossener R. darf gar keine Amtshdlg. vornehmen. Nach Stattgebung der Abl. sind auch diese dringl. Hdlg. nichtig; keine Beschw. (SA. 46[218]).

§ 48 (48). I Das für die Erledigung eines Ablehnungsgesuchs zuständige Gericht hat auch dann zu entscheiden, wenn ein solches Gesuch nicht angebracht ist, ein Richter aber von einem Verhältnisse Anzeige macht, welches seine Ablehnung rechtfertigen könnte, oder wenn aus anderer Veranlassung Zweifel darüber entstehen, ob ein Richter kraft Gesetzes ausgeschlossen sei.

II Die Entscheidung erfolgt ohne vorgängiges Gehör der Parteien.

Anzeigepflicht disziplinär. — **Keine Zust.** an die Parteien: keine Beschw.; Vollzug im inneren Dienstwege (Bl. 71^{214} EB. 3^{372}), zB. Vertagung in andere Besetzung. — Nachträgl. parteiseitige Abl. möglich. — **Kein Abweichung** von der Geschäftsverteilung wegen Besorgnis unbegr. Abl.

§ 49 (49). Die Bestimmungen dieses Titels finden auf den Gerichtsschreiber entsprechende Anwendung; die Entscheidung erfolgt durch das Gericht, bei welchem der Gerichtsschreiber angestellt ist.

Vertretung: Art. 64 AGB.; vgl. Vdg. v. 6. Sept. 1879 (GVBl. 1110) u. §§ 154 GVG.; 81 GBTA. — Verstoßfolge nicht absolute Nichtigkeit; vgl. §§ 551, 579; ESt. 13^{76}; u. U. mangels legalen Protokolls kein Verkündungsbeweis.

Zweiter Abschnitt.

Parteien.

Erster Titel.

Parteifähigkeit. Prozeßfähigkeit.

§ 50. I Parteifähig ist, wer rechtsfähig ist.

II Ein Verein, der nicht rechtsfähig ist, kann verklagt werden; in dem Rechtsstreite hat der Verein die Stellung eines rechtsfähigen Vereins.

Prüfung von amtsw.: § 56; prozeßh. Einr.: § 274; GStand jur. P.: §§ 17, 18; Ausländer: Art. 7, 10 EBG.; E. 32^{173}. — Vgl. GBTA. § 267.

Abs. 1. Parteifähigkeit: F., Prozeßsubjekt zu sein (E. 12^{399} 32^{173}); **Gegensatz**: **Prozeßf.**, **Sach-**, **Prozeßlegitimation**. Kein Unterschied zwischen **formeller** und **materieller Parteifähk.** (bestr.). — Anwaltsbestellung zwecks **Geltendmchg.** eigener **Parteiunfähk.** zulässig: E. 35^{363} 53^{65} (richtig Aufklärungsbehelf für die Amtsprüfung); **kein Verzicht** (E. 4^{162}); **kein Prozeß** gegen sich selbst. — **Verlust** im **Prozeßlauf** führt zur **Abweisung**, vgl. **jedoch** § 241; nachträgl. Erwerb: JW. 91^{350} 95^{194}.

Einzelheiten: A. Natürliche Personen (§ 1 BGB.): Leibesfrucht, künftige Nachkommen nicht parteifähig, schon weil deren Zahl nicht feststeht; ZBlFG. 2^{832} aM. E. 61^{355} vgl. BGB. §§ 331, 844, 1716, 1912, 1923, 2043, 2108f, 2161f., 2178; EBG. Art. 42; früher S. 10^{364} 16^{208} Bl. 49^{166} ^{292} EB. 11^{351} NotZ. 82^{189} 85^{102}. — Ordenspersonen nunmehr parteifähig (EBG. Art. 55, 87; ABG. Art. 7ff.; früher (sog. Klostertod) S. 11^{214} Bl. 26^{296} ^{362} 46^{113} E. 32^{172} 41^{295}. — Verschollene bleiben parteifähig; § 53. — Die Firma als solche ist niemals Prozeßpartei: § 253. — Die Strafe des „bürgerl.

Erbes“ ist aufgehoben: Ges. v. 26. Dez. 1871 Art. 47 (GBl. 115) S. 7[500]. — Sklaverei, Leibeigenschaft nach Art. 30 EBG. unbeachtlich. — Formelle Parteien (vgl. JW. 02[634]: „kraft Amts, besonderen Rechts, für fremde Rechnung“) sind auch Konkursverwalter (E. 29[29 73] 53[8] S. 13[15]), Subhastationsverwalter E. 53[263] 59[90] S. 15[729] BlEB. 9[148]) Testamentsvollstrecker (E. 35[418] 59[364]), Nachlaßverwalter, Nachlaßpfleger (aM. E. 50[394]), Güterpfleger (§ 334 StPO., E. 11[188]), Sequester (§§ 848, 938), Vertreter nach §§ 58; BGB. 1912, 1913, 1914; Scheinzessionare (E. 39[166] 53[417] S. 17[163]; fiduz. RGeschäft, E. 59[146]; nicht bloßes Inkassomandat, JW. 05[718]); Pfändungspfandgläubiger mit Einzüberw. (E. 27[345]), Inkassogiratare (E. 36[53]); die Staatsanwaltschaft in Ehe-, Kinds- und Entmdgs. Im einzelnen besteht hierüber viel Streit; doch gilt als allgemeine Richtschnur die Unzulässigkeit e. Prozesses für oder wider: „N. N.“, „Unbekannt.“ — Die Zivilliste (vermögensrechtl. Beziehungen des Königs) wird als jur. Person (ZZP. 30[291] aM. RO. 9[354]) analog dem Fiskus behandelt; vgl. § 5 EZP., Art. 1 AZP., 452 BPO.; bestr.

B. Juristische Personen (§§ 21 ff. BGB.; Art. 10, 165 ff. EBG.; 1 ff. ABG.; 1 ff. ÜG.; Aufhebung des Affiliationsverbots: RG. v. 11. Dez. 1899, RGBl. 699; vgl. Bl. 64[385]): Anstalten öff. R. (§ 89 BGB.); Anwaltskammern (§ 49 RAO.): Berufsgenossenschaften (§§ 42, 46 GewUVG., 44 LuFUVG., 42 SeeUVG., 14 BauUVG.; nicht die Sektionen: NS. 2[47]); Bewässerungsgenossenschaften (Art. 65, EBG. 2 BewG. S. 12[390]; bzgl. Uferschutzgen. bestr.); Bezirksverein, ärztl. (GVBl. 05[693]); Brandversicherungsanstalt (Art. 95 BrVG.); Fabrikvermögen der Kirchen („Kirchenstiftung“); Fiskus (§§ 89 BGB., 5 Tit. VIII VerfUrk.), nicht aber die einzelnen stat. fisci (E. 37[251] Art. 2 AZP. §§ 225, 268 GBDA.; vgl. § 20 RG. v. 22. Mai 1893); Gemeinden, polit.: S. 3[352] 5[3] 6[261 929] 7[534 753] 8[180 362] 11[4 410] 13[9 91]; wegen der Kreisgmd. vgl. S. 17[461] Bl. 65[54]; Ortschaften Art. 5 GmdO.; JMBl. 05[710]: nicht Armenpflege (unrichtig ZR. 05[410]); wegen RealGmd. vgl. Becher LZR. 1[385]. SchutzGGmd.: RGBl. 05[54]; Gewerkschaften (Art. 67 EBG. 119, 139, 140 BergG. S. 11[590]); Gläubigergemeinschaft nach § 14 RG. v. 4. Dez. 1899 (RGBl. 695); Hagelversicherungsanstalt (Art. 1 HVG.); Handelsvereinigungen: HGB. §§ 125, 150 ff. (off. HG.), 161, 170 (KommG.), 231, 247, 268, 272, 298, 309 (AktienG.), 320 ff. (KommAG.); wegen des Streits hinsichtl. der Natur der off. HG. u. KommG. vgl. E. 45[340] NS. 1[523], beide die Rechtspersönlichkeit verneinend), GBDA. § 265; wegen der ausländ. AktG. BGB. § 23 EBG. Art. 10 GewO. § 12 E. 6[134] Staudinger Staatsvertr. 1[289] und die Handelsverträge bei § 110; wegen der Erw.- u. Wirtschaftsgen., Ges. mit beschr. Hftg. die bzgl. Gesetze (Neutextierung v. 20. Mai 1898) E. 59[326] (Nichtigkeit); Handwerkskammern (§ 103n GewO. GVBl. 99[1000]); Hered. jacens früh. R. (S. 11[667]); Hilfskassen, eingeschr. (RG. v. 7. April 1876): Innungen, J.-Ausschüsse, J.-Verbände (§§ 86, 92b, 96, 98, 101, 104g GewO.); Kirchengemeinden (bei kath. Kirchen bestr., vgl. S. 3[497] 8[203]; bejahend VGH. 4[23] 12[426] vgl. NS. 4[564]; keine Simultangmd. (VGH. 24[583]); wegen Judengmd. vgl. VGH. 12[423]; Institute, kirchl. (Art. 84 EBG.; Bistümer E 53[374] Bl. 65[520]; Domkapitel Bl. 33[327]; Klöster Bl. 32[280] GVBl. 98[377]; marian Kongreg. NS. 5[238]; vgl. S. 3[497] VGH. 23[149] II. VerfBeil. §§ 28, 44 45; Konkordat Art. 4); Knappschaftsvereine (Art. 199, 217 BergG.)

Kolonialgesellschaften (§ 11 SchutzGG.); Krankenkassen nach §§ 25, 64, 72 KrVG. (nicht GemeindeKrK., InnungsKrK. E. 52[209]); Lehrerpensionsanstalten (GVBl. 04[1]); Pferdeversicherungsanstalt (PfVG. Art. 5); Pfründestiftungen (S. 8[338] 10[370] VGH. 12[373] JMBl. 05[717]); Piae causae: § 89 BGB., S 9[226] (staatl. Genehm.): registr. Gesellschaften ält. R. (Art. 165 EBG., RG. v. 23. Juni 1873; Bayer. Gesetz v. 29. April 1866); Reichsbank; Reichsfiskus: Schützengesellschaften, org. (RBl. 68[1729]); Schutzgebiete; Stiftungen (BGB. §§ 80, 89 ZustVdg. § 5 ABG. Art. 5 ff.); der Unterschied zwischen öff. und privaten Stftg. deckt sich nicht mit dem zwischen Stftg. öff. u. bürgerl. Rechts; vgl. Art. 69, 158 f. GmdO.: S. 4[669] 5[1] 7[962] 9[232] 12[286]; Universitäten; Versicherungsanstalten nach § 68 InvVG.: Versicherungsvereine auf Gegens. (PrVersG. § 15); Viehversicherungsanstalt (ViehVG. Art. 5). — **Nicht parteifähig** (**vorbeh. Abs. 2**): Apothekergremien; freiw. Armenpfl. (S. 5[1]); Bataillone; Behörden (NS. 3[949]); Bruderschaften (S. 6[590]; Vermögen meist Stiftung); Dekanate; Erbengemeinschaft (EF. 4[131]); Familien (S. 5[4] 13[609] NS. 4[833]; Mot. AGB. S. 143); Feuerwehren (S. 16[273]); Freimaurerlogen; Gutsverwaltg.: Gymnasien (Bl. 53[271] JW. 06[428]); Handels- u. Gewerbekammern (Vdg. v. 25. Okt. 1889; anders die Vereine nach Art. 25 Bayer. GewG. mit VollzV. v. 7. Mai 1868); Konsistorien; Leihhäuser; Offizierkorps; Ordinariate (S. 3[223]); Pensionsvereine (Bl. 46[337]); Publikum (E 14[214]); Regimenter (R. 02[296]); Rhedereien (§ 489 HGB.); Schulen (S. 4[669]); Schulgmd. (NS. 1[532] Art. 1 SchulbdG.); Sparkassen (E. 34[5] NS. 2[698] ZR. 06[249]); Spitäler (S. 7[960] 9[646]); Sterbekassen; Studentenverbindg.; Subhastationsmasse; Theater (JW. 00[534]); Zeitungen (ZZP. 20[486]); Zweigniederlassg. (JW. 04[208] NS. 5[381]), Zweigvereine (S. 6[1]).

Abs. 2. Vereine (§§ 21 ff., 54 BGB., Art. 7, 10, 29, 65 ff., 69, 75, 82 ff., 163 ff., 183 EBG., 4 ABG., 2 ÜG., 4 ZustVdg.; 220 GebG.; §§ 31 KonsGG.: 213 KO.; vgl. ZZP. 34[107] E. 57[92] Bl 70[133]); Vereinsregister: JMBl. 99[1034]; GStand: § 17; ZwV.: § 735. — Die poliz. Genehmigung (§ 12 ff. VereinsG.) oder anderweitige administr. Bestätigung u. dgl. steht der förml. Verleihung der Rechtsfähigkeit durch die Krone nicht gleich (anders PrVersG. § 15). Die Gesellschaft (Unterschied vom Verein: freier Mitgliederwechsel, Gr. 49[1014]) ist auch nicht passiv parteifähig, §§ 705 ff. BGB.; vgl. § 736; Begr 150; GVDA. § 272. Nach Begr. 85 und KB. 31 ff. soll diese „hinkende Parteifähigkeit" möglichst weit ausgedehnt werden, insbes. auf WKl, Nichtigk.-, Restit.-, VollstrGegenkl., Kostenfests. nach obsiegl. Urteil, Schadensersatz nach §§ 302, 717; ausgeschlossen bleibt hiernach nur gewöhnl. Klage, Haupt-, VollstrInterv. — Durch die Verklagbarkeit eines nicht rechtsfähigen V. wird an der materiellen Haftung der Mitglieder (zB. aus Auftrag, Bereichrg.) nichts geändert; samtverbindl. Mitverklagung der solventen Mitgl. neben dem „Verein" rätlich; Form des persönl. Haftungsausschlusses: E. 12[229] JW. 06[298]; Sammelvermögen: § 1914 BGB. — Die bisher häufig (allerdings mit Unrecht) angenommene aktive Parteif. der nicht anerkannten Bayer. Vereine ist auch für anhängige Prozesse nach Art. 2 ÜG. erloschen (NS. 1[698]); anders für außerbayer. Recht: JW. 00[517] ZR. 06[29].

§ 51 (50). Die Fähigkeit einer Partei, vor Gericht zu stehen, die Vertretung nicht prozeßfähiger Parteien durch andere Persoren (gesetzliche Vertreter) und die Notwendigkeit einer besonderen Ermächtigung zur Prozeßführung bestimmt sich nach den Vorschriften des bürgerlichen Rechts, soweit nicht die nachfolgenden Paragraphen abweichende Bestimmungen enthalten.

Zustellung: §§ 171, 176; gerichtl. Beiordnung: §§ 57, 58, 494, 668, 679, 686, 779, 787; HGB. 268, 328; GenG. 39; PatG. 12 Eid: § 473; ZwV.: ZZP. 35[475]. Vgl. die Note zu § 50. — Verlust der Prozeßf. während des Proz.: §§ 241, 246; Zurückweisung Prozeßfähiger: §§ 157 ff. — Kosten: § 102.

I. Prozeßfähigkeit: F., den RStr. selbst zu führen oder durch Bevollm. führen zu lassen (E. 13[332]); setzt Parteif. voraus (E. 12[339] 32[173]); maßgebend Personalstatut der Partei (E. 6[138]); vgl. § 55. — GesV.: durch Gesetz oder gesetzl. Verwaltungsakt berufen (NS. 2[52]); nicht hierher Domanialkanzlei (NS. 4[833]), Generalagenten, Subdirektoren, Prokuristen (vgl. PrVersG. §§ 89, 115). — Eine Partei kann nicht ges. V. der anderen Partei sein, E. 47[17] NS. 1[261]; vgl. NS. 4[378] (Drittschld.) Kollegialbehörden als ges. V. zulässig (§ 18); Delegation u. Devolution regelmäßig nicht statthaft (E. 8[405] VGH. 24[161] Bl. 44[158] JW. 04[574]). Im Zweifel Kollektivvertretung (E. 58[62]), Vorstand nur Vollzugsorgan (S. 6[491] 7[550]); Generalversammlung: S. 12[396] JW. 01[302]. Geltendmachg. des Vertretermangels E. 29[408]; Genehmigung SA. 54[111]. VormG., NachlaßG., Waisenrat sind nicht ges. V. (S. 4[433] NS. 4[376] 5[368]). Beachtlich die Verschiedenheit zwischen vermögensrechtl. u. persönl. Angelegenheiten („Sorge für die Person"), sowie zwischen Geschäftsführg. u. Vertr. (JW. 06[402]) — **Einzelnes** (vgl. §§ 1, 2, 34 VormO.): **Prozeßunfähig** sind Unmündige und Minderjährige (BGB. §§ 2, 3, 104 Nr. 1, 106; EBG. Art. 32, 57; RG. v. 17. Febr. 1875; VerfUrk. Tit. II § 7), Geisteskranke (BGB. § 104 Nr. 2; auch vor Entmündigung, vorbehaltl. lichter Zwischenzeiten, E. 30[186] NS. 3[982] Bl. 70[674]); Entmündigte gemäß BGB. §§ 104 Nr. 3 (hier luc. interv. unbeachtlich), 114; unter vorl Vormundschaft Gestellte (BGB. § 1906); endlich alle jur. P. u. formell denselben gleichgestellten Verbände (E. 6[134] 14[412]. — **Ausnahmefälle beschränkter Prozeßfähigkeit** gemäß § 52: **a)** § 112 BGB. (Erwerbsgeschäft e. Minderj., auch wissenschftl., künstl. Erwerb; Mot. 1[112]); **b)** § 113 BGB. (Dienst-, Arbeitsverhältnis e. Minderj.; keine Analogie für Lehre (R. 05[223]) oder Studium (E. 28[278]); **c)** §§ 7, 8 SeemannsO. (Schiffsdienst e. Minderj.). Den Minderj. stehen in diesen drei Fällen die wegen Geistesschwäche, Verschwendung oder Trunksucht Entmündigten, sowie die nach § 1906 BGB. vorl. Bevormundeten gleich (§ 114 BGB.) — Wegen der Prozeßf. Geschäftsbeschränkter in Ehe-, Kinds- u. EntmdgsS. vgl. §§ 612, 641, 664 ff.; Wirkungsbeginn der Entmdg.: §§ 661, 683. — Der Gemeinschuldner sowie der Erbe im Nachlaßkonkurs verliert nicht die Prozeßf., sondern nur die materielle Sachlegitim (E. 2[21] 6[407] 14[407]); vgl. § 240. Beschränkte Prozeßunfähk. wegen Pflegschaft: § 53. Heirat, Anstellung macht nicht mündig; durch Heirat mündig Gewordene bleiben auch nach dem Tode des Mannes voll geschäftsfähig (Gr. 47[998]).

II. Gesetzliche Vertretung. A. Natürliche Personen: 1. Minderjährige: a) unter elterlicher Gewalt (BGB. §§ 1626, 1700 ff., 1705, 1719, 1736, 1757): Vater bzw Mutter, erst eventuell Pfleger bzw. Beistand (BGB. §§ 1630, 1686, 1909, 1693). Zu beachten insbes. Ruhen (BGB. §§ 1676 ff.) u. Verwirkung (BGB. § 1680); Scheidung (§§ 1635,

1685 BGB., JW. 03 Beil. 63), Heirat der mj. Tochter (BGB § 1633); Ausschluß in einzelnen Fällen: BGB. §§ 1630, 1638, 1647, 1666, 1670, 1795 ff. Bei Interessenkollision Pflegeraufstellung (nicht Mutter kraft Ges., Bl. 66[218] [288] RO. 1[277] EF. 5[26] ZBlFG. 4[387]); anders bei Ruhe, tatsächl. Verhinderung. **b)** außerhalb elterl. Gewalt (zB. unehel. Kinder): Vormund (BGB. §§ 1773, 1793; Anstaltsvormund: EBG. Art. 136 ABG. Art. 100 VormO. § 27 JustVdg. § 23 JMBl. 00[543] EF. 7[10]); in Verhinderungsfällen Pfleger (BGB. §§ 1795 ff., 1638, 1909; RO. 12[353]). — **2.** Volljährige, soweit prozeßunfähig: Vormund (BGB. §§ 1896, 1906): Pflegschaft über VollJ.: § 53.

B. Juristische Personen: Fiskus: § 18. — Zivilliste: Vorstände der Hofstäbe und selbstdg. Hofintendanzen, Kabinetskasse (nicht Kronämter). — Ortsgemeinden: Magistrat bzw Gemeindeausschuß, hinsichtl. Armenpflege (NS. 3[43]) ArmenPflRat (nie der Bürgermeister allein); vgl. GmdO. Art. 37, 84, 112, 130, 147, 153; ArmG. 10; S. 5[534] 6[676] 7[753] 11[4] NS. 1[532] BGH. 24[348]; SchutzGGmd.: RGBl. 00[367] 05[54]. Distriktsgemeinden: Distriktsrat, DR.-Ausschuß (DistriktsRG. Art. 1, 11, 16, 19), nicht der Bezirksamtm. (Bl. 58[382]). Kreisgemeinden: Kreisregierung (LandRG. Art. 15, 29, 31; S. 17[461]; bestr.). — Kirchliche Institute (zB. Diözese, Klöster): Vorstand (zB. Bischof, Abt). — Kirchenstiftungen: Kirchenverwaltung, nicht Pfarrer (NS. 4[564]; Art. 206 GmdO.; vgl. LTAbsch. v. 28 Mai 1892 § 23); Pfründestiftungen: Pfründeinhaber (S. 8[338]); sonstige Stiftungen: Administrator (Vdg v. 6. März 1817, RBl. 157), mangels solchen Gemeindeverwltg. (Art. 65 ff, 5 GmdO.; Bl. 68[27]). — Universitäten: Verwaltungsausschuß (RBl. 16[133] 19[942]; JMBl. 68[51]). — Brand-, Hagel-, Viehversicherungsanstalt: Verskammer (GVBl. 96[663]). — Sprengelschule: ZR. 05[17].

III. Allgemeiner Streitkonsens, zu unterscheiden von Ermächtigung zu einzelnen Prozeßhdlg. (§ 54). Reichsrechtl. Fälle: §§ 612, 641; BGB. §§ 1336, 1402, 1595 mit FGG. §§ 35, 36, 45; HGB. 247, 320, 328; GenG. 39. Nicht hierher (weil bloß für interne Haftbarkeit beachtlich) §§ 133 ff. KO., 235 HGB., 153 ZVG.: Art. 139 SubhO.; vgl. E. 20[110]. — Landesrechtlich besteht der (obrigkeitl.) Streitkonsens noch für das Kirchen- und Pfründevermögen (rev. GmdEd. §§ 59, 94, 103, 123, 128; Vdg. v. 6. Dez. 1808, RBl. 2817; GmdO. Art. 206) u. die selbstdg. administr. Stiftungen (vgl. Krais 1[390] [318] Silbernagl S. 392, 453), nicht aber für Klöster (Bl. 21[494]). — Vormünder, polit. Gemeinden bedürfen keines allg. Streitkonsenses (§ 1821 ff. BGB.; Art. 206 GmdO.).

***§ 52** (51). [I] Eine Person ist insoweit prozeßfähig, als sie sich durch Verträge verpflichten kann.

[II] Die Prozeßfähigkeit einer Frau wird dadurch, daß sie Ehefrau ist, nicht beschränkt.

Zwangsvollstreckung: §§ 739 ff., 861 ff. — Die väterl. Gewalt und die Geschlechtsvormundschaft sind nicht mehr erwähnt, weil das BGB. erstere bzgl. vollj. Pers., letztere überhaupt nicht mehr kennt u. die Überleitung sofort eingetreten ist (Art. 203 ÜG.; Becher LZR. 2[1173]; § 28 LandtAbsch. v. 10. Nov. 1861 u. Ges. v. 14. Jan. 1871; S. 4[28]). — Die nach BGB. § 1399 Abs. 2 überflüssige Erwähnung der Ehefrau hat noch Bedeutung wegen Art. 200 Abs. 3 EBG. Vgl. hiezu für Bayern Art. 218 EBG., 19 bis 31, 62 bis 104, 124 bis 140 ÜG.; Vdg. v. 28. Sept. 1903 GVBl. 487; insbes. beachtlich sind die prozessual wichtigen Art. 98, 103, 130 ÜG.

Abs. 1. Gemeint ist nicht die konkrete Befugnis, sondern die abstrakte Fähigkeit zur vertragsmäßigen Verpflichtung ohne Einwilligung oder Genehmigung eines Dritten (Bl. 63[59]). Haftbarkeit für Quasikontrakt oder Delikt, Testirfähigkeit, Ehemündigkeit, Fähigkeit einseitigen lukrativen Erwerbs nach § 110 BGB. (DJZ. 03[451]) belanglos. Sparkasseneinlagen: Art. 109 ABG. — Einzelheiten s. bei § 51.

Abs. 2. Prozessuale Stellung der Ehegatten *beim gesetzlichen Güterstand des BGB.* (Bl. 64[9] 65[153] 66[110] 67[213] BNotZ. 03[20] Stdg-Englm. BGB. 4[180 218]). *Güterstandsnachweis*: §§ 162 FGG. 152 GBDA. BNotZ. 05[87] EF. 6[148] JW. 06[406]. Die Praxis unterstellt mangels sonstigen Anhalts den gesetzl. GSt. des gegenwärtigen Ehewohnsitzes (vgl. S. v. E. in HS. 1[72]). § 1435 BGB. begründet keine Güterstandsfiktion zu gunsten der Gläubiger; für die übergeleiteten älteren Güterstd. besteht kein Registerzwang (Art. 25 ÜG.). Beachtlich, daß nach BGB. §§ 1366 ff. in jeder Ehe kraft Gesetzes Vorbehaltsgut auch ohne Ehevertrag vorhanden ist und daß Geschäfts- u. Prozeßlegitimation u. folgeweise Geschäfts- u. Prozeßzustimmung sich nicht decken. Letzteres tritt besonders bei Dispositivakten im Prozeß hervor. *Prozeßzustimmung* (auch Generalkonsens, ZR. 06[64]) fällt nur analog unter § 182 ff. BGB.; ist nicht nach § 1402 BGB. ersetzbar (JW. 02[349]), nicht auf einzelne Prozeßakte beschränkbar (ibid.), nach Prozeßbeginn unwiderruflich (bestr.); nachträgl. Behauptung ist nicht Klagänderung (E. 50[212]). Vollmachtsunterschrift (RO. 1[56]), Information (JW. 93[422]), Akteneingabe (JW. 94[122]), Zeugenaussage (JW 03 Beil. 86), Beitritt als NJ. kann genügen, nicht aber bloßes Schweigen insbes. bei Passivklagen. Aktivklagen „im ehel. Beistand" bedeuten nur Zustimmung, nicht Streitgen. (E. 60[85]). Bzgl. der Geschäftslegitimation ist Folgendes zu bemerken. Die Giltigkeit *ehefräul.* Geschäfte wird an sich durch den Mangel eheherrl. Zustimmung nicht berührt; Ausnahmen bestehen hinsichtl. unmittelbarer Verfügungen (nicht schon oblig. Vertrag, E. 58[36]) über eingebr. Gut (§§ 1395 ff. BGB.) sowie hinsichtl. persönl. Leistungen (§ 1358 BGB.: Kündigungsrecht). Die Zustimmung des Ehemanns ist aber auch bei konsensfreien Geschäften von Bedeutung für die Wirksamkeit und weiterhin für die Vollstreckb. hinsichtl. des Eingebr. dem Ehemann gegenüber. Ausnahmen hievon bestehen bzgl. konsentierten Erwerbsgeschäfts (§§ 1405 BGB.; 11a GewO.; Art. 36 EBG.), ferner bei Krankheit oder Abwesenheit des Ehemanns (§ 1401; NS. 3[819]) sowie in den praktisch wichtigen Einzelfällen der §§ 1406, 1407. Konsensergänzung bei grundloser Weigerung: § 1402; Pr. 4[147]; NS. 3[880]. Für Delikte der Frau haftet deren Eheeinbr. schlechthin, Quasidelikte, oblig. ex lege: § 1414; Erbschaftsschulden: § 1413; Quasikontrakte: § 1399 Abs. 2 Satz 2. — Zur Besorgung seiner *eigenen* Geschäfte bedarf der Ehemann keiner Mitwirkung der Ehefrau, insbes. auch nicht zur Verfügung über die ihm zustehenden Nutzungen (wegen Vermietungen u. dgl. s. § 1423, ZR. 05[327]); Korrektiv: §§ 1418 BGB.; 861. Zur Verfügung über *eingebr. Gut* bedarf der Ehemann der Zustimmung der Ehefrau: § 1375; Ausnahmen: § 1376 ff.; Konsensergänzung: § 1379 (beachtlich der Unterschied gegenüber §§ 1401, 1402). Prozeßführen ist an sich nicht „verfügen", wohl aber Annehmen von Zahlungen (Mot. BGB. 1[379]), Vergleich, Verzicht, Anerk., Kündigung, Mahnung. Zu solchen Verfügungen müssen beide Gatten „mitwirken", wenn auch nicht persönlich (R. 00[170]; schriftl. unbegl. Zustimmung, Vollmacht (vgl. §§ 172, 410 BGB.) ersetzt die Zuziehung. Der

Ehemann kann also wohl einseitig Schulden der Ehefrau zahlen (§ 1376 BGB.), nicht aber deren Guthaben einkassieren, soweit letztere nicht Nutzungen sind. — Eine persönl. Verpflichtung der Ehefrau kann der Ehemann ohne deren Zustimmung nicht begründen, wohl aber die Ehefrau e. Verpflichtung des Ehemanns nach § 1357 (Schlüsselgewalt). Tätigkeit der Ehefrau im Geschäft des Ehemanns ist im Zweifel Beihilfe nach § 1356 Abs. 2 BGB., also keine Schuldenmithaftung; vgl. auch § 4 HGB. Hiernach gilt hinsichtl. der Rechtsstreite mit Dritten über eingebr. Gut Folgendes:

a) Nutzungs- und Verwaltungsprozesse (zB. Zinsen, Besitz) führt der Ehemann aktiv u. passiv allein (BGB. §§ 1373, 1383); die Frau ist sachlich auch mit Zustimmung des Ehemanns nicht legitimiert.

b) Substanzaktivprozesse kann der Ehemann an sich allein führen (§ 1380 BGB.), Leistungskl. aber zu eigenen Handen ohne Nachweis der ehefräul. Zustimmung mit Erfolg nur, wenn er über das streitige Recht (dh. die Forderung, nicht das geforderte Geld) ohne Zustimmung der Frau verfügen kann. Andernfalls muß die bekl. Partei schon zur eigenen Sicherung gegen Doppelleistung den Nachweis ehefräul. Zustimmung verlangen u. mangels solchen Abweisung oder doch nur Verurteilung zu gemeins. Hand event. zur Hinterlegung beantragen. Zustimmungsnachweis: § 726; „zu gemeinsamer Hand" ist bloßer Vollstreckungsmodus. Dies ist auch im Versäumnisverf. beachtlich. Die Ehefrau bedarf zu Substanzaktivprozessen bei Meidung der Abweisung (Mot. 4[232] JW. 05[81]) nach § 1400 Abs. 2 BGB. eheherrl Zustimmung; Ausnahmen: §§ 1401, 1405, 1407. Die Legitimation für Feststellungskl. richtet sich lediglich nach der Natur des streitigen Rechts (aM. früher E. 39[306]). Substanzaktivprozesse des Ehemanns sind selbst bei Zustimmung der Ehefrau für u. gegen sie wirkungslos (Prot. BGB. 4[173]); die Frau kann also den vom Mann verlorenen Prozeß sofort auf eigenen Namen neu anstellen, wenn der Mann hiezu zustimmt. Abhilfe allenfalls nur durch Streitverkdg. an die Ehefrau (vgl. § 74 Abs. 3) oder sofortige Feststellungskl. gegen die Frau mit Verbindung der Prozesse möglich.

c) Substanzpassivprozesse sind gegen die Ehefrau zu richten; der Ehemann ist auf Duldung mitzuverklagen, weil sonst nach § 739 die ZwV. nicht in das eingebr. Gut stattfinden kann. Im übrigen ist das gegen die Ehefrau allein erstrittene Urteil dem Mann gegenüber hinsichtl. des eingebr. Guts nur dann wirksam, wenn er dem Prozeß zugestimmt hat (§ 1400 Abs. 1 BGB.; E. 56[74]). Da diese Zustimmung nicht erzwingbar ist, so ist praktisch stets Mitverklagung oder doch Streitverkündung rätlich, auch wenn e. ZwV. nicht in Frage kommt. Entbehrlichkeit der Prozeßzustimmung bei Krankheit oder Abwesenheit: § 1401. Im übrigen kann die Frau auch außer den Fällen der §§ 1401, 1405, 1407 gewöhnl. Prozesse (ohne direkte Beziehung zum eingebr. Gut) allein führen. Das Urteil ist jedoch ohne Wirksamkeit gegenüber dem Ehemann, soferne dessen Zustimmung zur Prozeßführung nicht vorliegt (§ 1400 Abs. 1; E. 56[74]). Diese Unwirksamkeit zeigt sich insbes. darin, daß auch in den Fällen materieller Haftung des eingebr. Guts ohne Zustimmung des Ehemanns zur Eingehung der Verbindlichkeit der Ehefrau doch im Duldungsprozesse gegen den Ehemann neuerl. Feststellung der ehefräul. Schuld auf Bestreiten geboten und e. Bezugn. auf das gegen die Ehefrau erstrittene Urteil unbehelflich ist. — Ein Prozessirverbot ist im Umfange des

§ 1394 BGB. der Ehefrau bzgl des Ehemanns auferlegt; für die Einziehung der dort bezeichn. Ansprüche durch die Gläubiger der Frau (Überweisung) gilt dieses Verbot nicht. — Wegen der persönl. Solidarhaft des Ehemanns für Zinsen u. Kosten ehefräulicher Prozesse vgl. § 1388 BGB.; Duldungspflicht im Kostenpunkt: § 1412 Abs. 2 (auch bei eigenmächtiger Prozeßführung der Frau). — Die Prozeßführung e. Gatten namens u. mit Vollmacht des anderen Gatten folgt lediglich den allgem. Regeln. RNachfolge durch Eintritt oder Beendigung des Güterstands: §§ 727, 739 ff.

§ 53. Wird in einem Rechtsstreit eine prozeßfähige Person durch einen Pfleger vertreten, so steht sie für den Rechtsstreit einer nicht prozeßfähigen Person gleich.

Vgl. BGB. §§ 1910 ff. mit EF. 5^{11}; 1189, 1270; EKO. 17 mit HypBankG. 43; Pr.-VersG. 62; StPO. 334.

Hauptfälle: Abwesenheit, Geisteskrankheit ohne Entmündg. (E. 52^{224}). Prozeßunfähk. entsteht erst mit tatsächl. Eintritt des Pflegers in den Prozeß; will die Partei selbst in den Prozeß eingreifen, so muß sie die Aufhebung der Pflegsch. herbeiführen. — Die Klage selbst muß nicht dem Pfleger zugestellt werden; vgl. § 203. — Nicht hierher die Fälle, wo der Pfleger selbst formell Partei: § 50.

§ 54 (52). Einzelne Prozeßhandlungen, zu welchen nach den Vorschriften des bürgerlichen Rechts eine besondere Ermächtigung erforderlich ist, sind ohne dieselbe gültig, wenn die Ermächtigung zur Prozeßführung im allgemeinen erteilt oder die Prozeßführung auch ohne eine solche Ermächtigung im allgemeinen statthaft ist.

Allgem. Streitkonsens: § 51; Prozeßvollm.: §§ 81, 83. — Verfahren: §§ 56; HGB. 50; Mot. BGB. 4^{330}; NotGeschO. §§ 86 ff. — Kein Beschwerderecht des Dritten nach § 20 FGG. (RG. 4 [illegible]); Unterschied zwischen Genehmig. u. deren Inaussichtstellen: RG. 5^{450}.

Trifft nur das Verhältnis nach außen, unbeschadet der internen Haftung; vgl. zB. §§ 1822, 1643, 1690, 1714 BGB.; 235 HGB.; 133 KO.; Art. 112, 147, 157 GmdO; Becher Mat. Abt. IV/V Bd. 2^{78} ^{234}. — Hierher zB. Rücknahme, Eideserlaß, Versäumnis. Unanwendbar auf Vergleiche, weil nicht nur Prozeßhdlg. (E. 19^{362} JW. 04^{117}; bestr.); die Analogie für die andern Dispositivakte ist unabweisbar. Unterhaltsvergl.: BR. 06^{488}.

§ 55 (53). Ein Ausländer, welchem nach dem Rechte seines Landes die Prozeßfähigkeit mangelt, gilt als prozeßfähig, wenn ihm nach dem Rechte des Prozeßgerichts die Prozeßfähigkeit zusteht.

Art. 7, 8, 15, 16, 23 EGBG.; 81 WO.; §§ 11a GewO.; 1 BuStAG. — Aufenthalt im Deutschen Reich nicht erforderlich. — Volljährigkeit: Türkei 16, Schweiz 20, Niederlande 23, Dänemark, Norwegen, Oesterreich 24, Spanien 25, übrige europ. Staaten und Ver. St. von Nordamerika 21 J. — Parteifähigkeit nur nach ausld. R. (§ 50).

***§ 56** (54). I Das Gericht hat den Mangel der Parteifähigkeit, der Prozeßfähigkeit, der Legitimation eines gesetzlichen Vertreters und der erforderlichen Ermächtigung zur Prozeßführung von amtswegen zu berücksichtigen.

II Die Partei oder deren gesetzlicher Vertreter kann zur Prozeßführung mit Vorbehalt der Beseitigung des Mangels zugelassen werden, wenn mit dem Verzuge Gefahr für die Partei verbunden ist. Das Endurteil darf erst erlassen werden, nachdem die für die Beseitigung des Mangels zu bestimmende Frist abgelaufen ist.

Fragepflicht: § 139: Versagung des Versll.: § 335; Änderung im Prozeßlauf: §§ 253, 241 ff.: Angabe im Urteil: § 313; Vollmachtsmängel: § 89. — Vgl. GewGG. § 30; KfmGG. § 16. — Vormund, Pfleger (Bestallung; bei Pflgsch. Umfang beachten): §§ 1791, 1915 BGB.: 50 FGG.: 7, 51 VormO.: 60, 83 NachlO.; Zwangsverwalter: JMBl. 05[591]. — Registerauszüge (oder Registerzeugnisse, EF. 3[105] BlFG. 4[220]): §§ 432; RegBek. 210; GBDA. 150 ff.: ferner §§ 69 BGB., 92 b, 101, 104 h GewO.; 35, 64, 72, 78 KrVG.: 42 GewUVG.: 17 HülfsKG.: 73 InvVG. — Richtigkeit: §§ 274, 551, 579. — Kosten: §§ 26 GKG.: 20 RAGO.; vgl. § 102.

Abs. 1. Geständnis, Anerkenntnis, Verzicht, Eideszuschiebung unzulässig, kein Verlust des Rügerechts nach § 295. Notorietät, richterl. Eid möglich. — Entscheidungsform: stets Urteil, auch wenn Klagerhbg. mangelhaft (E. 18[381] 29[410]): die Kosten treffen den veranlassenden Teil nach § 91, auch wenn parteiunfähig (E. 53[65]) Auch auf Revision (JW. 05[73]) und Verf. ohne mV. (zB. Arrest) anwendbar; Entschdgsform hier: Beschluß. Unterschied von Sachlegitim. beachtlich. Der „Vorstand" kann aus mehreren Personen bestehen (EB. 4[31] ZR. 06[188]). Mitunterschrift zweier Ausschußmitgl. bei Landgmd.: Art. 145 GmdO. (ratsam Protokollauszug zu fordern); vgl. BGH 10[19 58] JW. 04[370] 05[446] JME. v. 19. Apr. 1901 Nr. 18318. — Nachträgl. Genehmigung möglich, JW. 00[653]. Nur Zuständigk. der bestellenden Behörde nachprüfbar (JW. 96[319] 02[570]; vgl. § 7 FGG.), nicht sachl. Berechtigung. — Wegen Einzelheiten vgl. analog Not.-GeschO. §§ 74 ff.: GBDA. §§ 83 ff.

Abs. 2. Kein Parteirecht auf Fristsetzung; trotz Fristablauf Nachbringung bis z. Urteil möglich, E. 14[433]. Verkdgsvertagung unstatthaft, weil über Behebung des Mangels mV. erforderlich, R. 04[169]; keine Aussetzung, E. 18[383]. — Unmittelb. Verkehr des ProzeßG. mit den einschlägigen Behörden sachgemäß (JW. 99[432]); Beschluß beschwerdefrei; Auskunftspflicht: EF. 4[101].

§ 57 (55). I Soll eine nicht prozeßfähige Partei verklagt werden, welche ohne gesetzlichen Vertreter ist, so hat der Vorsitzende des Prozeßgerichts derselben, falls mit dem Verzuge Gefahr verbunden ist, auf Antrag bis zu dem Eintritte des gesetzlichen Vertreters einen besonderen Vertreter zu bestellen.

II Der Vorsitzende kann einen solchen Vertreter auch bestellen, wenn in den Fällen des § 20 eine nicht prozeßfähige Person bei dem Gericht ihres Aufenthaltsorts oder Garnisonorts verklagt werden soll.

§§ 171, 185, 449, 668, 779; GewGG. 30; KfmGG. 16; BGB. 29, 206; HGB. 268; GenG. 39; PatG. 12; FGG. 145; altrechtl. Löschungskl.: Art. 123 AZP. — Kein Anwaltszwang: § 1 AGSchrG.: Zustellung: § 329 (keine Mitteilg. an VormG.); keine Fristsetzung (Gr. 45[1091]); gegen Abwsg. einf. Beschw. — Verlust während des Prozesses: § 239 ff. — Kosten: §§ 47, 80 a GKG.; 23, 29 RAGO.

Abs. 1. Zust. an Kläger selbst als ges. V. des Bekl. nichtig, E. 7[404]. — Der bestellte V. (vgl. § 116; beim LandG. meist RA.) hat alle Befugnisse des ges. V. Keine Haftung des Staats für dessen Entschädigung

(E. 43[62]); keine Übernahmepflicht oder Beeidigung. — Bloße Behinderung des ges. V., Vertretermangel beim Kl., RMittel nicht hierher. Keine inquisitor. Nachprüfung der Gesuchsbehauptg. — Abs. 2 erfordert nicht Verzugsgefahr oder Vertretermangel; gilt nur für phys. Pers.

§ 58. Soll ein Recht an einem Grundstücke, das von dem bisherigen Eigentümer nach § 928 des Bürgerlichen Gesetzbuchs aufgegeben und von dem Aneignungsberechtigten noch nicht erworben worden ist, im Wege der Klage geltend gemacht werden, so hat der Vorsitzende des Prozeßgerichts auf Antrag einen Vertreter zu bestellen, welchem bis zur Eintragung eines neuen Eigentümers die Wahrnehmung der sich aus dem Eigentum ergebenden Rechte und Verpflichtungen im Rechtsstreit obliegt.

§§ 265, 787; BGB. 928 ff.; Mot. 3[327]; Art. 63, 129, 190 EBG.; §§ 40 GBO.: 58, 343 GBDA.: Kataster: JMBl. 05[69]. Verfahren u. Kosten: § 57.

Der Vertr. (enger als „Verwalter") ist formell Partei u. kostenpflichtig, unbeschadet §§ 93 u. BGB. 1018. Der Aneignende wird dessen prozessualer RNachfolger (bestr.).

Zweiter Titel.
Streitgenossenschaft.

§ 59 (56). Mehrere Personen können als Streitgenossen gemeinschaftlich klagen oder verklagt werden, wenn sie in Ansehung des Streitgegenstandes in Rechtsgemeinschaft stehen, oder wenn sie aus demselben tatsächlichen und rechtlichen Grunde berechtigt oder verpflichtet sind.

Bestimmung des Gerichts: § 36; Trennung, Verbindung: §§ 145 ff.; Zustellung: § 189; Teilurteil: § 300; Zeugnis: § 373; Eid: §§ 426, 472, 476; obj. Klagenhäufung: § 260; Eintritt mehrerer RNachf.: §§ 239 ff., 265 ff.: Wechselsachen: § 603. — Akten: §§ 89 RGSchrG., 38 LGSchrG. — Kosten: §§ 5, 100; GKG. 91; RAGO. 3, 51; vgl. Note zu § 91 Abs. 2.

Weitere Vorausstzg.: Gleichheit und Zulässigkeit der Prozeßart, Nichtüberschreitung der sachl. u. örtl. Zustdk. (Verschiebung durch Zusammenrchng.). Verletzungsfolge, Abwsg., E. 5[355]. — Beisp.: Miteigentum, Solidarschuld, Leistg. u. Duldg.

§ 60 (57). Mehrere Personen können auch dann als Streitgenossen gemeinschaftlich klagen oder verklagt werden, wenn gleichartige und auf einem im wesentlichen gleichartigen tatsächlichen und rechtlichen Grunde beruhende Ansprüche oder Verpflichtungen den Gegenstand des Rechtsstreits bilden.

Vgl. die Noten zu §§ 59, 62.

ZB. Kundenaußenstände, Vereinsbeiträge. Besser gesonderte Kl., wenn verschiedene Ergebnisse zu erwarten; prozeßtakt. Ausnahme zur Kostenersparung, zB. Vorschuß bei Wsprkl. gegen zahlreiche Anschlußpfdg. oder zwecks Ausschließung e. Beteiligten von der Zeugenschaft.

§ 61 (58). Streitgenossen stehen, soweit nicht aus den Vorschriften des bürgerlichen Rechts oder dieses Gesetzes sich ein Anderes ergibt, dem Gegner dergestalt als Einzelne gegenüber, daß die Handlungen des einen Streitgenossen dem anderen weder zum Vorteile noch zum Nachteile gereichen.

Vgl. Noten zu §§ 59, 62; Handlg.: auch Unterlassung. — Anteilsangabe: § 253.

§ 62 (59). I Kann das streitige Rechtsverhältnis allen Streitgenossen gegenüber nur einheitlich festgestellt werden, oder ist die Streitgenossenschaft aus einem sonstigen Grunde eine notwendige, so werden, wenn ein Termin oder eine Frist nur von einzelnen Streitgenossen versäumt wird, die säumigen Streitgenossen als durch die nicht säumigen vertreten angesehen.

II Die säumigen Streitgenossen sind auch in dem späteren Verfahren zuzuziehen.

BGB. §§ 356, 467, 474; 502, 512; 718, 754, 2033, 2059; 425, 429, 431, 432; 1066, 1082, 1258, 1472, 1496 ff.; HGB. §§ 129, 225, 273, 309, 320; GenG. §§ 51, 96, 111, 116; GmbHG.: § 75; KO. §§ 146, 147; JFrÜ. Art. 51; AZP. Art. 11; ForstG. Art. 25; WildSchG. Art. 10; vgl. ferner §§ 57, 325 ff., 629, 632, 666, 679, 771, 805, 856, 879, 976.

Bestr., ob nur die in Rechtskraft erwachsd. Punkte beachtlich oder auch Inzidentfragen (JW. 05[534]); ob die Unvereinbarkeit widerspr. Entschdg. (JW. 99[88]) abstrakt oder konkret gemeint (zB. Verteidigung mit persönl. Stundungsvertrag); ersteres richtiger, weil die StrG. auch bei Versäumnis prüfbar sein muß (zB. Vertagungsantrag des Erschienenen). — Ob gesonderte Verklagung zulässig, ist unerheblich, JW. 98[113]. — Kein Mittel zur Erzwingung des Beitritts; wohl aber Abwsg. mangels Sachlegitim. möglich, sowie FeststellKl. gegen die nicht auftretenden StrG. u. Verbdg. der Prozesse. — Geben die anwesenden notw. StrG. widerspr. Erklärungen ab, so gilt freies Erm. des Gerichts; dagegen sind die Abwesenden an die prozessualen Erkl. der Anwesenden gebunden, E. 17[359]; für DisposAkte bestr.; Geständnis, Zeugschaft: JW. 03[21]; Rechtskraft: JW. 90[178]. Das Urt. (einschl. Kostenpkt.) lautet auf sämtliche StrG. und ist auch gegen die Abwsd. kontradikt. — Die notw. StrG. wirkt für die RMittel fort (wichtig bei Anschließung gegen andere als den Beschwerdeführer), E. 38[428]. — Zustellungen müssen *an* alle (auch die abwesenden) StrG. erfolgen, E. 36[345] S. 12[203] 13[79]; die Zustellg. des Urt. *seitens* e. StrG. eröffnet die RMittelfrist nicht auch bzgl. der übrigen StrG., E. 48[417] (VZS.); sohin gesonderter Fristenlauf und Einzelrückn. (JW. 05[114]) möglich, unbeschadet materieller Abwsg. RMEinlegung eines StrG. wirkt für die übrigen (E. 60[271]), nicht aber Entgegennahme der RMZustellung, E. 61[398].

Einzelheiten: *Keine* notw. StrG. besteht bei bloßer Gesamtschuld oder Unteilbarkeit der streit. Leistung (BGB. §§ 425 ff.; E. 48[214] S. 13[369] NS. 5[69]); zwischen Hauptschld. u. Bürgen (JW. 03[149]); bei Wsprkl. nach §§ 771 zw. mehreren Pfandglb. (anders zwischen Glb. u. Schld.); zw. Ehemann u. Ehefrau nach § 739 oder BGB. § 1388, E. 59[234]; bei Anfechtgskl. zw. dem fraudis particeps u. dessen RNachf., E. 5[418]; bei Wechselkl.: E. 48[214]. — Notw. StrG. wurde angenommen bei der Klage des Pfandglb. u. Schld. gegen den Drittschld. (S. 9[697]); bei Miteigentümern (E. 60[270] 61[397]); Gesamthand, zB. Erbengemeinschaft (E. 60[269] 61[398]), off. HG. (E. 34[364]); bei Feststellkl. nach § 146 KO. gegen mehrere Widerspr. (E. 5[413]); Alimentenkl. gegen mehrere Pflichtige, E. 17[358]; Wandelung gg. mehrere Verkäufer, JW. 95[223] S. 11[172 669]. — Wegen der Klage mehrerer Intestaterben auf Testamentsnichtigkeit vgl. S. 14[717]; Mahnverf.: S. 13[268]; unehel. Vaterschaft: E. 58[349]; Beschwerde: ZBlFG. 4[32].

§ 63 (60). Das Recht zur Betreibung des Prozesses steht jedem Streitgenossen zu; er muß, wenn er den Gegner zu einem Termine ladet, auch die übrigen Streitgenossen laden.

Auch auf gewöhnl. StrG. anwendbar; Folge der Verletzung: Vertagung, nicht KMVerwerfung (E. 60[271] RS. 6[454]). — Für den ladenden Gegner gilt die Beiladungspflicht nur bei notw. StrG., E. 60[269]. — Vgl. daneben § 62 Abs. 2.

Dritter Titel.

Beteiligung Dritter am Rechtsstreite.

§ 64 (61). Wer die Sache oder das Recht, worüber zwischen anderen Personen ein Rechtsstreit anhängig geworden ist, ganz oder teilweise für sich in Anspruch nimmt, ist bis zur rechtskräftigen Entscheidung dieses Rechtsstreits berechtigt, seinen Anspruch durch eine gegen beide Parteien gerichtete Klage bei demjenigen Gerichte geltend zu machen, vor welchem der Rechtsstreit in erster Instanz anhängig wurde.

Formelle RHängk. (§ 263) genugt; GStand ist ausschl. — Vollmacht: § 82; Zustellung an PrBev. I. Inst., E. 15[428] (bestr.). — Verbot: § 265; Beschränkg. vor KfHS.: § 108 GVG. — Nicht anwendbar im Mahn-, Arrest-, SchiedsVerf. — Streitwert: gewöhnl. Klage; Teilinterv. möglich.

Gleichheit der Streitsache nötig, E. 14[342] (auch bei Frdg. möglich, E. 31[381]); nicht der Prozeßart oder des Antrags (zB. Vindikation bezw. Feststllg.) oder rechtl. Interesse (E. 61[241]). — Kein Zwang zur HauptJ.; selbständ. Kl. stets zulässig, auch nach Beendigung des Vorproz.; Vorteil der HJ.: einheitl. Urteil. Anerkennt eine Partei, so entfällt deren Verklagung, E. 17[339]. Keine PassivhauptJ.; keine HJ. bzgl. Aufrechng.; Uebergang von der NebenJ. zulässig (E. 46[404] S. 17[347]). — Die HJ. schafft an sich keine notw. StrGen. (E. 17[339]); ist während der vorl. Vollstreckb. neben der VollstrJ. möglich; Hemmung der ZwV. in solchen Fällen nur indirekt durch Arrest oder einstw. Verf., vgl. § 883.

§ 65 (62). Der Hauptprozeß kann auf Antrag einer Partei bis zur rechtskräftigen Entscheidung über die Hauptintervention ausgesetzt werden.

Streitübernahme: § 75. — Aussetzg. v. amtsw.: § 148; Wirkungen: §§ 249 ff.; Beschwerde: § 252.

Partei: auch HauptJ., selbst in höherer Instanz. — Verbindung mit dem Stammprozeß meist unpraktisch, aber möglich, soweit in gleicher Instanz.

§ 66 (63). I Wer ein rechtliches Interesse daran hat, daß in einem zwischen anderen Personen anhängigen Rechtsstreite die eine

Partei obsiege, kann dieser Partei zum Zwecke ihrer Unterstützung beitreten.

II Die Nebenintervention kann in jeder Lage des Rechtsstreits bis zur rechtskräftigen Entscheidung desselben, auch in Verbindung mit der Einlegung eines Rechtsmittels erfolgen.

§ 256; JFrü. Art. 50; WarenZG. § 9; EisPostG. Art. 8. — Unmittelb. Beteiligung: § 393. — Auch bei den Spezialprozeßarten anwendbar.

Möglichkeit nachteiliger Beeinflussung der mit e. Partei bestehenden RVerh. genügt (E. 14[436] 36[367]), zB. Regreßgefahr, Beweisbehelf, Ersparung eigenen Proz.; formelle RKr. gegen Dritten nicht erforderl.; Gegensatz: ideale, rein wirtsch. Interessen (E. 23[343]). Beitritt des GSchuldners im Proz. des KonkVerw. nach § 146 KO. unzulässig: E. 28[422]; des KonkGläubigers (nicht GlbAusschußmitgl. als solchen) im AnfProz. nach § 36 KO. statthaft: E. 36[367]. — Zulässig ist NJ. des Bürgen im Proz. gg. Hauptschld., des Legatars im Proz. zw. Testaments- u. Intestaterben; des e. Gatten im Proz. des anderen über eingebr. Gut; des Gesellsch. im Pr. der off. HG. (E. 5[70]). In der Praxis macht der Dritte statt NJ. meist der HauptP. e. Zeugen; vgl. § 393. — Keine NJ. zur Hintertreibung der Erlangung e. VollstrTitels wegen sonst drohender Anfechtung, SA. 47[152]; des Gläub. im Proz. des Schld. außer § 841; in gleichartigem Proz. e. Dritten; des künftigen Erben in Proz. des Erblassers; aus bloßer Freundschaft. Kein Beitritt e. StrG. zur anderen Partei, solange nicht ausgeschieden, R. 02[374].

§ 67 (64). Der Nebenintervenient muß den Rechtsstreit in der Lage annehmen, in welcher sich dieser zur Zeit seines Beitritts befindet; er ist berechtigt, Angriffs- und Verteidigungsmittel geltend zu machen und alle Prozeßhandlungen wirksam vorzunehmen, insoweit nicht seine Erklärungen und Handlungen mit Erklärungen und Handlungen der Hauptpartei in Widerspruch stehen.

Vertretung: § 91; Ladung: § 71; Zeugenschaft: § 393; Zuziehungspflicht: § 71; Parteieid: § 449; RMittel: § 516; WAufnahme bestr. — Kosten: § 101.

Der NJ. kann faktisch den ganzen Proz. durchführen (E. 42[389]), insbes. Richter ablehnen (Bl. 32[97]), für die HauptP. (vorbehaltl. deren ausdrückl. Wspr.) Aufrechng. einwenden, nicht aber aus eigenem Recht (E. 11[361] 17[34]); sein Verhandeln verhütet Versll. gegen die HauptP. (E. 15[420]). Er kann weder die Klage zurücknehmen, noch die ZwV. betreiben oder DisposAkte vornehmen (E. 20[393]); ist im Urteil nur des Kostenpkt. halber aufzuführen; ihm ist das U. (abgesehen vom Kostenpkt.) oder RMittel nicht zuzustellen (E. 18[416] 34[388]); Zust. durch den NJ. eröffnet bezw. wahrt die RMittelfrist (E. 10[397] 17[410]) unbeschadet Rücknahme durch HauptP. (Mot. 86).

§ 68 (65). Der Nebenintervenient wird im Verhältnisse zu der Hauptpartei mit der Behauptung nicht gehört, daß der Rechtsstreit, wie derselbe dem Richter vorgelegen habe, unrichtig entschieden sei; er wird mit der Behauptung, daß die Hauptpartei den Rechtsstreit mangelhaft geführt habe, nur insoweit gehört, als er durch die Lage des Rechtsstreits zur Zeit seines Beitritts oder durch Erklärungen und Handlungen der Hauptpartei verhindert worden ist, Angriffs- oder Verteidigungsmittel geltend zu machen, oder als Angriffs- oder Verteidigungsmittel, welche ihm unbekannt waren, von der Hauptpartei absichtlich oder durch grobes Verschulden nicht geltend gemacht sind.

Vgl. § 74. — Gemeint ist der Regreßprozeß.

Einrede der Unverbesserlichkeit der Klage gegen die frühere HauptP. möglich; Beachtung oberstrichterl. Präjudizien kein grobes Verschulden (Gr. 32[728]). — Diese Folgen sind z. Teil strenger als die Wirkungen der RKraft, E. 45[353] 54[350] (auch Begr. bindend); keine Einr. der Rechtshgk. (BlEB. 4[384]).

§ 69 (66). Insofern nach den Vorschriften des bürgerlichen Rechts die Rechtskraft der in dem Hauptprozesse erlassenen Entscheidung auf das Rechtsverhältnis des Nebenintervenienten zu dem Gegner von Wirksamkeit ist, gilt der Nebenintervenient im Sinne des § 61 als Streitgenosse der Hauptpartei.

Ausnahme: § 265. — Rechtskraft: §§ 322 ff.: nicht hierher die Wirksamkeit nach § 68. — Kosten: § 101.

Dieser NJ. hat volle Parteistellung als StrGen. (zB. bzgl. Eid, RMittel), meist nach § 62, nicht bloß § 61 (E. 34[364]); jedoch kann ihm persönlich nichts zu- oder aberkannt werden, E. 42[389]. Beispiel: § 1496 BGB.; nicht Nießbraucher (RL. 5[81]) oder Beamte im Proz. nach Art. 60 ABG.

§ 70 (67). I Der Beitritt des Nebenintervenienten erfolgt durch Zustellung eines Schriftsatzes. Derselbe muß enthalten:

1. die Bezeichnung der Parteien und des Rechtsstreits;
2. die bestimmte Angabe des Interesses, welches der Nebenintervenient hat;
3. die Erklärung des Beitritts.

II Außerdem finden die allgemeinen Bestimmungen über die vorbereitenden Schriftsätze Anwendung.

Glaubhaftm. erst im Termin: § 71. Anwaltszwang: § 78. — Schriftsatz: §§ 130 ff.; Amtsgericht: § 501. — Zustellung an beide Parteien: E. 42[401] (nicht des Anwalts an sich selbst): keine Ladung, außer bei RMittel oder bish. Beruhen, RS. 6[311].

Eventuelle NJ. möglich (JW. 92[309]); Bezeichnung der unterstützten P. stets erforderlich. — Mängel durch jede P. rügbar u. verzichtbar (zB. Erkl. lediglich im mV., E. 15[396] 42[401] JR. 05[466]); nach RKraft der Abweisung nicht mehr Genehmigung, sondern nur neuer Antrag, E. 33[342]. Ueberspringen zum Gegner, Zurücknahme nach § 271 (ohne Einwilligung der HauptP.) zulässig, E. 56[29] 61[286].

§ 71 (68). I Über den Antrag auf Zurückweisung einer Nebenintervention wird nach vorgängiger mündlicher Verhandlung unter den Parteien und dem Nebenintervenienten entschieden. Der Nebenintervenient ist zuzulassen, wenn er sein Interesse glaubhaft macht.

II Gegen das Zwischenurteil findet sofortige Beschwerde statt.

III So lange nicht die Unzulässigkeit der Intervention rechtskräftig ausgesprochen ist, wird der Intervenient im Hauptverfahren zugezogen.

Glaubhaftm.: § 294. — Abgesond. Verh. möglich: beim Ausbleiben beider HauptP. keine Zurückwsg. Gegen NJ. VersVerf. unzulässig: § 347; keine Prüfung von amtsw. (E. 15[306]). Der Wspr. steht jedem StrGen. (RG. 6[311]), auch der unterstützten P. zu. Die Prozeßhdlg. des Zurückgewiesenen sind nichtig. Unterschied von Zurückwsg. der Anträge des NJ.: JW. 04[178]. Gegen Zurückwsg. hat nur NJ. Beschw. — Kosten: §§ 27, 39 GKG.: 23, 29, 51 RAGO.; E. 10[339]; vgl. §§ 91, 101. Ausspruch bei Zulassung dem EndU. vorbehalten. Keine Vorschußpflicht für Klagekosten.

§ 72 (69). I Eine Partei, welche für den Fall des ihr ungünstigen Ausganges des Rechtsstreits einen Anspruch auf Gewährleistung oder Schadloshaltung gegen einen Dritten erheben zu können glaubt oder den Anspruch eines Dritten besorgt, kann bis zur rechtskräftigen Entscheidung des Rechtsstreits dem Dritten gerichtlich den Streit verkünden.

II Der Dritte ist zu einer weiteren Streitverkündung berechtigt.

§ 841; Art. 50 JFrÜ.; §§ 71, 91 EVerkO.; vgl. BGB. §§ 478, 485, 545, 639, 777, 789, 1042, 1166; HGB. §§ 414, 423, 439; EhG. Art. 8; Verjährung: BGB. §§ 209, 215. 942 (E. 58[79]). — Früher: GO. Kap. VIII § 2; Art. 15, 16, 81 AZP. (S. 5[156] 12[40]); 58 SubhO.; § 58 HypG.; 9 ViehGewG. mit 75 AZP.; 80 WO.; vgl. Art. 14 Ges. v. 12. März 1850. — Sonstige Beiladung: §§ 63, 666; im übrig. keine Klagemitteilg. v. amtsw. — Anzeigepflicht: §§ 777 BGB., 56 Hyp. u. F.

Abs. 1. Das BGB. enthält keinen Fall notw. StrV., wohl aber die ZPO. im § 841; doch bedingt die Unterlassung auch hier nicht schlechthin Regreßverlust. Andererſ. kann die StrVPflicht sich mittelbar aus dem unterlieg. RVerh. ergeben; jedenfalls gewährt sie erhebl. Vorteile (§ 74). StrV. auch noch in der RevInst. mögl., entfällt zwischen StrGen.

Abs. 2 erfordert nicht vorgängigen eigenen Beitritt.

§ 73 (70). I Die Streitverkündung erfolgt durch Zustellung eines Schriftsatzes, in welchem der Grund der Streitverkündung und die Lage des Rechtsstreits anzugeben ist.

II Abschrift des Schriftsatzes ist dem Gegner mitzuteilen.

Anwaltszwang. — AmtsG.: § 501. — Akteneinsicht: § 299; Zustellung: § 4 AGSchrG. — Kosten: E. 6[382]; vgl. §§ 91, 101.

Die StrV. enthält keine Ladung, E. 4[363] (wichtig wegen der Kosten öff. Z., E. 22[404]). Niederlegung auf der GSchreiberei ratsam, Mitteilung an den Prozeßgegner formlos; vgl. Bl. 51[1]. Keine Nachprüfung der Rechtmäßigk., kein Kostenersatz an den Dritten ohne dessen Beitritt.

§ 74 (71). I Wenn der Dritte dem Streitverkünder beitritt, so bestimmt sich sein Verhältnis zu den Parteien nach den Grundsätzen über die Nebenintervention.

II Lehnt der Dritte den Beitritt ab, oder erklärt er sich nicht, so wird der Rechtsstreit ohne Rücksicht auf ihn fortgesetzt.

III In allen Fällen dieses Paragraphen kommen gegen den Dritten die Vorschriften des § 68 mit der Abweichung zur Anwendung, daß statt der Zeit des Beitritts diejenige Zeit entscheidet, zu welcher der Beitritt infolge der Streitverkündung möglich war.

Beitrittsform: als NJ. §§ 70 ff. (E. 6^{34}); vgl. auch §§ 64 (HauptJ.), 75, 76. — § 69 ist in den Fällen des Abs. 2, 3 unanwendbar. — Ausld. Proz., SchiedsVerf. nicht hierher (E. $55^{14\ 23}$; vgl. E. 61^{322}). — Keine Aussetzg. bis zum Beitritt.

Beitritt enthält kein Anerk. der angebl. Regreßpflicht, Mot. 92. Die StrV. bewirkt auch ohne Beitritt (JW. 02^{250}) wegen Abs. 3 unmittelb. Beteiligung am Ausgang des Proz., macht das rechtl. Interesse glaubhaft. Beitritt zum Gegner des StrVerkünders: NS. 2^{101}.

***§ 75** (72). Wird von dem verklagten Schuldner einem Dritten, welcher die geltend gemachte Forderung für sich in Anspruch nimmt, der Streit verkündet, und tritt der Dritte in den Streit ein, so ist der Beklagte, wenn er den Betrag der Forderung zu Gunsten der streitenden Gläubiger unter Verzicht auf das Recht zur Rücknahme hinterlegt, auf seinen Antrag aus dem Rechtsstreit unter Verurteilung in die durch seinen unbegründeten Widerspruch veranlaßten Kosten zu entlassen und der Rechtsstreit über die Berechtigung an der Forderung zwischen den streitenden Gläubigern allein fortzusetzen. Dem Obsiegenden ist der hinterlegte Betrag zuzusprechen und der Unterliegende auch zur Erstattung der dem Beklagten entstandenen, nicht durch dessen unbegründeten Widerspruch veranlaßten Kosten, einschließlich der Kosten der Hinterlegung, zu verurteilen.

Keine prozeßh. Einrede. — Eintritt mit Zustimmg. des Kl.: § 265; FeststellKl., uter creditor: § 256; Hinterlegung wegen Ungewißheit oder mehrf. Pfdg.: § 853. — Körperl. Sachen: § 76. — Vgl. auch BGB. §§ 372, 376, 378, 660, 1171; Hinterlegung: § 108. — Kosten: §§ 26, 28 GKG.; 20 RAGO.: vgl. §§ 94, 96, 99.

Eintrittsform: Erkl. in mV.; Rechtsnatur: HauptJ., E. 34^{403} JW. 06^{429}. Hauptzweck: Ersparung des Nachproz.; absol. Hinterlggsrecht. Entlassungsform: Endll. (SA. 45^{218}); ob Drittanspr. berechtigt oder Dritter insolvent, hierfür belanglos (bestr.). — Mithinterlg. der Nebensache (Zins bis zur Hinterlg.: E. 49^{201}) ohne Kosten geboten, JW. 89^{430}; Rücknahme, falls keine Partei obsiegt, zulässig (Begr. 86). Mithinterlg. für e. Dritten nicht Beitretenden möglich, wenn Bekl. diesen allein für berecht. hält. Bestr., ob jud. dupl. oder WKl. nötig u. ob die früheren Prozeßhdlg. fortwirken.

***§ 76** (73). [1] Wer als Besitzer einer Sache verklagt ist, die er auf Grund eines Rechtsverhältnisses der im § 868 des Bürgerlichen Gesetzbuchs bezeichneten Art zu besitzen behauptet, kann, wenn er dem mittelbaren Besitzer vor der Verhandlung zur Hauptsache den Streit verkündet und ihn unter Benennung an den Kläger zur Erklärung ladet, bis zu dieser Erklärung oder bis zum Schlusse des Termins, in welchem sich der Benannte zu erklären hat, die Verhandlung zur Hauptsache verweigern.

II Bestreitet der Benannte die Behauptung des Beklagten oder erklärt er sich nicht, so ist der Beklagte berechtigt, dem Klagantrage zu genügen.

III Wird die Behauptung des Beklagten von dem Benannten als richtig anerkannt, so ist dieser berechtigt, mit Zustimmung des Beklagten an dessen Stelle den Prozeß zu übernehmen. Die Zustimmung des Klägers ist nur insoweit erforderlich, als derselbe Ansprüche geltend macht, welche unabhängig davon sind, daß der Beklagte auf Grund eines Rechtsverhältnisses der im Abs. 1 bezeichneten Art besitzt.

IV Hat der Benannte den Prozeß übernommen, so ist der Beklagte auf seinen Antrag von der Klage zu entbinden. Die Entscheidung ist in Ansehung der Sache selbst auch gegen den Beklagten wirksam und vollstreckbar.

Benennung: §§ 130 ff. — Ladungsform: §§ 214 ff.; u. U. öffentl. — Entscheidungsform: § 75. — Verklagung des mittelb. Besitzers selbst zulässig (gem. M.); Hinterlg. nur ausnahmsw.: § 372 BGB. — Rückgabe während Proz.: § 265. — Freiwilliger Eintritt: E. 22[305]. — Vgl. §§ 727; BGB. 545, 581, 1007, 1042; Mot. 3[428]; § 9 WarenZG.; früher nominatio auctoris. — Fictus possessor (qui liti se obtulit): §§ 91, 265; BGB. 826. — Kosten: §§ 26, 28 GKG.; 20 RAGO.

Hierher auch Besitz an Grundstücken, auf unbestimmte Zeit, Konkurr. von Pfandrückgabe u. Vindik. (S. 11[754]); nicht Besitzdiener, bekl. Eigenbesitz, Besitzstörung (E. 30[139]). — Teileintritt (zB. bei Klagenverbdg.), bloße NebenJ. möglich (E. 30[31]); kein Eintrittszwang oder VersVers. gegen den Dritten. — Tritt der Benannte trotz Zugeständnis der Autorschaft nicht ein, so kann Bekl. ohne Regreßgefahr u. kostenfrei anerkennen: §§ 74, 93. Wegen Abs. 4 (Schlußs.) Mitbenennung des ursprüngl. Bekl. im EndU. rätlich.

§ 77. Ist von dem Eigentümer einer Sache oder von demjenigen, dem ein Recht an einer Sache zusteht, wegen einer Beeinträchtigung des Eigentums oder seines Rechts Klage auf Beseitigung der Beeinträchtigung oder auf Unterlassung weiterer Beeinträchtigungen erhoben, so finden die Vorschriften des § 76 entsprechende Anwendung, sofern der Beklagte die Beeinträchtigung in Ausübung des Rechts eines Dritten vorgenommen zu haben behauptet.

BGB. §§ 862, 1004, 1017, 1027, 1065, 1227; Mot. 3[428]. — Analogie der nomin. auct., unabhängig vom Besitz oder BGB.; vgl. § 17 ZubmB. Keine Ausdehnung auf andere Rechte, vorbehaltl. Art. 59 ff. EGB., oder auf RNachfolger.

Vierter Titel.

Prozeßbevollmächtigte und Beistände.

§ 78 (74). I Vor den Landgerichten und vor allen Gerichten höherer Instanz müssen die Parteien sich durch einen bei dem Prozeßgerichte zugelassenen Rechtsanwalt als Bevollmächtigten vertreten lassen (Anwaltsprozeß).

II Diese Vorschrift findet auf das Verfahren vor einem beauftragten oder ersuchten Richter sowie auf Prozeßhandlungen, welche vor dem Gerichtsschreiber vorgenommen werden können, keine Anwendung.

III Ein bei dem Prozeßgerichte zugelassener Rechtsanwalt kann sich selbst vertreten.

Rechtsanwaltsordnung v. 1. Juli 1878 (RGBl. 177): insbes. Lokalisierung (§§ 8 ff.): Stellvertr. (§§ 25, 29: nur durch RA. oder durch Rpr. mit zweijähr. Justizpraxis; soweit nicht gleiche Zulassung, nur ministerielle Bestellung; daneben Anzeigepflicht): Substitution für mV. (§ 27: jeder RA.; Ausnahme §§ 100, 101): Ausführung der Parteirechte (§§ 25, 27: bei Rpr. nur mit „Beistand" e. RA.; sog. Assistenz): Simultanzulassung der früheren Advok. (§ 107). Materiell gilt BGB.: Geschäftsbesorgungsvertrag (E. 56^{90} BlEB. 12^{60}) auf Interessenvertr., nicht Prozeßsieg: Anwaltssozietät: E. 22^{315} Gr. 44^{413}; ausld. Anw.: DJZ. 05^{991}. — Vdg. v. 19. Juli 1879 (GVBl. 705): MB. v. 7. Juli u. 11. Sept. 1879 (JMBl. S. 277, 644); Ges. v. 18. Aug. 1879 (GVBl. 987) betr. die PensAnstalt mit JMB. 04^{243}. — Vgl. ferner §§ 17, 76 KonkGG.; 3 SchutzGG.; 7, 49 GBGA.; 39, 40 GVDB.; 13 FGG.; 20 UVersAG. mit Kais. Vdg. v. 21. Dez. 1901 (RGBl. 497); 31 RVersAGG.; 3 LVersAGG.; Art. 19 VGHG.; §§ 4, 45 VGH.-VB.; Art. 111 ForstG.; § 20 GVDA. — Unvereinb. mit dem Notariat: Art. 12, 96 NotG. mit JMBl. 86^{267}; Verehel.: JMBl. 95^{234}; Sitzungskleidung (Robe oder Frack, beim AG. auch schwarzer Rock): GVBl. 79^{1551} 81^{613} JMBl. 79^{1509} 80^{75} ^{353} 96^{393}; Anwaltskammern: GVBl. 79^{1520} (Dienstsiegel); 79^{707} (Beschlußformel); JMBl. 80^{333} (Portofreiheit); Rechtsprkt.: § 2 GVG.; Bestellung v. amtsw.: §§ 115, 668, 679, 686; RAO. 33 ff.: vgl. Art. 37 GmdO. (E. 59^{382}); Ausschluß: §§ 31 GewGG.; 16 KfmGG. — Zustellgsbevollm.: § 174; Beistände: § 90; Laienvertreter: § 157. — Gehör der Partei: §§ 85, 137, 141, 297; Erwähnung im Urteil: § 313; Schweigepflicht: § 383. — Kosten (Abs. 3): § 7 RAGO. (E. 9^{532} 10^{374}); im übrigen vgl. §§ 91, 102.

Abs. 1, 2. Der AnwZwang gilt schon für Klage, für gerichtl. DispAkte (zB. Vergleich, KB. 76), sowie sak. Verhdlg. u. KfHS. Er ist unverzichtbar, JW. 93^{501}; Verletzungsfolge: §§ 551, 579. — Die Partei kann nicht PrBev. der GegenP. sein, E. 7^{404} RS. 1^{261}; § 356 StGB. — Kein AnwZwang für außergerichtl. Anerk. u. Verzichte (S. 9^{277}) oder Zustellgsaufträge einschl. Begl. der Abschrift (zu unterscheiden von Unterzchng. der Urschrift), E. 17^{392} (VZS.) 24^{418} 47^{399}: ebensowenig für Akteneinsicht, RKraftzeugnis, VollstrKlausel oder für den Zeugen nach § 387. — Bei Protokollarhdlg. (Abs. 2), auch wenn mittels Schriftsatz (E. 3^{374}), ist nur der Antrag vom AnwZwang befreit, nicht aber allenfallsige mV. oder Beschw. (E. 9^{390}); Ausnahmen: §§ 569, 573, 576; wegen §§ 4 GKG., 12 RAGO. vgl. § 3 Note u. § 1 AGSchrG. — Vollmachtsprüfung: § 88. Nicht jedes Gesuch als solches fällt unter Abs. 2. — **Abs. 3** trifft auch die ges. Vertr. durch den RA., JW. 87^{350}; gilt analog für StAnw. als Partei (Mot. 369), nicht aber für sonstige Behörden (E. 14^{29}) oder Rechtskundige (S. 10^{535}). Selbstvertr. nur, soweit Zulassung reicht; keine Anwaltsbestellung forderbar (JW. 03^{176}): für aufgestellten RA. gilt Abs. 1 (Bl. 60^{64}). Bestr., ob auf Selbstvertr. § 180 GVG. anwendbar.

§ 79 (75). Insoweit eine Vertretung durch Anwälte nicht geboten ist, können die Parteien den Rechtsstreit selbst oder durch jede prozeßfähige Person als Bevollmächtigten führen.

Vgl. §§ 83, 90, 116, 157; GVG. 178, 180, 189. — Beamte: § 1 Vdg. v. 10. März 1868 (RBl. 419). — Sonderrechte des RA.: §§ 135, 157, 198, 397; RAO. 25, 26, 34. — Kosten: § 91.

Frauen zulässig; nicht aber jur. Pers. als solche (bestr.). Die Prozeßführungsmacht kann auf anderw. RVerh. beruhen, zB. Gesellsch., Prokura (BGB. §§ 714; HGB. 49, 527, 886; WO. 17). Bloße Handelsvollm. (Unterschied von „pp." u. „p.", ESt. 36[129]). Schlüsselgewalt genügt nicht. Domänenverwalter: RS. 4[833] E. 23[249].

§ 80 (76). [I] Der Bevollmächtigte hat die Bevollmächtigung durch eine schriftliche Vollmacht nachzuweisen und diese zu den Gerichtsakten abzugeben.

[II] Eine Privaturkunde muß auf Verlangen des Gegners gerichtlich oder notariell beglaubigt werden. Bei der Beglaubigung bedarf es weder der Zuziehung von Zeugen noch der Aufnahme eines Protokolls.

Spezialvollmacht: §§ 613, 640, 641: Vollm. entbehrlich: § 703. – Unterschrift (persönl., eigenhdg., nicht Faksimile): § 126 BGB. – Beglaubigung: §§ 415, 416: entfällt bei Vollm. öff. Behörden (§ 437). – Genehmigung: § 89 Abs. 2; Widerruf: § 87. – Vgl. §§ 13 FGG.; 29 ff. GBO.; Art. 9 ff., 53 AGBO. – Keine Stempelgebühr in Bayern.

Abs. 1 gilt auch im Anwaltsproz. (unbeschadet § 88), für Armenanw. (E. 47[414]), Substituten (JW. 03[383]), assistierende RA. nach § 27 RAO. (E. 3[405]). Bei sog. ministeriell bestellten Subst. sieht die gem. M. in der Ausschreibung Bekanntgabe e. Generalvollm.; anders bei Bestellg. v. amtsw. (RAO. § 25). Generalvollm., Registerauszug wird nach Einreichung begl. Abschrift oder kurzer Protokollerwähnung zurückgegeben. – Vollm. zum Sitzgs.- oder GSchrProt. zulässig (E. 3[405]); Nachbringung gesonderter Urk. wegen der Spezialklauseln rätlich. Blanketausfüllung üblich; bei Spezialvollm. bedenklich. – U. U. genügen Briefe, Statuten, E. 57[91] S. 12[533]; daneben Ausweis des Vollmachtausstellers, soweit nicht selbst Partei, E. 41[263]. — **Abs. 2.** Kosten erstattbar, auch wenn schließl. der Gegner die Begl. nicht verlangt, JW. 91[4] (bestr.); von amtsw. ist letztere nicht forderbar. Fristsetzung: E. 51[98]; entfällt bei Weigerung, RO. 9[56]. Begl.-Antrag erfordert nicht vorgängige Begl. der eigenen Vollm., JW. 02[214].

§ 81 (77). Die Prozeßvollmacht ermächtigt zu allen den Rechtsstreit betreffenden Prozeßhandlungen, einschließlich derjenigen, welche durch eine Widerklage, eine Wiederaufnahme des Verfahrens und die Zwangsvollstreckung veranlaßt werden; zur Bestellung eines Vertreters sowie eines Bevollmächtigten für die höheren Instanzen; zur Beseitigung des Rechtsstreits durch Vergleich, Verzichtleistung auf den Streitgegenstand oder Anerkennung des von dem Gegner geltend gemachten Anspruchs; zur Empfangnahme der von dem Gegner zu erstattenden Kosten.

Ehe-, Kindssachen: §§ 613, 640 ff.; Zustellung: §§ 170, 176 ff. – Zwangsvollstr.: §§ 40 GKDB.; 49 GBGA.; Hinterlegung: § 23 HO. – Vgl. §§ 164 ff., 611 ff. BGB.; 30 ff. RAO. — Einschränkbarkeit: § 83.

Der Substitut für die Instanz ist nicht PrBev. (E. 11[368] 14[333]), wohl aber der vom PrB. I. J. für die höhere J. (formlos) aufgestellte Substitut, E. 22[397]. — Die Vollm. I. J. wirkt über die RKraft hinaus, zB. für Kostenfestſ. (E. 9[392]); dagegen erlischt die V. höherer Instanz mit deren Beendigung, E. 8[369]; vgl. § 178. — Die gesetzl. Inkassovollm. gilt nur für die Kosten; zum (auch gleichzeitigen) Empfang von Haupt- u. sonstiger Nebens. bedarf es besonderer Ermächtigung („Vollm. z. Geldempfang"), E. 54[276]; Bestätigung in der Klausel praktisch. — Die PrVollm. genügt insbs. für Eideserlassung, RMittelverzicht (E. 59[348]), Freigabe von Pfändern u. Sicherheiten, Beweissicherung, Streitwertfestſ., Stundung; ferner für Erkl. u. Entgegennahme der Anfechtung (E. 48[218]) u. Genehm. (JW. 05[639]) nach BGB., Aufrechn. (E. 50[426]), Rücktritt (E. 50[138]), Kündig. (E. 53[212] NS. 5[478]), Verzugsbeseitigung durch Annahmeerkl. (SA. 60[333]), Erkl. nach §§ 379 BGB. (E. 59[17]) u. 25 HGB. (JW. 03[389]). Auch Erkl. in Schriftſ. hierher, soweit materiell zulässig, E. 52[334] 53[148] 58[14]; Vollmachtvorzeigung (Urschrift): § 174 BGB. Die einfache PrVollm. genügt **nicht** für Rückn. von Vorklagen, Rückempfang von Kautionen u. Urkunden (JW. 89[285]), Übernahme nicht eingekl. Leistungen durch Vergl. (JW. 91[395]), Auffordg. nach § 1571 Abs. 2 BGB. im Unterhaltsproz. (E. 58[227]; vgl. JW. 06[356]). — Sonstige VollmZusätze: Aktenvernichtung, Vertr. im Konkurs, vor anderen Behörden.

§ 82 (78). Die Vollmacht für den Hauptprozeß umfaßt die Vollmacht für das eine Hauptintervention, einen Arrest oder eine einstweilige Verfügung betreffende Verfahren.

Zustellung: § 178. — Beschränkung: § 83. — Gilt auch für die Passivvertr., aber nicht umgekehrt. — Haftung mangels Ausnutzung: E. 55[330] JW. 99[613] (Arrest) S. 10[574].

§ 83 (79). I Eine Beschränkung des gesetzlichen Umfangs der Vollmacht hat dem Gegner gegenüber nur insoweit rechtliche Wirkung, als diese Beschränkung die Beseitigung des Rechtsstreits durch Vergleich, Verzichtleistung auf den Streitgegenstand oder Anerkennung des von dem Gegner geltend gemachten Anspruchs betrifft.

II Insoweit eine Vertretung durch Anwälte nicht geboten ist, kann eine Vollmacht für einzelne Prozeßhandlungen erteilt werden.

Abs. 1 gilt auch im Parteiproz. — Beschränkg. kann in der Vollm. stehen (§ 80) oder besonders erklärt sein. Die gesetzl. Vollm. (zB. § 50 HGB.) bleibt unberührt. Bloße Terminsvollm. (zeitl., nicht sachl. Beschränkung): §§ 80, 81, 176; vgl. auch §§ 54, 116; RAO. § 27.

§ 84 (80). Mehrere Bevollmächtigte sind berechtigt, sowohl gemeinschaftlich als einzeln die Partei zu vertreten. Eine abweichende Bestimmung der Vollmacht hat dem Gegner gegenüber keine rechtliche Wirkung.

Zustellung: §§ 171, 189. — Vgl. BGB. § 710; unberührt sind die §§ 48, 50, 126 HGB. — Gilt auch für successive Bevollm. Mehrerer mangels Kündigung. — Widerspr. Erkl. gemeinschaftlich Handelnder unterliegen der freien Würdigung; vgl. außerdem §§ 85, 278; JW. 02[577]; R. 05[531]. — Im Urteil sind sämtliche (zugelassene) Bevollm. aufzuführen. — Kosten: § 91; RAGO. §§ 2, 42 ff.; Doppelgebühr nicht erstattbar, ZR. 06[125].

§ 85 (81). Die von dem Bevollmächtigten vorgenommenen Prozeßhandlungen sind für die Partei in gleicher Art verpflichtend, als wenn sie von der Partei selbst vorgenommen wären. Dies gilt von Geständnissen und anderen tatsächlichen Erklärungen, insoweit nicht dieselben von der miterschienenen Partei sofort widerrufen oder berichtigt werden.

Verstattung zum Wort: § 137. — Vgl. §§ 290, 306 ff.: Unterlassungen: § 232 (JW. 98 [350]).

Unter Satz 2 fallen Eideserkl., nicht aber Anerk., Verzichte, Vergleiche (E. 10 [423]). Rechtsausführg. sind unverbindlich (E. 32 [410]); von der eigenen Partei bestrittene Erkl. des Gegners nicht verwertbar, E. 10 [423]. — Sonstige Anfechtung von Prozeßhdlg. bestr.; vgl. E. 59 [349]; PZZ. 31 [281] 35 [401].

§ 86 (82). Die Vollmacht wird weder durch den Tod des Vollmachtgebers, noch durch eine Veränderung in betreff seiner Prozeßfähigkeit oder seiner gesetzlichen Vertretung aufgehoben; der Bevollmächtigte hat jedoch, wenn er nach Aussetzung des Rechtsstreits für den Nachfolger im Rechtsstreit auftritt, eine Vollmacht desselben beizubringen.

Vgl. §§ 239 ff. und wegen ZwV. §§ 727 ff.

Konkurs (R. 03 [581]), Heirat (§ 1407 BGB.), Großjähr. der Partei (S. 11 [669]), Entziehung des AR. einflußlos, unbeschadet Kündigung. Mit der Aussetzung erlischt die Vollm., E. 50 [389].

§ 87 (83). I Dem Gegner gegenüber erlangt die Kündigung des Vollmachtvertrags erst durch die Anzeige des Erlöschens der Vollmacht, in Anwaltsprozessen erst durch die Anzeige der Bestellung eines anderen Anwalts rechtliche Wirksamkeit.

II Der Bevollmächtigte wird durch die von seiner Seite erfolgte Kündigung nicht gehindert, für den Vollmachtgeber so lange zu handeln, bis dieser für Wahrnehmung seiner Rechte in anderer Weise gesorgt hat.

§§ 168, 627, 671 ff. BGB.; 30, 31 RAO.; 50 RAGO.; vgl. §§ 91, 313.

Kündbarkeit nach ZivilR.; vgl. § 86 Die bloße Erklrg, Gegner „könne Versll. nehmen", ist keine Kdg.; ebensowenig an und für sich Beauftragung e. anderen RA. (SA. 41 [144]) oder eigener Prozeßbetrieb. — Anzeigen nach Abs. 1 bedürfen nicht förml. Zustellung, E. 38 [416]; vor solcher Anz. des Erlöschens sind auch im Parteiprozesse Zust. an den Gegner selbst nichtig, E. 4 [414]; vgl. § 176 ff u. wegen Löschung in der RAListe § 244. — Unfrank. Übersendung der dem RA. noch zugehenden Schriftstücke an Partei möglich.

§ 88 (84). I Der Mangel der Vollmacht kann von dem Gegner in jeder Lage des Rechtsstreits gerügt werden.

II Das Gericht hat den Mangel der Vollmacht von amtswegen zu berücksichtigen, insoweit eine Vertretung durch Anwälte nicht geboten ist.

Keine prozeßh. Einrede. — Ausnahmen: §§ 613, 640, 641, 703; vgl. §§ 78 Abs. 2, 80; Kosten: § 89.

Mangel: auch Unterschrift e. nicht Prozeßfäh., Fehlen der Begl., Widerruf (EF. 7 [59]); unbek. Aufenth. des Vollmachtgebers: JW. 97 [432]. —

Folge: bei einseit. Gesuchen Abwsg., sonst VersU. gegen die nicht gehörig vertr. Partei (E. 30[401]), soweit nicht Frist nach §§ 80 oder 89 gesteckt wird. VersU. gegen den Kläger ist aber nur möglich, wenn über dessen Urheberschaft zur Kl. kein Zweifel, gegen den Bekl. nur bei richtiger Zustellung an ihn. Andernfalls ergeht kontradikt. U. formell auf den Namen der Partei (vgl. §§ 56, 89 Abs. 2; JW. 03[3]; bestr.). — Beachtlich insbes. die Prüfung v. amtsw. vor b. o. e. R. u. in sonstigen Fällen des § 78 Abs. 2, zB. ArmenR. (JW. 00[530]), Kostenfestf., auch beim LandG. (KB. 35; S. 17[334]); nicht schon bei der Terminserwirkg. im Parteiproz. (gem. M.) oder den Notfristformalien. — Soweit in höherer Inst. AnwZwang eintritt, entfällt die nachträgl. Offizialprüfung, SA. 47[154] 60[231]. — Blieb der Vollmachtspkt. irrtümlich ungeprüft, so wird das U. gleichwohl nach Zustellung an den fals. proc. formell rechtskr. und hilft dann nur Wiederaufnahme, E. 38[406]. Soweit keine Prüfg. v. amtsw., beweist Urteilsvermerk (§ 313) die Vollm. für andere Behörden nicht, RO. 3[306] DJZ. 04[640].

***§ 89** (85). I Handelt jemand für eine Partei als Geschäftsführer ohne Auftrag oder als Bevollmächtigter ohne Beibringung einer Vollmacht, so kann er gegen oder ohne Sicherheitsleistung für Kosten und Schäden zur Prozeßführung einstweilen zugelassen werden. Das Endurteil darf erst erlassen werden, nachdem die für die Beibringung der Genehmigung zu bestimmende Frist abgelaufen ist. Ist zu der Zeit, zu welcher das Endurteil erlassen wird, die Genehmigung nicht beigebracht, so ist der einstweilen zur Prozeßführung Zugelassene zum Ersatze der dem Gegner infolge der Zulassung erwachsenen Kosten zu verurteilen; auch hat er dem Gegner die infolge der Zulassung entstandenen Schäden zu ersetzen.

II Die Partei muß die Prozeßführung gegen sich gelten lassen, wenn sie auch nur mündlich Vollmacht erteilt oder wenn sie die Prozeßführung ausdrücklich oder stillschweigend genehmigt hat.

§§ 56, 80, 88, 108, 325, 551, 579; BGB. §§ 174, 177 ff.; HO. § 47. — Vgl. auch die KonsVerträge hinsichtl. Zulassung der Konsuln.

zB. Verwandte, Eheleute, Geschäftspersonal, notor. Mandantschaft. Verzugsgefahr nicht erforderl.; gg. Zurückweisung Beschw., E. 51[98]. Form der Genehm.: RS. 6[532]; auch nachträgl. Bevollm. gilt als Genehm., E. 30[398]; nicht bzgl. Passivvertr. S. 13[89] (Zustellg.). — Bei Beschlüssen (zB. Arrest, Einstellg.) genügt nach gem. M. das Präjudiz der Wiederaufhebung (Abwsg.) mangels Vollmachtsnachbringung. – Kostenauflage durch Urteil (JW. 02[214]); vgl. §§ 99, 102 (RO. 11[171]). Verschulden hier unerheblich; gleichgiltig, ob Sicherheit gefordert worden; Schadensersatz nur in gesond. Prozeß.

§ 90 (86). I Insoweit eine Vertretung durch Anwälte nicht geboten ist, kann eine Partei mit jeder prozeßfähigen Person als Beistand erscheinen.

II Das von dem Beistande Vorgetragene gilt als von der Partei vorgebracht, insoweit es nicht von dieser sofort widerrufen oder berichtigt wird.

§§ 79, 157 ff., 610; 25 bis 27, 100 RAO.; 13 FGG.; Art. 8 AGBO.; § 18 GBDA.; 4 RAGO.; 27 BRAGO.; 15 GBO.; 31 GewGG.; 16 KaufmGG. — Rechtsprakt.: JMBl. 99[179] 01[61]. — „Ehel. Beistand": § 52. — Kosten: § 91.

3B. Frauen, Gebrechliche. — Anwesenheit der Partei nötig. — Widerrufsrecht (Abs. 2) hier ausgedehnter als im § 85.

Fünfter Titel.

Prozeßkosten.

***§ 91** (87). I Die unterliegende Partei hat die Kosten des Rechtsstreits zu tragen, insbesondere die dem Gegner erwachsenen Kosten zu erstatten, soweit dieselben nach freiem Ermessen des Gerichts zur zweckentsprechenden Rechtsverfolgung oder Rechtsverteidigung notwendig waren. Die Kostenerstattung umfaßt auch die Entschädigung des Gegners für die durch notwendige Reisen oder durch die notwendige Wahrnehmung von Terminen entstandene Zeitversäumnis; die für die Entschädigung von Zeugen geltenden Vorschriften finden entsprechende Anwendung.

II Die Gebühren und Auslagen des Rechtsanwalts der obsiegenden Partei sind in allen Prozessen zu erstatten, Reisekosten eines auswärtigen Rechtsanwalts jedoch nur insoweit, als die Zuziehung nach dem Ermessen des Gerichts zur zweckentsprechenden Rechtsverfolgung oder Rechtsverteidigung notwendig war. Die Kosten mehrerer Rechtsanwälte sind nur insoweit zu erstatten, als sie die Kosten eines Rechtsanwalts nicht übersteigen, oder als in der Person des Rechtsanwalts ein Wechsel eintreten mußte.

Weitere Kostenvorschr. der ZPO. s. Reg. unter „Kosten": vgl. ferner §§ 165 GVG.; 49, 52, 58 ff. GewGG.; 6 KaufmGG.; 73 ff. KonkGG.; 3 SchutzGG. (vgl. RZentrBl. 00[576]). Enteign. u. Rheinschiffahrtss., priv. GStand der Mitglieder des Kgl. Hauses: Art. 23 ff. GebG.; 1 BRAGO. Das Kompetenzkonfliktsverf. (Art. 20, 25 KKG.) sowie die Kgl. unmittelb. Gerichtsbk. ist gebührenfrei; RAGebühren: Art. 1, 3, 4 BRAGO. — Sonstige Gebührenfreiheit (auf Auslagen nicht ausdehnbar, S. 15[163]): §§ 98 GKG.; Art. 3 GebG.; vgl. RGBl. 84[1]. — Zeugen u. Sachverständige.: GebO. v. 30. Juni 1878 (RGBl. 173) in d. Neufassung v. 20. Mai 1898; Vdg. v. 22. Sept. 1879 (GVBl. 1383); §§ 39 RVersAGG.; 19 LVersAGG.; 80 SchiedsGV.; JMBl. 79[1430] 80[221 227] 81[64] 84[17 49] 90[75] 99[333]; vgl. die Note zu § 401. — Rechtsanw.: GebO. v. 7. Juli 1879 (RGBl. 176) in der Neufassung v. 20. Mai 1898; RAO. §§ 18, 32, 37, 38; Art. 5 GebG.; Vdgg. v. 26. März 1902 (GVBl. 133, 144: Abdruck der Begr.: JMBl. 02[441 448]). — Gerichtsvollz.: GebO. v. 24. Juni 1878 (RGBl. 144) in der Neufassung v. 20. Mai 1898; Art. 5, 193 ff. GebG.; Vdg. v. 16. Dez. 1899 (GVBl. 1018); GVDB. §§ 55 ff.; Beitreibung: §§ 69 GVDV.; 28 GVGO. (rechnungsf. GSchr.); 206 GVGA.; JMBl. 01[175] (etatsmäß. Verrechng.); FinBl. 14[1]; vgl. Note zu § 166. — Botengebühren („Insinuation"): Art. 5 GebG.; § 8 KAV.; JMBl. 75[65] 77[170] 79[301] 84[119]; nunmehr auf Kosteneinhbg. beschränkt; vgl. die Note zu § 208 (bis zu 1 Mk. 10 Pfg., darüber 20 Pfg.). — Portofreiheit (FinBl. 6[1]; Hock 1[222]) a) innerh. Bayern (einschl. Rheinpfalz, FinMBl. 72[150]; Vdg. v. 23. Juni 1829 (RBl. 521); b) im Deutschen Reiche: BundesG. v. 5. Juni 1869 (BGBl. 141) u. RG. v. 29. Mai 1872 (RGBl. 167); c) mit dem Auslande: JMBl. 87[279]. Vgl. im Einzelnen: JMBl. 63, EH. 85; 65[43] 66[161] 70[529] 71[55 113 325] 72[20 87 169 216 300] 73[26 178 205] 76[341] 78[14 30 209] 80[154 272 333] 82[133 165] 84[5 26 109 149] 85[195] 87[41 139] 88[105 131 141] 89[91] (Abdruck der Portofreiheitsinstr.), [249] 97[261] 00[591 940 962] 02[305 524 649]; vgl. ferner §§ 9 KAV.; 5, 38 ff. KJ.; 65 GVDV.; 10, 12 AGSchrG.; 95 SchGJ. — Telegraph, Telephon (Hock 1[222] 2[552]): JMBl. 63[208] 72[309] 86[92] 96[16] 01[369]; aut. JME. Nr. 182 u.

1568 v. 10. Jan. 1903. ReichsTelegrO. v. 11. Juni 1897 (RZentrBl. 163), Bayer. TelegrO. v. 26. Juni 1897 (GVBl. 97[22] 99[141]); Telephontarif: GVBl. 00[143 1180] 02[219]. vgl. hierzu JMBl. 03[87 278]; FinMBl. 03[415]. — Erhebung der Gerichtskosten u. Zwangsbeitreibung: Art. 4 ff. AJP.: 285 bis 287 GebG.: Vdg. v. 14. Juli 1879 (GVBl. 703); §§ 12 bis 14 KAV.: 6 ff., 54 ff. KJ.: FinMBl. 89[478] ff.: JMBl. 91[175]; § 205 GVGA.: Aenderungen des Kostenschld.: § 45 KJ.: Minderungen: § 68 KJ.: Kostenverzeichn. in den Akten: §§ 38, 42 KJ.: Inhalt der Kostenrechnungen: JMBl. 04[115]; Einzahlung mit Postanwsg.: FinMBl. 81[141]; vgl. JMBl. 01[173] 04[293]. Abrechn. Rentämter: FinMBl. 03[252]; Rechtshilfe: § 165 GVG.; Einzugsbeistand: FinBl. 11[288]; Verzeichnis nach § 99 GKG.: FinMBl. 85[179] samt Nachträgen: Einzug im Ausland: FinMBl. 03[126] JW. 95[521]. — Reichsgericht: Kais. Vdg. v. 24. Dez. 1883 (RGBl. 84[1]); JMBl. 79[1580] 86[126]; 87[230] 00[574]; vgl. JW. 94[173] 95[168]. — Vorschußpflicht: §§ 114, 379, 627 ff.: 81 GKG.; 84 RAGO.; Art. 27 BRAGO.; 38 RAO.; 18, 20 GVGO.; 13 BGVGO.; 62 GVTV.; Art. 23, 39, 194, 282, 283 GebG.; § 29 KJ.: vgl. § 78 KrVG. Kein Gerichtskostenvorschuß beim GewG., KfmG. — Sicherung der Staatskasse: Art. 123 AVG.; §§ 49, 61, 117 KO. (mit KS. 4[301]); 43 HypG.: Art. 107 SubhO.: vgl. §§ 4 LohnbeschlG.; 10 ZVG.: 81, 94 GKG. — Kostenhaftung Dritter (außer der ZPO.): § 92 GKG.; Art. 23, 39, 281 GebG.; § 76 KJ.: S. 12[52]; insbes. des Ehemannes: BGB. §§ 1387 ff., 1412, 1415 ff., 1460 ff., 1529 ff., 1549 ff. mit ÜG. Art. 98, 103; des Vaters (KO. 12[325] ZR. 05[272] 06[26] FinBl. 12[3]) BGB. §§ 1654, 1684 ff.; vgl. ferner BGB. §§ 767 (Bl. 67[354]), 1118, 1264; HGB. 269, 328, 893; ZVG. 10, 12, 129. Reichsrechtl. haftet weder der ges. noch der bevollm. Parteivertr. ohne ausdrückl. Übernahme für die Kosten (JW. 91[112] Bl. 70[47]; vgl. KO. 11[149]). — Verjährung: §§ 196 Nr. 15, 17 mit 201 BGB.; Art. 104, 160 EBG.; 124 ff., 175 Nr. 5 ABG.; §§ 5 GKG.; 16 ZSGO. — Gebührenüberhebung: §§ 352 ff. StGB.

Abs. 1. Der Kostenausspruch erfolgt, soweit e. Hauptsacheentschdg. ergeht, v. amtsw. (§ 308); keine Nachforderung mit gesonderter Klage (außer kraft speziellen Ersatzgrunds), E. 22[421]; Urteilsergänzung: § 321. Der Kostenpkt. teilt die Natur der Hauptf. (§ 704); soweit K. allein noch streitig, hierüber Anerk., Verzicht, Vergl. möglich; kein TeilU. im Kostenpkt., ehe der zugehörige Hauptsacheteil erledigt. TeilU. können eine teilweise Kostenauflage enthalten, E. 5[301] (aM. NS. 2[357], vgl. NS. 4[638]; aber das KostenU. kann selbst Teil-[Schluß-]Urteil sein); praktische Formel: „5/8 der bisherigen K." ZwischenU. gegenüber Dritten (E. 45[406]), VorbehaltsU. u. Beschlüsse in selbstdg. Verf. (auch Abwsg. des GSchr.) müssen, bedingte EndU. sollen über die K. entscheiden (§ 462); ZwischenU. unter den Parteien enthalten keinen Kostenausspr. (E. 13[390 411]); Ausnahme: § 96. ZurückverweisungsU.: § 97. — Erfolgt in der Hauptf. vor Klagezustellung Befriedigung, so können die K. (Prozeßgebühr des RA., Klagekopialien, Einreichungsporto, Rücknahmegeb. nach § 46 GKG.; vgl. § 14 RAGO.) nur durch ziffermäßige Einklagung als Hauptf. (vgl. § 268 Nr. 3 mit SA. 61[119]) auf Grund Zivilrechts erlangt werden (E. 47[405] 54[39]); wichtig wegen RMittel. — Rechtsgrund: Unterliegen (oblig. ex lege): Verschulden, bona fides, Haftungsbeschränkg. außer § 93 gleichgiltig, E. 4[416]; deshalb schafft der Kostenausspruch hinsichtl. spezieller Ersatzgründe (zB. Dolus) keine Rechtskraft. E. 54[39]. Klagrechtswegfall, Klaglosstellung: Note zu § 93. Sonstige Schäden durch chikanöse Prozesse: § 826 BGB., E. 7[377] BlEB. 4[329] 15[49]. — Der Kostenanspruch entsteht bedingt bereits mit Prozeßbeginn (JW. 95[504] 06[30]): wird aber selbstdg. u. fällig erst mit Festsetzbarkeit (JW. 01[424]); wichtig wegen Pfändung, Konkurs u. Aufrechn. Nach gem. M. kann letztere wie jede materielle Einr. erst mit Klage nach § 767 gegen den Festsxgsbeschl. geltend gemacht werden; hiernach ergeht Kostenurteil trotz des Einwands völliger Kostenzahlung, vgl. § 104; JW. 00[71] aM. E. 62[189]. — „Unterlgd. P.": nicht Dritte, vgl. § 92 GKG.; „Unterliegen": § 92. — Nur K. des Rechtsstreits hierher. Dazu gehören (vgl. § 29 RAGO.; ZZP. 35[313]) vorbehltl Prüfung der Notwendgk.: Armenrechtsgesuche JW. (86[145] aM. JW.

96[410]); *Arrest u. einstw. Verf.*, nur wenn das Verf. prozessual mit der Hauptſ. verbunden (E. 45[364]), sonst selbstdg. Kostenausspr. (§ 922); *einstw. Anordn. des ProzeßG. u des VollstrG.* (JW. 99[695] E. 50[356]); *Bestimmung* des zustdg. Gerichts; *Beweissicherung* (E. 13[325] SA. 47[155]); *Informationskosten*: JW. 91[4] (Augenschein des RA., Aufenthaltserkundigung, S. 16[500]; Ausnahme beim RevAnwalt: JW. 88[86]); *Insinuationsgebühr* des GDieners; *Mahnverf.* (§ 698); *Privatgutachten* (E. 13[314] aM. S. 15[291]); *Reiseauslagen* der Partei, auch zur Information (ZSGO. hierauf anwendbar); *Sicherheitserlage* (E. 9[329]); *Sühneversuch* (E. 45[367]); *Streitverkündung* (JW. 85[332]); *Uebersetzungen* (vgl. jedoch SA. 47[61]); *Zeitversäumnis* der Partei nach ZSGO. (nicht bei Inform. am Wohnort, R. 05[531]); auch Inkassozessionar, KB. 36: geringste Gebühr 10 Pfg. — *Nicht* zu den Prozeßkosten als solchen gehören: *Außergerichtl.* Vorinstanzen (JW. 89[372] 94[543]; BGH. 4[170] 15[253]) insbes. Vorbeschwerde nach Art. 2 AZP. (vgl. Art. 23 VerwRAGO.); *Kündigungs-, Freigabe-, Mahnbriefe* als solche: BGBGO. § 10 (30 Pf.); JMBl. 71[73] Bl. 63[49 296 412] JW. 00[501] 01[118]; meist enthält aber der Anwaltsmahnbrief auch die Bekanntgabe der Prozeßvollmacht u. gehört deswegen zum Prozeß; vgl. jetzt Art. 6, 9 BRAGO.; 1, 4 VerwRAGO.); *Leistungskosten* (JW. 89[168]); K. von *Protestationen*, Wspr in Löschungsproz.; *Prozeßschäden*; *Prozeßkostenvorschüsse* kraft ZivilR. zB. des Ehemanns (JW. 95[163]); K. *angekündigter* WKl. u. Anschließg., wenn Kl. (RM.) vorher zurückgezogen, E. 51[7] (VZS.). Derartige nicht nach §§ 103 ff. festsetzbare Auslagen sind, soweit erstattungsfähig, als „Schäden" (§ 4) ziffermäßig mitauszuklagen, wobei die Angemessenheit (insbes. der Anwaltszuziehung) auch in Versäumnisfällen (wegen des Kausalnexus) nachprüfbar ist. Besonderes gilt diesbzgl nach Art. 14 ff VerwRAGA.; JMBl. 02[514] (keine administr Festſ. gegen den erstattungspfl. Gegner). Wegen der Grenze der landesrechtl. GebO. (Prozeßvermeidungsantrag) vgl. JW. 05[28] JMBl. 02[461]; beachtlich, daß Art. 6 Abs. 5, 9 Abs. 2 BRAGO. die ganze Prozeßgebühr meinen (JMBl. 02[461]).

IV. Notwendigkeit: subjektiv bei Vornahme des Prozeßakts, Prüfung im FestſVerf. Teilung der Streitsumme behufs Einhaltung der amtsg. Zustdk., wenn ein verständiges Interesse des Kl. hierfür vorliegt (SA. 47[227] 53[251] Bl. 41[264 271]); ähnlich bei Teilkl. mit Vorbehalt u. bei Auswahl der Prozeßart u. des GStands; absichtl. Kostenmachen jedenfalls abzuschneiden. — Unzulässig ist die Beansprchg. mögl., jedoch nicht gemachter Auslagen an Stelle wirklicher, aber nicht notw. (JW. 94[9]; E. 14[378] nicht entgegen). Keine Ausschlagung von Generalunkosten (Telephonabonn.), JW. 03[68] JME. Nr. 23351 v. 9. Juni 1903.

Einzelnes: *Abschriften der Beweiserhebungsprot.* zum Handakt sind schlechthin, daneben für die Partei nur ausnahmsw. erstattbar (JW. 85[186] 89[514] S. 15[290]); Abschr. der *Vollmacht* ist nach Einreichung der Urschrift für das Gericht entbehrlich, für den Gegner u. den eigenen Handakt (zB. wegen Inkassoklausel, Vordrucksänderg.) zweckmäßig; sonstige UrkAbschr. sind nicht immer nötig (§ 131). — *Laienvertretung*, insbes. Schreibarbeiten nach freiem Ermessen (Bildungsgrad der Partei, sachgem. Erledigung, Erreichbarkeit e. RA., GSchr.) etwa mit der Hälfte der RA.-Ansätze erstattbar; vgl. §§ 157; BGBO. 10, 11 (die Ladungsgeb. mit 50 Pf. ist nicht neben der Prozeßgebühr e. RA. erstattbar); Bl. 43[209] DJZ. 04[591] S. 7[733]. — *Porti* (auch der Stadtpost, E. 15[405]) sind erstattbar,

Telegramm-, Telephongebühr, Extrabote, Fuhrwerk am Orte in eiligen Fällen (JW. 03[63]); ebenso in der Regel **Reisekosten der Partei** (E. 51[11], außer soweit durch Vertreterbestellung verminderbar oder durch Urkundenvorlage (KB. 36; JW. 05[178]), rechtzeitige Anzeige an das Gericht vermeidbar (zB. Eidesrequis., Gr. 36[1220]); Informationsreisen nicht hierher, wenn Briefwechsel oder KorrespMandat genügend (E. 15[402]); Terminsreisen neben dem RA. sind nur bei wichtigen Sachen, zB. Beweiserhbg. erstattbar, E. 51[11] JW. 05[208]. — **Urschriftsauslagen** der Partei (zB. für Formularpapier, Kopfbogen) sind erstattbar (gilt auch für die Vollmachtsurschrift, weil Parteischriftstück; keine Schreibgebühr). — **Urteilsausf.** ist doppelt erstattbar; e. Ausf. dient zur ZwV., die zweite (einfache) zur Zustllg. u. Bescheinig. der Rechtskraft; vgl. §§ 109, 115, 299, 757. — Die **Zustellung** des rkr. Urteils ist erstattbar (E. 37[402]), ebenso, wenn eine Streitfrage besteht, doppelte Z (aM. E. 32[388]); nicht aber ParteiZ. neben Z. v. amtsw. (§§ 329, 625).

Abs. 2 gilt auch für den Stellv. nach § 25 RAO. (E. 10[381]), nicht aber für sonstige Substituten, insbes. nicht für Rpr. mit zweijähr. Justizpraxis, E. 21[349] (VZS.) 31[425]; wichtig wegen der Verhdlgs- u. Beweisgebühr im Parteiprozesse u. wegen der Reisekosten; anderweitige Abmachung nach § 93 RAGO. für die Erstattung nicht bindend, E. 21[349] (fr. Erm.). — Nachprüfbar bleibt auch beim RA. die Notw. der Prozeßhdlg als solcher, E. 21[407] 51[11]; ausländ. Anwälte: JW. 99[45].

Einzelnes: 1. Inkassogebühren (§ 87 RAGO.; vgl. Art. 10, 27 BRAGO.) sind nach der Rspr. des RG. niemals als Prozeßkosten erstattbar, weil entweder nicht Prozeßakt (zB. Zahlung, BlEB. 5[416]) oder, soweit zum Prozeß gehörig (zB. Sicherheitserlage, E. 9[329]) durch die Prozeßgebühr abgegolten. Die materielle Ersatzpflicht des Zahlenden wird dadurch nicht berührt; an sich trifft aber die Honorierung e. freiwillig aufgestellten Inkassobevollm. den Gläubiger, bestr.; vgl. E. 22[322] Bl. 65[132] 70[468]. — **2. Die Korrespondenzgebühr** (§ 44 RAGO.) ist nur erstattbar, wenn der Informationszweck (zB. verwickelter Tatbestand, fremdes Recht, Vertrauenssache) durch Briefe oder Reisen der Partei nicht billiger erreichbar (E. 15[402] S. 16[167] NS. 4[857]). Der RA. in eigener Sache oder als KonkVerw., Vormund (S. 11[687]) verdient die KorrGebühr nicht, SA. 49[275]. Die Gebühren des § 45 RAGO. (5/10 + 5/10) sind unbeschadet des § 48 von der KorrGeb. unabhängig (E. 22[407] 26[376] JW. 98[68]; bestr.). FestsAntrag u. Beschw. steht dem KorrAnw. nicht zu. — **3. Reisekosten.** „Ausw.": nicht am Sitze des ProzeßG. wohnhaft (E. 13[313] 14[378] §§ 18, 37 RAO. JW. 94[63]). Die Reise des PrBev. zu ausw. Terminen ist grundsätzlich erstattbar. Ob Zuziehung e. RA. nötig war, ist nicht nachprüfbar, wohl aber, ob nicht Substitution e. ausw. RA. billiger u. gleichwohl sachgemäß, E. 51[11] (VZS.); geringe Differenz, Substitution e. Winkelkonsulenten ist dabei unbeachtlich (SA. 49[123]; vgl. DJZ. 03[146]). Die in §§ 80, 83 RAGO. vorgesehene Vorschrift ist in Bayern nicht ergangen: Rundreise: RGBl. 03[291]. — **4. Schreibgebühren:** 10 Pf. für die Seite (§ 76 RAGO.); Tabellen nach billigem Erm. Adressen sind frei, E. 31[403]; ebenso das Konzept als solches, auch wenn als Zust.-Urschrift verwendet; E. 28[401]. Die ZustUrschrift kann aber im erstattbaren Abschriftsweg hergestellt werden, E. 33[401]; vgl. auch E. 27[406]. Die Praxis billigt durchweg die Klagskopialien dreimal zu; wegen der Vollmachtsurschrift vgl. Bem. IV zu Abs. 1. Postanwsg. ist mehr als Adresse;

Silbenüberschuß unbeachtlich, E. 21[411]. — 5. Streitgenossenschaft (§ 100). Jeder, auch der notw. StrG. kann e. eigenen RA. nehmen, ebenso Eheleute, Hauptschld. u. Bürge (E. 13[433] 14[395] 31[417] S. 15[376]); nicht aber der Gegner bzgl. jedes StrG. Haben die StrG. denselben RA. u. unterliegt der eine StrG., während der andere obsiegt, so ist nach gem. M. (E. 31[409] 41[399] S. 14[649]) der obsiegd. StrG. auf grund des allg. Erstattungsausspruchs: „soweit auf N. erwachsen", nur berechtigt, seinen Kopfteil an den gemeins. RAKosten (vgl. §§ 3, 51 RAGO.) vom Gegner im Festsetzungswege zu fordern, den Haftungsüberschuß aber hier ausnahmsweise nur auf Nachweis der Zahlung oder doch Insolvenz des mithaftd. anderen StrG. Damit sollen Regreßprozesse des Gegners mit dem anderen StrG. vermieden werden. Vorausgesetzt ist dabei selbstverständlich, daß das Urteil e. solchen Vorbehalt entnehmen läßt u. nicht einfach Quotentlg. enthält. Das RG. hält auch mit Recht e. Ausspruch dahin, daß „jede Partei die auf ihr Unterliegen" entfallenden Kosten zu tragen habe, wegen der Zusammenrechnung nach §§ 11 GKG., 10 RAGO. für inkorrekt u. verlangt Ausscheidung e. Quote oder bestimmten Summe zu Lasten des e. StrG. u. Überbürdung des Restes auf den Gegner. Solche Summenausscheidung kann aber auch dadurch geschehen, daß dem Gegner diejenigen K. zur Erstattung überbürdet werden, für die der obsiegende StrG. gegenüber Anwalt u. Gericht (hier ohnehin Vorschußeinhbg. nur nach Beteiligg.: JW. 03[392]) aufzukommen hat. Erwägt man, daß sonst Nachweis der bloßen Haftung für Erstattung der RAKosten genügt u. daß e. Gesamtschuld (vgl. E. 39[384] NS. 3[361]) vorliegt (die nur gegen einen Schuldner festsetzbar ist), so erscheint es richtiger, sofort die ganzen Kosten des obsiegd. StrG. ohne Zahlungs- oder Insolvenznachweis festzusetzen u. den Gegner hinsichtl. der Ausgleichung auf § 426 BGB. zu verweisen (so RG. in JW. 98[45] bzgl. Armenrecht). Als Formel genügt dann: „dem Kl. die Erstattung der dem obsiegd. StrG. entstandenen Kosten an diesen, dem unterliegenden StrG. die Tragung u. die Erstattung der restigen K. an den Kl auferlegt"; nach der gem. M. wäre der Vorbehalt hinsichtl. des Haftungsüberschusses beizufügen. Bei TeilU. bleibt der Rest ebenfalls vorbehalten. Beachtlich, daß sich u. U. der Streitwert für den RA. des StrG. anders berechnet als für d. Gericht u. Gegner. Teilung von Reisekosten: § 79 Abs. 3 RAGO. — 6. Wechsel in der Person des RA. freies Erm., E. 15[394]; bei Löschung wegen Tod, Alter (KGBl. 93[23]), Verwsg. nach § 506 sind die Mehrkosten erstattbar, E. 22[432] 26[417]; nicht bei Konkurs der Partei, Krankheit des RA., E. 44[427] (Substitutionsrecht), Doppelvollm. (ZR. 06[125]), oder parteiseitig verschuldeter Kündigung (JW. 98[278]). Bei Verschld. des RA. bestr., ob Abzug der Mehrkosten schon durch Auftraggeber (Schadensersatz) oder Erstattung derselben gg. Zession dieses Ersatzanspruchs; vgl. JW. 99[38] SA. 59[112]. — **7. Zustellungskosten** des GVollz. sind erstattbar, auch wenn von Anw. z. A. billiger; vgl. § 198; nicht aber Z. an mehrere RA. (JW. 98[198]), außer dem oben (unter 4) erwähnten Falle.

***§ 92** (88). [I] Wenn jede Partei teils obsiegt, teils unterliegt, so sind die Kosten gegen einander aufzuheben oder verhältnismäßig zu teilen. Sind die Kosten gegeneinander aufgehoben, so fallen die Gerichtskosten jeder Partei zur Hälfte zur Last.

II Das Gericht kann der einen Partei die gesamten Prozeßkosten auferlegen, wenn die Zuvielforderung der anderen Partei eine verhältnismäßig geringfügige war und keine besonderen Kosten veranlaßt hat, oder wenn der Betrag der Forderung der anderen Partei von der Festsetzung durch richterliches Ermessen, von der Ausmittelung durch Sachverständige oder von einer gegenseitigen Berechnung abhängig war.

Unterliegen mit einzelnem Angr.- o. VertMittel: § 96; vgl. auch §§ 93 bis 95. — Streitgenossen: §§ 100 ff. — Kostenberechnung: § 106; vgl. RO. 11[174].

Abs. 1. Bestr., ob „Partei" = Person oder Prozeßrolle; wichtig bei StreitG. (§ 91). **Teilw. Unterliegen des Klägers schon gegeben, wenn** ein bekl. Antrag nach §§ 322, 1574 Abs. 3, 1975, 2059 **BGB. durchdringt** (vgl. Gr. 42[249] 43[829] 44[899] JW. 04[489] 06[426]) **oder nur dem Eventualantrag** oder e. Solidarkl. nur nach Kopfteilen **stattgegeben wird** (unrichtig SA. 50[277]). — Teilung: **nach** Quoten, **Ausscheidung e. bestimmten** Ziffer (Rest Gegner) oder **nach Prozeßabschnitten** (E. 19[430]), **soweit kostenrechtl. möglich**; also nicht **nach** Klage u. WKl., RMitteln **zB. Berufung u. Anschl.** (SA. 47[228]), weil **Gebühren nach § 11 GKG. unausscheidbar. Ausscheidung nach** Instanzen nur **ausnahmsweise**, zB. § 97 Abs. 2 (RG. 5[356]). — **Ge**richtskosten: **auch** Auslagen **nach §§ 79, 80 GKG.** (RGSt. 3[188] **Bl.** 63[7]).

Abs. 2. Die erste Altern. fordert Geringfügigkeit n e b e n **Kosten**losigkeit (**Gebührenklasse**), E. 42[85]. **Verhältnis 1 : 10 beachtlich; mathem. Genauigkeit der Quote nicht nötig,** JW. 89[168]. **Bei der zweiten Altern.** kann die Zuvielfrdg. **auch beträchtlich u. kostspielig sein; vgl. zB. BGB.** §§ 315 ff., 343, 666, 1610; HGB. 355. Abs. 2 auf Zuvielbestr. **des Bekl.** ausdehnbar (S. 5[283]; aM. Mot. 113).

§ 93 (89). Hat der Beklagte nicht durch sein Verhalten zur Erhebung der Klage Veranlassung gegeben, so fallen dem Kläger die Prozeßkosten zur Last, wenn der Beklagte den Anspruch sofort anerkennt.

Vgl. §§ 75, 76, 92 Abs. 2, 99, 271, 771, 788; KO. § 11. — BGB. §§ 208, 271 ff. 284 ff.

Unanwendbar auf VersU. (Pr. 518; ZZP. 20[154]), **Ehe-, Kinds-,** EntmS. (§ 617) oder **analog zu gunsten des Klägers,** E. 46[169] 54[39] 57[335] 58[371] (**Wegfall des Klagerechts**). — „Sofort": **bei** der ersten (auch einseitigen) **mV. über das Anerkannte (wichtig bei KlÄndrg., RO. 7[383]; oder** Abwsg. durch VersU., E. 53[327]); **falls mV.** nicht **stattfindet (zB. Kosten**fests., **Einwdg. nach** § 766), **innerhlb. billiger Frist ab Kenntnisgabe, Be**streiten in vorb. Schrifts. **an sich unschädlich, aber** meist **Veranlassungs**beweis (E. 52[141]). **Veranl.** jedenfalls, **wenn im Verzug** (JW. 96[585]); **Besitz**störung: RG. 1[479] JW. 02[437]; **dingl. Kl.: RO. 11[52] Bl. 71[398]; Löschung:** RG. 4[971]; **Herstllg.** des ehel. **Lebens: JW. 00[745]; Duldungskl.: Gr. 45[378]** RO. 11[98] (**Kostenpflicht nur durch** freiwillige **Ausstellung vollstr. Urk. ab**wendbar); **vgl.** §§ 323, 717, 767. **Kein Verzug mangels Belegvorlage oder** Substantiierung (zB. **Kurkosten**) oder solange **Zahlung statt Hinterlegung** begehrt wird, E. 52[141]. **Beachtlich die Abweisungsreife, soweit „Veranl."** klagsbegründend (§§ 256, 259); **Mahnung, Kündigung durch Klage** (§ 257), **nicht** durch Rechnung schlechthin. — **Hat der Bekl. zwischen Klagezustllg.**

und mV. geleistet, so muß er den trotzdem aufrechtgehaltenen Anspruch bei Meidung der Doppelleistung bestreiten (SA. 49[124]); Aufrechnung im Prozeß ist Zahlung ex tunc (Aufrechnungsmögl., E. 50[389]) Klaglosstellung kann analoge Anwendg. des § 93 begründen, aber auch (zB. nach Freigabe unter Protest) zur Kostenentscheidung nach der materiellen Rechtslage (§ 91) führen, E. 53[327]; Zahlung vor Klagezustellung: § 91. — Hat zwar der Kläger vorzeitig Nichtfälliges als fällig eingeklagt, der Bekl. aber verspätet gezahlt, so ist er nach § 91 soweit kostenpfl., als der Prozeß auch bei ordnungsm. Einklagung gediehen wäre, RO. 11[173] Bei Überfordrg. Tatfrage, ob bezahlt worden wäre, E. 9[136] 14[106]; vgl. § 266 BGB., R. 03[566] — Zahlt der Bekl. nach kostenlosem AnerkU nicht, so treffen ihn die VollstrKosten. Stellt sich bösl. Verleitung des Kl. zu einer unhaltbaren Klage durch den Bekl heraus, so kann diese Kl. auf Schadensersatz im Kostenbetrag geändert werden (§ 268); vgl. § 91.

§ 94. Macht der Kläger einen auf ihn übergegangenen Anspruch geltend, ohne daß er vor der Erhebung der Klage dem Beklagten den Übergang mitgeteilt und auf Verlangen nachgewiesen hat, so fallen ihm die Prozeßkosten insoweit zur Last, als sie dadurch entstanden sind, daß der Beklagte durch die Unterlassung der Mitteilung oder des Nachweises veranlaßt worden ist, den Anspruch zu bestreiten.

§§ 410, 412, 1156, 2367 BGB. — Nachweis durch Vorlage unbegl. Urschrift der Zession u. Vollmacht; begl Abschrift, Brief des Zessionars genügt nicht (JW. 05[641]). Zahlung auf gefälschte Zession wirkt nicht befreiend (ROHG. 2[306]). Mitteilung des Zessionars allein berechtigt u. U. zur Hinterlg. (§ 372 BGB.; JW. 05[718]). — Unterlassung des Nachweises trotz Rüge u. gerichtl. Fristsetzung führt zur Abweisung; in der Klage selbst braucht die Vorlegung noch nicht behauptet zu sein, E 55[224] — Die Vorschrift ist nicht auf Bestr der Aktivlegitim. oder Anerkenntnis beschränkt; gilt auch für Proz. unter Prätendenten, RO. 11[56], ist auf unvermutete Aufrechng. nicht analog anwendbar, Bl. 64[253]

§ 95 (90). Die Partei, welche einen Termin oder eine Frist versäumt, oder die Verlegung eines Termins, die Vertagung einer Verhandlung, die Anberaumung eines Termins zur Fortsetzung der Verhandlung oder die Verlängerung einer Frist durch ihr Verschulden veranlaßt, hat die dadurch verursachten Kosten zu tragen.

§§ 251 ff.; GKG. §§ 48, 94. — VersU: §§ 344; Zeugen: §§ 380, 390; Sachverst.: § 409, RA., GSchr. 2c.: § 102. — Form: EndU. (bestr., ob Beschluß zulässig; vgl. jedoch § 94 GKG.).

Zwingende Vorschrift, bei Obsieg des Säumigen v amtsw. beachtlich; nicht in das FestsVerf. verweisbar, weil der in der Hauptf. unterlegene Gegner e Erstattungstitel braucht; Verschulden bei Versäumnis gleichgiltig. Hauptbeisp.: Reisekosten des Gegners. — Strafgebühr (§ 48 GKG) nur möglich, wenn über den Vertagungsantrag beiderseits wspr. verhandelt oder v. amtsw. vertagt ist (E 31[388]).

§ 96 (91). Die Kosten eines ohne Erfolg gebliebenen Angriffs- oder Verteidigungsmittels können der Partei auferlegt werden, welche dasselbe geltend gemacht hat, auch wenn sie in der Hauptsache obsiegt.

Vgl. §§ 251ff — Selbständigkeit des Angriffs- oder VertMittels nicht erforderlich Auch bloße Bestr., Zeugenbenennungen hierher (aM. KB. 38); nicht Widerkl. (§§ 91, 92) oder RMittel (§ 97); Streitgen.: § 100. — Anwendung von amtsw., nach freiem Erm., nicht bei jeder Kumulierung oder Abweisung von Prozeßanträgen (JW. 90[350]). Form: EndU.; ob im ZwischenU. oder Beschluß möglich, bestr.; vgl. JW. 82[314] 96[653].

§ 97 (92). I Die Kosten eines ohne Erfolg eingelegten Rechtsmittels fallen der Partei zur Last, welche dasselbe eingelegt hat.

II Die Kosten der Berufungsinstanz können der obsiegenden Partei ganz oder teilweise auferlegt werden, wenn sie auf Grund eines neuen Vorbringens obsiegt, welches sie nach freiem Ermessen des Gerichts in erster Instanz geltend zu machen imstande war.

III Die Kosten der Revisionsinstanz in Rechtsstreitigkeiten über Ansprüche, für welche die Landgerichte ohne Rücksicht auf den Wert des Streitgegenstandes ausschließlich zuständig sind, hat auch im Falle des Obsiegens die Reichs- oder die Staatskasse zu tragen, wenn der Wert des Streitgegenstandes die Summe von dreihundert Mark nicht übersteigt und der Vertreter des Reichs oder des Staates die Revision eingelegt hat.

Vgl. §§ 92, 238, 278, 344, 529, 565, 583, 924; GVG. 70; GKG. 11, 45, 47, 86.

Abs. 1 und 2 auch auf Beschw. (E. 4[365] S. 9[85]), Anschließung (E. 44[377]), appellabl. ZwU. (JW. 02[182]) u. bed. EndU. anwendbar. — Obsiegende P. (Abs. 2): auch der Berufungsbekl. JW. 90[236]; Vorbringen: auch Anträge (JW. 88[305]). — Die Kosten eines erfolgreichen RM. sind Bestandteil der allg. Streitskosten nach §§ 91 ff. mit GKG. 87; dies gilt insbes. für Rückverwsg. wegen Prozeßverstoß, E. 8[434] 13[414] S. 13[50]; vgl. §§ 575; GKG. 93. Über sie wird erst durch den Schlußausspruch im Kstpkt. mitentschieden, den u. U. aber die RMInstanz selbst erläßt (zB. Beschw. in selbstdg. Verf.). — Bei Beschw. kommt mangels e. Gegners auch § 45 GKG. in betracht; vgl. § 86 GKG, JW. 01[75]. Bei Teilerfolg eines RM. § 92 anwendbar, NS. 5[347].

§ 98 (93). Die Kosten eines abgeschlossenen Vergleichs sind als gegen einander aufgehoben anzusehen, wenn nicht die Parteien ein anderes vereinbart haben. Dasselbe gilt von den Kosten des durch Vergleich erledigten Rechtsstreits, soweit nicht über dieselben bereits rechtskräftig erkannt ist.

Vgl. §§ 123, 296. — Kosten: §§ 21, 23, 41, 86, 88, 101 GKG.; 13, 18 RAGO.

Anderwtg. Parteiabsicht unbeachtlich; Vorbehalt besonders bei Satz 2 rätlich. — Auch bei bloßem Kostenvergl. anwendbar, JW. 93[196]. — Bei außergerichtl. Vgl. mit abweichender Kostenteilung (sohin mit der Notwdgk. des Kostenersatzes) Tatfrage, ob Klagsrückn. u. Kostenurteil oder neue Klage auf Kostenersatz beabsichtigt; ersteres zu vermuten, vgl. § 271 E. 56[113] (NJ. nach Vergleichsquote) JW. 05[498] (bei ausdrückl. Vorbehalt nach Prozeßlage). — „Rechtskr. erkannt" (Satz 2): zB. durch TeilU. — K. erfolgloser Vgl.-Versuche sind allg. Prozeßkosten.

***§ 99** (94). I Die Anfechtung der Entscheidung über den Kostenpunkt ist unzulässig, wenn nicht gegen die Entscheidung in der Hauptsache ein Rechtsmittel eingelegt wird.

II Ist die Hauptsache durch eine auf Grund eines Anerkenntnisses ausgesprochene Verurteilung erledigt, so kann die Entscheidung über den Kostenpunkt selbständig angefochten werden.

III Ist eine Entscheidung in der Hauptsache nicht ergangen, so findet gegen die Entscheidung über den Kostenpunkt sofortige Beschwerde statt. Vor der Entscheidung über die Beschwerde ist der Gegner zu hören.

Verbindung mit Kostenfestſtzg.: § 103. — Beschränkung der Beschw.: §§ 567, 568. — Keine vollstr. Ausf.: § 34 AGSchrG. — Kosten: §§ 13 GKG.; 10, 25 RAGO.

I. A. Keine Hauptsacheentschdg. ergangen: dann nur sof. Beschw. (Abs. 3), zB. nach Klagerückn., Freigabe. Teil- u. SchlußU. bilden hierbei eine Entschdg., JW. 93[444]; vgl. E. 59[332 432] (TeilanerkU.). Ergänzung: § 321 E. 46[394]. Erledigungsausspr. hinsichtlich der HS. ist, wenn unstreitig, keine „E.z.HS." (E. 46[347]), wohl aber Ausspr. über prozeßh. Einr. (E. 23[341]), Zins (E. 10[310]), Verlustigerklärung (E. 55[396]). Bei unzulässiger Ablehnung der E.z.HS. ist das ordentl. RMittel zulässig (E. 27[365] 29[379]), aber nicht im Kostenpkt. allein. — Die sof. Beschw. nach Abs. 3 ist unstatthaft, wenn in der HS. kein RMittel im e. S. zulässig gewesen wäre (E. 46[347]); analog bei weiterer Beschw., JW. 03[97]. Hiernach sind VersU. im Kostenpkt. lediglich mit Einspruch, kontradikt. KostenU. der LG. als II. J. gar nicht anfechtbar, E. 57[310] (VZS.). Soweit sof. Beschw. zulässig, ist auch bei Anerkenntnis der Kostenpflicht nicht vorl., sondern sof. Vollstreckb. nach § 794 Nr. 3 gegeben; Abwdg. durch Kaution erst nach Beschwerdeeinlegung möglich (572); Anhörungspflicht auch bei weiterer Beschw., vgl. E. 57[330]. Wegen der früheren Unanfechtb. vgl. E. 10[309] (sof. RKraft).

B. Hauptsacheentschdg. ist mitergangen und a) mitangefochten: dann umfaßt das ordentl. RMittel (auch des Gegners, RS. 5[577]) den Kostenpkt. mit. — Aussichtslosigkeit des zulässigen RM. unschädlich (E. 27[365] S. 9[467]); Erldg. nach Einlegung (zB. Zahlung) gleichgiltig (E. 18[419] S. 11[722] JW. 06[25] (Drittzahlg.); Anschlßg. genügt (vgl. E. 17[47]), nicht aber RMittel e. gewöhnl. StrG. (JW. 94[359]; vgl. jedoch S. 9[85] SA. 60[422]). **b)** nicht mitangefochten oder das RMittel unzulässig oder die Hptſ. vor Einlegung erledigt (E. 33[383] 45[413]): dann ist die zulässig ergangene Kostenentschdg. unanfechtbar (JW. 93[293]); irrige Zulassung der Anfechtg. revisibel, S. 10[59].

Ausnahmen von B. b): *α*) VersU.: Einspruch im Kostenpkt. allein zulässig, weil kein RMittel, E. 13[327]; ähnlich ArrestWspr. *β*) AnerkenntnisU.: Kostenpkt. durch alle Instanzen selbstdg. ebenso anfechtbar (Abs. 2), wie die durch das Anerk. erledigte Hauptſ. anfechtbar gewesen wäre; wichtig wegen Revision, E. 48[361] (Kostensumme über 2500 Mk., JW. 05[535]). — VerzichtsU. stehen hier den AnerkU. nicht gleich. Ob das AnerkU. mit Recht ergangen, ist belanglos, E. 60[316]. Ergeht nach Anerk.-TeilU. SchlußU. über den Hauptsacherest u. die gesamten Kosten, so ist weder Abs. 2 noch Abs. 3, sondern nur Abs. 1 anwendbar, E. 55[398] 59[332 432] (bestr.).

II. Die Unanfechtbarkeit des access. Kostenausspruchs gilt auch für Beschlüsse, zB. Kosten der Festſ., (JW. 87[351] 94[359] 03[237] S. 16[389]); nicht aber, soweit Kosten primäre Hauptſ., zB. bei Klagserldg. vor Zustellung (E. 47[405]), nach § 766 Abs. 2 (S. 10[237]) oder §§ 47, 48 GKG.;

ebensowenig, wenn die Kostenauflage e. Dritten (außer dem NebenJ., E 46[394]) beschwert (JW. 93[166]; vgl aber E. 53[65]) oder der Kostenpkt. (in Beschlüssen) übergangen ist (NS. 2[524]). Auch Abs. 3 ist auf Beschlüsse anwendbar.

§ 100 (95). I Besteht der unterliegende Teil aus mehreren Personen, so haften dieselben für die Kostenerstattung nach Kopfteilen.

II Bei einer erheblichen Verschiedenheit der Beteiligung am Rechtsstreite kann nach dem Ermessen des Gerichts die Beteiligung zum Maßstabe genommen werden.

III Hat ein Streitgenosse ein besonderes Angriffs- oder Verteidigungsmittel geltend gemacht, so sind die übrigen Streitgenossen für die durch dasselbe veranlaßten Kosten nicht verhaftet.

IV Werden mehrere Beklagte als Gesamtschuldner verurteilt, so haften sie auch für die Kostenerstattung, unbeschadet der Vorschrift des Abs. 3, als Gesamtschuldner. Die Vorschriften des bürgerlichen Rechts, nach denen sich diese Haftung auf die im Abs. 3 bezeichneten Kosten erstreckt, bleiben unberührt.

Vgl. §§ 91 Note, 99, 147, 278, 788; GKG. 91, 92; RAGO. 3, 51; BGB. 420, 767; WO. Art. 81. — Anderw. Vertlg.: § 92. — Gerichtsvorschuß nur nach Beteiligung: JW. 03[292].

Gesamthftg., anderw. Vertlg. (Abs. 2) muß im Urteilsatz stehen; beachtl. der Unterschied zwischen Kopfteilen u. sonstigen Quoten. Entspr. Anwdg. von Abs. 4 auf Abwsg. von Solidarklägern: JW. 00[13] (bestr.). — Daneben § 93 anwendbar, JW. 97[332]. — Für VollstrKosten, RMittel gilt Sonderhaftung, SA. 57[230]. Hftg. unter sich nach Zivilrecht, JW. 82[175].

***§ 101** (96). I Die durch eine Nebenintervention verursachten Kosten sind dem Gegner der Hauptpartei aufzuerlegen, soweit derselbe nach den Bestimmungen der §§ 91—98 die Kosten des Rechtsstreits zu tragen hat; soweit dies nicht der Fall ist, sind sie dem Nebenintervenienten aufzuerlegen.

II Gilt der Nebenintervenient als Streitgenosse der Hauptpartei (§ 69), so sind die Vorschriften des § 100 maßgebend.

Vgl. §§ 73, 91: Zurückweisung der NJ.: § 71; RMittel: § 99. — Streitwert: Interesse des NJ.; vgl. §§ 27 GKG.; 3, 51 RAGO.

Ausspruch im Urteilsatz (einschl. Rubrum) geboten, E. 15[419]; Notwendigkeit des Beitritts nicht nachprüfbar (bestr.). — Kosten der für die HauptP. vorgenommenen Prozeßhdlg. nicht hierher (E. 59[173] NS. 4[79]), wohl aber K. der Hauptparteien bzgl. der NJ. — Kein Ausspruch im Verhältnis von NJ. und unterstützter P. (JW. 97[303]); hierfür nur Zivilrecht maßgbd.

§ 102 (97). I Gerichtsschreiber, gesetzliche Vertreter, Rechtsanwälte und andere Bevollmächtigte sowie Gerichtsvollzieher können durch das Prozeßgericht auch von amtswegen zur Tragung derjenigen Kosten verurteilt werden, welche sie durch grobes Verschulden veranlaßt haben.

II Die Entscheidung kann ohne mündliche Verhandlung erfolgen. Vor der Entscheidung ist der Beteiligte zu hören.

III Gegen die Entscheidung findet sofortige Beschwerde statt.

Vgl. §§ 78, 766; BGB. §§ 276 ff., 675, 823, 839, 1833, 1837; GKG. § 6; Art. 60, 61, 131 ABG.; 85 Subh.; §§ 98 ff. HypG.; Art. 105 ff. AStV.; JMBl. 67[267]. — Form: Beschluß ohne mV.: Zustellung: 329; Vollstreckung: § 794. — Beschwerdebeschränkung nach §§ 99, 567, 568 Abs. 3 unanwendbar, JW. 00[646]; gegen Ablehnung keine Beschw., JW. 04[238]. — Aktenbehandlung: §§ 88 AGSchrG.; 39 LGSchrG. — Kosten: §§ 4, 6, 47 Nr. 5 (nicht 14), 48, 80a GKG.; 23, 29 RAGO.

Nur Kosten (nicht sonstige Schäden) innerh. der Instanz u. den Parteien gegenüber hierher (E. 4[429] 28[421]); unanwendbar auf Richter, GDiener, Schreibgehilfen. Unterschied von § 839 BGB. bei Beamten insbes. hinsichtl. Schuldgrad, Subsidiarität u. Mitverschld. des Beschädigten; Disziplinar-, Zivilverf. konkurriert. — Beispiel: RMitteleinlegg. trotz klarer Unanfechtbk. (E. 4[429] JW. 06[430]) oder wider ständige Rspr. (JW. 03[282]); Auskunft: E. 52[365] R. 06[505]. Nachprüfung von Urk.: JW. 03[123] Beil. 06[350]; Kontroversen: E. 59[388] S. 10[9]. Schreibfehler? Tatfrage (S. 12[598]). Verantwortlichkeit des RA. für den Vertr. nach § 25 RAO.: JW. 94[534]; für das Bureaupersonal: E. 14[285] 48[59] 49[26] JR. 06[85] (Telephon) JW. 97[133] 02[575] 06[333]. — Bestr., ob mit solcher Kostenauflage die Parteihaftung gegenüber dem Obsiegd. erlischt (verneint JW. 93[173] RO. 9[163]; vgl. ESt. 1[338]) u. ob die primäre Staatshaftung nach Art. 60 ABG. eintritt (eher zu verneinen, jedenfalls gesonderte Klage).

§ 103. I Im Verfahren vor den Amtsgerichten kann der Betrag der zu erstattenden Prozeßkosten, wenn er sofort zu ermitteln ist, in dem Urteile festgesetzt werden. Gegen diese Festsetzung findet ausschließlich die sofortige Beschwerde statt.

II Im übrigen erfolgt die Festsetzung der zu erstattenden Prozeßkosten im besonderen Verfahren nach Maßgabe der §§ 104—106.

Vgl. §§ 49 GewGG.; 16 KaufmGG. — Zustellung auf Parteibetrieb: § 329; sof. (nicht vorl.) Vollstreckb.: §§ 794 ff.; § 798 unanwendbar. Beschwerde: § 105. — Kosten: §§ 38, 39 GKG.; 23 RAGO. (gebührenfrei).

Die Anwendung setzt Vollstreckbark. voraus, gilt auch bei Beschlüssen mit Kostenausspr., zB. nach §§ 99, 102, 766; unterliegt beschwerdefreiem Erm., erspart Schreibwerk u. Kosten, beschleunigt die ZwV.; praktisch, den Gerichtsvorschuß unaufgefordert einzuzahlen. — Für die Einzelansätze gilt auch in Versäumnisfällen Offizialprüfung (KB. 42); vorgängige Zustllg. der Kostennote entbehrlich (JW. 00[458]). — Mangels solchen Antrags in einfachen Sachen, zB. Vers.-, AnerkUrt., treffen die Kosten gesonderter Festsetzung den Kostengläubiger (Bl. 70[461] JR. 05[229] [314]; bestr.).

§ 104 (98). I Der Anspruch auf Erstattung der Prozeßkosten kann nur auf Grund eines zur Zwangsvollstreckung geeigneten Titels geltend gemacht werden.

II Das Gesuch um Festsetzung des zu erstattenden Betrags ist bei dem Gericht erster Instanz anzubringen; es kann vor dem

Gerichtsschreiber zu Protokoll erklärt werden. Die Kostenberechnung, die zur Mitteilung an den Gegner bestimmte Abschrift derselben und die zur Rechtfertigung der einzelnen Ansätze dienenden Belege sind beizufügen.

Verfahren: § 105: keine Feriensache (E. 31[430]). — Handakten: §§ 142, 143. — §§ 60 GewGG.; 16 KfmGG.; 62 GenG.; 59 RAO.; Art. 104, 133 ABG.; 6, 8 NachlG.; 49 NotG.; 14 VerwRAGO.; §§ 1, 88 AGSchrG.; 1, 30 LGSchrG. — Verjährung: § 91. Kein Antragsrecht des Kostenschuldners, der Anwälte persönl. (Ausnahme: § 124): keine Fests. gegenüber dem Auftraggeber (JW. 96[146] S. 11[134]); vgl. §§ 34, 766. Zession: § 91.

Abs. 1. Der Titel muß rechtskr., vorl. oder sofort vollstreckb. sein (Bl. 70[227]) u. die Kostenauflage aussprechen (§§ 704, 794; vgl. 788); dessen Ausfertig. oder Zustellung ist nicht erforderlich (S. 15[752]). Bloße Übernahmeerkl. genügt nicht (E. 20[417]; anders § 794; § 86 GKG.). Soweit der Titel die Duldungspflicht enthält, bezieht sich die Fests. auch hierauf. Bedingungen (zB. Kautionserlage), Befristungen hindern die sof. Fests. mit entspr. Vorbehalt im Beschl. nicht, S. 16[88] NS. 1[349] R. 05[532]; vgl. § 108. — Kostenurteil ist auch nötig, um die Erstattbarkeit eines einzelnen Postens im Festsetzungswege austragen zu können, selbst wenn die unbeanstand. Kosten bereits bezahlt sind, ZR. 05[292]. Die Urteilskosten werden solchenfalls dem Obsiegd. nur dann erstattet, wenn ihm nach dem Festsbeschl. der allein streitige Posten gebührt, vgl. jedoch JW. 06[82].

Abs. 2. Satz 1. Verfahren: anhängig bleibendes Nachverf. I. J. (Scheidung von Grund u. Betrag), E. 13[160]; Unterbrechung durch Tod, Konkurs möglich, E. 30[410] RO. 7[286]. Kein Anwaltszwang für das Gesuch (einschl. RAAuslagen), wohl aber für das weitere Verf. insbes. Zustllg., außer wenn AmtsG. I. J. (E. 7[403] 35[384]). — Zuständig I. J. (auch KfHS.) für Kosten von Beschw. u. Restitutionskl. (E. 29[414] S. 16[488]) oder einstw. Verf. der II. J. (JW. 99[533]); VollstrKosten: §§ 766, 788; SchiedsG.-Kosten: § 1042; gewerbeg. Berufungskosten: § 60 GewGG. (LandG.); vgl. § 16 KfmGG. — Einrede der Zahlung, Kompensation unzulässig, soweit nach dem Kostenurteil entstanden (E. 13[360] 62[189] S. 11[527]); nur nach § 767 möglich. Bestr., ob mit Aufhebung des VollstrTitels der Fests.-Beschl. von selbst fällt? Bejahend JW. 90[41]; aM. BZ. 92[182] 93[93]. Vgl. auch NS. 1[349] (nach Einstellung der ZwV. aus dem Urteil ist nur noch die Fests., nicht aber die Beitreibung zulässig) u. § 573. Keine materiellen Ersatzaussprüche, zB. § 717 oder Duldung; vgl. JW. 97[464]. Freiwill. Aufrechnung möglich (JW. 97[50]). — Mehrmalige Fests. sind zulässig, E. 27[402] (VZS.), vorbehaltl. Kostenauflage (Bl. 70[469]); keine Pflicht auf RKr. oder Einforderung der Gerichtskosten zu warten (S. 13[584]; vgl. JMBl. 66[112 118]).

Satz 2. Gesuchs-, Belegsabschr. sind überflüssig. Die Belege (vgl. § 86 RAGO.) sind speziell nach Nr. zu bezeichnen (KGBl. 94[34]); Stenogramme zulässig, vorbehaltl. Kostenpflicht hinsichtl. Übertragung (zB. fremdes System). — Die Zahlung braucht bloß für den Gerichtsgebührenvorschuß nachgewiesen zu werden (JW. 92[310] S. 13[583]), um den Schld. vor Doppelzahlung zu schützen: Erholung amtl. Kassenbestätigung hierüber ist interne Amtssache; vgl. JMBl. 04[115]. Fests. auf Zahlung „nach Vorzeigung der amtl. Quittung“ praktisch (Bl. 70[466]); Antrag: „Gerichtskosten einzusetzen“ zulässig, ebenso Berichtigung offenb. Schreib-, Rechenfehler innerh. der Gesamtziffer (E. 33[404]). Bei den Anwaltsgebühren genügt Haftung, JW. 03[370]; keine Fests. auf Befreiung, RO. 11[63] (zB. Parteiaufwand).

***§ 105** (99). I Die Entscheidung über das Festsetzungsgesuch kann ohne vorgängige mündliche Verhandlung erfolgen.

II Das Gericht kann sich bei der Prüfung des Gesuchs der Hilfe des Gerichtsschreibers bedienen.

III Zur Berücksichtigung eines Ansatzes genügt, daß derselbe glaubhaft gemacht ist.

IV Gegen den Festsetzungsbeschluß findet sofortige Beschwerde statt.

Zustellung: §§ 329, 104; Vollstreckung: §§ 794 ff.; Tagesfrist: 798; Zwangshypothek: § 866; Vollmacht: 81. Vgl. Art. 12, 13 JPRA. — RMittel gegen Abweisung eins. (E. 6[380]), gegen Festf. oder Abstrich sof. Beschw.; Abänderung: §§ 107, 577; Beschwerdesumme: §§ 567, 568; vgl. §§ 55 GewGG.; 16 KfmG. — Kosten: §§ 13, 38, 39 GKG.; 10, 23, 30 RAGL.; Streitwert: Antrags-, nicht Beschlußziffer. Unterschied von StreitW. u. Kostenfestf.: § 3; E. 31[419] (bei letzterer StrW. nur Inzidentpunkt).

Abs. 1. Der Beschl. enthält neben der Auflage der Festsetzungskosten (einschl. der Antragsgebühr u. der Zustellkosten) auch deren Bezifferung u. ev. Verteilung nach § 92 (JW. 98[115]); Zahlungsbeleg der Gerichtsgebühr: Note zu § 104. Auch § 93 ist anwendbar, doch obliegt dem Schld. die Erkundigung nach der Kostenziffer alsbald nach Verkdg. des KostenU.: E. 14[320] 34[424] S. 16[86]. — Als selbstdg. ohne Urteilszustellung vollstr. Titel (JW. 91[310]) bedarf der Beschl. des vollstdg. Rubrums nach § 313. — Zustellung v. amtsw. an den PrBev. I. J., auch wenn die Partei selbst den Antrag gestellt oder der Gegenanwalt das Mandat (im AnwaltsPr.) gekündigt hat, E. 3[375] 9[329]; Bestätigung in der Klausel: § 67 GVGA. (Vermutung der Rechtsförmlichkeit).

Abs. 2. zB. Kopialien, Porti, Kalkul.; Glaubhftm. durch Nichtabstrich des GSchr. (KB. 44). Keine Haftung des Richters für die Ziffer (unrichtig AGSchrG. § 27), sondern nur bei Überweisung ungeeigneter, verwickelter Gesuche. Keine SachverstGebühr (KB. 46); keine Erwähnung im Beschl.

Abs. 3. Belege: § 104; vgl. Bl. 70[467]. Die Notwendigkeit nach § 91 ist daneben zu prüfen.

Abs. 4. Kein persönl. BeschwRecht des Anwalts außer § 124 (S. 10[525]); keine Beschw. gg. Auflage der FestfKosten allein (§ 99), wohl aber gg. Ziffer (JW. 87[351] 99[606] Bl. 70[470]); Beschwerdekosten: E. 4[359] — Die Höhe gerichtl. bereits festges. Zeugengebühren kann im FestfVerf. nicht mehr bemängelt werden, vgl. § 17 ZSGO. SSt. 9[284] NSSt. 4[285] FinBl. 12[162]; aM. E. 55[212]; Rückvergütungen: S. 15[165] JW. 93[309]; Aufrechnung, Zahlung: § 104. — Auf allg. Beschw. ist jeder Einzelposten zu prüfen, E. 44[395] (sehr mild JW. 93[536]).

§ 106 (100). Sind die Prozeßkosten ganz oder teilweise nach Quoten verteilt, so hat die Partei den Gegner vor Anbringung des Festsetzungsgesuchs aufzufordern, die Berechnung seiner Kosten binnen einer einwöchigen Frist bei dem Gerichte einzureichen. Nach fruchtlosem Ablaufe der Frist erfolgt die Entscheidung ohne Rücksicht auf die Kosten des Gegners, unbeschadet des Rechts des letzteren, den Anspruch auf Erstattung nachträglich geltend zu machen. Der Gegner haftet für die Mehrkosten, welche durch das nachträgliche Verfahren entstehen.

Vgl. § 92. — Verfahren: § 105; Friständerung: § 224. — Satz 3 schafft neuen Festsetzungstitel. — StreitW. für jeden Antrag dessen Summe (bestr., vgl. RC. 11[64 152]), für den Beschluß der Ueberschuß (vgl. JW. 97[340] Bl. 65[467]): kostenpflichtig ist der Ausgleichsschuldner.

Unanwendbar bei Verteilung nach Prozeßabschnitten oder Summen, E. 19[430] (unbeschadet freiw. Aufrechnung, JW. 97[50]), sowie bei völligem Obsiegen e. Streitgen. — Förml. Zustellung der Aufforbg. (an den PrBev. I. J.) geboten, sonst Abweisung (JW. 85[157]); die Frist läuft auch gegen den ersten Antragsteller (RC. 1[69]). Ziffermäßiger Antrag nicht erforderlich; Einreichung der Rechnung des Gegners gilt nach gem. M. als selbstdg. Antrag. Die RKraft ergreift die beiders. Ansätze, nicht bloß den Überschuß, E. 33[391] Bloße Feststellung der beiders. Schuldigkeiten im Beschl. genügt nicht, ist aber jederzeit ergänzbar, S. 13[319].

§ 107. I Ergeht nach der Kostenfestsetzung eine Entscheidung, durch welche der Wert des Streitgegenstandes festgesetzt wird, so ist, falls diese Entscheidung von der Wertsberechnung abweicht, welche der Kostenfestsetzung zu Grunde liegt, auf Antrag die Kostenfestsetzung entsprechend abzuändern. Über den Antrag entscheidet das Gericht erster Instanz.

II Der Antrag ist binnen der Frist von einem Monate bei dem Gericht anzubringen; er kann vor dem Gerichtsschreiber zu Protokoll erklärt werden. Die Frist beginnt mit der Zustellung und, wenn es einer solchen nicht bedarf, mit der Verkündung des den Wert des Streitgegenstandes festsetzenden Beschlusses.

III Die Entscheidung kann ohne vorgängige mündliche Verhandlung erfolgen. Gegen die Entscheidung findet sofortige Beschwerde stattt.

Verfahren: § 105; vgl. §§ 1 AGSchrG.; 39 LGSchrG. — Friständerung: § 224. — Kein selbstdg. Antragsrecht des RA. außer § 124. Kosten: §§ 38, 39 GKG.; 23, 30 RAGO.

Gleichgiltig, ob die neue Wertfests. nach § 15 oder § 16 GKG. ergeht, ob der StrW. erhöht oder gemindert; letzternfalls Rückforderungskl. — Vor RKraft der ursprüngl. Kostenfests. ist deren Änderung auch durch sof. Beschw. herbeiführbar (Begr. 90).

Sechster Titel.
Sicherheitsleistung.

***§ 108** (101). I Die Bestellung einer prozessualischen Sicherheit ist, sofern nicht die Parteien ein anderes vereinbart haben oder dieses Gesetz eine nach freiem Ermessen des Gerichts zu bestimmende Sicherheit zuläßt, durch Hinterlegung von Geld oder solchen Wertpapieren zu bewirken, welche nach § 234 Abs. 1, 3 des Bürgerlichen Gesetzbuchs zur Sicherheitsleistung geeignet sind oder nach richterlichem Ermessen eine genügende Deckung gewähren.

II Die Vorschriften des § 234 Abs. 2 und des § 235 des Bürgerlichen Gesetzbuchs finden entsprechende Anwendung.

Sicherheitsfälle der ZPO. s. Register. Vgl. ferner §§ 269, 272, 309, 320 HGB.; 78 KO.; 69 ZVG.; Art. 55 SubhO.; §§ 75 GmbHG.; 28 PatG.; 39 KonsGG.; 2 SchuzGG. — Geld: § 815; Wertpapiere: § 821. — Sicherung der Staatskasse, Rechtsanwälte: § 91. — Mündelsicherheit: § 1807 BGB.; Art. 212 EBG.; 32 ÜG.; MB. v. 9. Sept. 1899 (JMBl. 383); BRBek. v. 22. März, 7. Juli u. 28. Dez. 1901 (RGBl. 01[37 263] 02[3]), 24. Aug. 1903 (RGBl. 275), 18. März 1905 (RGBl. 180). §§ 15 VormO.; 55 GBGA.; vgl. ZR. 05[358]. — Hinterlegungswesen: Art. 145 EBG.; 76 AGB.; 284 GebG.; ZustVdg. § 10. — Hinterlegungsordnung: Vdg. v. 18. Dez. 1899 (GVBl. 1033); vgl. JMBl. 97[13] (Aufrechn. mit Kostenguthaben): Gebührenordnung: Vdg. v. 25. Dez. 1899 (GVBl. 1235) mit JMBl. 00[301] 01[1]. Geschäftsordnung: JMBl. 99[1080]; Anlagebezirke: GVBl. 95[427] 99[1240] 01[450] 04[159 465] 05[14] (Unterschied zwischen Anlegung u. Hinterlegung); gemeinschaftl. Hinterlegungsstellen (Pfalz): JMBl. 99[1121] 00[1167] 03[432] 05[3 35]. — Übertragung an die K. Bank: GVBl. 99[1240] 01[10 459] 04[547] 05[5 35]; Vollzugsvorschr. für die K. Bank: JMBl. 99[1114 1124] 01[4 565]; Hinterlegung zu offenem Depot: GVBl. 01[448], JMBl. 01[407] 05[741]; Überwachung v. Kündigung u. Verlosung: JMBl. 02[616]. — Beachtlich insbes. folgende (nach HO. § 57 rückwirkende) Neuerungen: Keine ausschließl. örtl. Zustdk. einzelner HStellen; dringl. Annahmefälle (§§ 40, 6 HO.); sof. Eigentumserwerb an Bargeld durch die K. Bank (§ 47 HO.); Aufschlußpflicht des AG. gegen die K. Bank; keine vorläufg. Verwahrung neben der K. Bank. Das Prozeßgericht als solches ist nur mehr mit Erlassung der in den §§ 109, 715 vorgesehenen „Rückgabe"beschlüsse (nicht zu verwechseln mit den früheren Ausgabemandaten) befaßt; kein Annahmemandat (Art. 145 EBG.). Wegen sonstiger Anträge vgl. §§ 17, 23, 48, 49 HO., 5 BankVollzB. (AmtsG. als HStelle bezw. Weisungsbehörde zuständig); Verjährung: § 33 HO.; Instanzen (vgl. E. 18[284] DJZ. 04[655]): LandGPräsidium, Justizminister (HO. §§ 10, 55); hinsichtl. der Gebühren (Art. 234 GebG., §§ 3 KAB., 13 HGebO.): OLG., Justizminister. — Pfändbarkeit: §§ 829, 851; SA. 57[96] ZR. 05[117]. Staatshaftung: ZR. 05[118]; vgl. BGB. §§ 688, 839, 278; Art. 60 AGG.; Bankhaftung: § 47 HO. Hinterlgg. bei anderen Behörden oder Beamten, insbes. beim GVollz., RA., Notar ist mangels Nachweis spezieller Parteiabmachung (vgl. § 328 BGB.) unwirksam. Keine Ausdehng. in Bayern auf andere als die im § 372 BGB. genannten Sachen: Kassaschlüssel: JMBl. 80[251] 86[252] 99[364] 03[382] FinMBl. 03[308]; Testamente, sonstige Beweisurk.: § 3 Abs. 3 HO.; JME. Nr. 8318 v. 21. Febr. 1901.

Kraft Gesetzes zugelassen sind hiernach kurshabende mündelsichere Inhaber- oder in blanco indossierte Ordrepapiere (§ 234 BGB.); die Zulassung sonstiger Papiere gehört in die Entscheidung selbst u. ist nur wie diese änderbar u. angreifbar (E. 20[423] 25[424] JW. 01[38]). Einzelh. für Bayern: ZR. 05[357]. — Die Formel bezeichnet praktisch in den Regelfällen nur den Kautionsbetrag als solchen: „gegen Sicherheit des Kl. in Höhe von 1000 Mk." An der Mithinterlegung der Koupons u. Talons (Hinausgabe nach BGB. § 1296; bestr.) u. der Berechnung nach § 234 Abs. 3 (nur ²/₃ des Kurswerts beachtlich) kann das Gericht nichts ändern (JW. 01[538]), den Umtausch nach § 235 BGB. nicht verbieten. Erklärung der Forthaftung einer anderweit erlegten Kaution ist zB. bei Duldungskl., Arresten sachgemäß; desgl. bei ZwVKautionen Bemessung nach dem „jeweils beizutrb. Betrag" (vgl. ZR. 05[360]). Parteivereinbarung zB. auf Bürgschaft (schriftl.), Hypothek zulässig. Freies Erm. nur bei Arresten u. einstw. Verf.; Ausnahme (Bargeld): § 929. Zivilliste, Fiskus, Gemeinden sind von der Kautionspflicht nicht befreit. Unzureichende, ungesetzl. Kautionen sind für den Hinterleger wirkungslos. — Die Vorschr. des BGB. §§ 372 ff. finden als nur das Erfüllungssurrogat treffend auf die Prozeßkautionen keine Anwendung; das gesetzl. Pfandrecht des Gegners gründet sich auf § 233 BGB.; Realisation: §§ 1257, 1209 ff., 1273 ff.; ZR. 06[233]. — Unterschied von Hinterlg. des Erlöses, der Drittschuld oder des Streitgegenstands: §§ 804, 853.

§ 109. I Ist die Veranlassung für eine Sicherheitsleistung weggefallen, so hat auf Antrag das Gericht, welches die Bestellung der

Sicherheit angeordnet oder zugelassen hat, eine Frist zu bestimmen, binnen welcher ihm die Partei, zu deren Gunsten die Sicherheit geleistet ist, die Einwilligung in die Rückgabe der Sicherheit zu erklären oder die Erhebung der Klage wegen ihrer Ansprüche nachzuweisen hat.

II Nach Ablauf der Frist hat das Gericht auf Antrag die Rückgabe der Sicherheit anzuordnen, wenn nicht inzwischen die Erhebung der Klage nachgewiesen ist.

III Die Anträge und die Einwilligung in die Rückgabe der Sicherheit können vor dem Gerichtsschreiber zu Protokoll erklärt werden. Die Entscheidungen können ohne vorgängige mündliche Verhandlung erfolgen.

IV Gegen den Beschluß, durch welchen der im Abs. 1 vorgesehene Antrag abgelehnt wird, steht dem Antragsteller, gegen die im Abs. 2 bezeichnete Entscheidung steht beiden Teilen die sofortige Beschwerde zu.

Zustdgk. bei Arrest, e. Verf.: § 943; Rückgabe ohne Frist: § 715. — Vollmacht: § 81 (Unterschied von Inkassovollm. ZZP. 34[180]); § 82 nicht auf Klage (Abs. 2) anwendbar. — Zustellung: § 329 (u. U. öff.); Friständerung: § 224. — Akten: §§ 1, 88 AGSchrG.; 39 LGSchrG. — Anwaltszwang nur bei Abs. 4 (JW. 00[714]). — Für die Beschwerde gilt Suspensiveffekt (§ 572), aber keine BeschwSumme; die Fristsetzung (Abs. 1) ist beschwerdefrei, E. 51[144]. — Vollzug durch parteiseitige Vorlage an die HinterlgStelle. — Kosten: §§ 38, 39 GKG.: 23, 30 RAGL.; vgl. § 91. Auch direkte Anträge zur HStelle sind als Prozeßbestandteil für RA. gebührenfrei, RL. 11[157]. Streitwert: Kurs.

Abs. 1. Den Wegfall der Veranlassung hat der Antragsteller (auch e. Dritter, wenn als Kautionsbesteller erkennbar: JW. 04[375]) ohne Glaubhaftm. darzulegen. Hierher Beseitigung des Schwebezustands, so daß der Schaden für die Zukunft ausgeschlossen, für die Vergangenheit berechenbar u. klagbar ist (E. 50[376] 52[106] 61[300] ZZP. 34[190]); zB. Aufhebg. des Arrests oder Rechtskraft der Haupts bzgl. Gläubigerkaution, Verkündung e. die Vollstreckbarkeit aufhebenden U. bzgl. der Einstellungskaution. Bei Vorbehaltsll. geschieht die Rückgabe ohne Rücksicht auf das Nachverf. (KB. 89). — Bei bereits vor Fristsetzung vorliegender Einwilligung des Gegners (sog. gemeins. Anträgen) ist nicht das ProzeßG. zuständig, sondern die HStelle (WeisungsAG.) unmittelbar anzugehen (RL. 1[90] ZR. 05[14] aM. RL. 11[67]), was auch sonst durch § 109 nicht ausgeschlossen ist (Begr. 91; §§ 27, 49 HO). — Auf die Rückgabe e. hinterlegten Erlöses oder Streitggstd. ist die Vorschrift nicht anwendbar, vgl. die Note zu §§ 715, 853; solchenfalls ist u. U. Verklagung des Gegners geboten, wenn nicht die HStelle auf unmittelb. Gesuch herausgibt (E. 18[384]); diese Einwilligungskl. ist auch neben § 109 zulässig (JW. 05[372]). — **Abs. 2, 4.** Der stets neuen Antrag (ZZP. 34[199]) erfordernde Rückgabebeschluß (Abs. 2) ist schon vor seiner Rechtskraft zu vollziehen (§§ 27, 49 HO.), solange nicht Beschw. eingelegt ist (ZR. 05[91]; aM. aut. JME. Nr. 4492 v. 4. Febr. 1904). Anders bei Feststellungsurt., selbst wenn vorl. vollstreckbar.

***§ 110** (102). I Ausländer, welche als Kläger auftreten, haben dem Beklagten auf dessen Verlangen wegen der Prozeßkosten Sicherheit zu leisten.

II Diese Verpflichtung tritt nicht ein:

1. wenn nach den Gesetzen des Staates, welchem der Kläger angehört, ein Deutscher in gleichem Falle zur Sicherheitsleistung nicht verpflichtet ist;
2. im Urkunden- oder Wechselprozesse;
3. bei Widerklagen;
4. bei Klagen, welche infolge einer öffentlichen Aufforderung angestellt werden;
5. bei Klagen aus Rechten, welche im Grundbuch eingetragen sind.

Armenrecht: § 115: prozeßh. Einrede, Verzicht: § 274: Arrest: § 916; Gerichtskosten: § 85 GKG. — Vgl. Art. 3 RVerf.; § 1 BuStG.; Art. 36 RheinSchAkte: 56 JFrÜ.; 2 JGEÜ. (Gr. 50[301]): §§ 2 KonsGG.; 40 HC.

Abs. 1. Inländer, die e. ausl. Sozietät bilden, sind nicht kautionspfl., E. 36[393]. — Kläger: durch alle Instanzen, nicht aber RMittel-, Mahn-, Arrestkl. als solcher, E. 31[385]. Ob der Bekl. auch Ausländer oder der Kl. im Inland ansässig oder begütert, ist belanglos. Umgeh. durch Zession: Bl. 70[337] JW. 89[339]. — **Abs. 2.** Nachweis obliegt dem Bekl., JMBl. 87[305]. — Durch Art. 11 des Intern. Privatrechtsabk. v. 14. Nov. 1896 (RGBl. 99[285]) sind die Staatsangeh. von Belgien, Dänemark, Frankreich, Italien, Luxemburg, Niederlande, Oesterreich-Ungarn, Portugal, Rumänien, Rußland, Schweden, Norwegen, Schweiz u. Spanien, — Wohnsitz in e. der Vertragsstaaten vorausgesetzt, — den Deutschen formell gleichgestellt, also kautionsfrei (einschl. § 85 GKG., E. 52[266]). Das Gleiche gilt für Schutzgebietsangeh. (JMBl. 02[532]) u. auf grund von Handelsverträgen insbes. für Bulgaren (RGBl. 06[1]), Serben (RGBl. 93[269] 06[319]), Abyssinier (RGBl. 06[470]), Schweden (RGBl. 06[741]), Japaner (RGBl. 96[715]). Abgesehen hiervon ist materielle Gegens. erforderlich, E. 51[1] (VZS.); beachtl. die Erleichterung der Kosten-ZwV. im Ausland nach JPRA. Art. 12, 13. — Engländer soweit nicht im Deutschen R. wohnhaft, (E. 38[403]), Türken (JW. 01[142], bestr.), Angeh. der Ver. Staaten von Nordamerika sind kautionspfl. — Frühere Bestimmungen (soweit milder als das JPRA., noch anwendbar): Italien: JMBl. 82[232] (frei); Oesterreich: RGBl. 97[792] (frei); Ungarn: JMBl. 96[160] (Wechsels. frei). — Keine Befreiung für ordentl. oder Nachverf. (Nr. 2), Familien-, Unterhalts-, Lohn- oder Vormerkungsproz. (Nr. 5).

§ 111 (103). Der Beklagte kann auch dann Sicherheitsleistung verlangen, wenn im Laufe des Rechtsstreits der Kläger die Eigenschaft eines Deutschen verliert oder die Voraussetzung, unter welcher der Ausländer von der Sicherheitsleistung befreit war, wegfällt und nicht ein zur Deckung ausreichender Teil des erhobenen Anspruchs unbestritten ist.

Vgl. §§ 13 ff. BuStAG.: Einrede: §§ 274 Abs. 2, 504. — Deckungsform: Aufrechnung, ev. Arrest; vgl. § 91. — Nachträgl. Wegfall des Kautionsgrundes analog § 112 zu behandeln: Eintritt e. anderen Ausländers (zB. Erben) belanglos (E. 40[416]).

§ 112 (104). I Die Höhe der zu leistenden Sicherheit wird von dem Gerichte nach freiem Ermessen festgesetzt.

II Bei der Festsetzung ist derjenige Betrag der Prozeßkosten zu Grunde zu legen, welchen der Beklagte wahrscheinlich aufzuwenden haben wird. Die dem Beklagten durch eine Widerklage erwachsenden Kosten sind hierbei nicht zu berücksichtigen.

III Ergibt sich im Laufe des Rechtsstreits, daß die geleistete Sicherheit nicht hinreicht, so kann der Beklagte die Leistung einer weiteren Sicherheit verlangen, sofern nicht ein zur Deckung ausreichender Teil des erhobenen Anspruchs unbestritten ist.

Entschdgsform: ZwischenU. (E. 33[435], soweit Kautionspflicht selbst streitig; für die Frist nach § 113 allein genugt Beschluß (bestr.). — Höhe (für sämtl. Instanzen, JW. 95[40]) mangels Einigung vom Gericht zu berechnen: Sicherheitsarten: § 108. — Streitwert: E. 40[436] (Hauptf.)

§ 113 (105). Das Gericht hat dem Kläger bei Anordnung der Sicherheitsleistung eine Frist zu bestimmen, binnen welcher die Sicherheit zu leisten sei. Nach Ablauf der Frist ist auf Antrag des Beklagten, wenn die Sicherheit bis zur Entscheidung nicht geleistet ist, die Klage für zurückgenommen zu erklären oder, wenn über ein Rechtsmittel des Klägers zu verhandeln ist, dasselbe zu verwerfen.

Vgl. §§ 111, 112, 224, 271, 274, 515: analog auf § 85 GKG. anwendbar, BlEB. 10[267]. — Keine unmittelb. ZwV. auf Kautionserlage.

Die Kaution ist bis zur Urteilsverkdg. nachbringbar, E. 24[431]. — Beim Ausbleiben des ausld. Kl. hat der Bekl. die Wahl zwischen Totalversll. (Kautionsverzicht) u. obigem U. (gleichfalls Versll., E. 24[431]). Beachtlich, daß der Einspr. kein RMittel, sohin hier wie bei RM. des Bekl. die Klage als zurückgenommen gilt.

Siebenter Titel.
Armenrecht.

§ 114 (106). I Wer außerstande ist, ohne Beeinträchtigung des für ihn und seine Familie notwendigen Unterhalts die Kosten des Prozesses zu bestreiten, hat auf Bewilligung des Armenrechts Anspruch, wenn die beabsichtigte Rechtsverfolgung oder Rechtsverteidigung nicht mutwillig oder aussichtslos erscheint.

II Ausländer haben auf das Armenrecht nur insoweit Anspruch, als die Gegenseitigkeit verbürgt ist.

§§ 14 FGG.; 16 PersStG.; Art. 129 AGG.; 53 NotG.; 8 AGBO.; § 21 GBDA.; Gebührenfreiheit (Reich, Staatskasse, Zivilliste; nicht Militär als solches): Art. 3, 4, 231, 296 GebG. mit § 98 GKG.; Niederschlagung: §§ 6, 47 GKG.; Art. 7, 23, 39 GebG. — Vgl. auch Note zu § 91, insbes. wegen Stundung und Beitreibung. — Keine Verjährungsunterbrechung durch ARGesuch.

Abs. 1. Hierher nur natürl., nicht jur. Pers. (NS. 3[44]), off. HG. (SA. 57[164] aM. JW. 98[386]), Konkursmassen (E. 33[367] 50[394]); weiter JW.

94[82] (Pfleger künftiger Nachkommen) u. E. 50[394] NS. 3[479] (Nachlaßpfleger) vgl. jedoch JW. 01[248] (NachlVerwalter). Kein AR. für Dritte, zB. ges. Vertr., Anwälte, aus § 92 GKG. Haftbare oder nach BGB. Vorschußpfl. (S. 12[52]; KJ. § 76; ErbStG. Art. 5.) — Armenpflegen genießen nicht Stundg., sondern Gebührenfreiheit nach § 98 GKG.; vgl. Art. 9, 36 ArmG. (Auslagevorschuß aus der Armenkasse) S. 15[163] NS. 3[43]. AR. gilt nicht als Armenunterstützung. — *Notw. U.*: Gegensatz standesgemäß, Bl. 43[275]; Schulden (Bl. 11[197]), Erwerbsfähigkeit (BGH. 22[425]) beachtlich; Mittellosigkeit genügt auch ohne Beeinträcht. des (zB. in Naturalien zugewiesenen) U. — *Prozeßkosten* fallen nach Mot. BGB. 4[640 697] nicht unter Alimente. Vorhandensein leistungsfäh. Unterhaltspfl. sohin gleichgiltig, beachtlich aber Spezialpfl. Dritter z. *Kostenvorschuß*, E. 19[428] JW. 06[256]; vgl. jedoch E. 37[371] (nach Bewilligung des AR. entfällt der Vorschuß; richtiger Entziehung des AR., SA. 58[239]). Solche Vorschußpfl. ist insbes. für den Ehemann als *persönl.* Schuld (trotz Mittellosigkeit) beim gesetzl. Güterstand *insoweit* begründet, als die Kosten nicht dem Vorbehaltsgut zur Last fallen (bestr., vgl. §§ 1387, 1415, 1416, 1388 BGB.). Die Frau kann jedoch wegen § 1394 BGB. nicht selbst gegen den Mann vorgehen, sondern nur der Kostengläubiger. *Daneben* besteht für letzteren das Recht des Zugriffs auf das eingebr. Gut im Umfange der §§ 1411 ff. BGB., 739 ZPO.; sohin praktisch Klage auf samtverbindl. Zahlung gegen beide Gatten u. Duldungsantrag gegen den Mann. Noch weiter geht das RG., indem es trotz § 1394 BGB. die Ehefrau selbst als aktiv legitim., insbes. bei einstw. Verf. zuläßt und sogar in Prozessen der Gatten unter sich trotz §§ 1415, 1416 den Ehemann persönlich (JW. 01[735]) zum Vorschuß anhält, solange nicht gesetzlich oder durch Urteil feststeht, daß die Prozeßkosten der Frau endgiltig nach § 91 zur Last fallen, E. 47[72]. Soweit hiernach Vorschußpflicht des Ehemanns besteht, kein AR. der Frau ohne Bescheinigung der Uneinbringlichkeit, E 46[354]; vgl. über die ganze Streitfrage Stdgr.-Engelm. BGB 4[196]; Vorschußerstattung: § 91 Note. Dem Armutszeugnis der Ehefrau ist deren Steuer regelmäßig nicht zu entnehmen, da dieselbe dem Manne zugerechnet wird. — Bestr. ist weiter, ob einstw. Verf. auf Kostenvorschuß Bestandteil des Hauptprozesses, soweit der Vorschußpfl. auch Prozeßgegner (so RG.); ob die Mandierung e. RA. seitens der Ehefrau der Konsensergänzung nach § 1402 BGB. bedarf, um hinsichtl. des Eingebrachten wirksam zu sein (vgl. JW. 00[269]); ob der RA. ohne Gefährdung der Standesehre den Vorschuß ausklagen darf. — Bei verdecktem Inkassomandat behufs Erschleichung des AR. ist abzuweisen, weil Kl. zur Bestreitung (durch Vorschußentnahme) imstande, SA. 45[250]; Schadensersatz: S. 9[368]; nachträgl. Entziehung: § 121. Die *Unhaltbarkeit* muß bei Gesuchsanbringung (JW. 88[286]) ganz klar sein, E. 4[417]; auch in Ehesachen kein AR. für unhaltb. Verteidigung. Naheliegende offensichtl. Einreden hier von amtsw. beachtlich (zB. Unzuständk., Anfechtb., Verjährg., Entlastung nach § 831 BGB.); Beschw. nach Art. 2 AZP. bei drohender Verjährg. nachholbar; vgl. Bl. 61[162] EB. 3[53] RO. 6[253] DJZ. 03[546]. *TeilAR.* bei Anspruchsverbdg., Kl. u. WKl. möglich, E. 44[416] JW. 04[367]; ZwB. allein: RO. 2[349]. — Keine Verweigerung einzelner Ziffern des § 115, E. 12[417]. — *Mutwille*: §§ 93; BGB. 226; ZZP. 34[1]; zB. chikanöse Teilung, GStandAuswahl. — **Abs. 2.** *Gegensgkt.* materiell (vgl. E. 51[1]); auch tatsächl. Übung (Pr. 40); kann teilweise bestehen („insoweit"). Nachweis Parteisache: JMBl. 87[305]. Keine Ggs. mit Staaten ohne AR., zB. England (in New-York ist AR. möglich, R. 04[246]). Nach JPRA. Art. 14 werden die Angehörigen der Vertragsstaaten wie Deutsche behandelt; Wohnsitz hierbei belanglos. Staatenverzeichnis: § 110.

§ 115 (107). Durch die Bewilligung des Armenrechts erlangt die Partei:

1. die einstweilige Befreiung von der Berichtigung der rückständigen und künftig erwachsenden Gerichtskosten, einschließlich der Gebühren der Beamten, der den Zeugen und den Sachverständigen zu gewährenden Vergütung und der sonstigen baren Auslagen, sowie der Stempelsteuer;
2. die Befreiung von der Sicherheitsleistung für die Prozeßkosten;
3. das Recht, daß ihr zur vorläufig unentgeltlichen Bewirkung von Zustellungen und von Vollstreckungshandlungen ein Gerichtsvollzieher und, insoweit eine Vertretung durch Anwälte geboten ist, zur vorläufig unentgeltlichen Wahrnehmung ihrer Rechte ein Rechtsanwalt beigeordnet werde.

Vorbehalt des AR. in der Formel entbehrlich. – Befreiung des Gegners: § 120; Einziehung vom Gegner: § 123. – Sonstige Beiordnung von RA.: §§ 668, 679, 686; RAO. 33, 34; FGG. 14; ABG. Art. 129; anders vor VerwGH.: § 4 VV.

Nr. 1. Hierher Zeugenvorschüsse (E. 42[369]), notw. Schreibgebühren (E. 23[352]), Haftkosten (GVGA. § 179), Futterkosten, Lagergeld, Kommissionsdiäten: nicht Portoauslagen der armen P. (§§ 5, 75 KF.; frankierte Absendg. seitens des Gerichts: §§ 9 KAB.; 65 GBDB., JMBl. 00[940]) oder Reisekosten derselben, außer wenn die Person Beweisaufnahmeobjekt. Keine Rückzahlung vor dem ARGesuch angefallener und entrichteter Kosten oder hierfür eingezahlter Vorschüsse: E. 40[421] S. 13[38] 15[564] RS. 3[851]; keine Suspensivwirkung des ARGesuchs: RS. 3[694]. – **Nr. 2.** Andere Kautionen sind nicht erlassen, zB. zwecks Vollstr., Arrestabwdg. **Nr. 3.** Der Armenanwalt hat das Porto auszulegen (JMBl. 82[134] §§ 5 KF. 28 BPostO.); kann, soweit nötig, kostenfreie Abschriften fordern, ev. Auslagenersatz, E. 7[341]; muß Vollmacht beibringen (§ 80). Keine Reisepflicht nach auswärts (S. 14[98]); keine Beschw. wegen Aussichtslosigkeit (E. 15[340] S. 10[511]), wohl aber wegen der Auswahl selbst (Mot. 125; § 36 RAO.; JW. 82[127]). Keine Beiordng. gegen Parteiwillen, E. 35[369]; freiwillige Übernahme gegen Anrechng. im Turnus zulässig, JMBl. 68[233] 79[307]. Auswahl durch den Vorsitzenden (gemeins. Verzeichnis in der GSchreiberei praktisch). Kein Anspruch auf anderweitige Beiordng. nach verschuldeter Kündigung (JW. 04[368]); Enthebg. wegen Beleidigung: E. 15[393]. – Umfang der unentgeltl. Tätigkeit: JW. 04[209] 06[88]; Pflicht schleunigen Handelns: JW. 04[387] 05[195, 273]. – Keine Staatshaftung für die Gebühren (ESt. 25[361]) oder e. Pflichtverletzg. des Anwalts. – Gerichtsvollzieher: Benennung entbehrlich (§ 63 GVDV.) kostenfreie Abschr.: § 169; Auslagenersatz aus der Staatskasse: § 21 GVGO. – Notare: Art. 53 NotG.; 4 GebG. (die Besitzverändergsgeb. fallen nicht unter diese Bestimmung); JMBl. 01[207]; § 7 LGSchrG.

§ 116. Insoweit nicht eine Vertretung durch Anwälte geboten oder ein Anwalt gemäß § 34 der Rechtsanwaltsordnung beigeordnet ist, kann einer armen Partei, welche nicht im Bezirke des Prozeßgerichts wohnt, zur unentgeltlichen Wahrnehmung ihrer Rechte in der mündlichen Verhandlung ein Justizbeamter, der nicht als Richter angestellt ist, oder ein Rechtskundiger, der die vorgeschriebene erste Prüfung für den Justizdienst bestanden hat, auf Antrag beigeordnet werden. Die infolge dessen erwachsenden baren Auslagen werden von der Staatskasse bestritten und als Gerichtskosten in Ansatz gebracht.

Beim AmtsG. § 34 RAO. nur anwendbar, wenn dort ein RA. zugelassen. — Rechtspraxis: JMB. v. 6. Juli 1899 § 77 (JMBl. 229); JMB. v. 7. Jan. 1901 § 18 (JMBl. 61). Auch pensionierte Rechtskundige hierher. — Form: Gerichtsbeschluß; gegen Abweisung einf. Beschw. — Auswahl entspr. § 36 RAO. Justizverwaltgssache (GVorstand: Begr. 92). — Auslagenerstattung: § 123; kein Honorar.

Keine gesetzl. Prozeßvollm.; Schriftsätze, Zustellbetrieb, auswärtige Termine nicht hierher; Protokollaranträge: § 2 AGSchrG.

§ 117 (108). Die Bewilligung des Armenrechts hat auf die Verpflichtung zur Erstattung der dem Gegner erwachsenden Kosten keinen Einfluß.

Vgl. §§ 120, 124, 271, 274 Nr. 6; Kostensicherung: §§ 115 Nr. 2, 271 Nr. 5. — Gebührenfreiheit der unterliegenden P.: § 98 GKG. Bei der Kostenfestj. ist solchenfalls die Rückvergütgspflicht. der Staatskasse hinsichtl. der beim obsiegenden Gegner erhobenen Gebühren von amtsw. beachtlich, S. 15[165] (auf Auslagen, zB. Schreibgebühren nicht ausdehnbar). — Im übrigen muß die unterlegene arme P. als Bekl. dem Kläger auch dessen Gebührenvorschuß erstatten, S. 13[38]; vgl. auch §§ 92, 106, 124.

§ 118 (109). I Das Gesuch um Bewilligung des Armenrechts ist bei dem Prozeßgericht anzubringen; es kann vor dem Gerichtsschreiber zu Protokoll erklärt werden.

II Dem Gesuch ist ein von der obrigkeitlichen Behörde der Partei ausgestelltes Zeugnis beizufügen, in welchem unter Angabe des Standes oder Gewerbes, der Vermögens- und Familienverhältnisse der Partei sowie des Betrags der von dieser zu entrichtenden direkten Staatssteuern das Unvermögen zur Bestreitung der Prozeßkosten ausdrücklich bezeugt wird. Für Personen, welche unter Vormundschaft oder Kuratel stehen, kann das Zeugnis auch von der vormundschaftlichen Behörde ausgestellt werden.

III In dem Gesuche ist das Streitverhältnis unter Angabe der Beweismittel darzulegen.

Das Zeugnis (Abs. 2) ist gemäß MBek. v. 5. Juli 1879 (GVBl. 693, JMBl. 305) vom Armenpflegschaftsrat des Wohnsitzes, ev. Aufenthalts, subev. der Heimat gebührenfrei (Art. 231 GebG.) nach Formular auszustellen; Vormundschaftsgericht: § 24 VormO.; Ausland: Art. 15, 16 JPRA.; vgl. § 15 KonsG. — Verfahren: § 126. — Akten u. Register: §§ 1, 2, 59 ff., 88, 90 AGSchrG.; 7, 8, 40 LGSchrG.; 2 OLGSchrG.

Abs. 1. ProzeßG. (auch GewG., KaufmG.), selbst wenn nur mehr ZwV. in Frage (§ 119); bei Urk. nach § 794 Nr. 5, 801 wohl das im § 797 Abs. 3 bezeichnete analoge ProzG. (bestr., vgl. DJZ. 06[530]). Mangels RWeg kein ProzG. — Das AR. der Zivilkammer gilt auch für KfHS.

Abs. 2. Das Zeugnis bindet das Gericht nicht, ist aber durch andere Behelfe nicht ersetzbar; gegen dessen Verweig. nur VerwBeschw. (SA. 49[278]; Art. 42 ff. ArmenG.; BGH. 22[223]). — Zuständigkeit nach LandesR. (JW. 96[281]); Bezugnahme auf frühere Zeugnisse nicht ausgeschlossen. — **Abs. 3.** Der Akteninhalt e. anhäng. Prozesses kommt v. amtsw. in Betracht, E. 4[357]; keine förmliche Glaubhaftmachung. Für eine ganz anders begründete Klage gilt das AR. nicht, BlEB. 3[51]; keine Gültigkeitsfrist.

§ 119 (110). I Die Bewilligung des Armenrechts erfolgt für jede Instanz besonders, für die erste Instanz einschließlich der Zwangsvollstreckung.

II In der höheren Instanz bedarf es des Nachweises des Unvermögens nicht, wenn das Armenrecht in der vorherigen Instanz bewilligt war. Hat der Gegner das Rechtsmittel eingelegt, so ist in der höheren Instanz nicht zu prüfen, ob die Rechtsverfolgung oder Rechtsverteidigung der Partei mutwillig oder aussichtslos erscheint.

Abs. 1. Instanz: nach der ZPO. einschl. d. o. e. R., nicht dem GKG.; Widerkl. (E. 44[416]), RMittel, insbes. Beschwerde (SA. 50[279]), ferner Sonderverf. innerhalb der ZwV., zB. Einwdg. nach § 766 erfordern besonderes AR.; vgl. § 788. — Kein AR. nach Erlassung der Instanzentschdg. arg. v. „beabsicht. RV." (E. 2[378]), außer ZwV.; für letztere bewilligt stets die I. J. das AR., auch wenn der VollstrTitel von e. Obergericht herrührt (RO. 2[349]). — **Abs. 2.** Ausgeschlossen ist die Nachprüfung des Unvermögens (Satz 1) nicht, E. 19[428]; bei der Anschließg. wird die Haltbarkeit gesondert geprüft (Satz 2), E. 41[400] (VZS.). — Ein RMittel kann trotz Fristablauf im Hinblick auf Wiedereinsetzg. nicht aussichtslos sein, E. 47[378]; Eid: §§ 463 Abs. 2, 533.

§ 120 (111). Die Bewilligung des Armenrechts für den Kläger, den Berufungskläger und den Revisionskläger hat zugleich für den Gegner die einstweilige Befreiung von dem im § 115 Nr. 1 bezeichneten Kosten zur Folge.

Umfang der Befreiung: § 115 Nr. 1 (Nr. 2 u. 3 nicht hierher). — Grund: Erleichterung der Abwehr gegen arme P. — Erlöschen: § 123 Abs. 2; Nachzahlung: § 125 Abs. 2. — Rechtsbehelf: § 127.

Praktisch auf Auslagen, insbes. Zeugenvorschüsse beschränkt. — Nicht hierher StrGen. der armen P., WKl. ihres Gegners, Anschlßg., Bewilligung des AR. für den Bekl. der betr. Instanz, E. 6[420]. — Bei Identität des Beweises für Kl. u. WKl. gilt Befreiung, E. 55[270].

§ 121 (112). Das Armenrecht kann zu jeder Zeit entzogen werden, wenn sich ergibt, daß eine Voraussetzung der Bewilligung nicht vorhanden war oder nicht mehr vorhanden ist.

Form: Beschl. nach § 126, auch v. amtsw.; Zustdk.: § 118 (bestr.); RMittel: § 127. — Register: § 59 AGSchrG.

Irrtüml. Zeugnis (JW. 97[628]), nachträgl. Aussichtslosigk. (zB. nach Beweiserhbg.), SA. 53[123]. — Rückwirkung jedenfalls bei Erschleichung; nicht identisch mit Nachzahlung (§ 125). — Verzicht auf AR. möglich; Unterlassung der Information des Pflichtanw. kein Entziehungsgrund.

§ 122 (113). Das Armenrecht erlischt mit dem Tode der Person, welcher es bewilligt ist.

Kraft Gesetzes (ohne Beschluß), ZZP. 17[139]; jedoch nur für die Zukunft; Nachzahlgspflicht des Erben: § 125. Vollmachtsfortdauer: § 86. — Dem Zessionar steht das AR. des Zedenten nicht zu.

§ 123 (114). I Die Gerichtskosten, von deren Berichtigung die arme Partei einstweilen befreit ist, können von dem in die Prozeßkosten verurteilten Gegner nach Maßgabe der für die Beitreibung rückständiger Gerichtskosten geltenden Vorschriften eingezogen werden.

II Die Gerichtskosten, von deren Berichtigung der Gegner der armen Partei einstweilen befreit ist, sind von demselben einzuziehen, soweit er in die Prozeßkosten verurteilt oder der Rechtsstreit ohne Urteil über die Kosten beendigt ist.

Einforderung durch Ausstandsverz. ohne Gerichtsbeschluß: §§ 91, 801; Rechtsbehelf: § 4 GKG. — Anwalts-, GVollzKosten: § 124; Nachzahlung durch arme P.: § 125.

Gegner: in Abs. 1 Kl. oder Bekl., in Abs. 2 nur Bekl. — Rechtskr. des Kostenausspr. ist vorausgesetzt (E. 23[355]); auch Auslagen hierher, FinBl. 12[74]. — „Beendg." (Abs. 2) durch befristete Aufforderung an arme P. festzustellen (Pr. 524; vgl §§ 94, 89, 81 GKG.); bei Abs 1 belanglos, ZR. 05[112]. — Bei vergleichsw. Kostenübernahme durch die arme P. haftet deren Gegner auf die Hälfte an sich subsidiär (§ 88 GKG.); die Bewillig. des AR. allein zeigt aber die Uneinbringlichkeit; vgl. S. 11[764] SA. 55[102] KJ. § 33; strenger JW. 05[117]. Hiernach u. U. entspr. Anerk.- u. VerzichtsU. mit Kostenteilung (§ 92) praktischer als e. Vgl. — Die Befreiung der armen P. selbst erlischt durch Kostenauflage auf sie nicht.

§ 124 (115). I Die für die arme Partei bestellten Gerichtsvollzieher und Rechtsanwälte sind berechtigt, ihre Gebühren und Auslagen von dem in die Prozeßkosten verurteilten Gegner beizutreiben.

II Eine Einrede aus der Person der armen Partei ist nur insoweit zulässig, als die Aufrechnung von Kosten verlangt wird, welche nach der in demselben Rechtsstreite über die Kosten erlassenen Entscheidung von der armen Partei zu erstatten sind.

§§ 21, 24 GVGO.; 2, 13 BGVGO.; 63 GVDV.; 206 GVGA. Beisetzung der Berechnung auf Ur- u. Abschr. mit dem Zusatz „AS.": §§ 23 GBGO., 12 GVDV. Umfang der Ersatzpflicht: § 91; VollstrKosten: § 788. — Nachzahlung seitens der armen P.: § 125. — Verjährg.: § 196 BGB. — Bei freiwilliger Vertretung unanwendbar.

Abs. 1. RKr. des Kostenausspr.: § 123; wichtig bei Arrestbeschl., e. Verf.; AR. des Gegners gleichgiltig (§ 117). — Persönl., auflösend bed., vererbl. Frdg. des RA. (GB.). Auf dessen Namen u. Kosten ergeht der FestsBeschl. (JW. 96[146] SA. 48[211]); den Titel bildet der Kostenausspruch (auch Vgl., R. 04[504]). — Für den persönl. berechtigten GVollz. gilt § 156 GVG.; anders bzgl. Staatskasse (§§ 20 ff., 28 GVO.; VZ. 03[61]; FinBl.

14[17]. — Die arme P. ist vor Bezahlung nicht aktiv legitim. (S. 11[526]) außer für ihre persönl. Auslagen (zB. Porto, Reisen); nach Bezahlung steht sie e. RNachfolgerin gleich (bestr.). Bei ARBewilligung im Prozeßlauf u. Anwaltswechsel ist entspr. Ausscheidung geboten. — Kein Kostenabzug bei zu geringem Erlös: GVDB. § 63, JW. 93[461]. — Abs. 2. Auch vor RKraft des Kostenausspr. kann die arme P. nicht wirksam verfügen; bestr. bzgl. Vergleich. Aufrechnung: §§ 104, 106, 344; S. 11[526] 13[583].

§ 125 (116). [I] Die zum Armenrechte zugelassene Partei ist zur Nachzahlung der Beträge, von deren Berichtigung sie einstweilen befreit war, verpflichtet, sobald sie ohne Beeinträchtigung des für sie und ihre Familie notwendigen Unterhalts dazu im stande ist.

[II] Dasselbe gilt in Betreff derjenigen Beträge, von deren Berichtigung der Gegner einstweilen befreit war, soweit die arme Partei in die Prozeßkosten verurteilt ist.

Zuständ k.: § 118; nach Prozeßende: I. J. (E. 12[416]); bestr. — Formel: § 127 (SA. 43[63]). — Verfahren: §§ 91, 126; 59 AGSchrG.; vgl. § 63 GVDB.

Nachzahlungsbeschluß (bei nachträgl. Vermögenserwerb) zu unterscheiden vom EntziehungsB. (§ 121). — Möglichkeit von Ratenzahlg., Empfang e. Kapitalabfindung (3000 Mk.) reicht nicht (E. 12[417] SA. 40[60]); Partei: auch Erben (JW. 96[203]). — Abs. 1 trifft auch die GVollz.- u. Anwaltskosten (gem. M.); Beitreibung letzterer mangels Aufrechnung durch Klage. — Abs. 2 betrifft nur Gerichtskosten.

§ 126 (117). Über das Gesuch um Bewilligung des Armenrechts, über die Entziehung desselben und über die Verpflichtung zur Nachzahlung der Beträge, von deren Berichtigung die zum Armenrechte zugelassene Partei oder der Gegner einstweilen befreit ist, kann ohne vorgängige mündliche Verhandlung entschieden werden.

Zustdk.: §§ 118, 119; Vollmacht: §§ 78 Abs. 2, 88 (kein Anwaltszwang); Akten u. Register: § 118; Zustellung: § 329; Mittlg. an RA.: JW. 00[496]; Rechtsmittel: § 127; Wiedereinsetzg. bei Verspätung: § 233. — Keine Feriensache: § 202 GVG.; vgl. aber E. 55[27]. — Kosten: §§ 47, 80a GKG.; 23, 29 RAGO. (insoweit zur Instanz gehörig); Streitwert: Instanzkosten (S. 9[636]). Erstattbarkeit: § 91.

Das Verf. ist (außer bzgl. Kosten) kein Bestandteil des Hauptprozesses, JW. 96[110] (bestr.). — Keine Pflicht zu eingehenden Erhebungen v. amtsw., S. 15[751]; schriftl. Gehör des Gegners u. U. praktisch.

§ 127 (118). Gegen den Beschluß, durch welchen das Armenrecht bewilligt wird, findet kein Rechtsmittel; gegen den Beschluß, durch welchen das Armenrecht verweigert oder entzogen oder die Nachzahlung von Kosten angeordnet wird, findet die Beschwerde statt.

Beschwerdesumme nötig (§§ 567 ff.): JW. 05[296]; keine aufschiebende Wirkung (vgl. § 115). — Kein Anwaltszwang: § 569. — Registervermerk: § 59 AGSchrG. — Vgl. § 36 Abs. 2 RAO. und Note zu § 115 Nr. 3.

Beschw. auch, wenn äußerlich Urteilsform (unrichtig S. 10[306]) oder gg. ungesetzl. Vorschußauflage, E. 55[270]; keine Beschw. gg. Abwsg. e. Entziehungsantrags (E. 20[418]) oder nach Beendigung der Instanz, JW. 04[138].

Dritter Abschnitt.
Verfahren.
Erster Titel.
Mündliche Verhandlung.

§ 128 (119). Die Verhandlung der Parteien über den Rechtsstreit vor dem erkennenden Gerichte ist eine mündliche.

Gleichzeitigkeit: § 137; Unmittelbarkeit: § 309; Zwischenstreite: §§ 71, 135, 347, 389. — Öffentlichkeit: §§ 170 bis 176 GVG.; Sitzungspolizei: §§ 177 bis 183 GVG.; Gerichtssprache, Beratung, Abstimmung: §§ 186 ff. GVG.; Sitzungskalender: §§ 85 ff. AGSchrG.; 32 ff. LGSchrG.; 10 OLGSchrG.; Sitzungsaushang: § 23 AGSchrG.; 4 LGSchrG.; 1 OLGSchrG.; Sitzungsdienst der GVollz.: § 13 GVO.; Sitzungskleidung: Note zu §§ 78; GVG. 1. — Unverzichtbarkeit der mV.: §§ 551; vgl. 295. Einschränkungen: §§ 348, 389; GVG. 137.

I. Oblig. mV. Beiakten, sonstige Urk., Schriftsätze ohne mündl. Vortrag nicht benützbar, E. 8[325] 41[293] S. 11[720] RS. 3[964]. Entbehrlichkeit mV., wo nicht ausdrücklich vorgeschrieben, E. 16[411] 29[383] 35[388] 39[404] 40[373]; zB. §§ 372, 375, 402, 434, 479. Auch einseitige mV. hierher; Begriff der kontradikt. mV.: E. 23[294] JW 82[95]. Ggsatz zur mV.: Prozeßleitung, Beweisaufnahme. Bestr. ob auf prozessuale RGeschäfte BGB. §§ 116 ff. anwendbar; vgl. Note zu § 85. — Gesuche sind in mV. selbst nur stellbar, soweit GSchrProt. nicht zugelassen; vgl. § 88, 133; E. 3[372]. — Einlesen der Akten durch die Beisitzer, Ernennung e. Berichterstatters (außer § 388) ist lediglich Sache des inneren Dienstes u. Gerichtsgebrauchs (GVG. §§ 139, 199). — **II. Fakult. mV.** Gesuchsform: § 133. Anordng. nur durch beschwerdefreien (E. 54[349]), stets aufhebbaren Gerichtsbeschluß, nicht durch den Vorsitzenden; Ladung v. amtsw. allein praktisch (vgl. § 15 RAGO.; E. 39[425]). Kein VersVerf. (JW. 89[169]), kein Beruhen wegen Ausbleibens; solchenfalls Beschluß nach Aktenlage. Eideszuschbg. der Offizialmaxime zuwider, richterl. Eid zulässig; Auflage durch bedingten Beschl. (E. 50[368]). Ermittelungen aller Art von amtsw. zulässig (vgl. § 13 GVO.); Zeugenbeeidigung, Parteizuziehung nicht geboten (JW. 98[284 351]). Gehör oft sachgemäß; nach §§ 99, 102, 225, 891, 1045 nötig. Nichtäußerung trotz Aufforderg. reicht zumeist zur Überzeugung, JW. 95[382] BGH. 24[425]. Glaubhaftm. genügt nur, soweit ausdrückl. vorgesehen, JW. 99[180]. — Zwischenverfüg. allg. üblich (Bl. 70[2]; GVDA. §§ 64, 72; E. 5[364]). Anwaltszwang entfällt nur im Umfang des § 78 Abs. 2 u. vor AG.; praktisch nur für Anträge. — Öffentlichkeit bei mV. zu wahren (§§ 170 ff. GVG., gem. M.). Entschdgsform stets Beschluß, E. 30[338]; Rechtskraft: § 322; abgesehen hiervon sind die Anträge mit verbesserter Begr. wiederholbar, E. 60[405]. — Kein Wahlrecht zwischen Klage u. Beschlußverf., E. 54[308]. Bei Arrest, e. Verf. ist die mV., wenn einmal angeordnet, obligatorisch (E. 29[402]).

§ 129 (120). I In Anwaltsprozessen wird die mündliche Verhandlung durch Schriftsätze vorbereitet; die Nichtbeachtung dieser Vorschrift hat Rechtsnachteile in der Sache selbst nicht zur Folge.

II In anderen Prozessen können vorbereitende Schriftsätze gewechselt werden.

Vorb. Verf.: § 350; AmtsG.: § 502; Revision: § 554. — Fristen: § 132. — Unterlassungsfolge: Vertagung (§§ 227 ff., 335), Kostenauflage (§ 95; GKG. § 18, E. 36[40]; RAGO. § 14; kein Zwang. — Kostenersatz: § 91; Übermaß absetzbar.

§ 130 (121). Die vorbereitenden Schriftsätze sollen enthalten:

1. die Bezeichnung der Parteien und ihrer gesetzlichen Vertreter nach Namen, Stand oder Gewerbe, Wohnort und Parteistellung; die Bezeichnung des Gerichts und des Streitgegenstandes; die Zahl der Anlagen;
2. die Anträge, welche die Partei in der Gerichtssitzung zu stellen beabsichtigt;
3. die Angabe der zur Begründung der Anträge dienenden tatsächlichen Verhältnisse;
4. die Erklärung über die tatsächlichen Behauptungen des Gegners;
5. die Bezeichnung der Beweismittel, welcher sich die Partei zum Nachweise oder zur Widerlegung tatsächlicher Behauptungen bedienen will, sowie die Erklärung über die von dem Gegner bezeichneten Beweismittel;
6. in Anwaltsprozessen die Unterschrift des Anwalts, in anderen Prozessen die Unterschrift der Partei selbst oder desjenigen, welcher für dieselbe als Bevollmächtigter oder als Geschäftsführer ohne Auftrag handelt.

Aktenzeichen: § 299; Ladung: § 214 ff.; Gerichtssprache: § 186 GVG.; Angabe des Termins bei anhängigen Sachen praktisch. — RAGO. §§ 5, 46. — Form der schriftl. Eingaben in Bayern: MB. v. 28. April 1900 (GVBl. 379; JMBl. 353): besonders beachtlich die Anbringung von Seitenzahlen, Freilassung e. inneren Randes beiderseits behufs Einheftung: Submissionsformeln sind außer bei Eingaben an den König (RBl. 1806[1]; JMBl. 86[207]) abgeschafft. Monatsbezeichnung nicht mit Ziffern: RBl. 09[28]. — Reichsformat: JMBl. 77[65] 84[170]. — Einlauf, Präsentationsvermerk, Expeditionsgeschäfte: §§ 5 bis 7 GSchrDV.; 13 GVO.; aut. JME. Nr. 7006 v. 13. Febr. 1902. Vgl. ferner wegen Annahmeverbot außerhalb des Geschäftslokals aut. JME. Nr. 12446 v. 20. März 1903 u. BR. 05[310]; Postabholung E. 31[19]; Einlauf an vol. Feiertagen: JW. 03[177]; Wertsendungen: JMBl. 99[118]. Präsentationsstempel (daneben Handzug): JMBl. 66[352] 95[136]. Beseitigung der Umschläge unpraktisch: vgl. BPostO. § 19. — Ungebühr in Schriftf. fällt weder unter § 179 GVG., noch Art. 7 AStrV; keine Rückgabe hiewegen (SA. 50[271]). Landesrechtl. Querulantenstrafen: ESt. 32[94].

Bei gewöhnl. Schriftf. instruktionell (E. 6[319] 27[405]). Rechtsausführungen sind statthaft: Beweismittel (Nr. 5) sind zu spezifizieren, nicht bloß allg.: „Zeugen, Eid“. — Wo Unterschrift, wie bei sog. bestimmenden Schriftf., zB. Klagen, Rechtsmitteln wesentlich (E. 21[377] 31[374]), kein Ersatz durch Kopfvordruck, Faksimilestempel (BGB. § 126, E. 46[376] RSSt. 3[22]) wegen Firmastempel mit Unterschrift vgl. E. 47[166]; Leserlichkeit: ESt. 37[82]. Aus Nr. 6 erhellt Unzulässigkeit der Beisetzung des Namens des Vertretenen ohne Beifügung des Vertreters (vgl. E. 50[51] 58[388]). In der Abschrift kann die fehlende Wiedergabe der Originalunterschrift durch Unterschreiben der Begl. ersetzt werden, E. 27[405].

§ 131 (122). I Dem vorbereitenden Schriftsatze sind die in den Händen der Partei befindlichen Urkunden, auf welche in dem Schriftsatze Bezug genommen wird, in Urschrift oder in Abschrift beizufügen.

II Kommen nur einzelne Teile einer Urkunde in Betracht, so genügt die Beifügung eines Auszugs, welcher den Eingang, die zur Sache gehörende Stelle, den Schluß, das Datum und die Unterschrift enthält.

III Sind die Urkunden dem Gegner bereits bekannt oder von bedeutendem Umfange, so genügt die genaue Bezeichnung derselben mit dem Erbieten, Einsicht zu gewähren.

Niederlegung: §§ 133, 134, 142; Mitteilung: § 135; Übersetzung: § 142. — Ausnahme von Abs. 3: §§ 593, 996, 1001; Vollmacht: §§ 80, 91.

Lediglich instruktionell (E. 3[78]). — Beizufügen: nämlich der in Händen der Partei bleibenden Urschrift des Schrifts.; Gegner u. Gericht erhalten Abschrift; Einheftung: § 49i GVDB. — Auszüge sind als solche zu bezeichnen. — Abs. 3 bei der Kostenerstattung beachtlich, zB. HeiratsregAuszug für die Scheidungskl.; Umfang: SA. 54[54].

§ 132 (123). I Der vorbereitende Schriftsatz, welcher neue Tatsachen oder ein anderes neues Vorbringen enthält, ist mindestens eine Woche, wenn er einen Zwischenstreit betrifft, mindestens drei Tage vor der mündlichen Verhandlung zuzustellen.

II Der vorbereitende Schriftsatz, welcher eine Gegenerklärung auf neues Vorbringen enthält, ist mindestens drei Tage vor der mündlichen Verhandlung zuzustellen. Die Zustellung einer schriftlichen Gegenerklärung ist nicht erforderlich, wenn es sich um einen Zwischenstreit handelt.

Folgen der Nichtbeachtung: §§ 129, 335. AmtsG.: § 502. Friständerung: § 226.

Diese Fristen sind nur subsidiär, insbes. gegenüber § 272, sowie den Einlassungs- u. Ladungsfristen. — In der Praxis formlose Behändigung (Empfangsschein: § 198); Zustellung bei materiell. Erkl. ratsam.

§ 133 (124). I Die Parteien haben eine für das Prozeßgericht bestimmte Abschrift ihrer vorbereitenden Schriftsätze und der Anlagen auf der Gerichtsschreiberei niederzulegen.

II Diese Niederlegung erfolgt zugleich mit der Überreichung der Urschrift, wenn eine Terminsbestimmung oder wenn die Zustellung unter Vermittelung des Gerichtsschreibers erwirkt werden soll, anderenfalls sofort nach erfolgter Zustellung des Schriftsatzes.

Vgl. §§ 166, 169, 271. — Akten: §§ 3, 16, 22, 69 AGSchrG. — Vollmacht: § 80. — Kostenerstattung: §§ 91, 95.

Zweck: Information des Vorsitzenden u. (soweit Gerichtsgebrauch) der Beisitzer; Begl. nicht erforderlich, aber üblich. — Gesuche, Beschw. sind in Urschrift einzureichen; Verbindung mit Gerichtsabschrift ungeeignet. Sonstige Abschriften nur bei oblig. Gehör (§ 128).

§ 134 (125). I Die Partei ist, wenn sie rechtzeitig aufgefordert wird, verpflichtet, die in ihren Händen befindlichen Urkunden, auf welche sie in einem vorbereitenden Schriftsatze Bezug genommen hat, vor der mündlichen Verhandlung auf der Gerichtsschreiberei niederzulegen und den Gegner von der Niederlegung zu benachrichtigen.

II Der Gegner hat zur Einsicht der Urkunden eine Frist von drei Tagen. Die Frist kann auf Antrag von dem Vorsitzenden verlängert oder abgekürzt werden.

Vgl. §§ 135, 142, 423 ff.: Mittlg. formlos. — Auch auf abschriftl. bereits mitgeteilte Urk. anwendbar. Akten: § 16 AGSchrG.

§ 135 (126). I Den Rechtsanwälten steht es frei, die Mitteilung von Urkunden von Hand zu Hand gegen Empfangsbescheinigung zu bewirken.

II Gibt ein Rechtsanwalt die ihm eingehändigte Urkunde nicht binnen der bestimmten Frist zurück, so ist er auf Antrag nach vorgängiger mündlicher Verhandlung zur unverzüglichen Zurückgabe zu verurteilen.

III Gegen das Zwischenurteil findet sofortige Beschwerde statt.

Frist: § 134; vgl. BGB. § 121. — Ladung (Abs. 2): § 214. — ZwV.: §§ 572, 791, 883. Kosten (bei Abweisung der Partei, bei Verurteilung dem säumigen Anwalt persönlich zu überbürden): §§ 47, 80a. GKG.; 23, 29 RAGO.

§ 136 (127). I Der Vorsitzende eröffnet und leitet die mündliche Verhandlung.

II Er erteilt das Wort und kann es demjenigen, welcher seinen Anordnungen nicht Folge leistet, entziehen.

III Er hat Sorge zu tragen, daß die Sache erschöpfende Erörterung finde und die Verhandlung ohne Unterbrechung zu Ende geführt werde; erforderlichenfalls hat er die Sitzung zur Fortsetzung der Verhandlung sofort zu bestimmen.

IV Er schließt die Verhandlung, wenn nach Ansicht des Gerichts die Sache vollständig erörtert ist, und verkündet die Urteile und Beschlüsse des Gerichts.

Auswahl und Stellvertretung: §§ 65 ff. GVG. — Fragepflicht: § 139. — Beanstandung e. Maßregel: § 140. — Dauernde Wortentziehung: §§ 157 ff.; RAO. § 25. — Sitzungspolizei: §§ 177 ff. GVG. — Terminsbeginn: § 220; Schluß auch formlos (Zurückziehung, Verkündungsbeginn); Schlußfolgen: §§ 220, 231, 335. Wiedereröffnung: § 156; Verkündung: § 310; Terminsbestimmung: §§ 227 ff.

§ 137 (128). [I] Die mündliche Verhandlung wird dadurch eingeleitet, daß die Parteien ihre Anträge stellen.

[II] Die Vorträge der Parteien sind in freier Rede zu halten; sie haben das Streitverhältnis in tatsächlicher und rechtlicher Beziehung zu umfassen.

[III] Eine Bezugnahme auf Schriftstücke statt mündlicher Verhandlung ist unzulässig. Die Vorlesung von Schriftstücken findet nur insoweit statt, als es auf den wörtlichen Inhalt derselben ankommt.

[IV] In Anwaltsprozessen ist neben dem Anwalt auch der Partei selbst auf Antrag das Wort zu gestatten.

Vgl. §§ 79, 85, 297, 333, 619, 654, 671. — Kalender: § 128. — Nichtaufstehen beim Vortrag u. U. Ungebühr. — Begriff der mV. für Kosten: Bl. 71[44].

Die gegens. Anträge sollten unmittelbar auf einander folgen; erst mit Beginn der Begr. ist zur Sache parteiseitig verhandelt (E. 10[388] S. 11[701]). — Bestr., ob auch bei Aussetzung u. dgl. zunächst die Sachanträge zu stellen; vor gleich besetztem Gericht genügt bei Fortstzg. der Verhdlg. Bezugnahme auf die frühere mV., E. 31[424] JW. 04[296]. — Ablesen der Begr., Beweisangebote, Bezugnahme auf Urk. statt mV. unzulässig, vgl. SA. 54[251]; Verweisung auf Rechnungen statthaft (Pr. 50). Gehör auf neues Vorbringen: § 139; Abschneidung von Weitschweifigkeiten zulässig (§ 136). Kein Recht des Bekl. auf das letzte Wort. Abs. 4 ist zwingend, Rechtsbehelf: § 140 (JW. 03[397]); keine Ausdehnung auf Bevollm. Nichtaneignung seitens des RA.: S. 3[318] JW. 02[529]; Schutz des § 193 StGB.: RSt. 4[156].

§ 138 (129). [I] Jede Partei hat sich über die von dem Gegner behaupteten Tatsachen zu erklären.

[II] Tatsachen, welche nicht ausdrücklich bestritten werden, sind als zugestanden anzusehen, wenn nicht die Absicht, sie bestreiten zu wollen, aus den übrigen Erklärungen der Partei hervorgeht.

[III] Eine Erklärung mit Nichtwissen ist nur über Tatsachen zulässig, welche weder eigene Handlungen der Partei noch Gegenstand ihrer eigenen Wahrnehmung gewesen sind.

Urkunden: § 439; Eid: § 452. — Gerichtsbelügung an sich straflos: Erpressung, Betrug durch Prozeßakte: §§ 578, 580. Prozessierschaden: ZZP. 34[1]. Vgl. RAO. §§ 17, 28, 49.

Das fiktive Geständnis nach Abs. 2 ist frei widerrufl. (SA. 58[250]); zulässige Nichtwissenserkl. (Abs. 3) ist Bestr.; allgem. Widerspruch zulässig, zB. man sehe dem Beweis entgegen; „ich bestreite nicht" ist wahres Geständnis (§ 288, JW. 05[25]). Annahme nicht ernstlichen Bestr.: § 286; E. 2[144] ZZP. 29[352]. Unterlassung von Rechtsausführg. unschädlich, S. 14[296].

§ 139 (130). [I] Der Vorsitzende hat durch Fragen darauf hinzuwirken, daß unklare Anträge erläutert, ungenügende Angaben der geltend gemachten Tatsachen ergänzt und die Beweismittel bezeichnet, überhaupt alle für die Feststellung des Sachverhältnisses erheblichen Erklärungen abgegeben werden.

II Der Vorsitzende hat auf die Bedenken aufmerksam zu machen, welche in Ansehung der von amtswegen zu berücksichtigenden Punkte obwalten.

III Er hat jedem Mitgliede des Gerichts auf Verlangen zu gestatten, Fragen zu stellen.

Vgl. §§ **56, 144, 308, 354, 396, 455, 503, 504, 507, 526, 622**; GewGG. 42; KaufmGG. 16. — Zwischenverfügung: § 128; Wiedereröffnung: § 156. — Verbot der Abweisung „angebrachtermaßen": § 322. — Substantiierungspflicht: §§ 253, 282.

Abs. 1. „Fragen": auch Anregung. Nichtausübung RevGrund, zB. wenn der Vorsitzende sich des FrR. nicht bewußt schien (E. 6[358]), insbes. bei offensichtl. Parteiversehen (E. 29[334]), zB. Nichtwiederholung früheren Eides oder Beweisantrags (E. 36[350]), Präzisierung von „Schuldübernahme" (NS. 5[441]), des Hergangs bei Unfällen (JW. 03[270]). Keine Pflicht auf rechtl. Tragweite hinzuweisen (E. 4[353] 59[94] NS. 4[854] 6[685]), anderweitige Anträge oder tatsächl. Begr. nahezulegen (S. 11[130]); keine RMittelbelehrung. Angabe von Beweismitteln: S. 11[585]; sachgemäße Änderung der Anträge: E. 14[310] 23[8]; Parteieid statt richterl. Eid, NS. 4[919]. — Nichtbeantwortung: § 286. — **Abs. 2.** zB. Partei-, Prozeßfähigkeit, ges. Vertr. (Firma); Zulässigkeit des Rechtswegs, der RMittel, ausschl. Zustdk.; eheherrl. Zustimmung: JW. 05[81]. — **Abs. 3.** Das FrR. der Beisitzer ist nicht beschränkbar (BlEB. 5[20]); erstreckt sich auch auf die Parteien; letztere haben unter sich kein FrR.; Worterteilung: § 136.

§ 140 (131). Wird eine auf die Sachleitung bezügliche Anordnung des Vorsitzenden oder eine von dem Vorsitzenden oder einem Gerichtsmitgliede gestellte Frage von einer bei der Verhandlung beteiligten Person als unzulässig beanstandet, so entscheidet das Gericht.

Vgl. § 397. Beanstandung auch durch StAnw. oder Zeugen, nicht aber Beisitzer (bestr.). — Form: beschwerdefreier Beschluß nach mV. Unanwendbar auf Sitzungspolizei, Protokoll, Unterlassungen des Vorsitzd., unzweckmäßige Anordnungen.

§ 141 (132). Das Gericht kann das persönliche Erscheinen einer Partei zur Aufklärung des Sachverhältnisses anordnen.

Beamte: MB. v. 7. Jan. 1882 (GVBl. 38). — §§ **219, 296, 350, 371, 445, 619, 640, 641**; GewGG. 42; KaufmG. 16. — Keine Ladung von amtsw.; keine Beweisgebühr. Freies Geleit: § 337 StPO.; vgl. zB. § 361 StGB. — Form: beschwerdefreier Beschluß nach mV.; Angabe der Fragepunkte oft sachgemäß.

Auf Prozeßunfähige u. ges. Vertr. anwendbar, nicht aber auf Bevollm. aller Art. Kein Parteiantrag, keine Übertragung auf b. o. e. R. (wegen Krankheit vgl. JW. 04[176]); kein Zwang oder RNachteil zur Hauptf. oder im Kostenpunkte androhbar. Ungehorsam nach freiem Ermessen zu würdigen (Pr. 527; JW. 97[628]).

§ 142 (133). I Das Gericht kann anordnen, daß eine Partei die in ihren Händen befindlichen Urkunden, auf welche sie sich bezogen hat, sowie Stammbäume, Pläne, Risse und sonstige Zeichnungen vorlege.

II Das Gericht kann anordnen, daß die vorgelegten Schriftstücke während einer von ihm zu bestimmenden Zeit auf der Gerichtsschreiberei verbleiben.

III Das Gericht kann anordnen, daß von den in fremder Sprache abgefaßten Urkunden eine durch einen beeidigten Dolmetscher angefertigte Übersetzung beigebracht werde.

§§ 134, 371, 432, 443, 1016; GVG. 187; HGB. 45, 102; StPO. 111 (vgl. JMBl. 80[475]); 16 AGSchrG.; 30 ZubmVorschr. — Verfahren, Ungehorsam: § 141. — Rückgabe an Besitzer, nicht Dritte: gg. Abwsg. eins. Beschw., vgl. JW. 65[428]. Schonung: aut. JME. v. 13. Febr. 1902 Nr. 7006. — Staatshaftung: E. 51[219]. — Verfahren bei Unanbringlichkeit: Bl. 68[126]. — Kosten: § 91; keine Beweisgeb. (BlEB. 5[9]); RO. 11[52].

Abs. 1. Stammbäume (vgl. DJZ. 03[544] RS. 6[694]), Pläne u. s. w. (auch Photographien) sind nötigenfalls erst anzufertigen; plastische Modelle nicht erwähnt, aber oft sachgemäß. — Keine Aktenbeischaffung von amtsw., außer bzgl. Offizialpunkte. — **Abs. 3** entspr. auf Stenogramme anwendbar. — Pers. Vernehmung des Dolm. nicht vorgeschrieben, JW. 92[158]. — Ob zu übersetzen, freies Ermessen (E. 9[436] S. 12[538]), u. U. nach § 144 von amtsw., zB. §§ 363 ff.

§ 143 (134). Das Gericht kann anordnen, daß die Parteien die in ihrem Besitze befindlichen Akten vorlegen, soweit dieselben aus Schriftstücken bestehen, welche die Verhandlung und Entscheidung der Sache betreffen.

Vgl. § 299; Verfahren, Ungehorsam: § 141. Hierher auch ZustUrk., aber nicht Korrespondenz, Information. Anwendbar auch bei Verlust der Gerichtsakten, zB. bei Brand, Versendung.

§ 144 (135). I Das Gericht kann die Einnahme des Augenscheins, sowie die Begutachtung durch Sachverständige anordnen.

II Das Verfahren richtet sich nach den Vorschriften, welche eine auf Antrag angeordnete Einnahme des Augenscheins oder Begutachtung durch Sachverständige zum Gegenstande haben.

§§ 3, 105, 287, 371, 372, 379, 622, 623, 670, 679, 684, 686. — Verfahren: § 141 (E. 7[88]), Parteianträge gehen vor. — Keine Vorschußauflage: § 84 GKG.; Beweisgeb.: JW. 89[401].

***§ 145** (136). I Das Gericht kann anordnen, daß mehrere in einer Klage erhobene Ansprüche in getrennten Prozessen verhandelt werden.

II Dasselbe gilt, wenn der Beklagte eine Widerklage erhoben hat und der Gegenanspruch mit dem in der Klage geltend gemachten Anspruche nicht in rechtlichem Zusammenhange steht.

III Macht der Beklagte die Aufrechnung einer Gegenforderung geltend, welche mit der in der Klage geltend gemachten Forderung nicht in rechtlichem Zusammenhange steht, so kann das Gericht anordnen, daß über die Klage und über die Aufrechnung getrennt verhandelt werde; die Vorschriften des § 302 finden Anwendung.

Vgl. §§ 33, 59 ff., 150, 260, 300 ff.; Verbot: Art. 51 JFrU.; vgl. §§ 614 ff. bzgl. Ehesachen. — Akten (zweite Nr.): §§ 76 AGSchrG; 13 LGSchrG. — Form: beschwerdefreier Beschluß nach mV (E. 23[414]); Dauer: § 150. — Aussetzung (§ 148 ff.) daneben möglich; bei Entscheidungsreife zu Abs. 1, 2 ergeht TeilU.; zu Abs. 3 vgl. § 302. — Kosten: § 147; vgl. auch § 148.

Abs. 1 (Klage). Diese Trennung beseitigt weder die Rechtshängkt. (S. 12[461]), noch die Zustdgkt. (E. 6[417]), wohl aber u. U. die Revision, E. 24[423] 49[401] (keine Tr. erst bei Verkündung). Sofortige Terminsansetzung je nach Geschäftsverteilung möglich. — **Abs. 2** (Widerklage). Zsmmenhg. mit VertMitteln hier unbehelflich. — Die WKl. muß nicht gerade e. „Gegenfrdrg.“ betreffen. — **Abs. 3** (Aufrechnung). Keine Prozeßtrennung, nur VorbehaltsU., E. 31[2] (VZS.) 49[338]. Für andere Einreden gilt nur § 146.

§ 146 (137). Das Gericht kann anordnen, daß bei mehreren auf denselben Anspruch sich beziehenden selbständigen Angriffs- oder Verteidigungsmitteln (Klagegründen, Einreden, Repliken 2c.) die Verhandlung zunächst auf eines oder einige dieser Angriffs- oder Verteidigungsmittel zu beschränken sei.

Vgl. §§ 90, 275, 303, 304, 347, 366, 504, 590. — Verfahren: § 145; Dauer: § 150. — Reihenfolge innerhalb mV.: § 136. Mehrheit von Ansprüchen: § 145.

Selbstd. = selbständig entscheidbar (§ 303); zB. Verjährg., Klagänderung, Grund u. Betrag; nicht bloßes Bestreiten (E. 15[399]). Zwll. fakultativ; Total-U., insbes. VersU. bleibt stets zulässig.

§ 147 (138). Das Gericht kann die Verbindung mehrerer bei ihm anhängiger Prozesse derselben oder verschiedener Parteien zum Zwecke der gleichzeitigen Verhandlung und Entscheidung anordnen, wenn die Ansprüche, welche den Gegenstand dieser Prozesse bilden, in rechtlichem Zusammenhange stehen oder in einer Klage hätten geltend gemacht werden können.

§§ 59 ff., 150, 238, 300, 517, 976; HGB. 272, 309, 320; GenG. 53, 112; GmbHG. 75; ZTrU. Art. 52; SubhL. Art. 40, 144; ZVG. §§ 2, 18. — Verfahren: § 145. — Akten: §§ 76, 87 AGSchrG.; 13, 35 LGSchrG.: der Nebenakt schließt mit e. Verbindungsprotokoll. — Kosten: § 5; der Streitwert wird für die Zukunft einheitlich berechnet (unbeschadet der Verschiedenheit der Gebühren mehrerer beteiligter Anwälte): E. 5[355] 44[419] S. 12[272] RG. Verbdg. in der ZwV.: § 39 GKG., 4 GVGL.

Die Verbdg. setzt Gleichheit des Gerichts u. der Prozeßart, nicht aber der Parteirollen voraus. Sie führt zur Streitgen. (E. 13[369]) u. einheitl. Urteil (Doppelnummer); ist ohne Einfluß auf die Zuständk. (E. 5[355]); schafft u. U. Revisibilität; beeinträchtigt die vorl. Vollstreckb. nach § 709 Nr. 4 oder Unanfechtbarkeit nach GewGG. §§ 55, 57, KaufmGG. 16. Durchbrechung der Geschäftsverteilung nur ausnahmsweise rätlich; zwischen ZivilK. u. KfHS. nur Verweisung. Wechselseit. Berufungen gegen das nämliche U. sind von selbst verbunden, E. 29[353]; sachlich kann e. Partei bzgl. der Ansprüche der anderen P. unbeteiligt sein, JW. 02[604].

§ 148 (139). Das Gericht kann, wenn die Entscheidung des Rechtsstreits ganz oder zum Teil von dem Bestehen oder Nichtbestehen eines Rechtsverhältnisses abhängt, welches den Gegenstand eines anderen anhängigen Rechtsstreits bildet oder von einer Verwaltungsbehörde festzustellen ist, anordnen, daß die Verhandlung bis zur Erledigung des anderen Rechtsstreits oder bis zur Entscheidung der Verwaltungsbehörde auszusetzen sei.

Vgl. u. a. §§ 40 ff. RayG.: 7 PortofreihG.: 2 FloßG.: 33 KrLeistG.: 134, 150, 155 RBeamtG.: 113 ff. MilPensGes.: 39 OffPensG.: 42 MilVersG.: 34 WitwFürsorgeG.; 57, 129 ff. SeemO.: 36 ff. StrandO.: 50, 53a, 58, 65, 72 ff. KrVG.: 14, 77, 135 GewUVG.; 51, 57, 75, 91b, 97, 97a, 100c, 100i GewO.; 72, 79 GewGG.: 16 HGB.; 127, 159, 161 FGG. Art. 7 Abs. 2 VGHG. mit § 41 VollzV. u. §§ 11 EGV., 13 EZP.: Art. 231 GebG.: Art. 2 AZP. mit § 4 EZP.; Art. 6 ArmenG.: 32, 40 ForstG.; 47, 48 GebG.: 47 BrandVG.; 48, 158 GmdO.; 6 ReblausAG.; vgl. auch VerfUrk. Tit. VIII § 4 (keine Hemmung durch Kabinettsbefehl) u. überhaupt Krais HB 1[84]. — Weitere Aussetzungsfälle: §§ 65, 149 ff., 246, 247, 524, 578, 620, 681, 953, 969. Art. 11 ff. KKG. mit § 15 Nr. 1 EZP. bewirkt Unterbrechung. — Form: Beschluß von amtsw. nach mV. (E. 40[373]); Beschwerde: § 252; Dauer: § 150. — Kosten: §§ 26, 39, 47, 80a, 94 GKG.; 20, 29 RAGO.; vgl. § 91.

I. RVerh.: § 256; zB. Erbrecht für Vermächtniskl., Staatsangehörigk. für Scheidungskl., vgl. JW. 98[5 638] E. 37[373]. Gleichheit der Rechtsfrage der Beweismittel, bloß rechtl. Interesse genügt nicht, JW. 93[125] 03[23] ZR. 05[473]; Gleichheit der Parteien nicht nötig (vgl. § 66). Anhängigk. nur bei Rechtsstr. (einschl. SchiedsG., SA. 42[61]) geboten; Antrag entbehrlich, Ermessen irrevisibel (JW. 94[10]). Auss. ist auch für e. Anspruchsteil (E. 24[382]), sowie im UrkPr. statthaft, E. 13[377] (nicht: bis z. Erledg. des Nachverf., SA. 52[197]). Keine Auss. wegen anderw. gerügter RHängk. (E. 26[364]), anderw. Einklagung der Aufrechnungspost (JW. 96[355]), der einstw. Verf. bis z. Hauptprozeß (JW. 98[4]), in der RevInstanz (E. 11[365] NS. 6[417]), bis zum Abschluß e. Kur. (JW. 04[95]), zur Beschaffg. der Aktivlegitim. (E. 61[150]). Solchenfalls meist vereinbarte Vertagung, Beruhen üblich; beachtl. der Unterschied zwischen A. der Verhandlg. u. A. des Verf. (zB. §§ 151 ff., 246). Bindung durch das präjud. Urteil: §§ 322 ff. II. Die Beurtlg von Verw.- u. VerwRechtsf. (JW. 86[10]; auch VormG.: ZR. 06[163]) als Inzidentpunkt in den Gründen steht in der Regel den Gerichten frei, sofern der RWeg an sich zulässig ist. Ausnahmsweise können aber die AdmAussprüche über gewisse Punkte das Gericht binden (zB. § 43 MilVersG.); bei § 135 Abs. 3 GewUVG. besteht keine Pflicht den Adm.-Ausspruch abzuwarten, E. 54[33]. Ist ausnahmsweise der RWeg selbst von e. Vorentscheidung der Verwaltung gesetzlich ausdrücklich abhängig gemacht, so muß Abweisung (§ 274) erfolgen, u. ist Auss. oder Inzidentbeurtlg. unstatthaft (E. 7[64] 12[61] S. 12[100 149] KK. 05[11] Seydel 1[597]). Die Vorentschdg. nach Art. 7 VGHG. (vgl. Bl. 66[439] AdmBl. 50[323]) trifft auch den Bestand der Amtspflicht u. öff. Gewalt sowie das subj. Verschulden, nicht aber den Kausalzusammenh. oder etwaiges Mitverschld. (VGH. 25[261]); Übergang: VGH. 24[106] aM. NS. 3[978]. Soweit die Vorentschdg. sonst sachl. Element des Zivilanspruchs ist, erfolgt mangels Beibringung Sachabwsg. Mängel des VerwVerf. sind bei Gericht nicht nachprüfbar. S. 2[354]. Wegen der Berufung auf den Rechtsweg vgl. § 511. III. Die landesrechtl. Vorbeschw. (Art. 2 AZP.) ist nicht prozeßh. (NS. 2[343]; vgl. Bl. 60[385] 61[148]); wichtig wegen Verjährung (§§ 210 BGB.; 91 EVerkO.; E. 57[372]). Prüfung v. amtsw. (Mot. AZP. 193; E. 2[63]); Verzicht nur durch obere VerwBehörde (nicht immer ges. Vertr.!); Nachholung richterl. Ermessen (S. 13[49] 15[106]; bestr., vgl. Becher LZR. 2198). Erste VerwInstanz, gegen die hiernach erst erfolglose Beschw. nachzuweisen (NS. 2[343]), ist in Verkehrssachen die betr. Generaldirekt. (Ausnahme bei Reklamationen im Bereich der Betriebsdirektionen), vgl. Vdg. v. 14. Dez. 1903 (GVBl. 673); bei der Staatshaftung nach Art. 60 AVG. die Kreisreg., KdF. (auch für Justizbeamte); vgl. § 18. Dilatorische Antwort oder Schweigen steht der Abwsg. gleich; für die untere VerwBehörde besteht keine gesetzl. Bescheidungsfrist (vgl. Bl. 61[148] ZR. 05[325]). — Art. 2 AZP.

ist nach gem. M. nicht anwendbar auf Vorentschdg. nach Art. 7 BGHG. (AdmBl. 50^{329}), Widerkl., VollstrGegenkl. (S. 5^{727}), Wiprkl. dritter (ZR. 05^{325}: bestr.), Enteignungss. (Bl. 61^{163}), Haftentbindgskl. des Verkehrspersonals nach Vdg. v. 31. Juli 1817 (RBl. 723) mit ABG. Art. 175 (Beschädigung u. Verlust von Transportgut), § 30 allg. TVorschr. v. 1. Juni 1885; ferner nicht auf Ansprüche gegen Zivilliste, Gemeinden (Bl. 3^{47}), Stiftungen. Vgl. auch 43 SubmBed.

§ 149 (140). Das Gericht kann, wenn sich im Laufe eines Rechtsstreits der Verdacht einer strafbaren Handlung ergibt, deren Ermittelung auf die Entscheidung von Einfluß ist, die Aussetzung der Verhandlung bis zur Erledigung des Strafverfahrens anordnen.

Keine Bindung durch das Straful.: EZP. § 14 mit E. 13^{159}; Aktenbeischaffung: § 432; Restitutionskl.: § 580. Erledigung: §§ 168, 169, 196, 202, 259, 314, 344, 431, 433 StPO. Verfahren: § 148; mB. gegen E. 29^{383} nötig. — Abgabe an StrafG.: §§ 299, 317, 413; Art. 103 AStP.

Bloße Parteibehptg. ohne tatsächl. Anhalt genügt nicht, E. 15^{427} JW. 04^{412}; auch Straftaten dritter, zB. Zeugenmeineid hierher. Beachtlich, daß dem ZivilG. Parteieid zu Gebote steht.

§ 150 (141). Das Gericht kann die von ihm erlassenen, eine Trennung, Verbindung oder Aussetzung betreffenden Anordnung wieder aufheben.

Ausnahme von freiem Ermessen: §§ 151 bis 154; vgl. § 155; ferner §§ 246, 620, 969. Form: Beschluß von amtsw. innerhalb Instanz; mB., RMittel wie beim Vorbeschluß; Verfahren, Kosten: § 148; neuer Termin im Parteibetrieb. Unterschied von Aufnahme: § 227.

§ 151. Hängt die Entscheidung eines Rechtsstreits davon ab, ob eine Ehe nichtig ist, so hat das Gericht, wenn die Nichtigkeit nur im Wege der Nichtigkeitsklage geltend gemacht werden kann, auf Antrag das Verfahren auszusetzen und, falls die Nichtigkeitsklage noch nicht erhoben ist, eine Frist zur Erhebung der Klage zu bestimmen. Ist die Nichtigkeitsklage erledigt oder wird sie nicht vor dem Ablaufe der bestimmten Frist erhoben, so ist die Aufnahme des ausgesetzten Verfahrens zulässig.

§ 1329 BGB. (zu beachten die dortigen Ausnahmen, insbes. Auflösung durch den Tod); Mot. 1^{77}. Rechtskraft: § 629. Verfahren: § 148. Aufhebung: § 155; Aufnahme: § 250.

Auss. ist hier auf Antrag obligat., durch Anhängigkeit der NichtigKl. nicht bedingt; andernfalls § 148 mitanwendbar. — Mangels Aussetzungsantrags oder Erhebung der NKl. wird die Ehe (auch Dritter) im Prozesse als gültig behandelt.

§ 152. Hängt die Entscheidung eines Rechtsstreits davon ab, ob eine im Wege der Anfechtungsklage angefochtene Ehe anfechtbar ist, so hat das Gericht auf Antrag das Verfahren auszusetzen. Ist der Rechtsstreit über die Anfechtungsklage erledigt, so findet die Aufnahme des ausgesetzten Verfahrens statt.

§§ 1341, 1343 BGB. — Hier ist Anhängk. der AnfKl. u. deren Zulässigkeit (E. 59[411]) vorausgesetzt; gegenüber Scheidungskl. besteht Rechtshängk. (E. 58[307]). — Vgl. auch § 151 u. wegen Verzögerung § 155.

§ 153. Hängt die Entscheidung eines Rechtsstreits davon ab, ob ein Kind, dessen Ehelichkeit im Wege der Anfechtungsklage angefochten worden ist, unehelich ist, so finden die Vorschriften des § 152 entsprechende Anwendung.

§§ 1596 ff. BGB.; 641 ff. — Auch Anf. der Anerkennung hierher; wegen der Prozesse aus § 640 vgl. § 154 Abs. 2.

§ 154. I Wird im Laufe eines Rechtsstreits streitig, ob zwischen den Parteien eine Ehe bestehe oder nicht bestehe, und hängt von der Entscheidung dieser Frage die Entscheidung des Rechtsstreits ab, so hat das Gericht auf Antrag das Verfahren auszusetzen, bis der Streit über das Bestehen oder Nichtbestehen der Ehe im Wege der Feststellungsklage erledigt ist.

II Diese Vorschrift findet entsprechende Anwendung, wenn im Laufe eines Rechtsstreits streitig wird, ob zwischen den Parteien ein Eltern- und Kindesverhältnis bestehe oder nicht bestehe oder ob der einen Partei die elterliche Gewalt über die andere zustehe oder nicht zustehe, und von der Entscheidung dieser Fragen die Entscheidung des Rechtsstreits abhängt.

§§ 638, 639; 640, 642 ff. — Anhängk. des präjudiz. Proz. ist nicht vorausgesetzt, wohl aber Gleichheit der Parteien, abweichend von §§ 151 bis 153. Keine Fristsetzung; § 155 unanwendbar (nur Parteibetrieb). Abs. 2 umfaßt die unehel. Vaterschaft nicht. Mangels FKl. freie Würdigung.

§ 155. In den Fällen der §§ 151—153 kann das Gericht auf Antrag die Anordnung, durch welche das Verfahren ausgesetzt ist, aufheben, wenn die Betreibung des Rechtsstreits verzögert wird, welcher die Nichtigkeit oder die Anfechtung der Ehe oder die Anfechtung der Ehelichkeit zum Gegenstande hat.

Vgl. §§ 150, 151. Zweck: Kostenersparnis; daneben bei Gleichheit der Parteien Selbstbetrieb, bei Ungleichheit NebenJ. im präjud. Proz. möglich.

§ 156 (142). Das Gericht kann die Wiedereröffnung einer Verhandlung, welche geschlossen war, anordnen.

Vgl. §§ 136, 251, 310, 329, 466, 526. — Kalender: §§ 87 AGSchrG.; 35 LGSchrG. — Kosten: §§ 47, 80a GKG.

Grund nur aus der geschlossenen mV. entnehmbar, (E. 16[418]), zB. Fragepflicht, Tod e. Richters; kein Recht der Parteien, S. 15[390]. Schriftl. u. mündl. Anträge auf WE. sind unbeachtlich, (JW. 04[119]), insbes. bei anderer Besetzg. (BlEB. 14[47]); im VerkTermin erhalten die Parteien nicht das Wort, JW. 97[342]. — Kein VersU. beim Ausbleiben e. Partei im VerkTermin trotz WE., E. 41[377] (Vertagung v. amtsw.); Ausnahme: § 468. Auf einzelne Punkte ist die neue mV. nicht beschränkbar.

§ 157 (143). I Das Gericht kann Parteien, Bevollmächtigten und Beiständen, denen die Fähigkeit zum geeigneten Vortrage mangelt, den weiteren Vortrag untersagen.

II Das Gericht kann Bevollmächtigte und Beistände, welche das mündliche Verhandeln vor Gericht geschäftsmäßig betreiben, zurückweisen.

III Eine Anfechtung dieser Anordnungen findet nicht statt.

IV Die Vorschriften der Abs. 1, 2 finden auf Rechtsanwälte, die Vorschrift des Abs. 2 findet auf Personen, denen das mündliche Verhandeln vor Gericht durch eine seitens der Justizverwaltung getroffene Anordnung gestattet ist, keine Anwendung.

JMB. v. 4. Jan. 1900 (JMBl. 115): Zulassung durch JustizM. auf Eingabe an AGVorstand, stets widerruflich; InnMB. v. 18. Dez. 1883 (GVBl. 495); vgl. §§ 116; GewO. 6, 35 ff.; RAO. 25; ferner InnMBl. 00[121]; §§ 31 KVAGG.; 3 LVAGG.; 10 SchiedsGV.; 4 VGH.=VV.; KGBl. 00[233]; JME. Nr. 45126 v. 30. Nov. 1903 (NotGehilfen). — **Wortentziehung**: § 136. — Kosten: §§ 47, 80a GKG.; Laienvertr.: § 91; Rechtsagenten: JW. 99[724]. Vertagungskosten: § 95.

Abs. 1. ZB. Stottern, Nervosität, Verwirrung, **Trunkenheit** (vgl. § 179 GVG.); nicht Sprachunkunde (§§ 187 ff. GVG., vgl. R. 06[906]). — **Partei: auch** ges. V.; Vortragsbeginn nicht verbietbar. — **Abs. 2. Geschäftsmäßig: weniger als gewerbsm.** (Mot. 136; GewO. § 35); **auch** Arbeitersekretäre, sog. **techn.** Anwälte (SSt. 9[249]). Beispiele für Zulassung: **Verwandtsch. mit e. Partei,** Erledigung **durch** VersU.; dagegen: Vertr. **des Gegners durch e. RA.,** Schwierigkeit des Falls. Die Substitution v. **Schreibern kann gegen den Berufsanstand** verstoßen. Bei **Rechtsprkt.** (soweit **nicht unter** § 25 RAO. fallend) **überwiegt der** Lernzweck; **Parteibedienstete, Zessionare sind nicht** zurückweisbar. Ablehnung von Eingaben nicht vorgesehen (vgl. § 31 **GewGG.**; JMBl. 02[450]). — **Abs. 3. Der Gegner hat weder Antrags= noch** Beschwerderecht, JW. 97[459]. **Folge der Zurückwsg.: § 158; die Vollmacht** erlischt dadurch nicht, **KGBl.** 92[75]. — **Abs. 4.** Abs. 1 bleibt **auch** auf **konzess.** Personen u. Rpr. (außer § 25 RAO.) anwendbar.

§ 158 (144). Ist eine bei der Verhandlung beteiligte Person zur Aufrechthaltung der Ordnung von dem Orte der Verhandlung entfernt worden, so kann auf Antrag gegen sie in gleicher Weise verfahren werden, als wenn sie freiwillig sich entfernt hätte. Dasselbe gilt in den Fällen des vorhergehenden Paragraphen, sofern die Untersagung oder Zurückweisung bereits bei einer früheren Verhandlung geschehen war.

§§ 332, 337, 380; GVG. 178.

Satz 1. Das Gleiche muß beim sof. Vollzug von Ordnungshaftstrafen (GVG. §§ 179, 181) gelten. — **Hatte der Entfernte bereits, wenn** auch nur mangelhaft verhandelt, so ist **nur kontradikt. U. möglich,** soferne nicht zunächst vertagt wird. — **Satz 2. Gleichheit des Prozesses u. des** Zurückgewiesenen erforderlich.

§ 159 (145). I Über die mündliche Verhandlung vor dem Gerichte ist ein Protokoll aufzunehmen.

II Das Protokoll enthält:
1. den Ort und den Tag der Verhandlung;
2. die Namen der Richter, des Gerichtsschreibers und des etwa zugezogenen Dolmetschers;
3. die Bezeichnung des Rechtsstreits;
4. die Namen der erschienenen Parteien, gesetzlichen Vertreter, Bevollmächtigten und Beistände;
5. die Angabe, daß öffentlich verhandelt oder die Öffentlichkeit ausgeschlossen ist.

§§ 26, 47 GewGG.; 16 KfmGG.; 17 KKG. — Aktenzeichen: § 130; Kostenvermerk: § 38 KJ.; sonstige formale Vorschr. (insbes. deutliche Schrift, Siegelung, Heftung): §§ 2, 3 GSchrDV.; 24, 25 AGSchrG.; 4 LGSchrG.; 1 OLGSchrG.; vgl. 89 GVDA., 131 NotGeschO. Die neue GeschA. sieht Ausarbeitung auf Grund Stenogramms nicht mehr vor; für deren Zulässigkeit ESt. 13[351] S. 10[69]; vgl. JMBl. 98[116]. Kein offizielles Stenogramm neben dem Prot.; Unterschrift: § 149. — Prot. außerhalb der Sitzung: § 165. — Selbstdg. Gerichtsschreiberprot.: §§ 78; 2 bis 4 GSchrDV. (Legitimationsprüfung); 1 ff. AGSchrG.; 1 LGSchrG.; 1 OLGSchrG. Hier ist (vgl. §§ 569; FGG. 11) Aufnahme durch e. anderen AmtsGSchr. als des ProzeßG. für zulässig erklärt (landesges. Rechtshilfe); Übersendungspflicht als portopfl. DS. zwecks Fristwahrung. Wiedereinsetzg.: R. 00[362]. Aufnahmepflicht: § 3 AGSchrG. Reines Parteidiktat (Bl. 63[250]), Beilegung e. Privatschrift unstatthaft (JW. 05[537] NS. 4[93]); Parteiunterschrift nicht wesentl. (Bl. 62[58] 68[542]). Telephon. Anträge sind unzulässig, JMBl. 96[61] ESt. 38[282]. — Prot. des GVollz.: § 762. — Die „Prot." nach FGG., GBO. werden in der Regel vom Richter allein aufgenommen; GSchr. bloß Schreibkraft (§ 77 GBDA.).

Abs. 1. Die Aufnahme des Prot. obliegt dem GSchr. selbständig (Einzeldiktat: § 25 AGSchrG.) für jede Sache gesondert, auch bei beiders. Ausbleiben. Formulare unbeschadet § 163 statthaft. Kein Beratungs- oder Abstimmungsprot. Nichtprotok. Akte sind gleichwohl giltig (E. 10[366] S. 11[425]); Ausnahme: § 164. — **Abs. 2. Nr. 1.** Ort: mangels näherer Angabe Gerichtsgebäude; Tag mit Zahlen; Stundenangabe bei einschneidenden Versll., langem Zuwarten oder wegen Gebühren rätlich. — **Nr. 2.** Auch Ergänzgsrichter, StAnw. (soweit nicht Partei, § 607). — **Nr. 3.** Das sog. kleine Rubrum („Meier gg. Müller w. Frdg.") genügt; bei Vergleichen ist wegen der ZwV. urteilsmäßig zu rubrizieren. — **Nr. 4.** Vornamen entbehrlich; „Kläger persönlich" genügt mangels Streitgen.; Entfernung u. Wiedereintritt bei Beweisaufn. festzustellen. — **Nr. 5.** „Aufgen. in öff. Sitzg." genügt; Vollzugsvermerk bei Ausschluß: ESt. 10[93].

§ 160 (146). I Der Gang der Verhandlung ist nur im Allgemeinen anzugeben.

II Durch Aufnahme in das Protokoll sind festzustellen:
1. die Anerkenntnisse, Verzichtleistungen und Vergleiche, durch welche der geltend gemachte Anspruch ganz oder teilweise erledigt wird;
2. die Anträge und Erklärungen, deren Feststellung vorgeschrieben ist;
3. die Aussagen der Zeugen und Sachverständigen, sofern dieselben früher nicht abgehört waren oder von ihrer früheren Aussage abweichen;

4. das Ergebnis eines Augenscheins;
5. die Entscheidungen (Urteile, Beschlüsse und Verfügungen) des Gerichts, sofern sie nicht dem Protokolle schriftlich beigefügt sind;
6. die Verkündung der Entscheidungen.

III Der Aufnahme in das Protokoll steht die Aufnahme in eine Schrift gleich, welche dem Protokolle als Anlage beigefügt und als solche in demselben bezeichnet ist.

Vgl. §§ 509; GewGG. 41; KfmGG. 16; GVG. 184, 185, 187. — Ausnahme zu Nr. 3: § 161. — Vorlesung: § 162.

Abs. 1. Reihenfolge der einzelnen Akte wegen innerer Beweiskraft des Prot. beachtlich (E. 14[385]). Hierher zB. persönl. Parteivernehmg. (vgl. SA. 55[123]), Eidesleistung, RMittelformalien (E. 47[402]); nicht aber sonstige Zustellungsdaten (zB. bei VersU.). Der Inhalt materieller Erklärungen, zB. Änderung, Rücknahme der Klage, Eideserklärungen gehört im Anwaltsproz. in die Beilagen (§ 297). — **Abs. 2.** Die Aufzählung ist erschöpfend; auf weitere „Konstatierungen" braucht sich weder der zunächst verantwortl. GSchr. noch der Vorsitzende einzulassen. Keine Beschwerdeeinlegung z. Sitzungsprot. (E. 29[341]), keine Anrufung des Gerichts nach § 140. Aufnahme des RMittelverzichts ist üblich. — **Nr. 1.** Vgl. §§ 296, 306 ff. u. wegen der Mitteilungen an andere Behörden § 317. — **Nr. 2.** Vgl. §§ 297 ff., 350 ff., 389, 507, 607; Beweiskraft gegenüber dem Tatbestand: § 314. Anträge auf VersU., gehören hierher, nicht aber Beweisangebot. — **Nr. 3.** Direkte Rede praktisch (§ 91 GBDA.) — **Nr. 4.** § 371. — **Nr. 5.** Die Formel ist gemeint; vgl. § 311 (Bl. 44[482]); das Urteil wird selbstdg. abgefaßt (E. 55[281]), auch wenn ProtBeilage. „Erlassen": genügt auch für Verkdg. (E. 17[420]). — **Abs. 3.** Genaue Bezeichn., Einheftung der Beilagen (zB. Vergleich, Verkdgszettel, Urteilsurschrift): § 25 AGSchrG. Übergebene Vergl. sind vorher zu verlesen: § 162; vgl. JW. 98[262].

§ 161 (147). Die Feststellung der Aussagen der Zeugen und Sachverständigen kann unterbleiben, wenn die Vernehmung vor dem Prozeßgericht erfolgt und das Endurteil der Berufung nicht unterliegt. In diesem Falle ist in dem Protokolle nur zu bemerken, daß die Vernehmung stattgefunden habe.

Vgl. § 511. — Meineidsverdacht: JMBl. 86[168]. Parteierklärungen: § 160. Augenschein: JW. 96[320]. — Tatbestand: § 314.

Selten praktisch, weil fortdauernde Gleichheit der Richter nötig (E. 14[389]). Personalien u. Beeidigung sind stets zu konstatieren; der Tatbestand ist nicht erlassen (SA. 50[48]); Protokollierung in sonstigen Fällen unverzichtbar (14[383]).

§ 162 (148). Das Protokoll ist insoweit, als es die Nr. 1—4 des § 160 betrifft, den Beteiligten vorzulesen oder zur Durchsicht vorzulegen. In dem Protokolle ist zu bemerken, daß dies geschehen und die Genehmigung erfolgt sei oder welche Einwendungen erhoben sind.

Vgl. GewGG. § 41; KfmGG. § 16. — Unterschrift: § 163; vgl. § 296. — Bei nachträgl. Protokollaufnahme (zB. Augenschein) u. U. schriftl. Aufforderung zur Einsicht; vgl. §§ 299, 371.

Auch auf Diktate (wegen Mißverständnis, Schreibfehler) anwendbar; beachtlich insbes. bei Anerk. Auf die Feststellg. nach Abs. 1 des § 160 nicht ausdehnbar; übrigens verzichtbar (E. 12[437] S. 10[67]), zB. Weggang vor ProtAbschluß. — „V. g." genügt (E. 53[150]). — „Beteiligt" sind bei Zeugenaussagen auch die Parteien, sohin deren formelle Einwdg. zu protokollieren; vgl. S. 15[338].

§ 163 (149). I Das Protokoll ist von dem Vorsitzenden und dem Gerichtsschreiber zu unterschreiben.

II Ist der Vorsitzende verhindert, so unterschreibt für ihn der älteste beisitzende Richter. Im Falle der Verhinderung des Amtsrichters genügt die Unterschrift des Gerichtsschreibers.

Unterschrift: §§ 130, 315; Siegel: §§ 159, 317. – Ablehnung des GSchr.: § 49. — Vgl. §§ 47 GewGG.; 16 KfmGG.

Abs. 1. Bei mehrtägiger Verhdlg. genügt U. am Schlusse (JW. 01[690]); bei Wechsel des GSchr. abschnittsweise U. — Nachholung der U., Berichtigung v. Schreibfehlern, Mißverständnissen usw. zulässig (ESt. 13[351] 19[367] 21[200]), aber gegenüber bereits eingelegtem RMittel bedeutungslos (ESt. 8[141]). Unterpunktieren, bloßes Einklammern undeutlich (ESt. 27[171]); „lies" zulässig (GVDA. § 245). Berichtigungsanträge: JW. 02[579] 04[588]; Beschwerde: DJZ. 05[267]. Einseitige Randvermerke sind unbeachtlich: JW. 02[579] vgl. aber JW. 03[134] (wirkl. Divergenz hebt Beweiskraft auf). — Keine U. der sonstigen Beteiligten (E. 21[345] S. 15[337]). — **Abs. 2.** Ausdrückl. Konstatierung sachgemäß; Ersatz der U. des GSchr. nicht vorgesehen.

§ 164 (150). Die Beobachtung der für die mündliche Verhandlung vorgeschriebenen Förmlichkeiten kann nur durch das Protokoll bewiesen werden. Gegen den diese Förmlichkeiten betreffenden Inhalt desselben ist nur der Nachweis der Fälschung zulässig.

Vgl. § 274 StPO. — Fälschung: §§ 267 ff., 348 StGB.; strenger als § 415. — Verzichtbare Formalien: § 295.

Hierher Öffentlichk. (JW. 04[210 373]), Verkdg. (E. 16[332]), Gerichtsbesetzg.; nicht Inhalt der mV., zB. Anerk. (S. 10[524]), Zeugenaussage einschl. Beeidigung (JW. 05[233]), Parteierkl. neben RA. (JW. 04[492]). Schweigen beweist Nichtwahrung; kein Beweis durch Vernehmung des GSchr., SSt. 9[12].

§ 165 (151). Zu den Verhandlungen, welche außerhalb der Sitzung vor Amtsrichtern oder vor beauftragten oder ersuchten Richtern stattfinden, ist der Gerichtsschreiber gleichfalls zuzuziehen.

Protokoll (JW. 04[476]): §§ 24, 25 AGSchrG. — Die Anwendbarkeit des § 164 ist bestr.; beachtlich die Protokollierung nach § 389 sowie über Gebahren eines Zeugen (§ 286). — Sühne: §§ 296, 510; vgl. § 167 GVG. — Sonstige formlose Aktenvermerke (Registraturen): § 8 MV. v. 28. April 1901 (GVBl. 382); vgl. § 16 GVDA.

Zweiter Titel.
Zustellungen.
I. Zustellungen auf Betreiben der Parteien.

***§ 166** (152). I Die von den Parteien zu betreibenden Zustellungen erfolgen durch Gerichtsvollzieher.

II In dem Verfahren vor den Amtsgerichten kann die Partei den Gerichtsvollzieher unter Vermittelung des Gerichtsschreibers des Prozeßgerichts mit der Zustellung beauftragen. Das Gleiche gilt für Anwaltsprozesse in Ansehung der Zustellungen, durch welche eine Notfrist gewahrt werden soll.

Z. v. amtsw., Behändig. u. Ausreichg.: §§ 208 ff.; Z. in RHilfe-, Kosten-, Rheinschiff.-, Kompetenzkonflikts-, SchiedsGS.: § 30 JMB. v. 25. Sept. 1879 (JMBl. 1256); § 27 GSchrDB.; Z. nach ält. Bay. oder ausländ. Prozeß: §§ 33, 34 zit. MB.; 53 GSchrDB.; JMBl. 70[350]; 71[245] BZ. 05[196]; JPRA. Art. 10; S. 11[393]. Vgl. §§ 16, 28, 29, 73 KonsGG.; 2, 6 SchutzGG.; 5 StrafEntschG.; 6 UnterſEntschG.; RGBl. 03[66]; ferner die Note zu § 208. — **Gewerbe-, Kaufmannsgerichte**: §§ 32 GewGG., 16 KfmGG.; **Notare**: §§ 53, 201 ff. Not.-GeschO.; Art. 33 NotGebO.; §§ 43 GBGA.; 43 AZB.; 13 AGSchrG.; JMBl. 01[459] S. 15[53] 26[2] Bl. 69[563]; Z. in **Verwaltungsrechtss.**: § 6 BGHBB.; bei der **Adm. ZwB.**: § 17 FinBB. — Z. **außerh. des Prozesses**: §§ 132 BGB.; 1, 41 GBGA.; Art. 23, 132, 193 ff. GebG. 2 BGBGO.; JMBl. 96[117] 00[89] 01[58] 02[1049]; § 75 AGSchrG.; NotZ. 81[274] NS. 6[464] BZ. 92[109]. Gebührenmarken sind hier abgeschafft, die Gebühr wird verrechnet. Z. nach §§ 4, 11 AnfG., sowie von HilfsUrk. zur ZwB., zB. bei HypBriefen, landesges. gebührenfrei (nicht aber Kündigung): JMBl. 76[318]. — **Gerichtsvollzieher**: §§ 155, 156 GBG.; Art. 65 AGB.; 107 AStB.; 5 GebG. — **Gerichtsvollzieherordnung**: Bdg. v. 16. Dez. 1899 (GBBl. 1015) u. 19. Juli 1905 (GBBl. 527). **Gebührenordnungen**: § 91; **Dienstesvorschriften**: JMB. v. 28. Dez. 1899 (JMBl. 1133); JMBl. 03[452]; **Geschäftsanweisung**: JMB. v. 28. April 1900 (JMBl. 621) mit Nachträgen in JMBl. 02[684 689] 05[29]; **Verzeichnis** der GVollziehereien: JMBl. 99[537] 01[535] 02[311]. — Beachtlich insbes.: GBO. §§ 3 (örtl. Zuständk. = AmtsG.-Bezirk; Verletzung begründet keine Nichtigkeit): 10 bis 13 (sachl. Zuständk. insbes. Nebengeschäfte); §§ 14, 2 (Geschäftsverteilung): §§ 17, 38 GBO. mit 28, 48 DB. (Verhinderung, Vertretung); DB. § 34 (Geschäftsstunden): GBO. § 5 mit DB. § 52 (Siegel); DB. § 33 (Legitimation); DB. § 70, GBGA. § 206 (Kostenbeitreibung durch Ausstandsverz. des GSchr.). — Stellung des GVollz. (Mandatstheorie): E. 16[388]; BGB. §§ 611, 675, 278; ABG. Art. 60 (auch bei GVollziehereien: E. 39[160]). Der GSchr. ist nicht „Mandatar", E. 17[381]. Einzelnes, insbes. zur Akten- u. Registerführung: FinBl. 14[20]. — **Kosten der Z.**: §§ 2, 3, 22 GBGO. (vgl. FinBl. 14[36]; 4, 40 GKG.; 20 bis 31 GBO.; 41 GBGA.; 64 GBDB.; 29 Nr. 7, 89, 13 RAGO.; § 766 bezieht sich nur auf Kosten der ZwB.; vgl. auch § 15 BGBGO.; **Porto**: JMBl. 00[593 930] 04[72]; §§ 91, 193, 208. Auch das Ärar ist hier gebühren-, aber nicht vorschußpfl. § 62 GBDB., FinBl. 14[4]; BZ. 06[2] bezgl. Berufsgen.)

Abs. 1. Der GVollz. kann zustellen a) persönl. (nur im AmtsGBezirk, GBGA. § 4); b) durch die Post (im ganzen Deutschen Reich); c) durch Aufgabe z. Post (auch ins Ausland); d) von Anwalt z. Anw. (wie a). — Abweichung vom persönl. ZustAuftrag bei Dienstüberhäufung u. offenbarer Gleichgültigkeit: GBGA. § 5; der GSchr. kann nach seinem Ermessen direkt die Post ersuchen (E. 46[324]), nicht aber den GDiener beauftragen: § 196. — Z. v. amtsw. nicht durch Z. auf Parteibetrieb ersetzbar oder umgekehrt (E. 3[375] 32[417]); Ausnahme: E. 40[357]. — Parteibetrieb der Z. trotz Anwaltszwang: §§ 78, 244. — Heilung von ZMängeln (außer Notfristen und ZwB.): § 295; die betreibende P. kann solche Mängel nicht selbst rügen, Bl. 54[287]. — **Abs. 2.** Der Schlußsatz trifft alle mittels Z. zu wahrenden Notfristen (§ 223), nicht nur RMittelfristen, dagegen nicht die UrteilsZ., weil fristeröffnend, nicht fristwahrend; WiedereinſAntrag, Revision, EntmAnfKl. nicht hierher (vgl. JW. 02[311]); Dringlichkeit nicht erforderlich. Vermutung für Vermittelungsauftrag: § 168; Begl.: § 170; Vordatierung: § 207. — Die antragsgemäß durch den GSchr. vermittelte, durch den GVollz. betätigte

Z. ist gültig (E. 47[398]), auch wenn ein gesetzl. Vermittelungsfall nicht vorlag; ebenso umgekehrt. — Auch die Fälle des § 78 Abs. 2 gehören bei den KollegialG. zum Anwaltsproz. (Mot. 144; gem. M.); sohin bei parteiseitig erwirktem Arrestbefehl des LG. keine Vermittelung der Z.

§ 167 (153). I Die mündliche Erklärung einer Partei genügt, um den Gerichtsvollzieher zur Vornahme der Zustellung, den Gerichtsschreiber zur Beauftragung eines Gerichtsvollziehers mit der Zustellung zu ermächtigen.

II Ist eine Zustellung durch einen Gerichtsvollzieher bewirkt, so wird bis zum Beweise des Gegenteils angenommen, daß dieselbe im Auftrage der Partei erfolgt sei.

§§ 39 GVDV. (öff. Begl. der Vollmacht forderbar; konklud. Handlg. können genügen); vgl. §§ 4 GSchrDV.; 4 AGSchrG. — Einreichg. der Drittschrift ist Vermittlungsantrag (VZ. 03[123]), nicht aber bloße Urteilsbestellg. (JW. 85[332]). — Abs. 2 fingiert nur ZAuftrag, nicht Prozeßvollm.; gilt nicht zwischen betreibender P. u. GVollz. (gem. M.) oder bei §§ 199, 203; vgl. Bl. 69[563] NS. 6[464]. Genehmigung: § 89.

*§ **168** (154). Insoweit eine Zustellung unter Vermittelung des Gerichtsschreibers zulässig ist, hat dieser einen Gerichtsvollzieher mit der erforderlichen Zustellung zu beauftragen, sofern nicht die Partei erklärt hat, daß sie selbst einen Gerichtsvollzieher beauftragen wolle; in Anwaltsprozessen ist die Erklärung nur zu berücksichtigen, wenn sie in dem zuzustellenden Schriftsatz enthalten ist.

§§ 6 GVGA.; 92 GVDV.; 4 AGSchrG.; 2 LGSchrG. — Vgl. §§ 166, 207, 753.

Erklärung: nämlich „selbstiger Z."; ohne solche vermittelt der GSchr.; die Erkl. braucht auch im AnwProz. nicht im eigentlichen Kontexte zu stehen. — Anwendbar auch auf Vertr. durch RA. außerh. des AnwProz., JW. 85[332]. — Die Nachweise übersendet der GVollz. unmittelbar an die betreibende P., welche hierdurch den Termin erfährt; vgl. § 335, S. 3[146]. Keine Sonderbenachr. durch den GSchr., keine Gebührenhaftg. des letzteren, E. 17[391].

§ 169 (155). I Die Partei hat dem Gerichtsvollzieher und, wenn unter Vermittelung des Gerichtsschreibers zuzustellen ist, diesem neben der Urschrift des zuzustellenden Schriftstücks eine der Zahl der Personen, welchen zuzustellen ist, entsprechende Zahl von Abschriften zu übergeben.

II Die Zeit der Übergabe ist auf der Urschrift und den Abschriften zu vermerken und der Partei auf Verlangen zu bescheinigen.

Vgl. §§ 61, 115, 133, 171, 189, 207, 235. — §§ 5, 6, 11 AGSchrG.; 5, 6, 9 AZV.; 8, 9 GVGA.; 39 (Präsentatum), 41 (Empfangsschein) GVDV. — Die nötigen Abschriften fertigt der GVollz. gg. Schreibgebühr: §§ 180, 196 GVDV.; 8 GVGA.; in Armensachen unentgeltlich: JMBl. 96[334]; die ZustAbschr. gerichtl. Entscheid. u. Protokolle fertigt in gleicher Weise bei vermittelt. Z. der GSchr. (§§ 5 AGSchrG.; 2 LGSchrG.), im AnwPr. der Armenanwalt, JW. 04[209]; § 91.

Bloße Vorlesung e. Kurrende unzulässig (SA. 46[219]); davon zu unterscheiden die fortlaufende Beurkdg. mehrerer ZustBehändig. (zB. bei Mietzinspfdg.): GVGA. § 27; VZ. 05[285]. — Angabe der Adresse des Gegners oder des PrBev.: JW. 04[66] S. 11[501] VZ. 06[124].

§ 170 (156). [I] Die Zustellung besteht, wenn eine Ausfertigung zugestellt werden soll, in deren Übergabe, in den übrigen Fällen in der Übergabe einer beglaubigten Abschrift des zuzustellenden Schriftstücks.

[II] Die Beglaubigung geschieht durch den Gerichtsvollzieher, bei den auf Betreiben von Rechtsanwälten oder in Anwaltsprozessen zuzustellenden Schriftstücken durch den Anwalt.

§§ 5 AGSchrG.; 5, 6 AZB.; 50 GBDB.; 2, 8 GBGA.; 15 FinBB. — Verschluß bei Ersatzzustellung: § 181: PostZ.: § 194; ZvA.: § 211. — Ausfertigung ist nur bei Zeugenladungen u. Schiedssprüchen zuzustellen (§§ 377, 1039); unbegl. Abschr. bei § 77 KO. — Kosten: §§ 2, 13, 14 GBGO..

Abs. 1. Einwurf in den Briefkasten des Adressaten (E. 6[342]), Vorzeigung oder sonstige Vereinbarung ersetzt die Übergabe nicht, E. 15[373]. — Die Urschrift muß nach deren Normen (vgl. §§ 78, 130) unterschrieben sein, E. 29[366]. Soweit hiernach eigenhdg. U. nötig, kann ein Telegramm nicht ZUrschrift sein (S. 15[880]); anders bei Ersuchen (E. 14[336]), Anträgen an das Gericht (E. 24[283] ESt. 38[282]); vgl. auch Mot. 142, E. 44[369] BGH. 2[538]. Die anderwtg. zu begl. ZustAbschrift könnte e. Depeiche zB. Typendruck sein; vgl. BTelO. §§ 11, 24. — Übergabe e. begl. Abschrift statt Ausf. genügt nicht, wohl aber umgekehrt (E. 4[425] 15[411]); als Urschrift kann auch e. Ausf. dienen (JMBl. 85[158]). Abschrift: auch Klatschkopie, E. 4[357]; einschl. AktenZ., sonstige Dienstvermerke (vgl. § 216 NotGeschO.). Erhebl. Abschriftslücken bewirken Ungültigkeit E. 9[388] JW. 03[397] 05[727]. — **Abs. 2.** Mangels Begl. ist die Z. unwirksam, E. 21[388] S. 13[63]; Begl.=Vermerk durch Kopfvordruck (E. 9[412]) oder GVollzPräsentatum nicht ersetzbar. — Stempeldruck (ohne Unterschrift) genügt zur Begl. (E. 14[335] 33[365] RS. 4[545 696]), sogar im Auftrag des RA.; strenger bzgl. GVollz. JW. 03[323] GVDB. § 50. — Ausfertig. bedarf weiterer Begl. nicht (JMBl. 80[281]), ebensowenig die Terminsnote, wenn im begl. Text auf sie verwiesen, S. 13[62]; vgl. aber § 8 GVGA. — Im vermittelten Parteibetrieb beglaubigt nicht der GSchr., sondern der zustellende GVollz. (Ausnahme bei unmittelb. Postersuchen); Begl. durch diesen GVollz. ersetzt auch im Anwaltsproz. diejenige des RA., E. 8[346] 33[401]; Rückgabe bei Abschriftfehler: BZ. 06[83]. Im vermittelten Anwaltsbetrieb beglaubigt den Schriftsatz der RA. (E. 46[327]), den Termin auf der ZustAbschrift bei direktem Postersuchen der GSchr., sonst der GVollz. (GVGA. § 8), doch genügt auch letzterenfalls GSchr.=Begl. (E. 46[400]); die Begl. der Terminskopie auf der Gerichtsabschrift obliegt stets dem GSchr. (E. 45[417]); StaatsA.: E. 35[364]. — Substitution für die Z. als solche zulässig (E. 17[392]), umfaßt die Begl., E. 33[399]; aM. S. 16[306] (für Begl. allein unstatthaft) R. 05[531]. Öffentl. Glaube ist damit den RA. nicht beigelegt; kein Begl.=Recht dem Gericht gegenüber, JW. 03[89].

***§ 171** (157). [I] Die Zustellungen, welche an eine Partei bewirkt werden sollen, erfolgen für die nicht prozeßfähigen Personen an die gesetzlichen Vertreter derselben.

[II] Bei Behörden, Gemeinden und Korporationen, sowie bei Vereinen, welche als solche klagen und verklagt werden können, genügt die Zustellung an die Vorsteher.

III Bei mehreren gesetzlichen Vertretern, sowie bei mehreren Vorstehern genügt die Zustellung an einen derselben.

Vgl. §§ 50 bis 53, 57, 184, 189, 660; § 6 ZVG.; Art. 144 BergG.; §§ 272 HGB.; 51 GenG. — §§ 11, 17 AZV.; 5, 8 VZA.; 10, 16, 30 GVGA.; 17 FinVV.; JMBl. 68[52] (Universitäten); 94[93] (Verkehrsanstalten); 97[116] (Firmen).

Abs. 1. Richtige Angabe des ges. V. ist (soweit nicht aus öff. Registern ersichtlich) Parteisache; Z. an den betreibd. Teil als ges. V. des Gegners unzulässig (E. 7[404]). — Verein: auch off. HG., BGH. 26[1]. — Verhinderung nach § 1685 BGB. beachtlich; materielle Interessenkollision unschädlich, NS. 4[380]. — **Abs. 2.** Der Vorsteher muß nicht selbst ges. V. sein. Vorstand des AG. ist der dienstaufsichtf. OAR.; der zustdg. Einzelrichter ist „die Behörde" selbst; GVollz. (GVollzieherei) ist keine Behörde (GVGO. § 2; bestr., vgl. ZR. 05[118 120]), wohl aber Notariat (NotG. Art. 6); vgl. § 415. Keine Z. an den beurl. Beamten als ges. V., VGH. 12[169]; anders bei RA. (§ 176). Mehrfache Funktionen: VGH. 3[381] NS. 4[568]. — Auf Stiftungen als solche nicht anwendbar.

§ 172 (158). Die Zustellung für einen Unteroffizier oder einen Gemeinen des aktiven Heeres oder der aktiven Marine erfolgt an den Chef der zunächst vorgesetzten Kommandobehörde (Chef der Kompagnie, Eskadron, Batterie u. s. w.).

§§ 10, 12, 23, 24, 30 GVGA.; 11, 17 AZV.; 2 Nr. 6, 5 VZA.; 18 FinVV.; 16 FGG.; Art. 13 AZP.; JMBl. 80[197] 01[645] 04[127]. — Adressierung an die Partei; der Chef ist hier ZustBev. (anders § 201). — Ersatz Z. („Behörde"): § 184 (vgl. VZ. 04[9]); Kompagniechef hat kein Geschäftslokal. — Aktivstand: § 14; Ausland u. Mobilmachung: § 201; Zeugenladung: § 378; Militärsträflinge: aut. JME. v. 11. Jan. 1906 Nr. 47225. Z. an aktive Offiziere gewöhnlich; Ausnahme: § 378.

§ 173 (159). Die Zustellung erfolgt an den Generalbevollmächtigten, sowie in den durch den Betrieb eines Handelsgewerbes hervorgerufenen Rechtsstreitigkeiten an den Prokuristen mit gleicher Wirkung, wie an die Partei selbst.

Vgl. § 174; ferner §§ 49, 54, 193, 527 HGB.; 12 PatG.; 13 GebrMSchG.; 23 WarenZG.; 15 BinnenSchG.; 86 PrVersG.; 19 FinVV. — ErsatzZ. zulässig (ohne Beschränkung auf das Geschäftslokal); Z. vorbehaltl. §§ 176 ff. auch an Partei selbst möglich.

Wer Rechte aus solcher Z. ableitet, hat die Vollm. des Empfängers nachzuweisen; entspr. Beurkdg. genügt, nicht aber einfache Behptg., SA. 49[122]. — Z. an e. bloßen Handelsbevollm. als solchen unwirksam; vgl. §§ 80, 183; § 613 gilt nicht für den Bekl.

§ 174 (160). I Wohnt eine Partei weder am Orte des Prozeßgerichts noch innerhalb des Amtsgerichtsbezirks, in welchem das Prozeßgericht seinen Sitz hat, so kann das Gericht, falls sie nicht einen in diesem Orte oder Bezirke wohnhaften Prozeßbevollmächtigten bestellt hat, auf Antrag anordnen, daß sie eine daselbst wohnhafte Person zum Empfange der für sie bestimmten Schriftstücke bevollmächtige. Diese Anordnung kann ohne vorgängige mündliche Verhandlung erfolgen. Eine Anfechtung des Beschlusses findet nicht statt.

II Wohnt die Partei nicht im Deutschen Reiche, so ist sie auch ohne vorgängige Anordnung des Gerichts zur Benennung eines

Zustellungsbevollmächtigten verpflichtet, falls sie nicht einen in dem durch den ersten Absatz bezeichneten Orte oder Bezirke wohnhaften Prozeßbevollmächtigten bestellt hat.

Wohnung: § 180; Domicil Glu: § 13; unbek. Aufenth.: § 203; Z. des Beschl.: § 329; Zeitpkt. der Benennung: § 175. — Vollm. für aktiven Zustellbetrieb: § 170. — Kosten: §§ 47, 80a GKG.; 23, 29, 89 RAGO.; 2, 14 GVGO.; vgl. Art. 4 PRAGO.

§ 175 (161). I Der Zustellungsbevollmächtigte ist bei der nächsten gerichtlichen Verhandlung oder, wenn die Partei vorher dem Gegner einen Schriftsatz zustellen läßt, in diesem zu benennen. Geschieht dies nicht, so können alle späteren Zustellungen bis zur nachträglichen Benennung in der Art bewirkt werden, daß der Gerichtsvollzieher das zu übergebende Schriftstück unter der Adresse der Partei nach ihrem Wohnorte zur Post gibt. Die Zustellung wird mit der Aufgabe zur Post als bewirkt angesehen, selbst wenn die Sendung als unbestellbar zurückkommt.

II Die Postsendungen sind mit der Bezeichnung „Einschreiben" zu versehen, wenn die Partei es verlangt und zur Zahlung der Mehrkosten sich bereit erklärt.

Keine Änderung der Fristen. — Vgl. §§ 192; 7, 38 bis 40 AZB.; 6, 34, 41 GBGA.; 20 FinBB.; JMBl. 95^{315}. — Weitere Fälle: §§ 177, 179, 244, 763, 829, 835, 994, 1001; KO. § 77; RAO. §§ 19, 21, 53; ZBG. §§ 4, 8 (JMBl. 05^{588}); Waren ZG. § 10; PatAB. § 12; BergG. Art. 101; SubhO. Art. 19.

„Benennung" ersetzt förml. VollmUrk.; gilt für alle Instanzen (einschl. ZwV.), soweit gleicher Sitz des ProzG.; hat bei § 174 Abs. 2 schon mit der Klage zu geschehen, nicht aber mit Gerichtsgesuch. — Die Post ist hier selbstdg. ZustBevollm., also die Z. mit der Aufgabe vollendet, subjektiv richtige Adresse vorausgesetzt; Anzeige von Wegzug: § 233. „Postlagernd" hier auf Verlangen möglich. — Frankierung: JMBl. 00^{593}; der Einschreibeschein ist Bestandteil der ZUrk.; den allenfalls zurückkommenden Brief erhält der betreibde Teil. — Z. durch Ersuchen ausländ. Behörden daneben zulässig (JW. 00^{14}). — Freiwillige Bestellg. e. ZustBev.: S. 9^{457} NS. 5^{5} RO. 9^{94}.

§ 176 (162). Zustellungen, welche in einem anhängigen Rechtsstreite geschehen sollen, müssen an den für die Instanz bestellten Prozeßbevollmächtigten erfolgen.

Erweiterung der Instanz: § 178. Ausnahmen: §§ 239, 244. Arrest, einstw. Verf., Einspruch: § 178; Rechtsmittel: § 179; Zwangsvollstr.: §§ 750, 178. — Erlöschen der Vollmacht: §§ 86 ff. — Unbekanntth. des Aufenthalts: § 177 ev. § 203. Vollmacht für aktiven Zustellbetrieb: §§ 78, 170.

Die Anhängigkeit in der Instanz dauert bis zur UrtZust. einschließlich (E. 10^{346} 41^{127}); vorher Unterbrechung noch möglich (E. 13^{310}); bzgl. der Kostenfestf. dauert die Anhgk. über die RKraft hinaus, E. 9^{390}. — Die Vorschrift gilt auch für den Parteiprozeß (E. 4^{414}), für Zust. v. amtsw., Eidestermine (Mot. 149), formlose Behändigungen, selbstdg. Beschlußverf. — Verletzung begründet Nichtigkeit; doch (abgesehen von Notfristen u. ZwV.) heilbar, E. 4^{414} S. 9^{111}. — Die prozeßeinleitende Z. kann an den bereits bestellten PrBev. geschehen, NS. 1^{382} 5^{5}; vgl. §§ 18

(Fiskale nicht), 328. — „Bestellt“: bekannt oder nur durch eigenes Verschulden unbekannt; formlose „Bestellung“ durch PrBev. möglich u. mit Vollmachtsnachweis nicht identisch (E. 5[358] 14[351] 38[416] S. 13[491]). Nichtbeachtung e. formlosen Mitteilung (ohne VollmNachweis) geht auf Gefahr des Zustellenden, ebenso aber auch die Zust. an e. derart sich bestellenden PrBev. (anders bei Benennung durch die Partei selbst, § 167 ff. BGB., Mot. 99, 149); vgl. §§ 80, 233, 579; im Zweifel Doppelzustellung. Ob e. zum Gerichtsakt abgegebene Vollm. dem Gegner bekannt sein muß, ist Tatfrage. Ausstellg. des Empfangsscheins nach § 198 kann Bestellg. sein, nicht aber Annahme sonstiger Zust., S. 13[89] R. 04[605]. Bestellg. bei Doppelvollmacht: JW. 03[323]. — Z. an gewöhnl., insbes. Terminssubstituten wirkungslos (E. 11[368]); anders nach §§ 25, 18 RAO. u. hinsichtl. der höheren Instanzen (E. 22[397]); trotz Substitution nach RAO. § 25 bleibt e. Z. an den PrBev. selbst (auch ersatzweise) zulässig, JW. 04[145] S. 15[493].

§ 177. I Ist der Aufenthalt eines Prozeßbevollmächtigten unbekannt, so hat das Prozeßgericht auf Antrag die Zustellung an den Zustellungsbevollmächtigten, in Ermangelung eines solchen an den Gegner selbst zu bewilligen.

II Die Entscheidung über den Antrag kann ohne vorgängige mündliche Verhandlung erlassen werden. Eine Anfechtung der die Zustellung bewilligenden Entscheidung findet nicht statt.

Trifft auch unbekannten Aufenth. des ZustBev., KB. 72; Zweck: Vereitelung von Scheinbestellungen beim AG. Bewilligung entfällt, wenn Z. an den ZBevollm. ohnehin wahlweise zulässig. Benennungspflicht: § 175. Wegfall des PrBev.: §§ 87, 178, 244 ff. — RMittel: § 179, Wiedereinsetzg.: § 233. Zustellung: § 329; gegen Ablehnung Beschw.

§ 178 (163). Als zu der Instanz gehörig sind im Sinne des § 176 auch diejenigen Prozeßhandlungen anzusehen, welche das Verfahren vor dem Instanzgerichte infolge eines Einspruchs, einer Aufhebung des Urteils des Instanzgerichts, einer Wiederaufnahme des Verfahrens oder eines neuen Vorbringens in der Zwangsvollstreckungsinstanz zum Gegenstande haben. Das Verfahren vor dem Vollstreckungsgerichte ist als zur ersten Instanz gehörig anzusehen.

Vgl. §§ 81, 82, 177, 244; Note zu § 176.

Satz 1. Hierher RNachfKlausel („neues Vorbringen“), Gegenkl. nach § 767; nicht aber VollstrProz. mit Dritten (hier nach gem. M. wahlweise Z.), Scheidung nach Herstellung u. dgl. — Die einstw. Verf. gehört nicht zur Instanz, auch wenn während des Hauptproz. vom ProzeßG. ohne mV. erlassen; Z. an den PrBev. des Gegners im Hauptproz. sohin nur fakultativ, E. 45[364]. — Die ganze Instanztätigkeit des PrBev. kann im Betrieb oder Empfang der UrteilsZ. bestehen, JW. 91[39]; hierfür u. U. volle Prozeßgebühr (RAGO. §§ 29, 89). — Fällt der PrBev. erst weg, nachdem e. Unterbrechung (§ 244) nicht mehr stattfindet, so geschieht e. allenfalls noch erforderliche Z. (zB. der RNachfKlausel) an die Partei selbst, KGBl. 05[3] (Kostenfestf.); anders wohl bei Kündigung (§ 87). Auch hier ist „Anwaltsprozeß“ als Ganzes zu verstehen. — Satz 2 wichtig für Einwendg. (§ 766) u. OffenbEid.

*§ 179 (164). I Die Zustellung eines Schriftsatzes, durch welche ein Rechtsmittel eingelegt wird, erfolgt an den Prozeßbevollmächtigten derjenigen Instanz, deren Entscheidung angefochten wird, in Ermangelung eines solchen an den Prozeßbevollmächtigten erster Instanz. Ist von dem Gegner bereits ein Prozeßbevollmächtigter für die höhere, zur Verhandlung und Entscheidung über das Rechtsmittel zuständige Instanz bestellt, so kann die Zustellung auch an diesen Prozeßbevollmächtigten erfolgen.

II Ist ein Prozeßbevollmächtigter, welchem nach Maßgabe des Abs. 1 zugestellt werden kann, nicht vorhanden, so erfolgt die Zustellung an den von dem Gegner, wenngleich nur für die erste Instanz, bestellten Zustellungsbevollmächtigten, in Ermangelung eines solchen an den Gegner selbst, und zwar an diesen durch Aufgabe zur Post, wenn er einen Zustellungsbevollmächtigten zu bestellen hatte, die Bestellung aber unterlassen hat.

III Ist der Aufenthalt des Prozeßbevollmächtigten, welchem zuzustellen ist, unbekannt, so finden die Vorschriften des § 177 entsprechende Anwendung.

Einspruch, Wiederaufnahme: § 178; Wiedereinsetzung: §§ 235, 238; Revision: §§ 553; EZP. 7, 8. — Unterbrechung: §§ 244 ff. — Verstoßfolge: § 176.

Die Vorschrift umfaßt nicht die Z. der anzufechtenden Entschdg. selbst (E 41[432]). Für die weiteren Z. in der RMInstanz, zB. VersU., gilt zunächst § 176 oblig., § 179 nur subsid.; vgl. E. 9[329] 10[346]. — Die ProzVollm. für alle Instanzen kann (soweit die Zulassung reicht) in einem Schriftstück erteilt werden, E. 18[395]; beachtlich die gesetzl. Substitutionsbefugnis des PrBev. I. J., E. 22[397]. Die RMVollmacht erlischt nach Verwerfung oder Zurückverw. in die Vorinstanz, E. 8[367] 14[371]; Teil-, ZwU.: E. 16[354] 27[354]. — Wahlweise Z. nach Abs. 1 Satz 2 auch noch nach Einlegung des RM. durch den Gegner zulässig. — Entspr. Anwendung auf den StAnw.: E. 36[364] S. 11[28].

§ 180 (165). I Die Zustellungen können an jedem Orte erfolgen, wo die Person, welcher zugestellt werden soll, angetroffen wird.

II Hat die Person an diesem Orte eine Wohnung oder ein Geschäftslokal, so ist die außerhalb der Wohnung oder des Geschäftslokals an sie erfolgte Zustellung nur gültig, wenn die Annahme nicht verweigert ist.

§§ 11, 12 GKGA.; 21 FinGG.; 16, 17 AZG.; 4 PZA. — Zustellzeit: § 188. — Exterritoriale: § 186. — Erfolgloser Zustellungsversuch gebührenfrei § 64 GKDG.; Anzeige von Wohnungsänderung: § 233; sorgfält. Prüfung: §§ 20 GKGA. 11 PZA.

Ort: Stätte (nicht Ortschaft); zB. Hirt auf Flur, Zigeuner auf der Straße. — Wohnung (zu unterscheiden von Wohnsitz, Wohnort, Aufenthalt): in der Regel Schlafplatz, auch Schäferkarren, Artistenwagen, Stall (Viehtreiber), ESt. 12[132] 13[312]; Hotelzimmer (E. 34[397] 35[432]), Austragshaus (Bl. 57[86]). Neben Spitalpflege (vgl. SA. 44[138]) u. Strafhaft kann

e. anderweitige W. fortbestehen; dort ErsatzZ. möglich (KB. 71: FinMBl. 80[676]). Flüchtlinge: BZ. 91[38] 05[224]; DoppelW. (zB. für Tag oder Nacht) möglich. — Geschäftslokal (vgl. § 42 GewO.): Stätte gewöhnl. Berufsausübung, E. 16[349]; zB. Fabrik für Arbeiter (Bl. 54[48]), Marktstand; vgl. § 183. — Vermeidung unpassender Orte, zB. Kirche (§ 11 GVGA.); Z. im Postlokal, Abholung beim GVollz. u. U. praktisch. Annahmeweigerung muß protokolliert sein. — Kein Zutrittszwang, Bl. 54[48]; vgl. aber §§ 750, 758.

§ 181 (166). I Wird die Person, welcher zugestellt werden soll, in ihrer Wohnung nicht angetroffen, so kann die Zustellung in der Wohnung an einen zu der Familie gehörenden erwachsenen Hausgenossen oder an eine in der Familie dienende erwachsene Person erfolgen.

II Wird eine solche Person nicht angetroffen, so kann die Zustellung an den in demselben Hause wohnenden Hauswirt oder Vermieter erfolgen, wenn diese zur Annahme des Schriftstücks bereit sind.

§§ 13, 19, 20 GVGA.; 18, 25 AZB.; 9, 11 PZA.; 22 FinZB. — Verschluß: §§ 20 GVGA.; 106 GVDA.; JMBl. 95[264]. — Unanwendbar bei ZvAzA. (§ 198). — Verstoßfolge: Unwirksamk. (E. 34[395]); Heilung: §§ 187, 295; Ausnahme: § 185. — Vorgäng. Versuch im Geschäftslokal entbehrlich.

Person: nicht Partei; Vorsicht bei Feststellg. der Wohnung: § 180. Nichtantreffen: auch Verleugnenlassen (kein Zutrittszwang); bloße Behindrg. des Angetroffenen nicht hierher (E. 17[403]). Der Ersatzempfänger hat u. U. Pflicht zur sachgemäßen Verfügg.; vgl. §§ 11 PZA.; 299 StGB. — **Abs. 1.** Erwachsen: körperlich, nicht geistig reif; E. 14[338] bei elfjähr. Knaben, S. 11[741] bei zwölfjähr. Mädchen verneint, vgl. auch E. 10[359] BZ. 05[158]; bzgl. Blödsinn BGH. 23[6]. — Hausgenosse: auch Nichtverwandte; Aftermieter, Logierbesuch, Austrägler im Zuhaus (BZ. 05[146]) als solcher nicht Hausgen., Pr. 59. Bei der Dienstperson ist häusl. Gemeinsch. nicht nötig (Pr. 530); Taglöhner (SA. 43[300]), Störnäherin nicht hierher, wohl aber Hofchef (E. 54[241]), Zugeherin, Dienstmädchen der Mutter des Adressaten, E. 34[398]; bestr. ob Hotelzimmermädchen; ferner, ob ErsatzZ. für Dienstboten an Dienstherrn. Annahmeweigerung: § 186. Keine EZ. auf der Treppe. — **Abs. 2.** Hauswirt: auch Pächter, Hausmeisterin als solche, Portier; Gefängnisverwalter, Strafanstaltsdirektor (JW. 96[147]; vgl. ESt. 31[282], SSt. 2[142 152] u. Note zu § 193); ZwVerwalter nicht (BZ. 05[165]). — Keine Z an die Ehefrau des Hauswirts als solche (E. 2[275]; Beurkdg. „Vermieterin" genügt aber, auch wenn nicht Witwe (zu eng PZA. § 9), soferne die Vermietung auf den Namen der Frau geschieht. — Z. in der „Wohnung" hier nicht nötig; Annahmeweigerung: § 182, nicht 186. Z. bei Annahme gegen Verbot gültig.

§ 182 (167). Ist die Zustellung nach diesen Bestimmungen nicht ausführbar, so kann sie dadurch erfolgen, daß das zu übergebende Schriftstück auf der Gerichtsschreiberei des Amtsgerichts, in dessen Bezirke der Ort der Zustellung gelegen ist, oder an diesem Orte bei der Postanstalt oder dem Gemeindevorsteher oder dem Polizeivorsteher niedergelegt und die Niederlegung sowohl durch eine an der Tür der Wohnung zu befestigende schriftliche Anzeige, als auch, soweit tunlich, durch mündliche Mitteilung an zwei in der Nachbarschaft wohnende Personen bekannt gemacht wird.

Verfahren, insbes. Tageszeit: VZ. 05^{68}; weitere Behdlg. der Schriftstücke: §§ 19, 20, 25 AZV.; 10 PZA.; 14, 15 GVGA.; 23, 24 FinVV.; 19 AGSchrG.; 3 LGSchrG.; JMBl. 00^{110} VZ. 05^{142}; vgl. § 134 StGB. — Vorausgesetzt ist Rechtsförmlichkeit des ZustVersuchs, insbes. richtige Feststellung der Wohnung (R. 04^{484}); sonst öff. Z. (§ 203). Das Schriftstück selbst wird nicht angeheftet. — Diese ErsatzZ. genügt auch für Versll., Zeugenstrafen; Wiedereinstzg. (§ 233 Abs. 2) hier besonders beachtlich.

***§ 183** (168). I Für Gewerbetreibende, welche ein besonderes Geschäftslokal haben, kann, wenn sie in dem Geschäftslokale nicht angetroffen werden, die Zustellung an einen darin anwesenden Gewerbegehilfen erfolgen.

II Wird ein Rechtsanwalt, ein Notar oder ein Gerichtsvollzieher in seinem Geschäftslokale nicht angetroffen, so kann die Zustellung an einen darin anwesenden Gehilfen oder Schreiber erfolgen.

§§ 21, 22, 25 AZV.; 6, 7 PZA.; 16, 17 GVGA.; 25 FinVV. — §§ 181, 182 nicht anwendbar; vgl. auch § 198. — Keine Annahmeweigerung, zB. bei Nacharbeit, JW. 03^{323}.

Abs. 1. Auch Apotheker, Ärzte hierher, nicht Künstler. — Das GLokal der off. HG. ist auch dasjenige der Gesellschafter (E. 16^{350}; vgl. BGH. 26^{1}); liegt es innerhalb der Wohnung, so ist daneben § 181 anwendbar, E. 10^{360} (entspr. zu beurkunden); ErsatzZ. an den Kompagnon selbst unzulässig (KB. 64); bestr. ob für Gehilfen an Meister oder Nebengehilfen. Ehefrau, Kinder können Gewerbsgehilfen sein. — Ob am Geschäftsorte e. Wohnung vorhanden, ist gleichgültig (vgl. § 19 GVGA.; SA. 47^{159}). Die Z. ist auf die Geschäftszeit beschränkt (E. 21^{388}), nicht aber auf Geschäftssachen, E. 16^{350}. — **Abs. 2.** Gehilfe: auch Referendar (E. 4^{427}), nicht Ausgeher (JW. 99^{139}) oder Sozius. Auswärt. Geschäftslokal: § 19 RAO. BlEB. 6^{305}. Notariatsverweser: Art. 95, 118 NotG.; JMBl. 69^{266}.

***§ 184** (169). I Wird der gesetzliche Vertreter oder der Vorsteher einer Behörde, einer Gemeinde, einer Korporation oder eines Vereins, welchem zugestellt werden soll, in dem Geschäftslokale während der gewöhnlichen Geschäftsstunden nicht angetroffen, oder ist er an der Annahme verhindert, so kann die Zustellung an einen anderen in dem Geschäftslokale anwesenden Beamten oder Bediensteten bewirkt werden.

II Wird der gesetzliche Vertreter oder der Vorsteher in seiner Wohnung nicht angetroffen, so finden die Bestimmungen der §§ 181, 182 nur Anwendung, wenn ein besonderes Geschäftslokal nicht vorhanden ist.

§§ 18, 24, 25 AZV.; 5, 8 PZA.; 13, 18 GVGA.; 26 FinVV.; vgl. §§ 171, 172, 183.

Trotz Vorhandenseins e. Geschäftslokals kann wahlweise an den Vorsteher persönl. auch in dessen Privatwohnung zugestellt werden. — Einlaufbureau: BlEB. 4^{158}.

§ 185. Die Zustellung an eine der in den §§ 181, 183 und im § 184 Abs. 1 bezeichneten Personen hat zu unterbleiben, wenn die Person an dem Rechtsstreit als Gegner der Partei, an welche die Zustellung erfolgen soll, beteiligt ist.

§§ 20, 23 GVGA.; 12 AZV.; wegen der Adreßvermerke vgl. JMBl. 96[169]; §§ 11 PZA.; 33 GVGA. — Ausnahme: § 187.

Verstoß bewirkt Nichtigkeit, gleichgültig, ob die Übergabe offen oder verschlossen stattfand u. ob das Schriftstück dem Adressaten trotzdem zugekommen. — Auf sonstige unmittelb. Beteiligte, Verwandte, Mittlg. nach § 182, Zeugenladg. nicht ausdehnbar; § 1795 BGB. trifft Zust. nicht (§ 171; RS. 4[380]). — Privates Annahmeverbot belanglos, BGH. 4[422].

§ 186 (170). Wird die Annahme der Zustellung ohne gesetzlichen Grund verweigert, so ist das zu übergebende Schriftstück am Orte der Zustellung zurückzulassen.

§§ 26 AZV.; 21 GVGA.; 12 PZA.; 27 FinVV. — Nachträgl. Rückgabe belanglos (zB. Wiedereinwurf in e. Briefkasten). — Keine Ersatzzust.; ev. Niederlegung auf den Boden. — § 176 ist kein Weigerungsgrund.

§ 187. Ergibt sich aus den Erklärungen einer Partei, daß eine ihr unter Verletzung der Vorschriften der §§ 181—186 zugestellte Ladung in ihre Hände gelangt ist, so ist die Zustellung als mit dem Zeitpunkte bewirkt anzusehen, in welchem die Partei nach ihren Erklärungen die Ladung erhalten hat.

Vgl. §§ 198 ff., 214, 218, 263 ff.

Nur auf Ladungen insbes. Klagen (RO. 7[277]) u. unter Beschränkung auf §§ 181 bis 186 anwendbar, insoweit aber auch auf Notfristen; Pfdgsbeschl., Zeugenladg. nicht hierher. — Andere Behelfe als mündl. oder schriftl. Parteierkl. (auch zu Dritten) sind unbeachtlich. Über das Herrühren der Erkl. von der Partei (zB. Urkundenechtheit, Vollmacht) ist sonstiger Beweis möglich, nicht über Wahrheit des Inhalts (arg. v. „ergibt sich"); Protest unbehelflich (R. 05[301]).

***§ 188** (171). I Zur Nachtzeit, sowie an Sonntagen und allgemeinen Feiertagen darf eine Zustellung, sofern sie nicht durch Aufgabe zur Post bewirkt wird, nur mit richterlicher Erlaubnis erfolgen. Die Nachtzeit umfaßt in dem Zeitraume vom 1. April bis 30. September die Stunden von neun Uhr abends bis vier Uhr morgens und in dem Zeitraume vom 1. Oktober bis 31. März die Stunden von neun Uhr abends bis sechs Uhr morgens.

II Die Erlaubnis wird von dem Vorsitzenden des Prozeßgerichts erteilt; sie kann auch von dem Amtsrichter, in dessen Bezirke die Zustellung erfolgen soll, und in Angelegenheiten, welche durch einen beauftragten oder ersuchten Richter zu erledigen sind, von diesem erteilt werden.

III Die Verfügung, durch welche die Erlaubnis erteilt wird, ist bei der Zustellung abschriftlich mitzuteilen.

IV Eine Zustellung, bei welcher die Bestimmungen dieses Paragraphen nicht beobachtet sind, ist gültig, wenn die Annahme nicht verweigert ist.

Z. durch die Post, vAzA.: §§ 34, 35 GBTB.: 22 GBGA.: 27, 34 AZB.: 28 FinBB.: 22, 75 AGSchrG. („F"): 366 StGB.: Art. 92 WO.; vgl. §§ 195, 198, 219, 761. — Annahmeweigerung: § 180; vgl. § 182. — Verfahren: § 202: Stattgabe beschwerdefrei; Verletzungsfolge: nach § 295 heilb. Ungültigkeit. — Kosten: §§ 47, 80a GKG.: 23, 29 RAGO.

Allg. Feiertag = allg. Geschäftsruhe am Orte der Z. (Bl. 45 133) in bürg. u. öff. Angelegenh., ESt. 2 399 4 240 33 438 BGH. 24 479; vgl. JW. 01 282. In Bayern keine allgem. Regelung (GewO. nicht anwendbar; Vdg. v. 21. Mai 1897, GVBl. 197); vgl. II. VerfBeil. §§ 76 ff. u. für Altbayern päpstl. Breve v. 16. Mai 1772 (Döll. 8 1182); St. Benno (16. Juni) ist in München F., nicht aber Diözesanpatron St. Korbinian (20. Nov.); Einzelnes bei Roth, Sonntagsfeier (1899). Politische F. nicht hierher (sitzungsfrei), Bl. 6 32 EB. 8 134 JW. 03 177; vgl. GeschO. des RG. § 6. Israel. F. unbeachtlich (ROHG. 2 409 Bl. 4 96); beim Termin billige Rücksicht. — Der GVollz. kann die Erlaubnis selbst nachsuchen; letztere ist Ausnahme (Mot. 151) u. gilt nur für Einzelfall, BZ. 06 145. Freilassung der Hauptkirchenzeit: § 35 GBTB.; Zustellpflicht des GVollz.: BZ. 05 141.

§ 189 (172). I Ist bei einer Zustellung an den Vertreter mehrerer Beteiligter oder an einen von mehreren Vertretern die Übergabe der Ausfertigung oder Abschrift eines Schriftstücks erforderlich, so genügt die Übergabe nur einer Ausfertigung oder Abschrift.

II Einem Zustellungsbevollmächtigten mehrerer Beteiligter sind so viele Ausfertigungen oder Abschriften zu übergeben, als Beteiligte vorhanden sind.

§§ 2, 14 GVGO.; 23 GBGA.; 28 AZB.; 29 FinBB. — Vertreter: kraft Gesetz oder Vollmacht, insbes. Anwälte (§§ 84, 91); Kosten mehrfacher Z. nicht erstattbar. — Unanwendbar, wenn einer der Vertr. auch in eigenem Namen Empfänger (bestr.) sowie auf ZustBev. (JW. 88 394).

*__§ 190__ (173). I Über die Zustellung ist eine Urkunde aufzunehmen.

II Dieselbe ist auf die Urschrift des zuzustellenden Schriftstücks oder auf einen mit derselben zu verbindenden Bogen zu setzen.

III Eine durch den Gerichtsvollzieher beglaubigte Abschrift der Zustellungsurkunde ist auf das bei der Zustellung zu übergebende Schriftstück oder auf einen mit demselben zu verbindenden Bogen zu setzen.

IV Die Zustellungsurkunde ist der Partei, für welche die Zustellung erfolgt, zu übermitteln.

§§ 29 bis 32 AZB.; 24 ff. GBGA.; 14, 20 GVGO.; 49 bis 58, 65 GBTB.; 30 FinBB. Zusammenfassung: § 169; Edition: § 422. — Beseitigung: §§ 133, 274, 263 StGB.

Abs. 1, 2. Die Zustellung ist nach überwiegender Meinung Beweis-, nicht Solemnitätsakt, sohin auch ohne Aufnahme e. Urk. gültig, wenn durch andere Beweismittel, zB. Pfandprot., dargetan, E. 12[365] 31[433] Bl. 64[454]; aM. E. 11[404] 19[423]. — Die ZUrk. ist sofort aufzunehmen: JMBl. 91[203]; § 25 GBGA. Beilagen der Urschrift müssen ihr eingeheftet, nicht bloß eingelegt oder gar nur erwähnt sein: § 49i GVDV.; Verbindung: JMBl. 00[790]; bei Z. einer Ausf. entbehrlich: E. 52[14]; vgl. DJZ. 06[700]. — **Abs. 3** nur instruktionell. Bei Abweichungen gilt die Urschrift, außer soweit Gegner gg. Nachteile zu schützen, zB. falscher Termin, E. 55[306] S. 15[402]. — **Abs. 4.** Nachnahme auch gg. RA.: BZ. 05[224].

***§ 191** (174). Die Zustellungsurkunde muß enthalten:

1. Ort und Zeit der Zustellung;
2. die Bezeichnung der Person, für welche zugestellt werden soll;
3. die Bezeichnung der Person, an welche zugestellt werden soll;
4. die Bezeichnung der Person, welcher zugestellt ist; in den Fällen der §§ 181, 183, 184 die Angabe des Grundes, durch welchen die Zustellung an die bezeichnete Person gerechtfertigt wird; wenn nach § 182 verfahren ist, die Bemerkung, wie die darin enthaltenen Vorschriften befolgt sind;
5. im Falle der Verweigerung der Annahme die Erwähnung, daß die Annahme verweigert und das zu übergebende Schriftstück am Orte der Zustellung zurückgelassen ist;
6. die Bemerkung, daß eine Ausfertigung oder eine beglaubigte Abschrift des zuzustellenden Schriftstücks und daß eine beglaubigte Abschrift der Zustellungsurkunde übergeben ist;
7. die Unterschrift des die Zustellung vollziehenden Beamten.

§§ 49 GVDV.: 24 GVGA.; 34 AZV.; 31 FinVV. — Formulare: JMBl. 99[505] 00[774]. — Beweiskraft: §§ 418, 419; Wiedereinsetzung: §§ 233 ff.

Nr. 1. Mit Buchstaben (§ 49 GVDV.); auch Stunde u. Minute, soweit Rechte davon abhängig (Einlassungsfrist, PfandR.), E. 27[147]. — **Nr. 2.** Angabe des richtigen (E. 52[368]) PrBev. statt der Partei genügt (E. 17[392 401] 30[389]); Behörden: E. 45[427] S. 6[490]. „Genossen" ungenügend E. 42[118]. — **Nr. 3.** Auch hier soll Angabe des PrBev. allein genügen (JW. 99[37]; strenger S. 13[186]). Falscher Vorname soll nach S. 10[476] nicht schaden; Doppeladresse nach E. 24[416] nicht ungültig (Vorsicht bei alternat. Ersatzzust. JW. 06[566]; vgl. § 193). — **Nr. 4.** Z. hier = körperl. Übergabe. — **Nr. 7.** Der Empfänger unterschreibt nicht. — **Weiterer Inhalt:** ADR.-Nr., keine Kostennote (auch in AS.), Siegel (GVDV. §§ 49, 56, 58; GVGA. § 25), materiellen Erklärungen. — Wesentlich nur Unterschrift (aM. S. 17[352]) u. Übergabsbeurkdg. Alles Übrige untersteht freier Beweiswürdig.; Schreibfehler berichtigbar: E. 13[366] S. 4[240]; solchenfalls Nachtragsurk. üblich; vgl. jedoch ESt. 27[147].

§ 192 (175). Ist die Zustellung durch Aufgabe zur Post (§ 175) erfolgt, so muß die Zustellungsurkunde den Bestimmungen des vorstehenden Paragraphen unter Nr. 2, 3, 7 entsprechen und außerdem ergeben, zu welcher Zeit, unter welcher Adresse und bei welcher Postanstalt die Aufgabe geschehen ist.

Vgl. die Note zu § 175. — Bei mehreren Postanstalten am Ort Angabe der Nr.

§ 193 (176). Zustellungen können auch durch die Post erfolgen.

§§ 6 ff. RPostG.; 21, 26, 28, 39 BPostO.; 25, 40 ff. RPostO. (beide hier in Neufassung v. 29. Dez. 1901, GVBl. 742); 28 ff. GVGA.; 39 FinVV.; 33 ff. AZV. Keine Posthaftung E. 57[150] (vgl. aber Art. 60 AVG.). — Ausführliche Anweisung (PZA.) v. 31. Jan. 1900 (JMBl. 00[503 612 962] 03[102]). — Zustdk. des GV. bemißt sich nach dem Aufgabe-, nicht Bestimmungsort, §§ 3 GVO.; 4 GVGA. — Adressierung mit „Herr" ꝛc.: JMBl. 80[462]; Doppeladresse nur an Eheleute: §§ 5 PZA.; 21 PostO. Rückfrage bei Namensgleichheit: § 5 PZA.; Dienstboten: § 2 PZA.; Unmündige, Entmündigte: JMBl. 00[612]. Firma: JMBl. 97[161]; §§ 10 GVGA.; 5, 8 PZA.; VZ. 97[170]. Gemeinschuldner (Postsperre): §§ 121 KO.; 5 PZA.; Z. an Postboten selbst; § 5 PZA. Nicht an Gefangene: §§ 5 GVGA.; 69 ff. AZV.; JMBl. 80[469] 90[197] 00[582] 03[306] 04[127]; vgl. §§ 172, 180. — Auflieferung soll am Schalter erfolgen (§§ 28 GVGA.; 17 GVO.; Bl. 54[81]); Einschreiben, Nachnahme, Eilbotenbestllg., „Postlagernd", Gewicht über 250 Gramm (einschl. Formular) unzulässig: §§ 21 PostO.; 5 GVGA.; Nachsendung: §§ 13 PZA.; 34 GVGA; 35 AZV.; Vorschrift eines bestimmten Zustelltages: § 4 PZA. Annahmepflicht des Postboten auf dem Dienstgang: PZA. § 2; JMBl. 87[102] 88[132]. Bestellung auch außerh. des gewöhnl. ZustBezirks durch Aushilfsboten: PZA. § 4. — Postgebühren: a) taxmäßiges Hinporto des Briefes (5, 10, 20 Pfg.; Frankaturpflicht: §§ 32 GVGA., 65 GVDV.; JMBl. 00[593]); b) 20 Pf. Postzustellgebühr; c) 10 Pfg. Rücklaufgebühr der ZUrk. (im Ortsverkehr frei). Erweist sich die Bewirkung der Z. als unausführbar, so erfolgt Rückvergütung zu b u. c. Dazu kommt die (auch bei Erfolglosigkeit anzusetzende) GVollzGebühr für das Ersuchen (25 bezw. 40 Pf., § 2 GVGO.) sowie die allenfalls. Schreibgebühr für die Abschr. (Adresse einschl. Formularkopf frei: JMBl. 81[323]).

Der Adressat hat beim Empfang weder etwas zu bezahlen (PZA. § 12) noch zu unterschreiben. — Direktes Parteiersuchen an die Post ist für die ZPO. wirkungslos, ESt. 23[321]; Z. durch die Post an e. Bestimmungsort außerh. des Deutschen Reichs unmöglich; vgl. § 175. Versehentl. gewöhnl. Postbehändigung wirkt nicht als förml. Z., JW. 03[176].

* **§ 194** (177). [I] Wird durch die Post zugestellt, so hat der Gerichtsvollzieher einen durch sein Dienstsiegel verschlossenen, mit der Adresse der Person, an welche zugestellt werden soll, versehenen und mit einer Geschäftsnummer bezeichneten Briefumschlag, in welchem die zuzustellende Ausfertigung oder die beglaubigte Abschrift des zuzustellenden Schriftstücks enthalten ist, der Post mit dem Ersuchen zu übergeben, die Zustellung einem Postboten des Bestimmungsorts aufzutragen.

[II] Der Gerichtsvollzieher hat auf dem bei der Zustellung zu übergebenden Schriftstücke zu vermerken, für welche Person er dasselbe der Post übergibt, und auf der Urschrift des zuzustellenden Schriftstücks oder auf einem mit derselben zu verbindenden Bogen zu bezeugen, daß die Übergabe in der im Abs. 1 bezeichneten Art und für wen sie geschehen ist.

§§ 37 AZV.; 2 PZA.; 94 GVDV. Übergabe an die Post auch an Sonntagen: § 35 GVDV. Pflicht persönl. Übergabe: Bl. 54[81]; Befestigung der ZUrk.: VZ. 05[116].

Die Postübergabsurk. (Abs. 2) ist keine förmliche ZustUrk., sondern lediglich ein (auch nachträgl. ausstellbares) „Zeugnis" (strenger das Bayer.

Formular); Abschrift derselben wird dem Empfänger nicht mitgeteilt, E. 14 [392] 15 [412]. — Der Vermerk über die Parteirolle des betreib. Teils auf der Abschrift hindert spätere Verwechslung der losen Umschläge, PZUrk-Abschr. einerseits u. der zugestellten Schriftstücke andererseits nicht. Dagegen hilft nur Anbringung der Reg.-Nr. auch auf den zugestellten Abschr., da diese Nr. auf dem Umschlag u. der Abschr. der PZU. wiederkehrt (vgl. § 49m GVDV.); einheitl. Nr. für mehrere Z. nur, wenn nicht verwechselbar. — Ausdrückl. Erwähnung des Vermerks in der ÜbergabsU. entbehrlich (RS. 1 [760]; vgl. jedoch GVGA. Formular 15).

§ 195 (178). I Die Zustellung durch den Postboten erfolgt in Gemäßheit der Bestimmungen der §§ 180—186.

II Über die Zustellung ist von dem Postboten eine Urkunde aufzunehmen, welche den Bestimmungen des § 191 Nr. 1, 3—5, 7 entsprechen und außerdem die Übergabe des seinem Verschlusse, seiner Adresse und seiner Geschäftsnummer nach bezeichneten Briefumschlags, sowie der Abschrift der Zustellungsurkunde bezeugen muß.

III Die Urkunde ist von dem Postboten der Postanstalt und von dieser dem Gerichtsvollzieher zu überliefern, welcher mit derselben in Gemäßheit der Bestimmung des § 190 Abs. 4 zu verfahren hat.

RPostG. § 47; EZB. § 13; GVGA. § 35; AZB. §§ 33 bis 37; PZA. § 3; BeglVermerk in der Praxis nicht durchgeführt. Z. an Sonntagen findet ohne bzgl. Umschlagvermerk nicht statt, obwohl § 188 nicht allegiert ist: §§ 30 GVGA.; 34 AZB.; 4 PZA. — Duplikate für verlorene Urk.: PZA. § 3. — Beschaffung der Formulare (Formblätter): JMBl. 02 [240]. — Die ZUrk. gehört im Akt zur Urschrift: §§ 212; AGSchr. 89. — Keine Z. durch den Postamtsvorstand selbst (aM. RC. 9 [94]). — Adreßänderungen werden in der Praxis einfach vom Postboten beigeschrieben.

§ 196 (179). Insoweit eine Zustellung unter Vermittlung des Gerichtschreibers zulässig ist, kann derselbe unmittelbar die Post um Bewirkung der Zustellung ersuchen. In diesem Falle finden die Vorschriften der §§ 194, 195 auf den Gerichtschreiber entsprechende Anwendung; die erforderliche Beglaubigung erfolgt durch den Gerichtsschreiber.

Anwendung nur ausnahmsweise nach Ermessen des GSchr. (§ 8 AGSchrG.); außer Notfristsachen kommen hauptsächlich sonstige dringende Termine u. Pfdgsbeschl. in Betracht. — Keine Pflicht des GSchr., den Brief persönlich dem Postbeamten zu übergeben: E. 32 [403] § 10 AGSchrG. — Die Nachweise erhält (anders wie bei ZvA.) die betreibende P. hinaus. — Kosten: §§ 40 GKG. (GVollzGebühr zur Staatskasse); 2 GVGL.

§ 197 (180). Ist eine Zustellung durch einen Gerichtsvollzieher bewirkt, obgleich sie durch die Post hätte erfolgen können, so hat die zur Erstattung der Prozeßkosten verurteilte Partei die Mehrkosten nicht zu tragen.

§§ 40 GKG.; 17 GVL.; 3 GVGL.; 5 GVGA.; 42, 46 GVDV. (Ermächtigung schriftlich). — Vornehmlich zur Vermeidung von Reisekosten gedacht; Abweichung bedarf beim Kostenersatz besonderer Begr., zB. Eile, Übergewicht, Gefängnis, Sicherheit der Beförderung, rechtl. Schwierigkeiten; SA. 54 [56]. — Berechnung: FinBl. 9 [225] 14 [38]; Kostenauflage: § 102.

§ 198 (181). I Sind die Parteien durch Anwälte vertreten, so kann die Zustellung von Anwalt zu Anwalt erfolgen.

II Zum Nachweise der Zustellung genügt das mit Datum und Unterschrift versehene schriftliche Empfangsbekenntnis des Anwalts, welchem zugestellt worden ist. Der Anwalt, welcher zustellt, hat dem anderen Anwalt auf Verlangen eine Bescheinigung über die Zustellung zu erteilen.

GVGA. §§ 5, 37; GVTV. § 64c. — Kosten: §§ 2 GVGT. (VZ. 93 [189]); 40 GKG.; E. 40 [181]. Kosten gewöhnl. Z. regelmäßig erstattbar, vgl. Note zu § 91 Abs. 2 (insbes. bei Fristen).

Die Übermittlung der begl. Abschrift kann durch den GVollz. oder sonstigen Boten, auch brieflich geschehen; vollzogen ist die Z. aber erst mit der freiwilligen (S. 12 [60]) Annahme durch den RA. und Ausstllg. des datierten (E. 51 [163] JW. 06 [416]) Empfangsscheines durch ihn selbst (E. 8 [332] 19 [425]) oder seinen Substituten nach §§ 19, 25 RAO. Unzureichend bloße Vorzeigung (S. 12 [60 326]), Behändigung an den Konzipienten oder Schreiber gegen dessen Schein (selbst wenn Zustellvollmacht besteht), Einwurf in den Briefkasten (E. 6 [342]); § 187 ist nicht anwendbar. — Mängel sind (außer bei Notfristen) verzichtbar, insbes. durch Ausstellung u. Nichtanfechtung des Scheines (E. 9 [412]). Verbindung des letzteren mit e. Urschrift nicht vorgeschrieben, E. 46 [362]. — Zum Schlußsatz vgl. E. 14 [349] 17 [336]; Erzwingung Aufsichtssache. — Diese Z. gilt auch im Parteiprozeß; sie liefert keine öff. Zllrk. (vgl. DJZ. 04 [644]); bei Annahmeweigerung gewöhnl. Z.

§ 199 (182). Eine im Auslande zu bewirkende Zustellung erfolgt mittels Ersuchens der zuständigen Behörde des fremden Staates oder des in diesem Staate residierenden Konsuls oder Gesandten des Reichs.

Z. im Ausld. entfällt, wenn aussichtslos: § 203; wird ersetzt durch Aufgabe z. Post nach §§ 175, 829, 835; durch Postübersendung nach § 763; unterbleibt nach §§ 688, 841, 844, 875. Militär im Ausland: § 201; Exterritoriale: § 200; Legalisation: § 438. — Einlassungsfrist: §§ 262, 498; Einspruchsfrist: § 339. — Im § 132 BGB. ist diese Zustellform nicht vorgesehen (Mot. 1 [161]). — Verfahren: § 202. Vgl. § 3 ZVG.; Art. 63 SubhO.; §§ 41 AZB.; 13 AGSchrG.; JMBl. 01 [469]. Inhalt u. Form (insbes. Adresse, Portopflicht) der Ersuchungsschreiben: JMB. v. 28. Nov. 1887 (JMBl. 280 ff.); JMBl. 81 [369] 90 [291] 93 [227] 99 [139 355] 00 [261] 01 [41 459 645]; Art. 1 bis 10 JPRA. Postpapier (Ziff. 2 der allg. JMB.): feines, weißes Briefpap. in Quart; „fliegendes Siegel": an der offen bleibd. Verschlußklappe des Umschlags zunächst nur zur Hälfte befestigt, insbes. Siegelmarke (JMBl. 72 [117]). — Angabe des Rubrums u. der Adresse auf dem zuzustelld. Schriftstück selbst: JMBl. 90 [292]; Aktenverpackung: JMBl. 73 [90]. — Pfändungsbeschl.: JMBl. 93 [227] R. 06 [865]; hier kein Zwischenerf. an dipl. Vertr. (Böhm-Delius, RHVerf. S. 134). — Unmittelb. Schriftwechsel nur mit den Gerichten der deutschen Schutzgebiete (JMBl. 00 [983]), der Schweiz (JMBl. 79 [1] 87 [301] 00 [590]; Gerichtsverzeichnis: JMBl. 06 [54]) u. Österreich (Ungarn widerraten, aut. JME. v. 20. März 1888): JMBl. 87 [2 7] mit 01 [645] 04 [242]; Gerichtsverzeichnis: 83 [270]; persönl. Z. wegen § 80 Öst. ExekO.: 01 [41] 05 [9]. — Russische Gerichtsorganis.: JMBl. 83 [253] 84 [44]; Kongostaat: JW. 01 [558]; Amerika: JMBl. 72 [77]. Sonstige Einzelh. über ausld. Gerichte s. bei Böhm-Delius, RHilfeverf. (Anhg.) u. Bohm, HB. der intern. Nachlaßbehdlg. — Hanseatisch ist nur das OLG. Hamburg, eidgen. nur das Schweizer BundesG.; die österr. G. sind „KK.", z. Teil „städt. del."; vgl. § 12 GVG. — Konsularwesen: RG. v. 8. Nov. 1867 § 19 (JMBl. 71 [185]) u. RG. v. 7. April 1900 §§ 16, 19, 28; ein vollstdg. Konsularverzeichnis erscheint jährlich bei Mittler & Sohn, Berlin (vgl. JMBl. 06 [134]). Wegen Japan vgl. JMBl. 00 [1151]. — Kosten: §§ 47, 79 bis 80b GKG.; 23, 29 RAGO. Ausdrückl. Kostenbericht im Ersuchschreiben: JMBl. 87 [289]; Konsularkosten: JMBl. 72 [225] (Tarif: 4 Mk. 50 Pf. in Europa ausschl. Türkei samt Vasallenstaaten, sonst 7 Mk. 50 Pf.; dazu die Baarauslagen): 84 [3] 87 [288]; RGBl. 95 [417]; Zustellungsverkehr mit Öst.-Ung. nun kostenfrei: JMBl. 00 [1170]. Die

Konsularkosten sind sofort aus der Staatskasse zahlbar; Niederschlagung nur bei Armut (aut. JME. Nr. 40768 v. 13. Nov. 1902).

Das Ersuchen um Z. ist zu richten a) unmittelbar an die ausld. Behörde nur bei direktem Schriftwechsel (Pfdgsbeschl. s. JMBl. 93[227]); b) andernfalls an den Reichskonsul, soferne diplom. Verwendung entbehrlich (immer bei Kons. mit Gerichtsbarkeit, ferner in Großbritannien u. Irland samt Kolonien und in den Ver. Staaten v. Nordamerika, sonst nur bei Z. an Reichsdeutsche; Pfdgsbeschl. s. o.) c) bei Notwendigkeit dipl. Verwendung an den Bayer. Gesandten, mangels solchen an den Reichsgesandten (vgl. GVBl. 70/71[189]; EZP. 13). Vgl. hierzu aut. JME. v. 29. März 1903 Nr. 12771 (Unterschied von requête u. demande).

§ 200 (183). I Zustellungen an Deutsche, welche das Recht der Exterritorialität genießen, erfolgen, wenn dieselben zur Mission des Reiches gehören, mittels Ersuchens des Reichskanzlers; wenn dieselben zur Mission eines Bundesstaates gehören, mittels Ersuchens des Ministers der auswärtigen Angelegenheiten dieses Bundesstaates.

II Zustellungen an die Vorsteher der Reichskonsulate erfolgen mittels Ersuchens des Reichskanzlers.

Vgl. §§ 15, 203 Abs. 3; GVG. 18. — §§ 7 AGSchrG.; 33 FinVV. — Vorlage im Berichtsweg. — Anwendbar auch auf inländ. deutsche Missionen innerh. des betr. Bundesstaats. — An exterritoriale Ausländer wird während ihres inländ. Aufenthalts so zugestellt, als ob sie im Ausland wären (Mot. 50); vgl. Note zu § 203. Direkte Z. ohne schriftl. Zustimmung verboten. — Z. an ausld. Konsuln im Inland, inländ. Minister, Abgeordnete geschehen nach allg. Normen.

§ 201 (184). Zustellungen an Personen, welche zu einem im Auslande befindlichen oder zu einem mobilen Truppenteile oder zur Besatzung eines in Dienst gestellten Kriegsfahrzeuges gehören, können mittels Ersuchens der vorgesetzten Kommandobehörde erfolgen.

Mobilmachung: Art. 11, 53, 63 RVerf.; §§ 6 RMilG.; 9, 163, 164 RMilStGB.; Versailler Vertrag v. 23. Nov. 1870 Ziff. III § 5 Nr. 3. — § 34 FinVV. — Das Kommando (auch höheres) vermittelt hier, abweichend von § 172 nur die Z. Gewöhnl. Z. daneben statthaft; für die Handelsmarine gilt nur letztere, insbes. § 199. Schutztruppe: VZ. 06[11].

§ 202 (185). I Die erforderlichen Ersuchungsschreiben werden von dem Vorsitzenden des Prozeßgerichts erlassen.

II Die Zustellung wird durch das schriftliche Zeugnis der ersuchten Behörden oder Beamten, daß die Zustellung erfolgt sei, nachgewiesen.

Vgl. §§ 199, 418; JPRA. Art. 3 (Duplikat, Empfangsschein des Adressaten); FinVV. § 34. — ProzeßG.: §§ 118, 176, 795; Anwaltszwang; kein Gerichtsbeschluß. — Gegen Abweisung einf. Beschw. — Vgl. (RA.): § 170 (Postpapier!); Vordatierung: § 207.

Zeugnis braucht Behändigungsart nicht anzugeben (zB. Postrückschein des Konsuls entbehrlich). — Andere Übermittlungsart der Abschrift (zB. durch Einschreibbrief, direkten Parteibetrieb) unwirksam; das Ersuchschreiben kann Telegramm sein, E. 14[335]. Diese Z. ist nach dem JPRA. nunmehr auch gegen den Willen des Adressaten möglich; die Behändigungsform richtet sich hierbei nach ausld. Recht; vgl. jedoch BöhmZ. 12[55] RO. 13[126].

*§ **203** (186). I Ist der Aufenthalt einer Partei unbekannt, so kann die Zustellung durch öffentliche Bekanntmachung erfolgen.

II Die öffentliche Zustellung ist auch dann zulässig, wenn bei einer im Auslande zu bewirkenden Zustellung die Befolgung der für diese bestehenden Vorschriften unausführbar ist oder keinen Erfolg verspricht.

III Das Gleiche gilt, wenn die Zustellung aus dem Grunde nicht bewirkt werden kann, weil die Wohnung einer nach den §§ 18, 19 des Gerichtsverfassungsgesetzes der Gerichtsbarkeit nicht unterworfenen Person der Ort der Zustellung ist.

§§ 618, 763, 841, 844, 875, 918, 1016; ZVG. § 6; FGG. §§ 16, 89; BGB. §§ 132, 176, 1567, 2361, 2368; SubhO. Art. 18, 19, 175, 182. — Vgl. Note zu § 199; Einlassungs-, Ladungs-, KMittelfrist gewöhnlich; Einspruchsfrist besonders festzusetzen: § 339. — Unbekanntheit des Aufenthalts des PrBev.: §§ 177, 179; Unzugänglichkeit des bekannten inld. Aufenthalts: § 224; Wiedereinsetzung: § 233; Vordatierung: § 207. — Kosten: §§ 47, 79 GKG.; 23, 29 RAGO.; Vorschuß: §§ 81, 84 GKG. (KO. 13[128]); Armenrecht: § 115 (Reichsanz. nicht kostenfrei). Inseratenauslagen treffen nach § 80b GKG. bei ZvA. stets den Staat; aM. SSt. 7[212]. Porto der Inseratenquittung: JMBl. 66[161 256].

Abs. 1. Auf Streitverkdg. anwendbar (enthält in der Regel eine Ladung, vgl. § 76); auf Pfändgsbeschl. (E. 22[404] vgl. aber R. 06[895]), Zeugenladung unanwendbar. — „Unbekannt" (§ 16): auf geschäftsübl. Wege nicht erfahrbar, E. 27[400] Bl 62[29] JW. 05[84]; u. U. Erkundigung von amtsw. bei der Strafregister-, Heimatbehörde, Bezirkskommando, Verwandten neben Polizeiauskunft, SA. 43[301]. — Zulässigkeit beim Vorhandensein eines Abwesenheitspflegers bestr., vgl. §§ 53, BGB. 1911, Art. 90 GebG.; jedenfalls macht dessen Umgehung kostenpflichtig (SA. 53[188]); vgl. § 173. Im übrigen entbindet Kostspieligkeit nicht von öff. Z., SA. 45[222]. — **Abs. 2** meint Behändigung (zB. Ungarn), nicht Befolgung; Bl. 65[90]. — **Abs. 3** trifft nur deutsche Hausgenossen von Exterritorialen, nicht letztere selbst; vgl. § 200, JMBl. 93[75] 99[515]; GVDV. § 37; AGSchrG. § 7. Anwendbar mangels schriftl., auf dem Dienstweg einzuholender Genehmigung des Exterritorialen zur gewöhnl. Zustellg.

***§ 204** (187). I Die öffentliche Zustellung wird, nachdem sie auf ein Gesuch der Partei vom Prozeßgerichte bewilligt ist, durch den Gerichtsschreiber von amtswegen besorgt. Die Entscheidung über das Gesuch kann ohne vorgängige mündliche Verhandlung erlassen werden.

II Die öffentliche Zustellung erfolgt durch Anheftung der zuzustellenden Ausfertigung oder einer beglaubigten Abschrift des zuzustellenden Schriftstücks an die Gerichtstafel. Enthält das Schriftstück eine Ladung, so ist außerdem die zweimalige Einrückung eines Auszugs des Schriftstücks in dasjenige Blatt, welches für den Sitz des Prozeßgerichts zur Veröffentlichung der amtlichen Bekanntmachungen bestimmt ist, sowie die einmalige Einrückung des Auszugs in den Deutschen Reichsanzeiger erforderlich.

III Das Prozeßgericht kann anordnen, daß der Auszug noch in andere Blätter und zu mehreren Malen eingerückt werde.

ProzG.: E. 41[427]; KonsGG. § 29. — Bewilligungsverf.: §§ 128, 202; Form: Beschluß: vgl. § 618. — Ausführung: §§ 14 AGSchrG.: 41 AZB.; 35, 36 FinBB.; 7 ZBZ. Stilisierung: JMBl. 67[45]; Amtsblatt: JMBl. 79[362] 82[267]; keine Beschw. bzgl. Auswahl, ZR. 06[82]; wegen Amerika vgl. JMBl. 68[217] 87[309] 91[172] 94[21 77]; Frankreich: JMBl. 74[69]. — Löschungskl. ä. R.: Art. 123 AZB.: vgl. BGB. § 1911; FGG. § 39; VormO. §§ 4, 34. — Kosten: §§ 199, 203.

Abs. 1. Die öff. Z. ist trotz nachträgl. Meldung des Gegners gültig, selbst wenn erschlichen, E. 59[259] JW. 05[684]. Kein nachträgl. Verzicht während lfd. Frist; vgl. §§ 263, 271. Die Belege bleiben beim Akt; Originalzeitungen durch GSchrBestätigung ersetzbar. Die öff. Z. erstreckt sich auch auf den Bewilligungsbeschl., nicht aber auf künftige Zust., JW. 06[568]; Beschluß äußerl. mit dem Urteil verbindbar; erfordert bei anhäng. Sachen meist Terminsverlegungn. Zustdk. bei Klagen nicht nachzuprüfen, E. 46[391]. — Die Ausschreibgn. können unmittelbar aufeinanderfolgen; Zusammenfassung meist untunlich; vgl. §§ 959, 1017. — **Abs. 2.** Vertretung des GSchr. bei der Anheftung: E. 32[400] — **Abs. 3** bleibt zur Kostenersparnis regelmäßig außer Betracht.

§ 205 (188). In dem Auszuge des Schriftstücks müssen das Prozeßgericht, die Parteien, der Gegenstand des Prozesses, der Antrag, der Zweck der Ladung und die Zeit, zu welcher der Geladene erscheinen soll, bezeichnet werden.

E. 40[329] (Anträge nur, wenn oblig. Bestandteil: nicht bei Erklärungen in mV. oder RMitteln). — FinBB. § 37. — Persönl. Unterschrift des GSchr. entbehrlich: Bezeichnung des Gerichts genügt, VZ. 01[34]; vgl. § 141 NachlO. — Äußere Mängel des angehefteten Schriftstücks durch Wiederholung der Anheftung allein heilbar, sofern Frist reicht: andernfalls auch neue Ausschreibung.

§ 206 (189). I Das eine Ladung enthaltende Schriftstück gilt als an dem Tage zugestellt, an welchem seit der letzten Einrückung des Auszugs in die öffentlichen Blätter ein Monat verstrichen ist. Das Prozeßgericht kann bei Bewilligung der öffentlichen Zustellung den Ablauf einer längeren Frist für erforderlich erklären.

II Enthält das Schriftstück keine Ladung, so ist dasselbe als zugestellt anzusehen, wenn seit der Anheftung des Schriftstücks an die Gerichtstafel zwei Wochen verstrichen sind.

III Auf die Gültigkeit der Zustellung hat es keinen Einfluß, wenn das anzuheftende Schriftstück von dem Orte der Anheftung zu früh entfernt wird.

Vgl. §§ 133 StGB.; FinBB. 28. — Gerichtsferien, Aussetzung einflußlos, SA. 49[256]. — Verlängerung (Abs. 1) ungebräuchlich; bei Druckfehlern u. U. Frist erst ab Berichtigung. — Zu Abs. 2, 3 Vergitterung, teilweise Verdeckung, Entfernung durch Gerichtspersonal selbst unschädlich. Kein Anschlag an Gemeindetafel, ZR. 06[332].

***§ 207** (190). I Wird auf ein Gesuch, welches die Zustellung eines demselben beigefügten Schriftstücks mittels Ersuchens anderer Behörden oder Beamten oder mittels öffentlicher Bekanntmachung betrifft, die Zustellung demnächst bewirkt, so treten, insoweit durch die Zustellung eine Frist gewahrt und der Lauf der Verjährung oder einer Frist unterbrochen wird, die Wirkungen der Zustellung bereits mit der Überreichung des Gesuchs ein.

II Wird ein Schriftsatz, dessen Zustellung unter Vermittlung des Gerichtsschreibers erfolgen soll, innerhalb einer Frist von zwei Wochen nach der Einreichung bei dem Gerichtsschreiber zugestellt, so tritt, sofern durch die Zustellung eine Notfrist gewahrt wird, die Wirkung der Zustellung bereits mit der Einreichung ein.

Vgl. §§ 166, 168, 497, 501: GewGG. §§ 32, 36: KfmGG. § 16. — Rechtskraftzeugnis: § 706.

Abs. 1. Frist: auch des materiellen Rechts; sonstige Wirkungen, zB. Rechtshgk., Zinslauf, Zustdk. werden ebensowenig als der wirkl. Fristbeginn vordatiert, E. 1[435]. Wird nach erfolglosem Versuch im Ausland schließlich öffentl. zugestellt, so wirkt ersteres Gesuch nach; sofortiges Eventualgesuch rätlich. — Abs. 1 wirkt resolutiv, was für Einstellungen nach § 707, 719 wichtig (bestr.) — **Abs. 2.** Zu beachten § 166 Abs. 2 bei Notfristen im Anwaltsproz. Unanwendbar auf Klagezust. (wichtig wegen Verjährung), soweit nicht gerade durch die Klage e. Notfrist gewahrt wird, sowie auf die durch Einreichung allein wahrbaren Notfristen (Revis., Beschw., Eidesnachholung). — Die Nachfrist soll Verschleppungen verhüten; ihren Beginn ersieht der Gegner aus dem Vermerk nach § 169; Einreichung: auch Anbringung zu GSchrProt. Auch nachträgl: Z. im Parteibetrieb wahrt Frist, E. 46[390] JW. 05[373]. Abs. 2 ist wertlos, wenn der Schriftsatz früher als zwei Wochen vor Notfristende beim GSchr. eingereicht ist. — Daneben besteht die WEins. gemäß §§ 233 ff.; letztere ist auch auf die Zustellfrist des Abs. 2 anwendbar, weil nur Verlängerung der Notfrist, JW. 06[587]. Parteiseitg. Fristabmchg. unbeachtlich. weil Notfrist v. amtsw. zu prüfen.

II. Zustellungen von amtswegen.

§ 208. Auf die von amtswegen zu bewirkenden Zustellungen finden die Vorschriften über die Zustellungen auf Betreiben der Parteien entsprechende Anwendung, soweit nicht aus den nachfolgenden Bestimmungen sich Abweichungen ergeben.

JMB. v. 16. Dez. 1899 (JMBl. 475) u. 15. gl. M. (JMBl. 515; JMBl. 02[307, 519] 03[102]); Gefangene: JMBl. 00[582] 03[308]. Kosten: GKG. §§ 40, 80a, 80b; Porto (in Bayern RZ., außerhalb portopfl. zu Lasten der Staatskasse): JMBl. 00[591, 940, 962]; vgl. JMBl. 02[305] und Note zu §§ 166, 203. — Vgl. §§ 12 AGSchrG.; 43 GBGA. — Hauptfall: § 329; vgl. §§ 32 ff. GewGG.; 16 KfmGG.; 16 FGG.; 3 ZBG. mit JMBl. 05[587]; Art. 17 ff. SubhO.; 8, 25 AGBO.; §§ 22, 104 GBDA.; Art. 129 ABG.; 6, 8 NachlG.; 137 ff. NachlO.: 49 VormO. — Die Z. des StaatsA. in Ehe-, Kinds-, EntmS. erfolgen nach den Normen des Parteibetriebs (JW. 02[182]).

Zu unterscheiden von der ZvA. sind die Behändigungen u. Ausreichungen (§§ 21, 22 AGSchrG., 49 AZB.), insbes. von Schriftstücken, deren Abholung den Parteien obläge (zB. Klagsurschrift nach Terminsbestimmg. ohne Vermittlg. der Z.). Die frühere Behändigungsgebühr hierfür („Insinuation“: 20 Pf.) ist abgeschafft: JME. Nr. 529 v. 5. Jan. 1900 (aut.). Eine Übermittlungspflicht besteht auch künftig nicht; Fachabholung, Übersendg. durch die Post (nach auswärts) auf Parteikosten oder Mitgabe gelegentlich Anwesenheit des GDieners beim RA. oder Notar zulässig. Postbenützung im Ortsbezirk: JMBl. 84[150].

§ 209. Für die Bewirkung der Zustellung hat der Gerichtsschreiber Sorge zu tragen.

AZB. §§ 4, 8 (Register). — Persönl. Z. durch den GSchr., Heranziehung des GVollz. als solchen unzulässig. Dem GSchr. obliegt insbes. Anfertigung der Abschr., Feststellung des PrBev., Anregung ausld. und öff. Z. (zB. bei Kostenfestsbeschl.).

§ 210. Die Beglaubigung der bei der Zustellung zu übergebenden Abschrift geschieht durch den Gerichtsschreiber.

AZB. § 5; vgl. E. 46[401].

§ 211. I Der Gerichtsschreiber hat das zu übergebende Schriftstück in einem durch das Gerichtssiegel verschlossenen, mit der Adresse der Person, an welche zugestellt werden soll, versehenen und mit einer Geschäftsnummer bezeichneten Briefumschlag einem Gerichtsdiener oder der Post zur Zustellung auszuhändigen. Auf den Briefumschlag ist der Vermerk zu setzen: Vereinfachte Zustellung.

II Die auf dem Briefumschlag angegebene Geschäftsnummer ist in den Akten zu vermerken.

III Die Vorschrift des § 194 Abs. 2 findet keine Anwendung.

AZB. §§ 6. 7, 9 bis 12, 14 bis 32 (GDiener), 33 bis 37 (Post). — §§ 12 ff. AGSchrG. — Vgl. JMBl. 00[962] 02[519] (Vermerkunterschrift). — § 156 GVG. nicht anwendbar: vgl. § 49.

Verschluß auch bei persönl. Z. Die in den Akten vermerkte Nr. soll insbes die nach Abs. 3 hier wegfallende Postübergabsurk. ersetzen; vgl. jedoch die Note zu § 194. Beisetzung des Adressaten sachgemäß (vgl. ESt. 37[156]). — ZustBescheinigung in der VollstrKlausel: § 54 AGSchrG.; Verbindung der Nachweise mit der Urschrift: §§ 88 AGSchrG.; 38 LGSchrG. Abschrift der ZUrk. an Partei: § 299.

§ 212. I Die Beurkundung der Zustellung durch den Gerichtsdiener oder den Postboten erfolgt nach den Vorschriften des § 195 Abs. 2 mit der Maßgabe, daß eine Abschrift der Zustellungsurkunde nicht zu übergeben, der Tag der Zustellung jedoch auf dem Briefumschlage zu vermerken ist.

II Die Zustellungsurkunde ist dem Gerichtsschreiber zu überliefern.

AZB. §§ 29 bis 32, 37. — Erhält der Empfänger sohin weder e. Abschrift der ZustUrk. noch e. Umschlag mit Vermerk „Vereinfachte Z." u. Datumnotiz, so liegt ein Verstoß vor (JW. 02[182]).

§ 213. Ist die Zustellung durch Aufgabe zur Post (§ 175) erfolgt, so hat der Gerichtsschreiber in den Akten zu vermerken, zu welcher Zeit und unter welcher Adresse die Aufgabe geschehen ist. Der Aufnahme einer Zustellungsurkunde bedarf es nicht.

AZB. §§ 7, 38 bis 40; JMBl. 02[519]. — Postaufgabe hier mangels mV. und Schriftsatzwechsel selten; vgl. jedoch §§ 105, 625.

Dritter Titel.

Ladungen, Termine und Fristen.

§ 214 (191). I Die Ladung zu einem Termine erfolgt durch die Partei, welche über die Hauptsache oder über einen Zwischenstreit mündlich verhandeln will.

II Ist mit der Ladung zugleich eine Klageschrift oder ein anderer Schriftsatz zuzustellen, so ist die Ladung in den Schriftsatz aufzunehmen.

Fak. mV.: § 128; Zustellmängel: §§ 187, 295. — Vgl. §§ 32, 33, 35 GewGG.: 16 KfmGG. — Ausnahmen: §§ 352, 366, 370, 377, 389, 402, 493, 553: EZP. 7: GVG. 107. — Vertagung: §§ 218, 228. — Kosten: §§ 14, 15 RAGO.: 29 KJ.

Mangel, Widersinn des Terminsansatzes macht die Ldg. unwirksam (E. 9[388] 13[335] 55[305]); keine Nachfragepflicht des Gegners, JW. 03[127]; vgl. §§ 190, 220, 233; Bl 71[229]. Gerichtsbezeichn. aus der Terminsnote ergänzbar (E. 6[349]); das Ldgsformale (Auffrdg. z. Erscheinen) wird durch sie nicht ersetzt: E. 4[355]; vgl. E. 60[273] (Worte nicht sakral). Die Terminsnote muß wörtlich mitgeteilt sein (E. 55[20]); bei Vertag. sohin Protokollsabschrift. Verbrauch des Termins durch Ladung: E. 55[20].

§ 215 (192). In Anwaltsprozessen muß die Ladung zur mündlichen Verhandlung, sofern die Zustellung nicht an einen Rechtsanwalt erfolgt, die Aufforderung an den Gegner enthalten einen bei dem Prozeßgerichte zugelassenen Anwalt zu bestellen.

Zulassung: § 78; Bestellung: § 176; Wegfall des PrB.: § 244. — Die Auff. ist für jede, auch spätere Ldg. nötig; ersetzt das Ldgsformale nicht; entfällt bei Z. an den StAnw. oder e. nicht zugelassenen RA. — Verstoßfolge: heilb. Unwirksamkeit der Ldg. (nicht der Klage), S. 6[312]; vgl. §§ 253, 295. — Unterlassung der Bestellung: §§ 330 ff.

§ 216 (193). I Die Ladung ist zum Zwecke der Terminsbestimmung bei dem Gerichtsschreiber einzureichen.

II Die Bestimmung der Termine erfolgt binnen vierundzwanzig Stunden durch den Vorsitzenden.

III Auf Sonntage und allgemeine Feiertage sind Termine nur in Notfällen anzuberaumen.

§§ 261, 496, 501, 524, 976; GVG. 107; GewGG. 35, 36; KfmG. 16. — Zweit- u. Drittschrift: §§ 133, 169. — RBehelf gegen Verweigerung: einf. Beschw.; gegen Ansetzung (zB. Abs. 3): §§ 227 ff. Feiertage: § 188; Ferien: § 202 GVG. — Frist: § 222. — Akten: § 22, 86, 88 AGSchrG.; 33 LGSchrG.; 10 OLGSchrG.; Abholung: § 208. — Freilassung der Wahltage: JMBl. 81[379] 05[741]; Berücksichtig. der Verkehrsverbindungen: JMBl. 79[929] (Vermeidung des Übernachtens). — Freilassung geräumiger Zwischenfristen bei öff. u. ausländ. Zust.: JMBl. 87[281 299] (Rußland mindestens drei Monate). — Ablehnung mangels Vorschuß: §§ 85 GKG.; 77 KJ.; Art. 11 JPKA. (E. 52[266]); — mangels Sühneversuchs: § 608. — Dienststunden: §§ 10 Gesch.- u. Reg.-O.; 1 GSchrDV.; 34 GVDV.; Geret VS. 11[1092]; Erledigungspflicht an Sonntagen: JMBl. 63[110] (GVBl. 00[72]; aut. JME. Nr. 2668 v. 15. Jan. 1903; JMBl. 02[112] 03[85]; Fortsetzung in die Nacht: Döll. 22[288]; NotGeschO. §§ 15, 17. Keine „geschlossenen" Tage: JMBl. 70[465]. — Kosten: §§ 46, 47, 80a, 94 GKG.; 23, 29 RAGO.

Einreichung ohne Begleitnote; Vollm. entbehrlich. — Der Vorstzd. hat nur Ladungsformale u. Unterschrift zu prüfen; ob Verhdlg. statthaft, entscheidet das Gericht im Termin selbst; vgl. JW. 05[535]. — Kurzhändige Terminsändrg., Absetzungen durch den Vorstzd. nur vor Zustllg; später Gerichtsbeschluß. — Sof. Terminsansatz auch, wenn öffentl. Zustllg. beantragt ist.

§ 217 (194). Die Frist, welche in einer anhängigen Sache zwischen der Zustellung der Ladung und dem Terminstage liegen soll (Ladungsfrist), beträgt in Anwaltsprozessen mindestens eine Woche, in anderen

Prozessen mindestens drei Tage, in Meß- und Marktsachen mindestens vierundzwanzig Stunden.

Verstoßfolge: §§ 95, 295, 335. — Ausnahmen: §§ 239, 604, 696; vgl. auch § 218. — Abkürzung: § 226; richterl. Verlängerung nicht vorgesehen. Ferien: § 223. — Einlassungsfrist: § 262. — GewGG. § 35; KfmGG. § 16. — Unanwendbar auf Verlegung der Terminsstunde: JW. 95[379].

§ 218 (195). Zu Terminen, welche in verkündeten Entscheidungen bestimmt sind, ist eine Ladung der Parteien nicht erforderlich.

Vgl. §§ 312, 329, 607; GewGG. § 35; KfmGG. § 16. — Ausnahmen: §§ 335, 337, 351, 491, 618, 640, 641, 670, 679, 684, 686.

Anwendbarkeit auf T. außer der mV. bestr. (zB. b. v. e. R.), vgl. § 229; jedenfalls auf Zeugen nicht ausdehnbar. — Ladungsfrist entfällt. — Verkdg. wirkt auch gegen richtig *geladene* abwesende P., E. 41[356]; andernfalls Abschrift des Vertagungsprot im Parteibetrieb zuzustellen, vgl. JW. 84[211]. — Bei „Bekanntgabe" des Termins v. amtsw. (zB. § 370) entfällt die Ldg. u. damit die Ldgsfrist (gem. M. gegen Mot. 159); wichtig bei öff. Zust. wegen der Ausschreibungskosten.

*__§ 219__ (196). I Die Termine werden an der Gerichtsstelle abgehalten, sofern nicht die Einnahme eines Augenscheins an Ort und Stelle, die Verhandlung mit einer am Erscheinen vor Gericht verhinderten Person oder eine sonstige Handlung erforderlich ist, welche an der Gerichtsstelle nicht vorgenommen werden kann.

II Die Landesherren und die Mitglieder der landesherrlichen Familien sowie die Mitglieder der Fürstlichen Familie Hohenzollern sind nicht verpflichtet, persönlich an der Gerichtsstelle zu erscheinen. Das Gleiche gilt in Ansehung der Mitglieder des vormaligen Hannoverschen Königshauses, des vormaligen Kurhessischen und des vormaligen Herzoglich Nassauischen Fürstenhauses.

Sitzungssaal, nicht Bureau: aut. JME. v. 17. Okt. 1884. — *Einheitszeit*: RG. v. 12. Mai 1893 (RGBl. 93); vgl. ZZP. 24[482]. — *Klosterklausur* (Sprechzimmer): Aut. JME. v. 15. März 1852 (vgl. Döll. 8[826]). — *Vorführung Gefangener*: aut. JME. v. 18. Juli 1896 Nr. 18112. — *Betreten des Bahnrayons*: EisenbBetrO. § 78. — *Gendarmerieassistenz*: § 67 GendOrgV. — *Öffentlichkeit* (§§ 170 ff. GVG.) gilt auch außerhalb Gerichtsstelle. — *Auswärt. Termine*: Genehmigung § 167 GVG.; Lokalwahl analog § 20 NotGeschO.; Schulhaus: aut. JME. v. 17. Febr. 1902 Nr. 48215. — Zu Abs. 2: §§ 5 EGV.; 5 EZP. (gleichgültig, ob Partei oder Zeuge); RGBl. 04[149] (Holstein).

Raummangel hierher (JW. 98[140]), nicht aber Kostenersparnis, E. 11[353] 22[398]. Keine ausw. Gerichtstage. — Das jeweilige Gerichtsgebäude muß die Partei auf eigene Gefahr erfragen; doch ist genaue Angabe in der Terminsnote rätlich. Bei Umzug des Gerichts Z. v. amtsw. nicht nötig; Anschlag u. entspr. Zuwarten genügt (RO. 11[124]).

§ 220 (197). I Der Termin beginnt mit dem Aufrufe der Sache.

II Der Termin ist von einer Partei versäumt, wenn sie bis zum Schlusse desselben nicht verhandelt.

Aufruf: § 13 GVO.; *Aushang*: § 23 AGSchrG. — *Verhandlung*: §§ 137, 333; *Schluß*: §§ 136, 231. — *Protokoll*: § 159.

Mangelnde Stundenangabe hindert Versäumnis bis zum Ablauf der Gerichtszeit (vorm. 8—12, nachm. 2—6); bestr. — Aufruf an der Tür des Sitzungssaales (Wartezimmers) genügt, im Anwaltszimmer nicht forderbar, BlEB. 3[374] ZR. 06[82]. — Die Reihenfolge bestimmt der Vorstd., mangels anderen Anhalts nach dem Anschlage; staffelweise Ansetzung (Beweissachen voran) u. U. praktisch. Zurückstellung erbittbar (ZR. 06[264]).

§ 221 (198). I Der Lauf einer richterlichen Frist beginnt, sofern nicht bei Festsetzung derselben ein Anderes bestimmt wird, mit der Zustellung des Schriftstücks, in welchem die Frist festgesetzt ist, und, wenn es einer solchen Zustellung nicht bedarf, mit der Verkündung der Frist.

II Der Lauf einer gesetzlichen oder richterlichen Frist, deren Beginn von einer Zustellung abhängig ist, beginnt mit dieser auch gegen diejenige Partei, welche die Zustellung hat bewirken lassen.

Vgl. §§ 62, 166, 207, 218, 312, 392. — Tag des Beginns: § 187 Abs. 1 BGB.

Abs. 1. Auch nach dem Datum begrenzte Fristen kommen regelmäßig nicht vor Zust. in Lauf. — **Abs. 2** gilt nicht für Z. v. amtsw.; hiernach kann die RMittelfrist in Ehe- u. Kindss für jede Partei gesondert laufen.

§ 222 (200). I Für die Berechnung der Fristen gelten die Vorschriften des Bürgerlichen Gesetzbuchs.

II Fällt das Ende einer Frist auf einen Sonntag oder allgemeinen Feiertag, so endigt die Frist mit Ablauf des nächstfolgenden Werktages.

III Bei der Berechnung einer Frist, welche nach Stunden bestimmt ist, werden Sonntage und allgemeine Feiertage nicht mitgerechnet.

BGB. §§ 187 ff.; Feiertage: § 188; Gregor. Kalender, Einheitszeit: § 219; Stunde der Zust.: § 191. — Altersvollendung: ESt. 35[41]. — Vgl. Art. IX EÄZP.; 30, 92 WO.; §§ 42 StPO.; 70 RStempG.; Art. 129 ABG.; 8 AGB.; 22 BGHG.; § 27 GBTA.

Abs. 1. Praktisch kommen nur § 187 Abs. 1, 2 BGB. bzgl. der Frage der Einrechnung des Anfangstages u. § 188 hinsichtl. des Endtages (entspr. Wochentag bezw. Datum) inbetracht. § 190 ist durch Abs. 3 des § 224 ersetzt; §§ 191, 193 sind unanwendbar (vgl. Abs. 2). Bei Fristen ab Zustllg. oder „mit dem Tag" (RO. 6[393]) ist Zustelltag nicht einzurechnen; anders bei Frist ab Rkr. (ZR. 06[311]), wenn diese nicht mit Verkdg., sondern Auslauf der RMittelfrist eintritt. Der Schalttag gilt als gewöhnl. Tag. — **Abs. 2** richtet sich nach dem Ort der vorzunehmenden Hdlg.; trifft Fristbeginn an sich nicht. — **Abs. 3.** Stundenfr. laufen sofort, auch am Anfangstag u. nachts, jedoch nicht während Sonn- u. Feiertagen.

§ 223 (201). I Der Lauf einer Frist wird durch die Gerichtsferien gehemmt. Der noch übrige Teil der Frist beginnt mit dem Ende der Ferien zu laufen. Fällt der Anfang der Frist in die Ferien, so beginnt der Lauf der Frist mit dem Ende derselben.

II Die vorstehenden Bestimmungen finden auf Notfristen und Fristen in Feriensachen keine Anwendung.

III Notfristen sind nur diejenigen Fristen, welche in diesem Gesetz als solche bezeichnet werden.

§§ 202 ff. GVG. — Notfristen (nunmehr neun): §§ 339, 466, 516, 552, 574, 577, 586, 958, 1044; vgl. §§ 77 GewGG.; 19 KfmGG.; 111, 114 GenG.; 91 b, 100 c GewO. — Hemmung durch Unterbrechung usw.: §§ 249, 251 (volle Frist nochmals); Verlängerung: § 207. — Übergang: Art. IX EÄZP.

Abs. 1 auch auf Stundenfr. anwendbar, Gr. 23[739] (bestr.). Jahresfr., materielle Fr. (zB. Art. 2 AZP.) nicht hierher, wohl aber Zwischenfr., insbes. Einl.- u. Ladgsfr. (SA. 58[178]; gem. M.). — Arg. v. „übrige Teil" ist die Frist zunächst zusammhgd. zu berechnen; § 191 BGB. nicht anwendbar (bestr.).

§ 224 (202). I Durch Vereinbarung der Parteien können Fristen, mit Ausnahme der Notfristen, verlängert oder abgekürzt werden.

II Auf Antrag können richterliche und gesetzliche Fristen abgekürzt oder verlängert werden, wenn erhebliche Gründe glaubhaft gemacht sind, gesetzliche Fristen jedoch nur in den besonders bestimmten Fällen.

III Im Falle der Verlängerung wird die neue Frist von dem Ablaufe der vorigen Frist an berechnet, wenn nicht im einzelnen Falle ein anderes bestimmt ist.

Berechnung: § 190 BGB. — Richterlich änderbare gesetzl. Fristen: §§ 134, 226, 262 Abs. 2, 339 Abs. 2. — Verfahren (zu Abs. 2): § 225. — Keine Dispens von § 222 Abs. 2, 3.

Auch die Fristen nach § 207 Abs. 2 und 664 sind unabänderlich; die nach §§ 234, 235 oder bereits abgelaufene Fr. (JW. 96[132]) sind nicht verlängerbar. Die Vereinbarung (Abs. 1) kann allgemein erfolgen (zB. § 320), bedarf keiner Form, gerichtl Anzeige oder Bestätigung; Notfristen sind nur mittelbar durch Aufschub der Zustllg. beeinflußbar.

§ 225 (203). I Über das Gesuch um Abkürzung oder Verlängerung einer Frist kann ohne vorgängige mündliche Verhandlung entschieden werden.

II Die Abkürzung oder wiederholte Verlängerung darf nur nach vorgängigem Gehör des Gegners bewilligt werden.

III Eine Anfechtung des Beschlusses, durch welchen das Gesuch um Verlängerung einer Frist zurückgewiesen ist, findet nicht statt.

Anwaltszwang (Bl. 59[329]); Form: Beschluß. — Zustellung: § 329. Abs. 3 hindert Justizverzögerungsbeschw. nicht (§ 567). — Kosten: §§ 47, 80a GKG.; 23, 29 RAGO.: §§ 3, 95.

Die Verlängerung ist beschwerdefrei, auch wenn gegen Abs. 2 ohne Gehör des Gegners bewilligt; vgl. §§ 512, 344. Gegen Ablehng. der Verkürzung einf. Beschw. — Das die EinlFrist abkürzende BeschwG. kann den Termin vor dem UnterG. nicht selbst bestimmen, ZZP. 16[151].

§ 226 (204). I Einlassungsfristen, Ladungsfristen sowie diejenigen Fristen, welche für die Zustellung vorbereitender Schriftsätze bestimmt sind, können auf Antrag abgekürzt werden.

II Die Abkürzung der Einlassungs- und der Ladungsfristen wird dadurch nicht ausgeschlossen, daß infolge der Abkürzung die mündliche Verhandlung durch Schriftsätze nicht vorbereitet werden kann.

III Der Vorsitzende kann bei Bestimmung des Termins die Abkürzung ohne vorgängiges Gehör des Gegners und des sonst Beteiligten verfügen; diese Verfügung ist dem Beteiligten abschriftlich mitzuteilen.

RTelegrG. 13. — Vgl. §§ 239, 337. Verfahren: § 225; Vollmacht: § 88. — Aushändigung u. Kopie: § 22 AGSchrG. — Stattgabe beschwerdefrei; gegen Abweisung einf. Beschw. — Kosten: § 225; JMBl. 81[39].

Abs. 1. Verlängerung nicht vorgesehen: Abkürzung (auch bei Arrestterminen) ohne Antrag unzulässig. — Gehörpflicht hier bestr. — **Abs. 3.** Der Vorstzd. kann auch abweisen; seine Verfügung ist stets Bestandteil der Terminsurschrift.

§ 227 (205). I Die Parteien können die Aufhebung eines Termins vereinbaren.

II Wird die Verlegung eines Termins beantragt, so finden die Bestimmungen über Verlängerung einer Frist entsprechende Anwendung.

Nachweissicherung (Abs. 1): JW. 88[21]. Protokoll. Feststellung des Vertagungsgrundes: Aut. JME. v. 26. Okt. 1901 Nr. 42366. — Kalender: §§ 87 AGSchrG.; 34 LGSchrG.; 10 OLGSchrG. — Verfahren, Kosten: § 225; § 48 GKG. bei Abs. 1 unanwendbar (BlEB. 9[206]). Gebühr des RA. zu Abs. 2: Bl. 70[128]; vgl. E. 62[258]; §§ 95; GKG. 94. Streitwert: ZZP. 20[267].

Abs. 1 gilt auch für Termine zur Verkdg. oder z. Beweisaufnahme vor b. o. e. R. Auf gemeins. Mitteilung oder anderw. Nachweis entfällt ein gerichtl. Vertagungsbeschluß. Der Vorstzd. bestimmt neuen Termin nur auf Ladungseinreichung; sonst § 251. — **Abs. 2.** Nur die Verlegung ist Gerichtsbeschluß; neuerl. Terminsansetzung durch den Vorsitzd. (verbindbar). Zust. v. amtsw. (§ 329) ersetzt Parteiladung (gem. M.; vgl. RO. 9[94]). Schriftl. Gesuche sind stets schriftlich zu verbescheiden, auch wenn im Termin Gegner vertagen läßt; vgl. § 333. Terminsänderung vor Rechtshgk.: § 216; Vertagungsanträge im Termine: § 228. — Rückverlegung (= Fristabkürzung; gem. M.), wiederholte Späterlegung des näml. T. erfordert Gehör des Gegners; gegen Abweisung e. Früherlegungsgesuchs Beschw., Bl. 43[403] (E. 55[100], nicht gegen Späterlegung (selbst wenn der Gegner widersprochen hat), E. 15[422] Bl. 62[333]; vgl. § 567.

§ 228 (206). Die Verlegung eines Termins, die Vertagung einer Verhandlung und die Anberaumung eines Termins zur Fortsetzung der Verhandlung kann auch von amtswegen erfolgen.

Verfahren: §§ 225, 227; Vertagungspflicht: § 524; Ladung: § 218 (JW. 04[25]). Unterschied zwischen Verlegung u. Vertagung: Bl. 58[104] E. 62[208]. — Kalender: §§ 87 AGSchrG.; 34 LGSchrG. — Unterbrechung der Verhdlg.: § 136; StPO. § 227. — Kein RMittel gg. Beschluß von amtsw.; vgl. E. 36[378].

Für Vertg. auf einseit. Antrag (nach Aufruf) gilt lediglich richterl. Ermessen, Mot. 131; Ausnahmen: §§ 335, 618; keine Anhörungspflicht des Ausgebliebenen. — Gemeins. Vertagungsanträge im T. fallen eigentlich unter § 227 Abs. 1 (E. 36[378]); doch wird in der Praxis meist durch Gerichtsbeschluß (zur Ersparung neuer Ladung) vertagt. — Beim Widerspr. des erschienenen Gegners ist Vertg. mittelbar durch das Verlangen der Vollmachtsbegl. erzielbar; u. U. kann es zwecks Vermeidung des Instanzverlustes richtiger sein, VersU. ergehen zu lassen als mangelhaft kontradikt. zu verhandeln; Abwendungsantrag: § 713. — Bei nachträgl. Erscheinen des Gegners auch beim LG. mit Zustimmung des Gerichts Verhdlg. üblich.

§ 229 (207). Die in diesem Titel dem Gericht und dem Vorsitzenden beigelegten Befugnisse stehen dem beauftragten oder ersuchten Richter in Bezug auf die von diesen zu bestimmenden Termine und Fristen zu.

Vgl. §§ 78, 296, 348, 355, 609, 619; Rechtsbehelf: §§ 366, 576, 577, 400.

Vierter Titel.

Folgen der Versäumung. Wiedereinsetzung in den vorigen Stand.

§ 230 (208). Die Versäumung einer Prozeßhandlung hat zur allgemeinen Folge, daß die Partei mit der vorzunehmenden Prozeßhandlung ausgeschlossen wird.

Versäumung: auch Weigerung. — Ausnahmen: §§ 62, 129, 351, 354, 617, 618, 640, 670 ff., 679, 684, 686, und insbes. §§ 233, 338, 466. Kostenfolge: §§ 95, 238, 344.

§ 231 (209). I Einer Androhung der gesetzlichen Folgen der Versäumung bedarf es nicht; dieselben treten von selbst ein, sofern nicht dieses Gesetz einen auf Verwirklichung des Rechtsnachteils gerichteten Antrag erfordert.

II Im letzteren Falle kann, solange nicht der Antrag gestellt und die mündliche Verhandlung über denselben geschlossen ist, die versäumte Prozeßhandlung nachgeholt werden.

Androhung: §§ 692, 890, 947. Antrag: §§ 109, 158, 239, 246, 330, 331, 353, 465, 542, 557, 600, 699, 881, 901, 926, 952. — Schluß der mV.: §§ 136, 220. — Kosten: § 238.

§ 232 (210). I Auf Grund der den Minderjährigen und den ihnen gleichgestellten Personen als solchen zustehenden Rechte findet die Aufhebung der Folgen einer Versäumung nicht statt.

II Insofern die Aufhebung der Folgen einer unverschuldeten Versäumung zulässig ist, wird eine Versäumung, welche in der Verschuldung eines Vertreters ihren Grund hat, als eine unverschuldete nicht angesehen.

Vgl. §§ 85, 233, 241, 274, 367, 528; EZP. 14. — Völlige Beseitigung der Restitution: Mot. BGB. 1[281 392]; E. 54[151]. — Verschulden: § 276 BGB. — Zwang, Betrug: § 580.

Vertr.: jeder Art, auch ZustBevollm., Boten; nicht Zustellbeamte, insbes. GVollz. bei vermittelt. Z., E. 10[362] 48[409] (VZS.); vgl. JW. 02[575] 03[383] u. § 235 Abs. 1. Empfänger bei Ersatzzustellg.: JW. 06[170]. — Abs. 2 ist nicht auf Minderj. oder WEins. beschränkt.

§ 233 (211). I Einer Partei, welche durch Naturereignisse oder andere unabwendbare Zufälle verhindert worden ist, eine Notfrist einzuhalten, ist auf Antrag die Wiedereinsetzung in den vorigen Stand zu erteilen.

II Hat eine Partei die Einspruchsfrist versäumt, so ist ihr die Wiedereinsetzung auch dann zu erteilen, wenn sie von der Zustellung des Versäumnisurteils ohne ihr Verschulden keine Kenntnis erlangt hat.

§§ 44 StPO.; 22, 92, 137 FGG.; **147 MStGO.**; Art. 22 EGHG.; **§§** 203 BGB.; 456 HGB.; Art. 1 HaftpflG. — Notfristen: § 223; Neulauf nach **§ 249** beachtlich.

Verhinderung der Partei: auch des Vertr., E. 3[421]. Eigenes Verschulden hindert die WE., E. 2[424] 3[420 435]; desgl. des Vertreters (§ 232), zB. Mangel der Begl. aus Verschld. des RA. Bloßer Mangel eigenen Verschld. genügt zu Abs. 1 nicht, S. 10[232]; Rechtsunkenntnis meist unentschuldbar (Mot. BGB. 1[281]; vgl. NSSt. 5[315]). Keine WE. gegen Vers. von Terminen, gewöhnl. oder Präklusivfristen; vgl. §§ 245, 247, 337 u. JW. 04[476]. — Unabw. Zufall (Abs. 1): Plötzl. Einsperrung, Erkrankung, Verkehrsunterbrchg., Verzögerung der Gerichtstätigkeit. insbes. bei Bewilligung des ArmenR. (E. 1[276] 14[82] 48[409] S. 10[232]), Schriftsatzbeseitigung durch RASchreiber (JW. 02[575]; vgl. aber NSSt. 5[360]), Nichtvorführung e. Verhafteten z. GSchr. trotz Meldung (JW. 00[469] SSt. 9[288]; vgl. SA. 51[295]), Verlust des Schriftsatzes beim GSchr. (ZZP. 31[519]), vorzeitiger Einlaufschluß (SA. 43[231]), Zugverspätung (E. 4[384]), aus der ZUrk. nicht erkennbare Fehler (E. 10[362]). Keine WE. bei chronischem Fußleiden, wenn früherer Weggang möglich (SSt. 1[261]); Schwerhörigkeit, wenn dem betr. GBeamten nicht mitgeteilt (SSt. 2[406]); Unkenntnis des gesetzl. RMittels (SSt. 7[312]); irriger Rechtsbelehrung durch den GSchr. (SSt. 8[234]; vgl. NSSt. 5[60]) oder GefWärter (SSt. 7[420]); Irrtum über den Einreichgs.- oder Verhandlgsort (SSt. 8[285] BGH. 1[330 385]); Wohnungsänderung ohne Anzeige an das Gericht oder sonstige Vorsorge für Nachsendung (SSt. 3[454] JW. 99[301]); geringes Kanzleiversehen, wenn Antragsteller grundlos bis zum letzten Augenblick gezögert (S. 11[36]), selbstverschldt. Verhaftg., zB. Strafvollzug (SA. 51[295]), Geldmangel (vgl. S. 2[132]); Krankheit des RA., wenn Substitution oder Ersatz durch Partei möglich (E. 2[424]). ArmenRGesuch 7 Tage vor Fristablauf rechtzeitig (JW. 01[837]), vgl. E. 17[389] S. 11[136]; keine Gerichtspflicht, alle anderen Sachen hierwegen hintanzusetzen (JW. 97[4] 05[115]). Gesuchsteller braucht nicht sofort zum RM. sich zu entschließen (JW. 04[238]), darf mit Gesuchsgenehmg., ordentl. Geschäftsgang u. sof. Zust. an Pflichtanw. rechnen (JW. 03[176]) braucht nicht vorsorgl. das RM. auf eigene Kosten einzulegen (S. 11[27]). Unterlassung der Kanzleikontrolle durch RA. ist Verschld., JW. 03[397]. — **Abs. 2** ist milder als Abs. 1, gilt insbes. für ErsatzZ. aller Art. Nichterkundigung über Terminsergebnis (R. 03[578]), Nichtobsorge für Nachsendung ist Verschld.; auch § 232 Abs. 2 gilt. Bei Kenntnis von Versll. während Einspruchsfrist ist Abs. 1 allein anwendbar, ebenso bei einseitig kontradikt. U., zB. in Ehes. (JW. 06[567]).

§ 234 (212). I Die Wiedereinsetzung muß innerhalb einer zweiwöchigen Frist beantragt werden.

II Die Frist beginnt mit dem Tage, an welchem das Hindernis gehoben ist; sie kann durch Vereinbarung der Parteien nicht verlängert werden.

III Nach Ablauf eines Jahres, von dem Ende der versäumten Notfrist an gerechnet, kann die Wiedereinsetzung nicht mehr beantragt werden.

Antragsinhalt, Nachholung der Prozeßhdlg.: § 236. — Abweichung: § 235. — Hemmung während der Ferien: § 223; Berechnung: § 187 Abs. 1 BGB. — Vgl. KO. § 165.

Abs. 1, 2. Keine Notfrist, sohin gg. deren Versäumung keine WE. (JW. 93[382] 97[4]). **Kenntnis (auch des Pflichtanwalts, E. 41[367]) oder Beginn des Verschuldens bei fortdauernder Unkenntnis** (§ 233 Abs. 2) **entscheidend,** E. 6[344]; Hören von öff. Z. genügt, JW. 05[25]. — **Abs. 3.** Diese Jahresfrist ist weder durch Parteiabmachung noch durch die Ferien beeinflußbar.

***§ 235** (213). I Die Wiedereinsetzung in den vorigen Stand gegen die Versäumung einer Notfrist ist der Partei auf Antrag auch dann zu erteilen, wenn spätestens am dritten Tage vor Ablauf der Notfrist das zur Wahrung derselben zuzustellende Schriftstück dem Gerichtsvollzieher oder, sofern die Zustellung unter Vermittelung des Gerichtsschreibers erfolgen soll, dem Gerichtsschreiber zum Zwecke der Zustellung übergeben ist.

II Das Gleiche gilt, wenn die Versäumung der Notfrist dadurch veranlaßt worden ist, daß das angefochtene Urteil den Prozeßbevollmächtigten des Gegners unrichtig bezeichnet.

III In den Fällen des Abs. 1 muß die Wiedereinsetzung innerhalb einer einmonatigen Frist nach Ablauf der versäumten Notfrist beantragt werden.

Übergabsvermerk: § 169. — Antragserleichterung: § 236. — Vgl. §§ 207, 233 Abs. 1 (zB. Zustellfehler).

Abs. 1. Der drittletzte Notfristtag ist gemeint (E. 7[317]) u. richtige Adresse (einschl. Straße u. Haus-Nr.) oder unverschuldete Unrichtigkeit vorausgesetzt (E. 16[364] S. 13[169]). — Ob die Z. gar nicht, oder rechtzeitig, aber falsch, oder verspätet, aber richtig erfolgte, ist gleichgültig: ebenso, ob der Zustellbeamte schuld oder der Mangel noch innerhalb der Notfrist bemerkbar oder beseitigbar gewesen, E. 11[375]; vgl. aber S. 12[250] (Nachprüfg.). — Beachtlich der Unterschied von § 207 Abs. 2, wo es auf den Tag der Zust. mitankommt u. die Fristwahrung kraft Gesetzes eintritt. — Einreichung: zur Terminsbestimmung; gleichbedeutend Erklärung z. GSchrProt. (S. 15[541]). Bestr., ob Verschleppung der instruktionsgemäß vom GVollz. zu fertigenden Abschriften hier Parteiverschulden. — Abs. 1 ist auf die durch Z. nicht wahrbaren Notfristen (zB. Revis., sof. Beschw.) unanwendbar. — **Abs. 2.** Vgl. §§ 313; fahrl. Unkenntnis hier unschädlich; WEFrist zwei Wochen. — Völlige Unterlassung der Angabe fällt unter § 176; „nicht vorhanden": ohne Verschld. unbekannt, E. 14[351] S. 11[501]. — Mängel in der Bezeichng. der Partei selbst oder des ges. V. sind kein WEGrund aus diesem §. — **Abs. 3.** Frist parteiseitig nicht änderbar (gem. M.); Kenntnis belanglos.

***§ 236** (214). I Die Wiedereinsetzung wird durch Zustellung eines Schriftsatzes beantragt. Derselbe muß enthalten:

1. die Angabe der die Wiedereinsetzung begründenden Tatsachen;
2. die Angabe der Mittel für deren Glaubhaftmachung;
3. die Nachholung der versäumten Prozeßhandlung oder, wenn diese bereits nachgeholt ist, die Bezugnahme hierauf; im Falle der Versäumung der im § 466 bezeichneten Notfrist auch die Ladung des Gegners zur Eidesleistung und zur weiteren mündlichen Verhandlung.

II Ist die Einlegung der sofortigen Beschwerde versäumt worden, so wird der Antrag auf Wiedereinsetzung durch Einreichung des Schriftsatzes bei Gericht gestellt. Die Einreichung kann sowohl bei dem Gerichte, von welchem die angefochtene Entscheidung erlassen ist, als auch bei dem Beschwerdegericht erfolgen.

III Im Falle des § 235 Abs. 1 kann die Wiedereinsetzung auch in dem für die mündliche Verhandlung bestimmten Termine ohne vorgängige Zustellung eines Schriftsatzes beantragt werden, wenn die Zustellung der Ladung zu dem Termin innerhalb der einmonatigen Frist nach Ablauf der versäumten Notfrist erfolgt ist.

Anwaltszwang: § 238; Vermittelung der Z.: § 166. — Revision: §§ 553; EZP. 7; Beschwerde: § 569. — Terminsbestimmung: § 214; vgl. zu Abs. 3 auch § 335 Nr. 3.

Abs. 1. Mangel in einem Punkte bewirkt Unzulässigkeit (JW. 93[305]). Nachschleppung nach Fristablauf ausgeschlossen, E. 16[368]; Spezialisierung: E. 38[387]. — Die Glaubhaftm. erfolgt erst im Termin; umfaßt auch den Zeitpunkt der Hindernisbehebung (E. 31[400]). — Im Falle des § 466 WE. auch nach Beendigung der Instanz, Begr. 100. — Die Notfrist selbst läuft nicht nochmals neu. — **Abs. 3.** Hauptfall: Kenntnis vom Mangel der Z. erst im Termin; nach Vertagung ist die WE. verloren, JW. 04[389].

§ 237 (215). Über den Antrag auf Wiedereinsetzung entscheidet das Gericht, welchem die Entscheidung über die nachgeholte Prozeßhandlung zusteht.

E. 42[367] (auch wenn es das RMittel ꝛc. bereits wegen Fristversäumnis als unzulässig verworfen hat). — Bei § 466 ist stets das ProzeßG. selbst zuständig.

§ 238 (216). I Das Verfahren über den Antrag auf Wiedereinsetzung ist mit dem Verfahren über die nachgeholte Prozeßhandlung zu verbinden. Das Gericht kann jedoch das Verfahren zunächst auf die Verhandlung und Entscheidung über den Antrag beschränken.

II Auf die Entscheidung über die Zulässigkeit des Antrags und auf die Anfechtung der Entscheidung finden die Vorschriften Anwendung, welche in diesen Beziehungen für die nachgeholte Prozeßhandlung gelten. Der Partei, welche den Antrag gestellt hat, steht jedoch der Einspruch nicht zu.

III Die Kosten der Wiedereinsetzung fallen dem Antragsteller zur Last, soweit sie nicht durch einen unbegründeten Widerspruch des Gegners entstanden sind.

Vgl. §§ 146, 547, 549. — Einstellung der ZwV.: §§ 707, 718, 775; Rechtskraftzeugnis: § 30 AGSchrG. — Kosten: §§ 26, 28 GKG.: 20, 29 RAGO.; vgl. §§ 102, 344; Schadensersatz: Bl. 60[360]; Beweislast für anderes Prozeßergebnis, Mitverschulden nach § 254 BGB. beachtlich; vgl. S. 15[541].

Prüfung der Formalien v. amtsw. Kein Recht des Gegners die Einlassung z. Hauptſ. zu weigern; vorlfg. Beschränkung nach Abs. 1 Satz 2 hindert nicht alsbaldige Mitentschdg. der Hauptſ. (JW. 95[200]). — Zulassungsform, soweit nicht mit der Hauptsacheentschdg. verbunden: ZwU. (nicht selbstdg. anfechtbar, E. 12[373]); im BeschwVerf. Beschluß. Abweisung stets EndU., gegebenenfalls VersU. (zB. WEAntrag u. Einspruch werden verworfen).

Fünfter Titel.

Unterbrechung und Aussetzung des Verfahrens.

***§ 239** (217). I Im Falle des Todes einer Partei tritt eine Unterbrechung des Verfahrens bis zu dessen Aufnahme durch die Rechtsnachfolger ein.

II Wird die Aufnahme verzögert, so können die Rechtsnachfolger zur Aufnahme und zugleich zur Verhandlung der Hauptsache geladen werden.

III Der die Ladung enthaltende Schriftsatz ist den Rechtsnachfolgern selbst zuzustellen. Die Ladungsfrist wird von dem Vorsitzenden bestimmt.

IV Erscheinen die Rechtsnachfolger in dem Termine nicht, so ist auf Antrag die behauptete Rechtsnachfolge als zugestanden anzunehmen und zur Hauptsache zu verhandeln.

V Der Erbe ist vor der Annahme der Erbschaft zur Fortsetzung des Rechtsstreits nicht verpflichtet.

Tod des gef. Vertr.: **§ 241**; des RA.: § 244; Ausnahme beim Vorhandensein e. ProzBev.: § 246; Tod e. Richters: § 245. — Nachlaßkonk., Nachlaßpflegsch.: § 243; Nachlaßverwltg.: § 241. — Wirkung: § 226; freiw. Aufnahme: § 227. — Verjährung, Ersitzung: §§ 211, 941 BGB.; E. 22[354]. — Armenrecht: § 122; Vollmacht: § 86; Aufforderg. z. Anwaltsbestellg.: § 215. — Jur. Personen: § 241; RNachf. unter Lebenden: § 265; ZwVollstr.: §§ 727 ff., 750, 779 ff. — Ladungsfrist: § 226. — Kosten: §§ 26, 47, 93, 94 GKG.; 20, 29 RAGO.; vgl. §§ 93, 94.

Prozeßstillstand durch Unterbrechung (kraft Gesetzes), Aussetzung (Gerichtsbeschluß), Beruhen (zufolge Vereinbarung oder Ausbleiben). Rechtshgk. ist vorausgesetzt (JW. 95[324]); auch auf selbstdg. Verf. mit fak. mV. (E. 30[410]), Kostenfestſ. (RO. 7[285]), Mahnverf. anwendbar (gem. M.), nicht auf SchiedsG. (E. 62[24]), gewöhnl. Streitgen. (JW. 93[342]). — **Abs. 1.** Tod: auch Todeserkl. Partei: auch Firmenalleininhaber; bei P. kraft

Amts (zB. KonkVerw.) bestr. Vorhandensein e. ges. V. hindert Unterbr. nicht. RNachf.: auch Lehen, Fideikommiß (E. 26[141] 45[362]); nicht Vermächtnis (BGB. § 2174), Erbschaftskauf (BGB. § 2371; S. 12[245] NS. 6[577]), Versicherung für Dritten (E. 54[94]). — **Abs. 2.** Verzögerung: § 121 BGB.; S. 11[463]. — Der Gegner des Verstorbenen kann nicht selbst aufnehmen, sondern nur durch Ladg. die RNachf. zur Aufn. zwingen; letztere können bis zur fiktiven Aufn. nach Abs. 4 freiwillig in der Form des § 227 aufnehmen. — **Abs. 3.** Ersatzzust. möglich: keine Zust. an ProzBev. oder ZustBev.; anders § 246. — Die Unterbr. trifft bis zur Zustellung des Urt. einschließl. die Unterinstanz, von da ab die Oberinst., E. 27[357] 40[369] NS. 1[595]. War die RMittelfrist unterbrochen, so ist die Einlegung des RM. mit der Ladung zur Aufn. zu verbinden, E. 27[357]. Aufnahme aber auch nötig, um die Urteilszust. zwecks ZwV. zu ermöglichen (E. 39[398]) oder nur den Neulauf der unterbr. RMFrist herbeizuführen, E. 40[369]; letzterenfalls ist das RMGericht zuständig (JW. 05[373] Bl. 62[386]). Beachtlich der Unterschied hinsichtl. des Todes des RA. während RMFrist nach § 244 mit E. 44[366]: praktisch beschränkt § 246 die Unterbr. nach § 239 auf den Parteiprozeß: formell gilt sie auch für den Anwaltsprozeß (zB. Tod des Bekl. während Einspruchsfrist). — **Abs. 4.** Beim Ausbleiben der RNachf. gilt die RNachf. selbst als zugestanden u. ergeht TotalVersU. (gem. M.); der Einspr. trifft dann auch die RNachf. als Zwischenpkt. Ob die Hauptś. fortsetzbar, entscheidet das Zivilrecht; vgl. §§ 628, 640, 641; desgl. ob Einzelaufn. möglich (vgl. S. 11[463] RO. 7[278]). Verneinung der Fortsetzbarkeit ist EndU., E. 32[428]; keine Prüfung der RNachf. v. amtsw.; Rubrum: E. 7[333]. Handelt es sich nur um Herbeiführung der RKr., so ergeht VersU. auf Erkl. der Aufn., E. 58[202] (als ZusatzU. nur mit Hauptурteil anfechtbar, JW. 06[430]). — Bleibt der Ladende aus, so kann der RNachf. bei Bestr. seiner Aufnahmepflicht nur VersU. auf Abwsg. der Aufn. (Unzulässigkeit) verlangen, andernfalls aber unter Erkl. der Aufn. TotalVersU. — Bei kontradikt. Verhdlg. über die RNachf. ist deren Verneinung stets EndU. (E. 45[406]); deren Bejahung erfolgt in den Gründen des EndU. oder durch nicht selbstdg. anfechtb. ZwU. (E. 54[122]); wegen des kontradikt. ZusatzU. vgl. E. 40[369] 58[202]. Beachtl., daß die Bestreitg. der RNachf. bei freiw. Aufn. auch vom Gegner ausgehen kann: Kosten trägt bei Abwsg. der angebl. RNachf. — Hat ein vermeintl. RNachf. den Prozeß in II. J. gebracht, so tritt der wirkliche RN. gleichwohl in I. J. ein, E. 45[359]. — **Abs. 5** gilt für Aktiv- u. Passivprozesse u. entspricht dem § 1958 BGB.; Aufnahme muß als Erbschaftsannahme gelten. Nach der Annahme kommen nur mehr §§ 305, 778 ff. in Betracht, soweit es sich um Nachlaßpassiva handelt.

§ 240 (218). Im Falle der Eröffnung des Konkurses über das Vermögen einer Partei wird das Verfahren, wenn es die Konkursmasse betrifft, unterbrochen, bis dasselbe nach den für den Konkurs geltenden Bestimmungen aufgenommen oder das Konkursverfahren aufgehoben wird.

Eröffnung, Aufhebung: §§ 108 ff., 163, 202, 205 KO.; Aufnahme: §§ 10 bis 12, 133, 144, 146 KO.; 13 Anf. Beachtlich der Unterschied zwischen Proz. über die Aktivmasse u. die Passivmasse (vgl. JW. 06[430]): Proz. über bestr. Konkursforderungen kann nur der betr. Gläubiger, nicht der Verwalter aufnehmen (E. 16[351]); vgl. § 152. — Überleitung des UrkProz.: § 596; Antragsänderung: § 268. — Aufnahmeform: §§ 10 KO.; 239, 250. Nebenintervention: § 65. — Nachlaßkonkurs: § 243. — Kosten: § 11 Abs. 2

KO.; vgl. § 91 mit E. 58[371]. Nach Aufn. durch den Verwlt. sind auch die früheren Kosten in der Regel Masseschulden (JW. 94[56]); bei § 146 KO. bestr. (vgl. ZR. 06[245]).

Diese U. trifft insbes. Aussonderungs-, Absonderungs-, Masseanspr., Konkursaktiva u. -passiva, auch Löschungskl. (E. 60[250]), Widersprkl.; sie tritt trotz Prozeßvollm. ein, hindert nicht Fortsetzung der ZwV. nach Erlangung e. Absonderungsrechts (KO. §§ 14, 128), endet bei Aufhbg. des K. schon mit Bekanntmchg. (S. 16[192]). — Keine U., wenn der Kläger ausdrücklich Befriedigung nur außerh. der Masse begehrt (E. 25[17]; vgl. JW. 94[172]), der Verw. die Streitsache freigibt (JW. 05[181]) oder der Prozeß nicht die Masse betrifft (SA. 50[69]); ausld. K. unbeachtlich (E. 16[337]; vgl. E. 54[193]). Wegfall der U. mit Feststllg. im Konk.: E. 39[382]; Einspruchsverzicht des Verwlt. ohne Aufn.: E. 45[324]. Bei massefremden Proz. auch keine U. im Kostenpkt. allein (aM. JW. 05[130]). — Nach Beendigg. des K. tritt der GSchld., soweit sachl. legitim., ohne weiters als Partei ein, E. 47[372]; Anf-Proz. des Verwlt. sind alsdann nur im Kostenpkt. fortsetzbar, E. 32[428] 52[334] 58[371] (Sachstand vor Konkursende maßgbd.).

*§ **241** (219). I Verliert eine Partei die Prozeßfähigkeit oder stirbt der gesetzliche Vertreter einer Partei oder hört die Vertretungsbefugnis desselben auf, ohne daß die Partei prozeßfähig geworden ist, so wird das Verfahren unterbrochen, bis der gesetzliche Vertreter oder der neue gesetzliche Vertreter von seiner Bestellung dem Gegner Anzeige macht, oder bis der Gegner seine Absicht, das Verfahren fortzusetzen, dem Vertreter anzeigt.

II Diese Vorschrift findet entsprechende Anwendung, wenn eine Nachlaßverwaltung angeordnet wird.

Prozeßfähigk., ges. Vertr.: §§ 51 ff. — Anzeige: § 250. — Kein Prozeßbehelf gegen Verzögerung der Vertreterbestellung; vgl. §§ 50, 19 FGG., 4 VormO.; § 57 nicht anwendbar. — Ausnahme bei Prozeßvollmacht: § 246; Nachlaßpflegschaft: § 243. — Gilt auch im Parteiprozeß.

Abs. 1. Hierher zB. Geisteskrankh. der Partei, Tod, Entlassung des Vormunds (vgl. §§ 1886, 1893 BGB., 16 FGG.); nicht Heirat, Großjährk. der Partei (JW. 05[532]), Tod e. von mehreren ges. V. (JW. 98[280]), Weigerung der Vormundsbestellung durch das VormG. (E. 33[412]), Prozeßunfähigk. vor Klagestellung (E. 18[384]). Entspr. Anwdg. auf Erlöschen amtl. Mandats: BGH. 13[180]. — Fusion von AktienG., Gemeinden fällt analog unter § 236: JW. 04[120] ZR. 06[17]; vgl. §§ 45 ff., 88 BGB.; anders bei Liquidation. Wegen Auflösung der off. HG. vgl. E. 34[362] 45[340] 46[42] (Fortsetzg. für u. gegen die Gesellschafter persönl.), 47[18] 49[419] [425] JW. 03[389] mit § 156 HGB.; Aufl. v. Vereinen: § 49 BGB.; § 67 PrVersG.; Art. 2 ÜG.; 30 Bay. G. v. 29. April 1869. — **Abs. 2** hindert den Erben über § 53 hinaus am Weiterbetrieb e. begonnenen RStreits bis zum Eintritt des NachlVerw. (BGB. §§ 1975, 1984); der PrBev. des Erben kann nur noch für ersteren handeln.

§ **242.** Tritt während des Rechtsstreits zwischen einem Vorerben und einem Dritten über einen der Nacherbfolge unterliegenden Gegenstand der Fall der Nacherbfolge ein, so finden, sofern der Vorerbe befugt war, ohne Zustimmung des Nacherben über den Gegenstand zu verfügen, hinsichtlich der Unterbrechung und der Aufnahme des Verfahrens die Vorschriften des § 239 entsprechende Anwendung.

§§ 326; BGB. 2212 ff., 2139 ff. — Zweck: Eintritt des Nacherben in den Prozeß, obwohl nicht RNachf. — Unanwendbar auf Nachlaßpassiven, auf Sachen, die der Verfügung des Vorerben entzogen sind und auf Güterstandsänderungen. — Ausnahme bei Prozeßvollmacht: § 246.

***§ 243** (220). Wird im Falle der Unterbrechung des Verfahrens durch den Tod einer Partei ein Nachlaßpfleger bestellt oder ist ein zur Führung des Rechtsstreits berechtigter Testamentsvollstrecker vorhanden, so kommen die Vorschriften des § 241 und, wenn über den Nachlaß der Konkurs eröffnet wird, die Vorschriften des § 240 in Betreff der Aufnahme des Verfahrens zur Anwendung.

§§ 327, 748, 778 ff.; BGB. 1960 ff., 2212 ff. — Ausnahme bei Prozeßvollmacht: § 246 (nicht bei Nachlaßkonkurs).

§ 244 (221). I Stirbt in Anwaltsprozessen der Anwalt einer Partei oder wird derselbe unfähig, die Vertretung der Partei fortzuführen, so tritt eine Unterbrechung des Verfahrens ein, bis der bestellte neue Anwalt von seiner Bestellung dem Gegner Anzeige macht.

II Wird diese Anzeige verzögert, so kann die Partei selbst zur Verhandlung der Hauptsache geladen oder zur Bestellung eines neuen Anwalts binnen einer von dem Vorsitzenden zu bestimmenden Frist aufgefordert werden. Wird dieser Aufforderung nicht Folge geleistet, so ist das Verfahren als aufgenommen anzusehen. Bis zur nachträglichen Anzeige der Bestellung eines neuen Anwalts können alle Zustellungen an die zur Anzeige verpflichtete Partei, sofern diese weder am Orte des Prozeßgerichts noch innerhalb des Amtsgerichtsbezirks wohnt, in welchem das Prozeßgericht seinen Sitz hat, durch Aufgabe zur Post (§ 175) erfolgen.

Tod der Partei: § 239; des ges. V.: § 241. — Unbekanntheit des Aufenthalts: § 178; Kündigung: § 87; Kollektivvollmacht: § 84. — Vgl. §§ 78 ff., 233; EZP. 8 (Bl. 63[36]); RAO. §§ 21 bis 24, 63, 96; StGB. 31, 33, 35; BGB. 121. — Bei Armensachen Neuaufstellung: § 115. — Wirkung: § 249; Beendigung: § 250. — Kosten: § 91 Abs. 2.

Abs. 1. Unfähig: nur, wenn nicht mehr RA., zB. Zulassungsaufgabe (Löschungstag, E. 19[401]); nicht tatsächl. Verhinderung, zB. Verhaftung, Erkrankung (ZZP. 18[141]), weil Stellv. v. amtsw. möglich (§ 25 RAO.). Hierher nur Wegfall aller bestellter RA. der Instanz (E. 44[358]); nicht bei Selbstvertretung (Bl. 60[60]), nach Zustellung des kontrad. Instanzurteils (E. 13[310]; RMZust. an Partei selbst!) oder im Parteiprozeß. — Abs. 2. Bloße Auffordg. z. neuer AnwBest. nur praktisch, wenn keine mV. mehr nötig, zB. Tod des RA. während Verkündungsfrist, RO. 9[170]; sonst Ladung nach § 239 Abs. 2 ff. — Während Unterbr. ist Zust. im Parteibetrieb (E. 19[394]) oder an den RA. der Vorinstanz unwirksam (JW. 05[178]). — Postaufgabe (Satz 2) nur nach Fristsetzung (bestr.)

§ 245 (222). Hört infolge eines Krieges oder eines anderen Ereignisses die Tätigkeit des Gerichtes auf, so wird für die Dauer dieses Zustandes das Verfahren unterbrochen.

Wirkung: § 249; Beendigung kraft Ges. (bestr.); amtl. Bekanntmachung sachgemäß. — Parteibehinderung: § 247. — Gerichtsaufhebung: § 263; Gerichtsbestimmung: § 36. — Verjährung: § 203. — Wiedereinsetzung: § 233. — Hierher zB. Gerichtsbrand; nicht Tod des Einzelrichters, wenn für alsbald. Stellvertr. (auch von auswärts) gesorgt.

***§ 246** (223). I Fand in den Fällen des Todes, des Verlustes der Prozeßfähigkeit, des Wegfalls des gesetzlichen Vertreters, der Anordnung einer Nachlaßverwaltung oder des Eintritts der Nacherbfolge (§§ 239, 241, 242) eine Vertretung durch einen Prozeßbevollmächtigten statt, so tritt eine Unterbrechung des Verfahrens nicht ein; das Prozeßgericht hat jedoch auf Antrag des Bevollmächtigten, in den Fällen des Todes und der Nacherbfolge auch auf Antrag des Gegners die Aussetzung des Verfahrens anzuordnen.

II Die Dauer der Aussetzung und die Aufnahme des Verfahrens richtet sich nach den Vorschriften der §§ 239, 241—243; in den Fällen des Todes und der Nacherbfolge ist der die Ladung enthaltende Schriftsatz auch dem Bevollmächtigten zuzustellen.

Tod des ges. V.: § 241; des ProzBev.: § 244; auf Konkurs (§ 240) unanwendbar, auf Parteiprozeß anwendbar. — Vollmacht: §§ 86, 88; beachtlich das Substitutionsrecht nach § 81. — Entschdgsform: Beschluß (§ 248); Rechtsmittel: § 252; Beendigungsverf.: E. 58[203].

Ein PrBev. der betr. Instanz ist gemeint, E. 44[358]. In den Fällen der §§ 239, 242 ist die A. auf Antrag des Gegners auch noch nach mV. mit dem RNachf. zulässig (E. 36[403] 46[380] RS. 1[457]). Auch ohne A. darf das EndU. nicht auf „unbekannte RNachf." lauten (JW. 99[31]) u. kann die Sachlegitim. bestritten werden, E. 50[362]. Der Bekl. hat ein erhebl. Interesse an Vorlegung des Erbscheins wegen BGB. §§ 2365 ff., vgl. 94; meist Antragsänderung (§ 268) nötig.

§ 247 (224). Befindet sich eine Partei zu Kriegszeiten im Militärdienste oder hält sich eine Partei an einem Orte auf, welcher durch obrigkeitliche Anordnung oder durch Krieg oder durch andere Zufälle von dem Verkehre mit dem Prozeßgericht abgeschnitten ist, so kann dasselbe auch von amtswegen die Aussetzung des Verfahrens bis zur Beseitigung des Hindernisses anordnen.

Vgl. §§ 14, 15, 174, 201; MenschenseuchenG. 14; JMBl. 70[444]. — Verfahren: § 248; Wirkung: § 249 (nur für Einzelprozeß). Gerichtsbeschluß (bestr.) — Gerichtsverhinderung: § 245; Wiedereinsetzung: § 233. — Kriegszeiten: weiter als Mobilmachung oder Kriegszustand; sonstige Beisp.: Überschwemmung, Eisenbahnunfall, nicht weite Entfernung schlechthin. A. hier trotz Vertretung statthaft (zB. Eid).

§ 248 (225). I Das Gesuch um Aussetzung des Verfahrens ist bei dem Prozeßgericht anzubringen; es kann vor dem Gerichtsschreiber zu Protokoll erklärt werden.

II Die Entscheidung kann ohne vorgängige mündliche Verhandlung erfolgen.

Kein Anwaltszwang: vgl. § 1 AGSchrG. — Zustellung: § 329: Beschwerde: § 252. — Feststellg. der Unterbr.: E. 14[338] (Beschluß). — Kosten: §§ 47, 80a GKG.; 20, 29 RAGO.

Schluß der Unterinstanz mit der UrtZust.; später ist das OberG. zuständig, auch wenn kein RMittel eingelegt wird, E. 40[369] 60[122] S. 16[345]. — Die Auss. wirkt ab Beschlußzust. (E. 62[27]) unter Beschränkg. auf die Instanz, E. 16[335]. — § 148 erfordert mV., E. 40[373].

§ 249 (226). I Die Unterbrechung und Aussetzung des Verfahrens hat die Wirkung, daß der Lauf einer jeden Frist aufhört und nach Beendigung der Unterbrechung oder Aussetzung die volle Frist von neuem zu laufen beginnt.

II Die während der Unterbrechung oder Aussetzung von einer Partei in Ansehung der Hauptsache vorgenommenen Prozeßhandlungen sind der anderen Partei gegenüber ohne rechtliche Wirkung.

III Durch die nach dem Schlusse einer mündlichen Verhandlung eintretende Unterbrechung wird die Verkündung der auf Grund dieser Verhandlung zu erlassenden Entscheidung nicht gehindert.

Beginn: § 248; Beendigung: § 250. — Vgl. auch § 223; KKG. Art. 11; § 91 GKG.

Abs. 1, 2. Diese Wirkungen treten kraft Gesetzes auch bei Unkenntnis der Parteien oder des Gerichts ein (E. 19[349]), sind aber verzichtbar (E. 51[97], ausgen. Notfristen: E. 14[334]) u. jedenfalls nur durch die gewöhnl. Rechtsbehelfe verfolgbar. — Anstehende Termine fallen nicht von selbst weg (JW. 04[363] SA. 43[232]); uneigentl. Fristen, innerer Geschäftsbetrieb zB. Abschriften bleiben unberührt; im übrigen sind auch Gerichtsakte, zB. Kostenfestf. unwirksam, RO. 7[285]. — Keine Ausdehnung auf gewöhnl. Streitgen., RG. 1[457]. — **Abs. 3** ist auf Auss. (u. Ruhe) nicht anwendbar, E. 30[374]; Zustellg. auch bei Unterbr. wirkungslos, E. 25[17], sohin meist Notfristbeginn gehindert; vgl. aber E. 38[409].

§ 250 (227). Die Aufnahme eines unterbrochenen oder ausgesetzten Verfahrens und die in diesem Titel erwähnten Anzeigen erfolgen durch Zustellung eines Schriftsatzes.

Fristbestimmung: § 244; Zustellung: §§ 239, 244, 246; Vollmacht: § 86; Niederlegung e. Abschrift: § 133; Amtsgericht: § 502. — Fingierte Aufnahme: § 239 Abs. 4; Beseitigung des Aussetzungsbeschl.: § 252. Kosten: §§ 26 GKG.; 20[2] RAGO.

Form verzichtbar; Erklärung in mV. genügt, E. 52[347]. Ladung an sich nicht geboten; Ausnahmen: §§ 239, 242; KO. 10; AnfG. 13. — Anzeige an das Gericht, Zust. e. Urteils genügt nicht (E. 30[409] 41[405]), wohl aber Ladung als Anzeige (JW. 04[238]); Verbindg. mit sonstigem Schriftsatz statthaft, E. 16[334]. Mit der Zustellung ist der Stillstand beendet; Prüfung der RNachf.: §§ 239, 246. — Auch im fakult. Verf. erfolgt die Aufn. durch Schriftsatzzust., selbst wenn mV. nicht angeordnet, E. 30[410] (Beschw.); vgl. bzgl. Revision JW. 06[32].

§ 251 (228). I Die Parteien können vereinbaren, daß das Verfahren ruhen solle. Die Vereinbarung hat auf den Lauf der Notfristen keinen Einfluß.

II Erscheinen in einem Termine zur mündlichen Verhandlung beide Parteien nicht, so ruht das Verfahren, bis eine Partei eine neue Ladung zustellen läßt.

Vgl. §§ 510, 610; GewGG. §§ 39, 43; KfmGG. § 16. — Sonstige Fristen: § 249; Protokoll: § 159; Rechtshängk.: §§ 263, 267; Verjährung, Ersitzung: BGB. §§ 211, 777, 942; vgl. E. 32[356]. — Schriftl. Vertagungsantrag: § 227. — Fortsetzung: Neuladung, Anzeige an das Gericht. — Akten u. Register (Weglegung nach einem Jahre, Neueintragung): §§ 77, 79, 87 AGSchrG.; 14, 28, 34 LGSchrG.; 6 OLGSchrG. — Kosten: §§ 123; GKG. 93, 94; RAGO. 85; KJ. 29 (Vorschuß). Keine Strafgebühr: BlEB. 5[9].

Abs. 1. Vereinb. formlos, auch auf unbestimmte Zeit, NS. 6[217]; einseit. Anzeige an das Gericht unbeachtlich. Auf Bestr. beschlußmäßige Verbescheidg., E. 49[349]; Beschwerde: § 252. — Prozeßakte unter Verletzung der Ruhe sind unwirksam, §§ 249, 580; E. 49[349] (insbes. Beweisaufn., notfristeröff. Zustllg.). Vertagte Verhdg. wird durch beiders. schriftl. Ruheanzeige gehemmt (E. 30[374]); gleichwohl gilt § 156 u. wird nach Beendigung der Ruhe lediglich neuer Verhdgstermin angesetzt. — **Abs. 2.** Nichterscheinen (auch Unterlassung der Antragstellung, JW. 84[174]) hindert eine beabsicht. Vertagung v. amtsw.; wichtig bei öff. Zust. — Auf Termine zur fakult. mV., Verhdg., Beweiserhebg. ist Abs. 2 unanwendbar.

§ 252 (229). Gegen die Entscheidung, durch welche auf Grund der Vorschriften dieses Titels oder auf Grund anderer gesetzlicher Bestimmungen die Aussetzung des Verfahrens angeordnet oder abgelehnt wird, findet Beschwerde, im Falle der Ablehnung sofortige Beschwerde statt.

Vgl. §§ 148, 567 ff. — Aufhbg. v. amtsw.: §§ 150, 225. — Beschwerdewert = Streitwert, E. 40[416] NS. 5[164].

Keine A. aus anderen als ausdrückl. im Gesetz genannten Gründen (E. 3[402] 18[385]), insbes. nicht zur Information oder Beweisbeischaffung (§ 356); A. im ZwVVerf.: S. 11[707]. Ablehnung der Urteilsfällung: § 335; E. 39[392]. — Beschw. stets zulässig, wo (gewollt oder nicht) die Wirkungen e. A. tatsächlich eingetreten, E. 32[429]; auch noch nach Erlassung (vor RKraft) des Instanzurteils möglich (E. 36[401]), jedoch in den Fällen der §§ 148, 149 gegenstandslos (arg. v. „Verhdlg."), E. 29[340]. Sof. Beschw. auch, wenn die A. erst in der BeschwdInstanz abgelehnt (Bl. 58[308]), sowie bei gerichtl. Verneinung der Unterbrechung oder Ruhe, E. 14[333] 25[415] 49[349]. Keine Rückwirkung der Aufhbg.

Zweites Buch.
Verfahren in erster Instanz.

Erster Abschnitt.
Verfahren vor den Landgerichten.

Erster Titel.
Verfahren bis zum Urteil.

§ 253 (230). I Die Erhebung der Klage erfolgt durch Zustellung eines Schriftsatzes.

II Derselbe muß enthalten:

1. die Bezeichnung der Parteien und des Gerichts;
2. die bestimmte Angabe des Gegenstandes und des Grundes des erhobenen Anspruchs, sowie einen bestimmten Antrag;
3. die Ladung des Beklagten vor das Prozeßgericht zur mündlichen Verhandlung des Rechtsstreits.

III In der Klageschrift soll ferner der Wert des nicht in einer bestimmten Geldsumme bestehenden Streitgegenstandes angegeben werden, wenn die Zuständigkeit des Gerichts von diesem Werte abhängt.

IV Außerdem finden die allgemeinen Bestimmungen über die vorbereitenden Schriftsätze auch auf die Klageschrift Anwendung.

Besond. Klageerfordern.: §§ 587, 593, 604; GBG. 102; vgl. auch § 168. Erhebung der Widerkl.: §§ 280 ff.; AmtsG.: §§ 500, 510. — Wirkungen der Klagserhebung: §§ 263 ff. — Beiladungspflicht: §§ 63, 666. — Ladungsform: § 214; Auff. z. Anwaltsbestellung: § 215; Unterschrift: § 130. — Streitwertsangabe ohne Rücks. auf Zustdk.: § 14 GKG.

Zu unterscheiden Kl. auf Leistung, Feststellung, Bewirkung (sog. konstitutive Urt.) — Ordnungswidr. Klagerhebung führt zur Abwsg. durch EndU.; kein VersU. gegen den Bekl., E. 22[419]. Rüge (exc. libelli inepti) im Umfang des § 295 verzichtbar, E. 49[376]; Verweig. der Einlassung auf Gefahr des Bekl., E. 55[309]. — Gebrauch des Wortes „Klage" nicht geboten; wenn aber ausdrücklich als „Berufung" eingereicht, keine Umdeutung in Kl., E. 22[420]. — Inhaltsmängel durch nachträgl. Zustllg. des fehlenden Punkts allein ergänzbar (bestr.); damit wird die Kl. aber nicht ex tunc wirksam (aM. E. 49[376]). Wird nach der Rüge vertagt, statt EndU. erlassen, so hat der Bekl., wenn inzwischen das Fehlende wirksam nachgeholt ist, kein Recht auf Abwsg. mehr, E. 22[421] (Mehrkosten trägt Kläger), 44[350]. — **1. Rubrum.** Partei: §§ 18, 50, 130, 313, 750, 829; unzulässig: „u. Gen., Relikten" u. dgl.; bzgl. fiskal. Station statt Ärar vgl. ZR. 05[120] JW. 05[201] 06[382 394]. — Auch die Adresse des Klägers einschl. Vorname (insbes. bei Ehefrauen) ist so genau anzugeben, daß Zust. v. amtsw. sowie die Vorschußeinhbg. ungehindert möglich. — Die frühere Streitfrage wegen Verklagbarkeit der Firma ist durch § 17 Abs. 2 HGB. (vgl. § 15a GewO.) nur scheinbar beseitigt; denn nach wie vor „ist" man nicht eine Firma, sondern man „hat" oder führt nur eine solche (RG. 4[931]) u. ist die Aufdeckung des Inhabers oder der Gesellschaftsart zwecks Prüfung der Zustellung, ges. Vertr., Vollmacht, RNachf., behufs Eidesauflage (Wahrheits- oder Glaubenseid) u. ZwV. Amtspflicht gemäß § 56; vgl. BZ. 97[170]; Staub HGB. § 17; GBOA. § 261; E. 54[15] JW. 05[158] JMBl. 63[53] EH.; zu mild E. 41[407]. — Der ges. Vertr. braucht nicht schon in der Kl., muß aber im Urteil (auch VersU.) benannt sein, E. 2[393] (§ 335). Substitution des richtigen ges. V. nachträglich zulässig; irreführend: gegen N. als ges. V. des M." — Einführung e. neuen, Zutritt e. weiteren Hauptpartei unzulässig, Abwsg. durch Urteil, E. 58[250]; milder E. 60[418] (§ 264 anwendbar). — Gericht: § 102 GVG. (KfHS.); keine Angabe der Gerichtsabteilung, außer bei räuml. Trennung (vgl. die Noten zu § 274 u. GVG. § 23 (AG. München I). — **2. Klagegrund** (causa expressa prox.) bei dingl. Kl. Erwerbsart, Besitz oder Recht (Mot. BGB. 3[429]; E. 10[434] 11[239] 49[205] S. 11[504]); die näheren Erwerbsumstände sind nachtragbar, S. 5[928]; Aktiv-, Passivlegitim. gehört zum Klagegrund (Bl. 49[346]). Anführung der Kompetenztatsachen sachgemäß: desgl. Genehmigung des VormG. u. dgl. — Bei gegens. Verträgen (zB. Kauf) braucht die Erfüllung nicht schon in der Kl. behauptet zu sein (§ 322 BGB.; JW. 04[90]); Beisatz „Zug um Zug" erst auf bekl. Einrede (vgl. § 331). „Rest, Saldo" allein ist außer bei echtem Kontokorrent (§ 355 HGB.) kein genügender Klagegrund, Bl. 63[518] EB. 4[372]; die gewöhnl. Buchsauszüge beginnen oft mit „Rest" oder enthalten vage Angaben, zB. „bar" im Debet. — Substantiierung von Scheidungskl.: § 451; JW. 03[386]. Zeit u. Ort: § 264 Note; Auslagen sind zu belegen oder erkundigbar zu spezifizieren; bei Anwaltskosten § 86 RAGO. zu beachten (S. 15[515]). — Rechtsdarlegungen sind außer § 293 nicht notwendig (E. 11[243] S. 14[296]). — **3. Antrag** im Kostenpunkt entbehrlich (§ 308); muß hinsichtl. der vorl. Vollstreckb. nach § 335 mitgeteilt sein (E. 31[404]); muß ersehen lassen, ob auf Leistung oder Feststllg. gerichtet (E. 10[355]); letzterenfalls genügt Angabe des RVerh., E. 12[388] 21[387]. — Bestimmtheit: Vollstreckb. (R. 06[891]): nicht bloß Erkennb. für den Bekl. (gem. M.); Sachgesamtheit: E. 12[338]; scheinbare Ausnahme bei der Negatoria, die nicht der Angabe jeder einzelnen Abhilfemaßregel bedarf (E. 40[184] S. 16[330]); „Lärmminderung auf erträgl. Maß" genügt, S. 14[175]. Ungenügend: Herausgabe „diverser" Briefe, „alles" Materials zu e. Schriftwerke (JW. 97[448]); wegen der Identifizierung vgl. § 883. Angabe der akt. u. pass. streitgen. Anteile (JW. 04[357]), andernfalls Kopfteile (JW. 98[7]); Reichswährung: § 313. Bei Zinsen reicht Angabe des Zinssatzes u. Beginns; bei Grundstücken genügt die grundbuchm. Bezeichnung. — Anfechtungsantrag: § 9 AnfG., E. 56[145] S. 11[267]; Alimentenkl.: Bl. 66[243] 69[432]; Erbschaftsauseinandersetzg.: Gr. 49[32]; vgl. § 747. Unl. Wettbewerb: Bl. 61[362]. Anfkl. der Aktionäre: JW. 03[390]; Wandelung: E. 58[423] 59[98] Bl. 70[585]. Teilungskl.:

§ 752 BGB. (im Zweifel primär auf Herausgabe der Naturteile, ev. Duldung des Verkaufs). — Bei Alternativanträgen ist Wahlrecht anzugeben, sonst gilt Wahl des Bekl. als minus (E. 10[356]). — Primär bedingte Anträge sind unzulässig (bei WKl. bestr., E. 21[220] 58[254] 59[409]); desgl. Antr. mit widerspr. Begr. — Eventualanträge sind zulässig (E. 18[385] SA. 42[160]); bestr., inwieweit widerspr. Begr. hierbei gegenüber den primären Behptg. möglich. Zweifellos darf primär Anerkanntes nicht ev. wieder bestritten werden; zulässig primär Simulation, event. Anfechtung; nicht umgekehrt, S. 8[117]; solchenfalls gilt nur der primäre Antrag. Behandlung des primären Antrags, wenn nur der event. begründet: §§ 301, 537. — Vorbehalt der Bezifferung in e. gesonderten oder auch im näml. Proz, („salva liquid.“) ist jedenfalls zulässig hinsichtl. accesſ. Schäden (§ 4); die Ziffer muß aber, sobald feststehend, jedenfalls vor dem Urteil angegeben werden (NS. 2[463]). Im Uebrigen aber ist, insbes. bei prinzipalen Schadenansprüchen e. Klage ohne Ziffer nur nach § 256 zulässig, sohin als FKl., E. 21[382] (VZS.) 23[346] S. 14[401] NS. 1[552]. Davon zu unterscheiden sind ZwU. nach § 304; diese setzen Angabe der Schadensziffer in der Klage voraus. Auch bei Schmerzensgeld u. dgl. kein Antrag ohne Ziffer statthaft; vgl. 331; Grenzscheidungskl. erfordern genauen Grenzvorschlag (Plan!), S. 5[72] 12[267].

§ 254. Wird mit der Klage auf Rechnungslegung oder auf Vorlegung eines Vermögensverzeichnisses oder auf Leistung des Offenbarungseides die Klage auf Herausgabe desjenigen verbunden, was der Beklagte aus dem zu Grunde liegenden Rechtsverhältnisse schuldet, so kann die bestimmte Angabe der Leistungen, welche der Kläger beansprucht, vorbehalten werden, bis die Rechnung mitgeteilt, das Vermögensverzeichnis vorgelegt oder der Offenbarungseid geleistet ist.

Vgl. §§ 888, 889; BGB. §§ 259, 260; auch HGB. § 91 und Ehegewinnsausgleich nach Art. 83 ÜG. hierher, desgl. Auskunft (E. 53[252]); bzgl. HGB. §§ 118, 166 bestr. — Ausnahme von § 253, Abſ. 2 Nr. 2 hinsichtl. Bezifferungsvorbehalt. VersU. zunächst nur über Rechnungspflicht ꝛc (oblig. TeilU., RO. 12[271]), Bl. 65[463]; kein ZwU. über den Anspruchsgrund, E. 58[57] 61[406]; kein SchlußU. ohne Bezifferung, Bl. 70[96]. Keine Bindung des Kl. an die bekl. Rechnung: E. 56[44]. — Verbindung mit Interesſekl.: § 255; vgl. E. 61[408]; vorber. Verf.: §§ 348 ff. — Kosten: §§ 3, 5, 90; GKG. 10 a; RAGO. 11; vgl. S. 2[413] 10[559].

§ 255. I Hat der Kläger für den Fall, daß der Beklagte nicht vor dem Ablauf einer ihm zu bestimmenden Frist den erhobenen Anspruch befriedigt, das Recht, Schadensersatz wegen Nichterfüllung zu fordern oder die Aufhebung eines Vertrags herbeizuführen, so kann er verlangen, daß die Frist im Urteile bestimmt wird.

II Das Gleiche gilt, wenn dem Kläger das Recht, die Anordnung einer Verwaltung zu verlangen, für den Fall zusteht, daß der Beklagte nicht vor dem Ablauf einer ihm zu bestimmenden Frist die beanspruchte Sicherheit leistet, sowie im Falle des § 2193 Abſ. 2 des Bürgerlichen Gesetzbuchs für die Bestimmung einer Frist zur Vollziehung der Auflage.

Zu Abſ. 1: §§ 250, 264, 283, 325, 326, 354, 467, 527, 542, 634, 1003, 1133 BGB.; bzgl. §§ 264 Abſ. 2, 354, 1333 bestr. Nicht hierher §§. 355, 415, 516 BGB. — Zu Abſ. 2; §§ 1052, 2128 Abſ. 2, 2193 BGB. — Kosten: § 5; Frist ist hierbei unselbstdg.

Praktisch wichtig zur Abschneidung des Streits über Angemessenheit e. Privatfrist (vgl. übrigens E. 56[231] 62[66]). Bestr., ob bestimmte Fristvorschlag (zB. für VersU.) nötig. Diese materiellen Urteilsfristen (vgl. § 721) laufen auch während der Ferien. — Beachtlich der Wegfall des Rechts auf Erfüllung nach Ablauf solcher Frist. — „Aufhebung" (Abs. 1) ist weiter als Rücktritt. — Bestr., ob bei vorl. Vollstreckb. die Frist vor Rechtskraft beginnt; vgl. BGB §§ 283, 1052, 2128, 2193. — Wegen der Interessekl. vgl. §§ 893, 268 Nr. 3; Verbindung nicht ausgeschlossen (JW. 85[486]), soweit materiell begründbar u. Ziffer angebbar (§ 259).

§ 256 (231). Auf Feststellung des Bestehens oder Nichtbestehens eines Rechtsverhältnisses, auf Anerkennung einer Urkunde oder auf Feststellung der Unechtheit derselben kann Klage erhoben werden, wenn der Kläger ein rechtliches Interesse daran hat, daß das Rechtsverhältnis oder die Echtheit oder Unechtheit der Urkunde durch richterliche Entscheidung alsbald festgestellt werde.

Vgl. §§ 25, 27, 29, 606, 638, 640, 644; KO. 146; BGB. 218, 284. — Zwischenfeststllg.: § 280; Beweissicherung, Datumfeststllg.: § 485; Realkonstatierung: Becher LAR. 1[1085]. — Die gemeinrechtl. Provokationskl. (auch ex l. si contend.) sind beseitigt. E. 6[387] S. 9[323]. — Rechtshgk.: § 263: Rechtskraft: § 322; vorl. Vollstreckb.: § 704; künftige Leistung: §§ 253, 254, 257 ff. — Kosten: §§ 3, 89; E. 12[361] 57[411] S. 12[169] JW. 05[204].

RVerh. (nicht = Anspruch): auch Besitz, Vertragsbestand, Status (E. 9[214]), bedingtes, betagtes (JW. 98[69]), früh. RV., soweit Nachwirkg. in Frage (E. 27[205]), selbst nach Verjährung der Leistungskl. (Mot. BGB. 1[295]); indirektes RV. unter den Parteien (zB. Uter creditor? E. 41[347]); Echtheit e. dritterseits ausgestellten Urk.; FKl. des Arrestpfandglb. gegen den Drittschld. vor Ueberwsg.: E. 27[345]; bzgl. Urkundenauslegung vgl. E. 40[98]. Nicht hierher Rechtsfragen (E. 4[373] 18[172]), rechtserhebl. Tats. als solche (außer Urkundenechtheit), S. 14[245]; zB. nicht Geschlecht (Bl. 63[138]), Geschäftsfähk., Vertragsabschluß (Gr. 49[659]), Kündigung (vgl. S. 11[161]), Invalidität (JW. 04[493]), paul. Anfechtb., (E. 57[103]) Erbfolge vor Tod des Erblassers (S. 15[316]), Irrtum nach § 119 BGB. (JW. 05[536]); wohl aber Darlehensverhältnis (S. 11[550]), Lehensfolge (E. 21[411]), sonstig. Erbfolge nach e. Toten (S. 9[320]); Festst. unter e. Prämisse, BlEB. 12[60] JW. 06[93]. Untersagungskl. gehen auf Leistung, E. 25[378]. — Rechtl. Interesse (auch öffentl., ökon.), Begriff: E. 35[393] 49[370]; hierher Strafzumessung (E. 16[390]), Kostspieligkeit längeren Zweifels, Dringlichkeit der Berufswahl (E. 8[4] 13[373] 23[343] 37[305] S. 10[82] NS. 2[486]); Abschneidung wiederkehr. Prozesse (E. 41[372]); leichte Ermittelung des Grundes im Ggsz. zu den Einzelfolgen (E. 23[347] S. 11[760] 14[810] 15[194]), drohende Verjährg. (E. 23[348]); Versicherungsregreß (JW. 06[121]). Ernstl. Bestreiten, Berühmen genügend (E. 35[392] JW. 05[641] S. 10[82]; vgl E. 4[438]); u. U. Schweigen auf Anfrage (SA. 60[157]), Herbeiführung der Rechtskraft statt Privatanerk. (vorbeh. § 93). Künftige Pension: SA. 55[109]; Haftungsentbindung: S. 12[471]. — Ist dem Kläger bereits die (erschöpfende) Leistungskl. möglich, so fehlt ihm in der Regel das rechtl. J. an bloßer Festst. der Schuld (E. 23[332] S. 15[194]); Ausnahme: JW. 05[143] (Verletzung e. Kinds), JW. 03[313] (Erbrecht statt Teilung). Durch §§ 257 ff., 323, 324 ist die FKl. erheblich beschränkt. FKl. für künftigen Schaden: E. 61[167]; Vertragsnichtigk.: E. 61[242]; FKl. des KonkVerw. gegen Gläubiger (§ 146 KO.): JW. 03[315]; des Unfallverletzten trotz § 136 GewUVG.: E. 60[214]. — Rechtl. J. bei der letzten mV. genügt, NS. 4[914]. Nachträgl. Erhebung der pos. LeistgsWKl.

macht die neg. FKl. als Vorklage nicht hinterher unzulässig, JW. 02[420] (nur Erweiterung der Rechtshgk.); umgekehrt fehlt das rechtl. J. — Gerichtl. Anerkenntnis: § 308; NS. 5[5]. — Rechtsweg, Zuständigk. wie bei der entsprechd. Leistgskl., E. 13[386] S. 14[165] (beachtlich bei ausschl. Z.) — UrkProz. unzulässig. — Beweislast regelt sich (E. 9[337]) nach dem Klagegrund (Entstehung, Aufhbg.); trifft bzgl. der v. amtsw. zu prüfenden (E. 9[340]) Zulässigkeit stets den Kläger (E. 7[375] 14[90]); Editionspflicht im Echtheitsprozeß bestr. — Formel: „Es wird festgestellt“; nicht auf Anerk. oder Einwilligung (E. 12[391]) ohne bestimmten Adressaten („Anerk.“ der Urk. ist Echtheitsfeststllg., JW. 96[171]); zu unterscheiden von konstitutiven Urt. (zB. Scheidung). Kein Titel für ZwV. (JW. 93[10]), wohl aber für Kostenfestf. (§ 104).

§ 257. Ist die Geltendmachung einer nicht von einer Gegenleistung abhängigen Geldforderung oder die Geltendmachung des Anspruchs auf Räumung eines Grundstücks, eines Wohnraums oder eines anderen Raumes an den Eintritt eines Kalendertags geknüpft, so kann Klage auf künftige Zahlung oder Räumung erhoben werden.

Gegenleistung: §§ 592, 688; Urk.-, Wechselproz. zulässig, SA. 58[151]. Kein Zahlungsbefehl. — Vollstreckb.: §§ 721, 751; nachträgl. entstandene Einreden: §§ 767, 769, 775. — Kosten treffen bei sof. Anerk. nach § 93 den Kläger; anders bei VersU.

Kündbarkeit, Nachweis e. besonderen Interesses nicht erforderlich; in der Klagezustellung kann die Kündigung, Mahnung liegen, E. 53[212] NS. 5[478]. — Räumung: nicht bloß bei Miete oder Pacht; nachzahlbare Mietraten, Gestattung des Einzugs (Auszugs) fallen nur unter § 259, E. 61[334].

§ 258. Bei wiederkehrenden Leistungen kann auch wegen der erst nach Erlassung des Urteils fällig werdenden Leistungen Klage auf künftige Entrichtung erhoben werden.

Vgl. §§ 9, 257, 323, 324, 708 ff.; GKG. 9a. — Keine Beschränkung auf Geldfrdg.; Fälligkeit mindestens e. Rate ist nicht vorausgesetzt (JW. 06[470]), zB. Unterhalt. — Bei ausstehender Gegenlstg. nur § 259, E. 61[334].

§ 259. Klage auf künftige Leistung kann außer den Fällen der §§ 257, 258 erhoben werden, wenn den Umständen nach die Besorgnis gerechtfertigt ist, daß der Schuldner sich der rechtzeitigen Leistung entziehen werde.

Vgl. Noten zu §§ 257, 258, 726; BGB. 218, 321, 610, 1716. — Unterschied von FeststellKl.: §§ 253, 256; von Arrest: § 916 (Konkurrenz wegen § 751 möglich); Verbdg. mit event. Interessekl. bestr. — Hierher auch Leistg. ohne Kalendertag, gegen ausstehende Vorleistg. des Kl. (E. 61[334]), Unterlassungen (DJZ. 03[417]), bedingte, künftige Anspr. (E. 58[139]). — Entziehen enger als § 256; Bestr. genügt in der Regel: JW. 05[688]; desgl. Vermögensverfall sowie Leistungsbereitschaft „nur nach rkr. Feststllg.“ — Kosten: sofort zahlbar; Festsetzung: § 104. § 93 ist unanwendbar; Abwsg. mangels Veranlassung.

*__§ 260.__ (232 Abs. 1). Mehrere Ansprüche des Klägers gegen denselben Beklagten können, auch wenn sie auf verschiedenen Gründen beruhen, in einer Klage verbunden werden, wenn für sämtliche Ansprüche das Prozeßgericht zuständig und dieselbe Prozeßart zulässig ist.

Ehesachen: §§ 615, 633; Kindsf.: §§ 640 f.; Entmdgsf.: §§ 667, 679, 684, 686; vgl. GVG, 103, 104; JFrG. Art. 52. Verbindung durch das Gericht: § 147. Trennung: §§ 145; TeilU.: § 301. — Zum aufgehobenen Abs. 2 vgl. Art. 180 EGG.: 82 ff., 170 AZP.: GO. Kap. III §§ 4, 10; E. 33[380] S. 11[575]. — Kosten §§ 5: GKG. 10 ff., RAGO. 10; Note zu § 91.

Objekt. Klagenhäufung; Gegensatz: §§ 59 ff. Zusammenhang nicht forderbar; kein Zwang zur Häufung (vgl. § 616). — Ähnliches gilt bei Klagegrundhfg. für ident. Anspruch (zB. Vertrag und Bereichg. E. 27[385]), Verbdg. von Leistungs- u. FeststellKl. (soweit zulässig, S. 16[177]); wegen Herausgabe- u. Interessekl. vgl. SA. 47[235] u. § 893; Eventualansprüche: § 253. Die Zinskl. über 300 Mk. ist mit der Räumungskl. ohne Prorog. nicht verbindbar; 160+160 Mk. gehören zum LG. (R. 00[348]). Bei unzulässiger Häufung Abwsg., E. 5[167]; vgl. § 276, 597. Trennungsbeschl. macht nicht zuständig, E. 6[117]. — Verrechnung von Teilzahlungen: § 366 BGB., R. 04[422]. — Durch die Aufhebung des Verbindungsverbots von Besitz- und Rechtskl. (früher Abs. 2) ist die Einredebeschrkg. des § 863 BGB. nicht berührt; bestr., ob WKl. aus dem Recht statthaft (Begr. 43; R. 02[528] RO. 4[289]).

***§ 261** (233). I Die Klageschrift ist zum Zwecke der Bestimmung des Termins zur mündlichen Verhandlung bei dem Gerichtsschreiber des Prozeßgerichts einzureichen.

II Der Termin soll nur soweit hinausgerückt werden, als es zur Wahrung der Einlassungsfrist geboten erscheint.

III Nach erfolgter Bestimmung des Termins hat der Kläger für die Zustellung der Klageschrift Sorge zu tragen.

Ausländervorschuß: § 85 GKG.; vgl. § 110. Gerichtsabschrift: § 133; Ausreichung: §§ 22 AGSchrG.; 3 LGSchrG. — Aktenanlage, Registereinträge: §§ 9, 33, 37 LGSchrG. — Vgl. §§ 216, 508, 607, 618; HGB. §§ 272, 309, 320; GenG. 51, 112 (insbes. wegen Veröffentlichung). Kosten: §§ 46, 47 GKG.; 14 RAGO.

Abs. 1. Keine Abgabe an e. anderes Gericht wegen Unzustdk. (anders bei Gerichtsabtlg.) Bl. 56[385]; vgl. § 275. — **Abs. 2** bezweckt raschere Erledigung der unstreitig bleibenden Sachen durch Vers.-, AnerkU., Vergleich, sowie baldige Anwaltsbestllg. in kontradikt. Sachen. Die Terminsansetzung soll hienach lediglich nach Anfall unbeschadet Vertagung wegen Ablauf der Gerichtszeit erfolgen (vgl. das Rollensystem der BPO.), der Schriftsatzwechsel in größeren Sachen nach dem ersten Termine stattfinden. Solche Terminsansetzung ist aber an überlasteten Gerichten unmittelbar nach den Ferien undurchführbar.

***§ 262** (234). I Zwischen der Zustellung der Klageschrift und dem Termine zur mündlichen Verhandlung muß ein Zeitraum von mindestens zwei Wochen liegen (Einlassungsfrist). In Meß- und Marktsachen beträgt die Einlassungsfrist mindestens vierundzwanzig Stunden.

II Ist die Zustellung im Auslande vorzunehmen, so hat der Vorsitzende bei Festsetzung des Termins die Einlassungsfrist zu bestimmen.

Vgl. §§ 30, 223, 335, 498, 520, 555, 604, 696; GVG. 102. — Abkürzung: § 226; bei Abs. 2 genügt Zwischenraum für Korrespondenz (in Europa meist drei Wochen).

Für zulässige Klagsergänzungen gilt nur die Ladungsfrist, E. 31[389] vgl. § 268. — Z. durch Aufg. z. Post (§ 175) „erfolgt" im Inlande (E. 57[334]), ebenso öff. Z.; Abs. 2 nicht anwendbar.

***§ 263** (235). [I] Durch die Erhebung der Klage wird die Rechtshängigkeit der Streitsache begründet.

[II] Die Rechtshängigkeit hat folgende Wirkungen:

1. wenn während der Dauer der Rechtshängigkeit von einer Partei die Streitsache anderweit anhängig gemacht wird, so kann der Gegner die Einrede der Rechtshängigkeit erheben;
2. die Zuständigkeit des Prozeßgerichts wird durch eine Veränderung der sie begründenden Umstände nicht berührt.

Vgl. §§ 33, 35, 64, 66, 76, 77, 264, 265, 267, 281, 693, 1047; prozeßh. Einr.: § 274.

Absatz 1. Durch Einrede (E. 18[408]), NebenJ. (SA. 39[341]) Streitvkdg. (E. 10[292]), Konkursanmldg. wird keine Rhgk. begründet; wohl aber durch mangelhft. Zustllg. (E. 9[66] S. 1[240]; strenger E. 39[42] vgl. ZR. 05[86]). — Fortdauer der Rhgk. auch nach Vorbehaltsll, sowie nach Zwll. über den Grund (JW. 93[293]); Beendigung durch rkr. Urteil, Klagerücknahme, gerichtl. Vergleich, ausdrückl. Abmachung (JW. 02[182]). — Analogie für Arrestsicherung: E. 26[407]; Unterschied von Anhängk.: E. 33[394]. — **Abs. 2 Nr. 1.** „Eadem quaestio inter easdem personas"; auch wenn der Vorprozeß im Ausland anhängig (soweit das Urteil anerkennbar), E. 49[340]. — Parteiengleichheit streng zu nehmen; Wirksamkeit gegen Dritte allein hier unbeachtl. (abgesehen von RNachf.): E. 5[71] 13[97] 49[340]. — „Anderweit": nicht im näml. Prozesse, wenn auch beim gleichen Gericht. — Gleichheit des Anspruchs, nicht bloß des Klagegrunds erforderlich, E. 50[416] 54[50] (Unterschied von Rechtskraft). — Durch die neg. FKl. wird die entspr. pos. FKl. rechtshg. (E. 52[259] NS. 3[843]), nicht aber die pos. Leistungskl., weil majus (nur Aussetzungsgrund), E. 29[345] S. 14[647]; umgekehrt bewirkt die Erhbg. der pos. Leistungskl. auch Rhgk. des neg. Feststellgsanspruchs, jedoch nur für den gerade eingekl. Betrag, vgl. E. 42[362]. Bestr. ist auch die Identität der Zahlgs- u. Löschgskl.; vgl. S. 14[647]; aM. E. 46[10] (bloß der spezielle Löschgsgrund wird rechtshg). Vgl. E. 54[52] (Minderung u. Hypothekzahlg.), E. 26[367] (Kaufpreis u. Wandlg.); ferner Note zu § 264. — Beachtl., daß nach Durchdringen der Einr. der Unzustdk. die RKr. des abweisenden Urt. vor Verhdlg. der anderweit erhobenen neuen Kl. herbeigeführt sein muß, widrigenfalls Rhgk. gerügt werden kann. — **Nr. 2.** Hierher zB. Streitwertsänderung, Teilerledigung, Verbdg.; vgl. jedoch § 506. Zahlung 2c. vor Zustellung: § 91. Nachträglich zustdg. kann das Gericht, zB. durch Wohnsitznahme im Prozeß (E. 52[137]), Gerichtsbestimmung nach § 36 (JW. 05[148]) werden; vgl. E. 58[258] (nachträgl. Aufrechn.). Teilrücknahme macht nicht zustdg., E. 27[388]. — Gerichtsbezirkändrg.: Bl. 24[292] JMBl. 79[338 614]; GBDA. §§ 481 ff.; JW. 99[5] ZZP. 34[333]; Verlegbarkeit rechtshg. Prozesse bestr. (vgl. §§ 578, 767).

§ 264. Nach dem Eintritte der Rechtshängigkeit ist eine Aenderung der Klage nur zuzulassen, wenn der Beklagte einwilligt oder wenn nach dem Ermessen des Gerichts durch die Aenderung die Verteidigung des Beklagten nicht wesentlich erschwert wird.

Vgl. §§ 263, 268 bis 270, 527; Vollmacht: § 81; vgl. §§ 33, 614; GKG. 105. — Form Erkl. in m. V.: Versagung: § 272. — Einreden: § 278.

I. Klagänderung: Ae. an den Elementen des § 253, insbes.

Klagegrund (§ 268), E. 14[428]; Probe mit der Einrede der RKraft: E. 48[212] 50[416]; exc. lib. inepti: § 253; Analogie bei WKl., NS. 3[840]. Erweist sich die Ä. als unzulässig, so gilt die frühere Begr. als zurückgenommen u. ist die ganze Kl. abzuweisen, JW. 99[293] (bestr.); hiernach praktisch, die Ä. nur „eventuell“ einzuführen. — Erschwerg. der Vertdg.: zB. wenn die ursprüngl. Kl. sofort abweisungsreif (ZR. 05[347]); dagegen nicht, wenn der Bekl. das neue Vorbringen zugestehen muß, JW. 05[26]. Der geänderten Kl. können trotz Zulassung anderwtg. Mängel anhaften, zB. Fristablauf (JW. 03[390]). — **II. Einzelnes.** Klag Ä.: Einführung anderer AnfGründe (E. 22[389]), Anfechtb. statt Arrestgrundmangel (S. 10[170]), Auslagenersatz st. Gewinnentgang (BlEB. 6[309]), e. anderen Bekl. (§ 253); Bereicherung st. Darlehen (S. 14[390]; aM. E. 8[91]) oder Betrug; Zession st. Pfändung (JW. 98[7]), st. eigenem Erwerb (S. 4[752]), st. Vollm. (E. 19[185]), st. Rückzession (JW. 97[552]); Deflor. st. Verlöbnisbruch (E. 49[204]); Entstehungsmangel st. Tilgung (Gr. 36[702]); Erwerbsgrund anderer Art (E. 10[434]); Expropr. statt gewöhnl. Schadensersatz (S. 14[275]); Mandat st. nützl. Geschäftsf. (JW. 99[741]); Nichtigk.- statt RestitKl. (E. 14[332]); Wandelung (NS. 4[870]), Minderung st. Schadensersatz (Gr. 33[1169]); Schadensersatz (JW. 98[6]), Wandelung st. Formmangel (SA. 47[161]); Testament st. ges. Erbfolge; Scheingeschäft st. Anfechtung (S. 9[672]); Spezies st. Genus (JW. 99[224]); Vertrag st. Ersitzung (S. 5[299]); Zahlung st. Unterlassung (Gr. 33[1164]). Keine Klags Ä.: Genehm. st. Einwillig. (E. 50[212]), nachträgl Einführung zusammenhgd. Geschäfte behufs einheitl. Anfechtung (E. 28[425]); v. anderem VollstrTitel zwecks Anf. (E. 41[87]); anderem Besitzgrund bei Eigenmacht (E. 12[190]); primärem Darlehen statt in D. novierter Deliktsschuld (E. 10[395]); Betrug st. Irrtum (S. 15[696]); Überbaurente st. Beseitig. (Bl. 66[146]); mündl. st. schriftl. Versprechen (S. 9[152]), andere Fahrtrichtg. (S. 6[635]) oder neg. Maßregel (E. 59[132]), anderer Fälligkeitsgrund (SA. 50[48]); Aufrechng., Befreiung st. Zahlung (E. 14[346] 32[413]); Fahrlässigk. st. Arglist (BlEB. 12[150]); Leistgs.- statt FeststKl. u. umgekehrt (E. 40[362] S. 16[198]); Masse- st. Konkursfrdg. (E. 32[1]); andere Rechtsgründe (E. 10[434] JW. 06[25]); Repliken (Bl. 10[312]); Rubrumberichtig. (E. 39[286]); Nachbringung der Kompetenztats. (S. 16[317]) oder des Beisatzes „Zug um Zug“; Vollgiro st. Inkassogiro, E. 27[128] (ähnlich beim Akzept E. 30[405]); Zahlung st. Rechnungslegung, Gr. 32[410]. — Zeit u. Ort können je nach Sachlage gleichgültig oder ausschlaggebend sein (E. 22[219] S. 12[230]), zB. Empfängniszeit, Verjährg. — Die Bereicherung ergibt sich häufig aus der Vertragserfüllung (Vorleistung) von selbst (insbes. bei Realkontrakten), da der Verlust empfangener Werte Einrede; strenger JW. 05[208]. — Bzgl. vereinb. u. angemessenem Preis vgl. SA. 47[162] Bl. 17[267] S. 6[495] E. 57[49].

*§ **265** (236). I Die Rechtshängigkeit schließt das Recht der einen oder der anderen Partei nicht aus, die in Streit befangene Sache zu veräußern oder den geltend gemachten Anspruch abzutreten.

II Die Veräußerung oder Abtretung hat auf den Prozeß keinen Einfluß. Der Rechtsnachfolger ist nicht berechtigt, ohne Zustimmung des Gegners den Prozeß als Hauptpartei an Stelle des Rechtsvorgängers zu übernehmen oder eine Hauptintervention zu erheben.

Tritt der Rechtsnachfolger als Nebenintervenient auf, so findet der § 69 keine Anwendung.

III Hat der Kläger veräußert oder abgetreten, so kann ihm, sofern das Urteil nach § 325 gegen den Rechtsnachfolger nicht wirksam sein würde, der Einwand entgegengesetzt werden, daß er zur Geltendmachung des Anspruchs nicht mehr befugt sei.

BGB. §§ 407 ff.: WarenZG. § 9. — Veräußerungsverbot, Sequestration durch eV.: § 938. — Quota litis: Art. 175 Nr. 13 ABG.; 138 BGB. — Ausnahme: (Uebernahmepflicht): § 267 Abs. 1.

Abs. 1. 2. Hierher auch Mahnverf. (E. 58[99]), Vormerkg. e. dingl. Anspruchs (§ 883 BGB.), E. 27[238] ZR. 06[107]; Expropr., Subhastat., sonstig. gesetzl. Übergang (E. 39[12] 55[293] 56[244]), Überwsg. z. Einz. (E. 20[420]), teilws. Abtretung, zB. an Streitgen. (E. 46[322] NS. 5[64]), Vermietung, Übertragung des unmittelb. Besitzes, Patentverkauf (JW. 90[382]); nicht hierher RNachf. v. todesw. (§ 239), Einreden (JW. 98[477]), AufRückgewähr (E. 34[59]), Hausverkauf bzgl. Mietzinsrückstd. (E. 55[294]), sonstige oblig. Anspr. (E. 49[363]); bzgl. Schuldübernahme bestr. (Bl. 51[476]). — Der Kl. muß nach Veräußerung den Antrag „zu Handen des Erwerbers" ändern, obwohl ihm an sich für den Prozeß die Aktivleg. bleibt (E. 25[427] 40[340] 56[308]; bestr.); Veräußerung durch den Bekl. beeinflußt den Antrag nicht. Der Betrieb der ZwV. geht erst mit RKraft auf den Erwerber über. Kostenpkt.: E. 7[332]; vgl. § 325. Selbstdgr. Klage des RNachf. steht Rechtshgk. entgegen, SA. 36[25] JW. 00[181]. Arrest, e. Verf. gegen Erwerber sind möglich (§§ 929 Abs. 1, 935). — Übernahmeform: Erkl. in mV.; Zustimmung nicht durch Schweigen allein, E. 35[391]; bzgl. Entschdg. vgl. Note zu § 266. — **Abs. 3.** Vgl. §§ 266 Abs. 2, 325 Abs. 2; solchenfalls ist die Kl. abzuweisen. Hat der Bekl. derart veräußert, so ergeht das Urteil gegen ihn gleichwohl nach der Sachlage bei Klagerhbg. (Abs. 2); daneben haftet er auf das Interesse (§§ 268; BGB. 989), E. 34[175].

***§ 266** (237). I Ist über das Bestehen oder Nichtbestehen eines Rechts, welches für ein Grundstück in Anspruch genommen wird, oder einer Verpflichtung, welche auf einem Grundstücke ruhen soll, zwischen dem Besitzer und einem Dritten ein Rechtsstreit anhängig, so ist im Falle der Veräußerung des Grundstücks der Rechtsnachfolger berechtigt und auf Antrag des Gegners verpflichtet, den Rechtsstreit in der Lage, in welcher er sich befindet, als Hauptpartei zu übernehmen.

II Diese Bestimmung kommt insoweit nicht zur Anwendung, als ihr Vorschriften des bürgerlichen Rechts zu Gunsten derjenigen, welche Rechte von einem Nichtberechtigten herleiten, entgegenstehen. In einem solchen Falle findet, wenn der Kläger veräußert hat, die Vorschrift des § 265 Abs. 3 Anwendung.

Vgl. §§ 7, 58, 75, 76, 77. — Der § 238 äF. gilt bis zur Anlegung des Grundb. hinsichtl. Immobilien fort; vgl. § 25 HypG.; Regelsberger HR. S. 152 ff., 254; Note zu Art. IX EÄZP. — Kosten: §§ 26, 29 GKG.; 20, 29 RAGO.

Abs. 1. Hierher Negatorien (E. 40[333] bzgl. Immission), Löschungskl., Dienstbark.; nicht Rechtsveräußerung, Eigentumskl., Brandversichg. (Gr. 49[662]). — Form des Antrags: Ladung; des Ausspr. auf Übernahme: bzgl. RVorg. EndU., bzgl. Gegner ZwU. (E. 11[317] 21[397]); Zurückwsg. des Eintritts ist EndU. (Mangel der Sachlegitim.). Freiwill. Eintritt (Erkl. in mV.), Teilübernahme möglich (E. 40[333]). VerfVerf. bestr., vgl. § 239. Kein Prozeßzwang des RVorg. gegen den Erwerber auf Übernahme. — **Abs.** 2 stellt gegenüber Abs. 1 die Regel des § 265 Abs. 2, 3 wieder her; vgl. BGB. §§ 892 ff., 1138; ZVG. § 90.

§ 267 (239). Die Vorschriften des bürgerlichen Rechts über die sonstigen Wirkungen der Rechtshängigkeit bleiben unberührt. Diese Wirkungen, sowie alle Wirkungen, welche durch die Vorschriften des bürgerlichen Rechts an die Anstellung, Mitteilung oder gerichtliche Anmeldung der Klage, an die Ladung oder Einlassung des Beklagten geknüpft werden, treten unbeschadet der Vorschrift des § 207 mit der Erhebung der Klage ein.

Klagerhebung: § 253; Vordatierung der Fristwahrung: § 207. — Keine Unterbrechung der Verjährg. durch Teilkl. bzgl. Rest (E. 60[387]): durch Zinskl. bzgl. Kapital (JW. 05[716]), durch Abweisungsantrag bei neg. FKl. bzgl. Leistg. (E. 60[387]). — Vgl. § 852; BGB. §§ 209 ff. (mit Art. 152 EGBG., in Bayern nicht benutzt), 284, 291, 292, 347, 407, 428, 528, 683, 818, 847, 864, 941, 977, 987 ff., 1300, 1344, 1407, 1435, 1580, 1613, 1933, 1965, 2077, 2023, 2360; HGB. §§ 140, 433, 440, 469, 623; GewGG. § 32; KaufmGG. § 16; ForstG. Art. 165, 167. — Früheres Recht (vgl. Art. 81 AZP.): GL. Kap. IV § 2 (Klagenvererbung: BLR. T. IV Kap. XVI § 4 Nr. 7 beachtl.); GL. Kap. IV § 3 (Klagenverjährg.: bei der ordentl. Verjhrg. im Gegensatz zur kurzzeitigen des Ges. v. 26. März 1859 genügte außergerichtl. Anerkennung (E. 15[178]) oder Interpell.: PlE. des BOLG v. 16. Dez. 1858, RBl. 59[9]); GL. Kap. V § 9 (mala fides citati, eingeschränkt durch BLR. T. II Kap. II § 10; S. 3[170] 4[659] 6[341] 8[472]); GL. Kap. V § 10 (Einredenverjährg.); GL. Kap. III § 9 Nr. 5 (Litispendenzverjährg.: E. 58[380]). — Prozeßzinsen: S. 3[170]; Prävention der Korrealgläubiger: BLR. T. IV Kap. I § 22; Jus offerendi: § 63 HypG.

§ 268 (240). Als eine Änderung der Klage ist es nicht anzusehen, wenn ohne Änderung des Klagegrundes

1. die tatsächlichen oder rechtlichen Anführungen ergänzt oder berichtigt werden;
2. der Klagantrag in der Hauptsache oder in bezug auf Nebenforderungen erweitert oder beschränkt wird;
3. statt des ursprünglich geforderten Gegenstandes wegen einer später eingetretenen Veränderung ein anderer Gegenstand oder das Interesse gefordert wird.

Klagegrund: §§ 253, 264; Zustellung: § 335; Ladungsfrist: § 262; Protokoll: §§ 160, 297, 298; Berufung: §§ 527, 529; Zustdk. (AG.): § 506. — Vgl. auch §§ 75, 266, 280, 281; AnfG. § 13. — Kosten: § 269; vgl. E. 34[426] JW. 00[46] (ProzGeb. bei bloßer Ankündung).

Nr. 1. Vgl. § 253 Nr. 1, 2 (sog. Klagsnachtrag). Bestr., ob völliger Mangel derart heilbar; vgl. § 264. Irrtumsnachweis nicht erforderlich. — **Nr. 2.** ZB. im Prozeß fällig gew. Raten; Leistg. statt Feststllg. (E. 40[362]); samtverbindl. statt Teilhftg. (JW. 96[31]), Schadensersatz neben Unterlassg. (JW. 05[729]); WahlR. des Bekl. statt Kl. (JW. 05[728]). Teilrückn.: § 271; Teilverzicht: § 306. Gesonderte Klage: §§ 308, 321; Präklusivfrist:

E. 12[299]. — **Nr. 3.** „Später": auch nur später bekannt (E. 26[385]), selbst noch in höherer Inst. (E. 39[428]); Revision: §§ 549, 550, 566. Hierher zB. Interesse (vgl. E. 61[408]), bish. Prozeßkosten als Schaden (§ 91), Rücktritt nach § 326 (JW. 03[68] Beil.), Erlös statt Löschung (E. 52[84]), statt Pfand (ZR. 06[21]). Ohne tatsächl. Änderung ist Nr. 3 unanwendbar, SA. 46[139].

§ 269 (241). Die Einwilligung des Beklagten in die Änderung der Klage ist anzunehmen, wenn derselbe, ohne der Änderung zu widersprechen, sich in einer mündlichen Verhandlung auf die abgeänderte Klage eingelassen hat.

Vgl. §§ **39, 264,** 335, 342, 527; GVG. 102 ff. — Keine Verweigerung der Einlassung: kein Gegenbeweis wider die Fiktion: RG. 4[707]. — Kostenloses Anerk. des geänderten Anspruchs: § 93; RL. 7[287].

*__§ 270__ (242). Eine Anfechtung der Entscheidung, daß eine Änderung der Klage nicht vorliege oder daß die Änderung zuzulassen sei, findet nicht statt.

Form: Zwischenll. (§§ 146, 303) oder Gründe des Endll. (E. 4[412] 53[362] 54[213]), auch der RMittelinstanz; Schweigen des Gerichts reicht nicht (JW. 98[415]). — Zurückwsg. der Änderung ist Endll.: Rechtskraft: § 322. — RBehelf gegen Umgehung der Entscheidung: E. 53[35]; vgl. jedoch JW. 05[728]. — Kosten: §§ 47, 80a GKG.: 23, 29 RAGL.

§ 271 (243). I Die Klage kann ohne Einwilligung des Beklagten nur bis zum Beginne der mündlichen Verhandlung des Beklagten zur Hauptsache zurückgenommen werden.

II Die Zurücknahme der Klage erfolgt, wenn sie nicht bei der mündlichen Verhandlung erklärt wird, durch Zustellung eines Schriftsatzes. Abschrift desselben ist sofort nach erfolgter Zustellung auf der Gerichtsschreiberei niederzulegen.

III Die Zurücknahme der Klage hat zur Folge, daß der Rechtsstreit als nicht anhängig geworden anzusehen ist; sie verpflichtet den Kläger, die Kosten des Rechtsstreits zu tragen, sofern nicht über dieselben bereits rechtskräftig erkannt ist. Auf Antrag des Beklagten ist diese Verpflichtung durch Urteil auszusprechen.

IV Wird die Klage von neuem angestellt, so kann der Beklagte die Einlassung verweigern, bis die Kostenerstattung erfolgt ist.

Vgl. §§ 39, 54, 81, 113, 342, 596, 635, 638, 640; GewGG. 54; KfmGG. 16; BGB. 212 (E. 33[384] 59[150]), 941, 1341, 1596, 1599; HGB. 269, 272, 309, 320. — Protokoll: §§ 160, 297; Niederlegung: § 133; Verkündung: § 311; AmtsG.: § 501. RMittel: § 99. — Kosten: §§ 46, 93 ff. GKG.: 13, 14, 16 RAGL.; KJ. § 68; Vorschußrückgabe: SA. 39[52] E. 25[380]; Rücknahmeerkl. im mV. begründet keine Verhdlgsgebühr, JW. 82[95]. Streitwert des Urteils (Abs. 3): Kosten: NebenJ.: JW. 04[492].

Abs. 1. Unanwendbar auf Anspruchsverzicht (S. 11[669]), Zurückziehung der Klageschrift vor Zustllg. (Terminsabsetzung: § 216; Kosten: § 91), Befriedigungs-, Erledigungserkl. (E. 52[259] 57[381]), Rücknahmevertrag.

Bestr., ob durch Rückn. der Klage das Urteil der Vorinstanz von selbst beseitigt wird; so gem. M. mit SA. 52[120] S. 15[424] aM. E. 5[353]; vgl. ZR. 05[386]; solchenfalls rätlich, die Einwilligung vom Verzicht auf die Urteilsrechte abhängig zu machen. Unterschied zwischen Rückn. der Klage u. der Beruig., S. 14[47]; Teilrückn.: § 268; keine bedingte Rückn.: Bl. 47[214]; vgl. R. 05[403]. — Die Rücknahmevorschr. gelten auch für WKl. (E. 28[404]) u. Arrestwspr. (E. 16[323]). — Die Einwillig. ist formlos, auch durch konklud. Hdlg. (zB. Mitunterschrift) möglich, E. 10[367]; mangels derselben ist die Klage weiter verfolgbar, JW. 99[483]; Obsieg noch möglich. — **Abs. 2, 3.** Die Rückn. kann im Termin selbst auch beim Ausbleiben des Bekl. wirksam erklärt werden; Anwaltszwang: Bl. 52[175]. Außergerichtl. Erklg., bloße schriftl. Anzeige ungenügend (E. 7[357]); außergerichtl. Vergleich, Zahlungsannahme sind an sich nicht R. (E. 33[384]). Bestr., ob die Rücknahmeform verzichtbar; bei Verneinung muß man das akzept. formlose Rücknahmeverspr. der Partei (Rücknahmevertrag) als klagbar (WKl.) u. erzwingbar (vgl. E. 42[63]) ansehen oder wenigstens e. materielle Einrede (Vergleich unter Kostenaufhbg., Ruhevertrag) hieraus gegen die Prozeßfortsetzung zulassen. — Die erhobene WKl. bleibt aufrecht; nachträgl. Erhbg. unzulässig, E. 34[367]; Gegenanträge aus § 717, BGB. § 1574 Abs. 3 fallen weg. — Auch nach Rückn. vor dem Termine besteht letzterer wegen des Kostenpkts. zunächst fort: AnerkU., VersU., Vertagung, Beruhen im Kostenpkt. möglich (E. 24[433] 31[405]). Durch spezielle Vereinbarung erlischt auch Rechtshgk., JW. 02[182] R. 05[227]; nach Kostenzahlg. Rücknahme oder Erledigungserkl. forderbar. — Bestr. ob formell richtige Rückn. von amtsw. beachtl. (zB. § 335). — **Abs. 4.** Gilt auch gg. arme P. (E. 24[422]) RNachf. (zB. Überwsg. z. Einz., E. 33[360]), Rücknahmefiktion (E. 58[259]); setzt ziffermäßige Kostenanfrdg. voraus (E. 6[359]); ist unanwendbar, wenn Bekl. selbst Stundung erbeten hatte (E. 24[421]) oder die Einrede sonst dolos ist (E. 31[425]), zB. triftige Gründe für Rückn. vorlagen (Bl. 65[337]). Die erneuerte Klage kann nunmehr nach materiellem R. unbegr. sein, zB. Fristablauf. Kein Urteil auf Verlustigerkl. analog § 514 Abs. 3 im Vorprozeß.

§ 272 (245). I Jede Partei hat dem Gegner solche tatsächliche Behauptungen, Beweismittel und Anträge, auf welche derselbe voraussichtlich ohne vorhergehende Erkundigung keine Erklärung abgeben kann, vor der mündlichen Verhandlung mittels vorbereitenden Schriftsatzes so zeitig mitzuteilen, daß der Gegner die erforderliche Erkundigung noch einzuziehen vermag.

II Tritt eine Vertagung der mündlichen Verhandlung ein, so kann das Gericht die Fristen bestimmen, binnen welcher die noch erforderlichen vorbereitenden Schriftsätze mitzuteilen sind.

Schriftsätze: § 129 ff.; Urkunden: § 131; Vertagung: §§ 228, 524. — Kein absolutes Vertagungsrecht außer § 335 (KB. 102); kein Anspruch auf die Fristen des § 132. — Erkundg.: auch des RA. bei seiner Partei. — Klagenachträge: § 268; Nachschleppungsfolgen: §§ 278 ff. — Kosten: §§ 95, 102, 278; GKG. 48.

§ 273 (246). Die mündliche Verhandlung erfolgt nach den allgemeinen Vorschriften.

Vgl. §§ 128 ff.; 495, 523, 566.

***§ 274** (247). I Prozeßhindernde Einreden sind gleichzeitig und vor der Verhandlung des Beklagten zur Hauptsache vorzubringen.

II Als solche Einreden sind nur anzusehen:
1. die Einrede der Unzuständigkeit des Gerichts,
2. die Einrede der Unzulässigkeit des Rechtswegs,
3. die Einrede, daß die Entscheidung des Rechtsstreits durch Schiedsrichter zu erfolgen habe,
4. die Einrede der Rechtshängigkeit,
5. die Einrede der mangelnden Sicherheit für die Prozeßkosten,
6. die Einrede, daß die zur Erneuerung des Rechtsstreits erforderliche Erstattung der Kosten des früheren Verfahrens noch nicht erfolgt sei,
7. die Einrede der mangelnden Parteifähigkeit, der mangelnden Prozeßfähigkeit oder der mangelnden gesetzlichen Vertretung.

III Nach dem Beginne der mündlichen Verhandlung des Beklagten zur Hauptsache können prozeßhindernde Einreden nur geltend gemacht werden, wenn dieselben entweder solche sind, auf welche der Beklagte wirksam nicht verzichten kann, oder wenn der Beklagte glaubhaft macht, daß er ohne sein Verschulden nicht imstande gewesen sei, dieselben vor der Verhandlung zur Hauptsache geltend zu machen.

Fragepflicht: § 139. — Ausnahmen: §§ 504, 528, 566, 594. — Übergang: E. 49[429] RS. 2[373]. — Kosten: §§ 26 GKG.; 20, 29 RAGO.: E. 40[416] (zu Nr. 5).

Abs. 1. Nicht prozeßh. sind die Einr. aus § 616, Art. 2 AZP. (RS. 2[343]), Eigenmacht (E. 7[328]); §§ 269, 272, 309, 320 HGB. (bloß Kautionspflicht); hier nur Zwll. nach § 303 (JW. 03[289]). Ablehng.: § 47. — Erldg. in logischer Reihenfolge mit anderen Prozeßvoraus. ohne Vorrang der Einr. des Abs 2, E. 34[396] 44[350] 53[240] JW. 04[95]. — „Gleichzeitig": SA. 39[169]. — Analogie für WKl. (Ausnahme: § 110). — **Abs. 2 Nr. 1.** KfHS. nur bei örtlich verschiedenen Sitzen hierher, E. 48[28] JW. 06[143]; im übrigen vgl. § 106 GVG. u. wegen nicht konnexer WKl. JW. 88[22]. Beachtlich die Zustdk. des Gewerbe- u. KaufmG., sowie deren Ausnahmen (§§ 81 ff. GewGG.; 6, 154 GewO.); vgl. E. 51[193] 55[267] RO. 11[418] (KonkVerw., Erben gehören zum ordentl. G.), JW. 00[667] (desgl. Delikt), Bl. 70[529] (cond. indeb.); weitere Einzelh. ZR. 05[1]. Im übrigen vgl. §§ 10, 38; GVG. 12 bis 14, 23, 70 u. Note zu § 1. — Zwischen verschiedenen Abteilungen eines Gerichts Abgabe (auch bei örtl. Trennung) im inneren Bureauwege, keine prozeßh. Einr. (E. 47[380]; vgl. § 62 GVG.); bei absichtl. Umgehung gebührenpfl. Abgabebeschluß (Art. 233, 198, 3 GebG.); Streit ist Aufsichtssache: BlEB. 4[343]; wegen Buchstabenvertlg. vgl. ESt. 28[215]. — **Nr. 2.** Gegensatz: Verwaltungsweg (S. 15[258]), hier einschl. des Strafproz., der freiw. Gerichtsb. (JW. 82[174] 00[643] S. 14[194] ZR. 06[163]) u. des Verwaltungsrechtswegs (E. 23[344]); vgl. §§ 3, 4, 5 EZP., 9, 12 bis 17 GVG.; 11 EGB.; Art. 7 ff. VGH.; Art. 7 AZP.; 192, 247 GebG.; 33 GmdO.; 7 ZuchtstierG.; 5 MilzbrandG.; 23, 39, 43 FlurbG.; 36 EinkStG.; 20 KapRStG.; 37 GewStG.; 38 ErbStG.; 19, 32 AbmarkG.; 4, 6 ABG.; 2, 8, 23 SchulbedG.; 226 BergG. mit Art. II AG.; ferner die AusfG. z. ReblausG. (GVBl. 06[103]; vgl. Vdg. v. 7. Mai 1905, GVBl. 465), GenG., GmbHG., sowie zu den RVersG.: KKG. v. 18. Aug. 1879 (GVBl. 991). Auch Exterritorialität hierher: KRE. 85[I] (nur diplom. Weg). Gegenüber SonderG. trifft nur Nr. 1 zu, E. 40[224]. — Im Zweifel gehören bürgerl. Rechtsstreite vor die ordentl. Gerichte, öffentlich rechtl. Streite vor die AdmBehörden oder -Gerichte. — Entscheidend ist die lex fori (E. 28[155] vgl. Bl. 51[558]) u. die tatsächl. *Klagebegr.* (E. 39[302] S. 6[652] KKE. 81[I] VGH. 11[310]). Vertrag, Vergleich, Anerk., nützl. Geschäftsf., Zinspflicht sind auch Titel öff. R. (S. 14[173] VGH. 16[262] KKE. 86[I] Bl. 59[399]); für öffentl. rechtl. Schulden gilt subsidiär BGB., NS. 4[936]. Ob die Streitsteile selbst Subjekte des öff. R., ist belanglos (S. 14[826]). Öff.-rechtl. Präjudizialpunkte sind der gerichtl. Prüfung in den Gründen an sich in der Regel nicht entzogen (E. 3[410] 48[383] KK. 99[II] 06[I]; vgl. §§ 148, StPO. 261); rechtskr. AdmAussprüche sind jedoch nicht mehr nachprüfbar (JW. 91[411]). Vertragsm. Verzicht auf den RWeg ist (abgesehen vom SchiedsG. oder rein freiwill. Leistg.) unstatthaft, E. 8[348] 37[427] S. 9[291]. Die Zulassung des RW. durch den KKGH. schafft noch kein Recht zwischen den Prozeßparteien. Abweisung wegen Unzulässigkeit des RWegs bleibt möglich; anders nach Art. 21, 22 KKG.), E. 11[391]. — **Einzelnes:** Art. 38 PolStGB. (Regelung *nichtstreit. Räumungen* durch die Polizei) gilt fort. — Streitigk. über *Dienstbotenzeugnisse* nach BGB. § 630, ABG. Art. 31 gehören nun vor die Gerichte; daneben (Mot. ABG. S. 29; Bl. 63[108]) konkurriert die früher ausschließl. polizeil. Zustdk. (KKE. 87) bzgl. der Ausstellungspflicht im Umfange des Art. 108 PolStGB. (Äußerungen über Leistung u. Führung nur mehr auf Verlangen). Zwangsvorführung v. Dienstboten: PolStGB. Art 106; Zwangsentlassung: Art. 16, 26 ABG.; 21 PolStGB. — Streitigk. zw. Dienstherrschft. u. Dienstboten über Berechnung u. Anrchng. von *KrankenVersBeiträgen* gehören vor das AmtsG. (Verfahren nur ZPO.), vgl. §§ 23 GVG.; 53a, 57b, 58 KrVG.; 4, 83 GewGG.; 5, 19 KfmGG.; Art. 2, 4 AKrV. Das Gleiche gilt bzgl. der Herausgabe zurückbehaltener *Quittungskarten* (§§ 139 InvVG.) wahlweise mit Abnahme durch die Ortspolizei. Dagegen ist die Entscheidung über Berechng. u. Anrchng. sowie Nachholg. der *InvVersBeiträge* VerwS. (InvVG. § 157; KKE. 98[II]). Vgl. auch § 103 GewUnfVG. — *Steuern*, sonstige *Gebühren* und *Kosten*, *Umlagen* sind gegen den kraft öff. R. Pflichtigen nicht einklagbar, auch nicht, wenn Zahlungspflicht unbestr. (Art. 4 ff. AZP. NS. 2[467]; KKE. 97[I] 03[II]), wohl aber zB. gegen Bürgen, vgl. § 801 JW. 99[320]; Kondiktion ist VerwS., KKE. 90[I]. Gebühren städt. Werke (zB. Gas): Art. 40 GmdO. mit ZR. 05[133]. Ähnlich *Stolgebühren*, *Kirchtrachten* (KKE. 96[I], 99[I]), *Notariatsgebühren* (Art. 50 ff., 137 NotG.; NS. 1[362]). Reichsstempelabgaben, RErbschaftssteuer: §§ 70 RStempelG., 57 RErbStG. mit GVBl. 06[517] (hier RW. nachträgl. zulässig). *Gehaltsforderung*, *Entlassung*, *Pensionierung* nichtpragm. Staatsdiener ist VerwS. (§§ 8, 41 Vdg. v. 26. Juni 1894), S. 9[29] [387] 10[554] 12[288] [429] 14[826] KK. 80[I] 82[IV] 89[IV] 03[III] (bestr.); vgl. E. 49[I] 53[423] u. bzgl. Notariatsverweser NotG. Art. 111. Anders bei Haftpflichtrenten (KKE. 89[II]), Unfallpens. (§§ 50 zit. Vdg., 10 Vdg. v. 13. Nov. 1902 GVBl. 706), pragm. Staats- (IX. Verf.-Beil. § 29) u. gleichgestellt. Gemeindebeamten (S 5[250] NS. 1[256]). Reichsbeamte: §§ 149 ff. RBeamtG; Militärpensionen: §§ 114 RMilPensG.; 39 OffizPensG.; 42 MilVersorgG. (bindende Vorentschdg.). — Beachtlich die nunmehrige Zustdk. des *Vormundschafts*G. für Konsensstreite zw. Ehegatten (§§ 1357, 1358, 1379, 1402 BGB.), Ehekonsense (§ 1308 BGB.), Unterhaltsregelung nach § 1612 BGB. (JW. 03[30] B.; Erziehungsfragen (§§ 1629 ff. BGB.). Klagen auf Kindsherausgabe (auch zw. Ehegatten), Unterhalt (EF. 5[136]) gehören vor die ordentl. G. (EF. 5[23] NS. 5[365]); Art. 130 ABG. trifft nur die Fälle der §§ 1635 Abs. 1 Satz 2, 1666 Abs. 1 Satz 2 BGB. (vgl. JW. 06[393]). Verhältnis zwischen ProzG. u. VormG.: § 627; ZBlFG. 5[327] 6[545] Bl. 50[26] ZZP. 35[530]. Die Auseinandersetzg. vor dem NachlaßG. ist nur fakult. u. hindert sof. Teilungskl. nicht. — Adel: E. 5[171] BöhmZ. 15[328]; V. VerfBeil. § 7; Anschlußgleis: Eger eisenbr. E. 21[151]; Armengelderersatz (KKE. 88[III] 01[II] VGH. 5[291] 11[156]); Aufgreifprämien: JMBl. 91[3] (VerwS.), vgl. 63[57] EH.; Fundprämie f. Registrierballons: InnMBl. 04[45] (VerwS.); Brandversicherung: VGH. 25[151] [158] Bl. 69[102]; Baulast kirchl.: S. 5[256] 6[417] 7[413] 15[226]; Defektenbescheide, Rechnungssachen: S. 6[913] 10[533] 11[52] 14[61] KKE. 79[II] 82[II] 00[I] 05[II] Bl. 59[26]; Grabstätten: E. 24[174] S. 5[892] KKE. 84[II]; Kaminkehrerwitwenanteil (VerwS.), GVBl. 03[115]; Kirchenstühle: VGH. 25[278] S. 5[892]; Kurtaxe (VerwS.), GebG. Art. 224; Lehen-, Fideikommißsachen (JustizS.): Lehenedikt §§ 214, 215; FidEd. §§ 14, 15); Namensrecht: E. 5[171] 29[123] 37[164] JW. 04[53] NS. 3[974] BöhmZ. 15[328]; Patentsachen: E. 33[161] 38[65] 45[76] JW. 05[544]; Quartierleistungen (VerwS.); Realrechte: KKE. 87[II] 88[I]; Submissionszuschlag: GVBl. 03[143]; Simultankirchen (JustizS.) S. 16[251]; Vereinsausschluß: E. 49[150] 62[255] JW 03[393] 06[116] ZR. 05[222]; Vergütung des Vormunds, Nachlaßpfl., VormG.: BGB. § 1836, ZR. 06[124]; vgl. RO. 8[361]; des TestVollstr. (JustizS.): EF. 4[140]; Zeugengebühren: E. 43[47]; Zwangsenteignung (Pflicht VerwS., Höhe JustizS.): § 15 EZP. Note; NS. 1[664]. — **Nr. 3.** Früher nicht: E. 28[157] S. 15[791]. — **Nr. 4.** Vgl. § 263. — **Nr. 5.** Vgl. § 110 ff. — **Nr. 6.** Vgl. § 271. — **Nr. 7.** Vgl. §§ 50 bis 57. Mangel der Zulassung, Vollmacht (SA. 43[302]) oder Sachlegitim. (E. 11[390]) nicht hierher; Genehmg. nach Großjährigk.: E. 18[384]. — **Abs. 3.** Verzicht unzulässig bei Nr. 1 (soweit Prorog. ausgeschlossen), 2 u. 7; vgl. Mot. 195, E. 40[271] 58[154] S. 9[561]; insoweit auch beim Ausbleiben Prüfung v. amtsw., E. 1[438]. Keine analoge Ausdehnung (E. 34[392]). — Auch die eingetretene Präklusion ist verzichtbar u. nicht v. amtsw. beachtl., E. 58[154]; durch Einlassung des Gegners wird Präkl. nicht gehindert, JW. 04[390]. — Berufungsinstanz: § 538; Prorog. geht dem Abs. 3 vor (bestr.).

§ 275 (248). I Über prozeßhindernde Einreden ist besonders zu verhandeln und durch Urteil zu entscheiden, wenn der Beklagte auf Grund derselben die Verhandlung zur Hauptsache verweigert, oder wenn das Gericht auf Antrag oder von amtswegen die abgesonderte Verhandlung anordnet.

II Das Urteil, durch welches die prozeßhindernde Einrede verworfen wird, ist in Betreff der Rechtsmittel als Endurteil anzusehen; das Gericht kann jedoch auf Antrag anordnen, daß zur Hauptsache zu verhandeln sei.

Abgesonderte Verhdlg.: § 146; Ausnahmen: §§ 504, 528, 538, 566, 594. — Register: §§ 79 AGSchrG.; 35 LGSchrG. — Verjährung: BGB. §§ 210, 212. — Kosten: §§ 26 GKG.; 20, 26, 29 RAGO.; vgl. § 96; E. 19[429]. Streitwert: Hptf. (SA. 45[212]).

Abs. 1. Die abgesond. mV. beschränkt sich auf die konkrete Einr. (E. 5[428]); u. U. Miterörterung der Hauptf.: E. 3[383]. Kein VerfZwU. möglich, E. 15[399] (bestr.); keine Aussetzung bis zur anderwtg. Behebung der Einr. (E. 3[403]). — Ist die Einr. begr., so ergeht gewöhnl. abwsd. EndU. mit Kostenausspruch, event. mit Verweisung nach § 276 (vgl. auch § 112); Verwerfung e. unbegr. Einrede ist ZwU. (ohne Kostenauspr., E. 13[413]). Bei sonstigen Prozeßvorauss. besteht Einlassungspflicht. — **Abs. 2** gilt nur nach abges. mV. (E 17[416]); sonst nur gewöhnl. ZwU. nach § 303. Keine Ausdehnung auf andere Einr., JW. 03[178]. — Anordnung mV. erfolgt durch beschwerdefreien Beschluß nach mV., ev. auf Neuladung (E. 57[416] RO. 9[136]). Die Wirksamkeit des Urteils z. Hptf. ist gesetzlich durch die RKr. des ZwU. bedingt (E. 15[349]) und fällt mit letzterem von selbst; keine Ausnahme für VerfU. (aM. E. 14[343]).

§ 276 (249). I Wird die Zuständigkeit des Gerichts auf Grund der Bestimmungen über die sachliche Zuständigkeit der Gerichte ausgesprochen, so ist zugleich auf Antrag des Klägers der Rechtsstreit an ein bestimmtes Amtsgericht des Bezirks zu verweisen.

II Ist das Urteil rechtskräftig, so gilt der Rechtsstreit als bei dem Amtsgerichte anhängig.

Vgl. §§ 10, 11, 505, 538, 602 GVG. Keine Ergänzung nach § 321, weil nur Prozeßantrag: Nachholung in II. J. möglich. — Keine örtl. Prorog. oder RMittelverzicht durch Verweisgsantrag: bei örtl. Unzustdk. des LG. keine Verwsg. — Verjährung: § 212 BGB. — Kosten: § 275; GKG. § 30 nicht hierher.

§ 277 (250). Nach Erledigung der prozeßhindernden Einreden kann das Gericht in Prozessen, welche die Richtigkeit einer Rechnung, eine Vermögensauseinandersetzung oder ähnliche Verhältnisse zum Gegenstande haben, unter Vertagung der mündlichen Verhandlung ein vorbereitendes Verfahren anordnen.

Vgl. §§ 348 ff. — Erledigung: Rechtskraft des ZwU. oder Einredeverzicht.

§ 278 (251). I Angriffs- und Verteidigungsmittel (Einreden, Widerklage, Repliken u. s. w.) können bis zum Schlusse derjenigen mündlichen Verhandlung, auf welche das Urteil ergeht, geltend gemacht werden.

II Das Gericht kann, wenn durch das nachträgliche Vorbringen eines Angriffs- oder Verteidigungsmittels die Erledigung des Rechtsstreits verzögert wird, der obsiegenden Partei, welche nach freier richterlicher Überzeugung imstande war, das Angriffs- oder Verteidigungsmittel zeitiger geltend zu machen, die Prozeßkosten ganz oder teilweise auferlegen.

Angr.- u. VertMittel: § 146 (hier auch unselbstdg.) — Schluß der mV.: §§ 136, 220, 767; Wiederaufn.: § 156; Beschränkung der mV.: §§ 145, 146, 302 bis 304, 319; Zwischenanträge: § 360. — Ausnahme (frühere Präklusion): §§ 39, 44, 76, 269, 274, 295, 354, 406, 506, 530, 558, 616, 787; GVG. 106; GenG. 112; Zurückweisung verspäteter VertMittel: § 279. — Kosten (Abs. 2): nicht nur, soweit durch Nachschleppung veranlaßt; vgl. §§ 92, 308. Daneben können aus § 48 GKG. eigene Strafgebühren auferlegt werden, was insbes. bei schließl. Unterliegen der säumigen Partei praktisch. Bei Erfolglosigkeit e. nicht verzögerten Behelfs gilt nur § 96 (praktisch nur Auslagen); für WKl. sind bloß §§ 91, 92 anwendbar.

Abs. 1. Einheit der mV.; keine Eventualmaxime. Substantiierung auch bei Einreden (§ 253, Bl. 17[30]) geboten; widersprechende Einr. (S. 11[327]; vgl. JW. 02[577]), Änderung der Einr., **Repliken** (S. 11[469]) möglich. **Einredeverzicht**: § 288 S. 16[409], Gr. 50[1] JW. 06[414]. Verjährg. v. Einr.: § 267. — **Abs. 2.** Verschleppungsabsicht nicht erforderl.; geringes Verschuld. genügt. Entspr. Anwendung auf Beweismittel u. Beweiseinr.: § 283.

§ 279 (252). Verteidigungsmittel, welche von dem Beklagten nachträglich vorgebracht werden, können auf Antrag zurückgewiesen werden, wenn durch deren Zulassung die Erledigung des Rechtsstreits verzögert werden würde, und das Gericht die Überzeugung gewinnt, daß der Beklagte in der Absicht, den Prozeß zu verschleppen, oder aus grober Nachlässigkeit die Verteidigungsmittel nicht früher vorgebracht hat.

Aufrechng.: §§ 145, 302; Berufung: §§ 540, 541; Ehe- u. Kindss.: §§ 626, 640, 641; vgl. 614; UrkPr.: §§ 598, 601; Beweismittel: §§ 283, 374, 379, 433. — Entschdgsform: Urteilsgründe: keine Zurückwig. v. amtsw.

Gegenüber § 278 die Beschrkg. auf VertMittel des Bekl. beachtlich. AngriffsM. können wegen Nachschleppung nicht zurückgewiesen werden; nur Kostenauflage (§ 278 Abs. 2). Die Zckwsg. erstreckt sich auch auf konnexe Gegenfrdg., wirkt nicht über die Instanz hinaus (E. 31[363]); materielle Erledig. bei Spruchreife, zB. Unglaubw. wegen Verspätung (Bl. 62[240]). — WKl. ist AngriffsM. (SA. 55[111] R. 05[95]); Rechtsausführg. sind nicht ausschließbar (§ 137).

§ 280 (253). Bis zum Schlusse derjenigen mündlichen Verhandlung, auf welche das Urteil ergeht, kann der Kläger durch Erweiterung des Klagantrags, der Beklagte durch Erhebung einer Widerklage beantragen, daß ein im Laufe des Prozesses streitig gewordenes Rechtsverhältnis, von dessen Bestehen oder Nichtbestehen die Entscheidung des Rechtsstreits ganz oder zum Teile abhängt, durch richterliche Entscheidung festgestellt werde.

Widerklage: § 33; Zuständigk.: §§ 506; GVG. 103, 105, 106 (KfHS.); Vollmacht: § 81; Teilll.: § 301; Berufung: § 529; Verjährung: § 209 BGB. — Vgl. auch §§ 110, 148, 260, 268, 278 Abs. 2, 281. Kosten: §§ 5, 256, 268.

Präjudiz. ersetzt hier Zusammenhang u. rechtl. Interesse, E. 29[361] RS. 5[618]; Form: mV. — Diese ZwFKl. bezweckt Ausdehnung der RKr. auf die Urteilselemente (§ 322), S. 11[624]; steht dem NebenJ. (auch dem streitgen.) nicht zu (bestr.); ist auf Urkundenechtheit, bei Abweisungsreife oder nach Erledigung der Hauptkl. nur aus § 256 zulässig; auch wegen des nicht eingekl. Überschusses e. bestr., geteilten Klageforderg. möglich, E. 40[37]. — Das Verbot der Klageverbdg. u. Prorog. sowie e. ausschl. GStand sind nicht umgehbar; wichtig für nicht vermögensr. Anspr.

§ 281 (254). Die Rechtshängigkeit eines erst im Laufe des Prozesses erhobenen Anspruchs tritt mit dem Zeitpunkte ein, in welchem der Anspruch in der mündlichen Verhandlung geltend gemacht wird.

Vgl. §§ 33, 264, 268, 280; ferner (Rückdatierung beachtl.): §§ 302, 541, 600, 717. — Auf Einreden nicht ausdehnbar: vgl. wegen materiell. Bedeutung der Schriftsatzzuf:llg. §§ 81; AnfG. 4 ff. — Wirkung: §§ 263 ff.

§ 282 (255). I Jede Partei hat unter Bezeichnung der Beweismittel, deren sie sich zum Nachweise oder zur Widerlegung tatsächlicher Behauptungen bedienen will, den Beweis anzutreten und über die von der Gegenpartei angegebenen Beweismittel sich zu erklären.

II In Betreff der einzelnen Beweismittel wird die Beweisantretung und die Erklärung auf dieselbe durch die Vorschriften des sechsten bis zehnten Titels bestimmt.

Fragepflicht: § 139; Erklärungspflicht: §§ 138, 439, 450 ff., 507; Protokoll: § 298. — Beweiserhbg. v. amtsw.: §§ 3, 56, 144, 238, 287, 331, 341, 475, 535, 566, 574, 589, 622, 640, 641, 670, 679, 684, 686, 968; vgl. auch bzgl. fak. mV. die Note zu § 128; Verbot der Beweisaufnahme: § 320; Gebot der Beweisaufn.: Note zu § 286.

Unterschied zwischen Beweisgrund, Beweismittel, Beweiseinrede beachtlich. Die Tats. müssen konkret bezeichnet sein (Mot. 199); Häufung statthaft. Kein Ausforschungsbeweis (Bl. 51[474]). Formulierung tunlichst auf unmittelb. Einfügung in den BewBeschl. zu richten. — Die Beweislast erhellt, obwohl wesentl. prozessual, aus dem bürgerl. Recht: E. 15[391]; vgl. zB. BGB. §§ 179, 282, 343, 345, 358, 363, 442, 542, 636, 831 ff., 912, 2336; zumeist ergibt die Wortfassung des BGB. auch die Beweislast (Planck 1[48]). Beachtlich deren Umkehrung gegenüber den Registereinträgen. Die §§ 193 bis 197 Entw. I sind zwar (um die Freiheit der Wissenschaft u. Rechtspr. nicht zu beengen) gestrichen, aber samt Mot. 1[382] höchst beachtlich. — Einzelnes: Gegenüber dem Einwand der (primären) Suspensivbedingung obliegt dem Kläger der Nachweis unbed. Abschlusses (so gem. M.; JW. 02[312] S. 6[500]); ebenso bei Streit über Vertragsperfektion (E. 57[51]); anders bei Resolutivbedingung, E. 28[145]; vgl. jedoch Entw. I § 196. — Negativen können (falls rechtserzeugend) unter die Beweislast fallen (Eid), RS. 6[571]; hierher insbes. Innominatkauf; Kläger muß beweisen, daß kein bestimmter Preis vereinbart (E. 57[49]; bestr.) — Die Essentialia negotii hat der Kläger zu beweisen; die Accidentalia ergeben sich aus den dispos. Gesetzesvorschriften. Wer aus e. Abweichung hiervon Rechte ableitet, hat die Beweislast; aus der sonstig bewiesenen oder zugestandenen Sachlage können sich aber nach der Verkehrssitte oder tägl. Erfahrung natürliche Vermutungen und damit für den konkr. Fall Verschiebungen der Beweislast ergeben, E. 57[48] JW. 05[685]. Hierher zB., wenn der Käufer e. Vereinbarung auf die Hälfte des unbestr. angemessenen Preises behauptet, ohne diesen Nachlaß irgendwie aufklären zu können; solchenfalls Teilll. auf die unbestr. Hälfte; vgl. auch §§ 612, 632 BGB. Sachmiete ist ohne Zinshöhe meist nicht perfekt. Wegen der bzgl. Streitfragen, insbes. über Zahlungsziel, Kauf, Engagement auf Probe, Kündigungsfrist s. Staub HGB. S. 12. Dabei kommt auch der Satz „actore non probante" in Betracht. Mangels pos. Nachweises e. abweichd. Vereinbarung gilt die gesetzl. Frist (E. 57[46]), auch wenn die Parteien nachträgl. darüber „einig" sind, daß sie nicht zu Grunde gelegt werden wollte oder der Vertrag ist wegen Dissens in e. erkennbar wesentl. Punkte nichtig. — Kontrahieren in eigenem oder fremdem Namen: E. 47[227] JW. 02[80] S. 4[604]; im Zweifel bezahlt, wer bestellt. Unterschied zwischen Handeln auf eigenen **Namen** u. auf eigene **Rechnung**: RG. 2[77]. Beweislast für Rechtswidrigkeit e. Körperverletzung: E. 33[352] JW. 03[54] Beil.; 05[14] (anders im Strafproz.); Simulation: Bl. 45[184]; Einsicht der Verantwortlichkeit: E. 61[240]; cond. indeb.: E. 1[95] (Schld. muß den Zahlungsvorbehalt, Glb. alsdann die Fdrg. beweisen, E. 17[214] 29[116]); Verpflegungsersatz: Bl. 45[99]; Insolvenz des primär Unterhltspfl.: § 1607 BGB.; Anfechtung (§ 119 BGB.): JW 05[525] Gr. 48[334]; Leben, Tod: E. 8[173]; Feststellung, Haftentbindung: § 256; Feuerversicherung: Gr. 32[732]; jur. Tatsachen: § 445. — **Vermutungen**: Schweigen keine Zustimmung (R. 03[575]); Fortdauer des Bestehenden: S. 1[500] Bl. 52[202]; Gesetzeskenntnis: S. 11[130] RG. 6[597] JW. 03[399] Beil., 04[237]; Wegfall des Gesetzzwecks: S. 9[654]; Vorabsterbenlassen des Schuldners: S. 5[405] („moltiger Mund" des BLR.); Entgelt bei abstr. Schuldverspr.: E. 62[41]. Vgl. auch §§ 292, 775 und wegen des Schadensbeweises § 287; bei letzterem sind die Erleichterungen bei Unkenntnis des Hergangs (Bl. 51[473]) und die Erfordernisse des Entlastungsbeweises nach § 831 besonders beachtlich (JW. 04[361] 05[287 484 530]). — Schuldhafte Erschwerung der Beweisführung kehrt die Beweislast um: E. 46[369]. — Durch Ausübung des Fragerechts, Dringen auf Substantiierung, insbes. auf Anführung der Parteibesprechungen in direkter Rede, Anordnung pers. Erscheinens werden zahlreiche Beweislastfragen leicht geklärt; vgl. auch Betzinger, Beweislast (1904).

§ 283 (256). I Beweismittel und Beweiseinreden können bis zum Schlusse derjenigen mündlichen Verhandlung, auf welche das Urteil ergeht, geltend gemacht werden.

II Auf das nachträgliche Vorbringen von Beweismitteln und Beweiseinreden findet die Vorschrift des § 278 Abs. 2 entsprechende Anwendung.

§ 278 Abs. 2: Kostenüberbürdung trotz Obsiegens ohne Beschrkg. auf Nachschleppungskosten.

Beweiseinreden: zB. gegen Zulassung, Glaubwürdigkeit, formelle Beweiskraft. — § 279 ist nicht direkt anwendbar, aber bei den einzelnen Beweismitteln durch ähnliche Spezialvorschr. ersetzt, die für beide Teile gelten; zB. §§ 374, 402, 433.

§ 284 (257). Die Beweisaufnahme und die Anordnung eines besonderen Beweisaufnahmeverfahrens durch Beweisbeschluß wird durch die Vorschriften des fünften bis elften Titels bestimmt.

Vgl. §§ 355 bis 484, insbes. 358 ff. bzgl. Beweisbeschl. — Weitere mV.: § 285.

§ 285 (258). I Über das Ergebnis der Beweisaufnahme haben die Parteien unter Darlegung des Streitverhältnisses zu verhandeln.

II Ist die Beweisaufnahme nicht vor dem Prozeßgericht erfolgt, so haben die Parteien das Ergebnis derselben auf Grund der Beweisverhandlungen vorzutragen.

Termin: §§ 325, 370; Verhandlung: §§ 128 ff.; neues Vorbringen: §§ 278 ff. Wiederholung der Beweisaufnahme: § 398; Beweisverhdlg. = Protokoll (§ 165; Bl. 69[378]). — **Kosten**: §§ 17, 13 RAGO. mit E. 9[372] 10[374] 23[384].

Abs. 2. Vortrag durch e. Partei (meist Beweisführer), nicht Richter, JW. 04[65]; ohne Vortrag keine Berücks. (E. 8[327]); Ausnahme bei Verstll. (§ 370).

§ 286 (259) I Das Gericht hat unter Berücksichtigung des gesamten Inhalts der Verhandlungen und des Ergebnisses einer etwaigen Beweisaufnahme nach freier Überzeugung zu entscheiden, ob eine tatsächliche Behauptung für wahr oder für nicht wahr zu erachten sei. In dem Urteile sind die Gründe anzugeben, welche für die richterliche Überzeugung leitend gewesen sind.

II An gesetzliche Beweisregeln ist das Gericht nur in den durch dieses Gesetz bezeichneten Fällen gebunden.

Beweisregeln: §§ 13, 14, 16 EZP.; 164 ff., 198, 202, 314, 415 bis 418, 427, 437, 441, 456, 463, 464, 475, 477; vgl. §§ 282, 292 bzgl. Vermut. u. Auslegungsregeln. — Ausdehnung der freien Würdigung: § 287. — Abstimmung nach Gründen: § 198 GVG.

Die Grundlage besteht in den gesamten, formell richtig zur Wahrnehmung des Gerichts gekommenen Prozeßvorgängen (§§ 128, 285, 295, 314). — Beweisangebot allein genügt nicht, E. 9[323]; Ausnahme: § 542. — Zeugen müssen, soweit vorgeschrieben, beeidigt sein, E. 54[270]; beeid. Zeugenaussagen, Urteile aus anderen Prozessen sind als Urk. verwertbar, E. 46[410] JW. 06[27] (soweit nicht wiederholte Vernehmung beantragt), S. 12[383]; Privatbestätigungen wertlos, ESt. 36[401]; frühere Zeugenauss. der nunmehrigen Partei beachtlich, E. 29[343]; in Unkenntnis e. EntschlagungsR. gemachte Auss. nur nach Wiederholung auf Belehrung verwertbar: JW. 01[687]; Würdigung zu Unrecht beeid. Auss.: § 393. Testes de auditu auch bei Zeugnisverweig. zulässig, S. 13[253]. Persönl. Eindruck, Protokollarbemerkungen hierüber zB. bei Zeugen verwertbar, E. 17[425] ESt. 37[212]; desgl. Verweigerung e. Vorzeigung, des Zeugnisses: §§ 371, 386. — Parteieid im Vorprozesse unterliegt freier Würdigung, E. 32[426]. Außergerichtl. Geständnis: § 288; Privatwissen: § 291; amtl. Auskunft: §§ 373, 402. — Die Begr. muß die logischen Zwischenglieder erkennen lassen, (nicht nur tats. Feststellung wie im StrafPr.); Verstoß revisibel, E. 17[425]; vgl. § 313. — Ablehnung e. Beweisantrags nur wegen Unbehelflichkeit oder wegen Unerschütterbarkeit der richt. Überzeugung, nicht wegen „Unwahrscheinlichkeit" (S. 10[647]) oder „vermutl." Unglaubw. (solange der persönl. Eindruck nicht prüfbar), E. 15[335] RS. 2[166] 5[495]. Ansichtszeugen: Bl. 69[237]; Aussagewiderruf: BlEB. 5[29]; pers. Versicherg. des RA.: JW. 04[538]; Beteiligte, Verwandte: JW. 99[92]; vielbeschäft. Beamte: R. 06[447]; vgl. ZR. 06[362]. Bloße Glaubhaftm. reicht nicht, Überzeugung festzustellen, RS. 6[430]; Ausnahme: § 294, zB. Arrest oder nach ZivilR. Summierung von Wahrscheinlichkeitsgründen kann genügen (Brand), S. 15[486]; Unfall: BlEB. 6[244]; mathem. Gewißheit nicht forderbar, JW. 05[696]. Auch innere Tats. sind feststellbar (§ 445): Bl. 66[204]. Bei bereits feststehender Überzeugung kann dem Gerichte kein weiteres Gutachten aufgenötigt werden, JW. 03[216] S. 14[792]. Ausnahmen: §§ 623, 655; AZP. Art. 21; oblig. Parteigehör: §§ 128, 137. — Zivilrechtl. Nichtigk. v. amtsw. beachtlich, E. 61[264]. — Konventionalprozeß unstatthaft (Mot. 210), insbes. keine Einschränkung der freien Beweiswürdg. innerh. des Prozesses; wohl aber gelten Beweislastverträge (JW. 04[227]) u. Abmachungen, daß nur ein in bestimmter außergerichtl. Weise festgestellter Schaden klagbar sein solle; vgl. die Note zu §§ 287, 1025.

§ 287 (260). I Ist unter den Parteien streitig, ob ein Schaden entstanden sei, und wie hoch sich der Schaden oder ein zu ersetzendes Interesse belaufe, so entscheidet hierüber das Gericht unter Würdigung aller Umstände nach freier Überzeugung. Ob und inwieweit eine beantragte Beweisaufnahme oder von amtswegen die Begutachtung durch Sachverständige anzuordnen sei, bleibt dem Ermessen des Gerichts überlassen. Das Gericht kann anordnen, daß der Beweisführer den Schaden oder das Interesse eidlich schätze. In diesem Falle hat das Gericht zugleich den Betrag zu bestimmen, welchen die eidliche Schätzung nicht übersteigen darf.

II Die Vorschriften über den Schätzungseid werden aufgehoben.

Zwischenll. über den Grund: § 304; Kl. ohne Bezifferung: § 253; Versll.: § 331; Revisionsumfang: § 511; Beweis- u. Schätzungsverträge, SchiedsG.: §§ 286, 1025; Vertragsstrafen: §§ 343 BGB., 348, 351 HGB. — Vgl. §§ 249 ff. BGB.; § 19 ält. UrhRG.; 7 HaftpflG. ä. F.; 42 KagG.; 44 RBeamtG.; 2 AbzG.; 62, 115 MilPensG.; 5 PatG.; 124[6], 127 g, 133 e GewO.; 709 HGB.; 85 BinnenSchG.; Art. 26 ABG.; 1 FeldSchG.; 24 GebG. — Kosten: §§ 92, 309.

Schaden, Interesse: auch bei Verträgen, Expropr. (S. 16[135] aM. E. 12[404]), Nachprüfung des Deckungskaufs (E. 46[407]); nicht aber bloßer Erfüllungsanspruch (E. 8[224]), Bereicherung (JW. 85[157]), gewöhnl. Schätzung (vgl. § 445). E. 58[35]. — Hierher auch Feststellg. des Kausalnexus, nicht aber der kausalen Tats. selbst (außer bei Fungibilienverlust) E. 31[90] 45[356] S. 12[555]; ferner hierher Schadensbeginn (E. 31[88]), Verteilung der Haftung (E. 36[276]); ob Rente oder Kapital, S. 16[37]. — Die zivilrechtl. Normen über Schadensersatz sind hierdurch nicht berührt, E. 23[200]; vgl. bezgl. Lebensdauer BlEB. 4[99]; Rechtsersatz Bl. 62[52]; Brandschaden E. 58[35] Bl. 51[526]; Versäumung einer ZwVersteigerung S. 12[6]; Schmerzensgeld Bl. 59[161]; kein Kaufzwang bzgl. der beschäd. Sache: Bl. 60[380]. — Der Eid ist ein richterl.; Auflage stets durch bed. Endll. in der Überzeugungsnorm (Mot. 209; JW. 01[35]). Zuschiebg. belanglos, E. 40[422]; Ablehng. irrevisibel, NS. 6[27]. — Beweisangebote sind immerhin zu würdigen (E. 40[424] S. 9[338]); ausnahmsweise Pflicht zur Beweiserhbg.: Art. 21 AZP. (Expropr.), S. 13[45, 610] NS. 2[131]; andere Beweise als Gutachten dürfen v. amtsw. nicht erhoben werden. — Abwsg. mangels Substantiierung erst nach Erschöpfung des Fragerechts u. Fehlen jeden Anhalts, E. 7[368] 31[88] JW. 04[156].

§ 288 (261). I Die von einer Partei behaupteten Tatsachen bedürfen insoweit keines Beweises, als sie im Laufe des Rechtsstreits von dem Gegner bei einer mündlichen Verhandlung oder zum Protokolle eines beauftragten oder ersuchten Richters zugestanden sind.

II Zur Wirksamkeit des gerichtlichen Geständnisses ist dessen Annahme nicht erforderlich.

Vollmacht: §§ 81, 83; Protokoll: §§ 160, 165, 297, 509; Fortwirkung: § 532; Widerruf: § 290; Streitgen.: § 61. — Ausnahmen in Ehe-, Kinds-, EntmdgsS. sowie bei sonstiger Prüfung v. amtsw.

Das G. wirkt auch ohne Protokoll in mV. (E. 10[366]), Anwesenheit oder Annahme des Gegners; ist auf einfache Rechtsbegriffe (§ 445) ausdehnbar (E. 32[408] 58[54] S. 14[84]); kann auch im AnwProz. von der Partei selbst ausgehen (E. 10[423]); ist ohne entspr. Behptg. des Gegners (die auch nachfolgen kann: JW. 05[26]) unwirksam, SA. 48[218]. **Keine Nachprüfg. v. amtsw. auf Richtigkeit ohne Widerruf** (JW. 01[839] S. 12[225]); **Ausnahme: Notorietät** (bestr.). — **Unterschied von Anerk.**: S. 13[547]; **vom fiktiven G.** (Schweigen): §§ 138, 330; **übereinstimmd. Rechtsausführg. binden nicht**, S. 10[74]. — **Außergerichtl. G.** (auch Schriftsatz) **ist nur Indizium** (E. 6[190]), genügt aber in der Regel (S. 10[36]); nach Annahme kann ein materiell bindender Einredeverzichtsvertrag (Mot. BGB. 1[385] Prot. 2[490]) vorliegen.

§ 289 (262). I Die Wirksamkeit des gerichtlichen Geständnisses wird dadurch nicht beeinträchtigt, daß demselben eine Behauptung hinzugefügt wird, welche ein selbständiges Angriffs- oder Verteidigungsmittel enthält.

II Inwiefern eine vor Gericht erfolgte einräumende Erklärung ungeachtet anderer zusätzlicher oder einschränkender Behauptungen als ein Geständnis anzusehen sei, bestimmt sich nach der Beschaffenheit des einzelnen Falles.

Sog. qualifiz. Geständnis, zB. Zahlungseinr.: zu unterscheiden vom bedingten G. und der Klagebestreitung. — Vgl. §§ 146, 278, 303; Note zu § 282.

§ 290 (263). Der Widerruf hat auf die Wirksamkeit des gerichtlichen Geständnisses nur dann Einfluß, wenn die widerrufende Partei beweist, daß das Geständnis der Wahrheit nicht entspreche und durch einen Irrtum veranlaßt sei. In diesem Falle verliert das Geständnis seine Wirksamkeit.

Vgl. §§ 81, 85, 90, 138, 288. — Unterschied von Klageberichtigung: § 268; S. 11[469]; von Rücknahme der zugestd. Behauptung: SA. 54[107].

Ob der Irrtum rechtl. oder tatsächl., entschuldbar oder nicht, ist gleichgültig (E. 11[408]): Hauptfall: Mißverständnis bei Inform. des RA. Nachweis von Scherz oder Simulation genügt nicht (bestr.); Identität des Irrenden u. Gestehenden nicht nötig, E. 11[406] (bestr.). — Widerruf nicht „sofort“ geboten; auch noch in II. J. möglich. Unwahrheit, Irrtum auch durch Eid erweisbar; Substantiierung: JW. 02[166]. — Keine Anwendung auf außergerichtl. G. (freies Ermessen), Rechtsausführg. (E. 32[407]), Anerkennt. (E. 35[410]); vgl. auch BGB. §§ 116 ff., 166 bzgl. der Dispositionsakte mit E. 59[349] ZZP. 31[281] 35[401].

§ 291 (264). Tatsachen, welche bei dem Gericht offenkundig sind, bedürfen keines Beweises.

Vgl. §§ 592, 622; GKG. § 118; NotGeschO. § 76 (Personenidentität); GBO. § 29; GBTA. § 528. — Materielle Präsumtionen: § 292.

Menschen-, Orts-, Gerichtskundigkeit; zB. Lebensbedarf, Straßennamen, Gerichtsbesetzung. — Die Tats. muß behauptet sein (JW. 99[485]); hierher auch techn., wissenschaftl. Sätze (E. 17[271] 25[54] 36[349] S. 13[531]), Natur der Sache (Bl. 61[269]), Literatur (Bl. 65[79]), Handelsbrauch (E. 2[385]). — Akten, öff. Bekanntm., Registereinträge sind in der Regel nicht notorisch, E. 13[369] RS. 4[446] SA. 59[193]; bzgl. Privatwissen bestr., vgl. SA. 50[130] BlEB. 13[11]; Aussprache nach § 139 praktisch. — Notorietät bedarf keiner weiteren mV. (JW. 03[82] Beil.) oder Begr., gilt auch im UrkPr. (JW. 82[157]), muß bei der Majorität der Spruchrichter bestehen (vgl. R. 05[197]), ist irrevisibel (JW. 94[398] 06[494]). Kein Gegenbeweis denkbar (E. 13[372]).

§ 292. Stellt das Gesetz für das Vorhandensein einer Tatsache eine Vermutung auf, so ist der Beweis des Gegenteils zulässig, sofern nicht das Gesetz ein anderes vorschreibt. Dieser Beweis kann auch durch Eideszuschiebung nach Maßgabe der §§ 445 ff. geführt werden.

EZP. §§ 14, 16 äF.: BGB. §§ 16, 18, 1362, 1527, 1591 ff., 1720, 2365, 2366 u. a. HGB. § 459; vgl. §§ 39, 167, 269, 437, 440, 551, 755; KO. § 7. — Satz 1. Der Gegenbeweisausschluß hat für die altrechtl. praes. j. et de j. noch Wert, soweit fortwirkend, insbes. für die Vaterschaftsvermutung (evidentia facti), E. 41[150] RS. 1[635]; der Geschlechtsverkehr darf nach BLR. hier nicht unmittelb. Beweis- u. Eidesthema sein, Bl. 46[320] für gem. R. bestr.). Das BGB. enthält keine solche Fiktion. — Auch Rechtsvermutungen nach gem. R. hierher (zB. § 891 BGB.) — **Satz 2** hindert die Anwendung des § 446 auf den Gegenbeweis: der Beweis der Tats. wird durch die Vermutung unter Ausschluß des § 286 voll ersetzt. Die Vermutungsgrundlage selbst erfordert nach wie vor Beweis.

§ 293 (265). Das in einem anderen Staate geltende Recht, die Gewohnheitsrechte und Statuten bedürfen des Beweises nur insofern, als sie dem Gericht unbekannt sind. Bei Ermittelung dieser Rechtsnormen ist das Gericht auf die von den Parteien beigebrachten Nachweise nicht beschränkt; es ist befugt, auch andere Erkenntnisquellen zu benutzen und zum Zwecke einer solchen Benutzung das Erforderliche anzuordnen.

Vgl. § 118 GVG. (Denkschr. z. HGB. S. 3) bzgl. Handelsbrauch; ferner Art. 22 ÜG. (Güterrecht): Haager Eheabk. (RGBl. 04[221]); Ges. v. 22. Febr. 1855 (GBl. 41) mit VGH. 24[751] (Einverleibung): Völderndorff-Beißl, bayer. Zivilgesetzstatistik mit Bl. 54[353]. — Belgien: JMBl. 82[35]; Rußland: JMBl. 83[247]; Schweiz: JMBl. 05[6]; Allgemeines (Bericht an das Justizministerium): JMBl. 87[205]; die Nachweisung über Kostenvorschuß u. Kostenkaution e. Ausländers ist den Parteien zu überlassen. Korresp.-Gebühr des RA.: § 91.

„Anderer Staat": auch Bundesstaat. Für sämtl. (auch frühere) Gesetze des eigenen Staats gilt Jura novit curia (kein Anfragebericht: Gerichtsgutachten üblich, soweit Literatur ungenügend); anders bezgl. inländ. Gewohnh.- u. StatutarR. (nicht identisch mit PartikularR.) — Das Gericht hat die Nachforschungs**pflicht** auch innerh. PublFrist (JW. 05[398]) nach § 286 (kein Eid), außer wenn aussichtslos (E. 21[177]) oder die Überzeugung bereits feststeht (E. 10[172] 21[177] S. 9[569]); kann die Partei z. Nachweis auffordern (E. 39[376]); vgl. wegen ausländ. Gerichtspraxis E. 6[374]; jüd. Ritualges.: S. 9[265]; GewohnheitsR.: E. 30[367] S. 9[569]; Polizeivorschr.: E. 43[42]; Gesetzesmaterialien: RS. 1[347]; Gerichtsgebrauch: S. 6[307]. — Die Parteien können (unbeschadet allenfalls. jus cogens) die Anwendung e. bestimmten ZivilR. vereinbaren, E. 44[300].

*__§ 294__ (266). [I] Wer eine tatsächliche Behauptung glaubhaft zu machen hat, kann sich aller Beweismittel, mit Ausnahme der Eideszuschiebung, bedienen, auch zur Versicherung an Eidesstatt zugelassen werden.

[II] Eine Beweisaufnahme, welche nicht sofort erfolgen kann, ist unstatthaft.

Fälle der Glbhftm. vgl. Reg.: §§ 14 EZP.; 15 FGG.; 35 GBG.; 105, 188 ff. KO. Eidesst. Vers. verboten nach §§ 44, 406, 546; vgl. Art. 14 AZP. — GSchrProt.: § 3 AGSchrG. — Wahlweise Zustdk. der Notare: Art. 3 NotG., §§ 262 ff. NotGeschO.: Art. 167 GebG. mit 36 NotGebO. — Strafe: §§ 156, 163 StGB.; § 157 bei freiw. Erbieten nicht anwendbar, ESt. 36[49]. — Beweisgebühr nach § 18 GKG. bestr. (JW. 85[94] RO. 9[170]). Zeugengebühr: § 401; JW. 05[178].

Abs. 1. Glaubhaft: wahrscheinlicher als Gegenteil; gesetzl. Beweisregeln nicht anwendbar, SA. 60[20]. Richterl. Grundangabe nicht geboten (S. 12[451]); irrevisibel (Gr. 30[1180]); kann ohne Beweisangebot vorliegen. — „Alle“: nicht bloß die in der ZPO. jeweils zugelassenen Beweismittel (JW. 93[541]). Hiernach u. U. genügend schriftl. Erkl. der Partei oder Dritter (E. 30[376]), Klagestellg. (S. 14[228]), Buchsauszüge (RS. 2[328]), Notizbücher (S. 11[741]), Rechnungen (S. 13[257]), Geständnis. Beglaubg. (JW. 98[115]), Beeid. von Zeugen steht im freien Ermessen, E. 30[376]. Auch der Gegner kann keinen Eid zuschieben (E. 30[415]), wohl aber alle sonstigen Beweismittel zur Erschütterung der Glbhft. benutzen, E. 27[425] S. 11[362] (Abwägung). — Eidesst. Vers. ist als solche zu bezeichnen, ESt. 22[186] (Bereiterkl. zur Beeidg. allein ungenügend). Zur Entgegennahme ist das Zivilgericht zuständig (ESt. 20[241]); schriftl. Einreichung (auch dritterseits) genügt, ESt. 37[210]; vgl. E. 50[360]. — Kein Handgelübde, Ehrenwort oder Ersatz durch Kaution (RO. 4[149]); Diensteid: § 386. — **Abs. 2.** Sof. Aktenbeischaffung gleichen Gerichts zulässig, nicht aber anderw. Requisition oder Editionsverf., E. 16[369]. — Zeugen sind im Termin zu stellen, E. 14[438] (Abhörung ablehnbar u. vertagbar); ohne Termin sof. Stellung im Gesuch anzubieten.

§ 295 (267). I Die Verletzung einer das Verfahren und insbesondere die Form einer Prozeßhandlung betreffenden Vorschrift kann nicht mehr gerügt werden, wenn die Partei auf die Befolgung der Vorschrift verzichtet, oder wenn sie bei der nächsten mündlichen Verhandlung, welche auf Grund des betreffenden Verfahrens stattgefunden hat oder in welcher auf dasselbe Bezug genommen ist, den Mangel nicht gerügt hat, obgleich sie erschienen und ihr der Mangel bekannt war oder bekannt sein mußte.

II Die vorstehende Bestimmung kommt nicht zur Anwendung, wenn Vorschriften verletzt sind, auf deren Befolgung eine Partei wirksam nicht verzichten kann.

Tatbestandsberichtigung: § 320; Protok. der Rüge: § 160 (S. 10[65]); Heilung durch Rechtskraft: § 322. — Fahrlässigkeit: § 122 BGB mit JW. 02[12]. — Für die Rüge und den Rügeverzicht gilt Anwaltszwang.

Abs. 1. Prozeßhdlg.: auch des Gerichts, GSchr., GDieners, GVollz., soweit Form in Betracht; vgl. E. 3[365] (Eid durch BeweisB. statt bed. EndU.), 14[382] 17[348]. — Verzicht: nicht vorgängig (JW. 06[395]); kein stillschw. Verzicht vor Eintritt der zweiten Altern., S. 16[309]. — Nächste mV.: u. U. sofort nach Beweiserhbg. (E. 12[437]); braucht nicht in gleicher Instanz oder z. Haupts. zu sein (JW. 89[235]); gleichgültig, ob der Gegner anwesend (E. 42[404]); Unterlassung der Rüge vor b. v. e. R. schadet nicht (S. 11[48]). — Rügeverlust wirkt endgültig ohne Akzeptation für alle Instanzen; keine Rücknahme durch beiders. Übereinkunft. — Das Rügerecht wird durch abgelehnten Beeidigungsantrag gewahrt (Gr. 37[1262]; vgl. auch SA. 47[166]). — Fragepflicht, wenn bei späterer mV. die Rüge nicht wiederholt wird, E. 33[373]; kein Rügerecht der selbst formwidrig hdld. Partei (S. 12[328]). — **Abs. 2. Unverzichtbar:** Gerichtsbesetzung, Öffentl., Mündl. (E. 14[382]), Unzulässigk. des Rechtswegs, Anwaltszwang, Notfristen (zB. E. 7[372] 39[358] RS. 2[81]; milder bzgl. fristöffnd. Urteilszust. E. 51[98] S. 12[326]), Parteibetrieb (E. 3[375]), wie überhaupt die Offizialpunkte (S. 10[272]) u. Fundamentalsätze des Prozesses (E. 22[393]): insbes. **kein** Verzicht möglich bzgl. § 538 (E. 22[392]); § 551 (E. 6[194]); Urkundenbeilage nach § 593 (E. 3[278] 5[332]; aM. E. 9[432]); bzgl. § 260: E. 5[167] (Ehes.); bzgl. Aussagenprotok. (Bl. 69[369]); bzgl. mV. über Zeugnisweig.: Gr. 41[1180] (aM. JW. 94[82]); Eintritt e. neuen Partei: § 253. — **Verzichtbar:** Klage-, Ldgs.-, Zustellmängel, außer soweit Notfristwahrg. in Frage (zB. E. 6[364] 9[69] 37[378] 49[378] 58[152] S. 13[183] RS. 4[568]); Unterbrechungsfolgen (E. 10[69] 14[334]); Beeidigungsformalien (E. 12[436] 17[380] S. 10[65]); Unzuständk. des Gerichts bei Eidesabnahme (E. 2[371]); Unterlassung gebotener Beeid. (E. 9[377]; nicht umgekehrt: JW. 93[426]); Vorlage des Protokolls zur Durchsicht: E. 12[436]; Arrestzustellungsfrist nach § 929: E. 37[379]; Verstoß gegen § 187 GVG.: JW. 92[158].

§ 296 (268). I Das Gericht kann in jeder Lage des Rechtsstreits die gütliche Beilegung desselben oder einzelner Streitpunkte versuchen oder die Parteien zum Zwecke des Sühneversuchs vor einen beauftragten oder ersuchten Richter verweisen.

II Zum Zwecke des Sühneversuchs kann das persönliche Erscheinen der Parteien angeordnet werden.

§§ 41, 54, 76 GewGG.; 16, 19 KfmGG.; 133, 173, 195, 196 KO.; 49 RAO.; 208, 779, 782, 218, 1714, 1822 BGB. mit Mot. 2[649]; früher: GO. Kap. XVII § 1; Art. 11 (jetzt 12), 86 AZP. äF.: 21, 80 ält. NotG.: vgl. auch die Note zu 510. — Pers. Ersch.: § 141; Sachlegitim.: § 54; Vollmacht: §§ 81, 83; Ehesachen: §§ 608, 617; Protokoll: § 160; ZwVollstr., Aufbewahrung, Ausfertigung: §§ 794 ff. Kalender: §§ 87 AGSchrG.; 34 LGSchrG. — Kosten: GKG. §§ 21, 22, 23, 41, 47, 93, 101; GebG. Art. 153; KJ. § 33; JMBl. 81[319]; NotGebO. Art. 31: RAGO. §§ 13, 18, 37, 89: BRAGO. Art. 11 (JMBl. 02[261] JW. 03[28] 04[624]). Vgl. auch § 98 u. wegen des Streitwertes E. 36[404] S. 15[273 352] JW. 04[604] ZR. 06[20] (Erstreckung auf nicht eingekl. Anspr. erhöht den StrW. hinsichtl. der Prozeßkosten nicht; bestr., vgl. R. 06[328]). Rückn. nur vor mV. billiger.

Verweisung z. **Sühne** setzt beiders. Erscheinen voraus, aber nicht mV. (bestr.); ist wiederholbar u. noch im Verkündungstermin möglich. — Ausbleiben ist, auch im Kostenpkt., ohne Nachteil (Mot. 215); der b. o. e. R. kann selbständig das pers. Ersch. anordnen (bestr.). — RA. sind nicht ausschließbar, vielmehr vor den KollegialG. selbst zur Vollstreckb. des Vgl. nötig; anders mangels Anwaltszwang vor b. o. e. R. Letzterer ist zur Vergleichsbeurk. auch dann zuständig, wenn bloß Beweiserhbg. requiriert ist, E. 21[348] S. 10[20]. — Terminsansatz zur mV. nach Scheitern des Vgl. erfolgt v. amtsw. — Der **Vergleich** (Begriff: § 779 BGB., bestr.; vgl. Bl. 69[25]) ist ein gegens. Vertrag u. noviert im Zweifel nicht (Mot. BGB. 4[904]); bewirkt nicht Rechtskraft (E. 37[419]), sondern nur e. Sacheinrede, auch nach § 767 gegen rkr. Urteil (Bl. 66[264]). Teilvergl. möglich, nicht aber Zwischenvergl. Kausal- u. Erfüllungsgeschäft können im Vgl. verbunden sein; Gewährleistung: E. 54[165]. Er ist wegen **einseitigen** Irrtums, Zwangs, Betrugs nach allg. Grunds. **anfechtbar** (reines Bestr. kein Betrug: ESt. 23[246]; wegen erfundener Klagebegr. vgl. E. 58[349] ESt. 32[1] 36[118] RS. 6[618]; Absicht der Nichterfüllung: E. 48[284]). Außerdem begründet beiderſ. (auch unentſchuldbarer) Irrtum über den als feſtſtehend angenommenen Sachverhalt (nicht über die Streitpunkte ſelbſt: JW. 05[689]) Nichtigkeit, ſoferne der Irrtum kauſal für den Streit oder die Ungewißheit (vgl. Gr. 49[108]) war. Hiernach u. U. Anerk.- u. VerzichtsU. ſicherer. — Vereinbarung des Rücktrittsrechts („auszuüben durch Schriftſatz an das Gericht"; vgl. R. 05[160]) hindert die Beurkdg. nicht; mangels Eventualtermin nach Widerruf Terminsanſatz von amtsw. üblich. Auch der fak. geſetzl. Rücktritt nach § 326 BGB. iſt an ſich beim Vgl. möglich; Stundungswegfall nach Flucht des Schuldners: JW. 05[168]. — Die beſtr. Rechtsbeſtändigkeit e. gerichtl. Vgl. unterliegt zunächſt der Beurtlg. des durch Neuladung mit der Fortſetzg. des vergl. Rechtsſtreits befaßten ProzeßG. (E. 39[393] JW. 05[533] ZR. 06[357] aM. JW. 05[535]); mgls. Fortſetzbarkeit FeſtſtellKl. (vgl. auch § 280). — Materiellrechtl. Beſchränkg. des Vgl.: E. 37[416] 49[192] JW. 06[301] Mot. BGB. 2[652] (im allgem. u. bzgl. FamilienR.); BGB. §§ 1360, 1614, 1714 mit E. 4[208] JW. 05[682] (Unterhalt); § 5 HaftpflG. mit Bl. 51[522] E. 58[204] S. 7[664] (Schweigeverträge); E. 42[60] (Strafantragsverzicht); E. 47[93] S. 12[297] (Differenzgeſchäft) u. die Komm. zu BGB. §§ 134 bis 138 (Rückwirkung des § 138 Abſ. 2: JW. 01[1]). — Das Nachgeben e. Partei kann auch in e. RMittelverzicht, bloßer Stundung (Bl. 8[45]), Zinsminderung, Koſtenteilung beſtehen; bzgl. Urteilsverzicht, Klagerückn. allein beſtr. (JW. 05[568] ZR. 05[343]); teilwſ. Anerk. e. verjährten Frdg.: JW. 03[101] Beil. — Das gerichtl. VglProt. erſetzt auch e. allenfalls vorgeſchriebene anderw. Form, insbeſ. nach § 313 BGB. (KB. 65; E. 48[183]); die §§ 167 ff. FGG. (insbeſ. Unterſchriftsklauſeln) ſind nicht anwendbar. Keine Auflaſſung (Bl. 70[274]), wohl aber Einigung nach §§ 873 BGB.; 143 GBDA.; 139 HypG., 72 GrStG.; wegen Art. 14 NotG. vgl. S. 11[483]. — Perfektion des Vgl. mit Protokollniederſchrift: RD. 1[238] ZZP. 30[436] (beſtr.); keine nachträgl. einſeit. Berichtigung: S. 9[307] Bl. 18[254] 24[249] ZZP. 30[133] JW. 93[537] (Ergänzungskl. mgls. Zuſtimmung). — Der außerger. Vgl. iſt formfrei, begründet entſpr. Sacheinrede oder Klagsänderung, zerſtört die Rechtshgk. nicht.

§ 297 (269). I Die Anträge müſſen aus den vorbereitenden Schriftſätzen verleſen werden.

II Soweit vorbereitende Schriftſätze nicht mitgeteilt oder die Anträge in ſolchen nicht enthalten ſind, muß die Verleſung aus einem dem Protokolle als Anlage beizufügenden Schriftſatze erfolgen.

III Dasſelbe gilt von Anträgen, welche von früher verleſenen in weſentlichen Punkten abweichen.

IV Die Nichtbeachtung dieſer Vorſchriften hat die Nichtberückſichtigung der Anträge zur Folge.

Vgl. §§ 130, 137, 139, 314. — Ausnahmen (AmtsG.): §§ 508, 509; vgl. auch §§ 128 Note, 607. — Prot., Einheftg.: § 160.

Antrag: parteiſeitg. Formulierung der verlangten gerichtl. Endentſchdg. einſchl. vorl. Vollſtr.; Änderung der Klagebegr., Prozeßbitten, Eideszuſchiebg. (BlEB. 4[250]), VerſAntrag als ſolcher (E. 31[405]), Antrag nach § 465, Vertagung, lediglich neg. Gegenanträge (zB. Klagabwſg.) nicht hierher. — Erwähnung im Prot. ſtatt Anlage (Abſ. 2) unbeachtlich (Gr. 41[177]); Verſtoß reviſibel (JW. 98[601]). Beſtr., ob auf fak. mV. ausdehnbar.

§ 298 (270). I Soweit es sich nicht um Anträge (§ 297) handelt, sind wesentliche Erklärungen, welche in vorbereitenden Schriftsätzen nicht enthalten sind, oder wesentliche Abweichungen von dem Inhalte solcher Schriftsätze, mögen die Abweichungen in Zusätzen, Weglassungen oder sonstigen Abänderungen bestehen, auf Antrag durch Schriftsätze, welche dem Protokolle als Anlage beizufügen sind, festzustellen.

II In gleicher Weise sind auf Antrag auch Geständnisse sowie die Erklärungen über Annahme oder Zurückschiebung zugeschobener Eide festzustellen.

Prot., Einheftg.: § 160; vorb. Verf.: § 350; AmtsG.: § 509. — Beweiskraft: § 314. — Anerk., Vergleich, Verzicht von amtsw. zu protokollieren: § 160. — Mangels Parteiantrag Erwähnung im Tatbestand auf Grund richterl. Erinnerung oder Sitzungsnotiz.

Abs. 1. Ob wesentlich, richterl. Ermessen; hierher insbes. Beweisangebote. — Die Anlage bedarf nicht nochmaliger Verlesg. durch die Partei; Konstatierung des Vorsitzd. über Identität genügt, Gr. 28[1155]. Weigert die erklärd. Partei die Niederschrift, so ist e. Schriftsatz des Gegners dem Prot. beizulegen (bestr.). Keine Feststllg. im Prot. selbst forderbar; keine Richtigkeit solcher Feststllg. Zusatz auf früherem Schrifts. (Datum!) üblich. — **Abs. 2.** Niederschrift trotz Identität mit früherem Schriftsatz forderbar; Erkl. bzgl. Urkunden nicht hierher.

§ 299 (§ 271). I Die Parteien können von den Prozeßakten Einsicht nehmen und sich aus denselben durch den Gerichtsschreiber Ausfertigungen, Auszüge und Abschriften erteilen lassen.

II Dritten Personen kann der Vorstand des Gerichts ohne Einwilligung der Parteien die Einsicht der Akten nur gestatten, wenn ein rechtliches Interesse glaubhaft gemacht wird.

III Die Entwürfe zu Urteilen, Beschlüssen und Verfügungen, die zur Vorbereitung derselben gelieferten Arbeiten, sowie die Schriftstücke, welche Abstimmungen oder Strafverfügungen betreffen, werden weder vorgelegt noch abschriftlich mitgeteilt.

§§ 80, 133, 142, 211, 213, 317, 341, 433, 443, 544, 706, 733, 760, 792, 896, 996, 1001, 1016, 1022; GVG. § 141; GewGG. § 32; KimGG. § 16; FGG. §§ 34, 78, 182; BGB. § 2264 (RG. 4[853]); KRG. Art. 16. — *Anlegung der Akten u. Register*: §§ 59 bis 93 AGSchrG.; 6 bis 43 LGSchrG.; 2 bis 12 OLGSchrG.; vgl. Gesch.- u. RegistrO. für die Stadt- u. LandG. v. 20. Sept. 1863 (JMBl. 105 ff.), insbes. bzgl. Rechtshilfe (vgl. aut. JME. Nr. 46547 v. 22. Dez. 1900) u. Generalakten, ferner JMBl. 63[211] 77[250]; Numerierung in der Mitte unten: §§ 89 AGSchrG., 38 LGSchrG.; vgl. auch aut. JME. Nr. 7006 v. 13. Febr. 1902 (Einhaltung der Zeitfolge); Aktenzeichen: §§ 91 AGSchrG., 41 LGSchrG., 12 OLGSchrG. Kostenblatt: § 42 KJ.; kein Aktenschwanz oder Renner (§ 36 GuRO.). Depositenbelege: JMBl. 99[1085] [1089]. — *Ausscheidung u. Vernichtung der Akten* (vgl. Art. 109 EBG., ESt. 23[283]): JMBl. 65[57] 67[274] 70[61] [452] 79[348] [643] 81[433] 89[201] 95[114] 97[53] 05[565]. — *Abgabe an Archive u. dortige Einsicht*: JMBl. 66[124] 68[260] 70[60] [453] 71[23] [238] 77[13] 82[81] [136] 89[201] GVBl. 99[65]. — *Herstellung zerstörter Akten*: § 143. — *Verbot der Aktenversendung in das Ausland ohne Genehmigung des Justizministers*: JMBl. 87[281]. — *Akteneinsicht*: §§ 158, 169 GVG. (an sich kein Rechtshilfeakt); Art. 77 AGB. mit S. 11[202] SSt. 5[332]; Art. 3 AZP.; 13, 80, 97, 186 SubhO.; §§ 24, 116 HypG.; 96, 159 StPO.: insbes. durch die *Staatsanwälte*: JMBl. 63[15] Eh.; *Notare*: JMBl. 63[65] [69]; §§ 93 ff. NotGeschO.; *Dienstaufsichtsbehörden*: JMBl. 00[997]; *Finanzbehörden*: §§ 2 KAG., 62 KJ.; § 41 RErbStG.; Art. 30 EinkStG.; 18 KapStG.; S. 16[72]

Bl. 70^{366} JMBl. 00^{336}, **Militärbehörden.** § 4 Ges v. 15. Aug. 1828 (GBl 44), **Pfründekuratel** (Regierung): DöU. 9$^{1213\ 1599}$, **Gendarmerie:** § 43 OrgVdg. v 24. Juli 1868, **Konzipienten:** JMBl. 63^{57}; ausld **Konsuln** JMBl. 03^{243} Wegen der Akteneinsicht durch sonstige **öff. Behörden,** insbes. VormG. enthalten §§ 191 NotGeschO, 535 ff GBDA. beachtliche, entspr anwendbare Anhaltspunkte. **Für den Fiskus als Partei** gilt nichts Besonderes (vgl. § 10 GO.-Nov. v 17 Nov 1837). Kein Einsichtsrecht des **Reichstags** oder **Landtags:** Art. 33 GeschGG., vgl jedoch 19 MinVG — **Strafrechtl. Schutz.** §§ 133, 267 ff., 360 StGB., kein Autorrecht UrhRG. §§ 16 ff — **Handakten** des RA.. §§ 32 RAO., 86 RAGO, Bl. 68^{6} BNotZ. 02^{53} — **Verfahren** §§ 93, 94 AGSchrG., kein Anwaltszwang. — **R Behelf** zu Abs. 1 § 576, zu Abs. 2 nach der Bayer Praxis Dienstaufsichtsbeschw, vgl aber § 24 FGG., ZBlFR. 5^{176} JW. 91^{297} — **Kosten** §§ 79 ff., 97 GKG. Kein Zurückbehaltungsrecht des Staats an Abschriften wegen anderw. Kostenrückstands § 28 AGSchrG. (Vorschuß §§ 3, 97 GKG), anders Art 288 GebG u. § 32 RAO, vgl Art. 55 NotG., 6, 16 BRAGL, 1, 9 VerwRAGL Nach JME. v. 12. März 1886 ist die Gestattung (Abs 2) gemäß Art 198 GebG. zu taxieren (bestr, vgl JMBl. 77^{79} u. Art. 3 GebG

Abs. 1. Partei: auch NebenJ.; nicht die zu entmündg oder verklagende P. vor Rechtshgk. (Abs. 2 anwendbar). — Kein Recht auf beliebig viele Abschr (JW. 01^{121}; vgl. §§ 91, 115); Reihenfolge bestimmt der GSchr. (auch des ers. G, solange im Besitz des Akts). — Für das Mahnverf. ist das Mahnreg. „Akt" (Mot. 379); Zulässigkeit sonstiger (auch neg.) Registerbestätig. zu bejahen, vgl. §§ 706; JMBl. 66^{181} S. 10^{73}; FGG. § 162; NotGebO. Art 44; **Konkurstabellenabschrift:** ZZP. 21^{525}; **Recht auf Einsicht der Urteilsurschrift:** §§ 320, 316; unrichtig SA 47^{167} — **Kein Recht auf „Auskunft" aus den Akten:** S. 11^{202} RG. 4^{848} Bl. 70^{367}. Beigeschaffte Zivilakten stehen dem Hauptakt gleich (JW. 95^{183}). Für fremde Akten gilt deren Einsichtsrecht (JW. 01$^{35\ 839}$); durch die **Herausgabe** gilt die Eins. nur für die betr. Parteien bewilligt (JW. 04^{67} RO. 9^{103}). — Abgabe in die Wohnung (JW. 88^{82}), Versendung an ausw. Gericht zwecks dortiger kontrol. Einsicht zulässig (SSt. 5^{332}); Abgabe in der Sitzung selbst ungeeignet. — Das Eigentum am Akt bleibt dem Staat, JMBl. 66^{222} Bl. 48^{370}, Mot. zu Art. 37 NotG., 25 AGB.; vgl. § 142. — **Abs. 2.** Hauptfall paul Anf. (§ 792); rechtl. Interesse: RG. 4^{848} Zustdg. beim LandG. der Präsident (nicht Direktor). Nach gem. M. keine Befugnis zur Abschrifterteilung; richtiger kein Recht des Dritten auf amtl. Abschrift (Verbot der Privatabschr durch das GSchrPersonal: JMBl. 92^{136}). — Bei Vollmachtsvorlage e. Partei wird Abs. 1 anwendbar — **Mitteilung von Urteils-, Eideslisten u. dgl. an die Presse** ist dem Gerichtspersonal auch bei öff. Verhdlg. verboten (aut. JME. Nr. 2371 v. 26. Febr 1882); **Ausnahmen:** JME. vom 17. Jan. 1900 Nr. 34510 (Bl. f RA.); 19. März 1900 Nr. 5867 („Recht"); 13. Juli 1900 Nr. 26411 (Seufferts Archiv); 20. Febr. 1901 Nr. 39020 („Gewerbegericht"); 9. Mai 1902 Nr. 20137 (Ztschr. f. Not.); 15. Nov. 1904 Nr. 41325 (Ztschr. f. Rpfl.); 1. Dez. 1904 Nr. 43408 (Justizd. Rundschau); 9. Jan. 1905 Nr. 251 („Unl. Wettbewerb"). — **Abs. 3.** Hierher Zwangsstrafen (Art. 71 ff AGB.) Berichte, Sitzungsnotizen; nicht aber Zeugenstrafen. — Besonders zu beachten, daß nicht bereits fertige, noch unverkündete Entschdg. miteingesehen werden.

Zweiter Titel.

Urteil.

§ 300 (272). I Ist der Rechtsstreit zur Endentscheidung reif, so hat das Gericht dieselbe durch Endurteil zu erlassen.

II Dasselbe gilt, wenn von mehreren zum Zwecke gleichzeitiger Verhandlung und Entscheidung verbundenen Prozessen nur der eine zur Endentscheidung reif ist.

TeilU.: § 301; ZwischenU.: §§ 302 bis 304; VersU.: §§ 330 ff.; bed. EndU.: § 460; VorbehaltsU.: §§ 302, 529, 540, 599; Beschlüsse, Verfügungen: § 329. — Urteilsablehnung durch Beschluß: § 335; Aussetzung: § 252; Aufhebung des BeweisB. wegen Spruchreife: § 360.

Abs. 1. EndU.: den Prozeß in der Instanz bedingt oder unbed. derart erledigend, daß für weitere mV. über das Entschiedene kein Raum (E. 17[359] S. 10[190]). Hierher auch Zurückverwsg. (E. 6[335]), Fälligkeit während des Prozesses (unbeschadet § 93): E. 1[425] S. 8[152] (Ausnahme in der RevInst. u. bei § 1567 BGB.: E. 57[46] 60[194]), materielle Abwsg. wegen Fortsetzung trotz Vergleichs (E. 39[393]), Spruchreife zufolge Einrede (S. 12[573]); Eventualaufrechnung: § 302. — Keine vorsorgl. Erhebg. für andere Instanzen oder Behörden, S. 16[12] E. 55[244] (Eheproz.) — Die Zurückbehaltungseinr. führt nur mehr zur Verurtlg. Zug um Zug gegen die genau festzustellende Gegenlstg. (§§ 274, 322 BGB.); vgl. Note zu § 308; E. 49[82] 51[171] Bl. 70[361]. Bei Geldretention Urt. auf Zlg. gg. Zlg.: SA. 58[115]. — **Abs. 2.** Fall oblig. Trennung (S. 16[159]); subj. u. obj. Klagenhäufung: § 301.

§ 301 (273). I Ist von mehreren in einer Klage geltend gemachten Ansprüchen nur der eine, oder ist nur ein Teil eines Anspruchs, oder bei erhobener Widerklage nur die Klage oder die Widerklage zur Endentscheidung reif, so hat das Gericht dieselbe durch Endurteil (Teilurteil) zu erlassen.

II Die Erlassung eines Teilurteils kann unterbleiben, wenn das Gericht sie nach Lage der Sache nicht für angemessen erachtet.

Vgl. auch §§ 145, 254, 300, 303, 306, 307, 352: Teilleistung hier zulässig (§ 266 BGB.). — Register: §§ 79, 87 AGSchrG.: 35 LGSchrG. — Kosten: § 91: Zurückwsg. (Abs. 2) gebührenfrei: JW. 98[353]. Vgl. auch § 12 GKG.: 10 RAGO.

Abs. 1. Auch auf Streitgen. (E. 51[249]), Anschließung (JW. 89[205]), Versäumnis (§ 334) anwendbar. — TeilU. ist zulässig über Hauptf. vor Nebenf.; bei FeststellKl. (JW. 02[360]) auch über Zwischenfeststellkl.; unzulässig: über den Eventualantrag vor Erledigung des Hauptantr. (SA. 55[44]): bei Kl. u. Wkl. auf Scheidung (Anfechtung), E. 58[307]; auf spätere Fälligkeit; auf Kapitalsabwsg. vorbehaltl. Rente; auf Einzelposten, solange Saldo bestr. (JW. 05[537]); auf einzelne Klagegründe (RD. 11[81]); auf Kontokorrentzinsen, solange die einzelnen Posten in Streit (E. 22[400]); auf Teilabwsg., solange nicht die Unmöglichkeit feststeht, daß Kläger mehr als das Vorbehaltene erstreiten kann (E. 16[423]); auf Aufhbg. des ganzen Urt. I. J. u. Teilentschdg. in der II. J. (E. 14[202]); über untrennbare Ansprüche (vgl. SA. 46[225] JW. 05[86] E. 51[248] 54[140]). — Durch rechtl. Zusammenhg. wird das TeilU. nicht gehindert (SA. 45[49]); anders § 145. Das TeilU. ist selbstdg. anfechtbar (vgl. § 99); zerstört u. U. die RevSumme, E. 17[45]; erleichtert die vorl. Vollstreckb. — **Abs. 2.** Freies Ermessen (Ausnahmen s. o.), auch ob Teil- oder ZwU. zu erlassen, soweit Wahl (E. 21[340]). Keine Beschw. hierwegen, JW. 86[194]; wohl aber RMittel, weil TeilU. unzulässig, SA. 54[155]. — Bei gewöhnl. Streitgen. TeilVersU. obligat., E. 55[310].

***§ 302** (274). I Hat der Beklagte die Aufrechnung einer Gegenforderung geltend gemacht, welche mit der in der Klage geltend gemachten Forderung nicht in rechtlichem Zusammenhange steht, so kann, wenn nur die Verhandlung über die Forderung zur Entscheidung reif ist, diese unter Vorbehalt der Entscheidung über die Aufrechnung erfolgen.

II Enthält das Urteil keinen Vorbehalt, so kann die Ergänzung des Urteils nach Vorschrift des § 321 beantragt werden.

III Das Urteil, welches unter Vorbehalt der Entscheidung über die Aufrechnung ergeht, ist in Betreff der Rechtsmittel und der Zwangsvollstreckung als Endurteil anzusehen.

IV In Betreff der Aufrechnung, über welche die Entscheidung vorenthalten ist, bleibt der Rechtsstreit anhängig. Soweit sich in dem weiteren Verfahren ergibt, daß der Anspruch des Klägers unbegründet war, ist das frühere Urteil aufzuheben, der Kläger mit dem Anspruch abzuweisen und über die Kosten anderweit zu entscheiden. Der Kläger ist zum Ersatze des Schadens verpflichtet, der dem Beklagten durch die Vollstreckung des Urteils oder durch eine zur Abwendung der Vollstreckung gemachte Leistung entstanden ist. Der Beklagte kann den Anspruch auf Schadensersatz in dem anhängigen Rechtsstreite geltend machen; wird der Anspruch geltend gemacht, so ist er als zur Zeit der Zahlung oder Leistung rechtshängig geworden anzusehen.

Vgl. §§ 33, 81, 145, 322, 529; Ablehnung des VorbehaltsU. unanfechtbar, E. 28[414]. Formel: in der Regel „Verurteilung"; Ausnahme: JW. 04[30]. — Verjährung: BGB. §§ 209, 219. — Akten: §§ 76, 79, 87 AGSchrG.: 13, 35 LGSchrG. — Kosten: §§ 18, 28, 33 GKG. mit E. 28[414] (Nachverf. keine neue Instanz für RA.); JW. 93[471]. Kostenausspruch im VorbehU.: § 91.

Der **Vorbehalt** (früher sog. TeilU., E. 31[1]) verhindert Prozeßverschleppungen u. entspricht der Trennungsbefugnis des § 145 für den Augenblick der Urteilsfällung. Er gehört in die Formel (E. 47[364]); trifft nur die konkrete Einrede (nicht WKl.), wird durch Konnex der Gegenfrdg. mit der Verteidig. nicht gehindert (vertragsm. Aufrechn. ist aber mit der Klage konnex, Gr. 9[146]); ist auf andere Einr., zB. Stundung (JW. 04[260]), Zurückbehaltung (E. 15[421]) nicht entspr. ausdehnbar. — Keine Trennung mehr, wenn bereits Klage und Einrede spruchreif (E. 24[425]), zB. Aufr. unzuläßig (§§ 393 ff. BGB.), unsubstantiiert (JW. 02[91]), verzichtet (Bl. 58[142]). Bei Spruchreife der Einr. **allein** fak. ZwU. (§ 303); auch wenn AufrEinr. begr., nicht sof. Abwsg. der an sich bestr. Klagefrdg., E. 42[362]); letztere konsumiert jedenfalls nicht die aufgerechnete Gegenfrdg. (E. 43[200]). Abhilfe nötigenfalls durch Zwischenfeststllg. (präjudiziell im Kostenpkt.); vgl. über diese **Eventualaufrechnung** Bl. 63[270] 64[253] 70[537] E. 57[108] (gem. M. für sog. Beweistheorie). An der materiellen Wirksamkeit der Aufr. in u. außer dem Prozeß ist nichts geändert (vgl. §§ 387 ff. BGB.); § 396 BGB. ist im Prozeß nicht anwendbar, R. 03[566]. Das VorbehU. ist statthaft, auch wenn die Aufr. schon vor dem Prozeßbeginn erklärt wurde (gem. M.);

Unterlassung der Aufr. im Prozeß ist kein Verzicht, E. 10[202]. — Kein formales Verbot der Aufr. e. illiquiden, inkonnexen Gegenfrdg. (E. 12[254] S. 13[555]); § 390 BGB. meint den objektiven Bestand e. Einrede. — Unzulässigkeit der Rekompensation: E. 45[241] S. 14[290]; Miteinklagung des Überschusses rätlich, E. 57[101]; Unterschied zwischen Rekompensation u. compens. lucri et damni: E. 54[137]. — Verwsg. der AufrEinrede aus der Instanz: § 279; zur getrennten Verhdlg.: § 145 Abs. 3 mit JW. 04[39] (beachtl. die dortige Konkurrenz der Nachverf. aus § 302 u. § 304). — Fortsetzung im Parteibetrieb in der Instanz des Vorbehll., auch ehe letzteres rkr. (JW. 96[657]). Ladungsfrist: § 217; sof. Weiterverhdlg. forderbar, R. 04[599]. — Keine Aussetzung der Berufung gegen das VorbehUrt. (SA. 52[197]); keine Einstellung der ZwV., JW. 89[169] (nur Arrest; vgl. aber E. 54[304]). Sicherheitsrückgabe: § 109. VerfVerf. unter Beschränkg. auf den Vorbehalt zulässig: Angreifer: Bekl. Ergibt sich die Unbegründetheit der Einr., so wird das VorbehU. (unter Wegfall des Vorbehalts) „aufrecht erhalten". — Wegen der Haftung für den Schaden (einschl. beigetr. festges. Kosten, vgl. RL. 7[300]) u. eigenen beklagt. Verschld. vgl. die Note zu § 717; beachtlich, daß hier auch die Vollstr. des rkr. VorbehU. in Betracht kommt. — Der Anspruch bildet keine Widerkl. und ist auch beim Ausbleiben des Bekl. sowie in der RevInst. stellbar (E. 34[385]); letzterenfalls Rückverwsg., wenn noch tatsächl. Feststllg. nötig (E. 27[44]); nachträgl. Zahlg. beachtl., R. 06[942]. — Aufrechnung e. etwaigen Klagüberschusses gegen den Schaden statthaft, soweit nicht BGB. § 393 zutrifft; aM. E. 34[384]. — Gesonderte Schadensersatzkl. zulässig; desgl. Teilll. im Nachverf. Der Rückzahlungsanspruch ist meist sofort liquid.

§ 303 (275). Ist ein einzelnes selbständiges Angriffs- oder Verteidigungsmittel oder ein Zwischenstreit zur Entscheidung reif, so kann die Entscheidung durch Zwischenurteil erfolgen.

Vgl. §§ 146, 289, 332, 347, 461. — Zustellg. nicht geboten, § 310 (E. 57[150]). — Akten: §§ 79, 87 AGSchrG.; 35 LGSchrG. — Kosten: §§ 18, 28 GKG.; 13, 26 RAGL.; vgl. §§ 91, 96, 278 ff.

Dieses Zwischenll. setzt nicht abges. Verhdlg. (§ 146) voraus; ist vorweggenomm. Bestandteil der Gründe des Endll., auch II. J. (E. 17[360] S. 9[472]); ergeht stets unter der Feststellformel; kann nur durch Eid bedingt sein (E. 16[328]); steht im freien Ermessen des G. (Bindung beachtlich); ist (unter den Parteien) nicht selbstdg. anfechtbar. Keine Scheidung zwischen Grund u. Betrag, JW. 03[399]. Im Zweifel entscheidet der Inhalt, ob ZwU. nach § 303 oder 304 vorliegt (E. 58[231]); auch Verbindg. möglich, Bl. 71[298]. — Hierher Verwerfung prozeßh. Einr. außer § 275 Abs. 1, E. 15[399]; e. Eventualbegr., R. 06[940]; Einr. mangelnder Passivlegitim. (E. 11[318]); Zulässigkeit e. Eids oder RMittels, Klagänderung (E. 34[381]); Streit nach § 366; über Edition oder Echth. von Urk. u. dgl.; über einzelne Abrechnungsposten (statt Teilll., E. 21[342]); nicht hierher prozessuale Zwischenstreite, über welche ohne mV. entschieden werden kann, vgl. JW. 00[130] (bestr.), ZwStr. mit Dritten (§§ 71, 135, 387, 402) oder Prozeßleitung (Beschluß).

§ 304 (276). I Ist ein Anspruch nach Grund und Betrag streitig, so kann das Gericht über den Grund vorab entscheiden.

II Das Urteil ist in Betreff der Rechtsmittel als Endurteil anzusehen; das Gericht kann jedoch, wenn der Anspruch für begründet erklärt ist, auf Antrag anordnen, daß über den Betrag zu verhandeln sei.

Formel: „Die Klage w. d. Grund nach s. gerechtf. erklärt“ (E. 60[314] NS. 3[364]); *kein* RMittel gegen Ablehnung des Zwll. — Kein *AnerkU.* über den Grund allein: vgl. E. 12[353]. *Zurückverweisg.*: § 538. — GewGG. § 50: KfmGG. § 16. — Keine vollstr. Ausf.: § 34 AGSchrG. — *Akten*: §§ 79, 85 AGSchrG.: 35 LGSchrG. — *Kosten*: §§ 18, 28, 31 GKG.: 13, 26 RAGO.: das Zwll. enthält keinen Kostenausspruch, E. 13[390]; das Nachverf. bildet keine neue Instanz. Streitwert: Betrag (NS. 2[115]); bei zifferloser Feststllg. fr. Erm., RO. 11[44].

Abs. 1. *Vorabentschdg.* nur, soweit der Anspruch für begründet erklärt; soweit für unbegr., wahres EndU. (E. 17[349]), gleichgültig, ob die Verhdlg. (§ 146) auf den Grund beschränkt war, E. 22[392]. Beisp.: Schadensersatz, Unterhalt; *nicht* Herausgabe e. Sachgesamtheit oder bei Zug um Zug (JW. 05[344]). Kein VersU. auf den Grund: § 347 E. 36[428]. Das Zwll. kann durch Eid bedingt sein, E. 6[430] (Leistung nach RKr. des Zwll.); Verbindg. mit Zwll. aus §§ 302, 303 oder mit TeilU. möglich. — „*Betrag*“ enge auszulegen, E. 12[353] S. 10[10]. Sachl. Haftgsbeschrkg. gehören bereits in das Zwll., zB. Erbenhaftg. (E. 61[294]), Mitverschulden nach § 254 BGB. (JW. 04[448] 05[284]); *nicht* dem Nachverf. vorbehaltbar sind die Einr. der Zahlg. (E. 31[361]), Aufrechnung (E. 52[28]), Verjährung (JW. 03[290]), Sachlegitim. (JW. 05[27]), Kausalmangel, Kollation (E. 58[60]), Wahl zw. Rente u. Kapital, JW. 06[359]. Dem Nachverf. vorbehalten sind Erwerbsunfähigkeit bei Unterhalt (JW. 04[575] BlEB. 14[159]), Einzelposten e. Rechnung (JW. 02[342]; aM. E. 8[363]). Bei Anspruchshäufg. Einzelprüfung (zB. Schmerzensgeld, E. 58[232]). Über die Aufrechnungseinrede allein ist nur Zwll. nach § 303 möglich (E. 49[338]): anders, soweit WKl. erhoben (SA. 51[226]); Verwsg. der Aufr. zur gesonderten Verhdlg.: JW. 04[39]. — Trotz rkr. Begründeterkl. des Anspr. kann die *Schadensziffer* schließlich gleich Null sein (JW. 98[141] NS. 6[631]); aber das Zwll. ist unzulässig, wenn bei dessen Erlassung bereits jede Möglichkeit e. konkreten Schadens ausgeschlossen ist (E. 16[385] JW. 06[26]). — Unterschied von Kl. auf Schadensersatz mit Bezifferungsvorbehalt: § 253; bei FeststellKl. *ohne* Ziffer kein Zwll. über den Grund: E. 60[368]; desgl. wenn der Betrag anerkannt u. nur der Grund bestr., E. 58[232]. Bzgl. Vertragsbestand u. Rückgewähr vgl. E. 54[342] BlEB. 11[371]. — **Abs. 2.** Ob Zwll. nach § 303 oder 304 vorliegt, bemißt sich im Zweifel nach dem sachl. Inhalt: § 511. Nachschleppung versäumten Vorbr. nur mittelst WAufnahme (S. 11[729]). Nachträgl. erst entstandene Einr. sind im Nachverf. zulässig (zB. Aufrechng.), SA. 50[214]; ebenso Klagserweiterung, E. 28[425] 58[41]; hiergegen kein Einredeausschluß (zB. höhere Rente). — Sof. Verhdlg. über den Betrag: § 275; nicht nach Abwsg.

§ 305. I Durch die Geltendmachung der dem Erben nach den §§ 2014, 2015 des Bürgerlichen Gesetzbuchs zustehenden Einreden wird eine unter dem Vorbehalte der beschränkten Haftung ergehende Verurteilung des Erben nicht ausgeschlossen.

II Das Gleiche gilt für die Geltendmachung der Einreden, die im Falle der fortgesetzten Gütergemeinschaft dem überlebenden Ehegatten nach dem § 1489 Abs. 2 und den §§ 2014, 2015 des Bürgerlichen Gesetzbuchs zustehen.

Keine befristete Verurtlg. nach § 257. — Vollzug nur mit Arrestwirkung u. auflösend bedingt: §§ 782, 785 ff. — Klageverbot vor Annahme der Erbschaft (auch keine Feststllg.): §§ 1958, 1943 BGB.: Aufnahme anhäng. Prozesse: §§ 239 ff.: Abhilfe bei Ungewißheit über die Person des Erben durch Nachlaßpflegsch.: § 1961 BGB.; Beginn der fiskal. Passivlegitim.: § 1966 BGB.; vgl. § 780. — Früheres Recht: ALR. T. III K. I § 18 Nr. 10; HypG. §§ 14, 75; Art. 213 EBG. — Kosten: §§ 91 ff., insbes. § 93, weil Verzug ausgeschlossen (RC. 3^{434} aM. Gr. 44^{899}); Streitwert: E. 54^{412}.

Diese aufschbd. Einreden (Dreimonatseinwand) sind weder mit dem Einwand der endgültig bereits eingetretenen Haftungsbeschrkg., noch dem der noch möglichen Beschränkbarkeit identisch. Da sie aber mit dem Eintritt der unbeschrkt. Hftg. von selbst verloren sind, umfaßt nach der ZPO. der Beschränkbarkeitsvorbehalt auch von selbst den Dreimonatseinwd. Klarstellung in der Begr. rätlich, ob etwa die Frist des § 2014 BGB. bereits erledigt; vgl. hierüber § 780 Note. Entbehrlichkeit für TestVollstr. ꝛc.: § 780 Abs. 2. — Entspr. vorläufige Einschränkung des Klagantrags zur Ersparung von Nachprozeßkosten möglich; v. amtsw. wird die Aufschubseinr. nicht suppliert; nach RKraft e. vorbehaltslosen Versll. ist die Haftungsbeschrkg. verloren. — Ist dagegen nicht einmal die Annahme der Erbschaft behauptet, so erfolgt mangels Schlüssigkeit der Klage Abwsg. auch beim Ausbleiben des Bekl. (§ 1958 BGB., E. 60^{179}).

§ 306 (277). Verzichtet der Kläger bei der mündlichen Verhandlung auf den geltend gemachten Anspruch, so ist er auf Grund des Verzichts mit dem Anspruch abzuweisen, wenn der Beklagte die Abweisung beantragt.

BGB. §§ 239, 376, 418, 517, 533, 658, 768, 773, 914, 928, 958, 1056, 1137, 1165 ff., 1211, 1406, 1453, 1491, 1501, 1503, 1517 ff., 1614, 1643, 1662, 1714, 1821, 1822, 2012, 2346 ff.: Unterschied vom außerger. Erlaß: BGB. § 397 (RS. 5^{15}). Anwaltszwang: § 78; Beschränkg. der Vertretungsmacht: §§ 54, 83; Protokoll: § 160; TeilU. § 307; Verkündg.: § 311; Rechtsmittel: § 511 (Bl. 63^{384}); keine vorl. Vollstreckb. v. amtsw.: § 708; Form der Zurückwsg. mals. Verzicht: Zwll. — Kalender: §§ 87 AGSchrG.; 34 LGSchrG. — GewGG. § 54; KfmGG. § 16. — Kosten (stets Kläger): §§ 21 bis 23, 101 GKG.; 16 RAGC.

Der V. muß vorbehaltslos (E. 5^{351} 10^{366}) u. in mV. vor dem ProzG. (JW. 98^{282}; nicht vor b. o. e. R. außer § 348) abgegeben sein; bedarf keiner Annahme (S. 14^{662}), ist noch in höherer Inst. zulässig (E. 27^{407}); auch Teilverzicht ist statthaft. — Anspruchsermäßigung ist kein V. (JW. 86^{397}); unwirksamer V. kann als Zurücknahme gelten: vgl. §§ 271, 514. — Formel: „Kläger wird mit dem ꝛc. Anspruch abgewiesen". Widerruf: JW. 98^{282} Bl. 57^{127}; vgl. Note zu §§ 85, 290; bestr., ob BGB. §§ 116 ff. anwendbar.

§ 307 (278). Erkennt eine Partei den gegen sie geltend gemachten Anspruch bei der mündlichen Verhandlung ganz oder zum Teil an, so ist sie auf Antrag dem Anerkenntnisse gemäß zu verurteilen.

BGB. §§ 208, 222, 371, 397, 781, 1155, 1596 ff., 1718, 1720; HGB. 350, 351; EBG. Art. 170, 208. — Vgl. hierher auch die Bem. zu § 306; hier Teilurteil obligat, E. 3^{200}; Klarstellung des anerk. Teils nötig, zB. bei Klagenhäufung. — Vorl. Vollstreckb.: § 708. — Kosten: §§ 23, 101 GKG.; 16 RAGC.; vgl. §§ 93 ff., 99 bzgl. RMittel.

Anwesenheit des Gegners nicht nötig (Mot. 219); letzterer hat nach Vertagung Wahl zwischen AnerkU. oder VersU., JW. 88^{328} 94^{314} S. 11^{426}. — Zum AnerkU. ist ein besonderer Antrag (des Gegners, nicht des Anerkennenden) erforderlich, E. 3^{200} S. 11^{425}. — Wegen Widerruflichkeit vgl. Note zu § 306 und JW. 87^{434} 97^{631} S. $13^{211\ 547}$; „Klagsunterwerfung" gegenüber dingl. Ansprüchen (§ 313 BGB.; Art. 14 NotG.): E. 58[54] 61[264]; Testamentsanerk.: Bl. 68[510]; bloße Rechtsfolgerungen: E. 32[410]. — Das Anerk. kann unter Bestreitung der Kostenpflicht erfolgen, JW. 87[434] (zB. weil VersU. ungesetzlich oder kein Verzug, § 93). — Die materielle Klagebegr. ist nicht mehr nachprüfbar (JW. 99[366]). Auf Verbotenes kann gleichwohl nicht erkannt werden (E. 1[129] 5[238] KKE. 98 I); Einzelh. bei § 296. — Bei Klagen auf e. Willenserklärung ist meist die Abgabe der Erkl. selbst zum Gerichtsprot. (soferne diese Form genügend) praktischer als das Anerk. der Erklärungspflicht; vgl. § 894. Bei FeststellKl. kommt andererseits für Erwirkung von AnerkU. die Abschneidung der Irrtumsanfechtung in betracht (RG. 5[12]). Die Zulässigkeit e. bedingten Anerk. ist bestr.; vergl. E. 42[320].

§ 308 (279). I Das Gericht ist nicht befugt, einer Partei etwas zuzusprechen, was nicht beantragt ist. Dies gilt insbesondere von Früchten, Zinsen und anderen Nebenforderungen.

II Über die Verpflichtung, die Prozeßkosten zu tragen, hat das Gericht auch ohne Antrag zu erkennen.

Anträge: §§ 128, 253, 297 ff.; Fragepflicht: § 139; Ergänzung: § 321; Verbot der reform. in pejus: §§ 536, 563; Verstoß nur durch RMittel rügbar (keine Nichtigkeit).

Abs. 1 gilt auch für FeststellKl. (E. 14[104]), Negatorien (JW. 03[103] Beil.), Kostenfestf. (E. 35[427]), vorl. Vollstreckb., Eidesauflagen (S. 2[320]); hindert nicht redaktionelle Änderungen (S. 12[219]) oder Zuerkennung eines minus (zB. Wahlrecht des Bekl. statt des Kl., Gr. 30[520]; vgl. aber E. 14[104]), wohl aber eines aliud, zB. kein Ausspruch auf Ehenichtigk., wenn nur auf Scheidg. geklagt (E. 9[193] 11[354]), auf Zurückbehaltg. statt Aufrechng. (JW. 03[18] Beil.), Feststellg. statt Leistung (RG. 3[500]), Hinterlegung statt Zahlung (E. 52[141]), andere Teilungsart (S. 12[56] Gr. 49[839]). Späteres Datum ist nicht minus. Unterlassung von Rechtsausführungen unschädlich (S. 13[548] RG. 5[586]). Formmängel (E. 61[264]), Chikane, dingl. Haftg. (Bl. 63[455]) von amtsw. beachtlich; dagegen nicht Verjährung (§ 223 BGB.; anders früher: S. 16[283]), Simulation (E. 49[347]), fiducia (JW. 03[63]), Solidarhaftg. — Bestr., ob beim Judicium duplex Gegenantrag genügt oder Widerklage nötig (vgl. § 33; BGB. § 920); TeilungsKl.: § 253. — Die Vorbehalte der §§ 274, 322 BGB. sind von amtsw. beizufügen, sobald deren tatsächl. Unterlagen eingewendet; jedoch nicht gg. übereinstimm. Parteiwillen, JW. 06[334]. — Aberkennung auch ohne Antrag möglich; vgl. § 331. — **Abs. 2.** §§ 97, 321, 536. — Beruhen im Kostenpunkt zulässig; vgl. §§ 123; GKG. 89. — ArmenR. oder Gebührenfreiheit macht den Kostenauspr. nicht entbehrlich.

§ 309 (280). Das Urteil kann nur von denjenigen Richtern gefällt werden, welche der dem Urteile zu Grunde liegenden Verhandlung beigewohnt haben.

Verkündung: § 310; Unterschrift: § 315; Beratung: §§ 194 ff. GVG.: 538, 551, 579. — Beschlüsse: § 329; vgl. § 128 Note. — StAnw., GSchr. können wechseln (BlEB. 4[87]).

Gilt auch für die Unterschrift, nicht aber für die Verkündung (Mot. 220; JW. 97[132]). — Beim Ausscheiden e. Richters zwischen Schlußverhdlg. und Verkdg. (zB. Beförderung, Bl. 51[544]) ist Angabe des Beratungstages ratsam. — Vortrag des gesamten Streitstoffs im Schlußtermin genügt,

E. 6[194]; frühere Beschlüsse und Zwischenll. gelten trotz Neubesetzung fort (§ 318); letztere binden.

§ 310 (281). Die Verkündung des Urteils erfolgt in dem Termine, in welchem die mündliche Verhandlung geschlossen wird, oder in einem sofort anzuberaumenden Termine, welcher nicht über eine Woche hinaus angesetzt werden soll.

Öffentlichkeit: § 174 GVG.; Beratung u. Abstimmung: §§ 194ff. GVG.; Protokoll: § 160; Wiederaufn. der Verhdlg.: § 156; Unterbrechung: § 249; vgl. ZR. 06[82]. — Ausnahmen: §§ 467; GVG. 202; GewGG. 48; KfmGG. 16. — Kalender: §§ 87 AGSchrG.; 35 LGSchrG. — Beschlüsse: § 329.

Verzicht unzulässig, JW. 86[164]. — Weitere Verlegung zulässig, (Gerichtsbeschluß: ZZP. 23[501]); kein Anfechtungsgrund (Pr. 101); durch Ferien sogar geboten. — Anzeige einer Ruhevereinbarung hindert bis zum Ablauf die Verkdg. (E. 30[371] DJZ. 02[314]); bloßes Ausbleiben belanglos (SA. 49[59]). — Sofortige Verkdg. oder Vertagung steht im freien Gerichtsermessen (KB. 50); erstere an großen belasteten Gerichten unpraktisch. Formel: „Zur Verkdg. der (einer) Entschdg.", weil auch Beschlüsse hierher. Auch nach vertagter Verkdg. braucht das Urteil nicht fertig abgefaßt zu sein (§ 315). — Gesetzesänderungen während der Verkündungsfrist sind, soweit rückwirkend, noch beachtlich; keine „Nachbringung" der Vollmacht (§ 89).

***§ 311** (282). I Die Verkündung des Urteils erfolgt durch Vorlesung der Urteilsformel. Versäumnisurteile, Urteile, welche auf Grund eines Anerkenntnisses erlassen werden, sowie Urteile, welche die Folge der Zurücknahme der Klage oder des Verzichts auf den Klaganspruch oder welche den Eintritt der in einem bedingten Endurteil ausgedrückten Folgen aussprechen, können verkündet werden, auch wenn die Urteilsformel noch nicht schriftlich abgefaßt ist.

II Wird die Verkündung der Entscheidungsgründe für angemessen erachtet, so erfolgt sie durch Vorlesung der Gründe oder durch mündliche Mitteilung des wesentlichen Inhalts.

Barett: JMBl. 79[1912]; Eingangsformel: GVBl. 79[707]; Beschlüsse: § 329.

Abs. 1. Satz 1. Verlesung der Formel nur durch den Vorsitzenden (§ 136), der Gründe auch durch Beisitzer oder GSchreiber; Verkdg. des Tatbestands nicht vorgesehen. — Unterschrift des Verkdgszettels durch die Richter entbehrlich. — **Satz** 2 erspart bei KollegG. Zurückziehen z. Beratung; Anstrich in der Klage, stenogr. Notiz besonders bei Rücknahme praktisch (vgl. § 99). — **Abs. 2.** Ermessen des Vorstzd.; in der Praxis nicht üblich. — Abweichung zwischen mündl. und schriftl. Begr. gleichgültig, JW. 89[169].

§ 312 (283). I Die Wirksamkeit der Verkündung eines Urteils ist von der Anwesenheit der Parteien nicht abhängig. Die Verkündung gilt auch derjenigen Partei gegenüber als bewirkt, welche den Termin versäumt hat.

II Die Befugnis einer Partei, auf Grund eines verkündeten Urteils das Verfahren fortzusetzen oder von dem Urteil in anderer Weise

Gebrauch zu machen, ist von der Zustellung an den Gegner nicht abhängig, soweit nicht dieses Gesetz ein Anderes bestimmt.

Abs. 1. **Wirksamkeit**: § 325: Ruhevereinbarung: § 251. — **Abs. 2.** Fortsetzg.: ZB. §§ 275, 304: Zustellung geboten für Einspruchsfrist, Rechtsmittelfristen u. Zwangsvollstreckung; vgl. auch §§ 317, 321, 4039. — Beschlüsse: § 329.

Ohne Verkdg. ist Ausfertigung oder Zustellung nutzlos (E. 16[331]), Rechtsmittel unzulässig, SA. 49[59].

***§ 313** (284). I Das Urteil enthält:

1. die Bezeichnung der Parteien, ihrer gesetzlichen Vertreter und der Prozeßbevollmächtigten nach Namen, Stand oder Gewerbe, Wohnort und Parteistellung;
2. die Bezeichnung des Gerichts und die Namen der Richter, welche bei der Entscheidung mitgewirkt haben;
3. eine gedrängte Darstellung des Sach- und Streitstandes auf Grundlage der mündlichen Vorträge der Parteien unter Hervorhebung der gestellten Anträge (Tatbestand);
4. die Entscheidungsgründe;
5. die von der Darstellung des Tatbestandes und der Entscheidungsgründe äußerlich zu sondernde Urteilsformel.

II Bei der Darstellung des Tatbestandes ist eine Bezugnahme auf den Inhalt der vorbereitenden Schriftsätze und auf die zum Sitzungsprotokoll erfolgten Feststellungen nicht ausgeschlossen.

Anwendbar auf Urteile aller Art, insbes. bed. EndU., ZwischenU. — Aktenzeichen: § 130; Eingangsformel: GVBl. 79[707] (durch die MB. v. 28. April 1901 unberührt: aut. JME. Nr. 25100 v. 14. Juni 1901); leserl. Schrift: JMBl. 80[318]; Kürze u. Spracheinheit: JMBl. 67[44]; aut. JME. v 19. Jan. 1896 Nr. 2057 u. MB. v. 28. April 1901: Bezeichnung v. Schriftstücken (sowohl nach AktenNr. als nach Gattung u. Datum) JW. 04[364] aut. JME. Nr. 18039 v. 22. April 1901. — Orts-, Gemeindenamen: JMBl. 03[403] GBDA. § 93; Parteinamen: AdmBl. 53[205]; NotZ. 05[79] (allg.), JMBl. 64[113] (Uneheliche); GBDA. § 259 („alt", „jung"): Meistertitel: § 133 GewO.: Art. 8 RG. v. 26. Juli 1897 (RGBl. 663). — Rechtschreibung: GVBl. 03[3]. — Münzfuß: Art. 14 § 4, 15 Nr. 5 RMünzG. (halbe Pfennige in Bayern gesetzl. zahlbar: erst darunter Gesamthaftung ohne Rückgriff. BGB. § 431); Bezeichnung: JMBl. 74[275]; ausld. Währung: § 244 BGB.; Flächenmaß (PlanNr.): GBDA. §§ 169 ff.; Längenmaß: JMBl. 75[10]; elektr. Maßeinheiten: RGBl. 98[905] 01[127]. — Zahlen in der Formel (außer Haus- u. KatasterNr.) mit Buchstaben: JMBl. 71[46] mit NotGeschO. §§ 139 ff. Bei Geldziffern die Dezimalbruchform wegen der Gefahr fehlerhafter Abschrift zu meiden („1 Mk. 50 Pf.", nicht „1,50 Mk."; „5 Pf.", nicht „0,05 Mk."). — Keine Angabe des Datums der Abfassung, wohl aber der Schlußverhdlg. (§§ 323, 767). „Von Rechtsw." in Bayern nicht üblich; Anlage zur Formel nicht unstatthaft, RO. 7[276]. — Formulare verwendbar, soweit nicht Verunstaltung eintritt; Absätze mit röm. Ziffern (nur ev. Buchstaben) üblich. — Kein Autorrecht am Urteil: §§ 16, 17 UrhRG.: ESt. 36[197]. — Unterschrift, Verkündungsvermerk: § 315; Aushangsvermerk: § 316; Streitwertangabe: § 3; JMBl. 80[331] FinBl. 14[26]. — Mängelfolgen: §§ 235, 538, 551, 579. — Beschlüsse: § 329.

Abs. 1. Nr. 1. **Partei**: §§ 50, 69, 253, 750; in Ehesachen Mitangabe des Geburtsnamens der Ehefrau. — **Ges. Vertr.**: bei Behörden bloß letztere selbst, nicht einzelne Mitgld. (E. 45[427] S. 6[491] JW. 03[3]). — **ProzBev.** (zZ. des Urteils, beim KollegG. genügt „Bestellung"): JMBl. 82[158]; nicht bloße Terminssubstituten oder Beistände. Konstatierung: „nicht vertreten" für die ZwV. rätlich; VersU. kann auch gegen eine vertr.

Partei eingehen. Doppelvollmacht: §§ 84, 176. — Mängel begründen nur bei Unerkennbarkeit RMittel: S. 12[33] [204] SA. 54[50]; meist Berichtig. nach § 319 möglich. — **Nr. 2.** Die Verkündungsrichter stehen nur im Prot. Ungeeignet: „Das AG., vertr. durch den OAR. N." — **Nr. 3.** Unverzichtbar (E. 2[406] 10[75]); der Tbstd. I. Instanz kann für den ganzen Prozeß entscheidend sein (§§ 320, 529, 542); Tbstd. der RMittelinstanzen: §§ 535, 543; E. 2[421] 53[412] S. 13[585]. — Grundsätzl. Ausgangspunkt: letzte mV. (JW. 05[320]); Ausnahme bei KlÄndrg. Kürzung der Prozeßgeschichte bei VersU. nach mehrfacher mV. angebracht. — Verständlichkeit des U. aus sich selbst nötig; sohin wesentl. Zeugenaussagen, Urk. wiederzugeben (E. 16[19] 17[348], § 16 AGSchrG.); auch vermeintlich Unbehelfliches zu erwähnen (S. 14[35] vgl. R. 04[383]). Unklarheiten, Doppeltbstd. begründen Rev., E. 10[74]. — **Nr. 4.** Strenge Handhabung; Bezugn. auf Unterinstanz nur bei gleicher Sach- u. Rechtslage (E. 3[434] S. 14[794] 15[209]). Jede Feststllg., Beweisablehng., Nichtberücksichtig. e. Vorbringens ist zu begr. (E. 10[88] [424] 13[301] S. 9[362]), insbes. Fallenlassen früheren Vorbr. festzustellen (S. 13[585]), Beweis zu würdigen (E. 24[107] JW. 05[119]), das angewendete Recht, auch im VersU., zu bezeichnen (JW. 05[375]); rechtl. Bezugn. auf zugängliche Präjudizien zulässig (S. 15[210] RS. 4[707]). Unzulässig: einfache Verneinung (E. 9[239] S. 10[619]), Gemeinplätze („nach Lage der Sache", Vorbringen sei „vag", „unbehelflich, nicht ernst") E. 7[262] 10[27] S. 3[524] Bl. 42[101], Widersprüche zwischen Tatb. und Begr. (E. 10[73]), Unklarheit, ob tats. oder Rechtsgründe maßgebend (E. 7[78]). — Sonderung vom Tatb. instruktionell, E. 2[394] S. 10[542]. — **Nr. 5.** Die Formel wird in Bayern vorangestellt; muß in sich verständlich sein (SA. 43[66]); Anträge nach § 1574 Abs. 3 BGB., 717 ZPO. sind in der Formel zu verbescheiden. Einzelheiten: §§ 253, 322. — **Abs. 2.** Keine reine Bezugn. auf Akten u. Schriftsätze (E. 4[188] 6[350] JW. 03[291]); Verständlichkeit für RevG. maßgebend. Verweisg. „im übrigen" schafft u. U. Doppeltatbestand (JW. 03[23]); Bezeichng. der Beweisangebote nach Schriftsatz: JW. 06[114]. — Bezugn. auf ZwischenU. statthaft (E. 57[149]); nicht auf Tatbestand e. BeweisB. (E. 56[29]), Prot. des b. v. e. R. (§ 388) oder erst nach der mV. eingelangte Schrifts., JW. 04[119].

§ 314 (285). Der Tatbestand des Urteils liefert rücksichtlich des mündlichen Parteivorbringens Beweis. Dieser Beweis kann nur durch das Sitzungsprotokoll entkräftet werden.

Berichtigung: § 319; Ergänzung: § 320; Protokoll: § 159 ff. — Vgl. § 418.

Tatbestand: auch in den Gründen versteckt, E. 2[396]. — Parteivorbringen: auch Dispositionsakte, Antragsverlesung; nicht Inhalt der Anträge, Prozeßgeschichte oder Beweisergebnis, hierfür Prot. allein maßgebend (E. 13[421] 17[348] JW. 03[485] 04[489] 05[233]). — Schweigen des T. beweist (unbeschadet anderw. Folgerung aus dem Zusammenhang) Nichtvorbringen, E. 4[420]; Schweigen des Sitzgsprot. über Parteivorbringen begründet keinen Widerspruch gegenüber posit. Feststellg. im T. E. 10[366]. — **Satz 2.** Zur Entkräftung bedarf es keines RMittels oder Berichtigungsverf. (E. 10[366] 13[423]); sie tritt nicht ein, soweit das Prot. nicht zur Feststellg. gesetzl. bestimmt oder gegnerseits als unrichtig zugestanden ist (E. 4[421]); offenb. Schreibfehler kommen nicht in Betracht (E. 4[210]). Die formell widerspr. Stelle des Prot. kann selbst durch alle Beweismittel (außer T. und Eid) als unrichtig erwiesen werden. Stimmen T. und Prot. formell überein, so ist der Gegenbeweis der Unrichtigkeit des Prot. unbehelflich, solange nicht das Richtige wirklich protokolliert ist (§ 163).

§ 315 (286). I Das Urteil ist von den Richtern, welche bei der Entscheidung mitgewirkt haben, zu unterschreiben. Ist ein Richter verhindert, seine Unterschrift beizufügen, so wird dies unter Angabe des Verhinderungsgrundes von dem Vorsitzenden und bei dessen Verhinderung von dem ältesten beisitzenden Richter unter dem Urteile bemerkt.

II Ein Urteil, welches bei der Verkündung noch nicht in vollständiger Form abgefaßt war, ist vor Ablauf einer Woche, vom Tage der Verkündung an gerechnet, in vollständiger Abfassung dem Gerichtsschreiber zu übergeben.

III Der Gerichtsschreiber hat auf dem Urteile den Tag der Verkündung zu bemerken und diese Bemerkung zu unterschreiben.

§§ 49 GewGG.; 16 KfmGG.; auf Schiedssprüche unanwendbar, E. 18[370]. — Unterschrift: § 130; Leserlichkeit: JMBl. 66[27] 01[364]; vgl. §§ 26 AGSchrG.; 4 LGSchrG.; 1 OLGSchrG.; 299. — Berichtigung: § 319; Beschlüsse: § 329.

Abs. 1. Urteil: Aktenurschrift, nicht Verkdgszettel (SA. 37[263]); Rücktritt vom Votum bis zur Verkdg. zulässig. — Keine Separatbemerkungen neben der Unterschrift (§ 299; GVG. 200); Angabe des Vornamens, Titels, Datums entbehrlich (vgl. GBDA. § 243, NotGeschO. § 155); keine Unterschrift der VerkdgsRichter oder des GSchreibers. — Verhinderung: zB. Urlaub, Pension (Bl. 51[544]): Tod vor Beratung: § 156. — Irrige Unterschrift: E. 58[119]; vgl. JW. 03[383]; Korrekturen gelegentl. Unterschrift: Bl. 70[355]. — **Abs. 2.** Vollständige Abfassung Richteramtspflicht: stirbt der AR. vorher, so ist mangels Aussertigbarkeit nur actio jud. (kein RMittel) zulässig, § 322 ZZP. 35[201] (bestr.) Herstellg. der Reinschrift Geschäftsordnungsfrage, zB. autographisch (ausschl. Unterschriften): Heftung: § 89 AGSchrG. — Frist instruktionell; bei vertagter Verkdg. ab letzterer. — **Abs. 3.** Vermerk mit Buchstaben durch den protokoll. GSchreiber, meist am Schluß des Urteils; Siegelung entbehrlich. — Beifügung durch einen anderen GSchr. nach § 160 möglich (aM. § 26 AGSchrG.). — Fehlen, Schreibverstoß macht die Zustellg. u. ZwV. nicht ungültig (JW. 83[37] 03[397] 05[115]).

§ 316 (287). I Der Gerichtsschreiber hat die verkündeten und unterschriebenen Urteile in ein Verzeichnis zu bringen. Das Verzeichnis wird an bestimmten, von dem Vorsitzenden im voraus festzusetzenden Wochentagen mindestens auf die Dauer einer Woche in der Gerichtsschreiberei ausgehängt.

II Der Gerichtsschreiber hat auf dem Urteile den Tag des Aushangs zu bemerken und diese Bemerkung zu unterschreiben.

Kein Urteilsbuch. — Aushangstag: Beginn des A. Der A. enthält nur die Betreffe, ist nicht schlechthin öffentlich. — Der Aushangsvermerk ist mit dem Verkdgsvermerk verbindbar, geht in die Ausfertigung über; letztere ist jedoch vor Aushang nicht verboten. — §§ 26, 28 AGSchrG.; 25, 4 LGSchrG.; 6 OLGSchrG. — Berichtigungsfrist: § 320.

§ 317 (288). I Die Zustellung der Urteile erfolgt auf Betreiben der Parteien.

II Solange das Urteil nicht verkündet und nicht unterschrieben ist, dürfen Ausfertigungen, Auszüge und Abschriften desselben nicht erteilt werden.

III Die Ausfertigungen und Auszüge der Urteile sind von dem Gerichtsschreiber zu unterschreiben und mit dem Gerichtssiegel zu versehen.

Zustellung: §§ 166 ff., 312; Z. v. amtsw. in Ehe- u. Kindsi.: §§ 625, 640, 641; nicht in EntmS.: vgl. §§ 1039; GewGG. 32; KfmGG. 16; KKG. 19, 20. — Unterschied v. Ausf. u. Abschr.: Gr. 50^{654}. Vollstr. Ausf.: §§ 724 ff., 795; sonstige Aktenauszüge: § 299. — Vgl. § 28 AGSchrG.; Autographie: JMBl. 63$^{1\ 4\ 9\ 79}$ EH.; 70^{407} 79^{745}; Schreibmaschinen: JMBl. 01^{358}. — Fortverwendbarkeit des Farbdrucksiegels: E. 46^{364}; vgl. JMBl. 02^{362} § 155 NotGeschO. (anders § 56 GBO.); Papier: InnMBl. 92^{563}; Landestrauer: Vdg. v. 20. Juli 1827 (Döll. 2^{114}). Mitteilung der Urt. v. amtsw. an StAnw. in Ehe- u. KindsS.: § 3 LGSchrG.: vgl. § 625; EntmündgsS.: §§ 674, 684, 686, 687. Wasserrecht (hydrotechn. Bureau): JMBl. 98^{68}; Kartelle (Ringe): JMBl. 06^{80}; Nahrungsmittel, Patent-, Muster-, Zeichenschutz, Versicherungswesen: JMBl. 03^{311}; Invalidenvers.: JMBl. 03^{432}; Schweiz: JMBl. 05^{6}. Besitzveränderung: § 72 GrundStG. mit Art. 249 GebG. u. JMBl. 05^{691}; NS. 2^{116}. — Vgl. ferner §§ 941; 50, 182 FGG.: 777 BGB.; 16 HGB.; 21 WechselStG.; § 40 RErbStG.; Art. 18 GrundentlG. v. 2. Febr. 1898 (JMBl. 98^{83}); §§ 33 HO.; 4 VollzV. z. AbmarkG.; 16 FidInstr.; Art. 103 AStP.; JMBl. 99^{849} (Handelsregister). — Öff. Bekanntm.: §§ 687, 956, 975, 1017; WettbG. 13; KKG. 26; parteil. Abdruck stets zulässig (RO. 9^{40}); vgl. § 193 StGB.; Abdruck durch Beamte: § 299. — Dienstaufsichtl. Hinübergabe: JMBl. 00^{1001}; 01^{352} vgl. § 149.

Zustellg. vor völliger Unterschrift der Urschrift ist ohne Wirkung, E. 29^{366}. — Auch die Zustellung rechtskr. U. ist nicht nutzlos (E. 37^{402}); vgl. § 320. — Begl. Abschr. bedarf reichsrechtl. kein Siegel, ESt. 9^{274}. — Keine gesetzl. Frist für Ausfertigung.

§ 318 (289). Das Gericht ist an die Entscheidung, welche in den von ihm erlassenen End- und Zwischenurteilen enthalten ist, gebunden.

Ausnahmen: §§ 343, 578, 581; vgl. § 275, 332; JW. 04^{471}.

Änderung der Gerichtsbesetzg. einflußlos. — Die Begr. bindet nicht (E. 7^{355}), ebensowenig e. ungesetzl., weil anders als durch Eid bed. Zwll., E. 16^{328}; vgl. aber JW. 03^{399}. — Beschlüsse u. Verfüg. sind innerh. der Instanz (soweit prozeßleitend auch ohne Antrag) jederzeit änderbar, E. 16^{328} NS. 1^{764}; Ausnahme: § 577. — Auch e. vorzeitig publ. U. bindet, JW. 06^{474}.

§ 319 (290). I Schreibfehler, Rechnungsfehler und ähnliche offenbare Unrichtigkeiten, welche in dem Urteile vorkommen, sind jederzeit von dem Gerichte auch von amtswegen zu berichtigen.

II Über die Berichtigung kann ohne vorgängige mündliche Verhandlung entschieden werden. Der Beschluß, welcher eine Berichtigung ausspricht, wird auf dem Urteil und den Ausfertigungen bemerkt.

III Gegen den Beschluß, durch welchen der Antrag auf Berichtigung zurückgewiesen wird, findet kein Rechtsmittel; gegen den Beschluß, welcher eine Berichtigung ausspricht, findet sofortige Beschwerde statt.

Verfahren: §§ 128 Note, 329; §§ 26, 28, 88 AGSchrG.; 25, 39 LGSchrG.; 6 OLGSchrG. — Beschlüsse: § 329; Protokoll: § 163 (Abweichg.: JW. 03[373]; Judikatsklage: § 322; Vergleiche: § 296. — VollstrTitel bleibt das berichtigte U., BlEB. 10[241]. — Kosten: §§ 47, 80a GKG.; 23, 29 RAGO.: Beschwerdesumme beachtlich: E. 47[361]; vgl. § 99.

Abs. 1. Hierher nur Mängel im Willensausdruck, nicht im Willen selbst (vgl. jedoch ZR. 05[107]); „offenbar": wenn das Gewollte aus dem U., insbes. den Gründen selbst ersichtlich (E. 23[402] 53[193]), zB. Auslassungen (E. 55[281]), unrichtige Kostenauflage (JW. 93[198]), Verkündg. der unzutreffenden Läuterungsfolge (RO. 11[82]); auch das Rubrum ist berichtigbar, E. 38[389] JW. 02[362] 05[729] (Firma). — „Jederzeit": ohne Rücksicht auf Rechtskraft, RS. 2[363]. — Bei Parteiverschulden (zB. unrichtiges Klagsrubrum) **keine B.**, JW. 99[369] SA. 57[166]; aM. E. 23[406]; vgl. DJZ. 06[735 1014]. — **Abs. 2.** Gleichheit der Richter oder Instanz nicht erforderlich (JW. 92[310]); **kein** VersVers.; **keine** Wiedereröffn. der RMittelfrist (E. 29[403]; vgl. E. 4[10]); Berufg. wahlweise zulässig, SA. 47[237]. — Für bloße Anregung zur Ber. v. amtsw. besteht kein Anwaltszwang, E. 25[404]; ebenso kein Zwang zur Rückgabe der Ausfertig. — **Abs. 3.** Verschmelzung der B. mit dem Urteil selbst: E. 5[357] JW. 84[297] 03[373]. — Weitere Beschw. gegen Aufhebg. der Ber.: E. 30[323] 51[146].

***§ 320** (291). I Enthält der Tatbestand des Urteils Unrichtigkeiten, welche nicht unter die Bestimmung des vorstehenden Paragraphen fallen, Auslassungen, Dunkelheiten oder Widersprüche, so kann die Berichtigung binnen einer einwöchigen Frist durch Zustellung eines Schriftsatzes beantragt werden.

II Die Frist beginnt mit dem Tage des Aushangs des Verzeichnisses, in welches das Urteil eingetragen ist, falls jedoch das Urteil innerhalb zweier Monate seit diesem Tage zugestellt wird, mit der Zustellung des Urteils. Der Antrag kann schon vor dem Beginne der Frist gestellt werden.

III Der Schriftsatz muß den Antrag auf Berichtigung und die Ladung des Gegners zur mündlichen Verhandlung enthalten.

IV Das Gericht entscheidet ohne vorgängige Beweisaufnahme. Bei der Entscheidung wirken nur diejenigen Richter mit, welche bei dem Urteil mitgewirkt haben. Ist ein Richter verhindert, so gibt bei Stimmengleichheit die Stimme des Vorsitzenden und bei dessen Verhinderung die Stimme des ältesten Richters den Ausschlag. Eine Anfechtung des Beschlusses findet nicht statt. Der Beschluß, welcher eine Berichtigung ausspricht, wird auf dem Urteil und den Ausfertigungen bemerkt.

V Die Berichtigung des Tatbestandes hat eine Änderung des übrigen Teils des Urteils nicht zur Folge.

Ladung: §§ 214 ff.; Friständerung: § 224; Form: Beschluß nach oblig. mV.; Anwaltszwang. — §§ 26, 28, 88 AGSchrG.; 25, 39 LGSchrG.; 6 OLGSchrG. — Kosten: §§ 47, 80a GKG.; 23, 29 RAGO.

Abs. 1. Diese B. erstreckt sich auch auf Tatbestandsteile in der Begr., aber nicht auf das Prot. (§ 314), die Formel (SA. 44[226]) oder

Rechtsausführg. (S. 14[609]); ist auch in höherer J. auf deren Urt. anwendbar (E. 4[389] S. 10[22]); kann u. U. erst Antrag auf Ergänzung nach § 321 oder wirksame Berufungsbegr. ermöglichen, ZR. 06[120]; hat keinen Einfluß auf die RMittelfrist (E. 29[405]). — **Abs. 4.** Gleichheit der Richter geboten, JW. 94[425]; bei Verhindrg. sämtl. Richter (zB. Versetzung an anderes Gericht) ist die B. unmöglich. — Kein VersVers. (JW. 85[217]); Geständnis zulässig (E. 4[421]; vgl. aber SA. 58[200]). — Beschw. gg. unzulässige Abwsg.: BlEB. 14[255].

§ 321 (292). I Wenn ein nach dem ursprünglich festgestellten oder nachträglich berichtigten Tatbestande von einer Partei geltend gemachter Haupt- oder Nebenanspruch, oder wenn der Kostenpunkt bei der Endentscheidung ganz oder teilweise übergangen ist, so ist auf Antrag das Urteil durch nachträgliche Entscheidung zu ergänzen.

II Die nachträgliche Entscheidung muß binnen einer einwöchigen Frist, welche mit der Zustellung des Urteils beginnt, durch Zustellung eines Schriftsatzes beantragt werden.

III Der Schriftsatz muß den Antrag auf Ergänzung und die Ladung des Gegners zur mündlichen Verhandlung enthalten.

IV Die mündliche Verhandlung hat nur den nicht erledigten Teil des Rechtsstreites zum Gegenstande.

Vgl. §§ 99, 302, 414, 320, 540, 599, 716, 721; EZP. 14; RMittelfrist: § 517. — Anwaltszwang; Ladung: §§ 214 ff.; Friständerung: § 224. — Beschlüsse: § 329. — §§ 88 AGSchrG.; 39 LGSchrG.; 6 OLGSchrG. — Kosten: §§ 29, 12 GKG.; 10, 13, 23 RAGO.; vgl. KGBl. 93[4].

Hierher nur Ansprüche (auch wenn Abwsg., RO. 11[178]), nicht Einreden: E. 13[393] JW. 98[70]. — Form (auch der Ablehnung): Teil-(Schluß-)U. E. 30[342] 46[393]; Gleichheit der Richter nicht erforderlich, ibid.; VersVerf., Beweiserhebg. zulässig. — Durch RMittel ist die Ergänzung meist nicht erreichbar, E. 11[409] 23[422] S. 10[467], vgl. aber E. 59[130] (§ 529 Abs. 2); Ausnahme im Kostenpunkt nach § 308, SA. 47[236]. — Nach Fristversäumnis neue Klage wegen der übergangenen Nebenfrdg. (zB. Zinsen) zulässig, E. 1[351]; Ausnahme im Kostenpunkt (E. 22[421]) sowie beim Schuldausspruch (Bl. 60[298]).

***§ 322** (293). I Urteile sind der Rechtskraft nur insoweit fähig, als über den durch die Klage oder durch die Widerklage erhobenen Anspruch entschieden ist.

II Hat der Beklagte die Aufrechnung einer Gegenforderung geltend gemacht, so ist die Entscheidung, daß die Gegenforderung nicht besteht, bis zur Höhe des Betrags, für welchen die Aufrechnung geltend gemacht worden ist, der Rechtskraft fähig.

Negat. Kompetenzkonflikt zwischen Gerichten: § 36; Auffindung e. gegenteiligen Urteils: §§ 580 Nr. 7, 767. — Ausdehnung der obj. RKr.: §§ 323, 324; der subj. RKr.: §§ 325 bis 327; ausld. Urteile: § 328. — Formelle Rechtskraft: §§ 705 ff.; vgl. auch §§ 76, 77, 643, 856; BGB. §§ 211, 218 (Verjährg.); ferner BGB. §§ 283, 376, 407, 425, 864, 1344, 2193, 2196; HGB. § 273; FGG. §§ 53, 56, 60, 70; ZVG. §§ 116, 130, 131; GewO. § 91b; SubhO. Art. 82, 94 ff. — Früheres Recht (materielle RKr.): GO. Kap. XIV § 11 Nr. 4 mit AZP. Art. 81, ÜG. Art. 103, 130; RHilfeG. § 19. Fortgeltung für Urt. vor 1. Okt. 1879: E. 6[415] RS. 5[634].

Abs. 1. Materielle RKr.: Unantastbarkeit des Inhalts in e. neuen Prozesse (Mot. BGB. 1[367]); nicht identisch mit Rechtshgk., E. 50[416] (zB Vorfrage). — Hierher auch VersU. (E. 3[397]), VollstrB., Tabellenauszüge JW. 94[16]), bed. EndU. (S. 12[198]), Urt. über formale Prozeßvoraus. (Bl. 44[382]); nicht Vergl. oder sonstige exek. Urk. (JW. 95[183]); Beschlüsse nur analog (bestr.), E. 60[405] S. 12[484]. — Das U. wirkt regelmäßig deklaratorisch (u. verstärkend, JW. 97[419]), nicht konstitutiv oder novierend; Ausnahme zB. in Ehes. (§ 629) mit § 1564 BGB.; TeilungsU. nach BGB. §§ 752 ff. sind nicht mehr konstitutiv (vgl. jedoch BGB. § 2048); GrenzU.: § 920 BGB. — **Nur die Formel** (§ 313 Nr. 5), nicht die Gründe sind der RKr. fähig, dafür ZwischenfeststellKl. (§ 286); doch sind die Gründe Auslegungsbehelf insbes., ob Abweisg. formell oder materiell gemeint (E. 6[386] 10[408] 38[171] S. 10[464] 12[396]). Auslegung hierbei revisibel (BlEV. 4[164]); kein RMittel gegen Begr. — **Keine Abweisung „angebrachtermaßen“**, E. 6[358]; aber bei exc. lib. inepti und Erfolglosigkeit der Befragung praktisch doch neue Kl. möglich, soweit der frühere Klagegrund nicht erkennbar, E. 52[325]; ratsam, den Abweisungsgrund in der Formel selbst kurz zu bezeichnen. Bei Abwsg. aus formellen u. materiellen Gründen gelten nur erstere, E. 41[372] JW. 06[394]; nach mater. Abwsg. keine nat. oblig. (Mot. BGB. 1[367]). Die Einrede der RKr. hindert regelm. neue Kl., auch soweit Kläger früher obsiegte, E. 1[351] 16[435] 39[5] (vgl. Mot. BGB. 1[375]); ausnahmsweise zulässig (neurechtl. actio judicati) zB. zur Ermöglichung der ZwV., S. 7[587] NS. 1[512]; vgl. E. 46[306] JW. 02[589]; entspr. Formulierg. („aus dem U.“); Zustdk. nach allg. Regeln; Einredeausschluß nach § 767. — Keine Berücks. der RKr. v. amtsw. (bestr.), S. 9[561]; Ausnahme: § 622, 640, 641. Verzicht nach gem. M. wirksam; Ausdehnung durch Vertrag statthaft (sog. Musterprozesse). — **Einzelnes:** Das WechselU. schafft nicht RKr. bzgl. des Grundgeschäfts (E. 26[370] 47[186]); VorbehaltsU. nicht vor Ende des Nachverf. (JW. 05[438] [499] NS. 5[464]); U über den Saldo nicht hinsichtl. der Einzelposten (E. 27[91]); über Teilleistung nicht hinsichtl. des Restes (E. 16[356] 60[387]); Zins nicht bzgl. Kapital, Besitz nicht bzgl. Recht; Dienstbarkeit, PfandR. nicht bzgl. Eigentum; Abwsg. der Buße im StPr. nicht für ZPr. (§ 231 StGB.). — Räumungs-, HerausgabeU. machen regelm. RKr. auch für die causa prox., zB. Eigentum, E. 33[3] (VZS.); anders bei Räumung wegen Mißbrauchs, E. 38[173]. — Vgl. wegen Arrest, eV.: S. 11[736]; Anfechtung: E. 22[70] 39[5] S. 11[568]; off. HG.: E. 3[57] 49[341] (§ 129 HGB.); Patente: E. 59[134]; Eheherstellung: JW. 06[26]; Wandelung: E. 59[98] BlEV. 1[250]. Keine Nachforderung nicht vorbehaltenen Schadens (E. 1[349] 31[259]) oder Kondiktion des rkr. Zugesprochenen (E. 46[78]); Erschleichung, Simulation: § 580. Kein Rücktritt von Judikatsrechten, KGBl. 01[95]. — Weitere Einzelheiten vgl. bei §§ 263, 264. — **Abs. 2.** Diese Erweiterung der RKr. ist auf andere Einreden (zB. Zurückbehaltung) nicht ausdehnbar, SA. 48[146]; trifft nicht den zur Aufr. nicht verwendeten Überschuß, E. 16[355] [371] 49[403] (RevSumme). Rechtshg. wird die Gegenfordg. damit nicht, E. 18[408]; vgl. jedoch BGB. §§ 209, 215, 942. — Die Aufr. steht jetzt für den Fall ihres Durchdringens lediglich der Zahlungseinrede gleich (Begr. 108); wird nämlich wegen Zahlg. abgewiesen, so ist nur der *jetzige* Nichtbestand rkr. (S. 10[210]). Will der hiernach mittels Aufr. obsiegende Bekl. gleichwohl seine damit verbrauchte Gegenfordg. anderweitig nochmals einklagen oder aufrechnen, so bildet für den früheren Kläger die Begr. des damaligen abwsd. Urteils vollen Tilgungsbeweis hinsichtl. der damaligen Gegenfrdg. Dies ist insbes. bei mehrfacher gleichzeitiger Aufr.

von Belang. Eine nachträgl. FeststellKl. des unterlegenen Klägers, daß die wirksam aufgerechnete bekl. Gegenfrdg. doch nicht bestanden habe, wäre zwar nicht mehr durch die Einrede der RKr. gehindert, aber praktisch wertlos, weil die Abweisg. der Klagefrdg. rechtskräftig bliebe; einer nunmehrigen Aufr. mit letzterer Frdg. stünde die Replik der RKr. entgegen, E. 50[419]. — Aufr. mit bestr. gewerbegerichtl. Gegenfordg. ist zulässig, E. 35[380] (nur Zwischenfeststllg. unstatthaft). — Eventualaufrechng.: § 302.

§ 323. I Tritt im Falle der Verurteilung zu künftig fällig werdenden wiederkehrenden Leistungen eine wesentliche Änderung derjenigen Verhältnisse ein, welche für die Verurteilung zur Entrichtung der Leistungen, für die Bestimmung der Höhe der Leistungen oder der Dauer ihrer Entrichtung maßgebend waren, so ist jeder Teil berechtigt, im Wege der Klage eine entsprechende Abänderung des Urteils zu verlangen.

II Die Klage ist nur insoweit zulässig, als die Gründe, auf welche sie gestützt wird, erst nach dem Schlusse der mündlichen Verhandlung, in der eine Erweiterung des Klagantrags oder die Geltendmachung von Einwendungen spätestens hätte erfolgen müssen, entstanden sind und durch Einspruch nicht mehr geltend gemacht werden können.

III Die Abänderung des Urteils darf nur für die Zeit nach Erhebung der Klage erfolgen.

Vgl. §§ 258 ff.: BGB. §§ 843, 844, 1602, 1603, 1708: HaftpflG. §§ 1, 2, 7 mit Art. 42 EBG.; 88 GewUVG.: Mot. BGB. 2[784]: Art. 25 ForstG. — Verjähr. hierher belanglos. — Vollzug: §§ 775 ff.: Einstellung nach § 769 nicht vorgesehen, sohin nur Verbot durch e. Verf. (§ 938), vgl. R. 05[227]. — Kosten: Note zu § 9.

Abs. 1. Auch Naturalleistg., Haftentschädig., Urt. vor 1. Jan. 1900 hierher (RO. 9[108]; aM. JW. 06[360]); nicht Zins-, Mietraten, Kapitalabfindung (JW. 04[569]), einstw. Verf. (§ 927), Vergleich ohne Vorbehalt (JW. 03[118] Beil.). — Form: selbstdg. Prozeß, insbes. bzgl. Vollmacht u. Zuständigkeit (E. 52[346] BlEB. 12[408]): Unterschied von § 767: Vollm., Zustdk., Aktivleg., Eventualmaxime, Rückwirkg., wahlweise Berufg. — **Abs. 2.** RKr. ist vorausgesetzt (E. 47[411]); sukzessive, kumul. Klage (WKl.) möglich. Prakt. Wert: Fortdauer der RKr. bzgl. Anspruchsgrund. Beweislast: Kläger (JW. 03[117] Beil.). Tunlichste Berücks. künftiger voraussehbarer Umstände im Vorprozeß: JW. 05[283] [492] 06[27] [648]. Gesetzesänderung: E. 46[66] S. 17[428] (Wegfall der Unterhaltspflicht). — **Abs. 3** schließt noch späteren Zeitpunkt (zB. nachträgl. Klagsänderung) nicht aus.

§ 324. Ist bei einer nach den §§ 843—845 oder nach den §§ 1578—1582 des Bürgerlichen Gesetzbuchs erfolgten Verurteilung zur Entrichtung einer Geldrente nicht auf Sicherheitsleistung erkannt, so kann der Berechtigte gleichwohl Sicherheitsleistung verlangen, wenn sich die Vermögensverhältnisse des Verpflichteten erheblich verschlechtert haben: unter der gleichen Voraussetzung kann er eine Erhöhung der in dem Urteile bestimmten Sicherheit verlangen.

BGB. §§ 843 ff.: Tötung, Verletzung, Freiheitsentziehung: 1578 ff.: Unterhalt geschiedener Gatten; vgl. hierzu §§ 618, 1602 ff., 1708 BGB., Mot. 2[791]. Sicherheitsergänzung: § 240 BGB. — Zuständigk. u. Verfahren: § 323: bestr., ob Abs. 2 anwendbar. — Ob früher schon e. bzgl. Antrag gestellt war, ist belanglos, vgl. R. 06[797]. — Verbindg. mit der Klage aus § 323 möglich; Minderungskl. des Schuldners nicht vorgesehen.

§ 325. I Das rechtskräftige Urteil wirkt für und gegen die Parteien und diejenigen Personen, welche nach dem Eintritte der Rechtshängigkeit Rechtsnachfolger der Parteien geworden sind oder den Besitz der in Streit befangenen Sache in solcher Weise erlangt haben, daß eine der Parteien oder ihr Rechtsnachfolger mittelbarer Besitzer geworden ist.

II Die Vorschriften des bürgerlichen Rechts zu Gunsten derjenigen, welche Rechte von einem Nichtberechtigten herleiten, finden entsprechende Anwendung.

III Betrifft das Urteil einen Anspruch aus einer eingetragenen Reallast, Hypothek, Grundschuld oder Rentenschuld, so wirkt es im Falle einer Veräußerung des belasteten Grundstücks in Ansehung des Grundstücks gegen den Rechtsnachfolger auch dann, wenn dieser die Rechtshängigkeit nicht gekannt hat. Gegen den Ersteher eines im Wege der Zwangsversteigerung veräußerten Grundstücks wirkt das Urteil nur dann, wenn die Rechtshängigkeit spätestens im Versteigerungstermine vor der Aufforderung zur Abgabe von Geboten angemeldet worden ist.

Ausnahmen zu Abs. 1: §§ 68, 74, 76, 326, 327, 629, 643, 856, 976, 997 ff.: KO. 146, 164, 194 mit E. 5[413] S. 17[182]; BGB. §§ 407, 408, 413, 425, 429, 1376, 1380 (vgl. § 739 ZPO.), 1400, 1496; HGB. 129, 273, 372, 696 ff.; GenG. 111. — Zu Abs. 2 vgl. BGB. §§ 135, 892, 893, 932 ff., 1032, 1138, 1155, 1207 ff., 1242, 1244, 1344, 1357, 1405, 1435, 2113, 2129, 2211, 2366, 2368, 2370; HGB. 363, 366, 367, 696; WO. 10, 82; ZVG. 90. — Art. 94 EBG.; 91 ABG.; Münchener Leihhausprivileg vom 25. Juni 1754; vgl. RBl. 1806[245]. — Zu Abs. 3 vgl. §§ 26, 37, 54, 66 ZVG. — Früheres Recht: § 322 Note.

Abs. 1. Die RKr. (Wirksamkeit) deckt sich subjektiv weder mit der Vollstreckb. noch mit der unmittelb. Beteiligung am Prozeßausgang (§§ 727 ff., 385). RNachf.: §§ 239, 265, 445; vgl. Reg. — Sache: auch Recht zB. Patent (JW. 90[382]), Zwangsabtr. (E. 39[12]). Nebenausspr.: Mot. BGB. 1[380]. Ob allgem. oder Sondernachf., ist hier auch aktiverseits gleichgültig. Miteigentum, Gesamtschuld, Besitzdienerschaft, Fund nicht hierher; bzgl. Schuldübernahme bestr. Keine Ausdehnung der RKr. auf Bürgen (E. 56[109]), Miterben (ZBlFG. 6[898]) Mitberechtigte nach Bruchteilen (E. 44[185]), ges. Vertr. als spätere Partei. — Verwaltungsrecht gewährt Prozessierbefugnis; Prozeß kraft amts, für fremde Rechnung wirkt auch für u. gegen eigentl. Rechtsinhaber; vgl. § 50; E. 36[53] 43[39] 52[218] 59[134] (Inkassozession) S. 6[939] JW. 06[379] (Anfechtg.). Bloße Zulassung fremder Prozeßführung bindet nicht; vgl. jedoch E. 52[218] 56[74] und die Note zu § 52. — RNachf. vor Prozeßbeginn: § 407 BGB. — **Abs. 2** (Ausnahme von Abs. 1) ist nicht auf gutgläubige Prozeßführung als solche ausdehnbar (gem. M.), soferne die zivilrechtl. Grundlage mangelt. — Erbschein, Todeserkl.: Mot. BGB. 5[272]. — **Abs. 3** Satz 1 ist eine Ausnahme von Abs. 2 (Grund: Ersichtlichkeit im Grundbuch); Satz 2 eine Ausnahme von Satz 1 zum Schutz des Erstehers. Auch das rechtskr. Urteil unterliegt dieser Anmeldepflicht (bestr.).

§ 326. I Ein Urteil, das zwischen einem Vorerben und einem Dritten über einen gegen den Vorerben als Erben gerichteten Anspruch oder über einen der Nacherbfolge unterliegenden Gegenstand ergeht, wirkt, sofern es vor dem Eintritte der Nacherbfolge rechtskräftig wird, für den Nacherben.

II Ein Urteil, das zwischen einem Vorerben und einem Dritten über einen der Nacherbfolge unterliegenden Gegenstand ergeht, wirkt auch gegen den Nacherben, sofern der Vorerbe befugt ist, ohne Zustimmung des Nacherben über den Gegenstand zu verfügen.

Vgl. §§ 242 (Unterbrechung), 728, 731, 768 (Zwangsvollstr.); beachtl. die Beschränkung bzgl. Urt. zu ungunsten des Nacherben u. hinsichtl. des Eintritts der Rechtskraft.

§ 327. I Ein Urteil, das zwischen einem Testamentsvollstrecker und einem Dritten über ein der Verwaltung des Testamentsvollstreckers unterliegendes Recht ergeht, wirkt für und gegen den Erben.

II Das Gleiche gilt von einem Urteile, welches zwischen einem Testamentsvollstrecker und einem Dritten über einen gegen den Nachlaß gerichteten Anspruch ergeht, wenn der Testamentsvollstrecker zur Führung des Rechtsstreits berechtigt ist.

Vgl. §§ 50 (formelle Parteifähigk.), 243 (Unterbrechung), 728, 748, 749 (Zwangsvollstr.); Abs. 1 trifft Aktiv-, Abs. 2 Passivprozesse. — Nachlaßverw., Nachlaßpfleger: § 325.

§ 328. I Die Anerkennung des Urteils eines ausländischen Gerichts ist ausgeschlossen:

1. wenn die Gerichte des Staates, dem das ausländische Gericht angehört, nach den deutschen Gesetzen nicht zuständig sind;
2. wenn der unterlegene Beklagte ein Deutscher ist und sich auf den Prozeß nicht eingelassen hat, sofern die den Prozeß einleitende Ladung oder Verfügung ihm weder in dem Staate des Prozeßgerichts in Person noch durch Gewährung deutscher Rechtshilfe zugestellt ist;
3. wenn in dem Urteile zum Nachteil einer deutschen Partei von den Vorschriften des Artikel 13 Abs. 1, 3 oder der Artikel 17, 18, 22 des Einführungsgesetzes zum Bürgerlichen Gesetzbuch oder von der Vorschrift des auf den Artikel 13 Abs. 1 bezüglichen Teiles des Artikel 27 desselben Gesetzes oder im Falle des Artikel 9 Abs. 3 zum Nachteile der Ehefrau eines für tot erklärten Ausländers von der Vorschrift des Artikel 13 Abs. 2 abgewichen ist;
4. wenn die Anerkennung des Urteils gegen die guten Sitten oder gegen den Zweck eines deutschen Gesetzes verstoßen würde;
5. wenn die Gegenseitigkeit nicht verbürgt ist.

[II] Die Vorschrift der Nr. 5 steht der Anerkennung des Urteils nicht entgegen, wenn das Urteil einen nicht vermögensrechtlichen Anspruch betrifft und nach den deütschen Gesetzen ein Gerichtsstand im Inlande nicht begründet war.

§§ 263, 293, 606, 704, 722 ff., 791, 1040 ff.; EZPO. 14, 24; SeemO. 129; Art. 7 bis 31 EBG.; 12 IPRA.; 56 IFrÜ.; 7 IScheidgsAbk.; vgl. RGBl. 03[184].

Abs. 1. *Anerk.*: Wirksamkeit einschl. Rechtshgk., RKr. (E. 49[340]), Vollstreckb.; nur nach Ansprüchen, nicht Wirkungen teilbar (bestr.). Prüfung v. amtsw., ohne Rücksicht auf Parteiabmachung (E. 36[381]); Beweislast trifft die das ausld. U. benützende P., E. 6[374]. FeststellKl. hierüber möglich (vgl. § 280; EF. 4[6]); zur ZwV. stets VollstrU. nötig. Formelle RKr. nach ausld. Recht ist vorausgesetzt. — *Gericht*: auch öffentl. SonderG., zB. Triester BörsenschiedsG. (S. 12[532]), StrafG. (Buße), wo Adhäsion zulässig (bestr.); nicht aber Administrativbehörden (BöhmZ. 13[187]). — *Urteil*: auch österr. Zahlungsmandat, wenn Einwendg. ausgeschlossen (E. 16[428] 27[414]), Kostenfestsetzg., Urt. vor 1. Okt. 1879 (E. 9[368]); *nicht* Schweizer Verlustschein (DJZ. 03[528]), Vergleich (aM. BöhmZ. 15[489]), Arrest, e. Verf. (selbst in Urteilsform). — **Nr. 1.** Örtl. Zuständk. *eines* G. genügt, E. 51[138]. Die ZPO. ist anzuwenden, als ob sie im Auslande gälte; die tatsächl. Unterlagen sind insoweit nachprüfbar (E. 61[69]); keine stillschw. Prorog. (§ 39) anzunehmen, wenn die Zustdgk. nach ausld. Recht ohnehin gegeben war, E. 37[272]. Ein deutscher ausschl. GStand hindert die Anerk.; wegen des österr. FakturenGStands vgl. österr. JN. § 88, RO. 4[410]. — Bestr., ob Zulässigkeit des Rechtswegs nachprüfbar. — **Nr. 2.** Hauptfall VersU., soweit Deutscher verurteilt. — *Zust. in Person*: auch an den ges. Vertr. (E. 26[130] 41[424]); nicht an Bevollm. (BöhmZ. 15[365]), ersatzw. oder öffentl. Z. Bei Z. mittels deutscher RHilfe (auch in Kons.-, SchutzGBezirken) ist ErsatzZ. statthaft; Erledig. österr. Zustellungsersuchen durch bayer. GDiener: S. 11[393]; vgl. jetzt JMBl. 05[3]. Einlassung: nicht bloß Verhdlg. z. Hauptj. (JW. 91[272]); Auftreten e. parteiseitig informierten Pflichtanwalts (S. 12[535]), Schriftsatz kann genügen. Nachträgl. Ausbleiben belanglos (strenger BöhmZ. 15[362] auch bzgl. WKl.). Staatsangehörigkeit bei Prozeßbeginn entscheidet, nicht Wohnsitz, E. 16[430]; bestr., ob v. amtsw. nachprüfbar (S. 12[536]). — **Nr. 3** bezweckt die Sicherung der Anwendung des BGB. bzgl. Eheschließg., ehel. Abstammung, Legitim., Adoption; vgl. jetzt die intern. Abkommen (RGBl. 04[221], [231]). Gilt auch für Vorfragen (bestr.). Nachteil: Unterliegen. — Keine sonstige sachl. oder prozessuale Nachprüfung, S. 12[535]. — **Nr. 4.** § 138 BGB.; Art. 30 EBG.; §§ 37 RHilfeG.; 159 GVG.; vgl. E. 60[297] NS. 6[540] BöhmZ. 15[386]. — **Nr. 5.** Ggseitigk.: bzgl. konkreten Urteils (E. 48[377]); tatsächl., ständige Übung genügt, S. 12[536]; die Entschdg. hierüber ist irrevisibel, E. 48[379] (vgl. S. 11[402]). Geringe Gesetzesunterschiede sind belanglos; Nachprüfung „au fond“ schließt Anerk. aus, selbst wenn beide Parteien dem gleichen ausld. Staat angehören. — Ggs. besteht mit *Österreich* (JMBl. 00[795] 05[3] E. 41[424] 48[377]), *Italien* (JW. 99[815]), *Ägypten*, *Spanien*, *Schweizer* Kantonen mit deutschem R. (einschl. Tessin), JW. 06[599]. — *Keine* Ggs. besteht mit *Ungarn* (SA. 47[296] vgl. BöhmZ. 16[71]), *England* (E. 6[374]), *Ver. Staaten v. Nordamerika* (E. 7[413]), *Frankreich* (außer mit Elsaß-Lothr.), E. 8[395], *Rußland* (einschl. Finnland u. Ostseeprov.), JMBl. 83[252] E. 26[130]; *Schweden*, *Norwegen*, E. 8[390] JMBl. 78[106]; *Rumänien* (RZentrBl. 76[40] BöhmZ. 16[42]), *Belgien*, *Griechenland*, *Portugal*,

Luxemburg, Niederlande, franz. Schweizerkantone (einschl. Bern, Zug, Thurgau: vgl. JMBl. 05[6] JW. 06[599]); bestr. bei Dänemark, Serbien, Bulgarien. – Abs. 2 wird schon durch fakult. GStd. im Inland beseitigt (§ 606 Abs. 4): Nachprüfung aus Nr. 1 bis 3 auch hier geboten. Vgl. jetzt Art. 5, 7 JScheidgsAbk.

§ 329 (294). I Die auf Grund einer mündlichen Verhandlung ergehenden Beschlüsse des Gerichts müssen verkündet werden.

II Die Vorschriften der §§ 309, 310 finden auf Beschlüsse des Gerichts, die Vorschriften der §§ 312, 317 auf Beschlüsse des Gerichts und auf Verfügungen des Vorsitzenden, sowie eines beauftragten oder ersuchten Richters entsprechende Anwendung.

III Nicht verkündete Beschlüsse des Gerichts und nicht verkündete Verfügungen des Vorsitzenden und eines beauftragten oder ersuchten Richters sind den Parteien von amtswegen zuzustellen.

Hoheitsformel: Vdg. v. 24. Juli 1879 (GVBl. 707); im Zivilproz. nur bei VollstrB., HaftB., Strafbeschlüssen gegen Zeugen u. Sachv., Zwangshaftbeschlüssen. — Aktenzeichen: § 130. Zust. v. amtsw. trotz Verkündung: §§ 659, 678; auch bei nicht verkdt. B. unterbleibt die ZvA. nach §§ 688, 699, 829, 835; 216, 226, 239, 244, 262: erfolgt nur an eine Partei nach §§ 204, 339, 490, 921, 922, 936. — Streitgen.: § 62: NebenJ.: § 71: ProzBev.: §§ 176 ff. — Beschwerdefrist ausnahmsweise ab Verkdg. (nicht Zust.): §§ 336, 952; vgl. im übrigen §§ 107, 577; ferner FGG. § 16; GewGG. § 32: KaufmG. § 16. — Form der Zust. v. amtsw.: §§ 208 ff.: Parteibetrieb nichtig. — Äußerl. Verbindg. v. Urteil und Beschluß möglich, unbeschadet selbstdg. Beschw., RG. 6[452]. — Rechtskraft: § 322.

Abs. 1. Ob die mV. geboten oder freigestellt war, ist gleichgültig. — **Abs. 2.** Beschl. bedürfen nicht vorheriger Niederschrift, Angabe des Berichterstatters, Beifügung von Gründen (JW. 00[50]), Unterschrift sämtl. Richter (E. 3[400]) oder e. Verkündungsvermerks. Auf Verständlichkeit und Nachprüfbarkeit ist zu achten (RG. 5[94]); Erwägungsstil nur bei großer Kürze. Auf Berichtigungen ist nach gem. M. § 319 entspr. anwendbar (JW. 97[64]); Ergänzungen erfordern neuen Antrag oder Beschwerde, E. 35[427] S. 13[317] RG. 2[524] (Kostenpunkt). -- § 313 Nr. 1, 2 sind indirekt wegen der ZwV. beachtlich, S. 10[478] JW. 92[150]. — **Abs. 3.** Nicht verkdt. Beschl. sind erst mit Zustllg. wirksam, E. 15[108] 50[352] ZZP. 34[675]. ZvA. lediglich an eine Partei genügt, soweit zweifellos nur diese interessiert, E. 11[404]; beachtlich (zB. bei Vertagungen von amtsw.), ob bereits Rechtshgk. eingetreten oder der Gegner gehört worden (ZR. 06[115]): Zustllg. der Kostenfestsetzg., Armenrechtsbewillig. auch an den Gegner: JW. 92[216] 00[436]; Gehörbeschluß auch an Gesuchsteller. — Für Verfügungen besteht auch nach mV. kein Verkündungszwang; Terminsverlg.: § 216.

Dritter Titel.

Versäumnisurteil.

§ 330 (295). Erscheint der Kläger im Termine zur mündlichen Verhandlung nicht, so ist auf Antrag das Versäumnisurteil dahin zu erlassen, daß der Kläger mit der Klage abzuweisen sei.

§§ 238, 353, 542, 566, 600, 618, 635, 638, 670, 679, 684, 686, 700, 881: GewGG. §§ 39, 41, 54: KfmGG. § 16: FGG. § 89. — Nichterscheinen: §§ 332 ff. — Verkündung: § 311. — Vorl. Vollstr.: §§ 708 ff.: ZwV. im Ausland: § 328 Nr. 2. — Akten: §§ 77, 78, 87 AGSchrG.: 14, 28, 34 LGSchrG.: 6 OLGSchrG. — Kosten: §§ 18 ff., 26, 32 GKG. (voll); 16 ff., 20, 27 RAGO. (5/10); wegen Vorschußerhebung vgl. § 29 KI.

Prozeßvoraussetzung., insbes. Zustdgk. v. amtsw. zu prüfen; Abweisg. mangels solcher ist kontradikt. U.; jedoch ausdrückl. bekl. Rüge (soweit verzichtbar) nötig, E. 28[393]. Ein anderes Sachurteil oder e. BeweisB. kann der Erschienene nicht erwirken; vgl. § 251 Abs. 2; Pr. 114. — Der Bekl. muß die Zustellung nachweisen, E. 5[413] 12[384] 21[376]; förml. Klageverlesung entbehrlich, aber kurze Darlegung des Sachverhalts u. Klagantrags sowie ausdrückl. Antrag auf VersU. (JW. 03[66]) nötig. — VersU. auch zulässig auf mV im Arrestprozesse, selbst in der BeschwInst. (E. 40[425]); in den Fällen des § 271: E. 24[433] (aM. BlEB. 13[160]); der §§ 471 ff.: E. 23[358]; § 271 HGB.; auch im Falle des § 113, hier wahlweise mit VersU. zur Hauptſ. (E. 24[429]); als TeilU., E. 13[390] (vgl. § 61). Unzulässig ist VersU. im Läuterungs- (E. 14[344]) sowie im fakult. Verf.; in Ehe-, Kinds-, EntmS. gegen Bekl.; über den Grund allein, soferne die mV. auch über den Betrag bestimmt (E. 36[428]; vgl. E. 10[357]); zugleich als kontradikt. U. hinsichtl. des näml. Anspruchsteils (E. 10[403] 28[393]; solchenfalls nur Einspruch). — Der erschienene Bekl. kann Widerklage erheben u. hierwegen VersU. erwirken (E. 8[381] 12[435] 28[407]); bestr., ob vorgängige Mitteilung durch Schriftsatz nötig. — Die Rechtskraft des VersU. ist dem kontradikt. U. gleich: E. 7[395] BlEB. 4[160].

§ 331 (296). I Beantragt der Kläger gegen den im Termine zur mündlichen Verhandlung nicht erschienenen Beklagten das Versäumnisurteil, so ist das tatsächliche mündliche Vorbringen des Klägers als zugestanden anzunehmen.

II Soweit dasselbe den Klagantrag rechtfertigt, ist nach dem Antrage zu erkennen; soweit dies nicht der Fall, ist die Klage abzuweisen.

Vgl. die Noten zu §§ 288, 282, 308, 330, 145, 618.

Abs. 1. Ausbleiben prorogiert nicht, E. 1[435] 2[409]; aber die zugestellten Behptg. über die Kompetenztatsachen (zB. Domizil, Prorogation, Streitwert) gelten als zugestanden. Ausschließl. Z. bleibt nachprüfbar. kein Zuständigmachen durch teilw. Rücknahme (§ 263). — Zugestanden ist die Klage in der für den VersTermin geltenden Fassung; frühere zulässige Änderg., unbeschadet des § 335, beachtlich. Das fiktive Geständnis deckt auch Angemessenheit von Schaden, Preis, Unterhalt; notorisch Unwahres: Bl. 44[198 373] ZZP. 34[51]. — **Abs. 2.** Abweisung zB. mangels Zuständk. oder Schlüssigkeit der Klagebehptg.; vgl. zB. § 86 RAGO. (S. 15[515]), Ausschlußfrist (nicht Verjährung), Erbschaftsannahme (E. 60[179]), eheherrl. Prozeßkonsens (JW. 05[81]). Die Behauptungspflicht ergibt sich aus § 282 Note. — Der Erschienene hat, soweit beschwert, nur Berufung, E. 15[395] Bl. 60[206]; Konkurrenz von Einspruch u. Berufung: § 524. Zeitl. Zurückweisung: § 335; vgl. § 337.

§ 332 (297). Als Verhandlungstermine im Sinne der vorstehenden Paragraphen sind auch diejenigen Termine anzusehen, auf welche die mündliche Verhandlung vertagt ist, oder welche zur Fortsetzung derselben vor oder nach dem Erlasse eines Beweisbeschlusses bestimmt sind.

Vgl. §§ 275, 302, 318, 345, 347, 370, 462, 600.

Das frühere kontradikt. Vorbringen des Ausgebl. sowie ein früheres Beweisergebnis wird nicht beachtet; frühere Teil- u. Vorbehll. bleiben, Zwll. nach § 303 nicht; im Übr. bestr. (vgl. E. 14^{343} 15^{348}). — Nachprüfung der Klagezustellg.: R. 03^{545}.

§ 333 (298). Als nicht erschienen ist auch diejenige Partei anzusehen, welche in dem Termine zwar erscheint, aber nicht verhandelt.

Wortentziehung: § 136; zwangsw. Entfernung: §§ 157, 158; GVG. 177 ff. — Aufruf, Terminsdauer: § 220. — Vertretung durch notw. StrG.: § 62. — Verhandlungsverbot: §§ 89, 113, 336. — Schriftl. Vertagungsanträge: § 227.

Verhandlung: Tatfrage: § 137; keine Verhdlg.: Antrag auf Vertagung (E. 31^{423}), auf „Urteil nach Sachlage", S. 5^{731} (außer nach bed. Endll. u. beklagterseits in Ehes., vgl. S. 9^{742}); bzgl. prozeßh. Einr. hier bestr. — Ist kontradikt. verhandelt, so kann im nämlichen Termine auch gg. e. vorzeitig sich entfernende Partei nicht mehr Versll. ergehen; nach Vertagung gilt § 332 wieder. — Soferne über einen Anspruchsteil überhaupt nicht verhandelt wird, ist (soweit ausscheidbar) VersTeilU. zulässig, E. 13^{390}. — Erscheinen der Partei allein hindert im AnwProz. Versll. nicht (§§ 78, 215).

§ 334 (299). Wenn eine Partei in dem Termine verhandelt, sich jedoch über Tatsachen, Urkunden oder Eideszuschiebungen nicht erklärt, so finden die Vorschriften dieses Titels keine Anwendung.

Vgl. §§ 138, 427, 439, 452, 618.

Solchenfalls kontradikt. U. nach Sachlage: „Rücknahme" einer Verhdlg. unzulässig, E. 10^{392}.

§ 335 (300). I Der Antrag auf Erlassung eines Versäumnisurteils ist zurückzuweisen, unbeschadet des Rechts der erschienenen Partei, die Vertagung der mündlichen Verhandlung zu beantragen:

1. wenn die erschienene Partei die vom Gerichte wegen eines von amtswegen zu berücksichtigenden Umstandes erforderte Nachweisung nicht zu beschaffen vermag;
2. wenn die nicht erschienene Partei nicht ordnungsmäßig, insbesondere nicht rechtzeitig geladen war;
3. wenn der nicht erschienenen Partei ein tatsächliches mündliches Vorbringen oder ein Antrag nicht rechtzeitig mittels Schriftsatzes mitgeteilt war.

II Wird die Verhandlung vertagt, so ist die nicht erschienene Partei zu dem neuen Termine zu laden.

Schriftl. Vertagungsanträge, Beruhen: §§ 227, 251. — Fragepflicht: § 139. — Form: Beschluß. — Fristen zu Nr. 3: §§ 132, 226, 262, 272, 498, 502, 593; bestr., ob hierbei zwischen tats. Vorbr. u. Anträgen zu unterscheiden. — Kosten: §§ 47, 80a GKG. (vgl. E. 40^{81}); 23, 29 RAGT.

Abs. 1. Die allein erschienene P. hat hier über § 227 hinaus unbedingtes Vertagungsrecht (E. 23[368] 36[401] 62[208]), aber nicht (zB. zur Klags-, oder Ladungsberichtig.) bei beiders. Anwesenheit, E. 13[334] 21[406]. — **Nr. 1.** Verweigert die erschienene P. die geforderte Nachwsg. (zB. Vollmacht), so ergeht abweisendes EndU. — **Nr. 2.** Die ladende P. selbst wird dadurch nicht geschützt, Bl. 61[400]; VersU. gegen sie auch dann zulässig, wenn Frist nicht gewahrt oder Ldg. mangelhaft. Prüfung der Ldg. nach Maßgabe des angegebenen Rubrums (BlEB. 8[406]). Beachtl. insbes. §§ 187, 215, 218 und bei Streitgen. §§ 62, 63 (E. 55[310]). — **Nr. 3.** Der Antrag auf vorl. Vollstreckb. muß nach Nr. 3 mitgeteilt sein, nicht der auf Klagabwsg. oder auf Erlassung e. VersU., vgl. E. 31[404]; Erweiterungen nach § 268 erfordern nur Wahrung der Ladungsfrist, E. 15[392] 31[488]. Schriftl. Mitteilung entbehrl., soweit früher in mV. u. Anwesenheit des Gegners vorgebracht. Klagänderung: § 269; Weglassungen: DJZ. 06[651]. — **Abs. 2** bezieht sich nur auf den Fall e. Mangels nach Abs. 1 (E. 41[357]; aM. E. 23[369]), der praktisch stets aus den Aktenstücken ersichtlich ist (Protokollierung der Beanstandung rätlich). — Neuerl. Wahrung der Ladungsfrist genügt; Einlassungsfrist: § 262; Ladungsform: § 214.

§ 336 (301). Gegen den Beschluß, durch welchen der Antrag auf Erlassung des Versäumnisurteils zurückgewiesen wird, findet sofortige Beschwerde statt. Wird der Beschluß aufgehoben, so ist die nicht erschienene Partei zu dem neuen Termine nicht zu laden.

Fristlauf ausnahmsweise ab Verkündung: § 577. – Unterschied von Zurückstellung beim Aufruf (§ 220): ZR. 06[264].

Sof. Beschw. auch bei grundloser Vertagung statt förml. Zurückwsg. (JW. 99[225]). — Der Gegner hat gegen die Abwsgsaufhebung keine (weitere) Beschw. u. kein Verhandlungsrecht in dem hierauf v. amtsw. anberaumten neuen Termine I. J. (E. 37[397]).

§ 337 (302). Das Gericht kann von amtswegen die Verhandlung über den Antrag auf Erlassung des Versäumnisurteils vertagen, wenn es dafür hält, daß die von dem Vorsitzenden bestimmte Einlassungs- oder Ladungsfrist zu kurz bemessen, oder daß die Partei durch Naturereignisse oder durch andere unabwendbare Zufälle am Erscheinen verhindert worden sei. Die nicht erschienene Partei ist zu dem neuen Termine zu laden.

Vgl. §§ 233, 247, 513. – Terminsunkenntnis des Ladenden: §§ 168, 335 Abs. 1 Nr. 2. — Schriftl. Vertagungsgesuch: § 333.

Keine Vertagungspflicht, keine Beschw., SA. 37[160] aM. SA. 52[57]. — Die gesetzl. Fristen sind niemals zu kurz. — Die neuerl. Ldg. erfolgt im Parteibetrieb unter nochmaliger Einhaltung der richtig gestellten bzw. gesetzl. Ladungsfrist; der Einlassungsfrist wird die Zwischenzeit zugerechnet. — Im neuen Termin kann die früher säumige Partei verhandeln.

§ 338 (303). Der Partei, gegen welche ein Versäumnisurteil erlassen ist, steht gegen dasselbe der Einspruch zu.

Vgl. §§ 323, 767; GewGG. § 40; KfmGG. § 16. — Unzulässigkeit des Einspr.: §§ 238, 345; vgl. auch § 99; Berufung: §§ 513, 524. — Vorschußpflicht: § 81 GKG.

Ob ein VerU. vorliegt, entscheidet nicht die Überschrift, sondern die Anwendung des Versäumnisprinzips; E. 10[403] 39[413] 50[384]. — Auch e. gar nicht oder formwidrig geladene, als säumig abgeurteilte Partei hat den E., E. 38[408]; BlEB. 3[236]. — E. ist kein Rechtsmittel.

§ 339 (304). I Die Einspruchsfrist beträgt zwei Wochen; sie ist eine Notfrist und beginnt mit der Zustellung des Versäumnisurteils.

II Muß die Zustellung im Ausland oder durch öffentliche Bekanntmachung erfolgen, so hat das Gericht die Einspruchsfrist im Versäumnisurteile oder nachträglich durch besonderen Beschluß, welcher ohne vorgängige mündliche Verhandlung erlassen werden kann, zu bestimmen.

GewGG. § 40. — Erleichterung der Wiedereinsetzg.: § 233 Abs. 2, 235, 236; vgl. § 207. Kosten (Abs. 2): §§ 47, 80a GKG.; 23, 29 RAGD.

Abs. 1. E. vor Zustellung zuläßig (E. 3[408] 9[420]). — **Abs. 2.** Vgl. §§ 262, 203, 174; Unterlassg. hindert den Fristlauf. Form: Beschluß, auch wenn im Urteil (JW. 99[768]); unanfechtbar, SA. 55[116]. Nachholg JW. 06[313].

§ 340 (305). I Die Einlegung des Einspruchs erfolgt durch Zustellung eines Schriftsatzes. Derselbe muß enthalten:

1. die Bezeichnung des Urteils, gegen welches der Einspruch gerichtet wird;
2. die Erklärung, daß gegen dieses Urteil Einspruch eingelegt werde;
3. die Ladung des Gegners zur mündlichen Verhandlung über die Hauptsache.

II Der Schriftsatz soll zugleich dasjenige enthalten, was zur Vorbereitung der Verhandlung über die Hauptsache erforderlich ist.

Ausnahme: § 700. — Zustellung: §§ 166, 176 ff.; Amtsgericht: §§ 496, 501. Ladungsfrist: § 217.

Die Bezeichnung des VerUl. muß Identitätszweifel ausschließen (Nr., Datum nicht unbedingt nötig), S. 3[305]; vgl. § 518. — Auch bei E. im Kostenpkt. allein erfolgt Ldg. zur Hauptſ., E. 13[327] BlEB. 5[205]. Die Worte sind nicht sakral; jedenfalls unzuläßig: „zur mV. über den Einspr. allein"; vgl. Bl. 60[198] (gem. M. sehr lax). — Aufklärung der Säumnis, Ankündigung, Begr. e. Sachantrags unwesentlich, aber rätlich.

§ 341 (306). Das Gericht hat von amtswegen zu prüfen, ob der Einspruch an sich statthaft und ob er in der gesetzlichen Form und Frist eingelegt sei. Fehlt es an einem dieser Erfordernisse, so ist der Einspruch als unzuläßig zu verwerfen.

Vgl. § 345. — Keine prozeßh. Einr.; vorl. Vollstreckb. nach allg. Regeln. Kosten: §§ 26, 32 GKG.; 20, 27 RAGD.; JW. 99[482].

Form der Zulassung: Zwll. oder Gründe des EndU.; der Verwerfung: stets kontradikt. EndU.: aM. E. 50[384] (beim Ausbleiben des Gegners VerU.). — Auch ein formell unwirksamer E. ist als unzuläßig zu verwerfen, S. 1[238]; Erneuerung solchenfalls zuläßig, E. 9[420].

§ 342 (307). Ist der Einspruch zulässig, so wird der Prozeß in die Lage zurückversetzt, in welcher er sich vor Eintritt der Versäumnis befand.

Berufung: § 538. — Einstellung der ZwV.: §§ 707, 719. — GewGG. § 40.

Das VersU. als solches bleibt vorerst bestehen: § 343; Ausnahme: § 700. — Der Bekl. kann noch prozeßh. Einr. vorbringen oder Anspr. anerkennen (§ 93); der Kl. die Klage ändern oder Zustellmängel, so lange nicht gerügt, beheben, E. 21[405]. Frühere Prozeßergebnisse treten wieder in Kraft. — Nach Prüfung der Formalien hat das Wort zuerst der Kläger, nicht der EinsprKl. Umgekehrtes VersU. nun zulässig.

§ 343 (308). Insoweit die Entscheidung, welche auf Grund der neuen Verhandlung zu erlassen ist, mit der in dem Versäumnisurteil enthaltenen Entscheidung übereinstimmt, ist auszusprechen, daß diese Entscheidung aufrecht zu erhalten sei. Insoweit diese Voraussetzung nicht zutrifft, wird das Versäumnisurteil in dem neuen Urteil aufgehoben.

Vorl. Vollstreckb.: §§ 707 ff. — Bei Einspruchskosten bestr., ob §§ 95 oder 97 anwendbar oder durch Aufrechthaltung der Kostenauflage nach § 91 gedeckt.

Aufrechthaltung wichtig wegen §§ 718, 775 (SA. 43[161] ZR. 05[515]); das bedingte EndU. oder e. ZwU. bewirkt noch keine Aufhbg. (gem. M., anders bei Brfg.). — Nach Zahlung ist die Hauptf. für erledigt zu erklären, E. 40[352]; dies wirkt weder als Aufhbg., noch (mangels Streit) als gebührenpfl. Ausspr. überhaupt, beseitigt vielmehr nur die Vollstreckb.; anders bei Klagsrücknahme, vgl. E. 46[347]. — Wird im UrkProz. mittelst Einspr. e. unzulässige Verteidg. vorgebracht, so wird das VersU. aufrecht erhalten u. nur der Vorbehalt beigefügt, SA. 43[161].

§ 344 (309). Ist das Versäumnisurteil in gesetzlicher Weise ergangen, so sind die durch die Versäumnis veranlaßten Kosten, soweit sie nicht durch einen unbegründeten Widerspruch des Gegners entstanden sind, der säumigen Partei auch dann aufzuerlegen, wenn infolge des Einspruchs eine abändernde Entscheidung erlassen wird.

Kosten: §§ 26, 28, 32, 46 GKG. (mehrfache Entscheidgsgeb. zulässig, E. 27[362]; auch das ungesetzl. VersU. bleibt, abgesehen von § 6 GKG., taxiert, S. 10[311]); 20, 27 RAGO.; vgl. §§ 95, 99, 102, 271.

Ungesetzlich: ohne Antrag, wider §§ 334, 335 (E. 62[208]), 437; nicht, wenn nur § 337 verletzt oder das VersU. materiell erschlichen: vgl. §§ 580 Nr. 4, 227, 251. — Säumniskosten: nicht auch der Zustellg., Vollstr.; vgl. jetzt § 717. — Die Kosten des ungesetzl. VersU. trägt der endgültig Unterlgd. nach § 91 ff., JW. 87[311].

§ 345 (310). Einer Partei, die den Einspruch eingelegt hat, aber in der zur mündlichen Verhandlung bestimmten Sitzung oder in derjenigen Sitzung, auf welche die Verhandlung vertagt ist, nicht erscheint oder nicht zur Hauptsache verhandelt, steht gegen das Versäumnisurteil, durch welches der Einspruch verworfen wird, ein weiterer Einspruch nicht zu.

GewGG. § 40; KfmGG. § 16. — Berufung: § 513 (keine Wiedereinsetzung). Vorl. Vollstreckb.: § 708. — Kosten: § 341.

Prüfung der Zulässigkeit des E. auch hier geboten; wichtig wegen Berufungsbegr. — Unanwendbar, wenn (auch einseitige) Sachverhdlg. dazwischen (Mot. 235, Gr. 47[1164]); letzterenfalls Formel nach §§ 343 mit 708, Einspruch wieder zulässig.

§ 346 (311). In Betreff des Verzichts auf den Einspruch und der Zurücknahme desselben finden die Vorschriften über den Verzicht auf die Berufung und über die Zurücknahme derselben entsprechende Anwendung.

Vgl. §§ 514, 515, 501. — Kosten: §§ 16, 26, 32, 46, GKG.: 20, 27 RAGO.

Verzicht vor Urteilserlaß nach gem. M. unzulässig, weil gg. die Grundlagen der ZPO. — Verlustigerkl. hier wichtig, weil Frist häufig noch offen.

§ 347 (312). I Die Vorschriften dieses Titels finden auf das Verfahren, welches eine Widerklage oder die Bestimmung des Betrags eines dem Grunde nach bereits festgestellten Anspruchs zum Gegenstande hat, entsprechende Anwendung.

II War ein Termin lediglich zur Verhandlung über einen Zwischenstreit bestimmt, so beschränkt sich das Versäumnisverfahren und das Versäumnisurteil auf auf die Erledigung dieses Zwischenstreits. Die Vorschriften dieses Titels finden entsprechende Anwendung.

Widerklage: § 33; prozeßh. Einreden: § 275; Beschränkg. auf den Grund: § 304; Nachverfahren: § 599.

Abs. 1. Beachtl. der Unterschied zwischen Ankündigung u. Erhebg. der WKl. — Abweisendes VersU. im Verf. über den Betrag beseitigt das bejahende ZwU. über den Grund (Mot. 236, E. 14[344]); Ausbleiben in der auf den Grund beschränkten Verhdlg. führt zu TotalVersU., E. 36[428]. — **Abs. 2.** Bestimmt: vom Gericht. Nur ZwStr. unter den Parteien hierher, nicht mit Dritten oder selbstdg. Angriffs- oder Vertdgsmittel (§ 303). Formel: Abwsg., Stattgbg. des ZwAntrags. Keine selbstdg. Berufung hiergegen, auch nicht nach § 345 (E. 13[398]); Fortsetzung der Hauptf. erst nach Erledigung des Einspr.

Vierter Titel.

Vorbereitendes Verfahren in Rechnungssachen, Auseinandersetzungen und ähnlichen Prozessen.

§ 348 (313). Stellt sich in Prozessen, welche die Richtigkeit einer Rechnung, eine Vermögensauseinandersetzung oder ähnliche Verhältnisse zum Gegenstande haben, eine erhebliche Zahl von streitigen Ansprüchen oder von streitigen Erinnerungen gegen eine Rechnung oder gegen ein Inventar heraus, so kann das Prozeßgericht ein vorbereitendes Verfahren vor einem beauftragten Richter anordnen.

Vgl. §§ 254, 277; FGG. 86, 99; ÜG. Art. 36; §§ 41 KonfGG.; 2 SchutzGG. — Das Verf. ist nicht öffentlich: GVG. § 170. — Kosten: §§ 20, 28 GKG.; 16, 26 RAGT.

Anwendbar auch vor KfHS. u. in II. Inst., JW. 85[26]; nicht vor dem AmtsG. Gleichheit der Rechtsgründe nicht erforderlich (JW. 89[256]). — Die Anordnung bedarf mV., aber keines Antrags; ist jederzeit rücknehmbar (JW. 98[351]); Beschw. auch gg. Ablehnung unzulässig (Mot. 240). Zweck: Entlastung der mV. durch Präklusion nach §§ 351, 354 für die Instanz. In der Praxis wegen Schwerfälligkeit selten; meist genügt Sühneversuch vor beauftr. Richter mit pers. Ersch. der Parteien zur Aufklärung.

§ 349 (314). Bei der Verkündung des Beschlusses, durch welchen das vorbereitende Verfahren angeordnet wird, ist durch den Vorsitzenden der beauftragte Richter zu bezeichnen und der Termin zur Erledigung des Beschlusses zu bestimmen. Ist die Terminsbestimmung unterblieben, so erfolgt sie durch den beauftragten Richter; wird dieser verhindert, den Auftrag zu vollziehen, so ernennt der Vorsitzende ein anderes Mitglied.

Vgl. die Note zu § 361.

§ 350 (315). I In dem vorbereitenden Verfahren ist zu Protokoll festzustellen:

1. welche Ansprüche erhoben und welche Angriffs- und Verteidigungsmittel geltend gemacht werden;
2. welche Ansprüche und welche Angriffs- und Verteidigungsmittel streitig oder unstreitig sind;
3. in Ansehung der bestrittenen Ansprüche und der bestrittenen Angriffs- und Verteidigungsmittel das Sachverhältnis nebst den von den Parteien bezeichneten Beweismitteln, den geltend gemachten Beweiseinreden, den abgegebenen Erklärungen über Beweismittel und Beweiseinreden und den gestellten Anträgen.

II Das Verfahren richtet sich nach den Vorschriften, welche zur Anwendung kommen würden, wenn der Rechtsstreit vor einem Amtsgerichte anhängig wäre; dasselbe ist fortzusetzen, bis der Rechtsstreit selbst oder ein Zwischenstreit zur Erlassung eines Urteils oder eines Beweisbeschlusses reif erscheint.

Kein Anwaltszwang; keine bloße Bezugnahme auf frühere Schriftsätze (BlEB. 6[200]). Protokollbeilage: § 160; Vergleich: § 269. — § 4 LGSchrG. — Beweiserhebg., zB. Gutachten kann der beauftr. R. allein nicht anordnen; Übertragung der Beweisaufnahme § 355. Pers. Ersch.: §§ 141, 495; Auffrdg. z. Erklärg.: § 354; Fragerecht: § 139.

§ 351 (316). I Erscheint eine Partei in einem Termine vor dem beauftragten Richter nicht, so hat dieser das Vorbringen der erschienenen Partei in Gemäßheit der Bestimmungen des vorstehenden Paragraphen zu Protokoll festzustellen und einen neuen Termin anzuberaumen. Die nicht erschienene Partei ist zu dem neuen Termine unter Mitteilung einer Abschrift des Protokolls zu laden.

II Erscheint die Partei auch in dem neuen Termine nicht, so gelten die in dem zugestellten Protokolle enthaltenen tatsächlichen Behauptungen des Gegners als zugestanden und ist das vorbereitende Verfahren bezüglich derselben nicht weiter fortzusetzen.

Ladung im Parteibetrieb (Abs. 1 Satz 2): vgl. § 218. — Beruhen: § 251. — Abs. 2 wirkt nur für die I. J.: hier Einspruch oder Wiedereinsetzg. unzulässig.

§ 352 (317). Nach dem Schlusse des vorbereitenden Verfahrens ist der Termin zur mündlichen Verhandlung vor dem Prozeßgerichte von amtswegen zu bestimmen und den Parteien bekannt zu machen.

Schluß: § 350 Abs. 2. Abbruch wegen Aussichtslosigkeit, Wiedereröffnung mangels Erschöpfung: JW. 93[198] 98[351]. — Terminsbekanntm.: § 370.

§ 353 (318). I Bei der mündlichen Verhandlung haben die Parteien das Ergebnis des vorbereitenden Verfahrens auf Grund des Protokolls vorzutragen.

II Ist eine Partei nicht erschienen, so sind Ansprüche, welche sich in dem vorbereitenden Verfahren als unstreitig ergeben haben, durch Teilurteil zu erledigen. Im übrigen ist auf Antrag ein Versäumnisurteil zu erlassen.

Vortrag: § 285. — Unstreitig: durch Anerk. (Verzicht), nicht auch Geständnis (gem. M.). — Das TeilU. ergeht hier stets (auch zu Gunsten des Ausgebl.) kontradikt., obligat. u. ohne Antrag. — Die Wirkung des Einspr. ist beschränkt, §§ 351, 354 Abs. 1.

§ 354 (319). I Eine vor dem beauftragten Richter unterbliebene oder verweigerte Erklärung über Tatsachen, Urkunden oder Eideszuschiebungen kann in der mündlichen Verhandlung nicht mehr nachgeholt werden. Erklärungen einer vor dem beauftragten Richter erschienenen Partei sind nur insoweit als unterblieben anzusehen, als die Partei von dem Richter zur Abgabe einer Erklärung aufgefordert worden ist.

II Ansprüche, Angriffs- und Verteidigungsmittel, Beweismittel und Beweiseinreden, welche zum Protokolle des beauftragten Richters nicht festgestellt sind, können in der mündlichen Verhandlung nur geltend gemacht werden, wenn glaubhaft gemacht wird, daß dieselben erst später entstanden oder der Partei bekannt geworden seien.

Präklusion gilt nur für die Instanz (Pr. 238: aM. R. 06[488]) und ist verzichtbar: entfällt bei vorzeitigem Abbruch des vorb. Verf. (JW. 98[351]). Fragerecht: Rs. 1[64].

Fünfter Titel.

Allgemeine Bestimmungen über die Beweisaufnahme.

§ 355 (320). I Die Beweisaufnahme erfolgt vor dem Prozeßgerichte. Sie ist nur in den durch dieses Gesetz bestimmten Fällen einem Mitgliede des Prozeßgerichts oder einem anderen Gerichte zu übertragen.

II Eine Anfechtung des Beschlusses, durch welchen die eine oder die andere Art der Beweisaufnahme angeordnet wird, findet nicht statt.

Übertragung: §§ 372, 375, 382, 402, 405, 434, 479; vgl. GewGG. 43, KfmG. 16. — Zuständk.: Amtsgericht (§ 158 GVG.; E. 2[373]); Ausland: §§ 363, 364. — Form: nicht nachprüfbarer Beschl. ohne mV. (E. 16[411]; bestr.); auch v. amtsw. änderbar (vgl. § 365), E. 46[364] 54[60] RG. 3[428]. — Kosten: §§ 47, 79, 80a GKG.; 23, 29 RAGO.; 166 GVG.

Beauftr. R. in der Praxis Mitglied der erkennenden Abteilg. — Bestr., ob Ersuchen des AG. am Sitz des ProzG. statthaft (vgl. ZZP. 18[297]), und ob Wohnort der Zeugen im Bezirk des ersuchten AG. erforderlich (verneint ZR. 05[326] mit gem. M.; vgl. aber JW. 96[365]). Auch freiwillige Gestellung vor ers. R. (Ausländer vor GrenzAG.) möglich.

§ 356 (321). Steht der Aufnahme des Beweises ein Hindernis von ungewisser Dauer entgegen, so ist auf Antrag eine Frist zu bestimmen, nach deren fruchtlosem Ablaufe das Beweismittel nur benutzt werden kann, wenn dadurch das Verfahren nicht verzögert wird.

Form: beschwerdefreier Beschl. nach mV., E. 39[404]; Änderung: § 318. — Urkunden: §§ 428 ff.; Eid: §§ 465 ff., 479. — Verbindung mit Vorschußauflage: § 379; Friständerung: § 224. — Ausland: § 364; JW. 05[28]. — Vgl. §§ 278 ff.

Hierher zB. unbek. Aufenthalt e. namentl. bezeichneten Zeugen, Vernehmungsscheu e. Kindes (Bl. 70[146]), Vernehmungsunfähigkeit (zB. Krankheit); wegen Adreßangabe vgl. JW. 03[217]; Zeugniszwang: § 390. — Benützung: § 285. — Frist sachgemäß bis zum sofort bestimmten nächsten Termin zur mV.; rechtzeitige Aktenrückforderung bei ausw. Ersuchen. — Der Ausschluß tritt kraft Gesetzes, ohne Verschulden (E. 7[391]), jedoch nur für die Instanz ein; ist gegnerseits verzichtbar u. schließt Gestellung ohne Vertagung nicht aus.

§ 357 (322). Den Parteien ist gestattet, der Beweisaufnahme beizuwohnen.

Ausnahmen: §§ 364, 493. Hinwirkung auf vorgängigen Verzicht bei größerer Entfernung: JMBl. 86[125] 87[281]. Kein Anwaltszwang, keine Öffentlichkeit vor b. o. e. R.; Vollmacht: §§ 88, RAO. § 27; Ausbleiben: § 367; Fragerecht: § 397. § 246 StPO. unanwendbar. Terminsaufhebung: §§ 227, 229. — Fakult. mV.: § 128; Glaubhaftm.: § 294; Beweissicherung: § 486; Vernehmungsort: § 219 (vgl. Bl. 3[112] ZZP. 35[424]); StAnwalt: § 607. — Kostenerstattung: § 91.

Mangels rechtzeitiger Benachr. (vgl. § 364 Abs. 4: Möglichkeit eigener Reise oder Vertreteraufstellung) ist die Beweisaufn. unstatthaft (E. 6[353]). Heilung durch Parteiverzicht (§ 295), JW. 94[589]. Zustellung: §§ 329, 218, 176; keine Ladungsfrist. Bei Verzugsgefahr telegr. Antrag nach § 486 praktisch. — Prozeßunfähige haben kein Recht auf Zulassung: Gr. 29[1094]; vgl. aber § 664 Abs. 2.

§ 358 (323). Erfordert die Beweisaufnahme ein besonderes Verfahren, so ist dasselbe durch Beweisbeschluß anzuordnen.

Verkündung: § 329. — Kosten: §§ 18, 22, 49 GKG.; 13, 17, 45 RAGO.; wegen der Streitfrage zu §§ 18 GKG., 13 RAGO. (Beweisgeb. des RA. auch ohne förml. BB.); vgl. E. 14[394] 36[386] S. 16[318]. Streitwert u. U. geringer als Klagesumme (Teilbeweis; bestr. ob auf Eventualbeweis ausdehnbar).

Besonderes Verf.: auch im gleichen Termin (E. 32[410] aM. 10[370]). — Beschluß auf Aktenbeischaffung nach Parteiantrag u. mV. ist BB. (JW. 99[6]); Angabe des Beweisthemas. Ablehng. v. Beweisanträgen meist in den Gründen des Endll.; andernfalls Zwll. (§ 303) oder prozeßleitd. Beschluß.

§ 359 (324). Der Beweisbeschluß enthält:

1. die Bezeichnung der streitigen Tatsachen, über welche der Beweis zu erheben ist;
2. die Bezeichnung der Beweismittel unter Benennung der zu vernehmenden Zeugen und Sachverständigen;
3. die Bezeichnung der Partei, welche sich zum Nachweise oder zur Widerlegung tatsächlicher Behauptungen auf das Beweismittel berufen hat;
4. die Eidesnorm, wenn die Abnahme eines zugeschobenen oder zurückgeschobenen Eides angeordnet wird.

Sonstiger Inhalt: §§ 293, 355, 356, 361, 370, 372, 379; vgl. auch § 405. — Nr. 4 nur bei §§ 461, 595. Unterschied von Norm und Formel beachtlich.

Formel: „Es ist Beweis zu erheben über die Behptg. des Kl., daß . . . auf Antrag des Kl. . . . durch . . ."; Tatbestand oder Begr. entfällt (E. 56[29]). Keine Bezugn. auf Schriftsätze, außer förmliche Beschlußbeilagen (SA. 55[101]); Formulierung der Ladung: § 377. Die Bezeichnung von Zeugen mit „N. N." ist mißbräuchlich, weil kein wirksames Präjudiz nach § 356 möglich. An den Wortlaut des Beweisangebots ist das Gericht nicht gebunden; auch Fragestil („ob") statthaft, R. 03[567].

§ 360 (325). Vor Erledigung des Beweisbeschlusses kann von keiner Partei eine Änderung desselben auf Grund der früheren Verhandlungen beantragt werden.

Vgl. §§ 128, 156, 278 ff., 318, 399; GKG. 22.

Verboten ist nur die Anfechtung mit der Behptg., nach dem früher Vorgebrachten solle kein oder anderer Beweis erhoben werden. Von amtsw. ist jede Änderung, auch Aufhebung (zB. auf Verzicht, Anzeige e. Novum) statthaft, aber mV. erforderlich (E. 3[369] S. 14[792] NS. 3[884] JW. 03[313] 05[118]); Ladg. v. amtsw.; Berichtigung von Daten, Wohnungsangaben formlos (JW. 95[538]). — Nachschleppung von tatsächl. Behptg. oder Beweismitteln, Substitution von Zeugen ist nur in totaler mV. möglich (JW. 01[801] R. 05[196]); kein „Zwischenstreit". Rückverlegung des nach § 370 anstehenden Termins oder Neuansetzung auf Ladungsschriftsatz hierzu erforderlich; vgl. JW. 85[217] 05[535]; § 216.

§ 361 (326). I Soll die Beweisaufnahme durch ein Mitglied des Prozeßgerichts erfolgen, so wird bei der Verkündung des Beweisbeschlusses durch den Vorsitzenden der beauftragte Richter bezeichnet und der Termin zur Beweisaufnahme bestimmt.

II Ist die Terminsbestimmung unterblieben, so erfolgt sie durch den beauftragten Richter; wird derselbe verhindert, den Auftrag zu vollziehen, so ernennt der Vorsitzende ein anderes Mitglied.

Auch der weitere Verhandlungstermin kann sofort bestimmt werden: § 370; Protokoll: § 160; Zustellung: §§ 329, 218; vgl. 618. — Termin zur Beweisaufn. vor dem ProzeßG. selbst wird in der Regel ebenfalls sofort vom Vorsitzenden bestimmt: §§ 218, 370.

§ 362 (327). I Soll die Beweisaufnahme durch ein anderes Gericht erfolgen, so ist das Ersuchungsschreiben von dem Vorsitzenden zu erlassen.

II Die auf die Beweisaufnahme sich beziehenden Verhandlungen werden in Urschrift von dem ersuchten Richter dem Gerichtsschreiber des Prozeßgerichts übersendet, welcher die Parteien von dem Eingange benachrichtigt.

Vgl. §§ 355, 202; GVG. 157 ff.; Entbindung v. Amtsgeheimnis: § 376; Adresse: § 22 GVG. — Die Zustellungen (§§ 357, 377) betätigt der GSchr. des ers. R. — Ausland: § 363. — Termin zur weiteren Verhdlg.: § 370. — Rechtshilfekosten: §§ 91, 199; Akteneinsicht: § 299. Benachr. formlos: §§ 21 ff. AGSchrG. (keine Schreibgebühr).

Namentl. Angabe des ers. G. gehört in den BB. selbst. — Aktenversendung ausnahmsw. durch entspr. Auszug im Ersuchen ersetzbar; auch Rundschreiben zulässig, dann sendet das letzttätige G. die gesamten Akten ein.

§ 363 (328). I Soll die Beweisaufnahme im Auslande erfolgen, so hat der Vorsitzende die zuständige Behörde um Aufnahme des Beweises zu ersuchen.

II Kann die Beweisaufnahme durch einen Reichskonsul erfolgen, so ist das Ersuchen an diesen zu richten.

KonsG. § 20 mit JPRA. Art. 5 bis 10; JMBl. 87 [281] (Aktenversendung nur mit Erlaubnis des Justizministers); vgl. im übrigen §§ 142, 199, 355, 362.

Abs. 1. Ausland: auch Schutzgebiete. — Ob e. Person im Auslande oder vor dem deutschen ProzeßG. zu vernehmen, unterliegt freiem Erm., insbes. wegen Gegenüberstllg. (JW. 05 [28]), Kosten; Ladung im Ausland: § 377. Beachtl. der Mangel polizeil. Meldeämter in Frankreich, England, Amerika; Kostspieligkeit des Zeugniszwangs in England (ca. 1000 Mk.). — **Abs. 2.** Das Ersuchen ist zu richten bei Vernehmung in KonsGerichtsbezirken sowie in Großbritannien stets an den Reichskonsul (Großbr.: Generalkonsul in London; Kolonien: örtl. zuftdg. Konsul), auch wenn Zeuge nicht Deutscher. In anderen Fällen ist der deutsche Konsul nur anzugehen, wenn er allgemein oder im speziellen Fall zur Vernehmung von Zeugen ermächtigt (Verzeichnis: JMBl. 06 [134]), der Zeuge Deutscher (Behauptg. genügt: JW. 87 [67]) u. zur Vernehmung bereit, auch dessen Aufenthalt nahe am Konsulat ist. Mangels solcher Umstände ist die ausld. Behörde selbst zu ersuchen (dipl. Weg), ebenso stets bei direkt. Schriftwechsel (Österreich, Schweiz). In Italien geht das Ersuchen an den zustd. Appellhof; englische, amerikanische Behörden sind niemals selbst zu ersuchen, sondern der betr. Reichskonsul (s. o.), in Nordamerika unter Beilegung e. „commission" (ca. 100 Mk. Auslagen). Weitere Einzelheiten: JMBl. 87 [281].

§ 364 (329). I Wird eine ausländische Behörde ersucht, den Beweis aufzunehmen, so kann das Gericht anordnen, daß der Beweisführer das Ersuchungsschreiben zu besorgen und die Erledigung des Ersuchens zu betreiben habe.

II Das Gericht kann sich auf die Anordnung beschränken, daß der Beweisführer eine den Gesetzen des fremden Staates entsprechende öffentliche Urkunde über die Beweisaufnahme beizubringen habe.

III In beiden Fällen ist in dem Beweisbeschlusse eine Frist zu bestimmen, binnen welcher von dem Beweisführer die Urkunde auf der Gerichtsschreiberei niederzulegen ist. Nach fruchtlosem Ablaufe dieser Frist kann die Urkunde nur benutzt werden, wenn dadurch das Verfahren nicht verzögert wird.

IV Der Beweisführer hat den Gegner, wenn möglich, von dem Orte und der Zeit der Beweisaufnahme so zeitig in Kenntnis zu setzen, daß derselbe seine Rechte in geeigneter Weise wahrzunehmen vermag. Ist die Benachrichtigung unterblieben, so hat das Gericht zu ermessen, ob und inwieweit der Beweisführer zur Benutzung der Beweisverhandlung berechtigt sei.

Beschlußform: § 355; vgl. auch § 363. Nur ausnahmsweise anzuwenden (JMBl. 87[250]); wegen Portugal vgl. jetzt JPRA. Art. 5 ff. — Abs. 4 fakult. (E. 2[371]). — Entspr. Behandlung derartiger ausländ. Ersuchen in Bayern: JMBl. 85[87 97]; NotG. Art. 3, NotGeschO. §§ 263 ff.

§ 365 (330). Der beauftragte oder ersuchte Richter ist ermächtigt, falls sich später Gründe ergeben, welche die Beweisaufnahme durch ein anderes Gericht sachgemäß erscheinen lassen, dieses Gericht um die Aufnahme des Beweises zu ersuchen. Die Parteien sind von dieser Verfügung in Kenntnis zu setzen.

Vgl. §§ 355, 400; GVG. 158; Ausland: § 363 mit JPRA. Art. 8, 9. — Ergeben: bekannt werden, zB. Wegzug e. Zeugen. — Zur Vermeidung von Ablehnungen wegen primärer Unzuständigkeit Eventualersuchen ratsam. — Rücknahme des Ersuchens zwecks Vernehmung vor dem ProzG. selbst oder dessen beauftr. R.: § 355.

§ 366 (331). I Erhebt sich bei der Beweisaufnahme vor einem beauftragten oder ersuchten Richter ein Streit, von dessen Erledigung die Fortsetzung der Beweisaufnahme abhängig und zu dessen Entscheidung der Richter nicht berechtigt ist, so erfolgt die Erledigung durch das Prozeßgericht.

II Der Termin zur mündlichen Verhandlung über den Zwischenstreit ist von amtswegen zu bestimmen und den Parteien bekannt zu machen.

Eigene Zuständl.: §§ 229, 365, 400, 405 ff., 576. — Verfahren (Zwischenll.) §§ 347, 389; mit Hauptf. verbindbar.

Hauptfälle: Rechtmäßigkeit e. Zeugnisverweig., Beanstandung e. beabsicht. Beeid., Änderung e. Eidesnorm. — Ob die Beweisaufn. erschöpfend, entscheidet zunächst der b. o. e. R. (JW. 96[71]), sodann das ProzG. — Keine eigenmächtige Vernehmg. anderer Zeugen; Vergleich: § 296.

§ 367 (332). I Erscheint eine Partei oder erscheinen beide Parteien in dem Termine zur Beweisaufnahme nicht, so ist die Beweisaufnahme gleichwohl insoweit zu bewirken, als dies nach Lage der Sache geschehen kann.

II Eine nachträgliche Beweisaufnahme oder eine Vervollständigung der Beweisaufnahme ist bis zum Schlusse derjenigen mündlichen Verhandlung, auf welche das Urteil ergeht, auf Antrag anzuordnen, wenn das Verfahren dadurch nicht verzögert wird oder wenn die Partei glaubhaft macht, daß sie ohne ihr Verschulden außer Stande gewesen sei, in dem früheren Termine zu erscheinen, und im Falle des Antrags auf Vervollständigung, daß durch ihr Nichterscheinen eine wesentliche Unvollständigkeit der Beweisaufnahme veranlaßt sei.

Gilt auch vor dem ProzG. selbst, E. 1[238]. — GewGG. § 43; KfmGG. § 16. — Benachrichtigung: § 357; Eid: §§ 465 ff. — VersVers.: § 370; Ruhevereinbarung: § 228; Ablehnungsform (Abs. 2): Beschluß (bestr.). — Kosten (Abs. 2): § 95.

§ 368 (333). Wird ein neuer Termin zur Beweisaufnahme oder zur Fortsetzung derselben erforderlich, so ist dieser Termin, auch wenn der Beweisführer oder beide Parteien in dem früheren Termine nicht erschienen waren, von amtswegen zu bestimmen.

Vgl. § 368, 370. — Zustellung: §§ 218, 329; für die Zeugen gilt § 218 nicht, vgl. § 380. — GewGG. § 42; KfmGG. § 16.

§ 369 (334). Entspricht die von einer ausländischen Behörde vorgenommene Beweisaufnahme den für das Prozeßgericht geltenden Gesetzen, so kann daraus, daß sie nach den ausländischen Gesetzen mangelhaft ist, kein Einwand entnommen werden.

Vgl. § 55; Art. 11 EBG., 10 JPRA., 85 WO. — Materielle Beweiskraft nach deutschem R.: §§ 286, 437.

Umgekehrt genügt Beobachtung der ausld. Formalien auch für das Inland, E. 2[371] (amerik. Eidesformel), RO. 13[178] (Parteibenachr.). — Unterbleibt die Beeidigung nach dem ausld. Recht (zB. Zürich), so ist die Aussage nicht unbeachtlich, sondern frei zu würdigen (JW. 03[25]).

§ 370 (335). I Erfolgt die Beweisaufnahme vor dem Prozeßgerichte, so ist der Termin, in welchem die Beweisaufnahme stattfindet, zugleich zur Fortsetzung der mündlichen Verhandlung bestimmt.

II In dem Beweisbeschlusse, welcher anordnet, daß die Beweisaufnahme vor einem beauftragten oder ersuchten Richter erfolgen solle, kann zugleich der Termin zur Fortsetzung der mündlichen Verhandlung vor dem Prozeßgerichte bestimmt werden. Ist dies nicht geschehen, so wird nach Beendigung der Beweisaufnahme dieser Termin von amtswegen bestimmt und den Parteien bekannt gemacht.

Vgl. §§ 285, 329, 465 ff., 218; GewGG. 42; KfmGG. 16. — Geräumige Zwischenfristen: § 363.

Abs. 1 gilt kraft Ges., auch bei Augenschein des ProzG.: kein Zwang zur mV.; Vorverlegung: §§ 227, 360. — Versll. ist erst nach Erledigung der anstehenden Beweisaufn. zulässig (E. 1[238]), alsdann ohne Rücks. auf deren Ergebnis. Diese Erledigung kann zur Vermeidung e. Vertagung (§ 368) auch durch vorl. Verzicht des allein erschien. Beweisführers erfolgen (§ 399).

Sechster Titel.
Beweis durch Augenschein.

§ 371 (336). Die Antretung des Beweises durch Augenschein erfolgt durch die Bezeichnung des Gegenstandes des Augenscheins und durch die Angabe der zu beweisenden Tatsachen.

Öffentlichkeit: § 170 GVG.: Termin zur mV.: § 370. — Terminsort: §§ 219: GVG. 167. — Protokoll: §§ 160, 162: negative Konstatierungen: § 86 StPO.: Wiederholung der Unterschriften auf Handzeichnungen, photogr. Positiven u. dgl.: JW. 92[503]. Mangels Protok. ist bei Besetzungswechsel des Gerichts Erneuerung des A. geboten. — Behandlung von Asservaten im Zivilprozesse, zB. Warenproben, Gifte, Modelle, Pläne, photogr. Negative: § 16 AGSchrG.: Unterscheidungsmerkmale: aut. JME. v. 20. Juni 1904 Nr. 18511. Kriminalmuseum: JMBl. 04[221]. — Öffnung von Musterpaketen: § 11 RG. v. 11. Jan. 1876. — Schriftvergleichung: § 441. — A. v. amtsw.: §§ 3, 144. — Kosten (Vorschuß): §§ 79, 84 GKG.; § 379 nicht anwendbar (ZR. 05[153 160]).

Teilbezeichng. für richterl. Sinneswahrn. aller Art, auch Gehör, Geruch. — Verweigerung der Vorzeigung 2c. regelmäßig nur Moment der freien Beweiswürdigung, Mot. 427; E. 46[372] JW. 03[28] (Ehesache). Zwang nur auf Grund sonstigen vollstreckb. Titels nach Maßgabe des ZivilR. (zB einstw. Verf.): vgl. §§ 495, 809 ff., 867, 1005 BGB.; 96, 418 HGB.; 120 KO. Leichenausgrabung: E. 12[288] 16[153] ESt. 28[140] RS. 1[764] Bl. 70[14] (Aschenurne); §§ 168, 367 Nr. 1 StGB.; 157 StPO. Art. 8 Ziff. 31 BGHG. Vorzeigung von Leihhauspfändern: ABG. Art. 91; Döll. 14[2349]. — Echtheit des Gegenstands hat Beweisführer darzutun: Betrug: ESt. 36[320]. Wegweiserangaben: JW. 02[580]; Photograph Gehilfe des Richters: ESt. 36[57].

§ 372 (337). Das Prozeßgericht kann anordnen, daß bei der Einnahme des Augenscheins ein oder mehrere Sachverständige zuzuziehen seien.

II Es kann einem Mitgliede des Prozeßgerichts oder einem anderen Gerichte die Einnahme des Augenscheins übertragen, auch die Ernennung der zuzuziehenden Sachverständigen überlassen.

Auswahl: § 404: Einforderung von Plänen: § 142. — Zuziehung: behufs sachkundigen Vorgehens: keine förml. Vernehmung, JW. 02[580]: vgl. § 654. — Vgl. §§ 43 GewGG.: 16 KfmGG., 158 GVG. — Übertragung nach Abs. 2 bedarf keiner sonstigen Begr. Zur Beobachtung von Geräuschen u. U. Bildung zweier Kommissionen sachgemäß. Überlassung des A. an Sachverstd. allein: § 410.

Siebenter Titel.
Zeugenbeweis.

§ 373 (338). Die Antretung des Zeugenbeweises erfolgt durch die Benennung der Zeugen und die Bezeichnung der Tatsachen, über welche die Vernehmung der Zeugen stattfinden soll.

§§ 14 EZP.; 15 FGG.; 39 KVersAGG.; 19 LVersAGG.; 18 SchiedsGP.; Art. 20 PHGH. — Keine Summenbeschränkung. — Ablehnung weiteren Zeugenbeweises: §§ 286, 453; vorl. Beschränkung: § 358; Aufhebung des BB. von amtsw.: § 360; Vorschuß: § 379. — Freies Geleit: § 337 StPO.

Zeuge kann nicht sein: die Partei (auch wenn prozeß- oder eidesunfähig), E. 8[412] 17[366]; der streitgen. NebenJ. (E. 20[392]); der gef. Vertr., E. 2[400] (Direktor e. AktienG.), 45[427] 46[318] (Kollegialmitglied der vertr. Behörde zZ. der Vernehmung), LEH. 26[255] (GmdAusschußmitgl.); der gewöhnl. Streitgenosse bis zur Trennung der Proz., zB. durch rkr. TeilU. (E. 29[370]). **Die Behandlung der off. HG., KommG. hängt von der Streitfrage ihrer Parteifähk. ab, vgl. §§ 50, 241; E. 32[398] (Kommanditist nicht Z.).** *Zeuge kann sein* **vorbehaltl. Weigerung und Beeidig.: der Litisdenunziat als solcher (E. 20[390]); der Scheinzedent (JW. 89[17]); der Richter im weiteren Verf. vor anderem Richter (RSt. 3[520]); der Gemeinschld. sowohl im Anf.- als im Feststellgsproz. (zB. E. 29[29] [382]); der PrBev. unter Fortdauer der Vertr. (NS. 5[577]), der Prokurist (BlEB. 10[374]); die ausgeschiedene Partei (ges. V.), E. 13[416] 49[425] S. 10[69]; der Ehegatte in dem vom anderen Gatten allein geführten Proz. (NS. 2[59] JW. 04[70]); der HauptJ. im Stammproz.; Gemeindebürger im GmdProz. (S. 4[783]); Unmündige (ESt. 4[398]), Entmündigte (ESt. 33[393]), Meineidige, der bürg. EhrenR. Verlustige. — Wird der frühere Z. Partei, so verliert deshalb seine damalige Aussage nicht an Bedeutung (E. 29[343] JW. 94[514]); nachträgl. Parteieid möglich. — Vorgängige Anwesenheit bei der mV. oder Beweiserhbg. macht nicht zeugnisunfähig, S. 10[169] (freie Würdigung). — Keine parteiseit. „Ablehnung" von Z. (BlEB. 6[210]). — *Tats.*: auch innere (soweit nach materiellem Recht beachtlich, E. 32[375]), allg. geläufige Rechtsbegriffe (§ 445), Hörensagen (S. 13[253]); Einzelh. des Vorgangs nur soweit zur Prüfung der Erheblichkeit nötig, forderbar, ESt. 27[96] SA. 47[71]; „lügenhaft" (ESt. 37[371]), „sparsam" (JW. 05[88]) genügt, nicht aber „unglaubwürdig" (S. 2[381]); vgl. § 253. Adreßangabe: § 356: vgl. Bl. 69[270]. — *Amtliche schriftl. Auskunft* in der ZPO. nur bei § 437 erwähnt (JW. 02[182]); steht dem UrkBeweis im allgem. gleich und ist wie die Zeugnispflicht beschränkt; vgl. E. 6[338] (Patentamt); JMBl 01[458] (Verkehrsanstalten); vgl. JMBl. 66[316] Hock 1[316] (Fiskale); StPO. 255; GBDA. 542 ff. Private, informationsweise Vorbefragung der Z. durch die Partei ist nicht verboten (vgl. ZBlFG. 4[165]; § 159 StGB.). Keine Schweigepflicht des Z. über seine Aussage, außer § 175 Abs. 2 GVG.**

§ 374 (339). Die Vernehmung neuer Zeugen, welche nach Erlassung eines Beweisbeschlusses bezüglich der in demselben bezeichneten streitigen Tatsachen benannt werden, ist auf Antrag zurückzuweisen, wenn durch die Vernehmung die Erledigung des Rechtsstreits verzögert werden würde und das Gericht die Überzeugung gewinnt, daß die Partei in der Absicht, den Prozeß zu verschleppen, oder aus grober Nachlässigkeit die Zeugen nicht früher benannt hat.

Vgl. §§ 278 ff., 283, 360, 398, 454, 529; GKG. 48. — Gilt für beide Parteien.

Form: Zwll. oder Gründe des EndU.; Wirkung nur für die betr. (auch Ober-)Instanz. — Unanwendbar, wenn den Z. zuvor der Gegner benannt, dann aber verzichtet hat; wenn der zunächst benannte Z. nicht vernommen werden konnte; oder bei Stellung der Z. vor das ProzeßG. (JW. 93[234]). Keine Ablehnung v. amtsw. (JW. 91[307]).

§ 375 (340). I Die Aufnahme des Zeugenbeweises kann einem Mitgliede des Prozeßgerichts oder einem anderen Gericht übertragen werden:

1. wenn zur Ausmittelung der Wahrheit die Vernehmung des Zeugen an Ort und Stelle dienlich erscheint;
2. wenn die Beweisaufnahme vor dem Prozeßgericht erheblichen Schwierigkeiten unterliegen würde;
3. wenn der Zeuge verhindert ist, vor dem Prozeßgerichte zu erscheinen;
4. wenn der Zeuge in großer Entfernung von dem Sitze des Prozeßgerichts sich aufhält.

II Die Landesherren und die Mitglieder der landesherrlichen Familien sowie die Mitglieder der Fürstlichen Familie Hohenzollern sind durch ein Mitglied des Prozeßgerichts oder durch ein anderes Gericht in ihrer Wohnung zu vernehmen. Das Gleiche gilt in Ansehung der Mitglieder des vormaligen Hannoverschen Königshauses, des vormaligen Kurhessischen und des vormaligen Herzoglich Nassauischen Fürstenhauses.

Form: § 355; Antrag auch vom Z. stellbar (JW. 90[332]). — Ausländ. Konsuln: Aut. JME. v. 13. April 1889 Nr. 3989 sowie § 21 GVG.; klausierte Nonnen: § 219; weitere Ausnahme: § 382. — Zu Nr. 3 vgl. § 14 MenschenseuchenG.; zu Abs. 2: RGBl. 04[149] (Holstein). — GewGG. § 43; KfmG. § 16.

Abs. 1. Vernehmung vor dem ProzeßG. soll die Regel sein (Mot. 249); staffelweise Terminsansetzung sachgemäß. Dem ers. R. steht keine Nachprüfung zu, SSt. 9[86]. — **Nr. 2.** ZB. Büchervorlage, nicht Gerichtsüberlastung (Pr. 673); letztere ist praktisch gleichwohl mitbestimmend (Beschleunigung, leichtere Befragung u. Erörterung). — **Nr. 3.** ZB. Apotheker, Ärzte, Beamte; bei Krankheit u. U. Vertagung (BlEB. 4[399]). — **Nr. 4.** Kosten (insbes. Anwaltsreise) im Verhlt. zum Streitwert, Verkehrsgelegenheit zu prüfen; die Praxis ist milder als nach StPO. (vgl. ESt. 4[174] SSt. 8[373]). Vorschußerlage, Gebührenverzicht des Z. erleichtert BewAufn. vor ProzG. — **Abs. 2.** Auch in fremdem Bundesstaate; daneben § 5 EZP. — In Bayern obliegt die Vernehmung „einem" Präsidenten des BOLG. (bestr.; vgl. Seydel 1[214] zu FamStatut Tit. X § 3); Eid: § 479, 482.

§ 376 (341). I Öffentliche Beamte, auch wenn sie nicht mehr im Dienste sind, dürfen über Umstände, auf welche sich ihre Pflicht zur Amtsverschwiegenheit bezieht, als Zeugen nur mit Genehmigung ihrer vorgesetzten Dienstbehörde oder der ihnen zuletzt vorgesetzt gewesenen Dienstbehörde vernommen werden. Für den Reichskanzler bedarf es der Genehmigung des Kaisers, für die Minister der Genehmigung des Landesherrn, für die Mitglieder der Senate der freien Hansestädte der Genehmigung des Senats.

II Die Genehmigung darf nur versagt werden, wenn die Ablegung des Zeugnisses dem Wohle des Reichs oder eines Bundesstaates Nachteil bereiten würde.

III Die Genehmigung ist durch das Prozeßgericht einzuholen und dem Zeugen bekannt zu machen.

Allgem. Vorschr.: Vdg. v. 25. Sept. 1879 (GVBl. 1293); MB. v. 7. Jan. 1882 (GVBl. 37) u. 31. Aug. 1894 (GVBl. 547); vgl. §§ 382; AGSchrG. 20. — Amtsgeheimnis: Art. 106 AStV.; § 3 Vdg. v. 26. Juni 1894 (GVBl. 322); Art. 167 GmdO.; JMBl. 74[211] 85[147] mit ZfGR. 7[348] 8[203] ESt. 37[354]. Vgl. §§ 200 GVG. (ESt. 36[373]); 5 RPostG., 8 TelegrG. (vgl. Bl. 69[282]); 92, 354 ff. StGB.; 11 RBeamtG.; 33 ff. RBankG.; 121 GewUVG.; Art. 80 RDiszG.; §§ 53, 99 StPO.; 15 FGG.; Art. 20 BGHG.; 129 AVG.; §§ 8, 10 GVDA. — Amtsrichter (LandGPräsidium): aut. JME. v. 18. Juli 1895; Landgerichtsräte (LGPräsident): aut. JME. Nr. 25661 v. 6. Juli 1904. — Notare (LGPräsident): MB. v. 27. März 1902 (GVBl. 161); Art. 4, 21, 63 NotG. mit E. 30[355]; vgl. JMBl. 64[274] 65[77 202] 01[345] BNotZ. 93[191]. — Gerichtsvollzieher: §§ 4, 19 GVO.; 29 GVDV. (AmtsGVorstand); vgl. E. 35[402]. — Bezirksärzte (Kreisreg., K. d. J.): Vdg. v. 6. Okt. 1809, RBl. 1818. — Rentämter: JMBl. 03[461]; vgl. Weber VS. 5[96]. — Trigonometer (Reg., K. d. Fin.): GVBl. 92[187]. — Lokalbaukommission München: Vdg. v. 2. Okt. 1869 (RBl. 1881). — Gendarmen: § 35 Vdg. v. 28. Juli 1868 (RBl. 1385) mit JMBl. 72[294]; Schutzmannschaft München: §§ 2, 14, 23 Vdg. v. 1. Juli 1898 (GVBl. 358). — Feldgeschworene (Siebenergeheimnis): §§ 27 AbmarkG.-VB.; 12 FeldgeschwO. — Auch Offiziere hierher (gem. M.); vgl. § 189 MStGO. — Fiskalische Z. sind in Proz. der Verkehrsanstalten generell entbunden: Allg. DVorschr. v. 1. Juni 1885 § 10. — Weitere Einzelh. vgl. bei §§ 196, 359 StGB.; Reichsbehörden: § 382. — Amtliche Auskunft: § 373.

Versagung (vgl. zB. für Sühnebeamte ZR. 05[428]) bindet das Gericht (ESt. 7[75]), vorbehaltl. Verwaltungsbeschw. (auch seitens des Gerichts, RSt. 9[123]); soll nicht aus fiskalischen Rücks. erfolgen, Pr. 677. — Neben der Genehmigung bleiben die §§ 383 ff., 393 beachtlich, E. 30[358] 53[168]. — Ladung schon vor Genehm. zulässig; mangels letzterer aber Zeugnisweig., JW. 95[324]. — Das Ersuchen (Mitteilg. des Beweissatzes) obliegt dem Vorsitzenden des ProzG. (nicht dem b. o. e. R.), JW. 04[478]; Bekanntgabe der Genehm. auch im Termine möglich. — Auch ausld. Beamte hierher (bestr.).

*§ 377 (342). Die Ladung der Zeugen ist von dem Gerichtsschreiber unter Bezugnahme auf den Beweisbeschluß auszufertigen und von amtswegen zuzustellen.

Die Ladung muß enthalten:

1. die Bezeichnung der Parteien;
2. den Gegenstand der Vernehmung;
3. die Anweisung, zur Ablegung des Zeugnisses bei Vermeidung der durch das Gesetz angedrohten Strafen in dem nach Zeit und Ort zu bezeichnenden Termine zu erscheinen.

Vgl. auch §§ 357, 361. — Mitteilung an die vorgesetzte Behörde: Note zu § 376; Exterritoriale: §§ 18 ff. GVG.; JMBl. 93[75] 99[115]; vgl. §§ 200, 203, 363, 375. — Vorschußbelehrung: § 166 GVG.; JMBl. 84[50]. — Weglassung der Strafandrohung bei Ersuchen um Z. im Ausland: JMBl. 89[283]. — Ladungsvollzug: §§ 329, 208 ff.; AGSchrG. 12, 20; JMBl. 89[169] (Warnung vor ungeeignetem Formular). Keine öff. Zust. (Parteiinserat möglich); wegen Strafregisterbenutzung vgl. JMBl. 96[277]; Kinderladg.: § 171. — Keine Ladungsfrist. — §§ 44, 54 GewGG.; 16 KfmGG. — Kosten: §§ 80, 80b GKG.; E. 6[355].

Weitere praktische Zusätze: Gebot, die Ladg. mitzubringen (zwecks Vorschuß- u. Identitätsprüfung) und e. Wechsel des Aufenth. sofort anzuzeigen (behufs Gebührenminderung; vgl. JW. 98[388]). — Summarische Bezeichnung des Beweisthemas statt Abschrift des BewB. ist unpraktisch u. führt zu nutzlosen Vertagungen; im Gegenteil ist schon bei Abfassung des BewB. auf Klarheit u. Verständlichkeit für den Zeugen zu sehen (Gegenüberstellung der Parteibehauptg.), vgl. S. 11[737] ZZP. 33[516]. — Formlose Ldg. (zB. Telephon, Postkarte) nicht ausgeschlossen (JMBl. 71[83] 79[556] GVBl. 01[383]); alsdann Ausbleiben nicht strafbar. Keine Verkdg. nach § 218 oder Privatldg. analog StPO. § 217; freiw. Gestellung möglich (§§ 294, 489). Die Ldg. hat auch bei Vernehmg. außer der Gerichtsstelle zu erfolgen.

§ 378 (343). Die Ladung einer dem aktiven Heere oder der aktiven Marine angehörenden Person des Soldatenstandes als Zeuge erfolgt durch Ersuchen der Militärbehörde.

Vgl. §§ 14, 380, 390; AGZchrG. 20; Art. 13 AZP. — Behördenverzeichnis: JMBl. 80[137]; hierher auch Offiziere, nicht aber Militärbeamte. Inhalt: § 377 Nr. 1, 2 (praktisch Abschrift des BewB.); Unterschrift: Vorsitzd., ev. b. o. e. R. (BlEB. 4[1]). — Vollzug mit Beorderung: Mitteilg. an Gericht sachgemäß.

§ 379 (344). I Das Gericht kann die Ladung davon abhängig machen, daß der Beweisführer einen Vorschuß zur Deckung der Staatskasse wegen der durch die Vernehmung des Zeugen erwachsenden Auslagen hinterlegt.

II Erfolgt die Hinterlegung nicht binnen der bestimmten Frist, so unterbleibt die Ladung, wenn die Hinterlegung nicht so zeitig nachgeholt wird, daß die Vernehmung ohne Verzögerung des Verfahrens erfolgen kann.

Ladung: § 377; auch Ersuchen nach § 363. Auslagen: auch Gerichtsdiäten. — Vgl. §§ 165 GVG.; 25 ff. KJ.; 20 AGZchrG.; daneben gelten die §§ 84, 85 GKG., sowie § 356. — Form: beschwerdefr. Beschl. v. amtsw., ohne mV. (vgl. E. 55[368]); Friständerung: § 224; Streit über Rechtzeitigk.: § 366.

Zuständig nur ProzeßG. (SA. 39[152]); unanwendbar auf arme P. (E. 7[386] 42[368]) u. nach § 120 auf deren Gegner, E. 23[352]; bei RNachfolge erneute Solvenzprüfung (E. 21[399]). — Ziffermäß. Ausscheidung für gemeinsame Z. praktisch. — Bedingt ist nur die Ldg., nicht die Vernehmg., E. 7[392]. Gestellung möglich; solchenfalls kein Gebührenanspr. an die Staatskasse (§ 401). Versäumnis beider bewirkt Ausschluß des betr. Z. für die Instanz (E. 7[389] NS. 4[800]). — Vorschußauflage ohne Abhängigmachung der Ladung u. sof. Zwangsbeitreibung (Art. 4 AZP., §§ 89, 90 GKG., JMBl. 00[413]) ist u. U. wirksamer u. durch Verhütung von Terminsvereitlg. praktischer.

*__§ 380__ (345). I Ein ordnungsmäßig geladener Zeuge, welcher nicht erscheint, ist, ohne daß es eines Antrags bedarf, in die durch das Ausbleiben verursachten Kosten sowie zu einer Geldstrafe bis zu dreihundert Mark und für den Fall, daß diese nicht beigetrieben werden kann, zur Strafe der Haft bis zu sechs Wochen zu verurteilen.

II Im Falle wiederholten Ausbleibens ist die Strafe noch einmal zu erkennen, auch kann die zwangsweise Vorführung des Zeugen angeordnet werden.

III Gegen diese Beschlüsse findet die Beschwerde statt.

IV Die Festsetzung und die Vollstreckung der Strafe gegen eine dem aktiven Heere oder der aktiven Marine angehörende Militärperson erfolgt auf Ersuchen durch das Militärgericht, die Vorführung einer solchen Person durch Ersuchen der Militärbehörde.

Vgl. § 619; ferner §§ 39 RVersAGG.; 19 LVersAGG.; 18 SchiedsGV.; 26 PrVGV.; Art. 20 BGHG.; 17 JPRA. — Ausländ. Ersuchen: ZZP. 28[72] mit GVG. § 159. — Beschlußformel: GVBl. 79[707]; Zustellung (neben Verkündg.): § 329; Aufschub wegen Beschw.: §§ 572; vgl. §§ 400, 579. — Vollzug: JMBl. 80[468] 00[293]; §§ 18 StGB.; 14, 18 KAB.; 10 KJ.; 184, 208 GVGA.; insbes. zu Abs. 4: §§ 14; MStVG. 92; MStGO. 97, [180]; EMStG. 19; JMBl. 80[198]. — Bestrafung unwahrer Entschuldigungen: §§ 138, 278 StGB. — Aussageweigerung: § 390. — Kosten (zB. Parteireise. Gebühren anderer Zeugen): §§ 47, 80a GKG.; 23, 29 RAGO.; 9 GVGO. Der Beschl. ist FestiTitel nach §§ 794, 103 ff.; vgl. JMBl. 02[455].

Abs. 1. Bestrafung setzt ordnungsm. Nachweis rechtzeitiger Ldg. (§ 377) voraus, SSt. 2[242]. Antrag nicht verboten (zB. für Kostenauflage), SA. 46[144]. — Aussetzung der Bestrafung bis zu weiterer Aufklärung zulässig, NSSt. 1[340]. — Keine Entschuldigung: Erscheinen e. Stellvertr. (SSt. 3[120]); vermeintl. Belanglosigkeit der Aussage (SSt. 1[118]); Irrtum über Terminsstunde, SSt. 2[406]; Verschlafen (BlEB. 5[101]); Verkehrserschwerung (früherer Aufbruch: SSt. 1[118]); Terminskollision, dringende Geschäfte, SSt. 2[250] 3[447] (rechtzeitig Vertagung nachzusuchen; gegen deren Ablehnung keine Beschw.: JW. 90[332]). Strafbar ist auch verspätetes Ersch., selbst wenn bereits aus anderem Grunde vertagt (kein Kostenersatz), sowie vorzeitige Entfernung (SSt. 3[120]; vgl. § 158), schuldhft. Verspätung e. begr. Entschuldg. (SSt. 8[188]). Vorgäng. beiderseit. Parteiverzicht ohne gerichtl. Abladung genügt meist. — Strafmaß (abgesehen von Böswilligkeit): bei Handarbeitern Entziehung des bzgl. Arbeitsverdienstes genügend; samtverbdl. Kostenhaftung mehrerer Ausgebliebener: § 840 BGB. Umwandlg. sofort; §§ 28, 29 StGB. nicht anwendbar, freies Ermessen. — Beitreibg. der Geldstrafe durch administr. Ausstandsverzeichnis des Rentamts (§§ 14, 18 KAB., 10 KJ. mit Art. 287 GebG.); § 495 StPO. unanwendbar; (aM. § 208 GVGA.); freiwillige Aufrechnung mit späterer Zeugengebühr praktisch. Vollzug der Haft durch das Gericht (§§ 184, 208 GVGA.), nicht Vorsitzenden oder StaatsA.; vgl. § 24 DuHO. Beim KollegialG. Ersuchen an das AG. statt direktem Strafantrittsbefehl üblich; Beschluß auf Grund Rentamtsattestes, analog § 35 StrafKJ. Verjährung, Begnadigung, Strafaufschub analog krim. Strafe. — **Abs. 2.** Die oblig. zweite Strafe ist praktisch höher als die erste; Vollzug der ersten nicht vorausgesetzt. Zulässigk. dritter Strafe bestr.; Vorführung (§§ 184 GVGA.; 10 GVO.) im Parteibetrieb analog Zwangshaft durch GVollz.; entfällt bei Verzicht auf Z. — **Abs. 3.** Kein Anwaltszwang. Verbindg. mit Entschld. nach § 381 praktisch u. soweit begründet, identisch. — **Abs. 4** umfaßt auch Militärbeamte. Kostenauflage durch das ZivilG. (§ 19 EMStG.).

***§ 381** (346). I Die Verurteilung in Strafe und Kosten sowie die Anordnung der zwangsweisen Vorführung unterbleiben, wenn das

Ausbleiben des Zeugen genügend entschuldigt ist. Erfolgt nachträglich genügende Entschuldigung, so werden die gegen den Zeugen getroffenen Anordnungen wieder aufgehoben.

II Die Anzeigen und Gesuche des Zeugen können schriftlich oder zum Protokolle des Gerichtsschreibers oder mündlich in dem zur Vernehmung bestimmten neuen Termine angebracht werden.

§§ 1, 45 AGSchrG.; vgl. § 400. — Einstweilige Einstellung des Vollzugs praktisch; keine Frist. — Zustellung: § 329. — Kosten: §§ 47, 80a GKG.; 23, 29 RAGL.; vgl. E. 56[79] Hock 3[113].

Die Entschuldg. kann im Gegensatz zur Beschw. auch von Dritten ausgehen. Kosten für privatärztl. Zeugnisse treffen den Z.; Bezugnahme auf gemeindl. Bestätig., amtsärztl Nachschau zulässig (E. 54[131] 56[79]); § 294 nicht anwendbar. — Bei nachträgl. Rückzahlung keine Porto- oder Zinsvergütung (JW. 95[598]).

§ 382 (347). I Der Reichskanzler, die Minister eines Bundesstaates, die Mitglieder der Senate der freien Hansestädte, die Vorstände der obersten Reichsbehörden und die Vorstände der Ministerien sind an ihrem Amtssitze oder, wenn sie sich außerhalb desselben aufhalten, an ihrem Aufenthaltsorte zu vernehmen.

II Die Mitglieder des Bundesrats sind während ihres Aufenthalts am Sitze des Bundesrats an diesem Sitze, die Mitglieder einer deutschen gesetzgebenden Versammlung während der Sitzungsperiode und ihres Aufenthalts am Orte der Versammlung an diesem Orte zu vernehmen.

III Zu einer Abweichung von den vorstehenden Bestimmungen bedarf es:

in Betreff des Reichskanzlers der Genehmigung des Kaisers,

in Betreff der Minister und der Mitglieder des Bundesrats der Genehmigung des Landesherrn,

in Betreff der Mitglieder der Senate der freien Hansestädte der Genehmigung des Senats,

in Betreff der übrigen vorbezeichneten Beamten der Genehmigung ihres unmittelbaren Vorgesetzten,

in Betreff der Mitglieder einer gesetzgebenden Versammlung der Genehmigung der letzteren.

Verzeichnis der obersten Reichsbehörden: RGBl. 74[135] 75[378] ff. 78[7] 79[165, 385] 80[25] 89[47] 99[731] (allgemein) 01[173]. — Verbot unmittelbaren Verkehrs mit Reichstag und Landtag: JMBl. 73[91]; mit den sonstigen Zentralbehörden: JMBl. 63[11] EH., 70[181] 01[369]; — mit fremden Missionen: Döll. VS. 18[133]; Bischöfen, Ordinariat, Konsistorium: Döll. 18[134]. — Anderw. Unabkömmlichkeit: § 375 Nr. 3; zB. deutsche Beamte im Ausland (P. 682). — Vgl. §§ 18 GVG.; 43 GewGG.; 16 KfmGG.

Vernehmung an der Gerichtsstelle, sofern letztere am (wenn auch privaten) Aufenthaltsort. — Gesetzgebend: Staatsgesetze, nicht ortspol. Vorschr.; Sitzungsperiode: auch während Vertagung, JW. 04[126].

§ 383 (348). I Zur Verweigerung des Zeugnisses sind berechtigt:

1. der Verlobte einer Partei;
2. der Ehegatte einer Partei, auch wenn die Ehe nicht mehr besteht;
3. diejenigen, welche mit einer Partei in gerader Linie verwandt, verschwägert oder durch Adoption verbunden, oder in der Seitenlinie bis zum dritten Grade verwandt oder bis zum zweiten Grade verschwägert sind, auch wenn die Ehe, durch welche die Schwägerschaft begründet ist, nicht mehr besteht;
4. Geistliche in Ansehung desjenigen, was ihnen bei der Ausübung der Seelsorge anvertraut ist;
5. Personen, welchen kraft ihres Amtes, Standes oder Gewerbes Tatsachen anvertraut sind, deren Geheimhaltung durch die Natur derselben oder durch gesetzliche Vorschrift geboten ist, in Betreff der Tatsachen, auf welche die Verpflichtung zur Verschwiegenheit sich bezieht.

II Die unter Nr. 1—3 bezeichneten Personen sind vor der Vernehmung über ihr Recht zur Verweigerung des Zeugnisses zu belehren.

III Die Vernehmung der Nr. 4, 5 bezeichneten Personen ist, auch wenn das Zeugnis nicht verweigert wird, auf Tatsachen nicht zu richten, in Ansehung welcher erhellt, daß ohne Verletzung der Verpflichtung zur Verschwiegenheit ein Zeugnis nicht abgelegt werden kann.

Weigerungsverf.: §§ 386 ff.; Ausnahmen, insbes. Entbindung zu Nr. 4 u. 5: § 385; Beeidigung: § 393. — Vgl. StGB. §§ 139, 157, 300, 356.

Abs. 1. Zutreffen bzgl. e. Streitgen. genügt (JW. 99[257]); Partei: auch kraft Amtes; der ges. Vertr. steht hier der P. nicht gleich (bestr.). — **Nr. 1.** Formlos: BGB. § 1297 ff. (ESt. 38[243]); nicht bloßes Liebesverhältnis (ESt. 24[156]), früheres oder verbotenes Verlöb. (ESt. 31[412] BlEB. 4[358]); simul. Abbruch: JW. 04[58]. — **Nr. 2 u. 3.** Vgl. § 41. — **Nr. 4.** Auch außer der Beicht (SA. 57[223]) u. nach Aufgabe des geistl. Std.; nicht aber bzgl. Äußerg. des Geistl. zu Dritten (SA. 39[58]). Erfordernis staatl. Anerkennung bestr. — **Nr. 5** besteht selbstdg. neben § 376, E. 33[362]. „Anvertraut": auch eigene Wahrnehmg. (E. 50[353] 53[168] 54[1]), Vorschläge (Bl. 71[424]), Negativen (Bl. 52[87]; vgl. RO. 6[128] Bl. 70[181]); Schweigeauflage in der Regel unnötig, E. 30[383]. Auch Bestätigung e. Gerüchts verboten (BlEB. 13[88]), anders bei Offenkundigk. (ESt. 26[6]). Hierher: Rechtsanw. (E. 30[382]), Notare (E. 30[355] 40[253] JMBl. 65[204]), Ärzte (auch Tierärzte: § 29 GewO.), Apotheker (§ 34 ApothO., RBl. 42[257]), Hebammen (GVBl. 99[420]), Krankenpflegerinnen, Leichenfrauen, Bader (GVBl. 99[114]), Bankiers (NS. 1[290] JMBl. 01[422]), Schöffen, Geschworene (§ 200 GVG.; ESt. 26[205]); Konkursverwalter (JW. 03[272] aM. Gr. 43[509]), Fabrikinspektor (E. 54[1]), Familienratsmitgl. § 8 FGG.), Auskunfteiinhaber (E. 53[15]), Redakteur (bestr.),

Prokurist (E. 53[41]), Kaufleute (E. 53[15]); Hilfspersonal der Vorgen., E. 54[360] (vgl. JW. 95[519] bzgl. RASozius, S. 5[737] bzgl. Konzipient); u. U. Dienerschaft (vgl. Art. 19 ABG.). Nicht hierher: Wähler bzgl. der Wahl (RSt. 6[517]); Absender u. Empfänger e. Briefs hinsichtl. des Briefgeheimn.; Landtagsabg. (Seydel 1[451]; vgl. DJZ. 06[954]) bzgl. Inform.; GVollz. bzgl. Vollstr.-Auftrag (E. 35[401]); bischöfl. Ordinariatsmitgl. bzgl. Baukosten (E. 33[362]). — **Abs. 2.** Protok. der Belehrung sachgemäß, RSt. 5[266]; letztere kann u. U. schon in der Ladg. erfolgen; Wiederholg. analog § 51 StPO. rätlich. — **Abs. 3.** Ablehng. e. bzgl. Beweisbeschl.: R. 04[453] ESt. 38[257]; Verhinderg. der Antwort bei direkter Frage: ESt. 9[426]. Wegen Beschwerdepflicht des Z. gg. Aussagezwang vgl. DJZ. 05[310].

§ 384 (349). Das Zeugnis kann verweigert werden:

1. über Fragen, deren Beantwortung dem Zeugen oder einer Person, zu welcher derselbe in einem der im § 383 Nr. 1—3 bezeichneten Verhältnisse steht, einen unmittelbaren vermögensrechtlichen Schaden verursachen würde;
2. über Fragen, deren Beantwortung dem Zeugen oder einem der im § 383 Nr. 1—3 bezeichneten Angehörigen desselben zur Unehre gereichen oder die Gefahr strafgerichtlicher Verfolgung zuziehen würde;
3. über Fragen, welche der Zeuge nicht würde beantworten können, ohne ein Kunst- oder Gewerbegeheimnis zu offenbaren.

Weigerungsverfahren: §§ 386 ff.; Ausnahme von Nr. 1: § 385; Beeidigung: § 393. — Vgl. StGB. §§ 139, 157, 300.

Abstrakte Möglichkeit solcher Antwort genügt, E. 23[134] ESt. 36[116]. Jede Frage ist hier gesondert zu prüfen (Bl. 53[178]; vgl. ESt. 9[426]). Verweigerung meist erhebl. Beweismoment (vgl. jedoch JW. 97[5]). — Belehrung nicht vorgeschr. (ESt. 38[320]), aber zB. in Ehesachen rätlich (auch über die freie Beweiswürdigung). — **Nr. 1** ist teils weiter, teils enger als § 393 Nr. 4, zB. Prozeßverlust der Eltern. Unzureichend Befürchtung e. Regreßklage (JW. 93[560]), Beweislieferung für eigene unbestreitbare Schuld (E. 32[383]), Beeinträchtg. e. Geschäftsverbdg., Umlagenerhöhg., Dividendenminderung (BlEB. 5[6]). Schädigung der Partei durch das Zeugnis des ges. V. nicht hierher, SA. 47[168]. — **Nr. 2.** Unehre weiter als Schande, zB. außerehel. Beischlaf (ESt. 36[3]), auch bei Prostituierten (JW. 98[116]), seitdem Verstorbenen; Amtsversehen bei Art. 60 ABG.; Standesbegriffe beachtlich. Gefährdg. durch Schlußfolgerung genügt (JW. 03[271]). Nach Verjährg., Ablauf der Antragsfrist können Straftaten noch zur Unehre gereichen, desgl. DisziplVergehen (JW. 95[478]). Die Gefahr kann auch in chikanöser Strafanzeige (JW. 03[241]), Privatkl. wegen Beleidg. (zB. § 187 StGB.) bestehen. Schutz subjektiv wahrer Aussagen und Vorhalte: § 193 StGB.; RSSt. 3[345]. — **Nr. 3.** „Ein", nicht gerade sein Geschäftsgeh.; vgl. zB. §§ 9 ff. UnlWG.; 21a, 123, 133c GewO. Hierher zB. Kartell (SA. 49[213]), Bezugsquellen (JW. 02[21]), Vertragsformulare (JW. 05[344]), u. U. auch Preislisten (E. 53[40] 54[323]), Auskunft (SA. 57[181]); vgl. ESt. 38[108].

§ 385 (350). I In den Fällen des § 383 Nr. 1—3 und des § 384 Nr. 1 darf der Zeuge das Zeugnis nicht verweigern:

1. über die Errichtung und den Inhalt eines Rechtsgeschäfts, bei dessen Errichtung er als Zeuge zugezogen war;
2. über Geburten, Verheiratungen oder Sterbefälle von Familiengliedern;
3. über Tatsachen, welche die durch das Familienverhältnis bedingten Vermögensangelegenheiten betreffen;
4. über diejenigen auf das streitige Rechtsverhältnis sich beziehenden Handlungen, welche von ihm selbst als Rechtsvorgänger oder Vertreter einer Partei vorgenommen sein sollen.

II Die im § 383 Nr. 4, 5 bezeichneten Personen dürfen das Zeugnis nicht verweigern, wenn sie von der Verpflichtung zur Verschwiegenheit entbunden sind.

Ob der Aussagepflichtige zu beeidigen, bestimmt § 393.

Abs. 1. Für Nr 2, 3 des § 384 besteht auch hier keine Aussagepflicht. — **Nr. 1.** Auch Privatakte hierher (JW. 93[17]), nicht zufällige Anwesenheit oder Beurkundgsbeamter. — **Nr. 2.** Blutsverwandtschaft nicht erforderlich; Erzeugung nicht hierher. — **Nr. 3.** Tatsächl., nicht rechtl. Zsmmhg. (JW. 03[25] S. 11[739]). Hierher zB. ehel. Güterstand (S. 11[737]), Erbrecht (pro her. gest.: JW. 99[814]), Unterhalt (ESt. 34[427] 36[1] ZR. 05[320]); Aussteuerverspr. des Vaters (E. 40[345]), Austrag (SA. 45[52]) einschl. Abfindg. u Verzicht (JW. 95[8]); nicht hierher reine Statusfragen (Nr. 2), Beischlaf, Höhe des ehefräul. Vermögens (E. 40[345]), Pflichtteils (Bl. 65[18]), RGeschäfte mit dem anderen Gatten (JW. 02[20]), zufällige Wahrnehmg. (NS. 4[457]), Vermögensverschleppung (S. 11[737]). — **Nr. 4.** Handlg. aller Art, auch Wahrnehmg. (vgl. aber E. 53[111]) oder rechtserzeugd. Akte. Vertr.: im weitesten Sinne (zB. Bote, JW. 92[180]); RVorgänger, insbes. Zedent: §§ 445. Behptg. des Handelns „als" Vertreter durch den Beweisführer erforderlich u. genügend, E. 47[430] 53[111] RO. 13[163]. — **Abs. 2.** Entbindung nur durch den (oder die) Anvertrauenden, nach der Praxis auch durch den PrBev.; oder KonkVerw., E. 59[85] (vgl. JW. 06[430]); nach dem Tode des ersteren u. U. ausgeschlossen; hinsichtl. des Beichtsiegels nach kath. KirchenR. überhaupt unzulässig, desgl. nach § 200 GVG. — Benennung des Z. genügt meist als Entbdg.; letztere ist unwiderrufl., Bl. 60[45] ZR. 06[366]. Zivilrechtl. Entbindungskl.: E. 53[318]. — Ärzte: DJZ. 06[800] ESt. 38[62] RO. 13[161].

§ 386 (351). I Der Zeuge, welcher das Zeugnis verweigert, hat vor dem zu seiner Vernehmung bestimmten Termine schriftlich oder zum Protokolle des Gerichtsschreibers oder in diesem Termine die Tatsachen, auf welche er die Weigerung gründet, anzugeben, und glaubhaft zu machen.

II Zur Glaubhaftmachung genügt in den Fällen des § 383 Nr. 4, 5 die mit Berufung auf einen geleisteten Diensteid abgegebene Versicherung.

III Hat der Zeuge seine Weigerung schriftlich oder zum Protokolle des Gerichtsschreibers erklärt, so ist er nicht verpflichtet, in dem zu seiner Vernehmung bestimmten Termine zu erscheinen.

IV Von dem Eingange einer Erklärung des Zeugen oder von der Aufnahme einer solchen zum Protokolle hat der Gerichtsschreiber die Parteien zu benachrichtigen.

Vgl. §§ 1, 21 AGSchrG.: 138, 155 StGB. — Verfahren vor d. o. e. R.: § 389. — Ausbleiben, Weigerung ohne Grundangabe: §§ 380, 390. — Glaubhaftmachung: § 294. — Erklärung auch durch e. der PrBev. möglich (Vollmacht!).

Die Aufzählung in den §§ 383, 384 ist erschöpfend. — Weigerung auch durch konklud. Hdlg., zB. Schweigen von Kindern (JW. 03[25]) oder bzgl. e. Teils der Aussage (JW. 04[586]); selbst nach anfängl. Vernehmung, zB. vor nachträgl. Beeidig. ESt. 36[4]; kein förml. „Verzicht" (JW. 01[251]). — Die Glaubhaftm. liegt meist im Beweissatz selbst, zB. Ehebruch (JW. 96[136]) oder in der Personalangabe (ZR. 05[320]). — Ersatzbeweis aller Art zulässig, S. 13[253]. — Gebühr d. Z. bei Weiger. im Termin nach gem. M. forderbar.

§ 387 (352). I Über die Rechtmäßigkeit der Weigerung wird von dem Prozeßgerichte nach Anhörung der Parteien entschieden.

II Der Zeuge ist nicht verpflichtet, sich duch einen Anwalt vertreten zu lassen.

III Gegen das Zwischenurteil findet sofortige Beschwerde statt.

Termin: §§ 368, 370: Ladung des Z. von amtsw.: §§ 329, 389: Zustellung des Zwll. im Parteibetrieb: §§ 317, 577. Keine vorl. Vollstreckb.: § 390. — Kosten (entw. Beweisführer oder Zeuge): §§ 17, 80a GKG.; 23, 29 RAGO. vgl. § 91; BlEB. 5[22].

Das ZwVerf. setzt Angabe e. Grundes voraus (E. 54[321]); es entfällt nur, wenn der Beweisführer (auch stillschw., JW. 99[534]) das Weigerungsrecht anerkennt (E. 20[380]) oder auf den Z. verzichtet (JW. 86[194]); Unterlassung des ZwVerf. kann zur Rückverweisung führen, E. 13[414]. Kein Versll. im ZwVerf. — Der nach schriftl. Weigerung freiw. erschienene, unterlegene Z. kann auch bei sof. Vernehmg. keine Entschädigung fordern, E. 28[437] 43[409]. — Kein BeschwR. der Parteien gegen Verwerfung der Weigerung, E. 20[378]; gegen Stattgebung haben beide Parteien Beschw., E. 42[402]. — Abs. 2 gilt für Beschw. nicht.

§ 388 (353). Hat der Zeuge seine Weigerung schriftlich oder zum Protokolle des Gerichtsschreibers erklärt und ist er in dem Termine nicht erschienen, so hat auf Grund seiner Erklärungen ein Mitglied des Prozeßgerichts Bericht zu erstatten.

§ 389 (354). I Erfolgt die Weigerung vor einem beauftragten oder ersuchten Richter, so sind die Erklärungen des Zeugen, wenn sie nicht schriftlich oder zum Protokolle des Gerichtsschreibers abgegeben sind, nebst den Erklärungen der Parteien in das Protokoll aufzunehmen.

II Zur mündlichen Verhandlung vor dem Prozeßgerichte werden der Zeuge und die Parteien von amtswegen geladen.

III Auf Grund der von dem Zeugen und den Parteien abgegebenen Erklärungen hat ein Mitglied des Prozeßgerichts Bericht zu erstatten. Nach dem Vortrage des Berichterstatters können der Zeuge und die Parteien zur Begründung ihrer Anträge das Wort nehmen; neue Tatsachen oder Beweismittel dürfen nicht geltend gemacht werden.

Protokoll: § 165. — Ladung: §§ 329, 218. — Verfahren: §§ 387, 388; AGSchrG. § 1.

Sachgemäß ist der Z. in der Ladung auf die Unschädlichkeit des Ausbleibens hinzuweisen, SA. 54[258]. — Nachträgl. Änderung der Rechtsausführung (Abs. 3) zulässig, JW. 89[169].

§ 390 (355). I Wird das Zeugnis oder die Eidesleistung ohne Angabe eines Grundes oder, nachdem der vorgeschützte Grund rechtskräftig für unerheblich erklärt ist, verweigert, so ist der Zeuge, ohne daß es eines Antrags bedarf, in die durch die Weigerung verursachten Kosten sowie zu einer Geldstrafe bis zu dreihundert Mark und für den Fall, daß diese nicht beigetrieben werden kann, zur Strafe der Haft bis zu sechs Wochen zu verurteilen.

II Im Falle wiederholter Weigerung ist auf Antrag zur Erzwingung des Zeugnisses die Haft anzuordnen, jedoch nicht über den Zeitpunkt der Beendigung des Prozesses in der Instanz hinaus. Die Vorschriften über die Haft im Zwangsvollstreckungsverfahren finden entsprechende Anwendung.

III Gegen diese Beschlüsse findet die Beschwerde statt.

IV Die Festsetzung und die Vollstreckung der Strafe gegen eine dem aktiven Heere oder der aktiven Marine angehörende Militärperson erfolgt auf Ersuchen durch das Militärgericht.

Vgl. §§ 380, 653, 680. — Vertagung: § 368; aufschiebende Wirkung der einf. Beschw.: § 572. — Kosten: §§ 47, 80a, 81 GKG.; 23, 29 RAGO.; 9 GVGO.

Weigerung: auch frivole Grundangabe, konklud. Handlg. (Bl. 70[101]: angebl. Nichterinnern) außer Ausbleiben (weil Spezialdelikt); mV. nicht erforderlich (JW. 84[87]); neue tatsächl. Begr. durch Rechtskraft nicht gehindert (JW. 89[169]). — Beachtlich der Unterschied zwischen Abs. 1 (Strafe) und Abs. 2 (Zwangsmaßregel im Parteibetrieb: §§ 904 ff.; GVGA. 184). Haftmaximum: 6 Monate für alle Instanzen. Abs. 1 ist auf Abs. 2 nicht anwendbar: § 912. — Entschädigungspflicht des Z. gegen Partei nur nach Zivilrecht (Mot. 254; § 826 BGB.), u. U. trotz formellen Weigerungsrechts; vgl. E. 53[318] ESt. 36[114]. Ersatzbeweis: § 386.

§ 391 (356). I Jeder Zeuge ist einzeln und vor seiner Vernehmung zu beeidigen; die Beeidigung kann jedoch aus besonderen Gründen, namentlich wenn Bedenken gegen ihre Zulässigkeit obwalten, bis nach Abschluß der Vernehmung ausgesetzt werden.

II Die Parteien können auf die Beeidigung verzichten.

§§ 44 GewGG.; 16 KfmGG.; 5 VGH.-VV. — Wiederholung der Beeid., Berufung auf die frühere Beeid.: § 398. Unzulässigkeit der Beeid.: § 393; Diensteid:

§ 386; Glaubhaftm.: § 294; Ausland: 369; Straflosigk. unbeeid. unwahrer Angaben § 138. — Vollmacht (Abs. 2): § 81; Ausnahme von Abs. 2: §§ 617, 640 ff., 670, 679, 684: 686. — Generalfragen: § 395; Eidesformel: § 481; Rügeverlust: § 295.

Abs. 1. Gleichzeitige Beeid. (Stabung) unzulässig; gemeins. Belehrung statthaft. — Soweit Beeid. geboten, bleibt e. unbeeid. Aussage außer Betracht, E. 15[342]; Unerhebl. (RSt. 2[489]), Unglaubw. (S. 9[312]), Meineidsverdacht (S. 16[59]) entbinden nicht von der Beeid. Zu Unrecht beeid. Auss. sind ausdrücklich als unbeeid. zu würdigen, ESt. 29[351]. — Aussetzungsgrund: zB. Trunkenheit; zuständig der Vorsitzende, auf Beanstandung entscheidet das Gericht (ohne besondere Begr.), ESt. 3[370]. Abschluß der Vernehmung: u. U. erst nach Beendigung der ganzen Beweiserhbg. (Meineidsversuch: ESt. 24[91] SSt. 3[610]). — **Abs. 2.** Verzicht auch stillschw. (E. 17[380]); auf die Instanz beschränkbar (JW. 93[306]); wirkt nicht als Anerkennung der Glaubwürd. (JW. 98[414]) oder bei nochmaliger Vernehmung (NS. 3[812]; vgl. JW. 00[310]). Einseitiger Verz. unbeachtlich; Verlust der RestitKl.: § 580 Nr. 3.

§ 392 (357). Der vor der Vernehmung zu leistende Eid lautet:

daß Zeuge nach bestem Wissen die reine Wahrheit sagen, nichts verschweigen und nichts hinzusetzen werde;

der nach der Vernehmung zu leistende Eid lautet:

daß Zeuge nach bestem Wissen die reine Wahrheit gesagt, nichts verschwiegen und nichts hinzugesetzt habe.

Fremde Sprache: § 190 GVG. — Eingang u. Schluß: § 478; andere Formeln: § 484. — Nachforschungspflicht: § 396.

Die Worte sind sakral (vgl. jedoch JW. 02[577]), zusätzl. Beteuerungen unschädlich. — Keine Änderung bei teilw. Zeugnisverweig.; entspr. Protokollierung genügt, E. 23[134].

§ 393 (358). I Unbeeidigt sind zu vernehmen:

1. Personen, welche zur Zeit der Vernehmung das sechzehnte Lebensjahr noch nicht vollendet oder wegen mangelnder Verstandsreife oder wegen Verstandesschwäche von dem Wesen und der Bedeutung des Eides keine genügende Vorstellung haben;
2. Personen, welche nach den Bestimmungen der Strafgesetze unfähig sind, als Zeugen eidlich vernommen zu werden;
3. die nach § 383 Nr. 1—3 und § 384 Nr. 1, 2 zur Verweigerung des Zeugnisses berechtigten Personen, sofern sie von diesem Rechte keinen Gebrauch machen, die im § 384 Nr. 1, 2 bezeichneten Personen jedoch nur dann, wenn sie lediglich über solche Tatsachen vorgeschlagen sind, auf welche sich das Recht zur Verweigerung des Zeugnisses bezieht;
4. Personen, welche bei dem Ausgange des Rechtsstreits unmittelbar beteiligt sind.

II Das Prozeßgericht kann die nachträgliche Beeidigung der unter den beiden letzten Nummern bezeichneten Personen anordnen.

Vgl. §§ 15 FGG.; 44 GewGG.; 16 KfmGG. — Unterschied von Aussagepflicht: §§ 383 ff.; Ermahnung zur Wahrheitsangabe, Hinweis auf mögl. Eid: § 480. Zeugnisunfähigk.: § 373. — Berechnung des Alters: § 187 BGB.

Abs. 1 Nr. 1. Hierher Heiden auf tiefer Kulturstufe (ESt. 26[99]), nicht aber Betrunkene (Vertagungsgrund). Meineid strafbar, ESt. 36[278] (VStS.) — **Nr. 2.** Vgl. § 161 StGB. mit Bl. 69[545] (Aufhebg. der Straffolgen); Art. 47 Ges. v. 26. Dez. 1871 (GBl. 115); Meineid strafbar, ESt. 4[32]. — **Nr. 3.** Soweit kein WeigerungsR., zB. nach § 385, besteht Eidespflicht (E. 40[348]). Teilw. Beeid. zulässig, u. U. geboten (E. 23[130]); Protok. des unbeeid. Aussageteils vor der promissorischen Beeid. rätlich. Bei §§ 383 Nr. 4, 5 u. 384 Nr. 3 erfolgt Beeid. sofort. — **Nr. 4.** Unmittelb. Beeinflussung des Rechts- u. Pflichtenkreises des Z. durch das künftige Urteil zufolge RKraft, Wirksamkeit, Vollstreckb.: sonstiges rechtl., wirtschaftl. Interesse (vgl. § 66) ungenügend, E. 8[406]. Dieser Beeidigungsausschluß besteht selbständig neben Nr. 3. — Unbeeidigt bleibt aus Nr. 4 zunächst der gewöhnl. NebenI., E. 20[390]; der Gemeinschld. in den Proz. des Verwalters (E. 29[29] 44[374]); der GVollz. bei Zustellmängeln (E. 17[403]); der von der Vertr. ausgeschl. Sozius (JW. 93[267]); der Litisdenunziat im Falle des § 74 Abs. 3 (JW. 02[250]); der Ehemann im Proz. der Frau über eingebr. Gut (vgl. aber JW. 04[69]). Zu beeid. (vorbeh. Nr. 3): Unterhaltspflichtige; Gemeindemitgl. in Proz. der Gmd. (SA. 52[201]); Aktionär im Proz. der AG. (JW. 01[394]), Aufsichtsrat der eingetr. Gen. (SA. 49[285]); Agent trotz Provision (8[406] BlEB. 10[374]); der Hauptschld. im Proz. gegen den Bürgen (JW. 97[546]); der Zedent trotz Haftung nach §§ 437 ff. BGB., solange ihm der Streit nicht verkündet ist, E. 40[376] NS. 4[14]; anders bei bloßer Inkassozession (E. 44[374]) oder Haftung für die Prozeßkosten (NS. 1[614]); Angestellte nach § 831 BGB. (JW. 99[37]); Beamte nach Art. 60 ABG. Die Kindsmutter fällt im Vaterschaftsproz. ihres unehel. Kindes unter §§ 383 Nr. 3, 384 Nr. 2, auch wenn die sog. „Kuratel" mißbräuchlich als Klägerin genannt; für die Erzeugung gilt § 385 Nr. 2 nicht, ZR. 05[320]. Ähnliches gilt in ehel. Kindschaftss. (§§ 640, 641); hier kommt auch RKr. (§ 643) in Frage. — Der angebl. Ehebrecher und dessen Angehörige bleiben im Scheidungsprozeß vorerst unbeeidigt, auch wenn sie aussagen (§ 384 Nr. 2). — Der Schuldner als Z. im Widerspruchsproz. ist, weil RVorgänger (Mot. BGB. 3[863]), gemäß § 385 Nr. 4 in der Regel aussage- u. eidespflichtig; die bloße Möglichkeit streitgen. Verklagung schafft nicht unmittelb. Beteiligung. Doch kann die Beeid. durch Streitverkdg. seitens des Pfandglb. wegen § 74 Abs. 2, 3 sowie bei anfechtb. Hdlg. nach § 384 Nr. 2 mit §§ 239 ff. KO. entfallen; praktisch ist das Zeugnis durch den OffenbEid zumeist ersetzbar. — Entschdgsform: bei Parteistreit ZwU., sonst Beschluß oder Gründe des EndU. — **Abs. 2.** Beschluß des ProzeßG. nach mV. (E. 34[360]) ohne Rücksicht auf Parteianträge (JW. 87[95]); Änderung v. amtsw. möglich (JW. 01[400]). — Annahme voller Glaubw. hier auch ohne Eid zulässig (E. 10[415]); keine Pression durch Eid (NS. 3[890]; bestr.). Voreilige Beeid. wird durch nachträgl. Billigung des ProzeßG. wirksam, JW. 01[801]. Nachträgl. Eidesweigerung: § 386. — Die II. Inst. kann nicht nachträgl. Beeid. ohne wiederholte Vernehmg. anordnen, Bl. 59[358] aM. RO. 2[302]. Befragung über Zwischenzeit: § 396.

§ 394 (359). I Jeder Zeuge ist einzeln und in Abwesenheit der später abzuhörenden Zeugen zu vernehmen.

II Zeugen, deren Aussagen sich widersprechen, können einander gegenüber gestellt werden.

Vgl. §§ 373, 398. — Protokoll: § 160; Würdigung: §§ 259, 373. — Reihenfolge: § 136. — Entlassung: § 244 StPO.; vgl. § 380 und JW. 02[579].

Anwesenheit der bereits Abgehörten allg. üblich, aber ausschließbar. — Abs. 2 begründet kein Parteirecht (JW. 05[245]); Äußerungen der gegenübergestellten Z. zu einander sind statthaft, JW. 01[688].

§ 395 (360). Die Vernehmung beginnt damit, daß der Zeuge über Vornamen und Zunamen, Alter, Religionsbekenntnis, Stand oder Gewerbe und Wohnort befragt wird. Erforderlichenfalls sind ihm Fragen über solche Umstände, welche seine Glaubwürdigkeit in der vorliegenden Sache betreffen, insbesondere über seine Beziehungen zu den Parteien vorzulegen.

Vorsicht bei Befragung nach Vorstrafen: JMBl. 94[172] (insbes. Meineid); Strafliste: § 432. — Religion: § 484 („freirelig." zulässig).

Diese Personalfragen (soweit auf Identität u. Beeid. bezüglich) sind vor der Eidesleistung zu stellen, nach derselben zu wiederholen und so zu protokollieren, ESt. 20[335]; auch bei unbeeid. Aussage, Zeugnisverweig. sind die Personalien zu konstatieren (§ 360 Nr. 8 StGB.). Fragen nach Satz 2 unterliegen richterl. Ermessen (ESt. 3[100]), zB. Vorstrafen (ESt. 2[45] Bl. 71[390]), polit. Parteistellung (ESt. 26[71]), Hausgenossenschaft, Dienstverh., Feindschaft; Anregung meist durch den Gegner. Die wegen § 393 erforderl. Meineidsfrage umgeht man am besten durch Verlesung der Gesetzesstellen u. Aufforderung analog § 279 StPO. — Die Protokollformel: „c. g. n." kann sich nur auf die Beziehungen nach §§ 383 bis 385, 393 erstrecken; vgl. DJZ. 06[585].

§ 396 (361). I Der Zeuge ist zu veranlassen, dasjenige, was ihm von dem Gegenstande seiner Vernehmung bekannt ist, im Zusammenhange anzugeben.

II Zur Aufklärung und zur Vervollständigung der Aussage, sowie zur Erforschung des Grundes, auf welchem die Wissenschaft des Zeugen beruht, sind nötigenfalls weitere Fragen zu stellen.

III Der Vorsitzende hat jedem Mitgliede des Gerichts auf Verlangen zu gestatten, Fragen zu stellen.

Protokoll: § 160; Taube, Stumme: §§ 187, 188 GVG. — Abs. 1 eingeschärft durch aut. JME. v. 18. Dez. 1896 Nr. 32493. — Vgl. §§ 139, 140, 295, 377 Nr. 2, 397 ff.

Keine Erkundigungspflicht des Z. über früher nicht Wahrgenommenes; bzgl. des Vergessenen Auffrischung durch einfache Buchseinsicht forderbar, E. 48[392]; Fragen über Hörensagen (S. 13[353]), damalige Ansicht des Z. zulässig. Umfang des „besten" Wissens: ESt. 37[395] (mild); ZR. 06[81]. — Benutzung von Notizen nicht verboten (ESt. 36[54] JW. 00[71]), wohl aber bloße Bezugnahme auf anderweitige Schriftstücke statt mögl. Erzählung

(E. 16[116] Bl. 58[63]); jedenfalls sofortige mündl. Erörterung des Geschriebenen (Fragepflicht), ESt. 37[332]. Nachträgl. Eingaben, zB. gemäß StGB. §§ 158, 163 geben Grund zu wiederholter Einvernahme (JW. 93[59]); ohne solche unbehelflich (JW. 04[364]).

§ 397 (362). I Die Parteien sind berechtigt, dem Zeugen diejenigen Fragen vorlegen zu lassen, welche sie zur Aufklärung der Sache oder der Verhältnisse des Zeugen für dienlich erachten.

II Der Vorsitzende kann den Parteien gestatten, und hat ihren Anwälten auf Verlangen zu gestatten, an den Zeugen unmittelbar Fragen zu richten.

III Zweifel über die Zulässigkeit einer Frage entscheidet das Gericht.

Vgl. §§ 136, 357, 383 ff., 400. — Rechtsbehelf: § 140 (SA. 44[287]). — Fragerecht der Beisitzer: § 396; Abs. 3 hierauf nicht anwendbar (BlEB. 5[20]).

Nach Abs. 1 frägt der Vorsitzende, nach Abs. 2 der Fragesteller unmittelbar, ohne vorgängige Mitteilg. der Frage an den Vors., ESt. 18[365]); kein Fragerecht der Parteien unter einander. Schriftl. Fragestücke sind formell unstatthaft (E. 16[113]), aber als Grundlage richterl. Befragung verwertbar, zB. vor d. o. e. R. (JW. 97[166]). — Der StAnw. steht dem RA., der ges. Vertreter der Partei gleich; beachtl. die Einschränkung des direkten Fragerechts auf RA. — Zurückweisbar sind ungehörige oder auf die Sache (§§ 359, 377) nicht bezügl., nicht aber unerhebl. Fragen, ESt. 8[161]. Die Reihenfolge der Fragenden bestimmt der Vorstd. Kein Kreuzverhör; § 256 StPO. unanwendbar. Keine Entziehung des Fragerechts als solchen statthaft, JW. 05[758] ESt. 38[59].

§ 398 (363). I Das Prozeßgericht kann nach seinem Ermessen die wiederholte Vernehmung eines Zeugen anordnen.

II Hat ein beauftragter oder ersuchter Richter bei der Vernehmung die Stellung der von einer Partei angeregten Frage verweigert, so kann das Prozeßgericht die nachträgliche Vernehmung des Zeugen über diese Frage anordnen.

III Bei der wiederholten oder der nachträglichen Vernehmung kann der Richter statt der nochmaligen Beeidigung den Zeugen die Richtigkeit seiner Aussage unter Berufung auf den früher geleisteten Eid versichern lassen.

Form: Beschluß nach mV.; keine Beschw. — Beauftr., ers. R.: § 400. — Vgl. StGB. §§ 155, 163.

Abs. 1. Wiederholung früherer, gesetzmäß. Vernehmg., Ermessenssache (S. 16[193] NS. 3[812]), bei früherer Unvollständigkeit, Illegalität, Protokollmangel, bei anderer Besetzung Amtspflicht (JW. 99[434]). — **Abs. 3** setzt Gleichheit des Vernehmungsgegenstandes voraus (E. 48[386]) u. gilt auch für die II. J. (JW. 03[216]), aber nicht für Wiederaufnahme. Der Z. muß die Versicherung selbst abgeben (Protokollierung), bloßer Vorhalt des Richters ungenügend, E. 9[377]; bestr. ist die Zulässigkeit promiss. Bezugn. auf früheren assert. Eid, zB. bei wiederholtem Vorruf (bejahend JW. 03[178]; vgl. ESt 6[145] 19[84]). Verzicht nach § 295: E. 9[377].

§ 399 (364). Die Partei kann auf einen Zeugen, welchen sie vorgeschlagen hat, verzichten, der Gegner kann aber verlangen, daß der erschienene Zeuge vernommen und, wenn die Vernehmung bereits begonnen hat, daß dieselbe fortgesetzt werde.

Form: §§ 78, 128; Gebuhren: § 401; Abbruch der Vernehmg. v. amtsw.: § 360; Urkunden: § 436; Eid: § 464.

Verzicht (auch stillschweigend, JW. 04^{586}) wirkt nur für die Instanz (S. 15^{783}), ist auf einen Termin beschränkbar (JW. 96^{333}). — Auf das Verlangen des Gegners sind Auslagenvorschuß u. Nachschleppungsverbot unanwendbar. — Erschienen: noch anwesend (JW. 04^{372}), auch vor b. o. e. R. (Mot. 257).

§ 400 (365). Der mit der Beweisaufnahme betraute Richter ist ermächtigt, im Falle des Nichterscheinens oder der Zeugnisverweigerung die gesetzlichen Verfügungen zu treffen, auch dieselben, soweit dieses überhaupt zulässig ist, selbst nach Erledigung des Auftrags wieder aufzuheben, über die Zulässigkeit einer dem Zeugen vorgelegten Frage vorläufig zu entscheiden und die nochmalige Vernehmung eines Zeugen vorzunehmen.

Vgl. §§ 380, 390, 397, 398; ferner §§ 229, 365, 406. Ermächtigung, nicht Verpflichtung: anders bei Gebührenfests. (§ 17 ZSGO.) u. sitzungspoliz. Anordng. Beschwerde: Note zu § 576; keine vorgäng. Anrufung des ProzG., SA. 44^{287}. — Protokoll: § 161.

§ 401 (366). Jeder Zeuge hat nach Maßgabe der Gebührenordnung auf Entschädigung für Zeitversäumnis und, wenn sein Erscheinen eine Reise erforderlich macht, auf Erstattung der Kosten Anspruch, welche durch die Reise und den Aufenthalt am Orte der Vernehmung verursacht werden.

Vgl. Note zu § 91. — Ortsentfernungstabellen: JMBl. 75^{58} (Hin- und Rückweg gesondert: JMBl. 80^{277}). — Sofortige Auszahlung: § 38 KJ.: Portopflicht bei gemeindl. Vermittelung: JMBl. 84^{5}, jetzt direkte Postanwsg.: FinBl. 13^{112}; vgl. Art. 11 AVG.: Protokollvermerk (Anweisungsabschrift): § 38 KJ.: Vorschuß: § 166 GVG. — Verjährung: §§ 196 BGB.: 78 KJ.: Ausschlußfrist: § 16 ZSGO. (Bl. 65^{313}): finanzrevis. Erinnerungen: FinMBl. 79^{611}; vgl. Bl. 62^{58}; Formular: GVBl. 79^{1285}. — Wegen des Verbots von Lohn-, Gehaltsabzügen vgl. §§ 616 BGB.: 133c GewO.: § 21 Vdg. v. 26. Juni 1894 (GVBl. 327); insbes. hinsichtl. des Verkehrspersonals: JMBl. 02^{235}: allgemein: JMBl. 04^{59} (§ 616 BGB. hindert Anwsg. nicht). — **Zu §§ 13, 14 ZSGO.** Taxnormen für ärztl Amtsgeschäfte: Vdg. v. 17. Nov. 1902 (GVBl. 715) mit JMBl. 03^{453} 04$^{49\ 52}$; aut. JME. Nr. 26888 v. 21. Juli 1904: RSSt. 1$^{1\ 85\ 228\ 231\ 344}$ 5$^{167\ 259\ 358}$ 6$^{1\ 50}$ FinBl. 11^{269} 12^{5} JR. 05$^{141\ 207}$ 06^{84}. — Das Formular (JMBl. 80^{223}) ist nicht mehr verwendbar. Beachtlich, daß der Amtsarzt (Begriff § 7 Vdg.) am Amtssitz in AS. regelmäßig keinerlei Gebühr sofort bezahlt erhält (§ 6), die Festi. vielmehr nur bedingt für den Fall der Erlage durch den Zahlungs-(Vorschuß-)pflichtigen erfolgt; dies gilt auch bei Privatpraxis des Amtsarzts (RSSt. 4^{86}). Irrenärzte, Strafanstaltsärzte sind öff. beamtete Ärzte, aber keine Amtsärzte (RSSt. 5^{167}); sie erhalten also die Minimalgebühren (auch hier ausdrückl. Fests.) auch in AS. sofort aus der Staatskasse; der Rest wird bedingt festgesetzt. Die Vdg. beruht auf der Ansicht, daß § 13 ZSGO. dem § 14 vorgeht und gilt bei Zeugen nicht. Die Medizinalkollegien (GVBl. 78^{465}) kommen nur für die StPO. in Betracht. — Tierärzte: Vdg. v. 18. Dez. 1875 (GVBl. 852) mit RSSt. 3^{111}; Bader: Vdg. v. 31. März 1899 (GVBl. 111); Hebammen: Vdg. v. 4. Juni 1899 (GVBl. 413); Richter: SSt. 3^{604}; Notare: Art. 83 NotGebO. (aM. SSt. 9^{277}); Feldgeschworene: Art. 24 AbmarkG.; Gendarmen: JMBl. 99^{333} (außerh. Dienstbezirk 5 Pf. pro km; Übernachten 2 Mk.; Urlaub: SSt. 8^{35}); Schutzmannschaft München: § 21 OrgVdg. (GVBl. 04^{268});

Gerichtsvollzieher: JMBl. 04[110] (6 Mk. auswärt. Diät): Distriktstechniker: NSSt. 1[361] 4[415]; Geometer: FinMBl. 87[155] 90[117] 92[144]; Amts G.-, Rentamts-diener: SSt. 4[563] 5[246]; Stadtschreiber: SSt. 10[148]; städt. Polizeibeamte: SSt. 9[94] 10[142] [237]; Lehrer: SSt. 8[92]; Beamte der Versicherungskammer: GVBl. 75[369] 96[665]; der Nahrungsm.-Unters.-Anstalten: JMBl. 02[531]; Sachverstd.-Verein für Urheberrecht vgl. Note zu § 402. — Für Rechtsanwälte gelten §§ 2 ff. BSGO., nicht §§ 78 ff. RAGO. — Wegen der Tagegelder und Fuhrkosten der Reichsbeamten vgl. § 18 RBeamtG.; Kais. Vdg. v. 25. Juni 1901 u. 10. Juli 1901 (RGBl. 241, 269, 275) samt AusfBest. in RGBl. 03[291] 06[388]; Konsularbeamte: RGBl. 72[248] 79[127] 81[27]; Zollbeamte: RZentrBl. 76[181]. — Bayer. Diätenwesen: Hock 3[80] ff.; Militär: KriegsMBl. 02[113] 04[23] samt BesoldgsVorschr.

Bei geladenen Z. kommt auf tatsächl. Vernehmg. nichts an (vgl. RO. 3[169]). Gestellte Z. haben, auch wenn vernommen, keinen Gebührenanspr. an die Staatskasse (E. 53[409]); vgl. § 379; §§ 70, 219 StPO. sind allerdings klarer. — Über die GebO. hinaus besteht kein Anspruch (E. 43[49]), auch nicht mangels besonderer Abmachung (vgl. SA. 44[106]) gegen den Beweisführer. Festsetzung und Ausschlußfrist gilt auch zwischen letzterem und den Parteien SSt. 9[284]; vgl. Note zu § 105 insbes. bzgl. Parteibeschw.

Achter Titel.

Beweis durch Sachverständige.

§ 402 (367). Auf den Beweis durch Sachverständige finden die Vorschriften über den Beweis durch Zeugen entsprechende Anwendung, insoweit nicht in den nachfolgenden Paragraphen abweichende Bestimmungen enthalten sind.

Vgl. §§ 3, 144, 287, 372, 442, 485, 623, 654, 671, 676, 640 ff., 813, 1035; GVG. 118, 187; RAO. 49, 88, 93; GewGG. 44, 75; KfmGG. 16, 18; RBeamtG. 12; UrhRG. 49; KunstSchG. 16; MusterSchutzG. 9, 10; PhotSchG. 14; PatG. 18; WarenZG. 11; BörsenG. 30; InvVG. 74 mit JMBl. 03[431]; KonsGG. 19, 22, 41; BGB. 1034, 1067, 1372, 1528, 2122; EBG. Art. 79; ABG. Art. 87 ff.; HGB. §§ 93, 438, 464, 530, 552, 608, 709, 711, 712, 884; FGG. 15; HypH. 132; AbmarkG. Art. 5 ff.; BGHG. Art. 20; ReblausAG. 2; RVersAGG. § 39; LVersAGG. § 19; SchiedsGV. § 18; PrVersGG. § 26; SubmBed. § 42. — Beeid. im allg.: Art. 15a AGV.; vgl. 79 EBG.; §§ 36, 78, 103g GewO. — **Einzelnes**: Sachverst.-Kammern für UrheberR.: RZentrBl. 01[335] GVBl. 02[188]; vgl. auch RBl. 71[1923] GVBl. 76[302] 85[311] JMBl. 76[170] [237] 79[1578] 02[568]. — Amtsärztlicher Dienst (für das AmtsG. der Bezirksarzt): Vdg. v. 3. Sept. 1879 (GVBl. 1081) u. 17. Nov. 1902 (GVBl. 715); Obermedizinalausschuß und Mediz.-Komites kommen für ZPO. nicht in Betracht: JMBl. 72[165] GVBl. 78[435]; Bahnärzte: GVBl. 82[154]; Postärzte: GVBl. 00[1146]; Entlastg. der Klinikvorstände: aut. JME. v. 8. Juni 1902 Nr. 24675. Leichenuntersuchungen: JMBl. 81[6] [92] 05[38] (Krankheitsnamen). — Unters.-Anstalten für Nahrgs. u. Genußmittel: GVBl. 84[43] [49] [183] 92[435] 94[303] [527] 98[351] 03[492] 06[723] JMBl. 01[628] 02[531]; Präzis. des Themas: JMBl. 86[167] 92[189] 97[1]; tunlichste Entlastung im Zivilprozesse: Aut. JME. v. 9. April 1900 Nr. 14026. — Vgl. auch GVBl. 02[454] (Saat, Futter, Dünger); 02[457] (Wildbachverbauung); 02[473] (Kulturtechnik); JMBl. 84[200] (Wein); 76[301] 92[50] (Dampfkessel); 98[128] (Butter); 02[1103] (Kerzenpackung); 03[17] (bakteriol. Unters.); 03[252] (Bücherrevision); 03[272] (Garnhandel); 03[386] (tierärztl. Unters.); 04[57] (Fabrikinspektionsbezirke); 05[616] (Geometer); InnMBl. 97[437] (landwirtschaftl. u. Brauereimaschinen); 98[693] (Hopfenbau); 99[60] (Fischerei); 00[87] (Wasserverunreinigung); 00[562] (Obst- u. Gartenbau); 03[394] (agrik.-bot. Anstalt); vgl. ferner bzgl. meteorol. Auskunft DJZ. 00[565] JW. 04[587]; photogr. Urkundenprüfung: R. 00[307] (phot. Lehr- und Versuchsanstalt in München) R. 06[530]; elektr. Prüfungen: elektr. Versuchsstation der techn. Hochschule in München; Waffen: GVBl. 93[221] 95[6] 97[72]. Bergwerkssachen: § 43 BergGewGVdg. — Schätzungen: Art. 87 ABGO.; 29 AGBO.; 132, 158 GebG.; §§ 132 HypG.; 269 NotGeschO. (vgl. Becher LCR. 1[699]); JMBl. 05[590].

Der S. ist Gehilfe des Richters (Mot. 257) zur Beischaffung von techn., wissenschaftl. Material, nicht Abnahme e. Teils des Judicium (S.

14[792]), zB. Rechtsauslegung, E. 30[80]; er muß seinen logischen Gedankengang zwecks Nachprüfung erkennbar machen, S. 14[582]. — Von den Zeugenvorschr. ist unanwendbar, was dem Wesen sachverst. Begutachtung widerspricht, zB. Abtreten bei der mV. (E. 8[344]); Wahrung des Amtsgeheimn. kann in Frage kommen (vgl. §§ 21a GewO.; 120 ff. GewUVG); desgl. Vorschußpflicht (E. 7[389]). Ausschluß wegen verspäteter Benennung bestr., vgl. S. 9[514]; Vernehmung u. U. von amtswegen geboten. Beratung der S. unter sich, gemeins. Gutachten statthaft. — **Amtliche Auskunft:** E. 6[337] 44[151] (auch ohne Beeid. als öff. Urk. beweiskräftig); vgl. ESt. 37[166] S. 13[461]; § 373 Note. — Bloße Zuziehung von S.: § 372; Beweisverträge: § 286.

§ 403 (368). Die Antretung des Beweises erfolgt durch die Bezeichnung der zu begutachtenden Punkte.

Spezialisierung: §§ 253, 373, 402; vgl. E. 7[389] RC. 7[292]. — Namensangabe nur nach §§ 404 Abs. 3, 487.

§ 404 (369). I Die Auswahl der zuzuziehenden Sachverständigen und die Bestimmung ihrer Anzahl erfolgt durch das Prozeßgericht. Dasselbe kann sich auf die Ernennung eines einzigen Sachverständigen beschränken. Es kann an Stelle der zuerst ernannten Sachverständigen andere ernennen.

II Sind für gewisse Arten von Gutachten Sachverständige öffentlich bestellt, so sollen andere Personen nur dann gewählt werden, wenn besondere Umstände es erfordern.

III Das Gericht kann die Parteien auffordern, Personen zu bezeichnen, welche geeignet sind, als Sachverständige vernommen zu werden.

IV Einigen sich die Parteien über bestimmte Personen als Sachverständige, so hat das Gericht dieser Einigung Folge zu geben; das Gericht kann jedoch die Wahl der Parteien auf eine bestimmte Anzahl beschränken.

Abs. 1 hindert nicht die Benennung e. Beamten zur mündl. Vertretung des Gutachtens e. Kollektivbehörde. — **Abs. 2** (Amtsärzte) gestattet insbes. Zuziehung von Spezialisten. Neben Abs. 2 gilt **Abs. 4** (auf einen S. beschränkbar); neben letzterem ist § 412 anwendbar. — Ernennungsform: § 359; Vernehmungszwang: §§ 623, 655; vgl. Art. 21 AZP. Bl. 62[163].

§ 405 (370). Das Prozeßgericht kann den mit der Beweisaufnahme betrauten Richter zur Ernennung der Sachverständigen ermächtigen. Derselbe hat in diesem Falle die in dem vorstehenden Paragraphen dem Prozeßgerichte beigelegten Befugnisse auszuüben.

Anwendbarkeit des § 404 Abs. 4 bestr.: Verbescheidung von Ablehnungen: § 406 Abs. 4. — Vgl. auch §§ 365, 366, 400.

***§ 406** (371). I Ein Sachverständiger kann aus denselben Gründen, welche zur Ablehnung eines Richters berechtigen, abgelehnt werden. Ein Ablehnungsgrund kann jedoch nicht daraus entnommen werden, daß der Sachverständige als Zeuge vernommen worden ist.

II Das Ablehnungsgesuch ist bei demjenigen Gericht oder Richter, von welchem die Ernennung des Sachverständigen erfolgt ist, vor der Vernehmung desselben, bei schriftlicher Begutachtung vor erfolgter Einreichung des Gutachtens anzubringen. Nach diesem Zeitpunkt ist die Ablehnung nur zulässig, wenn glaubhaft gemacht wird, daß der Ablehnungsgrund vorher nicht geltend gemacht werden konnte. Das Ablehnungsgesuch kann vor dem Gerichtsschreiber zu Protokoll erklärt werden.

III Der Ablehnungsgrund ist glaubhaft zu machen; zur Versicherung an Eidesstatt darf die Partei nicht zugelassen werden.

IV Die Entscheidung erfolgt von dem im zweiten Absatz bezeichneten Gericht oder Richter; eine vorgängige mündliche Verhandlung der Beteiligten ist nicht erforderlich.

V Gegen den Beschluß, durch welchen die Ablehnung für begründet erklärt wird, findet kein Rechtsmittel; gegen den Beschluß, durch welchen dieselbe für unbegründet erklärt wird, findet sofortige Beschwerde statt.

Vgl. §§ 44: AGSchrG. 1. — Enthebung: § 408; Ersatz v. amtsw.: § 412. — Dolmetscher: § 193 GVG.; sachv. Zeugen: § 414. — Landesgesetzl. Ausschluß: § 21 AZP. — Kosten: §§ 47, 80a GKG.; 23, 26, 29 RAGO.

Abs. 1. Förml. Abl. erst nach Ernennung (JW. 04[7], auch nach Einigung, JW. 03[386]); vorher formloser Beweismitteleinwand. — Kein Grund: frühere Begutachtg. auf privates Parteiersuchen (JW. 86[444] Bl. 70[146] ZR. 06[366]; aM. JW. 97[345] 06[88]); früh. Prozeß der Partei mit dem S. (JW. 98[283]; vgl. aber JW. 03[272]); Anstellung beim Gegner (Gr. 38[1227]; strenger JW. 98[220]); angebl. Sachunkunde (JW. 03[386]); Gegensatz zu anderen S. in früheren Proz. (JW. 93[426] ESt. 36[208]) Begutachtung im Entm.-Verf. kein Grund im AnfProz. (JW. 98[259]). Zureichend Einholung einseit. Information (JW. 03[97]), Geschäftskonkurr. (R. 00[697]). — **Abs. 3.** Gehör des S. sachgemäß (JW. 99[303]); dessen Geständnis bindet nicht (SA. 42[165]). — **Abs. 4, 5.** Bestr., ob in der Urteilsbegr. (E. 60[610] JW. 06[572]); auch keine Beschw., wenn die Abl. erst vom BeschwG. für begr. erklärt, E. 35[420]; b. o. e. R.: § 576.

§ 407 (372). I Der zum Sachverständigen Ernannte hat der Ernennung Folge zu leisten, wenn er zur Erstattung von Gutachten der erforderten Art öffentlich bestellt ist oder wenn er die Wissenschaft, die Kunst oder das Gewerbe, deren Kenntnis Voraussetzung der Begutachtung ist, öffentlich zum Erwerbe ausübt, oder wenn er zur Ausübung derselben öffentlich bestellt oder ermächtigt ist.

II Zur Erstattung des Gutachtens ist auch derjenige verpflichtet, welcher sich zu derselben vor Gericht bereit erklärt hat.

Cff. Bestellung: §§ 402, 410; Behörden: § 402; Notifikation: §§ 376, 408.

Allgem. Bürgerpflicht vor jedem Gerichte (Mot. 259). — Gewerbe: einschl. Fabrik, Handel, Landwirtschaft; hierher besoldeter Privatdienst, E. 50[391] (nicht Dilettanten), approb. Ärzte (auch ohne Praxis), Professoren der Psychiatrie (SSt. 9[75]); nicht aber pens. Beamte, soweit nicht zugleich Privaterwerb. — Bereiterkl.: auch Einweisung ohne Widerspr.

§ 408 (373). I Dieselben Gründe, welche einen Zeugen berechtigen, das Zeugnis zu verweigern, berechtigen einen Sachverständigen zur Verweigerung des Gutachtens. Das Gericht kann auch aus anderen Gründen einen Sachverständigen von der Verpflichtung zur Erstattung des Gutachtens entbinden.

II Die Vernehmung eines öffentlichen Beamten als Sachverständigen findet nicht statt, wenn die vorgesetzte Behörde des Beamten erklärt, daß die Vernehmung den dienstlichen Interessen Nachteile bereiten würde.

Vgl. die Noten zu §§ 376, 383 ff., 402, 407. — Abs. 1 Satz 2. Form: Beschluß ohne mV.; Grund: zB. Geschäftsüberhäufung, Sachunkunde. Kein förml. Weigerungsverf. — Abs. 2: auch pens. Beamte.

§ 409 (374). I Im Falle des Nichterscheinens oder der Weigerung eines zur Erstattung des Gutachtens verpflichteten Sachverständigen wird dieser zum Ersatze der Kosten und zu einer Geldstrafe bis zu dreihundert Mark verurteilt. Im Falle wiederholten Ungehorsams kann noch einmal eine Geldstrafe bis zu sechshundert Mark erkannt werden.

II Gegen den Beschluß findet Beschwerde statt.

III Die Festsetzung und die Vollstreckung der Strafe gegen eine dem aktiven Heere oder der aktiven Marine angehörende Militärperson erfolgt auf Ersuchen durch das Militärgericht.

Vgl. §§ 380 ff., 390 ff., 400 ff. — Unwahre Entschuldigung: § 138 StGB. — Bei schriftl. Gutachten Fristsetzung.

Unentschuldigtes Ausbleiben e. nicht Verpflichteten straflos, E. 23[338]; dritte Strafe, Vorführung oder Haft unzulässig, weil jeder S. ersetzbar.

§ 410 (375). I Der Sachverständige hat, wenn nicht beide Parteien auf seine Beeidigung verzichten, vor Erstattung des Gutachtens einen Eid dahin zu leisten:

daß er das von ihm geforderte Gutachten unparteiisch und nach bestem Wissen und Gewissen erstatten werde.

II Ist der Sachverständige für die Erstattung von Gutachten der betreffenden Art im allgemeinen beeidigt, so genügt die Berufung auf den geleisteten Eid.

Vgl. § 391; unanwendbar ist § 393 Nr. 3, 4, weil durch §§ 406, 408 ersetzt (E. 20[374]). Allgem. Beeidg., Behördengutachten: § 402; Dolmetscher: § 191 GVG.; sachverst. Zeugen: § 414. — Vgl. §§ 44 GewGG.; 16 KfmGG.

Abs. 1. Die Norm deckt auch Literaturzitate (BlEB. 4[358]), Schätzungen sowie mit dem Gutachten verflochtene tatsächl. Befundberichte (E. 9[376]; ESt. 4[232]), insbes. die gewöhnl. Generalien, nicht aber besondere Personalfragen (RSt. 7[212]) oder Anamnese (ESt. 1[402] JW. 03[240] 05[757]). Bestr., ob durch den Zeugeneid ersetzbar (dafür ESt. 3[102], dagegen E. 6[3] JW. 06[27]). Information: JW. 03[240]; richterl. Einweisg. sachgemäß. Einzelbeeid. auch bei gemeins. Gutachten nötig (E. 8[343]); Nacheid inkorrekt (kein RevGrund), E. 20[394] JW. 94[517]. Eidesverzicht: E. 17[380]. — **Abs. 2.** Berufung nur mündlich vor Gericht, auch wenn das Gutachten schriftlich erstattet wird (E. 9[377] Bl. 51[484]); Verstoß nach § 295 heilbar. Feststellg. der allg. Beeidig. formlos (ESt. 6[267]); bei Beamten (zB. Amtsarzt) genügt u. U. Diensteid (ESt. 28[41]), jedoch nur für den Amtsbezirk, ESt. 37[380].

§ 411 (376). I Wird schriftliche Begutachtung angeordnet, so hat der Sachverständige das von ihm unterschriebene Gutachten auf der Gerichtsschreiberei niederzulegen.

II Das Gericht kann das Erscheinen des Sachverständigen anordnen, damit derselbe das schriftliche Gutachten erläutere.

Eidesberufung: § 410 Abs. 2 (mündl.; auch bei allg. Beeid.). — Aktenabgabe in die Wohnung: JW. 95[519]. — Mitteilg. an Parteien sachgemäß (vgl. § 362). — Unmittelb. Auftrag an S. statt Rechtshilfe: JMBl. 00[1067] 04[268] RO. 9[439]. — Vgl. §§ 44 GewGG.; 16 KfmGG.

Eidesbezugnahme, Unterschriftsbegl. entbehrlich, ESt. 9[377]; Protok. der mündl. Ergänzung.: E. 13[418] 43[400]. Kein Recht auf Selbstdiktat. — Die Anordng. aus Abs. 1 u. 2 steht auch dem b. o. e. R. zu; kein Rechtsbehelf (SA. 54[260]).

§ 412 (377). I Das Gericht kann eine neue Begutachtung durch dieselben oder durch andere Sachverständige anordnen, wenn es das Gutachten für ungenügend erachtet.

II Das Gericht kann die Begutachtung durch einen anderen Sachverständigen anordnen, wenn ein Sachverständiger nach Erstattung des Gutachtens mit Erfolg abgelehnt ist.

Vgl. §§ 286, 398; Art. 20 AZP. — Form: BewB. nach mB.; §§ 3, 144.

Begr., nicht Durchschnitt maßgebend, JW. 03[313] NS. 6[359]; auch einstimmiges Gutachten bindet nicht. Keine Pflicht zur Einholung e. Obergutachtens, NS. 3[813].

§ 413 (378). Der Sachverständige hat nach Maßgabe der Gebührenordnung auf Entschädigung für Zeitversäumnis, auf Erstattung der ihm verursachten Kosten und außerdem auf angemessene Vergütung seiner Mühewaltung Anspruch.

§ 17 ZSGO. — Rechtshilfe: JMB. v. 21. Juli 1900 (JMBl. 1067). — Vgl. im übrigen die Noten zu §§ 401, 411.

Maßgebend Aussage, nicht Ladung, JW. 99[145]; Kosten früher privater Besichtigung nicht hierher (vgl. § 91). — Die sog. „Hamburger Norm" für Architekten ꝛc. ist nicht ohne weiteres anwendbar, S. 15[323] RO. 11[149 345].

§ 414 (379). Insoweit zum Beweise vergangener Tatsachen oder Zustände, zu deren Wahrnehmung eine besondere Sachkunde erforderlich war, sachkundige Personen zu vernehmen sind, kommen die Vorschriften über den Zeugenbeweis zur Anwendung.

Vgl. §§ 373 ff.; insbes. keine Ablehng. (E. 59[170]) oder Benennung v. amtsw.; Zwang nur nach §§ 380, 390.

Entscheidend, ob die Wahrn. vor oder nach der Aufstellung als gerichtl. S. stattfand, (zB. behdld. Arzt), E. 9[379]. Trifft beides zusammen, so ist Doppelbeeid. geboten (E. 6[3] 20[394]) u. Sachverstdgliquid. sowie fortdauernde Anwesenheit zulässig (RSt. 3[496]). Überwiegen des Gutachtens: JW. 02[531]; Zeugenbeweis über einfache Krankheiten, Schätzungen möglich, ESt. 27[96].

Neunter Titel.
Beweis durch Urkunden.

§ 415 (380). [I] Urkunden, welche von einer öffentlichen Behörde innerhalb der Grenzen ihrer Amtsbefugnisse oder von einer mit öffentlichem Glauben versehenen Person innerhalb des ihr zugewiesenen Geschäftskreises in der vorgeschriebenen Form aufgenommen sind (öffentliche Urkunden), begründen, wenn sie über eine vor der Behörde oder der Urkundsperson abgegebene Erklärung errichtet sind, vollen Beweis des durch die Behörde oder die Urkundsperson beurkundeten Vorganges.

[II] Der Beweis, daß der Vorgang unrichtig beurkundet sei, ist zulässig.

Formvorschriften: a) einfache Schriftform (§§ 125 ff., 793 BGB.): BGB. §§ 32, 33, 59, 81, 111, 114, 182, 368, 410, 416, 566, 581, 630, 761, 766, 780, 781 (abweichend für Vollkaufleute HGB. §§ 350, 351), 783, 784, 792, 793, 1069, 1154, 1274, 1321, 1831, 1832, 2231, 2267; HGB. §§ 79, 189, 252, 323; EBG. Art. 100; RAGO. § 93; b) gerichtl. oder notar. Beurk. (EBG. Art. 141, 142; FGG. §§ 189, 191 167 ff., Art. 15 AGB.; Art. 1 ff., 132 ff. NotG.; 81 ff., 167 ABG.; 12, 53 AGBO.; §§ 16 ff. KonsG.): BGB. §§ 311, 312, 313, 518, 780, 781, 873, 875 ff., 1015, 1116, 1154, 1160, 1272, 1434, 1484, 1491 f., 1501, 1516 bis 1518, 1718, 1730, 1748, 1945, 1955, 2033, 2037, 2231, 2238, 2276, 2282, 2290 f., 2296, 2348, 2351 f., 2371, 2385; vgl. BGB. §§ 1718, 1720; HGB. §§ 182, 188, 190, 259, 320, 321; WO. Art. 88; RMilG. § 44; gleichzt. Anwesenh. der Vertragsteile ist dazu gefordert in BGB. §§ 925, 1012, 1015, 1431, 1750, 1770, 2276, 2290 BGB., persönl. Anwsh. bei §§ 1750, 2276, 1770, 2290; c) öff. Begl. (§§ 129 BGB.; 167, 183 ff., 191, 200 FGG.; Art. 4 SubhNov. samt Vdg. v. 22. Dez. 1886, 28. Febr. 1895, 1. Sept. 1897; Art. 1, 33 ff. NotG., §§ 265 ff. NotGeschO.; 7, 15 AGB.; §§ 32, 45 NotGebO.; Art. 171, 173 GebG.; §§ 14, 16 KonsG.; 11 SchutzGG.; — keine Begl. durch den Bürgermeister (RS. 2[302] BGH. 26[25]) außer im GBAnl.-Verf.: (JMBl. 98[93]; Art. 51 ABG., 20 FlurBG.; §§ 78, 148, 149 GBDA.; Handzch. beim GSchrProt.; § 3 AGSchrG.; beim Gerichtsprot.: JMBl. 02[38]): BGB. §§ 77, 411, 444, 1154, 1155, 1342, 1492, 1518, 1560 f., 1577, 1597, 1662, 1686, 1706, 1945, 1955, 2198, 2228; HGB. §§ 12, 201, 222, 234, 269, 284, 301, 320, 333; FGG. §§ 107 ff.; GBO. §§ 29, 30, 32; ZVG. §§ 71, 81, 84, 100, 103, 105, 116, 143 ff., 160. Vgl. ferner BGB. §§ 371, 403, 412, 1035, 1155, 1372, 1528, 1550, 1640, 1667, 1686, 1692, 1760, 1802, 1897, 1915, 2120 f., 2215, 2220, 2314. — Übergang: Art. 11, 13, 24, 100, 141, 142, 170, 189, 198, 214 EBG.; 51, 55, 57, 77, 81 bis 84, 134, 167, 175 ABG.; 12, 46, 141 ÜG.; 9, 10, 12, 53 AGBO. — Beachtlich insbes. die Regelung der Beurk. von Immobiliargeschäften durch Art. 81 bis 84 ABG. mit Art. 12 AGBO. (Unterschied zwischen Eigentumsübertragung u. sonstigen Geschäften): vgl. hierzu Art. 10 GBVorbG. r/Rh.; 27 GBAnlV. l Rh. mit JMBl. 98 S. 364, 543; §§ 278 ff. NotGeschO.; Art. 26 AZP.; 27 GmdO.; 40 FlurBG.; 133 NotG. Die Beurk. des oblig. (Kausal-) Geschäfts steht bereits unter dem neuen Recht, auch wenn das GB. noch nicht angelegt ist (JW. 01[382] E. 48[133]); Zessionsversprechen bzgl. Hypothek sohin formlos bindend (E. 54[146]). Abs. 2 des § 313 BGB. gilt erst ab GBAnleg. (JR. 05[8]). Verletzg. des § 313 bewirkt absolute, v. amtsw. beachtl. Nichtigkeit, E. 61[264]; ausld. Grdst.: JW. 06[219]. Buchungsfreie Grdst.: Art. 83 ABG. mit § 506 GBTA. — Wegen **Ersetzung der Form** durch ein gerichtl. **Vergleichsprot. oder Urteil** vgl. §§ 296, 894. — Hinsichtl. der früheren **landesrechtl.** Formvorschr. vgl. insbes. Art. 11 bis 25, 30 ff. ält. NotG., 219 AZP., Ges. v. 14. Jan. 1871 (GBl. 133) u. 5. Mai 1890 (GVBl. 227). Beachtlich die Zulassung des privatschriftl. Testaments u. des mündl. Vergleichs u. Verlöbnisses einerseits, der Formzwang für Anerk., Schuldverspr., Bürgschaft (nicht Kreditmandat, E. 50[160]), mehrjähr. Miete u. Schenkungen andererseits. Bestr., ob bei gewillk. Schriftform mündl. Abreden ohne schriftl. Aufhebung der Schriftklausel wirksam; vgl. NS. 4[473]. Die **materielle Beweiskraft** der Urk., **Nichtigkeit u. Anfechtbarkeit** wegen Form- u. Willensmängel ist in der ZPO. nicht geordnet; vgl. §§ 116 ff. BGB. Unbehelflich ist in der Regel der Einwand des Nichtlesens (E. 59[350] S. 9[500] JW. 06[116 346]) u. der Sprachunkunde (BlEB. 5[392]), sofern die Unterschrift nicht erschlichen (E. 23[103] S. 1[502]). Bleistiftnotiz, Unterschriftsmangel deutet auf Nichtvollendung der Urk. (E. 60[426] Bl. 58[135]); letztere hat im übrigen unbeschdt. Auslegung (E. 62[43]) die Vermutung materieller Vollständigkeit für sich (E. 52[23] 59[350] NS. 9[430]). Bedeutung der Urk. als außergerichtl. Geständnis: JW. 05[28]; Prozeßakten statt Zeugenbeweis: § 286.

Abs. 1. Urk.: nur Schriftzeichen (E. 2[416]) einschl. Schriftstempel, Plomben (ESt. 15[214]); nicht bloße Striche, ESt. 38[251]. Für nicht geschr. (zB. Bilder, Grenzpfähle, Kerbhölzer) gilt § 286 u. Augensch.: vgl. BGB. § 807 Bl. 10[389]. — **Öff. Beh.:** auch Gemd., Universitäten, (ESt. 17[210]) Kirchen, öff. Stiftg. (Pr. 600, 650); einzelne Pers. (Diensteid, Siegel hier nicht erforderlich) nur kraft positiver Vorschrift. Hierher InvVersAnstalten (nicht Berufsgen.), LandesVersAmt, Vorstand u. Ehrengericht der AnwKammer, Reichskonsuln, Bayer. Medizinalkomitee (ESt. 27[359]), Notariate, Distriktssparkasse (ESt. 6[247]); nicht hierher zB. Bayer. Distriktstechniker (ESt. 25[142]), Dampfkessel-Rev.-Verein (ESt. 29[184]). — **Personen mit öff. Gl.** (ohne Behördeneigenschaft) sind zB. Postboten, GVollz. (ESt. 14[178] 18[246]); nicht Handelsmäkler (§ 93 HGB.). — **Einzelnes:** Formmängel können unwesentl., Inhaltsmängel wesentl., die Urk. aber trotzdem noch als Privaturk. behelflich sein (Mot. 265). Siegel meist wesentlich. ESt. 26[158] BlEB. 4[211]: Faksimileunterschrift in der Regel ungenügend, Bl. 71[356]. Unterschriftsbegl. deckt nicht den Inhalt (E. 13[330]). — Recht des Errichtungsorts und der -Zeit entscheidend, ESt. 8[372] NS. 4[283]. – Auch ausländ. Urk. hierher, nur ist die Echtheitsvermutung verschieden (§ 438). — **Öff. Urk.** sind (teilweise gemäß §§ 417, 418): Fahrkarten, Gepäckscheine, Frachtbriefe der Staatsbahn (ESt. 8[409] 29[123] 37[318] Art. 8 JFrU.); Pfandzettel gemeindl. Leihhäuser (SSt. 5[488]); Postvermerk auf Anweisungen (ESt. 24[130] JW. 06[248]); standesamtl. Registerauszüge (ESt. 4[194]); Steuerquittungen (Bl. 44[478]), Straßenwärterlohnlisten (Bl. 46[68]); Taufscheine (ESt. 29[243]); staatl. Telegrammausfertig., ESt. 8[92]; ferner Notariats- u. Gerichtsprotok., Ladg., Haftbef., GVollzAkte, ZustellUrk. (ESt. 3[204] 5[175] 15[110] 18[76] 23[345] S. 10[179]); **nicht** Bestätigungen, Notizen, Register lediglich für den inneren Dienst (ESt. 12[323] SSt. 3[612]) oder Archivurk. als solche. — Die **Beweiskraft** umfaßt Erklärungen aller Art (auch über Wissen) sowie Zeit u. Ort (Prot. 154). Feststellg. über Identität: S. 10[72] RO. 5[194]; Testierfähigk.: Bl. 42[136]. Zuhören des UrkBeamten genügt: E. 61[95]; bloßer Anschein amtl. Befugnis nicht, Bl. 71[388]. — **Abs. 2.** Unrichtig: objektiv (zB. Mißverständnis); gleichgültig, ob absichtlich oder fahrlässig, S. 10[72]. Kein direkter Gegenbeweis durch Eid, E. 15[375] (gem. M.); keine landesges. Einschränkg. des Gegenbeweises.

§ 416 (381). Privaturkunden begründen, sofern sie von den Ausstellern unterschrieben oder mittels gerichtlich oder notariell beglaubigten Handzeichens unterzeichnet sind, vollen Beweis dafür, daß die in denselben enthaltenen Erklärungen von den Ausstellern abgegeben sind.

Datumfeststellung: § 485; Echtheitsbeweis: §§ 439 ff.; Feststellungsklage: § 256. — Vgl. die Note zu § 415, insbes. bzgl. materieller Beweiskraft.

Privaturk.: alle nicht öff. U., auch ohne Unterschrift (§ 439). Der Aussteller muß nicht Prozeßpartei oder Geschäftsherr sein (JW. 87[312]); die Zeichnungsform bei Stellvertr. bemißt sich nach Zivilrecht (§ 130). — Unterschrift (vgl. BNotZ. 05[79]) nicht mittels Schreibmaschine oder Stempel (§§ 126 ff. BGB.; Ausnahme § 793); Vorname in der Regel entbehrl. u. allein ungenügend, außer wo üblich (Regent, Bischof, Familienbrief, SA. 4[172]); Künstlername (Pseudonym) zulässig, JW. 86[227]. Die Unterschrift deckt auch Quervermerke, nicht umgekehrt. Woher der Text rührt, ist gleichgültig (Ausnahme § 2231 BGB.); auch Blankettausfüllung hierher (E. 23[109]). Fälschung e. Mitunterschr. hemmt nicht die Beweiskraft des übrigen (S. 9[608]); Benennung im Text ersetzt die Unterschr. nicht; Mitunterschr. e. im Text nicht Benannten gilt im Zweifel als Zeugschaft. Der Zusatz „p." deutet auf Nichteigenhändk., ESt. 36[129]. — Das Handzeichen besteht gewöhnlich, aber nicht notwendig in drei Kreuzen; unleserl. Unterschr. (ROHG. 22[407] ESt. 37[82]) ist kein HZ. — Für das Datum (Zeit u. Ort) gilt hier die Beweiskraft nicht, E. 15[310] 31[397]. Zusammengehören loser Blätter: Bl. 70[28]. — Die Beweiskraft nichtunterschrieb. U. untersteht freiem Erm.; zB. Handelsbücher, Rechng., Quittg. mit Stempeldruck, Tabellen, Notizen im Nachlaß.

§ 417 (382). Die von einer Behörde ausgestellten, eine amtliche Anordnung, Verfügung oder Entscheidung enthaltenden öffentlichen Urkunden begründen vollen Beweis ihres Inhalts.

Hierher zB. Gesetze, Vdg., Urteile, Ladungen, Haftbefehle u. s. w. — Behörde, Datum: § 415; Urteilstatbestand: § 314. — Gegenzeichnung v. Regierungsakten: § 12 EZP.

§ 418 (383). I Öffentliche Urkunden, welche einen anderen, als den in den §§ 415, 417 bezeichneten Inhalt haben, begründen vollen Beweis der darin bezeugten Tatsachen.

II Der Beweis der Unrichtigkeit der bezeugten Tatsachen ist zulässig, sofern nicht die Landesgesetze diesen Beweis ausschließen oder beschränken.

III Beruht das Zeugnis nicht auf eigener Wahrnehmung der Behörde oder der Urkundsperson, so findet die Vorschrift des ersten Absatzes nur dann Anwendung, wenn sich aus den Landesgesetzen ergibt, daß die Beweiskraft des Zeugnisses von der eigenen Wahrnehmung unabhängig ist.

§§ 164, 167, 292; EZP. 16; BGB. 891 ff., 2365; FGG. 182; RPostG. 47; BG. v. 4. Juni 1870 §§ 1, 11, 12; PersStG. 15; GBO. 37; HypG. 46, 93, 170 ff.; VormO. 52; NachlO. 139; Art. 22 AGB. — Vgl. die Note zu § 415.

Hierher Protokolle der Gerichte, GSchr., GVollz.; ZustellUrk., Wechselproteste, Handels-, PersStRegAuszüge, Kataster (Bl. 66[420] BGH.

26[105]), Hypotheken-, Grundbucheinträge, Erbscheine, Quittungen, Beglaubigungen, Eingangsvermerke, Rechtskraft- u. sonstige amtl. Zeugnisse; nicht interne Berichte. — Die Beweiskraft reichsrechtl. Urk. ist landesrechtl. nicht änderbar.

§ 419 (384). Inwiefern Durchstreichungen, Radierungen, Einschaltungen oder sonstige äußere Mängel die Beweiskraft einer Urkunde ganz oder teilweise aufheben oder mindern, entscheidet das Gericht nach freier Überzeugung.

Vgl. Art. 34 NotG.; §§ 118 ff. NotGeschO.; Enderlein Mat. S. 273 ff. — U. U. paläograph. Begutachtung.

Hierher zB. Schnitte, Flecken, Risse (ESt. 36[319]), Verschiedenheit der Tinte (Bl. 12[46]), des Papiers (Wasserzeichen), auffälliges Format, Mangel des Datums oder Siegels, Zeilenenge, lose Einlagen, Bleistiftschrift (ESt. 36[193]); nicht hierher gesetzlich bestätigte Randvermerke. Die ganze Urk., nicht bloß die verdächtige Stelle wird frei würdigbar, E. 29[430]; sind wesentl. Formalien betroffen, so kann die Öff. der Urk. zweifelhaft werden, BZ. 92[47].

§ 420 (385). Die Antretung des Beweises erfolgt durch die Vorlegung der Urkunde.

Besitz des Gegners: § 421; e. Dritten: § 28; e. Behörde: 432. — Mitteilung an Gegner: §§ 131, 134, 135. — Vorlegung außer Gericht: § 434. — Vorlageaufforderung von amtsw.: §§ 142 ff.; HGB. 45, 47, 102; BörsenG. 33. Solche Vorlage ist bei der häufigen Unzuverlässigkeit der in den Anwaltskanzleien gefertigten Abschriften zB. Weglassung von Vordrucken, Quervermerken, Stempelaufdrucken u. s. w. trotz Anerkennung e. Abschrift dringend zu raten (vgl. § 126 BGB.). — Übersetzung: § 142 Abs. 3.

Außerdem ist mündl. Vortrag des Inhalts geboten, E. 4[375]; vgl. §§ 128, 286. — Bei größerem Umfang (zB. Akten, Korrespondenz) ist die zutreffende Stelle anzugeben, E. 1[423]. — Abgabe zu den Gerichtsakten ist an sich nicht forderbar, Gr. 26[124]; vgl. § 443. — Erbieten z. Vorlage genügt bei eigenen Urk. nicht; Fragepflicht: NS. 5[570]. — Klatschkopie oder Durchschreibkopie ist kein Original (E. 4[357] Bl. 3[397]).

§ 421 (386). Befindet sich die Urkunde nach der Behauptung des Beweisführers in den Händen des Gegners, so erfolgt die Antretung des Beweises durch den Antrag, dem Gegner die Vorlegung der Urkunde aufzugeben.

Gegner: auch streitg. NJ. (JW. 84[135]), ges. V. — Urkundenbezeichnung: §§ 420, 424. — Ausnahmen im UrkProz., in Ehe-, Kinds- u. Entmdgsf. sowie bei Anfechtung der Todeserkl. — Urkundenbeseitigung: § 444.

*__§ 422__ (387). Der Gegner ist zur Vorlegung der Urkunde verpflichtet, wenn der Beweisführer nach den Vorschriften des bürgerlichen Rechts die Herausgabe oder die Vorlegung der Urkunde verlangen kann.

„§ 810 BGB. Wer ein rechtliches Interesse daran hat, eine in fremdem Besitze befindliche Urkunde einzusehen, kann von dem Besitzer die Gestattung der Einsicht verlangen, wenn die Urkunde in seinem Interesse errichtet oder in der Urkunde ein zwischen ihm und einem anderen bestehendes Rechtsverhältnis beurkundet ist oder wenn die Urkunde

Verhandlungen über ein Rechtsgeschäft enthält, die zwischen ihm und einem anderen oder zwischen einem von beiden und einem gemeinschaftlichen Vermittler gepflogen worden sind. — HGB. § 45. Im Laufe eines Rechtsstreits kann das Gericht auf Antrag oder von amtswegen die Vorlegung der Handelsbücher einer Partei anordnen. Die Vorschriften der Zivilprozeßordnung über die Verpflichtung des Prozeßgegners zur Vorlegung von Urkunden bleiben unberührt. — § 46. Werden in einem Rechtsstreite Handelsbücher vorgelegt, so ist von ihrem Inhalte, soweit er den Streitpunkt betrifft, unter Zuziehung der Parteien Einsicht zu nehmen und geeignetenfalls ein Auszug zu fertigen. Der übrige Inhalt der Bücher ist dem Gericht insoweit offen zu legen, als es zur Prüfung ihrer ordnungsmäßigen Führung notwendig ist. — § 47. Bei Vermögensauseinandersetzungen, insbesondere in Erbschafts-, Gütergemeinschafts- und Gesellschaftsteilungssachen, kann das Gericht die Vorlegung der Handelsbücher zur Kenntnisnahme von ihrem ganzen Inhalt anordnen." — Vgl. §§ 142, 423, 441, 836; EZP. 13, 17; ferner BGB. §§ 27, 40, 86, 259 ff., 371, 372, 402, 410, 444, 515, 615, 651, 666, 675, 681, 713, 716, 740, 783, 799, 896, 952, 1052, 1145, 1342, 1374, 1525, 1550, 1563, 1597, 1799, 1839, 1850, 1872, 1891, 1896, 1915, 1953, 2010, 2057, 2081, 2146, 2218, 2228, 2259, 2264, 2384; HGB. §§ 91, 101, 118, 157, 166, 246, 263, 267, 338, 498; KO. 239 ff. — Vorlegungsort: ProzeßG.; vgl. § 434: bürg. R.: am Ort des PrG. (E. 35[105]); Kosten: § 91. — Die Weigerungsgründe der §§ 383 ff. sind nicht entsprechend anwendbar. — Aufbewahrungspflicht nur nach bürg. R. (zB. §§ 38, 44 HGB.); Beseitigungsfolgen: § 444; keine Pflicht des Gegners zur Zeugenangabe als Ersatzbeweis (ZZP. 34[72]); vgl. aber zB. § 831 BGB.

Gemeinsam sind: Zustellungsurk. einschl. der Abschrift des Gegners (JW. 81[131]); Quittungen (Bl. 20*[92]); Sparkassehauptbücher (SA. 37[348]); sog. Bier-, Fleisch-, Brotbücher (SA. 49[214]); Eingaben an fiskal. Behörden; Testament für den Bedachten; Vollmacht für den Gegenkontrah.; Duplikate. Der Bürge steht dem Hauptschld. gleich, E. 56[109]. Agent: JW. 91[474]; commis intéressé: §§ 91, 65 HGB. mit RO. 8[95]; Patentstreite: JW. 00[816] 04[502]; Konkurrenzverbot: JW. 03[273]. Kein Recht des Ehemanns zur Brieföffnung: DJZ. 04[65]. — Keine Vorlegungspflicht besteht bzgl. einseitiger Geschäfts-, Haushaltsnotizen (SA. 59[46], zB. Deservitenbuch, Krankenjournal, Kalender), Korrespondenz des Gegners mit seinem Vertreter, interne Administrativerhebg. (SA. 49[214] 60[124]; vgl. aber EVerkO. § 71); Wirtschaftspläne, Schlagregister (S. 3[532] 6[827]), Familienbriefe mit gelegentl. Erwähng. e. RGeschäfts. Beweisbehelflichkeit (E. 32[372]) allein kein Editionsgrund; keine Ed. zwecks Ausforschung von Prozeßmaterial, E. 18[24] JW. 96[696]. — Die Vorlagepflicht der Vollkaufleute hinsichtl. ihrer Handelsbücher geht weiter als die Ed. nach BGB. (E. 15[380] 18[24] 20[45]); Handelsbriefe werden nur nach letzterem ediert (beachtl. Abschaffung des Kopierbuchs). Ob ein Bucheintrag gemeinsam, ist Tatfrage (zB. Zahlung, JW. 03[421]). Vorsicht bei Vorlegung außer § 810 BGB.: E. 18[24]. Die in der Praxis üblichen „Buchauszüge" (ohne Seitenzahlen u. Begl.) haben keine größere Beweiskraft als einseitige Rechnungen. Auskünfte: E. 35[105].

§ 423 (388). Der Gegner ist auch zur Vorlegung derjenigen in seinen Händen befindlichen Urkunden verpflichtet, auf welche er im Prozesse zur Beweisführung Bezug genommen hat, selbst wenn dieses nur in einem vorbereitenden Schriftsatze geschehen ist.

Vgl. §§ 134 ff., 436. Bezugn. durch e. Zeugen ungenügend (RS. 5[458]); späterer Verzicht auf Urk. belanglos.

§ 424 (389). Der Antrag soll enthalten:

1. die Bezeichnung der Urkunde;
2. die Bezeichnung der Tatsachen, welche durch die Urkunde bewiesen werden sollen;
3. die möglichst vollständige Bezeichnung des Inhalts der Urkunde;

4. die Angabe der Umstände, auf welche die Behauptung sich stützt, daß die Urkunde sich in dem Besitze des Gegners befindet;
5. die Bezeichnung des Grundes, welcher die Verpflichtung zur Vorlegung der Urkunde ergibt. Der Grund ist glaubhaft zu machen.

Bezeichnung: § 420. — Editionsgrund: §§ 422, 423. — Glaubhaftm.: § 294 (nicht zu Nr. 1 bis 4). — Erfordernisse für mV. zwingend, Mot. 268. — Eidesantrag nicht vorgesehen.

§ 425 (390). Erachtet das Gericht die Tatsache, welche durch die Urkunde bewiesen werden soll, für erheblich und den Antrag für begründet, so ordnet es, wenn der Gegner zugesteht, daß die Urkunde sich in seinen Händen befinde, oder wenn der Gegner sich über den Antrag nicht erklärt, die Vorlegung der Urkunde an.

Form der Anordnung: Beschluß; ZwischenU. (nicht selbständig anfechtbar) über die Editionspflicht möglich. — Ungehorsamsfolge: § 427. — Vorlageanordnung entfällt bei sof. Vorlage; ist auf HGB. §§ 45, 47, 102 nicht anwendbar.

***§ 426** (391). I Bestreitet der Gegner, daß die Urkunde sich in seinem Besitze befinde, so hat er einen Eid dahin zu leisten:

daß er nach sorgfältiger Nachforschung die Überzeugung erlangt habe, daß die Urkunde in seinem Besitze sich nicht befinde, daß er die Urkunde nicht in der Absicht abhanden gebracht habe, deren Benutzung dem Beweisführer zu entziehen, daß er auch nicht wisse, wo die Urkunde sich befinde.

II Das Gericht kann eine der Lage der Sache entsprechende Änderung der vorstehenden Eidesnorm beschließen.

III Auf die Leistung des Eides durch Streitgenossen, gesetzliche Vertreter und die im § 473 Abs. 2, 3 bezeichneten Personen finden die Vorschriften der §§ 472—474 entsprechende Anwendung.

IV Hat eine öffentliche Behörde Urkunden vorzulegen, so wird der Eid von dem Beamten geleistet, welchem die Verwahrung der Urkunden übertragen ist.

Abnahmeform: §§ 478 ff.; Folge der Weigerung: § 427 (E. 44[422]); der Erlassung: § 464; der Leistung: Erledigung des EdAntrags. — Grenzen der Änderung (Abs. 2): E. 44[422]. — Eid über Briefempfang: § 459.

Andere Beweismittel (zB. Zeugen) unzulässig, E. 16[395]; keine Gewissensvertr., DIZ. 03[427] 04[259]. — Keine Zuschiebg., Annahme oder Zurückschiebg. (JW. 87[271]); Auflage nur durch Beschluß nach mV.; bestr., ob mit ZwU. über die EdPflicht verbindbar. Angabe der Eidesfolgen nicht vorgeschrieben, aber (besonders im Parteiprozeß) praktisch. — Nach Abs. 4 schwört der Registrator, nicht der Amtsvorstand; anders nach Abs. 3 (S. 6[507]). Diensteid unbehelflich.

§ 427 (392). Kommt der Gegner der Anordnung, die Urkunde vorzulegen oder den Eid zu leisten, nicht nach, so ist, wenn der

Beweisführer eine Abschrift der Urkunde beigebracht hat, diese Abschrift als richtig anzusehen. Ist eine Abschrift der Urkunde nicht beigebracht, so können die Behauptungen des Beweisführers über die Beschaffenheit und den Inhalt der Urkunde als bewiesen angenommen werden.

Kein VerfZw.U. — Vorlage in II. J. nachholbar, Eid nicht. — Eine ZwV. findet aus dem gemäß § 425 ergangenen Beschlusse nicht statt; Herausgabeklage kraft Zivilrechts möglich. — Abschrift: auch einfache; ob Inhalt behelflich, bleibt nachprüfbar. — Urkundenbeseitigung: § 444.

§ 428 (393). Befindet sich die Urkunde nach der Behauptung des Beweisführers in den Händen eines Dritten, so erfolgt die Antretung des Beweises durch den Antrag, zur Herbeischaffung der Urkunde eine Frist zu bestimmen.

Dritte: auch gewöhnl. RJ., Streitgen. des Beweisführers. – Antragsinhalt: § 430 Frist: § 431; Vorlegungsprozeß: § 429. — Unanwendbar im UrkPr. (§ 595).

§ 429 (394). Der Dritte ist aus denselben Gründen wie der Gegner des Beweisführers zur Vorlegung einer Urkunde verpflichtet; er kann zur Vorlegung nur im Wege der Klage genötigt werden.

Vgl. §§ 422, 423, 434; Frist: §§ 428, 431; Vollstr.: §§ 883, 893.

Der Vorlagestreit ist e. selbständiger Prozeß; die Behauptg. der Fristsetzung gehört zur Klagsbegr. (E. 12[414]). — Verwaltungszuständigkeit möglich. — Vorlegungsort bestimmt sich nach materiell. R.; § 423 gibt kein Editionsrecht gegen Dritte.

§ 430 (395). Zur Begründung des nach § 428 zu stellenden Antrags hat der Beweisführer den Erfordernissen des § 424 Nr. 1—3, 5 zu genügen und außerdem glaubhaft zu machen, daß die Urkunde sich in den Händen des Dritten befinde.

§ 431 (396). I Ist die Tatsache, welche durch die Urkunde bewiesen werden soll, erheblich, und der Antrag den Bestimmungen des vorstehenden Paragraphen entsprechend, so hat das Gericht eine Frist zur Vorlegung der Urkunde in einem von dem Beweisführer zu erwirkenden Termine zu bestimmen.

II Der Gegner kann die Fortsetzung des Verfahrens vor dem Ablaufe der Frist beantragen, wenn die Klage gegen den Dritten erledigt ist oder wenn der Beweisführer die Erhebung der Klage oder die Betreibung des Prozesses oder der Zwangsvollstreckung verzögert.

Form: Beschluß nach mV., auch für Abweisung. — Der Vorlagetermin wird erst nach Erlangung der Urk. durch den Beweisführer angesetzt; inzwischen ruht der Hauptprozeß. Fristwahrung durch Ladung; Folge der Fristversäumnis: § 356; Friständerung: § 224. Akteneinsicht des Gegners: § 299.

§ 432 (397). I Befindet sich die Urkunde nach der Behauptung des Beweisführers in den Händen einer öffentlichen Behörde oder eines öffentlichen Beamten, so erfolgt die Antretung des Beweises durch den Antrag, die Behörde oder den Beamten um die Mitteilung der Urkunde zu ersuchen.

II Diese Vorschrift findet auf Urkunden, welche die Parteien nach den gesetzlichen Vorschriften ohne Mitwirkung des Gerichts zu beschaffen im stande sind, keine Anwendung.

III Verweigert die Behörde oder der Beamte die Mitteilung der Urkunde in Fällen, in welchen eine Verpflichtung zur Vorlegung auf § 422 gestützt wird, so finden die Bestimmungen der §§ 428—431 Anwendung.

Vgl. §§ 199, 299 (insbes. Archiv), 422, 792, 896, 915; ferner §§ 169 GVG.; 16, 59 PersStG. mit 21 BRBek.; 9 RG. v. 11. Jan. 1876; 19 PatG.; 3 GebrMusterSchG.; 3 WarenZG.; 57 UrhRG.; 56 BörsenG.; 156 GenG. mit Art. 161 AVG.; 121 BinnenSchG.; 5 RG. v. 22. Juni 1899; 9, 100 HGB. mit § 101 GVG.; 17, 42 ZVG.; 146 KO.; 34, 78, 85, 152, 162 FGG.; 9, 11, 93, 94 GBO.; Art. 8, 13 MinVerantwG.; 19 StaatsGHG.; §§ 24, 95, 116 HypG. (S. 12[130] 14[622] 16[287]); Art. 11, 16 AGBO. mit §§ 19, 535 ff., 544 ff. GBDA.; §§ 40 ff. JMB. v. 17. Juli 1900 (JMBl. 1048); Art. 3 AVG.; 3, 135, 234 AZP.; 134 AVG. mit JMBl. 05[624] GBDA. §§ 130, 159; 13 SubhO.; 22, 38, 44, 55, 136 NotG. mit §§ 192 ff. NotGeschO.; Art. 63 NotGebO. (Testamente: JME. v. 5. Dez. 1900, Nr. 44321; Art. 288 GebG. — Strafliftenadhibierung (Geburtsort): § 17 JMB. v. 16. Juni 1882 (JMBl. 187). — Erbschein: JMBl. 00[49] 01[435]; GebG. Art. 39, 96 ff.; NachlG. Art. 9, 10; NachlO. § 51; vgl. Note zu § 792; RS. 3[664] 4[637] 5[561] 6[91] [388] JW. 05[642].

Abs. 1. Angabe des Beweisthemas, Bezeichng. der Urk.: RS. 1[1] Bl. 60[144] JW. 97[147] [462]; Form: BeweisB.; Termin nach § 370 (keine Frist). Ersuchen v. amtswegen an den Vorstand (nicht Registrator) der Behörde. Die Prüfung der Zulässigkeit der Herausgabe obliegt nur letzterer (JW. 98[159]). Rechtsbehelf: VerwBeschw. Formlose Parteibenachr. vom Akteneingang. Vollzug e. BewB. bzgl. eigener Akten erfolgt im inneren Dienstweg. — **Abs. 2** trifft das bloße Einsichtsrecht nicht. Mangels letzteren Rechts e. Partei ist ihr die Einsicht (zB. von Polizeiakten, staatsanw. Ermittelungsakten, vgl. SSt. 5[248] Bl. 48[383] 59[368]) auch nicht auf dem Umwege des gerichtl. BewB. erreichbar; anders bei Adhibierung v. amtsw. (zB. nach § 622), wo die allgem. Unterstützungspflicht der Behörden eingreift. Wegen Strafakten vgl. § 96 StPO., JMBl. 80[317] 03[298] Bl. 62[57] NSSt. 3[34]; aut. JME. Nr. 24681 v. 3. Juli 1903; EhrenG. der RA.: Bl. 48[461]. Auch beschlagnahmte Handelsbücher fallen unter Abs. 1. — **Abs. 3.** Ist die Urkundenbesitzerin selbst Prozeßgegnerin, so gelten die §§ 421 bis 427; vgl. S. 5[953] (Fiskus); Hock 1[207].

§ 433 (398). Wird nach Erlassung eines Beweisbeschlusses über die in demselben bezeichneten streitigen Tatsachen Beweis in Gemäßheit der §§ 428, 432 angetreten, so ist die Beweisantretung auf Antrag zurückzuweisen, wenn durch das zur Herbeischaffung der Urkunden erforderliche Verfahren die Erledigung des Rechtsstreits verzögert werden würde und das Gericht die Überzeugung gewinnt, daß die Partei in der Absicht den Prozeß zu verschleppen, oder aus grober Nachlässigkeit den Beweis nicht früher angetreten hat.

Beachtlich die Beschränkung auf Urk. im Drittgewahrsam. — Vgl. § 374.

§ 434 (399). Wenn die Vorlegung einer Urkunde bei der mündlichen Verhandlung wegen erheblicher Hindernisse nicht erfolgen kann oder wegen der Wichtigkeit der Urkunde und der Besorgnis des Verlustes oder der Beschädigung bedenklich erscheint, so kann das Prozeßgericht anordnen, daß die Vorlegung vor einem seiner Mitglieder oder vor einem anderen Gerichte geschehe.

Beschluß: § 355. — Vgl. § 158 GVG.; Art. 11 AGBO.; 34, 37 NotG.; §§ 192 ff. NotGeschO.; §§ 46, 47 HGB.; 43 GenG. 16 KfmGG. — Protokoll: § 165; u. U. Photographie der Urk. sachgemäß; Ort u. Stelle: § 219. — Augenschein: 371.

Anwendbar auf Urk. u. Gewahrsam aller Art; Beisp.: Grund-, Hypothekenbücher (JMBl. 63[70] GBDA. § 217, 535 ff., 541), Standesreg. (Weber BS. 12[654] AdmBl. 55[144]), Urkataster (JMBl. 77[263] 05[625]), kostbare Archivalien (GVBl. 99[65]), laufd. Handelsbücher (Pr. 641); Gebäudeinschriften.

§ 435 (400). Eine öffentliche Urkunde kann in Urschrift oder in einer beglaubigten Abschrift, welche hinsichtlich der Beglaubigung die Erfordernisse einer öffentlichen Urkunde an sich trägt, vorgelegt werden; das Gericht kann jedoch anordnen, daß der Beweisführer die Urschrift vorlege oder die Tatsachen angebe und glaubhaft mache, welche ihn an der Vorlegung der Urschrift verhindern. Bleibt die Anordnung erfolglos, so entscheidet das Gericht nach freier Überzeugung, welche Beweiskraft der beglaubigten Abschrift beizulegen sei.

Was Urschrift (Hauptschrift), bestimmt das Landesrecht; vgl. Art. 34 bis 47 NotG.; §§ 179, 196 NotGeschO.; Begl.: § 415; Auszüge: § 131. Gerichtsurteile, NotUrk. werden in der Regel in Ausfertigung vorgelegt. Begl. durch RA. hat keine öff. Beweiskraft (JW. 03[89]). Einfache Abschr. sind frei würdigbar, in der Regel ohne Beweiskraft. Öff. Glaube bei begl. Abschrift von e. begl. Abschr. ist bestr., aber nach Art. 34 NotG. zu bejahen.

§ 436 (401). Der Beweisführer kann nach erfolgter Vorlegung einer Urkunde nur mit Zustimmung des Gegners auf dieses Beweismittel verzichten.

Vgl. §§ 399, 423. — Selbständige nachträgl. Beweisantretung durch die nämliche Urk. seitens des Gegners ist zulässig; Niederlegung nach § 134 hierher belanglos.

§ 437 (402). I Urkunden, welche nach Form und Inhalt als von einer öffentlichen Behörde oder von einer mit öffentlichem Glauben versehenen Person errichtet sich darstellen, haben die Vermutung der Echtheit für sich.

II Das Gericht kann, wenn es die Echtheit für zweifelhaft hält, auch von amtswegen die Behörde oder die Person, von welcher die Urkunde errichtet sein soll, zu einer Erklärung über die Echtheit veranlassen.

Vorlage: § 435. — Keine Legalisation im Inland (§ 1 RG. v. 1. Mai 1878, RGBl. 89). — Form zu Abs. 2: Beschluß nach mV. — Ausld. Urkunden: § 438.

Form u. Inhalt: konkret; sachl. Zuständk., Notarname prüfbar. — Über Echtheit deutscher öff. U. braucht sich der Gegner nicht zu erklären (§ 439); die Vermutung ist widerlegbar, auch durch Eid. Beweislast: E. 50^{420}.

§ 438 (403). I Ob eine Urkunde, welche als von einer ausländischen Behörde oder von einer mit öffentlichem Glauben versehenen Person des Auslandes errichtet sich darstellt, ohne näheren Nachweis als echt anzusehen sei, hat das Gericht nach den Umständen des Falles zu ermessen.

II Zum Beweise der Echtheit einer solchen Urkunde genügt die Legalisation durch einen Konsul oder Gesandten des Reichs.

§ 2 RG. v. 1. Mai 1878 (RGBl. 89; die ZPO. ist lex posterior); Vertrag mit Österreich-Ungarn v. 25. Febr. 1880 (RGBl. 81^{3}; Bosnien u. Herzegowina: RGBl. 81^{253}) u. hierzu Behördenverzeichnis: RGBl. 01^{323}; Japan: RGBl. 96^{732}; § 14 KonsG. mit JMBl. 71^{175} (Siegel); Schutzgebietsbehörden gelten als inländisch. — Übersetzung: §§ 142, 144. — Legalisation inländ. Urk. für das Ausland: Art. 31 AGB. (LandGPräs.); 54 GebG.; § 188 NotGeschO.: JMBl. 63^{95} 68^{65} 71^{321} 76^{111} 90^{396} 91^{240} 94^{54} 97^{14} 05^{37}. Zwischenbegl. entfällt, außer bei Rußland u. Frankreich: JMBl. 04^{148}.

Abs. 2 bewirkt nicht vollen Beweis, sondern nur Vermutung nach § 437 (bestr.). — Bundesstaatsgesandte, soweit nicht Vertreter e. Reichsgesandten, nicht hierher (praktisch nur für außerbayer. Gerichte, weil bayer. Gesandtschaft bayer. Behörde).

§ 439 (404). I Über die Echtheit einer Privaturkunde hat sich der Gegner des Beweisführers nach Vorschrift des § 138 zu erklären.

II Befindet sich unter der Urkunde eine Namensunterschrift, so ist die Erklärung auf die Echtheit der Unterschrift zu richten.

III Erfolgt die Erklärung nicht, so ist die Urkunde als anerkannt anzusehen, wenn nicht die Absicht, die Echtheit bestreiten zu wollen, aus den übrigen Erklärungen der Partei hervorgeht.

Streichungen, Radierungen: § 419; weitere Ausnahmen: §§ 354, 507, sowie in Ehe-, Kinds- u. EntmdgsS., ferner bei sonstigen Offizialpunkten.

Die Erklärungspflicht in mV. besteht auch mangels Unterschrift, selbst für den Nichtaussteller; „Nichtwissen" genügt letzterenfalls, E. 2^{415}. Handzeichen, Stempel fallen nur unter Abs. 1. — Unterlassene Bestr. ist in II. J. nachholbar. — Der Gegner kann auch bei Abs. 2 die ganze Urk. anerkennen; dann besteht statt der Vermutung des § 440 Gewißheit. „Anerkennung" e. Abschrift ist Geständnis ihres Inhalts; Vorlage der Urschrift gleichwohl rätlich: § 420.

§ 440 (405). I Die Echtheit einer nicht anerkannten Privaturkunde ist zu beweisen.

II Steht die Echtheit der Namensunterschrift fest oder ist das unter einer Urkunde befindliche Handzeichen gerichtlich oder notariell beglaubigt, so hat die über der Unterschrift oder dem Handzeichen stehende Schrift die Vermutung der Echtheit für sich.

Vgl. §§ 256, 286. — Rasuren ꝛc.: § 419. — Entschdgsform: Zwll. (§ 303) oder Begr. des EndU.

Abs. 1. Eid zuläſſig (Mot. 272), insbeſ., daß nicht ein Dritter kraft Auftrags oder mit nachträgl. Genehmg. unterſchrieben (JW. 86^{314}). Letzterer Eid iſt u. U. günſtiger als über die beurk. Tatſache ſelbſt; Ausnahme: § 126 BGB. (eigenhändige U.). — **Abs. 2.** Hier wird beſtimmt, welchenfalls der Text als echt zu vermuten; im § 416, was der echte Text beweiſt. — Gilt auch für Blanketts, E. 2^{89} 47^{68} (vorbehaltl. Gegenbeweis des Mißbrauchs).

§ 441 (406). I Der Beweis der Echtheit oder Unechtheit einer Urkunde kann auch durch Schriftvergleichung geführt werden.

II In dieſem Falle hat der Beweisführer zur Vergleichung geeignete Schriften vorzulegen oder deren Mitteilung in Gemäßheit der Beſtimmung des § 432 zu beantragen und erforderlichen Falls den Beweis der Echtheit derſelben anzutreten.

III Befinden ſich zur Vergleichung geeignete Schriften in den Händen des Gegners, ſo iſt dieſer auf Antrag des Beweisführers zur Vorlegung verpflichtet. Die Beſtimmung der §§ 421—426 finden entſprechende Anwendung. Kommt der Gegner der Anordnung, die zur Vergleichung geeigneten Schriften vorzulegen oder den im § 426 beſtimmten Eid zu leiſten, nicht nach, ſo gilt der Echtheitsbeweis als geführt.

IV Macht der Beweisführer glaubhaft, daß in den Händen eines Dritten geeignete Vergleichungsſchriften ſich befinden, deren Vorlegung er im Wege der Klage zu erwirken imſtande ſei, ſo finden die Vorſchriften des § 431 entſprechende Anwendung.

Vgl. §§ 93 StPO.; 220 MStGO. — Glaubhaftm.: § 294. — Notorietät der Schrift: § 291.

Kein Schreibzwang, Mot. 272. — Die etwa beſtr. Eigenhändigkeit der tunlichſt gleichzeitigen Vergleichsſtücke (zB. Vollmacht) hat der Beweisführer in mV. darzutun, Gr. 29^{1103}. — Abſ. 3 Satz 3 gilt entſpr. auch für die Unechtheit; eine ſelbſtdg. Editionspflicht wird hierdurch nicht beſtimmt.

§ 442 (407). Über das Ergebnis der Schriftvergleichung hat das Gericht nach freier Überzeugung, geeigneten Falls nach Anhörung von Sachverſtändigen zu entſcheiden.

Die Vergl. ſelbſt iſt nicht Beſtandteil der mV.: Anwendung unterſteht freiem Ermeſſen, E. 11^{397}. — Sachverſtd.: §§ 144, 371, 402 ff.

§ 443 (408). Urkunden, deren Echtheit beſtritten iſt oder deren Inhalt verändert ſein ſoll, werden bis zur Erledigung des Rechtsſtreits auf der Gerichtsſchreiberei verwahrt, ſofern nicht ihre Auslieferung an eine andere Behörde im Intereſſe der öffentlichen Ordnung erforderlich iſt.

Stempelpflicht: §§ 21 WechſelStG.; 77 RStempelG.; GBl. Beil. 70/71^{53} GVBl. 79^{1409} 81^{1143} 01^{145} $06^{394\ 483}$ JMBl. 71^{103} 73^{190} 82^{34}. — Ausſetzung: § 149. — Mitteilung über

Unrichtigkeiten in Standesurk.: JMBl. 00[867]. — Einbehaltung im Tatbestand erwähnter Urk.: § 16 AGSchrG.: kein allg. Recht auf Zurückbehaltg. oder Abschrift: JW. 05[438] EF. 3[227]. Vgl. auch §§ 2, 3 HO.; JMBl. 03[431] (Quittungskarten); 04[223] (Kriminalmuseum; ferner Note zu §§ 142, 149, 317.

§ 444 (409). Ist eine Urkunde von einer Partei in der Absicht, deren Benutzung dem Gegner zu entziehen, beseitigt oder zur Benutzung untauglich gemacht, so können die Behauptungen des Gegners über die Beschaffenheit und den Inhalt der Urkunde als bewiesen angesehen werden.

Aufbewahrung: §§ 142, 299, 422; Umkehrung der Beweislast: § 286; Bestrafung: § 274 Nr. 1 StGB. (ESt. 38[39]); Schadensersatz: §§ 823, 826 BGB.

Fahrlässigkeit genügt nicht; Beseitigung im Proz. selbst, Widerrechtlichkeit oder krim. Strafbarkeit nicht erforderlich (Mot. 273). — Der Editionseid entfällt hier.

Zehnter Titel.

Beweis durch Eid.

§ 445 (410). Die Eideszuschiebung ist nur über Tatsachen zulässig, welche in Handlungen des Gegners, seiner Rechtsvorgänger oder Vertreter bestehen oder welche Gegenstand der Wahrnehmung dieser Personen gewesen sind.

Weitere Ausnahmen: §§ 446, 448; Form der Zuschiebg.: § 451; Erklärung des Gegners: §§ 452 ff.; Eidesnormen: § 459; Leistungsform: §§ 478 ff.; richterl. Eid: §§ 475 ff.; Schätzungseid: § 287; Editionseid: § 426; OffenbEid: §§ 807, 889, 899 ff.; gerichtl. Kompromißeid: § 1035 ff. — Außergerichtl. Kompromißeid zB. vor Geistlichen) zulässig: Mot. BGB. 2[657] ESt. 5[94] JW. 01[604] SSt. 3[445]; Meineid straflos. — Persönl. Anhörung der Parteien vor endgültiger Eidesnormierung: Aut. JME. v. 15. Jan. 1896. — Widerruf objekt. falschen Parteieids: § 158 StGB., ESt. 16[30]. — Keine eidl. Vernehmung der Parteien.

Verletzung revisibel, E. 3[430]. — Tatf.: sowohl innere (E. 3[431]) als äußere; zB. Tod (E. 8[173]; nicht e. Verschollenen, JW. 93[426]), Wert, Qualität e. Waare (E. 15[336] RS. 1[646]), eigene Schmerzen (JW. 87[493]); auch strafb. Handlg. (Mot. 276), fraud. Absicht (E. 15[369]), eigene Motive (S. 14[250] bzgl. Verlöbnislösg.; vgl. RS. 4[863]), Zwang (JW. 96[131]), Wissen über anderw. feststehende Tatf. (E. 3[431] 25[180]; nicht ohne letztere Feststellg., E. 3[399] JW. 01[305]; vgl. JW. 06[232]). — Rechtsbegriffe nur, wenn einfach u. nicht Subsumierung selbst bestr. (E. 7[1] 25[181] S. 15[726]); Befäh. des Schwurpfl. entscheidend (E. 7[1] 15[336]). Zulässig insoweit zB. über Eigentum (E. 21[402] S. 7[163]), Zahlungseinstellung (E. 3[398] 51[414]), stillschw. Genehmig. (R. 03[579]), Auftrag (JW. 95[295]), Darlehenshingabe (S. 9[362]), Verwendg. in eig. Nutzen (JW. 86[91]), Dienstverhältnis (JW. 03[124]), Verzicht (RS. 4[769]), Vertragsschluß (BlEB. 5[30]), Besitz (S. 9[84]), Identität von Pfändern (JW. 98[415]), früheres Vermögen (S. 12[232]), bona fides (JW. 92[506]); nicht über: Gewerbsmäß. (SA. 47[239]), Unsittlichkeit (JW. 99[768]), Differenzgeschäft (JW. 93[545]), Verzeihung (JW. 93[47]), Unmöglichkeit (Bl. 46[47]), Vertragsauflösg. (Bl. 61[44]), Chikane (Bl. 61[176]), Bürgschaftseintritt (JW. 04[296]), Kundenwechsel (JW. 03[179]), Schuldanerk. (E. 25[185]); vgl. wegen culpa: S. 15[488]; Zession: S. 15[411]; Gefälligkeitswechsel: RS. 1[159]; Tradition: JW. 01[711]. — Unzulässig ist der Parteieid als bloßes Ausforschungsmittel (RS. 4[523]), zB. über Ehebruch, JW. 88[329] RS. 1[639] (Unterschied von zivilrechtl. Auskunftspflicht: vgl. § 451); über ein **Gutachten**, zB. Sinn e. Urk. (SA. 43[164]), Ursache e. Schadens (SA. 60[178]), e. Verletzung (JW. 96[73]), Vermögenszulänglichkeit (Gr. 40[960]), Zahlung aus Eigenem (SA. 42[71]), Hausschwamm (Gr. 38[462]); einfache Berechnung forderbar (S. 8[291]). — **Rechtsvorgänger**: vgl. Reg. Hierher auch Singularsukzession, zB. durch fraud. Veräußerung (E. 9[85] 15[368] JW. 03[345]), Anweisung (E. 45[369]), Eheeinbringen (E. 13[417]), Pfandbestellung (E. 15[370]), Vollindossament (E. 47[71] JW. 02[76]), Konkurs (E. 53[8]), Schuldübernahme (zB. § 415 BGB.), Handwahrung (§ 932 BGB.); vgl. E. 54[94]. — **Vertr.**: auch des Rechtsvorgäng. (E. 8[343]), Boten, Geschäftsf. ohne Auftr. &c., Bedienstete, soweit deren Hdlg. als Parteihdlg. gilt (E. 13[357] 39[186] 47[328]); bloße gesetzliche Haftung (zB. HaftpflG. § 1, BGB. §§ 278, 831, ABG. Art. 60, 61) nicht hierher (E. 13[355]); Gründer e. AktG.: JW. 02[342]. — Gleichgültig ist, ob etwa der Deferent selbst RVorgänger war, SA. 45[56] [104]. — Streit über Eidesfähigk. e. Tatsache: Bl. 59[404]; kein reiner Ignoranzeid (E. 10[324]).

§ 446 (411). Die Eideszuschiebung über eine Tatsache, deren Gegenteil das Gericht für erwiesen erachtet, ist unzulässig.

Vgl. § 292; EZP. § 16 Nr. 1 ist gestrichen. — **Sonstige Fälle der Unzulässigkeit**: §§ 128 (fak. Verf.), 294, 581, 592, 595, 617, 640, 641, 670, 676, 679, 684, 686; vgl. § 14 EZP.

Dieser Eidesausschluß gilt auch gegenüber gesetzl. vollen Beweisregeln, insbes. vollbeweisenden Urk. (E. 15[375]). Der **indirekte Gegenbeweis** bleibt jedoch offen, JW. 93[560]; große Unwahrscheinl. genügt nicht, E. 5[429]. — Die Vorschrift gilt nach § 286 auch ohne Beweisaufn. (E. 18[163]); ist aber auf andere Beweismittel als Eid nicht ausdehnbar (E. 24[332]). Gegen Vermutungen (§ 292) ist Eid statthaft: Irrtumsbeweis gegen Geständnis: § 290.

§ 447 (412). Eine nicht beweispflichtige Partei übernimmt durch Eideszuschiebung nicht die Beweispflicht.

Vgl. §§ 452, 461, 533.

Gilt auch in II. J., selbst wenn der Eid in der Vorinstanz nach BeweisB. unter falscher Beweislastverteilung bereits geleistet (E. 17[335]) oder verweigert worden ist; vgl. jedoch E. 53[58]. — Bei Beweislastzweifel wechself., vorsorgl. Zuschiebung und Erklärung.

§ 448 (413). I Die Zurückschiebung des Eides ist nur insofern zulässig, als nach den Bestimmungen des § 445 die Zuschiebung desselben zulässig sein würde.

II Sie findet nicht statt, wenn die Partei, welcher der Eid zugeschoben ist, nicht aber die Gegenpartei über ihre eigene Handlung oder Wahrnehmung zu schwören haben würde.

Ausnahme: § 450. — Partei (Abs. 2): auch ges. V.; Norm (§ 459 Abs. 1 oder 2) gleichgültig. — Ist schon die Zuschiebung unstatthaft gewesen, so ist es auch die Zurückschbg.

§ 449 (414). Der Eid kann nur der Partei, nicht einem Dritten zugeschoben oder zurückgeschoben werden. Die Zuschiebung oder

Zurückschiebung an einen Nebenintervenienten findet nur statt, wenn dieser als Streitgenosse der Hauptpartei anzusehen ist (§ 69).

Ges.B.: § 473; Einigung: § 450; Zeugnispflicht: § 385 Nr. 4.

Der NebenJ. kann, auch wenn nicht Streitgen., Eide zuschieben; die Zurückschbg. erfolgt solchenfalls an die unterstützte P. (BlEB. 7[55]). — Der Scheinzedent ist Dritter (JW. 89[17]).

§ 450 (415). Das Gericht kann anordnen, daß die in den §§ 445, 448, 449 enthaltenen Beschränkungen für die Zuschiebung und Zurückschiebung des Eides nicht zur Anwendung kommen sollen, wenn die Parteien in Betreff des zu leistenden Eides einig sind und der Eid sich auf Tatsachen bezieht.

Vgl. auch § 461 u. bzgl. Kompromißeid Note zu 445. — Weigerung, Ausbleiben des Dritten: §§ 464 ff.; Nachholungsantrag nur durch Partei (bestr.) — Keine nachträgl. Gewissensvertretung (§ 454). — Vollmacht: § 81.

Einigung (selbst vergleichsweise) bindet das Gericht nicht; vgl. § 475. Form; mB.; auch konklud. Handlg. (JW. 99[434]), nicht aber bloße Eidesannahme, E. 10[323]. — Der Eid des Dritten kann ein Glaubenseid sein (unpraktisch); Zustimmung nicht nötig.

§ 451 (416). Die Antretung des Beweises erfolgt durch die Erklärung, daß dem Gegner über die bestimmt zu bezeichnende Tatsache der Eid zugeschoben werde.

Erklärung: in mB. (§ 128); Tatsachen: § 445; Protokolle: §§ 160, 298.

„Beweis: Eid" ungenügend, S. 11[295]. Niederschrift (BlEB. 4[250]), Angabe über Glaubens- oder Wissensnorm (JW. 82[274]) nicht forderbar, wohl aber Name des schwurpfl. Streitgen., des Ehebrechers (S. 12[499] JW. 90[402] 99[406]); unstatthaft „mit anderen (oder: verschiedenen) Männern" (JW. 03[386] S. 12[499]). Indirekter Beweis möglich, zB. Geschlechtskrankheit (JW. 98[8]), Bordellbesuch; mit „sämtl. Haushälterinnen" innerh. bestimmter kurzer Zeit (JW. 01[400]), „mit e. Leutnant, wie selbst erzählt" (ZR. 06[122] vgl. JW. 06[476]) genügt. Für den Bescholtenheitseid gilt die gleiche Substantiiergspflicht (ZR. 06[122]); Zeit, Ort: Gr. 48[361]. Bei bedingtem Geschäftsabschluß u. sonstigen Eiden über Negativen Beifügung des Gegenteils praktisch, Bl. 62[397]. — Die Ermittlung des Schwurpfl. kann nicht dem Eidestermin überlassen bleiben (JW. 02[74]; aM. 85[267] 90[41]). Mitwirkg. bei der Formulierg. obliegt dem Gerichte (abgesehen vom AmtsG.) nicht, S. 11[295]; Ausübung des FrageR. (BlEB. 6[222]), Auflage des entspr. richterl. Eides hilft u. U. ab. Weglassung unerhebl. Zusätze steht dem Gerichte frei, JW. 84[297].

§ 452 (417). I Die Partei, welcher der Eid zugeschoben ist, hat sich zu erklären, ob sie den Eid annehme oder zurückschiebe, selbst wenn sie Einwendungen in Beziehung auf die Eideszuschiebung vorbringt.

II Gibt die Partei keine Erklärung ab oder schiebt sie in einem Falle, in welchem die Zurückschiebung unzulässig ist, den Eid zurück, ohne denselben bedingt anzunehmen, so wird der Eid als verweigert angesehen.

Erklärungsform: mV.: Vertagung nur ausnahmsweise (Pr. 168); Schriftsatz belanglos. — Aufforderung: § 455; Protokollierung: §§ 160, 298, 509; Gewissensvertretung: § 453; Weigerung: § 464; Ausnahme bei Zurückschiebg.: §§ 448, 456.

Ausdrückl. Verweigerung der Leistung schon vor Auflage möglich, E. 35[373] (bestr.). — Bei unzulässiger Zurückschbg. ist die Annahme noch bis zum Schlusse der mV. statthaft, E. 17[424]. — In II. J. ist nur eine unterbliebene Erklärung nachholbar (§ 531); bedingte Annahme: R. 05[621].

§ 453 (418). I Durch die Zuschiebung, Annahme oder Zurückschiebung des Eides wird die Geltendmachung anderer Beweismittel von seiten der einen oder der anderen Partei nicht ausgeschlossen.

II Werden andere Beweismittel geltend gemacht, so gilt der Eid nur für den Fall als zugeschoben, daß die Antretung des Beweises durch die anderen Beweismittel erfolglos bleibt.

Widerruf der Zuschiebg.: § 458; der Gegenerklärung: §§ 454, 458. — Inzidentrestitution: § 463.

Sog. Gewissensvertretung (Mot. 280). Gilt auch für unzulässige Zurückschbg. (E. 25[180]), wird durch BeweisB. nicht gehindert (E. 17[334]), auch nicht durch bed. EndU. I. J. für die II. J. (E. 25[180] 46[320]), wohl aber durch Leistung, E. 17[335] 41[415]. Unanwendbar auf Eidesverweig. oder anderes Beweisthema; ebenso, wenn das Beweismittel nur für den Fall vorgebracht, daß der Beweisführer den Eid nicht erhält (JW. 98[159]). — Unbehelfliche, überflüssige Beweise braucht das Gericht nicht zu erheben; wegen Nachschleppung gelten die allg. Vorschr. — Nach Erledigung der anderen Beweisangebote muß die Zuschiebg. wiederholt werden, SA. 39[59] aM. BlEB. 12[223]; jedenfalls Fragepflicht: E. 29[334]; Erklärung: § 454. Das Beweisergebnis kann die Behelflichkeit des Eides nach § 446 beseitigen.

§ 454 (419). I Werden andere Beweismittel geltend gemacht, so ist die Partei, welcher der Eid zugeschoben wurde, nicht verpflichtet, sich über die Eideszuschiebung früher zu erklären, als bis die Eideszuschiebung nach Aufnahme oder sonstiger Erledigung der anderen Beweismittel wiederholt ist.

II Sind andere Beweise aufgenommen, so kann die vorher abgegebene Erklärung widerrufen werden.

Abs. 1. Erledigung: zB. Tod des Zeugen, Verzicht: Beweisergebnis gleichgültig. Vertagung zwecks Erkl. nicht forderbar (Pr. 168). — Abs. 2. Bei anderweitiger Erledigung des Bew. (statt Aufnahme) kein Widerruf der Annahme oder Zurückschbg.

§ 455 (420). Wegen unterbliebener Erklärung auf eine Eideszuschiebung kann der Eid nur dann als verweigert angesehen werden, wenn die Partei durch das Gericht zur Erklärung über den Eid aufgefordert ist.

Aufforderung: E. 34[373]; §§ 136, 139. — Feststellung im Protokoll rätlich (§ 160), jedenfalls im Tatbestand (§ 314); vgl. § 507.

§ 456 (421). Der zurückgeschobene Eid gilt auch ohne ausdrückliche Erklärung über die Annahme als von dem Beweisführer angenommen.

Sof. Einwdg. gegen Zulässigkeit möglich (Mot. 282): Widerruf nach §§ 454, 458; Weigerung der Leistung: § 464.

§ 457 (422). Die Zurückschiebung des Eides kann außer dem Falle des § 454 Abs. 2 widerrufen werden, wenn der Schwurpflichtige wegen wissentlicher Verletzung der Eidespflicht rechtskräftig verurteilt oder wenn glaubhaft gemacht wird, daß der Gegner erst nach erfolgter Zurückschiebung des Eides von einer solchen Verurteilung Kenntnis erlangt habe.

§ 454: Gewissensvertretung. — Form des Widerrufs: mV.; Wirkung: § 471. — StGB. §§ 159, 160, 162 hierher (E. 46[396]), § 163 nicht; der Meineid kann im gleichen oder e. anderen Verf. geleistet sein. Nach Rkr. des bed. EndU. gilt § 470, nach Eidesleistung §§ 463 Abs. 2, 580. — Keine Unfähigk. des Meineidigen für Parteieid.

§ 458 (423). Die Annahme oder Zurückschiebung des Eides kann außer den Fällen des § 454 Abs. 2 und des § 457 nicht widerrufen werden.

§§ 454 (Gewissensvertr.), 457 (Meineidsverurteilg.). — Abmachg. beider P. über Wegfall e. angen., durch BewB. bereits auferlegten Eides sind durch dieses Verbot einseit. Widerrufs nicht gehindert. — Die Zuschiebg. ist frei widerrufl., auch nach Annahme u. noch in II. J.; vgl. §§ 533, 536, E. 46[328] JW. 01[296] 02[395]; nicht nach Leistg., soweit gesetzl., R. 06[496].

§ 459 (424). [I] Über eine Tatsache, welche in einer Handlung des Schwurpflichtigen besteht oder Gegenstand seiner Wahrnehmung gewesen ist, wird der Eid dahin geleistet:

daß die Tatsache wahr oder nicht wahr sei.

[II] Ist eine solche Tatsache vom Gegner des Schwurpflichtigen behauptet und kann dem letzteren nach den Umständen des Falles nicht zugemutet werden, daß er die Wahrheit oder Nichtwahrheit derselben beschwöre, so kann das Gericht auf Antrag die Leistung des Eides dahin anordnen:

daß der Schwurpflichtige nach sorgfältiger Prüfung und Erkundigung die Überzeugung erlangt habe, daß die Tatsache wahr oder nicht wahr sei.

[III] Über andere Tatsachen wird der Eid dahin geleistet:

daß der Schwurpflichtige nach sorgfältiger Prüfung und Erkundigung die Überzeugung erlangt oder nicht erlangt habe, daß die Tatsache wahr sei.

Eingang u. Schluß: § 481; Fragepflicht: §§ 139, 480; richterl. Eid: § 477. — Schwurpfl.: auch ges. Vertr. — Daneben gilt § 445 (Ausschluß der facta aliena); Streit über Wahrnehmbarkeit: Bl. 59[404].

Abs. 1. Formel: „es ist wahr, daß". Ob mehrere Tats. kumulativ, alternativ oder subsidiär zu beschwören, bestimmt das ZivilR., E. 34[368] S. 10[408]. — **Abs. 2** setzt Antrag voraus; Parteieinigung nicht bindend (JW. 94[364]); zustdg. nur das ProzeßG. — **Beisp.:** entfernte Zeit, damalige Unbeachtl., Trunkenheit, sonstiger Affekt, oftmaliger gleichförm. Vorgang, Geschäftsüberhäufg., seitherige schwere Krankheit (vgl. E. 10[334] JW. 97[565]). — Die gesetzl. Formel ist nicht inkorrekt, sondern berücksichtigt auch neg. Behauptg. des Gegners (vgl. Bl. 54[74]); daneben gilt § 448 Abs. 2. — Grenzen der Erkundigungspflicht: ZR. 06[319]. — **Abs. 3.** Der Delat schwört die leichtere, der Relat die schwerere Norm (Gr. 49[1028]); Grund: Verhütg. frivoler Behptg. Forschungsart nicht aufzunehmen (JW. 95[184] S. 5[307]). — Verbindg. der verschiedenen Normen möglich (E. 58[406]); zB. Briefempfang (R. 01[623]), soweit zu eigenen Händen: Abs. 1, event. Abs. 2; soweit Ersatzbehändg., Fachabholg. oder Kasteneinwurf: Abs. 3. Ähnlich bei der exc. plur. mit Beteiligung des Vormunds.

§ 460 (425). I Auf die Leistung eines Eides ist durch bedingtes Endurteil zu erkennen.

II Die Eidesleistung erfolgt erst nach Eintritt der Rechtskraft des Urteils.

EndU.: §§ 300, 301; Inhalt: § 462 Abs. 1; Rechtsmittel: §§ 511, 545; Berichtigung, Änderung: §§ 469 ff.; Läuterung: § 462 Abs. 2. — Ausnahmen: §§ 128, 461, 595; GewGG. § 45; KfmGG. § 16. — Vergleich: § 445. — Register: § 79 AGSchrG. — Kosten: §§ 24 GKG.; 13, 17, 21, 29, 45 RAGO.; vgl. S. 10[186] 11[713].

Formel: „folgd. Eid auferlegt." — Urteilsform ist verzichtbar (E. 3[365]); vgl. § 295. — Kein U. kann anders als durch Eid bedingt sein, E. 20[390]; scheinbare Ausnahme: BlEB. 12[60]. Keine Eidesauflage unter der Bedingung der Annahme: SA. 40[70]. — Keine nochmalige Eidesleistung, wenn in I. J. auf ungesetzl. BewB. hin trotz Protest geschworen u. in II. J. nach anderweitiger Verhdlg. die Eidesauflage bleibt, E. 9[346]; anders, wenn nunmehr Verweigerung in Aussicht (R. 05[621]).

§ 461 (426). I Sind die Parteien über die Erheblichkeit und die Norm des Eides einverstanden oder dient der Eid zur Erledigung eines Zwischenstreits, so kann die Leistung des Eides durch Beweisbeschluß angeordnet werden.

II Hängt die Entscheidung über einzelne selbständige Angriffs- und Verteidigungsmittel von der Leistung eines Eides ab, so kann die Leistung des Eides durch Beweisbeschluß angeordnet oder auf dieselbe durch bedingtes Zwischenurteil erkannt werden. In dem letzteren Falle erfolgt die Eidesleistung nur dann, wenn durch bedingtes Endurteil rechtskräftig erkannt ist, daß es auf dieselbe für die Endentscheidung des Rechtsstreits noch ankomme.

Selbstd. Angr.- o. VM.: § 146 E. 60[366] JW. 97[345]; Zwischenstreit: § 303; Protokoll: § 160; UrkProz.: § 595. — Vgl. §§ 45 GewGG.; 16 KfmGG. — Kompromißeid: § 445 Note; richterl. Eid: § 477.

Abs. 1. Das Einverständnis ist nicht einseitig widerruflich (SA. 43[239]) u. bindet das Gericht nicht bzgl. Auflageform (SA. 44[233]) u. Erheblichkeit (JW. 06[115]), wohl aber bzgl. Beweislast (E. 53[58]). Der Widersprechende muß primär anderes geltend machen, zB. Auflage des richterl. Eides; bloße „Bitte um Urteil" hindert den BewB. nicht (vgl. S. 11[375]);

Verschleppungsabsicht gleichgültig. — Der BewB. ist unanfechtbar, aber jederzeit änderbar, ermöglicht sof. Eidesabnahme (Parteigehör rätlich). — **Abs. 2.** Parteiwiderspruch hier unbeachtlich, aber Vorsicht wegen § 533 nötig. Das (unprakt.) bed. ZwU. ist für das Gericht bindend, aber nicht selbstdg. anfechtbar (E. 5[350]); ausgen. die appell. ZwU. (SA. 54[226]). Daß die Eidesleistung den ganzen Prozeß erledigt, hindert die Eidesauflage durch BB. nicht (E. 29[117]); steht aber die Spruchreife des ganzen Proz. bereits bei der Eidesauflage auch für den entgegengesetzten Fall fest, so ist bed. EndU. nötig. Das Gericht braucht sich hierüber nicht sofort schlüssig zu machen u. ist auch nach Erledigung des Eides durch BB. nicht zum ZwU. gezwungen, E. 29[117]. Beisp.: E. 60[368] R. 06[236 436].

§ 462 (427). I In dem bedingten Urteil ist die Eidesnorm und die Folge sowohl der Leistung als der Nichtleistung des Eides so genau, als die Lage der Sache dies gestattet, festzustellen.

II Der Eintritt dieser Folge wird durch Endurteil ausgesprochen.

Zu Abs. 1. Beweisbeschluß: § 359 (keine Eidesfolgen). — Zu Abs. 2. Termin: §§ 191, 368; Verkündg.: §§ 311, 537; vorl. Vollstreckb.: § 708; RMittel: (nur Läuterungstatsachen): §§ 511, 545. — Kalender: §§ 79 AGSchrG.; 35 LGSchrG. — Kosten: §§ 24, 18 GKG.; 13, 17, 21, 29, 45 RAGO.: hierzu E. 9[333] (keine doppelte BewGeb. bei Zeugen u. Eid); 11[381] 13[426] (Vorschuß); S. 14[223].

Abs. 1. Eingang u. Schluß des Eides (§ 481), Ort der Eidesleistung (BlEB. 4[293]) gehören nicht in das bed. EndU., wohl aber die Person des Schwurpfl., schon wegen §§ 448, 459, 471 (JW. 02[74] Bl. 57[120]; aM. JW. 02[419]). — Berücksichtg. jeder denkbaren Kombination oder Summe nicht erforderlich (S. 11[350] JW. 86[412]); bei mehreren Eiden oder Streitgen. genügt meist Formulierung für die beiden Fälle der Leistg. oder Nichtleistung sämtl. Eide, einschl. Kostenauspr. u. vorl. Vollstreckb. (R. 05[373]). — Vorbehalt weiterer Sachverhdlg. für eine Alternative ist auch bei Eventualeiden unzulässig (E. 7[421] 20[395]); scheinbare Ausnahme: § 304. — Die Altern. können äußerlich gleich sein (zB. Abweisg. wegen Unzuständk., Unbegründetheit). — **Abs. 2.** Die Ladung z. Eidesleistung und mV. (Läuterung) erfolgt im Parteibetrieb vor das ProzeßG. (auch zwecks ausw. Ersuchens, E. 16[411]); Prüfung der RKraft von amtsw., mangels solcher Ablehng. der Eidesabnahme durch Beschluß nach mV. Nach RMVerzicht oder in letzter Instanz sof. Abnahme möglich. Das LäuterungsU. ergeht nur auf Antrag nach mV. u. ist niemals VerU. (E. 14[345]); anders nach BeweisB. — Neuerl. Sachvorbringen unzulässig, zB. anderw. Scheidungsgrund, Verzeihung (vgl. § 767; E. 17[341] 42[372] JW. 04[261] S. 11[96 162]). Ansprüche aus § 717 (JW. 05[296]), Dispositionsakte, zB. gerichtl. Vergleich (RO. 6[398]), Rücknahme möglich; letztere ist wegen der Eidesleistg. allein nicht ratsam (S. 12[198]).

§ 463 (428). I Durch Leistung des Eides wird voller Beweis der beschworenen Tatsache begründet.

II Der Beweis des Gegenteils findet nur unter denselben Voraussetzungen statt, unter welchen ein rechtskräftiges Urteil wegen Verletzung der Eidespflicht angefochten werden kann.

Leistungsform: §§ 481 ff.; Protokoll: § 160. — Normänderung: § 469: Fortwirkung in II. J.: § 533; Restitutionskl.: §§ 580 ff.

Abs. 1. Diese Wirkung ist für alle Normen des § 459 gleich; sie gilt nicht für andere Prozesse, zB. Eid vor Verbindung (E. 18[381]); solchenfalls freie Würdigung (E. 11[420] 46[410]). UrkProz. u. Nachverf. sind ein Prozeß, E. 13[390] 14[320]. — Die Erheblichkeit bleibt nachprüfbar; nachträgl. Geständnis beseitigt die Beweisbedürftigkeit (§ 388). Bei fortdauernden Tats. erstreckt sich der Eid nur bis zur letzten mV. vor dessen Auflage, S. 11[96]. — **Abs. 2.** Inzidentrestitution; wichtig für RMittelinstanz, auch auf Eid nach Beweisb. anwendbar; vgl. E. 14[322] 17[385] mit § 533 Abs. 2; R. 06[407].

§ 464 (429). I Die Erlassung des Eides von seiten des Gegners hat dieselbe Wirkung, wie die Leistung des Eides.

II Die Verweigerung der Eidesleistung hat zur Folge, daß das Gegenteil der zu beschwörenden Tatsache als voll bewiesen gilt.

Leistung: § 463; Fortwirkung in II. J.: § 533; Beschränkung auf den konkreten Prozeß: § 463. — Ausnahmen in Ehe-, Kinds-, EntmS.: §§ 617, 640, 641, 670, 679, 684, 686. — Kosten: E. 18[403].

Abs. 1. Die Erlassung erfordert Erkl. vor Gericht; sie ist unwiderruflich (SA. 43[61]) u. mit Rücknahme der Zuschiebg. nicht identisch (JW. 01[206]). Gegenbeweis unmöglich (JW. 02[394]). — **Abs. 2.** Unterschied von der Verweig. der Eidesannahme beachtlich; vgl. § 452. — Als Verweig. der Leistung genügt die Erklärung des Vertr. auf die Zuschiebg. hin, die Partei könne oder wolle dies nicht beschwören; solchenfalls entfällt nochmalige förml. Eidesauflage u. genügt Begr. des EndU. mit der Bezugn. auf Abs. 2 (JW. 94[13]). Schweigen: E. 23[388]; Geständnis des Gegenteils: Bl. 57[131]; teilw. Geständ.: § 469.

§ 465 (430). Erscheint der Schwurpflichtige in dem zur Eidesleistung bestimmten Termine nicht, so ist auf Antrag der Eid als verweigert anzusehen und zur Hauptsache zu verhandeln.

Verkündungsvertagung: § 467 Abs. 1; Nachholungsantrag: § 466; Termin vor b. o. e. R.: § 467 Abs. 2; wiederholtes Ausbleiben: § 468. Fortwirkung in II. J.: §§ 531, 533. Vgl. §§ 46 GewGG.; 16 KfmGG.

Die Vorschrift bildet e. Ausnahme von §§ 368, 356. Ist das Ausbleiben des Schwurpfl. genügend (zB. Krankheit) entschuldigt oder ein Fall des § 479 gegeben, so tritt die Versäumnis nicht ein, vielmehr ist (u. U. von amtsw.) über anderweitige Eidesabnahme zu beschließen; vgl. auch §§ 335, 337; SA. 52[57 266]. Soweit Ladung erforderlich, erfolgt dieselbe ohne besondere Androhung an den ProzBev., dem die Verständigung des Schwurpfl. obliegt; das Erscheinen des ProzBev. allein hindert den Eintritt der Weigerungsfiktion nicht, ermöglicht aber sofort. Nachholungsantrag. — Ist der Eidestermin vor dem ProzeßG. angesetzt u. von dem Schwurpfl. versäumt, auch der Verwirkungsantrag gestellt, so geschieht die Annahme der Eidesweig. seitens des Gerichts regelmäßig formlos (genaue Protokoll. rätlich); bestr., ob hierüber Zwischenbeschluß oder ZwU. möglich, letzteres zweifellos nicht mehr als VersäumnisZwU. Die weitere mV. führt dann, soferne der Eid durch BeweisB. auferlegt war u. der Schwurpfl. auch nicht vertreten ist, zum VersU. in der Hauptsache, dessen Verkündung gemäß § 467 vertagt werden muß; war der Eid durch bed. EndU. auferlegt, so ist in gleicher Weise mit dem zu verkündenden stets kontrad. LäuterungsU. zu verfahren. Der erschienene Gegner des ausgebliebenen Schwurpfl. kann nach Stellung des Verwirkungsantrags auch vertagen oder zirkumduzieren; er kann aber nicht unter Umgangnahme vom Verwirkungsantrag ein Versll. zur Hauptſ. (auch nicht mit Verkündungsvertagung) erwirken, weil insolange nach gem. M. der Eidesbeweis noch nicht erledigt, der Eid nicht versäumt, also von amtsw. neuer Eidestermin anzusetzen ist (§ 368). Ebensowenig kann er (aus allg. Grundsätzen) nach Versäumnis e. durch BeweisB. auferlegten Eidesleistung kontradikt. U. gegen den nicht vertr. Schwurpfl. erhalten (§ 332). — Wird der vor beauftr. o. ers. Richter angesetzte Schwurtermin versäumt, so kann der Verwirkungsantrag nicht zu dessen Protokoll, sondern erst in mV. vor dem ProzeßG. gestellt werden; vgl. auch §§ 466 (Notfristlauf), 467 Abs. 2. — Bleibt der Gegner des Schwurpfl. vor dem ProzeßG. aus, so erfolgt gleichwohl die Eidesabnahme u. auf Antrag Läuterung des bed. Endll.; nach Leistung e. durch BeweisB. auferlegten Eides (nicht vorher, s. o.) kann der Erschienene sofort verkündbares Versll. zur Hauptſ. erlangen; hält das Gericht (zB. in anderer Besetzung) den Eid für irrelevant, so wird der BeweisB. vorher aufgehoben (E. 25[360]). — Verweigert der erschienene Schwurpfl. den Eid, so kann er gegen den terminssäumigen Gegner vor dem ProzeßG. ebenfalls Versll. zur Hauptſ. erwirken, sofern der Eid durch BeweisB. auferlegt war; die Weigerungsfolge tritt dann erst nach Einspruch hervor (keine Nachholung aus § 466).

§ 466. Der Schwurpflichtige kann die Folge der Versäumung des zur Eidesleistung bestimmten Termins dadurch beseitigen, daß er nachträglich bei dem Gerichte die Abnahme des Eides beantragt. Der Antrag ist nur innerhalb der Notfrist von einer Woche nach dem Termine zulässig; er kann zum Protokolle des Gerichtsschreibers erfolgen.

Vgl. JW. 02[388 459] ZZP. 31[103]. — Gilt auch in Urk.- u. Wechselproz. — Fristbeginn: § 188 Abs. 2 BGB. — Kein Anwaltszwang: vgl. §§ 1 AGSchrG.; 1 LGSchrG.; 1 OLG.-SchrG. — Unanwendbar auf Erlaß u. Weigerung (§ 464). — Kosten: § 95.

Der Nachholungsantrag bedarf keiner Entschuldigung; ist seitens des Vertr. des säumigen Schwurpfl. noch im versäumten Eidestermine selbst stellbar, auch vor b. o. e. R.; bestr., ob letzterenfalls wahlweise beim ProzeßG. — Beifügung e. Ladung ist nur im Falle voriger Zirkumduktion oder des § 467 Abs. 2 veranlaßt; e. bereits anstehenden Termin erfährt der Schwurpfl. gelegentlich des Antrags beim ProzeßG. Außer dem Falle solcher Ldg. wird der Gegner vom Einlauf des Nachholungsantrags nicht verständigt. Abweisungsform verspäteter Anträge bestr. — Die Notfrist läuft vom versäumten Schwurtermin ab, nach prozeßg. Eidestermin jedoch nur, wenn Verwirkgsantrag gestellt ist (bestr.). Gegen die Fristversf. (auch ohne Schuld) ist nur Wiedereins. nach §§ 233, 236 möglich, selbst nach formeller Beendigung des ganzen Proz. Zustdg. ist hiefür das ProzeßG., dessen Eidestermin (auch vor b. o. e. R.) versäumt wurde; neuerl. Requis. alsdann nicht ausgeschlossen (bestr.).

§ 467. I Gilt der Eid infolge der Versäumung des Termins als verweigert, so ist, falls auf die Verhandlung in der Hauptsache ein Urteil oder ein Beweisbeschluß ergeht, diese Entscheidung in einem besonderen, über eine Woche hinaus anzusetzenden Termine zu verkünden; für den Fall, daß die Abnahme des Eides rechtzeitig beantragt wird, ist der Termin zur Eidesleistung und zur weiteren mündlichen Verhandlung bestimmt. Hat die Verhandlung die Erlassung eines Urteils oder eines Beweisbeschlusses nicht zur Folge, so ist, wenn die Abnahme des Eides rechtzeitig beantragt wird, der nächste Termin zur mündlichen Verhandlung auch zur Eidesleistung bestimmt.

II Ist die Abnahme des Eides einem Mitgliede des Prozeßgerichts oder einem anderen Gericht übertragen, so ist, wenn der Schwurpflichtige in dem Termine nicht erscheint, jedoch innerhalb der Notfrist die Abnahme des Eides beantragt, zu diesem Zwecke ein neuer Termin anzuberaumen.

Vgl. §§ 310, 332, 370; Verletzung nur durch RMittel verfolgbar. — **Protokoll** zu Abs. 2: § 165.

Abs. 1 gilt nur für prozeßg. Eidestermine; er trifft auch das Läuterungsll., nicht dagegen ein allenfalls für zulässig erachtetes kontradikt. Zwischenll. über die bestrittene Säumnisfolge nach § 465. Den Verkündungsrichtern (andere Besetzung möglich) ist die Entscheidg., sofern nicht die Notfrist (§ 466) zweifellos gewahrt ist, schriftlich zu übergeben; dieselben haben u. ll. erst festzustellen, ob der Verkündungs- oder der Verhandlungsfall vorliegt (zB. Fristversäumnis) — Hat der Schwurpfl. e. durch BeweisB. auferlegten Eid nachgeholt oder verweigert, so kann er noch im gleichen Termine gegen den ausgebliebenen Gegner VersU. zur Hauptſ. erwirken. — Satz 2 gilt insbes. bei Vertagung nach Verwirkungsantrag und bei Wiederaufnahme der mV. (RO. 10[110]). — **Abs. 2** zeigt, daß der b. o. e. R. an sich beim Ausbleiben des Schwurpfl. nicht nach § 367 zu verfahren, sondern die Akten ohne wiederholte Terminsansetzung zurückzuleiten hat; sachgemäß geschieht dies erst nach einer Woche. Nachholungsantrag: § 466; Verwirkungsantrag: § 465. Die Notfrist läuft hier und bedarf es nach deren Ablauf keiner Verkündungsvertagung des ProzG. mehr.

§ 468. Erscheint der Schwurpflichtige auch in dem zweiten zur Eidesleistung bestimmten Termine nicht, so ist ein nochmaliger Antrag auf Abnahme des Eides nicht zulässig.

Wiederholung des Verwirkungsantrags in mV. erforderlich, RO. 9[109]; dann sof. Verkdg. der Entschdg. zulässig. Letztere ist selbständig zu fassen und braucht mit der früheren nicht übereinzustimmen (zB. VerU.). — Keine Wiedereinsetzung: auf Vertagungen nach § 367 unanwendbar. — GewGG. § 46; KfmGG. § 16.

***§ 469** (431). Der Schwurpflichtige, welcher frühere Behauptungen zurücknimmt oder früher bestrittene Tatsachen zugesteht, kann sich zur Leistung eines beschränkteren Eides erbieten, selbst wenn der Eid bereits durch bedingtes Urteil auferlegt ist. Auch können unerhebliche Umstände, welche in die Eidesnorm aufgenommen sind, berichtigt werden.

Berichtigung bei Gerichtsversehen: § 319; Verfahren bei Streit vor d. o. e. R.: § 366; vgl. Bl. 57[119] [133]. — Aufhebung e. BeweisB: § 360.

Beschränkt: zu gunsten des Gegners; nicht andere Tats. (RO. 13[165]) oder statt Wissens Glaubensform unter Aufrechthaltg. der Eidesfolgen (S. 13[557]). — **Unerheblich**: inhaltlich der Gründe des bed. EndU., JW. 97[565] S. 15[85]; die Relevanz e. Datums ist Tatfrage (SA. 44[288]) u. irrevisibel (JW. 01[226]). — **Entschdgsform**: beschwerdefr. Beschluß (E. 8[391]), noch im Eidestermine (E. 10[169]) u. in II. J. (E. 30[360]) nachholbar; wegen weiterer mV. vgl. BlEB. 12[329]; RMittel erst gegen LäutergsU., BlEB. 9[40], außer vor RKr. des bed. EU., S. 10[106].

§ 470 (432). Ist der Eid durch bedingtes Urteil auferlegt, so kann, auch nach Eintritt der Rechtskraft, die Zuschiebung sowie die Zurückschiebung des Eides widerrufen werden, wenn der Schwurpflichtige wegen wissentlicher Verletzung der Eidespflicht rechtskräftig verurteilt oder wenn glaubhaft gemacht wird, daß der Gegner erst nach erfolgter Zuschiebung oder Zurückschiebung des Eides von einer solchen Verurteilung Kenntnis erlangt habe.

Widerrufsfolgen u. Verfahren: § 471; richterl. Eid: § 477; Verletzung der Eidespflicht: § 457. — Entschdgsform: Urteil nach mV., E. 33[358] (VersU. möglich). — Nach Leistung oder Erlassung des rkr. auferlegten Eids kein Widerruf, sondern nur RestKl.; wegen Widerruf vor RKr. des bed. EndU. oder nach BeweisB. vgl. §§ 457 ff.

§ 471 (433). I Wenn der Schwurpflichtige stirbt, wenn er zur Leistung des Eides unfähig wird, oder wenn er aufhört gesetzlicher Vertreter zu sein, so können beide Parteien in Ansehung der betreffenden Beweisführung alle Rechte ausüben, welche ihnen vor der Zuschiebung des Eides zustanden.

II Dasselbe gilt, wenn infolge der Verurteilung des Schwurpflichtigen wegen wissentlicher Verletzung der Eidespflicht die Zuschiebung oder Zurückschiebung des Eides widerrufen wird.

III Ist der Eid durch bedingtes Urteil auferlegt, so wird unter Aufhebung des Urteils in der Sache anderweit erkannt.

Widerruf: § 470; Unterbrechung, Aussetzung: §§ 239 ff. — Aufhebg. e. BeweisB.: § 360.

Abs. 1, 2. Anwendbar auch auf Einen von mehreren Schwurpfl. (E. 32[126]) oder wenn der Tod zc. bereits vor der Eidesauflage eingetreten war, E. 57[235] JW. 05[88]. — Eidesunfähk. neben Prozeßfähk. möglich (zB. Krankheit), E. 34[412] S. 17[301]. Hierher zB. §§ 53, 473 Abs. 2; auch Eintritt der Großjähr., Beendig. der Liquidation (JW. 84[171] 90[47]), Konkurs (soweit der Verwalter Partei wird), BlEB. 6[221]. — Die Eideszuschbg. fällt hier kraft Gesetzes weg; Geltendmach. nur in mV.; VersU beim Ausbleiben der provozierenden Partei (E. 23[358]), Zuschiebg. zc. an RNachf. möglich. — **Abs. 3** ist auch vor Rechtskraft des bed. EndU. (sogar vor dessen Zustellg., E. 38[415]) u. im Läutergstermin (JW. 05[88]) anwendbar. Die neuerl. Beweiswürdig. ist für die Instanz auf den bzgl. Beweissatz beschränkt, E. 13[380]; Konkurrenz mit RMittel: E. 55[18] S. 14[289]; RestitKl.: § 582. Aufhebg. e. bed. EU. allein ist ZwischenU., JW. 03[99]; vgl. NS. 3[93].

§ 472 (434). I Der Eid über eine Tatsache, welche für ein allen Streitgenossen gegenüber nur einheitlich festzustellendes Rechtsverhältnis von Einfluß ist, muß allen Streitgenossen zugeschoben oder zurückgeschoben werden, sofern nicht rücksichtlich einzelner Streitgenossen die Zuschiebung oder Zurückschiebung unzulässig ist. In jedem Falle bedarf es zur Zuschiebung oder zur Zurückschiebung der übereinstimmenden Erklärung aller Streitgenossen. Über die Annahme des Eides haben sich nur diejenigen Streitgenossen zu erklären, welchen der Eid zugeschoben ist.

II Ist der von allen oder von einigen Streitgenossen zu leistende Eid von einem oder mehreren derselben, oder ist der von einem Teile der Streitgenossen zu leistende Eid von allen Schwurpflichtigen verweigert oder als von ihnen verweigert anzusehen, so entscheidet das Gericht nach freier Überzeugung, ob die Behauptung, deren Beweis durch Eideszuschiebung angetreten ist, für wahr zu erachten sei. Erklären einzelne Streitgenossen, daß sie den Eid nicht leisten werden, so ist in Ansehung der übrigen Streitgenossen die Leistung des Eides nicht anzuordnen oder der Eid nicht abzunehmen, sofern das Gericht denselben für unerheblich erachtet.

Umfang der Schwurpflicht: §§ 445, 450; Norm: § 459. — Richterl. Eid: §§ 476 ff. — Mehrheit von Vertretern: § 474. — Bei Weigerung aller gilt § 464 Abs. 2; keine Vertretung eidessäumiger StrG. durch die Erschienenen. Rückn. der Zuschiebg.: E. 41[45]. — Entschdg. nach Abs. 2 Satz 2 nur durch das ProzG. (§ 469).

Gemeint sind beide Fälle der notw. StrG. (§ 62); einf. StrG. nicht hierher (JW. 90[47]); e. dem § 474 Satz 2 entspr. Ausnahme ist nicht vorgesehen, E. 12[9]. — Bei der off. HG., KommG. entscheidet deren materielle Parteifähigk., ob alle oder nur die vertretgsber. Gesellschafter schwurpfl. sind (vgl. § 50); die Liquidatoren sind ges. V., E. 23[311]. Im Prozeß e. Gesellschafters gegen die off. HG. schwört ersterer nicht mit den Vertr. letzterer, SA. 48[51].

*§ **473** (435). I Ist eine Partei nicht prozeßfähig, so ist die Zuschiebung oder Zurückschiebung des Eides nur an ihren gesetzlichen Vertreter und nur insoweit zulässig, als die vertretene Partei, wenn sie den Prozeß in Person führte, oder der Vertreter, wenn er selbst Partei wäre, dieselbe zulassen müßte.

II Minderjährigen, welche das sechzehnte Lebensjahr vollendet haben, sowie Volljährigen, welche wegen Geistesschwäche, Verschwendung oder Trunksucht entmündigt sind, kann über Tatsachen, die in Handlungen derselben bestehen oder Gegenstand ihrer Wahrnehmung gewesen sind, der Eid zugeschoben oder zurückgeschoben werden, sofern dies von dem Gericht auf Antrag des Gegners nach den Umständen des Falles für zulässig erklärt wird. Das Gleiche gilt von einer prozeßfähigen Partei, die in dem Rechtsstreite durch einen Pfleger vertreten wird.

III Auf Volljährige, welche unter vorläufige Vormundschaft gestellt sind, finden in Betreff der Zuschiebung oder Zurückschiebung des Eides diejenigen Vorschriften Anwendung, welche nach Abs. 1, 2 bei eingetretener Entmündigung gelten.

Prozeßfähigkeit, formelle Parteifähigkeit: §§ 50 ff. — Norm: § 459; richterl. Eid: §§ 476, 477; Editionseid: § 426; OffenbE.: § 899. — Mehrheit von Vertretern: § 474.

Abs. 1. Die Schwurpflicht des gef. V. umfaßt hiernach neben den Hdlg. ꝛc. der Partei und ihrer Vorgänger auch die des gef. V. selbst u. seiner Vorgänger im Amt; wichtig wegen Erkundigungspflicht u. Zurückschbg.; vgl. E. 15[304] (Beischlaf des Vormunds bei exc. pl.), 21[182]. — Keine Substitution anderer Angestellter (anders Art. 452 BPO.). — **Abs. 2.** Meist eigenes Wissen entscheidend; kein Doppeleid. Die Eideserklärung obliegt dem gef. V. — Soweit der MJ. prozeßfähig, trifft ihn die Schwurpflicht schlechthin. — **Abs. 3.** Wegen Geisteskrankheit vorl. Bevorm. sind sohin völlig eidesunfähig. Mangel des Eidesbegriffs allein nicht vorgesehen; vgl. § 471.

§ 474 (436). Sind mehrere gesetzliche Vertreter vorhanden, so finden die Vorschriften des § 472 entsprechende Anwendung. Betrifft der Eid die eigenen Handlungen oder Wahrnehmungen nur einiger oder eines der Vertreter, so ist er von den übrigen nicht zu leisten.

Änderung der Vertretungsmacht: § 471; richterl. Eid: § 476.

Satz 1. Hierher zB. Mitvormünder (§ 1797 BGB.); Kollektivvertr. nicht erforderlich. Identität des gef. V. mehrerer StrG. (zB. Vormund mehrerer Mündel) fällt direkt unter § 472. Wichtig für Kollegialbehörden als gef. V. (zB. Regierungsfinanzkammer, Magistrat); hiernach schwört grundsätzlich nicht der Vorsteher allein, sondern auch der Referent, u. U. das ganze Kollegium (E. 45[427]). Unterschied zwischen Beratung neben Bureauweg u. wirkl. Abstimmung beachtlich; vgl. insbes. Vdg. v. 27. Nov. 1825 bei § 18. — **Satz 2.** Über fremde Hdlg. schwören also immer sämtl. gef. V. den Überzeugungseid (§ 459 Abs. 3, SA. 54[122]).

§ 475 (437). Ist das Ergebnis der Verhandlungen und einer etwaigen Beweisaufnahme nicht ausreichend, um die Überzeugung des Gerichts von der Wahrheit oder Unwahrheit der zu erweisenden Tatsache zu begründen, so kann das Gericht der einen oder der anderen Partei über eine streitige Tatsache einen Eid auferlegen.

Norm: § 477; Streitgenossen: § 476; Fragepflicht: §§ 139, 445 Note; vgl. auch § 287; EZP. 13. — Unzulässig bei Glaubhaftm. (§ 294), im Urk.- u. WechselPr. sowie in EntmündgS.; Ehesachen: § 617.

Zulässig nur über behaupt., bestr., erhebl. Tats. (JW. 99[340]), auch herausgegriffene Indizien (JW. 03[432] E. 12[491]); nicht über rein subj. Urteile (JW. 84[172]) oder Rechtsbegriffe (JW. 98[415]); die Schranken des § 445 gelten nicht (E. 15[338] S. 13[556]). — Der richterl. Eid ist nicht lediglich subsidiär (RS. 4[769]); geht dem Satze „Actore non probante etc." insofern vor, als das Gericht die Befugnis seiner Auflage nie unerörtert lassen darf

(E. 14[327] S. 15[125]); ist möglich ohne Rücks. auf die Beweislast (E. 21[371] JW. 05[153]), ohne vorgäng. (zB. aussichtslose) Beweiserhebg. (E. 35[110] S. 14[443]), ohne Rücks. auf Eideszuschbg. und deren Norm (JW. 98[48]; wichtig bei Zurückschbg.); erfordert kein Eideserbieten (JW. 98[160]). Beweisablehnung ist nach § 286 zu begründen (JW. 05[26 525] S. 10[40]); Wahrheitseid hat den Vorzug, JW. 04[120].

§ 476 (438). Der richterliche Eid kann allen Streitgenossen oder gesetzlichen Vertretern, er kann einigen oder einem derselben auferlegt werden.

Hierher auch einf. StrG. (vgl. E. 60[264]); statt §§ 472, 474 gilt freies Ermessen bzgl. Auswahl des Schwurpfl. (JW. 90[80]). — Eidesweigerung nur nach § 464 Abs. 2 zu beurteilen, SA. 47[241].

§ 477 (439). I Die Bestimmungen der §§ 457—471, 473 finden auf den richterlichen Eid entsprechende Anwendung.

II Ist der Schwurpflichtige wegen wissentlicher Verletzung der Eidespflicht rechtskräftig verurteilt, so ist der Antrag des Gegners, den richterlichen Eid zurückzunehmen, gerechtfertigt, wenngleich der Gegner schon vor der Auferlegung des Eides von dieser Verurteilung Kenntnis gehabt hat.

III Der richterliche Eid wird durch bedingtes Urteil auferlegt.

Statt §§ 472, 474 gilt § 476; unanwendbar sind insbes. §§ 445, 449.

Abs. 1. Überzeugungsnorm auch bei eigenen Hdlgn. nach freiem Ermessen, E. 22[226] JW. 02[21]; zu § 471 vgl. SA. 39[60]. — **Abs. 2** kann wiederum zur gleichen Entschdg. führen, JW. 85[123]; nochmalige Prüfung ist gemeint. — **Abs. 3.** Auch ZwU. (gg. Dritte), nur im fak. Verf. Beschluß, E. 50[368].

Elfter Titel.

Verfahren bei der Abnahme von Eiden.

§ 478 (440). Der Eid muß von dem Schwurpflichtigen in Person geleistet werden.

§§ 478 ff. gilt für alle Eide der ZPO., auch Zeugen; hier Bestandteil der Beweiserhebung; vgl. §§ 15 FGG.; 5 VGHVV. — Kein Substituteneid (in animam), auch nicht bei § 792 (ZZP. 34[512]). Keine Eidesfiktion bei Vorabsterben; keine Unfähigk. zum Parteieid wegen Meineidsstrafe. — Alter: § 473; Art. 14 AZP.; Person: auch ges. Vertr., E. 15[304]. — Landesherren u. deren Familie: §§ 5 EZP.; 5 EGV.; RGBl. 04[149]; vgl. bzgl. Zivilliste §§ 50 Note, 479.

§ 479 (441). I Das Prozeßgericht kann anordnen, daß die Eidesleistung vor einem seiner Mitglieder oder vor einem anderen Gerichte erfolge, wenn der Schwurpflichtige am Erscheinen vor dem Prozeßgerichte verhindert ist oder in großer Entfernung von dem Sitze desselben sich aufhält.

II Die Eidesleistung der Landesherren und der Mitglieder der landesherrlichen Familien sowie der Mitglieder der Fürstlichen

Familie Hohenzollern erfolgt in der Wohnung derselben vor einem Mitgliede des Prozeßgerichts oder vor einem anderen Gerichte. Das Gleiche gilt in Ansehung der Mitglieder des vormaligen Hannoverschen Königshauses, des vormaligen Kurhessischen und des vormaligen Herzoglich Nassauischen Fürstenhauses.

Abs. 1. Vgl. §§ 136, 219, 357, 363, 375, 465, 537; die Nr. 1 u. 2 des § 375 sind beim Parteieid unanwendbar. Anordnungsform: Beschluß nach § 355, auch BeweisB., nicht im bed. EndU. (BlEB. 4[293]). Amerika: JMBl. 87[302] (Konsul ev. mit commission). Zwischenstreite: § 366; vgl. § 469. — **Abs. 2.** Vgl. die Note zu § 478. Anderes G. als AmtsG. nur im eigenen Staat. FamStat. Tit. X § 3: Zeugschaft „bei fürstl. Trauen und Glauben“; Unterschriftserholung (§ 482) durch e. Präs. des BOLG. Wegen Parteieid vgl. bzgl. Zivilliste Note zu § 50 u. Seuff. GO. 3[355]; persönl. Angelegenh. gehören zur kgl. unmittelb. Gerichtsbarkeit. — Kostenvorschuß Antragsteller: BlEB. 5[293].

§ 480 (442). Vor der Leistung des Eides hat der Richter den Schwurpflichtigen in angemessener Weise auf die Bedeutung des Eides hinzuweisen.

Vgl. § 391. — Protokoll: § 161. — Vergleichsversuch: § 296.

Konkrete, auch religiöse Bedeutung (Pr. 188, SA. 52[123]); Bildung, Stand zu berücksichtigen (Mot. 288). Unterlassung bewirkt nicht Ungültigkeit, ESt. 6[267]. Zuziehung e. Geistlichen unzulässig (bestr.) — Kein Recht der Gegenpartei auf direkte Vorhalte beim Parteieid, BlEB. 6[25].

§ 481 (443). Der Eid beginnt mit den Worten:

„Ich schwöre bei Gott dem Allmächtigen und Allwissenden“

und schließt mit den Worten:

„So wahr mir Gott helfe“.

Ersatzformeln: § 484; Ausland: § 361. — Versicherung auf Diensteid: § 386; an Eidesstatt: § 294. — Vgl. auch EZP. § 5.

Gilt auch für Heiden (soweit nicht mangels Eidesbegriffs schwurunfähig, ESt. 26[99]), Atheisten, (SA. 39[259]) Konfessionslose, Freireligiöse. Konfessionelle Zusätze unschädlich; keine Zulassungspflicht (ESt. 10[181]).

***§ 482** (444). I Der Eid wird mittels Nachsprechens oder Ablesens der die Eidesnorm enthaltenden Eidesformel geleistet. Der Schwörende soll bei der Eidesleistung die rechte Hand erheben.

II Ist die Eidesnorm von großem Umfange, so genügt die Vorlesung der Eidesnorm und die Verweisung auf die letztere in der Eidesformel.

III Die Landesherren und die Mitglieder der landesherrlichen Familien sowie die Mitglieder der Fürstlichen Familie Hohenzollern leisten den Eid mittels Unterschreibens der die Eidesnorm enthaltenden Eidesformel. Das Gleiche gilt in Ansehung der Mitglieder des vormaligen Hannoverschen Königshauses, des vormaligen Kurhessischen und des vormaligen Herzoglich Nassauischen Fürstenhauses.

Fremde Sprachen: § 190 GVG.; Protokoll: § 25 AGSchrG.; Sitzungskleidung: JMBl. 79[1912] (Baretaufsetzen); Aufstehen des Gerichts nicht üblich. — Zu Abs. 3 vgl. § 479.

Abs. 1. Auch freies Sprechen nach Ermessen des Vorsitzd.: Erhebung der Rechten nicht wesentlich zB. Verstümmelung. Handschuhausziehen üblich. Zulassung sonstiger formaler Geberden nur nach Gerichtsermessen (Prot. 700), zB. Hutaufsetzen bei Israeliten, Niederknieen u. s. w.; Abergläubisches (zB. Hand auf dem Rücken) zu hindern. — Abs. 2. Verlesung durch den Vorsitzd.; Verweisung: „daß das mir eben Vorgelesene wahr ist"; § 288 StPO. nicht anwendbar. Unterschied von eidl. Parteivernehmg.: Normfeststellung.

§ 483 (445). I Stumme, welche schreiben können, leisten den Eid mittels Abschreibens und Unterschreibens der die Eidesnorm enthaltenden Eidesformel.

II Stumme, welche nicht schreiben können, leisten den Eid mit Hilfe eines Dolmetschers durch Zeichen.

Mangels Anwendbarkeit beider Abs. besteht Eidesunfähigkeit; ähnl. bei Blinden (vgl. § 393). — Taubstumme hierher: Taube: §§ 482 (Ablesen); GVG. 188.

§ 484 (446). Der Eidesleistung wird gleichgeachtet, wenn ein Mitglied einer Religionsgesellschaft, welcher das Gesetz den Gebrauch gewisser Beteuerungsformeln an Stelle des Eides gestattet, eine Erklärung unter der Beteuerungsformel dieser Religionsgesellschaft abgibt.

Konfessionsfrage: § 395; vgl. § 12 EZP.; Art. 15 AZP.; 20 BGHG. mit § 20 VollzV.; StGB. § 155. — Vdg. v. 20. Okt. 1811 (RBl. 1601) bzgl. der Mennoniten; sakrale Formel: „Ich verspreche mit gegenwärtigem Handschlag, wie bei meinem Taufbunde, die Wahrheit zu sagen": Ziff. 1 u. 2 sind obsolet, ESt. 36[203]. Die Philipponen sprechen: „Jey, Jey".

Die Mitgliedschaft ist nachzuweisen (Zeugnis des Geistlichen oder der Polizeibehörde), ebenso auf Erfordern die Formel. — In Bayern nicht auf anerkannte RelGes. beschränkt (RelEdikt §§ 1, 2, 25; bestr.). Juden u. Muhammedaner schwören die Formel des § 481; desgl. Methodisten, Baptisten (BlEV. 12[238]).

Zwölfter Titel.
Sicherung des Beweises.

§ 485 (447). Die Einnahme des Augenscheins und die Vernehmung von Zeugen und Sachverständigen kann zur Sicherung des Beweises erfolgen, wenn zu besorgen ist, daß das Beweismittel verloren, oder die Benutzung desselben erschwert werde.

Akten („F"): §§ 72, 88, 90 AGSchrG. — Urkunden: § 256; Datumfeststllg.: Art. 33 AZP.; Vdg. v. 8. Sept. 1879 (GVBl. 1161): NotG. Art. 1: NotGeschO. §§ 50, 271; GSchrDV. § 45; BNotZ. 79[395] JW. 06[625]. — Schiffsunfälle: §§ 522, 709 HGB.; 11 BinnenSchG.; 8 FlößG. — Vgl. § 1 KabelSchG. (RGBl. 88, 169); Art. 3 Ges. v. 12. März 1850 (GBl. 73). — Kosten: §§ 36, 39, 46, 47 GKG.; 22, 29, 30 RAGO.; 27 BRAGO.; Art. 129, 138, 172 GebG.; 26, 43 NotGebO. Der betreibende Teil hat die Kosten vorzuschießen; Erstattung: § 91; E. 13[325] (mangels Hauptprozeß gesond. Kl.). Streitwert: S. 13[496] (geringer als Hauptsache).

Kann: muß. Erheblichkeit des Beweises gleichgültig, S. 14[824] 15[553]. Beispiele: Baufortschritt; hohes Alter, gefährlicher, unsteter Beruf, Vergeßlichkeit, vorhabliche weite Reise, Krankheit des Zeugen; keine bestimmte

Altersgrenze, S. 15[553]. Auch der künftige Bekl. ist antragsberechtigt (zB. § 254 BGB.). — Auf Parteieid nicht ausdehnbar: vgl. §§ 262 ff. NotGesch O. — Verhältnis zur FeststellKl.: E. 10[369].

§ 486 (448). I Das Gesuch ist bei dem Gericht anzubringen, vor welchem der Rechtsstreit anhängig ist; es kann vor dem Gerichtsschreiber zu Protokoll erklärt werden.

II In Fällen dringender Gefahr kann das Gesuch auch bei dem Amtsgericht angebracht werden, in dessen Bezirke die zu vernehmenden Personen sich aufhalten oder der in Augenschein zu nehmende Gegenstand sich befindet.

II Bei dem bezeichneten Amtsgerichte muß das Gesuch angebracht werden, wenn der Rechtsstreit noch nicht anhängig ist.

Anhängigkeit: § 176: Zuständigkeit nicht nachzuprüfen. § 36 unanwendbar. Unterschied von Vorverlegung des Beweistermins: SA. 58[63] RL. 13[168]. — Kein Anwaltszwang. Vollmachtsvorlage: § 88; keine Feriensache. — Materielle Wirkungen: § 488; keine Verjährgsunterbrechg. — § 1 AGSchrG.; 1 LGSchrG.; 1 OLGSchrG.

§ 487 (449). Das Gesuch muß enthalten:

1. die Bezeichnung des Gegners;
2. die Bezeichnung der Tatsachen, über welche die Beweisaufnahme erfolgen soll;
3. die Bezeichnung der Beweismittel unter Benennung der zu vernehmenden Zeugen und Sachverständigen;
4. die Darlegung des Grundes, welcher die Besorgnis rechtfertigt, daß das Beweismittel verloren oder die Benutzung desselben erschwert werde. Dieser Grund ist glaubhaft zu machen.

Anspruchsangabe sachgemäß. — Hier im Gegensatz zu § 403 Benennungspflicht hinsichtl. der SachV.: Zuziehung anderer SV. nur daneben zulässig, E. 49[388]. — Erheblichkeit nicht nachprüfbar: § 485; Mangel eines Gegners: § 494.

§ 488. I Die Beweisaufnahme kann, auch ohne daß die Voraussetzungen des § 485 vorliegen, beantragt werden, wenn Mängel einer Sache oder eines Werkes festzustellen sind, aus denen ein Recht gegen den Gegner hergeleitet werden soll, oder wenn der Zustand eines Gutes festzustellen ist, für dessen Beweis ein Kommissionär, Spediteur, Lagerhalter oder Frachtführer zu sorgen verpflichtet ist.

II Hat der Erwerber einer Sache dem Veräußerer einen Mangel angezeigt oder die Annahme der Sache wegen Mangelhaftigkeit abgelehnt, so kann auch der Veräußerer die Beweisaufnahme nach Maßgabe des Abs. 1 beantragen. In gleicher Weise ist der Unternehmer eines Werkes zu dem Antrage berechtigt, wenn der Besteller ihm einen Mangel angezeigt oder die Abnahme des Werkes wegen Mangelhaftigkeit verweigert hat.

§§ 365, 459, 466, 477 ff., 485, 493, 515, 524, 600, 634, 639 BGB.; 379, 388, 407, 414, 417 HGB. (§ 438 Abs. 3 nicht hierher, sondern zu §§ 164 ff. FGG., KB. 108). — Vgl. §§ 13 Abs. 4, 16 EZP.; 164 FGG. (Ausschluß der Notare: § 267 NotGeschO.); 71, 91 EVerkO.

Verlustgefahr (E. 49[388]) oder Zustimmung des Gegners nicht erforderlich; keine ausdehnende Auslegung (zB. auf Delikt, Mängelursache) Beachtlich, daß hier auch Zeugen, nach § 164 FGG. aber lediglich SachV. in Betracht kommen. — Abs. 2 auf Vermieter, Verleiher u. dgl. unanwendbar; insoweit Verlustgefahr nötig; desgl. mangels Anzeige. — Die Rechte aus Abs. 1 und 2 sind von einander unabhängig (E. 49[388]), also Doppelanträge möglich; keine beliebige Wiederholung: JW. 03[49]; vgl. ZZP. 29[236].

§ 489 (450). Mit Zustimmung des Gegners kann die beantragte Beweisaufnahme angeordnet werden, auch wenn die Voraussetzungen des § 485 nicht vorliegen.

Die Zustimmung ist mit dem Gesuch nachzuweisen; bindet das Gericht nicht; kann zur Prozeßabkürzung führen, wenn das AmtsG. weniger überlastet ist, als das künftige ProzeßG. Auch in Ehesachen anwendbar.

§ 490 (451). I Die Entscheidung über das Gesuch kann ohne vorgängige mündliche Verhandlung erfolgen.

II In dem Beschlusse, durch welchen dem Gesuche stattgegeben wird, sind die Tatsachen, über welche der Beweis zu erheben ist, und die Beweismittel unter Benennung der zu vernehmenden Zeugen und Sachverständigen zu bezeichnen. Eine Anfechtung dieses Beschlusses findet nicht statt.

Verfahren: § 128. — Terminsbestimmung von amtsw.; Zustellung (nur an den Antragsteller, E. 11[404]; § 329; Ladung: § 491. — Gegen Abweisung u. stets zulässige Rücknahme des stattgebenden Beschl. (RS. 1[760]) einf. Beschw., Mot. 223. — Kein Kostenausspruch bei Stattgebung: §§ 91, 485.

§ 491 (452). I Der Beweisführer ist verpflichtet, sofern es nach den Umständen des Falles geschehen kann, unter Zustellung des Beschlusses und einer Abschrift des Gesuchs zu dem für die Beweisaufnahme bestimmten Termine den Gegner so zeitig zu laden, daß derselbe in diesem Termine seine Rechte wahrzunehmen vermag.

II Die Nichtbefolgung dieser Vorschrift steht der Beweisaufnahme nicht entgegen.

Gilt auch vor b. o. e. R. — Keine Ladungsfrist; Ladung der Zeugen und Sachverständigen v. amtsw.: § 377; vgl. § 4 AGSchrG. — Mangel eines Gegners: § 494; bloßes Ausbleiben hindert die Beweisaufnahme nicht: § 493; vgl. § 367. — Verlegung möglich.

§ 492 (453). I Die Beweisaufnahme erfolgt nach den für die Aufnahme des betreffenden Beweismittels überhaupt geltenden Vorschriften.

II Das Protokoll über die Beweisaufnahme ist bei dem Gerichte, welches dieselbe angeordnet hat, aufzubewahren.

Beweisaufn. zumeist an Ort und Stelle (§ 375), bei KollegialG. durch b. o. e. R. — Nachträgliche Beeidigung (§ 393) nur durch das ProzeßG. (JW. 02[531]); Gegner hat Ablehnungsrecht nach § 406. — Protokolleinsicht: § 299; keine Abschrift von amtsw.

§ 493 (454). I Jede Partei hat das Recht, die Beweisverhandlungen in dem Prozesse zu benutzen.

II War der Gegner in dem Termine nicht erschienen, in welchem die Beweisaufnahme erfolgte, so ist der Beweisführer zur Benutzung der Beweisverhandlungen nur dann berechtigt, wenn der Gegner zu dem Termine rechtzeitig geladen war oder wenn der Beweisführer glaubhaft macht, daß ohne sein Verschulden die Ladung unterblieben oder nicht rechtzeitig erfolgt sei.

Benutzung: § 285; keine Befristung. — Neue Beweisanträge zulässig. — Abs. 2 ist verzichtbar und beschränkt den Gegner überhaupt nicht; mangels Verzichts Verwertbarkeit als Indizium (E. 28[411]) bestr. — Keine Wiederholg. der Beweissicherg. (JW. 96[32]).

§ 494 (455). I Wird von dem Beweisführer ein Gegner nicht bezeichnet, so ist das Gesuch nur dann zulässig, wenn der Beweisführer glaubhaft macht, daß er ohne sein Verschulden außerstande sei, den Gegner zu bezeichnen.

II Wird dem Gesuche stattgegeben, so kann das Gericht dem unbekannten Gegner zur Wahrnehmung seiner Rechte bei der Beweisaufnahme einen Vertreter bestellen.

Gilt auch für § 488 (nicht § 489): Ladung: § 491. — Kosten (Abs. 2): §§ 47, 80a GKG.; 29, 23 RAGO.: vgl. § 57.

Abs. 1. ZB. Schadenstiftung durch e. Unbekannten. — Vorsicht bei Stattgebung solcher Gesuche wegen Beeinträchtigung des Zeugnisverweigerungsrechts und Mißbrauchs des Gerichtszwangs. — **Abs. 2.** Der Vorsitzende allein ist nicht zustdg. — Keine Ausdehnung auf Ausbleiben des bekannten Gegners.

Zweiter Abschnitt.

Verfahren vor den Amtsgerichten.

§ 495 (456.) Auf das Verfahren vor den Amtsgerichten finden die Vorschriften über das Verfahren vor den Landgerichten Anwendung, soweit nicht aus den allgemeinen Bestimmungen des ersten Buchs, aus den nachfolgenden besonderen Bestimmungen und aus der Verfassung der Amtsgerichte sich Abweichungen ergeben.

E. 4[391]. — §§ 26 GewGG.; 16 KaufmGG.; 41 KonsGG.; 2, 3 SchutzGG. — Zuständigkeit: § 1. — Hauptunterschiede: Einzelrichter statt Kollegium: kein Anwaltszwang: Schriftsatzwechsel fakultativ; unbeschränkte Zustellgsvermittlg.; kein vorb. Verf.; kürzere Einlassungs- und Ladungsfrist.

§ 496 (457). Die Klage kann bei dem Gerichte schriftlich eingereicht oder zum Protokolle des Gerichtsschreibers angebracht werden.

§§ 1 ff., 88 AGSchrG.; JMBl. 81[369]: beachtlich die landesrechtl. Anbringbarkeit bei jeder AmtsGSchreiberei. — Weitere Formen: §§ 500, 510; nicht telephonisch (JMBl. 96[60] ESt. 38[282]) oder durch Aufnahme in die Zustellungsurkunde selbst: vgl. § 159 Note.

***§ 497** (458). Nach erfolgter Bestimmung des Termins zur mündlichen Verhandlung hat der Gerichtsschreiber für die Zustellung der Klage Sorge zu tragen, sofern nicht der Kläger in der Klageschrift oder dem Protokoll erklärt hat, dies selbst tun zu wollen.

Vgl. §§ 168, 207; Gerichtsabschrift: § 133.

§ 498 (459). I Die Einlassungsfrist beträgt mindestens drei Tage, wenn die Zustellung im Bezirke des Prozeßgerichts; mindestens eine Woche, wenn sie außerhalb desselben, jedoch im Deutschen Reich erfolgt; in Meß- und Marktsachen mindestens vierundzwanzig Stunden.

II Ist die Zustellung im Auslande vorzunehmen, so hat das Gericht bei Festsetzung des Termins die Einlassungsfrist zu bestimmen.

Vgl. § 262; Wechselsachen: § 604. — Ladungsfrist: §§ 217, 696. — Bei öff. Z. Einl.-Frist eine Woche (gem. M.). — Berufungsinstanz: § 523.

§ 499 (460). Die Klage wird durch Zustellung der Klageschrift oder des die Klage enthaltenden Protokolls erhoben.

§§ 253 (230) ff.: S. 15 546.

§ 500 (461). I An ordentlichen Gerichtstagen können die Parteien zur Verhandlung des Rechtsstreits ohne Ladung und Terminsbestimmung vor Gericht erscheinen.

II Die Erhebung der Klage erfolgt in diesem Falle durch den mündlichen Vortrag derselben.

Bekanntm. der ordtl. GTage für das Geschäftsjahr: JMBl. 79 362 928. — Protokoll: § 509; Entfernung: § 333. — §§ 75, 86 AGSchrG.; 37 GewGG.; 16 KfmGG. — Kosten von Scheinprozessen: § 101 GKG.; Prorog.: §§ 38 ff.

Die bereits angesetzten Sachen gehen vor. Auch auf Fortsetzung anhäng. Proz. anwendbar.

***§ 501** (462). Die Vorschriften der §§ 496, 497 finden entsprechende Anwendung, wenn eine Partei im Laufe des Rechtsstreits zu laden ist, insbesondere zur Verhandlung über einen Zwischenstreit, über den Antrag auf Berichtigung oder Ergänzung eines Urteils, über den Einspruch, über den Antrag auf Wiedereinsetzung in den vorigen Stand oder über die Aufnahme eines unterbrochenen oder ausgesetzten Verfahrens oder wenn eine Intervention oder Streitverkündung erfolgen oder wenn die Klage oder der Einspruch zurückgenommen werden soll.

Nicht erschöpfend: vgl. § 4 AGSchrG. — Beachtlich insbes., daß e. Rücknahmeerklärg. nach § 271 nicht ohne Zustellg. im Akt liegen bleibt.

§ 502 (463). I Auch wenn eine Partei nicht zu laden ist, können ihr Anträge und Erklärungen, auf welche sie ohne vorgängige Mitteilung voraussichtlich eine Erklärung in einer mündlichen Verhandlung nicht abzugeben vermag, durch Zustellung eines Protokolls des Gerichtsschreibers mitgeteilt werden.

II Diese Mitteilung kann auch unmittelbar und ohne besondere Form geschehen.

Abs. 1. § 176 beachtlich: Hauptfall: Klagsbeantw. — **Abs. 2** auch mündlich (bestr.); vgl. aber § 335 Abs. 1 Nr. 3. — Streitverkdg. nicht unter Abs. 2: Bl. 51 [11].

§ 503 (464). Bei der mündlichen Verhandlung hat das Gericht dahin zu wirken, daß die Parteien über alle erheblichen Tatsachen sich vollständig erklären und die sachdienlichen Anträge stellen.

Vgl. §§ 139, 141, 296, 713: weiterer Belehrungsfall: § 504 Abs. 2. — Keine Aufdrängung von Rechtsbehelfen, zB. Verjährung, Bl. 54 [311]; andererf. ist solche Einwirkung durch Rechtskunde des Vertreters nicht ausgeschlossen (Bl. 15 [406]). — Kein Zwang zu schriftl. Zusammenstellungen; keine RMittelbelehrung.

§ 504 (465). I Die Vorschrift, daß prozeßhindernde Einreden gleichzeitig und vor der Verhandlung zur Hauptsache vorzubringen sind, findet nur insoweit Anwendung, als die Einrede der Unzuständigkeit des Gerichts vor der Verhandlung zur Hauptsache geltend zu machen ist.

II Ist das Amtsgericht sachlich unzuständig, so hat es vor der Verhandlung des Beklagten zur Hauptsache denselben auf die Unzuständigkeit aufmerksam zu machen.

III Auf Grund prozeßhindernder Einreden darf die Verhandlung zur Hauptsache nicht verweigert werden; das Gericht kann jedoch die abgesonderte Verhandlung über diese Einreden auch von amtswegen anordnen.

Vgl. §§ 39, 275. — Unterlassung der Belehrung Abs. 2 hindert die Prorog. nicht; Protokollierung der Belehrung sachgemäß: S. 5 [267]. — Nach abges. Verhdlg. ist das die Zustdkt. bejahende Zwll. berufungsfähig.

§ 505 (466). I Wird die Unzuständigkeit des Gerichts auf Grund der Bestimmungen über die sachliche Zuständigkeit der Gerichte ausgesprochen, so ist zugleich auf Antrag des Klägers der Rechtsstreit an das Landgericht zu verweisen.

II Ist das Urteil rechtskräftig, so gilt der Rechtsstreit als bei dem Landgerichte anhängig.

RMittel: Berufung. — Verwig. an die KfHS.: §§ 102 ff. GVG.; Bindung des LG.: §§ 11, 276. Keine Verwig. zwischen AmtsG. u. GewG. oder KfmG. §§ 28 GewGG., 16 KfmGG., wohl aber zw. GewG. u. KfmG. (KfmGG. § 16). — Nachträgl. Unzustdkt.: § 506. — Akten u. Register: §§ 13, 28 LGSchrG. — Kosten: §§ 26 GKG.; 20, 26 RAGO. § 30 GKG. unanwendbar; Kostenausspruch auch im Verwigsfalle: JW. 93 [97] BlEB. 4 [381].

Abs. 1. Verwig. nur an das übergeordnete LandG.; unzulässig mangels örtl. Z. des AmtsG. oder auf Antrag des Bekl. Das BerufungsG. kann an sich selbst verweisen (bestr.). — Trennbarkeit bei Klagenhäufung u. verschiedener ausschließl. Zuständkt. bestr. (vgl. § 260; S. 5 [262] KB. 110). — **Abs. 2.** Ladung im Parteibetrieb (§§ 176 ff., 192 beachtlich; NS. 2 [486] aM. SA. 57 [23]); keine Frist für Fortführung. Letztere gilt nicht als Fortsetzung des amtsg. Prozesses, außer Rückdatierung der Rechtshgk. u. Ersparung neuer Klagezustellg. (JW. 96 [188] 01 [800]).

*§ **506** (467). [I] Wird in einem bei dem Amtsgericht anhängigen Prozesse durch Widerklage oder durch Erweiterung des Klagantrags (§ 268, Nr. 2, 3) ein Anspruch erhoben, welcher zur Zuständigkeit der Landgerichte gehört, oder wird in Gemäßheit des § 280 die Feststellung eines Rechtsverhältnisses beantragt, für welches die Landgerichte zuständig sind, so hat das Amtsgericht, sofern eine Partei vor weiterer Verhandlung zur Hauptsache darauf anträgt, durch Beschluß seine Unzuständigkeit auszusprechen und den Rechtsstreit an das Landgericht zu verweisen.

[II] Eine Anfechtung des Beschlusses, durch welchen dem Antrag entsprochen wird, findet nicht statt; mit der Verkündung des Beschlusses gilt der Rechtsstreit als bei dem Landgericht anhängig. Die im Verfahren vor dem Amtsgericht erwachsenen Kosten werden als Teil der bei dem Landgericht erwachsenden Kosten behandelt.

§§ 70, 102 GVG.; 112 GenG.; 52 PrVersG. — Ladung, Akten: § 505. — Kosten: §§ 26, 28, 30 GKG.; 20, 25, 26 RAGO. mit E. 30[334] 44[421] S. 15[683] 16[312]. Der Verwsgsbschl. enthält keinen Kostenausspruch, ist aber gebührenpfl. (JW. 96[69]); Erstattung: § 91; vgl. § 569.

Abs. 1. Keine Zusammenrechng. von Kl. u. WKl., Kl. u. KlErweiterung oder nachträgl. verbundener Kl. (E. 7[314]). Örtl. Zustdk., bei WKl. auch Zulässigkeit nachprüfbar. Trennung: § 505. — Antragsberechtigt ist hier jede Partei. Mangels Prorog. oder Verwsgsantrag erfolgt Abwsg. wegen Unzustdk. — **Abs. 2.** Die Prozeßergebnisse des AG. wirken fort. Abwsg. des Antrags auf Verwsg.: ZwU. nach § 303 (bestr.); Bindung des AG. u. LG.: RO. 13[170] SA. 61[68].

§ **507** (468). Wegen unterbliebener Erklärung ist eine Urkunde nur dann als anerkannt anzusehen, wenn die Partei durch das Gericht zur Erklärung über die Echtheit der Urkunde aufgefordert ist.

Abweichg. von § 439; Protokollierung sachgemäß. Tatsachen: § 138. — Eid: § 455.

*§ **508** (469). Die Vorschriften des § 261 Abs. 2, des § 297 und der §§ 348—354 finden auf das Verfahren vor den Amtsgerichten keine Anwendung.

Praktisch gilt das nämliche wie § 262 Abs. 2; vgl. GewGG. § 36, KfmGG. 16. Das vorb. Verf. wird durch e. besonderen Verhdlgstermin genügend ersetzt.

*§ **509** (470). [I] Anträge, sowie die Erklärungen über Annahme oder Zurückschiebung zugeschobener Eide sind durch das Sitzungsprotokoll festzustellen; anstatt der Feststellung genügt die Bezugnahme auf den Inhalt eines vorbereitenden Schriftsatzes.

[II] Sonstige Erklärungen einer Partei, insbesondere Geständnisse, sind durch das Protokoll insoweit festzustellen, als das Gericht bei dem Schlusse der mündlichen Verhandlung die Feststellung für angemessen erachtet.

§§ 160, 297, 314; AGSchrG. 25.

Abs. 1. Keine Verlesung der Anträge, wohl aber des Prot. selbst. Die Eideszuschbg. allein unterliegt dem ProtZwang nicht; Aufnahme der Norm aber sachgemäß. — Beachtlich die Zulässigkeit der Bezugn. auf Schriftsätze, die nicht ProtBeilagen sind. — **Abs. 2.** Aufschiebung bis zur nächsten mV. unstatthaft; Protokollierungsanträge sind nicht bindend (Bl. 63[483]).

§ 510 (471). I Wer eine Klage zu erheben beabsichtigt, kann unter Angabe des Gegenstandes seines Anspruchs zum Zwecke eines Sühneversuchs den Gegner vor das Amtsgericht laden, vor welchem dieser seinen allgemeinen Gerichtsstand hat.

II Erscheinen beide Parteien, und wird ein Vergleich geschlossen, so ist derselbe zu Protokoll festzustellen. Kommt ein Vergleich nicht zu Stande, so wird auf Antrag beider Parteien der Rechtsstreit sofort verhandelt; die Erhebung der Klage erfolgt in diesem Falle durch den mündlichen Vortrag derselben.

III Ist der Gegner nicht erschienen, oder der Sühneversuch erfolglos geblieben, so werden die erwachsenen Kosten als Teil der Kosten des Rechtsstreits behandelt.

Gilt nicht als Unterbrechung der Verjährung; ob als Mahnung bestr. — §§ 36, GBG. 170 unanwendbar. — Sühneregister und Akten: §§ 69 bis 72, 75, 85, 86 AGSchrG. — Sonstiges Vermittlungsamt: Art. 12, 19 AZPV.; 37, 100, 144 GmdO. (Geldstrafe bei Ausbleiben des Klägers); Militär: § 5 Ges. v. 15. Aug. 1828 (Bl. 9[25]); Pfründe u. Stiftungssachen: Döll. 23[422]. — Vgl. §§ 296, 608, 794; HypG. §§ 92, 112, 152; GewGG. §§ 41, 54, 62, 76; KfmGG. §§ 16, 17, 19, 20; RAO. § 49; ForstG. Art. 26; NotG. Art. 121; VerfUrk. Tit. X § 2 mit § 60 FormVdg. v. 9. Dez. 1825; KonsGG. § 21. — Kosten: §§ 41, 81, 101 GKG.; 37 RAGO.; Art. 153, 231 GebG.; 6, 8, 11, 14 BRGAO.; 6 VerwRAGO.; vgl. JMBl. 02[465] ff. Kostenersatz gg. den ausgebl. Ladenden nur durch Klage erreichbar.

Abs. 1. Anwendbar auch bei Verschiedenheit des Wohnsitzbezirks oder ausschließl. Zustdk. des LandG. (nicht SonderG.) — Kein Zwang zum Erscheinen, kein Anwaltsausschluß. — **Abs. 2.** Protok. von Anerk., Verzichten nicht vorgesehen.

Drittes Buch.

Rechtsmittel.

Erster Abschnitt.

Berufung.

§ 511 (472). Die Berufung findet gegen die in erster Instanz erlassenen Endurteile statt.

Ausnahmen: §§ 99, 270, 513, 957; vgl. KonfGG. 14, 43, 45; SchutzGG. 2, 3, 6; GewGG. 55, 60; KfmGG. 16. — Zustdgk.: §§ 71, 123 GVG.; 33 PatG. mit Vdg. v. 6. Dez. 1891 (RGBl. 389) u. E. 47[385]; Art. 37, 43 RheinSchAkte (wahlweise Zustdk. der Zentralkomm. in Mannheim); vgl. auch die vorgen. Gesetze, desgl. wegen der in der ZPO. selbst nicht vorgesehenen Berufungssumme. — Akten u. Register (Aktenz. keine Bruchform): §§ 20 bis 28, 32 bis 36 LGSchrG. („F, G"); §§ 3 ff. OLGSchrG. („L, M, N"); JMBl. 05[27]. — Vollmacht: §§ 81, 88, 176 ff.; Einstellung: §§ 717, 707; Wahlrecht mit § 767 beachtlich. — Übergang: § 20 EZP.; Art. IX EÄZP. — Kosten: §§ 11, 49 GKG. (Erhöhung um 1/4); die Gebühren der RA. bleiben gleich (Abraten: § 47 RAGO.); E. 23[380].

RM. nur Berufg., Revis., Beschw.; nicht Einspr. WAufn., Wspr. Kennzeichen: Devolutiv- u. Suspensiveffekt. — Der B. unterliegen auch Anerk.- (Bl. 63[384]), Verzichts-, Läutergsll.; die Begr. ist hier praktisch allerdings beschränkt. Urteilsmäßige Arreste u. einstw. Verf. der LandG. als BerufungsG. sind unanfechtbar (anders bei Beschw.), der OLG. revisibel, E. 5[430]. — Unzulässig sind bedingte, vorsorgl. B. (E. 46[418]), sowie lediglich gegen die Begr. (E. 53[35] vgl. S. 12[238]) oder nur zwecks Klagserweiterung (§ 268), wenn völlig nach Antrag erkannt (E. 62[15]; vgl. aber S. 15[358]); anders bei Anschließung u. Scheidungsll. (Verzeihung), E. 33[202] 36[353] 45[321] S. 15[512]. — Keine B. eines Dritten, des Gerichts selbst oder der Aufsichtsbehörden (RO. 7[188] 8[233]). — Irrige Bezeichng. der Entschdg. durch den Erstrichter hindert die B. nicht; es kommt auf den materiellen Inhalt, soweit den Parteien erkennbar, an; vgl. §§ 304, 338; E. 42[407] S. 14[461] (bestr.); anders, wenn der Ausspruch formell u. materiell ausdrücklich, wenn auch mit Unrecht, als Urteil oder Beschluß gewollt u. erlassen, E. 32[429] 58[232] JW. 06[26]. Verschmelzung v. Urteil u. Beschl. beeinflußt die RM. nicht, E. 38[402] NS. 6[452]. — Die auf wechsels. B. angesetzten Termine sind kraft Gesetzes verbunden, E. 29[348] 45[377]; § 24 LGSchrG. — Die sog. „B. auf den Rechtsweg" ist kein RM. (ZZP. 23[411]), sondern gewöhnl., von vorgäng. Anrufung e. VerwBehörde abhängige befristete Klage; vgl. §§ 148, 274; §§ 77 GewGG., 19 KfmG.; 5 StrafentschG., 6 HaftentschG. Fortführung vorzeitig angebrachter Kl.: NS. 2[62]; Einstellg. der ZwV.: § 707; FeststellKl. des Gegners: E. 59[165]. Verfrühte Kl. ist unzulässig (E. 36[74] vgl. 57[78]), verspätete unbegr. — Verweisung auf den Rechtsweg: Bl. 58[374]; vgl. zB. NachlO. § 46, GBDA. §§ 514 ff.

§ 512 (473). Der Beurteilung des Berufungsgerichts unterliegen auch diejenigen Entscheidungen, welche dem Endurteile vorausgegangen sind, sofern nicht dieselben nach den Vorschriften dieses Gesetzes unanfechtbar oder mit der Beschwerde anfechtbar sind.

Vortrag: § 526; Unanfechtbarkeit: §§ 569, 577 und Reg.

Hierher insbes. Verbindg., BeweisB., gewöhnl. ZwU. (E. 3[366] 24[425]). Die appell. ZwU., werden, wenn einmal rechtskr., von der B. gegen das EndU. nicht mehr berührt, E. 16[352]; nachträgl. Wegfall: § 275. — Kein Wahlrecht zwischen B. u. Beschw., auch nicht im Falle des § 99 bei AnerkU. u. Zahlung des Restes (JW. 02[392]: nur Beschw.). — Unzulässige Vereinigung von Vorbeschluß u. EndU.: §§ 252, 406.

§ 513 (474). I Ein Versäumnisurteil kann von der Partei, gegen welche es erlassen ist, mit der Berufung nicht angefochten werden.

II Ein Versäumnisurteil, gegen welches der Einspruch an sich nicht statthaft ist, unterliegt der Berufung insoweit, als dieselbe darauf gestützt wird, daß der Fall der Versäumung nicht vorgelegen habe.

Anschließung: § 521; Vertagung bei Konkurrenz mit Einspruch: § 524; Zurückverwsg.: § 538. — Kosten: §§ 26, 27, 46 GKG.; 20, 29 RAGO.

Abs. 1. Klagabwsg. trotz Ausbleibens des Bekl. (Mot. 299, SA. 39[151]), Verwerfung des Einspr. als unzulässig beim Ausbleiben des EinsprBekl. ist kein VersU.: hier B. statthaft. — **Abs. 2.** „An sich nicht statthaft": nicht erst durch Fristablauf (Pr. 232); hierher nur §§ 238 Abs. 2 u. 345. — Keine Vers. bei Beruhen, unrichtiger Ladung oder Terminsbekanntgabe von amtsw.; in den Fällen des § 337 oder wenn der Ladende ausgeblieben, hilft B. nichts. Mangel e. Verschuldens belanglos, RO. 11[87]. — Wiedereins. zu Abs. 2 nur gegen Ablauf der Berufungsfrist (§ 233 Abs. 1). — Liegt Vers. vor, so ist die B. unbegründet, E. 51[197]. — An sich unter Abs. 2 fallende VersZwischenU. sind gleichwohl nur mit dem EndU. anfechtbar, E. 13[398].

§ 514 (475). Die Wirksamkeit eines nach Erlassung des Urteils erklärten Verzichts auf das Recht der Berufung ist nicht davon abhängig, daß der Gegner die Verzichtleistung angenommen hat.

Vollmacht: §§ 81, 83; Unterschied von Anspruchsverzicht: § 307 (E. 44[355]); von Klagerücknahme: § 271. — Ehe, Kinds-, EntmS.: § 617. — Protokoll: § 160. — Sof. Rechtskraft: § 705; Anschließung: § 521; kein Urteil auf RMVerlust.

Ausdrückl. Erkl. gg. Gericht (Anwaltszwang) oder Partei (formlos, E. 45[329]) erforderlich, E. 16[344]. „Submittieren, beim U. beruhigen, erledigt erklären" genügt; nicht aber Bitte um Nachsicht (S. 1[251]), Zahlung der Kosten (E. 5[384]), der vollstreckb. Hauptf. (§ 717; JW. 06[25]) oder gelegentl. Bemerkung zum GVollz. (S. 3[115]); solchenfalls Zust. des U. dringend rätlich. — Bedingter Verz. möglich. — Erlassg. = Verkdg.; nach Einlegung der B. ist begriffsmäßig nur mehr Rücknahme möglich (§ 515, S. 10[25]). — Verz. vor Erlassung des U. ist nach bürgerl. R. zu beurteilen (§§ 134 ff. BGB.) und an sich zulässig: JW. 03[53] Beil.; erfordert Annahme, nicht aber Schiedsvertragsform. — Bestr., ob wirksamer Verzicht vor Verkdg. das RM. „unzulässig" macht; vgl. § 705; E. 20[400] 36[421] 45[330]; keine Prüfung von amtsw. (§ 535). Widerruf mit Zustimmg. des Gegners möglich; Anfechtbarkeit bestr. (vgl. § 290).

§ 515 (476). I Die Zurücknahme der Berufung ist ohne Einwilligung des Berufungsbeklagten nur bis zum Beginne der mündlichen Verhandlung des Berufungsbeklagten zulässig.

II Die Zurücknahme erfolgt, wenn sie nicht bei der mündlichen Verhandlung erklärt wird, durch Zustellung eines Schriftsatzes. Abschrift desselben ist sofort nach erfolgter Zustellung auf der Gerichtsschreiberei niederzulegen.

III Die Zurücknahme hat den Verlust des Rechtsmittels und die Verpflichtung zur Folge, die durch das Rechtsmittel entstandenen Kosten zu tragen. Auf Antrag des Gegners sind diese Wirkungen durch Urteil auszusprechen.

Vgl. §§ 271, 311. — Wegfall der unselbstdg. Anschließung des Gegners: § 522. — Rechtskraftzeugnis schon vor dem Urteil nach Abs. 3 erteilbar: § 705. — Vorl. Vollstreckb. nach allg. Regeln. — Kosten: §§ 46, 49, 26, 28 GKG.: 13, 16, 20, 29 RAGO.: E. 44[415] (bei Abs. 3 Kostensumme allein StreitW.).

Abs. 1, 2. Die Zurückn. muß ausdrücklich (E. 27[116]), bedingungslos (S. 9[577]), soweit unteilbar, vollständig sein (E. 38[426]); sie ist unwiderruflich (SA. 48[296]), bedarf keiner Annahme (SA. 52[202]), ist noch innerhalb der RevFrist zulässig; Zurücknahme der Klage und B. der näml. P. ist in sich widerspr., S. 14[47]. Einfacher Brief v. Anwalt z. A. genügt nicht (SA. 48[156]). — Anschließ. der rückn. P. bleibt möglich: § 521. — MV. des BBekl.: nicht nur zur Haupts.; anders bei § 271. — **Abs. 3.** Verlust des RM. hindert Fortführg. e. Doppelbrfg. (DJZ. 06[1100]) u. neuerl. Einlegung, außer wenn das zurückgen. RM. unzulässig war (gem. M., E. 9[420] 38[426]). — Das U. ist beim Ausbleiben des BKl. Versll. (E. 6[367] u. a.); ergeht ohne Prüfung der Formalien der B. (JW. 84[111]); der Antrag bedarf nicht schriftl. Mitteilg., E. 31[404]. — Der BBekl. kann sich auf das KostenU. allein beschränken (SA. 41[309]); letzteres ergeht trotz Vergleichseinrede (JW. 04[365]) oder vorheriger Kostenzahlung (JW. 00[71]). Kosten e. nur vorber. Anschl. nicht hierher, E. 51[9]. Beruhen, Vertagung: § 271.

§ 516 (477). I Die Berufungsfrist beträgt einen Monat: sie ist eine Notfrist und beginnt mit der Zustellung des Urteils.

II Die Berufung kann gleichzeitig mit der Zustellung des Urteils eingelegt werden. Die Einlegung vor Zustellung des Urteils ist wirkungslos.

Zustellungsverzicht nach §§ 55 GewGG., 16 KfmGG. zulässig: vgl. BGH. 17[28]. — Fristberechnung: §§ 222 ff., 233, 251. — Keine Verkürzung der Frist in den Spezialverf., zB. Wechselproz.; keine Verlängerung bei öff. Z. des U.

Abs. 1. Das U. muß verkündet u. dies protokolliert (E. 16[331]), auch dessen Urschrift unterzeichnet sein, E. 29[366]. — Mängel der Zustellung des U. sind unverzichtbar, E. 10[401] 14[335] 29[403] RS. 2[78]; aM. E. 51[97]. Die zustellende P. eröffnet die Frist auch für sich (Nachprüfung, ob frühere Ausf. erteilt); bei Z. v. amtsw. gesonderter Fristlauf für jede P., E. 7[362]. — Zust. des U. an den gewöhnl. NebenJ. entbehrlich (S. 15[268]) und nicht fristeröffnend, selbst wenn in der Vorinstanz nur der NJ. auftrat (E. 34[390]); läßt aber letzterer seinerseits das Urt. zustellen, so kann der Gegner B. einlegen (E. 17[410]); bestr., ob damit auch die Frist für die unterstützte P. beginnt. — Wegen notw. StreitG. vgl. § 62; hierbei ist genau auseinanderzuhalten: akt. u. pass. Urteilszustellung, Einlegung der B., Beiladung, Terminspräsenz; die notw. Streitgen. vertreten sich wohl bei der fristwahrenden aktiven Einlegung der B. gegenseitig, nicht aber hinsichtl. der fristeröffnenden Zustellung des U. — **Abs. 2 Satz 1** unausführbar bei Vermittlg. durch den GSchr., Zust. im Ausland, öff. Z. (§§ 166, 199, 202), E. 41[426]. — **Satz 2.** Einreichung der B. vor Zustellg. des U. statthaft, JW. 03[278]; nochmalige Benutzung der früheren Terminsnote bei wiederholter Zust. der B. unstatthaft, E. 55[20].

§ 517 (478). Wird innerhalb der Berufungsfrist ein Urteil in Gemäßheit des § 321 durch eine nachträgliche Entscheidung ergänzt, so beginnt mit der Zustellung der nachträglichen Entscheidung der Lauf der Berufungsfrist auch für die Berufung gegen das zuerst ergangene Urteil von neuem. Wird gegen beide Urteile von derselben Partei Berufung eingelegt, so sind beide Berufungen mit einander zu verbinden.

Verbindung wechsels. B. oblig. (E. 45[377]), gg. mehrere TeilU. fakult.: vgl. Note zu §§ 302, 716 (RL. 5[84]).

Nach gem. M. ist solchenfalls B. gegen das I. Urt. auch zwischen Ablauf der I. Frist u. Zustellung des II. Urt. zulässig. Die Vorschrift ist aber unanwendbar, wenn das II. U. erst nach Ablauf der I. Frist verkündet worden; wichtig bei Ergänzungen im Kostenpkt.: E. 23[422]. — Keine Beeinflussung der Frist durch Ergänzungsanträge allein oder bloße Berichtigungsbeschlüsse, E. 29[403].

***§ 518** (479). I Die Einlegung der Berufung erfolgt durch Zustellung eines Schriftsatzes.

II Derselbe muß enthalten:

1. die Bezeichnung des Urteils, gegen welches die Berufung gerichtet wird;
2. die Erklärung, daß gegen dieses Urteil Berufung eingelegt werde;
3. die Ladung des Berufungsbeklagten vor das Berufungsgericht zur mündlichen Verhandlung über die Berufung.

III Bei der Einreichung der Berufungsschrift zum Zwecke der Terminsbestimmung soll eine Ausfertigung oder beglaubigte Abschrift des Urteils, gegen welches die Berufung sich richtet, dem Berufungsgerichte vorgelegt werden.

Vgl. §§ 130, 166, 191, 207, 214 ff., 340, 535, 705; KonsGG. 2; PatG. 33.

Abs. 1, 2. Das Wort „B.", Verhdlg. „über die B." (Mot. 403; E. 4[356] NS. 4[201]), Angabe des Urteilsdatums (JW. 83[37]), des Namens des BKlägers (S. 1[384]), des Aktenzeichens (JW. 85[184]) nicht absolut unerläßlich, wenn sonst kein Zweifel; sehr mild JW. 03[25]; strenger 05[727]. — Die Urschrift der B. muß von einem beim BG. zugelassenen RA. unterzeichnet sein, E. 33[399]. Für den Zustellbetrieb gilt kein Anwaltszwang: §§ 166, 170; Zustellempfänger: § 179 (NS. 2[78]). — Mangel e. wesentl. Punkts bewirkt Unzulässigkeit, S. 13[79]; Nachschleppung nach Fristablauf nutzlos, JW. 83[112]. Anträge sind nicht wesentl., E. 24[396]; vgl. § 519. — Einheitl. B. gg. mehrere U.: SA. 40[325]. — **Abs. 3** soll dem Vorsitzenden ohne Akten (§ 544) e. Überblick über den Umfang des Prozesses geben. Das U. folgt mit dem Termin zurück (KB. 117; § 3 LGSchrG.); Sonderabschrift nicht erstattbar.

§ 519 (480). I Die allgemeinen Bestimmungen über die vorbereitenden Schriftsätze finden auch auf die Berufungsschrift Anwendung.

II Als vorbereitender Schriftsatz soll die Berufungsschrift insbesondere enthalten: die Erklärung, inwieweit das Urteil angefochten werde und welche Abänderungen desselben beantragt werden (Berufungsanträge), sowie die Angabe derjenigen neuen Tatsachen und Beweismittel, welche die Partei geltend zu machen beabsichtigt.

Vgl. §§ 130 ff. — Für den Kostenansatz (Vorschuß) sind zunächst die Schriftsätze maßgebend, E. 25[380]; keine Bindung für mV.: § 525.

§ 520 (481). In Betreff der Frist, welche zwischen der Zustellung der Berufungsschrift und dem Termine zur mündlichen Verhandlung liegen muß, finden die Vorschriften des § 262 entsprechende Anwendung.

Vgl. KonGG. § 43. — § 262: zwei Wochen (auch bei amtsg. Urt.); in Meß- u. Marktf. 24 Std.; bei Zust. im Ausl. richterl. Festf. — Urk. u. WPr.: § 604 Abs. 3. Anwendbarkeit des § 261 Abs. 2 bestr. — „BSchr.“: Einlegungsschrift. — Bei Nichtbeachtung Vertagung; die B. bleibt wirksam; vgl. § 335 ff.

§ 521 (482). I Der Berufungsbeklagte kann sich der Berufung anschließen, selbst wenn er auf die Berufung verzichtet hat oder wenn die Berufungsfrist verstrichen ist.

II Die Vorschriften über die Anfechtung des Versäumnisurteils durch Berufung finden auch auf die Anfechtung desselben durch Anschließung Anwendung.

Selbstdg. Anschl.: § 522. — Zumeist kein besonderer Kostenansatz: vgl. jedoch §§ 81 Abs. 2, 11 GKG. u. E. 44[57] (§ 97 anwendbar); Armenrecht: § 119.

Abs. 1. Die Anschl. ist zulässig im Kostenpkt. allein (E. 17[47]; vgl. JW. 03[314]); nach TeilU. wegen des Restes (E. 25[309]); auch soweit der Gegner nicht ansicht (zB. bzgl. WKl., Gleichheit des U. vorausgesetzt: E. 25[309] 46[373] JW. 03[314]); eventuell (nämlich, falls die B. nicht ohnehin unzulässig oder unbegründet), E. 29[375] S. 13[228]; beim Ausbleiben des Gegners (E. 12[135]); nach Rücknahme oder Verzicht bzgl. der eigenen B. u. neben U. auf Verlust dieses RM. (E. 38[430]); auch noch nach Rückverwsg. aus der RevInstanz (E. 12[408]). Konnex nicht erforderlich, JW. 05[88]; keine A., wenn Gegner auf B. verzichtet (E. 55[276]) oder bzgl. gewöhnl. Streitgen. (E. 46[415]); NebenJ.: SA. 41[244]. — Form: Verlesung in mV. (nicht

Schriftsatzabgabe), E. 7[345] 61[258]; Rücknahme formlos, E. 41[391]. Verzicht auf A. möglich (Mot. 304). — Keine Umdeutung der eigenen B. in Anschl., JW. 97[566]. — **Abs. 2.** Anschl. des Säumigen hiernach meist unzulässig; vgl. § 513.

§ 522 (483). I Die Anschließung verliert ihre Wirkung, wenn die Berufung zurückgenommen oder als unzulässig verworfen wird.

II Hat der Berufungsbeklagte innerhalb der Berufungsfrist sich der erhobenen Berufung angeschlossen, so wird es so angesehen, als habe er die Berufung selbständig eingelegt.

Vgl. §§ 515, 535, 271.

Abs. 1. Solchenfalls muß der BKläger auch die Kosten e. erfolgten (nicht bloß vorbereiteten, E. 51[5]) Anschl. erstatten (Pr. 236). — Anspruchsverzicht (E. 45[409]), Zurückwsg. der HauptB. durch Versll. nicht hierher. Nach mV. Rücknahme durch Protest hinderbar. — **Abs. 2.** Anschl. an solche Anschl. zulässig, E. 17[47]. — Form der selbstdg. A.: zunächst Schriftsatzzustellung (ohne Ladung) innerhalb der Notfrist; sodann Erkl. in mV., wenn auch nach Ablauf der Notfrist (Mot. 304; E. 41[386]). — Selbstdg. A. auch im Kostenpunkt allein, E. 13[433]; bestr. ob nach Rückn. der HauptB. noch haltbar.

§ 523 (485). Auf das weitere Verfahren finden die in erster Instanz für das Verfahren vor den Landgerichten geltenden Vorschriften entsprechende Anwendung, soweit nicht Abweichungen aus den Bestimmungen dieses Abschnitts sich ergeben.

Vgl. §§ 253 bis 494; daneben gelten die §§ 1 bis 253. — Das zweitinstanz. Verf. der LG. u. OLG. ist gleichheitlich geordnet. — Die Spezialverf., zB. Ehes., Wechselproz. behalten ihre Eigenart. — Neue Ansprüche: § 529. — Einlassungsfrist: § 520.

§ 524 (486). Die mündliche Verhandlung ist, wenn an dem für dieselbe bestimmten Tage die Berufungsfrist noch nicht verstrichen ist, auf Antrag des Berufungsbeklagten bis zum Ablaufe der Frist, und wenn der Berufungsbeklagte gegen das Urteil den Einspruch erhoben hat, auch von amtswegen bis zur Erledigung des Einspruchs zu vertagen.

Vgl. §§ 228, 331, 513; Ausnahmen: §§ 534, 718, 770.

Beachtlich, daß die Einlassungsfrist nur die Hälfte der BFrist beträgt. — Die Vorschr. gilt auch in Wechsels., sowie für Einspr. u. B. der gleichen Partei; sie ist zwingend u. setzt Gleichheit des U. voraus. Gemeint ist bei ZvA. nur die BFrist des BBekl.

§ 525 (487). Vor dem Berufungsgerichte wird der Rechtsstreit in den durch die Anträge bestimmten Grenzen von neuem verhandelt.

Antragsverlesung: § 297; Verbot der reform. in pejus: § 536; vorl. Vollstreckb. des nichtangefochtenen Teils der Formel: § 534. — Ehesachen: § 705.

Maßgebend sind die in mV. bzgl. der Formel gestellten Anträge, E. 8[163] S. 11[713]; Erweiterung bis zum Schlusse der mV. zulässig, E. 8[390] 56[31]. — Das „novum judicium" ist nicht streng zu nehmen (Mot. 307,

S. 13[341]), weil Nachprüfung des U. Verfahrenszweck, S. 13[585]. — Rückwirkendes neues Prozeß- oder Zivilrecht ist beim BUrteil zu beachten, E. 45[418]; anders bei der Rev. u. im Falle des § 265. Die Beweisergebnisse I. J. wirken fort: vgl. §§ 526, 531 ff. Nochmalige Vernehmung (§ 398), zB. zur Prüfung des persönl. Eindrucks, BlEB. 7[53].

§ 526 (488). I Bei der mündlichen Verhandlung haben die Parteien das durch die Berufung angefochtene Urteil sowie die dem Urteile vorausgegangenen Entscheidungen nebst den Entscheidungsgründen und den Beweisverhandlungen insoweit vorzutragen, als dies zum Verständnisse der Berufungsanträge und zur Prüfung der Richtigkeit der angefochtenen Entscheidung erforderlich ist.

II Im Falle der Unrichtigkeit oder Unvollständigkeit des Vortrags hat der Vorsitzende dessen Berichtigung oder Vervollständigung, nötigenfalls unter Wiedereröffnung der Verhandlung zu veranlassen.

Vgl. §§ 136, 137, 139, 156, 297, 512, 544; Vortrag: § 285; kein Richterreferat: E. 54[7]. Der hiernach vorgetr. Tatbestand I. J. bildet die Grundlage in II. J. Keine Notorietät der Akten I. J., E. 55[412]; Nichtvorgetragenes bleibt unberücksichtigt, E. 8[326] S. 13[587] BlEB. 10[311].

***§ 527** (489). Eine Änderung der Klage ist nur mit Einwilligung des Gegners statthaft.

§§ 264, 268 ff., 529. — Unzulässigk. der B. lediglich zur Erweiterung der Ansprüche: § 511 Note.

Zu unterscheiden KlagÄ. u. Erhebung neuer Ansprüche nach § 529, E. 47[390]. — Verstoß macht die B. unbegründet, SA. 42[167]. — In Ehesachen unanwendbar, E. 31[10] S. 9[614]. — Einwillig.: Rügeunterlassung, E. 51[112]; Klage: nach dem Sachstand beim Urteil I. J.; §§ 268, 270 gelten auch hier, E. 4[391] 28[426]. — Keine Zulassung mangels Erschwerung der Verteidig.

***§ 528** (490). I Prozeßhindernde Einreden, auf welche die Partei wirksam verzichten kann, dürfen nur geltend gemacht werden, wenn die Partei glaubhaft macht, daß sie ohne ihr Verschulden außerstande gewesen sei, dieselben in erster Instanz vorzubringen. Das Gleiche gilt, wenn bei vermögensrechtlichen Ansprüchen für die Klage ein ausschließlicher Gerichtsstand begründet ist, von der Einrede der Unzuständigkeit des Gerichts, sofern der Beklagte in erster Instanz zur Hauptsache mündlich verhandelt hat; eine Prüfung der Zuständigkeit von amtswegen findet nicht statt.

II Die Verhandlung zur Hauptsache darf auf Grund prozeßhindernder Einreden nicht verweigert werden; das Gericht kann jedoch die abgesonderte Verhandlung über solche Einreden auch von amtswegen anordnen.

Vgl. §§ 2, 12, 39, 274, 504, 538, 547, 549, 564.

Abs. 1 Satz 2 trifft nicht die sachl. Zustdk. (einschl. GewerbeG., KaufmG.), JW 03[342]; unanwendbar, wenn in der I. J. die Unzustdk. gerügt u. nur vorsorglich z. Hauptſ. verhandelt ist. — **Abs. 2** entspricht dem amtsg. Verf. Das bezügl. ZwU. des LandG. ist unanfechtbar (§ 10), des OLG. nur revisibel. § 274 Abs. 1 u. 3 bleiben anwendbar.

***§ 529** (491). [I] Die Parteien können Angriffs- und Verteidigungsmittel, welche in erster Instanz nicht geltend gemacht sind, insbesondere neue Tatsachen und Beweismittel vorbringen.

[II] Neue Ansprüche dürfen, abgesehen von den Fällen des § 268 Nr. 2, 3 nur mit Einwilligung des Gegners erhoben werden.

[III] Macht der Beklagte die Aufrechnung einer Gegenforderung geltend, so ist die hierauf gegründete Einwendung zurückzuweisen, wenn nicht der Kläger in die Geltendmachung einwilligt oder der Beklagte glaubhaft macht, daß er ohne sein Verschulden außerstande gewesen ist, die Aufrechnung in erster Instanz geltend zu machen. Im Falle der Zurückweisung finden die Vorschriften der §§ 540, 541 Anwendung.

Vgl. §§ 511, 614, 767; AnfG. 13. — Kosten: §§ 97; GKG. 48, 49.

Abs. 1. Einrede weggefallener Passivlegitim. hierher (S. 16[288]); formelle Zurückwsg. in I. J. nach §§ 279, 374, 433 steht nicht entgegen, E. 31[364]; ebensowenig Eidesleistung I. J., wenn der Beweisbeschl. beseitigt werden kann, E. 25[177]; vgl. § 533. — Unbehelfl. Vorbringen ist unbeachtlich, E. 11[414]; die Verschleppungsvorschr. sind neuerl. anwendbar (§ 540, S. 9[513]). — **Abs. 2.** „Neue Anspr.": E. 20[409] JW. 06[471]; Rechtshgk. in I. J. entscheidend; bloßer „Vorbehalt, Erwähnung" in I. J. unbehelflich, E. 59[399] S. 14[390]. Zulässig neue Zurückbehaltgseinr. (E. 15[421]), neue Verlustposten gg Aktivsaldokl. (JW. 91[308]), in I. J. zurückgen. Ansprüche, soweit nicht sachlich aberkannt (SA. 48[215]; bestr.). — Unterschied von Klagänderung: E. 47[390]; Einwilligungsform: § 527 (E. 51[112]). — Auch WKl. (einschl. Zwischenfeststl.) ist ohne Einwillig. d. Gegners verboten, E. 29[366]; Rückzahlungsanspr., zB. aus § 717 sind jedoch zulässig (bestr.). Bei statthafter Klagserweiterung über 300 M. oder WKl. vor dem LandG. als II. J. ist kein dem § 369 StPO. (ESt. 6[310]) entspr. Zwischenverf. (Verwsg. vor das LG. als I. J.) vorgesehen (bestr., E. 23[421]). — B. statt Ergänzungsantrag: § 321 (E. 59[130]). Mangels Einwill. Abwsg. v. amtsw., E. 51[112]; Parteirolle belanglos, E. 29[378]. — **Abs. 3.** Erwerb nach der letzten mV. I. J. ist genügende Glaubhaftm., E. 39[428]; Möglichkeit früheren Erwerbs gleichgültig. Unkenntnis der Ggfrdg. genügt, JW. 97[324]; Rechtsirrtum nicht, Bl. 52[396]. — Klagerweiterg. in II. J. berechtigt den Gegner zu nachträgl. Aufr. SA. 47[243] JW. 06[572]; Verweisung der Aufr. in die I. J. unzulässig, E. 28[414]. Aufgreifung in I. J. nicht weiter verfolgter Aufr.: JW. 03[290]. — Schlußsatz wichtig wegen Ersatzpflicht; zu beachten der Unterschied gegenüber § 302.

§ 530 (492). Die Verletzung einer das Verfahren erster Instanz betreffenden Vorschrift kann in der Berufungsinstanz nicht mehr gerügt werden, wenn in Gemäßheit der Bestimmung des § 295 die Partei das Rügerecht bereits in erster Instanz verloren hat.

Vgl. § 539; übrigens gilt § 295 auch für Verfahrensmangel II. J.

§ 531 (493). Die in erster Instanz unterbliebenen oder verweigerten Erklärungen über Tatsachen, Urkunden und Eideszuschiebungen können in der Berufungsinstanz nachgeholt werden.

Vgl. §§ 321, 533.

Annahmeweigerung (E. 35[371]), unzulässige Zurückschbg. ist Erklärungsweig. (also Erkl. nachholbar), E. 17[424]; Weig. der Eidesleistung ist unwiderruflich, § 533. — Minderung der Glaubwürdigkeit wegen Nachschleppung ist Tatfrage (§ 286).

§ 532 (494). Das in erster Instanz abgelegte gerichtliche Geständnis behält seine Wirksamkeit auch für die Berufungsinstanz.

Vgl. §§ 138, 288 bis 290.

Das Widerrufsrecht nach § 290 bleibt offen, E. 11[406]; ebenso, daß gar kein G. abgegeben worden (JW. 82[90]). Auch Anerk. e. Urk. hierher, nicht aber fiktives G. nach § 138, SA. 58[250]. — Beschränkung des G. auf die Instanz unstatthaft, SA. 52[20].

§ 533 (495). I Die in erster Instanz erfolgte Annahme oder Zurückschiebung eines Eides behält ihre Wirksamkeit auch für die Berufungsinstanz.

II Dasselbe gilt von der Leistung, von der Verweigerung der Leistung und von der Erlassung eines Eides, wenn die Entscheidung, durch welche die Leistung des Eides angeordnet ist, von dem Berufungsgerichte für gerechtfertigt erachtet wird.

Vgl. §§ 453, 463, 531: Wegfall der Eideswiederholung: § 460 Note.

Abs. 1. Die Zuschbg. ist (selbst nach Annahme in I. J.) in II. J. bis zur wirkl. Leistung frei widerruflich, was zur Aufhbg. in pejus führen kann (JW. 01[206]); Gewissensvertr.: §§ 453, 523. Wiederholg. in II. J.: BlEB. 12[221]. — **Abs. 2.** „Gerechtfertigt": formell u. materiell, E. 9[345] 17[324]; insbes. nachprüfbar, ob ein auf BeweisB. gemäß § 461 Abs. 1 in der Vorinstanz geleisteter Eid wegen Erwiesenheit des Gegenteils trotz Parteieinigung bereits nach § 446 unzulässig war (JW. 92[161]; aM. SA. 55[244]). Neues Beweisangebot soll auch bei § 461 Abs. 2 nach gem. M. der Einschränkung des § 463 Abs. 2 ungeachtet der suspensiven Gesetzesfassung unterliegen; dagegen zutreffend R. 06[407]; Beweislast: E. 53[38]. — Auch die fiktive Weigerung nach § 465 wirkt nach, wenn der Antrag hierauf gestellt ist. Bloße Annahmeweig. (vor richterl. Auflage) ist widerruflich, E. 35[373].

§ 534 (496). I Ein nicht oder nicht unbedingt für vorläufig vollstreckbar erklärtes Urteil erster Instanz ist, insoweit dasselbe durch die Berufungsanträge nicht angefochten wird, auf den im Laufe der mündlichen Verhandlung gestellten Antrag von dem Berufungsgerichte für vorläufig vollstreckbar zu erklären.

II Eine Anfechtung dieser Entscheidung findet nicht statt.

§ 524 hierher unanwendbar; Abwendungsanträge unstatthaft. — Wegen Suspension der Rechtskraft vgl. § 705 zu JW. 04[26] (unrichtig E. 56[34]). Nachträgl. Einstellung bei Antragsausdehnung oder Anschließung: § 719; E. 47[420]. — Entscheidungsform: Beschluß nach oblig. (auch einseitiger) mV., JW. 92[307]. — Klausel: § 35 AGSchrG. — Kosten: §§ 47, 80a GKG.; 23, 29 RAGL.

§ 535 (497). Das Berufungsgericht hat von amtswegen zu prüfen, ob die Berufung an sich statthaft und ob sie in der gesetzlichen Form und Frist eingelegt sei. Mangelt es an einem dieser Erfordernisse, so ist die Berufung als unzulässig zu verwerfen.

Vgl. §§ 341, 511 ff., 515, 516 ff., 542, 566, 574, 589; Revision: § 547. — Kosten: §§ 26, 28, 18, 49 GKG.; 20, 29 RAGL.

Diese Formalien sind auch beim Ausbleiben des BBekl. v. amtsw. in mV. zu prüfen (E. 10[400]); Einlegungszeit maßgbd. Beweislast trifft den Antragsteller; keine inquisit. Nachforschung, E. 9[388]. Hierbei sind alle Beweismittel, nicht bloß ZustUrk. zulässig, E. 31[433]; Anführungen des Ausgebliebenen in e. Schrifts. über Formaldaten können genügen, E. 46[372]. — Wegen materieller Unzulässigkeit vgl. §§ 511, 514; RM. e. Dritten, ohne Beschwer ist „unzulässig“: nicht bei Verletzung der Einlassungsfrist oder Nachschleppung von Einreden, S. 9[519]. Unzulässigkeit der B. kann der BBekl. durch Rev. rügen, wenn gegen ihn erkannt worden, E. 19[405]. — Keine Verweig. der Einlassung z. Hpts., aber abgesond. Verhdlg. u. ZwU. auf Zulässigkeit der B. möglich; sonst kontradikt., unbeschränkt revis. EndU.; Ausnahme: § 504 (VersU.) — Mangels besonderer Beanstandung durch den Gegner genügt nach E. 47[402] Erwähnung der Formalienprüfung im Sitzungsprot. allein. — Verfrühte B. (§ 516) ist „wirkungslos“, E. 4[414] 45[330]; Neueinlegung innerh. offener Frist möglich, E. 19[406].

§ 536 (498). Das Urteil erster Instanz darf nur insoweit abgeändert werden, als eine Abänderung beantragt ist.

Vgl. §§ 318, 319, 512, 519, 526, 534. — Grundsatz der relativen Rechtskraft.

TeilU., ZwischenU. (E. 5[413]), Verbesserung des Wortlauts (BlEB. 8[172]), Änderung der Begr. ohne Ä. der Formel zulässig: S. 11[713] (Mandat statt neg. gest.); Zurückverwsg. geschieht v. amtsw. (E. 58[255]). — Keine ref. in pejus oder ultra petita, dafür Anschließung; anders bzgl. der Offizialpunkte, E. 22[399] 40[268] JR. 05[381] (Kosten); scheinbare ref. i. p. (Aufhebung wegen inneren Zusammenhg.): E. 46[424]. — Wegen Abänderung e. Eidesauflage vgl. E. 4[421] 25[428] 29[426] 44[366] 54[10] 55[276] S. 10[625] (Tatfrage, ob ohne Anschl. möglich): anderw. Beweiswürdigung: E. 49[381]; Rücknahme der Eideszuschbg.: § 533. — Keine bed Entschdg. über die B.; sohin „Aufhebung“ (vgl. R. 05[160]) des U. I. J. schon mit Erlassung des bed. U. II. J., E. 4[421] 12[358]; anders beim Einspr. — Überflüssige Abänderungen u. Neufassungen sind wegen § 775 zu vermeiden. Eine sachl. unbegr. B. ist „zurückzuweisen“ (vgl. § 537 a. E.).

§ 537 (499). Gegenstand der Verhandlung und Entscheidung des Berufungsgerichts sind alle einen zuerkannten oder aberkannten Anspruch betreffenden Streitpunkte, über welche in Gemäßheit der Anträge eine Verhandlung und Entscheidung erforderlich ist, selbst wenn über diese Streitpunkte in erster Instanz nicht verhandelt oder nicht entschieden ist. Das Berufungsgericht hat ein von ihm erlassenes bedingtes Urteil zu erledigen. Dasselbe kann ein in erster Instanz erlassenes bedingtes Urteil erledigen, wenn die Berufung zurückgewiesen ist.

Vgl. §§ 145, 536, 529, 538, 539

Satz 1. Unterschied zwischen Streitpkt. u. Anspruch beachtl.; über Anspr., die in der Formel I. J. weder zu- noch aberkannt sind, kann das BG. ohne Nachentscheidung I. J. nicht urteilen (E. 18[385] 33[83]), was bei Eventualanspr. wichtig (keine Devolution: E. 18[385] S. 10[406] JW. 91[67]; vgl. aber JW. 89[423] SA. 55[81]); anders bzgl. bloßer Angr.- u. VertM. (Gr. 29[421]) oder mehrfacher Klagegründe, E. 45[316]. — **Satz 2, 3.** Ein bed. EndU. des BG. liegt auch bei nur teilw. Abänderung des bed. EndU. I. J. vor (JW. 91[147]). — Ein bed. EndU. des RevG. hat stets die I. J. zu erledigen (Gr. 29[1117]); ebenso, wenn die B. als unzulässig verworfen ist. — Die Übernahme der Läuterung (Schlußsatz) gehört in das U. (SA. 41[71]); kein Termin v. amtsw. (bestr.), vgl. SA. 55[178] u. § 533 Abs. 2. — Beachtlich die Verschiebung bzgl. der RM. gegen das LäuterungsU., bzgl. des Verf. nach §§ 469 ff. u. der Beweisgebühr.

***§ 538** (500). I Das Berufungsgericht hat die Sache, insofern eine weitere Verhandlung derselben erforderlich ist, an das Gericht erster Instanz zurückzuverweisen:

1. wenn durch das angefochtene Urteil ein Einspruch als unzulässig verworfen ist;
2. wenn durch das angefochtene Urteil nur über prozeßhindernde Einreden entschieden ist;
3. wenn im Falle eines nach Grund und Betrag streitigen Anspruchs durch das angefochtene Urteil über den Grund des Anspruchs vorab entschieden oder die Klage abgewiesen ist;
4. wenn das angefochtene Urteil im Urkunden- oder Wechselprozesse unter Vorbehalt der Rechte erlassen ist;
5. wenn das angefochtene Urteil ein Versäumnisurteil ist.

II Im Falle der Nr. 2 hat das Berufungsgericht die sämtlichen prozeßhindernden Einreden zu erledigen.

Vollmacht: § 179; fakult. Zurückverwsg.: § 539. — Kosten: §§ 31, 94 GKG; 26 RAGO.: 91, 97.

Abs. 1. Form: aufhebendes, revisibles EndU. (E. 24[431]). Die Zurückverwsg. ist oblig. (E. 5[375] 24[431]) u. bindend für das weitere Verf. (abgesehen vom RevG.), SA. 40[256]. — Neues Vorbringen in I. J. steht (unbeschadet Verschleppungsfolgen) wiederum frei, E. 6[374] 12[409]. — Keine Zurückverw., soweit das Verf. durch das VUrteil beendet ist, E. 12[377]. — Die frühere u. neuerliche B. bilden zwei Instanzen, S. 14[262]. — Mitzurückverw. der WKl., soweit untrennbar, E. 47[416] JW. 05[86]. — Aufzählung erschöpfend, E. 5[376]; zB. keine Zurückverw., wenn in I. J. e. FeststellKl. als unzulässig abgewiesen ist. — **Nr. 1** enger als Nr. 5; vgl. § 341; E. 12[373] (Zurückverw. auch bei Spruchreife). — Zu **Nr. 2** ist Abs. 2 beachtl. Keine Zurückverw., wenn Erstrichter ohne „Einr." die Klage v.

amtsw. abgewiesen hat, (E. 28[348]; vgl. aber JW. 04[239] Bl. 69[439]) oder die Einr. in Wirklichkeit materiell ist (E. 11[391] 13[331]); ob in I. J. abgesondert verhandelt oder die Einl. verweigert wurde, ist belanglos (E. 12[378]). Nachträgl. Zulässigkeit des Rechtswegs: E. 29[419]. — **Nr. 3.** Bejahung des Grunds durch das BG. ist Voraussitzg. der Zurückverw., E. 47[366] 49[38]; letztere erfolgt auch bei jetziger Spruchreife des Betrags (E. 60[164]) u. bei Zurückwsg. e. B. gg. Bejahg. des Grunds (JW. 04[95]), nicht aber, wenn die Erstrichter Schadensziffer verneinten (E. 59[427]) oder nur e. Aufrechngspost bestr. war (E. 61[412]). — **Nr. 4.** Keine Zurückverw., wenn der Vorbehalt erst in II. J. beigesetzt wird, E. 29[368]. — **Nr. 5.** Vgl. § 513; JW. 91[89]. — **Abs. 2** nur, wenn keine der prozeßh. Einr. durchdringt. — § 528 anwendbar, S. 10[194]; Ausschluß nach § 274 Abs. 2 beachtlich.

§ 539 (501). Leidet das Verfahren erster Instanz an einem wesentlichen Mangel, so kann das Berufungsgericht unter Aufhebung des Urteils und des Verfahrens, soweit das letztere durch den Mangel betroffen wird, die Sache an das Gericht erster Instanz zurückverweisen.

Vgl. §§ 538; GewGG. 56; KfmGG. 16. — Kosten: § 538.

Beispiele wesentl. Mängel: § 551. Hierher ferner formelle Urteilsmängel, insbes. des Tatbest. (E. 4[232]); error in proced. im Gegensatz z. error in judic. (vgl. E. 25[361] 61[413]). Kausalnexus nicht forderbar (bestr.); nach § 295 bereits geheilte Mgl. sind unbeachtlich. — Diese stets fakult. Zurückverwsg. geschieht durch Endll. (E. 1[358] RS. 6[631]), auch gg. Parteiantrag (E. 37[248]); genaue Bezeichng. des kassierten Prozeßabschnitts rätlich. — Fortsetzung in der Unterinstanz auf Parteibetrieb, JW. 89[235]; ref. in p. dort möglich, E. 6[426]; desgl. Versll.

§ 540 (502). I Werden nach Vorschrift des § 279 Verteidigungsmittel zurückgewiesen, so ist die Geltendmachung derselben dem Beklagten vorzubehalten.

II Enthält das Urteil keinen Vorbehalt, so kann die Ergänzung des Urteils nach Vorschrift des § 321 beantragt werden.

III Das Urteil, welches unter Vorbehalt der Geltendmachung von Verteidigungsmitteln ergeht, ist in Betreff der Rechtsmittel und der Zwangsvollstreckung als Endurteil anzusehen.

Weiterbetrieb: § 302. — Ausnahme: §§ 626, 640, 641; im Urk.- u. W.-Prozeß gilt ohnehin der allg. Vorbehalt des § 600. Kalender: § 36 LGSchrG. — Vgl. §§ 219 BGB.; 10 AnfG.; Art. 42 SubhNov. — Kostenausspruch: § 91.

Abs. 1. Bekl.: auch wenn BKläger (Mot. 311); unanwendbar auf den Kläger: E. 10[407] RS. 4[800]. — Der Vorbehalt ist speziell zu fassen; gilt nur für zulässige u. erhebliche VertM. (JW. 88[287]); gehört in die Formel. Beachtl., daß in I. J. mit Recht zurückgew. VertM. in II. J. rechtzeitig vorgebracht sein können. — **Abs. 2.** Ergänzung hier auch durch Rev., weil kein „Anspruch".

***§ 541** (503). I In Betreff der Verteidigungsmittel, deren Geltendmachung dem Beklagten vorbehalten ist, bleibt der Rechtsstreit in der Berufungsinstanz anhängig.

II Insoweit sich in dem weiteren Verfahren ergibt, daß der klagend geltend gemachte Anspruch unbegründet war, ist das frühere Urteil aufzuheben, der Kläger mit dem Anspruch abzuweisen und auf Antrag zur Erstattung des von dem Beklagten auf Grund des Urteils Gezahlten oder Geleisteten zu verurteilen, sowie über die Kosten anderweit zu entscheiden. Die Erstattungspflicht des Klägers bestimmt sich nach den Vorschriften über die Herausgabe einer ungerechtfertigten Bereicherung. Wird der Antrag gestellt, so ist der Anspruch auf Erstattung als zur Zeit der Zahlung oder der Leistung rechtshängig geworden anzusehen; die mit der Rechtshängigkeit nach den Vorschriften des bürgerlichen Rechts verbundenen Wirkungen treten mit der Zahlung oder Leistung auch dann ein, wenn der Antrag nicht gestellt wird.

Verfahren: § 302; vgl. 529, 95 ff.; GKG. 31, 48. — Unterschied von der Aufhebung des VorbehaltsU. im Wege e. RMittels: § 717. — Wirkungen der Rechtshgk.: §§ 263 ff.

Anderw. Beurteilung auch des früheren Vorbringens zulässig, soweit das vorbehaltene VertM. durchdringt, E. 10[408]. — Grund der Haftungsbeschrkg. (auch bei gesonderter Kl.): Mitverschulden des säumigen Bekl. — Selbstdg. Bedeutung des Abs. 2 Satz 3 Halbs. 1 neben Halbs. 2 bestr.

§ 542 (504). I Die Vorschriften über das Versäumnisverfahren in erster Instanz finden entsprechende Anwendung.

II Beantragt der Berufungskläger gegen den im Termine zur mündlichen Verhandlung nicht erschienenen Berufungsbeklagten das Versäumnisurteil, so ist, soweit das festgestellte Sachverhältnis nicht entgegensteht, das tatsächliche mündliche Vorbringen des Berufungsklägers für zugestanden zu erachten und in Ansehung einer zulässigerweise beantragten Beweisaufnahme anzunehmen, daß sie das in Aussicht gestellte Ergebnis gehabt habe.

Vgl. §§ 330, 335, 526; Anschließung beim Ausbleiben des BKlägers: § 521. — Revision gg. Verwerfg. des Einspr.: § 345. — Kosten: § 97; insbes. Abs. 2 beachtlich.

Abs. 1. Auch die allein erschienene P. muß die Formalien nachweisen, widrigenfalls zunächst § 335 anwendbar u. bei e. Verstoß die B. als unzulässig durch EndU. (gg. ausgebl. BKl. VersU., E. 50[384]) verworfen wird (E. 12[364] 21[376]); vgl. § 535. — Das VersU. gg. den BKläger lautet auf „Zurückwig. als unbegr." (E. 6[364] S. 17[321]); gg. den ausgebliebenen BBekl. ist das aufhebende U. auch dann VersU., wenn der BKläger sachlich Neues nicht vorgebracht hat (E. 10[403] 28[393]), zB. bei anderer Rechtsansicht II. J. — **Abs. 2.** Festgest. Sachverh.: in II. J. vorgetragener Tatbestand I. J. E. 36[425]; dazu gehört die Beweiswürdigung der Vorinstanz nicht. — Abweichend vom VersVerf. I. J. muß hiernach der BKläger auch beim Ausbleiben des BBekl. für solche Tats. Beweis unter vorgg. schriftl. Mitteilung anbieten, die von ihm schon in der Vorinstanz vorgebracht, aber dort vom Gegner laut Tatbstd. bestritten worden sind. Klägerseits bestr. Einreden des Bekl. in I. J. (zB. Zahlg.) gelten trotz Ausbleibens des Bekl. auch in II. J. als vorgebracht, bestr. u. gegebenenfalls durch das vorgetragene Beweismaterial I. J. als erwiesen, SA. 49[133]. Das reine VerfPrinzip gilt in II. J. nur für völlig neues, rechtzeitig durch Schriftf. mitgeteiltes (E. 36[427]) Vorbringen. Eine beim Ausbleiben des BBekl. in II. J. bereits angeordnete Beweisaufn. wird zwar durchgeführt (E. 1[238]), beim späteren VerfU. gilt aber auch insoweit die Fiktion des Abs. 2 (JW. 03[66]). — Ist die beantragte Beweisaufn. Eid, so wird ausdrücklich Eidesweigerung des Gegners fingiert, womit die Vertagung aus § 467 erübrigt. Im übrigen entfällt nur die Aufn., nicht die Würdigung des Beweises, insbes. bei § 393 u. Abwägung gegenüber I. J. (Pr. 245); richterl. Eid möglich. — Steht das Prozeßergebnis hiernach dem BrfgsAntrag entgegen, so ergeht kontradikt. EndU. auf Zurückwsg. der Brfg. (§ 331 Abs. 2).

§ 543 (505). Bei der Darstellung des Tatbestandes im Urteil ist eine Bezugnahme auf das Urteil voriger Instanz nicht ausgeschlossen.

Vgl. §§ 313, 523, 526; Formel: §§ 515, 535, 536, 538.

Vorausgesetzt ist gesetzentspr. Fassung des Tatbstd. der Vorinstanz (§ 539), E. 6[350] S. 11[310]; bei einfacher Bezugn. gilt alles im Vortatbestand Aufgeführte für neu vorgetragen (JW. 96[282]). „Vorige J.": auch RevJ. (JW. 83[195]) oder sachl. aufgehobenes U. — Auf die Begr. nur anwendbar, wenn voll gebilligt, E. 5[404] S. 15[208]. — Verständlichkeit des U. in sich: JW. 05[374] 06[89].

§ 544 (506). I Der Gerichtsschreiber des Berufungsgerichts hat innerhalb vierundzwanzig Stunden, nachdem die Berufungsschrift zum Zwecke der Terminsbestimmung eingereicht ist, von dem Gerichtsschreiber des Gerichts erster Instanz die Prozeßakten einzufordern.

II Nach Erledigung der Berufung sind die Akten dem Gerichtsschreiber des Gerichts erster Instanz nebst einer beglaubigten Abschrift des in der Berufungsinstanz erlassenen Urteils zurückzusenden.

Vgl. §§ 104, 119, 566, 575, 706; KG. Art. 20. — Frist: § 222; Verf.: §§ 25, 42 LGSchrG.; 6, 11 OLGSchrG.: Umschlag: § 89 AGSchrG.: Rücksendg. nach einjähr. Beruhen: § 251. — Dienstaufsicht: JMBl. 00[997]. — Kosten: Keine Schreibgebühr für Ein- u. Rücksendungsnote (vgl. § 10 MB. v. 28. April 1901), wohl aber für die Urteilsabschrift zu den Akten I. J.: §§ 47, 80, 80a GKG.; E. 11[411]; JME. (aut.) v. 16. Mai 1883 Nr. 6241. — Handaktenübersendung der RA.: §§ 29, 44 RAGO.; BlEB. 4[297].

Einsendung auch trotz weiterer Anhängk. in I. J., zB. TeilU.; nachträgl. Rückgabe gg. Wiedervorlage möglich; Vertagung: JW. 83[195]. — Von den Schriftstücken II. J. bleibt nur das Urteil bei deren Sammelakt (nicht einheften!); Protokoll.: „anliegendes U. verkündet" ungenau; richtiger Formelangabe. — Der GSchr. I. J. kann hiernach nur Ausfertig. seiner Aktenabschrift erteilen (JW. 98[437]), was genügt.

Zweiter Abschnitt.

Revision.

§ 545 (507). Die Revision findet gegen die in der Berufungsinstanz von den Oberlandesgerichten erlassenen Endurteile statt.

Vgl. die Note zu § 511. — Zustdk.: §§ 135, 137 GVG.; 8 EGB.; 7; 8 EZP. Art. 42 AGB.: vgl. die Note zu § 1. — Ausnahmen: §§ 534, 718. — Vollmacht § 81: Einstellung der ZwV.: §§ 707, 719. — Register u. Akten: § 45 GSchrOB. JMBl. 94[137]; ReichsG. Umstellung des Rubrums: JMBl. 80[126 317] 86[24] 87[226] 99[329] — Übergang: Art. III RG. v. 5. Juni 1905; vgl. Art. IX EÄZP.: Literat. zur RevNov. ZR. 05[329] R. 05[356 454 561] JW. 05[353 378 417] DJZ. 05[683 719] Bl. 70[709] ZZP. 35[65]. — Kosten §§ 49 GKG. Erhöhung um 1/2; 52, 47 RAGO. Erhöhung um 3/10, nicht vor BOLG.; vgl. §§ 97, 91: Wertangabe: § 554.

Revisibel u. a.: Zurückverweisg. (E. 24[431]), urteilsmäßige Arreste u. einstw. Verf. der OLG., E. 5[430] S. 10[46] (selbst als BeschwG., E. 52[270]), WiderspruchsU. (E. 50[342]). Unerheblich, ob die Vorentschdg. gleichförmig oder das LG. nur durch Prorog. zuständig war. — **Irrevisibel** sind Urt. der OLG. nach § 10 (E. 23[429]) sowie nach § 5 EGB. als I. Inst., E. 41[390] (vgl. Seydel BStR. 1[212]); ferner ZwU. nach § 303 (S. 9[472]). — Kein Sukkumbenzgeld; keine Rev. des StAnw. zur Wahrg. des Gesetzes.

***§ 546** (508). I In Rechtsstreitigkeiten über vermögensrechtliche Ansprüche ist die Zulässigkeit der Revision durch einen den Betrag von zweitausendfünfhundert Mark übersteigenden Wert des Beschwerdegegenstandes bedingt.

II In Betreff des Werts des Beschwerdegegenstandes kommen die Vorschriften der §§ 3—9 zur Anwendung.

III Der Revisionskläger hat diesen Wert glaubhaft zu machen; zur Versicherung an Eidesstatt darf er nicht zugelassen werden.

Vgl. §§ 2 (nicht vermögensr. Anspr.), 3 bis 9, 554 (Wertangabe), 556 (Anschließg.). — § 9a GKG. nicht anwendbar. — Ausnahmen: § 547.

Abs. 1. Maßgebend Interesse des RevKl. (nicht des Streitgen. oder RevBekl., E. 61[89]) ausweislich seiner Anträge, zunächst bei Einlegung (E. 4[356] 5[387] 20[420] S. 10[360] 14[717]). Nachträgl. Teilzahlg., Verzicht, Anerk. (S. 16[157]) ist auf die Zulässigkeit einflußlos; anders vor Einlegung, wenn auch nach Urteilszustellg. (E. 15[405]). — Einstw. Verf. auf Getrenntleben (§ 627) sind auch bzgl. Unterhalts revisibel, E. 46[382]; vgl. auch R. 03[342 555]. — **Abs. 2.** Anwendbarkeit nur entspr., E. 7[385] 16[342] (zu § 7) S. 14[582], für den Zeitpkt. der Einlegung (vgl. aber E. 11[388]); auch § 148 KO ist anwendbar (E. 10[67]). Rückstände wiederkehrd. Leistg. während des Proz. begründen die Rev. nicht, E. 19[416] (VZS.) 23[459]. BeschwWert nicht stets gleich dem Streitw. der Vorinstanz (E. 15[75] 23[361]), aber nie höher (E. 47[423]; vgl. jedoch E. 23[361]). Vollstrschaden nur als WKl. beachtl., S. 11[184] JW. 06[172]. — Zusammenrechng. bei Rev. der näml. Partei oder notw. Streitgen. (E. 41[414] Bl. 59[145]), bzgl. Kl. u. WKl. oder verbd. Kl., E. 7[384] (VZS.) S. 12[334] (ausgenommen sachl. Identität); vgl. auch E. 46[398]. Keine Zusammenrechng., soweit Rev. ohnehin unzulässig (E. 62[15]) oder bei beiders. Rev. (E. 29[348]), bei selbstdg. Teil- u. SchlußU., auch wenn beide Rev. verbd. (E. 17[47]), oder bei Rev. u. Anschlßg. (E. 7[315]); beim ErgänzgsU. bestr. — Bei Rev. bzgl. Nebensache allein muß diese 2500 M. übersteigen, JW. 05[535] NS. 4[138]; vgl. aber E. 11[388] Bl. 51[314]. — **Abs. 3.** Glhftm. spätestens in der RevBegr., JW. 05[730]. Auskunft des KonkVerw. (E. 10[67]), Rechng. (S. 11[440]), unbeeid. schriftl. Gutachten (S. 14[582]; strenger JW. 03[401] 05[675]), eidesst. Versicherg. e. Dritten kann genügen. Festsetzg. der Vorinstanz, Parteieneinig. nicht bindend (E. 3[96] 34[418] 61[21] S. 14[585]); keine Begutachtg. v. amtsw. JW. 81[232]. Keine FestsBeschw. behufs Ermöglichung der Rev. (JW. 94[55]): im Zweifel ist letztere zulässig (JW. 82[90], strenger JW. 06[30]). Das RevG. kann den Streitw. erst nach Entschdg. über die RevSumme festsetzen (Bl. 63[252]); an letztere sind dann auch die Unterinstanz. gebunden, JW. 94[318].

***§ 547** (509). Ohne Rücksicht auf den Wert des Beschwerdegegenstandes findet die Revision statt:

1. insoweit es sich um die sachliche Unzuständigkeit des Gerichts oder die Unzulässigkeit des Rechtswegs oder die Unzulässigkeit der Berufung handelt;
2. in den Rechtsstreitigkeiten über Ansprüche, für welche die Landgerichte ohne Rücksicht auf den Wert des Streitgegenstandes ausschließlich zuständig sind.

Örtl. Zustdk.: § 549; auch §§ 528, 531, 565, 566. — Übergang: Note zu § 515. — Kosten: §§ 97 Abs. 3, 99.

Hierher nur vermögensr. Anspr.; andere sind schlechthin revisibel, zB. Ehes. — **Nr. 1.** ZB. Streit über Zulässigk. der Wiedereinstzg. gg Versäumung der Berufungsfrist (E 30[347]), über Unterbrechung (E. 27[353]); nicht Zulässigk. des Einspr. (JW. 05[730]), Schiedseinr. (Bl. 63[62]), Sachlegitim. (R. 06[1010]). Anschließg. auch hier = Brfg. (E. 46[415]). — Gleichgültig, ob das BrfgsU. bejahend oder verneinend, E. 3[422] 58[119]; Heranziehung der Gründe: S. 14[826]; auch der unterlegene Kläger kann Unzulässigk. des RWegs rügen, E. 7[177]. — Für gleichzeit. materielle Beschw. gilt die RevSumme (E 6[336]); insoweit keine Anschl. (Bl. 51[396]). — **Nr. 2.** Vgl. § 70 GVG, Art. 26 AGB. — Nachprüfg. der Zustdgk. trotz § 11: E. 17[383]. — Anwendbar auch bei Rechtsnachf. (E. 32[119]), Beamtenpensionierung (E. 33[244]; Ausscheiden e. GVollz.: E 17[332] 20[388] 32[373] 56[216]; vgl. S. 12[250] 16[506]; Offiziere: E. 33[409] 55[171]; Notare: JW. 00[671] (vgl. Art. 126 NotG.); auch Haftgsentbindg. hierher. — Cond. indeb.: E. 29[237] 32[119] 50[396] BGH. 10[248] 16[108] KR. 88[1] 90[1] Art. 125 ABG.; vgl. § 274. — Nicht unter Art. 26 AGB. fallen Ansprüche aus der privatrechtl. Vertr. des Staats durch Beamte, zB. Eisenbahn, Post (E. 19[101] 29[420] 40[399] 42[415] 46[340] 50[396] 52[369] Bl. 63[78] ZR. 06[228] RS. 3[948] BGH. 24[154]) oder primäre fiskal. Haftungen (BGB. §§ 31, 89, 278, 831 ff.) im Gegensatz zum Verschulden e. bestimmten Beamten in Ausübung der öff. Gewalt (E. 42[416] 47[328] KR. 01[111]); ebensowenig gehören Klagen gegen Gemeinden hierher (JW. 02[133]), wohl aber gegen Gemeindebeamte nach Art. 26 Ziff. 3 AGB. Öff. Abgaben: E. 42[359] JW. 06[29] S. 11[453] RS 4[301]. — Trotz Art. 26 AGB. kann der Rechtsweg ausgeschlossen sein (§ 274): Auflaufkl., Exepropr. fallen nicht unter Art. 26 AGB., ebensowenig Kl. des Fiskus als solche (vgl. aber E. 40[216]). — Vorentscheidg. des BGH.: § 148 Note.

§ 548 (510). Der Beurteilung des Revisionsgerichts unterliegen auch diejenigen Entscheidungen, welche dem Endurteile vorausgegangen sind, sofern nicht dieselben nach den Vorschriften dieses Gesetzes unanfechtbar oder mit der Beschwerde anfechtbar sind.

Vgl. §§ 512, 565. — Gemeint sind die Vorentscheidungen des OLG.

***§ 549** (511). [I] Die Revision kann nur darauf gestützt werden, daß die Entscheidung auf der Verletzung eines Reichsgesetzes oder eines Gesetzes, dessen Geltungsbereich sich über den Bezirk des Berufungsgerichts hinauserstreckt, beruhe.

[II] In Rechtsstreitigkeiten über vermögensrechtliche Ansprüche kann die Revision nicht darauf gestützt werden, daß das Gericht seine örtliche Zuständigkeit mit Unrecht angenommen hat.

§§ 562, 565; EZP. 6, 12; Vdg. v. 28. Sept. 1879 (RGBl. 299) mit Bek. v. 11. April 1880 (RGBl. 102); hieraus für Bayern wichtig:

„§ 1. Die Revision kann vorbehaltlich der besonderen Bestimmungen dieser Verordnung auf die Verletzung anderer Gesetze als derjenigen des gemeinen oder französischen Rechts nur gestützt werden, wenn dieselben über den Bezirk des Berufungsgerichts hinaus für den ganzen Umfang mindestens zweier deutscher Bundesstaaten oder zweier Provinzen Preußens oder einer preußischen Provinz und eines anderen Bundesstaats Geltung erlangt haben.

§ 2. Verletzung der Gesetze des gemeinen Rechts und der Gesetze des französischen Rechts, soweit letztere in anderen deutschen Ländern außer Elsaß-Lothringen Geltung erlangt haben, begründet die Revision, auch wenn der Geltungsbereich der einzelnen Bestimmung sich nicht über den Bezirk des Berufungsgerichts hinaus erstreckt.

§ 6. Soweit über die Revision vom Königlich bayerischen obersten Landesgerichte zu entscheiden ist, findet die Bestimmung des § 1 nicht Anwendung. Auf die Verletzung von Gesetzen

1. des Koburger Landrechts,
2. des Rechts des Bistums Fulda,
3. des Gräflich Erbachischen Landrechts,
4. des Rechts der Grafschaft Solms,
5. des Rechts des Fürstentums Löwenstein

kann die Revision nicht gestützt werden."

Vgl. auch die RG. v. 15. März 1881 (RGBl. 38), 24. Juni 1886 (RGBl. 207) u. 30. März 1893 (RGBl. 139). — Übergang: Note zu § 545.

Abs. 1. Gesetz: jede RNorm, auch ProzeßR. (die früh. materiellen Beweislastregeln sind nicht ProzeßR., E. 6^{413}), StaatsR. (E. 13^{215}), publiz. Staatsverträge (E. 2^{110} 26^{118}), legale Verordng. (E. 16^{212}); nicht bloße Dienstanweisg. (s. u.). — Reichsges.: nicht auch els.-lothr. Landesges. (Pr. 263). — Das Ges braucht nicht im ganzen Brfgsbezirke zu gelten (Mot. 322, E. 6^{89} 36^{423} u. a.); gilt es aber nirgends im Brfgsbez., oder nirgends als im Brfgsbez., so ist es vorbeh. obiger Kais. Vdg irrevis.; vgl. hierzu insbes. E. 36^{424} 55^{316}; § 2 Vdg. gilt auch für Bayern. — Identität des Gesetzgebungsaktes nicht erforderlich (zB. nachträgl. Annexion), E. 5^{361}; bloße inhaltl. Übereinstimmung genügt nicht, E. 60^{170} 61^{346} S. 13^{532}; Sammelgesetze: JW. 03^{315}. — Die Nachprüfung in der RevInst. erfolgt auf Grund des bei Erlassung des BrfgsU. geltenden, demnach revisibel bleibenden Rechts (E. 45^{418} RS. 5^{85}), ohne Rücksicht auf inzwischen eingetretene Gesetzesänderg. (RS. 5^{87}), ausgen. authent. Auslegg., JW. 06^{409}. — Beruhen: auch Nichtaussetzg., JR. 06^{163}. — **Einzelnes.** Revisibel: Ehel. GüterR. des BGB., auch soweit es nur kraft landesrechtl. ÜG. gilt (E. 59^{27}; vgl. aber JW. 04^{138}); EVerkehrsO. (HGB. § 454; JustVdg. § 28; vgl. E. 2^{96}), PostO. (E. 43^{99}; vgl. S. 7^{1012}), JFrü. (E. 57^{142} mit Beschrkg.); gemeines Recht einschl. LehenR. (§ 3 Kais. Vdg. mit RGBl. 80^{102}) u. ältere Reichsabschiede (E. 3^{205}; vgl. JW. 04^{425}); gem. prot. EheR. (E. 1^{325} 15^{191} u. a.); gem. deutsches StaatsR. (E. 6^{204}); GewohnheitsR. (E. 2^{186} S. 12^{389}); mosaisches R. (S. 9^{376} 17^{273}; vgl. E. 36^{423}); Mainzer LandR. (beim BOLG., S. 10^{19}); Würzburger LandR. (beim BOLG., RS. 2^{586}); VölkerR. (JW. 83^{22}); als Landesgesetze publiz. päpstl. Bullen (E. 2^{342});

Kollisionsfragen zwischen revis. u. irrevis. R. (E. 2^{184} 15^{28}); allg. Auslegungs- u. Feststellungsgrundsätze (E. 6^{391} 13^{404} u. a., S. 14^{625}: bestr.), insbes. Urkundenauslegg. (soweit nicht rein tatsächl.), E. 3^{427} 16^{121} 30^{141} S. 14^{625} JW. $05^{399\ 682}$ (Auslegsvertrag bindend) 06^{544} (wider klaren Wortlaut) NS. 6^{78} (Urteil); Subsumtionen (Mot. 319, E. 6^{150} 8^{159} 16^{121} 37^{66}), insbes. Verschulden (S. 15^{352}), „unverzüglich" (E. 49^{395} JW. 05^{282}), „fristzeitig" (R. 04^{806}), „ca." (JW. 06^{348}), bona fides (NS. 6^{415}), ehel. Pflichten (Bl. 64^{250}), Drohung (JW. 01^{574}), gute Sitten (E. 58^{219} S. 9^{291}), Schadensbegriff (E. 18^{339}), Abwägung nach § 254 (JW. 06^{378}), Wohnsitz (Bl. 65^{522}), Notlage (JW. 05^{75}), rechtl. Folgerungen aus dem Zusammenhang (E. 2^{76} 10^{124} S. 14^{499}). — Irrevisibel: Ausländ. (dh. in keinem Bundesstaate geltendes) R., E. 6^{412} 29^{49} JW. 06^{431} (Anwendung inländ. statt ausländ. R. ist aber Revisionsgrund, E. 24^{383}); Statuten, zB. e. Pensionskasse (E. $42^{305\ 412}$ S. 10^{23} 16^{38} NS. 4^{742}), Hausgesetze nach IV. VerfBeil. § 9 (E. 43^{412} NS. 6^{570}); Unabwendbarkeit (S. 2^{132}), Verkehrssitte (E. 55^{377}), Handelsgebräuche (Art 2 EHG.; früher ROHG. 6^{368} 16^{36}); Bayer. LandR. vor dem ReichsG. (JW. 91^{131}); Pr. LR. u. Pfälzer code civil im OLGBez. München (S. 12^{471} 13^{532}; bei Prorog. wichtig); Münchener StadtR. (S. 9^{486} 12^{318}); Verträge, Geschäftsbedingungen, auch wenn Formular (E. 4^{96} 9^{130} S. 9^{732} $10^{25\ 349}$); Dienstanweisg (JW. 03^{434} DJZ. 04^{556}); Zollvorschr. (S. 10^{67}); Ermessensfragen, selbst wenn vom Erm. unbillig Gebrauch gemacht (E. 6^{198} 11^{413} S. 11^{523} Bl. 66^{204}). — **Abs. 2.** Irrige Verneinung revis. (ZR. 05^{310}), desgl. Begriff des „ProzG." — Sachl. Zustdgk.: § 547.

§ 550 (512). Das Gesetz ist verletzt, wenn eine Rechtsnorm nicht oder nicht richtig angewendet worden ist.

Vgl. § 12 EZP. und die Bem. zu § 549; E. 35^{407}.

§ 551 (513). Eine Entscheidung ist stets als auf einer Verletzung des Gesetzes beruhend anzusehen:

1. wenn das erkennende Gericht nicht vorschriftsmäßig besetzt war;
2. wenn bei der Entscheidung ein Richter mitgewirkt hat, welcher von der Ausübung des Richteramts kraft Gesetzes ausgeschlossen war, sofern nicht dieses Hindernis mittels eines Ablehnungsgesuchs ohne Erfolg geltend gemacht ist;
3. wenn bei der Entscheidung ein Richter mitgewirkt hat, obgleich derselbe wegen Besorgnis der Befangenheit abgelehnt und das Ablehnungsgesuch für begründet erklärt war;
4. wenn das Gericht seine Zuständigkeit oder Unzuständigkeit mit Unrecht angenommen hat;
5. wenn eine Partei in dem Verfahren nicht nach Vorschrift der Gesetze vertreten war, sofern sie nicht die Prozeßführung ausdrücklich oder stillschweigend genehmigt hat;
6. wenn die Entscheidung auf Grund einer mündlichen Verhandlung ergangen ist, bei welcher die Vorschriften über die Öffentlichkeit des Verfahrens verletzt sind;
7. wenn die Entscheidung nicht mit Gründen versehen ist.

Vgl. §§ 563, 564 u. wegen Rügefrist § 554.

Ob das angewendete Recht an sich revisibel, ist hier gleichgültig (E. 8[342]) Verfahrensmängel I. J. sind unbeachtlich, wenn das Verfahren II. J. einwandsfrei, E. 6[194]; sonstige Prozeßmängel sind RevGründe nur, wenn kausal (§ 549); Vermeidg. der Aufhebg. durch Wiederholg. des mangelhft. Prozeßakts: JW. 03[134]. — **Einzelnes: Nr. 1.** Äußerl. Vorliegen e. Gerichtsspruchs ist vorausgesetzt (Mot. 322; bestr.); hierher Richterzahl, Vorsitz (E. 37[249]), Hilfsrichter (ESt. 3[214] 36[379]), Wegbeförderung (ESt. 9[197] 26[412]); nicht Beisitzordnung (ESt. 3[8] aM. ESt. 23[187]), Geschäftsverteilung (E. 48[28]), Fehlen des StAnw., GSchr. (ESt. 38[102]), Zuständigk. (vgl. Nr. 4). — **Nr. 2.** Vgl. § 41 Nr. 6, E. 26[383]; absichtl. Unterlassung der Ablehng. hier unschädlich (JW. 93[461]). — **Nr. 3.** Verbescheidg. der Abl. ist vorausgesetzt; absichtl. Unterlassg. benimmt hier die Rev. — **Nr. 4.** KfHS.: § 274; Unzulässigkeit des RWegs ist nicht genannt, aber stets kausal (gem. M.); soweit tatsächl. Feststllg. die Zustdk. stützen, ist sie irrevis. — **Nr. 5.** Ladung, Sachlegitim., Versagung rechtl. Gehörs nicht hierher (E. 7[361]). — Läßt die benachteiligte (früher nicht vertr.) Partei selbst das Urt. zwecks Rev. zustellen, so gilt das nicht als Billigung; vgl. E. 38[406] (fals. proc.); beachtl. der Unterschied gegenüber formalen Mängeln. — Auch der Gegner hat hierwegen Rev., E. 7[361]. — **Nr. 6.** Verkdg. hierher (Mot. 324, ESt. 1[298]), auch Nichtausschluß der Öff., soweit Ausschluß geboten (E. 16[394] JW. 04[210]); Nichteinlaß wegen Überfüllung (RSt. 2[361]), mgls. Karte, Räumung wegen Störung zulässig (RSt. 4[151]). — Verletzung der Mündlichkeit fällt nur unter § 549. — **Nr. 7.** Vgl. § 313; hierher auch Unverständlichkeit der Begr. (Gr. 26[1173]), nicht aber Unrichtigkeit (vgl. Bl. 49[185]); Mangel des Tatbestands nach § 549 kausal, wenn Nachprüfg. dadurch unmöglich, E. 36[195] JW. 06[821].

***§ 552** (514). ^{I} Die Revisionsfrist beträgt einen Monat; sie ist eine Notfrist und beginnt mit der Zustellung des Urteils.

^{II} Die Einlegung der Revision vor Zustellung des Urteils ist wirkungslos.

Vgl. § 516; die Vorschrift des § 517 ist nicht anwendbar (vgl. § 566). — Einlegungsform: § 553; deshalb Einleg. gleichzeitig mit Zustellg. des Urteils nicht mehr möglich. — Übergang: Note zu § 545.

***§ 553** (515). ^{I} Die Einlegung der Revision erfolgt durch Einreichung der Revisionsschrift bei dem Revisionsgerichte. Die Revisionsschrift muß enthalten:

1. die Bezeichnung des Urteils, gegen welches die Revision gerichtet wird;
2. die Erklärung, daß gegen dieses Urteil die Revision eingelegt werde.

^{II} Die allgemeinen Bestimmungen über die vorbereitenden Schriftsätze finden auch auf die Revisionsschrift Anwendung.

Vgl. §§ 129 ff., 518 u. bzgl. BOLG. §§ 7, 8 EZP.: Einreichungszeit: JW. 06[597]; Anwaltszwang: §§ 78; RAO. 98 ff. — Ladung entfällt; für den Antrag auf WEinl. kann nur mehr § 236 Abs. 2 (Einreichg.) gelten gem. M.; aM. DJZ. 06[399]. Übergang: Note zu § 545.

***§ 553a** (515 Abs. 2). ^{I} Mit der Revisionsschrift soll eine Ausfertigung oder beglaubigte Abschrift des Urteils, gegen welches die

Revision sich richtet, sowie der Nachweis der Zustellung des Urteils dem Revisionsgerichte vorgelegt werden.

II Die Revisionsschrift ist der Gegenpartei von amtswegen zuzustellen. Die erforderliche Zahl von beglaubigten Abschriften soll der Beschwerdeführer mit der Revisionsschrift einreichen.

Zweck von Abs. 1: Unterlage für den Verwerfungsbeschl. (§ 554a); Begl. hier auch durch Zustellbeamten der Vorinstanz. — Zu Abs. 2 vgl. §§ 208 ff.: Begl. hier zunächst durch den RevAnwalt (§ 170), mgls. solcher durch den GSchr. des RevG. — Schleunige Zustllg. wegen des Laufs der Anschlußfrist geboten (§ 556, JW. 05 [311]); Akteneinfordg.: § 544.

***§ 554** (516). I Der Revisionskläger muß die Revision begründen.

II Die Revisionsbegründung erfolgt, sofern sie nicht bereits in der Revisionsschrift enthalten ist, durch Einreichung eines Schriftsatzes bei dem Revisionsgerichte. Die Frist für die Revisionsbegründung beträgt einen Monat; sie beginnt mit dem Ablaufe der Revisionsfrist und kann durch Vereinbarung der Parteien nicht verlängert werden.

III Die Revisionsbegründung muß enthalten:

1. die Erklärung, inwieweit das Urteil angefochten und dessen Aufhebung beantragt werde (Revisionsanträge);
2. die Angabe der Revisionsgründe und zwar:
   a) insoweit die Revision darauf gestützt wird, daß eine Rechtsnorm nicht oder nicht richtig angewendet sei, die Bezeichnung der Rechtsnorm;
   b) insoweit die Revision darauf gestützt wird, daß das Gesetz in Bezug auf das Verfahren verletzt sei, die Bezeichnung der Tatsachen, welche den Mangel ergeben;
   c) insoweit die Revision darauf gestützt wird, daß unter Verletzung des Gesetzes Tatsachen festgestellt, übergangen oder als vorgebracht angenommen seien, die Bezeichnung dieser Tatsachen.

IV In der Revisionsbegründung soll ferner der Wert des nicht in einer bestimmten Geldsumme bestehenden Beschwerdegegenstandes angegeben werden, wenn die Zulässigkeit der Revision von diesem Werte abhängt.

V Die Vorschriften des § 553 Abs. 2 und des § 553a Abs. 2 finden auf die Revisionsbegründung entsprechende Anwendung.

VI Nach dem Ablaufe der Begründungsfrist ist die Geltendmachung neuer Revisionsgründe nicht zulässig.

RevSumme: § 546; RevFrist: § 552; RevSchrift, Einreichung, Anwaltszwang: § 553; Rechtsnorm: § 550; allg. Vorschr. bzgl. Schriftsätze: §§ 553 Abs. 2, 129 ff.; Anschließg.: § 556. — Zustellg. v. amtsw.: § 553a Abs. 2. — Verletzungsfolge: Verwerfung (§ 554a). — Übergang: Note zu § 545. Die Kosten berechnen sich zunächst nach den schriftl. Anträgen, RG. 4 [146].

Abs. 1. Der BegrZwang gilt für jeden selbstdg. Anspruch, E. 62[15]. — **Abs. 2.** Die BegrFrist ist keine Notfrist, läuft also während der Ferien nicht und unterliegt nicht der Wiedereins. (wichtig für Anschließg., § 556), JW. 06[143]; Neuberechng. bei WEins. gg. Versäumung der RevFrist: ZZP. 35[74]. Abkürzg. durch Parteiabmachg. möglich. — **Abs. 3.** Antrag auf Aufhebg. genügt stets. — Rechtsnorm: auch allg. Grundsätze, nicht bloß §§. Die Rügen sind zu spezialisieren (JW. 06[432]); ungenügend bloße Bezugn. auf die Gründe des LandG. (JW. 06[473]) oder anderen Prozeß (RSSt. 6[201]). — Nr. 2a trifft Gesetzesverletzg. bei der materiellen Würdig. (Subsumtion), 2b c bei der Sammlung des Prozeßstoffs (JW. 06[341]); unter 2c fällt insbes. Fragepflicht, Beweiswürdig. (zB. Nichtbeachtg. e. Geständn.); vgl. E. 10[93] 12[121] R. 05[561]. Übergehg. v. Tats. muß durch Tatbestd. oder Prot. erweislich sein, E. 9[367] Bl. 62[395]. — **Abs. 6.** Prozeßrügen einschl. Fragepflicht (R. 06[1085]), Zustdk., ges. V. (vgl. R. 05[561]) sind nach Ablauf der BegrFrist verloren, RS. 7[108]. Mater. Gesetzesverletzg. sind v. amtsw. zu beachten; „Hinweis" noch in mV. möglich (§ 559). Änderung der Anträge ist bis zum Schluß der mV. statthaft. Die Rev. kann hiernach durch Beachtg. e. nicht gerügten mater. Verstoßes v. amtsw. Erfolg haben, obwohl die fristzeitige Prozeßrüge unbegr. ist (ZR. 05[311]); Beachtg. v. Prozeßrügen beim Armenrecht: JW. 06[593].

§ 554a. I Das Revisionsgericht hat von amtswegen zu prüfen, ob die Revision an sich statthaft und ob die Einlegung und Begründung in der gesetzlichen Form und Frist erfolgt sei. Mangelt es an einem dieser Erfordernisse, so ist die Revision als unzulässig zu verwerfen.

II Die Entscheidung kann ohne vorgängige mündliche Verhandlung durch Beschluß erfolgen.

Vgl. §§ 535, 567, 128, 329; StPO. 386, 389; ZR. 05[311]. — Übergang: Bem. zu § 545. — Kosten wie beim Urteil: keine Ermäßig. der Entschdgsgeb.; Verhdlgsgeb. fällt weg (ZR. 05[312]).

Hierher auch Mangel der RevSumme (JW. 06[30]), nicht aber Unstichhaltigk. der Begr. (einschl. § 549; gem. M.). — Fak. mV., Einforderg. von Belegen (zB. Zustellurkd.), Verwerfg. schon vor Zustellg. der RevSchrift an den Gegner statthaft (ZR. 05[311]). — Der stets fakult. Beschluß ist unabänderlich (St. 37[292]). Vorläufg. Zulassung (keine Zustellg.) bindet nicht; Verwerfg. noch durch Urteil möglich. — Auch ein Antrag auf Wiedereins. kann durch Beschluß verworfen w. (gem. M.; vgl. ZZP. 33[442] 35[74]); Zulassung nur durch Urteil. An den Rücknahmevorschr. (vgl. § 515) ist nichts geändert (JW. 85[6]: nur Zustellg.; aM. ZZP. 35[78]).

***§ 555** (517). I Wird die Revision nicht durch Beschluß als unzulässig verworfen, so ist der Termin zur mündlichen Verhandlung von amtswegen zu bestimmen und den Parteien bekannt zu machen.

II In Betreff der Frist, welche zwischen dem Zeitpunkte der Bekanntmachung des Termins und der mündlichen Verhandlung liegen muß, finden die Vorschriften des § 262 entsprechende Anwendung.

Vgl. §§ 553a Abs. 2, 520; EZP. §§ 7, 8. — Die normale Zwischenfrist zwischen Einlegung u. Termin beträgt hiernach 2 Monate 2 Wochen (ZR. 05[312]).

***§ 556** (518). I Der Revisionsbeklagte kann sich bis zum Ablaufe der Begründungsfrist der Revision anschließen, selbst wenn er auf die Revision verzichtet hat.

II Die Anschließung erfolgt durch Einreichung der Revisionsanschlußschrift bei dem Revisionsgerichte. Die Anschlußrevision muß in der Anschlußschrift begründet werden. Die Vorschriften des § 521 Abs. 2, der §§ 522, 553, des § 553a Abs. 2, des § 554 Abs. 3, 6 und des § 554a finden entsprechende Anwendung.

Form: nur mehr Schriftsatzeinreichg. (§ 553) mit begl. Abschr. (§ 553a Abs. 2: ohne Urteil) u. obligat. Anträgen samt Begr. (§§ 554 Abs. 3, 6); Nachbring. weiterer Rügen nur bis zum Ablauf der RevBegrFrist statthaft (JR. 05[312]), unbeschadet § 559 Schlußsatz (materielle Rügen). — Keine Notfrist; keine WEins. (vgl. § 554). Keine Anschl. in mV. — Bestr., ob Teilbeschl. nach § 554a über Anschl. allein statthaft (JR. 05[312]).

RevSumme bei unselbstdg. Anschl. entbehrlich (E. 17[47] S. 11[440]); mangelt sie der HauptRev., so sind beide hinfällig. — Bzgl. Geltendmchg. v. Gesetzesverletzg. ohne Anschl. zwecks Aufrechthaltg. des U. vgl. § 563 u. Mot. 224.

§ 557 (520). Auf das weitere Verfahren finden die in erster Instanz für das Verfahren vor den Landgerichten geltenden Vorschriften entsprechende Anwendung, soweit nicht Abweichungen aus den Bestimmungen dieses Abschnitts sich ergeben.

Vgl. §§ 523, 566, 708; GVG. 137.

Anzuwenden ist das VerfVerf. I. Inst.; Zurückweisg. beim Ausbleiben des RevKlägers (§ 330): E. 6[364]; ebenso Verlustigerkl. nach Rücknahme, ibid. Gegen den ausgebliebenen RevBekl. gelten die zulässigen Tats. als zugestanden, E. 3[197] (Versll. auch, wenn in concr. nichts Neues behauptet); § 331 Abs. 2 auf grund des Tatbestd. II. J. anwendbar. — AnschlußRev. analog zu behandeln.

§ 558 (521). Die Verletzung einer das Verfahren der Berufungsinstanz betreffenden Vorschrift kann in der Revisionsinstanz nicht mehr gerügt werden, wenn in Gemäßheit der Bestimmung des § 295 die Partei das Rügerecht bereits in der Berufungsinstanz verloren hat.

Vgl. §§ 295, 530, 557.

***§ 559** (522). Der Prüfung des Revisionsgerichts unterliegen nur die von den Parteien gestellten Anträge und, soweit die Revision darauf gestützt wird, daß das Gesetz in Bezug auf das Verfahren verletzt sei, nur die nach Maßgabe der §§ 554, 556 geltend gemachten Revisionsgründe. Bei der Prüfung, ob sonst das Gesetz verletzt sei, ist das Revisionsgericht an die von den Parteien geltend gemachten Revisionsgründe nicht gebunden.

Verbot der ref. in pejus; vgl. § 536. — Gemeint sind die Sach-, nicht die Prozeßanträge; vgl. §§ 554, 561, 565; E. 22[382] 58[256]. — Die Amtsprüfg. innerhalb der Antragsgrenzen (S. 9[35]) ist jetzt auf materielles R. beschränkt: nichtgerügte Prozeßfehler bleiben unbeachtet, auch wenn § 551 verletzt ist. JR. 05[311].

§ 560 (523). Ein nicht oder nicht unbedingt für vorläufig vollstreckbar erklärtes Urteil des Berufungsgerichts ist, insoweit dasselbe durch die Revisionsanträge nicht angefochten wird, auf den im Laufe der mündlichen Verhandlung gestellten Antrag von dem Revisionsgerichte für vorläufig vollstreckbar zu erklären.

Vgl. §§ 534, 708.

*__§ 561__ (524). Für die Entscheidung des Revisionsgerichts sind die in dem angefochtenen Urteile gerichtlich festgestellten Tatsachen maßgebend. Außer denselben können nur die im § 554 Nr. 2 b, c erwähnten Tatsachen berücksichtigt werden.

Vgl. §§ 549, 551; FGG. 27; GVG. 78. — Beweisaufnahme an sich durch RevG., §§ 355 ff.; in der Praxis meist ers. R.

Entscheidend ist der (ev. erst berichtigte) Tatbestand des Brfgsurt. (S. 10[22, 545]) u. dessen legale Bezugnahmen (auch wenn mit den Gründen verschmolzen); vgl. § 313. Die Bindung umfaßt auch die „als bewiesen" legal festgestellten Tats., nicht aber prozessuale (insbes. v. amtsw. zu prüfende) Vorgänge, E. 11[401] 15[410]; bzgl. letzterer ist ebenfalls Beweisaufn. u. neues Vorbringen (JW. 04[212]) zulässig (zB. wegen Zulässigk. der Brfg. oder Rev., E. 11[401]). — Unterschied zw. Nachschleppg. v. Tats. u. anderen Rechtsauss.: NS. 6[140] JW. 06[395]; Feststellg. der Kompetenztats. (Bl. 51[172]), Verschleppung (S. 9[514]), falsche tatsächl. Schlüsse (Bl. 51[64]) irrevisibel. Fälligkeitseintritt erst während RevInst. unbeachtl., E. 57[46].

§ 562 (525). Die Entscheidung des Berufungsgerichts über das Bestehen und den Inhalt von Gesetzen, auf deren Verletzung die Revision nach § 549 nicht gestützt werden kann, ist für die auf die Revision ergehende Entscheidung maßgebend.

Vgl. die Noten zu §§ 549, 565 Abs. 4. — Revisibel ist die Frage, ob das hiernach bestehende irrevis. Recht wirklich anzuwenden war (E. 20[210] 60[179] NS. 4[737]), sowie allg. Grundsätze bei dieser Anwendg., E. 10[124].

§ 563 (526). Ergeben die Entscheidungsgründe zwar eine Gesetzesverletzung, stellt die Entscheidung selbst aber aus anderen Gründen sich als richtig dar, so ist die Revision zurückzuweisen.

Vgl. § 549. — Unanwendbar auf die Fälle des § 551.

Auch wenn die Brfg. für unzulässig, statt unbegr. erklärt (E. 5[415]) oder die Zustdk. mit Recht, jedoch unter unrichtiger Begr. verneint worden ist (E. 23[173]). — Aufhebg. aus anderen als vom RevKl. vorgebrachten Gründen: § 559, S. 9[35].

§ 564 (527). I Insoweit die Revision für begründet erachtet wird, ist das angefochtene Urteil aufzuheben.

II Erfolgt die Aufhebung des Urteils wegen eines Mangels des Verfahrens, so ist zugleich das Verfahren insoweit aufzuheben, als es durch den Mangel betroffen wird.

Vgl. §§ 538 ff., 565, 97. — Soweit unbegr., „Zurückweisung" (Mot. 325): bei Unzulässigkeit „Verwerfung". — Bei Abs. 2 keine Würdig. sachl. Rügen, E. 2[407].

***§ 565** (528). I Im Falle der Aufhebung des Urteils ist die Sache zur anderweiten Verhandlung und Entscheidung an das Berufungsgericht zurückzuverweisen. Die Zurückverweisung kann an einen anderen Senat des Berufungsgerichts erfolgen.

II Das Berufungsgericht hat die rechtliche Beurteilung, welche der Aufhebung zu Grunde gelegt ist, auch seiner Entscheidung zu Grunde zu legen.

III Das Revisionsgericht hat jedoch in der Sache selbst zu entscheiden:

1. wenn die Aufhebung des Urteils nur wegen Gesetzesverletzung bei Anwendung des Gesetzes auf das festgestellte Sachverhältnis erfolgt und nach letzterem die Sache zur Endentscheidung reif ist;
2. wenn die Aufhebung des Urteils wegen Unzuständigkeit des Gerichts oder wegen Unzulässigkeit des Rechtswegs erfolgt.

IV Kommt in den Fällen der Nr. 1 und 2 für die in der Sache selbst zu erlassende Entscheidung die Anwendbarkeit von Gesetzen, auf deren Verletzung die Revision nach § 549 nicht gestützt werden kann, in Frage, so kann die Sache zur anderweiten Verhandlung und Entscheidung an das Berufungsgericht zurückverwiesen werden.

Vgl. §§ 62, 121 GVG. — Kosten: §§ 28, 31 GKG.; 26 RAGO.: vgl. §§ 91, 97, 538 mit JW. 03[25]; LGSchrG. 3; OLGSchrG. 5. Keine neuen Gebühren der RA. vor dem OLG., wohl aber für wiederholte Rev.

Abs. 1. Mitwirken e. früheren Mitglieds nicht unstatthaft (E. 53[4]; vgl. jedoch JW. 05[87]); keine Verwsg. an e. anderes OLG. — Sof. Verwsg. an das LandG., wenn schon das OLG. hierauf hätte erkennen sollen oder können, E. 23[429] 57[270]. — Untrennb. Zusammenhg.: E. 58[248] 59[412]; sonst TeilU. möglich. — **Abs. 2.** Rechtl. Beurteilg.: im ganzen (JW. 05[153]); auch Subsumtion (JW. 96[230]), nicht aber bloß beiläufige Bemerkg. (SA. 48[225] NS. 6[140]). Die Bindung besteht für das OLG. selbst nach späterer Änderung der Rspr. (JW. 97[82]) u. gilt im konkr. Proz. auch für das RevG. (E. 58[286]); Gesetzesänderung: E. 45[422]. — An seine ZwU. bleibt das OLG. gebunden, soweit nicht mitaufgehoben (E. 35[407]), nicht aber an die sonstigen Urteilselemente, E. 6[376] 12[108] vgl. 53[362] (§ 270). Nichtbeachtung ist nochmals RevGrund. — In der neuen mV. ist Ausdehnung der Anträge, Anschließg. wieder möglich (E. 12[408] 26[411]); sonst keine ref. in pejus. Für die ZwV. besteht der Zustand vor Erlassg. des Brfgsurt., RO. 13[181]. — **Abs. 3.** Hierher auch zB. Unzulässigkeit der Brfg. (E. 2[399]), Prozeßvoraussetzg. (E. 61[241]), ZwU. nach § 303 statt § 304 (JW. 06[26]), bloße Prozeßurteile (E. 50[224]). Keine tatsächl. Feststellg. durch das RevG., selbst wenn unbestr. (Mot. 327, E. 5[93]); kein bed. EndU. des RevG. (Gr. 41[964]); VorbehaltsU. bestr. — Aufhebg. u. Selbstentscheidg. bilden e. einheitl. Urteil (Mot.); Kostenpkt.: E. 4[416]. Unreife: zB. Verkennung der Beweislast (S. 11[235]), Prozeßfehler. — **Abs. 4.** Ermessen des RevG.; praktisch nur bei Unklarheit des irrevis. R. (E. 25[26]); vgl. § 562.

*§ 566 (529). Die für die Berufung geltenden Vorschriften über die Anfechtbarkeit der Versäumnisurteile, über die Verzichtleistung auf das Rechtsmittel und die Zurücknahme desselben, über die Vertagung der mündlichen Verhandlung, über die Verhandlung prozeßhindernder Einreden, über den Vortrag der Parteien bei der mündlichen Verhandlung und über die Einforderung und Zurücksendung der Prozeßakten finden auf die Revision entsprechende Anwendung.

§§ 513 bis 515, 521, 524, 526, 528, 535, 544, 549 Abs. 2, 554a. — Die §§ 517, 543 sind nicht anwendbar erklärt: VerfVers.: § 557 Note. — RevVerzicht vor Erlassung des BrfgsUrt. zulässig, JW. 03[51] Beil.; vgl. SSt. 36[421]. — RevRücknahme: § 554a Note.

Dritter Abschnitt
Beschwerde.

*§ 567 (530). I Das Rechtsmittel der Beschwerde findet in den in diesem Gesetze besonders hervorgehobenen Fällen und gegen solche eine vorgängige mündliche Verhandlung nicht erfordernde Entscheidungen statt, durch welche ein das Verfahren betreffendes Gesuch zurückgewiesen ist.

II Gegen die in Betreff der Prozeßkosten erlassenen Entscheidungen der Oberlandesgerichte ist eine Beschwerde nicht zulässig.

Beschw. nach ZPO. s. Reg.: sonstige Beschwerdefälle (Verf. teilw. abweichend): §§ 160, 175, 183 GVG.; 4, 16, 47, 48, 101 (Bl. 71[229]) GKG.; 12, 53 RAGO.; 22 GVGO.; 15 BGVGO. mit Art. 46 GebG.; 17 ZSGO.; 42, 55, 66 GewGG.; 16, 17 KfmGG.; 96 ZVG. mit 13 EZV.; 35, 36, 58, 59 RAO.; 71, 100, 102 GBO. mit 113 ff. GBDA.; 94 HuvG. mit Ges v. 20. Dez. 1903 (GVBl. 703); 19, 57, 82, 126 FGG.; 80, 112 GenG.; Art. 129 ff. AGG. mit 34 ÜG.; vgl. § 60 BGB. — Notarielle Verfüg.: Art. 17, 44, 50, 55, 57 ff., 137 NotG. (ZivilK. des LG.: S. 16[78] Bl. 70[41]; vgl. § 194 FGG. — Bloße Gegenvorstellung ist in der ZPO. außer § 576 nicht erwähnt; gleichwohl zulässig, soweit Abänderung möglich (§§ 571, 576). — Justizverzögerungsbeschw.: Tit. IV § 8, VII § 21 VerfUrk.; Art. 71, 73, 74 AGB. (Präsident, Justizminister): JMBl. 00[1000]; vgl. Art. 77 RVerf.; 4 BRAGO.; § 59 RAO.; BGB. 839; ABG. Art. 60; S. 24[408] 55[138] JMBl. 76[136]. — Akten: (BeschwReg., doppeltes Aktenzch.): §§ 29, 41 LGSchrG.; 8, 12 OLGSchrG., JMBl. 05[29]. — Zuständk.: § 568; Befristung nur bei § 577. — Übergang: Art. III Ges. v. 5. Juni 1905 (RGBl. 536); Verkdg. bezw. Zustellg. v. amtsw. entscheidend (JR. 05[59] Bl. 70[61] [75] JW. 05[730]. — Kosten: §§ 4, 6, 45, 47 (insbes. Abs. 3) GKG.; 29, 41, 12 RAGO.; Art. 3, 23, 39 GebG.; 6, 8, 27 BRAGO.; 132 ABG.; 62 NotG.; vgl. 91, 97, 99 ff. — Beschwerdesumme (§§ 568; KonsGG. 43; SchutzGG. 2): JW. 91[175] S. 45[402]; Angabe: JW. 01[63]. Keine Zusammenrechng. bei ggs. oder mehreren Beschw., S. 51[173]; keine Einrechng. der BeschwKosten: JW. 02[181]; bei Teilabhülfe urspüngl. Summe: RO. 11[182].

Abs. 1. Entschdg.: auch Verfügung des Vorsitzd., nicht bloße Unterlassung (JW. 85[322]). Ob e. fakult. mV. wirklich vorangegangen, ist gleichgültig, S. 24[367] 39[394]; desgl., ob Hauptf. appellabel., revisibel (Mot. 329). Teilbeschw. zulässig; irrige Bezeichn. unschädlich, wenn unzweifelhaft Beschw. gemeint u. Abänderung gewollt (S. 54[430] NS. 1[454] RO. 11[147]; strenger S. 43[155]); insbes. auch bei Arresten beachtlich. Abgrenzung gg. FGG. u. Dienstaufsicht: ZBlFG. 5[163] BNotZ. 00[100]. — Rücknahme u. Verzicht analog Brfg., SSt. 24[143] R. 06[1187] SF. 7[1]. — Kein Wahlrecht zw. Berufg. (Rev.) u. Beschw.: vgl. §§ 512, 548. — Keine Eventualbeschw. (außer § 576), S. 25[358] 46[418]; vgl. § 114 StGB.; keine Beschw. Dritter (JW. 02[89]). — **Einzelnes.** Beschw. zulässig gg. Ablehnung e. Vertagung ohne mV. (S.

23[369]; anders in mV., E. 62[208]): e. Urteils (zB. weil verglichen), E. 39[392]; Zurückwsg. e. Antrags bis zur Vollmachtsvorlage; Auflage des Legitimationsnachweises für ges. Vertr. (ZZP. 19[285]); zu lange Klagefrist nach § 915 (Gr. 33[1149]). — Unzulässig gg. Terminsansatz (RO. 11[181]), Terminsverlegung oder Verhandlungsvertagung in mV., E. 15[423] 46[366] 55[406] S. 16[332] (soweit nicht als Aussetzung wirkend); Erkl. als Feriens. (SA. 60[19]), beschwerdegerichtl. Anwsg. auf Erlassung e. Arrests (E. 14[391]); Ausübung freien Ermessens v. amtsw., JW. 97[459] (zB. §§ 48 GKG.; vgl. S. 14[600] E. 32[392]); Zwischenverfg. (E. 54[348]); wenn I. J. völlig nach Antrag erkannt (E. 35[427]) oder Beschwerdeführer kein ersichtl. rechtl. Interesse (JW. 06[564]); Bestimmung des Schwurpfl., Gr. 41[709]; Streitwertsfests. zwecks Erhöhung (auch nicht behufs Revision), E. 22[426]; Ablehnung e. Teilll. (Gr. 30[1150]), e. Verbindung, E. 24[367]; Verneinung der gerichtl. Vorschußpflicht, E. 33[431]; Nichtauflegung e. Strafgebühr nach § 48 GKG. (E. 32[392]); gegen die Begr. allein (Beseitigung krimin. Vorwurfs), SA. 49[193]; zwecks Entschdg. e. Rechtsfrage in abstr., E. 43[426]; gg. Anwsg. des GSchr. z. Erteilg. e. RKrZeugn., Gr. 45[1152]. — **Abs. 2** trifft auch die (seltene) erstinst. Entschdg. der OLG. — „In Betreff der ProzK.“: hierzu auch §§ 89, 99, 103 ff., 107; ZSGO. 17; Streitwertsfests., ARBeschw. zu unzuläss. Kostenbeschw. (E. 49[386] 50[368] 51[100] 61[417] JW. 05[295] 06[395 565]). Nicht hierher § 102 (JW. 00[646]). — **Gegenvorstellung**: §§ 571, 576 (zB. beauftr. R. des OLG.); vgl. JW. 01[721].

***§ 568** (531). [I] Über die Beschwerde entscheidet das im Instanzenzuge zunächst höhere Gericht.

[II] Gegen die Entscheidung des Beschwerdegerichts ist, soweit nicht in derselben ein neuer selbständiger Beschwerdegrund enthalten ist, eine weitere Beschwerde nicht zulässig.

[III] Entscheidungen der Landgerichte in Betreff der Prozeßkosten unterliegen einer weiteren Beschwerde nur, wenn die Beschwerdesumme den Betrag von fünfzig Mark übersteigt.

[IV] Gegen die Entscheidungen der Oberlandesgerichte findet eine weitere Beschwerde nicht statt.

Zuständk.: §§ 71, 123, 135, 160, 183 GVG.; 8 EGVG.; 7 EZP.; Art. 27, 36, 42 AGB.; §§ 55 GewGG.; 16 KfmGG.; vgl. §§ 27, 199 FGG.; 72, 79, 102 GBO.; Art. 129 ABG.; §§ 14 KonsGG.; 3 SchutzGG. — Gegenvorstellung: §§ 567, 571, 576; Aufhebung v. amtsw.: § 318; Rechtskraft: § 322. — Übergang: Note z. § 567.

Abs. 1. Anwdg. des § 36: RO. 13[173]. — **Abs. 2.** Grundsatz der „duae conformes“. Abweichende Begr. macht nicht stets difform, zB. Zusetzung e. weiteren Grundes unter Billigung des früheren (S. 13[570] NS. 4[544]); äußerl. Übereinstimmung der Formel noch nicht konform (E. 1[233] 32[57] S. 12[21]). — Weitere B. des ersten Beschwerdeführers insbes. zulässig wegen unterlassener Prüfung neuen Vorbringens (E. 17[373] 18[427] SA. 46[72]), Verwerfung der B. als unzulässig (E. 16[322] 36[362] S. 14[226]) oder sonstigen wesentl. Prozeßverstoß in II. J. (E. 42[352]), zB. Wspr. zwischen Formel u. Begr. (E. 30[395]) oder Arrestabwsg. mangels Forderungsbescheinig. in II. J. statt mangels Arrestgrund in I. J. (E. 32[57] S. 13[33]); keine w. B., soweit sich Summen decken (E. 30[340]) oder wegen Unstichhaltigkeit e. von mehreren Gründen (E. 30[338]), wegen Auflage der BeschwKosten (JW. 88[69]), Nichteinholung e. Gutachtens (JW. 93[252]) oder Gründemangel (E. 60[406]).

— Die weitere B. kann auch vom Gegner ausgehen u. unterliegt dann daneben den Erfordernissen des § 567 Abs. 1: E. 31^{411} 51^{144} NS. 1^{400}; darnach bemißt sich auch, ob die w. B. „sofortig." — Keine Beschw. nach § 99 Abs. 3, wenn das erste RMittel Berufg. war, E. 59^{429}. — **Abs. 3.** Vgl. § 567 Abs. 2; gg. erstinst. Prozeßkostentschdg. der AmtsG. u. LandG. findet hiernach die Beschw. unbeschränkt, gg. solche der OLG. überhaupt nicht statt.— **Abs. 4.** Das ReichsG. u. das BOLG. (NS. 5^{252}) kann sohin weder IV. noch III. BeschwInstanz sein; auch Abhilfebeschl. der OLG. sind unanfechtbar, E. 62^{10}.

***§ 569** (532). I Die Beschwerde wird bei dem Gericht eingelegt, von welchem oder von dessen Vorsitzenden die angefochtene Entscheidung erlassen ist; Beschwerden gegen Entscheidungen der Amts- und Landgerichte können in dringenden Fällen auch bei dem Beschwerdegericht eingelegt werden.

II Die Einlegung erfolgt durch Einreichung einer Beschwerdeschrift. Die Einlegung kann auch durch Erklärung zum Protokolle des Gerichtsschreibers erfolgen, wenn der Rechtsstreit bei einem Amtsgericht anhängig ist oder anhängig war, wenn die Beschwerde das Armenrecht betrifft oder von einem Zeugen oder Sachverständigen erhoben wird; richtet sich die Beschwerde in diesen Fällen gegen die Entscheidung eines Oberlandesgerichts, so kann die Einlegung nur durch Erklärung zum Protokolle des Gerichtsschreibers des Oberlandesgerichts oder durch Einreichung einer zum Protokolle des Gerichtsschreibers eines Amtsgerichts erklärten oder von einem Rechtsanwalt unterzeichneten Beschwerdeschrift erfolgen.

Anwaltszwang für fak. mV.: § 573. — BOLG.: §§ 7, 8 EZP. — GewGG. § 55; KimGG. § 16; KAO. §§ 35, 36; GKG. § 4; GVGO. § 22. — § 1 AGSchrG. — Einreichungsstelle: § 130 Note: Abschriften: §§ 128, 133. — Gerichtsschreiberprotokoll: § 159 Note: Notar unzuständig (außer einf. Schriftform, JR. 05^{309}). — Übergang: Note zu § 567.

Abs. 1. Dringl.: drohender Nachteil, zB. durch ZwV. oder Flucht, E. 12^{356} (einstw. Verf. sind nicht stets dringlich); mangels Dringl. Abgabe zur Abhilfeprüfg. (§ 571) an das UnterG., nicht Verwerfung (gem. M.). Wegen Einreichung beim unzustdg. Gericht vgl. NS. 2^{157} 5^{552} (Verwerfg.) BGH. 5^{176} Bl. 71^{479} (mild); unzulässig, Beschw. gg. II. Instanz bei I. Instanz einzulegen. — **Abs. 2.** Keine Einlegung z. Sitzungsprot. (Mot. 330, E. 29^{341}; vgl. SA. 40^{75}) oder Übergabe in mV. Erkennbare Unterschrift erforderlich (E. 46^{375} JW. 06^{573}), nicht aber Bezeichnung des BeschwG. (NS. 1^{454} 5^{252}), Ladung oder formulierter Antrag; Abänderungsbegehren genügt, E. 24^{395}. Die Urschrift bleibt beim BeschwG., E. 43^{416}. Telegramm: E. 44^{369} S. 15^{882} ESt. 38^{282} (vgl. § 170). Postkarte ungehörig; Telephon unstatthaft. Nachträgl. „Beitritt": JW. 04^{118} (Frist!). Anwaltszwang (E. 31^{375}): für die Unterschrift ist die Zulassung beim EinreichungsG. entscheidend, E. 1^{431} 7^{403} S. 16^{332} (nicht kreuzweise). Der Anwaltszw. besteht (außer bei den drei Ausnahmen des Abs. 2) selbst, wenn für das einleitende Gesuch Erkl. zum GSchrProt. u. damit auch einfache schriftl. Eingabe zulässig; wichtig für Kostenfestf. der LandG. (E. 7^{403}), Ablehng.

(S. 11[102]); vgl. § 78 Abs. 2. — Rücknahme der unzulässigen Beschw. durch einreichend. RA.: JW. 04[118]. — Die drei Ausnahmen gelten auch für die weitere Beschw., E. 3[372] 12[357] (unbeschadet sonstiger Beschränkg. u. Formalis. der Beschw. gg. OLG.) — „Beim AmtsG. anhängig“: auch Prorog. (Bl. 58[309]), ZwV. (JW. 83[38]), Rechtshilfe (E. 12[355] 36[362]), die Fälle des § 505 (E. 31[425]); nicht des § 506 nach Verwsg. (E. 35[384]). ArmenR. umfaßt auch § 35 RAO. (E. 6[392]). Beschw. bei ZwV. vor LG. (§ 891), § 619 ZPO., § 12 RAO. erfordern Anwaltszw., JW. 98[603] E. 10[374]. — Zweck der Novelle (Schlußhalbsatz): Entlastung des RG. von privatschriftl. Beschw.; Formalisierung gilt auch für Anrufung (§ 574 Abs. 2): JW. 06[314].

§ 570 (533). Die Beschwerde kann auf neue Tatsachen und Beweise gestützt werden.

Nichtbeachtung: § 568. — Vgl. §§ 23 FGG.: 74 GVG. — Kostenfolge: § 97.

Neue Ansprüche sind statthaft, trotz § 529 Abs. 2 (E. 55[61] aM. S. 15[53]); aber Beschw. u. weitere B. ausgeschlossen, wenn in der Vorinstanz vollständig nach Antrag erkannt (E. 8[338] 35[428]). Ausdehnung e. beschrkt. Beschw. ist zulässig, E. 24[395]. — Keine ref. in pejus (E. 14[352]), keine Anschließung (aM. NS. 3[924]); aber der Gegner kann ebenfalls Neues vorbringen. — Würdigung nicht vorgebrachter Gründe innerhalb der Antragsgrenzen: E. 24[395] NS. 4[851]; keine Tatsachensupplierung, soweit nicht aktenkundig, E. 54[323]; „neu“: wenn auch schon in I. J. bekannt, E. 42[405]; Nachbring. der Begr.: JW. 03[125]. — Erneuerung des abgewiesenen Antrags unter Verbesserung der Begr. statt Beschw.: JW. 84[88].

§ 571 (534). Erachtet das Gericht oder der Vorsitzende, dessen Entscheidung angefochten wird, die Beschwerde für begründet, so haben sie derselben abzuhelfen; anderenfalls ist die Beschwerde vor Ablauf einer Woche dem Beschwerdegerichte vorzulegen.

Nichtabhilfe bei KollegialG. durch Beschluß festzustellen (keine Zustellg.); Vorlage mit Randnote (§ 10 MB. v. 28. April 1901). Die Akten sind nur auf gerichtl. Anordnung (auch des Erstrichters) vorzulegen: praktisch die Regel; vgl. auch § 571 Abs. 2. Bericht nicht forderbar. — Rücksendung: § 541 (SA. 50[218]). — §§ 31 LGSchrG.: 9 OLGSchrG. — Ausnahme bei sof. Beschw.: § 577 Abs. 3. — Kosten: §§ 573, 97: JW. 05[419] ZR. 05[344] 06[76].

Abhilfe (auch teilws.) selbst ohne Beschw. statthaft u. ev. Amtspflicht (JW 95[126]), sogar wenn letztere unzulässig, E. 33[377] (duae conform. aM. JW. 04[117]); aber ausgeschlossen, soweit (zB. bei sof. Beschw.) Änderung verboten oder nach Entschdg. des OberG (E. 37[383] RO. 11[90] Bl. 56[74] 71[331]). — Der Abhilfebeschl. erfordert u. U. Ermittelg (Vorlagefrist): bestr., ob mV. hierfür statthaft (RO. 13[175]). Er entscheidet neuerlich über die Kosten (bestr.) u. gibt ev. Anlaß zu weiterer Beschw.; Anzeige an das OberG. sachgemäß. — Ablehng. e. Gegenvorstellg. kein selbstdg. BeschwGrund, E. 46[367].

***§ 572** (535). I Die Beschwerde hat nur dann aufschiebende Wirkung, wenn sie gegen eine der in den §§ 109, 380, 390, 409, 619, 656, 678 erwähnten Entscheidungen gerichtet ist.

II Das Gericht oder der Vorsitzende, dessen Entscheidung angefochten wird, kann anordnen, daß die Vollziehung derselben auszusetzen sei.

III Das Beschwerdegericht kann vor der Entscheidung eine einstweilige Anordnung erlassen; es kann insbesondere anordnen, daß die Vollziehung der angefochtenen Entscheidung auszusetzen sei.

§§ 181, 183 GVG.; 74 KO.; 24, 26, 83, 138 ff., 151, 154 FGG.; 80, 112 GenG.; 76 GBO. — § 45 AGSchrG. — Vollzug: §§ 775 ff., 794. — Kosten (Abs. 3): § 45 GKG.: keine bei. RAGebühr (§ 41 RAGO.).

Abs. 1. Erschöpfd. Aufzählung auch für sof. Beschw.; auf Zurückwsg. von Ablehnungen unanwendbar, also sofort Endll. möglich (JW. 95[539]). — Im Ergebnis noch strenger §§ 387 mit 390 (arg. v. „rechtskr."); vgl. § 900. — Soweit Suspensiveffekt besteht, genügt Nachweis der Einlegung der B. zur Hemmung des Vollzugs (bestr.). — **Abs. 2, 3.** Diese einstw. A. kann von amtsw. ergehen, wirkt bis zur Zustellung der Entschdg. des BeschwG. u. ist unanfechtbar, E. 35[341]. Keine Aufhebg. der VollstrMaßregeln; keine Einstellg. des Vollzugs o. Gerichtsbeschl. durch den Vorsitzd. allein.

***§ 573** (536). I Die Entscheidung über die Beschwerde kann ohne vorgängige mündliche Verhandlung erfolgen.

II Ordnet das Gericht eine schriftliche Erklärung an, so kann die Abgabe derselben durch einen Anwalt erfolgen, der bei dem Gerichte zugelassen ist, von welchem oder von dessen Vorsitzenden die angefochtene Entscheidung erlassen ist. In den Fällen, in welchen die Beschwerde zum Protokolle des Gerichtsschreibers eingelegt werden darf, kann auch die Erklärung zum Protokolle des Gerichtsschreibers abgegeben werden.

Fakult. Verhdlg: § 128 Note. — Unbedingtes Gehör: § 99 Abs. 3. — Form: stets Beschluß, auch wenn in I. Instanz Urteil, JW. 98[284]. — Inhalt u. Zustellung: § 329; vgl. §§ 1 AGSchrG.; 31 LGSchrG.; 5.; Mitteilung an UnterG.: §§ 31 LGSchrG.; 9 OLGSchrG. — Kosten: §§ 45, 47 GKG.; 29, 41 RAGO.; vgl. §§ 91, 97, 308, 567. Anfall aller drei Gebühren auch beim Gegner möglich.

Abs. 1. Kein VerfVers: Ausnahme: Arrest nach mV. Augenblickl. Beschlußfassung nicht forderbar, JW. 96[3]. — Der Vorsitzende allein kann mV. nicht anordnen. — **Abs. 2.** Diese Erleichterung gilt selbst bei den drei Ausnahmen des § 569, aber nicht für die fak. mV. selbst; ohne RA. ist in letzterer auch e. schriftl. Erklärung unbeachtlich. — Nach dem Schlußsatz hat der Erklärende u. U. die Wahl zwischen dem GSchr. des Unter- und des OberG. — Auch Auskunft des UnterG. einholbar; Gehör des Gegners wegen anderer Rechtsauffassung nicht nötig, RS. 4[54].

***§ 574** (537). I Das Beschwerdegericht hat von amtswegen zu prüfen, ob die Beschwerde an sich statthaft und ob sie in der gesetzlichen Form und Frist eingelegt sei. Mangelt es an einem dieser Erfordernisse, so ist die Beschwerde als unzulässig zu verwerfen.

II Ist gegen die Entscheidung eines Oberlandesgerichts Beschwerde eingelegt, so steht die Prüfung und Entscheidung über die Zulässigkeit der Beschwerde dem Oberlandesgerichte zu. Wird die Beschwerde von dem Oberlandesgericht als unzulässig verworfen, so kann der Beschwerdeführer binnen einer Woche auf die Entscheidung des Beschwerdegerichts antragen; die Frist ist eine Notfrist und beginnt mit der Zustellung des Beschlusses. In diesem Falle sind die Akten dem Beschwerdegerichte zu übersenden.

Vgl. §§ 567, 568, 577, 535; Vorentschdg. des BOLG.: § 7 EZP.: Übergang: § 567 Note (ZR. 05[314]). — Bei Anrufung (Abs. 2) keine neue Gebühr, JW. 05[419].

Abs. 1. Die Zulässigkeit bemißt sich nach der Einlegung, die Begründetheit nach dem Zeitpkt. der Beschlußfassung (gem. M.); vgl. EF. 3[111]. — Fristwahrung durch Eingangsvermerk (§ 130; vgl. SA. 59[290]), ev. Einforderung der Ausf. nachprüfbar, E. 42[402]. — Ausspruch über Formalien nur bei Bemängelung: JW. 01[8]. — **Abs. 2.** Verfahren: ZR. 05[312]. Nach gem. M. kann das BeschwG. die B. trotz Zulassung durch das OLG. noch als unzulässig verwerfen (E. 61[417]); die Prüfung des OLG. ist (anders wie im StPr.) unbeschränkt, (zB. Verzicht). Der Zulassungsbeschluß des OLG. wird nicht zugestellt. Form der Anrufung: § 569 (JW. 06[314]); mangels solcher Rechtskraft (JW. 05[741]). Die Anrufung ist auch bei einfacher Beschw. befristet. — Über Wiedereinsetzg. vgl. ZR. 05[313] (hinsichtl. BeschwFrist OLG., Anrufungsfrist RG.). Weitere Beschw. gg. OLG. schlechthin unzulässig (§ 568).

§ 575 (538). Erachtet das Beschwerdegericht die Beschwerde für begründet, so kann es demjenigen Gericht oder Vorsitzenden, von welchem die beschwerende Entscheidung erlassen war, die erforderliche Anordnung übertragen.

Verwerfung: § 574; Zustellung: § 329; Kosten: §§ 97, 567, 571.

Das BeschwG. hat außer § 336 auch bei unverzichtbaren Prozeßmängeln freie Wahl zwischen eigener Sachentschdg. oder Zurückverwsg. an das UnterG., ev. mit entspr. bindender (E. 53[318]) Anweisung; letztere kann auch auf weitere Sachinstruktion gehen (Aufhebung als verfrüht), E. 23[370] RS. 6[669]. — Entscheidet das BeschwG. in der Sache selbst, so erläßt es in selbstdg. Verf. auch den Kostenausspruch beider Instanzen. — Zulässige, aber unbegr. Beschw. sind „zurückzuweisen“ (§§ 45, 47 Abs. 3 GKG.); nachträgl. gegenstandslose B. sind „unbegr.“ (JW. 98[5]); Rückfrage sachgemäß

§ 576 (539). I Wird die Änderung einer Entscheidung des beauftragten oder ersuchten Richters oder des Gerichtsschreibers verlangt, so ist die Entscheidung des Prozeßgerichts nachzusuchen.

II Die Beschwerde findet gegen die Entscheidung des Prozeßgerichts statt.

III Die Bestimmung des ersten Absatzes gilt auch für das Reichsgericht.

Vgl. §§ 299, 706, 724, 733, 797; GewGG. 55; KfmGG. 16. — Formlose Gegenvorstellung (Remonstration), auch in beschwerdefreien Fällen; bei sof. B. jedoch § 577 Abs. 4 beachtlich. — Anwaltszwang zu Abs. 1 bestr.: vgl. JW. 89[20] 97[324]. — Register: §§ 29 LGSchrG.; 8 OLSchrG. — Kosten: §§ 45, 47 GKG.; 41, 29 RAGO.; vgl. § 567.

Abs. 1. ProzeßG.: auch VollstrG. — Der b. o. e. R. sowie der GSchr. können ihre beanstandete Entschdg. ändern; sie selbst haben keine weitere B., JR. 05[57]. — Hierher zB. Zeugenstrafen (§ 380), Verwg. e. vollstr. Ausf. durch den GSchr. (S. 12[484]). Dagegen unanwendbar auf Beschw. gg. den Vorsitzenden (§ 140) sowie gg. Beschl. nach §§ 160, 183 GVG., 4 GKG., 17 ZSGO.; letztere gehen unmittelbar an das OberG. des b. o. e. R., E. 17[352]. — **Abs. 2** setzt sonstige Zulässigkeit der Beschw. voraus (SA. 44[287]); vgl. jetzt insbes. § 568 Abs. 4. Neuer Grund nicht erforderlich (E. 9[385]), weil erste Beschw. — **Abs. 3** gilt auch für das BOLG.; Änderung hier selbst in den Fällen der sof. Beschw. zulässig; vgl. aber S. 12[484].

***§ 577** (540). I Für die Fälle der sofortigen Beschwerde gelten die nachfolgenden besonderen Bestimmungen.

II Die Beschwerde ist binnen einer Notfrist von zwei Wochen, welche mit der Zustellung, in den Fällen der §§ 336 und 952 Abs. 4 mit der Verkündung der Entscheidung beginnt, einzulegen. Richtet sich die Beschwerde gegen die Entscheidung eines Amts- oder Landgerichts, so genügt die Einlegung bei dem Beschwerdegerichte zur Wahrung der Notfrist, auch wenn der Fall für dringlich nicht erachtet wird. Liegen die Erfordernisse der Nichtigkeits- oder der Restitutionsklage vor, so kann die Beschwerde auch nach Ablauf der Notfrist innerhalb der für diese Klagen geltenden Notfristen erhoben werden.

III Das Gericht darf nur in den Fällen des § 103 Abs. 1 und des § 105 Abs. 4 seine Entscheidung gemäß der Vorschrift des § 571 abändern; zu einer weiteren Änderung der auf Grund dieser Vorschrift erlassenen Entscheidung ist es nicht befugt.

IV In den Fällen des § 576 muß auf dem für die Einlegung der Beschwerde vorgeschriebenen Wege die Entscheidung des Prozeßgerichts binnen der Notfrist nachgesucht werden. Das Prozeßgericht hat das Gesuch, wenn es demselben nicht entsprechen will, dem Beschwerdegerichte vorzulegen.

Fälle der sof. B. vgl. Register. — Vgl. §§ 98 ZVG.; 158, 189 KO.; 44 KonsGG.; 3 SchutzGG.; 112 GenG.; 32, 55 GewGG.; 16 KfmGG.; 18 ff. FGG.; ferner die Note zu § 567. Vorentschdg. des BOLG.: § 7 EZP. — Einreichungsstelle: § 130; Suspensiveffekt: § 572; Beschw. gg. OLG.: § 574; Wiederaufnahmekl.: § 578 ff.; Zustellung: §§ 166, 329; Wiedereinsetzung: § 236. — Wegen der Anwaltskosten vgl. § 41 RAGO.; im übrigen § 567.

Abs. 1. Daneben gelten die allg. Vorschr. (§§ 567 ff.), E. 15[431]. — **Abs. 2.** Die Notfrist läuft hiernach bei verkünd. Entschdg. regelmäßig erst ab parteis. Zustellung (E. 43[416]); sie gilt zumeist auch für die weitere Beschw., E. 15[431] S. 13[337]; vgl. § 568 Abs 2. Die Frist wird durch ZvA. statt im Parteibetrieb nicht eröffnet (§ 166), durch Einreichung beim unzustdg. G. (zB. ReichsG. statt OLG.) nicht gewahrt, S. 9[215]. Begr. nach Fristablauf nachholbar, JW. 03[125]; Fristversäumnis nicht durch Wiederholung des Antrags umgehbar, S. 12[484]; vgl. § 573. — Einlegung vor Zustellg. zulässig, sobald das Gericht sich der Entschdg., wenn auch formlos, entäußert hat, E. 9[422] 50[347] RS. 2[37]; aber keine Eventualbeschw. vor Erlassung, außer § 576; vgl. § 567. — **Abs. 3.** Änderbarkeit zwischen Erlassung (Abs. 2) u. Einlegung der sof. B. bestr.; dagegen JW. 92[463] RO. 11[90]. Änderung, solange Gerichtsinternum: § 318; Gegenvorstellung: § 571; RO. 11[90]. — Verfahren zu Abs. 3: § 571, insbes. Abgabe an UnterG. zur Abhilfe. Änderg. des Streitwerts: § 107. — **Abs. 4.** Diese Eventualbeschw. gilt nur für sof. B., E. 25[390]; also praktisch nur bei § 406 (vgl. E. 42[421]). Einreichung beim b. o. e. R. oder BeschwG. nicht zulässig, E. 9[384]. — Satz 2 erfordert nur Vorlagebeschluß ohne Zustellung: E. 25[390]; die Notfrist ist bereits mit der Zustellg. des b. o. e. R. im Lauf. Änderungsbeschl. des ProzG. ist zuzustellen, womit der Fristlauf für die Beschw. des Gegners beginnt.

Viertes Buch.

Wiederaufnahme des Verfahrens.

§ 578 (541). [I] Die Wiederaufnahme eines durch rechtskräftiges Endurteil geschlossenen Verfahrens kann durch Nichtigkeitsklage und durch Restitutionsklage erfolgen.

[II] Werden beide Klagen von derselben Partei oder von verschiedenen Parteien erhoben, so ist die Verhandlung und Entscheidung über die Restitutionsklage bis zur rechtskräftigen Entscheidung über die Nichtigkeitsklage auszusetzen.

Kein Richterausschluß: Ablehnung denkbar, zB. § 580 Nr. 5. — Aussetzg.: § 148. — Vollmacht: § 81; Einstellg. der ZwV.: § 707 (E. 51[394]); Zustellung: §§ 176 ff. — Ehes.: § 606; Fälle der sof. Beschw.: 577 Abs. 2; Aufgebot: § 957; Schiedsspr.: §§ 1040 ff; U. vor 1. Okt. 1879: § 20 EZP. mit Art. 229 AZP.; Unterschied von § 767: E. 35[398]. — Vgl. §§ 26 GewGG.; 16 KfmGG.; 84 GewUVG.; 119 JnvVG. — Kosten = ordentl. Proz. der betr. Instanz (E. 57[231]); Höhe ($\frac{5}{10}$): §§ 26 GKG.; 20 RAGO. Festsetzg.: 1. Inst.: S. 16[48].

Abs. 1. Hierher auch bed. EndU., rechtskraftfäh. ZwU. (E. 35[413]; das NachU. fällt von selbst), Tabellenauszüge (E. 37[386], VollstrBef. (Bl 63[57]); nicht aber Vergl. (E. 19[363]). Formelle RKraft genügt, E. 38[406] (§ 586). — Die Klagen sind exklusiv, aber verzichtbar (E. 23[434]); dem RNachfolger stehen sie zu (E. 46[77] 57[285]); Gegner ist die Partei, nicht c. fals. proc. Kein anderes Mittel zur Beseitigung e. rechtskr. Urt.: E. 39[142] S. 11[162] (Wucher), auch keine Bereichergskl. (S. 2[23]). Paul. Anfechtung der Erwirkung des U. möglich (§§ 35 KO., 6 AnfG.): E. 9[100] 39[125] S. 11[567] 12[126]; ebenso Schadensersatzkl. wegen Urteilserschleichg. (E. 46[77] 61[360]), sogar nach Ablauf der Frist für die Restitklage; u. U. Erpressungsversuch: ESt. 34[282]. Wegen Simulation vgl. E. 46[339]; Betrug: § 296; Schadensersatz durch meineid. Zeugen: JW. 05[81]; im allgem.: ZR. 06[1]. Beachtl. der Unterschied zwischen Natural- u. Geldausgleich, zB. bei Scheidung. — **Abs. 2.** Dringt die NichtigkKl. durch, so wird die ausgesetzte RestitKl. in der Hauptſ. gegenstandslos; Kostenpflicht des Bekl. möglich (§ 91).

§ 579 (542). [I] Die Nichtigkeitsklage findet statt:

1. wenn das erkennende Gericht nicht vorschriftsmäßig besetzt war;

2. wenn ein Richter bei der Entscheidung mitgewirkt hat, welcher von der Ausübung des Richteramts kraft des Gesetzes ausgeschlossen war, sofern nicht dieses Hindernis mittelst eines Ablehnungsgesuchs oder eines Rechtsmittels ohne Erfolg geltend gemacht ist;
3. wenn bei der Entscheidung ein Richter mitgewirkt hat, obgleich derselbe wegen Besorgnis der Befangenheit abgelehnt und das Ablehnungsgesuch für begründet erklärt war;
4. wenn eine Partei in dem Verfahren nicht nach Vorschrift der Gesetze vertreten war, sofern sie nicht die Prozeßführung ausdrücklich oder stillschweigend genehmigt hat.

II In den Fällen Nr. 1, 3 findet die Klage nicht statt, wenn die Nichtigkeit mittels eines Rechtsmittels geltend gemacht werden konnte.

Vgl. §§ 89, 551, 582; GewGG. 56; KfmGG. 16; JR. 05[4]. — Unzustdgk., (zB. Ehescheidg. durch AG.), Unzulässigk. des Rechtswegs, Rechtshgk., Verletzg. klaren Rechts (vgl. § 580 Nr. 5) kommen nicht mehr in Betracht: Rechtskraft: § 580 Nr. 7a. — RMittel (Abs. 1 Nr. 2, Abs. 2): auch Anschließg., nicht aber Einspr.; „konnte" (Abs. 2): subjektiv (gem. M.). — NichtigkKl. steht auch der obsiegd. P. zu, unbeschadet Genehm. (Nr. 4), JW. 97[158]; Beisp.: RA. nach Löschg., Vollmachtsfälschg. durch Dritten. — Gegen Amtsanmaßg., Urteilsfälschg. meist strafrechtl. Einschreiten: ev. Einw. nach § 766, Feststellkl.

§ 580 (543). I Die Restitutionsklage findet statt:

1. wenn der Gegner durch Leistung eines Parteieides, auf welche das Urteil gegründet ist, sich einer vorsätzlichen oder fahrlässigen Verletzung der Eidespflicht schuldig gemacht hat;
2. wenn eine Urkunde, auf welche das Urteil gegründet ist, fälschlich angefertigt oder verfälscht war;
3. wenn durch Beeidigung eines Zeugnisses oder eines Gutachtens, auf welche das Urteil gegründet ist, der Zeuge oder der Sachverständige sich einer vorsätzlichen oder fahrlässigen Verletzung der Eidespflicht schuldig gemacht hat;
4. wenn das Urteil von dem Vertreter der Partei oder von dem Gegner oder dessen Vertreter durch eine in Beziehung auf den Rechtsstreit verübte Handlung erwirkt ist, welche mit einer im Wege des gerichtlichen Strafverfahrens zu verhängenden öffentlichen Strafe bedroht ist;
5. wenn ein Richter bei dem Urteile mitgewirkt hat, welcher sich in Beziehung auf den Rechtsstreit einer Verletzung seiner Amtspflichten gegen die Partei schuldig gemacht hat, sofern diese Verletzung mit einer im Wege des gerichtlichen Strafverfahrens zu verhängenden öffentlichen Strafe bedroht ist;

6. wenn ein strafgerichtliches Urteil, auf welches das Urteil gegründet ist, durch ein anderes rechtskräftig gewordenes Urteil aufgehoben ist;
7. wenn die Partei
   a) ein in derselben Sache erlassenes, früher rechtskräftig gewordenes Urteil, oder
   b) eine andere Urkunde auffindet oder zu benutzen in den Stand gesetzt wird, welche eine ihr günstigere Entscheidung herbeigeführt haben würde.

II Diese Bestimmung kommt in dem unter b bezeichneten Falle nicht zur Anwendung, wenn das angefochtene Urteil darauf beruht, daß auf Grund einer Eidesleistung des Gegners die betreffende Tatsache oder deren Gegenteil für bewiesen erachtet ist.

Verurteilg. zu Nr. 1 bis 5: § 581: Ausschluß durch RMittel ꝛc.: § 582.

Keine RestitKl. wegen offenb. Irrtums oder wenn nach Antrag erkannt, E. 37[381]. — **Abs. 1. Nr. 1.** StGB. §§ 153, 163; hierher auch zivilrechtl. OffenbEid (E. 46[344]) u. Eide Dritter nach § 450. Jede Eidesverletzg. genügt; Protest nicht erforderl., E. 14[322] S. 9[472]. Das bed. EndU. bleibt (E 10[384]) u. wird wie nach Eidesweig. geläutert (E. 14[824]); §§ 470 ff. anwendbar (E. 30[360]). — **Nr. 2.** StGB. §§ 267 ff. Der Fälscher selbst hat die RestitKlage nicht (gem. M.), wohl aber gutglb. Produzenten. — **Nr. 3.** StGB. §§ 154, 155, 163; auch Dolmetscher hierher, nicht aber uneidl. kausale Aussage (Pr. 276). — **Nr. 4.** ZB. StGB. §§ 156, 160, 240, 263, 266, 356 (Erpressung e. Anerk., Freiheitsberaubung zwecks Terminsversäumn.): vgl. auch § 578 wegen Betrug (BlEB. 9[283]) u. Simulation; Untreue: Bl. 64[315]. — **Nr. 5.** StGB. §§ 331 ff.: Kausalität nicht erforderlich, wohl aber Richtung der Hdlg. gg. den RestitKläger. Disziplinarverstoß ungenügend. — **Nr. 6.** Tatsächl. Kausalität genügt (vgl. JW. 91[309]): beim Versll. nicht möglich. Aufhebung: auch durch ordentl. RMittel. — **Nr. 7 a** erfordert nur den Tatbstd. der Exc. rei jud. — **Nr. 7 b.** Andere neue Beweismittel allein genügen nicht, S. 11[162]: wohl aber, wenn die neue Urk. in Verbdg. mit den älteren Beweisen durchgreift (E. 7[320] 14[329] 16[438] 35[409] 37[379]). Gleichgültig ist, ob die durch die neue Urk. erwiesene Tatsache früher vorgebracht wurde (E. 35[410]) oder früher durch Zeugen hätte erwiesen werden können (E. 32[370]), soferne nur die Urkd. selbst nicht nach der letzten mV. entstanden ist, E. 48[484]. Editionseid zulässig (E. 16[395]) ebenso Zeugenbeweis für das Datum (E. 14[329]): nicht aber für den sonstigen Inhalt der Urk. (zB. bei neuerl. Verlust), E. 32[370]. Nicht hierher Zeugenprotokoll (R. 06[693]), Patentschriften, Registerinhalt (E. 48[375] 59[413]). — **Abs. 2.** Solchenfalls nur Abs. 1 Nr. 1 mit § 581. Nach Eideserlaß mangelt die Kausalität der Urk.

§ 581 (544). I In den Fällen des vorhergehenden Paragraphen Nr. 1—5 findet die Restitutionsklage nur statt, wenn wegen der strafbaren Handlung eine rechtskräftige Verurteilung ergangen ist, oder wenn die Einleitung oder Durchführung eines Strafverfahrens aus anderen Gründen, als wegen Mangels an Beweis nicht erfolgen kann.

II Der Beweis der Tatsachen, welche die Restitutionsklage begründen, kann durch Eideszuschiebung nicht geführt werden.

StGB. § 42; StPO. §§ 319, 404; ZZP. 18[263]; vgl. EZP. § 14.

Abs. 1. Beachtl. insbes. beim Überzeugungseid. — Auch ausländ. StrafU. genügt (bestr.); das vorliegende StrafU. bindet andererseits den RestitRichter nicht. — **Abs. 2 bezieht sich auf alle RestitGründe.** Richterl. Eid ist zulässig (E. 14[322]).

§ 582 (545) Die Restitutionsklage ist nur zulässig, wenn die Partei ohne ihr Verschulden außer Stande war, den Restitutionsgrund in dem früheren Verfahren, insbesondere durch Einspruch oder Berufung oder mittels Anschließung an eine Berufung geltend zu machen.

NichtigkKl.: § 579 Abs. 2; beachtlich daß dieser Abs. 2 auf Nr. 2 u. 4 des Abs. 1 sich nicht bezieht.

Jedes Verschld., nicht bloß grobes, hierher (JW. 94[400]); auch des Vertreters (JW. 97[237]), desgl. vermeidbarer Rechtsirrtum (JW. 00[413]); die Beweislast trifft den RestitKläger, JW. 92[238]. — „Im früheren Verf.": auch Nachverf., E. 16[419] (Einstellung: E. 54[304]) oder mittelst WEinsetzg.; bei Meineid in I. J. Berufung u. sodann Aussetzg. nach § 149 möglich (JW. 01[33]); vgl. § 463. Nicht hierher Verkdgsfrist. (E. 16[419]) oder Revis. (E. 11[366]); solange Drittbesitzer Urk. verweigert, keine RestitKl., E. 32[370].

§ 583 (546). Mit den Klagen können Anfechtungsgründe, durch welche eine dem angefochtenen Urteile vorausgegangene Entscheidung derselben oder einer unteren Instanz betroffen wird, geltend gemacht werden, sofern das angefochtene Urteil auf dieser Entscheidung beruht.

Vgl. §§ 512, 538, 548. Gilt für Nichtigk. und RestitKlagen; sonstige Unanfechtbarkeit der vorausgegang. Entschdg. gleichgültig. — War jedoch die Vorentscheidung selbstdg. rechtskr., so muß sie direkt angegriffen werden, E. 35[413].

§ 584 (547). I Für die Klagen ist ausschließlich zuständig: das Gericht, welches in erster Instanz erkannt hat; wenn das angefochtene Urteil oder auch nur eines von mehreren angefochtenen Urteilen von dem Berufungsgericht erlassen wurde, oder wenn ein in der Revisionsinstanz erlassenes Urteil auf Grund des § 580 Nr. 1—3, 6, 7 angefochten wird, das Berufungsgericht; wenn ein in der Revisionsinstanz erlassenes Urteil auf Grund der §§ 579, 580 Nr. 4, 5 angefochten wird, das Revisionsgericht.

II Sind die Klagen gegen einen Vollstreckungsbefehl gerichtet, so gehören sie ausschließlich vor das Amtsgericht, welches den Befehl erlassen hat; wenn der Anspruch nicht zur Zuständigkeit der Amtsgerichte gehört, vor das für den Rechtsstreit über den Anspruch zuständige Gericht.

Tabellenauszug über 300 Mk.: E. 37[386] (LandG.); Kostenfestsetzung: S. 16[48]. — § 20 EZP.; Art. 225, 229 AZP.

BerufungsG. auch zuständig, wenn die B. als unzulässig verworfen (SA. 47[172]) oder durch VersU. zurückgewiesen ist (E. 8[395] 15[389]). — Vor das RevG. gehört nur die WAufn. gegen dessen eigenes Urteil.

§ 585 (548). Auf die Erhebung der Klagen und das weitere Verfahren finden die allgemeinen Vorschriften entsprechende Anwendung, sofern nicht aus den Bestimmungen dieses Gesetzes sich eine Abweichung ergibt.

Vgl. §§ 578, 587, 590, 591. — Akten u. Register: §§ 76 AGSchrG.; 13 LGSchrG.

Gemeint sind die Vorschriften über das Verf. erster Inst. (auch vor dem OLG.) im ordentl. Prozeß; vgl. jedoch S. 16[488] (Scheidg. zw. WAufn. u. Hptf.) — Das VersVerf. ist anwendbar, nicht aber § 253 Nr. 2 (E. 14[332]). — Interv. ist zulässig; KlRücknahme gilt nach gem. M. als Verzicht, vgl. § 515.

§ 586 (549). I Die Klagen sind vor Ablauf der Notfrist eines Monats zu erheben.

II Die Frist beginnt mit dem Tage, an welchem die Partei von dem Anfechtungsgrunde Kenntnis erhalten hat, jedoch nicht vor eingetretener Rechtskraft des Urteils. Nach Ablauf von fünf Jahren, von dem Tage der Rechtskraft des Urteils an gerechnet, sind die Klagen unstatthaft.

III Die Vorschriften des vorstehenden Absatzes finden auf die Nichtigkeitsklagen wegen mangelnder Vertretung keine Anwendung; die Frist für Erhebung der Klage läuft von dem Tage, an welchem der Partei und bei mangelnder Prozeßfähigkeit dem gesetzlichen Vertreter derselben das Urteil zugestellt ist.

Wiedereinsetzung: § 233; Unterbrechung: § 249; Glaubhaftmachung: § 589.

Abs. 1. Erhebung schon vor Beginn dieser Notfrist zulässig, RKraft des Urt. vorausgesetzt (JW. 87[352] 04[180]). Formelle RKraft genügt, E. 38[409]; hierbei ist nur der Urteilsinhalt zu Grunde zu legen, nicht die Behptg. des WAKlägers, zB. daß der aufgeführte RA., dem das Urt. zugestellt, keine Vollmacht besessen. Beachtl. die sof. RKraft letztinstanz. Urteile. — Klage beim unzustdg. Gericht wahrt die Notfrist nicht, JW. 83[269]. — **Abs. 2.** Die Kenntnis (zB. vom Strafurteil) muß zuverlässig sein, SA. 43[310]; die e. RA. in e. anderen Proz. reicht nicht, E. 37[389]. Die fünfjähr. Frist ist nicht unterbrechbar oder änderbar u. läuft auch während der Ferien (E. 15[383]) ohne Rücksicht auf Kenntnis des Grundes der WA. — **Abs. 3.** Diese Frist kann vor der formellen RKr. beginnen (bestr.); die fünfjähr. Ausschlußfrist gilt hierher nicht. — Zustellg.: auch öff., E. 38[409]; zu unterscheiden von der die RMFrist eröffnenden Zust. an den falsus proc. Während des Laufs dieser RMFrist kann die Partei die Nichtigkeit auch durch RM. (Einspr.) geltend machen, muß es aber nicht; anders bei RestitKl. (Bl. 63[58]). Zustellung auf Betreiben der mangelhaft vertr. Partei: § 551.

§ 587 (550). In der Klage muß die Bezeichnung des Urteils, gegen welches die Nichtigkeits- oder Restitutionsklage gerichtet wird, und die Erklärung, welche dieser Klagen erhoben werde, enthalten sein.

Vgl. §§ 253, 215; fakult. Erfordernisse: § 588. Substantiierg. des konkreten Klagegrundes hier nicht wesentlich. Die Notfrist wird für alle Gründe innerh. der erhobenen Klageart gewahrt; insoweit auch Änderung der Begr. möglich (E. 14[382] 23[434]; enger E. 8[365]). Kein Überspringen zu anderer Klageart; irrige Bezeichn. unschädlich, soweit gleichwohl erkennbar, E. 61[422]. Rechtskr. entsteht nur für den verbeschiedenen Grund, E. 37[388].

§ 588 (551). I Als vorbereitender Schriftsatz soll die Klage enthalten:

1. die Bezeichnung des Anfechtungsgrundes;
2. die Angabe der Beweismittel für die Tatsachen, welche den Grund und die Einhaltung der Notfrist ergeben;
3. die Erklärung, inwieweit die Beseitigung des angefochtenen Urteils und welche andere Entscheidung in der Hauptsache beantragt werde.

II Dem Schriftsatze, durch welchen eine Restitutionsklage erhoben wird, sind die Urkunden, auf welche dieselbe gestützt wird, in Urschrift oder in Abschrift beizufügen. Befinden sich die Urkunden nicht in den Händen des Klägers, so hat er zu erklären, welchen Antrag er wegen Herbeischaffung derselben zu stellen beabsichtigt.

Vgl. §§ 130 ff., 593. — Auch Abs. 2 ist nur instrukt.; Zulässigkeit der WA. im Kostenpunkt allein bestr.; keine Anschließung. — In der mV. sind diese Angaben obligat.

§ 589 (552). I Das Gericht hat von amtswegen zu prüfen, ob die Klage an sich statthaft und ob sie in der gesetzlichen Form und Frist erhoben sei. Mangelt es an einem dieser Erfordernisse, so ist die Klage als unzulässig zu verwerfen.

II Die Tatsachen, welche ergeben, daß die Klage vor Ablauf der Notfrist erhoben ist, sind glaubhaft zu machen.

Vgl. §§ 294, 341, 535, 584, 585. — Mehr als Glaubhaftm. der Fristwahrung wird auch für die endgültige Zulassung nicht erfordert (JW. 93[349]). Streitig, ob Geständnis reicht u. insoweit Versll. zulässig; vgl. §§ 288, 585. Verwerfungsform: Endll.; Zulassung: fak. Zwll. oder Gründe des Endll.

§ 590 (553). I Die Hauptsache wird, insoweit sie von dem Anfechtungsgrunde betroffen ist, von neuem verhandelt.

II Das Gericht kann anordnen, daß die Verhandlung und Entscheidung über Grund und Zulässigkeit der Wiederaufnahme des Verfahrens vor der Verhandlung über die Hauptsache erfolge. In diesem Falle ist die Verhandlung über die Hauptsache als Fortsetzung der Verhandlung über Grund und Zulässigkeit der Wiederaufnahme des Verfahrens anzusehen.

III Das für die Klagen zuständige Revisionsgericht hat die Verhandlung über Grund und Zulässigkeit der Wiederaufnahme des Verfahrens zu erledigen, auch wenn diese Erledigung von der Feststellung und Würdigung bestrittener Tatsachen abhängig ist.

Urteilsvortrag: § 526; Eid: §§ 580, 581 Abs. 2. — §§ 30, 36 AGSchrG. — Einfluß auf den Strafprozeß: § 399 StPO.

Für die neue Verhdlg. zur Hauptſ. gilt die Form des ursprüngl. Prozesses u. freie Würdigung (S. 5[937]). Die Beweiserhebg. ist je nach dem Umfange des AufGrundes beschränkt (E. 13[385]). VersVerf. zulässig (E. 8[397]). — Bereicherg., Schadensersatz nur in gesondertem Proz. verfolgbar (gem. M.). — *Formel*: Aufhebung, soweit sachlich stattgegeben wird; sonst Abwsg. der WAufnKlage. Mängel der ursprüngl. Klage führen zu *deren* Abwsg.

§ 591 (554). Rechtsmittel sind insoweit zulässig, als sie gegen die Entscheidungen der mit den Klagen befaßten Gerichte überhaupt stattfinden.

Demnach unanfechtbar, wenn das LandG. BerufungsG. war (JW. 85[243]): wichtig wegen § 584 Abs. 1. — Gegen das rechtskr. WAUrt. sind die WAKlagen neuerlich zulässig; ebenso gegen Verill. der Einspr., obwohl kein RMittel.

Fünftes Buch.

Urkunden- und Wechselprozeß.

***§ 592** (555). Ein Anspruch, welcher die Zahlung einer bestimmten Geldsumme oder die Leistung einer bestimmten Quantität anderer vertretbarer Sachen oder Wertpapiere zum Gegenstande hat, kann im Urkundenprozesse geltend gemacht werden, wenn die sämtlichen zur Begründung des Anspruchs erforderlichen Tatsachen durch Urkunden bewiesen werden können. Als ein Anspruch, welcher die Zahlung einer Geldsumme zum Gegenstande hat, gilt auch der Anspruch aus einer Hypothek, einer Grundschuld oder einer Rentenschuld.

Sonstige Beweismittel: § 595; Verstoßfolge: §§ 596, 597. — *Akten*: („B"): §§ 75 AGSchrG.; 12 LGSchrG. — *MahnV.*: § 688; *exek. Urkunden*: §§ 794, 801; *vorl Vollstreckb.*: § 708 Nr. 4. — *Kosten*: §§ 25, 33 GKG.; 19, 20, 28 RAGO.: keine Ausländerkaution: §§ 110; GKG. 85. Mehrkosten: § 91.

Satz 1. *Vertretb.* S.: § 91 BGB.; nicht: bestimmte hinterlegte Aktien (E. 10[341]), Getreide auf best. Speicher; vgl. auch E. 13[15] 15[89] 20[15] 21[205] 45[63] 46[261]. Wertpap.: § 821. — Hierher auch Anspr. aus zweiseit. Verträgen (Zug um Zug, E. 56[303]; Nichterfüllung ist Einrede: § 320 BGB.) u. Zahlungskl. nach §§ 257 ff. (SA. 58[151]): *nicht hierher*: Feststellg. (E.

32[230] 50[231]), Duldung (aM. E. 50[51]), Räumung, Wechselakzeptierg. — Zu den klagebegr. Tats. gehören Aktiv-, Passivlegitim. (RD. 13[207]), Vertr. bei Entstehg. der Klageschuld (E. 13[370]), Fälligk. (E. 2[416] 3[379] 5[383]), Kündig. (S. 15[141]), Zustimmung; nicht aber Aufklärg. der Firma (E. 41[407]), Prozeßlegitim. (zB. ges. Vertr., SA. 44[235]), Repliken (E. 23[397] 27[376]), Verzug, Zustdk.; Ratenzahlg.: § 726: gerichtsbek. oder zugestd. Tats. bedürfen keines urkundl. Nachweises (E. 5[352] 12[133] 30[408]). — Die Urk. können gedruckt (Inserate) u. ohne Unterschrift sein (Koupons: E. 2[415] 8[42]); private schriftl. Zeugenerklärg. sind unverwendbar, E. 49[377]; indirekter UrkBeweis: S 11[609]. Unterschied zwischen Schriftform u. UrkBeweis beachtl. — **Satz 2.** Wichtig nach GBAnl., weil der neurechtl. HypBrief als solcher nicht vollstreckbar. Formel: „Zahlung aus dem Grundstück" (BGB. § 1113; aM. „Duldung": Bl. 65[399] Kober SR. zu § 1147). Zuständk.: §§ 25 ff.; ZwB. auch in Mietzinse, VersGelder. Reallast: § 1107 BGB. Auch sonstige Einschränkungen der ZwB., zB. vereinb. Gehaltspfdgsausschluß hindern den UrkProz. nicht; die Beschrkg. ist in der Urteilsformel ersichtlich zu machen. Verzicht auf UrkPr. als solchen statthaft.

***§ 593** (556). I Die Klage muß die Erklärung enthalten, daß im Urkundenprozesse geklagt werde.

II Die Urkunden müssen in Urschrift oder in Abschrift der Klage oder einem vorbereitenden Schriftsatze beigefügt werden. Im letzteren Falle muß zwischen der Zustellung des Schriftsatzes und dem Termine zur mündlichen Verhandlung ein der Einlassungsfrist gleicher Zeitraum liegen.

Ausnahme im Wechselproz.: § 604, 605. — Folge der Nichtbeachtung: §§ 597 Abs. 2, 335; EinlFrist wie im ordentl. Prozesse. — Übersetzung: § 142; Auszüge: § 131; Vorlage der Urschrift: § 595.

Abs. 1. Keine Nachschleppung. — **Abs. 2.** Beifügung: Beiheftg. Zur Schonung der Urk. kann der Klagurschrift eine UrkAbschr. als stellvertr. Urschrift beigeheftet werden; dann erhält der Gegner Abschr. v. Abschr. Die Wechselabschr. auf dem Protest braucht nicht mit dem Inhalt des W. bei Klagerhebg. zu stimmen (zB. Girostreichung). — UrkBeifügung nicht verzichtbar; durch Hinterlg. auf der GSchreiberei nicht ersetzbar, E. 5[352]. Mitteilg. in mV. genügt, wenn Frist bis zur Schlußverhdlg. gewahrt, E. 56[306]; kein Vertagungsrecht des Kl., JW. 01[159]. Lücken, Schreibfehler u. dgl. mangels Rüge des erschien. Gegners unschädlich (E. 9[434] 14[163] 44[122]).

§ 594 (557). Auf Grund prozeßhindernder Einreden darf die Verhandlung zur Hauptsache nicht verweigert werden; das Gericht kann jedoch die abgesonderte Verhandlung über diese Einreden auch von amtswegen anordnen.

Vgl. §§ 504, 528. — Die Eventualmaxime (§ 275 Abs. 2) gilt auch hier: keine Kautionspflicht: § 592. — Beweismittel: § 595.

§ 595 (558). I Widerklagen sind nicht statthaft.

II Als Beweismittel sind bezüglich der Echtheit oder Unechtheit einer Urkunde, sowie bezüglich anderer als der im § 592 erwähnten Tatsachen nur Urkunden und Eideszuschiebung zulässig.

III Die Antretung des Urkundenbeweises kann nur durch Vorlegung der Urkunden erfolgen.

IV Die Leistung eines Eides ist durch Beweisbeschluß anzuordnen.

Ausschluß der Simulationseinr.: § 405 BGB. – Ausnahme zu Abs. 2 im Wechselproz.: § 605; vgl. § 446.

Abs. 1. WKl. unzulässig, auch wenn urkundl. erweisbar (Mot. 350); Aufrechn., Streitverkdg., Interv. möglich. – **Abs. 2.** Auch Zurückschbg. statthaft; kein Zeugenbeweis. Bestr., ob Prozeßformalien hierher; vgl. E. 17[328] R. 04[488] RO. 9[77]. – **Abs. 3.** Anträge auf Edition, Schriftvergl. ausgeschlossen; sof. Aktenadhibierung statthaft, E. 8[45]. – **Abs. 4.** §§ 465 ff. anwendbar; kein richterl. Eid.

§ 596 (559). Der Kläger kann, ohne daß es der Einwilligung des Beklagten bedarf, bis zum Schlusse der mündlichen Verhandlung von dem Urkundenprozesse in der Weise abstehen, daß der Rechtsstreit im ordentlichen Verfahren anhängig bleibt.

Vertagung: §§ 132, 335. – Akten („A" ohne neue Nummer): §§ 76 AGSchrG.; 13 LGSchrG. – Kosten: §§ 23, 33 GKG.; 28 RAGO.; 91; SA. 47[224].

Abstand (keine Klagänderg.) nur in I. Inst, auch nach Einspruch (E. 5[353]); Form: Erkl. in mV., auch bei Abwesenheit des Bekl.; keine Anheimgabe („eventuell"), E. 4[352]. Zweck: Vermeidung der Abwsg. nach § 597 Abs. 2 oder e. Eides: die Prozeßergebnisse wirken fort (E. 13[399]). – Kein Teilabstand (§ 260); keine nachträgl. Rückkehr zum UrkPr. Mangels Zulässigk. des Abstands neue Kl., E. 32[231].

§ 597 (560). I Insoweit der in der Klage geltend gemachte Anspruch an sich oder infolge einer Einrede des Beklagten als unbegründet sich darstellt, ist der Kläger mit dem Anspruche abzuweisen.

II Ist der Urkundenprozeß unstatthaft, ist insbesondere ein dem Kläger obliegender Beweis nicht mit den im Urkundenprozesse zulässigen Beweismitteln angetreten oder mit solchen Beweismitteln nicht vollständig geführt, so wird die Klage als in der gewählten Prozeßart unstatthaft abgewiesen, selbst wenn in dem Termine zur mündlichen Verhandlung der Beklagte nicht erschienen ist oder der Klage nur auf Grund von Einwendungen widersprochen hat, welche rechtlich unbegründet oder im Urkundenprozesse unstatthaft sind.

Abs. 1. Diese Abwsg. ist endgültig (Mot. 353); ebenso beim Ausbleiben des Kl. – **Abs. 2** (nie VersU.) geht dem Abs. 1 vor, SA. 55[45] (bestr.) Anerkenntnis schließt solche Abwsg. aus, E. 9[434]; ebenso Geständnis (E. 30[408]; bestr.) – Beim Ausbleiben des Bekl. gelten nur Echtheit der vorzulegenden Urk sowie die Tats. des § 595 Abs. 2 als zugestanden. – Neue verbesserte Klage hier möglich.

§ 598 (561). Einwendungen des Beklagten sind, wenn der dem Beklagten obliegende Beweis derselben nicht mit den im Urkundenprozesse zulässigen Beweismitteln angetreten oder mit solchen Beweismitteln nicht vollständig geführt ist, als im Urkundenprozesse unstatthaft zurückzuweisen.

Einwendg.: weiter als Einr.: prozeßh. Einr.: § 594. — Vorbehalt: § 599; die §§ 145 Abs. 3, 302 sind nicht anwendbar. — Zurückweisungsform: Gründe des Endll oder Zwischenll.

§ 599 (562). I Dem Beklagten, welcher dem geltend gemachten Anspruche widersprochen hat, ist in allen Fällen, in denen er verurteilt wird, die Ausführung seiner Rechte vorzubehalten.

II Enthält das Urteil keinen Vorbehalt, so kann die Ergänzung des Urteils nach Vorschrift des § 321 beantragt werden.

III Das Urteil, welches unter Vorbehalt der Rechte ergeht, ist in Betreff der Rechtsmittel und der Zwangsvollstreckung als Endurteil anzusehen.

Register: §§ 79 AGSchrG.; 35 LGSchrG.; Kostenausspruch: § 91; vorl. Vollstreckbarkeit: §§ 708 ff. Einstellung: §§ 707, 719; nicht mehr nach RKraft (JW. 98[540]; vgl. E. 54[304]). — Vgl. Art. 42 SubhNov. und § 767.

Wspr. formlos, auch ohne Grundangabe. Der Vorbehalt erfolgt von amtsw., lautet allgemein (E. 14[105]) u. gehört in die Formel (E. 47[304]); ist im Anerk., Versll nicht denkbar; wird u. U. erst durch Einspr. oder Brfg. nötig (E. 10[348] 29[368] 57[186]); daneben Abwendgsantr. nach § 713 rätlich.

***§ 600** (563). I Wird dem Beklagten die Ausführung seiner Rechte vorbehalten, so bleibt der Rechtsstreit im ordentlichen Verfahren anhängig.

II Soweit sich in diesem Verfahren ergibt, daß der Anspruch des Klägers unbegründet war, finden die Vorschriften des § 302 Abs. 4 Satz 2—4 Anwendung.

III Erscheint in diesem Verfahren eine Partei nicht, so finden die Vorschriften über das Versäumnisurteil entsprechende Anwendung.

Verfahren: § 302; daneben RMittel gegen Vorbehll. möglich (DJZ. 02[482]). Keine Aussetzung: § 148. — Akten („A" mit neuer Nr.): §§ 75 ff. AGSchrG.: 12, 13, 24, 28 LGSchrG.: 4 ff. OLGSchrG. Kosten: §§ 33, 81 GKG: 38 RAGO.; der StreitW. bleibt unverändert (E. 23[859])

Anhängig: in der vorbehaltd. Instanz; Parteirollen bleiben (E. 29[368]). — Materiell im Vorbehll bereits erledigte Einreden bleiben abgetan; andere, auch vor dem Vorbehll. entstandene Einr. können vorgebracht werden (E. 13[399] 14[220] 45[429]); bessere Substantiierung: E. 14[217]. Rechtl. Beurteilg. bindet, JW. 02[217] 06[29]; Klagänderung bleibt verboten, E. 11[1]; WKl. nun statthaft. Eidesleistg. u. -Weig. wirken auch für das Nachverf. (E. 14[220] 18[380] S. 15[65]): für den Bekl. rätlich, falls andere Beweismittel vorhanden, es nicht zum Eid kommen, sondern Vorbehll. ergehen zu lassen. Durchdringen anderer Einr. im Nachverf. macht u. U. den früh. Eid unbeachtlich.

§ 601 (564). Die Vorschriften der §§ 540, 541 finden im Urkundenprozesse keine Anwendung.

Grund: Allgemeinheit des Vorbeh. nach § 599 u. Mißlichkeit doppelten Vorbeh. — Für das Nachverf. bleiben die §§ 540, 541 anwendbar.

§ 602 (565). Werden im Urkundenprozesse Ansprüche aus Wechseln im Sinne der Wechselordnung geltend gemacht (Wechselprozeß), so kommen die nachfolgenden besonderen Vorschriften zur Anwendung.

Spezialart des UrkPr. — KfHS.: § 101 GVG.: Feriensache: 202 GVG.: Wechselstempel: 443. — Akten: („B"): §§ 75 ff. AGSchrO.; 12, 13 LGSchrO.; 4 OLGSchrO. · Vollstreckung: § 755. — Streitwert: § 4.

Hierher auch Sicherstellungs- (E. 8[42]), Judikatskl. (ROHG. 11[69]), Kl. gg. Erben oder Geschäftsübernehmer „aus" dem W. (vgl. E. 50[51]), ausländ. W. (E. 9[437]); nicht hierher Bereicherungskl. nach Art. 83 WO. (gem. M.; vgl. jedoch JW. 88[384]), Revalierungskl. (ROHG. 7[351]), Wucherkl. (JW. 93[201]), Konkursfeststell.-, Herausgabekl., Anweisg. oder Verpflichtgsscheine (Art. 21 EHG.; 175 ABG.). — Mehrere gemeinsame WInhaber können gemeinsam klagen (SA. 49[38]); durchstrichenes Akzept genügt nicht (SA. 48[208]); die Vollmacht zur WZeichnung ist nur durch Urk., die Echtheit der Unterschrift des Bevollm. auch durch Eid beweisbar, E. 30[405]. — Der einmal vorgelegte u. formell anerkannte W. braucht im Prozesse nicht fortwährend zur Stelle zu sein; spätere Begebung, Zerstörung ist Einrede (JW. 93[472]). — Überleitung auch zum UrkProz. allein möglich, nicht umgekehrt (SA. 42[170]). Die sachl. Zulässigkeit der Einreden ist auch im Nachverf. nach Maßgabe der WO. beschränkt (E. 20[403]); rechtshg. wird nur der formelle WAnspruch, nicht das Grundgeschäft (E. 26[370]).

§ 603 (566). I Wechselklagen können sowohl bei dem Gerichte des Zahlungsorts als bei dem Gericht angestellt werden, bei welchem der Beklagte seinen allgemeinen Gerichtsstand hat.

II Wenn mehrere Wechselverpflichtete gemeinschaftlich verklagt werden, so ist außer dem Gerichte des Zahlungsorts jedes Gericht zuständig, bei welchem einer der Beklagten seinen allgemeinen Gerichtsstand hat.

Vgl. §§ 13 ff., 36. — Im MahnV. u. ordentl. Proz. unanwendbar; bei Überleitung bleibt der GStand.

Abs. 1. Zahlungsort: WO. Art. 4 Nr. 8 (bei dem Namen oder der Firma des Bezogenen angegebener Ort im Zweifel maßgebend): AusstellungsO. gleichgültig „Zahlbar hier u. aller Orten" ermöglicht Klage am jeweiligen AufenthaltsO., wenn sonst ein gültiger ZahlungsO. besteht (ROHG. 4[261]); eigenmächt. Domizilierung: E. 55[339]. — Sondergerichtsstände, Prorog daneben möglich (JW. 95[166]). — **Abs. 2.** Angabe mehrerer Trassaten zulässig, E. 46[133] (VZS.) — Wahl des GStds. durch Einreichung; erste Zustellung gleichgültig (E. 36[366] 51[175]). Wichtig, wenn der ZahlungsO. im Ausland (ROHG. 4[320]); bei gesonderter Verklagung (Regreß) gilt der allg. GSt. für jeden Bekl. gesondert.

*__§ 604__ (567). I Die Klage muß die Erklärung enthalten, daß im Wechselprozesse geklagt werde.

II Die Einlassungsfrist beträgt, wenn die Klage am Sitze des Prozeßgerichts zugestellt wird, mindestens vierundzwanzig Stunden; wenn sie an einem anderen Orte innerhalb des Landgerichtsbezirkes, in welchem das Prozeßgericht seinen Sitz hat, zugestellt wird, mindestens drei Tage; wenn sie an einem anderen deutschen Orte zugestellt wird, mindestens eine Woche. Das Gleiche gilt von der Ladungsfrist, soweit sie nicht nach den allgemeinen Bestimmungen kürzer als die im ersten Satze festgesetzte Einlassungsfrist ist.

III Auf das Verfahren in den höheren Instanzen finden die Vorschriften des Abs. 2 entsprechende Anwendung.

Vgl. §§ 203, 216, 524, 604; Art. IX EÄZP. — Abkürzung: § 226; Ausland: § 262.

Abs. 1. „Wechselkl." genügt trotz § 603 nicht (gem. M.). — **Abs. 2.** Die Ldgsfrist kann nicht länger als die EinlFrist. sein, selbst wenn die Ldg. an e. entfernteren Ort zugestellt ist, als die Klage (bestr.) — Sitz: hier örtl. (DJZ. 06[756]), nicht Instanz. — **Abs. 3.** Auch für OLG. u. ReichsG. entscheidet dessen Landgerichtsbezirk.

§ 605. I Soweit es zur Erhaltung des wechselmäßigen Anspruchs der rechtzeitigen Protesterhebung nicht bedarf, ist als Beweismittel bezüglich der Präsentation des Wechsels Eideszuschiebung zulässig.

II Zur Berücksichtigung einer Nebenforderung genügt, daß sie glaubhaft gemacht ist.

ZwV.: § 755. — WO. Art. 31, 32, 42 bis 51, 53, 99. — Auf andere Papiere als Wechsel nicht ausdehnbar (zB. nichteingelöste Inhaberpap.).

Abs. 1 ist Ausnahme von § 592, Abs. 2 auch von § 595 Abs. 2. Zweck: Erleichterung des Verfll. hinsichtlich Zinsen, Spesen u. Kosten; Anwendung in kontradikt. Fällen nicht ausgeschlossen. — **Abs. 1.** Hauptfall: Kl. gegen den Akzeptanten e. nicht domiz. W. Hier genügt die Präsentationsbehptg. in der Klage zum Verfll. auch für Zins u. Kosten; die Eideszuschbg. braucht nicht schon in der Klage zu stehen. Der Präs.-Beweis übrigens auch durch Urk., zB. Postauftrag mögl. Soweit Protest auch zur Hauptf. nötig (gg. Aussteller u. Indossanten schlechthin, gg. Bezogenen e. DomizilW.), erweist dieser die Präs. auch für die Nebenf. — **Abs. 2.** Zins u. Kosten ergeben sich ohnehin aus der Präs. nach Abs. 1. Hierher hauptsächl. Präsentationsspesen, Notifikationsporti, „Anschaffungs"- dh. Geldsendgs.-kosten: Glaubhaftm. (§ 294) u. U. durch große Girozahl. Die Spesennote der Praxis genügt, obwohl meist dem § 54 WO. nicht entsprechend; der Zins wird auch bei RegreßKl. zumeist nur aus der WSumme gefordert. Die Glaubhftm. ist, soweit Ersatz des UrkBeweises, auch in Vers.-Fällen nötig (bestr.) u. durch bloße Geständnisfiktion nicht ersetzbar. — NotifMängel, Nichtzahlung des Hintermanns sind Einreden (E. 9[26]).

Sechstes Buch.

Ehesachen. Feststellung des Rechtsverhältnisses zwischen Eltern und Kindern. Entmündigungssachen.

Erster Abschnitt.

Verfahren in Ehesachen.

*§ 606 (568). I Für die Rechtsstreitigkeiten, welche die Scheidung, Nichtigkeit oder Anfechtung einer Ehe oder die Feststellung des Bestehens oder Nichtbestehens einer Ehe zwischen den Parteien oder die Herstellung des ehelichen Lebens zum Gegenstande haben (Ehesachen), ist das Landgericht, bei welchem der Ehemann seinen allgemeinen Gerichtsstand hat, ausschließlich zuständig.

II Ist der Ehemann ein Deutscher und hat er im Inlande keinen allgemeinen Gerichtsstand, so kann die Klage bei dem Landgericht erhoben werden, in dessen Bezirk er den letzten Wohnsitz im Inlande hatte; in Ermangelung eines solchen Wohnsitzes finden die Vorschriften des § 15 Abs. 1 Satz 2, 3 entsprechende Anwendung. Das Gleiche gilt, sofern der Ehemann im Inlande keinen allgemeinen Gerichtsstand hat, in dem Falle, daß der Ehemann die Reichsangehörigkeit verloren, die Ehefrau sie aber behalten hat oder daß beide Ehegatten die Reichsangehörigkeit verloren haben, der Ehemann aber eine andere Staatsangehörigkeit nicht erworben hat.

III Ist eine Deutsche eine Ehe mit einem Ausländer eingegangen und hat dieser im Inlande keinen allgemeinen Gerichtsstand, so können die Nichtigkeitsklage und die Anfechtungsklage von der Ehefrau bei dem Landgericht erhoben werden, in dessen Bezirke sie den letzten Wohnsitz im Inlande hatte; in Ermangelung eines solchen Wohnsitzes finden die Vorschriften des § 15 Abs. 1 Satz 2, 3 entsprechende Anwendung. Das Gleiche gilt, sofern nicht nach Abs. 2 Satz 2 ein Gerichtsstand begründet ist, in dem Falle, daß eine Deutsche eine Ehe mit einem Deutschen eingegangen ist, dieser aber die Reichsangehörigkeit verloren und im Inlande keinen allgemeinen Gerichtsstand hat.

IV Sind beide Ehegatten Ausländer, so kann die Scheidungsklage im Inlande nur erhoben werden, wenn das inländische Gericht auch nach den Gesetzen des Staates zuständig ist, dem der Ehemann angehört.

Scheidung (nicht Trennung „dem Bande nach“): BGB. §§ 1564 bis 1569, 1576; Aufhebung der ehel. Gemeinschaft: BGB. §§ 1575 ff., vgl. § 639; Herstellung des ehel. Lebens (umfaßt „häusl.“ u. „ehel.“ Gemeinschft., Feststellg. des Trennungsrechts nach § 1353 BGB., sonstige ehel. Pfl.: vgl. JW. 05[153] E. 51[188] 39[256]; BGB. § 1567; Nichtigkeit: BGB. §§ 1324 ff.; Anfechtbarkeit: BGB. §§ 1330 ff., 1350; Feststellg. des Ehebestands (Nichtbestands) unter den Parteien: §§ 154, 256, 638. Keine Ehes. sind Verlöbniskl. (§§ 1298 ff. BGB.), Dispensationen („Befreiungen“: §§ 12 ff. JustVdg.), Unterhaltskl. nach §§ 1360, 1361 BGB. (selbst wenn e. Scheidungsgrund Inzidentpkt.: E. 34[370] Prot. BGB. 4[100]), Verfahren nach §§ 1357, 1379, 1402 BGB., Gütertrennungskl. (§ 1418 BGB.), Eheeinsprüche. Die frühere Ehekonsenskl. ist beseitigt (§§ 32 PersStG., 1308 BGB., Art. 46 EBG.; — Ausschluß geistl. Gerichtsbkt.: §§ 76, 78 PersStG., 13 EZP., 15 GVG.; keine polizeil. Rückschaffung entlaufener Ehefrauen außer Art. 39 HeimatG. — Oeffentlichkeit: §§ 171, 173 GVG.; ZwVollstr.: §§ 704, 888: Wiederaufnahme: § 1309 BGB.; Mot. 4[52]; Bl. 57[135] JW. 97[237] DJZ. 04[834]. — Akten: („E“): §§ 2, 3, 12, 17 bis 19 LGSchrG. Keine Prorog. (§ 40); Zustellung nicht ersatzweise an den anderen Gatten (§ 185); Anwaltszwang: § 78 (vgl. §§ 619, 624); Anerkenng.: § 328; Art. 7 JSchdgsAbk.; Revision unbeschränkt (§ 546). — Wirkungen der Scheidungskl.: §§ 1933, 2077, 2268, 2279, 2335 BGB. — Materielles Recht: Art. 13, 14, 17, 29, 198, 199, 201 EBG. mit JSchdgsAbk. Art. 1 bis 4, 7 ff. (insbes. Art. 8 beachtl., weil dadurch Art. 17 EBG. teilw. geändert). Früher galt für Schdg. die lex fori (S. 13[25]), bei gemischten Ehen nach dem Recht des Klageteils (E. 12[235] 16[138] 41[215] S. 13[48] 14[121]; vgl. NS. 6[540] JW. 00[250]); Dissidenten: Art. 20 Ges. v. 2. Mai 1868, GBl. 405 (prot. EheR., auch für Altkath.); Israeliten: Ges. v. 22. Juni 1851 (GVBl. 33) mit Art. 175 AGG., Bl. 48[418] S. 9[376]. — Eheanfechtg.: E. 23[334] 27[228] (erster Wohnsitz); JEheschlAbk. (RGBl. 04[224]). Kosten: §§ 10, 11, 20, 41 GKG.; 16, 37 RAGO. mit E. 33[375]; Liquidationen: Note zu § 637. Streitwert: §§ 2, 5; nicht ohne weiteres nach dem Vermögen oder Prozeßumfang bemeßbar, JW. 90[322] 93[488] 96[373] ZR. 06[145] FinBl. 14[26]. Auch bei Schdg. aus § 1569 BGB. gilt § 91; bei Mitschuldausspr. Halbierg. nach § 92.

Abs. 1. Ob der Mann oder die Frau klagt, ist gleichgültig; der Aufenthalt letzterer kommt nicht in Betracht. Die Zustdk. kann hienach für Deutsche im Ausland (vgl. aber Abs. 2, 3), für Ausländer im Deutschen R. sein. Für die Nachtl. aus § 1576 BGB. u. Scheidgskl. nach § 1567 Abs. 2 Nr. 1 BGB. bestimmt sich die Zustdk. selbstdg. — Nachträgl. Wohnsitznahme: § 263 (aM. RO. 13[72]). — **Abs. 2** umfaßt alle Ehekl. (nicht bloß bösl. Verl.), E. 9[400]; letzter W.: § 16, auch wenn nur vorehl. (E. 9[393]) oder nicht gemeinsam. Ausland: auch deutsches SchutzG. — § 15 zB. auf im Ausland geborene und dort verbliebene Deutsche anwendbar. — **Abs. 3** gilt nicht für die bzgl. Kl. des Ehemanns od. StAnw. oder für andere Ehekl. der Frau (zB. Scheidg.), auch nicht für WKl. (vgl. R. 05[93]). — **Abs. 4** ist auf die Schdgskl. beschränkt; für sonstige Ehekl. von Ausländern gelten die Abs. 1 bis 3. — Vgl. nunmehr Art. 5 JSchdgsAbk. (mit BöhmZ. 15[125]), der e. ausschl. Zustdk. des Heimatstaats ebenfalls aufrecht hält. Letztere besteht zB. für Ungarn (BöhmZ. 6[473]), Norwegen, Dänemark (BöhmZ. 15[124]), Rußland (DJZ. 04[516]), Griechenland. Dagegen gestatten Frankreich (BöhmZ. 15[124 357]), Schweiz (amtl. Auskft.; aM. noch BöhmZ. 16[296]), England (BöhmZ. 16[367]), Ver. St. v. Nordamerika (BöhmZ. 13[448]), Schweden, Rumänien, Niederlande (BöhmZ. 15[605]) Schdg. ihrer Angehörigen durch e. ausld. Domizilsgericht. Auch Oesterreich bestimmt nach gem. M. in §§ 76, 100 Jur.-

Norm keinen ausschl. österr. Ehegerichtsstd. — Vorausgesetzt ist für Obsieg solcher Klagen weiter die posit deutsche Zustdgk. (Abs. 1; IS chdgsAbk. Art. 5) u. Zulässigk. der Schdg. nach **beiden** Rechten (keine Scheidg. dem Bande nach in Österr. für Kathol., Italien, Spanien, Portugal, Rußld.). Das IS chdgsAbk. ist bisher zw. dem Deutsch. R., Belgien, Frankreich, Italien, Luxemburg, Niederlande, Rumänien, Schweden u. Schweiz ratifiziert; **nicht** mit Österr.-Ung., Spanien, Portugal (RGBl. 04 [716]). — **Notwendige Beilagen für die Scheidungskl.** (Abschriften der öff. Urk. entbehrlich): **Vollmacht** (§ 613), **Sühnezeugnis** oder **Befreiungsantrag** (§ 609), **Heiratsregisterauszug** (BGB. § 1324; PersStG. § 16: 50 Pf.) oder pfarramtl. **Trauschein** (nur für Ehen vor 1. Jan. 1876; § 73 PersStG.; Art. 206, 4 GebG.: 50 Pf.; vgl. Silbernagl S. 74 u. FinMBl. 76 [152] (Pfarrtaxe 1 Mk. 10 Pf.), **Staatsangehörigkeitsausweis** wegen Abs. 4 u. Art. 14, 17 EBG. (BuStAG. § 21 mit Bl. 69 [273]; InnME. v. 28. Dez 1899, MBl. 803; Art. 207, 4 GebG.: 1 Mk.); ferner Angabe der **Konfession**, soweit nicht ohnehin urkundlich (Art. 201 Abs. 2 EBG.; vgl. § 610), etwaiger minderj. **Ehekinder** (§§ 627, 630) und allenfalls. **Vorprozesse** (§ 616) sowie der die **Fristwahrg.** (§ 1571 BGB.) ergebenden Tats. (Trennung, letzter Beischlaf). Substantiierung: § 253. — Entspr. gilt für die sonstigen Ehekl.

§ 607 (569). I In Ehesachen ist die Staatsanwaltschaft zur Mitwirkung befugt.

II Der Verhandlung vor dem erkennenden Gerichte sowie vor einem beauftragten oder ersuchten Richter kann der Staatsanwalt beiwohnen. Er ist von allen Terminen von amtswegen in Kenntnis zu setzen.

III Er kann sich über die zu erlassende Entscheidung gutachtlich äußern und, sofern es sich um die Aufrechterhaltung einer Ehe handelt, neue Tatsachen und Beweismittel vorbringen.

IV Im Sitzungsprotokoll ist der Name des Staatsanwalts anzugeben, auch sind in dasselbe die von dem Staatsanwalte gestellten Anträge aufzunehmen.

Vgl. §§ 78; GVG. 137, 143 ff.; KonsGG. 15, 42; SchutzGG. 2, 3. §§ 2 bis 4 LGSchrG. — Akteneinsicht: § 299; Protokoll: § 159; Zustellung: § 625. — Verstoßfolge: Vertagg., ev. Revision (§ 551). — Parteistellung: §§ 632, 634. Kosten staatsanw. Anträge trägt die unterliegd. P. (§ 91); Vorschuß: § 344. Kindsi.: §§ 640, 641.

Der StA. wird formlos (Sammelnachweis oder Stempel üblich) von den Term. (auch vor b. o. e. R., nicht aber vom amtsg. Sühneversuch) sowie von RMitteleinleg., RKrafteintritt, Klagerücknahme verständigt (vgl. Bl. 44 [325]). Er kann einseitig Information (zB. durch Polizei) einziehen u. braucht seine Anträge („Gutachten") nicht zu verlesen (§ 297). Selbstdg. Anträge (zB. auf Mitschuld oder in Vertretg. e. Abwsd.) kann er nicht stellen, ebensowenig selbstdg. RM. einlegen. Eideszuschiebg. des StA. bestr.; vgl. Bl. 44 [325]. Den Parteien ist Erwiderung gg. StA. zu gestatten. — In der Praxis pflegt der StA. sich der Mitwirkg. meist zu enthalten.

*§ 608 (570). Der Vorsitzende darf den Termin zur mündlichen Verhandlung über eine Scheidungsklage oder über eine Klage auf Herstellung des ehelichen Lebens erst festsetzen, wenn den nachfolgenden Vorschriften über den Sühneversuch genügt ist.

Nachweis: Zeugnisurschrift (§ 71 AGSchrG.); vgl. §§ 609, 611, 216. — Ausnahme: § 614 Abs. 2, insbes. für Widerkl. — Einstw. Verf.: § 627.

SV. ist auch für Schdg. wegen Geisteskrankh., Aufhebg. der ehel. Gemeinschft. und Nachkl. aus § 1576 BGB. erforderlich, nicht aber für Nichtigk.- u. AnfKl.; bei AnfKl. gewöhnl. SV. (§ 296) oft sachgemäß. — Mangel parteiseitig nicht verzichtbar (E. 18^{365}), aber kein Abwsgs.- oder RevGrund (E. 33^{119}); Nachholung unterliegt freiem Erm. des ProzeßG.

*§ 609 (571). I Der Kläger hat bei dem Amtsgerichte, vor welchem der Ehemann seinen allgemeinen Gerichtsstand hat, die Anberaumung eines Sühnetermins zu beantragen und zu diesem Termine den Beklagten zu laden.

II Bestimmt sich das für die Klage zuständige Landgericht nach den Vorschriften des § 606 Abs. 2, so finden diese Vorschriften auf die Bestimmung des für den Sühnetermin zuständigen Amtsgerichts entsprechende Anwendung.

Allg. GStd.: §§ 13 ff. — Fristwahrung: § 1571 BGB. (anders nach §§ 1933, 2077, 2268, 2279 BGB.). — Akten (Sühneregister): §§ 69 ff. AGSchrG.; keine Gerichtsabschr. der Ldg. — Kein Anwaltszwang; keine EinlFrist (JW 83^{38}). — Zustellung: § 185; vgl. § 611. — Kosten: §§ 41, 47 GKG.; 37 RAGO. (auf ProzGeb. nicht anrechenbar, E. 45^{367}); Festsetzg.: § 91. ArmenR. durch das AmtsG.

Zustdk. nach Eingang des Antrags zu beurteilen, E. 18^{364}. — Grundangabe in der Ladung rätlich (vgl. § 1571 BGB.), aber für spätere Kl. nicht bindend (Mot. 364).

*§ 610 (572). I Die Parteien müssen in dem Sühnetermine persönlich erscheinen; Beistände können zurückgewiesen werden.

II Erscheint der Kläger oder erscheinen beide Parteien im Sühnetermine nicht, so muß der Kläger die Anberaumung eines neuen Sühnetermins beantragen und den Beklagten zu dem Termine laden. Erscheint der Kläger, aber nicht der Beklagte, so ist der Sühneversuch als mißlungen anzusehen.

Vgl. § 90; ZR. 06^{349}. — Mitteilg. durch AGVorst. an Pfarramt zur außerger. Einwirkg., JMBl. 05^{362}; Konfessionsangabe nicht erzwingbar. — Beistände, zB. Eltern nur ausnahmsweise zuzulassen (freies Erm., keine Beschw. des Gegners); die Ldg. kann von e. Bevollm. ausgehen, Bl. 44^{340}. — Kein Zwang z. Erscheinen: Ausbleibensfolge: § 1571 Abs. 3 BGB. (nur Wegfall der Fristwahrg., nicht Wirkungslosigk. des Sühnezeugnisses nach drei Monaten).

§ 611 (573). I Der Sühneversuch ist nicht erforderlich, wenn der Aufenthalt des Beklagten unbekannt oder im Auslande ist, wenn dem Sühneversuch ein anderes schwer zu beseitigendes Hindernis entgegensteht, welches von dem Kläger nicht verschuldet ist, oder wenn die Erfolglosigkeit des Sühneversuchs mit Bestimmtheit vorauszusehen ist.

II Über das Vorhandensein dieser Voraussetzungen entscheidet der Vorsitzende des Landgerichts ohne vorgängiges Gehör des Beklagten.

Gesuchsform: §§ 128, 130, 133; Anwaltszwang. — Gegen Abweisung einf. Beschw. (zum OLG.), gg. Befreiung kein RMittel. Kosten: §§ 47, 80a GKG.; 23, 29 RAGO.

Zustdg. der Vorsitzende der Kammer, nicht Präsid. als solcher, BlEB. 4[252]. Bemerkg. in der Terminsnote sachgemäß; Terminsansatz ohne Gesuch reicht nicht (BlEB. 4[252]). — Glaubhafte Parteiangabe genügt (zB. Krankh., weite Reise); bei § 1568 BGB. Dispens wegen Erfolglos. nur ausnahmsweise. — Kein Antragsrecht des Bekl.

§ 612. I In Ehesachen ist ein in der Geschäftsfähigkeit beschränkter Ehegatte prozeßfähig; dies gilt jedoch insoweit nicht, als nach § 1336 Abs. 2 Satz 2 des Bürgerlichen Gesetzbuchs nur sein gesetzlicher Vertreter die Ehe anfechten kann.

II Für einen geschäftsunfähigen Ehegatten wird der Rechtsstreit durch den gesetzlichen Vertreter geführt. Der gesetzliche Vertreter ist jedoch zur Erhebung der Klage auf Herstellung des ehelichen Lebens nicht befugt; zur Erhebung der Scheidungsklage oder der Anfechtungsklage bedarf er der Genehmigung des Vormundschaftsgerichts.

Geschäftsbeschränkt: § 50 insbes. Minderj., wegen Geistesschwäche Entmündigte, wegen Geisteskrankh. vorl. Bevorm. — Prüfung von amtsw.: §§ 56; Pflegeraufstellung: §§ 53, 57; Eid: § 473.

Abs. 1 Satz 1 umfaßt alle Ehes. ohne Unterschied der Parteirolle (keine Zustellg an ges. V.) Satz 2 trifft den Mangel der Einwillig. des ges. V. beim Klageteil: auch hier bleiben aber die Ehegatten Partei, ZR. 06[256]. — **Abs. 2.** Hauptfall: Geisteskrankh.; Parteirolle an sich belanglos (Ausnahme: Satz 2). — Gegen e. Geisteskranken kann e. Kl. auf Herstellg. Rechtsmißbrauch sein. — „Erhebg." umfaßt nicht auch Fortführg. (JW. 03[64] Beil) oder Mitschuldantrag; auch die Kl. aus § 1567 Abs. 2 Nr. 1 BGB. ist ausgeschlossen. Die Nichtigk.- oder Ehefeststellgskl. bedarf keiner Genehmig.; nachträgl. kann letztere nicht erteilt werden, EF. 3[163].

§ 613. Der Bevollmächtigte des klagenden Ehegatten bedarf einer besonderen, auf den Rechtsstreit gerichteten Vollmacht. Das Gericht hat den Mangel der Vollmacht von amtswegen zu berücksichtigen.

Vgl. §§ 80 ff. u. bzgl. e. Vers. § 82. — Auch auf Herstellgskl., Widerkl., Kindsj., Rücknahmen anwendbar, nicht aber auf Anschließg., Mitschuldantrag, Armenrecht, e. Vers. oder auf den Kläger als RMittelbekl., E. 45[419]. „Wegen Scheidung" oder kumulierende Aufzählung der Prozeßarten genügt (Tatsachen entbehrlich); dagegen nicht „bezw." oder Generalvollm. allein (KB. 155). — Prüfung v. amtsw. (§ 88) auch beim Pflichtanwalt (E. 47[413]). Beachtlich das Substitutionsrecht für die höheren Instanzen (§ 81) sowie die Vollmachtsnachbringung bei Anwaltswechsel, Klagänderg.: WKl. muß ausdrückl. erwähnt sein (aM. RO. 7[275]).

§ 614 (574). I Bis zum Schlusse derjenigen mündlichen Verhandlung, auf welche das Urteil ergeht, können andere als die in der Klage vorgebrachten Klagegründe geltend gemacht werden.

II Das neue Vorbringen und die Erhebung einer Widerklage ist von einem Sühneversuche nicht abhängig.

Rechtshgk. (mV.): § 280 (vgl. E. 50[12]); Vollmacht: § 613. Keine Ausdehnung des ArmenR. kraft Gesetzes § 119; keine öffentl. Zustellg. der neuen Anträge u. Behptg. Zurückweisg. bekl. Einreden: § 626 (keine Ausdehnung auf WKl.; nur Kostenfolge, vgl. R. 05[95]). Gilt auch für die Gruppe der RichtigkKl. unter sich. Kindsi.: §§ 640, 641. Akten: § 18 LGSchrO. — Kosten: §§ 33, 91, 278 ff.

Abs. 1. Ausnahme vom Verbot der Klagänderg. zwecks einheitl. Prozeßführg.: auch einseitig. Übergang zu anderen Anträgen (primär oder eventuell) statthaft (zB. Scheidg. st. Anfechtg.), selbst vor dem BrfgsG., E. 31[10] (VZS.) 49[397]; nicht vor dem RevG. (JW. 05[145]) oder im Läuterqsverf., E. 42[372]. — Anschl. bei Gleichbleiben des Antrags entbehrl., E. 42[413]; Brfg. trotz Obsieg: §§ 511, 616. — Die Rechtshgk. trifft sämtl. verbindgsfäh. Kl., E. 19[410] 53[336]; bzgl. Herstellgskl. bestr. (vgl. E. 31[10] 58[307] JW. 04[148] R. 05[93]). Demnach keine Anfkl. mehr möglich, sobald Schdgskl. in der RevJ., E. 59[412]. Zurücknahme der Vorkl. im Laufe des II. Proz. beseitigt Rechtshgk, kann aber zu Urteil nach § 271 u. damit zur Präklusion nach § 616 führen, E. 19[408]. — **Abs. 2.** Auch die WKl. ist noch in II. Inst. möglich (E. 35[337]) und u. U. wegen § 616 notwendig; TeilU. über Schdgskl. u. -WKl. unzulässig, E. 45[400] 58[307] (auch nicht bzgl. Schdg. u. Anf.) — Anträge des Bekl. nach §§ 1574 Abs. 3, 1575 BGB. sind keine WKl.; Mitschuldantrag in der RevJ. nicht mehr zulässig.

*§ **615** (575). I Die Klage auf Herstellung des ehelichen Lebens, die Scheidungsklage und die Anfechtungsklage können verbunden werden.

II Die Verbindung einer anderen Klage mit den erwähnten Klagen sowie die Erhebung einer Widerklage anderer Art ist unstatthaft.

Zuständ.: § 606 insbes. Abs. 3 beachtl.; Schuldausspruch: § 624; einstw. Verf.: § 627. Akten: § 18 LGSchrO. — Vgl. §§ 147, 633, 638; Aussetzung: §§ 148, 152, 620; R. 05[95].

Abs. 1. Verbindg. auch in II. J. (§ 614); kein Trennungsrecht des Gerichts, E. 58[307]; § 146 anwendbar. — Die Klagenverbdg. seitens der gleichen Partei kann (insbes. wegen der verzeihenden Wirkung der primären Herstellgskl., E. 31[209]) nur e. im wahren Sinne „event." sein, d. h. das Gericht ist an die vom Kläger vorgeschlagene Reihenfolge der Prozeßerledig. gebunden. Auch eine event. WKl. hier statthaft (E. 59[409]); gar kein Ausspruch, sofern primäre Kl. begr.; einheitl. Urteil in II. J.: E. 58[307] R. 05[95]. Nach gem. M. kann die Anf. nicht zur Schdg. eventuell gestellt w.; wichtig wegen § 172 StGB. (RSt. 8[277] SSt. 7[209]); Schdgskl. wahrt AnfFrist: E. 53[336]. — Auch die Verbdg. wechselseit. gesonderter Schdgskl. beim gleichen Gericht ist mangels Einr. der Rechtshgk. (vgl. E. 19[410]) in der Praxis üblich (§ 147; vgl. E. 31[14]); die spätere Kl. wird dadurch sachlich zur WKl. — **Abs. 2** unverzichtbar (E. 9[381]); hindert auch die EheWKl gg. e. gewöhnl. Kl. — Unzulässig Verbdg. mit e. Richtigk.- oder Ehefeststellgskl. (§§ 633, 638), mit Kl. auf Unterhalt, Vermögensteilg. (E. 5[416] S. 4[18]), Möbelüberlassung (E. 34[427]), Namensführg., Schenkungswiderruf, Kindsherausgabe (E. 6[370] 9[381]).

***§ 616** (576). Der Kläger, welcher mit der Scheidungsklage oder der Anfechtungsklage abgewiesen ist, kann das Recht, die Scheidung zu verlangen oder die Ehe anzufechten, nicht mehr auf Tatsachen gründen, welche er in dem früheren Rechtsstreite geltend gemacht hat oder welche er in dem früheren Rechtsstreit oder durch Verbindung der Klagen geltend machen konnte. Das Gleiche gilt im Falle der Abweisung der Scheidungsklage oder der Anfechtungsklage für den Beklagten in Ansehung der Tatsachen, auf welche er eine Widerklage zu gründen im stande war.

§§ 1341 ff., 1572, 1573 BGB. — Widerklage (Satz 2): § 615 Abs. 2; Aufhbgskl.: § 639.

Mittelb. Zwang zu einheitl. Prozeß durch Ausdehng. der mater. RKr. u. Rechtshgk. (JW. 04^{148}); v. amtsw. beachtlich (E. 5^{378} 19^{410}). Wahre Einrede (E. 42^{383}: wichtig wegen Beweislast): gilt auch zw. Schdg. u. Anf. (E. 53^{336}). § 767 ist in Ehes. nicht anwendbar (E. 44^{354}): wohl aber Wiederaufn. (§ 606). — Satz 1 gilt auch nach Abwsg. wegen Rücknahme (Vorbehalt nutzlos), E. 5^{377}; vgl. S. 15^{574}. — Beweisbarkeit der einmal (auch nur als Einrede) vorgebrachten Tatsache ist gleichgültig, E. 35^{343}; kein Zwang zu beweislosem Vorbr. (JW. 05^{375}). — Nicht ausgeschlossen sind neue oder noch fortdauernde Klagegründe, Kolorierung (§ 1573 BGB., JW. 02^{286} Beil.), Verwendung als Einr.: kein Ausschluß durch Abwsg. e. v. Nichtigk.= oder Herstellgskl., Prozeß im Ausland oder vor 1. Okt. 1879 (E. 5^{337} 19^{410}), Klagerückn. ohne Abweisungsurteil (anders nach Satz 2 bei KlRückn. u. Klagabwsg.). Beachtlich, daß u. U. wohl WKl. ausgeschlossen, Mitschuldantrag aus § 1574 Abs 3 BGB. aber statthaft ist (ZR. 06^{276}). — Rückn. ist an sich nicht Verzeihg. (E. 44^{354} JW. 03^{26} Beil.); vgl. aber E. 25^{337}. Rückn. seitens des in I. Inst obsiegd. Kl.: JW. 05^{537} ZR. 05^{395}. — Rechtskraft e. Herstellgsurteils: JW. 02^{273} Beil

***§ 617** (577). I Die Vorschrift über die Wirkung eines Anerkenntnisses kommt nicht zur Anwendung.

II Die Vorschriften über die Folgen der unterbliebenen oder verweigerten Erklärung über Tatsachen oder über die Echtheit von Urkunden, die Vorschriften über den Verzicht der Parteien auf die Beeidigung von Zeugen und Sachverständigen, die Vorschriften über die Wirkung eines gerichtlichen Geständnisses und der Erlassung eines Eides, sowie die Vorschriften über die Eideszuschiebung und den Antrag, dem Gegner die Vorlegung einer Urkunde aufzugeben, finden keine Anwendung in Ansehung solcher Tatsachen, welche die Scheidung oder die Anfechtung der Ehe oder das Recht, die Herstellung des ehelichen Lebens zu verweigern, begründen sollen.

III In einem Rechtsstreite, welcher die Nichtigkeit der Ehe oder die Feststellung des Bestehens oder Nichtbestehens einer Ehe zwischen den Parteien zum Gegenstande hat, finden die im Abs. 2 bezeichneten Vorschriften sowohl in Ansehung solcher Tatsachen, welche die

Nichtigkeit oder das Nichtbestehen der Ehe, als auch in Ansehung solcher Tatsachen keine Anwendung, welche die Gültigkeit oder das Bestehen der Ehe begründen sollen.

Vgl. §§ 307 ff., 622. — Kindsf.: §§ 640, 641: EntmS.: §§ 670, 679, 684, 686. — Kosten: §§ 91, 93, 632.

Zweck: freie Beweiswürdig. zur Hintanhaltg. v. Kollusion. — Tatf. (Abf. 2, 3): auch Klagefrist, Replik (JW. 90[81]); Abwsg. auch ohne Beeid. (JW. 06[314]); § 393 Abf. 2 gilt auch hier. — Das Anerk. wird in der Praxis durch Antrag „nach Sachlage zu erkennen" u. Geständnis ersetzt, insbes. bei Herstellgskl. — Der in Abf. 1 nicht erwähnte Verzicht ist gleichwohl nur beschränkt zulässig, E. 59[348] Bl. 59[46]; vgl. § 635; BGB. §§ 1326, 1337, 1341, 1570; E. 27[370] (nicht bzgl. des Schuldausspr. nach § 1574 Abf. 1). Verzicht auf Zeugen (vorbhltl. § 622) u. auf RMittel statthaft, E. 59[348]. — Vergleich denkbar, zB. bedingte Verzeihg. (Bl. 52[87]). — Geständnis (auch außergerichtl., zB. Vaterschaftsanerk.) ist keineswegs wertlos (JW. 89[244]) u. kann u. U. allein oder mit e. Zeugnisverweig. genügen. — Der richterl. Eid ist durchweg zulässig (JW. 06[232] R. 06[339]), insbes. auch zwecks Scheidung über zeugenlose ehel. Vorgänge, zB. Verweig. der ehel. Pflicht, Unkenntnis des Aufenth. (Bl. 46[145]). Solchenfalls Formulierung derart rätlich, daß die Schdgskl. des Schwurpfl. bei Nichtleistg. abgewiesen wird; auf die Erlassung durch den Gegner ist Abf. 2 anwendbar. — Wegen formeller Teilung der Beweiskraft, falls WKl. erhoben, vgl. E. 34[351] 43[422] 49[167] S. 14[657]. Soweit Eideszuschbg. zulässig, zB. über Abf. 3 des § 1574 BGB. (E. 43[423] JW. 03[181]; nicht generell: S. 12[499]) ist auch Zurückschbg. u. Geständn., nicht aber Anerk. statthaft, JW. 05[114]. — § 85 ist im Umfange der Abf. 2, 3 unanwendbar, E. 27[370].

***§ 618** (578). I Die Vorschrift des § 261 Abf. 2 kommt nicht zur Anwendung.

II Erscheint der Beklagte in dem auf die Klage zur mündlichen Verhandlung anberaumten Termine nicht, so kann erst in einem neuen, auf Antrag des Klägers zu bestimmenden Termine verhandelt werden.

III Der Beklagte ist zu jedem Termine, welcher nicht in seiner Gegenwart anberaumt wurde, zu laden.

IV Die Vorschriften der Abf. 2, 3 finden keine Anwendung, wenn der Beklagte durch öffentliche Zustellung geladen, aber nicht erschienen ist.

V Ein Versäumnisurteil gegen den Beklagten ist unzulässig.

VI Die Vorschriften der Abf. 2—5 finden auf den Widerbeklagten entsprechende Anwendung.

Die Vorschr. gelten auch für Herstellgskl., Schdgskl. nach Herstellgsll., AufKl. sowie in Kinds- u. EntmS.: vgl. ferner §§ 607, 635 u. bzgl. pers. Ersch. § 619. — Kalender: § 31 LGSchrG. — Kosten: §§ 20 GKG.; 16 RAGT.

Abf. 1. Allzuweiter Termin wäre u. U. Justizverzög.; EinlFrist auch hier 2 Wochen. — **Abf. 2.** Verhdlgsverbot als Ersatz des Einspr.: trifft nur den ersten Termin in I. Inst., E. 9[393] S. 12[386]. — Erscheinen des Bekl. ohne RA. oder Nichtverhdl. ist hier = Nichterſch.; Beschleunig. des Proz. durch formelles Auftreten e. RA. — Ldg. z. neuem Termin: Abs. 3; bei Ladungsfehlern gilt erst letzterer als „erster T." — Urteilsablehng. mgls. Ldg.: Beschluß (§ 252). Beim Ausbleiben des Kl. stets VersU. (Abs. 5); bei späteren Ausbleiben des Bekl. ist einſ. Verhdlg. kontradikt., E. 9[393]; passives Verhalten Beweismoment (Mot. 366). — **Abs. 3** (Ausnahme v. § 218) gilt für jeden Termin in jeder Instanz (außer zur Verkdg.); „Gegenwart": hier nach gem. M. auch ohne RA; also kein Ldgsverzicht nötig. — Die Ldg. erfolgt im Parteibetrieb (Zustellg. des Vertagungsprot. mit Ladungsformale u. Bestellgsauffrdg., oder Neueinreichg. e. Ldg. zum Terminsansatz), u. U. durch Aufg. z. Post oder öffentl. — Der Ldgsnachweis ist auch beim Ausbleiben e. bestellten RA. (außer bei Verzicht) sowie für Termine vor d. v. e. R. nötig (letzteres bestr.; meist ohnehin ZvA.). Mangels Ldg. darf auch e Beweiserhbg. nicht stattfinden. — Beruhen ist zulässig. — Ldg. der nicht vertr. Partei nach § 619 sowie Terminsmittlg. v. amtsw. (zB. § 370) ersetzt Ldg. (Bl. 68[420] ZZP. 36[140]). — **Abs. 4.** Neuldg. entfällt auch, wenn der Aufenthalt des Nichterſch. inzwischen bekannt geworden; erscheint er, so gilt von da ab Abs. 3. Nach Beruhen neue öff. Ldg. (Ausschreibg.); Terminsbekanntgabe v. amtsw. enthält keine Ldg. Nach Zustellg. im Ausld. ist 2. Termin nötig (Aufg. z. Post). — **Abs. 5.** Dieses Verbot gilt für die höheren Inst. ebenfalls, soweit der Bekl. zugleich RMittelbekl. (E. 28[394] 35[347]; aM. für RevI. S. 12[385]); gg. den Kläger als solchen u. den Bekl. als RMittelkläger ist VersU. zulässig, E. 27[360]. — **Abs. 6.** Also 2. Termin, wenn WKl. bei Ausbleiben des Kl. erhoben. — Kein TeilVersU. über Kl. oder WKl. allein, ZR. 05[369 450] R. 05[92] (einheitl. kontrad. U.).

§ 619 (579). [I] Das Gericht kann das persönliche Erscheinen einer Partei anordnen, und dieselbe über die von ihr, von dem Gegner oder von dem Staatsanwalte behaupteten Tatsachen vernehmen.

[II] Ist die zu vernehmende Partei am Erscheinen vor dem Prozeßgerichte verhindert oder hält sie sich in großer Entfernung von dem Sitze desselben auf, so kann die Vernehmung durch einen beauftragten oder ersuchten Richter erfolgen.

[III] Gegen die nicht erschienene Partei ist wie gegen einen im Vernehmungstermine nicht erschienenen Zeugen zu verfahren; auf Haft darf nicht erkannt werden.

Vgl. §§ 141, 160, 296, 371, 375, 380 ff., 607, 622, 640, 641, 654. — Anwendg. nach freiem Ermessen (JW. 92[301]); kein Antragsrecht der Gegenpartei, kein Rechtsbehelf gg. Anordng. oder Ablehng. — Zulässig u. besonders praktisch gg. nicht vertr. Bekl. (DJZ. 06[142]; aM. RL. 11[92] 13[89] DJZ. 06[193]); Ldg. an sich nur im Parteibetrieb nach § 618; in der Praxis Ldg. nach Zeugennormen (persönl., v. amtsw.) übl. Keine Mittlg. e. Beweissatzes; keine Erklärungspflicht des Ersch. — Übertrag. an beauftr. R. aus anderen Gründen (vgl. § 375 Nr. 2) unstatthaft; gewöhnl. Anordng. (§ 141) möglich, zB. neben Beweiserhebg. — § 246 StPO. nicht analog anwendbar. — Zwangsvorführg. statthaft, nicht aber Umwandlg. der Geldstrafe. — Kosten: §§ 47 Nr. 1, 80a GKG., 23, 29 RAGO.; Ersatz: § 91. Kein Vorschuß aus der Staatskasse oder Zeugengebühr (vgl. § 115).

§ 620. [I] Hat der Kläger die Aussetzung des Verfahrens über eine Scheidungsklage beantragt, so darf das Gericht auf Scheidung nicht erkennen, bevor die Aussetzung stattgefunden hat. Die Aussetzung ist von amtswegen anzuordnen, wenn die Scheidung auf Grund des § 1568 des Bürgerlichen Gesetzbuchs beantragt ist und die Aussicht auf Aussöhnung der Parteien nicht ausgeschlossen erscheint.

II Auf Grund dieser Bestimmungen darf die Aussetzung im Laufe des Rechtsstreits nur einmal und höchstens auf zwei Jahre angeordnet werden.

Verfahren: §§ 148, 249 ff. (nur nach mV.; sonstige Aussitzg.: §§ 150 ff. — Akten („beendigt“): § 12 2GSchrG. — Gegen Aussetzung einf., gegen deren Ablehnung sof. Beschw.: § 252; E. 30[416]. — Unanwendbar auf andere Ehekl., E. 58[316]; Herstellungskl.: § 621.; sonstiges Getrenntleben: § 627; Ruhen des Prozesses statthaft: § 251.

Die Klagepartei (nicht die bekl. P.) hat hiernach im Scheidgsproz. (auch nach §§ 1567, 1569) e. absolutes Recht auf Aussitzg.; die Aussitzg. v. amtsw. ist auf die relativen Scheidungsgründe beschränkt (Ersatz für die zeitl. Trennung v. Tisch u. Bett, KB. 158). — Aussitzg. sollte bei § 1568 die Regel sein (JW. 02[27] 04[41]); praktisch umgekehrt. Sie ist in jeder Verfahrenslage (auch in II. J.) möglich; aufzuheben bei nachträgl. Geltendmchg. e. absoluten Grunds, ZZP. 15[518]; unzulässig für Kl. allein (bei WKl.), E. 58[315]; desgl. wenn bereits Abweisungsreife (E. 46[406]) oder gar kein Anhaltspkt. für Aussöhng. besteht, KB. 158. Kein Recht auf sof. Verbescheidg., E. 46[384] RO. 9[81] (drohend. Beweisverlust).

***§ 621** (580). I Die Aussetzung des Verfahrens über eine Klage auf Herstellung des ehelichen Lebens kann das Gericht von amtswegen anordnen, wenn eine Aussöhnung der Parteien nicht unwahrscheinlich ist.

II Auf Grund dieser Bestimmung darf die Aussetzung im Laufe des Rechtsstreits nur einmal und höchstens auf ein Jahr angeordnet werden.

Vgl. § 620. — Beachtlich die Verschiedenheit der Frist u. der Voraussetzg., SA. 46[237]. Die Vorschrift dient mittelbar zur Aufrechthaltg. der Ehe, weil Nichtverfolgung des Herstellgsurt. zur Scheidung führen würde (§ 1567 Abs. 2 Nr. 1 BGB.), u. gilt für alle Instanzen.

***§ 622** (581). I Zum Zwecke der Aufrechterhaltung der Ehe kann das Gericht Tatsachen, welche von den Parteien nicht vorgebracht sind, berücksichtigen und die Aufnahme von Beweisen von amtswegen anordnen. Vor der Entscheidung sind die Parteien zu hören.

II Diese Vorschriften finden in einem Rechtsstreite, welcher die Nichtigkeit der Ehe oder die Feststellung des Bestehens oder Nichtbestehens einer Ehe zwischen den Parteien zum Gegenstande hat, auch zum Zwecke der Ermittelung, ob die Ehe nichtig ist oder nicht besteht, Anwendung.

Vgl. §§ 617, 640, 641, 670, 679, 684, 686; BGB. §§ 1565 Abs. 2, 1570, 1571.

Hierher insbes. Zustimmung JW. 03[12] Beil., 04[63]) u. Verzeihung; Mentalreserv. unbeachtl. (JW. 01[386]). Verz. auch generell (S. 11[355] JW. 02[26] Beil., 05[115]), bedingt (R. 03[606]; vgl. RO. 13[316]), durch schlüssige Hdlg., zB. freiwill. Beischlaf (S. 12[248] E. 37[347] JW. 05[371]), sonstigen geschlechtl. Verkehr (RG. 7 ^{107}), zärtl. Briefe, Besuche während Haft (JR. 05 ^{345}), Gnadengesuch, Äußerg. z. Dritten (R. 05 ^{524}), Herstellgskl. (E. 31 ^{200}). Keine Verzhg. mgls. überzeugd. Kenntnis (S. 15 ^{576}) zB. bei Ableugnen (S. 6 ^{368}). Substantiierung der Verzeihgseinr.: JW. 93 ^{47} 94 ^{514} JR. 05 ^{346} S. 10 ^{335}; keine Verz. bei § 1569. Einr der Verz. nicht mehr in der Rev.-Instanz oder im Läutergsverf. (E. 44 ^{355} S. 11 ^{96}). — Von amtsw. sind ferner beachtl.: Ehebestätig. (JW. 04 ^{261}), Ablauf der AnfFrist (JW. 06 ^{335}), Rechtsmißbrauch bei Herstellgskl. (JW. 06 ^{336}). Rechtshgk. e. Vorprozesses (§ 616), E. 19 ^{408} (vgl. jedoch JW. 02 ^{132}); Fristablauf des § 1571 BGB. (beginnt nicht vor 1. Jan. 1900), E. 46 ^{156} 53 ^{337} (Haft); Ehebruchskompensation E. 35 ^{130} (auch jetzt noch bei Ehebrüchen vor 1. Jan. 1900: E. 46 ^{92} 47 ^{4}, JW. 04 ^{385}. — Keine Nichtigerkl., wenn nur auf Schdg. geklagt, E. 9 ^{193}. — Im übrigen ist die Beobachtung Amtspflicht (§ 139), Verletzung revisibel (JW. 90 ^{274} 92 ^{463}); Gehör (der RA.) auch vor Beweisbeschl. geboten. Fällt das Ergebnis des v. amtsw. erhobenen Beweises gg. den Ehebestand aus, so ist es unbeachtl.; Erkl. des pers. Erschienenen, richterl. Eid aber auch als Scheidgsgrundlage verwendbar.

§ 623. Auf Scheidung wegen Geisteskrankheit darf nicht erkannt werden, bevor das Gericht einen oder mehrere Sachverständige über den Geisteszustand des Beklagten gehört hat.

Vgl. §§ 612, 655; BGB. 1569. — Gilt nicht für Brfg. gg. Scheidgsurteil. — Form des Gehörs: §§ 402 ff.; Einigung der Parteien bindet trotz § 404 das Gericht nicht; persönl. Vernehmg. nicht vorgesehen. Die Beweispflicht trifft die Klagepartei. — Beischaffung von Entmündigungsakten allein genügt nicht (Beweisthema verschieden), Bl. 66 ^{35}. — Auf Nichtigk.-, AnfKl. nur entspr. anwendbar.

§ 624. Wird wegen Ehebruchs auf Scheidung erkannt und ergibt sich aus den Verhandlungen, mit welcher Person der Ehebruch begangen worden ist, so ist diese Person in dem Urteile festzustellen.

BGB. §§ 1312 (mit RG. 5 ^{33}), 1328, 1565; JustVdg. § 12. — Nicht notwendig in der Formel (zB. Namensmißbrauch), KB. 159. Der Dritte wird nicht gehört (Mot. BGB. 4 ^{600}; ist meist Zeuge) u. hat kein RMittel für seine Person (Prot. BGB. 4 ^{437}; NebenJ. denkbar (bestr.). Auf sonstige Unzucht nicht ausdehnbar. Kein Recht auf Feststellg. e. bestimmten Ehebruchs, E. 55 ^{244} (anders bei § 1569); Ausspruch unverzichtbar, aber durch Geständnis mit Namensverschweigung umgehbar (vgl. § 617). — Schuldausspruch (§ 1574 Abs 1 BGB.) ergeht stets in der Formel u. ist nicht vorbehaltbar (E. 58 ^{307}) oder selbstdg. anfechtbar, JW. 05 ^{150}; entfällt bei § 1569 BGB. u. im AnfProz., E. 31 ^{281}. Zulässigk. e. Privatabkommens über Scheidungsfolgen ist beschränkt, E. 60 ^{266}. — Der selbstdg. Mitschuldausspruch (§ 1574 Abs. 3 BGB.) begründet kein Eheverbot und fällt nicht unter § 624; zulässig auch „ev." neben WKl. (JW. 06 ^{426}); selbstdg. Anfechtg.: JW. 05 ^{150}.

*__§ 625__ (582). Urteile, durch welche auf Scheidung oder Nichtigkeit der Ehe erkannt ist, sind von amtswegen zuzustellen.

Zust. an ProzBev.: § 176 (Bl. 62 ^{77}); durch Aufg. z. Post: § 174; nicht ersatzweise an Gegner: § 185; öff. Z.: § 203. Amtsbek. Unterbrechg.: Bl. 68 ^{464}. NichtigkUrt. sind an den StAnw. forml. nur zuzustellen, wenn er Partei (bestr.). — Mitteilg. an den Staatsanwalt, insbes. behufs Verständig. des Standesamts (Ausfertig. mit RKraftzeugnis durch den GSchr. an den StAnw.; von letzterem an den Standesbeamten): §§ 2, 3 LGSchrG.; 55 PersStG.; Art. 46 EBG.; § 25 BKAnw.; JMBl. 00 ^{82}. — Vgl. §§ 317, 630. — Keine vorl. Vollstreckb.: § 704. — In Kindes. anwendbar, nicht in EntmS. — Eintrag im Grundbuch: KO. 9 ^{331}; vgl. ZBlFG. 4 ^{503}. — Ehen vor 1. Jan. 1876: Distriktsverwltgsbeh. (JMBl. 74 ^{134} 76 ^{250}; vgl. RBl. 68 ^{1473}).

Hierher auch VersUrt. auf Zurückweisg. der Brfg. gg. e. ScheidgsU. (E. 7 ^{363} S. 12 ^{58}), Mitschuldausspr. (JW. 05 ^{234}) u. altrechtl. Trennung auf

Zeit (E. 40[358]); nicht Klagabweisg. (S. 10[31]), HerstellgsU., oder bed. EndU., selbst wenn beide Altern. auf Schdg. lauten, E. 48[423] (VZS.). Die Zustellg. ist unverzichtbar (Gr. 48[1136]) Sie gilt auch für etwaige sonstige Aussprüche neben der Schdg., zB. Mitschuld (JW. 04[235]), Abwsg. (S. 10[31]) u. ersetzt insoweit die Parteizustellg., E. 40[357] (einstw. Verf.), nicht aber umgekehrt (E. 32[419] S. 12[58]).

§ 626 (583). Die Vorschrift des § 279 findet in der Berufungsinstanz keine Anwendung.

Vorbehll. nach § 540 sohin ausgeschlossen. — Für die I. J. bleibt § 279 in Geltung; die Kostenfolge des § 278 gilt auch in II. J.: vgl. §§ 511, 614, 622, 704. — In Kindss. anwendbar.

* **§ 627** (584). I Hat der Rechtsstreit die Scheidung, Nichtigkeit oder Anfechtung der Ehe zum Gegenstande, so kann das Gericht auf Antrag eines der Ehegatten durch einstweilige Verfügung für die Dauer des Rechtsstreits das Getrenntleben der Ehegatten gestatten, die gegenseitige Unterhaltspflicht der Ehegatten nach Maßgabe des § 1361 des Bürgerlichen Gesetzbuchs ordnen, wegen der Sorge für die Person der gemeinschaftlichen minderjährigen Kinder, soweit es sich nicht um die gesetzliche Vertretung handelt, Anordnungen treffen und die Unterhaltspflicht der Ehegatten den Kindern gegenüber im Verhältnisse der Ehegatten zu einander regeln.

II Die einstweilige Verfügung ist zulässig, sobald der Termin zur mündlichen Verhandlung oder im Falle einer Scheidungsklage der Termin zum Sühneversuche bestimmt oder im Wege der Widerklage die Scheidung beantragt oder die Ehe angefochten ist.

III Von der einstweiligen Verfügung hat das Prozeßgericht, wenn ein gemeinschaftliches minderjähriges Kind der Ehegatten vorhanden ist, dem Vormundschaftsgerichte Mitteilung zu machen.

IV Im übrigen gelten für die einstweilige Verfügung die Bestimmungen der §§ 936 bis 944.

Allgem.: Bl. 71[313] JR. 06[61]. — Mitteilg. (Abs. 3; auch bzgl. Änderg.): § 630; vgl. §§ 36, 43 FGG.; 1635, 1665 ff. BGB; 16 EZP. — Eigenmächtige Kindswegnahme: § 235 StGB.; vgl. § 360 Nr. 12 StGB.; Art. 42, 81 PolStGB.; 39 HeimatG. — Pfdgs.-privileg (nicht für Kosten): § 850; vgl. § 3 KO. — Vollmacht: §§ 78, 88, 613. — Revision unbeschränkt: § 546; E. 46[282] 47[258]. — Akten: §§ 13, 18 LGSchrG. — Unanwendbar in Kindss.; ausld. Eheproz.: Art. 6 JSchdgsAbk. (WohnsitzG.). — Streitwert: bei Alimenten allein einjähr. Betrag (§ 9a GKG.); im übrigen freies Ermessen (E. 16[373], erheblich unter Hauptf., FinBl. 11[52] (§§ 4, 5; GKG. 10); Kostenausspr.: §§ 91, 922; RS. 2[524].

Inhalt. Die Erlaubnis z. Getrenntleben wirkt nach Zustellg. für beide Gatten. Eintrittsverbot, Räumungsbefehl an den Ehemann möglich (Mot. BGB. 4[632]); kein Recht desselben, der Frau e. bestimmte Wohnung anzuweisen (vgl. JW. 03[104] Beil.). Daneben (E. 46[383]) gilt das einseit. private Trennungsrecht nach § 1353 BGB., das jedoch im Streitfalle Glbhftm. e. Schdgsgrunds oder Rechtsmißbrauchs erfordert; beiders.

freiw. Trennung ist jederzeit widerruflich (JW. 01[186]). — Der Unterhalt (u. U. seitens der Frau) ist nach §§ 1361, 1611, 1612 Abs. 2 BGB. zu regeln, E. 5[154] (Kapitalangriff) E. 63[38] (notdürft. U.). Die Dreimonatsfrist des § 760 BGB. bindet den Richter nicht, JW. 01[385]; für die Vergangenheit eV. nicht veranlaßt, RO. 9[82]. Fahrnisherausgabe für die Kinder fällt unter deren Naturalunterhalt. Herausgabe v. Vorbehaltsgut oder v. Mobiliar der Frau an den Mann gehört nicht hierher. — Erschöpfg. der Unterhaltspfl. durch die Rente: JW. 05[194]; keine Rückzahlg.: E. 63[38]. Transportkosten, Neuanschaffg., Zimmerherrnbetten nicht forderbar: R. 05[529] RO. 7[45]; Einzelangabe der Sachen: § 253. — Obsorge. Formel: EF. 5[19] ZZP. 29[578] 30[443]; Vollzug: § 883. Obsorge für Vermögen einschl. ges. V. kann nur VormG. ändern. Regelung des Verkehrs: E. 24[250] S. 11[479] [704] 15[515] RO. 2[348] 3[370]; an sich gilt § 1627 BGB. auch im Proz. (Unterhalt bei stillschwgd. Überlassung: E. 57[78]). Keine Regelung der Schlüsselgewalt (DJZ. 05[272]). — Die eV. bzgl. des Prozeßkostenvorschusses des Ehemanns betrachtet das ReichsG. gemäß § 940 als Bestandteil des Eheproz. (E. 47[72]) u. den Vorschuß als persönl. Schuld des Mannes beim gesetzl. Güterstd. nach §§ 1387 ff. BGB.; hienach wäre gleichgültig, ob eingebr. Gut in seiner Hand und ob sein Nahrungsstand durch Beitreibung gefährdet wird. Die Ansicht des ReichsG. ist (abgesehen von § 1394 BGB.) schon deswegen unrichtig (vgl. auch Mot. BGB. 4[202] [260]), weil bei Proz. zw. den Gatten Haftg. des Vorbehaltsguts nach § 1416 die Regel, sohin § 1387 ff. die Ausnahme ist; wohl aber besteht die Duldungspflicht des Ehemanns nach § 1411 BGB., vgl. § 114, E. 60[417] u. bzgl. allg. Gütergem. E. 46[355]; Errungenschftsgem.: E. 49[327]. Kein Vorschuß bei Gütertrennung (RO. 11[94]) oder aussichtslos. Proz., E. 5[417]. Höhe bei Kl.: 200 M. (z. Hd. des RA.); sukzessive V.: BlEB. 4[63]. — **Verfahren.** Zustdk. des AmtsG. nach § 942 denkbar (zB. Hausrat). — Das Antragsrecht steht auch dem Bekl. zu (Mot. BGB. 4[638] JW. 06[601]); auch während Aussetzg., RO. 11[94]. Keine Mitwirkg. des StAnwalts. VersU., Vergleich zulässig, weil auf Prozeßdauer und Verhältnis der Parteien unter sich beschränkt (E. 61[50] EF. 6[21] JW. 05[436]). — Das Zitat der §§ 936 ff. (nicht § 945) bezieht sich nicht nur auf das Verf., sondern auch auf die Voraussetzg. zB. Gefährdg. (E. 49[368]); auch die §§ 926, 927 sind anwendbar (E. 63[38]). — Nach gem. M. muß die WKl. (Abs. 2) in mV. erhoben sein; vgl. §§ 614, 616. MV. meist entbehrlich (ausgen. Kindsobsorge); Setzung e. Leistgsfrist billig. — Auf eV. in Ehefeststell.- u. Herstellgskl. (Alimente solchenfalls nach § 1360 BGB.; vgl. JW. 02[215] 05[645]), Arreste für Alimente (Bl. 64[340]) sowie auf sonstige durch den Ehestreit hervorgerufene Proz. zw. den Gatten ist die Vorschrift nicht anwendbar; hiefür gelten nur §§ 935, 940. Verbdg. beider eV. meist unsachgemäß (§ 145); § 615 gilt an sich nicht. Zugehörigkeit z. Eheproz.: JW. 05[645]. — Verfolgung im ordentl. Verf. (einschl. zugehöriger eV.) bleibt zB. für Unterhalt, Kostenvorschuß unbenommen (E. 47[378]) u. ist u. U., zB. wegen ZwV. im Ausland, praktischer; beachtl. der Wechsel der Aktivleg. für Kindsunterhalt (Pfleger!). — Das VormG. kann hinsichtl. Kindsobsorge jederzeit mit absoluter u. endgültiger Wirksamkeit eingreifen, weil das ProzG. nur Prozeßdauer u. Verhältnis der Parteien unter sich berücksichtigt (JW. 06[392] RS. 7[113] Gr. 46[946] RO. 7[75] 10[290] R. 00[418]).

§ 628. Stirbt einer der Ehegatten vor der Rechtskraft des Urteils, so ist der Rechtsstreit in Ansehung der Hauptsache als erledigt anzusehen.

BGB. §§ 1329, 1341, 1343; EBG. Art. 198. — Rechtskraft gegenüber beiden Parteien ist gemeint (§ 625): auch die Schuldfrage ist miterledigt. — Fortführg. im Kostenpkt. nach Maßgabe der §§ 99, 239 ff. möglich; Auflage nach dem Prozeßstand vor dem Tod (E. 58[417]). Bei Erledg. vor RevEinlegung nur noch Beschw. (§§ 99 Abs. 3, 567 Abs. 2), JW. 06[312]. — Über den Streitpkt. des erledigten Proz. neuer gewöhnl. Prozeß, zB. wegen Erbrechts (§§ 1933, 2335 BGB.) oder § 77 GewUBG. denkbar. — Tod des RA.: § 244.

§ 629. I Das auf eine Nichtigkeitsklage oder eine Anfechtungsklage ergehende Urteil wirkt, sofern es bei Lebzeiten beider Ehegatten rechtskräftig wird, für und gegen Alle. Ist jedoch die Nichtigkeitsklage auf Grund des § 1326 des Bürgerlichen Gesetzbuchs erhoben, so wirkt das Urteil, durch welches sie abgewiesen wird, gegen den Dritten, mit dem die frühere Ehe geschlossen war, nur dann, wenn er an dem Rechtsstreite teilgenommen hat.

II Diese Vorschriften gelten auch für ein Urteil, durch welches das Bestehen oder Nichtbestehen einer Ehe festgestellt wird.

§ 1326 BGB.: Bigamie. — Abs. 1 trifft auch Abwsg.; für Herstellgskl. u. Scheidgs.-Abwsg. gilt nur § 325. Die Scheidung selbst wirkt nach § 1564 BGB. für u. gg. Alle. — Vgl. auch §§ 1344 BGB.; 171, 338 StGB. — Ehefeststellg.: § 633; Kindssachen: § 643; Übergang: § 322; Bl. 59[84].

§ 630. Nach dem Eintritte der Rechtskraft des Urteils hat das Prozeßgericht, wenn ein gemeinschaftliches minderjähriges Kind der Ehegatten vorhanden ist, dem Vormundschaftsgerichte Mitteilung zu machen.

Vgl. §§ 625, 627, 705; BGB. 1635, 1636, 1699; EBG. Art. 206; FGG. §§ 36, 43. — Gilt auch für Herstellgskl., e. Verf., sowie Abwsg.: bei letzteren ist die Rechtskraftfestst. v. amtsw. erschwert. Bed. EndU. nicht hierher. — Mitteilg. der Formel mit Zeugnis der RKr. durch den Vorsitzenden des ProzG. (dessen Urteil rkr.) oder in dessen Auftrag durch den GSchr. genügt zumeist. — Kosten: §§ 47, 80 GKG.; vgl. § 544.

§ 631 (585). Für die Nichtigkeitsklage gelten die in den nachfolgenden Paragraphen enthaltenen besonderen Vorschriften.

Neben den allgem. Vorschr. in Ehes.: hievon unanwendbar: §§ 608 bis 611, 615, 616, 620, 621, 623, 624. — Nichtigkeitskl. nur bei Scheinehe (relat. Nichtigk.); bis zur RKr. ist solche Scheinehe als gültig zu behandeln (§§ 1325 bis 1329 BGB.; Mot. 4[56]). Absol. Nichtigk. nur, wenn Form des § 1307 BGB. und Eintrag. im Heiratsreg. mangelt (vgl. auch Art. 40 EBG.): solche Ehe gilt bis zur Feststellg. (vgl. § 633) als nichtbestehend. — Unterschied von „Geltendmachg. der Nichtigk." § 1329 BGB.) beachtlich: Aussetzung: §§ 151 ff.

*__§ 632__ (586). I Die Klage kann von jedem der Ehegatten sowie von dem Staatsanwalt erhoben werden, im Falle des § 1326 des Bürgerlichen Gesetzbuchs auch von dem Dritten, mit dem die frühere Ehe geschlossen war. Im übrigen kann die Klage von einem Dritten nur erhoben werden, wenn für ihn von der Nichtigkeit der Ehe ein Recht oder von der Gültigkeit der Ehe eine Verpflichtung abhängt.

II Die von dem Staatsanwalt oder einem Dritten erhobene Klage ist gegen beide Ehegatten, die von einem Ehegatten erhobene Klage ist gegen den andern Ehegatten zu richten.

Zustdk. des StA.: §§ 144 GVG. mit E. 25[410] S. 14[822] Bl. 66[276]; vgl. §§ 162 ff. Parteirechte: § 50; kein AnwZw. (§ 78). Zustellbetrieb des StA. nach Parteinormen (JW. 02[182]). — GStand: § 606; insbes. Abs. 3 beachtl. — Prozeßfäh. Geschäftsbeschränkter: § 612; Vollmacht: § 613 (auf Drittkläger zB. bei Bigamie nicht ausdehnbar, bestr.). — Betriebsrecht des StA.: § 634; Übergang: Art. 93 AZP., 198 EBG. Rechtsmittelgegner: § 636; Rechtskraft: § 629; Aktenbehdlg.: § 11 LGSchrG. — Kosten: § 637. — Unanwendbar auf Ehefeststellg. oder Anfechtg.

Abs. 1 Satz 1. Auch der schlechtglb. Gatte kann klagen; kein AR. des gutglb. Bekl., wenn Nichtigk. offenbar. Keine Klagepflicht des StA. (wenigstens nach ZPO., vgl. § 147 GVG.), kein Klagerecht desselben nach dem Tod e. Gatten (§ 628), E. 28[290]. Die Klagerechte bestehen selbstdg. nebeneinander; Verbindg. sachgemäß. Erledg. verschiedener Nichtigkeitsgründe in logischer Reihe. Beweislast: JW. 87[70]. — **Satz 2.** Recht: zB. Unterhalt, Erbschaft; nicht bloß rechtl. Interesse oder Anwartschaft, RO. 2[308]; Verpflichtg.: zB. Doppelzahlung. — **Abs. 2.** Verletzungsfolge: Abwsg.; die bekl. Gatten sind notw. Streitgen. (trotz Interessenwiderstreits), E. 40[350].

*§ 633 (587). I Mit der Nichtigkeitsklage kann nur eine Klage auf Feststellung des Bestehens oder Nichtbestehens einer Ehe zwischen den Parteien verbunden werden.

II Eine Widerklage ist nur statthaft, wenn sie eine Nichtigkeitsklage oder eine Feststellungsklage der im Abs. 1 bezeichneten Art ist.

Ehefeststellg.: Hauptfall absol. Nichtigk. (vgl. Note zu § 631) oder Streit über legale Auflösg. (zB. Anerk. ausld. Scheidg.); bestr., ob bzgl. e. angeblich relativ nichtigen Ehe e. FestKl. möglich, daß die Ehe nicht nichtig. Streit über Ehebestand mit e. Dritten fällt nur unter § 256. — Der StaatsA. ist für Ehefeststellg. weder aktiv noch passiv legitim.; keine WKl. auf Nichtigk. gg. StA. oder Drittkläger (nur gesonderte, nicht verbindbare Klage). — Scheidungs-, Anfechtgs., Herstellungskl. hiermit nicht verbindbar. — Aussetzung: §§ 148, 152 ff.; Akten: § 18 LGSchrG.

§ 634 (589). Der Staatsanwalt kann, auch wenn er die Klage nicht erhoben hat, den Rechtsstreit betreiben, insbesondere selbständig Anträge stellen und Rechtsmittel einlegen.

Ausdehnung des § 607; Zuständk.: § 632; Rechtsmittelgegner: § 636; Kosten: § 637. — Zweck: Verhütg. von Kollusionen; Revision unbeschränkt: § 547. — Auf Ehefeststellg. nicht ausdehnbar.

Anwendbar selbst bei Ruheabmachg. oder RMVerzicht der Parteien. — Der StA. hat hier formelle Parteistellg. (Mot. 369) als Streitgen., nicht bloß NebenI.; er kann die Ehe selbst gg. seine früheren Anträge durch RM. (einschl. WiederaufnKl.) bekämpfen.

§ 635. Das Versäumnisurteil gegen den im Termine zur mündlichen Verhandlung nicht erschienenen Kläger ist dahin zu erlassen, daß die Klage als zurückgenommen gelte.

Unverzichtbare Ausnahme von §§ 330, 271, 618 wegen des öffentl. Interesses; durch WKl. kann e. materieller Ausspruch erzielt werden. Bestr., ob in der RMInstanz anwendbar; vgl. § 542. — Beachtlich die Möglichkeit nachträgl. Konvaleszenz rel. nichtiger Ehen (§§ 1324 Abs. 2, 1325 Abs. 2, 1328) u. der praktische Unterschied von der Rücknahme der Eheanfechtgskl. (§ 1341 Abs. 2 BGB.) wegen Fristlaufs. — Ehefeststellg.: § 638; Kindssachen: § 640 (nicht § 641).

§ 636 (590). Wird ein Rechtsmittel von dem Staatsanwalt oder einer Privatpartei eingelegt, so sind im ersteren Falle die Privatparteien, im letzteren Falle die übrigen Privatparteien und der Staatsanwalt, sofern derselbe Partei ist, für das Rechtsmittelverfahren als die Gegner anzusehen.

Vgl. §§ 632, 634. — Die Gegner sind notw. Streitgen.: § 62: ihre Anträge können sich widersprechen u. mit dem StA. als Gegner übereinstimmen. — Gilt nur für die Nichtigkeitskl.

§ 637 (591). In den Fällen, in welchen der als Partei auftretende Staatsanwalt unterliegt, ist die Staatskasse zur Erstattung der dem obsiegenden Gegner erwachsenen Kosten in Gemäßheit der Bestimmungen des fünften Titels des zweiten Abschnitts des ersten Buchs zu verurteilen.

Gilt nur für die Nichtigkeitskl. — Partei: §§ 632, 634; Streitgen: § 100. — Staat = Reich, wenn der Oberreichsanwalt unterliegt. Liquidationen: JMBl. 81[61] 82[230]; Beschw.: JustMBl. 75[478]; Gebührenfreiheit: § 98 GKG., Art. 3 GebG.; Auslagen: S. 15[165]. — Der StAnw. kann nicht nach der RAGO. liquidieren, Bl. 63[22]; obsiegt er, so gelten die allg. Vorschr. (§§ 91 ff.).

§ 638. Die Vorschriften der §§ 633, 635 finden auf die Klage, welche die Feststellung des Bestehens oder Nichtbestehens einer Ehe zwischen den Parteien zum Gegenstande hat, entsprechende Anwendung.

Vgl. § 633. Die übrigen Spezialvorschr. (§§ 632, 634, 636, 637) gelten nicht: vgl. auch Mot. BGB. 4[103 1062]. Zustellung: § 625; Staatsanwalt: § 607; Rechtskraft: § 629 Abs. 2.

*§ **639** (592). Im Sinne dieses Abschnittes ist unter Scheidung auch die Aufhebung der ehelichen Gemeinschaft zu verstehen.

§§ 1575, 1576 BGB.. Der Gegenantrag aus § 1575 Abs. 1 Satz 2 ist keine WKl. (vgl. § 33; die Nachklage aus § 1576 ist eine unbefristete Eheklage wiederholter Schuldausspruch). Übergang v. Schdg. zur Aufhbg. u. umgekehrt zulässig. Einzelh. über WKl. u. neues Vorbringen bei Stdgr.-Engelm. zu §§ 1575 ff. Akten: § 13 LGSchrG. Auch bei Anwdg. ausld. Rechts dürfen deutsche Gerichte nicht mehr auf lebenslgl. oder zeitl. Trennung v. Tisch u. Bett erkennen, E. 55[345] (VZS.), Art. 1 JSchdgAbk.; wichtig für österr. Katholiken wegen Öst. Allg. BGB. § 111 mit Art. 17 EBG. Keine Nachklage aus § 1576 BGB. zu solchen ausld. oder zu altrechtl. deutschen Trennungsurt. (R. 06[516]). Österr. einverständl. Trennung im Deutschen R. unbeachtlich (Art. 30 EBG., BöhmZ. 16[283] KO. 11[287]). Zur Auslegung des § 77 PerStG. (jetzt durch Art. 17 EBG. gegenstandslos) vgl. E. 32[17] S. 16[30].

Zweiter Abschnitt.

Verfahren in Rechtsstreitigkeiten, welche die Feststellung des Rechtsverhältnisses zwischen Eltern und Kindern zum Gegenstande haben.

§ 640. I Auf einen Rechtsstreit, der die Feststellung des Bestehens oder Nichtbestehens eines Eltern- und Kindesverhältnisses zwischen den Parteien oder die Feststellung des Bestehens oder Nichtbestehens der elterlichen Gewalt der einen Partei über die andere zum Gegenstande hat, finden die Vorschriften der §§ 607, 613, des § 617 Abs. 1, 3 und der §§ 618, 619, 622, 625, 626, 628, 635 entsprechende Anwendung.

II Mit einer der im Abs. 1 bezeichneten Klagen kann eine Klage anderer Art nicht verbunden werden. Eine Widerklage anderer Art kann nicht erhoben werden.

Vgl. BGB. 1591, 1626, 1684, 1699, 1719, 1723, 1741; EBG. Art. 18 bis 20, 203; Mot. EBG. 92; Prot. 6[683]; StGB. § 169. — Zustdgk. (nur allg. GSt. des Bekl., vgl. Gr. 45[1105]); §§ 12. 40, 642; GBG. 70, 137; Öffentl. nach allg. Regeln (§ 173 GVG.). — Klagerfordernisse: § 256 (insbes. rechtl. Interesse, RL. 1[372]); Staatsangeh. meist im Vormundschaftsakt geprüft (Pfleger: § 1909, EF. 4[81]); Vorlage e. Geburtsurk. sachgemäß. — Beweisbeschränkg.: § 292; Verfahren analog Ehefeststellung, Offizialprüfg. auch für Nichtbestehen; besonders beachtl. Spezialvollmacht, Ladgs.-wiederholung, Beschränkg. des Versll., Zustellg. jedes Urt. v. amtsw., Benachr. des StAnw. — Beeid. der Ehefrau als Zeugin, richterl. Eid über Beischlaf zulässig. — Für Prozeßfähk., Klagänderg., e. Verf., Beweisführg., Sühne gelten nur die allg. Vorschr. — Keine vorl. Vollstreckb.: § 704; Rechtskraft: § 643; Berichtig. der Standesregister: JMBl. 00[362]. — Akten („H"): §§ 12 LGSchrG. — Beisp.: Kindsunterschiebg., Streit über Geburtstag (zB. wegen Volljährigk.), Gültigk. e. Adoption oder Legitimation, unehl. Mutterschaft (RL. 7[417]), Verwirkg. der elt. Gewalt: nicht hierher: unehel. Vaterschaft (§ 644), Streit über Namen, Kindsherausgabe (E. 18[186]), Proz. über Kindschaft zwischen den Eltern selbst oder mit e. Dritten einschl. Enkel (nur § 256). — Aussetzung: §§ 149, 153 ff. Gleichartige WKl. (Abs. 2 nur bei Verschiedenheit der Begr. statthaft weil sonst identisch. — Übergang: Bl. 63[91] RL. 6[57] 7[71]; sofort anwendbar, auch wenn materiell ält. R. gilt. Kosten: §§ 20 GKG.; 16 RAGL.; Streitw.: § 2.

§ 641. I Wird die Ehelichkeit eines Kindes oder die Anerkennung der Ehelichkeit von dem Ehemanne der Mutter durch Erhebung der Anfechtungsklage angefochten, so finden die Vorschriften der §§ 607, 613, des § 617 Abs. 1, 2, der §§ 618, 619, des § 622 Abs. 1 und der §§ 625, 626, 628 entsprechende Anwendung.

II Der Ehemann ist prozeßfähig, auch wenn er in der Geschäftsfähigkeit beschränkt ist. Für einen geschäftsunfähigen Ehemann wird der Rechtsstreit durch den gesetzlichen Vertreter geführt; der gesetzliche Vertreter kann die Anfechtungsklage nur mit Genehmigung des Vormundschaftsgerichts erheben.

III Mit der einen Anfechtungsklage kann nur die andere Anfechtungsklage verbunden werden. Eine Widerklage kann nicht erhoben werden.

Vgl. die Note zu § 640; Mot. BGB. 4[671], EBG. S. 90, Prot. 4[74] 6[683] Bl. 59[1] NS. 4[940] JW. 04[236]. — Verfahren analog Eheanfechtg. (Zweck: Schutz des Kindes gg. unbegr. Anfechtg.); Verfügungsrecht des allein als Kläger in Betracht kommenden Ehemanns beachtlich (§§ 1593, 1596, 1597, 1599 BGB.). Kind oder Mutter kann nicht auf Unehelichk. klagen (SA. 58[240]), solange der Vater lebt; nach dessen Tod nur, wenn das AnfR. nicht durch Ablauf der einjähr. Frist verloren (gewöhnl. Kl. nach § 256, RL. 12[318]). Offizialprinzip (§§ 617, 622) nur zugunsten der Ehelichk.; Versll. gg. den Kläger ergeht hier materiell u. wirkt die Abwsg. als Feststellg. der Ehelichk.; Klagerücknahme beseitigt die Anf. ex tunc; sohin neue Kl. nur, wenn Frist noch offen und nicht Abwsg. (§ 271) erwirkt worden. Zust. v. amtsw. erfolgt nur bei Aberkenng. der Ehelichk. (Formel: „ein ehel. Kind des N. nicht ist"). — Prozesse zwischen Kind und Vater auf Festst. der Unehlichk. wegen Ehenichtigk. u. dgl. fallen unter § 640, mit Dritten lediglich unter § 256. Die Mutter kann streitgen. NebenJ. sein.

§ 642. Ist in den Fällen der §§ 640, 641 der Beklagte ein Deutscher und hat er im Inlande keinen allgemeinen Gerichtsstand, so kann die Klage bei dem Landgericht erhoben werden, in dessen Bezirk er den letzten Wohnsitz im Inlande hatte; in Ermangelung eines solchen Wohnsitzes finden die Vorschriften des § 15 Abs. 1 Satz 2, 3 entsprechende Anwendung. Das Gleiche gilt, sofern der Beklagte im Inlande keinen allgemeinen Gerichtsstand hat, in dem Falle, daß der Beklagte die Reichsangehörigkeit verloren, der Kläger sie aber behalten hat oder daß beide Parteien die Reichangehörigkeit verloren haben, der Beklagte aber eine andere Staatsangehörigkeit nicht erworben hat.

Vgl. §§ 606 (keine Analogie des Abs. 4); EGG. Art. 18 bis 20. — Zweck: Sicherg. der Anwendg. des deutschen Rechts.

§ 643. In den Fällen der §§ 640, 641 wirkt das Urteil, sofern es bei Lebzeiten der Parteien rechtskräftig wird, für und gegen Alle. Ein Urteil, welches das Bestehen des Eltern- und Kindesverhältnisses oder der elterlichen Gewalt feststellt, wirkt jedoch gegenüber einem Dritten, welcher das elterliche Verhältnis oder die elterliche Gewalt für sich in Anspruch nimmt, nur dann, wenn er an dem Rechtsstreite teilgenommen hat.

Vgl. auch §§ 628 (Tod), 629, 704; Mot. BGB. 4 [674] [1007]. Die RKr. beschränkt sich auf den betr. Klagegrund (RD. 1 [372]), umfaßt aber auch Abwsg. (Festst. des Gegenteils). Keine Ausdehng. auf den Personenstand anderer Geschwister (aM. Gr. 45 [374]); kein Schutz gutgl. Rechtsakte (Mot. 4 [683]). — Satz 2 trifft nicht e. als Kind auftretenden Dritten; Teilnahme: NebenJ., nicht bloß Zeuge. — Übergang: GD. Kap. XIV § 11; Bl. 69 [89] JW. 00 [84].

§ 644. Die Vorschriften der §§ 640—643 gelten nicht für einen Rechtsstreit, der die Feststellung des Bestehens oder Nichtbestehens der unehelichen Vaterschaft zum Gegenstande hat.

Vgl. BGB. 1310, 1708 ff., insbes. 1716 (e. Verf. vor Geburt für Mutter), 1718 (Anerkenntnisfolgen), 1719, 1723 EGG. Art. 20, 21 (BöhmZ. 14 [76]); GebG. 168; vgl. §§ 794, 797. — Zustdk.: §§ 2, 20, 32; GVG. 23 Nr. 2; 12 LGSchrG. (Dritte): keine Prorog. (§ 40). Praktisch meist mit UnterhaltsKl. verbunden, durch diese nicht ersetzbar (FinBl. 14 [46]). — Verfahren nach allgem. Vorschr. (§ 256), R. 04 [493]; auch die Kindsmutter ist aktiv legit.: keine Besonderheit hinsichtl. Prozeßfähk., Versll., Zustellg., Rechtskraft: ZwV.: § 704. — Kein Eintrag nach § 25 PerſStG. auf Grund Urteils: NS. 7 [109] (bestr.): Anfechtb. e. Anerk.: E. 58 [349] (wspr. Entschd. gg. Mutter u. Kind); Unterhaltshöhe: DJZ. 06 [587]. — Uneheliche Mutterschaft: § 640; Klage des Ehemanns auf Unehelichk. e. Kindes seiner Ehefrau, sofern Geburt (auch) vor 1900) innerh. Frist des § 1593 BGB., fällt unter § 641. — Streitw.: § 2.

Dritter Abschnitt.

Verfahren in Entmündigungssachen.

***§ 645** (593). I Die Entmündigung wegen Geisteskrankheit oder Geistesschwäche erfolgt durch Beschluß des Amtsgerichts.

II Der Beschluß wird nur auf Antrag erlassen.

Vgl. §§ 6 BGB.; Art. 155 EBG.; §§ 10 EZB; 172 GBG.; 51 StGB.; Art. 80, 81 PolStGB.; Töll. 30[225]; JnnMBl. 76[233] 99[43]; JMBl. 66[245] 94[64] 95[70] 96[37] 00[225] 02[979] 04[49]. — Akten („D"): §§ 72, 74, 85, 89 AGSchrG.; öff. Bekanntm.: § 687; Mitteilung bei Entm. von Notaren: JMBl. 01[325]; Art. 92 NotG. — Verschwendung, Trunksucht (nicht mit Anträgen wg. Geisteskr., Geistesschw. verbindbar, RL. 12[1]); §§ 680 ff. — Kosten: §§ 20, 34 GKG.; 15, 23 RAGD. (volle, nicht 3/10 Gebühr, Bl. 71[138]); vgl. §§ 658, 673, 682, 684, 686. Liquidationen: JMBl. 81[61] 82[280]; Streitwert: S. 10[496]; vgl. § 2.

Das Verfahren ist formell e. „Rechtsstreit"; FGG. nicht anwendbar. Einzelh.: Bl. 52[17] 53[49] 54[161] Gr. 41[508] 45[1]. Unterschied von Gebrechenpflegschaft (§ 1910 BGB.): E. 52[240] JW. 06[376]. — Geistesschwäche ist nur minus gegen Geisteskrkh., E. 50[203]. — Weder der Antragsteller noch der zu Entm. sind förmlich Partei, wenn auch parteiähnlich (Bl. 52[83] Prot. BGB. 6[693]). Tod des Antragst. bewirkt keine Unterbrechung (bestr.); Tod des zu Entm., Antragsrücknahme führt zur Einstellung; vgl. S. 9[279]; BGB. §§ 115, 1908. Weiterbetrieb, Beitritt, insbes. durch StAnw.: § 646; Neuantrag stets möglich, R. 01[344]. — Keine freiwill. Unterwerfg. (E. 4[165]); keine FeststellKl. — Das ProzG. kann auch ohne Entm. Geisteskrankh. (mit Wirkung nur für den konkreten Prozeß) feststellen, E. 30[184] NS. 3[982]. — Anstaltsunterbringung ist lediglich Polizeisache.

***§ 646** (595). [I] Der Antrag kann von dem Ehegatten, einem Verwandten oder demjenigen gesetzlichen Vertreter des zu Entmündigenden gestellt werden, welchem die Sorge für die Person zusteht. Gegen eine Person, die unter elterlicher Gewalt oder unter Vormundschaft steht, kann der Antrag von einem Verwandten nicht gestellt werden. Gegen eine Ehefrau kann der Antrag von einem Verwandten nur gestellt werden, wenn auf Aufhebung der ehelichen Gemeinschaft erkannt ist oder wenn der Ehemann die Ehefrau verlassen hat oder wenn der Ehemann zur Stellung des Antrags dauernd außerstande oder sein Aufenthalt dauernd unbekannt ist.

[II] In allen Fällen ist auch der Staatsanwalt bei dem vorgesetzten Landgerichte zur Stellung des Antrags befugt.

Sorge für die Person: § 627; BGB. §§ 1627, 1634, 1676, 1684, 1686, 1793, 1909, 1915; E. 45[172]. — Staatsanwalt: GVG. §§ 142 ff.; Anweisung: JMBl. 95[70]. — Vgl. §§ 652, 666; 656, 658, 664, 675; 680.

Ehelichk. oder Grad der Verwandtschaft gleichgültig. — Satz 2 schließt den Antrag des Ehegatten nicht aus (Begr. 137). — Mehrere Antragsrechte konkurrieren selbstdg.; Beitritt: Bl. 47[195]. — Kein Antragsrecht der VormBehörde oder Armenpflege; anders bei Verschw. u. Trunks. — Wegfall des Antragsrechts: S. 9[279] (Scheidung), RL. 5[448] (Rückkehr).

§ 647 (596). Der Antrag kann bei dem Gerichte schriftlich eingereicht oder zum Protokolle des Gerichtsschreibers angebracht werden. Er soll eine Angabe der ihn begründenden Tatsachen und die Bezeichnung der Beweismittel enthalten.

Vgl. §§ 676, 680, 685; AGSchrG. 1. — Bescheinigung des Antragsrechts (zB. Verwandtschaft), Spezialvollm., Prozeßfähigkeit des Antragstellers erforderlich; kein Anwaltszwang. — Ärztl. Zeugnis: § 649. — Antragsfolgen: §§ 1906, 2229 BGB.; nach gem. M. wird die örtl. Zustdk. durch Einreichung des Antrags fixiert.

***§ 648** (594). I Für die Einleitung des Verfahrens ist das Amtsgericht, bei welchem der zu Entmündigende seinen allgemeinen Gerichtsstand hat, ausschließlich zuständig.

II Gegen einen Deutschen, welcher im Inlande keinen allgemeinen Gerichtsstand hat, kann der Antrag bei dem Amtsgerichte gestellt werden, in dessen Bezirke der zu Entmündigende den letzten Wohnsitz im Inlande hatte; in Ermangelung eines solchen Wohnsitzes finden die Vorschriften des § 15 Abs. 1 Satz 2, 3 entsprechende Anwendung.

Wohnsitz v Geisteskranken § 13, vgl RG 3[671] u § 650 — Ausländer: Art 8 EGBG — Förml Einleitungsbeschl nicht geboten, jedenfalls unanfechtbar (JW 98[641]); Mitteilung an StA: § 652 — Gg Ablehng. der Einleitung einf Beschw, S 16[178].

***§ 649** (597). Das Gericht kann vor der Einleitung des Verfahrens die Beibringung eines ärztlichen Zeugnisses anordnen.

Vgl § 676, kein Ersatz der oblig Vernehmg. (§ 655) — Bestimmter Arzt nicht vorschreibbar. — Sof Abwsg mangels Zeugnisses (ohne Zwischenbeschl) unzulässig hiergegen einf Beschw S 16[178]

§ 650. I Das Gericht kann nach der Einleitung des Verfahrens, wenn es mit Rücksicht auf die Verhältnisse des zu Entmündigenden erforderlich erscheint, die Verhandlung und Entscheidung dem Amtsgericht überweisen, in dessen Bezirke der zu Entmündigende sich aufhält.

II Die Überweisung ist nicht mehr zulässig, wenn das Gericht den zu Entmündigenden vernommen hat (§ 654 Abs. 1).

III Wird die Übernahme abgelehnt, so entscheidet das im Instanzenzuge zunächst höhere Gericht.

Vgl §§ 651, 675. — Grund Vernehmung durch den Beschlußrichter wesentl, RG 1[30] 7[?] — Aufenthalt: insbes Irrenanstalt, vgl RG 4[277] Rl 66[217] ZR 06[123] Die Überwsg ist parteiseitig unanfechtbar, förml Beschluß nicht geboten, aber rätlich. — Zustellung § 329; vgl § 652. — Abs 3 meint das nächsthöhere gemeinschftl Gericht (Begr 138) in Bayern stets BOLG letzte Instanz § 159 GVG nicht anwendbar. Zustdk des überwsd AG nachprüfbar, SA 53[246] Akten § 75 AGSchrG — Kosten §§ 47, 80a GKG, 23, 29 RAGO

§ 651. I Wenn nach der Übernahme des Verfahrens durch das Gericht, an welches die Überweisung erfolgt ist, ein Wechsel im Aufenthaltsorte des zu Entmündigenden eintritt, so ist dieses Gericht zu einer weiteren Überweisung befugt.

II Die Vorschriften des § 650 finden entsprechende Anwendung.

Vgl § 676 Eintritt oder bekannt wird (vgl § 365) andernfalls Ablehng der Übernahme.

***§ 652** (597). Der Staatsanwalt kann in allen Fällen das Verfahren durch Stellung von Anträgen betreiben und den Terminen beiwohnen. Er ist von der Einleitung des Verfahrens, sowie von einer nach den §§ 650, 651 erfolgten Überweisung und von allen Terminen in Kenntnis zu setzen.

Gleichgültig, ob er auch den Antrag gestellt hat; anders bei Verschw. u. Trunks. — Vgl. §§ 299, 607, 834, 646, 656, 659, 663, 676.

***§ 653** (597). I Das Gericht hat unter Benutzung der in dem Antrag angegebenen Tatsachen und Beweismittel von amtswegen die zur Feststellung des Geisteszustandes erforderlichen Ermittelungen zu veranstalten und die erheblich erscheinenden Beweise aufzunehmen. Zuvor ist dem zu Entmündigenden Gelegenheit zur Bezeichnung von Beweismitteln zu geben, desgleichen demjenigen gesetzlichen Vertreter des zu Entmündigenden, welchem die Sorge für die Person zusteht, sofern er nicht die Entmündigung beantragt hat.

II Für die Vernehmung und Beeidigung der Zeugen und Sachverständigen kommen die Bestimmungen im siebenten und achten Titel des ersten Abschnitts des zweiten Buchs zur Anwendung. Die Anordnung der Haft im Falle des § 390 kann von amtswegen erfolgen.

BGB. § 1906; vgl. §§ 657, 678, 680, 683. — GVGA. § 184. — Protokoll: § 160. — Staatsanw.: § 652. — Keine oblig. Anhörung der Gemeindebehörde.

Der Antragsteller sowie der ges. V. des zu Entm. können Zeugen sein; ein Anwesenheitsrecht steht ihnen nicht zu (Gr. 29^{1094}). Zulassung e. Beistands (RA.) meist sachgemäß (KB. 164). Entschdg. über Zeugnisweig. durch Beschluß (ZZP. 19^{450}). Beschw. des Antragstellers: SA. 49^{284}; nicht gg. Ablehng. v. Beweisanträgen, SA. 59^{243}.

***§ 654** (598). I Der zu Entmündigende ist persönlich unter Zuziehung eines oder mehrerer Sachverständigen zu vernehmen. Zu diesem Zwecke kann die Vorführung des zu Entmündigenden angeordnet werden.

II Die Vernehmung kann auch durch einen ersuchten Richter erfolgen.

III Die Vernehmung darf nur unterbleiben, wenn sie mit besonderen Schwierigkeiten verbunden oder nicht ohne Nachteil für den Gesundheitszustand des zu Entmündigenden ausführbar ist.

Vgl. §§ 656, 671, 676. — Vernehmung unverzichtbar, JW. 05^{53}; Vorführung § 380; Überweisung: § 650; Transporte zu vermeiden (vgl. JunMBl. 99^{40}). Sachverständige: psychiatr. Spezialisten, Irrenanstaltsärzte, Amtsärzte. Auswahl durch das AG.: Zuziehungszweck: sachgemäße erschöpfende Vernehmung; daneben Vorbereitung des Gutachtens. Identität der Sachv. nach §§ 654 und 655 nicht nötig. — Die Vernehmung ist Beweiserhebg.: genaue Protokollierung: SA. 55^{123}. — Grund für Unterbleiben (Abs. 3): Tobsucht: nicht bloße Unerheblichkeit (RG. 7^{26}) oder Weigerung des Erscheinens, JW. 00^{82}; Aktenvermerk geboten.

§ 655 (599). Die Entmündigung darf nicht ausgesprochen werden, bevor das Gericht einen oder mehrere Sachverständige über den Geisteszustand des zu Entmündigenden gehört hat.

Vgl. §§ 623, 653 Abs. 2, 671, 676. — Ablehnung auch ohne Gutachten möglich. — Form des Gehörs: §§ 402 ff. (schriftl. meist sachgemäß); keine Bindung des Gerichts, S. 7^{669}; Inhalt der Gutachten: R. 01^{301} Gr. 45^{119}. — Bei wichtigen Entm. Mehrzahl v. Sachverstdg.: S. 4^{729}.

§ 656. I Mit Zustimmung des Antragstellers kann das Gericht anordnen, daß der zu Entmündigende auf die Dauer von höchstens sechs Wochen in eine Heilanstalt gebracht werde, wenn dies nach ärztlichem Gutachten zur Feststellung des Geisteszustandes geboten erscheint und ohne Nachteil für den Gesundheitszustand des zu Entmündigenden ausführbar ist. Vor der Entscheidung sind die im § 646 bezeichneten Personen soweit tunlich zu hören.

II Gegen den Beschluß, durch welchen die Unterbringung angeordnet wird, steht dem zu Entmündigenden, dem Staatsanwalt und binnen der für den zu Entmündigenden laufenden Frist den sonstigen im § 646 bezeichneten Personen die sofortige Beschwerde zu.

Auch schon vor der richterl. Vernehmung des zu Entm. möglich; Gehör sachgemäß (KB. 167). — Die Heilanstalt muß bestimmt bezeichnet (BlFG. 11[64]), braucht nicht öffentlich zu sein (Begr. 139). Vollzug analog Haft. Anstaltswechsel fordert neuen Beschluß innerh. Gesamtdauer. — Zustellung: § 329; nicht an die sonstigen Interessenten nach § 646 (bestr.) — Die sof. Beschw. hat aufschiebende Wirkung (§ 572); gegen Ablehnung keine Beschw., weil v. amtsw. zu prüfen (JW. 97[459]). — Kosten: § 658; vgl. GKG. §§ 79, 81 ff.

§ 657 (600). Sobald das Gericht die Anordnung einer Fürsorge für die Person oder das Vermögen des zu Entmündigenden für erforderlich hält, ist der Vormundschaftsbehörde zum Zwecke dieser Anordnung Mitteilung zu machen.

Vorl. Vormundschaft: BGB. §§ 1906, 1909; EGBG. Art. 147; FGG. §§ 36, 50, 52, 57; VormO. § 3. — Beisp.: Angabe von Gegenbeweisen, Zuziehung e. RA. — Keine einstw. Verf. des EntmRichters als solchen zwecks derartiger Fürsorge; vgl. §§ 672, 680.

§ 658 (601). I Die Kosten des Verfahrens sind, wenn die Entmündigung erfolgt, von dem Entmündigten, anderenfalls von der Staatskasse zu tragen.

II Insoweit einen der im § 646 Abs. 1 bezeichneten Antragsteller bei Stellung des Antrages nach dem Ermessen des Gerichts ein Verschulden trifft, können demselben die Kosten ganz oder teilweise zur Last gelegt werden.

Abs. 1 umfaßt Vertretungs- u. Einschaffungskosten. Der Schlußhalbsatz gilt auch für Wegfall des Antragsrechts, Rücknahme u. Tod, außer wenn bereits aus dem vorliegenden Material Verschulden entnehmbar (ZZP. 33[539]); unrichtig SA. 44[289] (vgl. Pr. 158). — Kosten: §§ 20, 34, 98 GKG.; 23, 45 RAGO. ArmenR. für den zu Entm. nach gem. M. zulässig; ArmenR. u. Vorschußpflicht des Antragstellers bestr. — Vgl. §§ 99 ff., 673, 677, 682; Beschwerde: Festsetzung: §§ 103 ff.

§ 659 (602). Der über die Entmündigung zu erlassende Beschluß ist dem Antragsteller und dem Staatsanwalte von amtswegen zuzustellen.

Zustellung: § 329. Auch bei Abwsg. stets an den StAnw., selbst wenn nicht Antragst.; nach gem. M. an den ProzBev. des Antragstellers statthaft. Keine Zust. an den wegen Geisteskrkh. Entm. selbst oder dessen ProzBev.; vgl. §§ 660, 662. — Mittlg. an die VormBehörde: § 660; keine Verkündung. — Wirksamkeit: § 661; Frist für Beschwerde: § 663; für AnfKl.: § 664.

***§ 660** (603). Der die Entmündigung aussprechende Beschluß ist von amtswegen der Vormundschaftsbehörde mitzuteilen und, wenn der Entmündigte unter elterlicher Gewalt oder unter Vormundschaft steht, auch demjenigen gesetzlichen Vertreter zuzustellen, welchem die Sorge für die Person des Entmündigten zusteht. Im Falle der Entmündigung wegen Geistesschwäche ist der Beschluß außerdem dem Entmündigten selbst zuzustellen.

Mitteilg. an VormBehörde lediglich instruktionell u. formlos; bei Richteridentität genügt Aktennotiz: vgl. §§ 21 AGSchrG.; 3 VormO. — Benachr. der Irrenanstalt: JMBl. 04[49]. — Zustellung (Satz 2): persönl. (Prot. BGB. 6[693]. — Keine Ausschreibung: § 687.

***§ 661** (603). [I] Die Entmündigung wegen Geisteskrankheit tritt, wenn der Entmündigte unter elterlicher Gewalt oder unter Vormundschaft steht, mit der Zustellung des Beschlusses an denjenigen gesetzlichen Vertreter, welchem die Sorge für die Person zusteht, anderenfalls mit der Bestellung des Vormundes in Wirksamkeit.

[II] Die Entmündigung wegen Geistesschwäche tritt mit der Zustellung des Beschlusses an den Entmündigten in Wirksamkeit.

Zivilrechtl. Wirkg. ist gemeint: E. 43[276]. Zustellung: § 660: Rechtskraft gleichgültig. Wirkung: Note zu § 645. — Vgl. §§ 52, 61 FGG. — Außer etwaiger öff. Zust. (Abs. 2) keine sonstige öff. Bekanntm.: § 687; kein Eintrag im Grundbuch (RS. 5[185]).

§ 662. Der die Entmündigung ablehnende Beschluß ist von amtswegen auch demjenigen zuzustellen, dessen Entmündigung beantragt war.

Vgl. §§ 185, 660 ff. — Ob der zu Entm. gehört worden oder die Ablehng. nur formell, ist belanglos; keine Beschw. desselben. Beendig. der vorl. Vormundschaft: § 1908 BGB.

***§ 663** (604). [I] Gegen den Beschluß, durch welchen die Entmündigung abgelehnt wird, steht dem Antragsteller und dem Staatsanwalte die sofortige Beschwerde zu.

[II] In dem Verfahren vor dem Beschwerdegerichte finden die Vorschriften der §§ 652, 653 entsprechende Anwendung.

Auch teilwj. Ablehnung hierher, zB. Geistesschwäche statt GKr. Gegen Ablehnung der Einleitung einf. Beschw., S. 16[178]; gg. Entm. nur AnfKl., nicht weitere Beschw. — Kein Anwaltszwang: kein BeschwRecht sonstiger Interessenten. — §§ 654, 655 sind für das BeschwG. nicht anwendbar, soweit Verf. I. Inst. hierbei einwandfrei. Kosten: § 97 anwendbar (Pr. 458: bestr.); vgl. § 658.

***§ 664** (605). [I] Der die Entmündigung aussprechende Beschluß kann im Wege der Klage binnen der Frist eines Monats angefochten werden.

[II] Zur Erhebung der Klage sind der Entmündigte selbst, derjenige gesetzliche Vertreter des Entmündigten, welchem die Sorge für die Person zusteht, und die übrigen im § 646 bezeichneten Personen befugt.

III Die Frist beginnt im Falle der Entmündigung wegen Geisteskrankheit für den Entmündigten mit dem Zeitpunkt, in welchem er von der Entmündigung Kenntnis erlangt, für die übrigen Personen mit dem Zeitpunkt, in welchem die Entmündigung in Wirksamkeit tritt. Im Falle der Entmündigung wegen Geistesschwäche beginnt die Frist für den gesetzlichen Vertreter des unter elterlicher Gewalt oder unter Vormundschaft stehenden Entmündigten mit dem Zeitpunkt, in welchem ihm der Beschluß zugestellt wird, für den Entmündigten selbst und die übrigen Personen mit der Zustellung des Beschlusses an den Entmündigten.

Zustdk. (LG.): § 665; Passivlegitim.: § 666. — Klagezustellg. nicht an ProzBev. des Entm. vor dem AG. (JW. 97[52]): keine Vermittelung der Zustellg. — Kein Suspensiveffekt. — Anwaltszwang: § 78; Öffentlichkeit: § 172 GVG. — Register: § 11 EGZch.: Fristberechnung: § 222. — Kosten: § 663, 673.

Abs. 1. Vorgänge nach der Beschlußerlassung sind kein AnfGrund; hierfür nur Wiederaufhebg. (§ 675), JW. 96[372] 00[867] SA. 53[103]. Zeitl. Konkurrenz beider Behelfe möglich. — Auch Verfahrensmängel des AG. können Klagegrund sein, Gr. 29[1093]. — Antragst. kann selbst AnfKl. stellen. — Formel: „EntmBeschl. wird aufgehoben". Aufrechthaltg. wegen Geistesschwäche statt GKrkh. bestr.; auch auf Entm. ält. R. anwendbar, E. 50[203]. — **Abs. 2.** Dem Entm. bleibt insoweit seine frühere Prozeßfähigk. (E. 35[352] JW. 04[363]); Beiordnung e. RA.: § 668. Die Klageberechtig. der Erben ist bestr.: vgl. S. 10[271]. — **Abs. 3.** Vgl. § 661. — Keine Notfrist, aber unabänderlich u. v. amtsw. zu prüfen, E. 40[393]; vgl. E. 45[424] (§ 295). — Kenntnis des Entm. Tatfrage, Pr. 460; Beweislast für Ablauf hat Gegner. Klage vor Fristbeginn statthaft.

***§ 665** (606). Für die Klage ist das Landgericht ausschließlich zuständig, in dessen Bezirke das Amtsgericht, welches über die Entmündigung entschieden hat, seinen Sitz hat.

Gemeint ist das betr. Instanzgericht: beachtlich bei Überwig. Der Entmdgerichter ist nicht kraft Gesetzes ausgeschlossen.

***§ 666** (607). I Die Klage ist gegen den Staatsanwalt zu richten.

II Wird die Klage von dem Staatsanwalt erhoben, so ist sie gegen denjenigen gesetzlichen Vertreter des Entmündigten zu richten, welchem die Sorge für die Person zusteht.

III Hat eine der im § 646 Abs. 1 bezeichneten Personen die Entmündigung beantragt, so ist dieselbe unter Mitteilung der Klage zum Termine zur mündlichen Verhandlung zu laden. Dieselbe gilt im Falle des Beitritts im Sinne des § 62 als Streitgenosse der Hauptpartei.

Vgl. §§ 176, 179 mit RG. 5[115 118], 632, 679, 684, 686. — Unzulässigkeit e. Widerkl.: § 667.

Abs. 1. Der Antragsteller als solcher ist nie Bekl. — Der verklagte StAnw. muß nicht kontradizieren: vgl. JW. 00[253] E. 13[432]. — **Abs. 2.** Partei ist der Entm. selbst. — **Abs. 3.** Beiladung ist nicht an Klagefrist gebunden; erfolgt im Parteibetrieb; ist durch bloße Klagemitteilung nicht ersetzbar, E. 13[432]. Unterlassung führt z. Vertag. v. amtsw. — NebenJ. auch ohne Beiladg. statthaft; der Beigeladene kann dem Gegner beitreten.

§ 667 (608). I Mit der die Entmündigung anfechtenden Klage kann eine andere Klage nicht verbunden werden.

II Eine Widerklage ist unzulässig.

Vgl. §§ 615, 633, 640, 641, 684, 975.

§ 668 (609). Will der Entmündigte die Klage erheben, so ist ihm auf seinen Antrag von dem Vorsitzenden des Prozeßgerichts ein Rechtsanwalt als Vertreter beizuordnen.

Kein Anwaltszwang (JW. 04[363]); gg. Abwsg. eins. Beschw. (NS. 4[821]). — Akten: § 39 LGSchrG. — Kosten: §§ 47, 80a GKG.; 23, 29 RAGO.; § 38 RAO. ist nach gem. M. nicht anwendbar. Vorschußpflicht des Vormunds: NS. 4[821]. Daneben AR. möglich (Gerichtskosten).

Beiordng. (auch bei Wegfall des RA.) obligat.; Vermöglichkeit, Unhaltbarkeit gleichgültig (SA. 44[66]). — Der RA. ist hier nur Bevollm. (E. 35[356]), muß Vollm. vorlegen u. für Vertr. in höherer Instanz selbst sorgen (E. 21[370] S. 13[623]); dem Entm. steht die Wahl eines anderen RA. frei (E. 34[386]).

§ 669 (610). I Bei der mündlichen Verhandlung haben die Parteien die Ergebnisse der bei dem Amtsgerichte stattgehabten Sachuntersuchung, soweit es zur Prüfung der Richtigkeit des angefochtenen Beschlusses erforderlich ist, vollständig vorzutragen.

II Im Falle der Unrichtigkeit oder Unvollständigkeit des Vortrags hat der Vorsitzende dessen Berichtigung oder Vervollständigung, nötigenfalls unter Wiedereröffnung der Verhandlung, zu veranlassen.

Wegen Abs. 2 ist die Beischaffung der Entmdgsakten v. amtsw. geboten. — Vgl. §§ 139, 156, 285, 526, 570, 684, 975.

*** § 670** (611). I Die Vorschriften des § 617 Abs. 1, 3 und der §§ 618, 622 finden entsprechende Anwendung.

II Der Parteieid ist ausgeschlossen.

Vgl. §§ 640, 641, 684, 975. Beachtl. insb. Ausschluß des richterl. Eides, die Ladungsvorschr. nach § 618 u. Anwendbarkeit des § 622 Abs. 2 (Offizialprinzip auch für Fortdauer der Entm.); auch Abs. 2 des § 617 ist indirekt anwendbar. — Keine Vollmachtsprüfg. v. amtsw., keine Aussetzung: keine Zustellg. des Urteils v. amtsw.

§ 671 (612). I Die Bestimmungen der §§ 654, 655 finden in dem Verfahren über die Anfechtungsklage entsprechende Anwendung.

II Von der Vernehmung Sachverständiger darf das Gericht Abstand nehmen, wenn es das vor dem Amtsgericht abgegebene Gutachten für genügend erachtet.

§ 654: Pflicht, den Entm. unter Zuziehg. v. Sachv. zu vernehmen; § 655: Hörpflicht bzgl. Sachv. — Zwangsvorführung zwecks Vernehmg. (auch durch b. o. e. R.) ist zulässig, nicht aber Zwangseinschaffung in e. Heilanstalt. — Obligat. Ausschluß der Öffentlichkeit bei der persönl. Vernehmung: § 172 GVG.; JW. 04[210]. — Abs. 2 entbindet nicht von der Vernehmungspflicht bzgl. des Entm. unter Zuziehg. v. Sachverstdg.; diese gilt auch für die Berufungsinstanz, E. 57[387]. Bloßes „Gehör“ des Entm. ungenügend, R. 05[46]. Zuziehung des amtsg. Sachverstdg. nicht verboten; vgl. § 406.

§ 672 (613). Wird die Anfechtungsklage für begründet erachtet, so ist der die Entmündigung aussprechende Beschluß aufzuheben. Die Aufhebung tritt erst mit der Rechtskraft des Urteils in Wirksamkeit. Auf Antrag können jedoch zum Schutze der Person oder des Vermögens des Entmündigten einstweilige Verfügungen nach Maßgabe der §§ 936—944 getroffen werden.

Urteilsformel: § 664; Zustellung im Parteibetrieb; Revis. unbeschränkt zulässig; keine vorl. Vollstreckb. — Inhalt der einstw. Verf.: zB. Entlassung aus der Irrenanstalt, Zuweisung von Vermögen. — Keine solche e. V. bei Abweisung oder vor Urteilsverkdg.; vgl. §§ 657, 674, 684; BGB. 115, 1425, 1547, 2230. — Akten: §§ 13, 18 LGSchrG. — Kosten: §§ 20 GKG.; 16 RAGO.

§ 673 (614). I Unterliegt der Staatsanwalt, so ist die Staatskasse zur Erstattung der dem obsiegenden Gegner erwachsenen Kosten in Gemäßheit der Bestimmungen des fünften Titels des zweiten Abschnitts des ersten Buchs zu verurteilen.

II Ist die Klage von dem Staatsanwalt erhoben, so hat die Staatskasse in allen Fällen die Kosten des Rechtsstreits zu tragen.

Abs. 2 ist auch auf erfolglose RMittel des vom StAnw. verklagten Gegners anwendbar (bestr.); anders, wenn der StA. als Bekl. durch sein RMittel obsiegt. NebenJ.: §§ 100 ff. — Kosten: §§ 20, 98 GKG.; 3 GebG.; 13, 16 RAGO.; Liquidationen: JMBl. 81[61] 82[289] Bl. 63[22]; vgl. §§ 637, 679, 684, 975. — Kosten des Beschlußverf.: §§ 663; vgl. ZZP. 15[419].

§ 674 (615). Das Prozeßgericht hat der Vormundschaftsbehörde und dem Amtsgerichte von jedem in der Sache erlassenen Endurteile Mitteilung zu machen.

Gilt für jede Instanz, auch bei Abweisg. — Formlose Übermittelung des Urteilsatzes kann genügen: Rechtskraft nicht abzuwarten. — Vgl. §§ 630, 660, 678, 684, 687; FGG. 36; Art. 147 EBG.; § 3 VormO.

§ 675 (616). Die Wiederaufhebung der Entmündigung erfolgt auf Antrag des Entmündigten oder desjenigen gesetzlichen Vertreters des Entmündigten, welchem die Sorge für die Person zusteht, oder des Staatsanwalts durch Beschluß des Amtsgerichts.

Zustdk.: § 676; Form: § 647; vgl. §§ 676 Abs. 3, 646. — Grund: Wegfall der Geistesstörung n a c h Erlassung des EntmB., JW. 95[328] 96[372]; zeitl. Konkurrenz mit AnfKl. möglich. Beweislast Antragsteller: JW. 01[475]. — Keine Bewährungsfrist; keine Vertreterbeiordnung nach § 668; keine Wiederaufh. von amtsw. — Beschränkung der Antragsberechtigten beachtlich (insbes. Ausschluß des Ehegatten). — Keine Öffentlichkeit: § 172 GVG. — Anwendung auf Entm. ält. R.: S. 12[137]; anderweitige Entm.: Bl. 58[310]. — Vgl. §§ 685; BGB. 6, 2230.

§ 676 (617). I Für die Wiederaufhebung der Entmündigung ist das Amtsgericht ausschließlich zuständig, bei welchem der Entmündigte seinen allgemeinen Gerichtsstand hat.

II Ist der Entmündigte ein Deutscher und hat er im Inlande keinen allgemeinen Gerichtsstand, so kann der Antrag bei dem Amtsgerichte gestellt werden, welches über die Entmündigung entschieden hat. Das Gleiche gilt, wenn ein Ausländer, welcher im Inland entmündigt worden ist, im Inlande keinen allgemeinen Gerichtsstand hat.

III Die Bestimmungen des § 647 und der §§ 649—655 finden entsprechende Anwendung.

Beachtl., daß nicht das frühere BeschlußG. als solches zur WAufhbg. zuständig u. daß zwar Zwangsvorführung, nicht aber Einschaffung in eine Heilanstalt statthaft ist. Keine Abweisg. des Antrags auf WA. ohne Gutachten (bestr.). — Abs. 1 gestattet auch die WAufh. einer ausld. Entm.

§ 677 (618). Die Kosten des Verfahrens sind von dem Entmündigten, wenn das Verfahren von dem Staatsanwalt ohne Erfolg beantragt ist, von der Staatskasse zu tragen.

§§ 31, 10 GKG.: 23 RAGO.; vgl. §§ 658, 673, 682. — Der Entm. muß die Kosten der WAufh. auch dann tragen, wenn er sie selbst oder der StAnw. für ihn durchgesetzt hat.

§ 678 (619). I Der über die Wiederaufhebung der Entmündigung zu erlassende Beschluß ist dem Antragsteller und im Falle der Wiederaufhebung dem Entmündigten sowie dem Staatsanwalte von amtswegen zuzustellen.

II Gegen den Beschluß, durch welchen die Entmündigung aufgehoben wird, steht dem Staatsanwalte die sofortige Beschwerde zu.

III Die rechtskräftig erfolgte Wiederaufhebung ist der Vormundschaftsbehörde mitzuteilen.

Formel: „Entm. (nicht EntmB.) wird aufgehoben.“ — Zustellung: § 329; Abwsg. an den StAnw. nur, wenn Antragsteller. — Wirksamkeit erst mit Rechtskraft: vgl. §§ 572, 672; BGB. 1425. — Mitteilung: §§ 659, 660; vgl. §§ 1663, 1882, 1890, 1897, 2230 BGB. — Rechtsbehelf gg. Ablehng. der WAufh.: Klage aus § 679; einf. Beschw. nur gg. Ablehng. der Einleitung des WAufhVerf. (S. 1778). StAnw. hat sof. Beschw. auch gg. e. von ihm selbst erwirkte WAufhbg.; keine Beschw. sonstiger im § 646 genannter Interessenten.

***§ 679** (620). I Wird der Antrag auf Wiederaufhebung von dem Amtsgericht abgelehnt, so kann dieselbe im Wege der Klage beantragt werden.

II Zur Erhebung der Klage ist derjenige gesetzliche Vertreter des Entmündigten, welchem die Sorge für die Person zusteht, und der Staatsanwalt befugt.

III Will der gesetzliche Vertreter die Klage nicht erheben, so kann der Vorsitzende des Prozeßgerichts dem Entmündigten einen Rechtsanwalt als Vertreter beiordnen.

IV Auf das Verfahren finden die Vorschriften der §§ 665—667, 669—674 entsprechende Anwendung.

Anwaltszwang für Klage: § 78; nicht für Antrag aus Abs. 3.: JW. 04[365]. — Zustdk.: vgl. Note zu § 676 Abs. 1. — Formel: Note zu § 678. — Keine Klagefrist: neuer WAAntrag mit besserer Begr. statt Klage möglich. — Der RA. (Abs. 3) ist hier wahrer ges. V. (E. 35[357]) u. bedarf sohin keiner Vollm. des Entm.; Beiordnung Ermessenssache. Glaubhaftm. nötig, daß der ges. V. nicht klagen will. — Verfahren: indirekte Verweisung auf §§ 617, 618, 622, 654, 655 beachtlich; BGB. § 115 unanwendbar. Bei Klagen des StAnw. ist der Entm. (ges. V.) Gegner. — Öffentlichkeit: § 172 GVG. — Kosten: §§ 17, 80a, 20 GKG.; 23, 29, 16 RAGO.; vgl. § 673

***§ 680** (621). I Die Entmündigung wegen Verschwendung oder wegen Trunksucht erfolgt durch Beschluß des Amtsgerichts.

II Der Beschluß wird nur auf Antrag erlassen.

III Auf das Verfahren finden die Vorschriften des § 646 Abs. 1 und der §§ 647, 648, 653, 657, 663 entsprechende Anwendung.

IV Eine Mitwirkung der Staatsanwaltschaft findet nicht statt.

V Die landesgesetzlichen Vorschriften, nach welchen eine Gemeinde oder ein der Gemeinde gleichstehender Verband oder ein Armenverband berechtigt ist, die Entmündigung wegen Verschwendung oder wegen Trunksucht zu beantragen, bleiben unberührt.

BGB. §§ 6, 114, 1906; vgl. 1418, 1468, 1568, 2338; EZP. 10; EBG. Art. 156; StGB. § 361 Nr. 5; PolStG. Art. 55, 82. — Allgem. bzgl. Verfahren: Bl. 52[17] 53[40] 54[161]; Substantiierung: JW. 05[87]. — Keine Pflicht den zu Entm. oder Sachverstd. zu vernehmen: gleichwohl sachgemäß, Bl. 52[166]. Ärztl. Zeugnis (§ 649) entbehrlich; keine Überweisung (§ 650). — Antragsrecht des Armenpflegschaftsrats: ArmG. Art. 36; nicht des StAnw. oder Vertragserben Prot. BGB. 5[388]. — Öffentlichkeitsausschluß bestr.: vgl. § 172 (GBG.); Bl. 47[..]

§ 681. Ist die Entmündigung wegen Trunksucht beantragt, so kann das Gericht die Beschlußfassung über die Entmündigung aussetzen, wenn Aussicht besteht, daß der zu Entmündigende sich bessern werde.

Zweck: Besserung durch Kenntnis vom Antrag, Veranlassung zum Eintritt in e. Trinkerasyl: Ersatz des förml. Besserungsbefehls (Bl. 52[18]). — Form: Beschluß: Zeitdauer, Wiederholung, Aufhebung unterliegen freiem Erm. — Zustellung: §§ 329, 683; Beschwerde: § 252. — Auf Verschwendung nicht ausdehnbar: vgl. auch § 621. — Kosten: 682.

§ 682 (622). Die Kosten des amtsgerichtlichen Verfahrens sind, wenn die Entmündigung erfolgt, von dem Entmündigten, andernfalls von dem Antragsteller zu tragen.

Vgl. §§ 658, 673, 677; GKG. 31, 81; KAGE. 23. — Bei Besserung nach Aussetzung treffen die Kosten den Antragsteller (Prot. BGB. 6[...]), weil Rücknahme oder Abweisung.

§ 683 (623). I Der über die Entmündigung zu erlassende Beschluß ist dem Antragsteller und dem zu Entmündigenden von amtswegen zuzustellen.

II Der die Entmündigung aussprechende Beschluß tritt mit der Zustellung an den Entmündigten in Wirksamkeit. Der Vormundschaftsbehörde ist ein solcher Beschluß von amtswegen mitzuteilen.

Vgl. §§ 659 ff., 684, 685, 687; BGB. 109, 114, 1896, 2338; FGG. 52; VormO. 3. — Zustellung an Entm. selbst, nicht dessen ges. V. (Prot. BGB. 6[...]); bestr., ob an Proz.-Bev. statthaft.

***§ 684** (624). I Der die Entmündigung aussprechende Beschluß kann binnen der Frist eines Monats von dem Entmündigten im Wege der Klage angefochten werden.

II Die Frist beginnt mit der Zustellung des Beschlusses an den Entmündigten.

III Die Klage ist gegen denjenigen, welcher die Entmündigung beantragt hatte, falls aber dieser verstorben, oder sein Aufenthalt unbekannt oder im Auslande ist, gegen den Staatsanwalt zu richten.

IV Auf das Verfahren finden die Vorschriften der §§ 665, 667, 669, 670, 672—674 entsprechende Anwendung.

Vgl. §§ 664, 686, 687, 974. — Kein Klagerecht des Vormunds, StAnw. oder Antragsberechtigten. Keine Vertreterbestellg. nach § 668; keine Vernehmgspflicht. Der StAnw. ist erst nach Wegfall sämtl. Antragsteller passiv legitim., S. 9[281] SA. 51[73]. — Offizialprinzip nach § 670 beachtl. (SA. 60[138]). — Öffentlichkeit: § 680. — Kosten: §§ 673; GKG. 20; RAGO. 16.

***§ 685** (625). Die Wiederaufhebung der Entmündigung erfolgt auf Antrag des Entmündigten oder desjenigen gesetzlichen Vertreters des Entmündigten, welchem die Sorge für die Person zusteht, durch Beschluß des Amtsgerichts unter entsprechender Anwendung der §§ 647, 653, des § 676 Abs. 1, 2, des § 677 und des § 678 Abs. 1, 3.

Vgl. §§ 675; BGB. 6 Abs. 2; Verhältnis z. Geisteskrankheit: Bl. 58[310]. — Antragsrücknahme: § 645 Note; StAnw. hat kein Antragsrecht. — Wiederaufh., sofort wirksam, weil unanfechtbar. — Bekanntm.: § 687; keine Zustellg. an StAnw. — Rechtsbehelf gg. Ablehnung: § 686. — Kosten: §§ 34 GKG.; 20 RAGO.

***§ 686** (626). I Wird der Antrag auf Wiederaufhebung von dem Amtsgericht abgelehnt, so kann dieselbe im Wege der Klage beantragt werden.

II Zur Erhebung der Klage ist derjenige gesetzliche Vertreter des Entmündigten befugt, welchem die Sorge für die Person zusteht. Will dieser die Klage nicht erheben, so kann der Vorsitzende des Prozeßgerichts dem Entmündigten einen Rechtsanwalt als Vertreter beiordnen.

III Die Klage ist gegen denjenigen, welcher die Entmündigung beantragt hatte, falls aber dieser verstorben, oder sein Aufenthalt unbekannt oder im Auslande ist, gegen den Staatsanwalt zu richten.

IV Auf das Verfahren finden die Vorschriften der §§ 665, 667, 669, 670, 672—674 entsprechende Anwendung.

Vgl. §§ 679, 684, 685, 974.

***§ 687** (627). Die Entmündigung einer Person wegen Verschwendung oder wegen Trunksucht, sowie die Wiederaufhebung einer solchen Entmündigung ist von dem Amtsgericht öffentlich bekannt zu machen.

Entm.: auch durch BeschwG.; Wiederaufh.: auch nach § 684. — Die Bek. geschieht bei Beschlüssen sofort, bei Urt. erst nach Rechtskraft. Form landesrechtl. (§ 204 nicht anwendbar); vgl. NotGeschO. §§ 57, 80; JMBl. 79[362] 00[1226] (Amtsblatt, nicht mehr Kreisamtsblatt). — Auf die Wirksamkeit ist die Bek. ohne Einfluß, S. 17[366]. — Keine öff. Bekanntm. der Entmdg. von Geisteskranken oder Geistesschwachen, Prot. BGB. 6[686].

Siebentes Buch.

Mahnverfahren.

***§ 688** (628). I Wegen eines Anspruchs, welcher die Zahlung einer bestimmten Geldsumme oder die Leistung einer bestimmten Quantität anderer vertretbarer Sachen oder Wertpapiere zum Gegenstande hat, ist auf Gesuch des Gläubigers ein bedingter Zahlungsbefehl zu erlassen. Als ein Anspruch, welcher die Zahlung einer Geldsumme zum Gegenstande hat, gilt auch der Anspruch aus einer Hypothek, einer Grundschuld oder einer Rentenschuld.

II Das Mahnverfahren findet nicht statt, wenn nach Inhalt des Gesuchs die Geltendmachung des Anspruchs von einer noch nicht erfolgten Gegenleistung abhängig ist oder wenn die Zustellung des Zahlungsbefehls im Auslande oder durch öffentliche Bekanntmachung erfolgen müßte.

Vgl. § 592. — Keine Summenbeschränkung. ArmenR., Ablehng., Unterbrechg. u. Aussetzg. (Aufnahme durch Ladung zur mV. über Aufn.), **Berichtigung, Vorschußpflicht entsprechend anwendbar.** — Feriensache: § 204 GVG. — **Mahnregister u. Verfahren:** §§ 62 ff. AGSchrG. — **Kosten:** §§ 37, 26, 30, 80, 80a GKG.; 38, 20, 26 RAGO. (vgl. RO. 13[261]); 11 BGVGO.; Formularkosten: JMBl. 02[2]. Mehrkosten: § 91.

Abs. 1. Das MV. ist auch zulässig für Wechsel (E. 14[32]) sowie die Fälle des Art. 26 AGB. (E. 24[198]), nicht aber für Sondergerichtssachen (zB. GewG.), für betagte oder noch nicht existente Frdrg., R. 00[375] (Simulation: E. 46[339]), Konkursfeststellg. oder alternative Anspr., von denen einer dem Abs. 1 nicht entspricht. — Obj. u. subj. Häufung statthaft; keine Verbindung v. amtsw. (E. 24[367]). — **Abs. 2.** Kein ZahlB. Zug um Zug (§ 726): Behauptung wirklich erfolgter Gegenleistg. genügt. — Ist ausld. oder öff. Zust. bereits beim Gesuch voraussichtlich, so erfolgt Abwsg.; ein schon erlassener ZB. bleibt gültig, aber unzustellbar.

***§ 689** (629). I Die Zahlungsbefehle werden von den Amtsgerichten erlassen.

II Ausschließlich zuständig ist das Amtsgericht, bei welchem der allgemeine persönliche Gerichtsstand, der Gerichtsstand des Aufenthalts (§ 20) oder der dingliche Gerichtsstand für die im ordentlichen Verfahren erhobene Klage begründet sein würde, wenn die Amtsgerichte in erster Instanz sachlich unbeschränkt zuständig wären.

Wahlrecht zwischen allg. GSt. u. Aufenthalt: § 35; Gerichtsbestimmung nach § 36 statthaft: E. 39[427]; Zahlungsort hier belanglos. — GewG. u. KaufmG. haben kein MahnV., wohl aber in Bayern die RheinSchiffG.

§ 690 (630). Das Gesuch muß enthalten:

1. die Bezeichnung der Parteien nach Namen, Stand oder Gewerbe und Wohnort;
2. die Bezeichnung des Gerichts;

3. die bestimmte Angabe des Betrags oder Gegenstandes und des Grundes des Anspruchs;
4. das Gesuch um Erlassung des Zahlungsbefehls.

ProzBev., ges. Vertr., Unterschrift: § 130. — Vollm. entbehrlich: § 703. — Kein Protokoll. außer der GSchr. hält das Gesuch für unstatthaft: § 63 AGSchrG. — Kosten: §§ 38 RAGO.: 11 BGVGO. mit 12 GVO.

Gilt auch für mündl. Gesuche. Wegen Substantiierung, zB. Entstehungszeit, samtverbindl. Haftung vgl. § 253; keine Glaubhaftm. — Einreichung e. ausgefüllten Entwurfs wegen Verschiedenheit der Formulare 2c. bei großen Gerichten unpraktisch; gilt als Gesuch.

§ 691 (631). I Entspricht das Gesuch nicht den Bestimmungen der vorstehenden Paragraphen oder ergibt sich aus dem Inhalte des Gesuchs, daß der Anspruch überhaupt oder zur Zeit nicht begründet ist, so wird dasselbe zurückgewiesen.

II Das Gesuch ist auch dann zurückzuweisen, wenn der Zahlungsbefehl nur in Ansehung eines Teiles des Anspruchs nicht erlassen werden kann.

III Eine Anfechtung der zurückweisenden Verfügung findet nicht statt.

Unter Abs. 2 fällt auch Zinsfuß, Kostenansatz (JR. 05[345]); dagegen nicht obj. oder subj. Anspruchshäufung. — Keine materielle RKraft der Abweisung: verbesserte Erneuerung zulässig, ebenso Zwischenverfüg. — Aushändigung, Registereintrag: §§ 61, 66 AGSchrG. (kein besonderes Zurückweisungsregister). — Kosten: § 37 GKG. (auch bei mündl. Abweisung).

***§ 692** (632). Der Zahlungsbefehl enthält die im § 690 Nr. 1—3 bezeichneten Erfordernisse des Gesuchs und außerdem den Befehl an den Schuldner, binnen einer vom Tage der Zustellung laufenden Frist von einer Woche bei Vermeidung sofortiger Zwangsvollstreckung den Gläubiger wegen des Anspruchs nebst den dem Betrage nach zu bezeichnenden Kosten des Verfahrens und den geforderten Zinsen zu befriedigen oder bei dem Gerichte Widerspruch zu erheben.

Vgl. JR. 06[423]; weiterer Inhalt: Nr. des Mahn u. GebReg., Geschäftsjahr. — Nichtaufführung des GVollz. als Bevollm.: §§ 64, 66, 68 AGSchrG.; JMBl. 84[26]. Aushändigung samt Gesuch: §§ 22, 64 AGSchrG. — Frist: § 222; Art. IX EÄzP. Keine Notfrist; bestr., ob parteiseitig änderbar (§ 224). — Kosten: § 688; die Ausfertig. (obwohl Urschrift) ist schreibgebührenpfl. (§ 80b GKG., JMBl. 80[138]), dagegen nicht der MRegEintrag. (JMBl. 80[323]).

§ 693 (633). Mit der Zustellung des Zahlungsbefehls an den Schuldner treten die Wirkungen der Rechtshängigkeit ein.

Zustellung (ohne Gesuch) im Parteibetrieb (§ 12 AGSchrG.); Vermittelung: § 168. — Wirkungen der Rechtshgk.: auch materiell, zB. Zession, Verjährg., Klagänderg. (E. 58[30]); vgl. §§ 263 ff., BGB. 209, 217, 284; Erlöschen: §§ 695, 697. Rücknahme nur nach § 271; Kostenersatz: R. 05[161 221].

§ 694 (634). I Der Schuldner kann gegen den Anspruch oder einen Teil desselben Widerspruch erheben, solange der Vollstreckungsbefehl nicht verfügt ist.

II Das Gericht hat den Gläubiger von dem rechtzeitig erhobenen Widerspruche in Kenntnis zu setzen und dem Schuldner auf Verlangen eine Bescheinigung darüber zu erteilen, daß er rechtzeitig Widerspruch erhoben habe.

III Einer Zurückweisung des nicht rechtzeitig erhobenen Widerspruchs bedarf es nicht.

Verfugt: unterschrieben u. dem GSchr. übergeben: Fristablauf bis dahin unschädlich. — Wspr. formlos; Vollm. nach § 703 entbehrlich. Sof. Eintrag im MReg. (ohne Prot.); §§ 21, 65, 66 bis 68 AGSchrG. — Benachrichtg. (Hinausgabe schriftl. Wspr.): ibid.; JMBl. 02[27]; Mitteilung von VollmVorlage sachgemäß (§§ 176; AGSchrG. 67). — Kosten: §§ 80b GKG.; 38 RAGO,; Portopflicht: § 65 AGSchrG.

§ 695 (635). Durch die rechtzeitige Erhebung des Widerspruchs gegen den Anspruch oder einen Teil desselben verliert der Zahlungsbefehl seine Kraft. Die Wirkungen der Rechtshängigkeit bleiben bestehen.

Rechtshgk.: § 693. — Verzicht auf den Wspr. nach Zustellg. des ZB. möglich, SA. 38[77]; keine Rücknahme desselben, weil der ZB. bereits kraftlos, Bl. 70[40]. Rücknahme des ZB. nach Satz 2 zulässig. — Nach Satz 1 muß auch ein unbestrittener Teilbetrag miteingeklagt werden; Kosten: §§ 93, 691, 698.

§ 696 (636). I Gehört eine wegen des Anspruchs zu erhebende Klage vor die Amtsgerichte, so wird, wenn rechtzeitig Widerspruch erhoben ist, die Klage als mit der Zustellung des Zahlungsbefehls bei dem Amtsgericht erhoben angesehen, welches den Befehl erlassen hat.

II Jede Partei kann den Gegner zur mündlichen Verhandlung laden; die Ladungsfrist beträgt mindestens drei Tage.

Zustdk.: §§ 505; GVG. 23, 70. Betrag bei Zustellg. des ZB. maßgebend (E. 25[398]); Prorog. bestr. — Ladungsfrist: § 217; auch bei ausld. oder öff. Zust. — Keine Klagefrist; UrkProz. unzulässig (RC. 2[301]). — Rücknahme: § 695. — Kosten: § 11 BGBGO.: vgl. § 91.

Der ZB. ersetzt die Klage samt Antrag auf vorl. Vollstr (Bl. 46[98]); nochmalige „Klage" statt Ladung bewirkt doppelte Rechtshgk. Angabe des Zwecks der Ldg.: E. 58[99]. — Mangels Nachweis der Zustellg. des ZB. Abweisung (als unzulässig) durch Urteil. — Prorog. im Termine möglich; beachtl. das Ladungsrecht des Bekl.

§ 697 (637). Gehört eine wegen des Anspruchs zu erhebende Klage vor die Landgerichte, so erlöschen die Wirkungen der Rechtshängigkeit, wenn nicht binnen einer sechsmonatigen Frist, welche von dem Tage der Benachrichtigung von der Erhebung des Widerspruchs läuft, die Klage bei dem zuständigen Gericht erhoben wird.

Keine Notfrist: parteiseitig änderbar; durch die Ferien nicht gehemmt. — Klaginhalt: § 253 (E. 58[29]; vgl. DJZ. 06[972]); Einlassungsfrist u. § 263 beachtlich. — UrkProz. hier zulässig. — Wahlweise Zustellg.: § 176. — Verjährung: §§ 211, 213 BGB. — Vgl. § 700 (RS. 1[382]).

Die Zustdk. ist nicht auf das dem AmtsG. des ZB. übergeordnete LandG. beschränkt; bleibt auch nach Zahlung der Hauptf. für die Klage im Kostenpkt., (E. 30[364]); § 99 anwendbar. — Nachweis der Zustellg. des ZB. auch hier sachgemäß. — Kein Betreibungsrecht des Beklagten, außer Feststellgskl.

§ 698 (638). I Die Kosten des Mahnverfahrens sind im Falle der rechtzeitigen Erhebung des Widerspruchs als ein Teil der Kosten des entstehenden Rechtsstreits anzusehen.

II Wird im Falle des § 697 die Klage nicht binnen der bestimmten Frist erhoben, so hat der Gläubiger die Kosten des Mahnverfahrens zu tragen.

Kostenteilung: JZP. 15^{519}. — Anrechnung auf den Vorschuß: FinME. Nr. 16110 v. 27. Nov. 1883; auf die Rücknahmegebühr: E. 34^{373}. — Abs. 1. Ausdrückl. Erwähnung im Urteil nicht geboten, aber rätlich. — Abs. 2 nur durch Klage oder neuen ZB. realisierbar (Zustdk. nach Kostenbetrag); das Gleiche gilt mgls. Zustellg. des ZB.

§ 699 (639). I Der Zahlungsbefehl ist nach Ablauf der darin bestimmten Frist auf Gesuch des Gläubigers für vorläufig vollstreckbar zu erklären, sofern nicht vor der Vollstreckbarkeitserklärung von dem Schuldner Widerspruch erhoben ist. Die Vollstreckbarkeitserklärung erfolgt durch einen auf den Zahlungsbefehl zu setzenden Vollstreckungsbefehl. In den Vollstreckungsbefehl sind die von dem Gläubiger zu berechnenden Kosten des bisherigen Verfahrens aufzunehmen.

II Gegen den Beschluß, durch welchen das Gesuch des Gläubigers zurückgewiesen wird, findet sofortige Beschwerde statt.

Kein Gehör des Gegners (§ 702). — Vollmacht: § 703; Frist §§ 692, 694, 701. — Verfahren: §§ 63 ff. AGSchrG. — Aushändig. des VB.: § 22 AGSchrG.; Zustellung (ohne ZB.) im Parteibetrieb; bestr., ob auf bekl. Betreiben zulässig. Zust. der Abweisung: § 64 AGSchrG.; RMittel: sof. Beschw. — Kosten: §§ 37, 80a GKG.; 38 RAGO.; 11 BGVGO.

Antrag und Vorlage des ZB. wesentlich („auf den ZB."): nach Verlust Rücknahme u. neuer ZB. — Die Prozeßvorausstzg. sind für die Zeit bei Zustellg. des ZB. zu prüfen; spätere Änderungen sind belanglos (§ 263). — Erlassung auf Teil-, Restbeträge zulässig (JZP. 20^{172} 22^{403}); ebenso Teilabwsg. — Zu den bisherigen Kosten gehört auch die Gebühr des VB., aber nicht dessen Zustellung (§ 788); Glaubhaftm. nötig. Nachliquid. entspr. § 103 möglich, jedoch (mangels Zahlungsgebot) nicht hinsichtl. im ZB. bereits vergessener Kosten.

§ 700 (640). Der Vollstreckungsbefehl steht einem für vorläufig vollstreckbar erklärten auf Versäumnis erlassenen Endurteile gleich. Gegen denselben findet der Einspruch nach den Vorschriften der §§ 338—346 statt. Gehört der Anspruch nicht vor die Amtsgerichte, so wird bei dem Amtsgerichte nur darüber verhandelt und entschieden, ob der Einspruch in der gesetzlichen Form und Frist eingelegt sei. Die im § 697 bestimmte Frist beginnt in diesem Falle mit der Rechtskraft des Urteils, durch welches der Einspruch für zulässig erklärt ist.

Weiterer Inhalt: Eingangsformel (GVBl. 79^{707}); Geschäftsjahr, Nr. des Mahn- u. GebReg., ProzBevollm. (§ 68 AGSchrG.); wegen Gerichtssiegel vgl. BZ. 06^{209}. — Vollstreckung: §§ 794 ff.; GVGA. 52. VollstrKlausel nur ausnahmsweise nötig (§ 796): kein Titel für ZwHyp. (§ 866). Keine weitere vollstr. Ausf. ohne Vorlage der Urschrift (§ 45 AGSchrG.); Abhilfe durch Judikatskl. (SA. 57^{180}). — Einspruchsvormerkung im MK. (§ 66 AGSchrG. neben Streitakt. — Wiederaufnahme: § 584: Einstellung der ZwV: §§ 707, 719. — Rechtskraftzeugnis: § 31 AGSchrG.

Bestr. ist die Anwendung der §§ 342, 343. Nach gem. M. enthält der Einspr. zugleich den Wspr.; bei landg. Zustdgk. tritt (Mot. 386; JW. 86[270] Bl. 57[85]) die Vollstreckbarkeit des VB. mit der Verkdg. des (appellablen) amtsg. Zulässigkeitsurteils außer Kraft. Ausdrückl. Aufhbg. rätlich; wichtig wegen Pfdg. Solchenfalls ist vor das AmtsG. nur zur Verhdlg. über den Einspr. zu laden; die Urteilskosten treffen nach § 344 stets den Schuldner. Bei amtsg. Zustdk. bleibt der VB. zunächst aufrecht. — Gegen die Kostenziffer nur sof. Beschw. des Bekl., nicht Einspr.: § 103.

§ 701 (641). Wird in dem Falle, wenn Widerspruch nicht erhoben ist, die Erlassung des Vollstreckungsbefehls nicht binnen einer sechsmonatigen Frist, welche mit Ablauf der im Zahlungsbefehle bestimmten Frist beginnt, nachgesucht, so verliert der Zahlungsbefehl dergestalt seine Kraft, daß auch die Wirkungen der Rechtshängigkeit erlöschen. Dasselbe gilt, wenn die Erlassung des Vollstreckungsbefehls rechtzeitig nachgesucht ist, das Gesuch aber zurückgewiesen wird.

Neuer ZB. erwirkbar (S. 9[128]). — Widerspruchsfolgen: § 695. — Frist: § 222. — Satz 1. Die Frist beträgt sonach 6 Monate u. 1 Woche ab Zustellg. des ZB. (§ 187 BGB.); für letztere selbst besteht keine Frist. Wiederholte Zust. verlängert die Frist nicht: Beseitigung der ZustUrk.: § 263 (nicht 133, 274) StGB. — Satz 2. Das Erlöschen tritt nach gem. M. schon mit RKraft e. endgültigen (nicht bloß vorläufigen) Abwsg. ein, nicht erst nach Ablauf der Frist aus Satz 1.

§ 702 (642). Das Gesuch um Erlassung eines Zahlungsbefehls oder eines Vollstreckungsbefehls, sowie die Erhebung eines Widerspruchs werden der anderen Partei abschriftlich nicht mitgeteilt; im Falle ihrer mündlichen Anbringung ist die Aufnahme eines Protokolls nicht erforderlich.

§§ 64, 65, 68 AGSchrG. (Mitteilung der Urschrift); vgl. § 694. — Der Bekl. erfährt hiernach das Erlöschen der Rechtshgk. nach § 701 Satz 2 nicht.

§ 703 (643). Des Nachweises einer Vollmacht bedarf es nicht, wenn für den Gläubiger die Erlassung eines Zahlungsbefehls nachgesucht oder für den Schuldner Widerspruch gegen einen Zahlungsbefehl erhoben wird.

Demnach Wspr. jedes Dritten (z. B. bei irriger Zustellg. des ZB.) wirksam: Abhilfe nur durch neuen ZB. gegen die richtige Person. Nachträgl. Genehmig. belanglos (bestr.). — Anders beim VB. u. Einspr.: hier gilt § 80. Die Vollm. gehört beim VB. zum Sammelakt, beim Einspr. zum Streitakt (§§ 67, 66 AGSchrG.).

Achtes Buch.
Zwangsvollstreckung.

Erster Abschnitt.
Allgemeine Bestimmungen.

***§ 704** (644). I Die Zwangsvollstreckung findet statt aus Endurteilen, welche rechtskräftig oder für vorläufig vollstreckbar erklärt sind.

II Urteile in Ehesachen und in Rechtsstreitigkeiten, welche die Feststellung des Rechtsverhältnisses zwischen Eltern und Kindern zum Gegenstande haben, dürfen nicht für vorläufig vollstreckbar erklärt werden.

Vollstreckgsorgane: §§ 753, 761; Vollmacht: §§ 81, 82, 178; Judikatskl.: § 322. — ZwV. gg. Fiskus, Gemeinden 2c.: §§ 15 EZP.; Art. 9 ff. AZP.; 47 GVGA.; 157 GmdO. — Exterritoriale: §§ 18 ff. GVG.; Landesherrn: §§ 5 EZP.; 5 EGB. — Ferien: § 204 GVG. — Übergang: § 21 EZP. — Ausnahmen: §§ 672, 679, 681, 686, 770, 888, 894; vgl. auch §§ 124, 390, 460, 461, 505, 506, 900, 988; ferner §§ 725, 751, 1417, 2042, 2044, 2204 BGB.; 135 HGB.; 10 AnfG.; 66 GenG.; 51 RBankG.; Art. 3 AZP.; 41 ZubhNov. — Kein Amtsbetrieb, keine Exekutionsgrade, kein Häufungsverbot; keine Zwangsstundung, Befriedigungsgebote oder Exekutionsfristen. Ausnahmen: §§ 721, 777, 798; EZP. 14. — Erlöschen der Vollstreckb. durch Zeitablauf: § 767; BGB. §§ 209, 216, 267; S. 13[465] RO. 12[242] Bl. 65[36]. — Ablösungsrecht Dritter: §§ 268, 1249 BGB. — Schadensersatz: §§ 717, 945, 302, 542, 600; E. 26[204] 60[344] S. 12[311] NS. 3[75]. — Strafrechtl. Schutz: §§ 113, 114, 133, 134, 136, 137, 288 StGB.; 239 ff. KO.; ESt. 38[227]. — Folge fruchtloser Pfdg.: § 807 (nicht Konkursfolgen). — Kosten: § 788.

Abs. 1. Hierher auch U. der GewerbeG. (GewGG. § 57), KfmG. (KfmGG. § 16), KonsularG. (KonsGG. §§ 19, 41, 46), SchutzgebietsG. (SchutzGG. §§ 2, 7; RGBl. 00[1005] JMBl. 87[170]). Wegen der RheinschiffahrtsG vgl. §§ 5, 7 Vdg. v. 18. Juni 1879 (GVBl. 661); wegen der sonstigen SonderG. (insbes. württemb., bad. GemeindeG.) vgl. GVGA. §§ 52, 209; RechtshilfeG. §§ 3 ff.; bei letztere erteilt der ers. R. e. auf den Bezirk des ers. G. beschrkt. Klausel, ROHG. 6[206]. — Bestr., ob vor dem 1. Okt 1879 ergangene U. der ordentl. G. jetzt nach Maßgabe der RZPO. auszufertigen u. damit ohne weiteres im ganzen Reiche vollstreckbar sind (JR. 05[515]) oder im betr. Bundesstaat nach den ält. Normen (also auswärts nach dem RechtshilfeG.) behandelt werden (so NS. 4[124]). — Ausld. U.: § 722; Schiedssprüche: § 1042; sonstige VollstrTitel: §§ 794, 801. — Vorl. Vollstreckb. bedeutet vorlfg. Wirksamkeit, setzt keinen die ZwV. im e. S. erheischenden Inhalt voraus; auch FeststellgsU. hierher (aber nicht § 709 Nr. 4), E. 25[377] NS. 4[638]. Beachtlich der Gegensatz zur RKr. einerseits (Bl 61[47]), zur „sof." Vollstreckb. (zB. Arrest, beschwerdefäh. Entschdg.) andererseits. — Für Fiskalsachen (JR. 05[361]), Klagabweisg. gilt nichts Besonderes: unter §§ 708 Nr. 1 u. 6, 709 Nr. 4 kann letztere nicht fallen. — Bei der unselbstd. Kostenentschdg richtet sich die vorl. Vollstreckb. nach der Hauptf. (vgl. § 770); Kosten als alleiniger Urteilsgegenstand: § 99. — Der Ausspruch über die vorl. Vollstreckb. ist integr. Urteilsbestandteil (§§ 714, 718): hierbei ist jeder Hauptsacheausspr. gesondert zu prüfen. — Verzicht auf Vollstr. möglich: ZZP. 31[311]; § 767. — Keine Vollstreckb. der Gegenleistg. für Bekl., JW. 05[29]. — Der VollstrTitel muß genügend bestimmt sein (S. 14[177]) Alternativtitel: § 803 Note; Verurtlg. „zur Sicherheitsleistung" genügt (ZZP. 17[156] u. BGB. §§ 232 ff.); Grenzfestlsg.: SA. 47[302]; Auslegung der Formel aus den Gründen: E. 31[341] (nur mit Vorsicht): vgl. JW. 98[283]. Mgls. Bestimmtheit actio judic.; vgl. §§ 253, 322. Keine anderw. Verwendg. e. erledigten. VollstrTitels: S. 7[296]. — **Abs. 2.** Abhilfe nur durch eV. — Urt. in Unterhalts-, Herausgabekl. u. dgl. sowie bei unehel. Kindschaft (bestr.) sind nach allg. Normen vorl. vollstreckbar. — Keine vorl. Vollstreckb. bed. Endll. sowie der U. nach BGB. §§ 1418, 2342.

§ 705 (645). Die Rechtskraft der Urteile tritt vor Ablauf der für die Einlegung des zulässigen Rechtsmittels oder des zulässigen Einspruchs bestimmten Frist nicht ein. Der Eintritt der Rechtskraft wird durch rechtzeitige Einlegung des Rechtsmittels oder des Einspruchs gehemmt.

§§ 30 AGSchrG.; 83 GBGA.; 18 EZP. — Materielle RKr.: § 322.

Formelle RKr. (auch bloße Prozeßurteile). — Teilw. Anfechtung durch RM. hemmt die RKr. auch für den Rest (E 54[226]); anders bei selbstdg. Anspr. (E. 55[276]). Dem Fristablauf steht nur beiders. Verzicht gleich (§§ 514, 521); Rückn.: § 515; Einspr.: § 346. Im Eheproz. hemmt RM. bzgl. Mitschuldausspr. die RKr. auch bzgl. Klage, JW. 04[325 392]. — Zulässigk. hier formell. Urt. der OLG. unter 2500 Mk. sind an sich revisibel (§§ 547, 711; E. 8[357]); mit der Verkdg. werden rkr. die kontradikt. U. des RG. und BOLG. (Bl. 61[47]) sowie die der LG. als Berufsinstanz (E. 13[355]); vgl. auch § 99. — Bei einf. Beschw. RKr. nur nach Erschöpfg. der Instanzen oder Verzicht. — RKr. ex tunc, wenn das RM. vom OberG. als unzulässig verworfen wird, E. 13[355] (wichtig bei konstitutiven U.).

*__§ 706__ (646). I Zeugnisse über die Rechtskraft der Urteile sind auf Grund der Prozeßakten vom Gerichtsschreiber erster Instanz und, solange der Rechtsstreit in einer höheren Instanz anhängig ist, von dem Gerichtsschreiber dieser Instanz zu erteilen.

II Insoweit die Erteilung des Zeugnisses davon abhängt, daß gegen das Urteil ein Rechtsmittel nicht eingelegt ist, genügt ein Zeugnis des Gerichtsschreibers des für das Rechtsmittel zuständigen Gerichts, daß innerhalb der Notfrist ein Schriftsatz zum Zwecke der Terminsbestimmung nicht eingereicht sei.

III Ist von einer Partei ein Schriftsatz behufs Einlegung eines Rechtsmittels oder des Einspruchs zur Terminsbestimmung eingereicht, so kann nach Ablauf der Notfrist und, sofern die Vornahme der Zustellung unter Vermittelung des Gerichtsschreibers eingeleitet war, nach Ablauf der im § 207 Abs. 2 bestimmten Frist der Gegner beantragen, daß der Partei von dem Gerichtsschreiber eine Frist zum Nachweise der Zustellung bestimmt werde. Nach fruchtlosem Ablaufe dieser Frist ist das Zeugnis über die Rechtskraft zu erteilen.

Vgl. §§ 628; BGB. 218, 283, 376, 407, 425, 864, 1052, 1418, 2193, 2196, 2342; FGG. 31; ZVG. 86 ff. — Kein Anwaltszwang; keine Feriensache: § 204 GVG. (bestr.). — Verfahren: §§ 22, 29 ff., 88 AGSchrG.; 5, 38 LGSchrG. — Rechtsbehelf (auch bzgl. ZwischenZ.) gg. Abwig.: § 576; hiegegen einf. Beschw., E. 42^{421}; der Gegner hat gg. die Erteilung nur Ggvorstellg. (§ 576), keine Beschw. (JW. 01^{38}). — Kosten: §§ 47, 80a GKG.; 24, 35 RAGO.

Abs. 1 entspr. auf sonstige (zB. beschwerdefäh.) Titel anwendbar, E. 25^{387}; Entbehrlichkeit für Partei kein Ablehngsgrund (vorbehltl. Kostenpflicht), E. 30^{336}. — Anhgk. hier Aktenverwahrung (E. 9^{387}), auch bzgl. nicht angefochtener TeilU. (E. 18^{424}); Rücknahme: JW. 89^{235}. Aktenadhib. ist nicht Anhgk. — Nachweisbeschaffung ist, soweit nicht ohnehin im Akt, Parteisache (E. 21^{375} JW. 02^{609} ZR. 06^{190}). Die Prüfung des GSchr. umfaßt nicht die Giltigkeit der Einlegung des statthft. RM., wohl aber die Formrichtigkeit der Urteilszustellg. (E. 9^{386}) u. die Statthftk. des RM., SA. 50^{293} JW. 05^{400} (bestr.). WEinsAntrag unbeachtlich. — **Abs. 2.** Einfordrg. des Zwischenzeugn. nicht absolut geboten (§ 544; Mot. 426), aber stets rätlich; es ersetzt an sich das Zeugnis der RKr. nicht. Gegenbeweis gegen beide Zeugn. möglich: § 418, E. 46^{360}; zB. Tod e. Partei, falsche Zustellg. — Auf Beschw. (u. Rev.) nur entspr. anwendbar (Einreichg.), SA. 57^{199}. — **Abs. 3.** Beachtlich die Fristenhäufung (Notfrist, Nachweisfrist). — Zustdk.: Abs. 1; kein Anwaltszwang.

§ 707 (647). I Wird die Wiedereinsetzung in den vorigen Stand oder eine Wiederaufnahme des Verfahrens beantragt, so kann das Gericht auf Antrag anordnen, daß die Zwangsvollstreckung gegen oder ohne Sicherheitsleistung einstweilen eingestellt werde oder nur gegen Sicherheitsleistung stattfinde, und daß die erfolgten Vollstreckungsmaßregeln gegen Sicherheitsleistung aufzuheben seien. Die Einstellung der Zwangsvollstreckung ohne Sicherheitsleistung ist nur zulässig, wenn glaubhaft gemacht wird, daß die Vollstreckung einen nicht zu ersetzenden Nachteil bringen würde.

II Die Entscheidung kann ohne vorgängige mündliche Verhandlung erfolgen. Eine Anfechtung des Beschlusses findet nicht statt.

§§ 46, 57, 77 GewGG. (JW. 96^{600}); 16 KfmGG.; 91b, 100c GewO.; 165 KO.; 145 RBeamtG.; 131 SeemannsO.; Art. 12 KRG.; anders nach §§ 58 KrVG. (RO. 1^{121}), 108 ff., 112 GenG. — Anwaltszwang. — Form: Beschluß (Feriensache: § 204 GVG.); Zustellung: § 329; Vollzug: §§ 775 ff.; Sicherheit: § 108; Verjährg.: § 216 BGB. — Einstellg. bei Einspruch, RechtsM.: § 719; bei Beschwerde: § 572. — Vgl. §§ 36 ff. AGSchrG. — Kosten: §§ 35, 39 GKG.; 23, 29, 30 RAGO.

Abs. 1. „Beantragt": Zustellnachweis (außer bei Rev., sof. Beschw.) erforderlich, E. 50^{405}; vgl. E. 54^{306} §§ 236, 769; im Falle des § 207 Abs. 1 genügt Gesuchseinreichung. Nachweis der Zustellg. der angefochtenen Entschdg. nach gem. M. nicht forderbar (BZ. 92^{65}). — Bei aussichtslosen Anfechtg. muß das Gericht nicht einstellen (JW. 87^{83}). — Zustdg. nur das Gericht der Hauptſ.; VollstrG. auch nicht bei Dringlichkeit (Mot. 395); die einstw. A ist zwar vor Beginn der ZwV. zulässig (E. 32^{394}), nicht aber nach Beend. (E. 23[338]): sie ist kraft Gesetzes bis zum Erlaß des (unbed.) Urteils befristet (E. 42[370]), jederzeit durch das InstanzG. änderbar (E. 47[419] RS. 5[50]), durch einstw. Verf. gleichen Inhalts nicht ersetzbar, vgl. § 938; hindert die Erteilg. vollstr. Ausf. nicht (aM. § 36 AGSchrG.). — Der Vollzug von Arresten u. e. Verf. ist nicht durch solche e. A. hemmbar (weil „sof.", nicht „vorl." vollstreckbar: E. 40[383] 42[361]), wohl aber von VollstrBefehlen u. Aufhebgsurteilen nach § 708 Nr. 5 (E. 25[401]): Kostenfeststzgsbeschl.: § 104. — Die Sicherheit haftet pfandesgleich für den durch die Einstellg. etwa eintretenden Verzugsschaden, für die Frdrg. selbst nur bei Aufhbg. des Vollzugs (E. 37[430] 40[204] RS. 4[912]). Bemessung durch die Oberinstanz selbstdg., ohne Bindung durch den Ausspr. des UnterG. nach §§ 708 ff. (E 27[364]); keine Hinterlg. des Streitggstd., soweit nur Sicherheit vorgesehen, E. 10[316]. — Die Vollzugsaufhbg. kann auch noch nach Erwirkung e. Einstllg. beantragt werden. — Dauer: bis zur anderw. Entschdg. (SA. 52[208]). — **Abs. 2.** Sof. Beschw., wenn die Anwdg. der Vorschrift selbst abgelehnt ist, E. 25[402] 50[404]; Wiederholg. des Antrags mit verbesserter Begr. stets möglich (JW. 92[463]).

***§ 708** (648). Auch ohne Antrag sind für vorläufig vollstreckbar zu erklären:

1. Urteile, welche auf Grund eines Anerkenntnisses eine Verurteilung aussprechen (§ 307);
2. Urteile, welche den Eintritt der in einem bedingten Endurteil ausgedrückten Folgen aussprechen;
3. Versäumnisurteile des Revisionsgerichts sowie ein zweites oder ferneres in derselben Instanz gegen dieselbe Partei zur Hauptsache erlassenes Versäumnisurteil;
4. Urteile, welche im Urkunden- oder Wechselprozesse erlassen werden;
5. Urteile, durch welche Arreste oder einstweilige Verfügungen aufgehoben werden;
6. Urteile, welche die Verpflichtung zur Entrichtung von Alimenten oder zur Entrichtung einer nach den §§ 843, 844 des Bürgerlichen Gesetzbuchs geschuldeten Geldrente aussprechen, soweit die Entrichtung für die Zeit nach der Erhebung der Klage und für das der Erhebung der Klage vorausgehende letzte Vierteljahr zu erfolgen hat.

Gilt für alle Instanzen; Ausnahme: § 712; Abwendg. § 713; Ergänzg.: § 716. — Die Änderg. der Nr. 3 trifft alle seit 9. Juni 1905 verkdt. RevUrt., JW. 05[676]. — Vgl. §§ 77 GewGG.; 19 KfmGG. — Sof. Vollstreckb. von Kostenurteilen: § 99.

Nr. 1. Verzichtsll. nicht hierher. — **Nr. 2.** Das bed. EndU. bedarf diesbzgl. Altern. nicht; Gegenanträge noch im Läutergstermin zulässig (bestr.) — **Nr. 3.** Gleichgültig, ob die Anspr. identisch u. ob Verhdlg. dazwischen; auch U. nach § 345, nicht § 341 Satz 2 hierher; VollstrBef. gilt als 1. VersU. Soweit die Anspr. in beiden Urt. identisch, fällt e. frühere Kautionsauflage weg, RO. 5[120]. — **Nr. 4.** trifft auch Vorbehll., nicht aber das Nachverf. — **Nr. 5.** Abänderg. ist teilw. Aufhbg.: wegen Abwsg. (Bestätig.) vgl. § 925. Zustellg. oder RKr. nicht erforderlich (E. 32[421]): die Aufhbg. der VollstrMaßr. erfolgt erst durch das betr. Vollstr.-Organ (E. 56[146]), soweit nicht mit dem ArrestG. identisch (E. 18[284]). Löschung: §§ 25 GBO.; 103 FGG.; Kosten: S 16[333]. — **Nr. 6.** Einschl. Zins. — Ebenso nach §§ 618 BGB., 62, 76 HGB., 7 HaftpflG. (Art. 42 EBG. mit E. 1[231] S. 11[271]); vgl. § 850. Pension, Kapitalabfindg., altrechtl. HaftpflRenten, § 845 BGB. nur nach allg. Regeln (JW. 01[724]).

***§ 709** (649). Urteile sind auf Antrag für vorläufig vollstreckbar zu erklären, wenn sie betreffen:

1. Streitigkeiten zwischen dem Vermieter und dem Mieter oder Untermieter von Wohnräumen oder anderen Räumen oder zwischen dem Mieter und dem Untermieter solcher Räume wegen Überlassung, Benutzung oder Räumung, sowie wegen Zurückhaltung der von dem Mieter oder dem Untermieter in die Mietsräume eingebrachten Sachen;
2. Streitigkeiten zwischen Dienstherrschaft und Gesinde, zwischen Arbeitgebern und Arbeitern hinsichtlich des Dienst- oder Arbeitsverhältnisses, sowie die im § 3 Abs. 1 des Gesetzes, betreffend die Gewerbegerichte, vom 29. Juli 1890 (Reichs-Gesetzbl. S. 141) bezeichneten Streitigkeiten, insofern dieselben während der Dauer des Dienst-, Arbeits- oder Lehrverhältnisses entstehen;
3. Streitigkeiten zwischen Reisenden und Wirten, Fuhrleuten, Schiffern, Flößern oder Auswanderungsexpedienten in den Einschiffungshäfen, welche über Wirtszechen, Fuhrlohn, Überfahrtsgelder, Beförderung der Reisenden und ihrer Habe und über Verlust und Beschädigung der letzteren, sowie Streitigkeiten zwischen Reisenden und Handwerkern, welche aus Anlaß der Reise entstanden sind;
4. andere vermögensrechtliche Ansprüche, sofern der Gegenstand der Verurteilung an Geld oder Geldeswert die Summe von dreihundert Mark nicht übersteigt; in Betreff des Wertes des Gegenstandes kommen die Vorschriften der §§ 3—9 zur Anwendung.

Vgl. §§ 257 ff., 534, 560; GBG. 23, 202; BinnenSchG. 7; FlößereiG. 1, 17; AuswandergsG. 1, 9, 11. — Ergänzung: § 716; Ausnahme: § 712; Abwendg.: § 713.

Gilt für alle Instanzen, bei Nr. 1 bis 3 ohne Rücksicht auf Streitwert; selbstdg. Prüfg. der Urteilselemente: § 704. — RNachf.: Note zu § 274. — Für Bausach., Besitzstr., Meß- u. Marktsach., Viehmängel, Wildschd. ist nichts Besonderes vorgesehen. — **Nr. 1.** Untermieter: BGB. § 556. Zins fällt nur unter Nr. 4, ebenso Pacht überhaupt (RO. 5[23] RS. 4[316] Bl. 61[122]). Miete bewegl. Sachen, Eigentums-, Besitz-, reine Feststellgs-, (vgl. jedoch JW. 91[245]), Ersatzkl. (SA. 46[128]) nicht hierher, wohl aber Rückschaffg (§ 561 BGB.). — **Nr. 2.** Jetzt § 4 Abs. 1 GewG.; vgl. Art. 3 RG. v. 30. Juni 1901 (RGBl. 256). — Entstehungszeit (nicht Klagezustllg.) entscheidend; vgl. Art. 95 EBG., 15 ff. ABG. (RSSt. 3[244]); § 83 GewGG. Kaufmänn. Personal nicht hierher. — **Nr. 3.** Auch Lokomotivführer, Postillone hierher, nicht Binnenlandsagenten oder Reisende unter sich. „Verlust u. Beschädig. der Habe" bezieht sich auf alle Kategorien. Bestr., ob hier Fortdauer der Reise beim Urteil nötig (vgl. § 263) und ob Zurückbehaltgsstreite (BGB. § 704) hierher oder zu Nr. 1. — **Nr. 4.** „Soferne", nicht soweit. Besonders § 5 beachtlich, zB. bei Streitgen. oder fortlfd. Raten (§§ 257 ff.). Abweisg. (auch e. RMittels) nicht hierher (§ 704); wohl aber Teilll. sowie KostenVerill., wenn Gesamtkosten nicht über 300 Mk. (§ 99).

§ 710 (650). Urteile sind auf Antrag für vorläufig vollstreckbar zu erklären, wenn glaubhaft gemacht wird, daß die Aussetzung der Vollstreckung dem Gläubiger einen schwer zu ersetzenden oder einen schwer zu ermittelnden Nachteil bringen würde, oder wenn sich der Gläubiger erbietet, vor der Vollstreckung Sicherheit zu leisten.

Antrag: § 714. Sicherheit: § 108; Nachweis: § 751; Rückgabe: § 715; Schadensersatz: § 717. — Ausnahme: § 712.

zB. Räumg., Pfandrückgabe wegen Unentbehrlichk. — Der praktische Schwerpunkt liegt (insbes. für die KollegialG.) in der zweiten Altern.; § 713 Abs. 2 ist solchenfalls gegenstandslos, ZR. 05[362]. — Das Erbieten kann hier nicht v. amtsw suppliert werden (§ 714; vgl. § 921); ist überflüssig, soweit §§ 708, 709, 711 zutrifft.

§ 711. Urteile der Oberlandesgerichte sind auf Antrag auch ohne Sicherheitsleistung für vorläufig vollstreckbar zu erklären, wenn die Voraussetzungen der §§ 546, 547 für die Zulässigkeit der Revision nach dem Ermessen des Gerichts unzweifelhaft nicht vorliegen.

Vgl. §§ 528, 554 ff., 718; Anschließg. ohne RevSumme beachtlich. — Zuständig nur OLG.; Verfahren: § 710. — Verill. des RevG. selbst.: § 708 Nr. 3.

Die Begründbarkeit e. zulässigen Rev. kommt nicht in Betracht; Verill. nicht hierher (vgl §§ 208, 708). — Eine in I. J. auferlegte Kaution entfällt mit vorstehendem Ausspr., JW. 03[371]. — Daneben bleiben die allg. Vorschr., insbes. §§ 708, 709 anwendbar.

§ 712 (651). Wird glaubhaft gemacht, daß die Vollstreckung des Urteils dem Schuldner einen nicht zu ersetzenden Nachteil bringen würde, so ist in den Fällen des § 708 auf Antrag des Schuldners auszusprechen, daß dasselbe nicht vorläufig vollstreckbar sei; in den Fällen der §§ 709, 710 ist der Antrag des Gläubigers zurückzuweisen.

GenGG. §§ 57, 77; KimGG. § 16. — Auf §§ 534, 560 nicht anwendbar (bestr.); nach dem Wortlaut auch nicht auf § 711. — Verf.: § 714.

zB. Gesundheitsbeschädig., Armut des Glb. (Bl. 62[80] ZR. 05[363]); nicht bloße Schwierigkeit des Ersatzes (zB. Schädig. durch den Offenb.

Eid, Gr. 41[715]) oder Nachteil für e. Dritten; letzterenfalls u. U. Abhilfe durch e. Verf. (JW. 91[223]).

§ 713 (652). I Das Gericht kann auf Antrag die vorläufige Vollstreckbarkeit von einer vorgängigen Sicherheitsleistung abhängig machen.

II Das Gericht hat auf Antrag dem Schuldner nachzulassen, durch Sicherheitsleistung oder durch Hinterlegung die Vollstreckung abzuwenden, wenn nicht der Gläubiger sich erbietet, vor der Vollstreckung Sicherheit zu leisten.

§§ 108 Note; GewGG. 57, 77; Kfm. 16; HL. 1. — Ausnahme: 712. — Verfahren: § 710; Vollzug zu Abs. 2: §§ 775 ff.; vgl. auch §§ 720, 815, 817, 819, 839. — Erwähnung in der Klausel: § 36 AGSchrG. — Pfändbarkeit des Anspruchs des Glb. gegen die Hinterlgsstelle auf Ausantwortung des schuldn. Depots: SA. 57[96]; vgl. § 85. — Realisierg. u. Rückgabe: § 715; Beendig. des Zinslaufs bei Abs. 2 bestr. (Pr. 716).

Abs. 1 ist nur fakult. u. wenig praktisch; auch bei § 711 anwendbar (gem. M.). — **Abs. 2** ist oblig., setzt keine Schadensbescheinig. voraus, trifft auch die Fälle der §§ 708 bis 711 (zB. Arrestaufhbg. oder Unterhalt), nicht § 712; ist gegenstandslos bei primärer Kaution des Glb. oder unersetzl. Nachteil für den Schld. Der Vorbehalt erlischt mit RKr. (JW. 86[73]); vgl. jedoch § 777, insbes. auch bzgl. gesetzl. PfandR. — Nach gem. M. kann der Glb. seine Sicherheitslstg. auch noch nach Erlage der Kaution des Schld. betätigen, wenn ihm dies Recht im Urteil (bestr., ob nur auf seinen Antrag oder kraft Gesetzes) vorbehalten ist; richtiger (vgl. JR. 05[361]) ist aber hier „Erbieten" das Gleiche wie in den §§ 710, 714, so daß das Urteil nur entweder auf Kaution des Schld. oder des Glb. allein lautet, nicht eventuell auf Beide. Der Glb hat bei Geldfrdg. meist kein Interesse, auch seinerseits Sicherh. anzubieten, insbes. nicht in den Fällen der §§ 708, 709. Bestr. ist auch, ob die Wahl zw. Sicherh. u. Hinterlg. (auflösend bed. Zahlg.) dem Schld. oder dem Gerichte zusteht; ersteres richtiger. — Keine Frist für Beschaffg. der Sicherheit.

§ 714 (653). Die in den §§ 709—713 erwähnten Anträge sind vor dem Schlusse der mündlichen Verhandlung zu stellen, auf welche das Urteil ergeht.

Vgl. §§ 128, 137, 297; Ergänzg.: §§ 716, 718. — Belehrg. beim AG.: § 503 (JR. 06[256]).

Diese Anträge (einschl. des Sicherheitsangebots) müssen vorher durch Schriftsatz mitgeteilt sein, E. 31[404] Bl. 65[150]; bestr. bei VersU. gg. Kläger (Bl. 47[403]). Rätlich auch in letzter Instanz wegen möglichen Vers.- oder TeilU.; Mahnverf.: Bl. 46[97]. — Die Entschdg. ist wie die Haupts. (auch mit Einspr., Anschlßg.) anfechtbar; keine nachträgl. Änderung durch Beschluß des InstanzG., E. 20[424] 25[424]. — Abhilfe gg. Unterlassung, soweit nicht durch § 719, nur mittelst Arrest oder e. Verf. unter deren Vorausstzg. — Die tatsächl. Behptg. (zB. Nachteil nach § 710) fallen unter § 331 Abs. 1; der Bekl. kann sich auf diese Anträge allein beschrk.; vgl. §§ 333, 600.

§ 715. In den Fällen der §§ 710, 713 kann das Gericht, welches die Sicherheitsleistung angeordnet oder zugelassen hat, auf Antrag die Rückgabe der von dem Gläubiger geleisteten Sicherheit anordnen, wenn ein Zeugnis über die Rechtskraft des für vorläufig vollstreckbar erklärten Urteils vorgelegt wird. Die Vorschriften des § 109 Abs. 3 finden entsprechende Anwendung.

§§ 1, 88 AGSchrG.; 39 LGSchrG. — Keine Feriensache (bestr.); kein Anwaltszwang. — Zustellung (an beide P.): § 329. — RMittel gg. Abwsg.: einf. Beschw. (E. 47[364]); Stattgabe unanfechtbar. — Kosten: §§ 47, 80a GKG.; 24 RAGO. Auch § 29 RAGO. anwendbar gem. M.; also neben ProzGeb. keine besondere Geb., JR. 05[135] RO. 13[258]. Ersatz: § 788.

Fristsetzg., Einwillig. des Gegners entfällt hier; mit dem Zwischenzeugnis braucht sich das Gericht nicht zu begnügen (aM. R. 05[563]). — Unanwendbar auf Prozeßbeendig. durch Vergl., Klagerückn. nach Urteil, auf Arreste sowie auf Sicherheitslstg. oder Hinterlg. des Schuldners oder des Glb. im Falle des § 707. Hier kann aber § 109 eingreifen, zB. wenn das vorl. vollstreckb. Urteil aufgehoben ist oder der Schld. die Zahlung nachweist. — Nach RKr. des vorl. vollstr. Urt. kommen für den hinterlegten Streitggstd. die §§ 378, 379 BGB. (vgl. E. 18[284]), für die Sicherheit des Schld. die §§ 233, 1282, 1287, 1257 BGB., 777 ZPO., 14, 22, 23, 47 HO. in Betracht (E. 9[425] 39[399]). Hiernach zieht der Glb. die Frdg. des Schld. gg. die Hinterlgsstelle ein; Versilberg. v. Wertpapieren: JR. 06[233] [266]. Das Prozeß- oder VollstrG. als solches hat mit der weiteren Erledig. e. derartigen Depots nichts zu tun. Inkorrekt ist die Pfdg. des Rückgabeanspr. des Schld. (vgl. auch BGB. § 377) auf Betreiben des Glb. zwecks Realisierung der Sicherheit; denn gerade, wenn das Urteil rkr., besteht ein solcher Anspr. nicht mehr; außerdem droht Befriedigungsvereitlg. durch vorgehende Pfdg. oder Konkurs (vgl. JR. 06[266]).

§ 716 (654). Ist der Antrag, das Urteil für vorläufig vollstreckbar zu erklären, übergangen oder ist in Fällen, in welchen ein Urteil ohne Antrag für vorläufig vollstreckbar zu erklären ist, eine Entscheidung über die vorläufige Vollstreckbarkeit nicht erfolgt, so kommen wegen Ergänzung des Urteils die Vorschriften des § 321 zur Anwendung.

Vgl. §§ 718, 721; AGSchrG. 35. — Kosten: §§ 26, 12 GKG.; 20 RAGO.; Streitwert: JW. 87[474].

Übergehung der Anträge des Schld. nur mit Brfg. (Einspr.) anfechtbar (gem. M.); bestr., ob erstere dem Glb. wahlweise zusteht (RO. 5[118]).

***§ 717** (655). [I] Die vorläufige Vollstreckbarkeit tritt mit der Verkündung eines Urteils, welches die Entscheidung in der Hauptsache oder die Vollstreckbarkeitserklärung aufhebt oder abändert, insoweit außer Kraft, als die Aufhebung oder Abänderung erfolgt.

[II] Wird ein für vorläufig vollstreckbar erklärtes Urteil aufgehoben oder abgeändert, so ist der Kläger zum Ersatze des Schadens verpflichtet, der dem Beklagten durch die Vollstreckung des Urteils oder durch eine zur Abwendung der Vollstreckung gemachte Leistung entstanden ist. Der Beklagte kann den Anspruch auf Schadensersatz in dem anhängigen Rechtsstreite geltend machen; wird der Anspruch geltend gemacht, so ist er als zur Zeit der Zahlung oder Leistung rechtshängig geworden anzusehen.

Vgl. §§ 302, 529, 541, 578, 600, 945; Sicherheit: § 109; Zwangshypothek: § 868. Einfluß auf vollstr. Ausf., Rechtskraftzeugnis: §§ 30, 36 AGSchrG.; auf den Strafproz.: § 399 StPO. — Vgl. Art. 6 ArmG.: 10 ZwErzG. §§ 16 HGB.; 25 GBO. — Übergang: Art. IX EAZP. Note; 170 EBG.; E. 49[64]. — Kosten: §§ 788; GKG. 87, 94; KF. 32, 68. — Streitwert: §§ 3 bis 5, 302; vgl. E. 31[380] S. 11[184] JW. 06[472].

Abs. 1. Die aufhbd. oder abänd. Entschdg. ist kraft Gesetzes (ohne gerichtl. Ausspr.) sofort vollstreckbar; wichtig wegen §§ 775 u. 109. Falls e. Ausf. nicht alsbald beschaffbar (zB. wegen großen Umfangs), sind gegen Fortsg. der ZwV. Einwdg. nach § 766 zulässig; vgl. SA. 55[182]. — Ersetzung durch bed. EndU., Rückverwsg., ProzeßU. genügt, E. 23[337] JW. 98[48] SA. 58[110] (anders beim Einspruch); RO. 13[182]. — **Abs. 2.** Schadensersatzpflicht (auch ohne Verschld.) kraft Gesetzes nach §§ 249 ff. BGB. (RS. 4[17] ZZP. 35[313]), selbst wenn der Aufhebgsgrund erst nach der ZwV. entstanden oder e. RNachf. vollstreckt; daneben besteht der Bereichrgsanspr. (§§ 812 ff. BGB.) u. soweit zutreffend (Verschld.) die Ersatzpflicht aus §§ 823, 826 BGB. (E. 60[344]). — Anwendbar auch auf vorl. Vollstreckb. v. amtsw., sofern nicht dem Schld. (zweckmäßig mit der Zustellg.) erkennbar gemacht wird, daß davon kein Gebrauch gemacht werde (KB. 173), sowie auf Rückfrdrg. individ. Sachen (§ 249 BGB.). Unanwendbar auf rkr. Urt., auf Beschlüsse (E. 21[381] 50[406]), insbes. Arrest u. Kosten fests., auf Berichtig. nach § 319 (SA. 55[49]), bei Aufhbg. der vorl. Vollstreckb. allein (E. 25[425]; zB. Einspr. nach Zahlg.) sowie auf rein freiw. Leistg. (auch nicht „z. Abwendg.", E. 60[344]); hier überall nur gesonderte Kl. nach §§ 812 ff., 823 ff. BGB.; vgl. E 25[426] 30[420]. — Kläger: auch der früher abgewiesene Bekl. (wichtig wegen Kosten: E. 49[411]); nicht e. Drittzahler, Bl. 64[501]; bzgl. RNachf. vgl. E. 36[374] S. 14[706]. Selbstverschld. des Gegners (oder seines ProzBev., E. 55[330]) nach § 254 BGB. zu berücksichtigen (KB. 172), zB. Unterlassung von Einwdg. oder von Anträgen nach §§ 713, 719: JW. 03[67] Beil., vgl. jedoch S. 15[477] Bl. 60[320] EB. 5[210] ZR. 05[135] 06[15] (Ausbleiben für ZwV. nicht kausal). Für den Schaden (einschl. Kosten, JW. 01[842]) haftet die Kaution des Glb. — Der Ersatzantrag ist auch im UrkProz. (DJZ. 02[482] RO. 5[50]) u. im Läutrgs.-term. statthaft (JW. 05[296]), aber nicht im BeschwVerf. (JW. 01[842]); gehört nach Urteilserlaß zur Oberinstanz (SA. 47[247]). — Bei gesond. Kl. während Hauptproz. meist Aussszg. (§ 148); kein Schadensersatz für Zwischenvollstr., wenn Glb. schließl. obsiegt, JW. 02[251]. — Im übrigen vgl. § 302.

§ 718 (656). I In der Berufungsinstanz ist über die vorläufige Vollstreckbarkeit auf Antrag vorab zu verhandeln und zu entscheiden.

II Die Bestimmung des § 524 über die Vertagung der mündlichen Verhandlung findet in diesem Falle keine Anwendung.

III Eine Anfechtung der in der Berufungsinstanz über die vorläufige Vollstreckbarkeit erlassenen Entscheidung findet nicht statt.

Vgl. §§ 534, 716, 770; AGSchrG. § 35. — Kosten: §§ 26, 28 GKG.; Streitw.: Hpts.

Abs. 1. Form: TeilU. Unanwendbar, wenn in I. J. gar kein Antrag gestellt, E. 55[101]; dagegen trifft **Abs. 3** auch solche Fälle, nicht aber den Rückzahlgsausspr.; E. 25[423]. Unanfechtb. hier ohne Rücks. auf Begr., E. 59[68]; anders §§ 707, 719.

§ 719 (657). Wird gegen ein für vorläufig vollstreckbar erklärtes Urteil der Einspruch oder ein Rechtsmittel eingelegt, so finden die Vorschriften des § 707 entsprechende Anwendung.

Vgl. §§ 340, 518, 553; auch wenn nur gg. Sicherh. vorl. vollstreckbar (E. 37[41]; vgl. E. 47[40]). — Einfluß auf KostenfestsBeschl.: § 104. — Einstellg. bei Beschwerde: §§ 572, 794.

§ 720 (659). Ist in Gemäßheit des § 713 Abs. 2 dem Schuldner nachgelassen, durch Sicherheitsleistung oder durch Hinterlegung die Vollstreckung abzuwenden, so ist gepfändetes Geld oder der Erlös gepfändeter Gegenstände zu hinterlegen.

Vgl. §§ 815, 817, 819, 839; GVGA. 108, 146, 199; auch die VollstrKosten sind zu hinterlegen, BZ. 06[12]. — Pfandrecht am Depot u. Realisierg. nach RKr. (Rückgabe an GVollz.): ZR. 06[267].

Unanwendbar auf die Einstellg. gg. Sicherh. nach §§ 707, 719, 732, 766, 769 u. auf Realexek. (ZR. 05[362]), ferner auf freiw. Zahlung (genaue Protokollierung). Nach Sicherheitsleistg. des Glb. entfällt diese Hinterleg.; nach wirkl. Sicherheitslstg. des Schld. ist ZwV. ohnehin unstatthaft (§§ 775, 776).

§ 721. I Wird auf Räumung einer Wohnung erkannt, so kann das Gericht auf Antrag dem Schuldner eine den Umständen nach angemessene Frist zur Räumung gewähren.

II Auf den Antrag finden die Vorschriften der §§ 714, 716 entsprechende Anwendung.

Vgl. §§ 259, 274, 709, 885; Art. 93 EBG.; 38 PolStGB. (zB. nach Fristablauf zu RKr. Bl. 63[108]); 131 SubhO.; 41 ABG.; §§ 18 Menschenseuchengesetz; GVGA. 55, 171. — Fragepflicht: §§ 139, 503; keine Abwendg. durch Sicherheit des Glb.

Der Ausspruch ist Bestandteil des Urteils, nur gleich diesem anfechtbar, durch sof. RKr. nicht ausgeschlossen, nicht vorweg verzichtbar; gilt auch für Einzelzimmer, Pachtwohng., Zubehör (Speicher); nicht Werkstatt. Vorsichtige Anwdg. geboten (RB. 176). — Für nachträgl. Eintritt schwerer Krankh. u. desgl. ist nichts vorgesehen; vgl. §§ 767; BGB. 226, 242, 324 ff., 556; StGB. 54. Die städt. modernen Transporteinrichtg. gestatten auch hier meist gefahrlosen Umzug (vgl. § 171 GVGA.); Zahlg. durch die Armenpflege: Art. 11 ff. ArmG.

§ 722 (660). I Aus dem Urteil eines ausländischen Gerichts findet die Zwangsvollstreckung nur statt, wenn ihre Zulässigkeit durch ein Vollstreckungsurteil ausgesprochen ist.

II Für die Klage auf Erlassung desselben ist das Amtsgericht oder Landgericht, bei welchem der Schuldner seinen allgemeinen Gerichtsstand hat, und in Ermangelung eines solchen das Amtsgericht oder Landgericht zuständig, bei welchem in Gemäßheit des § 23 gegen den Schuldner Klage erhoben werden kann.

Münzwährg.: Note zu § 313. — Vgl. § 209 BGB.; Art. 56 JFrll.; 5, 12 JPRA.; §§ 52 GVGA.; vgl. §§ 328, 704, 723, 791, 801, 1042. — Kosten: §§ 26 GKG.; 20 RAGO.; Streitwert: VollstrSumme (RZ. 3[62]); § 23 Nr. 2 GVG. nach gem. M. unanwendbar.

Formel: „Die ZwV. aus dem Urt. des K. K. BezirksG. Kufstein vom ꝛc. ꝛc. wird auf den Betrag von 100 Kr. im Gebiet der Deutschen

Gerichtsbarkeit für zulässig erklärt." — Sachl. Zustdk., Kostenentschdg. u. vorl. **Vollstreckb. nach allg.** Grundsätzen, Bl. 51[360]; Angehung der KfHS, UrkProz. unzulässig; die ZwV. findet aus dem deutschen U. statt. — Kein VollstrU. zu e. reinen Feststellg. oder Klagsabwsg., wohl aber im Kostenpkt. (E. 9[372]); keine entspr. Anwdg. auf exek. Urk. (aM. anscheinend JMBl. 00[798]); keine Nachprüfg., ob ZwV. nötig, E. 16[420].

*§ **723** (661). I Das Vollstreckungsurteil ist ohne Prüfung der Gesetzmäßigkeit der Entscheidung zu erlassen.

II Das Vollstreckungsurteil ist erst zu erlassen, wenn das Urteil des ausländischen Gerichts nach dem für dieses Gericht geltenden Rechte die Rechtskraft erlangt hat. Es ist nicht zu erlassen, wenn die Anerkennung des Urteils nach § 328 ausgeschlossen ist.

Vgl. §§ 722, 328. — §§ 35 AGSchrG.; 6 LGSchrG.; 1 OLGSchrG. — Keine Feriensache: ZZP. 13[350]; vgl. § 202 GVG.

Nachträgl. entstd. Einr. aus §§ 767, 768 (zB. Verjährg.) sind vorbringbar, E. 13[348] Bl. 69[521]; RNachf. beiderseits beachtlich, E. 9[368]. — VersU., AnerkU. nur unbeschadet der formalen Prüfung v. amtsw. (§ 328) zulässig, E. 36[384]; WKl. bestr. — Neue Zahlgskl. nur mgls. Anerk., E. 49[430] (ausld. U. Beweisbehelf). — Verträge der Bundesstaaten vor 1. Okt. 1879 auf ZwV. ohne VollstrU. sind erloschen (bestr.; vgl. § 14 EZP.; E. 24[12] Gr. 50[349]); Grundlage der Ggs. können sie sein.

§ **724** (662). I Die Zwangsvollstreckung erfolgt auf Grund einer mit der Vollstreckungsklausel versehenen Ausfertigung des Urteils (vollstreckbare Ausfertigung).

II Die vollstreckbare Ausfertigung wird von dem Gerichtsschreiber des Gerichts erster Instanz und, wenn der Rechtsstreit bei einem höheren Gericht anhängig ist, von dem Gerichtsschreiber dieses Gerichts erteilt.

Anhängigk.: § 706; kein Anwaltszwang. Ob Feriensache, bestr.; richtiger zu bejahen, weil zur ZwV. gehörig (vgl. §§ 23, 32 RAGO.); so SA. 39[170]. — Vgl. auch §§ 733 ff., 794 ff., 801; Ausnahmen: §§ 796, 929, 936; Art. 23, 169 SubhO. mit Art. 33 AZP. äF., E. 53[8] Bl. 47[6] BNotZ. 03[140]; vgl. § 127 KO. mit E. 58[12]; Art. 157 ff. SubhO., 41 ÜG., 180 ff. ZVG. — §§ 22, 32, 88 AGSchrG.; 6, 38 LGSchrG.; 6 OLGSchrG.; 52 ff., 205 GVGA.; 11 FinVL. — Rechtsbehelf des Glb. gg. Versagung: §§ 576, 793 (S. 12[484]); aM. (einf. Beschw.) E. 31[410] JW. 00[605] NS. 1[757]; — des Schld. gg. Erteilg.: § 732. Klauselkl. nur nach §§ 731, 768; Judikatskl.: §§ 322, 722. — Gg. ZwV. ohne Klausel nur Einwdg. (§ 766). — Ausfertig.: §§ 299, 317; BNotZ. 91[128]. — Kosten: §§ 47, 80a KGK.; 24, 35 RAGO.; vgl. §§ 91, 788; keine Zurückbehaltg. wegen Prozeßkosten. StreitW.: vollstreckb. Summe, JW. 98[569].

Abs. 1. Urschrift des Urteils, Ausf. der Formel allein (ohne Tatbstd. u. Gründe) genügt nicht (§ 33 AGSchrG.; KB. 179). ZwV. ohne Kl. ist unheilbar nichtig, auch wenn das ProzG. selbst VollstrG., VZ. 91[184] 98[81]; nachträgl. Verlust der vollstr. Ausf. hindert lediglich den Fortbetrieb der ZwV., ohne daß das PfandR. erlischt. — **Abs. 2.** Keine Erteilg. vor Verkdg. u. Unterschrift des U. (§ 317); Konkurs, sachl. Einr. des Schld. unbeachtl., R. 03[239]. — Eine vom Richter selbst (VZ. 88[20]) oder von e. offenbar unzustdg. GSchr. (vgl. JW. 95[385]) oder zu einer offenbar nicht vollstreckgsfähigen Urschrift erteilte Klausel ist unbeachtlich.

§ 725 (663). Die Vollstreckungsklausel:

„Vorstehende Ausfertigung wird dem usw. (Bezeichnung der Partei) zum Zwecke der Zwangsvollstreckung erteilt."

ist der Ausfertigung des Urteils am Schlusse beizufügen, von dem Gerichtsschreiber zu unterschreiben und mit dem Gerichtssiegel zu versehen.

Siegel wesentl., ESt. 26[158]; § 307. Unterschrift (kein Faksimile, JW. 06[492]): § 130. §§ 22, 32 ff., 88 AGSchrG.; 54, 59 GVGA. Keine Klausel zu einem Feststellll. oder einer bloßen Bestätig. JW. 91[382].

Obige gesetzl. Worte sind unabänderlich; auf die Auslegung willkürl. Umschreibg. braucht sich kein VollstrOrgan einzulassen (Mot. 403 JW. 05[382]). Einschaltg. sind u. U. notwendig (vgl. zB. §§ 81, 211, 727 ff.); nicht wegen vorl. Vollstreckb. oder Sicherheit, RS. 3[269] (vgl. § 37 AGSchrG.). — Dem PrBev. als solchen ist die Klausel nicht zu erteilen; Ausnahme: § 124.

§ 726 (664). [I] Von Urteilen, deren Vollstreckung nach ihrem Inhalte von dem durch den Gläubiger zu beweisenden Eintritt einer anderen Tatsache als einer dem Gläubiger obliegenden Sicherheitsleistung abhängt, darf eine vollstreckbare Ausfertigung nur erteilt werden, wenn der Beweis durch öffentliche oder öffentlich beglaubigte Urkunden geführt wird.

[II] Hängt die Vollstreckung von einer Zug um Zug zu bewirkenden Leistung des Gläubigers an den Schuldner ab, so ist der Beweis, daß der Schuldner befriedigt oder im Verzuge der Annahme ist, nur dann erforderlich, wenn die dem Schuldner obliegende Leistung in der Abgabe einer Willenserklärung besteht.

Vgl. §§ 257 ff., 794 ff.; AGSchrG. 37; GVGA. 56, 253. — Abhängk. von Kalendertag oder Sicherheitslstg.: § 751, öff. Begl.: § 415; Willenserkl.: § 894; Beweislast: § 282. — Verfahren: § 730. — Ausnahme für Arreste u. einstw. Verf.: §§ 929, 936. Kosten: § 730; BGVGO. § 7.

Abs. 1 unverzichtbar, E. 41[373]; Notorietät genügt nicht. Mgls. urkundl., auch indirekten (vgl. aber RS. 2[361] 4[126]) Nachweises nur Klauselkl. (§ 731). Hauptanwdg. bei exek. Urk. — Hierher zB. Vorbehalt nach § 10 AnfG., Zahlung nach Tod oder Großjährigk. e. Person; nicht hierher (sof. Klausel) künft. Unterhalt (weil Lebensvermutg., Bl. 47[98]), Wahlausspr. (§ 803), auflös. Beding. (§ 767); insbes. nicht kassat. Ratenverfall, E. 11[223] BlEB. 15[209]; vgl. § 358 BGB; aM. Bl. 68[529]. Praktische Formulierung bei Vgl.: „Stundung, solange die Raten eingehalten werden". — Wegen Kündig. vgl. Bl. 65[503] RS. 3[174] (kein Nachweis des Zinsverzugs). Die Kündigungserkl. (Zustellurschrift) braucht nicht öff. begl. zu sein; Prüfung der Identität u. Vollm durch den GVollz. genügt (§§ 40 GGTV, 11 GVGA. mit JMBl. 02[1049]), Bl. 69[563] ZR 06[191] aM. RS. 6[464]. — Konkursfeststellg. „für den Ausfall": E. 22[154] ZR. 05[173]. — **Abs. 2.** D. h. bei Zug um Zug-Urteilen erteilt der GSchr. sofort u. ohne weiteres die Klausel; die Prüfg. bzgl. der Gglstg. geschieht erst vor der wirkl. ZwV. (§§ 756, 765). Hierher zB. §§ 274, 322, 348, 467 BGB.; 3 AbzG.; analog bei Aushändig. e. Wechsels (E. 37[5]) u. ähnl. Papiere, zB. §§ 355,

410, 785, 797, 808, 1144, 1192, 1267 BGB. (E. 56[304]). — Vorleistung des Glb. erfordert an sich Nachweis aus Abs. 1 schon zur Erteilg. der Klausel: das näml. gilt, wenn die Leistg. des Schld. e. Willenserkl. ist (RO. 13[186]). Der Annahmeverzug ergibt sich bei Urteilen meist aus dem Tatbestd.; vgl. § 322 BGB. JW. 04[90]. — Vorleistg. des Schld. fällt lediglich unter § 724 (einf. Klausel). — Ist die Gglstg. des Glb. e. Willenserkl., zB. Zahlg. gg. Löschg. oder Zession, so ist Abs. 2 anwendbar, also sof. Klausel zu erteilen u. bei ZwV. die Löschgsbewillig. anzubieten (Termin beim GBAmt bekanntzugeben); wegen Judikatskl. in solchen Fällen vgl. JW. 05[28] ZR. 06[147].

*§ **727** (665). [I] Eine vollstreckbare Ausfertigung kann für den Rechtsnachfolger des in dem Urteile bezeichneten Gläubigers sowie gegen denjenigen Rechtsnachfolger des in dem Urteile bezeichneten Schuldners und denjenigen Besitzer der in Streit befangenen Sache, gegen welche das Urteil nach § 325 wirksam ist, erteilt werden, sofern die Rechtsnachfolge oder das Besitzverhältnis bei dem Gericht offenkundig ist oder durch öffentliche oder öffentlich beglaubigte Urkunden nachgewiesen wird.

[II] Ist die Rechtsnachfolge oder das Besitzverhältnis bei dem Gericht offenkundig, so ist dies in der Vollstreckungsklausel zu erwähnen.

§§ 40, 59 GBGA.; 12 FinBB.; vgl. §§ 76, 929; EZB. 15; ZBG. 93, 132; Art. 23 SubhO.; 28, 134 AZP. Zustellg.: § 750. RNachf.: §§ 239, 241, 265, 325 ff., 145. UrkBeschaffg.: §§ 299, 432, 792; Begl.: § 415 Note mit GBO. § 33; RS. 4[124] EF. 3[134 147] BNotZ. 91[125] 95[64]. Erbrechtsnachweis durch Testament: E. 54[344]. — Notorietät: § 291; vgl. RS. 6[212] ZR. 06[426]. Erfordert die Rechtsnachf. öff. Beurkdg. zB. Erbschaftskauf, so genügt auch hier Begl. nicht.

Kann: muß, E. 57[326]. — Auch e. schon während des Proz. (nicht aber vor Beginn: SA. 48[162]) eingetr. RNachf gehört hierher, E. 7[333]. Ist das U. noch nicht rkr., so sind auch hier die §§ 239 ff., 265 ff. anzuwenden, also u. U. erst Aufnahme, Einwillig. des Bekl. nötig (E. 35[386] aM. S. 14[706]). — Die Vollm. ermächtigt nach dem Tode der Partei nicht zur Weitervollstr. ohne neue vollstr. Ausf., SA. 43[313]. — Für oder gg. mehrere Pers. kann die VollstrBefugnis neben einander bestehen (akt., pass. Kumulativklausel), E. 57[326]. Die Ausf. braucht nicht jeweils neu hergestellt, sie kann auch von dem Vorbesitzer abgegeben werden (BNotZ. 91[128]). — Jeder Einziehgsglb. steht für sich e. RNachf. gleich (E. 27[292] 57[326] aM. S. 9[43] 14[706]); daneben hat der Schld. das Einzugsrecht z. Hd. des Pfdglb., ev. zur Hinterlg., RO. 11[183] (§ 835). Ähnl. gilt für Vertragspfand u. Indossament; vgl. Gr. 37[179] u. Note zu § 445. — Allg. RNachf. kann auch zufolge ehel. GüterR. eintreten (Prot BGB. 5[541]), was für die in den §§ 739 ff. nicht durchweg geordneten Aktivklauseln wichtig. — Der KonkVerw. oder Liquidator bedarf nach gem. M. (außer nach § 13 AnfG.) keiner RNachfKlausel (E. 30[70]); bestr. nach Aufhbg. des Konk. für den Gemeinschld. bzgl. der vom Verwlt. erstrittenen Urt.; ähnlich bei anderen Part. kraft Amtes. Faßt man dieselben formell als Part. auf, so ist die Notwendigkeit neuer Klausel ebenso gegeben, wie bei der Ueberwsg. z. Einz., ZR. 06[107] R. 06[1127]. Konkurs des Schld. hindert die Ertlg. der Klausel gg. ihn nicht (vgl. aber § 14 KO.). Keine Vollstreckg. des gg. e. öff. HG. ergangenen U. wider die Gesellschafter während des Gesellschaftsbestands (E. 3[338] 5[57] 13[96] S. 16[169]); sof. samtverbdl. Mitverkl. rätlich. — Miete der bereits streitbefg. Sache hierher (BlEB. 6[137]; vgl. §§ 885; BGB. 556); Vormerkg. zwecks Sicherg. oblig. Anspr. macht das Grundstück bzgl. der dingl. Änderg. streitbef., E. 27[238] ZR. 06[107] (zB. §§ 648, 883 BGB.): keine RNachfKlausel gg. Übernehmer e. Einzelschuld (gem. M.; ZR. 06[25]; vgl. § 729 arg. e contr.) — Beachtlich sind hier auch die gesetzl. Forderungsübergänge an Drittzahler (§ 776; vgl. Bl. 70[60] RO. 11[420]) sowie bei der Klauselerteilg. gg. Erben auf Antrag des Glb. (nicht v. amtsw.) die Vorbehaltsvorschr. der §§ 305, 780 ff. (Bl. 70[83]). — Beim Eintritt mehrerer RNachf. ist Klarstellung der Einzelanteile oder Gesamthand nötig; wichtig wegen Teilausfertig. (§ 39 AGSchrG.). Zu Aktivfrdg. kann jeder Miterbe Einzelklausel nach § 2039 BGB. verlangen; desgl. Passivklausel gg. jeden Miterben auf die ganze Schuld möglich (§§ 2059 BGB., 747). Die Annahme der Erbschaft muß hiebei nachgewiesen w., Gr. 43[605].

§ 728. I Ist gegenüber dem Vorerben ein nach § 326 dem Nacherben gegenüber wirksames Urteil ergangen, so finden auf die Erteilung einer vollstreckbaren Ausfertigung für und gegen den Nacherben die Vorschriften des § 727 entsprechende Anwendung.

II Das Gleiche gilt, wenn gegenüber einem Testamentsvollstrecker ein nach § 327 dem Erben gegenüber wirksames Urteil ergangen ist, für die Erteilung einer vollstreckbaren Ausfertigung für und gegen den Erben. Eine vollstreckbare Ausfertigung kann gegen den Erben erteilt werden, auch wenn die Verwaltung des Testamentsvollstreckers noch besteht.

Vgl. §§ 326, 327, 780 ff. Für den Erben kann die vollstr. Ausf. (Abs. 2) erst nach Beendig. der TestVollstreckung erteilt werden. Ein gg. den Erben ergangenes Urt. ist wider den TestVollstr. nicht vollziehbar. Wegen NachlPflegsch., NachlVerwaltg. vgl. §§ 727, 749. — §§ 59 GBGA.; 12 FinBB.; 10 AGSchrG.

§ 729. I Hat jemand das Vermögen eines Anderen durch Vertrag mit diesem nach der rechtskräftigen Feststellung einer Schuld des Anderen übernommen, so finden auf die Erteilung einer vollstreckbaren Ausfertigung des Urteils gegen den Übernehmer die Vorschriften des § 727 entsprechende Anwendung.

II Das Gleiche gilt für die Erteilung einer vollstreckbaren Ausfertigung gegen denjenigen, welcher ein unter Lebenden erworbenes Handelsgeschäft unter der bisherigen Firma fortführt, in Ansehung der Verbindlichkeiten, für welche er nach § 25 Abs. 1 Satz 1, Abs. 2 des Handelsgesetzbuchs haftet, sofern sie vor dem Erwerbe des Geschäfts gegen den früheren Inhaber rechtskräftig festgestellt worden sind.

Vgl. §§ 767, 768. Fälle der kumul. Passivklausel gg. Sonderrechtsnachf. — **Abs. 1:** §§ 311, 419 BGB. auch Quote, zB. Gutsübergabe bei Ehegatten, ZR. 06[25]; 59 GBGA.; 12 FinBB.; 40 AGSchrG. — **Abs. 2** gilt nur für die Vollkaufleute (JW. 03[293]) u. ist auf den Fall des § 25 Abs. 3, 28 HGB. nicht anwendbar; vgl. RO. 13[185] u. im übrigen § 253 (Firma).

***§ 730** (666). I In den Fällen des § 726 Abs. 1 und der §§ 727—729 darf die vollstreckbare Ausfertigung nur auf Anordnung des Vorsitzenden erteilt werden.

II Vor der Entscheidung kann der Schuldner gehört werden.

III Die Anordnung ist in der Vollstreckungsklausel zu erwähnen.

RBehelf des Schld. gg. Ertlg.: §§ 732, 768; des Glb. gg. Verweig.: §§ 576, 724, 731: kein RBehelf des RVorg. §§ 41, 88 AGSchrG. Kosten: §§ 38, 39, 80a GKG.: 24, 35 RAGO.

Abs. 1. Auch § 726 Abs. 2 ist gemeint, nicht § 731. — Die Anordg. des Vorsitzd. ist Gerichtsinternum (irrige Zustellg.: SA. 48[230] ZZP. 19[454]). Die Entschdg. geht formell vom GSchr. aus, der ohne oder selbst gg. den Vorsitzd. abweisen kann, E. 20[375]; Kostenpflicht: §§ 91, 794 Nr. 3. — **Abs. 2.** Gehör (§ 128) formell durch GSchr.; Einwillg. des Schld. z. GSchrProt. genügt als öff. Urk. — **Abs. 3.** Nichterwähng. hindert die ZwV. (RO. 2[34]).

***§ 731** (667). Kann der nach dem § 726 Abs. 1 und den §§ 727—729 erforderliche Nachweis durch öffentliche oder öffentlich beglaubigte Urkunden nicht geführt werden, so hat der Gläubiger bei dem Prozeßgericht erster Instanz aus dem Urteil auf Erteilung der Vollstreckungsklausel Klage zu erheben.

Vgl. § 41 AGSchrG.; KO. §§ 164, 194; GenG. §§ 109, 114; FGG. § 98; BGB. §§ 209, 942. Vollm.: § 81; Zustellg. (nur an PrBev. I. J.): §§ 86, 178. Selbstdg. Prozeß: UrkProz. unzulässig; bei § 768 Geltendm. durch Widerkl. möglich (JW. 88[329]). — Zustdk.: §§ 767, 802; vorl. Vollstreckb. statthaft (bestr.). Kosten: §§ 26, 28 GKG.; 20 RAGO.; Anerk. nach §§ 93, 94 möglich.

Zu verklagen sind die RNachf. E. 28[399]; wegen notw. Streitgen., Miterben vgl. §§ 62, 727. — Materielle Einwdg., soweit nicht präkludiert, sind zulässig, E. 34[348]; vgl. E. 11[431]. Formel: „Die Klausel ist zu erteilen (versagen)"; vgl. § 41 AGSchrG.; Vers., Anerkll. möglich. — Gesuchsabwsg. nach § 730 nicht Voraussetzg., JW. 95[524]; ggüber anderw. Leistgskl. besteht Rechtshgk. (§ 265).

§ 732 (668). I Über Einwendungen des Schuldners, welche die Zulässigkeit der Vollstreckungsklausel betreffen, entscheidet das Gericht, von dessen Gerichtsschreiber die Vollstreckungsklausel erteilt ist. Die Entscheidung kann ohne vorgängige mündliche Verhandlung erfolgen.

II Das Gericht kann vor der Entscheidung eine einstweilige Anordnung erlassen; es kann insbesondere anordnen, daß die Zwangsvollstreckung gegen oder ohne Sicherheitsleistung einstweilen einzustellen oder nur gegen Sicherheitsleistung fortzusetzen sei.

Anwaltszwang: § 78; Vollm.: § 81; Vers.: § 128; Zustellung: § 329; RMittel (auch zu Abs. 2): § 793 (Mot. 407); Vollzug: § 775; Schadensersatz nur nach §§ 823, 826 BGB. — Einwdg. gg. ZwV.: § 766; gg. Anspruch selbst: § 767. Kosten: §§ 38, 39 GKG.: 24 RAGO.; JW. 98[569].

Zulässigk.: auch materiell, insoweit wahlweise mit der Kl. aus § 768, E. 50[372]; zB. Klagsrückn. nach Versll., Fehlen der Schuldziffer (BZ. 94[65]), Bestr. der RKr. oder RNachf. Zeitl. Grenze bestr.; vgl. ZR. 05[307] (auch nachträgl. Einwdg.). — Keine Feststellkl. auf Klauselnichtigkeit,

(E. 41[373]); keine Einwdgsfrist. — Durch die einstw. A. des Abs. 2 können die VollstrMaßregeln auch nicht gg. Sicherheit einstw. aufgehoben werden (gem. M.): Einstellg. schon vor Beginn der ZwV. statthaft (Gr. 46[329]); vgl. § 769.

§ 733 (669). I Eine weitere vollstreckbare Ausfertigung darf derselben Partei, sofern nicht die zuerst erteilte Ausfertigung zurückgegeben wird, nur auf Anordnung des Vorsitzenden erteilt werden.

II Vor der Entscheidung kann der Schuldner gehört werden.

III Der Gerichtsschreiber hat von der Erteilung der weiteren Ausfertigung, wenn die Entscheidung, durch welche dieselbe angeordnet wird, nicht verkündet ist, den Gegner in Kenntnis zu setzen.

IV Die weitere Ausfertigung ist als solche unter Erwähnung der Entscheidung ausdrücklich zu bezeichnen.

§§ 22, 38, 39, 42 AGSchrG.; 59 GVGA. Einf. Ausf. (einschl. Arrest, e. Verf.): § 299; beachtlich die Abweichung des Art. 133 AZP. bzgl. der an sich nicht hierher gehörigen Teilausfertig. (§ 39 AGSchrG.; BNotZ. 01[184]; — VollstrBefehl: § 796. — Verfahren: § 730. — RBehelf des Glb. gg. Versagung: § 576, bestr. ob Beschw. gg. ProzG. (E. 42[421]); keine Klage auf Ausf. (E. 31[410]); — RBehelf des Schld. gg. Erteilg.: § 732. — Keine Feriensache: JW. 00[695]; bestr., vgl. § 793. — Kosten: §§ 38, 39 GKG.; 24, 32 RAGO.

Gründe: Verlust, irrtüml. Rückgabe, nachträgl. Abnahme des Erlöses mittels Bereichergskl., gleichzeit. VollstrBetrieb bei mehreren Gerichten (zB. Subhast.). — Ausschlaggebend Gleichheit des Anspr. (SA. 53[60]), nicht der Person (zB. bei gegens. Verurtlg., Abtretg.; vgl. aber E. 57[326]). Daneben §§ 952, 402 BGB. beachtlich, wonach u. U. Miteigentum an der Schuldurk. entsteht (vgl. §§ 727, 835). — Einwillig., Wspr. d. Schld. nicht bindend; Rückbehaltg. nach § 32 RAO.: § 299. — Keine Analogie für nicht identische Titel: SA. 45[149] ZR. 05[39]; Judikatskl.: SA. 57[180].

§ 734 (670). Vor der Aushändigung einer vollstreckbaren Ausfertigung ist auf der Urschrift des Urteils zu bemerken, für welche Partei und zu welcher Zeit die Ausfertigung erteilt ist.

§§ 59 GVGA.; 43 AGSchrG.; 25 LGSchrG.; 6, 9 OLGSchrG.; 187 NotGeschO.; 121 NachlO.; vgl. § 541.

§ 735. Zur Zwangsvollstreckung in das Vermögen eines nicht rechtsfähigen Vereins genügt ein gegen den Verein ergangenes Urteil.

§§ 50; BGB. 21 bis 23, 54; EGBG. Art. 10; Prot. BGB. 6[98] [705]; KO. § 213; GVGA. § 61; GBDA. §§ 273, 423; JW. 06[452] ZZP. 34[162]. — Nur Passivklausel: KKr. gg. Mitgl.: JW. 94[130]; Gewahrs.: §§ 808, 809; Anteilsvollstr.: § 859. — Gemeint sind die zum Vereinszweck bestimmten Sachen (zB. Dedikationen) u. Rechte (zB. Guthaben, E. 54[297]), da es Eigentum eines nicht rechtsfäh. V. in Wirklichkeit nicht gibt, sondern nur Eigent. der Mitgl.; Dritteigentümern steht die Wsprkl. zu. — Auch Kostenausf. gg. Verein als Kläger hierher.

§ 736. Zur Zwangsvollstreckung in das Gesellschaftsvermögen einer nach § 705 des Bürgerlichen Gesetzbuchs eingegangenen Gesellschaft ist ein gegen alle Gesellschafter ergangenes Urteil erforderlich.

Vgl. §§ 50, 62: BGB. 706, 718, 719; KO. 16, 51; GBGA. 61: GBDA. 272, 423 mit E. 54[103]. Nur Passivklausel. — Verstoßfolge: Einwdg. § 766 der Schld.; Wirkl. Dritter: § 771; Gewährs.: §§ 808, 809. Anteilsvollstr.: § 859; Pfdg. des Gewinn u. Auseinandersetzgsguthb. oder sonstigen Sondervermögens: § 717 BGB. Übergang: § 859.

Grund: Gesamthand u. Parteiunfähk.: anders bei der off. HG, KommG. (§§ 124, 161 HGB.). Beachtl. der Unterschied ggüber nicht rechtsf. Verein (§ 735) trotz § 54 BGB. einers., ggüber der gewöhnl. Gemeinschft zu Bruchteilen andererf.: §§ 747, 751 BGB.; 808. — Die Schuld muß nicht e. Gesellschaftsschuld sein, zB. gemeins. Delikt (bestr.). — Namentl. Verurteilg. sämtl. bei Beginn der ZwV. (Prot. BGB. 2[436]) vorhand. Gesellschafter erforderlich; nur die Vertr. bei der Zustellg. u. mV. kann nach § 714 BGB. der geschäftsführ. Gesellschafter besorgen. Einheit des Proz. ist nicht geboten, RG. 9[113]; Sachlegitim.: §§ 709 ff. BGB.; 62. Gesellschaftsbeiträge: E. 54[301]; Vermögen: § 735.

§ 737. [I] Bei dem Nießbrauch an einem Vermögen ist wegen der vor der Bestellung des Nießbrauchs entstandenen Verbindlichkeiten des Bestellers die Zwangsvollstreckung in die dem Nießbrauch unterliegenden Gegenstände ohne Rücksicht auf den Nießbrauch zulässig, wenn der Besteller zu der Leistung und der Nießbraucher zur Duldung der Zwangsvollstreckung verurteilt ist.

[II] Das Gleiche gilt bei dem Nießbrauch an einer Erbschaft für die Nachlaßverbindlichkeiten.

Nur Passivklausel. BGB. §§ 1086 ff., Prot. 6[79]; §§ 3 KO.; 61 GBGA.; 13 Fin.-VV.; unanwendbar in den Fällen des BGB. §§ 1030, 1068, 1080 (N. an Rechten, Einzelsachen oder auf Früchte). Wegen der Duldungskl. u. des eheherrl. N. vgl. §§ 739 ff. Ausnahme: § 738. Verstoßfolge, Gewährs.: §§ 735 ff.; Rechtskraft: § 325.

§ 738. [I] Ist die Bestellung des Nießbrauchs an einem Vermögen nach der rechtskräftigen Feststellung einer Schuld des Bestellers erfolgt, so finden auf die Erteilung einer in Ansehung der dem Nießbrauch unterliegenden Gegenstände vollstreckbaren Ausfertigung des Urteils gegen den Nießbraucher die Vorschriften der §§ 727, 730—732 entsprechende Anwendung.

[II] Das Gleiche gilt bei dem Nießbrauch an einer Erbschaft für die Erteilung einer vollstreckbaren Ausfertigung des gegen den Erblasser ergangenen Urteils.

Vgl. §§ 737, 742; BGB. 341; AGSchrG. 40; GBGA. 61; FinVV. 13. — Klausel zu FeststellUrt.: § 704; die Leistungs-ZwV. aus e. Feststellg. ist damit nicht gestattet. — Keine Aufzählg. der einzelnen Nießbrauchsachen in der Klausel; nur Passivklausel hier her. Früchte: § 861.

§ 739. Bei dem Güterstande der Verwaltung und Nutznießung, der Errungenschaftsgemeinschaft oder der Fahrnisgemeinschaft ist die Zwangsvollstreckung in das eingebrachte Gut der Ehefrau nur zulässig, wenn die Ehefrau zu der Leistung und der Ehemann zur

Duldung der Zwangsvollstreckung in das eingebrachte Gut verurteilt ist.

Hierher nur Passivvollstr.: vgl. §§ 61 GBGA.: 13 FinBB.: 424 GBDA.: Mot. BGB. 4[257]; Prot. 4[135 183 205] 6[79]; Bl. 66[447] 67[207 231] 69[351] Gr. 43[135] 45[262] ZZP. 33[34] JW. 06[382]. — Allg. GG, Gesamtgut: § 740; Erwerbsgeschäft: § 741; eheherrl. Nießbrauch, Früchte: §§ 860, 861; nachträgl. Eintritt des Güterstands u. AktivZwV.: § 742. ZwV. in VorbehaltsG. beider Gatten, ferner in eingebr. Gut des Mannes oder streitbes. Sachen nach allg. Regeln: Wahlrecht des Glb.: Mot. BGB. 4[254]. Verbindbarkeit im UrkProz., dingl. GStd. bestr. (bejaht E. 50[51] RO. 5[325]). Güterstandsnachweis: Note zu § 52; vgl. BZ. 05[1]; Wegfall durch Konkurs: BGB. § 1419; Verzicht: JW. 94[23]; Anfechtg.: JW. 04[183 202]. Zustellg.: § 750 (jedem Gatten nur sein Titel); OffenbEid: § 807; Ersatz durch exek. Urk.: § 794; Bl. 66[478]. — Sicherung der Duldgsvollstr.: § 928. — Übergang: Art. 24, 98, 103, 130 ÜG.: RS. 1[368] BNotZ. 00[36] Bl. 67[180 377] ZR. 06[299]. Hienach entfällt Duldgstitel bei am 1. Jan. 1900 bereits rechtshg. gewesenen Anspr.: mater. Duldgspflicht genügt insoweit zur Abwsg. der Wiprkl. des Mannes (S. 13[17] vgl. S. 17[350]). Kosten: §§ 3, 4, 5, 93, 788; JW. 03[180] RS. 3[333] 5[858] (freies Erm., meist Hälfte): vgl. RO. 11[43].

Die materielle Grundlage der Duldungspflicht des Mannes gegenüber den Glb. der Frau (bestr., ob Leistg. mit Haftgsbeschrkg. oder Duldg., E. 50[51] 59[234] ZR. 06[250] RO. 10[17]) ergibt sich aus §§ 1410 bis 1414, 1525, 1550 BGB.; beachtlich die Erweiterg. des gesetzl. Vorbehaltsguts gegenüber dem bish. Recht (BGB. §§ 1366 bis 1370) u. die persönl. Haftg. des Ehemanns für Zins u. Kosten. — Hat ein Glb. des Ehemanns (zB. im Hinblick auf § 1362 Abs. 1 BGB.) Gegenstände pfänden lassen, die nachweislich eingebr. Gut sind, so kann die Ehefrau mittelst Einwdg. nach § 766 die Pfdg. beseitigen, ohne Wiprkl. erheben zu müssen (aM. BZ. 06[171]); das Gleiche gilt zu gunsten des Ehemanns gegenüber Glb. der Ehefrau, zB. bei Pfdg. von vermeintl. Vorbehalts-, in Wirklichkeit eingebr. Gut ohne Duldungstitel (§ 1362 Abs. 1 gilt zu gunsten des Ehemanns selbst nicht). Pfdg. des Herausgabeanspr. der Frau gg. den Mann (§§ 1411, 1394) bietet keine Abhilfe, weil die Verwertg. ohne Duldungstitel doch verboten. — Die Zugehörigkeit z. eingebr. Gut prüft das VollstrOrgan: keine Aufzählg. im Duldgsll. (vgl. §§ 809; BGB. 1362 ff.). — Hierher ZwV. jeder Art, insbes. Zwangshyp., Subhast., Willenserkl. nach § 894 (vgl. RO. 9[113]); beachtl., daß u. U. positive Kl. auf eheherrl. Zustimmung nötig u. daß auch das Leistgsll. gg. die Frau selbst auf e. materielles Dulden gehen kann (zB. bei paul. Anf.). — Bei ZwV. des Manns gg. die Frau ist das Duldgsll entbehrlich: Mot. BGB. 4[258] RO. 3[103 243]; im übrigen unverzichtbar, v. amtsw. zu prüfen u. durch samtverbindl. Leistgsll. nicht ersetzbar (RS. 1[368]). — Die Duldgskl. ist mit der Leistgskl. gg. die Frau verbindbar (keine notw. Streitgen., E. 59[234]), kann aber auch vorh. gestellt w. (Bezeichng. der ehefräul. Schuld!); bei Verbdg. steht die Duldungsformel praktisch zwischen Kosten u. vorl. Vollstr. — Im Kostenpkt. ist die Duldgspfl. bzgl. der ehefräul. Prozeßkosten von der Pflicht des Mannes zur Tragung der Kosten des Leistgs.- u. Duldgsproz. wohl zu unterscheiden; vgl. §§ 93; BGB. 1387, 1388. — Ohne Duldungsausspr. keine Kostenvollstr. gg. den Ehemann auf Duldg.; wichtig bei Klagabwsg. gg. Ehefrau (RO. 11[197]).

§ 740. Bei dem Güterstande der allgemeinen Gütergemeinschaft, der Errungenschaftsgemeinschaft oder der Fahrnisgemeinschaft ist zur Zwangsvollstreckung in das Gesamtgut ein gegen den Ehemann ergangenes Urteil erforderlich und genügend.

Nur Passivvollstr.: vgl. Note zu § 52; BGB. §§ 1443, 1459, 1460, 1519, 1549; Mot. 4[368, 705, 741] Prot. 4[135, 267, 368]; §§ 61 GBGA.; 13 FinVB.; 264, 424 GBDA.; Gr. 43[173] 45[262] 48[1017] ZZP. 33[34] Bl. 66[259] 67[227]. — Erwerbsgeschäft: § 741; nachträgl. Eintritt des Güterstd.: § 742; Beendig.: §§ 743, 744; fortges. GG.: § 745; Verbot der Anteilspfd.: § 860; eingebr. Gut (nicht bei allg. GG.): § 739; ZwV. in VorbehaltsG. nur nach allg. Vorschr. (§§ 1439, 1440 ff.). — Leistgskl. gg. die Frau bleibt möglich: JW. 02[235] 04[368]; Zustimmung des Mannes z. ehefräul. Passivprozeß bewirkt nur RKr., nicht Vollstreckb. gg. ihn, JW. 04[63]; keine Passivleg. der „GG."
Übergang: Note zu § 739; RG. 4[437] 5[112] Bl. 52[1] 63[457].

Grund: unbeschrkt. Aktiv- u. Passivlegitim. des Ehemanns bzgl. des Gesamtgutes (einschl. Früchte); gemeint ist e. LeistgsU. Beachtlich, daß nach § 1459 Abs. 2 BGB. der Ehemann für Gesamtgutsschulden der Frau auch persönl. (samtverbindl.) haftet, nicht aber umgekehrt (wichtig wegen des ehefräul. Vorbehaltsguts); ähnlich bei §§ 1530, 1549 BGB. Die bei allg. GG. vielfach übliche sachl. unbeschränkt. Solidarkl. gg. beide Gatten auf Grund Rechtsgeschäfts eines Gatten ist sohin nicht durchweg gangbar. — Hat die Ehefrau e. Gesamtgutsache im Alleingewahrsam, so genügt das U. gg. den Mann nicht, sondern ist Anspruchspfdg. u. ev. Herausgabekl. gg. die Frau nötig (§ 809), RO. 5[131] 10[373] (bestr.). Ähnl. gilt bzgl. auf den Namen der Frau allein eingetrag. Gesamtgutsgrundstücke u. Hyp. (Begr. 152; GBO. §§ 14, 22, 40; ZVG. 17; SubhO. Art. 21; CF. 5[196] JW. 01[168]).

§ 741. Betreibt die Ehefrau selbständig ein Erwerbsgeschäft, so ist zur Zwangsvollstreckung in das eingebrachte Gut und in das Gesamtgut ein gegen die Ehefrau ergangenes Urteil genügend, es sei denn, daß zur Zeit des Eintritts der Rechtshängigkeit der Einspruch des Ehemanns gegen den Betrieb des Erwerbsgeschäfts oder der Widerruf seiner Einwilligung zu dem Betrieb im Güterrechtsregister eingetragen war.

Nur PassivVollstr. hierher: vgl. BGB. §§ 1405, 1525, 1550, 1452, 1519, 1549 mit Prot. 6[756]; ÜG. Art. 24, 98, 103, 126, 130; früher Art 7, 8 HGB.; GBGA. § 61; GBDA. § 424. — Unzulässig ist die Duldungskl. nicht (JW. 02[235] RO. 6[413]; bestr.), soweit materiell begründbar; Kosten: § 93. — Gewahrsam des Mannes bleibt nach § 809 beachtlich (bestr.: aM. SA. 58[125]); Arbeitsgerät u. Geschäftsertrag sind Vorbehaltsgut BGB. §§ 1366, 1367.

Erwerbsgeschäft: §§ 51, 52 Note: die Erleichterg. gilt bei allen Güterstd. u. ist nicht auf Geschäftsschulden oder Handelsbetrieb beschränkt. Mangelt ein Erfordernis, so hat der Ehemann Einwdg. nach § 766 und geht die ZwV. nur nach allg. Normen (einschl. §§ 739, 740), auch wenn das Urteil ihm ggüber sachl. wirksam; fehlt es hieran, so hat er WiprKl. nach § 774.

§ 742. I Ist der Güterstand der Verwaltung und Nutznießung, der Errungenschaftsgemeinschaft oder der Fahrnisgemeinschaft erst eingetreten, nachdem ein von der Ehefrau oder gegen sie geführter Rechtsstreit rechtshängig geworden ist, so finden auf die Erteilung einer in Ansehung des eingebrachten Gutes der Ehefrau vollstreckbaren Ausfertigung des Urteils für oder gegen den Ehemann die Vorschriften der §§ 727, 730—732 entsprechende Anwendung.

II Das Gleiche gilt für die Erteilung einer in Ansehung des Gesamtgutes vollstreckbaren Ausfertigung, wenn die allgemeine Gütergemeinschaft oder die Fahrnisgemeinschaft erst eingetreten ist, nachdem ein von der Ehefrau oder gegen sie geführter Rechtsstreit rechtshängig geworden ist.

Hierher Aktiv- und Passivklausel, teilwj. Kumulativkl.: vgl. §§ 737, 738; BGB. 1407, 1550; Mot. $4^{250\ 359}$ Prot. $4^{135\ 183\ 205\ 263\ 308}$ 6^{726}; §§ 61 GBGA.: 40 AGSchrG.: 13 FinBB.: 124 GBTA.: Bl. 65^{325} 66^{280} 70^{511}. — Abs. 1. Gegen den Ehemann als Schld. lautet diese Kumulativklausel auf Duldung. Allg. GG. nicht erwähnt, weil bei ihr kein eingebr. Gut. — Abs. 2. Grund der Weglassung der Errungenschaftsgem.: Ausschluß der Hftg. des Ehemanns für die vorehel. Schulden der Frau (vgl. §§ 1530, 1459 BGB.): Aktivklausel: § 727. — Soweit nach §§ 740, 741 Urteil entbehrl., gilt dies auch für Klausel zB. bei vorehl. Aktivtiteln des Manns; im übrigen gelten für Proz. des Ehemanns die allg. Vorschr., insbes. § 727. Dem Eintritt des GStd. nach Rechtshgk. steht Rechtsnachf. der Ehefrau nach rkr. Urteil gleich (vgl. JW. 01^{344} Bl. 70^{511}); Erbschaftsannahme braucht keine eheherrl. Genehm. — Nachweis der Ehefchl., des Güterstd.: §§ 52, 792. — Überleitung nach Art. 62 ff. ÜG. ist kein nachträgl. Eintritt des Güterstd. (RG. $1^{395\ 447}$), sohin regelmäßig Duldungstl. erforderlich. Ausnahme bei altrechtl. Hyp.-Briefen (§ 801), ferner nach Art. 103, 130 ÜG. für am 1. Jan. 1900 bereits anhängig geweiene Proz.; auf Schuldbek. nicht ausdehnbar bestr., vgl. BNotZ. 05^{541}.

§ 743. Nach der Beendigung der allgemeinen Gütergemeinschaft, der Errungenschaftsgemeinschaft oder der Fahrnisgemeinschaft ist vor der Auseinandersetzung die Zwangsvollstreckung in das Gesamtgut nur zulässig, wenn beide Ehegatten zu der Leistung oder der eine Ehegatte zu der Leistung und der andere zur Duldung der Zwangsvollstreckung verurteilt sind.

Nur Passivklausel: vgl. BGB. §§ 1345, 1468 ff. 1471, 1544, 1546, 1549; Art. 36 ÜG.; §§ 61 GBGA.: 13 FinBB.: 124 GBTA. — Ausnahme: § 744. — Die Leistungskl. geht gg. den persönl. haftenden Gatten (bzw. dessen Erben): Duldungskl.: § 739; mater. Hftg.: § 740 Note; Anteilsvfdg.: § 860 Abs. 2; fortges. GG.: § 745. Nach der Tlg. bloß mehr Leistgskl.: vgl. § 786. — Nach Beend. des ges. GStd. sof. gewöhnl. ZwB.; vgl. Art. 83 ÜG.: RC. 13^{187}.

§ 744. Ist die Beendigung der allgemeinen Gütergemeinschaft, der Errungenschaftsgemeinschaft oder der Fahrnisgemeinschaft nach der Beendigung eines Rechtsstreits des Ehemanns eingetreten, so finden auf die Erteilung einer in Ansehung des Gesamtgutes vollstreckbaren Ausfertigung des Urteils gegen die Ehefrau die Vorschriften der §§ 727, 730—732 entsprechende Anwendung.

Ausnahme von § 743: Grund: Gefährdg. der Ehefrau nunmehr ausgeschlossen. §§ 61 GBGA.: 13 FinBB.: 40 AGSchrG.: 124 GBTA.: vgl. § 792. — Beendig. des Rechtsstreits: RKraft (einschl. Vgl.); bei vreck. Urt. Errichtg. Bei Beend. des GStd. vor RKr. gelten nur allg. Vorschr. (JW. 01^{522} Klage bzw. Klagänderg.); desgl. für Proz. der Frau u. für Aktivklausel.

§ 745. I Im Falle der fortgesetzten Gütergemeinschaft ist zur Zwangsvollstreckung in das Gesamtgut ein gegen den überlebenden Ehegatten ergangenes Urteil erforderlich und genügend.

II Nach der Beendigung der fortgesetzten Gütergemeinschaft finden die Vorschriften der §§ 743, 744 mit der Maßgabe Anwendung, daß an die Stelle des Ehemanns der überlebende Ehegatte, an die Stelle der Ehefrau die anteilsberechtigten Abkömmlinge treten.

Passivklausel: vgl. BGB. §§ 1487, 1492 bis 1496, 1557; Zeugnis: JMBl. 60[116]. Analoge Anwendg. des § 740, da der Überlebende die dem Ehemann entspr. Stellung einnimmt. — §§ 61 GBGA.; 13 FinBB.; 40 AGSchrG.; 424 GBTA. — Haftgsbeschrkg.: § 786. — Aktivklausel erhält auch Ehefrau allein (bestr.).

§ 746. Zur Zwangsvollstreckung in das der elterlichen Nutznießung unterliegende Vermögen des Kindes ist ein gegen das Kind ergangenes Urteil genügend.

Auf Passivvollstr. gg. Minderj. beschränkt: vgl. §§ 737; BGB. 1053, 1659, 1686, 1649 ff. mit Prot. 4[586] 6[78]; EBGB. Art. 203; GBGA. § 61; FinBB § 13; GBTA. § 424. — Gewahrsam: § 809; ZwV. in die elterl. Nutznießung u. die Früchte: § 862; Mündelgut: § 809. — Ges. Vertr.: § 51; Übergang: § 52 Note.

Umsoweniger bedarf es e. Duldungstitels gg. die Eltern bzgl. des freien Vermögens (BGB. §§ 1650, 1651); andererseits ist das Kind für das letztere im Umfange des §§ 112, 113 BGB. prozeßfähig.

§ 747. Zur Zwangsvollstreckung in einen Nachlaß ist, wenn mehrere Erben vorhanden sind, bis zur Teilung ein gegen alle Erben ergangenes Urteil erforderlich.

Vgl. §§ 325, 727, 736, 766, 778 ff. mit Prot. 5[841] 6[78]; GBGA. 61; GBTA. 424; Bl. 64[343] 65[265] 70[343]. — GStand: §§ 27, 28; ZwV. in den Nachlaßanteil e. Miterben: § 859; in dessen persönl. Vermögen: §§ 780 ff.; Zuſtdk. bei Pfdg. v. Nachlaßaktiven: § 828. — ZwV. gg. Einzelerben: §§ 778; zu gunsten v. Nachlaßaktiven: §§ 727, 778 ff.; Urt. gg. Erblasser: § 727. — Auf altrechtl. Nachlässe nicht anwendbar: RG. 7[273] RC. 7[321]; vgl. Note zu § 305.

Vorausgesetzt ist hier außer Annahme der Erbschaft (sonst Nachlaßpflgsch.) e. erst nach dem Tod des Erbl. beginnende ZwV. (andernfalls träfe § 779 zu); — ferner daß nicht die Kstr. schon bei Lebzeiten des Erbl. eingetreten (solchenfalls RNachfklausel gg. alle Erben u. ZwV. nach § 778); endlich, daß kein TestVollstr., NachlVerw. oder NachlPfl. vorhanden (solchenfalls gälten §§ 748, 749). — Einzelverklag. möglich (RC. 9[113]); Unbekannth. e. Miterben: RG. 3[266]. Bei Gesamtkl. sind die Miterben notw. Streitgen. — Wie das Urteil lautet, hängt von Geltendm. der Haftgsbeschrkg. sowie der Rechte nach §§ 2014, 2015 BGB. u. nach §§ 2059, 2060 ff. BGB. ab; vgl. wegen des Unterschiedes § 780. Beisp. (Planck BGB. 5[219]): „Die Bekl. A, B u. C sind schuldig an den Kl. sammtverbindl. 30000 Mk. zu zahlen u. zwar A u. B unter Beschränkg. auf den Nachlaß, C bzgl. des Teilbetrags von 10000 Mk. auch aus seinem Privatvermögen". Keine Klage e. Miterben als Glb. gg. die Übrigen vor Auseinandersetzg. (RG. 6[326]; bestr.) — „Teilung" ist Tatfrage u. wird nicht vermutet; ist nicht identisch mit bloßer Bestätig. des Auseinandersetzungsplans: Verbleiben in gewöhnl. Gemeinschaft bzgl. geringfüg. Stücke ist gleichgültig. Unterschied zw. Tlg. und Anteilsabkauf.: RG. 3[381] EF. 3[223]. Nach der Tlg. ist zufolge Wegfalls der Gesamthand an den früheren Nachlaßsachen Einzelexek. möglich; beachtlich die solid. Totalhaftg. nach § 2060 BGB., wenn die Erben ohne Schuldentilgung teilen. Andererseits wird die Haftungsbeschrkg durch die Tlg. nicht berührt (vgl. jedoch §§ 2062 BGB., 216 Abs. 2 KO.).

§ 748. [1] Unterliegt ein Nachlaß der Verwaltung eines Testamentsvollstreckers, so ist zur Zwangsvollstreckung in den Nachlaß ein gegen den Testamentsvollstrecker ergangenes Urteil erforderlich und genügend.

II Steht dem Testamentsvollstrecker nur die Verwaltung einzelner Nachlaßgegenstände zu, so ist die Zwangsvollstreckung in diese Gegenstände nur zulässig, wenn der Erbe zu der Leistung, der Testamentsvollstrecker zur Duldung der Zwangsvollstreckung verurteilt ist.

III Zur Zwangsvollstreckung wegen eines Pflichtteilsanspruchs ist im Falle des Abs. 1 wie im Falle des Abs. 2 ein sowohl gegen den Erben als gegen den Testamentsvollstrecker ergangenes Urteil erforderlich.

Nur Passivklausel. — Vgl. §§ 327, 749, 778 ff.; BGB. 2205, 2208, 2211, 2213; Art. 213 EBG.; §§ 61 GBGA.; 424 GBDA. — Duldung: § 739. — Mangels Verwaltgsrechts genügt Urt. gg. Erben allein.

§ 749. Auf die Erteilung einer vollstreckbaren Ausfertigung eines für oder gegen den Erblasser ergangenen Urteils für oder gegen den Testamentsvollstrecker finden die Vorschriften der §§ 727, 730—732 entsprechende Anwendung. Auf Grund einer solchen Ausfertigung ist die Zwangsvollstreckung nur in die der Verwaltung des Testamentsvollstreckers unterliegenden Nachlaßgegenstände zulässig.

Aktiv- u. Passivklausel: Ausnahme von § 2211 BGB. Der Erbe erhält insoweit keine Klausel. Auf Urt. gg. Erben unanwendbar, E. 56 327. — Über Erteilung e. RNachf.-Klausel für u. gg. NachlPfleger (§ 1961 BGB.) u. NachlVerw. enthält die ZPO. nichts. Ersterer ist formell Partei (aM. E. 50 394) u. vertritt nicht den Erblasser; sohin muß, abgesehen von § 779, RNachfKlausel für u. gegen ihn erteilt werden; dem Glb. kann nicht zugemutet werden, die Erben auszuforschen (ZR. 05 454; aM. ZR. 06 251). Für den NachlVerw. gilt die Analogie des KonkVerw. (E. 61 222 Bl. 71 490) mit dem beachtl. Unterschiede, daß während der NachlVerw. ein dem § 14 KO. entspr. Vollstreckgsverbot für Nachlaßglb. nicht besteht. — Vgl. §§ 327, 748 778 ff.; Bl. 65 265.

*__§ 750__ (671). I Die Zwangsvollstreckung darf nur beginnen, wenn die Personen, für und gegen welche sie stattfinden soll, in dem Urteil oder in der demselben beigefügten Vollstreckungsklausel namentlich bezeichnet sind, und das Urteil bereits zugestellt ist oder gleichzeitig zugestellt wird.

II Handelt es sich um die Vollstreckung eines Urteils, dessen vollstreckbare Ausfertigung nach § 726 Abs. 1 erteilt worden ist, oder soll ein Urteil, welches nach den §§ 727—729, 738, 742, 744, dem § 745 Abs. 2 und dem § 749 für oder gegen eine der dort bezeichneten Personen wirksam ist, für oder gegen eine dieser Personen vollstreckt werden, so muß außer dem zu vollstreckenden Urteil auch die demselben beigefügte Vollstreckungsklausel und, sofern die Vollstreckungsklausel auf Grund öffentlicher oder öffentlich beglaubigter Urkunden erteilt ist, auch eine Abschrift dieser Urkunden vor Beginn der Zwangsvollstreckung zugestellt sein oder gleichzeitig mit Beginn derselben zugestellt werden.

Vollmacht: § 88; Zustellbeweis: §§ 190, 211; Verkündgsvermerk: § 315; Formelauslegung: § 704 Note (Bl. 65 524); ZwV. gg. Bevormundete: § 809; gg. Ehegatten: §§ 739 ff. — Vgl. §§ 32, 57 GewGG.; 16 KfmGG.; GVGA. 41,

59 bis 67; JMBl. 96[117] (Gebührenfreiheit); FinPL. 14 ff. Ausnahmen: §§ 756, 765, 779, 798, 799, 929; ferner Art. 23 SubhC.; 134 AZP.; 130 ABG. mit § 203 GBGA.; §§ 26, 132 ZBG. — Wegen § 495 StPC. vgl. § 794 Note. — RBehelf: § 766; E. 20[49].

Beginn der ZwV. in e. S.: Besitznahme (auch Arrest), S. 9[522]; Erlassung des Pfdgsbeschl. (E. 12[381]), Drohbeschl. nach § 890 (E. 42[424]), Beschlagnahmebeschl. (§ 16 ZVG.; Art. 26 SubhC.). — Beendig. der ZwV. erst mit Abliefg. des Erlöses (Geldes) an den Glb. (SA. 49[66]), Sachaushändig. (E. 22[267]) an ihn, Vereinnahmg. der z. Einziehg. eingew. Frdrg. (E. 40[371]; anders bei Ü. an Zahlgsst., JW. 96[57]), Zahlg. der ZwHyp. (RC. 4[143]); keine Beend. durch eA. auf Aufhbg. (SA. 52[277]), wohl aber mit Freigabe (BZ. 96[180] JW. 96[32]) oder Abstand; vgl. GBGA. § 118 S. 15[456] RC. 7[311]. — Zustellung (des ganzen Titels) unverzichtbar; noch kein Bestandteil der ZwV.; erfolgt an den PrBev der den Titel erlassenden Instanz nach §§ 176 ff., ESt. 16[276] E. 41[431] (nur das Verf. vor dem VollstrGerichte zB. OffenbEid gehört stets zur 1. J.) E. 32[425]; kann bei kalendermäßiger Befristung schon vor Fälligkeit geschehen (BlEB. 6[356]); für gewöhnl. Klausel oder RKrZeugnis nicht vorgeschrieben, SA. 39[270]; umgekehrte Zust. (auf Betrb. des Schld.) genügt nach gem. M. (BZ. 06[111]). Keine Wiederholg. bei neuerl. VollstrAkt, BlEB. 7[89] S. 9[172]. Kein Ersatz der Parteizustellg. durch Zust. v. amtsw., §§ 166 Note; GBGA. 66. — Name (auch richtiger Vorname, aM. E. 45[420] RS. 1[414]), Stand u. Wohnort nötig, JW. 99[538]; bei Namenswechsel genügt öff. begl. Nachweis ohne neue Klausel, JW. 01[772]; fingierte Namen: DJZ. 06[735]. ZBlFG. 5[311]; Urt gg Parteiunfäh. wertlos, Bolze 9[711a]. Keine ZwV. gg. Dritte (E. 10[276] 32[290] 38[399]), zB. Gesellschafter der off. HG., BlEB. 14[376] GBTA. § 423. — Bei Firmenurteilen prüft der GVollz., wer verklagt war (ZR. 05[219]; § 253); bei mehreren sukzess. RNachf. sind sämtl. Urk. zuzustellen; mangels Erwähnung der Notorietät gilt die Klausel als auf Grund von Urk. erteilt (§ 62 GBGA.). — Stirbt der Glb. nach Beginn der ZwV., so findet Abs. 2 ebenfalls Anwendung; § 779 ist lex spec. (BlEB. 7[97]). — Verstoßfolge Nichtigkeit, insbes. bei Zustellmängeln (E. 6[389] 20[438]); durch nachträgl. Zust. auch dem Schld. gegenüber nicht ex tunc heilbar (gem. M., E. 20[433] 56[215] SA. 55[247] S. 10[181] RSSt. 3[125]; aM. E. 25[371]).

***751** (672). [I] Ist die Geltendmachung des Anspruchs von dem Eintritt eines Kalendertages abhängig, so darf die Zwangsvollstreckung nur beginnen, wenn der Kalendertag abgelaufen ist.

[II] Hängt die Vollstreckung von einer dem Gläubiger obliegenden Sicherheitsleistung ab, so darf der Beginn der Zwangsvollstreckung nur erfolgen, wenn die Sicherheitsleistung durch eine öffentliche oder öffentlich beglaubigte Urkunde nachgewiesen und eine Abschrift dieser Urkunde bereits zugestellt ist oder gleichzeitig zugestellt wird.

§§ 257, 726 ff., 775 Nr. 3, 798; BGB. 193, 284; HC. 19; AGSchrG. 37; GBGA. 55, 62. — Die Klauselerteilg. ist nicht gehindert (anders Art. 6 AZP.); Verletzgsfolge: Nichtigkeit (E. 25[368]); vgl. § 766. — Sicherg. nicht fälliger Raten nur durch Arrest, RC. 7[22] EF. 4[44].

Abs. 1. Unanwendbar, auf Zahlbarkeit zu e. bestimmten Stunde oder „sof. auf Verlangen" (zB. Schuldbekenntn.); zahlbar „drei Tage nach Empfang" fällt unter § 726, JW. 05[171]. — Keine Heilg. durch nachträgl. Zustellg. — **Abs. 2.** Rechtskraftszeugnis genügt, selbst wenn nur bed. Klausel vorliegt, RS. 3[269]; Zustellg. des Zeugnisses entbehrl.

§ 752 (673). I Gegen eine dem aktiven Heere oder der aktiven Marine angehörende Militärperson darf die Zwangsvollstreckung erst beginnen, nachdem von derselben die vorgesetzte Militärbehörde Anzeige erhalten hat.

II Dem Gläubiger ist auf Verlangen der Empfang der Anzeige von der Militärbehörde zu bescheinigen.

§§ 14, 790, 904, 912. — Behördenverzeichnis: JMBl. 80[99]. — §§ 45 RMilG.: 68 GVGA.: 46 FinVB.: 12, 14 GVGL.: 422 GVdA. Keine Zwischenfrist. Auf Beamte, Ausländer nicht ausdehnbar: vgl. Bz. 05[126].

Gilt auch für die ImmobiliarZwV. einschl. Zwangshyp. sowie für das VollstrG. — Der Inhalt kann ganz allg. sein; keine Wiederholung vorgeschrieben. Unterlassung bewirkt Nichtigkeit (bestr.).

§ 753 (674). I Die Zwangsvollstreckung erfolgt, soweit sie nicht den Gerichten zugewiesen ist, durch Gerichtsvollzieher, welche dieselbe im Auftrage des Gläubigers zu bewirken haben.

II Der Gläubiger kann wegen Erteilung des Auftrags zur Zwangsvollstreckung die Mitwirkung des Gerichtsschreibers in Anspruch nehmen. Der von dem Gerichtsschreiber beauftragte Gerichtsvollzieher gilt als von dem Gläubiger beauftragt.

§§ 91, 102, 166, 764, 766, 801; GVG. 70, 155, 156, 162 (keine Vorentschdg., BGH. 26[253]); § 113 StGB. Widerstd. strafbar, wenn GVollz. nach pflichtmäß. Prüfg. irrt, ESt. 25[108] RSSt. 3[130]); AGB. Art. 26, 65 ff.; BGB. §§ 278, 675, 611, 276, 839; EBG. Art. 77; ABG. 60; §§ 55 AGSchrG.: 14 ff., 81, 88 GVGA. — Amtsgeheimnis: §§ 376, 383: Amtsverweig.: § 766; Weitergabe bei Unzustdk., Geschäftsüberhäufg.: § 17 GVL. mit Bz. 02[182] 03[179]; Anzeigepflicht straft. Hdlg.: Bz. 03[5]; Gerichtsdienst: § 13 GVL. — Kosten: § 14 RAGL.: Note zu §§ 91, 166, 766, 788.

Abs. 1. Sog. Mandatstheorie (E. 16[396] S. 13[233]), soweit der Glb. in Betracht kommt: jetzt Geschäftsbesorgungsvertrag nach §§ 675, 611 BGB., E. 56[390]. Dem Schld. u. Dritten gegenüber ist der GVollz. lediglich Beamter (S. 11[695]). — Primäre Staatshaftg. nach Art. 60 ABG. gilt auch, soweit der GVollz. Beauftragter. § 839 Abs. 3 BGB. hierbei unanwendbar; bestr., ob die Verklag. des GVollz. durch den Geschädigten insoweit landesgesetzl. ausschließbar (vgl. E. 56[89]). — Kenntnis des GVollz. von der Zahlgseinstellg. ist unschädlich (§ 804; E. 9[361]); anders bzgl. Dritteigentum (E. 39[160]). Anweisg. des Glb., soweit nicht gesetzwidrig (vgl. E. 18[389] S. 15[623] ZR. 06[124]), sind zu befolgen, insbes. bzgl. Einstellg. (§§ 50, 81, 83, 86 GVGA.); Mitteilgspflicht über den Verlauf der ZwV. u. über frühere Abstände vor neuerl. Pfgdsversuch: §§ 85, 88, 96 GVGA.: vgl. § 775. Adreßangabe forderbar (Bz. 06[124]); polizeil. Wohnungsaufschluß: Bz 91[58] JMBl. 02[614] Art. 205 GebG.; falsche Namensangabe: § 360 Nr. 8 StGB. Bz. 91[87]. — Aktivlegitim. des Auftraggebers nachzuprüfen (§§ 754, 775); nachträgl. Genehmig. reicht nicht, JW. 82[159]; keine Nachtragspfdg. ohne Auftrag, Bz. 87[68] (bestr.); vgl. E. 55[330]. Zwangshyp. nur durch Glb. beantragbar. — Haftg. für Belassung (Bz. 96[88]), Bestandteilspfdg. bei Immob. (JW. 98[528]), verfrühte Versteig. (JW. 88[418]), falsche Terminsmitteilg. (JW. 88[418]), Nichthinterlg. (JW. 97[287]), Verzögerg. (BlEB. 12[193]), schlechte Signierg. (§ 808) oder Aufbewahrg. (Gr. 35[426]), Pfdg. v. Unentbehrl. (JW. 91[28]), Unterschlagg. (JW. 00[295]). Mitverschld. des Glb.: E. 55[329] S. 11[250] 15[623] JW. 98[582]. — **Abs. 2.** Vgl. §§ 166, 167; der Vermittelgsantrag umfaßt Ertlg. der vollst. Ausf., nicht umgekehrt.

§ 754 (675). In dem schriftlichen oder mündlichen Auftrage zur Zwangsvollstreckung in Verbindung mit der Übergabe der vollstreckbaren Ausfertigung liegt die Beauftragung des Gerichtsvollziehers, die Zahlungen oder sonstigen Leistungen in Empfang zu nehmen, über das Empfangene wirksam zu quittieren und dem Schuldner, wenn dieser seiner Verbindlichkeit genügt hat, die vollstreckbare Ausfertigung auszuliefern.

§§ 777 BGB.; 12 ZVG.; Art. 184 ForstG.; §§ 38 bis 40 GVDV.; 64, 70 GVGA.; 5 FinVV.; 11 GVGL. — Vgl. §§ 753 (insbes. bzgl. Staatshaftg.), 757. — Vollmacht z. Geldempfang: § 81.

Zahlung an den GVollz. befreit (E. 9^{363} 14^{81}); Annahmepflicht: Gr. 31^{349}; Empfangsrecht des mitanwsd. Glb.: Pr. 354. — Teilleistg. trotz § 266 BGB. zulässig; Verrechngsart, soweit Pfandgleichrang (JW. 03^{140} Beil., 04^{59} E. 13^{191} VZ. 01^{109}) nach §§ 366 Abs. 2, 367 Abs. 1 BGB. (zunächst Kosten, dann Zinsen, zuletzt Hauptf.) — Zu Stundung (S. 15^{14}), Annahme an Zahlgsst., Novation, Erlaß (vgl. § 809) oder sonstigen Rechtsgeschft. genügt diese ges. Vollm. nicht, E. 9^{363}. — Die Ausliefergq. des VollstrTitels an den Schld. hat auch nach Befriedig. durch ZwV. oder Drittzahlg. (vgl. § 776) zu geschehen (gem. M.; RO. 4^{141} SA. 57^{258}); bei unmittelb. Zahlung an den Glb. besteht e. solche Vorschrift für den GVollz. nicht (Pr. 358).

§ 755 (676). Dem Schuldner und Dritten gegenüber wird der Gerichtsvollzieher zur Vornahme der Zwangsvollstreckung und der im § 754 bezeichneten Handlungen durch den Besitz der vollstreckbaren Ausfertigung ermächtigt. Der Mangel oder die Beschränkung des Auftrags kann diesen Personen gegenüber von dem Gläubiger nicht geltend gemacht werden.

Vgl. §§ 929, 936; GVGA. §§ 57, 70, 81; FinVV. § 5; schriftl. Legitim.: § 33 GVDV.; Zustellung: § 167.

Satz 1. Den VollstrTitel muß der GVollz. während jedes ZwVAkts vorzeigen können (Gr. 36^{527}); ununterbrochener Besitz nicht nötig (AnwVZ. 20^{218}). — Wechsel: Art. 39 WO.; E. $36^{105\ 375}$ (das Wechselurt. ist kraft Gesetzes nur gegen Angebot der Aushändig. vollstreckbar; anders bzgl. Protest: SA. 56^{288}); milder Bl. 65^{99}; vgl. § 720. Keine Zurückbehaltg. wegen Prozeßkosten. — Verstoßfolge: S. 17^{111}. — **Satz 2.** Hauptfall Zahlg.; umgekehrt nicht anwendbar.

§ 756. Hängt die Vollstreckung von einer Zug um Zug zu bewirkenden Leistung des Gläubigers an den Schuldner ab, so darf der Gerichtsvollzieher die Zwangsvollstreckung nicht beginnen, bevor er dem Schuldner die diesem gebührende Leistung in einer den Verzug der Annahme begründenden Weise angeboten hat, sofern nicht der Beweis, daß der Schuldner befriedigt oder im Verzuge der Annahme ist, durch öffentliche oder öffentlich beglaubigte Urkunden geführt wird und eine Abschrift dieser Urkunden bereits zugestellt ist oder gleichzeitig zugestellt wird.

BZ. 99[75] Bl. 70[467]; §§ 726, 765. — Vgl. §§ 264, 293 ff. BGB.: 56, 62, 253 bis 255 GVGA.: 11 GVGL.: 7 BGVGL. — Protokollierung des Angebots: § 762. — Postübergabe der Urk. allein genügt nicht: wörtl. Angebot nur nach § 295 Satz 2 BGB. (RL. 9[177]); vgl. E. 50[210]. — Rechtsbehelf: § 766; vgl. SA. 50[130] 52[247] ZR. 06[147].

§ 757 (677). I Der Gerichtsvollzieher hat nach Empfang der Leistungen dem Schuldner die vollstreckbare Ausfertigung nebst einer Quittung auszuliefern, bei teilweiser Leistung diese auf der vollstreckbaren Ausfertigung zu bemerken und dem Schuldner Quittung zu erteilen.

II Das Recht des Schuldners, nachträglich eine Quittung des Gläubigers selbst zu fordern, wird durch diese Bestimmungen nicht berührt.

§§ 418, 754; BGB. 368 ff.; WL. Art. 38, 54, 98; HGB. §§ 364, 448, 650, 688; GVGA. 78; GVTB. 59, 64; GVGL. 11, 12. — RBehelf: § 766; Klage nur gg. Glb. — Kautionsrückgabe kein Weigerungsgrund: BZ. 05[234]. — Geldablieferg. bei Bevormundg. des Glb.: §§ 1812 ff. BGB.; Schuldscheinrückgabe fällt nur unter Abs. 2.

§ 758 (678). I Der Gerichtsvollzieher ist befugt, die Wohnung und die Behältnisse des Schuldners zu durchsuchen, soweit der Zweck der Vollstreckung dies erfordert.

II Er ist befugt, die verschlossenen Haustüren, Zimmertüren und Behältnisse öffnen zu lassen.

III Er ist, wenn er Widerstand findet, zur Anwendung von Gewalt befugt und kann zu diesem Zwecke die Unterstützung der polizeilichen Vollzugsorgane nachsuchen. Ist militärische Hilfe erforderlich, so hat er sich an das Vollstreckungsgericht zu wenden.

Zustellung: § 750. — Polizei: JMBl. 79[559] 82[70] (Angehung der Distriktsverwltgsbeh. Polizeidirektion, soweit Widerstand erst zu befürchten; Akteneinsicht: § 299 BZ. 05[282]); §§ 72 GVGA.; 40 FinVB.; §§ 67 GendOrgVdg.; 22 SchutzmOrgVdg.: Militär: Ges. v. 4. Mai 1851 (GBl. 9); Krais HB. 2[79]; vgl. § 789. Bahnpolizei: BZ. 05[284]. Tumultschaden: Ges. v. 12. März 1850 (GBl. 73). — RBehelf: § 766. — Kosten: §§ 47, 80a GKG.; 23, 29 RAGL.; 12, 13 GVGL. — Bei Unauffindbarkeit keine Gebühr (§ 64 b GVTB.).

Abs. 1. Wohnung: § 180, selbst wenn gemeinsam (nicht, soweit an Untermieter abgegeben, DJZ. 04[635]). Durchgangsrecht gegenüber dem Vermieter (Bankfach): Gr. 45[827] BlEB. 14[43] R. 02[251]. Auch Geschäftsräume, Stall, Magazin hierher (Bl. 54[44] bzgl. Fabrikarbeiter). In Bayern gilt der GVollz. insolange u. insoweit z. Aufenthalt berechtigt, als dies auch bzgl. des Schld. zutrifft; anders in Preußen: BZ. 87[82] (Kellnerin); 89[182, 185] (Kommis, Portier). — Bei Pfdg. in Amtsräumen, Bahnhöfen u. dgl. Verständig. des Vorstands angemessen. — Der Glb. hat Anspruch auf Mitanwesenheit (§ 75 GVGA.) u. Schutz durch den GVollz. (SSt. 4[290] BZ. 06[99]; vgl. § 19 GVL.), aber kein Suchrecht: Geldempfang: § 754. — Behältnisse: auch Taschen, Stiefel (ESt. 16[220]), selbst Körperhöhlen, soweit begr. Verdacht; nötigenfalls Beiziehung e. verlässigen Frauensperson (§ 72 GVGA.). — Alleingewahrs. e. Dritten bleibt auch bei gemeins. Räumen geschützt, zB. Koffer (§ 809); Verhaftung: § 909. — **Abs. 2.** Öffng. durch den einschläg. Handwerker sachgemäß (vgl. § 369 Nr. 1 StGB.); Verschlußgrund belanglos, zB. Reise. — **Abs. 3.** Auch mündl. Widerstand (Drohung) Dritter, ESt. 7[370]; Zeugen: § 759.

§ 759 (679). Wird bei einer Vollstreckungshandlung Widerstand geleistet oder ist bei einer in der Wohnung des Schuldners erfolgenden Vollstreckungshandlung weder der Schuldner noch eine zur Familie desselben gehörige oder in dieser Familie dienende erwachsene Person gegenwärtig, so hat der Gerichtsvollzieher zwei großjährige Männer oder einen Gemeinde- oder Polizeibeamten als Zeugen zuzuziehen.

Vgl. §§ 181, 758; GVGA. 73, 79; FinVB. 41, 100. — Zeugenpflichtig sind in den Stadtgmd. r/Rh. die Distriktsvorsteher, ev. die nicht rechtsk. Bürgermeister u. Magistratsräte sowie die Bezirkskommissäre; in den Landgemd. r/Rh. die Bürgermeister, Beigeordn., Gemeindebevollm.; vgl. JMBl. 79[559]. Polizeiorgane sollen als Widerstandszeugen in der Regel nicht zugezogen werden. — Kosten: §§ 12, 13, 15 GVGO.

Widerstd. auch mündl. (ESt. 7[370] 24[389] BZ. 05[262]) u. auf der Straße (BZ. 05[224]), auch bei Einschaffung, ESt. 20[35]. — Dienstmann, Schlosser (RSt. 6[670]), Schreiber als Zeuge zulässig (Glb. selbst nicht); der Familienangeh. braucht nicht Hausgen. zu sein. — Verstoß bewirkt Nichtigk. (bestr.); nicht bei überraschendem Widerstd., ESt. 7[370] (sof. Abwehr, § 113 StGB.).

§ 760 (680). Jeder Person, welche bei dem Vollstreckungsverfahren beteiligt ist, muß auf Begehren Einsicht der Akten des Gerichtsvollziehers gestattet und Abschrift einzelner Aktenstücke erteilt werden.

§§ 19 GVO.; 169 GVDB.; 42 FinVB.; 12, 14 GVGO. — Vgl. §§ 299, 763, 792; Bl. 59[156]. — Beteiligt: durch rechtl. Int., zB. § 805. — Die Vorschrift trifft auch die Register (kein öff. Pfandreg.). — Sof. Fertig. nicht forderbar, BZ. 02[16]; keine Abschrift v. amtsw. bzgl. Pfdgsprot. an Glb. oder Versteigergsprot. an Schld., BZ. 05[136]. Sonstige Auskunftspflicht: § 666 BGB. nur gg. Auftraggeber.

***§ 761** (681). I Zur Nachtzeit (§ 188 Abs. 1), sowie an Sonntagen und allgemeinen Feiertagen darf eine Vollstreckungshandlung nur mit Erlaubnis des Amtsrichters erfolgen, in dessen Bezirke die Handlung vorgenommen werden soll.

II Die Verfügung, durch welche die Erlaubnis erteilt wird, ist bei der Zwangsvollstreckung vorzuzeigen.

§§ 76 GVGA. Freilassung der Vormittagskirchzeit: 35 GVDB.; 13 FinVB.; 22, 75 AGSchrG. („F"); 204 GVG. — Auf Pfdgsbeschl., OffbEidsabnahme (§ 902), Zustellungen (§ 188) nicht ausdehnbar. — Verstoßfolge Nichtigkeit, E. 6[389] (bestr.; vgl. BZ. 92[279] S. 9[572]). — Rbehelf: § 766 (JR. 06[302]); des Glb. gg. Abwsg.: sof. Beschw. (bestr.). Kosten: §§ 47, 80a GKG.; 23, 29 RAGO.

§ 762 (682). I Der Gerichtsvollzieher hat über jede Vollstreckungshandlung ein Protokoll aufzunehmen.

II Das Protokoll muß enthalten:

1. Ort und Zeit der Aufnahme;
2. den Gegenstand der Vollstreckungshandlung unter kurzer Erwähnung der wesentlichen Vorgänge;
3. die Namen der Personen, mit welchen verhandelt ist;
4. die Unterschrift dieser Personen und die Bemerkung, daß die Unterzeichnung nach vorgängiger Vorlesung oder Vorlegung zur Durchsicht und nach vorgängiger Genehmigung erfolgt sei;
5. die Unterschrift des Gerichtsvollziehers.

III Hat einem der unter Nr. 4 bezeichneten Erfordernisse nicht genügt werden können, so ist der Grund anzugeben.

§§ 49 GKDV.; 79, 84, 106, 107, 120, 125, 131, 142, 145, 151, 158, 161, 168, 170, 174, 176, 181 GVGA.; 44, 65, 74, 75, 91, 95 FinVB.; 14, 23 GVGO. (Zeitdauer); vgl. §§ 190, 760.

Abs. 1. Beweis-, nicht Solennitätsakt, ESt. 12[324]. — Auch bei sof. Zahlg. (RSt. 10[145]), Abstand (ESt. 31[420]), Aufhbg. der VollstrMaßregeln (§ 776): nicht bei Unauffindbarkeit des Schld. — **Abs. 2.** Ort: HsNr., Stockwerk (§ 805): Unterschrift der Bieter wesentlich (GVGA. § 120): Zeugen hierher. — **Abs. 3.** ZB. keine Schreibgelegenh., heftiger Widerstd.

*§ **763** (683). I Die Aufforderungen und sonstigen Mitteilungen, welche zu den Vollstreckungshandlungen gehören, sind von dem Gerichtsvollzieher mündlich zu erlassen und vollständig in das Protokoll aufzunehmen.

II Kann die mündliche Ausführung nicht erfolgen, so hat der Gerichtsvollzieher eine Abschrift des Protokolls unter entsprechender Anwendung der §§ 172, 181—186 zuzustellen oder, wenn demjenigen, an welchen die Aufforderung oder Mitteilung zu richten ist, am Orte der Zwangsvollstreckung nicht zugestellt werden kann, durch die Post zu übersenden. Die Befolgung dieser Vorschrift muß zum Protokolle bemerkt werden. Eine öffentliche Zustellung findet nicht statt.

ZB. Wahlrecht, Angebot e. Gegleistg.: vgl. §§ 71, 80, 94, 105, 114 GVGA.: 12, 14 GVGO. — Instruktionell (RSt. 10[68]). — Übersendung (Abs. 2) formlos: an die Partei selbst, nicht deren ProzBev. (gem. M.: vgl. ZZP. 35[437] VZ. 05[116]. — Erkl. des Schld. oder Dritter: § 762.

§ **764** (684). I Die den Gerichten zugewiesene Anordnung von Vollstreckungshandlungen und Mitwirkung bei solchen gehört zur Zuständigkeit der Amtsgerichte als Vollstreckungsgerichte.

II Als Vollstreckungsgericht ist, sofern nicht das Gesetz ein anderes Amtsgericht bezeichnet, dasjenige Amtsgericht anzusehen, in dessen Bezirke das Vollstreckungsverfahren stattfinden soll oder stattgefunden hat.

III Die Entscheidungen des Vollstreckungsgerichts können ohne vorgängige mündliche Verhandlung erfolgen.

Vgl. §§ 761, 766, 779, 888, 853, 858, 864, 873, 899, 902, 930; §§ 51, 87 GVGA.: 55 FinVB. Akten („K“): §§ 1, 81 bis 83, 85, 88 AGSchrG. (VollstrRegister). — Prozeß G. als VollstrG.: §§ 791, 887, 930. Ausschließl. Zustdk.: § 802: Gerichtsbestimmung: § 36: ArmenR.: § 119: Öffentlichkeit: § 171 GVG.: Verfahren: § 129: Zustellung: § 329; RMittel: § 793: Kosten: § 788.

Abs. 1. Spezielle reichsrechtl. Zuweisg. der Zustdk. ist gemeint (zB. nicht landesrechtl. Hinterleg.): keine allgem. konkurr. Zustdk. neben dem GVollz. (VZ. 92[51]) oder Ermächtigungsbefugnis (ZR. 06[302]) Das VollstrG. ist niemals Mandatar (Gr. 36[527]. — Auch bei VollstrTiteln der GewG., KfmG. ist das AmtsG. VollstrG. — **Abs. 2.** Voraussetzg. ist, daß die ZwV. begonnen, aber noch nicht beendet ist, E. 12[372]: nachträgl. Verbring. der Pfänder in e. anderen AGBezirk einflußlos, soweit Totalvollzug angegriffen (bestr.: vgl. E. 34[374 406]). — Die ZwV. bewirkt (außer bei der Ldg. z. OffenbEid) keine analoge Rechtshgk.; Zustdk. also jederzeit von amtsw. zu prüfen.

§ 765. Hängt die Vollstreckung von einer Zug um Zug zu bewirkenden Leistung des Gläubigers an den Schuldner ab, so darf das Vollstreckungsgericht eine Vollstreckungsmaßregel nur anordnen, wenn der Beweis, daß der Schuldner befriedigt oder im Verzuge der Annahme ist, durch öffentliche oder öffentlich beglaubigte Urkunden geführt wird und eine Abschrift dieser Urkunden bereits zugestellt ist. Der Zustellung bedarf es nicht, wenn bereits der Gerichtsvollzieher die Zwangsvollstreckung nach § 756 begonnen hatte und der Beweis durch das Protokoll des Gerichtsvollziehers geführt wird.

Vgl. § 298 BGB. — Auch auf VollstrHypothek und ProzG. als VollstrG. anwendbar (§§ 764, 866). — Anders bei ZwV. durch GVollz.: § 756.

§ 766 (685). I Über Anträge, Einwendungen und Erinnerungen, welche die Art und Weise der Zwangsvollstreckung oder das bei derselben vom Gerichtsvollzieher zu beobachtende Verfahren betreffen, entscheidet das Vollstreckungsgericht. Dasselbe ist befugt, die im § 732 Abs. 2 bezeichneten Anordnungen zu erlassen.

II Dem Vollstreckungsgerichte steht auch die Entscheidung zu, wenn ein Gerichtsvollzieher sich weigert, einen Vollstreckungsauftrag zu übernehmen oder eine Vollstreckungshandlung dem Auftrage gemäß auszuführen, oder wenn in Ansehung der von dem Gerichtsvollzieher in Ansatz gebrachten Kosten Erinnerungen erhoben werden.

§§ 50, 51 GVGA.: 56 bis 58 FinVV. — Feriensache: § 204 GVG. — Zustdk.: § 764; Form: Beschluß; Zustellung: § 329; Vollzug: §§ 775; RMittel: § 793; Einwdg. gg. Klausel: § 732; gg. Anspruch selbst: §§ 767, 769; vgl. §§ 771, 861, 862. — Kosten: §§ 16, 35, 39, 47 GKG.: 23, 31 RAGO.; 22 GVGO. (anders § 15 BGVGO.; vgl. §§ 102, 104, 788; JW. 98[481]; Streitwert: § 6. — § 99 ist bei Abs. 2 nur auf Beschlußkosten anwendbar; Beschwerdesumme auch bzgl. Kostenhptf. beachtlich vgl. S. 10[249])

Abs. 1. Diese Einwdg. sind auch gg. ZwVAkte des VollstrG., zB. Pfdgsbeschl., ZwVersteigergsbeschl. (RO. 11[320]) allein zulässig (E. 16[319] 24[377]); Ausnahme (sof. Beschw.) nur, soweit beiderseit. Gehör stattfand (E. 18[433] 40[365] S. 13[336]) oder das ProzeßG. selbst VollstrG., zB. bei § 930; bestr., ob hier nicht Einwdg. z. ProzG. (so OLG. München BeschwR. 323/04; vgl RO. 6[421].) — Bei altrechtl. Zwangshypothek nur unbefristete Beschw. aus § 94 HypG. mit Nov. v. 20. Dez. 1903 (GVBl. 703), Art. 129 ABG.; bei neurechtl. ZwHyp. nur Beschw. aus § 71 GBO. (E. 48[242]). — Gg. Konkursverwlt. Einwdg. nur bei wirkl. Wegnahmevollstr. (zB. unentbehrl. Sachen); sonst Klage, E. 37[399]. — Die Aktivlegitim. steht auch Dritten zu u. zwar wahlweise mit der etwa sonst begr. Klage (E. 14[363] 50[73] 55[307] S. 9[619]), während der Schld. auf die Einwdg. beschränkt ist, E. 16[319] 40[365] 54[308]. — Zeitl. sind Einwdg. statthaft, solange ihr Zweck (mittels § 775) erreichbar; nicht mehr nach Beend. der ZwV. (JW. 96[32]); bestr., ob gg. drohende ZwV. (JR. 05[260] R. 05[255]); Ersatzklage: E. 56[70]. Formel: Unzulässigk. der ZwV. — Einzelfälle: Titel-, Klauselmangel

(E. 25[371] 56[70]), Urteilsauslegung (JR. 05[435]) Arrestvollzug (E. 26[399]), Namensverwechselg., Gewahrsamsbruch (E. 14[383]), Überpfdg. (JW. 95[606]), vorzeit. Früchtepfdg. (E. 34[380]), Pfdgsverbot (E. 14[367] JW. 00[839] R. 04[363]), Konkurs (E. 29[76]), Unterwerfgsmangel (R. 06[943]), Zustellfehler, Verstoß gg. §§ 735 bis 749 (RD. 9[115]) oder gg. Geschäftsanwsg. (bestr., vgl. BZ. 06[205]). — Nachprüfg. auf Rüge beschränkt (vgl. RD. 1[168] 9[126]); Rechtskraft: E. 50[372]. Inzidentnachprüfg. der ZwV. durch jedes Gericht: JW. 89[395]. Unterschied zw. Nichtigk. u. Anfechtb. der Pfdg.: E. 59[90]. — **Abs. 2.** Vgl. §§ 156 GVG.; 18 GVD. Hier ist der GVollz. selbst Partei, JW. 99[160] SA. 49[14] S. 7[599] (bestr.), sohin persönl. kostenpfl. u. beschwerdeber. (Prot. zu GKG. § 47 Nr. 14 im Gegensatz zu Nr. 5; § 50 GVGA.; zu eng S. 15[14]). Die Justizverwaltg. hat kein Einwdgsrecht, BZ. 90[97] (Ersatz: §§ 16, 35 GVD.); Finanzverw.: § 4 GKG. — Zustdg. das AmtsG. des VollstrOrts, nicht des Dienstwohns. als solchen (vgl. § 3 Abs. 3 GVD.); wegen der zeitl. Zulässigk. vgl. JW. 99[161] (VollstrTitelrückgabe). — Vollzug der Entschdg. nur im Disziplinarweg (§§ 156 GVG., 16, 32 ff. GVD., 45, 62 GVDB., 18 GVGD.); keine direkte ZwV. oder anderw. Klage gg. GVollz. auf Diensterfüllg. (JW. 84[173]); keine Anrufg. des VollstrG. gg. Aufsichtsrüge. — *Hüter, Verwahrer* hat nur Aufsichtsbeschw. oder Klage auf Zahlg. aus dem Vertrag; der Schld. gg. die angeordnete ZwV. nur Einwdg. (vgl. JR. 06[302]).

§ 767 (686). I Einwendungen, welche den durch das Urteil festgestellten Anspruch selbst betreffen, sind von dem Schuldner im Wege der Klage bei dem Prozeßgericht erster Instanz geltend zu machen.

II Dieselben sind nur insoweit zulässig, als die Gründe, auf denen sie beruhen, erst nach dem Schlusse derjenigen mündlichen Verhandlung, in welcher Einwendungen in Gemäßheit der Bestimmungen dieses Gesetzes spätestens hätten geltend gemacht werden müssen, entstanden sind und durch Einspruch nicht mehr geltend gemacht werden können.

III Der Schuldner muß in der von ihm zu erhebenden Klage alle Einwendungen geltend machen, welche er zur Zeit der Erhebung der Klage geltend zu machen imstande war.

Vgl. §§ 323, 731, 768, 771, 785, 786, 796 ff.; ZVG. 115; KD. 164, 194; FGG. 98, 158; GenG. 109, 114; AZP. Art. 7; FinBB. §§ 56, 58. — Keine Feriensache (gem. M.); keine Verjährg. (SA. 44[68]). — *Vollmacht*: § 81; *Zustellg.* (nur an den ProzBev. I. J.): § 178; *Vollzug*: §§ 775 ff.; einstw. *Einstellg.*: §§ 769, 770; *Rückzahlung, Schadensersatz*: §§ 812, 823, 826 BGB. *Judikatskl.* des Glb. bei Unvollstreckb. des Titels: § 322. *Kosten*: §§ 26, 28 GKG.; 20 RAGD.; Streitwert (§ 13 GKG. unanwendbar): E. 28[429] RS. 1[63] 3[74].

Abs. 1. *Zulässig* auch gg. Kostenfestbeschl. (E. 45[343] 62[189] S. 11[527]), Tabellenauszüge (E. 21[331]), einstw. Verf. (JW. 02[23] aM. RD. 13[190]), U. vor 1. Okt. 1879 (E. 27[364]); wegen Ehes. vgl. Bl. 57[135]. — *Zeitl.* ist die Kl. nach Beend. der ZwV. nicht mehr, nach gem. M. aber schon vor Beginn (bei drohender ZwV.) im ausschl. GStd. zulässig (E. 45[343]); mit Rückforderg. (E. 55[187]) u. Schadensersatz (S. 12[314]) nur bei hiefür ebenfalls zutreffd. Zustdk. verbindbar (S. 15[475]); Konkurrenz mit neg. Feststellkl.: JW. 03[59]. *Zuständig* detach. KfHS. (E. 33[356]) für deren Urteile; im übrigen keine Handelss. u. Identität der Abtlg. nicht forderbar (E. 45[343] 47[380]); für Strafurt. (Buße) die Zivilk. des gleichen G.: ausld. U.: § 722 (Bl. 69[521]); vgl. im übrigen Note zu § 919. — *Aktivlegitim.* nur der Schld., nicht Dritte (E. 38[400]); Ehefrau: § 1407 BGB.; passivleg. auch RNachf. (E. 11[425]). — *Antrag*: Unzulässigkeit der ZwV. aus dem Titel (nicht nur etwaiger konkr. Maßregeln). — *Klagegrund* ist die betr. Einwdg. Hierher Zahlg. (auch Teilzahlg.), Vergleich (S. 12[84]), Erlaß (ZR. 05[283]), Aufrechng. (E. 44[364]), sonstige Erfüllg. oder Erlöschg. (E. 21[331] 27[382]), insbes. Stellung der gesord. Rechng. (E. 21[379] 27[384]; Streit über Vollstdgk. gehört vor das VollstrG., E. 37[406]); ferner hierher Stundg. (S. 14[431]), Hinterlegg. zB. wegen Arrestpfdg. (E. 25[426] 30[197]) oder sonstigen zivilrechtl Gründen (NS. 3[975]), Auffindg. neueren Urteils (E. 52[218]), Verrechnungsart (JW. 04[59]), Klagerückn. nach vorl. vollstr. Urteil (SA. 52[120]), nachträgl. Unmöglichkeit vorbehaltl. Interesse (E. 39[167] NS. 1[554]), Verjährg., Notbedarf nach § 519 BGB. (E. 33[378]; vgl. § 811), Zession (E. 7[217] NS. 1[463]; Pfdg. bleibt, wenn nach ihr zediert: nur Fortbetrieb verboten). Wegen Gesetzesänderg. (Unterhaltspfl.) vgl. E. 46[66] Bl. 64[237 358]; excussio realis: § 777; dolose Urteilserschleichg., Betrug, Erpressung durch ZwV., VollstrAusschlußverträge: § 578 Note E. 36[251] 46[337] 55[187] JW. 01[122] S. 15[475] 16[367]. Auch Löschgskl. gg. Zwangshyp. hierher, JW. 92[57]. — *Nicht* hierher prozessuale Mängel (E. 35[398]), Übergang nach § 268 GBV., Verstöße gegen VollstrVorschr. (E. 50[366]), Unwirksamkeit des Titels im Verh. zum Drittschld. (E. 38[402]), Wegfall der Gglstg. (§ 726). — *Beweislast* stets Kl. (JW. 05[137]); *VersVers*. beiderseits möglich. — **Abs. 2.** Unverzichtbar. — Letzte mV.: auch vor bed. EndU., E. 17[343] 21[349]; bei RevU. Brfgsverhdlg. (RO. 13[189]). Entstehg. der Einr. entscheidend, Parteikenntnis gleichgültig (JW. 02[531] 04[96], zB. Aufrechngsmöglichk., Fälligk. *Berufg.* nur wahlweise, nicht kumulativ (vgl. aber RO. 5[127]). Die zwischen der letzten mV. u. dem Ablaufe der EinsprFrist entstd. Einr. gegen e. VersU. sind mit dem Verluste des Einspr. endgültig ausgeschlossen (E. 40[353]; bestr.); wichtig bzgl. Zahlg. (E. 55[187]). Ähnlich bei VorbehaltsU. (solange Nachverf., nicht § 767), E. 45[432]; Strafurteil: Bl. 63[31]. — **Abs. 3.** Im Stande: hier subj. — Klagänderg. nur nach allg. Regeln, E. 55[101]; vgl. SA. 39[245] JW. 05[53].

*§ **768** (687). Die Bestimmungen des § 767 Abs. 1, 3 finden entsprechende Anwendung, wenn in den Fällen des § 726 Abs. 1, der §§ 727 bis 729, 738, 742, 744, des § 745 Abs. 2 und des § 749 der Schuldner den bei der Erteilung der Vollstreckungsklausel als bewiesen angenommenen Eintritt der Voraussetzung für die Erteilung der Vollstreckungsklausel bestreitet, unbeschadet der Befugnis des Schuldners, in diesen Fällen Einwendungen gegen die Zulässigkeit der Vollstreckungsklausel in Gemäßheit des § 732 zu erheben.

Vgl. Note zu § 767: FinVV. § 58. — Abs. 2 des § 767 unanwendbar, weil diese Einwdg. stets neu. — Verhältnis zu § 732: E. 11[434] 50[372] (formelle Einwdg. nur nach § 732: rkr. Einwdgsbeschl. hindert nicht Klage, wohl aber umgekehrt): RKr. e. Urteils aus § 731 beachtl. — *Kosten*: §§ 26, 28 GKG.; 20 RAGO.: vgl. § 732.

§ 769 (688). I Das Prozeßgericht kann auf Antrag anordnen, daß bis zur Erlassung des Urteils über die in den §§ 767, 768 bezeichneten Einwendungen die Zwangsvollstreckung gegen oder ohne Sicherheitsleistung eingestellt oder nur gegen Sicherheitsleistung fortgesetzt werde und daß die erfolgten Vollstreckungsmaßregeln gegen Sicherheitsleistung aufzuheben seien. Die tatsächlichen Behauptungen, welche den Antrag begründen, sind glaubhaft zu machen.

II In dringenden Fällen kann das Vollstreckungsgericht eine solche Anordnung erlassen, unter Bestimmung einer Frist, innerhalb welcher die Entscheidung des Prozeßgerichts beizubringen sei. Nach fruchtlosem Ablaufe der Frist wird die Zwangsvollstreckung fortgesetzt.

III Die Entscheidung über diese Anträge kann ohne vorgängige mündliche Verhandlung erfolgen.

Vgl. §§ 323 (mit RG. 13[190]), 71, 805; GenG. 112 ff., 129; ZVG. 115, 156. — Feriensache auch Abs. 1): § 204 GVG.; Verfahren: Note zu § 128; Anwaltszwang (S. 11[102]); Vollmacht: §§ 81, 82, 89; Zustellung: § 329; Vollzug: § 775. — RMittel: sof. Beschw. (auch bei Abs. 2); keine Änderung von amtsw. bis zum Urteil (aM. KGBl. 9[53]); **Ausnahme** bzgl. der Frist: § 225; Aufhebg. der ZwV. noch nach Einstellg. — Akten („K, F“): §§ 75, 83 AGSchrG.; 12, 23 LGSchrG.; 4 OLGSchrG. Unterschied von e. Verf.: VZ. 95[54] (§ 938): Verkauf wegen drohenden Verderbs: §§ 930, 938. — Urkundenniederlegung: §§ 134, 142. — Kosten: §§ 35, 39 GKG.; 23, 29, 30 (nicht 36) RAGO.; bei Stattgabe Bestandteil der Hauptsachekosten: § 91; bei Abwsg. Antragsteller.

Abs. 1. ProzeßG.: nicht vor Klagezustellg. (E. 50[404]); Prüfg. der Zustdk.: ZR. 05[456]. Auch aufschiebd. bedingte eA. unzulässig, weil der GVollz. nicht die Wirksamkeit der Zustellg. endgültig prüfen kann; aM. E. 10[315] 33[385] (läßt Suspensiv-, nicht aber Resolutivbeding. zu). Das BerufgsG. kann ohne mV. auch insoweit eingreifen, als das ErstG. vom § 770 posit. Gebrauch gemacht hat, E. 33[390]. Einstellg. „bis zur Rkr.“ wegen § 770 unzulässig u unbeachtlich. — Einschaffgsverbote, Rückschaffgs.-gebote (SA. 52[126]), Auszahlgsverbote (E. 30[397]) sind möglich: Formel bei Frdgspfdg.: § 839 (vgl. RG. 4[149]). — Glaubhaftm. (§ 294) in der Regel nicht durch die Klage allein, wohl aber durch eidesst. Vers. des Schld.; dieselbe ist durch Sicherheit nicht ersetzbar, RG. 4[149]. Letztere, nach § 108 zu bemessen, ist für schuldhaft zugefügte sonstige Schäden (zB. Lagerkosten) bestimmt, haftet nicht für die Prozeßkosten der Wsprkl.; berechnet sich bei Aufhebg. der Pfdg. nach dem Pfandwerte (E. 61[432]; vgl. RS. 4[912]). — Kurze Beschlußbegr. wegen § 93 praktisch. — **Abs. 2.** Dringl. nur objektiv (gem. M., JW. 85[322]); zu Abs. 1 überhaupt nicht erforderlich, E. 22[394]. Bei Unzulässigkeit des Rechtswegs ist das VollstrG. (§ 764) nicht zustdg. (vgl. Art. 2 AZP.), wohl aber bei Urt. der GewG., KfmG. Keine eA. ohne zustellgsfäh. Angabe des Bekl. — Fristbestimmung praktisch nach dem Datum im AnwProz. mindestens zwei Wochen, vgl. § 815); nach Fristablauf wiederholte eA. auf Grund neuen Vorbringens möglich, R. 01[412]. **Beibringung**: § 775 (RG. 9[118]); nachträgl. Fristsetzg.: JW. 93[77]. — Zu § 815 Abs. 2 genügt eA. des VollstrG. nicht.

§ 770 (689). Das Prozeßgericht kann in dem Urteile, durch welches über die Einwendungen entschieden wird, die in dem vorstehenden Paragraphen bezeichneten Anordnungen erlassen oder die bereits erlassenen Anordnungen aufheben, abändern oder bestätigen. In Betreff der Anfechtung einer solchen Entscheidung finden die Vorschriften des § 718 entsprechende Anwendung.

Vgl. die Noten zu § 769; VZ. 95^{57}; ZVG. §§ 115, 156. — RMittel wie Haupts. (§ 704). Das Obergericht kann selbstdg. Beschl. nach § 769 Abs. 1 erlassen; hiergegen nur sof. Beschw., E. 33^{390}.

Diese eA. bildet den Ersatz der vorl. Vollstreckb. durch freies Ermessen (Mot. 410); ist kraft Gesetzes sof. vollstreckb. (§ 775); bedarf keines Antrags. — ProzG.: auch BerufgsG., E. 33^{390}. § 707 unanwendbar; zwischen Urteilsverkdg. u. RMZustellg. nur § 769 Abs. 2. — „Kann": Ermessensfrage nur wie, nicht ob; mangels solcher neuer eA. erlischt die frühere (auch des BeschwG.) u. d. ZwV. kann fortgesetzt werden; „aufheben" ist ungenau. — Die eA. kann als Suspension der Formel wirken, zB. wenn gg. e. VersU. nach Beweisaufn. erfolgreicher Einspr. zu gewärtigen. — Urteil: in Eidesfällen Läutergsll., weil nur solches vorl. vollstr. — Für sonstige Ausspr. in der Formel (einschl. Kostenpkt.) gilt die gewöhnl. vorl. Vollstreckb. (§ 704).

§ 771 (690). I Behauptet ein Dritter, daß ihm an dem Gegenstande der Zwangsvollstreckung ein die Veräußerung hinderndes Recht zustehe, so ist der Widerspruch gegen die Zwangsvollstreckung im Wege der Klage bei dem Gerichte geltend zu machen, in dessen Bezirke die Zwangsvollstreckung erfolgt.

II Wird die Klage gegen den Gläubiger und den Schuldner gerichtet, so sind diese als Streitgenossen anzusehen.

III Auf die Einstellung der Zwangsvollstreckung und die Aufhebung der bereits erfolgten Vollstreckungsmaßregeln finden die Vorschriften der §§ 769, 770 entsprechende Anwendung. Die Aufhebung einer Vollstreckungsmaßregel ist auch ohne Sicherheitsleistung zulässig.

Vgl. §§ 732, 766, 767, 768; BGB. § 268; KO. 43; ZVG. 26, 28, 37, 93; Art. 23, 33 SubhO.; §§ 86 GVGA.; 58 FinVV. Gerichtsbestimmg.: § 36; Vollmacht: §§ 81, 82; Zustellung (nach gem. M. wahlw.): §§ 81, 178; Vollzug: § 775; Übergang: E. 46^{171}. Nach gem. M. keine Feriensache; vgl. § 204 GVG. Kosten: volle Gebühr; Streitwert: §§ 4, 5, 6 (E. 10^{394} 26^{412} 28^{429}). — Zu Abs. 3 vgl. § 769 Note.

I. Zustdk.: §§ 764, 802; nicht KfHS. (S. HdlsApp. E. 2^{326}). Bei Sachpfd. Gericht des Pfdgsorts auch nach Wegschaffg. (E. 35^{404}); bei Frdgspfdg. Gericht, das den Pfdgsbeschl. erließ (E. 12^{378}); wenn bereits zwecks Vertlg. hinterlegt, das VerteilgsG., BlER. 4^{254} 13^{414}; bei Benachr. (§ 845) das künftige PfdgsG. (RO. 11^{185}; bestr.). — Bezirk: Instanz. — **II. Zeitl. Zulässigk.**: nicht vor Beginn u. nach Beend. der konkr. ZwV. (§ 750). Aufhebg. der Pfdg. gg. Sicherh. benimmt die Wsprkl. nicht (E. 41^{393} SA. 52^{277}), macht sie auch nicht mit dem Streit um die Kaution identisch (§ 268). Vor Beginn Negatoria (BGB. § 1004) u. Vollzug nach § 890 (nicht 775) denkbar; teilw. RKr. für die spätere Wsprkl. (JW. 88^{297}). Nach Beend. der ZwV. vgl. BGB. §§ 1242 bis 1244, 1247 ff., 812 ff.; gem. M. jetzt für Kondiktion gg. den Glb. nach

§ 816 (Verjährg. 30 J.) Bl. 70[685] BZ. 03[166] (Anschlußglb.). Immerhin prüfbar, ob nicht im Verhalten des Dritten Zustimmung zu erblicken (§ 185 BGB.) u. ob nicht Bereicherg. dadurch wieder verloren, daß durch späteren Wegfall früherer Solvenz des Schld. die wiederauflebd. Forderg. faktisch wertlos, vgl. E. 29[2] 38[8]. Ält. R.: E. 40[291] 43[179] (für cond. gg. Glb.); aM. E. 13[179]. Schadensersatz dch. Glb. oder Schld. bei Verschld. s. u. (Nr. IV, VI); gg. Dritterwerber v. körperl. Sachen regelmäßig kein Rechtsbehelf (§§ 932 ff. BGB.; 91 ZVG.); anders bei Frdg. — Sachliche Zulässigk.: auch gg. Pfdgsbeschl. vor Zustellg. (E. 49[347]; wahlwj. mit Kl. gg. Drittschld., JW. 98[246]), Vollzug v. Arrest u. eV. (E. 41[393]), Zwangshyp., Verf. nach §§ 126, 127 KO. (E. 62[223] JW. 94[427] BlEB. 6[223]), Realexek. (Mot. 413), Pfdgsbenachr. (s. o.). — **III. Klagegrund** (causa expressa § 253; S. 5[928]) aus dem materiellen R. zu entnehmen (JW. 90[5] 02[10]; vgl. aber E. 61[432]); im wesentl. Negatoria, nicht Vindicatio äR. (vgl. jedoch § 986 BGB.). Hierher insbes.: Eigentum (E. 49[170] S. 6[153]), Miteigentum (auch Gesamthand: E. 13[180] JW. 90[6] S. 5[36]), sonstige dingl. R. (soweit die Pfandveräußerg. ohne Rücks. auf sie stattfinden soll, insbes. Besitz-, Fruchtentzug), zB. Nießbrauch (Prot. BGB. 6[794]; auch an Frdg.), Hypothek bzgl. Zubehör u. Früchte (§§ 810, 865; E. 18[365] 55[208] S. 10[264] ZR. 06[21]; paul. AnfechtgsR. einschl. KO. (gem. M.; E. 18[394] 40[371] S. 15[456]); bei Frdg. genügt frühere Abtretg. (E. 6[278]), Verpfändg. (S. 10[641] 11[535]), Assignation (ROHG. 22[137]; beim Inkassomandat bestr., E. 45[369] S. 17[411]), Kommissionsverhältnis (§ 392 HGB.; S. 7[605] JW. 88[304]; keine analoge Ausdehng. auf gewöhnl. Kaufpreisfrdg. e. Drittkäufers, ZR. 05[134]). Auch der Besitz begründet die Wsprkl. (§ 805; BGB. 1007; E. 34[422] 38[397] RO. 8[110]). Verbot. Eigenmacht kann die Pfdg. nur bei Verletzung des Drittgewahrs. oder e. negator. Urteils sein. — Rein oblig. Übereignungs-, Herausgabeanspr. an Sachen des Schld. nicht hierher (JW. 02[170] 05[725]), wohl aber bzgl. Sachen Dritter (E. 18[366]); auch e. nur mittelbar besitzd. Kläger steht die Eigentumsvermutg. des § 1006 BGB. zur Seite, ohne daß er (wie früher bei der Public.) e. justus tit. dazu anzuführen bräuchte: Abzahlungskäufer: E. 54[397] DJZ. 02[196] JW. 98[85] 05[314] — Eigentumsvorbehalt: E. 7[151] 53[219] (an Warenlager samt Ersatzware); vgl. E. 54[396] JW. 05[18] ZR. 06[381] RO. 8[64]; ernstl. Sicherungsübereign. mit Konstitut genügt vorbehaltl. paul. Anf.: E. 55[393] 56[53] 59[146] 61[432] 62[126]; keine Verpfdg. mit Konstitut oder ohne Verständig. des Drittschld. (Unterschied v. Abtretg. des Rückgabeanspr.: E. 20[399] 23[77]). — Lebensversicherg.: E. 29[332] 32[162] 63[48]). — Rollende Ware: E. 18[162]; Dispositionsstellg.: E. 27[393]. — Vermischung von Geld: § 948 BGB., E. 4[40] 33[105]; Einnahmen e. Bevollm.: E. 30[142] ESt. 19[432] S. 7[684]; Aufschrift, Buchung kann genügen: E. 11[60] 24[407] 63[16] Bl. 62[245]. — Ehel. Güterrecht: §§ 52, 739 ff., 860 ff.; die neurechtl. praes. Muciana (§§ 1362, 1372 BGB.) ist nach § 1006 BGB. durch den Nachweis ehefräul. Eheeinbringens widerlegbar (die Frau hat dann mittelb. Besitz); Surrogation: §§ 1370, 1381 ff. BGB. Keine Überlassung „alles künftigen Vermögens und Erwerbs“, BNotZ. 03[192] [247]. — Das bloße Verwaltungsrecht begr. weder die Wsprkl., noch gibt es e. Veräußergsrecht für eigene Schulden des Verwalters, SA. 54[29]. Formale Pfdgsfehler (E. 50[366] S. 9[619]), Nichtexistenz der gepfdt. Frdg. (vgl. aber BlEB. 5[383]) gehören nicht hierher. — Nachträgl. Erwerb durch den Schld.: E. 60[72]; durch den

Interv.: § 265. — **IV. Aktiv legitim.** ist jeder Dritte (gg. den nicht formell gepfdt.), E. 30[388]; Unterschied vom VollstrTitelmangel: JW. 02[164]; Ehefrau: § 1407 BGB.; Erben: § 785. Vgl. auch § 93 ZVG. (Zubehör ZR. 06[89 418]), Art. 23 SubhO. (S. 11[129] BNotZ. 91[143]). — *Passiv legitim.* ist neben dem Glb. der Schld., falls er das Recht des Dritten nicht anerkennt; beide sind notw. (bestr.; JW. 88[67]), mehrere Glb. einf. Streitgen. (S. 5[280]); Zeugschaft des Schld.: § 393. — *Antrag:* „Die (konkr.) ZwV. wird für unzulässig erklärt (E. 61[432]); Vollzug: § 776; Ersatz der vorl. Vollstreckb.: § 770. Antrag auf „Freigabe" unpraktisch, weil dann nur nach § 894, d. h. nach RKr. wirksam (JW. 05[730]). Völlige Aufhebg. der Pfdg. ist nicht notwdg. Folge des Obsiegens, zB. beim KonkVerw. im Falle des Zwangsvergl. (vgl. aber SA. 60[49]) oder Anfechtg. kraft ält. Vertragspfands auf e. Frdg. (§ 1290 BGB.). — Wegen sonstiger Klagenverbdg., zB. Eigentumsfeststellg., Schadensersatz (nur bei Verschulden: E. 61[432]), Rückschaffung (KGBl. 00[67]), Unterlassung für die Zukunft gelten die allg. Grundsätze, insbes. bzgl. der Zustdk. (vgl. §§ 32, 717). — **V. Einreden:** zumeist Simul. (§ 117 BGB.) oder paul. Anfechtb. des Erwerbsakts; § 1435 BGB. mit Art. 4 EHGB. erleichtert die ZwV. nicht (vgl. § 739), R. 05[195]. Der Bekl. kann nicht selbst nach §§ 119 ff. BGB. den Erwerbsakt des Kl. anfechten, sondern nur die erfolgte Anf. geltend machen. — Keine replica doli wegen angebl. materieller Mithaftg. oder Duldgspflicht des Kl. oder Einräumg. e. Vertragspfands durch letzteren, E. 3[189] S. 5[524] JW. 05[89]; aM. beim Vorliegen e. Vollstr.titels auch gg. den Kl.: E. 30[385]. — „Verzicht auf die Wsprkl." kann nur als vertragsm. Verpfdg oder Genehmig. dingl. Belastung angesehen werden (Bl. 33[350] E. 13[331]); vgl. § 307 Note; BGB. § 185; bestr., ob dann noch e. besonderer Duldgstitel, außer nach §§ 735 ff., forderbar (streng Gr. 36[889]). Rücknahme e. Einstellantrags ist keine Genehmig. der Pfdg., S. 1[393]. — **VI. Kosten.** §§ 93, 99 beachtlich. Pfdg. allein ist regelmäßig keine „Veranlassg." zur Klage, wohl aber Nichtfreigabe, auch Schweigen oder ausweichd. Erkl. innerh. billiger Frist (E. 61[432]) nach glaubhft. Bekanntgabe des WsprRechts oder Pfdg. trotz sicherer Kenntnis (BZ. 97[5 43]). Brief nicht stets nötig: Anmeldg. des Dritten zum Pfdgsprot. (§ 815), Zustellg. einstw. V. mit entspr. Begr. kann genügen. Bloße einseit. Behauptg. des Kl. nicht zureichend, außer bei Vermutg. (zB. BGB. § 1362); soviel dem Gerichte zur Sistierung vorliegen muß, genügt (JW. 02[214]). Die Beweismittel sind nur zugänglich zu machen (zB. auf der Kanzlei), nicht nachzusenden, E. 39[160], S. 12[311] (Abschrift) Gr. 50[612]; u. U. genügt Zeugenbenennung (vgl. jedoch DJZ. 04[690]). Reicht die vorgesteckte richterl. Frist dem Bekl. nicht, so obliegt ihm der Verlängerungsantrag (vgl. JW. 04[200]). — Die Freigabeerkl. erfolgt beim GVollz. auch mündl., sonst schriftl. wegen § 775; vgl. BGB. § 1255; Mitteilung hievon an den Kläger obliegt dem Glb., nicht den GVollz. (bestr., vgl. E. 39[160] BZ. 93[62 164]); nach BZ. 03[174] reicht übrigens Mitteilg. an Schld. als Besitzmittler. Der Schld. kann dem Glb. oder dem Interv. zivilrechtl. für die Kosten haften. — Kostenpkt. bei Freigabe *vor* Klagezustellg.: § 91 (nur als Schadensersatz); Freigabe ohne Anerk.: E. 53[327].

§ 772. Solange ein Veräußerungsverbot der in den §§ 135, 136 des Bürgerlichen Gesetzbuchs bezeichneten Art besteht, soll der Gegenstand, auf welchen es sich bezieht, wegen eines persönlichen Anspruchs oder auf Grund eines infolge des Verbots unwirksamen Rechts nicht im Wege der Zwangsvollstreckung veräußert oder überwiesen werden. Auf Grund des Veräußerungsverbots kann nach Maßgabe des § 771 Widerspruch erhoben werden.

BGB. §§ 135: relat. gesetzl. Veräußergsverbot; 136: gerichtl. VV.; kein vertragsm. VV. (§§ 137 BGB.; 44 HypG.). — Grund: Unsicherheit des Erwerbs; Ggild.: auch Recht. — Hierher insbes. eV. § 938); beachtlich die Möglichkeit gutglb. Dritterwerbs (§ 135 Abs. 2 BGB.); Abhilfe nur durch Sequestration. — Vgl. ferner §§ 23 ZVG.; 94, 325, 326, 480 StPO.; 360 MStGO.; 6, 13, 14, 98, 106, 128 KO.; 35, 56 GewO.; 367 StGB.; Art. 35, 97 ForstG.; 8 ErbGG.; vgl. § 52 FidEd. u. § 869 Note. — Kein prozessualer Nichtigkeitsgrund: Veräußerg. mit Zustimmg. des Interessenten gültig, RG. 4^{620}. Anders bei dem absol. Verbote des § 134 BGB.; vgl. § 803. — Soweit das Verbot nicht den Schld. selbst schützen soll, stehen ihm auch keine Einwdg. nach § 766 zu (aM. DJZ. 03^{495}). — Pfdg., Beschlagn., ZwHyp. sind an sich statthaft, aber auf Einwdg. des Interessenten aufzuheben (§ 766; bestr., ob nicht ebenfalls § 771). — Alt. R. u. Übergang (insbes. bei Res sacrae): EBG. Art. 61, 80, 133, 168; Mot. BGB. $3^{25\ 352}$; BLR. Th. II Kap. VI § 8 Nr. 6; S. 2^{81} 5^{145} 6^{524} $7^{203\ 388}$ RG. 4^{40} BGH. 7^{203} Bl. 8^{144} 35^{362} $43^{20\ 66}$ 60^{266} E. 3^{173} 6^{162} 7^{137} 12^{283} 14^{305} 27^{255} 31^{217} 53^{184}. — Die Veräußergsverbote bzgl. Staats- u. Gemeindegut gehören wohl unter § 134 BGB.; vgl. VerfUrk. Tit. II § 18 III § 1 ff.; Tit. IV § 9; § 47 RelEd.; Art. 26, 112, 159 GmdO.

§ 773. Ein Gegenstand, der zu einer Vorerbschaft gehört, soll nicht im Wege der Zwangsvollstreckung veräußert oder überwiesen werden, wenn die Veräußerung oder die Überweisung im Falle des Eintritts der Nacherbfolge nach § 2115 des Bürgerlichen Gesetzbuchs dem Nacherben gegenüber unwirksam ist. Der Nacherbe kann nach Maßgabe des § 771 Widerspruch erheben.

Vgl. §§ 326, 728, 772; KO. 128; Mot. BGB. 5^{117} Prot. 5^{112} 6^{712} S. 13^{550}. — Zwangshyp.: OF. 4^{50}.

§ 774. Findet nach § 741 die Zwangsvollstreckung in das eingebrachte Gut der Ehefrau oder in das Gesamtgut statt, so kann der Ehemann nach Maßgabe des § 771 Widerspruch erheben, wenn das gegen die Ehefrau ergangene Urteil in Ansehung des eingebrachten Gutes oder des Gesamtguts ihm gegenüber unwirksam ist.

Vgl. die Noten zu §§ 52, 741. — Beisp.: ZwV. aus e. Privatschuld der Frau oder Kenntnis des Glb. von e. nicht registr. Geschäftswiderspruch des Ehemanns; Beweislast: Kläger (DJZ. 00^{81}). Das Urteil kann auch in diesen Fällen zufolge §§ 1400, 1401, 1407 BGB. gg. den Mann wirksam sein. — Rbehelf gg. formelle Verletzg. des § 741 (zB. unselbstdg. Erwerb, registr. Wspr.): § 766; Duldgskl.: § 739. — Übergang: Art. 98 ff. ÜG.; 8 HGB.

§ 775 (691). Die Zwangsvollstreckung ist einzustellen oder zu beschränken:

1. wenn die Ausfertigung einer vollstreckbaren Entscheidung vorgelegt wird, aus welcher sich ergibt, daß das zu vollstreckende Urteil oder dessen vorläufige Vollstreckbarkeit aufgehoben, oder daß die Zwangsvollstreckung für unzulässig erklärt oder deren Einstellung angeordnet ist;

2. wenn die Ausfertigung einer gerichtlichen Entscheidung vorgelegt wird, aus welcher sich ergibt, daß die einstweilige Einstellung der Vollstreckung oder einer Vollstreckungsmaßregel angeordnet ist;
3. wenn eine öffentliche Urkunde vorgelegt wird, aus welcher sich ergibt, daß die zur Abwendung der Vollstreckung nachgelassene Sicherheitsleistung oder Hinterlegung erfolgt ist;
4. wenn eine öffentliche Urkunde oder eine von dem Gläubiger ausgestellte Privaturkunde vorgelegt wird, aus welcher sich ergibt, daß der Gläubiger nach Erlassung des zu vollstreckenden Urteils befriedigt ist oder Stundung bewilligt hat;
5. wenn ein Postschein vorgelegt wird, aus welchem sich ergibt, daß nach Erlassung des Urteils die zur Befriedigung des Gläubigers erforderliche Summe zur Auszahlung an den letzteren bei der Post eingezahlt ist.

Einstellg.: auch vor Beginn (E. 23[336]); freiwill. Einstellg. u. Freigabe: § 804; vgl. §§ 40 GVDV.; 69, 81 bis 88, 96 ff., 133 GVGA.; 48 ff., 54, 67, 72 FinVB. — Vgl. §§ 815 (Bargeld), 868; ferner §§ 28 bis 30, 33, 75 bis 77, 86, 161 ZVG. (Zubehör: JR. 06[417]); 25 GVO.; Art. 20 SubhO.; 43 SubhNov. — Das VollstrVerbot in KO. §§ 14, 237 trifft Aussonderg. u. bereits begr. AbsondergsR. nicht (anders beim Nachlaßkonk.). Doch kann durch die Besitznahme seitens des Verwlt. nach §§ 117, 127 KO. die ZwV. zunächst wegen § 809 gehemmt sein (bestr.: VZ. 91[45] 01[163]); auch Anträge nach § 825 sind möglich. Kosten: § 10 GVGO.; vgl. §§ 14, 15, 23 RAGO.; E. 49[308] Bl. 62[382].

Erschöpfd. Aufzählg.: keine nachträgl. eigenmächt. Freigabe durch den GVollz., selbst wenn sich zB. Unentbehrl. herausstellt (E. 18[389] 25[427]; aM. anscheinend JW. 00[488], GVGA. § 87). RBehelf: § 766, auch gg. unberecht. Einstellg. oder Fortsetzg.: zu Nr. 4, 5 vgl. § 767. Bei sonstigen Einwdg. (zB. offenb. Dritteigent., VZ. 06[14]) kann der GVollz. mangels Gefahr auf Verzug die ZwV aussetzen u. Weisung des Glb. einholen (GVGA. §§ 86, 96, 97). — Vorlage der Urk. Parteisache (JR. 05[116]). Keine Einbehaltg. der Urk., soweit nicht an den GVollz. selbst adressiert: Aktenvermerk: §§ 39, 84 GVGA. — **Nr. 1.** Einf. Ausf. (mit Gründen, ev. RKrZeugnis) genügt, nicht aber e. vom RA. begl. Abschrift. — „Vollstreckbar": auch vorl. (E. 18[284]) oder sofort vollstr., insbes. nach § 717 (Mot. 414). Hiernach können Beschl. unter Nr. 1 fallen, zB. Definitivbeschl. nach § 766. Hierher insbes. Pfdgsbeschl. hinsichtl. des Einziehungsverbots (E. 33[290] VZ. 01[161]; aM. SA. 52[212]); meist wird aber e. Ausf. (außer bei Pfdg. e. eigenen Schuld) nicht zur Hand sein, sondern nur die Zustellgsabschr. Letzterenfalls kann der Drittschld. hinterlegen oder Einstellg. gemäß § 767 erwirken; der GVollz. muß jedenfalls auf Vorweisg. der Zustellgsabschr. gemäß §§ 136 BGB., 772 die Ablieferg. e. Erlöses an den Auftraggeber unterlassen (bestr., vgl. VZ. 91[9] 99[116]). — **Nr. 2** zB. Urteile gemäß § 770. — Aus der Fassung von Nr. 1 u. 2 erhellt zugleich die richtige Formel für die genannten Entschdg. — **Nr. 3.** Vgl. § 108. — Ungenügend öff. Begl. (anders § 751), gewöhnl. Postschein, Bankschuldschein als solcher (vgl. §§ 5, 19, 48 HO.; 1 BankRegl.). Gegen neuerl. Pfdgsversuche schützt nur wiederholte Vorlegung. Mgls Verständg. des Glb. oder VollstrG. (vgl. JR. 05[515]) von der Hinterlg. trägt der Schld. die Vollstr.- oder Abstandskosten, Pr. 351; vgl. BGB. § 374. — Nachweis zivilrechtl. Hinterlg.: § 767; BGB. 372. — **Nr. 4.** Gerichtl. Vergleichsprot. fallen unter Nr. 4. Die Privaturk. muß unverdächtig sein (BZ. 90[189]); kann auch von e. nachgewiesenen Bevollm. ausgehen (Anwaltsbuchhalter nicht ohne weiteres, E. 55[375]). Bei Summengleichheit (einschl. Vollstr.-Kosten: E. 49[398]) zunächst keine Prüfung der Verrechnungsart (Pr. 367); vgl. E. 55[413] 60[250]. — Bei Zahlg. an den GVollz. selbst gilt das Gleiche — Schadensersatz wg. Stundgsbruch: S. 7[599]. — Zahlg.: auch Nachnahme (SA. 58[181]), nicht Giroüberwsg. (BlEB. 11[127]) oder Wechselannahme (BlEB. 1[288]); Vollmacht: § 81; Quittg. v. Gmd., Stftg.: JMBl. 05[706]. — Bezahlte Titel nicht anderwtg. vollstreckbar, S. 7[896]. — **Nr. 5.** Postschein über e. angebl. Geldbrief oder sonstige dekl. Sendung reicht nicht; die Bezeichnung „Postanwsg." muß unzweifelhaft sein. Schädig. des Glb. durch Rücknahme der PA. möglich (BPostO. § 32).

§ 776 (692). In den Fällen des § 775 Nr. 1, 3 sind zugleich die bereits erfolgten Vollstreckungsmaßregeln aufzuheben. In den Fällen der Nr. 4, 5 bleiben diese Maßregeln einstweilen bestehen; dasselbe gilt in den Fällen der Nr. 2, sofern nicht durch die betreffende Entscheidung auch die Aufhebung der bisherigen Vollstreckungshandlungen angeordnet ist.

Vgl. die Note zu § 775 u. zu Nr. 3 die Ausnahme beim Arrest nach § 934; Frdgspfdg.: § 843 (E. 56[146]); Zwangshyp.: § 868; OffenbEid: § 900 (RO. 10[37]). — Beim gesetzl. Fordergsübergang (BGB. §§ 268, 426, 774, 1143, 1225, 1607, 1709; vgl. §§ 58, 67 HypG. u. ä.) ist Freigabe wegen Zahlung unzulässig, weil das PfandR. kraft Gesetzes auf den Drittzahler übergeht; entspr. Quittung: § 757. — Verjährg: § 216 BGB. — **Protok.**: § 762. — **RBehelf**: § 766. — Anschlußpfdg. bleibt unberührt, JW. 99[79] (§ 827).

Satz 1. Die Freigabe gepfdt. Sachen geschieht zur Verfüg. des früheren **Gewahrsaminhabers** (§ 148 GVGA.; vgl. Bl. 49[392]). Auslagenersatz: § 788; **Beachtung** e. VermieterpfandR.: §§ 560 ff. BGB.; 805 Note. — Vorzeitige Beseitig. der Pfandzeichen strafbar, RSt. 4[325]. — **Behdlg.** unanbringl. freigegebener Pfänder: § 383 BGB.; JMBl. 02[384]. — **Satz 2.** Durch bloße Einstellg. der „Versteig." (Aufhebg. des **Versteigrgstermins**) ist die Einschaffg. nicht gehindert, wohl aber durch Einstellg. „der ZwV.", JW. 36[601]. — Bei Nr. 4 u. 5 ist die ZwV. auf Verlangen u. Gefahr des Glb. bis zur Beibring. e. Beschl. nach §§ 767, 769 fortzusetzen (Mot. 414; GVGA. § 85; aM. E. 33[292]); bei bestimmter Stdgsfrist sof. neuer Verst.-Termin ansetzbar, BZ. 05[283]. Telephon. Rückfrage sachgemäß. — Bei Neupfd. (zB. nach Aufhbg. e. Entschdg. aus § 775 Nr. 1) Rang ex nunc, BZ. 05[245].

§ 777. Hat der Gläubiger eine bewegliche Sache des Schuldners im Besitz, in Ansehung deren ihm ein Pfandrecht oder ein Zurückbehaltungsrecht für seine Forderung zusteht, so kann der Schuldner der Zwangsvollstreckung in sein übriges Vermögen nach § 766 widersprechen, soweit die Forderung durch den Wert der Sache gedeckt ist. Steht dem Gläubiger ein solches Recht in Ansehung der Sache auch für eine andere Forderung zu, so ist der Widerspruch nur zulässig, wenn auch diese Forderung durch den Wert der Sache gedeckt ist.

Vgl. §§ 803, 805; BGB. 772, 379; FinBB. 50; ForstG. Art. 182; ZZP. 26[457] ZR. 06[236]. -- Pfdg. e. Sache des Glb.: 804.

Sache: auch Wertpap.; nicht Frdrg. (§ 90 BGB.) oder Dritteigentum. -- **Besitz:** auch mittelbar, zB. Arrestpfand (vgl. § 930 Abs. 2), Sicherheit nach §§ 713, soweit nicht in das fiskal. Eigentum übergegangen (§§ 234 BGB., 47 HO.); bestr., ob hier nicht PfandR. an Surrogatfrdrg. genügt (ZR. 06[236]). — Besitzlose VorzugsR. zB. nach Art. 140 AZP. äF., VermieterpfandR. vor Besitznahme, Hypothek sind unbehelflich. — **Beweislast:** Schld.; soweit ersichtl. (zB. § 713), v. amtsw. beachtl. — Wahlrecht zw. dingl. u. persönl. Kl. ist nicht beschränkt; Aufrechng. nicht hinderbar.

§ 778. I Solange der Erbe die Erbschaft nicht angenommen hat, ist eine Zwangsvollstreckung wegen eines Anspruchs, der sich gegen den Nachlaß richtet, nur in den Nachlaß zulässig.

II Wegen eigener Verbindlichkeiten des Erben ist eine Zwangsvollstreckung in den Nachlaß vor der Annahme der Erbschaft nicht zulässig.

Vgl. BGB. §§ 1958, 1942, 1967; EBG. Art. 213; §§ 27, 28, 239 ff., 305, 727 ff., 747 ff.; EZP. 15. — Geltendmchg. e. Verstoßes: § 766; Wirkung: Aufhebg., nicht bloß Einstellg. (Prot. BGB. 5[663]). Bestr., ob hierzu nur der Erbe oder auch Drittinteressenten (zB. Nachlaßglb.) legitim. u. ob der Erbe daneben die Wsprkl. (§ 771) hat (Bl. 70[83]); Haftg.: § 1979 BGB. — Verfolgung von Anspr. nach der Erbschaftsannahme: §§ 780 ff.; Geltendm. von Nachlaßaktiven: §§ 1942, 1960, 1984, 2039, 2206 BGB.; insbes. durch Miterben: § 747 Note. -- Ält. Recht: § 694 äF. mit Art. 9 EÄZP.; 87 ÄZP.; 43 KO. mit Art. V EÄKO.; BLR. T. I Kap. VII § 39; T. III Kap. I §§ 2, 6 ff. (Nachlaßkurator); Klausel: BNotZ. 91[121]. Bei ausländ. ErbR. nur entspr. anwendbar.

Abs. 1. Besitzt der Nachlaßglb. beim Tode des Erblassers noch keinen VollstrTitel, so kann er nach § 1958 BGB. gg. den Erben vor der Annahme nicht klagen, die Aufnahme e. begonnenen Proz. erzwingen oder Arrest erwirken, E. 60[179]. Er muß vielmehr mangels e. verwaltgsbefugten TestVollstr. (§ 2213 BGB.) gemäß § 1961 BGB. e. Nachlaßpfleger aufstellen lassen (Art. 102, 39, 115 GebG.) u. gegen letzteren (ev. nach Aufnahme) Urteil u. Klausel erwirken. Diesem Pfleger stehen kraft Gesetzes alle Beschränkgseinr. des Erben außer § 1958 BGB. zu. — Die Ermittelg. des Erben u. der stattgefundenen Annahme (formlos, auch durch schlüssige Hdlg. oder Nichtgebrauch der Ausschlagungsfrist: §§ 1944, 1953, 1959 BGB.; Mot. 5[497] S. 12[88] NS. 3[823] 4[60] E. 58[83] EF. 3[179] 5[146]) ist reichsrechtl. Privatsache; Behelfe: §§ 2264, 1964, 2146 BGB.; das zustdg. NachlaßG. ergibt § 73 FGG. In Bayern ist die Erbenermittlg. nach Art. 1, 3 NachlG. jetzt Amtssache (Wirkg. nur informat.): NachlO. §§ 42 ff.; Nachlaßsicherg.: NachlO. §§ 3 ff.; RBehelf des angebl. Erben: NS. 5[450]. — Einen Erbschein kann sich der nicht im Besitze e. VollstrTitels befindliche Glb. nicht erteilen lassen, sondern nur die Ausf. e. auf Antrag des Erben bereits erteilten Erbscheins (§§ 432, 792; FGG. 85; vgl. RO. 1[298] EF. 5[234]). Besitzt der Nachlaßglb. e. bereits gg. den Erblasser erwirkten VollstrTitel u. war die ZwV. gg. den Erbl. bei dessen Tode schon begonnen, so kommt § 779 zur Anwendung; andernfalls ist RNachfKlausel zu erwirken u. zuzustellen (§§ 727 ff., 750, 792). Dies kann nach gem. M. bei endgültig vollstrb. Titeln vor der Annahme der Erbschaft gg. den Erben wirksam nicht geschehen, so daß auch hier Nachlaßpflegsch., wie oben, erforderlich wird (RO. 3[251]). Bzgl. vorl. vollstreckb. Urt. vgl. weiter E. 35[386]; Gewahrs. am Nachlaß: § 808; Inform. hierüber u. Sicherg.: §§ 785; BGB. 1960 ff. — Ob e. Nachlaßfrdg. sachgemäßer durch Einzelkl. u. -Vollstr. oder durch Antrag auf NachlVerwltg. u. ev. NachlKonk. (beide auch vor Annahme der Erbschaft möglich) verfolgt wird, ist nur nach der konkr. Sachlage beantwortbar (vgl. §§ 53, 82, 84 GKG.; Art. 103, 115, 39 GebG.). Zu beachten ist hiebei die Frist des § 1981 BGB. (§ 220 KO.), ferner, daß auch dem NachlPfleger u. NachlVerw. der Dreimonatseinwand zusteht, daß e. Pfdg. nach dem Erbfall an Nachlaßsachen im NachlKonk. kein Vorzugsrecht gewährt u. daß den Miterben vor der Teilung schon kraft Gesetzes ein größerer Schutz zusteht als dem Einzelerben. Unter allen Umständen ist die alsbaldg. Erwirkg. e. Inventarfrist beim NachlaßG. (§ 1994 BGB.; Bl. 69[101]), Sicherg. nach § 1960 BGB. u. OffenbEid (§ 2006 BGB.) rätlich. „Anmeldg. e. Frdrg. zur Verlassenschaft" beim NachlaßG. ist wertlos, weil e. amtl. Verteilung des Nachl. unter die Glb. nur bei NachlVerw. u. Nachl.-Konk. stattfindet. Auch die öff. Aufforda. nach §§ 1970 u. 2061 BGB. führen nicht zur Befriedigg. der Anmldg., ebensowenig das Auseinandersetzgsverf. nach §§ 86 ff. FGG., das im wesentl. mit e. nur unter den Erben vollstreckb. Papierteilung endet u. e. Zuziehg. der Nachlaßglb. oder Vollstreckb. des Plans zu gunsten letzterer nicht kennt (RS. 5[85]); Anteilspfdg.: § 859. — **Abs. 2** sichert die Durchführg. der Separation zu gunsten der Nachlaßglb.; vgl. hiezu weiter §§ 783 ff. mit 1984, 2214 BGB.; 221 KO.

***§ 779** (693). I Eine Zwangsvollstreckung, welche zur Zeit des Todes des Schuldners gegen diesen bereits begonnen hatte, wird in den Nachlaß desselben fortgesetzt.

II Ist bei einer Vollstreckungshandlung die Zuziehung des Schuldners nötig, so hat, wenn die Erbschaft noch nicht angenommen, oder wenn der Erbe unbekannt oder es ungewiß ist, ob er die Erbschaft angenommen hat, das Vollstreckungsgericht auf Antrag des Gläubigers dem Erben einen einstweiligen besonderen Vertreter zu bestellen. Die Bestellung hat zu unterbleiben, wenn ein Nachlaßpfleger bestellt ist oder wenn die Verwaltung des Nachlasses einem Testamentsvollstrecker zusteht.

BGB. §§ 1960, 1961, 1975, 2197; GBGA. 60; FinBB. 52. — Stellung des Vertr.: § 57; Beginn der ZwB.: § 771; Zuziehung des Schld.: §§ 807, 808, 826, 829, 841, 848, 875, 885; ZVG. 22, 32, 41, 59, 88, 99, 105, 144, 146, 153; Gewahrsam: § 809. — Alt. R.: Note zu 778; vgl. JW. 05[157]. — Kosten: §§ 47, 80a GKG.; 23, 29 RAGO.

Abs. 1. Diese „Fortsetzung" bedarf keiner Erbschaftsannahme oder RNachfKlausel (Gr. 34[766]) u. wird bei vorl. vollstreckb. Urt. durch Unterbrechg. oder Aussetzg. nicht gehemmt. Es können nicht nur die begonnenen konkreten VollstrMaßregeln zu Ende geführt, sondern auch neue eingeleitet werden (Mot. 415), soweit der Nachlaß noch erkennbar. — Die §§ 782 ff. sind gleichwohl anwendbar; das BGB. kennt keine ruhende Erbschaft. — **Abs. 2** gestattet wahlweise Angehung des Nachlaß- oder VollstrG. — Unbek. Aufenthalt des bekannten Erben: § 1911 BGB.; Unbekanntheit des Erben: RS. 3[266] (auch Miterben).

***§ 780** (695). I Der als Erbe des Schuldners verurteilte Beklagte kann die Beschränkung seiner Haftung nur geltend machen, wenn sie ihm im Urteile vorbehalten ist.

II Der Vorbehalt ist nicht erforderlich, wenn der Fiskus als gesetzlicher Erbe verurteilt wird oder wenn das Urteil über eine Nachlaßverbindlichkeit gegen einen Nachlaßverwalter oder einen anderen Nachlaßpfleger oder gegen einen Testamentsvollstrecker, dem die Verwaltung des Nachlasses zusteht, erlassen wird.

§§ 305, 778, 807, 894; EZP. 15 Nr. 4; vgl. auch BGB. § 768 (Bürgschaft); Prot. 5[487 667 789] 6[713]; HGB 27, 139; ZVG. 179; GBO. 41; GBTA. 133; HypG. § 75 mit Nov. v. 20. Dez. 1903 (GBl. 703); GVGA. 60; FinBB. 53. — Geltendmachg. des Vorbehalts: § 785; Ausnahme im Erbenkonkurs (§ 146 KO.): E. 24[60]. — Kosten: §§ 92, 93; mgls. deren Anwendbarkeit ist der Erbe persönl. kostenpflichtig, JW. 90[336] 94[374] 98[26] S. 4[163].

Abs. 1 trifft Titel aller Art, JW. 98[356] (nicht bloß auf Zahlg., E. 49[415] S. 9[768]), sofern erst gg. den Erben als solchen erwirkt, mag auch der Prozeß schon gegen den Erblasser eingeleitet u. gg. den Erben nur fortgesetzt worden sein. Wegen der beim Tode des Erbl. gg. ihn bereits vorhandenen Titel vgl. § 781. — Nach BGB. ist die Haftungsbeschrkg. nicht mehr an die Inventarerrichtung als solche oder deren Vorbehalt (sog. bedingten Erbschaftsantritt) geknüpft, sondern das Gesetz verbindet mit e. Anzahl bestimmter Tatbstd. den Eintritt beschrkt., mit e. Anzahl anderer Tatbstd. (Versäumg. der vorgesteckten Inventarfrist, ungetreue Inventur, Verweig. des OffenbEids) den Eintritt unbeschr. Haftg. (vgl. einerseits BGB. §§ 1973, 1974, 1975, 1989, 1990 ff.; andererseits BGB. §§ 1994, 2005, 2006). — Ob der Erbe beschränkt oder unbeschr. haftet, ist für die ZPO. insofern nebensächlich, als der Einwd. der noch mögl. Beschränkbarkeit wie der bereits eingetr. Beschränkung eine wahre Einr. darstellt (Begr. 159). Demnach ergeht auf die klägerische Behptg. der wirkl. oder fingierten Erbschaftsannahme vorbehaltloses VersU. (Gr. 43[605]), mit dessen RKr. die Einr. der Haftgsbeschrkg. endgültig verloren ist (E. 34[280] 59[304]); auch keine Bereichergskl. möglich, E. 8[268]. Zur Beifüg. des Vorbehalts genügt die beklagt. Einr. der noch bestehenden Beschränkbarkeit (Mot. 416), ohne daß der endgültige Eintritt der Beschrkg. dargetan oder behauptet werden müßte, E. 54[416] JW. 98[356] RO. 6[172]. Die Beifüg. kann auch noch durch Berufg., Einspr. oder Arrestwipr., nicht aber durch Urteilsergänzg. erwirkt werden. Weist freilich der Kläger nach, daß ihm der Erbe bereits unbeschränkt haftet, so ergeht vorbehaltloses Urteil; weist andererseits der Erbe die bereits eingetr. Haftgsbeschrkg. nach, so ist nach Maßgabe letzterer materiell zu entscheiden. Ob das Gericht sich auf e. Beweiserhebg. bezgl. dieses konkr. Nachweises einlassen muß, ist bestr. u. von der gem. M. verneint (SA. 54[125] RO. 13[192]; vgl. aber Mot. BGB. 5[668] RO. 2[507]). Die Streitfrage ist praktisch wichtig, insbes. beim Erschöpfgseinwd. (§§ 1973, 1974, 1989, 1990 BGB.), den die gem. M. (anders RO. 7[134] Gr. 43[629]) unter die Haftgsbeschrkg. im Sinne des gegenw. Paragr. rechnet; hier führt der Nachweis der Erschöpfg. nicht zu e. Vorbehalt, sondern zur Klagabwsg., E. 58[128] 61[222]; vgl. E. 34[278] JW. 95[130]. — Nicht unter den Vorbehalt fallen die Einwände der Miterben nach §§ 2059 Abs. 1 Satz 1 (Einr. des ungeteilt. Nachl.), 2060 u. 2061 BGB. (Haftungsteilung); diese müssen bei Vermeidung des Verlusts bis zur Schlußverhdlg. vorgebracht werden u. führen, soweit zutreffend, zur sof. materiellen Abwsg. bezw. Einschränkg. der Formel (Prot. BGB. 5[875] 6[714]; gem. M.); vgl. die Note zu § 747. Beachtl. die Möglichkeit der Häufg. des Dreimonatseinwands, der Einr. des ungeteilt. Nachl. oder der Haftgsteilg. sowie der Haftgs.-beschrkg. neben der materiellen Bestreitg. der Klagefrdg. u. des Erbrechts. — **Abs. 2.** Vgl. §§ 1942, 2011, 2012 BGB.; Art. 138 EBG.; 101, 102 ABG. (kein Erbrecht). — Der Fiskus hat kein Ausschlagungsrecht; e. Inventarfrist kann ihm nicht bestimmt werden. Letzteres gilt auch für die weitergenannten Personen; diese können (u. müssen) den Beschränkgseinwand nach § 795 gleich dem Erben geltend machen; ihr Verzicht hierauf wäre wirkungslos. Auf Minderjähr., jur. Pers. als solche nicht ausdehnbar.

§ 781 (696). Bei der Zwangsvollstreckung gegen den Erben des Schuldners bleibt die Beschränkung der Haftung unberücksichtigt, bis auf Grund derselben gegen die Zwangsvollstreckung von dem Erben Einwendungen erhoben werden.

Vgl. Note zu § 780. — Wirkg. der Beschränkg.: §§ 782 bis 784; Form der Geltendmachg.: § 785. — Unvererblichkeit: § 767.

Gemeint sind hier sowohl die gg. den Erben als solchen, also mit ausdrückl. Vorbehalt ergangenen Titel als auch die gg. den Erblasser selbst noch erwirkten, nun mit RNachfKlausel gegen den Erben vollstreckten Titel, bei denen der Beschränkgsvorbehalt kraft Gesetzes u. ohne Erwähng. in der Klausel besteht. — Der ZwV. gg. den Erben steht die Vollstr. gg. die im § 780 Abs. 2 außer dem Fiskus genannten Personen bzgl. des Nachlasses gleich. — Bzgl. der gg. den Erben wegen seiner persönl. Schulden ergangenen (ebenfalls stets vorbehaltslosen) Titel vgl. §§ 778 Abs. 2, 783, 784 Abs. 2; die ZwV. hieraus in den Nachlaß ist ebenso wie die ZwV. für NachlGlb. in das Privatgut des Erben grundsätzl. statthaft.

§ 782. Der Erbe kann auf Grund der ihm nach den §§ 2014, 2015 des Bürgerlichen Gesetzbuchs zustehenden Einreden nur verlangen, daß die Zwangsvollstreckung für die Dauer der dort bestimmten Fristen auf solche Maßregeln beschränkt wird, die zur Vollziehung eines Arrestes zulässig sind. Wird vor dem Ablaufe der Frist die Eröffnung des Nachlaßkonkurses beantragt, so ist auf Antrag die Beschränkung der Zwangsvollstreckung auch nach dem Ablaufe der Frist aufrechtzuerhalten, bis über die Eröffnung des Konkursverfahrens rechtskräftig entschieden ist.

Vgl. §§ 305; KO. 109, 217, 221. — Geltendmachg.: § 785, auch im Falle von Satz 2 Prozeßhäufg.; vgl. Gr. 43[608]; keine Fristverlängerung durch das Gericht. — Monatelange Verzögerung der Versteigerg. möglich; endgültige Aufhebg.: § 784. — Auf dingl. Anspr. unanwendbar.

Erbe: auch § 780 Abs. 2. — Arrestmaßregeln: §§ 930 bis 933 (auch Zwangshyp.); die Immobiliarbeschlagn. ist keine Arrestmaßregel. Analoge Anwendung auf Realexek. führt zur Sequestration (bestr.). — Durch entspr. Anwsg. des GVollz. u. Mitteilg. an den Erben kann der Glb. den letzteren klaglos stellen, jedenfalls aber die Kostenpflicht im Gegenprozeß nach § 785 vermeiden. — Die Vorschr. gilt auch gegenüber ZwV. vor dem Tode des

Erbl. sowie seitens e. Nachlaßglb. in das Privatgut des Erben; ZwV. für Privatglb. in den Nachlaß: § 783; weitere Behdlg. solcher ZwV.: § 784. — Fortsetzg. der ZwV. nach Fristablauf (Urteilsformel!) auf grund Bestätig. des NachlG.

§ 783. In Ansehung der Nachlaßgegenstände kann der Erbe die Beschränkung der Zwangsvollstreckung nach § 782 auch gegenüber den Gläubigern verlangen, die nicht Nachlaßgläubiger sind, es sei denn, daß er für die Nachlaßverbindlichkeiten unbeschränkt haftet.

Vgl. die Noten zu §§ 780, 782; ferner BGB. §§ 1967, 2016. — Geltendmachg.: § 785. — Die Ausnahme setzt unbeschränkte Haftg. für alle Nachlaßschulden voraus.

§ 784. I Ist eine Nachlaßverwaltung angeordnet oder der Nachlaßkonkurs eröffnet, so kann der Erbe verlangen, daß Maßregeln der Zwangsvollstreckung, die zu gunsten eines Nachlaßgläubigers in sein nicht zum Nachlasse gehörendes Vermögen erfolgt sind, aufgehoben werden, es sei denn, daß er für die Nachlaßverbindlichkeiten unbeschränkt haftet.

II Im Falle der Nachlaßverwaltung steht dem Nachlaßverwalter das gleiche Recht gegenüber Maßregeln der Zwangsvollstreckung zu, die zu Gunsten eines anderen Gläubigers als eines Nachlaßgläubigers in den Nachlaß erfolgt sind.

§§ 1981, 1984, 1994, 2005, 2006, 2013 BGB.; 221 KO.; Art. 87 AGBV. aF. — Geltendmachg.: § 785; beachtlich, daß die Zw. hier auch nicht mehr im Umfange e. Arrestes aufrecht bleibt.

Abs. 1 sichert die Durchführg. der Haftgsbeschrkg. zu gunsten e. solventen Erben gegenüber e. unzureichenden oder unübersichtl. Nachlaß; **Abs. 2** umgekehrt die Separation e. nicht überschuldeten Nachl. zu gunsten der Nachlglb. gegenüber den bereits eingeleiteten Vollstr. von Privatglb. des verschuldeten Erben. — Neuerl. Vorgehen persönl. Glb. des Erben gg. den Nachlaß ist nach Einleitg. der NachlVerw. schon durch die gleich § 14 KO. v. amtsw. beachtl. Vorschr. des § 1984 BGB. verboten, E. 28[284]. Allenfalls. Überschußguthaben oder Ersatzanspr. des Erben an den Nachl.-Verw. sind mittels e. VollstrTitels gg. den Erben pfändbar. Dagegen sind ZwV. zu gunsten von NachlGlb. in den Nachlaß auch durch den Eintritt der NachlVerwltg. nicht gehindert, sondern nur durch den Einwand nach § 782 vorläufig u. durch Eröffng. des NachlKonk. endgültig zu durchkreuzen §§ 14, 221 KO.); kein Konk. bzgl. e. Erbteils (§ 235 KO.). — Der Nachlaßkonkurs ist im Abs. 2 nicht erwähnt, weil im § 221 KO. anderweitig (durch Versagung des AbsondergsR.) vorgesorgt ist. Aufgehoben werden solche VollstrMaßregeln aber wegen des NachlKonk. nicht (wichtig bei späterem Zwangsvgl.); nur der Weiterbetrieb ist für den Einzelglb. insolange (im Gegensatz zum gewöhnl. Konkurs) unzulässig. § 221 KO. gilt übrigens gleichmäßig für persönl. wie für Nachlaßglb. — Der Erschöpfungseinwand (§§ 1973, 1974, 1989, 1990 ff. BGB.) ist in der ZPO. außer den Zitaten im § 786 nicht erwähnt (vgl. Bl. 65[30]), muß aber ebenfalls zur Aufhbg. der damit unvereinbaren Vollstr. u. zwar sowohl hinsichtl. des Nachlasses als des Privatguts des Erben führen. — „Im Wegę der ZwV.

(§ 1990 BGB.) gehört zu „Befriedig.": gemeint ist Ausschluß der privaten Hingabe an Zahlgsstatt. Die Herausgabe zum Zwecke dieser vollstreckgsweisen Befriedig. muß nötigenfalls selbst durch ZwV. erzwungen werden (§§ 883, 254); RC. 11[227]. Beweislast: ZBlFG. 6[741] (Beschl. des AG. bindet nicht).

***§ 785** (696 Abs. 3). Die Erledigung der auf Grund der §§ 781—784 erhobenen Einwendungen erfolgt nach den Bestimmungen der §§ 767, 769, 770.

§§ 60 GBGA.; 58 FinBV. — Alt. R. u. Übergang: Note zu § 780. — Kosten: §§ 35, 39 GKG.; 23, 29, 30 RAGO.; Streitwert: § 3.

Diese Klageform gilt sowohl für die Realisierg. des ausdrückl. Vorbehalts nach § 780 Abs. 1 als des stillschw. gesetzl. Vorbehalts nach § 780 Abs. 2 u. § 781 (zB. gg. RNachfKlausel). Einwendg. nach §§ 766, 732 sind auf Grund des Beschränkgsvorbeh. nicht zulässig. — Abs. 2 des § 767 erscheint unanwendbar, nachdem im Vorproz. e. Pflicht des Gerichts zur Verbescheidg. des konkr. Beschränkgseinwds. nicht besteht (§ 780). Abs. 3 ist anwendbar; beachtlich die Notwendigk. success. Prozeßhäufung, zB. bei § 782. — Die Formel ergibt sich ihrem materiellen Inhalte nach aus den §§ 782, 783, 784; Vollzug: §§ 775, 776. — Haftung des Erben mgls. Gegenkl.: § 1978 BGB. — In der Praxis bildet den Schwerpunkt des Streits bei NachlVerwltg. u. NachlKont. die Zugehörigkeit e. Pfandstücks zum Nachlaß oder zum Privatvermögen des Erben; beim Erschöpfungseinwd. kommt die Richtigkeit des Inventars, insbes auch der Passiven in Betracht. Informationsbehelfe über den Umfang des Nachl.: BGB. §§ 1994 (Inventarfrist), 2001 (Inventar), 2006 (OffenbE.), 2010, 2012, 2228 (Auskunftspflicht). Beweislast: DJZ. 99[436]; vgl. Prot. BGB. 5[783]. Ob der Erbe die Wohltat der Haftungsbeschränkbarkeit verloren hat, ergibt sich für die Fälle der §§ 1994 u. 2005 BGB. durch Akteneinsicht nach § 78 FGG. (vgl. Art. 114 GebG) beim NachlaßG.; über Untreue bei der Inventur (§ 2006 BGB.) herrscht praktisch meist Streit, dessen Austragung durch die Beschränkgsgegenkl. miterfolgt. Wird in diesem Gegenproz. die unbeschrkt. Haftg. dargetan, sohin die Gegenkl. abgewiesen, so entfällt die Wirksamkeit des formell fortbestehd. Vorbehalts für die Zukunft; Unterschied zwischen allg. und konkr. Gegenkl. beachtl. Dringt der Erbe mit der Gegenkl. durch, so wird der Glb. bzgl. der GgKl. u. der ZwV kostenpfl.; § 93 ist insbes. beim Streit über Nachlaßzugehörigkeit e. Sache anwendbar; vgl. § 771. — Ein besonderes Nachverf., wodurch der Glb. wegen nachträgl. Eintritts der unbeschr. Hftg. die Beseitig. des Vorbeh. herbeiführen könnte, ist nicht vorgesehen (Gr. 43[603]); vgl. § 322.

§ 786. Die Bestimmungen des § 780 Abs. 1 und der §§ 781—785 finden auf die nach § 1489 des Bürgerlichen Gesetzbuchs eintretende beschränkte Haftung, die Bestimmungen des § 780 Abs. 1 und der §§ 781, 785 finden auf die nach den §§ 419, 1480, 1504, 2187 des Bürgerlichen Gesetzbuchs eintretende beschränkte Haftung entsprechende Anwendung.

BGB. § 419 (Vermögensübernahme; vgl. ZR. 06[25] bzgl. Anwesensübergabe); 2187 (Auflage an e. Vermächtnisnehmer); 1480, 1489, 1504 (fortges. allg. GG.; Teilg. des Gesamtguts). — Vgl. §§ 737 bis 739; GewO. 85, 91, 98, 100k 100m 100n; EZP. 15; GBGA.

60. — Die Vorschr. der §§ 782, 783, 784 sind auf die zweite Gruppe unanwendbar; hier erfolgt also alsbald Vollstreckgspfdg. (nicht bloßer Arrest) und bewirkt der Erschöpfgseinwand deren Aufhbg.

§ 787. Soll durch die Zwangsvollstreckung ein Recht an einem Grundstücke, das von dem bisherigen Eigentümer nach § 928 des Bürgerlichen Gesetzbuchs aufgegeben und von dem Aneignungsberechtigten noch nicht erworben worden ist, geltend gemacht werden, so hat das Vollstreckungsgericht auf Antrag einen Vertreter zu bestellen, dem bis zur Eintragung eines neuen Eigentümers die Wahrnehmung der sich aus dem Eigentum ergebenden Rechte und Verpflichtungen im Zwangsvollstreckungsverfahren obliegt.

Vgl. §§ 58, 764; ZVG. §§ 17, 162 hier unanwendbar. – Schiffe: ZZP. 29[242].

788 (697). I Die Kosten der Zwangsvollstreckung fallen, soweit sie notwendig waren (§ 91), dem Schuldner zur Last; sie sind zugleich mit dem zur Zwangsvollstreckung stehenden Anspruche beizutreiben.

II Die Kosten der Zwangsvollstreckung sind dem Schuldner zu erstatten, wenn das Urteil, aus welchem dieselbe erfolgt ist, aufgehoben wird.

Vgl. §§ 124, 805, 818, 867, 874; GewGG. 60; KfmGG. 16; SubhO. Art. 107 ff., 150; ZVG. §§ 10 ff., 44 ff., 75 ff., 109, 112 ff., 155; GebG. Art. 231; GKG. § 92; GVGO. § 20. — §§ 68 GVDV.; 77, 82, 197 GBGA.; 59, 97 ff. FinVV.; Art. 6, 8, 9, 17 ff. BRAGO. Schadensersatz: § 717 Note. — RBehelf: § 766; Beschränkg. der RMittel: §§ 99, 567 ff. — ArmenR. des Schld. hier belanglos. Streit W.: §§ 13, 16 GKG.; 10 RAGO. · Bestr., ob der Glb. aus § 81 GKG. vorschußpfl. u. der Schld. daneben als Zweitschld. haftbar (§ 92), oder nur § 89 GKG. anwendbar: vgl. § 91 Note; SA. 38[170] (§ 89); Bolze 21[735] (§ 92); JW. 91[215]. – Die VollstrGebühr des RA. ist mit Erteilg. des Auftrags an den GV. verdient (RAGO. § 14); keine nochmal. Gebühr für Fortsetzg. nach Stundg. Keine samtverbindl. Haftg. mehrerer Schld., RO. 3[95] 5[119]. - Abzug vom Erlös: §§ 124, 805.

Abs. 1. Die Kosten der ZwV. beginnen mit der Klauselerwirkung einschl. Beschaffg. der Hilfsurkd. (gem. M.) u. umfassen auch die Zustellg., sofern es zur ZwV. kommt. Ganggebühr der Partei: §§ 91, 758; Offenb.-Eid; §§ 899, 900. Zu den VollstrKosten rechnet § 77 GBGA. auch die Übersendgskst. der beigetr. Leistg.; Löschgskst.: RS. 1[580]; Auslösgskst.: § 809. — Keine VollstrK. sind die K. selbstdg. Einzugs-, Duldgs.-, Wsprproz. (JW. 93[561] S. 4[160] 10[239]); Abzug vom Erlös möglich. Kanzleikosten bei Bankdarlehen: GVBl. 02[699]; nicht hierher Gegenleistg. nach § 726 (bestr.) Kst. e. exek. Beurkdg. sind ohne ausdrückl. ziffermäßige Unterwerfg. nicht beitreibbar (Ausweg: Art. 50 ff. NotG.). — Erstattbar sind die K. der Beiziehg. e. RA., Auslagen für Sicherheitserlage u. -Rücknahme (SA. 42[56]), K. früherer erfolgloser Vollstr. (RO. 5[452]), zB. Abstand wegen Zahlg. (JW. 98[658]), Unentbehrl, nachträgl. Sicherheitsleistg. (vgl. § 10 GVGO.); nicht aber unzulässiger, ungeeigneter, chikanöser VollstrAkte (E. 22[169] JW. 99[41] Bl. 52[129]) oder Inkassogebühr (E. 11[364] 22[324] RO. 13[266]); Rechtsbehelf: § 766. Notwendg. Aufwdg. auf freigegeb. Pfänder muß jedermann erstatten (BGB. §§ 994 ff., 1216, 1226). Nicht zu den VollstrK. gehörige Aufwdg., insbes. Prozeßkosten (vgl. Bl. 70[468] ZR. 05[314]), Kst. selbstdg. Zwischenverf. (zB. § 766) sind nur auf grund Festsetzg. beitreibbar, RO. 11[100] 13[194]; wegen Kostenüberbürdg. auf den GVollz. vgl. §§ 102, 766.

— Gesonderte Beitreibg. statthaft, E. 49[398]; desgl. Beitreibg. neben Realexek. in der Hptſ. (E. 32[424], § 77 GVGA.) u. neben Frdgspfdg. (Aversum üblich; nicht für Prozeßkſt., S. 16[127]); ZwHyp.: § 867. — Die Prüfung der Belege obliegt dem VollstrOrgan (GVollz.), auch bzgl. der Anwaltskosten (JW. 97[323] S. 17[438]); RBehelf: § 766. Pfdg. hier auch für künftige Kosten; Spezifik. im Pfdgsprot. — Festſ. der bereits entſtand. VollstrKosten ist nicht verboten (gem. M., JW. 90[157] 99[41] S. 17[138]); mgls. Darlegung rechtl. Interesses treffen die FestſKosten. den Glb.; zuſtdg. ist das ProzeßG. (GewG., KfmG.), JW. 86[147] aM. RO. 13[193]; bei Beschlußtiteln das BeschlußG. (§ 766 Abſ. 1, 797, 900); bei exek. Urk. beſtr., ZR. 05[515]. Titel ist der Hptausspruch. — Abſ. 2 trifft auch die Aufhbg. rkr. Titel u. von Arresten (E. 22[169]), nicht aber Aufhbg. der vorl. Vollstreckb. allein (Mot. 417); Realisierung nach § 717 oder mit gesonderter Klage gg. den Glb. (nicht den Kostenempfänger). Verſchld. nicht nötig; auch die Kosten des Schld. sind zu erstatten.

§ 789 (698). Wird zum Zwecke der Vollstreckung das Einschreiten einer Behörde erforderlich, so hat das Gericht die Behörde um ihr Einschreiten zu ersuchen.

Zuſtdk.: § 764 (AG.); Ausnahme: § 791 (ProzG.); vgl. §§ 790, 911, 941; 15 EZP.; Art. 125 äF. AZP. (kein Erſ. bei Art. 9 ff. nF. oder ZwHyp.). — Der GVollz. kann das Erſ. nur vermitteln: polizeil. Hilfe (GVollz.), Militär (VollstrG.): § 758. — §§ 52 GVGA.; 45 FinVB. — Kosten: §§ 47, 80a GKG.; 23, 31 RAGO.

§ 790 (699). I Soll die Zwangsvollstreckung gegen eine dem aktiven Heere oder der aktiven Marine angehörende Person des Soldatenstandes in Kasernen und anderen militärischen Dienstgebäuden oder auf Kriegsfahrzeugen erfolgen, so hat auf Antrag des Gläubigers das Vollstreckungsgericht die zuständige Militärbehörde um die Zwangsvollstreckung zu ersuchen.

II Die gepfändeten Gegenstände sind einem von dem Gläubiger zu beauftragenden Gerichtsvollzieher zu übergeben.

Vgl. §§ 14, 764 (Garnisonort); StGB. 90, 370; MilStGB. 163; GVGA. 74. 145; FinVB. 47; Behördenverzeichnis: JMBl. 80[199] (Chef des Truppenteils, bei gemeinſ. Gebäud. Stadtkommand.). — Auch Offiziere hierher: Zustellg.: §§ 171, 201. — Handelsmarine: BöhmZ. 15[474] DJZ. 06[1083]. — Keine Ausdehng. auf sonstige Staats- u. Hofgebäude (vgl. § 758). Kosten: §§ 47, 80a GKG.; 23, 31 RAGO.; 5 GVGO.

Dienstgebäude: auch gemietet (JMBl. 74[91]), nicht Bürgerquartier. Wohnung im Dienstgebd. oder erfolgloser Pfdgsversuch außerhalb ist nicht vorausgesetzt; Anzeige nach § 752 hier entbehrl. — Das VollstrG prüft die Vorausſetzg. der ZwV. einschl. Zins- u. Kostenberechng. u. übermittelt den VollstrTitel der MilBehörde, die ihn mit den Pfandobjekten an den GVollz., bei Abstand an das VollstrG. zurückgibt. Anzeige von der Pfdg. an das VollstrG. behufs Aktenerledig., Verständig. des Glb. vom Pfdgsabstand sachgemäß. — Das PfandR. wird bereits durch die MilBehörde begründet (Pr. 384).

§ 791 (700). I Soll die Zwangsvollstreckung in einem ausländischen Staate erfolgen, dessen Behörden im Wege der Rechtshilfe die Urteile deutscher Gerichte vollstrecken, so hat auf Antrag des

Gläubigers das Prozeßgericht erster Instanz die zuständige Behörde des Auslandes um die Zwangsvollstreckung zu ersuchen.

II Kann die Vollstreckung durch einen Reichskonsul erfolgen, so ist das Ersuchen an diesen zu richten.

Vgl. §§ 199, 328, 722 ff., 829, 917. — Rechtshilfe: Egiaß Vollstrll.; Form des Ersuchens: Schreiben des Vorsitzd. auf grund Gerichtsbeschl. nach fak. mV.; RMittel: sof. Beschw. (§ 793). — Direkte Angehg. des ausld. G. durch den Glb. schließt das Ers. nicht aus. — Verträge: Art. 40 Rheinschiffahrtsakte (Niederlande): RBl. 69[1129]; Art. 18 Zusatzkonv. zum Frankf. Frieden (Elf.-Lothr.): RGBl. 72[20]; JFrÜ. Art. 56; JPRA. Art. 12, 17. Sonstige Verträge des Deutschen Reichs oder noch anwendbare Bayer. Jurisdiktionsverträge existieren nicht, JMBl. 87[292]; vgl. 71[339] (bestr.; vgl. § 722). — KonsGBezirke: KonsGG. § 46; JMBl. 87[288] (mit vollstr. Ausf.); deutsche Schutzgebiete: SchutzGG. §§ 3, 6; JMBl. 87[285] (ohne vollstr. Ausf.): vgl. ZentrBl. 00[576] RJBl. 02[283]. — Österreich: §§ 4, 79 ExekO. v. 27. Mai 1896 (Zustdg. LandesG.; Antrag sowohl durch ausld. G. als den Glb. stellbar, § 82 ExekO.); JMBl. 00[793] 01[41] 04[110] (Bosnien-Herzegowina, 05[3] (Zustellg.); vgl. SA. 37[73] Bl. 62[65 251] 66[90]. — In Schweden, Norwegen, Rußland unzulässig: JMBl. 78[106] 83[252]. — Rückerlangung defraud. Gelder im Ausland: JMBl. 92[52]; Entführter in England: JMBl. 05[652]. — Kosten: §§ 35, 39 GKG.; 23 RAGO.

§ 792. Bedarf der Gläubiger zum Zwecke der Zwangsvollstreckung eines Erbscheins oder einer anderen Urkunde, die dem Schuldner auf Antrag von einer Behörde, einem Beamten oder einem Notar zu erteilen ist, so kann er die Erteilung an Stelle des Schuldners verlangen.

Vgl. §§ 299, 432, 727, 830, 864, 866, 894 ff., 903; BGB. 402; FGG. 100; GBO. §§ 14, 29, 33, 40; GBDA. 124; ZVG. 17; NachlO. 51, 63 mit JMBl. 05[563]; kein neurechtl. Erbschein in altrechtl. Verlassenschaft., Bl. 66[329] ZR. 06[445]. — Kosten: § 788.

Zustdk. des GSchr. u. sonstiger Behörden, RBehelf des Glb. wie bei Anträgen des Schld. oder dessen Erben. — Abgabe etwa erforderl. eidesst. Vers. (ZJP. 34[512]), Zahlg. von Gebührenrückstd. (zB. Art. 98, 288 GebG., 55 NotG.), Nachweis des VollstrR. obliegt dem Glb. (ZR. 06[11]). Beisp.: notar. Erwerbsurkd., Eheverträge (zB. zwecks paul. Anf.), Erbscheine, OffenbProt., Gewerbeanmeldg. (GVBl. 00[26]).

§ 793 (701). Gegen Entscheidungen, welche im Zwangsvollstreckungsverfahren ohne vorgängige mündliche Verhandlung erfolgen können, findet sofortige Beschwerde statt.

Unanfechtb.: §§ 99, 576, 577, 707, 718, 766, 769 bis 771, 719, 878; vgl. AGSchrG. 1; ZVG. 96 ff. mit S. 12[418]; Beschwerdebeschrkg.: §§ 567 ff.; Vollzug: § 794 Nr. 3; weitere Beschw. (stets sof.): § 568 f.; Rechtskraft u. Wiederholg.: § 322.

Nicht hierher VollstrAkte (zB. Pfdgsbeschl., Haftbefehl); hiergegen ausschließl. Einwdg., E. 16[320] 25[335] 54[348]; wegen ZwHyp. vgl. § 866. — Ebensowenig hierher Vorbereitungsakte zur ZwV (insbes. RKr.-Zeugnis-, Klauselerteilg.), E. 42[421] (VZS.; bestr.) Hypothekenamtl. Klauseln: S. 14[707]; Arrestabwsg. (einf. B.): E. 16[367]; Einstellg. durch eB. statt eA. (Wspr.): JW. 99[44]. Beschw. e. Dritten: JW. 90[275].

***§ 794** (702). I Die Zwangsvollstreckung findet ferner statt:

1. aus Vergleichen, welche nach Erhebung der Klage zwischen den Parteien oder zwischen einer Partei und einem Dritten zur

Beilegung des Rechtsstreits seinem ganzen Umfange nach oder in Betreff eines Teils des Streitgegenstandes vor einem deutschen Gericht abgeschlossen sind;

2. aus Vergleichen, welche im Falle des § 510 vor dem Amtsgericht abgeschlossen sind;
3. aus Entscheidungen, gegen welche das Rechtsmittel der Beschwerde stattfindet;
4. aus Vollstreckungsbefehlen;
5. aus Urkunden, welche von einem deutschen Gericht oder von einem deutschen Notar innerhalb der Grenzen seiner Amtsbefugnisse in der vorgeschriebenen Form aufgenommen sind, sofern die Urkunde über einen Anspruch errichtet ist, welcher die Zahlung einer bestimmten Geldsumme oder die Leistung einer bestimmten Quantität anderer vertretbarer Sachen oder Wertpapiere zum Gegenstande hat, und der Schuldner sich in der Urkunde der sofortigen Zwangsvollstreckung unterworfen hat. Als ein Anspruch, welcher die Zahlung einer Geldsumme zum Gegenstande hat, gilt auch der Anspruch aus einer Hypothek, einer Grundschuld oder einer Rentenschuld.

II Soweit nach den Vorschriften der §§ 737, 739, 743, des § 745 Abs. 2 und des § 748 Abs. 2 die Verurteilung eines Beteiligten zur Duldung der Zwangsvollstreckung erforderlich ist, wird sie dadurch ersetzt, daß der Beteiligte in einer nach Abs. 1 Nr. 5 aufgenommenen Urkunde die sofortige Zwangsvollstreckung in die seinem Rechte unterworfenen Gegenstände bewilligt.

Weitere reichsgesetzl. VollstrTitel: Arreste, einstw. Verf., einstw. Anordn.; Strafurt. (Vermögensstrafen, Bußen), Beschl. auf Sicherheitsverfall, Beschlagn., Einziehg., Kostenfestf. (§§ 122, 325 ff., 443, 495 ff. StPO. mit 140 StGB.); Entscheidg. u. Vergl. der GewG., KfmG. (GewGG. §§ 57, 78; KimGG. §§ 16, 19); Auseinandersetzgspläne (nicht gewöhnl. Erbteilg.), Dispachen (§§ 98, 158 FGG.; Art. 36 ÜG.; 113 ff. NachlO.); Geldstrafen, Kosten nach §§ 94, 97 RAO.; Konkurseröffnungsbeschl., Tabellenauszüge u. Zwangsvergl. (KO. §§ 117, 164, 194, 206; AGSchrG. § 116; Ausfall: JR. 05[173]); Patentamtsentschdg. (§ 32 PatG.). — Vgl. §§ 155 VZollG.; 25 RPostG.; 131 SeemannsO.; 16 PreßG.; 143 RBeamtG.; 62, 109, 113 ff., 129 GenG.; 89, 91 b, 100 c GewO.; 58 RAO.; 93, 108, 132 ZVG. mit E. 46[306]; 83 FGG. mit Art. 131 AVG.; §§ 29 NachlO.; 52 PrVersG.; §§ 44 ff., 116 ff. AGSchrG.; 52, 61, 208 ff. GVGA.; 424, 426 GVDA.; 186 NotGeschO. — Bestr., ob nach § 495 StPO. sämtl. Voraussetzg. der ZPO. zu erfüllen sind, insbes. bzgl. Ausfertig. u. Zustellg.; bejahend E. 1[233] 25[364]; dagegen GVGA. §§ 208 ff. Vgl. auch Art. 178 bis 185 ForstG.; 15, 17 FeldschdG.; 92 AStP. mit § 801; 42 SubhNov. — Nicht vollstreckbar sind AdmProt. nach Art. 55 AZP. u. Val. nach Art. 12 AZP.; Urk. vor 1. Okt. 1879; § 22 EZP.; ausld. Urk.; § 52[18] GVGA. mit § 328. — Kosten: § 797 Note.

Abs. 1. Nr. 1. Vgl. § 296; Verlesg. u. Übergabe z. Prot. genügt, JW. 98[608]. — Klagerhebg.: auch Zahlbefehlzustellg.; bestr., ob Arrestwspr. (SA. 55[124]) oder Privatklagevergl. hinsichtl. Buße u. Kosten hierher (vgl. Bl. 64[122] EB. 13[209]); gem. M. dagegen; doch läßt sich solche Vollstreckb. neben Einstellg. des Verf. wohl denken. — Abschluß vor jedem deutschen G. (nicht nur dem ProzG.), auch KonsularG. genügt; bzgl. SonderG.,

VerwG. bestr. (verneinend § 52 GVGA.; vgl. E. 21[348]). Bestr., ob für den Dritten Anwaltszwang besteht; jedenfalls kein „Prozeßbeitritt" mehr forderbar. Vollstreckb. auch für den Dritten: JW. 96[199] ZR. 05[344]. — Vergl. vor Klagerhebg. sind nur nach Nr. 2 oder 5 (Unterwerfg.) vollstreckb. — **Nr. 2.** Auch hier ist e. Dritter zuziehbar (bestr.). — **Nr. 3.** ZB. Kostenurt. nach § 99, Kostenfestf., Einwdg. nach § 766, Kostenauflagen gg. ungehorf. Zeugen, Abwsg. des GSchr. mit Kostenauflage (zB. § 730). Abstrakte Zulässigkeit der einf. Beschw. genügt, E. 23[387]; Suspensiveffekt: § 572. — **Nr. 5.** Vgl. § 592. — „Sof. ZwV.": auch wenn alternat. oder vom Eintritt e. Kalendertags oder e. aufschiebd. Beding. abhängig, zB. Zug um Zug (S. 13[149] DNotZ. 99[145 156]); Abzahlgsvergl.: VZ. 06[154]; Drittgenehmig.: NS. 6[529]; Widerruf: Bl. 70[140] RO. 11[107]. — Zustdk. u. Kosten, insbes. bei unehel Unterhaltsabkommen: §§ 167, 184, 189, 191 FGG.; Art. 141 EBG.; 15 AGB.; 1 NotG.; §§ 9, 51 VormO.; Art. 92, 168, 173 GebG.; 28, 68 NotGebO.; vgl. §§ 16 KonsG.; 7 KonsGG.; 2 SchutzGG.; ZR. 05[234 397] 06[79 458] Bl. 71[655]; altrechtl. Alimentenvgl. der VormG. sind nicht vollstreckb., Bl. 58[385]; aM. Bl. 59[241]. — Unterschriftsbegl. allein reicht nicht, wohl aber Beilegung gemäß § 176 Abs. 2 FGG., EF. 6[16]. — Angabe des Schuldgrunds, Mitwirkung des Glb. nicht vorgeschrieben (DNotZ. 79[365] 99[143] Bl. 69[332]); Unterwerfg. ausdrücklich u. förml. im Text (S. 14[125]), auch Nachtrag (BNotZ. 05[44]). Künftige Frdg., Maximalhyp. genügt nicht (NS. 2[574]), wohl aber Verzugszins (Bl. 70[746]). Keine Ausdehng. auf Räumg, Bewillig., Duldg. (außer Abs. 2); Beschränkg der Unterwerfg. auf bestimmte Sachen oder VollstrMittel zulässig, Gr. 31[316]. — Klage trotz vollstr. Urk. statthaft (§ 733), aber auf Kosten des Glb. (§ 93), soferne nicht e. rechtl. Interesse vorhanden, zB. Abschneiden von Einr. (E. 16[434] 35[339] 46[306]; vgl. NS. 5[478 489]). — Die Unterwerfg. fällt mit wirks. Anf. des Hauptgeschäfts, E. 58[388]. **Abs. 2.** Auf Geldzahlg. oder Leistg. vertretb. Sachen nicht beschränkt (bestr.) — Die Duldungsurkd ist formell e. selbstdg. VollstrTitel (§ 797 Abs. 2); „Duldg." sakral (aM. BNotZ 05[46]). Der Leistgstitel kann e. Urteil oder sonstige vollstreckb. Urkd. sein.

§ 795 (703). Auf die Zwangsvollstreckung aus den in dem vorstehenden Paragraphen erwähnten Schuldtiteln finden die Bestimmungen der §§ 724 bis 793 entsprechende Anwendung, soweit nicht in den §§ 796 bis 800 abweichende Vorschriften enthalten sind.

Vgl. § 44 AGSchrG. — VollstrBefehle: § 796; exek. Urk. (einschl. Vergleich): § 797; VollstrFrist: § 798 (Kostenfests. u. exek. Urk.); Rechtsnachf. bei dingl. Belastg.: §§ 799, 800. — Beachtlich die Anwendbarkeit der §§ 735 bis 749; insbes. Beerbung des urspr. Schld. durch e. Ehefrau. Keine Klausel gg. Sondernachf. in die Schuld (Ausnahme: § 800). — Bestr., ob für die Ggtl. bei Beschlüssen Abs. 2 des § 767 gilt und ob daneben Beschw. wahlweise zulässig (vgl. Note zu § 104). — Bewillig. des AR. und der öff. Zustellg. mangels ProzG durch das im § 797 Abs. 3 bezeichnete AG.; Abs. 5 nicht anwendbar (bestr.; vgl. DJZ. 06[530] Bl. 63[31]). — Verständlichkeit der Klausel im Zusammenhalt mit der Urkd.: VZ. 95[64] NS. 1[447] BNotZ. 99[159]. — Anhängigk.: Aufnahme der Urk. (Mot. 4[299]). — Kosten: §§ 47, 80a, 26, 38, 39 GKG.; 23, 24, 35 RAGO.; vgl. JW. 99[97].

*__§ 796__ (704). [1] Vollstreckungsbefehle bedürfen der Vollstreckungsklausel nur, wenn die Zwangsvollstreckung für einen anderen als den in dem Befehle bezeichneten Gläubiger oder gegen einen anderen als den in dem Befehle bezeichneten Schuldner erfolgen soll.

II Einwendungen, welche den Anspruch selbst betreffen, sind nur insoweit zulässig, als die Gründe, auf denen sie beruhen, nach Zustellung des Vollstreckungsbefehls entstanden sind.

III Für Klagen auf Erteilung der Vollstreckungsklausel, sowie für Klagen, durch welche die den Anspruch selbst betreffenden Einwendungen geltend gemacht werden oder der bei der Erteilung der Vollstreckungsklausel als bewiesen angenommene Eintritt der Voraussetzung für die Erteilung der Vollstreckungsklausel bestritten wird, ist das Amtsgericht zuständig, welches den Vollstreckungsbefehl erlassen hat. Gehört der Anspruch nicht vor die Amtsgerichte, so sind die Klagen bei dem zuständigen Landgerichte zu erheben.

Vgl. §§ 699 ff.; AGSchrG. 45; GBGA. 53. — Kosten: §§ 26, 38, 39, 47, 80a GKG.; 20, 24, 35 RAGO.

Abs. 2. Der Einspr. ist für früher entstandene Einwendg. ausschließl., für spätere wahlweise zulässig; formale Rügen nicht hierher, Bl. 57[81]; vgl § 767. — **Abs. 3.** Zustdg.: örtl. vorgesetztes LG. (Mot. 420); vgl. JZP. 27[182].

§ 797 (705). I Die vollstreckbare Ausfertigung gerichtlicher Urkunden wird von dem Gerichtsschreiber des Gerichts erteilt, welches die Urkunde aufgenommen hat.

II Die vollstreckbare Ausfertigung notarieller Urkunden wird von dem Notar erteilt, welcher die Urkunde verwahrt. Befindet sich die Urkunde in der Verwahrung einer Behörde, so hat diese die vollstreckbare Ausfertigung zu erteilen.

III Die Entscheidung über Einwendungen, welche die Zulässigkeit der Vollstreckungsklausel betreffen, sowie die Entscheidung über Erteilung einer weiteren vollstreckbaren Ausfertigung erfolgt bei gerichtlichen Urkunden von dem im ersten Absatze bezeichneten Gerichte, bei notariellen Urkunden von dem Amtsgerichte, in dessen Bezirke der im zweiten Absatze bezeichnete Notar oder die daselbst bezeichnete Behörde den Amtssitz hat.

IV Auf die Geltendmachung von Einwendungen, welche den Anspruch selbst betreffen, findet die beschränkende Vorschrift des § 767 Abs. 2 keine Anwendung.

V Für Klagen auf Erteilung der Vollstreckungsklausel, sowie für Klagen, durch welche die den Anspruch selbst betreffenden Einwendungen geltend gemacht werden oder der bei der Erteilung der Vollstreckungsklausel als bewiesen angenommene Eintritt der Voraussetzung für die Erteilung der Vollstreckungsklausel bestritten wird, ist das Gericht, bei welchem der Schuldner im Deutschen Reiche seinen allgemeinen Gerichtsstand hat, und in Ermangelung eines solchen das Gericht zuständig, bei welchem in Gemäßheit des § 23 gegen den Schuldner Klage erhoben werden kann.

§§ 36 (E. 45[311]); BGB. 218; FGG. 98, 99, 182, 184, 200; AZP. Art. 221; NotG. Art. 44, 45, 47, 57 ff., 119 (Sammelarchive), 136; NotGeschO. §§ 179 ff.; VormO. §§ 9, 52; NachlO. § 139; GBGA. §§ 52 ff.; JMBl. 80[111] 02[962]; wegen der ält. Praxis zu Art. 80 NotG. vgl. Enderlein S. 296 ff.; BNotZ. 91[117] 99[142]; Amtsnachfolger: BNotZ. 03[2]. — Kosten: §§ 38, 39, 47, 80a GKG.; 24, 25, 35 (nicht 20) RAGO.; Art. 39, 173 GebG. mit NS. 7[123]; 24, 66, 68 NotGebO.

Abs. 1. Gerichtl. Urk. sind auch Vergl., E. 21[346] 35[398] 37[420] JW. 04[71]; wichtig für Zustdk. zur Klauselerteilg u. Gegenkl. — „Aufgenommen": wenn auch von e. ers. R., da dieser den Vergleichsabschluß selbstdg. beurkundet u. das Prot. nicht in Urschrift abzugeben braucht (so NS. 3[565]; gem. M. dagegen; vgl. E. 21[348] NS. 6[655]). — **Abs. 2.** Der Notar erteilt auch die dem Vorsitzd. vorbehlt. Ausf. (ausgen. nach Abs. 3 die weitere Ausf.) selbstdg. (E. 50[305] JW. 89[526]); beim GSchr. nach Abs. 1 bestr. (bei der Beurkdg. mangelt es am „Vorsitz"; aM. § 53 AGSchrG.). — Ersichtlichkeit des Klauselumfangs: Bl. 65[524] R. 06[1263]. — Beschw. des Glb. wegen Weigerg. des Notars gehört zur Zivilkammer des LandG. (Art. 45, 44, 60, 62 NotG.; JW. 95[520] S. 16[78]). — Satz 2 trifft nur notar. Urk., zB. Zwangsversteigergsprot.; auf GBAmt nicht ausdehnbar, R. 01[265]. — **Abs. 3.** Die Entschdg. des AmtsG. ist beschwerdefäh. u. für den Notar bindend (arg v. „Anordng." statt „Entschdg." im § 733); bestr. — Einwdg. zum AG. auch, wenn die Erteilg. der vollstr. Ausf. vom BOLG. angeordnet (Art. 60 NotG.; aM. NS. 7[161]); dritte BeschwInstanz nach Abs. 3 ist OLG. — **Abs. 4.** Abs. 3 des § 767 ist anwendbar. — **Abs. 5.** Entstehungszeit der Einwendg. gleichgültig (zB. Simulation, Geisteskrankh., Betrug): E. 21[349] 39[202] JW. 05[137]; beim Zwangsvergl. keine Anf. wegen Irrtums, E. 56[40]. Paul. Anf.: BlEB. 4[146]. — Keine Passivlegitim. des Notars für die Klauselklage, JW. 89[527]; keine Beschränkg. der Beweismittel. — Sachl. Zustdk.: §§ 23 Nr. 1 (nicht 2), 70 GVG.; vgl. § 800 mit SA. 44[148]. GewG., KfmG.: ZZP. 36[154].

§ 798. Aus Kostenfestsetzungsbeschlüssen und aus den nach § 794 Nr. 5 aufgenommenen Urkunden darf die Zwangsvollstreckung nur beginnen, wenn der Schuldtitel mindestens einen Tag vorher zugestellt ist.

Vgl. §§ 195 Abs. 3, 197, 751; GewGG. 57; KfmGG. 16; GBGA. 64. — Fristberechng.: § 222; nicht: „am Tage vorher" (SA. 58[202]); aus Zustellg. vom Samstag kann am Montag vollstreckt w., BZ. 05[117].

Gilt für alle Arten der ZwV., auch für ZwHyp.; Verletzgsfolge: verzichtb. Unwirksamkeit, RO. 13[195]; RBehelf: § 766. — Anwendbar auch auf Fälligkeit zu bestimmter Tagesstunde (Zwischenraum e. voller Kalendertag) und Duldgsurkd.; nicht aber auf die Hilfsurkd. (bestr.), auf urteilsmäßige Kostenfests. (§ 103), Vergl., VollstrBef., Zeugenstrafen oder landesrechtl. Titel. Bei HypUrk. wegen Art. 136 AZP. bestr.; § 64 GBGA. u. aut JME. v. 9. Nov. 1901 Nr. 44335 gg. die Anwendg.

§ 799. Hat sich der Eigentümer eines mit einer Hypothek, einer Grundschuld oder einer Rentenschuld belasteten Grundstücks in einer nach § 794 Nr. 5 aufgenommenen Urkunde der sofortigen Zwangsvollstreckung unterworfen und ist dem Rechtsnachfolger des Gläubigers eine vollstreckbare Ausfertigung erteilt, so ist die Zustellung der die Rechtsnachfolge nachweisenden öffentlichen oder öffentlich beglaubigten Urkunde nicht erforderlich, wenn der Rechtsnachfolger als Gläubiger im Grundbuch eingetragen ist.

Vgl. Prot. BGB. 5 718 797; § 55 GBO. nF. mit §§ 56 ff. GBDA. (JMBl. 05 829); Art. 134 AZP.; §§ 157 HypG.; 62, 65 GBGA.; passive RNachf.: § 800. — Auf die rein persönl. Haftg. nicht ausdehnbar (bestr.); an der Nachweispflicht gg. den GSchr. (Notar) ist nichts geändert (§ 730). — Keine Klausel durch GBAmt.

§ 800. I Der Eigentümer kann sich in einer nach § 794 Nr. 5 aufgenommenen Urkunde in Ansehung einer Hypothek, einer Grundschuld oder einer Rentenschuld der sofortigen Zwangsvollstreckung in der Weise unterwerfen, daß die Zwangsvollstreckung aus der Urkunde gegen den jeweiligen Eigentümer des Grundstücks zulässig sein soll. Die Unterwerfung bedarf in diesem Falle der Eintragung in das Grundbuch.

II Bei der Zwangsvollstreckung gegen einen späteren Eigentümer, der im Grundbuch eingetragen ist, bedarf es nicht der Zustellung der den Erwerb des Eigentums nachweisenden öffentlichen oder öffentlich beglaubigten Urkunde.

III Ist die sofortige Zwangsvollstreckung gegen den jeweiligen Eigentümer zulässig, so ist für die im § 797 Abs. 5 bezeichneten Klagen das Gericht zuständig, in dessen Bezirke das Grundstück belegen ist.

Vgl. §§ 24, 799; Art. 23 SubhO., 128, 129 AZP.; ZVG. § 26; GBDA. § 401; GBGA. §§ 62, 65; Prot. BGB. 5 718 797. — Bloße Bezugn. auf die Eintragsbewillig. unzureichend (Abs. 1 Satz 2); Eintragsform: EF. 3 94 131 4 270 RO. 6 476 7 354 — Unterwerfg. schon vor GBAnlg. statthaft, ZR. 05 374; enthält e. Verfügung über das Grundstück: Bl. 68 528 RO. 12 349 (§ 1821 BGB.). — Einseit. Antrag des Glb. beim GBAmt genügt, RS. 4 150 6 401 R. 5 37. Unanwendbar vor Eintrag im GB. (BNotZ. 05 24), vor Auszahlg. der Valuta (R. 05 150); auf Höchstbetragshyp. (RS. 2 574 EF. 2 202; vgl. RO. 13 196), Privatversteigerg. (RS. 3 681), oder rein persönl. Haftg. — Verhältnis zu § 742: BNotZ. 05 48; zur beschrkt. Erbenhaftg.: BNotZ. 05 54. — Abs. 3 gilt schon für Kl. des ersten Schld. (bestr.).

§ 801 (706). Die Landesgesetzgebung ist nicht gehindert, auf Grund anderer als der in den §§ 704, 794 bezeichneten Schuldtitel die gerichtliche Zwangsvollstreckung zuzulassen und insoweit abweichende Vorschriften von den Bestimmungen dieses Gesetzes über die Zwangsvollstreckung zu treffen.

Unzulässigkeit des Rechtswegs: § 274; Einstellg. der ZwV.: BGH. 24 7; ZwV. gg. den Fiskus: EZP. § 15; Schutzgebiete: RGBl. 05 717. — Vgl. §§ 18 (Vertretung), 704; ferner §§ 41 AGSchrG.; 52, 205 bis 210 GBGA.; 13, 58 FinVV.; 3, 22 EZP.; Art. VIII EAZP. — Wegen der landesgesl. Gebühren vgl. §§ 21, 166.

Diese landesgesetzl. VollstrTitel können der streit. oder freiw. RPfl. oder der Verwltg. angehören; sie sind örtlich nur im Geltungsbereich des sie begründ. Landesgesetzes wirksam (zB. gilt Art. 127 AZP. äF. nur im rechtsrh. Bayern); vgl. Mot. 421, E. 6 230 35 380. Darüber hinaus ist ZwV. nur im Wege der Rechtshilfe (aber nicht nach dem RhilfeG. v. 1869) möglich. Beachtlich der Unterschied von den exek. Urk. des § 794 Nr. 5, deren Vollstreckgsfähk. auf Reichsrecht beruht (EZP. § 22). — Die *adm.* ZwV. fällt im Gegensatz zu der hier behandelten aus landesgesetzl. Titeln zugelassenen *gerichtl.* ZwV. an sich nicht unter die ZPO. (vgl. Krais HB. 1[86] 2[20]). Art. 7 AZP. erklärt aber, wenn es sich bei Geldleistg. um Anwdg. e. in der ZPO. vorgesehenen Zwangsmittels (Bl. 66[340]) handelt, die ZPO. für anwendbar; hierbei gilt deren jetzige Fassung (§ 1 ErmächtG.) u. ist statt „Deutsches Reich, Inland" Bayern zu verstehen; vgl. §§ 23, 828. VollstrOrgan für Pfdg.: GVollz. wahlweise neben dem Amtsboten; örtl. Zustdk. für Einwendg. (Art. 7 AZP.) analog § 797. — **Einzelnes.** Hierher altrechtl. *Hypothekenbriefe* ohne ZwVUnterwerfg. nicht nur bzgl. der Geldleistg., sondern bei entspr. Erkl. des Ehemanns auch bzgl. Duldung nach §§ 739 ff. sowohl gg. den ursprüngl. Besteller u. dessen RNachf. (ZR. 06[24 427]) als gg. den Drittbesitzer u. in das persönl. Vermögen (Art. 127 ff. AZP., 166 ABG., VIII EAZP., § 1 ErmächtG., §§ 52, 54 GBGA.; JMBl. 80[110] 96[118] NS. 1[447] DNotZ. 79[365] BNotZ. 91[133]). Teilwj. Nichtvollzug unschädlich; Löschg. zerstört die Vollstreckb., S. 14[152] ZR. 05[307]; unifiz. Hyp., Ändrg. v. Zins- u. Zahlgsbestimmg.: NS. 7[123 164]. Bei Anwendg. des AZP. ist der Unterschied zwischen Erteilg. e. Ausf. u. e. Klausel, die wahlwj. Zustdk. des HypAmts u. die Besonderheit der Art. 132, 133 gegenüber § 733 beachtlich. Vollstr. nach Anleg. des GB.: BNotZ. 05[40] ZR. 05[307]. — *Ewiggeldbriefe* (ohne Klausel vollstrb.): Art. 139 AZP. — Neurechtl. HypBriefe sind keine VollstrTitel; ZwV. nur aus der persönl. Schuldurk. nach § 794 Nr. 5 (§§ 58 GBO.; 100, 484 ff., 572, 575 GBDA.); mgls. solcher UrkProz. oder Mahnverf. — Ferner hierher *Räumungsbefehle* (Art. 78, 131, 182 SubhO.; 208 AZP. mit BNotZ. 91[148]; vgl. jetzt § 93 ZVG.) u. *Erhebungsanweisg.* (Art. 121, 155, 182 SubhO.; 53, 54, 208, 209 AZP. äF.; S. 10[196] Bl. 48[409] E. 46[306]: vgl. jetzt §§ 61, 81, 85, 132 ZVG.); *Ordnungsstrafen* gg. ZwVerwalter (Art. 142 SubhO., § 153 ZVG.); *Notariatsurk.* nach Art. 220 AZP.; *Notariatsgebührenfestsetzg.* (Art. 50 ff., 137 NotG.; Bl. 70[55]); *Kostenbeschl. der Notare* nach Art. 104 ABG., 4 ff. NachlG.; *Zwangsbeschl. u. Kostenfests.* der Gerichte in der freiw. Gerichtsb. (Art. 130, 133 ABG., 20 AGBO.; §§ 85 NachlO., 492 GBDA.; 201 GBGA., 6 BGBGO.); *Disziplinargeldstrafen* gg. Richter, Notare u. s. w. (Art. 58 RDiszG.; 82 NotG.; 114 AStP.; 73, 74 AGB.; § 210 GBGA.). — Endlich fallen hierunter die *Ausstandsverzeichnisse* der Finanzämter u. ihnen gleichgestellten Gemeinde- u. Stiftungsverwltg., sowie die sonstige gerichtl. ZwV. aus *AdministrTiteln* nach Art. 4 bis 8 AZP., 46 BGHG, Vdg. v. 14. Juli 1879 (GVBl. 703), FinMB. v. 27. Dezbr. 1899 (FinMBl. 355), § 205 GBGA. Vgl. dazu Art 231, 247, 287 GebG.; 12 ff. KAB. (Bl. 64[174 225 525]); Art. 10 AZP.; 40 (ZR. 05[132]), 48, 54, 57, 99, 101, 130, 143, 145 GmdO. (AdmBl. 32[236]); 16, 20 PolStGB.; 6, 18, 32 ArmG.; § 23 Ziff. II LTAbsch. v. 28. Mai 1892 (betr. Kirchenverwltg.); Art. 69 BrandVG.; 18 HagelVG.; 10 PferdeVG.; 10 ViehVG.; 40, 44 FlurbG.; 14 LKulturRG.; 33 DistrRG.; 7 ZuchtstierG.; 25 AbmarkG.; 49, 64, 77, 79 WasserBenG.; 27 UferschutzG.; 17 GrundentlG. v. 28. April 1872; 23a, 24 GrundlastenablG. v. 2. Feb. 1898 u. 10. Aug. 1904; BesitzVGG. v. 15. Juni 1898 mit JMBl. 98[200]; Art. 148, 212 BergG.; 39 BErbStG.; 48 MalzaufschlagG.; 92 AStP.; § 28 GBO.; ferner §§ 8, 10, 27, 108 VZollG. (Zollkartell: FinBl. 11[294]); 25 RPostG.; 59, 77 GewGG.; 16, 19 KfmGG.; 103, 153 GewUVG.; 55 KrVG.; Art. 12 AG. z.

LuFllBG.; §§ 168 JnvBG.; 73, 79 RStempelG.; 45 RErbStG. mit GVBl. 06[516]; 13, 21 SchiedsGV.; 35, 41, 48 RVersAGG.; 25, 26 AusfVdg. z. PrVersG. (RGBl. 01[498]); 20 RSchuldBG.; Nr. 5 AusfBest. z. Telegr.-WegeG. (RGBl. 00[10]); ReblausG. § 8 mit AG. Art. 5, 6. — Beitreibg. v. Ersatzanspr. des Militärärars: JMBl. 84[212]; milit. Geldstrafen: MStGO. § 462; Kreisumlagen: FinMBl. 79[452]; Messungsgebühren: FinBl. 70[89]; Bescheide des Oberst. Rechnungshofs: RBl. 26[187 772]; VollstrR. der Exped.- u. Taxämter: Art. 287 GebG., 12 KAB. Holzgelder sind nach gem. M. durch Ausstandsverz. beitreibbar, Bl. 66[59 340]. — Zahlbefehle in Fideikommißsachen: Becher LCR. 1[942]. — Nach FinBB. §§ 13, 58 (vgl. RBl. 61[393] S. 12[101]) soll außer den Fällen der RNachf. (§§ 727 ff., 738, 742) gegen dritte Personen keine Klausel erteilt werden, zB. keine Duldungsklsl. gg. den Ehemann oder (FinBl. 9[75]) Klausel gg. Bürgen (vgl. E. 40[293]); solchenfalls Klage geboten (NS. 2[729] Bl. 67[398] FinBl. 11[65] 13[123]; aM. Bl. 67[398] 69[351]). — Bestr. bei landesrechtl. ZwB. kraft Reichsrechts, zB. KrBG. § 55, ob die Gemeindebehörde nur die Klausel erteilt oder auch in eigenem Namen die Beitreibung betätigt (wichtig bei Überweisg., Einwdg. u. Wsprkl.); vgl. JnnMBl. 86[34] BZ. 89[54] DJZ. 04[738] RO. 11[184] (gem. M. für ersteres). — Wird die Rechtshilfe von Finanzamt z. FinAmt geleistet (§ 99 GKG.; BRAnwsg. v. 23. April 1880: EinzBeistG. v. 9. Juni 1895), so müssen die inländ. Einzugsformalien beobachtet werden u. ist formell der Bayer. Staat Gläubiger (JMBl. 71[217]); das Ausstandsverz. für Umlagen fertigt die Gmd. — Dem VollstrG. muß (zB. zur Frdrgspfdg.) e. Urschrift des Ausstandsverz. (wenn auch Duplikat) mit e. legalen Zustellurk. eingereicht werden; bloßes Ersuchen genügt nicht (anders § 143 RBeamtG.).

§ 802 (707). Die in diesem Buche angeordneten Gerichtsstände sind ausschließliche.

Vgl. §§ 36, 528. — Sachl. Zustdgk. nach dem Streitwert nicht ausschließl.: zB. Prorog. zwischen AG. u. LG. bei Wsprkl. aus § 771 zulässig. Die Zustdgk. nach §§ 766, 767 ist sachl. u. örtl. gemischt, also ausschließl.

Zweiter Abschnitt.

Zwangsvollstreckung wegen Geldforderungen.

Erster Titel.

Zwangsvollstreckung in das bewegliche Vermögen.

I. Allgemeine Bestimmungen.

§ 803 (708). I Die Zwangsvollstreckung in das bewegliche Vermögen erfolgt durch Pfändung. Sie darf nicht weiter ausgedehnt werden, als zur Befriedigung des Gläubigers und zur Deckung der Kosten der Zwangsvollstreckung erforderlich ist.

II Die Pfändung hat zu unterbleiben, wenn sich von der Verwertung der zu pfändenden Gegenstände ein Überschuß über die Kosten der Zwangsvollstreckung nicht erwarten läßt.

Vgl. §§ 1230 BGB.; 176 ZVG.; Art. 5 EubhE.; §§ 71, 89, 94, 96 GVGA.; 60, 75 FinVV. — RBehelf: § 766 JW. 93[328] Bl. 64[193]. — Kosten: §§ 13 GKG.; 10 RAGO.; 4 GVGO.; 92 GVGA.; 64 GVDV.; vgl. § 788 Note.

Abs. 1. Geldfrdrg.: Summenschuld (Gegens. Sorten- oder Speziesschuld; §§ 883 ff.), in Reichswährg. wenigstens umrechenbar (§ 244 BGB.). Hierher auch Urt. auf Leistg. e. Barsicherheit, Befreiung durch Zahlg. sowie überhaupt z. Handen e. Dritten (zB. auch e. Hinterlegungsstelle), E. 47[125] RO. 1[44] 11[188] JZP. 23[186] 35[229] BZ. 06[149]; aM. SA. 48[233] ZR. 06[86]; anders bei Kaution oder Befreiung schlechthin (§ 887). — Wahlurteile: §§ 264 BGB.; 375 HGB.; 58 GVGA.; E. 27[384] 39[189] 53[82] S. 14[177]; Frist: § 255; RBehelf: § 767; vgl. BZ. 05[203] (Annahme von Abzahlgsraten). Wahl des Glb. durch Erkl. des GVollz., des Schld. durch Erkl. an GVollz. — „Event., vorsorgl." Verurteilg. sind zu vermeiden; richtig handelt es sich dabei entweder um Wahl des Schld. oder die Beding. erfolgloser ZwV. (§§ 253, 726, 893). — Bewegl. V.: was nicht unbeweglich ist (§§ 864; BGB. 93; EBG. Art. 181 ff.); bei allg. Vollstr.-Aufträgen im Zweifel Mobiliarpfdg. (GVGA. § 89). — Sachen ohne Versteigergswert, zB. Beweisurk., LegitimPapiere, Wandergewerbescheine (§ 60d GewO.), Studienzeugnisse (§ 38 UnivSatzg. v. 22. Febr. 1891, KultMBl. 73) sind nicht pfändbar, wohl aber retinierbar (E. 16[38]; vgl. aber E. 51[87] GVBl. 01[435]); Personalarrest: § 933; desgl. Sachen unter allg. Veräußerungsverbot (BGB. § 134), zB. ungestempelte Spielkarten, Gewehre (ESt. 28[318]), verbotene Lose, Süßstoff, Sprengstoff, unzücht. Bilder, verdorbene Eßwaren, Phosphorzündhölzer (RGBl. 03[217]), Wild u. Fische zur Schonzeit; vgl. § 772; BZ. 05[152 164] (Fleischbeschau) 05[283] (Drogen) 06[106] (Tresterwein); StGB. §§ 367[3 9], 370[3]. Auch ungetrennte menschl. Körperteile (zB. Haare) sowie Leichen sind unpfändbar; vgl. BGB. §§ 90, 138; E. 12[288] Bl. 70[653] SA. 59[305] ZR. 05[122] GSaal 34[180] Döll. 9[240]. — Das Überpfdgsverbot gilt an sich auch für Frdgspfdg. (SA. 44[295] S. 9[43]). Da aber deren Wert meist zweifelhaft ist, so kann praktisch nur bei Guthaben gg. Fiskus, Gmde., Großbanken u. dgl. die solid. u. totale Pfdg. mehrerer Frdg. versagt werden, Bl. 64[198]. — Die Häufung v. VollstrMitteln verschiedener Art (Mot. 387; vgl. § 866) sowie die Vollpfdg. gegen mehrere Gesamtschld. ist durch Abs. 1 Satz 2 nicht gehindert. RBehelf gegen offenb. Übermaß (mit Vorsicht zu würdigen): § 766; RO. 13[227]. — Bei Bemessung des Pfdgsumfangs darf der GVollz. sicher bestehende Vorrechte (zB. des Vermieters) bereits in Anrechnung ziehen; vgl. E. 51[191] ESt. 31[310] BZ. 88[100]. — Die Auswahl der Pfänder steht dem GVollz. zu; Ausnahme: 777. Billige Wünsche des Schld. sind zu berücksichtigen (BGB. § 1230 GVGA. § 94; S. 9[757] Bl. 47[343]. Chikaneverbot: § 226 BGB.; vgl. § 812; BZ. 05[10] 06[4] (keine Kindswegnahme am Christabend oder Pfdg. bei sicherem Abstand). — Keine Pfandentlassung wegen Abschlagszahlg.: BGB. § 1222. — **Abs. 2** unanwendbar auf Anschließg. (RO. 3[153] GVGA. § 140) oder wenn nach Freigabe nur mehr geringwertige Sachen erübrigen; anders, wenn die Mehrpfdg. von Anfang an unzulässig war.

§ 804 (709). [I] Durch die Pfändung erwirbt der Gläubiger ein Pfandrecht an dem gepfändeten Gegenstande.

[II] Das Pfandrecht gewährt dem Gläubiger im Verhältnis zu anderen Gläubigern dieselben Rechte wie ein durch Vertrag erworbenes

Faustpfandrecht; es geht Pfand- und Vorzugsrechten vor, welche für den Fall eines Konkurses den Faustpfandrechten nicht gleichgestellt sind.

III Das durch eine frühere Pfändung begründete Pfandrecht geht demjenigen vor, welches durch eine spätere Pfändung begründet wird.

Vgl. BGB. §§ 161, 184, 353, 499, 573, 833, 1124, 1971, 1984, 1990, 2016, 2115, 2145, 2287; E. 59[177]; Note zu § 805. — GVGA. § 90. — Rechtsverhlt. zum GVollz.: § 753; Pfandbesitz: § 808; Arrestpfdg.: § 930; AdministrPfdg.: §§ 801, 827; Rechte an Sicherheit u. Erlös: §§ 109, 715; Pfdg. von Bargeld: § 815. — Privatpfändg. u. Selbsthilfe: § 916; Übergang: Art. 184 EBG.; vgl. §§ 21 ff. EZP.

Unterschied zw. mat. PfandR. u. formaler Verstrickung beachtl., E. 61[432]; kein PfandR. bei Immobiliarbeschlagn. (nur Veräußerungsverbot mit VorzugsR.) oder § 127 KO. (E. 58[12]), bei Pfdg. von Sachen Dritter (E. 60[72]) oder Nichtexistenz der Frdg. (JZP. 16[452]). — Kenntnis des GVollz. von dingl. Rechten Dritter schadet dem Glb., E. 39[166] 43[178]; anders bei paul. Ans., E. 47[223] S. 14[830] (Kenntnis des RA. reicht auch hier, NS. 5[496]). Beachtl., daß der Pfdgsglb. den Gegenbeweis aus § 30 Nr. 2 KO. bzgl. der Zahlgseinstellg. nur selten liefern kann, weil letztere aus Urteil u. Pfdg. erhellt; bei Arresten entscheidet Pfdg. (nicht Erlaß), E. 55[322]. — Gleichstellg. im Konkurs (§§ 49, 221 KO.; 17 EKO.): Nachdem § 14 EKO. aufgehoben, muß auch der gutglb. KonkVerw. e. im Besitz des Gemeinschld. gefundene Sache dem Vertragspfdglb. herausgeben, wenn der Beweis nach § 1253 BGB. geführt wird. Primäres Konstitut (statt pfandweiser Übergabe) ist jedoch wie früher dem Pfdgspfdrecht gegenüber wirkungslos (BGB. §§ 1205, 1206; E. 37[31] S. 2[473]); Sicherungsübereignung: § 771. Zur Verpfdg. e. Fdg. ist Übergabe der Schuldurk. nicht nötig, wohl aber Anzeige an Drittschld. (§ 1280 BGB.; JW. 04[485]). — Die Privilegien des gutglb. rechtsgeschäftl. Erwerbs finden auf die Begr. des VollstrPfandes keine Anwdg., insbes. nicht §§ 1207, 1208 BGB. (§§ 1257 BGB.; 336 HGB.; Mot. BGB. 2[405] 3[797] E. 13[298] 22[271] 26[101] 40[290] ESt. 36[332]). Wohl aber kann das VollstrPfand an e. bewegl. Sache zufolge §§ 1208 BGB., 366 HGB. zu Gunsten e. späteren rechtsgeschäftl. Erwerbs wirkungslos werden; auf das Rechtspfand nicht ausdehnbar (§ 1273 BGB.). Erwerb durch Versteigerg.: § 806. — Im übrigen gilt auch gegenüber dem Schld. die Analogie des Vertragspfands (E. 20[356] 61[330]); dem Glb. stehen die zivilrechtl. Pfandkl. u. Besitzschutzmittel zu (§§ 1227, 823 BGB.; 137, 138 StGB.; E. 35[333] 37[342]; vgl. FeldSchG. Art. 1). Der Schuldner ist an sich (soweit der Pfandbesitz nicht entgegensteht) an der Belastg. u. Veräußerg. salv. pign. nicht gehindert (E. 61[330]). — Rang genau nach der Zeitfolge (§ 1209 BGB.; E. 25[288] S. 10[26]); mangels näherer Feststellbarkeit oder bei nachträgl. Erwerb durch den Schld. Gleichrang (Bl. 47[24] E. 60[72]). Ausnahme (absoluter Vorrang): FeldSchG. Art. 8. Vorrechte: § 805. — Pfandrecht an eigener Sache inhaltslos: §§ 1256 BGB. Mot. 3[679] [840] Prot. 2[573] Bl. 68[453] JR. 05[388] [468] 06[477] BZ. 03[149] R. 05[167]; aM. BZ. 05[125]. RBehelf (zB. des Schld. wegen Unentbehrl., Kosten): § 766. Bestr. ob ein Vertragspfd. oder Eigentumsvorbehalt durch spätere Pfdg. für die gleiche Schuld erlischt (so JW. 06[335]; aM. RO. 12[295]). Umfang: BGB. §§ 1210, 1214 (Nutzungen), 1289, 1294 (Zinsen, Koupons, E. 23[268]); Dividenden: E. 42[156];

Prozeßkosten: § 851; VollstrKosten: § 788; Zuwachs (zB. Kalb): VZ. 05[59]; Sachgesamtheit: JW. 06[224]. — Korrealhaftg. mehrerer Pfandsachen: §§ 1222, 1230 BGB.: mehrere gleichrangige Glb. sind nach Verhältnis ihrer Guthaben berechtigt (§§ 827, 854; S. 11[608]). — Das Privil. Gordian. besteht nicht (S. 1[61 260]), wohl aber das ZurückbehltgsR. nach §§ 273, 1000 BGB. gegenüber dem Schld. oder Interv. (vgl. E. 59[202]). — Uebertragung v. Pfand- u. VorzugsR. mit der Hauptf.: §§ 727 ff., 776, 838; BGB 401, 1250 ff.; NS. 1[469] RO. 12[142]. — AblösungsR: §§ 1249, 268 BGB.; vgl. § 63 HypG. — Erlöschungsgründe: Aufhbg. der VollstrMaßregeln (§ 776); Rückgabe, Verzicht („Freigabe", E. 57[323] 61[432] S. 15[623] SA. 59[245]; §§ 843; BGB. 1253, 1255); Kauf (§§ 935, 1242 BGB.) oder sonstiger gutgl. rechtsgeschäftl. Erwerb (E. 37[643]); Untergang der Sache (Bl. 55[47]); Konsolidation (BGB. § 1256); Erlöschen der Frdrg. (§§ 1252, 1254, 223 BGB.: bestr., vgl. E. 61[432] S. 15[480] Gr. 50[290]). Kein Erlöschen durch Zeitablauf (vgl. jedoch §§ 1289, 1296 BGB.) oder Konkurs; Siegelwegnahme: § 808.

§ 805 (710). I Der Pfändung einer Sache kann ein Dritter, welcher sich nicht im Besitze der Sache befindet, auf Grund eines Pfand- oder Vorzugsrechts nicht widersprechen; er kann jedoch seinen Anspruch auf vorzugsweise Befriedigung aus dem Erlöse im Wege der Klage geltend machen, ohne Rücksicht darauf, ob seine Forderung fällig ist oder nicht.

II Die Klage ist bei dem Vollstreckungsgericht und, wenn der Streitgegenstand zur Zuständigkeit der Amtsgerichte nicht gehört, bei dem Landgerichte zu erheben, in dessen Bezirke das Vollstreckungsgericht seinen Sitz hat.

III Wird die Klage gegen den Gläubiger und den Schuldner gerichtet, so sind diese als Streitgenossen anzusehen.

IV Wird der Anspruch glaubhaft gemacht, so hat das Gericht die Hinterlegung des Erlöses anzuordnen. Die Vorschriften der §§ 769, 770 finden hierbei entsprechende Anwendung.

Zusammenstellg. der gesetzl. PfandR.: § 230 GVGA.; vgl. hierzu §§ 49 KO., 623, 674, 725, 754, 755 HGB.; 77, 89, 97, 102 BinnenSchG.; 20, 21 StrandO.; 20, 28 FlößG.; 85, 100c GewO.; 35, 43 HypBankG.; 2, 8 DepotG.; 61 PrVersG.; 73 KrVG.; 133 LuFUVG.: 17 EKO. mit Art. III EÜKO. — Ausnahme: §§ 810, 865. — Verständig. des Glb. von der Geltendmchg.: § 97 GVGA.; Hinterleg.: §§ 199 ff. GVGA. — Vgl. auch die Noten zu § 771; ferner §§ 46, 57 ff., 127 KO. mit E. 14[3] 12[9] 58[12] (gewöhnl. GStd.). Verfahren u. Kosten zu Abs. 4: §§ 769 bis 771.

Sachl. Voraussetzg. Hat der Dritte unmittelb. oder mittelb. Pfandbesitz (zB. durch Lagerschein, E. 9[424]), so steht ihm die Wsprkl. nach § 771 zu; hat e. Anderer als der Schld. bei der Pfdg. den Gewahrsam, so kann die Pfdg. durch formlosen Wspr. (§ 809) gehindert werden. Regelmäßig ist auch das materielle Vorrecht (§§ 804; BGB. § 1209) an den Besitz oder doch den Gewahrsam e. Anderen als des Schld. geknüpft (KO. § 49 Nr. 1, 3, 4); ausnahmsweise besteht das Vorrecht trotz Gewahrsam des Schld. bei § 1253 BGB. u. den gesetzl. PfandR. des Vermieters, Verpächters, Frachtführers, Wirts. — Auf die Natur der Vollstreckgsfrdg. kommt nichts an. — Die Vorschrift bezieht sich nur auf bewegl. Sachen (einschl.

Arrestpfand), nicht auf Hypotheken (E. 17[323] 55[208] S. 10[264]), vgl. § 865: bei Frdrg. kommt ein Besitz nicht in Frage. Der Rangstreit zw. zwei Pfdgspfandglb. ist im VertVerf. auszutragen (JW. 94[14] 97[35]), außer soweit Erstpfdg. gg. Erstpfdg. steht (§ 771); die Vorrechtskl. erscheint nach § 1247 BGB. als minus ggüber der Wsprkl. (sohin bei PfandR. wahlweise). — Hauptfall: gesetzl. Vermieterpfand (§§ 559 ff. BGB.); keine Ausdehng. auf Sachen Dritter (ESt. 36[332]). Die §§ 560, 561 BGB. sind der Ausschaffung seitens des VollstrPfandGlb. gegenüber unanwendbar (R. 05[180] RO. 9[298] 11[312]; bestr., vgl. Gr. 50[268] E. 13[257]). Pfandrang ab Einbringung (DJZ. 05[358]); beachtlich das Erlöschen bei Wegschaffg., wenn der Rest genügt (RO. 7[464]) u. der Bestand des Vorrechts bei Pfdg. an bereits weggeschafften Sachen, solange das Rückschaffungsmonat läuft. Berechng. des Mietjahres: E. 54[303] 58[301] ZR. 06[38]; Schäden müssen fällig sein (E. 54[301]); keine Kündigungspflicht: E. 13[253]. Miete einschl. Kost: ESt. 20[417] 37[88] Gr. 49[751]; Kosten des Vorrechtsproz.: § 1210 Abs. 2 BGB. (bestr.) — Das Zinsurteil gg. den Mieter bindet den Vorrechtsglb. nicht, RO. 12[68]. — Auswahl bei der Geltendm. des Vorrechts: §§ 1230, 1222, 562 BGB.; DJZ. 03[401] BZ. 06[100] RO. 11[310] 13[805] ZR. 06[230]; Übergang des Vorrechts: § 804 Note; Prot. BGB. 2[210]. — Für altrechtl. Mieten gilt Art. 140 AZP. weiter. — **Verfahren:** Die Zustdk. (§ 771) erlischt mit Auszahlg. des Erlöses (E. 12[370] S. 14[790]). Wegen der bisher von der gem. M. versagten Kondiktion vgl. nun §§ 771 Note; R. 05[180] RO. 2[312]; Zustdk. wie gewöhnl., E. 12[370]. — Antrag: Feststellg. des Vorrechts u. der Auszahlbarkeit des Erlöses an den Kl. Der Glb. kann nur durch schrifl. Aushändig. e. Anerk. oder direkte Anwsg. des GVollz auf Erlösaushändg. den Dritten vorher klaglos stellen; wegen „Freigabe" des Erlöses nach Geltendm. des Vorrechts vgl. SA. 37[199] 39[80] 55[476]. Auch für nicht fällige Guthaben erfolgt Auszahlg.; Zwischenzins: §§ 65 KO.; 272, 1133 BGB. — Die Versteigergs.-, nicht aber die Pfändgskosten sind abzugsfähig (bestr.; BZ. 90[171] 91[160] 93[71] 01[62] 03[169] [188] 06[31]; GVGA. § 199). Keine Aushändig. des Erlöses an den Kl. ohne Einwillig. oder Verurtlg. des Schld., E. 52[190]. Nach Versäumnis der Frist des § 769 Hinausgabe des Erlöses auf Antrag zur Beend. der ZwV. an den GVollz. (§§ 23, 27, 49 HO.; 5 VollzV.); der prozeßg. Weiterhinterleggsbeschl. ist behufs Verhinderung dieser Beend. jedenfalls dem GVollz. vorzulegen, ZR. 05[116]. Keine Mitverkl. von Anschlußglb., die nach dem Teilungsentwurf des GVollz. nichts erhalten u. Antrag auf VertVerf. nicht gestellt haben. Entspr. gilt für Glb., die im VertVerf. bereits widerspruchslos durchgefallen sind. — Die e. A. (Abs. 4) ergeht nur auf Antrag u. kann mangels Anwendbarkeit des § 771 Abs 3 nicht auf Auszahlg. des Erlöses lauten. Regelmäßig wird (abgesehen von abnormen Rückständen) durch Vorlage des Mietvertrags die Frdrg. bescheinigt (BZ. 90[3]); daß auf dem kläger. Grundstück gepfändet worden, erhellt aus dem Pfdgsprot. — Sicherung des Vorrechts durch Arrest ist begriffsmäßig unmöglich.

§ 806. Wird ein Gegenstand auf Grund der Pfändung veräußert, so steht dem Erwerber wegen eines Mangels im Rechte oder wegen eines Mangels der veräußerten Sache ein Anspruch auf Gewährleistung nicht zu.

Vgl. § 56 ZVG. — Rechte des Erwerbers: §§ 434, 440, 459 ff., 935, 1242 ff. BGB., Mot. 2[237] Prot. 1[668]. — Das Hauptgewicht der Vorschrift liegt im Gewährsausschluß hinsichtl. Sachmängel (und zwar sowohl gg. den Glb. als den Schld.) bei anderer Veräußerg. in der ZwV. als Versteigerg. (zB. nach § 825). — Ob gegen den Erwerber ein Anspruch auf Eviktion geltend gemacht werden kann, wird hier nicht bestimmt (auch § 935 BGB. fordert guten Glb.); Bereichergskl. gg. Schld. u. U. möglich (Pr. BGB. 1[669]). — Bestr., ob der Gewährsausschluß durch Vereinbarg. beseitigt werden kann. — **Früheres Recht u. Übergang:** Art. 184, 189 EBG.; 58 SubhO.; S. 6[55] 7[82 211] 9[137 154] 13[369] 14[200] RS. 1[24].

***§ 807** (711). Hat die Pfändung zu einer vollständigen Befriedigung des Gläubigers nicht geführt oder macht dieser glaubhaft, daß er durch Pfändung seine Befriedigung nicht vollständig erlangen könne, so ist der Schuldner auf Antrag verpflichtet, ein Verzeichnis seines Vermögens vorzulegen, in Betreff seiner Forderungen den Grund und die Beweismittel zu bezeichnen, sowie den Offenbarungseid dahin zu leisten:

daß er nach bestem Wissen sein Vermögen so vollständig angegeben habe, als er dazu im stande sei.

Verfahren: §§ 478 ff., 899 ff.; daneben §§ 836 Abs. 3, 840. — Vgl. §§ 25 AGSchrG., 107 GVGA.; 61 FinVV.; 153, 163 StGB.

Keine Verweisg. auf ZwV. in Grundstücke (Mot. 426), nicht sofort einbringl. Ausstände (E. 36[30] RO. 13[227]; strenger SA. 61[69]) oder Bürgenhaftg. Vorlage e. Abstands-, Anschlußprot. genügt (auch auf Drittbetrieb), wenn der ZwVVersuch in der Wohnung (Geschäftslokal) stattfand; desgl. Einstellg. wegen Interv. (E. 32[232] ZZP. 36[176]); meist wird der Schld. selbst deren Rechtmäßigkeit behaupten. Drittgewahrsam: BZ. 91[76] Bl. 45[61]; Notwdk. e. DuldgsU. allein reicht nicht. — **Titel:** auf Zahlg., nicht Duldg. (aM. E. 50[51]) oder sonstige Realexek.; auch vorl. vollstr. (JW. 96[249]), landesges. (§ 801), e. Verf. (gem. M.). Bzgl. Arrest bestr.; richtiger zu bejahen (RO. 7[485]), weil keine Befriedig. „in Aussicht" und Analogie des AnfG. (E. 32[232]) nicht hierher. Beim ges. Güterstd. verpflichtet e. Urteil gg. die Frau allein zum OE. hinsichtl. des Vorbehaltsguts (R. 6[154]); Erbe: RO. 11[99 108]. — **Verzeichnis** unverzichtbar wegen § 903; Protokollanlage (kein Recht auf Protokollierg.); Nachprüfg. v. amtsw. (JW. 06[176]). Anzugeben auch Grundbesitz, Gesellschaftsanteile, Autorrechte, Patente, Haustiere; ausld., gepfdt., versetzte, unentbehrl. (ESt. 4[374]), nicht völlig abgezahlte, gemeinschaftl. Vermögensstücke (ESt. 6[205] 24[74] 27[268]), bedingte, unsichere Frdrg. (ESt. 36[207]); bei Depositen das Paßwort; bei Alimenten ꝛc. unehel. Vater (Bl. 68[25]); bei Ausständen die Höhe (Mot. 426); bei Dienstbezügen Kündbarkeit u. Zahlstelle (RO. 13[226]); bei Versicherg., verpfdt. Sachen, wo Polize, Pfandzettel; Bargeld bei Eideslstg.; ehel. Güterstd., Nutznießg. am eingebr. Gut (Bl. 70[491] RO. 11[190]). Nicht anzugeben Schulden (ESt. 6[205]), fraudulos (also an sich gültig) Veräußertes; wohl aber simulierte Verkäufe (ESt. 27[416]) u. bloß fiduz. Erwerb. Keine bloße Bezugn. auf Geschäftsbücher (außer bei Gerichtshd.) — **Eidesnorm** (vgl. § 260 BGB.) änderbar, zB. bei off. HG.; fahrl. Eidesverletzung möglich, ESt. 6[205]; im stande: einschl. Nachforschg. (Bl. 68[542]). — Kein promiss. Zusatz oder Vorbehalt, SA. 58[112]; Nachträge sofort zu protokollieren (§§ 158, 163 StGB.); ESt. 36[240].

II. Zwangsvollstreckung in körperliche Sachen.

***§ 808** (712). I Die Pfändung der im Gewahrsam des Schuldners befindlichen körperlichen Sachen wird dadurch bewirkt, daß der Gerichtsvollzieher dieselben in Besitz nimmt.

II Andere Sachen als Geld, Kostbarkeiten und Wertpapiere sind im Gewahrsam des Schuldners zu belassen, sofern nicht hierdurch die Befriedigung des Gläubigers gefährdet wird. Werden die Sachen im Gewahrsam des Schuldners belassen, so ist die Wirksamkeit der Pfändung dadurch bedingt, daß durch Anlegung von Siegeln oder auf sonstige Weise die Pfändung ersichtlich gemacht ist.

III Der Gerichtsvollzieher hat den Schuldner von der geschehenen Pfändung in Kenntnis zu setzen.

Körperl. Sachen: § 90 BGB.; **Kostbarkeiten**: § 814; **Wertpapiere**: § 821; **Beweis**urk.: §§ 803, 836; nuda proprietas: § 851; **Mitteilung** nach Abs. 3: §§ 762, 763, 826. — **Miteigentumsanteile** an Mobilien nach Bruchteilen werden nach gem. M. (trotz § 1258 BGB.) durch Beschl. (§ 857) gepfändet, RG. 9^{126}; so auch schon früher E. 13^{173} JW. 90^{9} 94^{159} S. 5^{36} $13^{377\ 398}$. Davon wohl zu unterscheiden sind die Gesamthandanteile zB. nach § 725 BGB. (vgl. §§ 859 ff.). Immobiliaranteile: §§ 864, 857 mit SubhO. Art. 157 ff.; e. dem Art. 159 SubhO. entspr. Vorschrift existiert weder im ZVG. noch in der ZPO. — §§ 94, 98 bis 105 GVGA., 39 (Strafanstalten), 62 ff. FinVV.: JMBl. 83^{342} (Tabak); 03^{315} (Telephonapparate); vgl. auch § 10 BranntwStG. — **Kosten**: §§ 4, 12 GVGO.; 23 RAGO. (vgl. ZZP. 19^{485} KGBl. 94^{10} zur Streitfrage, ob schon mit dem Auftragsschreiben die Gebühr anfällt); Pfandkammergebühren: § 12 VGVGO. mit JMBl. 02^{382}. — Entlohng. des Transporteurs bei Abstand: VZ. 91^{144}. — Keine Gebühr bei Nichtauffindbarkeit des Schld.

Gewahrsam: unmittelb. Besitz nach § 854 BGB. (Prot. 6^{717} RG. 10^{375}); nach der Pfdg. hat der Glb. u. bei Belassung auch der GVollz. mittelb. Besitz, RG. 2^{267} 13^{201}. — Kein Scheingew. begriffl. möglich; geschützt ist auch strafbar (zB. anfechtbar) erlangter Drittgew. (E. 14^{362} SSt. 9^{171}) sowie der seltene Mitgew. (Doppelverschluß), ESt. 25^{109} BlEB. 5^{184}. Dagegen ist der Gew. des Besitzdieners (§ 855 BGB.) unbeachtlich; zB. Kommis bzgl. Ware (ESt. 2^{1}) Dienstbote bzgl. Bett (RSt. 3^{711} SA. 57^{220}), Knecht bzgl. Aussaatkorn u. Marktfuhrwerk (RSt. 3^{358} 5^{42} JW. 03^{80}), Waldarbeiter bzgl. des Holzes (SSt. 9^{333} ZR. 05^{113}); vgl. auch RSt. 7^{302} (Ziegel am Bauplatz), Bl. 63^{474} (Sammelbüchse); VZ. 05^{77} (Ausstellg.); 06^{150} (Ball); DJZ. 06^{1035} (Friedhof); JW. 01^{611} (Erbe); VZ. 05^{273} (ZwVerwlt.); ZZP. 34^{193} (KonkVerw.); ESt. 34^{42} (Geldtasche der Kellnerin); ESt. 36^{190} (Bahnhofwirtschaft); überall Alleinverschluß beachtlich. Der Frachtführer hat Gew. an der Fracht, der Mieter im Mietraum (VZ. 88^{46} 93^{38}; bei Gleichberechtig. Teilgew., zB. Studenten), anders bei Schlafstellen, ESt. 5^{44} (zB. nur Koffer). — Jur. Pers. haben durch ihren Vorstand selbstdg. Gew., E. 14^{364} Bl. 70^{119}. — Bestr. ist der Gew. des Rauminhabers bzgl. dritterseits versteckter Sachen (vgl. §§ 123 StGB., 867 BGB.) u. des Schlüsselinhabers von verschlossenen wegnehmbaren Behältnissen (bejahend JW. 86^{340}; ESt. 2^{64}; aM. ESt. 5^{222}; vgl. § 1206 BGB.). — Der Haushaltungsvorstand hat präsumtiv den Gew. an allen in der Wohnung befindl. Sachen, soweit nicht Alleingebrauch u. Alleinverschluß seitens e. selbstdg. Haushaltsmitglieds besteht (RSSt. 3^{130}); beachtlich der Unterschied von der Eintrittsbefugnis (§ 758; VZ. 93^{78} 94^{61} Gr. 35^{490}). — Bei Eheleuten vgl. §§ 1365, 1373 BGB. (Gr. 43^{144}); die Eigentumsvermutung des § 1362 Abs. 1 ist an den Besitz geknüpft, nicht umgekehrt. Auch bei Eheleuten entscheidet Alleingebrauch u. Alleinverwahr, ob e. Ausnahme vom Gew. des Mannes vorliegt; wer die Wohng. gemietet hat, ist belanglos. Keine Taschenpfdg. bei der Frau zur Belastg. des Mannes, SA. 55[125]; keine Möbelpfdg. zur Belastg. der Frau, RSSt. 3[130] JW. 99[358] Bl. 66[474]. Beim Getrenntleben hat die Frau den Gew. an den ihr nach § 1361 BGB. ausgehdgt. Sachen trotz Fortdauer des eheherrl. Eigentums (VZ. 93[15]). — Der *Handels-*, *Gewerbefrau* steht im Geschäftslokale der Alleingew zu, SA. 55[125] VZ. 98[101] JW. 03[75] (bestr.): Nachprüfg. mittels Gewerbeschein (VZ. 03[101]), Ladenaufschrift (§ 15a GewO.). — *Gewahrsamverlust*: §§ 856, 857, 861, 960 ff. BGB.; nicht ohne weiteres zufolge Abwesenh. (JW. 02[510] RSSt. 4[250]) oder bei vergessenen Sachen (Geldranzen auf dem Bahnabort. Hund im Gasthaus); vgl. ESt. 38[444] Bl. 63[53] (Straße), 68[109] 69[337] 70[355] EB. 14[221]. Zerlegung: Bl. 45[37]. — *Dritteigentum*, mittelb. Besitz hindert Pfdg. formell nicht (§ 771). — **Besitznahme** (GVGA. § 98); nicht identisch mit Signierung, VZ. 91[182]. – Ungenügend bloße mündl. Erkl. (ESt. 5[35] JW. 04[264]), Anfassen allein (VZ. 93[111]), mündl. Wegschaffgsverbot. bis zur Herbeiholg. v. Transportmitteln (VZ. 91[128]) oder Protok. allein bei unzugängl. Sachen (Einblick in e. versperrte Hütte; vgl. BlEB. 6[10]). Einsperren *und* Einsiegeln genügt (JW. 04[114]), auch wenn Schlüsselduplikate vorhanden, E. 37[33] RO. 8[197]; doch darf dem Schld. nicht wider seinen Willen e. Raum entzogen werden. — **Belassung** (§§ 98, 100 GVGA.; 176 ff., 188 GVDV.) bildet die Regel, selbst gg. den Willen des Glb., jedoch nicht des Schld., der ja Verwahrerpflichten übernehmen soll (VZ. 94[2] 97[182] 99[50]). — Auch nachträgl. Einschaffg. ist ZwV. (also nicht durch Ausgeher allein): Haftg. des GVollz. bei Verzug (VZ. 91[78]). — *Pfandkammer*: §§ 103 GVGA., 144, 201 GVDV., 12 BGVGO. mit JMBl. 02[383 384]: *Hüter*: §§ 99, 114 GVGA., 13 GVGO.; *Verwahrer*: §§ 102, 114 GVGA. S. 2[143] 5[865] 9[14]. — RBehelf: § 766 (vgl. BlEB. 14[178]). — Keine positiv. *Erhaltungspflicht*; nur sorgfält. *Verwahrg.* (BGB. §§ 1215 ff.; GVGO. 13; S. 12[20] Gr. 35[426] VZ. 91[71] 06[142]). Zu weitgehend S. 16[249 497]; richtig nur, daß bei Pfandzetteln der Gl. oder GVollz. die Umschreibg. (Prolong.) nicht ablehnen darf, wenn ihm die Mittel dazu zur Verfügung gestellt sind u. daß der drohende Verfall dem Schld. vorsorglich anzuzeigen ist (JW. 03[154]). Wegen LebensversPrämie richtig: S. 11[664] SA. 43[8 263]; Brandvers.: VZ. 05[142]. — Tierfütterung: §§ 100, 111 GVGA.; Zuwachs: S. 9[198]; Nutzung: BlEB. 15[158]. – Kostenersatz: § 788. — **Ersichtlichkeit** (§ 99 GVGA.). *Siegelung* (auch mit Pfandmarke. ESt. 3[286] VZ. 03[189]) an der Schauseite, weil dadurch die Wegschaffg. für jeden späteren Kreditgeber u. sonstigen Interessenten ersetzt werden soll; nicht rückwärts (JW. 05[235] S. 13[233]), im Innern (VZ. 03[119]) oder unter Stofffransen versteckt (S. 15[628] VZ. 93[106]). Der GVollz. ist solchenfalls wegen groben Verschld. ersatzpflichtig; kein Mitverschld. des Glb. (S. 15[623]) außer bei ausdrückl Auftrag, ZR. 06[124] S. 15[623]. — Siegel an der Unterseite bewegl. Wagschalen genügt; nicht Versiegel. des Schlüssellochs e. Zimmers allein, wenn der GVollz. mangels Schlüssels nicht öffnen konnte (VZ. 97[140]). Bei freilaufd. Tieren Pfandzeichen (zB. Blechmarke) am Horn, Halsband rätlich, ESt. 18[163] 32[316] VZ. 03[30]. — Die Siegelzahl ist zu protokollieren (GVGA. § 106). — *Pfandanzeige* (Tafel, Plakat; GVGA. § 99; E. 32[420] 37[342] ESt. 32[316] 36[135] S. 15[623] RSSt. 2[117]) nur genügend, wenn die Bezeichng.

der Pfdobjekte derart genau (auch Wertangabe), daß die Identität jederzeit feststellbar. Anbringung durch den GVollz. (VZ. 91[32]) in unmittelb. Nähe notwendig (JW. 97[135]); unzulässig zB. für Tiere im Stall PfAnz. in der Wohnstube (wohl aber Stalltür, Bl. 61[8 66]), Schweine auf der Weide PfAnz. im Stall (BlEB. 4[40]) oder für Ziegellager PfAnz. im Kontor (ESt. 5[38]). „50 Flaschen diverse Weine" reicht nicht, wenn 100 auf Lager (E. 52[386]); ebensowenig: „alle Sachen in diesem Zimmer" (VZ. 93[182]). — Mit Pfandbruch braucht der GVollz. bei der Sign. nicht zu rechnen (§ 134 StGB.; JW. 03[321]); deutl., nicht die deutlichste Sign. ist vorgeschrieben (Siegel am Faß statt am Hahn reicht, S. 16[507]). — SignVerstoß bewirkt Nichtigkeit (SA. 38[286] VZ. 95[119]); keine Heilung durch nachträgl. Versteig. (E. 32[420]; bestr.). — RBehelf: § 766; Selbstbeseitigung ungültiger Pfd.-zeichen: ESt. 5[35] 6[227] 9[403] 26[308] RSt. 4[235]. Zufälliger Siegelabfall oder eigenmächt. Beseitig. der Siegel durch den Schld. oder Dritte zerstört nach gem. M. das PfdR. nicht (E. 35[336] ESt. 5[413]), wohl aber bei Zustimmung des Glb. oder GVollz., E. 57[324] ESt. 16[273] 18[163] RL. 7[309].

§ 809 (713). Die vorstehenden Bestimmungen finden entsprechende Anwendung auf die Pfändung von Sachen, welche sich im Gewahrsam des Gläubigers oder eines zur Herausgabe bereiten Dritten befinden.

§§ 93, 94, 105 GVGA.; 66 FinVB.; Eisenbahnfrachtgut: JMBl. 94[113]; §§ 16, 54 AbfertVorschr. v. 1. Jan. 1902 (Herausgabe ohne Überwsgsbeschl. untersagt); vgl. auch §§ 268, 1249 BGB. — Unentbehrlichk.: § 811. — Abstand gebührenfrei (VZ. 02[18] 03[71]); keine Wiederholg. v. amtsw. (JW. 90[42]).

Dritter: § 771 (auch e. vorpfd. GVollz., VZ. 97[140]). Gewahrs.: § 808. Auch hier bei Belassung Siegelg. (gem. M.). — Berufg. auf „Eigentum", Aufstellg. von Vorbehalten (zB. „lediglich siegeln lassen", Spesenersatz, VZ. 94[33]) genügt als Weig. (VZ. 97[140]). Der GVollz. ist zu förml. unbedingt. Auslösungsabkommen nicht ohne den Glb. befugt (JW. 89[264] 94[55]; vgl. SA. 53[132]). Solchenfalls wegen etwaigen Anschließg. ausdrückl. Abtretg. des Drittvorrechts ratsam, weil zweifelhaft, ob derartige Ablösg. VollstrKosten sind (vgl. § 13 GVGO.; ZZP. 28[262]). — Ersatzweise Einwillig. von Ehefrauen, Dienstboten, Kindern bedeutungslos (Vollm. nachzuweisen); im vorhinein gegebene Einwillig. widerrufl., ausgen. § 794 Abs. 2 (JW. 04[361]). — Der GVollz. darf dem Dritten keinen Zweifel über dessen volle Entschließungsfreiheit lassen; Schweigen des anwsd. Dritten reicht gleichwohl als Einwillig. meist nicht (vgl. aber JW. 94[55]). Mangels letzterer Abstandsprot. u. Anspruchspfdg. (§§ 846 ff., 884; VZ. 91[65]). Ob der Dritte herausgeben darf, bestimmt sich nach dessen RVerhlt. zum Schld. — Gerät ein Pfand nachträglich in Drittgew., so ist Herausgabekl (BGB. § 1227) nötig; keine zwangsws. Wegnahme (VZ. 06[149]). — Durch e. förml. materielles Duldgsurteil gg. den dritten Gewahrsamsinhaber wird auch dessen Einwillig. ersetzt; bloße materielle Wirks. des Titels gg. Dritten (zB. nach § 740) genügt nicht (bestr.) Gewahrs. des gesetzl. V. ist bzgl. des verwalteten Vermögens Gew. des Schld. selbst; vgl. DJZ. 00[175 247 356] RL. 5[148] 9[116] Gr. 43[545] VZ. 98[135]. Bei Parteien kraft Amtes ergibt sich genügend aus der Urteilsfassung „gg. N. N. als Test.-Vollstr. (KonkVerw.)", daß die Leistungspflicht auf das anvertraute Gut sachlich beschränkt ist. Peinliche Sonderg. u. Ersichtlichmachg., insbes. bei Bargeld, gegenüber dem Privatvermögen ratsam; vgl. §§ 771, 815. — Verstoß bewirkt nur Anfechtb. (bestr.) u. wird durch nachträgl. Einwillig. behoben; der Schld. hat kein Rügerecht (SA. 57[232]). — Rechtsbehelf: § 766; keine paul. Einrd. Aufhbg. der Erstpfdg. trifft solchenfalls auch die durch Gewahrsamsverletzg. ermöglichte Anschließg. E. 35[339]. Daneben kann wegen Verletzung e. dingl. R. § 771 zutreffen. Strafbarkeit des Widerstands: ESt. 25[108] RSSt. 3[128].

***§ 810** (714). I Früchte, die von dem Boden noch nicht getrennt sind, können gepfändet werden, solange nicht ihre Beschlagnahme im Wege der Zwangsvollstreckung in das unbewegliche Vermögen erfolgt ist. Die Pfändung darf nicht früher als einen Monat vor der gewöhnlichen Zeit der Reife erfolgen.

II Ein Gläubiger, der ein Recht auf Befriedigung aus dem Grundstücke hat, kann der Pfändung nach Maßgabe des § 771 widersprechen, sofern nicht die Pfändung für einen im Falle der Zwangsvollstreckung in das Grundstück vorgehenden Anspruch erfolgt ist.

BGB. §§ 93, 94, 99, 953 ff.; GBGA. §§ 97, 129 bis 133, 136 ff.; FinBB. §§ 67, 68, 74; EBG. Art. 181; ZBG. §§ 10, 21, 148, 155 (vgl. KB. 184); KO. § 49; EZB. § 15; EÄZP. Art. IX Note; EÄKO. Art. III; SubhO. Art. 8 ff., 20, 36, 110 mit § 33 HypGnF.; FeldSchG. Art. 7. — Tabakpfändg.: JMBl. 83[342]. — Unentbehrlichkeit: § 811: Pfandtafel, Hüter, Gartenverschluß: § 808; Beiziehg. v. Sachverständigen: § 813: Versteigerg.: § 824; Zubehör: § 865. — Kataster-, Hypothekenbuchseinsicht: §§ 397, 792; JMBl. 72[192] BZ. 03[136]. — RBehelf: §§ 766, 878 mit E. 34[377] S. 10[325]. — Kosten: §§ 4, 13 GBGO.

Abs. 1. Früchte: § 94 BGB. (nicht Ausbeute); auf Holzhieb nicht ausdehnbar (ESt. 3[175] S. 9[356] JW. 05[280]). Spargel: BZ. 01[131]; Baumschule: BZ. 02[132]; Reben: JW. 03[80]. — Die Vorschrift mobilisiert als Ersatz der ZwVerwaltg. bei kleinen Grundstücken ausnahmswj. für die ZwB. die noch stehenden Früchte; keine dingl. Wirkg. e. Kaufs, E. 18[367] RS. 4[880]. Voraussetzg. der Pfdg. ist Gewahrs. des Schld. (auch Pächters, vgl. E. 32[212]); die Pfdg. ist gleichwohl unstatthaft, wenn die Früchte unentbehrlich (§ 811 Nr. 4; SA. 55[185]) oder Zubehör sind (KB. 182; §§ 865; BGB. 98; Art. 45 SubhNov.). — Sachl. entscheidet für die Berechtig. der Pfdg., wer durch Trennung die Früchte erwerben würde (§§ 953 ff. BGB.); auch nach der Versteig.-Beschlagn. gg. den Eigentümer ist noch Pfdg. gg. den Pächter möglich (nicht mehr gg. Eigentümer, obwohl noch verfügungsberechtigt). Vorrang des VerpächterpfandsR. bestr. (DJZ. 05[358] R. 06[508]). — Durch Ernten, Ausdreschen erlischt das PfandR. nicht, Bl. 55[47]; vgl. ZR 06[21] (Brennerei). — Gewöhnl. Reifezeit: durchschnittl. (nicht konkret), E. 42[382]; Unterschied von Erntezeit: BZ. 92[132]. — **Abs. 2** schützt vor Entwertg. für die Immob.-ZwB.; setzt keine Beschlagnahme voraus. Der ImmobBeschlagnahmeGlb. geht e. früheren Pfdg. für e. persönl. Schuld vor (§ 10 Nr. 5 ZBG.). — Verständig. des Realglb. von der Früchtepfdg. nicht vorgesehen; Vorrechtskl. bestr. — Keine Wsprkl. gg. Pfdg. zu Lasten des Pächters (RO. 13[202]).

***§ 811** (715). Folgende Sachen sind der Pfändung nicht unterworfen:

1. die Kleidungsstücke, die Betten, die Wäsche, das Haus- und Küchengerät, insbesondere die Heiz- und Kochöfen, soweit diese Gegenstände für den Bedarf des Schuldners oder zur Erhaltung eines angemessenen Hausstandes unentbehrlich sind;

2. die für den Schuldner, seine Familie und sein Gesinde auf vier Wochen erforderlichen Nahrungs-, Feuerungs- und Beleuchtungsmittel, oder, soweit solche Vorräte auf zwei Wochen nicht vorhanden und ihre Beschaffung für diesen Zeitraum auf anderem Wege nicht gesichert ist, der zur Beschaffung erforderliche Geldbetrag;
3. eine Milchkuh oder nach der Wahl des Schuldners statt einer solchen zwei Ziegen oder zwei Schafe nebst den zum Unterhalt und zur Streu für dieselben auf vier Wochen erforderlichen Futter- und Streuvorräten oder, soweit solche Vorräte auf zwei Wochen nicht vorhanden, dem zur Beschaffung erforderlichen Geldbetrage, wenn die bezeichneten Tiere für die Ernährung des Schuldners, seiner Familie und seines Gesindes unentbehrlich sind;
4. bei Personen, welche Landwirtschaft betreiben, das zum Wirtschaftsbetrieb erforderliche Gerät und Vieh nebst dem nötigen Dünger, sowie die landwirtschaftlichen Erzeugnisse, soweit sie zur Fortführung der Wirtschaft bis zu der Zeit erforderlich sind, zu welcher gleiche oder ähnliche Erzeugnisse voraussichtlich gewonnen werden;
5. bei Künstlern, Handwerkern, gewerblichen Arbeitern und anderen Personen, welche aus Handarbeit oder sonstigen persönlichen Leistungen ihren Erwerb ziehen, die zur persönlichen Fortsetzung der Erwerbstätigkeit unentbehrlichen Gegenstände;
6. bei den Witwen und den minderjährigen Erben der unter Nr. 5 bezeichneten Personen, wenn sie das Erwerbsgeschäft für ihre Rechnung durch einen Stellvertreter fortführen, die zur persönlichen Fortführung des Geschäfts durch den Stellvertreter unentbehrlichen Gegenstände;
7. bei Offizieren, Deckoffizieren, Beamten, Geistlichen, Lehrern an öffentlichen Unterrichtsanstalten, Rechtsanwälten, Notaren sowie Ärzten und Hebammen die zur Verwaltung des Dienstes oder Ausübung des Berufes erforderlichen Gegenstände, sowie anständige Kleidung;
8. bei Offizieren, Militärärzten, Deckoffizieren, Beamten, Geistlichen, bei Ärzten und Lehrern an öffentlichen Anstalten ein Geldbetrag, welcher dem der Pfändung nicht unterworfenen Teile des Diensteinkommens oder der Pension für die Zeit von der Pfändung bis zum nächsten Termine der Gehalts- oder Pensionszahlung gleichkommt;

9. die zum Betriebe einer Apotheke unentbehrlichen Geräte, Gefäße und Waren;
10. die Bücher, welche zum Gebrauche des Schuldners und seiner Familie in der Kirche oder Schule oder einer sonstigen Unterrichtsanstalt oder bei der häuslichen Andacht bestimmt sind;
11. die in Gebrauch genommenen Haushaltungs- und Geschäftsbücher, die Familienpapiere sowie die Trauringe, Orden und Ehrenzeichen;
12. künstliche Gliedmaßen, Brillen und andere wegen körperlicher Gebrechen notwendige Hilfsmittel, soweit diese Gegenstände zum Gebrauche des Schuldners und seiner Familie bestimmt sind;
13. die zur unmittelbaren Verwendung für die Bestattung bestimmten Gegenstände.

§§ 95, 99, 107 GVGA.: 68, 70, 71 FinVV. — Sonstige Pfändungsausnahmen: Früchte des Frauen- u. Kinderguts: §§ 861 ff.; Dienstlohn, Unteroffiziersprämie: § 850 (vgl. auch unten Nr. 8); Manuskripte (§ 10 UrhRG.); Posthaltereiinventar (§§ 20 RPostG.; 13 EZP., einschl. Pferde: BZ. 91[177]); rollendes Eisenbahnmaterial (RG. v. 3. Mai 1886, RGBl. 131; Art. 23 JFrÜ. (mit Bl. 58[74]); 112 EBG.; Gegenseit. mit Österreich: JMBl. 86[237] RGBl. 87[153]; vgl. auch § 482 HGB. mit § 864; 125 SeemO. — Die gleichen Ausnahmen gelten für das gesetzl. PfandR. des Vermieters (§ 859 BGB.) u. des Gastwirts (§ 704 BGB.); Pacht: §§ 585, 590 BGB.; Selbsthilfe: § 229 BGB. Für das Vertragspfand (ESt. 35[150]), die handelsges. PfandR. u. das PfandR. des Werkunternehmers (§ 647 BGB.) gelten die Ausnahmen nicht; auch ZwVersteig. nach § 1232 BGB. statthaft. — Im Konkurse sind Nr. 4, 9 u. die Geschäftsbücher (Nr. 11), ferner Posthaltereiinventar u. rollendes Eisenbahnmaterial nicht eximiert. — Vgl. auch § 53 der VII. VerfVerd. mit Art. 59 EBG., § 2 EZBG.; Art. 4 SubhO.; GO. Kap. XVIII § 10 (benef. compet.) mit § 767; Ges. v. 18. Dez. 1887 (GVBl. 695); E. 1[348] 33[378] S. 5[990] 7[539] 11[160] 15[292]. Übergang: § 20 EZP.; Art. IX EÄZP. Note.

„Unentbehrlich" (enger als „erforderlich", KB. 166): nicht bloß das zur knappen Lebensfristung ohne Rücksicht auf Verringerung von Gesundheit oder Arbeitskraft physiologisch schlechthin Nötige, sondern alles, was beim konkreten Kulturniveau jeder zu haben pflegt, wenn er nicht allg. u. selbst von seinesgleichen als arm u. unterstützungsbedürftig angesehen werden soll: Anhaltspkt.: OffenbEidsProt., Steuerfreiheit, Armenanstaltsetats. — Verletzungsfolge: Anfechtbarkeit (ESt. 19[165] SA. 60[44] JW. 89[515]; aM. KB. 201). Rechtsbehelf: § 766 (BlEB. 9[263]), nicht eigenmächt. Freigabe durch den GVollz. (E. 16[320] 18[389]) oder Einschreiten des VollstrG. v. amtsw. Nach Beend. der ZwV. keine Kondiktion (SA. 60[44]); Anspruch auf Schadensersatz möglich (u. U. in Natur, wobei Aufrechng. auch mittels Frdgspfdg. ausgeschlossen); Mitverschld.: § 254 BGB.; Zuschlagsanfechtung: § 1244 BGB. — Die Aktivlegitim. besteht auch für Drittinteressenten, nicht Erben bei § 1990 BGB. (KGBl. 01[14]); Beweislast trifft den Einwendgskläger (SA. 44[70]). — Einreden. Vertragsm. Verzicht auf das Pfdgsprivileg bindet weder die Vollstreckgsorgane noch den Schld. selbst, obwohl hier rechtsgeschäftl. Verfüg. im Gegensatz zu Forderg. zulässig sind (E. 25[292] 35[31] S. 10[138] SA. 57[232] RO. 4[170] §§ 138 BGB.; 45 RMilG.; bestr., vgl. ESt. 35[150] 37[110]). Zustimmung des Schld. ist meist ein Beweisbehelf für Entbehrlichk. (vgl. ZR. 05[59]).

Unbeachtl. ist ferner der Einwd. des fortbestehenden Eigentumsvorbehalts des Glb. (Wegnahmeurteil zu erwirken). Gleichgültig ist (außer in Nr. 8) die Natur der Aktivfrdg. (zB. Unterhalt, Lebensmittellieferg., Miete) oder daß nur eine Arrestpfdg. vorliegt (ESt. 33[248] JW. 89[108]). — Dritteigentum (Leihe) an Pfand belanglos, SA. 61[144]; keine Verweisg. auf e. Ersatzstück, das selbst unter Eigentumsvorbehalt stehend, wegen eingetret. Ratenrückstands jederzeit der Wegnahme unterliegt; Wegveräußerg. e. Ersatzstücks vor der Pfdg. benimmt das Privileg nicht (nur paul. anfechtbar). — Die Unentb. kann nicht geltend gemacht werden, wenn das Bedürfnis erst nach der Pfdg. (insbes. nach Stundg.) eingetreten oder wiederum weggefallen ist (Unterschied v. Nichtigk.); ebenso, wenn das Pfand völlig zweckwidrig in Verwendg. (Majolikateller zur Verdeckung von Tapetenschäden) oder auch nach Aufhebg. der Pfdg. nicht zur Verfüg. des Schld. kommt (anderweitige Verpfdg.; vgl. ESt. 35[150]), oder der Schld. die geringfügige Reparatur e. Ersatzstücks oder die Realofferte e. solchen (zB. gewöhnl. statt diamantbesetzter Uhr) böswillig ablehnt (bestr.). — Keine Ausdehng. auf Realexek., Bargeld oder Ersatzstoff, Versichergsforderung (RO. 4[365] 13[203]); vgl. §§ 847, 850. — **Nr. 1.** „Angem (nicht gerade standesgem., RO. 7[306]) Hausstand": Zusammenleben mit Familie (E. 34[302] ZZP. 31[524]) u. Gesinde (ABG. Art. 15). Auch die Betten zeitweilig Abwesender hierher (Hdlgsreis., Saisonkellnerin, Pensionatszögling), desgl. von Kostkindern; Schwangerschaft (wenn glaubhaft) berücksichtigbar, ZZP. 31[388]. Konkubine kommt nicht als solche, sondern nur, soweit Dienstbote, in Betracht; ausschließl. gewerbl. Personal nicht hierher. — Ungewöhnl. gesundheitswidr. Einschrkg., die jederzeit, zB. durch Erkrankung, wegfallen können, benehmen die Unentbehrl. nicht; vgl. Art. 73, 81, 101 PolStGB. mit GVBl. 01[76] Bl. 55[404]. — Drittgewahrsam (zB. des Vermieters) spricht gegen Unentbehrl. Der GVollz. braucht in der anderw. Wohnung des Schld. nicht vorher zu recherchieren. — *Einzelnes. Unpfändbar* sind Bettstellen, Vorhänge (BZ. 05[20]), e. Sonntagsanzug, Wäsche zum entspr. Wechsel nach Waschgelegenh., e. Spiegel (BZ. 05[22]), Sopha (RO. 7[306]), e. Lampe, e. Wanduhr (trotz öffentl. Uhr, auch ohne Schulkinder), e. Küchenkasten (vgl. Nr. 2), mindestens *ein* verschließb. Kastengerät für Kleidung u. Wäsche (Kommode, Hängkasten; nicht durch Kiste, Zapfenbrett ersetzbar), e. überzähl. Stuhl (zB. Sitz für Arzt, GVollz.), e. Waschtisch (bei größerer Familie), e. Winterüberzieher (auch im Sommer), e. Filzhut (neben Strohhut); *pfändbar*: Tischteppich, Sommerüberzieher, Wandbilder, Rehkronen, Serviettenringe (RO. 7[306]). — Für jede Person ist das vorhandene eigene *Bett* freizulassen, auch bei Eheleuten (zB. Krankheit, Entbindg.) u. Kindern. Zimmerherrnbetten sind zunächst durch § 809 vor dem Zugriff geschützt; dadurch wird aber nicht etwa das eigene Bett pfdb.; bildet die Vermietg. e wesentl. Erwerbszweig, so wird außer bei förml. Pensionen mit Hilfspersonal auch Nr. 5 zutreffen, zB. bei Witwen (RO. 7[352]; vgl. R. 03[163] 04[505]). — Die *Nähmaschine* kann bei zahlreicher Familie notw. Haus-, nicht bloß Berufsgerät sein (SA. 51[240]; vgl. 57[456]); auch e. Taschenuhr *kann* Hausgerät sein; im übrigen insbes. bzgl. Fahrrad vgl. Nr. 5 ff. — **Nr. 2.** Vgl. StGB. § 370 Nr. 5 mit Bl. 40[18]; Gutsnahrung: Nr. 4. Anderw. Beschaffungssicherung: zB. durch nahe Lohnzahlg. — Wohnungsmiete nicht hierher. — **Nr. 3.** Milchkuh: wenn auch zZ. ohne Milch (SA. 47[82]); *eine* Ziege kann reichen. Stuten, Widder (Böcke), Schlachttiere (zB. Hühner, Gänse, Kaninchen) nicht hierher: vgl. Nr. 2. — **Nr. 4.** Vgl. §§ 810, 865; BGB. 98; VZ. 05[3] (Zusammenstellg.) — Hierher Gesindenahrung, Pferd u. Wagen, Holzvorräte (KB. 190), Viehfutter, künstl. Dünger, auch Frucht auf dem Halm (zB. wegen Stroh, SA. 55[371]), trächtige Säue (RO 2[235]), landw. Nebenbetrieb (RO. 4[152]), Gärtnerei (LuFUVG.); nicht hierhier ausländ. (ZZP. 19[470]), aufgegebene (SA. 57[91]), gewerbl. Betriebe (vgl. VZ. 90[27] bzgl. Brenner). — Umfang der Befreiung ledigl. nach Gutsgröße (RO. 1[243]); Ertragshöhe gleichgültig. — **Nr. 5.** *Künstler*: auch Architekten (VZ. 94[101]), Kunstlehrer (SA. 41[316]); nicht Schüler (VZ. 94[130]) oder Dilettanten. — „*Handarbeit, persönl. Leistg.*“: Leben von der Hände Arbeit oder gleichzustelld. persönl. Leistg. (RO. 7[308]); vorausgesetzt ist Möglichkeit des Betriebs ohne Hilfspersonen (VZ. 03[150]). Nach der RTagsverhdlg. gehören hierher: Artisten, Handwagenführer, Fischer, Privatförster (Gewehr u. Hund), Wirtschaftsinspektoren (Pferd u. Sattelzeug), Musiker, Schriftsteller (?); *nicht* dagegen Privatbeamte als solche, Handelsgewerbeinhaber (SA. 59[116]). Analog werden privilegiert sein (vgl. das Verzeichnis in VZ. 05[219]): Anwaltsbuchhalter (Uhr), Dienstmann, Journalist, (Schreibtisch, Bücher), Schreibbureauinhaber, Unterhändler (Pult), Barbier, Schiffer, Kellnerin, Droschkenführer (Pferd u. Wagen, RO. 6[139]), Brotträgerin, Landbötin, Obsthausiererin, Zeitungskolporteur (Tasche), Zahntechniker, Photograph (Auslagekasten), Xylograph (Handdruckpresse, VZ. 91[63]), Schausteller. Zweifelhaft bei Handlgsreisenden (Uhr, Koffer, Fahrrad, RO. 7[308]), selbstdg. Agent (Bl. 68[287] verneint); *nicht* hierher: Bauunternehmer (RO. 10[379]), Hotelier (VZ. 01[48]), Wirt, Spediteur, Frachtführer, Milchhändler (VZ. 01[100] bzgl. Pferd), Krämer (Bl. 68[287]), Viehhändler (RO. 7[352] VZ. 04[13]; milder RO. 6[139]). Nur dem Schld. selbst unentbehrl. Geräte sind geschützt, nicht für Gehilfen oder Lehrlinge (SA. 58[126]). Vorübergehd. Betriebsstockung (JW. 95[239]), Saisonablauf (RO. 7[307]), Dritteigentum an den Geräten (VZ. 94[63]), Steuerhinterziehg., anderw. Nebenerwerb (RO. 4[170], soweit nicht voll zureichend) unbeachtlich. — *Unpfändbar* zB. Berufskleider (Schauspieler, Maschinist), Uhr (insbes. Wecker beim Nachtwächter, VZ. 91[73]). Fahrrad (RO. 7[308], vgl. aber RO. 1[227]), Geschäftsschilder (zB Schlüssel beim Schlosser), Ziehhund (Wäscherin), Handwagen (Maler, Schreiner: bzgl. Pferdefuhrwerk s. o.), Verschleißgeräte, soweit nach Gewerbsübung vom Handwerk untrennbar, ESt. 38[172]; zB. Ladenbudel, Wagen (§ 74 GewO.; Vdg. v. 19. Dez. 1869, RBl. 2329). — Maschinen, dh. „komplizierte“, durch Naturkraft getriebene Vorrichtg.“ (E. 36[16]) sind pfändbar (VZ. 05[269]), zB. Karussel (RO. 4[153]), Dreschmaschine (R. 05[162]); sehr mild: VZ. 03[157] (Schleiferlokomob.), R. 04[143] (Kinematograph). Geschützt sind aber kleinere Arbeitsgeräte zB. Näh- (VZ. 90[53]), Bohrmaschinen, selbst bei Anschluß an elektr. Kraftleitung, RO. 5[453]; Verzeichnis sog. Motorhandwerker: RGBl. 00[569]. Neuheit der Erfindung benimmt den Schutz nicht; ausschlaggebend Fortdauer der Konkurrenzfähigkeit des persönl. Betriebs ohne das streitige Gerät. — *Nicht geschützt* sind Bargelder (RBehelf des Prinzipals bzgl. einkassierter Gelder: Wsprkl.; vgl. § 947 ff. BGB.), fertige Fabrikate (selbst für öffentl. Lieferg.), Waren (RO 1[226] VZ. 94[39]); wohl aber nunmehr Rohmaterial bis zum gewerbsübl. Neueinkauf (RO. 7[307] VZ. 06[165]). — **Nr. 6.** Vgl. GewO. § 46; bei Pfdg. gg. Minderjähr. gilt Nr. 5 (RO. 11[109]). — **Nr. 7.** *Offiziere*: auch der Reserve (zB. Uhr, SA. 50[224]

ZZP. 31[110] BZ. 91[66]); nicht Pensionierte (aM. RO. 13[203]), Einjährige. — Beamte: § 359 StGB. Hierher zB. Notare (NotG. Art. 8), Amtsärzte, Stadtschreiber (Bl. 42[376]), Gemeindekassier (RSt. 5[76]), Gmdnachtwächter (Bl. 54[200]), Bahnschaffner, Bahnwärter (Bl. 54[325]), Bezirksamts-, Rentamtsoffiziant (GVBl. 91[24] 95[139]; nicht Lohnschreiber: Bl. 48[54]), Lehrerin (Bl. 41[383]), auch unbesoldete Ehrenämter (Bl. 40[374] VGH. 22[223]), funktion. Beamte (NSSt. 3[279]). Nicht hierher RA. (NSSt. 2[35]), Geschworene standesherrl. Beamte, bloße Praktikanten ohne selbstdg. Verwendg. (SSt. 8[465]; vgl. jedoch Bl. 66[452]). Gendarmen: §§ 14, 850. Bestr. bei Hofbeamten, insbes. Hofschauspielern (SA. 43[76]): Seydel 1[175] ESt. 21[384] RO. 6[419] 13[270] verneinend. Nach Art. XXIV §§ 9, 20, 21 HptLandespragm. (RBl. 1805[225]) ist zu unterscheiden zwischen höheren („Hofchargen") u. niederen Ämtern (Bl. 42[491] bzgl. Hofjagdgehilfen verneinend); bloße Hofwürden (zB. Kammerjunker) nicht hierher. — Lehrer: nicht an Privatschulen (ESt. 28[352]). — Ärzte: § 29 GewO. (auch Tierärzte): Sprechzimmereinrichtg.: KGBl. 01[84]. Hebammen: § 30 GewO.; GVBl. 99[413]. — Gegenstd.: auch Bücher, Instrumente (Fleischbeschaumikroskop); Zivilkleidung neben Dienstuniform (zB. Briefträger). — **Nr. 8.** Hierher Strafanstaltslehrer, BerufsgenÄrzte (nicht Privatsanat.); ob kassenärztl. Hebg. geschützt, ist e. Tatfrage („Dienst"). Keine Analogie für Nr. 1 bis 7 des § 850, insbes. nicht für Krankengeld, Unfall-, Invalidenrenten, Witwen- u. Waisenpensionen, Stipendiengelder; anders bei Unteroffiziersprämien u. Abfindg. f. ZivilversorgSchein (Art. 18 RG. v. 22. Mai 1893; MannschaftsVersG. §§ 21, 40, 45). Herkunft des vorgefund. Geldes, Gewahrsam gleichgültig; Nachweis zulässig, der freigelassene Betrag sei Dritteigentum (zB. Depot). Informationspflicht des GVollz. über Bezugshöhe. — Pfändb. des ganzen Betrags: Abs. 4 § 850. — **Nr. 9.** Vdg. v. 27. Jan. 1842 (RBl. 257); § 6 GewO.; Warenvorrat: GVBl. 00[1225] 05[79]. — **Nr. 10.** Auch Hoch-, Musik-, Privatschulen hierher (BZ. 94[130]); andere Sachen als Bücher, zB. Taschenuhr, Mikroskop e. cand. med., Klavier e. Musikschülerin sind nicht befreit. — Heiligenlegende unpfändbar; Kruzifix u. Rosenkranz bestr. (res sacrae); vgl. § 772. — **Nr. 11.** Geschäftsbücher: auch Notizbücher außerhalb Handelsgewerbe; Familienbilder sind pfändbar. — Nicht geschützt Verlobgs.- neben Trauring, wohl aber Witwenring. — Orden: BZ. 91[66] (nicht Doubletten). Anwendg. auf Dedikationen (Ehrensäbel), Ausstellgsmedaillen bestr. (Ordenszulagen: § 850 Nr. 3.) — **Nr. 12.** Hierher Fahr- u. Rollstühle (KB. 196); Perücken, Gebisse, Arzneien, Bruchbänder, Krücken, Blindenhund. — **Nr. 13.** Keine Beschrkg. auf die Bestattung gerade des Schld.; keine Analogie für Geburt (Taufe) u. Hochzeit (vgl. jedoch Nr. 1). Sterbekassahebg.: § 850 Nr. 4.

§ 812. Gegenstände, welche zum gewöhnlichen Hausrate gehören und im Haushalte des Schuldners gebraucht werden, sollen nicht gepfändet werden, wenn ohne weiteres ersichtlich ist, daß durch deren Verwertung nur ein Erlös erzielt werden würde, welcher zu dem Werte außer allem Verhältnisse steht.

§§ 96 GVGA.; 4 GVGO.; 69 FinVV. — §§ 1 Abs. 4 KO.; 559 BGB. — KBehelf: § 766.

Zweck: Erhaltg. abgenützten Hausrats, auch soweit entbehrl.; auf Gewerbe nicht ausdehnbar. — Wert: für die Benutzung durch den Schld., nicht gerade Neukauf; Luxusgerät nicht hierher (KB. 199). Wider Erwarten geringer Stricherlös beweist noch nicht e. Verletzg. der Vorschr. (Begr.). — Anwendbar auch im Konkurs, nicht aber auf die gesetzl. PfandR., zB. des Vermieters (KB. 201; bestr.); soweit das letztere reicht, bedarf es zum Verkaufe keines VollstrTitels (GVGA. § 230). ZwB. aus e. Mietzinsurteil: KGBl. 00[93].

§ 813. I Zur Pfändung von Früchten, die von dem Boden noch nicht getrennt sind, und zur Pfändung von Gegenständen der im § 811 Nr. 4 bezeichneten Art bei Personen, welche Landwirtschaft betreiben, soll ein landwirtschaftlicher Sachverständiger zugezogen werden, sofern anzunehmen ist, daß der Wert der zu pfändenden Gegenstände den Betrag von eintausend Mark übersteigt.

II Inwieweit bei einem geringeren Werte ein Sachverständiger zugezogen werden soll, bestimmt die Landesjustizverwaltung.

§§ 136 bis 139 GVGA.; 78 FinVB.: 12, 13, 16 GVGC. Unterlassung kein Nichtigkeitsgrund (KB. 203): Rechtsbehelf, Kostenfestf.: § 766.

Unter 1000 Mk. Zuziehg. nur auf Verlangen des Schld. oder mangels genüg. Sachkunde des GVollz.; jedoch nicht bei sonstiger Verzögerung oder unverhältnism. Kosten (GVGA. § 136). Das Gutachten ist weder erzwingbar noch zu beeiden u. bindet den GVollz. nicht; kein Mindestgebot.

***§ 814** (716 Abs. 1). Die gepfändeten Sachen sind von dem Gerichtsvollzieher öffentlich zu versteigern, Kostbarkeiten sind vor der Versteigerung durch einen Sachverständigen abzuschätzen.

Vgl. §§ 817, 820, 825; BGB. § 372; HGB. § 429; GVGA. §§ 108, 117, 219; FinVB. 79. — Kosten: §§ 7, 12, 13, 16 GVGC.: 4, 13, 15 BGVGC.

Öff.: wenn auch Käuferkreis rechtl. beschränkt (BZ. 02[149]) oder nur ein Bieter erscheint (BZ. 06[232]). — Beiziehg. e. Ausrufers, Entschdg. über Einzel-, Partien- oder Gesamtversteig. ist Ermessenssache. — Kostbarkeiten („Wert außer Verhältnis zu Umfang u. Gewicht", E. 13[38]): auch Antiquit., Seide, Briefmarken. Bei Gold- u. Silbersachen ist neben dem Verkaufs- auch der Metallwert zu ermitteln (§ 820); vorläuf. Protok.: „angebl. Gold". Keine Haftg. des Glb. für Schätzfehler.

***§ 815** (716 Abs. 2). I Gepfändetes Geld ist dem Gläubiger abzuliefern.

II Wird dem Gerichtsvollzieher glaubhaft gemacht, daß an gepfändetem Gelde ein die Veräußerung hinderndes Recht eines Dritten bestehe, so ist das Geld zu hinterlegen. Die Zwangsvollstreckung ist fortzusetzen, wenn nicht binnen einer Frist von zwei Wochen seit dem Tage der Pfändung eine Entscheidung des nach § 771 Abs. 1 zuständigen Gerichts über die Einstellung der Zwangsvollstreckung beigebracht wird.

III Die Wegnahme des Geldes durch den Gerichtsvollzieher gilt als Zahlung von seiten des Schuldners, sofern nicht nach Abs. 2 oder nach § 720 die Hinterlegung zu erfolgen hat.

§§ 97, 108, 146, 199 GVGA.; 177, 188 GVDB.; 80 FinVB.; 4, 12, 14 GVGO. — Berechnung: § 754; Hinterlegung: § 108 Note: Staatshaftung: Art. 60 AVG.; Frist: § 223: Verwahrung bei der Hinterlegungsstelle wegen Verzögerung der Ablieferg. an den Glb.: JMBl. 02[385].

Abs. 1. Geld: nur nach RMünzG. (Abs. 3); Banknoten oder Reichskassenscheine sind in Gold umzuwechseln (Mot. BGB. 3[822]; aM. §§ 138 GVDB., 128 GVGA.). — Ablieferg. beendet die ZwV., erfolgt mangels Beibringung e. Vollm. z. Geldempfang an den Glb. selbst; Ausnahme hinsichtl. Prozeßkosten: § 81. — Gezahltes Geld ist ebenfalls abzuliefern; kein Pfandrecht (JW. 06[476]); Erlös: § 819. — **Abs. 2.** BZ. 98[146] ZR. 05[117]. Zweck: Sicherung wirks. Interv. Glaubhaftm.: §§ 771, 294; auch glaubh. Angaben des Schld. beachtlich. Bestr., ob der GVollz. zur Entgegennahme mündl. eidesst. Vers. zustdg. (aM. § 97 GVGA.). — Unanwendbar auf sonstige Beanstandg. der ZwV., zB. wegen Unentbehrl. Beibring. e. A. des VollstrG. genügt nicht: Fortsetzg. der ZwV. durch Depotherausgabe an den GVollz. (ZR. 06[267]) nach Fristablauf, womit Abs. 3 (Zahlg.) anwendbar. — Keine Anrufg. des VollstrG. durch den Glb. — **Abs. 3.** Der Glb. erwirbt sohin regelm. sofort mit der Wegnahme Eigentum; keine Anschließg. mehr (E. 40[291]). Erwerb bzgl dem Schld. nicht gehöriger Geldstücke: §§ 771; BGB. 935. — In diesen Hinterlegungsfällen verbleibt bei gesonderter Verwahrg. (ZR. 06[267]) das Eigentum zunächst beim Schuldner, belastet mit dem Pfandrecht (E. 49[359]); bloß nachträgl. Einstellg. hebt die eingetretene Zahlgswirkg. nicht mehr auf. — Ausnahme von Abs. 3 bei Konkurrenz mehrerer PfandR.: § 827.

***§ 816** (717). I Die Versteigerung der gepfändeten Sachen darf nicht vor Ablauf einer Woche seit dem Tage der Pfändung geschehen, sofern nicht der Gläubiger und der Schuldner über eine frühere Versteigerung sich einigen oder dieselbe erforderlich ist, um die Gefahr einer beträchtlichen Wertsverringerung der zu versteigernden Sache abzuwenden oder um unverhältnismäßige Kosten einer längeren Aufbewahrung zu vermeiden.

II Die Versteigerung erfolgt in der Gemeinde, in welcher die Pfändung geschehen ist, sofern nicht der Gläubiger und der Schuldner über einen anderen Ort sich einigen.

III Zeit und Ort der Versteigerung sind unter allgemeiner Bezeichnung der zu versteigernden Sachen öffentlich bekannt zu machen.

IV Bei der Versteigerung finden die Vorschriften des § 1239 Abs. 1 Satz 1, Abs. 2 des Bürgerlichen Gesetzbuchs entsprechende Anwendung.

Vgl. § 814; BGB. §§ 156, 456, 458, 935, 1228 ff. §§ 110 bis 114, 117, 120, 219 GVGA.; 81 ff. FinVB. Einlösungsrecht: §§ 268, 1249 BGB.; kein Vorkaufsrecht: § 512 BGB. Ausschreibung als „Zwangsversteig." wegen Gebührenkontrolle: Art. 257, 258 GebG.; JMBl. 80[382]; GVGA. §§ 121, 232. Annoncenbureaux: BZ. 01[55]. Versteigerungsverbot an Sonn- u. Festtagen: § 761; § 3 Vog. v. 21. Mai 1897 (GVBl. 197; E. 6[380] S. 9[572]. — Hauspolizei während

Versteig.: Art. 7 AStP.: Bl. 59[157]. — Getränkeproben: VZ. 03[184]; Freizeichenverbot: § 367 Nr. 16 StGB.: GVBl. 94[588]. — Tabakversteig.: JMBl. 83[342]. — Arrestpfänder drohender Verderb: § 930. — Haftg. des GVollz.: S. 11[695] Gr. 38[499]; Rechtsbehelf: § 766. — Kosten: §§ 7, 12, 13, 16 GVGO.: 4, 13, 15 BGVGO.; 64 GVDV. Bei erfolgloser Verst. keine Gebühr, VZ. 05[247].

Abs. 1. Landesrechtl. Frist: 14 Tage; über einen Monat nur ausnahmsweise. Bestr., ob auch bei Verlegung, Anschließg. anwendbar (gem. M. dagegen; vgl. aber RO. 2[77] SA. 55[248]). Einigung zw. Glb. u. Schld. formlos (Mot. BGB. 3[828]); hindert Einstellgsanträge Dritter nicht (§ 769), VZ. 91[47]. — **Abs. 2.** Kein Recht auf Versteig. im Pfdgs.-lokale oder am Verwahrort; auch Teilversteig. möglich (RO. 4[144]). — Verbot des Hausbesitzers angesichts des § 550 BGB. (vgl. § 123 StGB.) kaum begründbar (R. 05[518]); keine Ladensperre, wenn Geschäftsbetrieb bedungen. — Wegzug mit den Pfandsachen: §§ 764; GVO. 17; GVGA. 110; ESt. 18[410] SSt. 4[490] 7[65] 8[260] JW. 04[312] VZ. 91[104] [182]. — **Abs. 3.** Terminsansetzung in der Regel bei Pfdg. (§§ 106, 112 GVGA.); öff. Bekanntm. unverzichtbar u. gebührenfrei; „ortsüblich": VZ. 06[191]. Keine Namensangabe. „Zusammenkunftsort" kann genügen; tunlichst kurze Sammelannoncen. Abreißen e. Anschlags: ESt. 36[183]. — Glb. u. Schld. sind tunlichst eigens zu verständigen; vgl. VZ. 06[233]. — Entspr. gilt für Terminsaufhebg. — **Abs. 4.** Glb. u. Schld. können hienach mitbieten (vgl. § 817 Abs. 4); aber auf Verlangen des Glb. muß der Schld. sein Gebot bar erlegen. — Ausschluß des GVollz. u. seines Personals: § 456 BGB.; der Angehörigen: §§ 109, 123 GVGA.

***§ 817** (718). I Dem Zuschlag an den Meistbietenden soll ein dreimaliger Aufruf vorausgehen; die Vorschriften des § 156 des Bürgerlichen Gesetzbuchs finden Anwendung.

II Die Ablieferung einer zugeschlagenen Sache darf nur gegen bare Zahlung geschehen.

III Hat der Meistbietende nicht zu der in den Versteigerungsbedingungen bestimmten Zeit oder in Ermangelung einer solchen Bestimmung nicht vor dem Schlusse des Versteigerungstermins die Ablieferung gegen Zahlung des Kaufgeldes verlangt, so wird die Sache anderweit versteigert. Der Meistbietende wird zu einem weiteren Gebote nicht zugelassen; er haftet für den Ausfall, auf den Mehrerlös hat er keinen Anspruch.

IV Wird der Zuschlag dem Gläubiger erteilt, so ist dieser von der Verpflichtung zur baren Zahlung soweit befreit, als der Erlös nach Abzug der Kosten der Zwangsvollstreckung zu seiner Befriedigung zu verwenden ist, sofern nicht dem Schuldner nachgelassen ist, durch Sicherheitsleistung oder durch Hinterlegung die Vollstreckung abzuwenden. Soweit der Gläubiger von der Verpflichtung zur baren Zahlung befreit ist, gilt der Betrag als von dem Schuldner an den Gläubiger gezahlt.

§§ 116 bis 120 GVGA.: 86 ff. 91 FinVV. — Vgl. ZVG. § 65; Mot. BGB. 3[825]; EBG. Art. 99; Rechte des Erwerbers: § 806.

Abs. 1. Vertragsschluß durch Zuschlag; Übergang v. Eigentum u. Gefahr erst mit Ablieferg. (§ 156 BGB.). Kein Recht auf den Zuschlag (Prot. BGB. 6[718]); keine Zuschlagsfrist (sof. Erlöschen der Gebote). Verweig. insbes. auf Grund Weisg. des Glb. oder Einigung zw. Glb. u. Schld. möglich. Pacta de non licit. machen den Zuschlag nicht ungültig (E. 60[272]; vgl. BGB. § 134); Abbrechen der Versteig. u. U. v. amtsw. rätlich (BZ. 91[71]). Nach Beend. der ZwV. Anfechtg. des Z. nur durch Klage (anders Art. 82 SubhO.); wegen Simulation zwischen Schld. u. Ansteigerer keine Anfecht., E. 54[78] S. 15[453]. — Gebot auf gemeins. Rechng.: JW. 05[683]; irrtüml. Gebot: E. 54[308]. — **Abs. 2.** Aufrechng., Stundung auf Grund Einig. der Beteiligten zulässig; Kaution des Bieters nicht forderbar. Haftg. des GVollz. wegen voreiliger Erlösablieferg. vor Übergabe: E. 35[271]. — **Abs. 3.** Der säumige Ansteigerer haftet (auch für Zwischenzins, S. 4[857]) sowohl dem Glb. als dem Schld. (Bl. 59[176]) im Klagewege; wird selbst bei Erfolglosigkeit der Wiederverst. nicht Eigentümer (E. 13[275]). Letztere ist Forts. der ZwV. gg. den Schld.; Doppelgebühr des GVollz.: BZ. 06[208]. — **Abs. 4.** §§ 816; BGB. 1239. Barerlage, wenn VertVers. beantragt (S. 15[458]). — Glb.: auch Anschlußglb. — Kein Anspruch des Schld. auf allenfalls. Gewinn des Glb. bei Weiterverkauf, S. 10[454]; vgl. aber E. 58[223, 395]. — Einsteig. durch Schld. ist Neuerwerb (Prot. BGB. 3[480]).

§ 818 (719). Die Versteigerung wird eingestellt, sobald der Erlös zur Befriedigung des Gläubigers und zur Deckung der Kosten der Zwangsvollstreckung hinreicht.

§§ 119, 120 GVGA.; 88 FinVV. — Der Glb. kann stets einstellen.

Übersteigerg. wegen Vorrecht: BZ. 06[110] (§ 803); Neupfändg. bei Mindererlös: BZ. 05[285] (§ 753). — Überzählige Pfänder, Erlösüberschuß erhält der Schld.; für allenfalls. Fordgspfdg. hieran ist der GVollz. Drittschld. (§§ 171, 829; GVDV. 177). — Bzgl. unanbringl. Pfänder vgl. § 803 (pfandfreie Rückgabe nach gem. M.); Rechtsbehelf: § 766.

§ 819 (720). Die Empfangnahme des Erlöses durch den Gerichtsvollzieher gilt als Zahlung von seiten des Schuldners, sofern nicht dem Schuldner nachgelassen ist, durch Sicherheitsleistung oder durch Hinterlegung die Vollstreckung abzuwenden.

§§ 815, 839 mit ZR. 06[267]; GVGA. §§ 146, 199; FinVV. § 89. — Zinsansatz bis zur voraussichtl. Ablieferg.: § 92 GVGA.; sonstige Verrechng.: § 367 BGB. (Kosten, Zinsen, Hptf.); Übersendgskosten: § 77 GVGA. — Formell einwandfreie Pfdg. u. Versteig. ist vorausgesetzt, E. 14[80] 17[39]. — Dritteigentum (E. 43[78]), Bereicherg.: § 771; paul. Anfechtg.: § 804; Beendig. der ZwV.: § 750.

§ 820 (721). Gold- und Silbersachen dürfen nicht unter ihrem Gold- oder Silberwerte zugeschlagen werden. Wird ein den Zuschlag gestattendes Gebot nicht abgegeben, so kann der Gerichtsvollzieher den Verkauf aus freier Hand zu dem Preise bewirken, welcher den Gold- oder Silberwert erreicht.

Vgl. §§ 814; 1240 BGB.; 65 ZVG.; RG. v. 16. Juli 1884 (RGBl. 120). — §§ 108, 117, 118, 120, 122 ff. GVGA.; 90 ff. FinVV.; JMBl. 02[384]. — Kein Mindestgebot für Edelsteine oder sonstige Kostbark.; Satz 2 erfordert keine Ermächtigung durch das VollstrG.; Barzahlg.: § 817. — Kosten (Satz 2): § 825.

§ 821 (722). Gepfändete Wertpapiere sind, wenn sie einen Börsen- oder Marktpreis haben, von dem Gerichtsvollzieher aus freier Hand zum Tageskurse zu verkaufen und, wenn sie einen solchen Preis nicht haben, nach den allgemeinen Bestimmungen zu versteigern.

§§ 122 bis 128, 157 GVGA.; 92 FinVV.; JMBl. 02[381]. – BGB. §§ 935, 1195, 1221, 1235, 1293; HGB. §§ 367, 381. — Zinsscheine: § 804; Verlosung: § 1294 BGB.; Wechsel: § 831; Beweisurkunden: §§ 836, 845, 847; Mäkler: § 34 BörsenG.; Kursfeststellung: RGBl. 98[915]; Schlußnote: FinBl. 14[23]. — Arrestverkauf: § 930. — Kosten: § 7 GVGO.

Wertpap.: Frdgs.-, Rechtsträger; übl. Realisierg. durch Verkauf, nicht Einziehg. (E. 8[375] 16[169] 29[301]), auch wenn auf Namen umgeschrieben (§ 822). Reine Rektapapiere: § 952 BGB. — Hierher Banknoten u. Reichskassenscheine (§ 815), Pfandbriefe, Aktien (auch auf Namen; Stimmrecht: R. 03[561]), Kuxscheine nR. (E. 54[350]), Reichsbankanteile, Koupons (Bl. 62[5]), Lose (keine Frdgspfdg. bzgl. Treffer, kein Behalten durch Glb. außer § 825), Briefmarken, Grundschuldbriefe auf den Inhaber (bestr.); nicht Pfandzettel (GVBl. 06[803] § 128 GVGA.; RSt. 2[163] BZ. 94[23]; unrichtig S. 16[244]), Lebensversichergspolizen (E. 22[218] 51[83] S. 8[83]), Patenturkd., Sparkassenbücher (E. 9[426] JW. 02[358] RS. 4[452]), Schuldscheine der K. B. Bank (S. 2[522] 6[329] JMBl. 01[417]), Postanweisg., Aussteuerscheine, Genossenschaftsanteilscheine (E. 34[115] ESt. 31[403] JW. 01[521] 04[360]), gewöhnl. Hyp.- u. Grundschuld-, Ewiggeldbriefe, kaufmänn. Verpflichtgsscheine (ROHG. 24[257] E. 35[77]), Checks, Bierzeichen; bzgl. sog. Genußscheine vgl. E. 49[13]. — Für den freihänd. Verkauf (u. U. Versendung nötig) gilt weder die Hinterleg. nach § 815 Abs. 2 noch die Zwischenfrist des § 816 (BZ. 03[117 157]), wohl aber die Barzahlpflicht (§ 817) u. das Kaufverbot des § 456 BGB. — Keine Signierung; Verwertung der Mäntel ohne Zinsscheine: § 1012.

§ 822 (723). Lautet ein Wertpapier auf Namen, so kann der Gerichtsvollzieher durch das Vollstreckungsgericht ermächtigt werden, die Umschreibung auf den Namen des Käufers zu erwirken und die hierzu erforderlichen Erklärungen an Stelle des Schuldners abzugeben.

§§ 223 HGB.; 4, 5 RBankstatut; Hock 3[282]. §§ 127 GVGA.; 22 AGSchrG. Beseitig. e. Nameneinschreibg.: § 823; indossable Papiere: § 831. Kosten: §§ 35, 39 GKG.; 23, 29, 31 RAGO.; 12, 13 GVGO.

Antrag auch durch den GVollz. stellbar; Verfahren: BZ. 87[189]. Verbdg. der Beschlußausfertig. mit dem Papier praktisch; Indoss. der Namenaktie auf den Käufer durch den GVollz. (gem. M.). — Auf gesperrte LegitPap. nicht ausdehnbar.

§ 823 (724). Ist ein Inhaberpapier durch Einschreibung auf den Namen oder in anderer Weise außer Kurs gesetzt, so kann der Gerichtsvollzieher durch das Vollstreckungsgericht ermächtigt werden, die Wiederinkurssetzung zu erwirken und die hierzu erforderlichen Erklärungen an Stelle des Schuldners abzugeben.

Vgl. § 822. — Umschreibg. auf den Namen (nur durch den Aussteller, nicht bzgl. Koupons): §§ 806 BGB., 183 HGB.; Art. 101, 174 EBG.; 49 ff., 175 Nr. 16 ABG. mit JMBl. 99[455] InnMBl. 00[125] KultusMBl. 00[1]; 8 ÜG. — Die frühere Vinkulierung (auch durch den Gläubiger oder Dritte, zB. Aufsichtsbehörde, Hock 3[274]) ist wirkungslos, JW. 06[539]; vgl. Art. 176 EBG., 26 EHG.

§ 824 (725). Die Versteigerung gepfändeter, von dem Boden noch nicht getrennter Früchte ist erst nach der Reife zulässig. Sie kann vor oder nach der Trennung der Früchte erfolgen; im letzteren Falle hat der Gerichtsvollzieher die Aberntung bewirken zu lassen.

Vgl. §§ 810; GVGA. 132, 133, 136, 137; FinVV. 93. — Kosten: §§ 7, 13 GVGO.

Zweck: Erzielung e. besseren Preises. — „Reife" hier konkret; Aberntg. auch durch den Schld. gg. Entlohnung. — Die Versteig. vor der Trennung nimmt dem Schld. den Gewahrsam nicht, ESt. 23[72]; vgl. § 817.

§ 825 (726). Auf Antrag des Gläubigers oder des Schuldners kann das Vollstreckungsgericht anordnen, daß die Verwertung einer gepfändeten Sache in anderer Weise oder an einem anderen Orte, als in den vorstehenden Paragraphen bestimmt ist, stattzufinden habe oder daß die Versteigerung durch eine andere Person als den Gerichtsvollzieher vorzunehmen sei.

Vgl. § 806; BGB. 1246; FGG. 166, 181. — Form: Beschluß (§ 764); Zustellg.: § 329; RMittel: § 793. — Notare: NotG. Art. 2; NotGeschO. §§ 223 ff.; Auktionatoren: §§ 35 ff. GewO.; MV. v. 20. Okt. 1900 (GVBl. 1182). — §§ 110, 115, 124 GVGA.; 94, 95 FinVV. — Kosten: §§ 35, 39 GKG.; 23, 31 RAGO.; 7, 5 GVGO. (mit VZ. 05[290]); 4 BGVGO.; Art. 257 ff. GebG. mit VGH. 5[157] 6[131] 13[189]; 23, 97 NotGebO.

ZB. Ausverkaufsfortsetzg. im Laden. — Gehör des Schld. sowie etwaiger Anschluß- u. Vorrechtsglb. sachgemäß, JW. 03[88]. Das Verf. bleibt ZwV. (ZR. 06[21]); § 456 BGB. ist anwendbar; mgls. besonderer Anordng. des VollstrG. gelten die §§ 816 ff. entspr. (aM. JW. 97[149]); Verteilung des Erlöses: VZ. 05[50]. RBehelf gegen die Versteigerungsperson: § 766. — Freie Vereinb. aller Beteiligten ohne Angehung des VollstrG. zulässig (VZ. 93[111]), zB. Übernahme um den Schätzgspreis oder e. Zuschlagsquote; Konstitut: R. 05[529]. — Eigenmächt. Privatverkauf durch den Glb. ist Pfandbruch, DJZ. 05[317].

***§ 826** (727). I Zur Pfändung bereits gepfändeter Sachen genügt die in das Protokoll aufzunehmende Erklärung des Gerichtsvollziehers, daß er die Sachen für seinen Auftraggeber pfände.

II Ist die erste Pfändung durch einen anderen Gerichtsvollzieher bewirkt, so ist diesem eine Abschrift des Protokolls zuzustellen.

III Der Schuldner ist von den weiteren Pfändungen in Kenntnis zu setzen.

§§ 803, 931; BGB. § 268; GVGA. 140 ff.; FinVV. 76, 77. — Genaues Protokoll VZ. 03[80]; Angabe der Anschließgsstunde beachtlich. — Frdrgspfdg. bzgl. Überschuß: § 829. — Kosten: § 5 GVGO.

Abs. 1. Zweck: Aufrechthaltg. e. formellen Erstpfdg. als Anschließg., wenn sich an den Sachen die Existenz e. noch älteren Erstpfdg. herausstellt, „von welcher der GVollz. keine Kenntnis erlangte" (Begr. 169); also Aufgabe des Ersichtlichkeitsprinzips im Widerspr. mit den Mot. zu § 712 aF. Praktisch wäre diese Aufrechthaltg. ohnehin möglich, weil die Erstpfdg. doch stets protokolliert wird u. damit die wesentl. Form der Nachpfdg. (E. 13[315]) erfüllt ist. — Die Anschließg. setzt Fortdauer des Erstpfandbesitzes

(E. 35[339]) u. formelle Wirksamkeit der Erstpfdg. voraus (JW. 95[42] SA. 47[353] BZ. 91[180] 92[54] 97[140]). Nicht erforderlich ist Identität des Schld. (BZ. 90[103]; unklar Gr. 29[1140]; solchenfalls auch Benachr. des Erstschld.) oder Gegenwart der Pfandsache (BZ. 89[4] ZZP. 10[400] 14[220]; aM. § 141 GVGA.; wichtig für örtl. Zustdk.). — Unwirksam ist hiernach Anschl. an e. inhaltslose Markierung, die nach Freigabe zurückgeblieben (gilt auch nicht als selbstdg. Erstpfändg.); Anschl. an e. von Anfang an unersichtliche oder gg. e. Drittgewahrsam (§ 809) verstoßende Erstpfdg. (E. 35[339]); wegen nachträgl. Unersichtlichkeit vgl. § 808, wegen Unentbehrl. § 811. Desgl. ist unwirksam e. Anschließ., nachdem gepfdt. Bargeld bereits in das Eigentum des Glb. oder des Staats übergegangen (SA. 40[281] ZR. 06[268]). Wirksam ist dagegen Anschl. an e. nur wegen Mangel der VollstrTitel-zustellg. nichtige Erstpfdg., ferner Anschl. an Anschl. (soferne die Sachen erkennbar identisch u. noch e. Erstpfandbesitz besteht); ebenso Anschl. „in blanco" („welche Sachen u. durch wen immer gepfändet": BZ. 97[142]; praktisch meist nutzlos mangels Kenntnis des erstpfd. GVollz.); desgl. weitere Anschl. an e. erledigte Erstpfdg., solange noch e. Anschl. hieran besteht oder an e. Erstpfdg., die sich schließlich selbst nur als Anschl. aufrecht erhalten läßt; endlich Erstpfdg. mit Eventualanschl. (bedingte Besitzergreifung; Wirkung ex tunc). — **Abs. 2, 3** nur instrukt. (E. 13[345]). Nichtbeachtg. macht den GVollz. ersatzpfl., ebenso Unterlassg. sachgemäßer Antwort, falls dem GVollz. e. irrige Anschl. zukommt; vgl. Gr. 41[1190].

§ 827 (728). I Auf den Gerichtsvollzieher, von welchem die erste Pfändung bewirkt ist, geht der Auftrag des zweiten Gläubigers kraft Gesetzes über, sofern nicht das Vollstreckungsgericht auf Antrag eines beteiligten Gläubigers oder des Schuldners anordnet, daß die Verrichtungen jenes Gerichtsvollziehers von einem anderen zu übernehmen seien. Die Versteigerung erfolgt für alle beteiligten Gläubiger.

II Ist der Erlös zur Deckung der Forderungen nicht ausreichend und verlangt der Gläubiger, für welchen die zweite oder eine spätere Pfändung erfolgt ist, ohne Zustimmung der übrigen beteiligten Gläubiger eine andere Verteilung als nach der Reihenfolge der Pfändungen, so hat der Gerichtsvollzieher die Sachlage unter Hinterlegung des Erlöses dem Vollstreckungsgericht anzuzeigen. Dieser Anzeige sind die auf das Verfahren sich beziehenden Schriftstücke beizufügen.

III In gleicher Weise ist zu verfahren, wenn die Pfändung für mehrere Gläubiger gleichzeitig bewirkt ist.

Zustdk. u. Verf.: §§ 764, 108, 872. — Gleichzeitige Pfdg. ohne Rücks. auf die Zeitfolge der Aufträge: §§ 43 GVDV.; 91, 143, 147, 199 GVGA.; 78 FinVB. Abstand erledigt früheren Auftrag. — Gemeins. Versteig. in der Pfandkammer: §§ 202 GVDV.; 115 GVGA. — Sonstiger Wechsel des GVollz.: (GVC. § 17); vgl. § 764. — Keine persönl. Beschw. des GVollz.: BZ. 98[42]. — Kosten: §§ 47, 80a GKG.; 23, 29 RAGO.; 4, 5, 14, 19 GVGO.; 64 GVDV. (Zusammenrechng.).

Abs. 1. Dem erstpfd. GVollz. obliegt nach Empfang des Vollstr.-Titels der Weiterbetrieb auch ohne neuerl. speziellen Auftrag (Mot. 431); Ausnahme bei Anschl. e. GVollz. an die Erstpfdg. e. Amtsvollz. (§ 144

GVGA.). — Die Versteigergsfrist bemißt sich nach der Erstpfdg. (bestr., SA. 55[248]): Einstellg. bzgl. e. Glb. hindert den Fortbetrieb der übrigen, insbes. Einschaffg. (BZ. 99[32]) nicht. — Für die Versteigergskosten haften alle Glb. samtverbindlich (§ 427 BGB.); Abzug derselben (nicht der einzelnen Pfdgskosten) bei der Hinterlg.: BZ. 90[171]. — Teilanschluß: BZ. 93[73]. — **Abs. 2.** Das Verlangen bedarf keiner weiteren Begr., muß aber rechtzeitig vor oder bei der Versteig. gestellt sein. Zur Fristsetzung nach Vereinnahmg. des Erlöses ist der GVollz. nicht verpflichtet, wenn solches auch meist (auf der Abschrift des Versteigergsprot.) geschieht. Zustimmung des Schld. zur Einigung ist nicht erforderlich. — Der hinterlegte Erlös bleibt pfandbelastetes Eigentum des Schld. (gem. M.; vgl. E. 49[359]), also Anschl. noch möglich. Anders bei § 47 HO. (R. Bank), ZR. 06[268]. — Haftg. des Staats für richtige Verteilg.: R. 05[228]; Pfandrang: § 804. — **Abs. 3.** Solche Pfdg. ist einheitlich zu protok. (BZ. 87[95]). — Bestr., ob hier die Hinterleg. schon mangels ausdrückl. Einigung geboten; vgl. § 804, BZ. 03[75]. Verteilung hier nach Verhältnis der Frdrg. (nicht Auftragszeit): S. 11[608] R. 05[561].

III. Zwangsvollstreckung in Forderungen und andere Vermögensrechte.

§ 828 (729). I Die gerichtlichen Handlungen, welche die Zwangsvollstreckung in Forderungen und andere Vermögensrechte zum Gegenstande haben, erfolgen durch das Vollstreckungsgericht.

II Als Vollstreckungsgericht ist das Amtsgericht, bei welchem der Schuldner im Deutschen Reiche seinen allgemeinen Gerichtsstand hat, und in Ermangelung eines solchen das Amtsgericht zuständig, bei welchem in Gemäßheit des § 23 gegen den Schuldner Klage erhoben werden kann.

Vgl. BGB. §§ 1273 ff. mit Art. 184 EGBG.; KO. § 127 mit R. 03[581]; RSchuldBG. §§ 7, 15. §§ 149 ff. GVGA.; 96 JMBl. — Kein Anwaltszwang: keine Anhörg. des Schld. vor der Pfdg.: § 834. Rechtsbehelf gg. Stattgabe: § 766; gg. Abwsg.: § 793. — Ausnahme von der Zustdk.: §§ 831, 858, 930. Kosten: §§ 35, 39 GKG.; 23, 31, 32, 39 RAGO.

Die Zustdk. ist ausschl. (E. 9[365]): Verstoß auch von Drittinteressenten rügbar, SA. 38[176] RO. 7[312] Gr. 48[1153]. Keine Beschränkg. auf Vermögen im Bezirk (JW. 02[363]); unter mehreren VollstrG. nach § 23 hat der Glb. die Wahl. Keine Gerichtsbestimmg. nach § 36 Nr. 3, E. 44[418]; Pfdg. von Nachlaßaktiven gg. Miterben: Bl. 65[265] JW. 98[679] R. 04[505]. — Grundlage meist OffenbEid; keine Nachfragepflicht des GVollz. bei Pfdgsabstand, BZ. 05[262]. — Erlassung des Pfdgsbeschl. ist schon Beginn der ZwV. (E. 12[379]), sohin VollstrTitel mit Zustellgsnachweis gg. Rückgabe vorzulegen; e Vermerk über die Pfdg. ist nicht vorgeschrieben.

§ 829 (730). I Soll eine Geldforderung gepfändet werden, so hat das Gericht dem Drittschuldner zu verbieten, an den Schuldner zu zahlen. Zugleich hat das Gericht an den Schuldner das Gebot zu erlassen, sich jeder Verfügung über die Forderung, insbesondere der Einziehung derselben zu enthalten.

II Der Gläubiger hat den Beschluß dem Drittschuldner zustellen zu lassen. Der Gerichtsvollzieher hat den Beschluß mit einer Abschrift der Zustellungsurkunde dem Schuldner sofort zuzustellen, sofern nicht eine öffentliche Zustellung erforderlich wird. Ist die Zustellung an den Drittschuldner auf unmittelbares Ersuchen des Gerichtsschreibers durch die Post erfolgt, so hat der Gerichtsschreiber für die Zustellung an den Schuldner in gleicher Weise Sorge zu tragen. An Stelle einer an den Schuldner im Auslande zu bewirkenden Zustellung erfolgt die Zustellung durch Aufgabe zur Post.

III Mit der Zustellung des Beschlusses an den Drittschuldner ist die Pfändung als bewirkt anzusehen.

Verfahren: § 128 Note. — Zustellung des Pfdgsbeschl. an den Glb. formlos, E. 11[404]; an den Drittschld. stets im Parteibetrieb, auch dch. Vermittelg. des GSchr. und ersatzweise (JW. 90[49]). Reihenfolge belanglos, praktisch an Drittschld. zuerst; Zustellg. mehrerer Pfdgsbeschl. gleichzeitig (§ 150 GVGA.) — Zust. an den Schld. nur instruktionell; entfällt nach gem. M., wenn öffentlich (R. 06[902]); § 176 ff. anwendbar (bestr.). — §§ 149, 150 GVGA.; 4, 11, 12, 83 AGSchrG.; 96 FinVV. (Aktivleg. des Rentamts nur kraft Delegation, ZR. 05[325]). — Keine Formerleichterg. der Nachpfändung: Arrest: § 810; Überpfdg.: § 803; Unpfändbarkeit: §§ 850 ff. — Vgl. auch § 828 u. bzgl. der Kosten § 788.

Verfahren. Daß die zu pfänd. Forderung dem Schld. tatsächl. zusteht, bedarf keiner Glaubhaftm. (E. 13[177]); wegen simul., anfechtb. Zessionen vgl. E. 32[103] 61[150]. Auch von genauer Bezeichng. des Rechtsgrunds u. von Bezifferg. der Drittschuld sieht die Praxis auf Gefahr des Glb. im Gegensatz zum Einziehgsprozesse ab (JW. 02[530] S. 5[529] RO. 4[144] 13[829]); irrige Beschreibg. unschädlich, solange Identität für den Drittschld. erkennbar, Bl. 64[198] SA. 60[45]. — Der Drittschld. muß namentlich (zustellgsmäßig) bezeichnet sein (zu mild E. 42[330]); unzureichend zB. „der Neuwirt in N." (vgl. JW. 04[444]). Bei jur. Pers. ist auf klagemäßige Angabe (§§ 50, 253) zu dringen; nicht: „Rentamt, Oberpostamtskasse" allein, statt Fiskus. — Gebot u. Verbot richtet sich bei Prozeßunfäh. an die Partei selbst; die Zustellg. erfolgt nach § 171 an den ges. V., nicht an e. Kasse als solche; § 411 BGB, ist nicht anwendbar. Die ges. V. ist aber hier nicht stets mit der gewöhnl. Vertr. im Prozeß identisch, sondern meist bei der anweisenden Behörde (§ 18); vgl. Hock Bd. 3 u. für außerbayer. Verhlt. Meyer, Recht der Beschlagn. (1904). — **Einzelnes:** Militär (Gehalt u. Pension): JMBl. 06[255] mit 82[14] (Bayern; nicht an Generalmilitärkasse); 06[208] (Preußen einschl. Baden); 98[593] (Württemberg); 06[292] (Sachsen); Marine: RZentrBl. 98[496]; Auswärt. Amt: VZ. 92[17]; Bayer. Verkehrsanstalten: JMBl. 94[93] 04[15]; vgl. E. 2[389] 5[427] 29[413] VZ. 88[18] u. die Note zu § 809. — Allg. Finanzverw. in Bayern: nach Vdg. v. 2. Jan. 1808 (RBl. S. 153, 726) Zustellg. an die auszahlende Kasse, insbes. Zentralstaats-, Kreiskasse, Rentamt (wahlweise mit dem ges. V.) zulässig u. meist allein praktisch. Die Vdg. besteht, weil Formationsvorschr., noch fort (ZR. 05[118]): Kassenbehdlg.: JMBl. 70[414] Hock 3[44]. Wegen Staatsbauten vgl. Hock 1[411] 3[189] (nicht Landbauamt), § 37 SubmV.; Akkordkautionen: Hock 3[182]; Notariatskongrua: Hock 3[290]. Bei der Zentralstaatskasse sind insbes. die Bezüge der Gesandtschaften, des Justizministeriums u. BOLG., der Landtagsbeamten u. zahlreiche Pensionen (FinMBl. 77[1]) zahlbar. Hofpersonal: Zivilliste (Hofkasse, Kabinetskasse); Sparkasse: betr. Gemeinde Drittschld. — Zustellg. an Schld. als ges. V. des Drittschld. statthaft, NS. 4[378]; Pfdg. eigener Schuld: E 20[365] 33[291]; e. Frdg. gg. e. Ehefrau (Zustellg. auch an Mann oblig.): BlEB. 7[128] KO. 9[123]. Bei Pfdg. e. Gesamthandanspruchs Wirkg. erst mit Zustellg. an alle Drittschld., E. 32[314] 63[74]. — Bei Subhastationshebg. bestr., ob der Ansteigerer (S. 3[132]) oder das VollstrG. (BlEB. 8[374]) oder niemand Drittschld.; vgl. § 853; E. 40[395] 43[429] S. 12[84] NS. 2[6] 4[310] (Ansteigerer) Bl. 70[517] JW. 06[387]. — Für Anspr. gg. GVollz. aus der ZwV. ist nach gem. M. weder das AmtsG. noch die GVollzieherei Drittschld., sondern nur der einzelne GVollz. (ZR. 05[120]). — Im Strafprozeß verwahrte Sachen: § 111 StPO., Vdg. v. 8. Sept. 1879 (GVBl. 1151): NSSt. 3[142] 5[405] Bl. 63[283 340 387] EB 6[190] ZR. 04[57] 05[118]. — Gefängnisasservate: §§ 5, 12, 27, 28, 95 DuHO. — Im Konkurse wird praktisch dem Gemeinschld. neben dem Verwlt. als Drittschld. zugestellt (vgl. E. 2[21] JW. 06[574]), nicht an das Konkursgericht; wegen des Nachlasses vgl. §§ 1960 ff. BGB., S. 2[555] 3[256] Bl. 49[186] (in der Regel NachlaßG. nicht Drittschld.) — Bei Depositen genügt jetzt Zustellg. an die Hinterlgsstelle (RO. 4[379] ZR. 05[110 117]) als ges. V. des drittschuldenden K. B. Staatsärars bzw. der K. Bank: § 18; Art. 76 AGB.; §§ 1, 27 HO.; 20, 23 HGeschO.; 5 Bank-VollzB.; 1, 11, 14 BankRegl.; Rückgabe offener Bankdepots wegen Pfdg.: JMBl. 01[417]. — Auch e. nicht rechtsfähg. Verein (§ 50) kann Drittschld. sein, zB. Ausstellgskomitee (Bl. 64[489]); anders bei Sozietäten. — Zustellg. an ausld. Drittschld. nach § 199 ist zulässig (E. 36[355] SA. 41[158] 50[65]), desgl. öff. Z. (R. 06[895], aM. E. 22[404]); Zustellg. auf diplom. Weg: JMBl. 93[227] (nur in Großbrit. u. VerSt. v. Nordam.); in anderen Staaten unstatthaft (R. 06[902] BöhmZ. 14[428]). Pfdg. gg. ausw. Staaten als Drittschld. nur möglich, wenn u. soweit ledigl. Jurisdiktion über den Schld. damit beansprucht wird (bestr.) — **Wirkung:** BGB. §§ 135, 136, 372, 392, 573 (E. 58[181]), 1223 ff. mit E. 49[358]. Der Schld. darf die Beitreibg. nur mehr unbeschadet des PfandR., also nur zur Hinterleg. vornehmen (§§ 775, 804; BGB. 1281; E. 17[292] 49[201]); § 137 StGB. auf Einziehg. nicht anwendbar, ESt. 24[40] (BStS.). Der Pfdglb. kann bereits mit der Pfdg. auf Hinterleg. klagen bezw. vollstrecken u. hierfür Arrest erwirken (§ 1281 BGB., gem. M.). — Der Drittschld. gewinnt die Einr. der Deponierg. statt Zahlg., ev. im Wege des § 787 (E. 25[427] 48[232]) u. kann auch formelle Mängel der Pfdg. rügen (vgl. § 766). — Kein Schutz gutglb. Zahlg., zB. bei Ersatzzustellg. (Prot. BGB. 2[173] R. 06[906] SA. 61[70]). — Pfdg. im Vorrang vor dem Rest bestr.; prakt. Totalpfdg., soweit nicht Eingang völlig sicher (ZZP. 23[259]). — Bei unrichtiger Angabe des Drittschld. oder falscher Zustellg. entsteht kein PfandR.; anderwtg. Kenntnis belanglos (JW. 06[382]), § 187 nicht anwendbar. Zustellvollmacht genügt. Der Amtsnachf. ist durch Pfdgszustellg. an Amtsvorg. gebunden, desgl. dessen Erben.

***§ 830** (731). [I] Zur Pfändung einer Forderung, für welche eine Hypothek besteht, ist außer dem Pfändungsbeschlusse die Übergabe des Hypothekenbriefs an den Gläubiger erforderlich. Wird die Übergabe im Wege der Zwangsvollstreckung erwirkt, so gilt sie als erfolgt, wenn der Gerichtsvollzieher den Brief zum Zwecke der Ablieferung an den Gläubiger wegnimmt. Ist die Erteilung des Hypothekenbriefs ausgeschlossen, so ist die Eintragung der Pfändung in das Grundbuch erforderlich; die Eintragung erfolgt auf Grund des Pfändungsbeschlusses.

II Wird der Pfändungsbeschluß vor der Übergabe des Hypothekenbriefs oder der Eintragung der Pfändung dem Drittschuldner zugestellt, so gilt die Pfändung diesem gegenüber mit der Zustellung als bewirkt.

III Diese Vorschriften finden keine Anwendung, soweit es sich um die Pfändung der Ansprüche auf die im § 1159 des Bürgerlichen Gesetzbuchs bezeichneten Leistungen handelt. Das Gleiche gilt bei einer Sicherungshypothek im Falle des § 1187 des Bürgerlichen Gesetzbuchs von der Pfändung der Hauptforderung.

BGB. § 1159: Rückstände an Zinsen u. sonstigen Nebenleistg., sowie Kosten; BGB. § 1187: Sichergshyp. für Schuldverschreibg. auf den Inhaber, Wechsel u. sonstige indossable Papiere. Nebenkautionen: Ges. v. 15. Mai 1906 (GBBl. 190); RGBl. 06[429]. — Vgl. BGB. §§ 1154, 1274 mit Prot. 3[387] 6[256 722]; GBO. 42, 55 mit JMBl. 05[829]; GebG. Art. 116 ff.; GBGA. §§ 153 ff.; GBDA. §§ 140, 401. — Überweisg.: § 837; Kautionshyp.: § 851; Grundschuld, Rentenschuld, Reallast, Eigentümerhyp.: § 857. — Alt. R. u. Übergang: Art. 189 ff. EBG.; 166, 177 ABG.; 125 AZP.; 11 SubhO.; 309 GebG.; §§ 104, 155, 157 HypG.; JMBl. 98[40 654]. Pfdgseintrag auf Ersuchen des VollstrG. schon bei Erlaß: Schutz des guten Glaubens des Pfandglb.: S. 14[573] vgl. jedoch RS. 2[307] 3[30]. Bei Benachr. § 844, Überwsg., Löschg. nur Parteibetrieb (BlEB. 12[240]); Anlegung des GB.: Note zu § 861. — Überleitg. der bestehenden Hyp.: r. d. Rh. in Buchhyp. EBG. Art. 192; l. d. Rh. in Sichergshyp. Art. 1 Pfälz. LiegenschG.; Zwangsvormerkg.: Art. 57 AGBO. Sichergshyp. mit E. 47[220] 52[42]; Bauvormerkg.: Art. 22 AGBO.; Ewiggeld: ÜG. Art. 47.

Abs. 1. Die Pfdg. der Briefhyp. ist hiernach ohne Eintrag. im Grundbuch u. ohne die (zur vorsorgl. Bindg. des Drittschld. nach Abs. 2 gleichwohl sachgemäße) Zustellg. des Pfdbeschl. an den Drittschld. gg. jedermann wirksam, wenn der Glb. den Besitz des HypBriefs bereits hat (RO. 9[128]) oder sobald er ihn erlangt; Grund: §§ 362, 402, 144 BGB.; 42, 55 GBO. Der Pfdgsbeschl. ist VollstrTitel für die Wegnahme des HypBriefs beim Schld. im Parteibetrieb, auch ohne Klausel oder Überwsg.: E. 59[311] ESt. 26[10] BGB. § 952 GBGA. §§ 155, 156; bestr., ob Zustellg. nötig. — Drittbesitz des HypBriefs: Gr. 50[11] (GBAmt) JW. 04[93] 06[387]; vgl. § 846. Verlust des HypBriefs: BGB. § 1162, Mot. EBG. S. 100; vgl. §§ 851, 1024. Teilpfdg.: EF. 3[107]. — Die Pfdg. der Buchhyp. ist ohne Eintrag. im GrundB. Dritten gegenüber unwirksam (Prot. BGB. 3[427] RO. 5[135]). Ausnahme: Abs. 2. — Die Eintrag. geschieht im Parteibetrieb auf Vorlage des Pfdgsbeschl. ohne Zustellnachweis (GBDA. § 139; Mot. BGB. 3[217]); § 941 nicht anwendbar. — Auch bei Pfdg. e. Briefhyp. ist Eintrag. auf Grund des Pfdgsbeschl. u. HypBriefs sachgemäß (GBO. §§ 42, 43). — Ob die Hyp. des Schld. e. Buch- oder Briefhyp., ergibt sich aus dem GrundB. oder OffenbEid. — Keine Pfdg. der Fordrg. ohne Hyp. oder der Hyp. ohne Frdrg. (Ausnahme: § 1190 Abs. 4 BGB.); kein PfandR. durch Erlaß des Pfdgsbeschl. allein. — Berichtig. des GB.: §§ 792; GBO. 14. — Nachpfändbarkeit e. Briefhyp. bestr. (BZ. 98[180]). — Keine Sicherg. des PfdR. durch Vormerkg. analog § 883 BGB., E. 56[10]; kein Schutz des guten Glaubens des Pfandglb. E. 54[105]; PfR. an Buchgesamthyp. erst mit letztem

Eintrag: E. 63[74]. — **Abs. 2** hindert nur Zahlg. durch Drittschld., nicht aber Erwerb besserer Rechte durch Dritte (zB. Pfdgsglb.) bis zur Erfüllg. der Vorschr. des Abs. 1. — **Abs. 3.** Pfdg. hier ledigl. durch Zustellg. (§ 829); beachtlich, daß praktisch zumeist Abs. 1 u. Abs. 3 Satz 1 konkurrieren.

§ 831 (732). Die Pfändung von Forderungen aus Wechseln und anderen Papieren, welche durch Indossament übertragen werden können, wird dadurch bewirkt, daß der Gerichtsvollzieher diese Papiere in Besitz nimmt.

Art. 4 ff., 9, 36, 96 ff. WO.; §§ 363 ff. 222, 224, 179 HGB.; Art. 16, 17 EHGB.; §§ 1187, 1292 BGB. — §§ 161, 162 GVGA.; 176, 188 GVDB.; JMBl. 02[384] (vorläuf. Verwahrg.) Wertpapiere: § 821; Sichergshyp.: § 830; Lagerscheine rc.: § 846; Überwsg.: §§ 835, 837; Aufgebot: § 1003. — Kosten: §§ 4 GVGKO.; 23 RAGO.; Wechselstempel: §§ 443 Note; GVGA. 267.

Hierher auch in blanco indoss., sowie protestierte rückläufg. Wechsel (Bl. 55[324]), nicht Grundschuldbriefe (E. 20[307]), Namenaktien (§ 821); bzgl. Blankoakzept bestr (vgl. E. 14[22] SA. 47[286]). — Beschlußpfdg. wirkgslos (E. 61[330]); Belassg. beim Schld. unstatthaft. Kein Pfandzeichen oder Pfandindossam.; kein Schutz gutglb. Pfanderwerbs. — Zur Vorbereitung der körperl. Wechselpfdg. beschlußmäßige Pfdg. des Herausgabeanspr. auf den Wechsel gg. Dritte möglich (§ 847); insoweit auch Privatpfdg. nach § 845. — Anschließg.: §§ 826; BGB. 1290; Protest, Einklag., Zahlg. vor Überwsg.: §§ 1290, 1294 BGB.; Art. 39 ff. WO. Die weitere Verwertung erfolgt nach den Vorschr. über die Fordrgspfdg., also durch Überwsg. (§ 835) oder Veräußrg. nach § 844 (Gerichtsbeschluß), E. 35[76] 61[330]; Einwdg. hiegegen gehören zum VollstrG. nach § 828 (nicht mehr § 764), E. 35[378]. — Vermerk der Überwsg. sachgemäß auf den Wechsel selbst (genaue Bezeichng. der Drittschld.), auch neben Blankoindoss. nötig. UrkProz. statthaft (JW. 82[75]); vor der Überwsg. erhält der Pfandglb. den Wechsel nicht (E. 35[77]).

§ 832 (733). Das Pfandrecht, welches durch die Pfändung einer Gehaltsforderung oder einer ähnlichen in fortlaufenden Bezügen bestehenden Forderung erworben wird, erstreckt sich auch auf die nach der Pfändung fällig werdenden Beträge.

Verschiedenheit des Drittschld.: § 833; vgl. Note zu § 829. — Vgl. §§ 865; KO. 1, 7, 21; ZVG. 21 ff., 148 mit BGB. §§ 573, 581, 1124 (E. 58[58]); Art. 8, 10, 39, 110 SubhO.; § 21 LDAbsch. v. 18. Jan. 1871; Art. 5, 6 UG.; Bl. 70[38].

Auch Mietzinse hierher (gem. M.). Kein Vorabzug von Steuern oder Kündigungsrecht des Pfdglb.; Neuabschluß der Miete anfechtbar. — Fälligkeit auch nur einer Rate nicht nötig; Pfdg. hindert auch Selbsteinbehaltg. der Provision durch den Schld., S. 9[268] RO. 6[118] 7[318]. Keine Sequestr. künftiger Geschäftserträgnisse (SA. 56[27] bzgl. jog. Zeitungseigentum; vgl. §§ 4 UrhRG.; 28 VerlagsG.), Deserviten- oder Sportelanfälle, Kundschaftspfdg. Abhilfe nur durch wiederholten OffenbEid u. bei großer Anzahl von Drittschld. durch Konkursantrag.

§ 833 (734). [1] Durch die Pfändung eines Diensteinkommens wird auch dasjenige Einkommen betroffen, welches der Schuldner infolge der Versetzung in ein anderes Amt, der Übertragung eines neuen Amts oder einer Gehaltserhöhung zu beziehen hat.

II Diese Bestimmung findet auf den Fall der Änderung des Dienstherrn keine Anwendung.

Vgl. JMBl. 70[414] 82[15] u. die Note zu § 829. Auch Privatdienst hierher. **Abs. 1.** Kündig. u. Wiederanstellg. beim näml. Dienstherrn, Pensionierg., Reaktiv. beeinträchtigen sohin das PfandR. nicht; die Pfandsumme kann sich ändern. — Keine Pfdg. des künftig. Gehalts vor der Anstellg. — **Abs. 2.** Reich, Bundesstaat, Gmde. sind verschiedene Dienstherren: sohin Neupfdg. beim Übertritt.

§ 834 (735). Vor der Pfändung ist der Schuldner über das Pfändungsgesuch nicht zu hören.

E. 18[464]. — Gilt auch bei Pfändbarkeitszweifel: anders vor gesonderter Überwig. oder anderweit. Verwertg. (§ 844).

***§ 835** (736). I Die gepfändete Geldforderung ist dem Gläubiger nach seiner Wahl zur Einziehung oder an Zahlungsstatt zum Nennwerte zu überweisen.

II Im letzteren Falle geht die Forderung auf den Gläubiger mit der Wirkung über, daß derselbe, soweit die Forderung besteht, wegen seiner Forderung an den Schuldner als befriedigt anzusehen ist.

III Die Bestimmungen des 829 Abs. 2, 3 finden auf die Überweisung entsprechende Anwendung.

§§ 118 ff. ZVG.; 149 GBGA. 7 RSchuldBG.; 41 SubmBek. Verzicht: § 843; Anderw. Verwertg.: § 844; Einschränkg.: § 839. Kosten: § 35, 39 GKG.; 23, 29, 31 RAGO.

Verfahren. Zustdg. nicht stets das PfdgsG. (zB. Wohnsitzwechsel, Arrestvollzug); vgl. § 930. — Pfdg. u. Überwsg. verbindbar (JW. 90[437] §§ 39 GKG., 83 AGSchrG.), außer bei Wechseln u. Arresten; Gehör entbehrl. — Ausdrückl. Erkl. geboten, ob Überwsg. z. Einz. oder an Zahlgsst. gewollt (erstere kein minus). — Bei Totalpfdg. e. nominell übersteigenden Frdrg. Ü. z. Einz. „bis z. Deckung", nicht nur bis zur Höhe (wichtig im Konkurse); vgl. § 803. Keine Überwsg. ohne Pfdg. (Gr. 37[422]). — **Wirkung** (erst mit der Zustellg. an Drittschld. außer § 837): Überwsg. an Zahlgsst. gilt als Abtretung (datio in solutum, §§ 398 ff., 365 BGB. E. 18[391]) u. unterliegt deren Verboten (vgl. § 400 BGB.); sie beendigt die ZwV. Mangels Bestand der überwies. Frdrg. keine Regreßkl., sondern anderw. ZwV. aus dem urspr. Titel (ev. neue Ausf.); kein Vorrecht vor dem Rest. — Überw. z. Einz. (praktisch die Regel) wirkt als proc. in rem suam, ohne Ausscheiden der Frdrg. aus dem Vermögen des Schld. (§§ 1287 ff. BGB.; E. 11[50] 20[421] 27[294] 30[290] S. 9[43] [697] 13[277]); berechtigt zur Einklag. zu eigenen Hd. als formelle Partei sowie zur Nebeninterv. im Proz. des Schld. (E. 20[420] 49[201]): nochmalige gesonderte Einkl. oder Hauptinterv. ist unzulässig (§ 265). Wegen Arrest vgl. § 829; vollstr. Ausf: § 727; Geltendm. im Konkurse des Drittschld.: S. 9[43] 13[270] 15[662]; Legitim. bei der Einz.: §§ 1282, 410 BGB. Löschgsbewillig. wegen Befriedig. einschl. Aufrechng. möglich: E. 58[106] RO. 3[392] 8[209]; einf. Stund. (SA. 60[126]), Nachlaß ohne Gutrechng., Privatverkauf unstatthaft. — Dem Schld. bleibt nur das Beitreibgsrecht zu Handen des Glb. (E. 49[201]) u. sonstige Verfüggsbefugnis unbeschadet des PfandR. (vgl. § 829, E. 30[200]). Die früheren Einreden des Drittschld. bleiben bestehen: E. 8[279] 33[361] 52[257] 61[150] RO. 5[10] SA. 61[70] ZR. 06[187]; BGB. §§ 392, 408 beachtlich (Gr. 50[489]). — Einen allenfalls. Überschuß muß der Glb. herauszahlen (E. 21[368]) u. bei Aufhbg. des Titels die Frdrg. rückübertragen (§ 717). — Aushändig. des ÜB. an Drittschld. auch nach Zahlg. nicht forderbar.

***§ 836** (737). I Die Überweisung ersetzt die förmlichen Erklärungen des Schuldners, von welchen nach den Vorschriften des bürgerlichen Rechts die Berechtigung zur Einziehung der Forderung abhängig ist.

II Der Überweisungsbeschluß gilt, auch wenn er mit Unrecht erlassen ist, zu Gunsten des Drittschuldners dem Schuldner gegenüber so lange als rechtsbeständig, bis er aufgehoben wird und die Aufhebung zur Kenntnis des Drittschuldners gelangt.

III Der Schuldner ist verpflichtet, dem Gläubiger die zur Geltendmachung der Forderung nötige Auskunft zu erteilen und ihm die über die Forderung vorhandenen Urkunden herauszugeben. Die Herausgabe kann von dem Gläubiger im Wege der Zwangsvollstreckung erwirkt werden.

Vgl. §§ 883 ff.; BGB. 402, 408 ff., 952, 1154 ff., 1192 mit Mot. 2[134]; GBGA. 152; GBGO. 6.

Abs. 1. Überwsg. wirkt konstitutiv, sohin auch erforderlich, wenn nach ZivilR. sonst der Pfandglb. kraft Gesetzes als für sich einzugsberechtigt gilt (so BGB. § 1282; gem. R., BLR., E. 20[307] S. 8[62] im Gegensatz zu PrLR.); hat nicht die Wirkg. e. Indossaments (E. 8[279]). Beschaffg. allenfalls. Gegenlstg. obliegt dem Glb. (E 6[379]). — **Abs. 2.** ZB. Titelmangel, Pfdgsverbot. Abhilfe: §§ 766, 767; mala fides des Drittschld. gleichgültig. Der Drittschld. muß prüfen, ob der Schld sein Glb. ist (SA. 53[263]); Unkenntnis e. Ersatzzustellg. unbehelfl. (§ 829). — **Abs. 3.** Der Überwsgs.-beschl. (obwohl ohne Klausel u. nicht mit Beschw. anfechtbar) gilt als Vollstr.-Titel für diese UrkWegnahme (E. 21[364]), also auch für den Offenb.-Eid (§ 883); gg. Drittinhaber kann auf Herausgabe geklagt werden, E. 21[360]. Gemeinschftl. Sparkassebuch: IW. 98[642]. Rückgabepflicht bei Teilüberwsg.: E. 21[368]. — Die Auskunftspflicht besteht neben §§ 807, 840. Klage hierauf unpraktisch; Realexek. zulässig (bestr., vgl. RO. 13[208].) — HypBrief: § 829.

§ 837. I Zur Überweisung einer gepfändeten Forderung, für welche eine Hypothek besteht, genügt die Aushändigung des Überweisungsbeschlusses an den Gläubiger. Ist die Erteilung des Hypothekenbriefs ausgeschlossen, so ist zur Überweisung an Zahlungsstatt die Eintragung der Überweisung in das Grundbuch erforderlich; die Eintragung erfolgt auf Grund des Überweisungsbeschlusses.

II Diese Vorschriften finden keine Anwendung, soweit es sich um die Überweisung der Ansprüche auf die im § 1159 des Bürgerlichen Gesetzbuchs bezeichneten Leistungen handelt. Das Gleiche gilt bei einer Sicherungshypothek im Falle des § 1187 des Bürgerlichen Gesetzbuchs von der Überweisung der Hauptforderung.

III Bei einer Sicherungshypothek der im § 1190 des Bürgerlichen Gesetzbuchs bezeichneten Art kann die Hauptforderung nach den allgemeinen Vorschriften gepfändet und überwiesen werden, wenn der Gläubiger die Überweisung der Forderung ohne die Hypothek an Zahlungsstatt beantragt.

BGB. § 1190: Maximalhyp.: vgl. Note zu §§ 830, 857; Mot. BGB. 3[760 757] Prot. 3[587] 4[256 723 797].

Beachtlich in Abs. 1 Satz 2 u. Abs. 3 die Beschrkg. auf die (praktisch seltene) Überwsg. an Zahlgsst. Wird zur Einz. überwiesen, so genügt Aushändig. des ÜB. (ZBlFG. 4[34]): im Falle des Abs. 3 ist Eintrag. in das Grundbuch nötig, wenn Überwsg. an Zahlgsst. mit der Hyp. beantragt wird. — Den Hypbrief. besitzt der Pfdglb. schon nach § 830 Abs. 1.

§ 838. Wird eine durch ein Pfandrecht an einer beweglichen Sache gesicherte Forderung überwiesen, so kann der Schuldner die Herausgabe des Pfandes an den Gläubiger verweigern, bis ihm Sicherheit für die Haftung geleistet wird, die für ihn aus einer Verletzung der dem Gläubiger dem Verpfänder gegenüber obliegenden Verpflichtungen entstehen kann.

BGB. §§ 232 ff. 1251, 1214, 1243, 1281 mit Mot. 3[858] Prot. 3[485 672]; FGG. § 165.

Unmittelb. VollstrZwang gegen den Schld. (Faustpfandbesitzer) auf Herausgabe analog § 857 Abs. 4 (bestr.); Höhe der Sicherheit nötigenfalls im Prozeßweg festzustellen. — Unanwendbar auf ein VollstrPfand; hier direkter Versteigergsbetrieb mit RNachfKlausel (§§ 727, 804; RG. 12[142]).

§ 839 (738). Ist in Gemäßheit des § 713 Abs. 2 dem Schuldner nachgelassen, durch Sicherheitsleistung oder durch Hinterlegung die Vollstreckung abzuwenden, so findet die Überweisung gepfändeter Geldforderungen nur zur Einziehung und nur mit der Wirkung statt, daß der Drittschuldner den Schuldbetrag hinterlege.

Vgl. §§ 815, 819; BGB. 1281 ff.

Bestandteil der Überwsg.; bei suspens. Fassung kein neuer Beschluß nach RKraft nötig. — Bei Anspruchspfdg. erfolgt nur Hinterlg. des Erlöses, nicht der Sache selbst. — Auf Arreste unanwendbar. — Bei Einstellg. der ZwV. nach unbedingter Überwsg. bleibt dem Glb. die Hinterlegungskl.; Recht am Depot: JR. 06[267]. Hat der Schld. wirkl. hinterlegt, so entfällt die ZwV. (§ 775).

§ 840 (739). I Auf Verlangen des Gläubigers hat der Drittschuldner binnen zwei Wochen, von der Zustellung des Pfändungsbeschlusses an gerechnet, dem Gläubiger zu erklären:

1. ob und inwieweit er die Forderung als begründet anerkenne und Zahlung zu leisten bereit sei;

2. ob und welche Ansprüche andere Personen an die Forderung machen;
3. ob und wegen welcher Ansprüche die Forderung bereits für andere Gläubiger gepfändet sei.

II Die Aufforderung zur Abgabe dieser Erklärungen muß in die Zustellungsurkunde aufgenommen werden. Der Drittschuldner haftet dem Gläubiger für den aus der Nichterfüllung seiner Verpflichtung entstehenden Schaden.

III Die Erklärungen des Drittschuldners können bei Zustellung des Pfändungsbeschlusses oder innerhalb der im ersten Absatze bestimmten Frist an den Gerichtsvollzieher erfolgen. Im ersteren Falle sind dieselben in die Zustellungsurkunde aufzunehmen und von dem Drittschuldner zu unterschreiben.

§§ 299, 760, 792, 836; BGB. 402, 792; GVGA. 151. Kosten: § 14 GVGO.

Ausfluß der allg. Zeugnispflicht (Mot.) auch bei Arrestpfdg., E. 29[337]; auf Benachr. (§ 845) nicht ausdehnbar. Bestr., ob durch Klage erzwingbar; gem. M. dagegen (Bl. 38[102] S. 3[129] ZZP. 31[111] JW. 88[288]); nur Schadensersatz, zB. nutzlose Prozeßkosten (§ 268), Unterlassg. anderer ZwV. — Die Auffordg. ist nicht Bestandteil des Pfdgsbeschl. (KB. 204); kann nicht formlos oder durch Postzustellg. geschehen, E. 60[330]. — Die Erklärg. kann formlos sein u. wegen der disposit. Wirkg. e. Bejahg. (mindestens Einredeausschluß, E. 29[337] 41[420] S. 4[849]; vgl. 780 ff., 126 BGB.) nur von der verfügungsberecht. Person ausgehen; wichtig bei Behörden (ZR. 05[118]); bestr. ob Entbdg. vom Amtsgeheimnis nötig, Bl. 60[79]. Bezugn. auf bereits anhäng. VertV. genügt (JW. 91[390]).

§ 841 (740). Der Gläubiger, welcher die Forderung einklagt, ist verpflichtet, dem Schuldner gerichtlich den Streit zu verkünden, sofern nicht eine Zustellung im Ausland oder eine öffentliche Zustellung erforderlich wird.

§§ 72 ff.; BGB. 1281, 1285; Kündigung: § 1283. — Klagerecht des Pfandglb. u. des Schld.: Note zu §§ 829, 835. — Verzögerg. der Klage: § 842.

Gilt auch für Überwsg. an Zahlgsst.; unanwendbar, wenn der Drittschld. anerkennt oder der Schld. auf Streitverkdg. verzichtet (vgl. Art. 15 AZP. äF.). — Der beitretende Schld. ist streitgen. NebenI.; wegen Zutritt des Pfandglb. zu dem bereits vom Schld. begonnenen Proz. vgl. §§ 265, 856. — Die Kosten e. erfolglosen Einzugsproz. sind VollstrKosten (gem. M.); soweit die gepfdt. Frdrg. nicht eingeht, kann (auch bei Ü. a. Z.) von dem ursprüngl. VollstrTitel weiter Gebrauch gemacht werden. — Unterlassung der Streitverkdg. verpflichtet zum Schadensersatz, benimmt aber nicht ohne weiteres den Rückgriff; Beweislast hierbei bestr. Mitverschulden: §§ 842; BGB. 254. Auskunftspflicht des Glb.: DJZ. 06[1091].

§ 842 (741). Der Gläubiger, welcher die Beitreibung einer ihm zur Einziehung überwiesenen Forderung verzögert, haftet dem Schuldner für den daraus entstehenden Schaden.

Aufrechn. mit dem Schaden: § 767. — Bei Überwig. an Zahlgsst. haftet der Schld. ohnehin nicht für Einbringlichkeit; auch bei Ü. z. Einz. trifft meist § 254 BGB. zu, weil der Schld. die Klage auf Hinterlg. oder zu Handen des Glb. hat (E. 49[303]).

§ 843 (742). Der Gläubiger kann auf die durch Pfändung und Überweisung zur Einziehung erworbenen Rechte unbeschadet seines Anspruchs verzichten. Die Verzichtleistung erfolgt durch eine dem Schuldner zuzustellende Erklärung. Die Erklärung ist auch dem Drittschuldner zuzustellen.

BGB. § 1255, GBO. 27. — JMBl. 96[118]. — Kosten: §§ 91, 788.

Zustellg. an den Drittschld. nicht wesentlich, E. 15[405]. Annahme seitens des Schld. entbehrlich (anders bei Verzichtsvertrag JW. 96[337]); formlose einseit. Erkl. des Glb. genügt nicht (vgl. jedoch JW. 96[337]). Einen bereits anhäng. Proz. des Glb. gegen den Drittschld. kann der Schld. nach Wegfall der Pfd. nicht als Hauptpartei übernehmen (gem. M.); auch keine RNachfKlausel. — Verzicht auch auf Überwsg. z. Einz. allein statthaft (zB. bei § 844). — Aufhebg. des Pfdgs.- u. Überwsgsbeschl. durch das VollstrG. daneben entbehrlich (bestr.), SA. 48[75]; anders bei §§ 776, 934.

§ 844 (743). I Ist die gepfändete Forderung eine bedingte oder eine betagte, oder ist ihre Einziehung wegen der Abhängigkeit von einer Gegenleistung oder aus anderen Gründen mit Schwierigkeiten verbunden, so kann das Gericht auf Antrag an Stelle der Überweisung eine andere Art der Verwertung anordnen.

II Vor dem Beschlusse, durch welchen dem Antrage stattgegeben wird, ist der Gegner zu hören, sofern nicht eine Zustellung im Ausland oder eine öffentliche Zustellung erforderlich wird.

Vgl. BGB. § 1277. — Pfändbarkeit: § 851. — Verfahren: §§ 764; GBGA. 164; BZ. 89[66]; BNotZ. 87[131]. — Zustellung: § 329; auch an den Drittschld. rätlich. Wirksamkeit auch ohne Z.: E. 61[330]. — Rechtsmittel: sof. Beschw. (auch des Schld., JW. 87[415]). — Vgl. auch § 825 u. wegen Gewährleistg. § 806 (E. 61[330]). — Kosten: §§ 35, 39 GKG.; 23, 31 RAGO.; 7 GVGO.; 4 BGBGO.; BGH. 13[380].

Auch der Schld. kann den Antrag stellen; vorsichtige Anwendung, E. 6[377]. — Verwertg. von Teilbeträgen: RO. 5[338]. UaZ. gehört begriffsmäßig nicht hierher. — Vorrechtseinräumg. im Grundbuch ist keine zulässige Verwertungsart, E. 25[411]; wohl aber freihdg. Verkauf, zB. an Inkassogeschäft, Wechseldiskontierg., Versteig., E. 61[330] (insbes. praktisch bei bestr. Frdrg. gg. den betreibd. Glb. selbst). — Bei Hypothekfordrg., Genossenschafts-, Erbanteilen notarielle Versteigerung rätlich (vgl. § 128 BGB.); Umschreibg. im Grundbuch: EF. 6[220]. — Unterschied vom Verkauf der pfandgeschützten Frdrg. samt PfandR. beachtl.

§ 845 (744). I Schon vor der Pfändung kann der Gläubiger auf Grund eines vollstreckbaren Schuldtitels durch den Gerichtsvollzieher dem Drittschuldner und dem Schuldner die Benachrichtigung, daß die Pfändung bevorstehe, zustellen lassen mit der Aufforderung an den Drittschuldner, nicht an den Schuldner zu zahlen, und mit der Aufforderung an den Schuldner, sich jeder Verfügung über die Forderung, insbesondere der Einziehung derselben zu enthalten. Der vorherigen

Erteilung einer vollstreckbaren Ausfertigung und der Zustellung des Schuldtitels bedarf es nicht.

II Die Benachrichtigung an den Drittschuldner hat die Wirkung eines Arrestes (§ 930), sofern die Pfändung der Forderung innerhalb drei Wochen bewirkt wird. Die Frist beginnt mit dem Tage, an welchem die Benachrichtigung zugestellt ist.

Vgl. §§ 930, 938; ZVG. 22; GVGA. 165; AnfG. 3. — Zustellung: § 829. — Kosten: JMBl. 96[118] (staatsgebührenfrei); RAGO. §§ 23, 31 (keine besondere Instanz: JW. 97[468]); ob amtsger. Sache, bemißt sich nach dem VollstrTitel (BZ. 87[166] vgl. 87[152]; 96[36] FinBl. 14[37].

Die vollstreckb. Frdrg. muß fällig sein (gem. M.); Erlage etwaiger Kaution nötig (R. 03[506]), nicht aber RNachfKlausel. Arrestbefehl genügt (E. 8[430]); dessen Vollzugsfrist wird durch die Benachr. gewahrt. Die Benachr. ist Beginn der ZwV., sohin Einwdg. nach § 766 zulässig (KB. 206; R. 05[533] RO. 11[185] ZZP. 35[465]; bestr.), aber kein Arrestwspr. — Die AnfFrist (§ 35 KO.) läuft von der Benachr. ab (E. 17[331] 42[365]); Dazwischenkommen e. Belastungsverbots (E. 26[425]), Zwangsversteigrgs.-vermerks (E. 59[88]) oder Einstellbeschl. hindert die Hauptpfdg. Pfandrang ab Benachr., E. 43[427]. — Keine Ausdehng. auf andere Arten der ZwV., zB. Wechsel (bestr.) Wesentlich ist die förml. (S. 10[482]) Aufforderg. an den Drittschld. (nicht die Benachr. des Schld., E. 8[419]): ferner Angabe der Parteien, des VollstrTitels (E. 32[43]), der VollstrSumme und der zu pfd. Frdrg. (E. 45[176] JW. 92[393]). Unterschrift des GVollz. kraft allg. Vollstr.-Auftrags genügt (Pr. 402 BZ. 99[53]; bestr.). — Die Frist ist unabänderlich u. läuft während der Ferien; Wiederholung der Benachr. nach Ablauf zulässig (S. 9[127] aM. SA. 46[287]). — Der Drittschld. erhält durch die Benachr. das Recht zu hinterlegen; alsdann genügt Pfdg. des Surrogats zur Fristwahrung, JW. 98[50]. — Keine Vormerkg. im Grundbuch, E. 56[10]; anders nach ält. R., NS. 3[849] BlEB. 12[145]. Keine Hinterlegungskl. des Glb. — Wegnahme der Schuldurkd. ist nicht erwähnt (vgl. § 128 GVGA.), doch nach § 952 BGB. möglich: Aushändigg. an den Glb. erst nach Überwig. (§ 830; ESt. 7[361]). Keine Wegnahme von Handelsbüchern oder dergl.: keine Drittschuldnererklärg. — Schadensersatz bei ungesetzl. Benachr.: DJZ. 05[1016].

§ 846 (745). Die Zwangsvollstreckung in Ansprüche, welche die Herausgabe oder Leistung körperlicher Sachen zum Gegenstande haben, erfolgt nach den Vorschriften der §§ 829—845 unter Berücksichtigung der nachfolgenden Bestimmungen.

Individuelle Ansprüche: § 886; nicht hierher Anspr. auf Handlg., Unterlassg. Kosten: §§ 35, 39 GKG.; 23, 29, 31 RAGO.

§ 847 (746). I Bei der Pfändung eines Anspruchs, welcher eine bewegliche körperliche Sache betrifft, ist anzuordnen, daß die Sache an einen vom Gläubiger zu beauftragenden Gerichtsvollzieher herauszugeben sei.

II Auf die Verwertung der Sache finden die Vorschriften über die Verwertung gepfändeter Sachen Anwendung.

Pfändbarkeit: § 851; vgl. bzgl. Gewahrsam § 809. — Nachträgl. Benenng. des GVollz.: § 854; vgl. §§ 372 ff. BGB. Verwertg.: §§ 814 ff. — §§ 158, 159 GVGA.; 53 GVDV. (Quittung). — Kosten: § 5 GVGO.

Abs. 1. Gleichgültig, ob der Anspr. dingl. oder persönlich: vgl. auch §§ 897 ff. Gewöhnl. Geldfrdrg. (auch reguläres Depot) nicht hierher; entscheidend, ob durch Einziehg. allein Befriedig. möglich. Bei Lagerscheinen u. dgl. körperl. Pfdg nach § 831, sodann Herausgabeanordnung des VollstrG. u. Überwjgsbeschl. Wegen Bindung der Erben vgl. § 857; Verhalten des Drittschld. bei Verschiedenheit des dingl. und persönl. Glb.: § 76. — Die Anordn. ist e. Annex der Pfdg., RD. 10[380] (wichtig für Arreste, JW. 93[235]; unrichtig GVGA. § 158) u. gg. den Drittschld. nicht vollstreckbar (BlEB. 6[378] 10[85]; GVGA. § 159); sie gibt demselben nur die Möglichkeit freiw. Leistg. anstatt an den Schld., soferne letzterer wirklich empfangsberechtigt, was Drittschld. zu prüfen hat (Bl. 64[407]). — Zu der auf Bestr. nötigen Herausgabekl. legitimiert erst die Überwjg. (E. 25[187]; vgl. jedoch ZR. 05[416]). Bei Gefahr auf Verzug einstw. Verf. auf Sequestration; diese ist gg. den Drittschld. zu erlassen u. vollstreckbar. — Bei Mehrheit von Anspruchsglb. ist der GVollz. nur mitempfangsberechtigt, E. 13[178]. — Kollektivbezeichng. nach gem. M. statthaft, zB. Wirtsinventar; Unentbehrl. der herauszugebd. Sache (zB. versetzter Winterrock) mittelst Einwdg. schon gegen den Pfdgsbeschl. rügbar, SA. 56[228] RD. 13[203]; sonstige Unpfändb.: § 803. — **Abs. 2.** Wechsel des VollstrG. nach Empfang durch den GVollz. (§§ 764, 828), E. 35[378]. — Die Anspruchspfdg. oder Überwjg. begründet noch kein PfandR. an der Sache selbst (JW. 06[386]); gibt der Drittschld. sie anderweitig zur Pfdg. heraus, so geht letztere im Range vor, E. 13[343] 25[187]; Rang mehrerer Anspruchspfandglb. nach der Herausgabe entspr. der Zustellzeitfolge (§ 854, gem. M.). — Stellt sich bei Realisierg. heraus, daß nur e. Geldfrdrg. besteht, so wirkt die Pfdg. hierfür nur nach Analogie des § 268 Nr. 3 (vgl. JW. 02[530] S. 11[541] ZR. 05[121]).

***§ 848** (747). I Bei Pfändung eines Anspruchs, welcher eine unbewegliche Sache betrifft, ist anzuordnen, daß die Sache an einen auf Antrag des Gläubigers vom Amtsgerichte der belegenen Sache zu bestellenden Sequester herauszugeben sei.

II Ist der Anspruch auf Übertragung des Eigentums gerichtet, so hat die Auflassung an den Sequester als Vertreter des Schuldners zu erfolgen. Mit dem Übergange des Eigentums auf den Schuldner erlangt der Gläubiger eine Sicherungshypothek für seine Forderung. Der Sequester hat die Eintragung der Sicherungshypothek zu bewilligen.

III Die Zwangsvollstreckung in die herausgegebene Sache wird nach den für die Zwangsvollstreckung in unbewegliche Sachen geltenden Vorschriften bewirkt.

BGB. §§ 303, 883, 885, 1184, 1282, 1287, 1551; ÜG. Art. 60, 123; GBDA. § 415. Sequester: §§ 857, 937; nachträgl. Benennung: § 854. — Die Sichergshyp. entsteht ohne Eintragung, bei mehreren Glb. nach Pfandrang. Vormerkg.: § 883 BGB.; die Summenbeschränkg. des § 866 ist nicht anwendbar. Überwjg. legitimiert den Glb. nur zur Auflassungskl. an den Sequester, JW. 03[242]. — §§ 163 GBGA.; 22, 75 AGSchrG. („F"). — Kosten: §§ 47, 80a GKG.; 23, 29, 31 RAGL.; Art. 116, 118 GebG.

§ 849 (748). Eine Überweisung der im § 846 bezeichneten Ansprüche an Zahlungsstatt ist unzulässig.

Mangels Nennwert; andere bei § 886, weil dort kein Aliud.

*§ 850 (749). I Der Pfändung sind nicht unterworfen:

1. der Arbeits- oder Dienstlohn nach den Bestimmungen des Reichsgesetzes vom 21. Juni 1869 (Bundes-Gesetzbl. 1869 S. 242 und 1871 S. 63, Reichs-Gesetzbl. 1897 S. 159);
2. die auf gesetzlicher Vorschrift beruhenden Alimentenforderungen und die nach § 844 des Bürgerlichen Gesetzbuchs wegen der Entziehung einer solchen Forderung zu entrichtende Geldrente;
3. die fortlaufenden Einkünfte, welche ein Schuldner aus Stiftungen oder sonst auf Grund der Fürsorge und Freigebigkeit eines Dritten bezieht, insoweit der Schuldner zur Bestreitung des notdürftigen Unterhalts für sich, seinen Ehegatten und seine noch unversorgten Kinder dieser Einkünfte bedarf;
4. die aus Kranken-, Hilfs- oder Sterbekassen, insbesondere aus Knappschaftskassen und Kassen der Knappschaftsvereine zu beziehenden Hebungen;
5. der Sold und die Invalidenpension der Unteroffiziere und der Soldaten;
6. das Diensteinkommen der Militärpersonen, welche zu einem mobilen Truppenteil oder zur Besatzung eines in Dienst gestellten Kriegsfahrzeuges gehören;
7. die Pensionen der Witwen und Waisen und die denselben aus Witwen- und Waisenkassen zukommenden Bezüge, die Erziehungsgelder und die Studienstipendien, sowie die Pensionen invalider Arbeiter;
8. das Diensteinkommen der Offiziere, Militärärzte und Deckoffiziere, der Beamten, der Geistlichen, sowie der Ärzte und Lehrer an öffentlichen Anstalten; die Pension dieser Personen nach deren Versetzung in einstweiligen oder dauernden Ruhestand, sowie der nach ihrem Tode den Hinterbliebenen zu gewährende Sterbe- oder Gnadengehalt.

II Übersteigen in den Fällen Nr. 7 und 8 das Diensteinkommen, die Pension oder die sonstigen Bezüge die Summe von fünfzehnhundert Mark für das Jahr, so ist der dritte Teil des Mehrbetrags der Pfändung unterworfen.

III Die nach § 843 des Bürgerlichen Gesetzbuchs wegen einer Verletzung des Körpers oder der Gesundheit zu entrichtende Geldrente ist nur soweit der Pfändung unterworfen, als der Gesamtbetrag die Summe von fünfzehnhundert Mark für das Jahr übersteigt.

IV In den Fällen der beiden vorhergehenden Absätze ist die Pfändung ohne Rücksicht auf den Betrag zulässig, wenn sie wegen der den

Verwandten, dem Ehegatten und dem früheren Ehegatten für die Zeit nach Erhebung der Klage und für das diesem Zeitpunkte vorausgehende letzte Vierteljahr kraft Gesetzes zu entrichtenden Unterhaltsbeiträge beantragt wird. Das Gleiche gilt in Ansehung der zu Gunsten eines unehelichen Kindes von dem Vater für den bezeichneten Zeitraum kraft Gesetzes zu entrichtenden Unterhaltsbeiträge; diese Vorschrift findet jedoch insoweit keine Anwendung, als der Schuldner zur Bestreitung seines notdürftigen Unterhalts und zur Erfüllung der ihm seinen Verwandten, seiner Ehefrau oder seiner früheren Ehefrau gegenüber gesetzlich obliegenden Unterhaltspflicht der Bezüge bedarf. Hierbei werden ausschließlich die Leistungen berücksichtigt, welche vermöge einer solchen Unterhaltspflicht für den nämlichen Zeitraum oder, falls die Klage zu Gunsten des unehelichen Kindes nach der Klage eines Unterhaltsberechtigten erhoben ist, für die Zeit von dem Beginne des der Klage dieses Berechtigten vorausgehenden letzten Vierteljahres ab zu entrichten sind.

V Die Einkünfte, welche zur Bestreitung eines Dienstaufwandes bestimmt sind, und der Servis der Offiziere, Militärärzte und Militärbeamten sind weder der Pfändung unterworfen noch bei der Ermittelung, ob und zu welchem Betrage ein Diensteinkommen der Pfändung unterliege, zu berechnen.

Gesetz betreffend die Beschlagnahme des Arbeits- oder Dienstlohnes vom 21. Juni 1869 (GBl. 70/71 S. 30 Beil.).

Mit den Abänderungen v. 29. März 1897 (RGBl. 159) u. 17. Mai 1898 (RGBl. 333).

§ 1. Die Vergütung (Lohn, Gehalt, Honorar u. s. w.) für Arbeiten oder Dienste, welche auf Grund eines Arbeits- oder Dienstverhältnisses geleistet werden, darf, sofern dieses Verhältnis die Erwerbstätigkeit des Vergütungsberechtigten vollständig oder hauptsächlich in Anspruch nimmt, zum Zwecke der Sicherstellung oder Befriedigung eines Gläubigers erst dann mit Beschlag belegt werden, nachdem die Leistung der Arbeiten oder Dienste erfolgt und nachdem der Tag, an welchem die Vergütung gesetzlich, vertrags- oder gewohnheitsmäßig zu entrichten war, abgelaufen ist, ohne daß der Vergütungsberechtigte dieselbe eingefordert hat.

§ 2. Die Bestimmungen des § 1 können nicht mit rechtlicher Wirkung durch Vertrag ausgeschlossen oder beschränkt werden.

Soweit nach diesen Bestimmungen die Beschlagnahme unzulässig ist, ist auch jede Verfügung durch Zession, Anweisung, Verpfändung oder durch ein anderes Rechtsgeschäft ohne rechtliche Wirkung.

§ 3. Als Vergütung ist jeder dem Berechtigten gebührende Vermögensvorteil anzusehen. Auch macht es keinen Unterschied, ob dieselbe nach Zeit oder Stück berechnet wird.

Ist die Vergütung mit dem Preise oder Wert für Material oder mit dem Ersatz anderer Auslagen in ungetrennter Summe bedungen, so gilt als Vergütung im Sinne dieses Gesetzes der Betrag, welcher nach Abzug des Preises oder des Wertes der Materialien und nach Abzug der Auslagen übrig bleibt.

§ 4. Das gegenwärtige Gesetz findet keine Anwendung:

1. auf den Gehalt und die Dienstbezüge der öffentlichen Beamten;
2. auf die Beitreibung der direkten persönlichen Staatssteuern und Kommunalabgaben (die derartigen Abgaben an Kreis-, Kirchen-, Schul- und sonstige Kommunalverbände mit eingeschlossen), sofern diese Steuern und Abgaben nicht seit länger als drei Monaten fällig geworden sind:
3. auf die Beitreibung der den Verwandten, dem Ehegatten und dem früheren Ehegatten für die Zeit nach Erhebung der Klage und für das diesem Zeit-

punkte vorausgehende letzte Vierteljahr kraft Gesetzes zu entrichtenden Unterhaltsbeiträge:

4. insoweit der Gesamtbetrag der Vergütung (§§ 1, 3) die Summe von fünfzehnhundert Mark für das Jahr übersteigt.

§ 4a. Auf die Beitreibung der zu Gunsten eines unehelichen Kindes von dem Vater für den im § 4 Nr. 3 bezeichneten Zeitraum kraft Gesetzes zu entrichtenden Unterhaltsbeiträge findet dieses Gesetz nur insoweit Anwendung, als der Schuldner zur Bestreitung seines notdürftigen Unterhalts und zur Erfüllung der ihm seinen Verwandten, seiner Ehefrau oder seiner früheren Ehefrau gegenüber gesetzlich obliegenden Unterhaltspflicht der Vergütung (§§ 1, 3) bedarf. Hierbei werden ausschließlich die Leistungen berücksichtigt, welche vermöge einer solchen Unterhaltspflicht für den nämlichen Zeitraum oder, falls die Klage zu Gunsten des unehelichen Kindes nach der Klage eines Unterhaltsberechtigten erhoben ist, für die Zeit von dem Beginne des der Klage dieses Berechtigten vorausgehenden letzten Vierteljahrs ab zu entrichten sind.

§ 5 (betrifft nur den Übergang).

Wegen der sonstigen Pfändungsausnahmen vgl. §§ 811 Note, 851 bis 863; Bargeld ist auch im Falle des § 1 LohnbeschlG. nur nach § 811 Nr. 2, 8 geschützt gem. M., vgl. aber SA. 49[224] BZ. 92[115]). — Durch Einklag., Hinterleg., Anweisg. (S. 7[892]) wird e. Fordrg. nicht pfändbar; Erlöschen des Aktivprivilegs durch Zession, des Passivpriv. durch Erbgang bestr. (SA. 58[126]). — Rechtsbehelf: § 766 (E. 50[365]); vertragsm. Verfügungen sind hier nichtig (§§ 400, 1274 BGB.). — Übergang: Art. IX EAZP. vgl. §§ 41 OffPensG., 45 MilVersorgG.; SA. 61[167].

Abs. 1. Nr. 1. Geschützt auch Schauspieler (E. 41[51]), Artist (SA. 51[241]), Redakteur (vgl. § 4 Nr. 4), Staatstaglöhner, Heimarbeiter. Ständigkeit, hauptsächl. Verwendung der Erwerbskraft, Abhängigkeit ist vorausgesetzt, zB. nicht hierher selbstdg. Agent (SA. 55[126]; aM. RO. 13[210]). — Unpfändbar auch Trinkgeld (Durchschnitt: RO. 4[154]), Provision (RO. 13[209]), Reisespesen (RO. 6[139]); Pensionen fallen nur unter Nr. 7. Nebenbeschäftig.: Nr. 8. — Beachtlich, daß Gehälter über 1500 Mk. auch bei nicht dauerndem Dienstverhältn. pfändbar sind u. daß Kreditierg. das Privileg nimmt (SA. 42[173]) — Schadenersatz wegen ungerechter Entlassg. ist pfändbar (vgl. aber RO. 7[320] R. 04[317] Prot. BGB. 2[306]). — Zu § 4 Nr. 3 u. § 4a vgl Note zu Abs 4. — **Nr. 2.** Pfandfrei ist auch rückstdg. (S. 11[274]) sowie durch Vertrag (Vgl.) fixierter gesetzl. Unterhalt (nicht rein vertragsm., BlEB. 8[145] RO. 7[317]); ebenso Unterstützg. nach §§ 129, 132 KO., Art. 6 SubhO., sonstige Almosenbezüge. — Hierher auch die Tötungsrente nach § 7 HaftpflG. mit Art. 42 EBG.; §§ 618 BGB.; 62, 76 HGB. — Pfändbar sind Wochenkosten der Kindsmutter (BGB. §§ 1715 ff., BlEB. 15[228]; bestr.) sowie Abfindgskapitalien (R. 03[214]). — Austrag: § 851; Verletzgsrente: Abs. 3. — **Nr. 3.** Einkünfte: nicht Kapital (E. 12[383]); Freigebigkeit: ohne onerosen Titel (Bl. 59[136] RO. 1[250]); „notdürftig" steht im Gegensatz zu standesgemäß (BGB. §§ 1610, 1611; JW. 89[108]). Ehegatte: auch Ehemann (nicht Eltern); versorgt: S. 14[673]. — Anderw. sichere Einkünfte anrechenbar (SA. 49[67]), nicht bloße Erwerbsmöglichkeit (E. 12[388]). Beweislast trifft den Schld. SA. 44[70]; Mehrg. des Notbedarfs beachtl., Gr. 34[1181]. — Hierher Leibrenten, Stifts-, Ordenspräbenden (Hock 1[561] GBBl. 98[259] KrMBl. 04[84] BZ. 91[66]), Tischtitel, Fideikommißrenten (JW. 96[305]; § 53 der VII. VerfBeil.); Vorerbschaft: § 863. — Eiserne Kreuz-Zulage (RG. v. 2. Juni 1878) u. Reservistenunterstützg. (RG. v. 2. Juni 1892; vgl. RG. v. 28. Febr. 1888 u. S. 2[552]) sind völlig pfandfrei. — Ausschluß der ZwV. durch Verfüg. des Dritten: §§ 851, 772; BGB. 137, 2205, 2209 ff.: E. 1[175] 12[383] 14[278] 16[346] 22[270] 25[292] 27[339] 31[164] 38[308] S. 4[849]. — **Nr. 4.** Auch Privatkassen. — Vgl. (teilw. abweichend) §§ 56, 65, 73, 74 KrVG. (Fassg. v. 25. Mai 1903; RO. 1[155]); 96 GewUVG.; 37 BauUVG.; 102 LFUVG.; 100 SeeUVG.; 17 GefUVG.; 55 InvVG.; 10 HilfsKG.; 100c, 109k, 140

GewO.; Art. 208 BergG. — Auf die Höhe der Hebung, tatsächl. Verwendg. kommt nichts an (SA. 61[122]); hierher zB. VeteranenV., AdvPensionsV., StaatsdienerunterstützgsV., nicht aber Pens. des RFürsorgeG. v. 18. Juni 1901, Lebensversicherg., Austrittsabfindg. — **Nr. 5.** MilVersorgG. §§ 40, 45; RMilG. § 45. Hierher auch Soldrückstand (RO. 10[355]); Revuegeschenk: BZ. 93[91]. — Offiziere, Gendarmen: Nr. 8 (E. 44[350]); vgl. GVBl. 92[180] 98[355] 06[849]. — Mobilmachg.: Nr. 6. — **Nr. 6.** Vgl. §§ 14, 201, 753. Auch Offiziere hierher. — **Nr. 7, 8.** Vgl. §§ 4 LohnbeschlG.; 6 RBeamtG.; 4, 17 RG. v. 20. April 1881; RG. v. 17. Juni 1887; § 9 RG. v. 5. März 1888; RG. v. 13. Juni 1895; Art. II § 5 RG. v. 7. Juli 1896; RG. v. 17. Mai 1897 u. 2. Juli 1899; § 20 RG. v. 31. Mai 1901; RG. v. 18. Juni 1901; §§ 37, 41 OffPensG. — Hierher auch rückständ. (Bl. 43[19]) sowie unfixierte Bezüge (zB. Tantiemen, Spielhonorare, Überstundengelder, vertragsmäß. Trinkgelder), Gehaltszuschüsse zB. der Geistlichen (Seydel StR. 3[604]); *voll pfändbar* sind Sporteln, Kollegiengelder (DJZ. 01[550]), freiw. Remunerationen (S. 7[1030]) Landtags-, Geschwornenvereinsdiäten (Pr. 403), Nebenverdienste. Amtsnutzungen (zB. Dienstwohnung, Dienstgründe) fallen unter § 851. — Grundlage ist die Jahres- (nicht Monats)-summe, quotiell auf die Zahltermine verteilt (bestr.); vgl. RO. 4[154] 6[410] R. 05[36] ZZP. 32[400] 36[148] (Saisonarbeit). Witwen- u. Waisenfondsbeiträge an den Staat sind abziehbar (JW. 84[227]), nicht aber Zwangsvereinsbeiträge, Hock 3[749]; bayer. Nachmonat: Bl. 48[294]. Mehrere selbstdg., hierher gehörige Bezüge (Nr. 7, 8) zusammenzurechnen, soferne nicht ohne Rücksicht auf den Betrag unpfändbar (bestr.; vgl. DJZ. 02[449]). — Mobilmachg.: Nr. 6; Servis: Abs. 5. — **Abs. 2.** Beachtlich die Beschrkg. auf Nr. 7 u. 8 des Abs. 1. Vgl. LohnbeschlG. § 4 Nr. 4 (hier der ganze Überschuß pfändbar). — **Abs. 3.** Verletzungsrente; vgl. auch EBG. Art. 42 (HaftpflG.), §§ 618 BGB., 62, 76 HGB. — Die Tötungsrente (§ 844 BGB.) ist ganz unpfändbar (Nr. 2). — Ausdehng. auf altrechtl. ähnl. Renten bestr. (RO. 3[155] SA. 61[167]). — **Abs. 4.** Vgl. LohnbeschlG. §§ 4 Nr. 3, 4a; MilVersorgG. § 40 (Dienstprämie); StGB. 361 Nr. 5, 10; PolStG. Art. 81; ZZP. 23[519] 24[212] 32[400] Gr. 46[43] Bl. 64[143] 71[429] (Beschlußformel), BlEB. 15[225]. — Die Vorschrift ist auf Nr. 7, 8 des Abs. 1 und die Verletzgsrente (Abs. 3) beschränkt; bzgl. der Nr. 2 bis 6 des Abs. 1 haben auch diese Personen aus der ZPO. kein Aktivprivileg (zB. Sold); Spezialgesetze s. o. Bei Nr. 3 wird übrigens durch die Pfdg. zu gunsten des Gatten oder unversorgten Kindes die Einwdg. des Schld. hinfällig. Keine Begünstig. für Lebensmittellieferg., Mietguthaben, Lebsuchtsdarlehen; vgl. jedoch §§ 1607, 1709 BGB. — Unterhalt nach ältR. geschiedener Gatten: Art. 199, 202 EBG.; Mot. 290; E. 50[303] S. 12[131] Bl. 65[439]; jetzt §§ 1345, 1351, 1578 ff. BGB. — Gesetzl. Haftg. (zB. §§ 1336, 1459 BGB.) gesondert zu beurteilen, RO. 6[422]. — Kein Aktivprivileg für Kosten (S. 6[543] aM. RO. 6[422]). — Klage: auch Antrag auf einstw. Verf., Aufnahme e. ex. Urk. RO., 7[316]; hier Kl. auf künftige Raten (§§ 257 ff.) wegen Ausdehng. des Privilegs dringend rätlich. — Beim Unterhalt unehel. Kinder ergeht das Urteil ledigl. nach Maßgabe der Bedürfnisse des Kindes u. der Lebensstellg. der Mutter, ohne Rücksicht auf das Vermögen des Vaters; deshalb muß die Freilassung des notdürft. Unterhalts in der ZwV. (§ 766) erwirkt werden. Bei sonstigem Unterhalt wird die Leistgsfähigk. des Bekl. bereits im Prozeß geprüft (E. 57[71]) u. sind die bzgl. Einreden nachträgl. nur nach §§ 323, 767 möglich. Bei Rückständen gewöhnl. Alimente (Satz 1) darf daher die Pfdg.

auch den notdürft. Unterhalt des Schld. beeinträchtigen. Satz 3 bezieht sich lediglich. auf Satz 2 (unehel. Kind) u. nur auf den Fall der Konkurrenz mehrerer Unterhaltsglb., während im Verhlt. von unehel. Kind u. Schld. allein (vorbehalt. notdürftig. Unterhalt des Schld.) auch für ältere vollstreckb. Rückstände Vollpfdg. stattfindet. Beachtl., daß die konkurr. Unterhaltsglb. standesmäßg. U. beanspruchen können u. daß die Unterhaltsglb. nicht auf Pfdg. der Kongrua beschränkt sind (RO. 10[376]) — **Abs. 5.** Vgl. § 3 LohnbeschlG. Hierher insbes. Umzugskosten, Diäten, Repräsentationszulagen, Bureauentschädig., Schreib-, Heiz- u. Regieaversen, Pferde-, Tafel-, Monturgelder, auch die sog. Fahrdiäten des Verkehrspersonals (einschl. des ersparbaren Drittels; vgl. jedoch NS. 4[712] GVBl. 06[8]), Verstümmelungs-, Kriegs-, Alterszulagen (OffPensG. § 37). Die bayer. Wohnungsgeldzuschüsse dagegen sind (auch soweit beim Verkehrspersonal an Stelle früherer „Emolumente" getreten) pfändbarer Gehaltsteil; desgl. die sog. Funktionsbezüge u. wohl auch die Verpflegskosten der GefWärter (JMBl. 93[187]). — Servis: E. 59[415]. — Naturalbezüge kommen an sich zur Anrechng.

§ 851. I Eine Forderung ist in Ermangelung besonderer Vorschriften der Pfändung nur insoweit unterworfen, als sie übertragbar ist.

II Eine nach § 399 des Bürgerlichen Gesetzbuchs nicht übertragbare Forderung kann insoweit gepfändet und zur Einziehung überwiesen werden, als der geschuldete Gegenstand der Pfändung unterworfen ist.

BGB. §§ 398 ff.: Mot. 2[133] Prot. 1[384] 2[237] 6[724]; vgl. § 857 Abs. 3 ff. — Rechtsbehelf: § 766; vgl. auch die Noten zu §§ 811, 850. — Landesrechtl. Übertragungsverbote sind nur in den Materien der Art. 57 ff. EBG. wirksam; vgl. insbes. Art. 12 AGG. (Witwen- u. Waisenbezüge v. Zivilbeamten). — Übergang: Art. 170 EBG.; vgl. § 857 Abs. 3 ff.

Abs. 1 will Umgehung des Übertragungsverbots durch einverständl. Pfdg., **Abs. 2** Schädigung des Glb. durch vertragsm. Veräußergsverbote hintanhalten; vgl. § 850 Abs. 1 Nr. 3. Formell bezieht sich Abs. 2 aber auch auf Inhaltsveränderg. der Leistg. durch Gläubigerwechsel; Gegenstd.: insbes. Bargeld (§ 811). — Auf die Pfdgsverbote des § 850 ist Abs. 2 nicht ausdehnbar; vgl. § 847. — **Einzelnes.** Unpfändbar: AnfechtgsR. (E. 30[74]); AnnahmeR. bzgl. e. Vertragsangebots; Apothekerkonzession (AdmBl. 53[115]); AufgebotsR. (aM. Mot. EBG 100); Recht auf Auftragsausführg. (BGB. § 664); AusschlaggsR.; Ausnutzg. der Arbeitskraft des Schld. (vgl. E. 59[119]); AussteuerR. (§ 1622 BGB.); Bierzwang (R. 06[1258]); Dienstbarkeit, beschrkt. persönl. (BGB. § 1092); Dienstrecht (§ 613 BGB.; Bl. 31[150]); DispositionsR., formale (EF. 1[25]); Dreißigste (§ 1969 BGB.); Ehegewinnsausgleich (Art. 83 ÜG.); Ehelastenbeitrag (§§ 1487, 1525 BGB.); Einreden als solche (E. 1[315]), EnteignungsR.; Feststellkl. (RO. 8[46]); Firma (E. 9[106]; einschl. Markenschutz: E. 11[140]); Frachtabrechngssaldo nach Art. 23 JFrÜ.; FreifahrtsR.; Gesellschaftsansprüche nach § 717 BGB. (vgl. § 859); Geschäft im Komplex (SA. 56[27]); Hagelversichergsentschädig. (HVG. Art. 10); JagdR. als solches, S. 8[568] (anders bzgl. JagdausübgsR., Jagdpachtgeld, Parkwild, Teichfische; vgl. § 960 BGB., E. 8[373] 10[78] 26[218]); Konkurrenzverbot (SA. 56[411]); KündigungsR. als solches; Kux nR. (Wertpapier nach

§ 821, E. 47[107]) Mietrecht (BGB. § 549, soweit nicht Untermiete gestattet; E. 37[424], vgl. Prot. BGB. 2[238] ZZP. 31[114]); Nacherbschaft (E. 33[293]); NamensR. (E. 9[106] 29[133]); Nebenrechte ohne Hauptrecht; Nießbrauch (§§ 1059, 1068 BGB., vgl. §§ 861 ff.; Prot. BGB. 1[384] RD. 1[18]); Nichtigkeitsklage; PachtR. (wie Miete; BGB. § 581, Begr. 274; KB. 208); ParzelliergsR.; PfandR. ohne Hauptfrdg.; Pfandleihguthaben (E. 58[71]; beschränkt); Pferdeversichergsentschäd. (PfVG. Art. 7); Postsendg. (so E. 43[98] wegen § 5 RPostG. u. mangels Adressatenklage vor Aushändig.; vgl. JMBl. 67[113] 75[92] Bl. 54[209] 60[33] [225] VZ. 90[6] 03[181] Gr. 47[90] DJZ. 03[496]); Prozeßkosten, solange nicht selbstdg. verfolgbar (§ 91; Mot. BGB. 2[121]); RangeinräumgsR. (NS. 4[186]); RangvorbehaltsR. (S. 14[370]; Art. 58 ÜG. § 607 GBDA.); Realrecht (§ 865); Rechnungsstellg. (E. 52[35]); Reichstagsdiäten (RG. v. 21. Mai 1906); ReszissionsR.; RücknahmeR. e. Depots nach BGB. § 377; Spes (soferne nicht wenigstens e. Partei gebunden: JW. 92[393] 04[368] Bl. 60[37] 63[77]; vgl. aber E. 55[330]); Seefahrtanspruch (§ 664 HGB); StatusR.; Teilgskl. als solche (bloße Einzelfunktion, E. 43[377]); Vereinsmitgliedschaft (BGB. § 38); VerbotsR als solche; Vertragsstrafe vor Verfall (E. 15[278]); oblig. VorkaufsR. (BGB. § 514); Untersuchgshaft-, Strafvollzugsentschädig. (RG. v. 20. Mai 1898 u. 14. Juli 1904); Viehversichergsentschdg. (Art. 7 ViehVG.); Vorschuß bei Genossenschft (JW. 05[29]); Warenzeichen (§ 7 WarenZG.); WiderrufsR. des Schenkers (BGB. § 530). — *Pfändbar:* alternat. (BlEB. 8[145]), bedingte Frdrg. (E. 39[107]); AktienbezugsR. (§ 262 HGB.); Blankoakzept (AusfüllungsR., E. 14[22] 28[63] 33[44]); Baugenossenschaftsanteile (KB. 98); Bonitätshaftg. (NS. 6[50]); Bürgenhaftg. (S. 16[420] aM. E. 41[171]); dingl. Haftg. solche, soweit Geldfrdrg. (S. 8[515]); Eigentümerhypothek (E. 43[427]; vgl. § 857); eigene Schuld (Glb. ist Drittschld.: E. 6[279] 20[365] 57[364]); Geschmacks-, Gebrauchsmusterschutz; gutgeschrieb. Gefangenenverdienstanteil (§ 79 DuHD., aM. JMBl. 71[69] FinVB. § 71); Genußscheinansprüche (E. 49[14]); Grundbuchberichtigungsanspr. (E. 60[266]); Kirchenstuhlsrecht (E. 7[137]; aM. S. 5[893]; vgl. Art. 133 EBG.; 1 ABG.; Synagogenstühle sind innerhalb der Kultusgmde. meist statut. übertragbar); Konkursfrdrg.; künftige Frdrg. (E. 55[330] DJZ. 04[744]); Lebensversichrg. (S. 10[513] E. 15[55]); Leibrente (vgl. aber § 850 Nr. 3); Liberationsanspr. (E. 37[95]); MeistgebotsR. (§ 81 ZVG.); rechtshg. Frdrg. (§ 265; E. 49[363]); Reichsschuldbuchfrdrg. (RG. v. 31. Mai 1891); Scharfrichterlohn (R 06[435]); Sparkassefrdrg.; Transportansprüche (außer bei Rück- u. Rundfahrscheinen); UrheberR., insbes. Patente auch schon zwischen Anmeldg. u. Erteilg. (E. 52[329]); VerlagsR.; Verlöbnisbruchentschdg. (§ 1298 BGB.); Vermieterrechte; Vermächtnis (nach Erbfall); Versicherungsgelder (DJZ. 06[420] [955]); WiederkaufsR. (§ 497 BGB.) — **Weitere Streitfragen.** Die Rechte aus *Abzahlgsvertr.* sind pfändbar (VZ. 02[148] RD. 4[66] KGBl. 04[38] [56] aM. DJZ. 05[597]; vgl. E. 58[71]); ohne solche Pfdg. braucht das Abzahlgsgeschäft beim Wspr. des Schld. die Rückstandszahlung durch den Glb. nicht anzunehmen (§ 267 BGB.). Ebensowenig kann dasselbe zur Abtretung seiner Rechte (insbes. auf Herausgabe) gegen Bezahlg. gezwungen werden; dem Rückersatze solcher Auslagen durch den Schld. stünde §§ 683, 679 BGB. entgegen (vgl. auch §§ 788, 804). — *Aufrechnung* unstatthaft, soweit Pfdg. ausgeschlossen: §§ 392 ff. BGB.; Art. 81, 95 EBG. mit E. 55[1]; 12, 21, 60 ABG.; PrVersG. § 26; S. 11[743]. Das Aufrechngsverbot hindert weder die Pfdg. mit Ü. z. Einz. zu Gunsten des Schld. als Gegenglb. noch die bloße Zurückbehaltg. der Zahlg. (gem.

M.); vgl. E. 7[331] 34[355] 47[335] 55[1] Bl. 41[346] 66[78 290] RO. 5[455] DJZ. 02[86]. — Austrag (Kauf u. Unterhalt): Art. 96 EBG.; 32 ABG.: 48 ÜG.; § 605 GBDA.; E. 4[144] 6[210] S. 6[37] 9[235] 12[371] SA. 41[318] 46[240] JW. 05[685] Bl. 66[156] BZ. 01[168]. — Brandversichergsentschädig.: §§ 1127 ff. BGB.; Art. 75 EBG.: 164 Nr. VII ABG. mit 43 BrandVG.; Bl. 68[309] AdmBl. 54[91]. — Buße, Beischlafsentschädig., Schmerzensgeld (§§ 847, 1300 BGB.): erstere pfändbar ab Zuerkenng. im Strafverf., letztere bereits mit Anerkenng. oder Rechtshgk. (ESt. 28[301] R. 05[167] JW. 04[27] Bl. 68[485] EB. 10[68]). — Kommunmauerablösung: S. 1[162] 7[820] 12[120 322] (jedenfalls mit Anbau selbstdg.). Das Anbaurecht ist nicht pfdb.; vgl. jetzt Art. 68 ff. ABG.; Bl. 66[359 509] 67[64] ZR. 06[483] E. 63[6]. — Kontokorrentsaldo: § 357 HGB., S. 9[267] RO. 4[74]. — Kreditkaution: E. 51[115] S. 4[265] 9[133] 11[349] 15[857] NS. 6[114] Bl. 71[442]; § 830 Note. — Nuda proprietas ist nicht selbstdg. durch Beschluß anstatt der körperl. Besitznahme oder der Herausgabeanspruchspfdg. pfändbar (E. 27[154]); letztere führt (durch Bindung der Erben) auch dann zum Ziel, wenn der dermalige Besitzer (zB. beim lebenslängl. Nießbrauch) selbst keine Herausgabepflicht hat, JW. 02[519]. — Urheberrecht, liter. u. musik.: § 10 UrhRG.; beachtlich die Unpfändbk. des Rechts samt Manuskript beim Autor. Exemplare im Selbstverlag, Anspr. gg. den Verleger sind pfändbar. — Die Pfändbk. der Rechte aus Vorverträgen (zB. auf künftigen Kauf, Zession, Darlehenshingabe) u. aus gegenseit. Verträgen ist Tatfrage (E. 13[11] 51[70] S. 10[637] Bl. 70[567]); bei letzteren muß jedenfalls der Glb. die Gegenleistg. beschaffen (vgl. auch § 32 SubmBed.) Gas-, Wasserbezug, Telephon: BZ. 04[114] RO. 6[132] (Raumnachfolge); Bierlieferg.: Bl. 70[296]. — Bei Vorverträgen kommt § 851 Abs. 2 mit BGB. § 399 in Betracht; also Pfdg. mit Übwsg. z. Einziehg. formell statthaft, unbeschadet Zahlgsverweig. des Drittschld. aus materiellen Gründen (zB. BGB. § 610; Bl. 69[195]). So insbes. bei Pfdg. von Baukapital; vgl. über die bestr. Frage E. 32[364] 37[336] 38[311] 40[275] 51[119] JW. 02[143] ZR. 05[205 511] R. 01[231] 03[404] ZBlFG. 6[612] SA. 57[185] Bl. 69[191] 71[659].

§ 852. I Der Pflichtteilsanspruch ist der Pfändung nur unterworfen, wenn er durch Vertrag anerkannt oder rechtshängig geworden ist.

II Das Gleiche gilt für den nach § 528 des Bürgerlichen Gesetzbuchs dem Schenker zustehenden Anspruch auf Herausgabe des Geschenkes.

§§ 847, 1300, 1511, 1967, 2303, 2317 BGB.; Mot. 5[illegible] Prot. 5[525] 6[726]. — Grund: Verhütg. e. Klage gg. den Willen des Berechtigten. Anerk.: schriftl. § 781 BGB.); Abtretg. ist nach dem Erbfall ohne weiteres möglich. Der abgetretene Pfl. ist unbeschränkt pfändbar, ebenso der Erbteil e. Pflichtteilsberecht. als solcher. — Bei Erbfällen vor 1. Jan. 1900 gilt das ält. R. (Art. 213 EBG.: S. 12[240] Bl. 65[517] EB. 12[324].

§ 853 (750). Ist eine Geldforderung für mehrere Gläubiger gepfändet, so ist der Drittschuldner berechtigt und auf Verlangen eines Gläubigers, welchem die Forderung überwiesen wurde, verpflichtet, unter Anzeige der Sachlage und unter Aushändigung der ihm zugestellten Beschlüsse an das Amtsgericht, dessen Beschluß ihm zuerst zugestellt ist, den Schuldbetrag zu hinterlegen.

§§ 199, 200 GVGA.: vgl. §§ 75, 108, 829, 831, 845, 856, 930 Note. — Erklärung zum GSchr.-Prot.: §§ 17, 48 HO.: Anzeige an die Glb. sachgemäß (§ 374 BGB.). — RMittel gg. Ablehng. durch das AG.: sof. Beschw. (JW. 93^{199}); vgl. HO. §§ 10, 55 Rücknahmerecht bestr. (ZR. 06^{281}). — Keine Vorschußpflicht für VertVerf.

Vorausgesetzt ist Identität der Frdg. nach Inhalt des Pfdgsbeschl. (BlEB. 4^{254}); die durch die Pfdg. von selbst eintretende Teilung der Frdg kommt hierbei nicht in Betracht. Identität des Schld., Unzureichendheit des Depots ist begriffl. nicht nötig (§ 872). — Keine Nachprüfg. der Schuldhöhe durch das AG. (Bl. 60^{339}); Löschgsbewillig. durch Glb.: Bl. 60^{337}. Einrede gg. Klage: BGB. § 379 (E. 59^{17}). — Eine Benachr. u. ein Pfdgsbeschl. genügen nicht, wohl aber zwei Arrestpfdg. oder e. für zwei Glb. ergangener Beschl. (vgl. Mot. 436). Die Zustellgsnachwj. sind mitvorzulegen. — Die Zustdk. bemißt sich nach dem formellen, nicht materiellen Bestand des I. Beschl., E. 36^{360}; ist dieser von e. Obergerichte (arrestweise) erlassen, so ist das örtl. korresp. AG. (§ 764) zuständig (KGBl. 05^{28}). — Durch gegenw. Hinterlg. anerkennt der Drittschld., daß der im Pfdgsbeschl. genannte Schld. Glb. der hinterlegten Frd. tatsächlich war u. überträgt auf diesen Schld. pfandbelastetes Eigentum am gezahlten Betrage, E. 49^{359} (aM. ZR. 06^{281}). Herrscht hierüber, zB. zufolge bestr. Zession, berechtigter Zweifel (E. 44^{166} 59^{19} NS. 3^{975}), so ist nach § 372 Satz 2 BGB. zu hinterlegen (nur Traditionsofferte, E. 49^{359} ZR. 06^{21}). Ein solches Depot kann nur auf Grund Anerk. oder Urt. bzgl. sämtl. in der Hinterlgserkl. benannter Interessenten endgültig bereinigt werden. Ein VertVerf. kann solchenfalls nur behufs Ausscheidung der nicht zum Zuge kommenden Pfandglb. u. Vereinfachg. der Klagen stattfinden (§ 872). — Unmittelb. Zahlg. an den bestberecht. Pfandglb.: § 856. — Nach Aufhebung e. Zwangsverwltg. (altrechtl. Beschlagnahme) ist zur Durchführung e. Verteilgsverf. hinsichtl. hinterlegter, mehrfach gepfdt. Mietzinse das MobiliarvollstrG. (§ 829) zuständig: bei diesem hat das SubhG. oder der Verwalter als Drittschld. Geld u. Pfdgsbeschl. zu hinterlegen (vgl. Art. 8 ff., 39, 110, 138 SubhO.).

§ 854 (751). I Ist ein Anspruch, welcher eine bewegliche körperliche Sache betrifft, für mehrere Gläubiger gepfändet, so ist der Drittschuldner berechtigt und auf Verlangen eines Gläubigers, welchem der Anspruch überwiesen wurde, verpflichtet, die Sache unter Anzeige der Sachlage und unter Aushändigung der ihm zugestellten Beschlüsse dem Gerichtsvollzieher herauszugeben, welcher nach dem ihm zuerst zugestellten Beschlusse zur Empfangnahme der Sache ermächtigt ist. Hat der Gläubiger einen solchen Gerichtsvollzieher nicht bezeichnet, so erfolgt dessen Ernennung auf Antrag des Drittschuldners von dem Amtsgerichte des Orts, wo die Sache herauszugeben ist.

II Ist der Erlös zur Deckung der Forderungen nicht ausreichend und verlangt der Gläubiger, für welchen die zweite oder eine spätere Pfändung erfolgt ist, ohne Zustimmung der übrigen beteiligten Gläubiger eine andere Verteilung als nach der Reihenfolge der Pfändungen, so hat der Gerichtsvollzieher die Sachlage unter Hinterlegung des Erlöses dem Amtsgericht anzuzeigen, dessen Beschluß dem Drittschuldner zuerst zugestellt ist. Dieser Anzeige sind die auf das Verfahren sich beziehenden Schriftstücke beizufügen.

III In gleicher Weise ist zu verfahren, wenn die Pfändung für mehrere Gläubiger gleichzeitig bewirkt ist.

§§ 827, 847, 853, 856; BJB. 372; GBGA. 160, 199; AGZchrG. 22, 75. — Kosten: §§ 47, 80a GKG.; 23, 29 RAGO.; 5, 14 GBGO.

§ 855 (752). Betrifft der Anspruch eine unbewegliche Sache, so ist der Drittschuldner berechtigt und auf Verlangen eines Gläubigers, welchem der Anspruch überwiesen wurde, verpflichtet, die Sache unter Anzeige der Sachlage und unter Aushändigung der ihm zugestellten Beschlüsse an den von dem Amtsgerichte der belegenen Sache ernannten oder auf seinen Antrag zu ernennenden Sequester herauszugeben.

Vgl. §§ 818, 856; 163 GBGA.; 22, 75 AGZchrG.

§ 856 (753). I Jeder Gläubiger, welchem der Anspruch überwiesen wurde, ist berechtigt, gegen den Drittschuldner Klage auf Erfüllung der nach den Bestimmungen der §§ 853—855 diesem obliegenden Verpflichtungen zu erheben.

II Jeder Gläubiger, für welchen der Anspruch gepfändet ist, kann sich dem Kläger in jeder Lage des Rechtsstreits als Streitgenosse anschließen.

III Der Drittschuldner hat die Gläubiger, welche die Klage nicht erhoben und dem Kläger sich nicht angeschlossen haben, zum Termine zur mündlichen Verhandlung zu laden.

IV Die Entscheidung, welche in dem Rechtsstreite über den in der Klage erhobenen Anspruch erlassen wird, ist für und gegen sämtliche Gläubiger wirksam.

V Gegen einen Gläubiger, welcher nicht zum Termine zur mündlichen Verhandlung geladen ist, obgleich er von dem Drittschuldner hätte geladen werden sollen, kann der Drittschuldner sich auf die ihm günstige Entscheidung nicht berufen.

§§ 1290 BGB.; 199, 200 GBGA. — Einrede der Unwirksamkeit des Überwsgs.-beschl.: § 836. — Streitverkündung: § 841.

Hat der Glb. nur e. Pfdgsbeschl. ohne Überw. (zB. Arrest), so steht ihm bloß die Anschließg. als Partei (durch Erkl. im mV.) nach Abs. 2, nicht die selbstdg. Klage nach Abs. 1 mit den Wirkg. aus Abs. 2 ff. zu. — Eine Kl. des Schld. gehört nicht unter Abs. 2, E. 17 [291]; NebenJ.: § 265; RNachfKlausel des Überwsgsglb.: § 727. — Abs. 4 normiert e. Erweiterung der Rechtskraft (Kumulativklausel) u. ist auf den Schld. nicht ausdehnbar. — Erfährt der Glb. erst im Einzugsproz. von weiteren Pfdg., so kann er den Zahlgsantrag entspr. ändern (§ 268); der Einwand muß aber durch Vorlegung der Beschl. substantiiert werden, weil sonst das zustdg. Amtsg. nicht feststellbar ist. — Solange die Hinterlg. nicht gefordert ist, kann der

Drittschld. auf seine Gefahr an den Bestberechtigten zahlen, E. 52[141]; Vereinb. der Glb. bindet ihn. Einrede nach Hinterleg.: E. 59[17].

§ 857 (754). I Auf die Zwangsvollstreckung in andere Vermögensrechte, welche nicht Gegenstand der Zwangsvollstreckung in das unbewegliche Vermögen sind, finden die vorstehenden Bestimmungen entsprechende Anwendung.

II Ist ein Drittschuldner nicht vorhanden, so ist die Pfändung mit dem Zeitpunkt als bewirkt anzusehen, in welchem dem Schuldner das Gebot, sich jeder Verfügung über das Recht zu enthalten, zugestellt ist.

III Ein unveräußerliches Recht ist in Ermangelung besonderer Vorschriften der Pfändung insoweit unterworfen, als die Ausübung einem anderen überlassen werden kann.

IV Das Gericht kann bei der Zwangsvollstreckung in unveräußerliche Rechte, deren Ausübung einem anderen überlassen werden kann, besondere Anordnungen erlassen. Es kann insbesondere bei der Zwangsvollstreckung in Nutzungsrechte eine Verwaltung anordnen; in diesem Falle wird die Pfändung durch Übergabe der zu benutzenden Sache an den Verwalter bewirkt, sofern sie nicht durch Zustellung des Beschlusses bereits vorher bewirkt ist.

V Ist die Veräußerung des Rechts selbst zulässig, so kann auch diese Veräußerung von dem Gericht angeordnet werden.

VI Auf die Zwangsvollstreckung in eine Reallast, eine Grundschuld oder eine Rentenschuld finden die Vorschriften über die Zwangsvollstreckung in eine Forderung, für welche eine Hypothek besteht, entsprechende Anwendung.

§§ 1273 ff. BGB.: 157, 166 GVGA.: 365, 401 GBDA. mit Prot. BGB. 6[727]. — Vermögensrechte: § 2; Gegenstand der ZwV. in das unbewegl. Vermögen: § 864; altrechtl., der Auseinandersetzg. bedürftige Immobiliaranteile: Art. 157 SubhO. mit S. 13[598]. — Unpfändbarkeit: § 851. — Übergang: § 864 Note. — Kosten: §§ 35, 39, 81, 84 GKG.; 23, 32 RAGO.

Abs. 1. Hierher zB. gewöhnl. Miteigentum („Gemeinschaft" nach Bruchteilen; Angabe der einzelnen Sachen), Anteile an e. Gesellschaft, GmbH. (JW. 04[266]), Erbanteile (§ 859), Patente; nicht anderwtg. Gesamthandanteile (JW. 00[670]). — Rechtspfdg. statt Frdrgspfdg. unwirksam, RO. 7[314]. — **Abs. 2.** Rechte ohne Drittschld. sind zB. Patente, Eigentümerhyp. (E. 52[259]), Anteil e. GmbH. (RO. 13[206]); nicht aber Miterbenanteile (E. 42[330] 49[405]). Ein gutglb. Erwerber e. derart nur beim Schld. gepfdt. R. kann sich gegen den Pfdgspfandglb. nicht auf §§ 932 ff., 1208 BGB. berufen; vgl. §§ 806, 829; BGB. 134, 135, 1244, 1273, 413. Urkundenwegnahme hier wichtig; öff. Zustellg.: R. 06[903]. — **Abs. 3.** Hierher insbes. Nießbrauch (BGB. §§ 1059, 1092); vgl. § 851 Gr. 50[503] E. 56[388] (Lasten). — **Abs. 4, 5.** Diese Anordng. (zB. auf Verpachtg.) sind VollstrTitel zur Besitzesentsetzung gg. den Schld. (GVGA. § 166); zur Verwertung ist Überwsg. nötig (§§ 838, 844). — Die Stellung des Verwalters ist bestr. (vgl. §§ 848; ZVG. 150 ff.); Entlohng. praktisch sofort festzusetzen; Dienstlöhne: S. 3[174].

— **Abs. 6.** Reallasten: §§ 1110 ff., 851, 857 BGB.; Art. 85 ABG.; 46 ÜG.; vgl. § 24. — Hierher insbes. auch Eigentümerhypothek (Aufzählg.: GBDA. § 446); also bei Buchhyp. Eintrag, bei Briefhyp. Briefwegnahme nötig (E. 55[378] 56[10] [184] 59[314]). Auch künftige Eigentümerhyp. ist pfändbar, Pfdg. aber nicht eintragbar (E. 61[374]); vor Umschreibg. nur Pfdg. des Berichtigungsanspr. u. Wspr. nach § 899 BGB.; vgl. auch Gr. 50[551] R. 06[422] JR. 06[50] [194] Bl. 70[744]. Nebenkautionen: Note zu zu § 830; Annuitäten: Bl. 67[457] 71[712] Gr. 47[332] BNotZ. 01[149] ZBlFG. 03[293] JR. 06[369]. — Kein Übergang persönl. Nebenrechte bei Pfdg. e. Grundschuld: E. 63[14].

§ 858. I Auf die Zwangsvollstreckung in den Anteil an einem im Schiffsregister eingetragenen Schiffe (Schiffspart) finden die Bestimmungen des § 857 mit folgenden Abweichungen Anwendung.

II Als Vollstreckungsgericht ist das Amtsgericht zuständig, in dessen Bezirke sich der Heimatshafen oder der Heimatsort des Schiffes befindet.

III Dem Antrag auf Anordnung der Veräußerung der Part ist ein Auszug aus dem Schiffsregister beizufügen, der alle die Part betreffenden Eintragungen enthält; der Auszug darf nicht älter als eine Woche sein.

IV Der Pfändungsbeschluß soll dem Korrespondentreeder zugestellt werden; die Pfändung wird auch mit dieser Zustellung wirksam.

V Das Vollstreckungsgericht soll der Registerbehörde von der Erlassung des Pfändungsbeschlusses unverzüglich Mitteilung machen.

VI Ergibt der Auszug aus dem Schiffsregister, daß die Part mit einem Pfandrechte belastet ist, welches einem anderen als dem betreibenden Gläubiger zusteht, so ist die Hinterlegung des Erlöses anzuordnen. Die Verteilung des Erlöses erfolgt in diesem Falle nach den Bestimmungen der §§ 873—882; Forderungen, für die ein Pfandrecht an der Part eingetragen ist, sind nach dem Inhalte des Schiffsregisters in den Teilungsplan aufzunehmen.

§§ 1229 bis 1272, 1204 BGB. mit Mot. 3[850] Prot. 3[505]; §§ 474, 480 ff., 503, 659, 755 HGB.; Art. 12, 20 EHG.; §§ 17, 162 ff. ZVG.; 1 ff., 25 FlaggenG.; 6, 103, 119 ff. BinnenSchG.; 101, 125 FGG.; 10 SchutzGG.; Art. 63 ff. GebG.; Vdg. v. 14. Dez. 1895 § 2 (GVBl. 421), 24. Dez. 1899 (GVBl. 1225) § 29; Maif. Vdg. v. 5. Juli 1903 (RGBl. 257); JMB. v. 24. Dez. 1899 (JMBl. 1009). — Beachtlich, daß hier nur Schiffsparten einschl. Binnenschiffsanteile (zu unterscheiden von Reedereianteilen in Frage; ZwV. in das Schiff selbst: § 864. — Grund der Mobilisierg.: Kleinheit der Anteile, Ähnlichkeit mit Kux. — Verwertg. nur durch Verkauf; Auszug Abs. 3 nicht schon zur Pfdg. forderbar.

§ 859. I Der Anteil eines Gesellschafters an dem Gesellschaftsvermögen einer nach § 705 des Bürgerlichen Gesetzbuchs eingegangenen Gesellschaft ist der Pfändung unterworfen. Der Anteil eines Gesellschafters an den einzelnen zu dem Gesellschaftsvermögen gehörenden Gegenständen ist der Pfändung nicht unterworfen.

II Die gleichen Vorschriften gelten für den Anteil eines Miterben an dem Nachlaß und an den einzelnen Nachlaßgegenständen.

Vgl. §§ 735, 736, 747; BGB. 717 ff., 2033, 2059 mit Prot. 5[837 841] 6[317 327 727]; KO. 16, 51. — Verfahren: § 857; Einzeltitel genügt. — Verkauf: § 844. — Übergang zu Abs. 1: Art. 170, 173, 181 EBG.; zu Abs. 2: Art. 213, 181 EBG. Beachtlich die Überleitg. des ideellen altrechtl. Miteigentums in neurechtl. Miteigent. nach Bruchteilen trotz Fortbestand der altrechtl. Gemeinschaft, E. 55[285] RS. 7[140] (Teilg. v. Nachlaßakt. kraft Gesetzes).

Grund: Gesamthandprinzip. Unterschied von Bruchteileigentum mit Veräußerungsverbot beachtlich; Überführg. in letzteres: E. 57[432] ZR. 06[179]. Der Gesamthandanteil kann gewöhnl. Miteigentum mit Dritten umfassen. Keine bedingte Verfügung über Einzelsachen mit dingl. Wirkg.: JW. 05[205]; an den bei der Teilg. dem Schld. zufallenden Sachen erlangt der Glb. ein PfandR. analog § 847 (Gr. 43[811] JW. 05[205]; bestr.). — Eintragung der Anteilspfdg. als solcher im Grundbuch statthaft (Gr. 48[50] RO. 12[367] ZZP. 35[244]). — **Abs. 1. Gesellschaftsanteil** (keine Übertragung durch Rechtsgeschäft: § 719 BGB.). Drittschld. sind die übrigen Gesellschafter, bei parteifäh. Vereinig. diese selbst. Anteilscheine sind nur Beweisurk. JW. 04[360]. — Die Pfdg. des Anteils sichert dem Glb. zunächst den Gewinn- u. bei Kündig. e. Gesellschafters den Auseinandersetzgsanteil. Letztere Anspr sind nach § 717 BGB. auch selbstdg. pfändbar; aber Abrechng. hier nicht forderbar, E. 52[36]. — Auseinandersetzg. mittelst Kündig. des Glb.: §§ 725, 731 BGB.; 180 ZVG.; Art. 114 ÜG.; beachtlich das Erfordernis endgült. Vollstreckb. u. Überwsg. (vgl. § 1258 BGB.); Kosten: RS. 5[63]. — Off. HG., KommG., KommAktG.: §§ 105, 135, 161, 330 HGB.; vgl. §§ 66 GenG.; 15 GmbHG. — AktienG.: §§ 821 mit HGB. 200; Gewerkschaft: §§ 821, 864. — Der Anspruch des stillen Gesellschafters (§ 339 HGB.) unterliegt der gewöhnl. Frdgspfdg. — Ein „Vereinsanteil" existiert rechtl. nicht; anders bei nicht rechtsf. Vereinen. — **Abs. 2. Miterbenanteil** (auch e. Vor- oder Nacherben nach Erbfall: Gr. 34[952]). Zu beachten der Unterschied von der Pfdg. „des Nachlasses" nach § 747 (Urteil gg. alle Erben nötig) u. der Pfdg. von Einzelsachen (Teilg. nachzuweisen). Rechtsgeschäftl. Abtretg. des Anteils statthaft (§ 2033 BGB.); Konkurs unzulässig (KO. §§ 216, 235). Kein Vorkaufsrecht (§§ 2034, 512 BGB.). — Auseinandersetzg.: §§ 86 ff. FGG. mit Note zu §§ 747, 778 u. Nov. z. GebG. v. 20. Aug. 1906 (GVBl. 578) mit RS. 6[20] ZR. 06[57]. Teilg. ohne Zuziehg. des PfGlb. wirkgslos, ZBlFG. 4[191]. — Drittschld. sind die Miterben, E. 49[405]; ev. TestVollstr. — Keine Pfdg. e. Alleinerbschaft im Komplex oder e. künftigen (erhofften) Erbanteils (FinMBl. 81[107] R. 00[401]; vgl. § 312 BGB.); keine Pfdg. e. bestimmten Summe aus e. Erbteil (E. 20[234]), des Erlöses e. Erbsache (R. 06[1203]) oder ZwHyp. auf Einzelgrundstück (RS. 3[604]); keine Erwähng. der Pfdg. im Erbschein (RS. 6[91]). — Ausschlagung nicht paul. anfechtbar: E. 54[295]; Zuwachs: § 804.

§ 860. I Bei dem Güterstande der allgemeinen Gütergemeinschaft, der Errungenschaftsgemeinschaft oder der Fahrnisgemeinschaft ist der Anteil eines der Ehegatten an dem Gesamtgut und an den einzelnen dazu gehörenden Gegenständen der Pfändung nicht unterworfen. Das Gleiche gilt bei der fortgesetzten Gütergemeinschaft von den Anteilen des überlebenden Ehegatten und der Abkömmlinge.

II Nach der Beendigung der Gemeinschaft ist der Anteil an dem Gesamtgute zu Gunsten der Gläubiger des Anteilsberechtigten der Pfändung unterworfen.

Vgl. §§ 739 bis 745; BGB. 1442, 1487, 1519 1549, 1557: §§ 61 GBGA.; 13 FinBB. — Abs. 1 beschränkt praktisch nur die Glb. der Frau u. der Abkömmlinge. — Die Einzelsachen u. Anteile hieran bleiben auch im Falle des Abs. 2 von einseit. Pfdg. ausgeschlossen. — ZwV. in das Gesamtgut selbst: §§ 740 ff.; in das eingebrachte Gut: § 739; bzgl. der Sondergüter gelten lediglich die allg. Vorschr. — Früheres Recht u. Übergang: §§ 52, 739 ff.; Überleitg. der gemeinvermischten Hausfahrnis: § 861; Unpfändbarkeit des Ausgleichungsanspr.: Art. 83 ÜG.

§ 861. I Das Recht, welches bei dem Güterstande der Verwaltung und Nutznießung dem Ehemann an dem eingebrachten Gute zusteht, ist der Pfändung nicht unterworfen. Die von dem Ehemann erworbenen Früchte des eingebrachten Gutes sind der Pfändung nicht unterworfen, soweit sie zur Erfüllung der in den §§ 1384—1387 des Bürgerlichen Gesetzbuchs bestimmten Verpflichtungen des Ehemanns, zur Erfüllung der ihm seiner Ehefrau, seiner früheren Ehefrau oder seinen Verwandten gegenüber gesetzlich obliegenden Unterhaltspflicht und zur Bestreitung seines standesmäßigen Unterhalts erforderlich sind.

II Der Widerspruch kann auch von der Ehefrau nach § 766 geltend gemacht werden.

BGB. § 1408 mit Mot. 4[211] Prot. 4[134 182 204 352] 6[725]; GBGA. § 61; FinBB. § 70. — Fruchterwerb: §§ 99 bis 102, 954, 1039, 1073, 1383 BGB.; vgl. § 810. Erträgnis e. Erwerbsgeschäfts der Frau ist Vorbehaltsgut, also nur für Glb. der Frau pfändbar. — Bei allg. GG., Errungenschafts- u. Fahrnisgemschft. besteht e. dem Satz 2 Abs. 1 entspr. Schutzvorschrift nicht, weil hier die Früchte unmittelbar in das Gesamtgut fallen u. dessen Pfändbark. teilen (Begr.). — Früheres Recht u. Übergang: § 52. — Obige Pfändgsausnahme gilt insbes. gegenüber neurechtl. Glb. für den übergeleiteten GStd. der Errungenschaft des Bayer. LR. (Art. 83, 84, 98, 103, 24 ÜG.). Hierbei ist die Err. aber ausweisl. der Begr. ledigl. als Rechungspost gedacht u. daher zB. e. aus Ersparnissen beider Gatten angeschafftes Wertpapier Alleineigentum des Ehemanns (vgl. RS. 4[230 461]); die Frau bezw. deren Erbe ist auf den (rein obligat., unpfändb.) Ausgleichsanspr. nach Art. 83 ÜG. beschränkt (ZR. 06[44]), was zB. für Wsprkl. wichtig. — Die gemeinvermischte Hausfahrnis u. die Hochzeitsgeschenke sind in neurechtl. Miteigentum je zur Hälfte übergeleitet (vgl. NGBl. 03[96] Bl. 67[181]); Morgengabe: Art. 170 EBG., S. 7[644].

Abs. 1 Satz 1. Pfdg. des eingebr. Gutes zu Lasten der Ehefrau: § 739. — **Satz 2.** Beweislast obliegt dem wspr. Gatten (Prot. BGB. 4[183]). — Früchte: hier neben Fordrg. auch körperl. Sachen, zB. Fohlen (BZ. 05[157]). Miet- u. Pachtzins ist schon vor Fälligkeit als bedingt pfändbar (vgl. E. 55[330]), gleichviel, ob der Vertrag im Namen des Mannes oder der Frau abgeschlossen (bestr.; vgl. ZR. 05[327]); Verteilg. der Lasten nach der Verkehrssitte: Mot. BGB. 4[217]. — Stehende Früchte sind nach § 810 pfändbar. — Vom Ehemann erworbene Früchte sind der Pfdg. für Glb. der Ehefrau entzogen (§ 771); Ausgleichs- u. Ersatzanspr. sind nach § 739 pfändbar. — Anfechtg. von Eheverträgen auf Gütertrennung: E. 57[86]; vgl. ZBlFG. 5[1] Bl. 70[370]; Pfdg. für Glb. aus §§ 1384 bis 1387 BGB. unbeschränkt zulässig (bestr.). — **Abs. 2.** Keine Beschränkg. des Wspr. der Ehefrau auf deren Unterhalt oder auf Verhinderg. des Ehemanns.

§ 862. I Das Recht, welches dem Vater oder der Mutter kraft der elterlichen Nutznießung an dem Vermögen des Kindes zusteht, ist der Pfändung nicht unterworfen. Das Gleiche gilt von den ihnen nach den §§ 1655, 1656 des Bürgerlichen Gesetzbuchs zustehenden Ansprüchen, solange die Ansprüche nicht fällig sind.

II Auf die Pfändung der von dem Vater oder der Mutter kraft der elterlichen Nutznießung erworbenen Früchte finden die Vorschriften des § 861 Abs. 1 Satz 2 mit der Maßgabe entsprechende Anwendung, daß die in den §§ 1655, 1656 des Bürgerlichen Gesetzbuchs bezeichneten Ansprüche, wenn sie fällig sind, den erworbenen Früchten gleichstehen.

III Der Widerspruch kann auch von dem Kinde nach § 766 geltend gemacht werden.

§§ 746; BGB. 1658, 1686 mit Mot. 4^{793} Prot. $4^{551\ 582}$ $6^{725\ 790}$; GBGA. 61; FinBB. 71; KD. 1; E. 48^{195}. — BGB. § 1655: Reingewinn e. Erwerbsgeschäfts; § 1656: Nutzungsüberschuß beim Verwaltgsausschluß; die sonstigen Früchte des Kinderguts sind im Umfang des Abs. 2 nach Erwerb zu lasten des Elternteils pfändbar. — Beweislast: § 861; vgl. S. 2^{270}; Sparkasseneinlagen für die Kinder gehören im Zweifel den Eltern. Kein Pfdgs.-ausschluß bzgl. e. dem Vater vermachten Nießbrauchs am Kindergut (vgl. § 850 Nr. 3), ZBlFG. 6^{375}. — **Abs. 3.** Ges. V.: Vater, ev. Pfleger. — Übergang u. ält. R.: Art. 203 EBG.: Note zu § 52; ZZP. 28^{384}.

§ 863. I Ist der Schuldner als Erbe nach § 2338 des Bürgerlichen Gesetzbuchs durch die Einsetzung eines Nacherben beschränkt, so sind die Nutzungen der Erbschaft der Pfändung nicht unterworfen, soweit sie zur Erfüllung der dem Schuldner, seinem Ehegatten, seinem früheren Ehegatten oder seinen Verwandten gegenüber gesetzlich obliegenden Unterhaltspflicht und zur Bestreitung seines standesmäßigen Unterhalts erforderlich sind. Das Gleiche gilt, wenn der Schulder nach § 2338 des Bürgerlichen Gesetzbuchs durch die Ernennung eines Testamentsvollstreckers beschränkt ist, für seinen Anspruch auf den jährlichen Reinertrag.

II Die Pfändung ist unbeschränkt zulässig, wenn der Anspruch eines Nachlaßgläubigers oder ein auch dem Nacherben oder dem Testamentsvollstrecker gegenüber wirksames Recht geltend gemacht wird.

III Diese Vorschriften finden entsprechende Anwendung, wenn der Anteil eines Abkömmlinges an dem Gesamtgute der fortgesetzten Gütergemeinschaft nach § 1513 Abs. 2 des Bürgerlichen Gesetzbuchs einer Beschränkung der im Abs. 1 bezeichneten Art unterliegt.

§ 2338 BGB.: Ersatz der exhered. bona mente bei Verschwendg. oder Überschuldg.: vgl. §§ 773, 850 Nr. 3. — Unterschied von der ähnl. Zwecke verfolgenden Aufstellg. e. Testamentsvollstr. nach § 2209 BGB. u. von der cautela Socini (§ 2306 BGB.) beachtlich (§ 852). — Rechelf: § 766; vgl. die Note zu § 861. — Übergang: Art. 213 EBG. mit Note zu Art. IX EAZP.

Zweiter Titel.
Zwangsvollstreckung in das unbewegliche Vermögen.

Der zweite Titel bezieht sich nur auf die ZwV. wegen Geldfrdrg.; Herausgabe u. sonstige Realexek.: §§ 885 ff. — Bis zur Anlegung des GB. gelten gemäß Art. 186, 189 EBG., 177 AVG., 53 AGBO., §§ 91 GBO., 15 EZV. noch die ält. §§ 755 bis 757 samt den früheren landesrechtl. Vorschr. für die ZwV. in unbewegl. Vermögen weiter (RS. 1[751] ZR. 05[456] Bl. 70[419]); vgl. hierzu Bayer. SubhO. v. 23. Febr. 1879 mit Nov. v. 29. Mai 1886 (Komm. v. Ortenau-Henle); §§ 3, 33 HypG.; Art. 52 ff. AGBO.; §§ 42 ff. AZV.; 185 bis 187 GBGA.; Art. 132 NotG.; §§ 227 NotGeschO.; 510 ff., 600 ff. GBDA.; JMBl. 88[199] 02[523]. — Kosten: §§ 35 GKG.; 23, 29, 31 RAGO. äF.; Art. 297 GebG. nF., 8 äF.; 41, 113 ÜG.; 107 NotGebO. mit den ält. NotGebO. v. 30. Nov. 1875, 15. Sept. 1879 u. 29. Juni 1886; §§ 2 ff. BRAGO. v. 25. Sept. 1879 mit 31 RAGO.; 16 BGVGO.; Art. 28 BRAGO. Die Gebühren für das Versteigrgsprot. berechnen sich auch vor Anleg. des GB. nach Art. 23 NotGebO. (RS. 1[713].) — Besonders beachtl. ist die sof. Wirksamkeit der neurechtl. Vorschr. für registr. Schiffe, sowie der Art. 6, 41, 113 ÜG., 54 bis 56, 28, 35 AGBO.; vgl. hierzu E. 55[251] 58[181] 59[177] Bl. 66[410] ZR. 05[161] JMBl. 02[487] 03[252] sowie die Note zu § 832. — Das Grundbuch ist angelegt im Bezirk des OLG. München sowie der LG. Amberg, Regensburg u. Weiden (JMBl. 05[362]; Unterschied von den Kreisgrenzen beachtl.), ferner im größten Teile der Rheinpfalz (letzte Übersicht: JMBl. 04[4]). Entscheidend ist der Einlauf des VollstrAntrags; auch weitere Beschlagn. altrechtl., solange die erste Beschlagn. aufrecht. Bzgl. teilws. Anlegung des GB. bei Gesamthyp. vgl. RS. 6[338]. Von der Anleg. ausgenommene Grundstücke unterstehen dem alten R., übersehene dem neuen R. (GBDA. §§ 508 ff.).

§ 864. I Der Zwangsvollstreckung in das unbewegliche Vermögen unterliegen außer den Grundstücken die Berechtigungen, für welche die sich auf Grundstücke beziehenden Vorschriften gelten, und die im Schiffsregister eingetragenen Schiffe.

II Die Zwangsvollstreckung in den Bruchteil eines Grundstücks oder einer Berechtigung ist nur zulässig, wenn der Bruchteil in dem Anteil eines Miteigentümers besteht, oder wenn sich der Anspruch des Gläubigers auf ein Recht gründet, mit welchem der Bruchteil als solcher belastet ist.

BGB. §§ 1017, 1106, 1114, 1192, 1199, 1268; EBG. Art. 63, 67 bis 69, 74, 164, 196 AGBO. Art. 17, 34, 37; ÜG. Art. 61; NotGeschO. § 227; GBDA. §§ 121, 132, 195, 196, 221, 296, 380, 397, 432 ff. mit JMBl. 05[619] (Kataster); GebG. Art. 21; vgl. auch die Vornote sowie §§ 869 ff.

Abs. 1. Grundstück: PlNr.; Komplex (Anwesen) nur nach § 890 BGB.; vgl. GBDA. §§ 314, 427; RS. 5[428] ZR. 06[237] [275]. — Den Grundstücken gleichstehende Rechte sind: Bergwerkseigentum (Art. 42, 258 BergG.), Kuxe äR. (Art. 263 BergG.), ErbbauR. (§ 1017 BGB.; JW. 03[90] Beil.), FischereiR., selbstdg. Realgewerbeberechtig. (§ 195 GBDA. RS. 1[595]; zB. Apotheken, Tafernwirtschft.), NutzungsR. nach Art. 164, 196 EBG. (zB. Realgemeinden, Kommunbrauereien, vgl. Art. 17 AGBO.), Stockwerkseigentum, Recht des Lehensmanns; nicht mehr Bodenzinse, Forstberechtig. (S. 1[299]), Ewiggelder (letztere künftig Rentenschuld; Art. 47 ÜG.; §§ 600, 609 GBDA.), sonstige Reallasten (Art. 61 ÜG.). — ErbpachtR. ist in Bayern nicht zugelassen. — Schiffe: Note zu § 858. Entscheidend ist die tatsächl. Registrierung; Ausnahme nur bei ausld. Schiffen: § 171 ZVG. (Heimatsort, nicht Eigentümer maßgbd.). Im Bau begriffene Schiffe (Art. 20 EHG.) u. Schiffsparten unterliegen der ZwV. in das bewegl. Verm.; verlassene Schiffe: BZ. 04[16]; Werkpfand: RO. 9[292]. — **Abs. 2.** Ideelle, reelle Grundstücksteile: §§ 432, 433 GBDA.; Stockwerkseigentum (Herberge): § 397 GBDA. — Erfordernis ziffermäß. Bezeichng. der Bruchteile im Grundbuch: ZR. 06[402] [458] RS. 3[687] 6[615]; aut. JME. v.

30. Jan. 1906 Nr. 4936/7. — Keine ZwV. in ein Gesamthandanteil an e. Grundstück, zB. eines Miterben (NS. 3[604]); vgl. §§ 859 mit GBDA. 433; E. 20[270]. Kein Parzelliergsrecht des Glb.; keine Totalversteig. zwecks Anteilsverwertg.; vgl. §§ 180 ZVG. — ZwV. in e. konsolidierten Bruchteil bei nachträgl. paul. Anfecht.: DJZ. 06[546].

§ 865. I Die Zwangsvollstreckung in das unbewegliche Vermögen umfaßt auch die Gegenstände, auf welche sich bei Grundstücken und Berechtigungen die Hypothek, bei Schiffen das eingetragene Pfandrecht erstreckt.

II Diese Gegenstände können, soweit sie Zubehör sind, nicht gepfändet werden. Im übrigen unterliegen sie der Zwangsvollstreckung in das bewegliche Vermögen, solange nicht ihre Beschlagnahme im Wege der Zwangsvollstreckung in das unbewegliche Vermögen erfolgt ist.

Umfang der Hypothek: §§ 97, 98, 1120 bis 1131 BGB.; des Schiffspfandrechts: §§ 1265 ff. BGB.; 478, 755 HGB.; Umfang der Beschlagnahme: §§ 20 ff., 55, 148, 151, 171 ZVG. — §§ 134 ff., 185, 188 GVGA.: 67, 72 FinVB. — Ält. R. u. Übergang: Art. 181, 184, 192 EBG.; HypG. §§ 33, 34 mit Nov. v. 20. Dez. 1903 (gewillkürte Pert. beseitigt); GBDA. § 468; vgl. S. 7[413] 9[757] 10[764] 12[839] 14[790] Bl. 62[227] ZR. 05[182] E. 46[172]; Steiner, ZwVG. S. 6 ff.

I. Der Mobiliarpfdg. bei Meidung der Nichtigkeit (§ 766; E. 59[90]) schlechthin entzogen sind sohin, u. zwar auch für Realglb. (RO. 6[213]) u. KonkVerw. (RO. 4[368]):

a) **Bestandteile;** hier genügt Verbdg. durch Schwerkraft, zB. Dachstuhl (E. 62[248]), Jalousien (E. 60[421]). Beachtlich, daß Bauwerke auch bei fester Verbindg. mit dem Boden in den Fällen des § 95 BGB. nicht Bestandteil des Grundstücks, also gesondert pfändbar sind, zB. Fabrikbau auf Pachtgrund (E. 59[20]), Bergbauanlagen (JW. 05[124]), fliegende Stände, Tribünen; vgl. auch E. 39[205] 48[267] (Kabel) 55[284] 56[288] 58[338] ZR. 05[61] RO. 7[347] 13[212 310] BlEB. 8[150]. Gesondert pfändbar sind ferner, obwohl Bestandteil, die Früchte auf dem Halm (§ 810); unpfdb. sind die Rechte aus § 96 BGB. (§§ 851; GBDA. 340). — Bzgl. Maschinen vgl. unter b.

b) **Zubehör:** zB. Schank- u. Hotelgerät (E. 39[294] 47[197] 48[207]), Fässer, Tische, Stühle, Gespann e. Brauerei (NS. 5[89] RO. 6[213]), Mahlwerk, Säcke e. Mühle (S. 12[421]), Erntevorräte (S. 14[840]), Baumaterial (S. 7[799] RO. 8[419]; bestr.), Dünger u. Vieh (RO. 3[235] 8[419] S. 8[90]), Gartenpflanzen (RO. 3[234]); nicht Fabrikate. Bestr., ob aufgeschraubte Maschinen, Gas-, Bade-, Lichtanlagen Bestandteil oder Zubehör; ersteres bejaht vom RG. in E. 50[241] JW. 06[346 416 541 543]; aM. teilws. NS 5[122]; vgl. auch BGH. 24[329] ZBlFG. 6[585]. Die Frage ist wegen der Möglichkeit des Eigentumsvorbehalts u. damit die Wsprkl. gg. die ImmobZwV. wichtig (JW. 06[325 673] ZR. 06[49 116 206 329 395] ZBlFG. 6[585] R. 06[1114]); kein Verzicht auf gesetzl. Haftg. (ZZP. 35[87] JW. 06[556]). — Wsprkl. des HypGlb. gg. Zubehörpfdg. wahlweise mit Einwdg. nach § 766: E. 55[208].

Pfändbar werden Bestandteil u. Zubehör, sobald die Hypothekhaftg. erloschen ist, also insbes. nach §§ 1121 (Wegschaffg. nötig, JW. 05[175]),

1122 BGB. — Pfändbar sind vor der Beschlagn. (Begriff: SA. 58[238]) trotz Haftg. für die Hypotheken die Miet- u. Pachtzinse, die abgeernteten entbehrlichen Erzeugnisse u. die Versichergsansprüche (vgl. § 851). Auch hier steht dem HypGlb. die Wsprkl. u. event. die Vorrechtsklage nur insoweit zu (E. 55[208]), als nicht die hypothekarische Haftg. erloschen ist, zB. bei lfd. Miet- u. Pachtzinsen gerade durch die Pfdg. selbst (§ 1124 BGB.; vgl. auch §§ 1126, 1129), bei angebl. Zubehör durch die Mobiliarversteig. und Wegschaffg.

II. Nach der Beschlagnahme ist für den Pfdgsausschluß (RBehelf: § 766) der vorher noch pfändbar gewesenen hypothekarisch haftd. Gegenstände beachtlich, daß von der Beschlagn. zwecks ZwVersteig. die Miet- u. Pachtzinse sowie die entbehrl. abgeernteten Früchte nicht mitergriffen w. (§ 21 ZVG.), sondern nur von der ZwVerwltg. (§§ 146, 148 ZVG.; die Ausbeute wird auch bei der ZwVersteig. immobilisiert, obwohl dem Schld. Besitz u. Verwltg. bleibt. Die Durchführg. e. vor der Beschlagnahme begonnenen Mobiliarvollstr. wird durch erstere nicht gehemmt (anders Art. 20 SubhO.); vgl. §§ 9, 10, 37, 55, 65, 90 ZVG. Der Pfdgsglb. muß aber Wspr. gg. die ImmobZwV. (§ 771) erheben, soweit sein Pfand sonst von der ImmobVersteig. mitumfaßt würde. Pfdg. während der Beschlagn. konvaleszziert nicht nach deren Aufhbg., E. 59[90]. — Weitere Einzelht. vgl. bei Steiner u. bei v. d. Pfordten, Komm. z. ZVG., insbes. über die Rechte am Erlös u. die bzgl. Streitfragen.

§ 866. I Die Zwangsvollstreckung in ein Grundstück erfolgt durch Eintragung einer Sicherungshypothek für die Forderung, durch Zwangsversteigerung und durch Zwangsverwaltung.

II Der Gläubiger kann verlangen, daß eine dieser Maßregeln allein oder neben den übrigen ausgeführt werde.

III Auf Grund eines Vollstreckungsbefehls findet die Eintragung einer Sicherungshypothek nicht statt. Auf Grund eines anderen Schuldtitels darf eine Sicherungshypothek nur für eine den Betrag von dreihundert Mark übersteigende Forderung eingetragen werden; die Vorschriften der §§ 4, 5 finden entsprechende Anwendung.

§§ 1184, 1185 BGB.; 13, 14, 71 GBO. mit §§ 421 ff. GBDA.; 128 ZVG.; 14, 106 KO.; Art. 116, 119 Abs. 3, 289 GebG. mit JMBl. 05[392] GBDA. § 119 ZR. 05[252]; 6, 8, 27, 28 BRAGO. mit JMBl. 02[488] 05[196]. — Alt. Recht u. Übergang: Art. 40 ff. SubhNov.; §§ 94, 103, 104 HypG. mit Nov. v. 20. Dez. 1903; Art. 52, 56, 57 AGBO.; 129 ff. AVG.; 34 ÜG.; 18 ff. FGG.; Art. 309 GebG. mit Art. 88, 91 äF.; § 11 ält. BRAGO. Vgl. auch JMBl. 00[114] u. bzgl. Auskunftspflicht des HypAmts § 792 mit RS. 1[400]. — Bisher besonders beachtlich der HypBrief des Art. 42 SubhNov., der Schutz des gutglb. Vollstreckgsglb. bzgl. des Buchstands (S. 9[486]) u. des gutglb. Dritterwerbers der ZwHyp. nach Definitiveintrag, die nunmehrige Einschränkg. u. Fristlosigkeit der Beschwerde, endlich die Auslegung des Art. 33 Abs. 2 SubhO. durch RS. 2[6]. Vgl. ferner S. 14[368 576] 16[125] RS. 6[118] BNotZ. 88[45] 89[101 137] 90[117]. — Überleitg.: Art. 57 AGBO. mit § 606 GBDA., E. 52[42]; vgl. Art. 192 EBG. — Sonstige Sicherungsmittel: § 916. — Ausschluß der Immobiliarvollstr.: § 15 WechselStG.; 74 RStempelG. — Streitwert: § 6; E. 35[384].

Abs. 1. Gemeint ist nur die ZwV. für e. Geldfrdrg. (§ 803); Titel: auch eV. auf Zahlg., E. 36[391]. — Die Sichergshyp. (zu unterscheiden von e. Sicherheits-, dh. Kautionshyp.) ist nicht e. bloße Vormerkg. (E. 60[423]); dem Schld. bleiben aber die Einr. auch e. gutglb. Dritterwerber gegenüber gewahrt (Begr. 182); Pfändg. der ZwHyp.: RO. 6[404]. Umwandlg. in

Verkehrshyp. durch Parteivereinb.: E. 49[166]; GBDA. §§ 414, 462; vgl. Bl. 58[221]; **Berücksichtig. bei der ZwVersteig.:** § 120 ZVG. — **Keine ZwHyp.** bei registr. Schiffen (§ 870). — **Abs. 2. Wichtig** wegen Verschiedenheit des Umfangs der Beschlagn. u. zwecks Rangwahrg.; daneben ist Mobiliarpfdg. möglich (§ 803). **Eintrag e. ZwHyp. gilt nicht als Befriedigung** (KO. 4[143]). **Keine Verweisg. des Glb. auf sichere Befriedig. durch Zwangsverwltg.** — Vgl. dagegen Art. 20 SubhO. — **Abs. 3. Ausstandsverzchn.** (S. 15[223]) **Schuldbek., Tabellenauszug genügt** (GBDA. § 426); die Summenbeschrkg. ist hierbei **anwendbar** (vgl. Art. 6 AZP.). **Keine ZwHyp. aus e. Erhbgs.-anwsg. gg. den Ansteigerer, solange der Glb. noch am VertVerf. beteiligt,** NS. 6[644]; vgl. NS. 4[599]. **Zum VollstrBefehl ist Judikatskl.** geboten u. zulässig (§ 700; bestr.); die Beschrkg. der Summe gilt auch für die Arresthyp. (§ 932), E. 60[279]; anders nach Art. 56 AGBO. — Maßgbd. ist die gegenw. VollstrSumme (ohne Zins rc.), nicht der ursprüngl. Betrag des VollstrTitels; mehrere Guthaben des näml. Glb. in einem Titel sind zusammenzurechnen (GBDA. § 421), dagegen nicht mehrere mit einem Antrag vorgelegte selbstdg. Titel (E. 48[242] NS. 1[266]). Die Kosten müssen für sich 300 Mk. übersteigen, wenn die Eintrag. dafür nicht gleichzeitig mit der Hauptsumme beantragt wird (E. 61[423] NS. 7[282]). — Bei der Pfdg. e. Herausgabeanspr. (§ 849), e. Hypothekfrdrg., Grundschuld rc. besteht e. Summenbeschränkg. nicht; ebensowenig bei materiellen Sichergsanspr., zB. nach §§ 648 BGB., 128 ZVG., Art. 123, 128 ABG. mit 50, 120 ÜG. (vgl. § 942, KO. 1[206]) oder bei dem Anspr. auf Berichtigung. des GB. nach §§ 14, 22 GBO. (vgl. Art. 21, 32 SubhO. mit 11 SubhNov.), KO. 8[152]. — Löschg. v. amtsw. bei Verstoß wider Abs. 3: §§ 54 GBO., 74 GBDA.; JW. 05[297].

§ 867. I Die Sicherungshypothek wird auf Antrag des Gläubigers in das Grundbuch eingetragen; die Eintragung ist auf dem vollstreckbaren Titel zu vermerken. Mit der Eintragung entsteht die Hypothek. Das Grundstück haftet auch für die dem Schuldner zur Last fallenden Kosten der Eintragung.

II Sollen mehrere Grundstücke des Schuldners mit der Hypothek belastet werden, so ist der Betrag der Forderung auf die einzelnen Grundstücke zu verteilen; die Größe der Teile bestimmt der Gläubiger.

Antrag formlos: § 16 GBDA. (PlNr.-Angabe); Vollmacht: § 81; GBDA. § 19 (Begl. in der Regel entbehrl.): vgl. ZBlFG. 4[845]; Anlagen: VollstrTitel mit ZustNachw. und begl. Abschrift einschl. des ZustNachw. u. der Vollm., aber ausschl. Tatbstd. u. Begr. (§§ 525, 526 GBDA.); keine Bezugn. auf anderwtg. Akten (§ 528 GBDA.). — Keine Vermittelg. des VollstrG. (Mot. BGB. 3[245]); Aktenbhdlg.: §§ 80 AG-SchrG.; 113 ff., 140, 227, 415, 421 ff., 524 ff. GBDA.: Zwischenverfg. statthaft (§ 18 GBO.; vgl. ZBlFG. 4[1]). — Verjährg.: § 209 BGB.; Löschg.: § 767 (SA. 57[184]); mgls. Streit nach GBDA. §§ 453 ff.; vgl. BlEB. 14[378]. — RMittel gg. Abwsg.: unbefristete Beschw. nach § 71 GBO. (E. 48[243]); gg. Eintrag nur Beschw. nach Abs. 2 des § 71 GBO. mit § 54; vgl. JW. 05[297] EF. 4[50]. — Ält. R. u. Übergang, Kosten: Note zu § 866; ArmenR.: Art. 8 AGBO. mit § 21 GBDA.

Abs. 1. Die Voraussetzung der ZwV., zB. Zustellg., Kaution, Fälligkeit (SA. 59[139]), Duldgstitel prüft das GrundBAmt selbstdg. (NS. 2[554] ZBlFG. 5[266]). Der Titel wird zurückgegeben; § 800 ist auf ihn nicht anwendbar. — Kein Eintrag e. Kostenanschlags (S. 16[127]); Prozeßkosten müssen festgesetzt, VollstrK. können vom GBAmt selbst geprüft w.; Eintrag der urkdl. nachgewies. Eintragskosten nicht verboten, EF. 6^{62}; vgl. §§ 410, 428 GBDA. — Keine vorlfg. Sichrg. durch Vormerkg., solange Eintrag gehindert, E. 55^{340} 60^{423}; nur Pfdg. des Berichtigungsanspr. u. Erwirkg. e. Wspr. auf Grund dieser Pfdg. (§§ 942; BGB. 899). ZwHyp. gg. Vorbesitzer bis zur wirkl. Umschreibg. möglich, E. 55^{340}; vgl. NS. 6^{116}. — **Abs. 2.** Die Teile werden selbstdg. Hyp. (RO. 3^{530}), können unter 300 Mk. gehen (RO. 3^{201} 5^{331}) u. sukzessive eingetragen w.; Verf. bei gemeinschaftl. Blatt: § 429 GBDA. — Kein Verbot, neben e. vor dem 1. Jan. 1900 eingetrag. TotalZwHyp. oder neben e. vertragsm. Hyp. nach dem 1. Jan. 1900 e. weitere (korreal wirkende) Hyp. auf e. anderen Grundstück des Schld. eintragen zu lassen, E. 52^{40} NS. 3^{482}. — Anderweitige Verteilg. nach Hypothekverzicht zulässig (NS. 2^{64}), auch bei Art. 56 AGBO.; nur die Teile sind dort unabänderl. (Becher, Mat. 6^{182}). — Der relative Verteilgszwang ist von amtsw. beachtlich (Abwsg.) u. gilt ohne Rücksicht auf Einbringlichkeit; gg.-Solidarschld. nicht anwendbar, RO. 2^{356} ZBlFG. 6^{349}.

§ 868. I Wird durch eine vollstreckbare Entscheidung die zu vollstreckende Entscheidung oder ihre vorläufige Vollstreckbarkeit aufgehoben oder die Zwangsvollstreckung für unzulässig erklärt oder deren Einstellung angeordnet, so erwirbt der Eigentümer des Grundstücks die Hypothek.

II Das Gleiche gilt, wenn durch eine gerichtliche Entscheidung die einstweilige Einstellung der Vollstreckung und zugleich die Aufhebung der erfolgten Vollstreckungsmaßregeln angeordnet wird oder wenn die zur Abwendung der Vollstreckung nachgelassene Sicherheitsleistung oder Hinterlegung erfolgt.

§§ 717, 775, 776; BGB. § 1163 mit Mot. 3^{776} Prot. 3^{706} Begr. 184; ZVG. § 128; GBDA. §§ 446 ff.; E. 48^{247} BNotZ. 03^{99}. — Alt. Recht: Art 40, 43 SubhNov. (Löschung); vgl. Bl. 36^{232}.

Der Erwerb tritt nicht schon mit Erlöschg. der Frdrg., sondern erst mit dem gerichtl. Ausspruch nach Abs. 1 ein (gem. M.; RO. 11^{114}), alsdann aber kraft Gesetzes; Grundbuchberichtig.: § 448 GBDA. Daneben Herbeiführg der Löschg. mittels Klage nach § 767 oder auf Grund löschungsfäh. Quittung möglich. — Auch Hinterleg. nach § 922 (Arrestsumme) hierher. Wird zu e. Arresthypothek e. Definitivtitel unter 300 Mk. oder ein VollstrB. erwirkt, so kann die Beseitg. der Arresthyp. u. damit der Erwerb der Eigentümerhyp. jedenfalls durch Urteil nach § 807 herbeigeführt werden. — Die Pfdg. der Eigentümerhyp. erfolgt nach § 857 ohne Summenbeschränkg. — Gutglb. Erwerb der ZwHyp. schützt nicht vor den Folgen des Abs. 1; Erwerb des Grundstücks durch e. Dritten: § 1164 BGB.

§ 869. Die Zwangsversteigerung und die Zwangsverwaltung werden durch ein besonderes Gesetz geregelt.

ZVG. v. 24. März 1897 (RGBl. 97; Neufassg.: RGBl. 98^{713}; AG. v. 9. Juni 1899 (GBBl. 125); AusfBek. v. 31. März 1905 (JMBl. 587); Behdlg. der altrechtl. Kautionshyp.: JMBl. 06^{74} (vgl. § 857); NotGeschO. §§ 19, 203, 223. Komment. von Steiner u. v. d. Pfordten. — Landesrechtl. Ausnahmen (§ 2 EZVG.): a) Lehen, Familienfideikommisse u. Erbgüter (Becher LZR. 1^{922}): Art. 3, 58 ff., 67 EVG.; 1, 50, 135, 152, 166 AVG.: 28, 32 AZP.: 13, 14 bis 16, 34 ff., 53 AGBO.; 4 SubhO.; 38 SubhNov.: vgl. §§ 3, 15 EZP.: 52 KO.: 3, 4 EGB.; 5 EKO.: 60, 226, 293, 301 ff., 349 ff.,

385 GBDA. mit JMBl. 05[596]. — Lehenedikt v. 7. Juli 1808 (RBl. 1893); Verfll. Tit. V § 1, Tit. VI § 2, Tit. II § 18; §§ 9, 57 der IV. VerfBeil.; Vdg. v. 6. Juni 1815 (RBl. 481); Gef. v. 15. Aug. 1828 (GBl. 353) u. 4. Juni 1848 (GBBl. 48[121]); § 102 der VII. Verf.-Beil.; Gesetz v. 11. Sept. 1825 (GBl. 11, 31, 38); Vdg. v. 3. März 1857 (RBl. 253). — Gesetz v. 22. Febr. 1855 (GBl. 49). — Ältere Majorate: § 103 FidEd. mit Vdg. v. 22. Dez. 1811. — b) Bergwerke: Berggesetz v. 20. März 1869 (Neufassg. v. 20. Juli 1900, GVBl. 775): Art. 67 EBG.; 6, 37 ff. AGBO.; §§ 591 ff. GBDA.; §§ 126, 134 KO.; vgl. Art. 174 ff. SubhO.; 39 SubhNov. — Kosten: Art. 7 ff. GebG.; 23, 52 ff. NotGebO.; §§ 188 GBGA.; 5 BGBGO.; 23, 31 RAGO.; 17 ff. BRAGO. Infolge der Änderung des § 31 RAGO. ist seit Inkrafttreten des ZBG. auch die Gebühr des RA. für den Beschlagnahmeantrag landesgesetzl. normiert (RS. 2[899]). — Übergang u. ält. R.: Bem. zu § 864 u. Vornote.

§ 870. I Auf die Zwangsvollstreckung in eine Berechtigung, für welche die sich auf Grundstücke beziehenden Vorschriften gelten, finden die Vorschriften über die Zwangsvollstreckung in Grundstücke entsprechende Anwendung.

II Die Zwangsvollstreckung in ein eingetragenes Schiff erfolgt nur durch Zwangsversteigerung.

Vgl. Note zu § 864; Art. 2 SubhO. — Abs. 2 schließt aus Verkehrsgründen Zwangsverw. u. Zwangshyp. an eingetr. Schiffe aus. — Wegen ZwVerw. als allein zulässiger Vollstreckgsart vgl. Art. 60, 192 EBG. (Revenüenhyp.) u. Note zu § 869.

§ 871. Unberührt bleiben die landesgesetzlichen Vorschriften, nach welchen, wenn ein Anderer als der Eigentümer einer Eisenbahn oder Kleinbahn den Betrieb der Bahn kraft eigenen Nutzungsrechts ausübt, das Nutzungsrecht und gewisse dem Betriebe gewidmete Gegenstände in Ansehung der Zwangsvollstreckung zum unbeweglichen Vermögen gehören und die Zwangsvollstreckung abweichend von den Vorschriften der Reichsgesetze geregelt ist.

Art. 112 EBG.; §§ 83 GBO.; 2 EZBG.; vgl. Regelsb. HypR. § 45. — Kleinbahnrecht in Bayern nicht geordnet: Staatsbahn: GBDA. §§ 222, 506.

Dritter Titel.

Verteilungsverfahren.

§ 872 (758). Das Verteilungsverfahren tritt ein, wenn bei der Zwangsvollstreckung in das bewegliche Vermögen ein Geldbetrag hinterlegt ist, welcher zur Befriedigung der beteiligten Gläubiger nicht hinreicht.

Akten u. Register: „G"; §§ 199, 200 GBGA.; 83, 89 AGSchr. — Sonstige Fälle: Art. 97 ff. SubhO.; §§ 115, 125, 156 ZBG.; Art. 24, 25, 27 AZP. (Enteignung); § 38 HypG.; Art. 34 GrLastAblG.; 28 WeideAblG.; 31 ForstG.; 14 FlurBG.; 167 ff., 184 BergG. mit 157 ABG.; 13 EhehaftablG. mit 153 ABG.; 12 UnschädlZG.; 44 AGBO.; 208, 209 AZP.; 53, 54 EBG. (hierzu zB. §§ 34 RayG.; 14 KriegsLG.; 6 ReblausG.; 51 GewO.); §§ 156 FGG. (Dispache); 749 HGB. — Subhastationsüberschüsse, Mithinterleg. aus zivilrechtl. Gründen: § 853. — Kosten: §§ 42 GKG.; 39 RAGO.; vgl. Art. 9, 24 GebG.; 23 BRAGO.

Hierher nur Hinterlg. nach §§ 827, 853, 854, 858. Reicht in den drei Fällen das Depot, so verteilt das AmtsG. formlos; immerhin Gehör der Beteiligten u. Einfordg. von Berechnungen rätlich. Kein VV. ohne wirkl. Gelderlage; keine Nachprüfg. allenfalls. Abzüge des Hinterlegers

(Bl. 52[409]). — Einigung der Pfdglb., Rücknahme des Hinterlgsverlangens erledigt das VV. auch ohne Zustimmung des Schld., arg. § 876; förml. Einstellgsbeschl. sachgemäß (3/10 Gebühr v. Antragsteller; bestr.). — Beteiligt sind auch Arrestglb. ohne Überwsg. (JW. 83[227] NS. 2[14]), Glb. mit bloßer Benachr. gemäß § 845; dagegen nicht Zessionare der gepfdt. Frdg. (wohl aber e. pfandgesicherten Frdrg.), Vertragspfandglb. oder Vorrechtsglb. Diese können nur mit der betr. Klage aus §§ 771, 805 vorgehen (E. 49[358] 51[318] BlEB. 4[254]) u. haben Einstellg. der Auszahlg. an die bekl. Pfandglb. (nicht Einstellg. des ganzen VV.) durch einstw. A. zu erwirken, vgl. S. 11[706]. — Das VV. ist (bedingt) durchführbar, auch wenn nur Arreste vorliegen, denn für die Glb. besteht das Interesse an alsbald. Rangfeststellg. Das Depot hinterliegt dann nur mehr für die zum Zuge Kommenden; vgl. § 874.

*§ **873** (759). Das zuständige Amtsgericht (§§ 827, 853, 854) hat nach Eingang der Anzeige über die Sachlage an jeden der beteiligten Gläubiger die Aufforderung zu erlassen, binnen zwei Wochen eine Berechnung der Forderung an Kapital, Zinsen, Kosten und sonstigen Nebenforderungen einzureichen.

Gerichtsbestimmg. nur nach § 36 Nr. 5, 6 (E. 54[206]), nicht Nr. 3 (E. 44[419]). — Friständerg.: § 224 (nur durch Parteivereinb.). — Feriensache: § 204 GVG. — Fingierte Anmeldg.: §§ 239 ff. KO. — Anmeldgsform (GSchrProt.): § 1 AGSchrG.

Bei Unzustdk. oder Unzulässigkeit des VV. beschwerdefähiger (Bl. 52[410]) Ablehngsbeschluß u. Depotrückgabe (Kostenansatz bestr.). — Auf inhaltl. vollstdg. Anzeigen ist zu dringen; insbes. Angabe der Parteien behufs Aktenbildung, falls der GVollz. nicht zugleich seinen VollstrAkt vorlegt (§ 200 GVGA.). — Die Auffordg. enthält in Form e. kurzen Tatbestands: Versteigergstag, Erlösbetrag, Datum der Erstpfdg., Name des erstpfd. Glb. u. GVollz., des Schld., kurze Bezeichng. der Pfandsachen, Name u. Vertr. des Antragstellers; ähnlich bei Frdgspfdg. — Zustellung förmlich, nötigenfalls auf Beschl. des VollstrG. öff.; vgl. auch § 174. — Der Anmeldg. haben, soweit nicht schon beim Akt, beizuliegen: Vollstr.-Titel, Vollm. z. Geldempfang, Pfdgsbenachr. u. Pfdgsbeschlüsse je mit Zustellnachweis; Protokollabschr. sind entbehrlich. Anzeige von Zahlg., Verrechngsangabe bei Teilzahlg. sachgemäß. — Zinsen sind bis z. voraussichtl. Auszahlgstag anmeldbar (gem. M.); festges. Kosten nur, wenn u. insoweit dafür gepfändet; VollstrKosten auch, soweit durch Teilnahme am VV. entstanden, SA. 39[338] (bei Frdrgspfdg., Arrest nicht über ein allenfalls. Aversum hinaus).

§ **874** (760). I Nach Ablauf der zweiwöchigen Fristen wird von dem Gericht ein Teilungsplan angefertigt.

II Der Betrag der Kosten des Verfahrens ist von dem Bestande der Masse vorweg in Abzug zu bringen.

III Die Forderung eines Gläubigers, welcher bis zur Anfertigung des Teilungsplans der an ihn gerichteten Aufforderung nicht nachgekommen ist, wird nach der Anzeige und deren Unterlagen berechnet. Eine nachträgliche Ergänzung der Forderung findet nicht statt.

Erinnerungen gg. Gerichtskostenansatz: § 4 GKG. — Kosten der Zuziehung e. Rechngsverstdg.: JMBl. 86[284]; öffentl. Zustellung: § 203.

Abs. 1. Die letzte Zustellg. entscheidet, S. 9[386]. — Prüfung der Formalien v. amtsw., zB. Zustellg. des Pfdgsbeschl. (S. 14[324]); desgl., ob die VollstrKosten belegt (nicht auch, ob notwdg.) — Soweit der Wegfall e. zum Zuge kommenden Glb. noch möglich (Arrest, vorl. Vollstreckb. nach § 720), ist der Plan alternativ anzulegen. — Die Reihenfolge bemißt sich lediglich nach § 804, nicht §§ 61 KO., 10 ZVG., Art. 108 SubhO. Allenfalls. sonstige Vorrechte e. pfandgesicherten Frdg. sind nur durch Vorrechtskl. realisierbar (wichtig bei Mietzinsen), weil außer Verbdg. mit Pfdg. (Pr. 410). — Erweist sich kein PfandR. als wirksam, so erhält der Schld. auf grund Beschlusses das Depot, sofern nicht die Glb. dessen Auszahlgsfrdg. pfänden. Hieraus oder bei mehrfacher Überschußpfdg. u. U. gesondertes VV. möglich (E. 60[256] S. 12[85] RO. 13[214]). — **Abs. 2.** ArmenR. belanglos. Parteikosten nicht hierher (S. 4[739]); Ersatz durch e. chikanösen Antragst. (§ 827) nur etwa nach § 826 BGB. — **Abs. 3.** Mehrbetrag nur durch Wspr. verfolgbar.

§ 875 (761). [I] Das Gericht hat zur Erklärung über den Teilungsplan sowie zur Ausführung der Verteilung einen Termin zu bestimmen. Der Teilungsplan muß spätestens drei Tage vor dem Termine auf der Gerichtsschreiberei zur Einsicht der Beteiligten niedergelegt werden.

[II] Die Ladung des Schuldners zu dem Termin ist nicht erforderlich, wenn sie durch Zustellung im Ausland oder durch öffentliche Zustellung erfolgen müßte.

Zustellung: § 873. — Niederlegung (Vermerk): § 17 AGSchrG.; Abschrift: § 271. — Rätlich ist Aufnahme des Tenors des Planes u. der Rechtsfolgen des Ausbleibens nach § 877 in die Ldg. — Mangels Wahrung der Ldgs.- oder Auflagefrist Vertagung durch verkdt. Beschluß; § 218 anwendbar, soweit kein Ldgsmangel.

§ 876 (762). Wird in dem Termin ein Widerspruch gegen den Plan nicht erhoben, so ist dieser zur Ausführung zu bringen. Erfolgt ein Widerspruch, so hat sich jeder bei demselben beteiligte Gläubiger sofort zu erklären. Wird der Widerspruch von den Beteiligten als begründet anerkannt oder kommt anderweit eine Einigung zustande, so ist der Plan demgemäß zu berichtigen. Wenn ein Widerspruch sich nicht erledigt, so erfolgt die Ausführung des Plans insoweit, als der Plan durch den Widerspruch nicht betroffen wird.

Widerspruchsform: § 1 AGSchrG. — Verfahrensmängel: § 766 (RO. 9[122]). — Berichtig. e. Rechngsfehlers: § 319; Ausführg. der Vertlg.: §§ 27, 49 HO.; Arrestglb.: § 930. — Pfdgslöschung im Parteibetrieb: Bl. 60[377]. — Vermerk auf VollstrTitel praktisch.

Kein VerfVerf., E. 11[403]; das Prot. (§ 159) muß sämtliche Wspr. u. deren Erledig. ersehen lassen (§ 879). — Der Wspr. ist auch schon vor dem Termin (nicht aber vor Auflage des Planes) möglich; kann den Bestand oder Rang betreffen (E. 27[305]), nicht aber die Bildg. der Teilungsmasse (E. 51[318] vgl. RS. 6[89]), muß die gewollte Abänderg. angeben; Begr. entbehrlich, jedenfalls nicht bindend (E. 11[403]). — Beteiligt: wem durch Planänderg. nach Maßgabe des Wspr. e. Recht verkümmert würde, E. 26[420]. Da e. nicht Widersprechender am weiteren Verf., zB. nach § 880 Satz 2 nicht mehr teilnehmen kann, sind u. U. vorsorgl. Wspr. nötig. — Der

Schld. hat keinen Wspr. (anders Art. 117 SubhO.), sondern nur die RBehelfe aus §§ 766 ff., 795 ff.; stellt sich nachträglich die Befriedigg. des widerspruchslos eingesetzten Glb. heraus, so fällt die Masse an den Schld. (schleunige Frdgspfdg.). — Wegen Übersendung an e. nicht erschienenen Glb. vgl. §§ 30, 50 HO., 117 ZVG. mit Art. 32 AZVG.; 121, 155 SubhO.; Unbekannth. des Berechtigten: § 135 ZVG., Art. 4 BRAGO., § 372 BGB., Art. 121 SubhO. — Bei fortlaufd. Bezügen (§ 733) mangels Einigung für jede hinterlegte Rate neues VV.; keine Anweisg. auf den Drittschld., ZZP. 14[272].

§ 877 (763). I Gegen einen Gläubiger, welcher in dem Termine weder erschienen ist, noch vor dem Termine bei dem Gerichte Widerspruch erhoben hat, wird angenommen, daß er mit der Ausführung des Plans einverstanden sei.

II Ist ein in dem Termine nicht erschienener Gläubiger bei dem Widerspruche beteiligt, welchen ein anderer Gläubiger erhoben hat, so wird angenommen, daß er diesen Widerspruch nicht als begründet anerkenne.

Wer zwar erscheint, aber eine Erkl. nicht abgibt, gilt im Falle des Abs. 1 als zustimmend (E 26[424]., des Abs. 2 als widerspr. — Wspr.Rücknahme: § 881. — Ausbleiben des Schld. belanglos.

§ 878 (764). I Der widersprechende Gläubiger muß ohne vorherige Aufforderung binnen einer Frist von einem Monate, welche mit dem Terminstage beginnt, dem Gerichte nachweisen, daß er gegen die beteiligten Gläubiger Klage erhoben habe. Nach fruchtlosem Ablaufe dieser Frist wird die Ausführung des Plans ohne Rücksicht auf den Widerspruch angeordnet.

II Die Befugnis des Gläubigers, welcher dem Plane widersprochen hat, ein besseres Recht gegen den Gläubiger, welcher einen Geldbetrag nach dem Plane erhalten hat, im Wege der Klage geltend zu machen, wird durch die Versäumnis der Frist und durch die Ausführung des Plans nicht ausgeschlossen.

Frist durch Parteivereinb. änderbar (E. 15[221]), läuft auch während der Ferien: §§ 223, 224; Klage selbst nicht Feriens.: § 204 GVG. (E. 18[284]). — Antrag: § 880. — Nachweis: Vorlegung der Klagsurschrift mit Zustllrk. — Vgl. §§ 156 FGG.; 58 FinVV.

Abs. 1. Der Schld. ist nicht sachl. legitimiert, kann aber NebenI. sein (E. 9[318]); gegen dessen Einsetzung in den Plan nur sof. Beschw. (SA. 57[118]. — Klagegründe: Simulation, paul. Anf. (S. 11[570] 15[750]), nachträgl. Tilgung (E. 15[224] 27[304]), arglist. Erschleichg. besseren Pfandrangs mittelst Betrug gg. den Kläger (JW. 02[170]); Behptg., Pfandeigentümer sei nicht Schuldner A, sondern Schld. B gewesen (§ 826); Bestreitung der Aktivlegitim. des Bekl. (E. 27[304] gegen E. 15[223]); Rangrücktrittszusage (S. 4[649] ZR. 06[62]); verfrühte Früchtepfdg. (S. 10[326]; vgl. E. 34[379]); nicht zulässig Bestr. der Zustdk. bzgl. e. gegnerischen Arrests (nur Wspr.), S. 13[187]; oder Aufrechng. gg. den Willen des Schld. (vgl. E. 59[207] Bl 60[188]; Aushilfe durch Frdgspfdg.); kein Angriff auf den formellen Bestand rkr. Titel (RO. 13[215]). — Keine Klagepflicht, wenn der Rechtsweg unzulässig (E. 32[349] 34[246]); WKl., anhäng. FeststellKl. mit umgekehrter Parteirolle kann genügen

(E. 37[390] RG. 2[6]; vgl. jedoch JW. 04[343]). — Verspäteter Nachweis hemmt den Planvollzug nicht, auch wenn die Klage noch fristzeitig erhoben, E. 21[357] (bestr.); dann ist der Antrag in Herauszahlg. änderbar (SA. 49[68]), die Zustdk. bleibt. Ist schon die Klagerhebung verspätet, so hilft nur Arrest (nicht einstw. Verf. auf Einstellg. der Auszahlung). Ist der Plan bei Urteilsvorlage noch unvollzogen, so wird Fristversäumnis unschädlich, S. 9[738]. Teilvollzug geboten: § 876. — **Abs. 2.** Auch ein Glb., der trotz Zuziehung zum VV. gar nicht widerspr. hat, soll nach E. 39[379] 42[246] auf grund „besseren Rechts" (dh. Bereicherg., E. 58[156] 59[295] JW. 06[742]) im ordentl. GStd. klagen dürfen, soweit nicht Zwischenfrdg. seine Befriedig. doch gehindert hätten. Bestr., ob nicht solchenfalls Verzicht nach §§ 877, 881 anzunehmen u nur dessen Anfechtg. zuzulassen (vgl. RG. 4[207] JW. 04[342]). — Keine NichtigkKl. gegen VV., bei Gerichtsversehen Art. 60 ABG.

§ 879 (765). I Die Klage ist bei dem Verteilungsgericht und, wenn der Streitgegenstand zur Zuständigkeit der Amtsgerichte nicht gehört, bei dem Landgerichte zu erheben, in dessen Bezirke das Verteilungsgericht seinen Sitz hat.

II Das Landgericht ist für sämtliche Klagen zuständig, wenn seine Zuständigkeit nach dem Inhalte der erhobenen und in dem Termine nicht zur Erledigung gelangten Widersprüche auch nur in Betreff einer Klage begründet ist, sofern nicht die sämtlichen beteiligten Gläubiger vereinbaren, daß das Verteilungsgericht über alle Widersprüche entscheiden solle.

Verbindung: § 148 (S. 12[314]). — Vollmacht, Zustellung: §§ 81, 178. — Ausschließlichkeit: § 802; KfHS. nicht zustdg. — Sonstige Wspr.- u. Vorrechtskl.: §§ 771, 804 (BlEB. 13[412]). — Prorog.: §§ 38 ff. — Streitwert: §§ 5, 6; vgl. S. 12[89 334].

Trifft nur fristzeitige Klagen aus § 878 Abs. 1 (E. 21[357]); gleichgültig, ob dem VollstrG. nachgewiesen (SA. 49[68]) u. ob gerade der Wspr. des Klägers 300 Mk. übersteigt. — VertG.: Planfertigung als solche maßgebd. (E. 52[312]); Erledig. e. Wspr. nach dem VertTermin einflußlos; Prüfg. v. amtsw., Bl. 52[122].

§ 880 (766). In dem Urteile, durch welches über einen erhobenen Widerspruch entschieden wird, ist zugleich zu bestimmen, an welche Gläubiger und in welchen Beträgen der streitige Teil der Masse auszuzahlen sei. Wird dies nicht für angemessen erachtet, so ist die Anfertigung eines neuen Plans und ein anderweites Verteilungsverfahren in dem Urteile anzuordnen.

Abwsg. allein nur aus formellen Gründen; sonst jud. duplex (E. 51[318]). — Anderw. VV. zB. durch RMittelG. anzuordnen (JW. 02[95]) oder bei verwickelter Sachlage. Vollzug: § 882. — Keine vorl. Vollstreckb. (gem. M.). — Bestr., ob im neuen VV. die Gebühren des RA. nochmals ansetzbar; vgl. § 42 GKG. — Die Prozeßkosten sind nicht Massekosten, S. 4[739].

§ 881 (767). Das Versäumnisurteil gegen einen widersprechenden Gläubiger ist dahin zu erlassen, daß der Widerspruch als zurückgenommen anzusehen sei.

§ 882 (768). Auf Grund des erlassenen Urteils wird die Auszahlung oder das anderweite Verteilungsverfahren von dem Verteilungsgericht angeordnet.

Das neue VV. beginnt nach parteis. RkrNachweis bzgl. sämtl. WsprProz. wieder mit der Auffrdg.; wer früher nicht widerspr. hat, wird nicht mehr zugezogen (E. 26[420]). Dem Plan ist die Auffassung des Urteils zu Grunde zu legen; insoweit kein neuer Wspr. zulässig (vgl. aber JW. 85[184]).

Dritter Abschnitt.

Zwangsvollstreckung zur Erwirkung der Herausgabe von Sachen und zur Erwirkung von Handlungen oder Unterlassungen.

§ 883 (769). I Hat der Schuldner eine bewegliche Sache oder von bestimmten beweglichen Sachen eine Quantität herauszugeben, so sind dieselben von dem Gerichtsvollzieher ihm wegzunehmen und dem Gläubiger zu übergeben.

II Wird die herauszugebende Sache nicht vorgefunden, so ist der Schuldner verpflichtet, auf Antrag des Gläubigers den Offenbarungseid dahin zu leisten:

daß er die Sache nicht besitze, auch nicht wisse, wo die Sache sich befinde.

III Das Gericht kann eine der Lage der Sache entsprechende Änderung der vorstehenden Eidesnorm beschließen.

Gilt für alle VollstrTitel, einschl. eV.; exek. Urk. nur beschränkt möglich (§ 794); Alternativtitel: § 803. — Keine paul. Anfechtg.: E. 18[145]. — Sachgesamtheit: § 253. — §§ 167 bis 170, 175, 201 (GVGA.; entspr. Anwdg. nach § 495 StPO.; Art. 130 AGG.; FGG. § 83; NachlO. §§ 29 ff., 58 ff. — Durchsuchung: §§ 758 ff. — Kosten: §§ 788; GVGO. 6. Die Übersendungskosten an den Glb. gehören nach BGB. §§ 269 ff. in der Regel nicht zu den notw. VollstrKosten. E. 36[371] BZ. 05[41] (aM. § 77 GVGA.).

Abs. 1. Vertretbarkeit, Herausgabezweck (zB. Eigentumsübergang, Leihe, Vorzeigung) unbeschadet §§ 897 ff. gleichgültig (E. 58[160]); „Lieferung" fällt nur unter §§ 887 Abs. 3, 884. Bestr., ob § 1990 BGB. e. Fall der dingl. Haftg., Duldg. oder Herausgabe. Hierher: „10 Sack Kaffee von bestimmten 100 Sack auf beklagt. Lager" (Pr. 572); auch Einreichg. e. Urk. bei e. Behörde (JW. 05[439]), desgl. Personenherausgabe (JW. 04[557]; vgl. RO. 8[430]) außer wenn auf Duldung der Wegführg. oder dergl. erkannt, RO. 11[292] (§ 890). Behufs Aussonderg. (Erkennung) u. U. genaue Beschreibg. (BZ. 06[162]), Zuziehung des Glb. oder Sachkundiger; keine Mitwirkgspflicht des Schld. (vgl. Abs. 2). — Wegnahme gepfdt. Sachen (unter Belassung der Pfandzeichen) zulässig, da lediglich der Gewahrsam des Schld. (vorbehaltl. Interv. aus dingl. R.) entscheidend. — Mit der Wegnahme ist der Schld. befreit; wiederholter Verlust (Rückkehr e. Tieres) erfordert neue Klage. Ende der ZwV. erst mit Ablieferg. an Glb. — **Abs. 2, 3.** Vgl. §§ 899 ff.; kein unmittelb Willenszwang oder ZwV. aus § 887. — Praktisch meist Annäherg. der Norm an § 807 (JW. 06[785]). — Wiederholg. des Eids bei Glaubhaftm. nachträgl. Besitzerlangung (Mot. 445). — Drittbesitz: § 886; Interessekl.: § 893.

§ 884 (770). Hat der Schuldner eine bestimmte Quantität vertretbarer Sachen oder Wertpapiere zu leisten, so findet die Vorschrift des § 883 Abs. 1 entsprechende Anwendung.

Reine Genusschuld: sog. individualis. Genusschuld: § 883. — Drittbesitz: § 886. — Vertretbarkeit: § 592. — Qualitätsstreit: § 766. — GVGA. § 167.

Kein OffenbEid (Pr. 604); kein Anschaffungszwang (§ 887). — Erfüllungsort, Transportkosten hier belanglos: E. 36[371] BZ. 90[7 305] (Interesseklage).

§ 885 (771). I Hat der Schuldner eine unbewegliche Sache oder ein bewohntes Schiff herauszugeben, zu überlassen oder zu räumen, so hat der Gerichtsvollzieher den Schuldner aus dem Besitze zu setzen und den Gläubiger in den Besitz einzuweisen.

II Bewegliche Sachen, welche nicht Gegenstand der Zwangsvollstreckung sind, werden von dem Gerichtsvollzieher weggeschafft und dem Schuldner oder, wenn dieser abwesend ist, einem Bevollmächtigten desselben oder einer zur Familie des Schuldners gehörigen oder in dieser Familie dienenden erwachsenen Person übergeben oder zur Verfügung gestellt.

III Ist weder der Schuldner noch eine der bezeichneten Personen anwesend, so hat der Gerichtsvollzieher die Sachen auf Kosten des Schuldners in das Pfandlokal zu schaffen oder anderweit in Verwahrung zu bringen.

IV Verzögert der Schuldner die Abforderung, so kann das Vollstreckungsgericht den Verkauf der Sachen und die Hinterlegung des Erlöses anordnen.

Vgl. auch §§ 721; BGB. 556; Art. 63 EBG.; 38 PolStGB. — §§ 171 bis 174, 188, 199 GVGA.; 93, 94, 150 ZVG.; vgl. § 83 AGSchrG.; Art. 78, 131 SubhO. — Drittbesitz: § 886 (ZBlFG. 4[630]): Besichtig.: § 890. — Selbsthilfeverbot (§ 123 StGB.): ESt. 36[322] JW. 04[361]; keine exek. Urk. (§ 794) außer Vgl. — Kosten: §§ 35, 39 GKG.; 23, 31 RAGO.; 8 GVGO. Vorschuß zu Abs. 3: ZZP. 28[162] S. 5[855]. Beitreibg.: § 788.

Abs. 1. Sache: auch ideelle (E. 13[178]) u. reelle Teile (zB. Stockwerk, Zimmer) einschl. Zubehör; Schiffe: aller Art, auch Schiffsmühlen; **Besitz**: auch bloßer Gewahrsam; Entsetzung aus mittelb. Besitz (Anspruchspfdg.): § 886. Anwesenheit des Glb. zur Besitzeinweisg. regelmäßig nötig (GVGA. § 172); Einigung (§ 854 BGB.) entfällt. — Angehörige, Dienstboten, Gäste werden mitausgewiesen (ZZP. 14[375]; vgl. BZ. 03[160]), nicht aber (ohne besonderen VollstrTitel) Untermieter, Mot. BGB. 2[386 398] Prot. 2[192]; vgl. § 727. — Krankheit, Obdachlosigkeit, Tod: §§ 721, 766; GVGA. 171; BZ. 92[132] (Mitwirkung der Polizei oder Armenpflege). — **Abs. 2.** ZwV.: zB. Pfdg. für Mietzins, Kosten; meist nur Unentbehrl. hierher (vgl. Abs. 4); Empfangsrecht: § 181. — **Abs. 3.** Die Haftung aus § 366 Nr. 9 StGB. trifft nicht den Schld., sondern den GVollz.: KGBl. 96[278]. Die Wegschaffung entfällt bei Geltendmchg. des ges. PfandR. des Vermieters (§§ 805; BGB. 561). — Zustellg u. U. nach § 182 (BZ. 06[234]). — **Abs. 4.** Auf Namen u. Kosten des Mieters; auch v. amtsw. (Gehör des Schld. sachgemäß); vgl. §§ 33 ff. HO.

***§ 886** (772). **Befindet sich eine herauszugebende Sache im Gewahrsam eines Dritten, so ist dem Gläubiger auf dessen Antrag der Anspruch des Schuldners auf Herausgabe der Sache nach den Vorschriften zu überweisen, welche die Pfändung und Überweisung einer Geldforderung betreffen.**

Vgl. §§ 809, 831 ff.; BGB. 870, 931. — Kosten: §§ 35, 39 GKG.; 23, 31 RAGO.

Gilt für §§ 883 bis 885 (bzgl. § 884 bestr.) — Entbehrlich, soweit §§ 727 ff. zutrifft oder der Dritte freiw. herausgibt; unpraktisch, wenn direkte dingl. Klage gg. den Dritten möglich, weil bei der Anspruchspfdg. die obligator. Einwände des Dritten gg. den Schld. beachtlich bleiben (zB. Aftermiete). — Die Herausgabe geschieht hier unmittelbar an den Glb.; Überwsg. an Zahlgsstatt (gegen gem. M.) zulässig, weil Speziesschuld; Pfdgsbenachr.: BZ. 03[71]. — Kein VertVerf.; Ausweg: §§ 76; BGB. 383 u. Feststellkl.

§ 887 (773). I Erfüllt der Schuldner die Verpflichtung nicht, eine Handlung vorzunehmen, deren Vornahme durch einen Dritten erfolgen kann, so ist der Gläubiger von dem Prozeßgericht erster Instanz auf Antrag zu ermächtigen, auf Kosten des Schuldners die Handlung vornehmen zu lassen.

II Der Gläubiger kann zugleich beantragen, den Schuldner zur Vorauszahlung der Kosten zu verurteilen, welche durch die Vornahme der Handlung entstehen werden, unbeschadet des Rechts auf eine Nachforderung, wenn die Vornahme der Handlung einen größeren Kostenaufwand verursacht.

III Auf die Zwangsvollstreckung zur Erwirkung der Herausgabe oder Leistung von Sachen finden die vorstehenden Bestimmungen keine Anwendung.

Keine exek. Urk. außer Vergleich (§ 794); Alternativtitel: § 803 (E. 53[80]). — Vgl. §§ 255; GewGG. 51, 78; KfmGG. 16; GewO. 91a, 100e; GmdO. Art. 54; SubmV. 7, 36. — Anwaltszwang. Gehör des Schuldners: § 891; Zuſtdk. bei e. V.: ZZP. 7[115]; SA. 54[131]; Widerstand: §§ 892; GVGA. 176. Kosten: §§ 27, 39 GKG.; 23, 33, 34 RAGO.

Abs. 1. Ermächtigungsbeschluß. Vertretbarkeit nach Interesse des Glb., E. 55[59]; Kostspieligkeit belanglos. Einfluß e. RNachf.: S. 9[768]. — Hierher Realkaution allg. Art (E. 18[431] 19[207] BlEB. 4[77] 14[277]; Barkaution richtiger Zahlung zu Handen der Hinterlgsstelle, RO. 7[327], vgl. § 803); Bürgschaftsbefreiung (E. 18[435]); Löschungsherbeiführg. durch e. Dritten (E. 21[377] 23[364] 41[227]): anders bei unbestimmbarer Gegenleistg. (E. 31[413]) oder wenn Vollmacht nötig (E. 9[317] 24[378]; aM. für Auflassung E. 55[58]) oder Ausführg. vom freien Willen des Dritten abhängig (SA. 50[66] 52[129]). Ferner hierher Störungsvermeidung (E. 60[120]), Verhütg. v. Lärm (JR. 06[427]), Errichtg., Beseitig. v. Bauten (E. 15[343] ZZP. 33[293]), Straßen (E. 26[392]); Schneiderarbeit nach Maaß (BZ. 94[185]; bestr.), Transporte, elektr. Kraftübertrag. (E. 17[269] Bl. 67[8]); überhaupt mech., gewerbl., landw. Arbeiten, soweit nicht im konkr. Fall nur durch den Schld. leistbar (zB. einziges Wasserwerk); Freikost. Nicht hierher (§ 888): Inventarerrichtg. (JW. 83[79]), Rechnungsleg., Urteil auf Klagestellg. (ZZP. 15[526]) oder Grundbuchantrag (RO. 9[130]), Duldg.; auch nicht verbotene Hdlg. — Behauptg. der Nichterfüllg. genügt; der Gegenbeweis obliegt dem Schld. nach § 767, E. 21[377] 27[385]; Nichtgewährg. billiger Frist, unnötige Belästig. (Büchereinsicht) nach §§ 766, 793 rügbar, E. 23[365] 53[232]. — Der Ermächtigungsbeschl. ist nicht mit e. Urteil, wohl aber mit e. Verf. verbindbar (E. 34[173] S. 15[264]), erfordert vorgäng. Zustellg. des VollstrTitels; kann auch auf Selbstvornahme lauten (E. 18[435]), hat die verlangten Maßnahmen anzugeben (SA. 59[21]); ist mit sof. Beschw. anfechtbar (S. 9[321]). Haftg. für Schaden durch Drittausführenden vgl. JW. 87[205] u. § 831 (nicht 278) BGB. — Keine Strafdrohg.: RO. 9[130]. — **Abs. 2.** Dieser Vorschußbeschl. ist Festsetzgstitel, E. 18[356]; Abrechng.: § 681 BGB. Mangels Vorschuß Beitreibg. nach § 788. — **Abs. 3.** Sohin außer §§ 883, 884, 886 kein Realzwang auf Lieferg.; Deckungsgeschäft (ohne Vorschuß!) u. Interessekl. bleiben zulässig, E. 58[160]. Abnahme: § 888. — Hierher Lieferg. u. Aufstellg. von Maschinen, E. 58[160].

***§ 888** (774). I Kann eine Handlung durch einen Dritten nicht vorgenommen werden, so ist, wenn sie ausschließlich von dem Willen des Schuldners abhängt, auf Antrag von dem Prozeßgericht erster Instanz zu erkennen, daß der Schuldner zur Vornahme der Handlung durch Geldstrafen bis zum Gesamtbetrage von fünfzehnhundert Mark oder durch Haft anzuhalten sei.

II Diese Bestimmung kommt im Falle der Verurteilung zur Eingehung einer Ehe, im Falle der Verurteilung zur Herstellung des ehelichen Lebens und im Falle der Verurteilung zur Leistung von Diensten aus einem Dienstvertrage nicht zur Anwendung.

Keine exek. Urkunde (§ 794 Nr. 5). — GVGA. §§ 177 ff., 208. — Gehör des Schuldners: § 891. — Unanwendbar nach §§ 91a, 91b, 100e GewO.; 51, 78 GewGG.; 16 KfmGG.; vgl. SeemannsO. §§ 107, 114. — Zivilrechtl. OffenbEid: § 889. — Kosten: §§ 27, 39 GKG.; 23, 24 RAGO. Streitwert: SA. 46[154].

Abs. 1. Hierher Bilanzziehg. (JW. 88[136]), Rechnungsstellg. (S. 9[365] NS 7[146]), Auskunft (E. 7[358] 8[336] 37[406]), Spezifikation (E. 14[248] 29[19]; bestr.; vgl. § 375 HGB.), Abnahme (E. 14[243] 53[163] 55[58]), Dienstaustritt (Gr. 45[1160]), Beschaffg. e. Zustimmung (RO. 4[367]), Strafantragsrückn. (E. 42[63]), Verbürgung (E. 13[341]), Ausstellung e. bestimmten Schriftstücks, soweit § 894 nicht genügt (SA. 39[278]; bestr.); zB. Wechselakzept (E. 8[355]), Zeugnis, Vollmacht (JW. 84[9]). — Zu prüfen, ob Leistung praktisch möglich (Frist: E. 23[365]); Verschulden kommt nicht in Betracht (E. 8[336] 13[340]). Anwendbar nur auf Geistesprodukte durchschnittl. Art: E. 39[420] (Beschreibg. e. Erfindung, nicht Erfindg. selbst). — Schreibunkundiger hat e. Schreibkraft beizuziehen (Gr. 27[1126]); Nichtmitwirkg. e. Behörde hindert die Anwdg. erst, wenn Beschw. erfolglos (E. 39[419]). Kindszuführg.: § 887 (Gr. 49[1069]); Urkundenvorlage an e. Behörde: § 883; Übertragung mittelb. Besitzes meist § 886. — Bei unvertretb. und v. Mitwirkg. e. Dritten oder besond. Fähigk. abhäng. Hdlg. nur Interessekl. (§ 893); zB. Operaufführg (JW. 91[428]), Jahrtag (JW. 05[646]) oder wenn Bürgenstellung dritterseits (E. 8[336] 13[341]), oder e. fremde Urkunde (JW. 04[436]) nötig. — Vorschüsse des Glb. sind hier nur mit Klage rückforderbar (gem. M.; vgl. S. 9[768] E. 13[341]. — Zwangsbeschl. nicht schon im Urteil, weil ZwVAkt (E. 42[419]). Das obligat.

Gehör des Schld. ersetzt hier die Androhung. — Bestr., ob die Wahl des Zwangsmittels dem Gerichte oder dem Glb. zusteht (SA. 49[138] ZZP. 21[337]); die Beitreibung geschieht im Parteibetrieb, aber zur Staatskasse (E. 53[181], aM. § 208 GVGA.) Vollzug der Zwangshaft: §§ 904 ff. — Formel: „zur Erzwingung" (BZ. 03[117]); keine vorgäng. nochmal. Frist; vgl. BGB. § 1788 mit FGG. § 33 (bestr.). — Umwdlg. der Geldstrafe in Haft hier unzulässig; nach Erschöpfung des Geldmaximums Haft noch verhängbar (E. 7[358]). — Nachweis, daß vor dem Zwang bereits geleistet: § 767; daß nach dem Zwang genüge getan: § 766, E. 24[380] 37[408] RO. 6[481] (hindert nur neue Bestrafg.). — **Abs. 2.** Vgl. §§ 606, 704, 894; BGB. 1567, 1297; Verlöb., Ehe noch wegen ausld. u. früherer deutscher Urt. beachtlich. Formel des Herstellgsll.: E. 59[256]. — Kein Zwang zu kirchl. Trauung, ritueller Schdg. (E. 57[250]); Selbsthilfe z. Eheherstellg. strafbar, JW. 03[353]. — Gegen den Dienst**herrn**, sowie beim Auftrag (BGB. 662) ist der Zwang (unbeschdt. Kündig. nach § 611 BGB.) zulässig. Art. 106 Pol.-StGB. ist nicht beseitigt; Lohnverlust: Art. 31 ABG.; Ausweisung: Art. 39 HeimatG.; vgl. Art. 16 ABG. — Bei vertretb Diensten gilt § 887; bei unvertretbaren § 893 (Interesse).

§ 889. I Ist der Schuldner auf Grund der Vorschriften des bürgerlichen Rechts zur Leistung eines Offenbarungseides verurteilt, so erfolgt die Eidesleistung vor dem Prozeßgericht erster Instanz. Auf die Abnahme des Eides finden die Vorschriften der §§ 478—484 Anwendung.

II Erscheint der Schuldner in dem zur Eidesleistung bestimmten Termine nicht oder verweigert er die Eidesleistung, so ist nach § 888 zu verfahren. Ist der Schuldner zur Erzwingung der Eidesleistung in Haft genommen, so finden die Vorschriften des § 902 Anwendung.

Verfahren: ZZP. 34[481]. — Vgl. §§ 259 bis 261, 666, 681, 713, 1421, 1546, 1681, 1890, 1891, 1915, 1978, 2006, 2028, 2057, 2130, 2218, 2362 BGB.; 15, 79, 83, 163 ff. FGG.; 384, 499, 534 HGB.; 154 ZVG.; Art. 130 ABG.; §§ 29, 58, 59, 98 NachlO.; 177 GVGA.; Art. 147 EBG.; 85 AZP. äF. mit NS. 4[963]; § 16 EZP.; JMBl. 00[91]. — Klagenverbdg.: § 254. — **Kosten**: §§ 43 GKG.; 23 RAGO.; Art. 107, 113, 133, 140 GebG.

Bei freiw. Eideserbieten **vor** Erlassung des Urteils ist das AmtsG. zuständig (§§ 79, 163 FGG.); da es sich um e. zivilrechtl. Verpfl. handelt, kann nach Urteilserlassung auch der Schld. vor das ProzG. laden (Anwaltszwang). — Einwdg. sind nach §§ 766, 767 zu erledigen (NS. 5[192]); die Formel bestimmt das ProzG., E. 11[395] NS. 5[518]. Rechtsnachf.: RO. 1[462].

§ 890 (775). I Handelt der Schuldner der Verpflichtung zuwider, eine Handlung zu unterlassen oder die Vornahme einer Handlung zu dulden, so ist er wegen einer jeden Zuwiderhandlung auf Antrag des Gläubigers von dem Prozeßgericht erster Instanz zu einer Geldstrafe bis zu fünfzehnhundert Mark oder zur Strafe der Haft bis zu sechs Monaten zu verurteilen. Das Maß der Gesamtstrafe darf zwei Jahre Haft nicht übersteigen.

II Der Verurteilung muß eine Strafandrohung vorausgehen, welche, wenn sie in dem die Verpflichtung aussprechenden Urteile nicht enthalten ist, auf Antrag von dem Prozeßgericht erster Instanz erlassen wird.

III Auch kann der Schuldner auf Antrag des Gläubigers zur Bestellung einer Sicherheit für den durch fernere Zuwiderhandlung entstehenden Schaden auf bestimmte Zeit verurteilt werden.

Hierher Titel aller Art, auch Vgl. u. eV.; nicht exek. Urk. (§ 794 Nr. 5). — Vgl. §§ 12, 862, 1004, 1053 BGB.; 37 HGB.; 12 WarenZG.; 1, 6 UnlWG.; 26 GewO.; Art. 80 AGG.; §§ 176, 201, 208 GVGA. — Anwaltszwang. — Gehör des Schuldners: § 891. — Widerstand: § 892; Selbsthilfe: §§ 916; BGB. 229; Herabsetzung von Vertragsstrafen: §§ 339 ff. BGB.; 348, 351 HGB. (E. 44[60]). — Kosten: §§ 27, 39 GKG.; 23, 33 RAGO. Die Haftkosten treffen den Staat; §§ 904 ff. nicht anwendbar.

Abs. 1. Strafbeschluß. Hierher zB. Besitzstörung (JW. 89[515]), Deliktsunterlassung (E. 48[114]), Duldg. der ZwV. (JW. 03[432]), Kinderverkehr (§ 627), Urteil auf Pfandverkauf (1233 BGB.); nicht jedes Schuldverhältnis schlechthin. — Zu beachten der Unterschied zw. Duldgs- u. Beseitigungspflicht (§§ 887, 888), E. 15[343] SA. 43[77] (Geschäftsaustritt), RO. 13[217]; Feststellausspr., Klagabweisg. genügen nicht als Grundlage (S. 6[710], vgl. jedoch E. 25[373]). — Der Glb. muß die Zuwiderhdlg. nachweisen; fahrl. Verstoß genügt (E. 23[365] 36[417] 39[418]), nicht aber zufällige Zuwiderhdlg. durch e. untergeordn. Bediensteten (E. 43[405]). — §§ 74, 79 StGB. sind anwendbar (E. 42[396]); fortgesetzte Zuwiderhdlg. praktisch schon bei der Androhung nach Tagen abzugrenzen (SA. 43[77]; vgl. E. 49[20]). Geldstrafen werden v. amtsw. zur Staatskasse beigetrieben (E. 53[181]); treffen auch die prozeßunfäh. Partei, Haft dagegen den ges. V., E. 43[405]; vgl. ZZP. 35[475]. Gesamtgeldstrafe über 1500 Mk. (SA. 43[77]); keine Umwandlg. in Haft, SA. 54[70]. Verhält. zur Vertragsstrafe: JW. 03[8]. — Einstellg. der ZwV. hemmt auch den Vollzug bereits verwirkter Strafen (E. 38[425] 43[396]); Rechtsnachf.: ZZP. 17[169]. — § 483 StPO. ist nicht anwendbar (bestr.); Begnadig. möglich; Verjährg. ab RKr. — **Abs. 2.** Der Drohbeschluß ist (soweit nicht im Urteil enthalten) ZwVAkt (E. 42[419]), erfordert sohin vorgäng. Zustellg. des VollstrTitels und Anhörg. des Schld. u. enthält e. nach Art u. konkr. Höchstmaß bestimmte Strafe, E. 36[420] (die erkannte Strafe kann niedriger sein). Er ist durch Unterwerfung in e. Vergleich nicht ersetzbar (E. 20[286] 40[413]); erfordert keinen Nachweis schon gescheh. Zuwiderhdlg., RO. 1[181]; ist durch sof. Beschw. anfechtbar und genügt für wiederholte Bestrafg. — **Abs. 3.** Diese Sicherheit haftet dem Staate nicht für Geldstrafen oder Haftkosten. — Vollzug: § 794; Realisierg.: Klage (BlEV. 8[220]); vgl. § 109 (Haftgszeit!). — Beschluß setzt Zuwiderhdlg. voraus.

***§ 891** (776). Die in Gemäßheit der §§ 887—890 zu erlassenden Entscheidungen können ohne vorgängige mündliche Verhandlung erfolgen. Vor der Entscheidung ist der Schuldner zu hören.

Gehör des Schld. nur in I. J. geboten, JW. 99[74]; in II. J. gilt bloß § 573. Verfahren: Note zu § 128; Anwaltszwang (JW. 93[501] 98[603]). — Entschdgsform: Beschluß: vgl. § 128; Zustellung: stets an ProzBev. (JW. 92[371]); RMittel: sof. Beschw. (ab Zust.) ohne Suspensiveffekt. — Vollstr.: § 794. — Akten: §§ 1, 88 AGSchrG.; 1, 39 LGSchrG. — Kosten: §§ 27, 39 GKG.; 23, 31, 33, 34 RAGO.; Streitwert: VZ. 90[38]. Beitreibg.: § 788.

***§ 892** (777). Leistet der Schuldner Widerstand gegen die Vornahme einer Handlung, welche er nach den Bestimmungen der §§ 887, 890 zu dulden hat, so kann der Gläubiger zur Beseitigung des Widerstandes einen Gerichtsvollzieher zuziehen, welcher nach den Bestimmungen des § 758 Abs. 3 und des § 759 zu verfahren hat.

GVGA. §§ 176, 201; Wahlrecht des Glb., Selbsthilfe: § 916: ESt. 36^{175}. — **Kosten:** § 8 GVGO.

§ 893 (778). I Durch die Bestimmungen dieses Abschnitts wird das Recht des Gläubigers nicht berührt, die Leistung des Interesse zu verlangen.

II Den Anspruch auf Leistung des Interesse hat der Gläubiger im Wege der Klage bei dem Prozeßgericht erster Instanz geltend zu machen.

Vgl. §§ 255: BGB. 249 ff., 263, 280, 283, 286, 323 ff., 2196: Vertragsstrafen: §§ 339 ff. BGB.: 74 HGB.: RO. 11^{417}. — **Kosten:** §§ 18 GKG.: 13 RAGO. — Auch auf die flgd. §§ des 3. Abschn. anwendbar.

Abs. 1. Über Grund u. Voraussetzg. des Interessieanspr. entscheidet das ZivilR. (E. 18^{436} 27^{321}). Maßgebend Zeitpkt. der erfolglosen ZwV. (E. 36^{376}) oder Fristablauf nach § 283; vorgäng. Zwang nach §§ 883 ff. oder Offenb.-Eid nicht unerläßlich (gem. M., JW. 87^{94}). — Nunmehr §§ 280, 283, 325, 326 BGB., insbes. der Unterschied zw. Schadensersatz wegen Unmögl. der Leistung u. wegen bloßen Verzugs — „Nichterfüllg." — beachtlich (Fristsetzung, Mahng.); vgl. auch §§ 989, 990 BGB.; E. 54^{28}. — Veräußerg. der Streitsache durch den Bekl. berechtigt sofort zur Schadensersatzkl. (ohne Rücks. auf mögl. Rückerwerb), E. 47^{297}; vgl. jedoch E. 60^{251} (Zession). — Verbdg. des Ersatzanspr. mit der Hauptkl. (altern. oder event.) unter Aufstellung der nötigen zivilrechtl. Behptg. möglich; vgl. §§ 260, 803. Wahl des Ersatzanspr. nach § 283 BGB. gilt dem Schld. gg. Naturalvollstr. die Kl. aus § 767. — **Abs. 2.** Ausschließl. GStd. (E. 13^{367} 14^{203}); Aufrechng., sonstige Einr. auch vor anderem G. (E. 35^{380}). Primäre Schadensersatzkl. nicht hierher.

§ 894 (779). I Ist der Schuldner zur Abgabe einer Willenserklärung verurteilt, so gilt die Erklärung als abgegeben, sobald das Urteil die Rechtskraft erlangt hat. Ist die Willenserklärung von einer Gegenleistung abhängig gemacht, so tritt diese Wirkung ein, sobald nach den Bestimmungen der §§ 726, 730 eine vollstreckbare Ausfertigung des rechtskräftigen Urteils erteilt ist.

II Die Vorschrift des ersten Absatzes kommt im Falle der Verurteilung zur Eingehung einer Ehe nicht zur Anwendung.

Vgl. §§ 255, 317, 722, 739, 803 (RO. 11^{88}), 888, 895 ff.: BGB. §§ 108, 177, 925, 1297, 1396, 1448; HGB. 16. — **Vorl. Vollstreckb.:** §§ 704, 895. — §§ 34, 37 AGSchrG.: 38 68 HRegAnw.; 98, 121, 142, 388, 524 GBDA.: vgl. 110, 142, 165 HypG. mit JMBl. 64^{228}.

Hierher Urt. aus Vorverträgen, zB. auf Zession (RO. 1^{364}), auf Löschgsbewillig. (E. 25^{37} 41^{227} 56^{252} NS. 7^{165}), Zustimmung, Hypothekbestellg. Auch die etwa nötige Genehmig. des VormG. (R. 06[384]) u. Solennitätsform der Erkl. des Schld. wird ersetzt (E. 48[400]), nicht aber die Gegenerkl. des Glb., E. 31[359]. Unterschied zw. Urt. auf Erteilg. u. auf Aushändig. e. Quittung: E. 48[398]; Löschungskosten: NS. 1[580]. — Unanwendbar auf Wechselakzeptierg. (E. 8[355]), Duldg. (RO. 9[115]), Erkl. gg. Dritte (E. 42[60] betr. Strafantragrückn.; bestr.), Erkl. e. Erben mit Haftungsbeschrkg. (E. 49[415]) Feststellg. (JW. 97[170]), Alternativausspr. z. Wahl des Schld. (E. 53[82]) sowie überhaupt auf andere Titel als Urteile zB. Vergl. (E. 55[57]); hier Zwang nach § 888 (E. 55[88]; vgl. RO. 9[130]), event. Judikats- oder Interessekl. — Während vorl. Vollstreckb. des Urteils kein Realzwang (vgl. Prot. BGB. 6[729] E. 55[59]). Folgen der Erkl. (zB. Räumg. nach Kündg.) werden nicht fingiert. — Auflassung: E. 55[58] (§ 887; vgl. EJ. 2[48]). Urteil auf Zahlg. genügt nicht zur Umschreibg. e. Kautions- in Vollhypothek, ZR. 06[107]. — Satz 2 des Abs. 1 drängt zur Vorleistg. (§ 726 Abs. 2).

***§ 895** (658). Ist durch ein vorläufig vollstreckbares Urteil der Schuldner zur Abgabe einer Willenserklärung verurteilt, auf Grund deren eine Eintragung in das Grundbuch oder das Schiffsregister erfolgen soll, so gilt die Eintragung einer Vormerkung oder eines Widerspruchs als bewilligt.

Zweck: Verhütg. gutgl. Dritterwerbs bis zur Rkraft: nach Eintritt letzterer gilt § 894 schlechthin. — Auch Löschgsbewillig. hierher. — Bestr., ob vollstr. Ausf. mit Zustellnachweis forderbar. — Vgl. §§ 896, 941: BGB. 883, 885 (mit RO. 12[6]), 899, 1138; KO. 24, 193; GBO. 13, 19, 25; GBDA 142, 388, 441: ZVG. 9, 48: FGG. 10, 101. — Früher: §§ 27 ff., 110, 136, 142, 165 HypG.

§ 896. Soll auf Grund eines Urteils, das eine Willenserklärung des Schuldners ersetzt, eine Eintragung in ein öffentliches Buch oder Register vorgenommen werden, so kann der Gläubiger an Stelle des Schuldners die Erteilung der im § 792 bezeichneten Urkunden verlangen, soweit er dieser Urkunden zur Herbeiführung der Eintragung bedarf.

Keine Ermächtig. durch das VollstrG., E. 48[illegible]. — Vgl. §§ 894, 895, 941; zB. Grundbuch, Patentrolle. — Kirchenbuch: ZR. 05[61].

§ 897. I Ist der Schuldner zur Übertragung des Eigentums oder zur Bestellung eines Rechts an einer beweglichen Sache verurteilt, so gilt die Übergabe der Sache als erfolgt, wenn der Gerichtsvollzieher die Sache zum Zwecke der Ablieferung an den Gläubiger wegnimmt.

II Das Gleiche gilt, wenn der Schuldner zur Bestellung einer Hypothek, Grundschuld oder Rentenschuld oder zur Abtretung oder Belastung einer Hypothekenforderung, Grundschuld oder Rentenschuld verurteilt ist, für die Übergabe des Hypotheken-, Grundschuld- oder Rentenschuldbriefs.

BGB. §§ 894, 929, 1032, 1205; 1147, 1154, 1192, 1199, 1274; Mot. 3[340 749] Prot. 3[224] 6[233 387 721]. — § 169 GVKA. — Gutglb. Erwerb: § 898. — Abnahme: § 888. — Immobilien: § 894.

§ 898. Auf einen Erwerb, der sich nach den §§ 894, 897 vollzieht, finden die Vorschriften des bürgerlichen Rechts zu Gunsten derjenigen, welche Rechte von einem Nichtberechtigten herleiten, Anwendung.

§§ 135, 166, 892, 893, 932, 935, 1207, 1208, 1242 BGB. mit Mot. 3[208] Prot. 6[387 729]; 366, 367 HGB.: vgl. § 325.

Mala fides des wegnehmenden GVollz. schadet (E. 39[161]; bestr.) — Beachtlich, daß die nach ZivilR. erforderl. „Einigung" durch die Übergabe (Wegnahme) nicht ersetzt wird (§ 894). — Kein Schutz des guten Glb. für sonstigen Erwerb durch ZwV.: vgl. §§ 804, 830.

Vierter Abschnitt.

Offenbarungseid und Haft.

***§ 899** (780). Für die Abnahme des Offenbarungseides in den Fällen der §§ 807, 883 ist das Amtsgericht, in dessen Bezirke der Schuldner im Deutschen Reiche seinen Wohnsitz oder in Ermangelung eines solchen seinen Aufenthaltsort hat, als Vollstreckungsgericht zuständig.

Jurist. Pers.: § 17 (SA. 58[25]). — Ausschließlichkeit: § 802. — KO. §§ 72, 125; OE. des bürgerl. R.: § 889. — Akten u. Register: §§ 1, 4, 89 AGSchrG. — Keine einstw. Verf. auf OE. (JW. 03[102]); Sicherung durch Personalarrest: § 918. — Kosten: §§ 35, 43, 56 GKG.; 23, 31, 32, 35 RAGO. Bestr., ob die Vertagung mit Anerk. der Eidespflicht gebührenpfl.; ob die Eidesgebühr neben der Haftbefehlsgeb. ansetzbar (JW. 93[491] BZ. 01[18]). Beitreibg. nach § 788 (BZ. 93[13]), event. nach Feststzg. durch das ProzeßG., außer soweit Beschluß nach § 900 Abs. 3. — Streitwert: nur Forderungsteil, wofür der OE. verlangt wird (bestr.): ZZP. 31[589].

Für Prozeßunfäh. sind deren ges. V. eidespflichtig (gem. M.); bestr., ob § 473 Abs. 2 anwendbar (so KGBl. 05[6]; gem. M. dagegen). — Haftungsbeschrkg. e. Erben nur nach § 785 beachtlich: KonkVerw. nicht eidespfl. — Ersuchen um Abnahme nach § 479 statthaft, Mot. 287, R. 01[109]; Ausland: § 791. — § 263 entspr. anwendbar, § 274 Nr. 6.

***§ 900** (781). I Das Verfahren beginnt mit der Ladung des Schuldners zur Leistung des Offenbarungseides.

II Die Anwesenheit des Gläubigers in dem Termin ist nicht erforderlich.

III Bestreitet der Schuldner die Verpflichtung zu Leistung des Eides, so ist von dem Gerichte durch Beschluß über den Widerspruch zu entscheiden. Die Eidesleistung erfolgt erst nach Eintritt der Rechtskraft der Entscheidung; das Vollstreckungsgericht kann jedoch die Eidesleistung vor Eintritt der Rechtskraft anordnen, wenn bereits ein früherer Widerspruch rechtskräftig verworfen ist.

Zustellung der Ladung im Parteibetrieb, an PrBev. I. Instanz: § 178 (SA. 60[244]); nur Ldgs., nicht EinlFrist: § 217 (auch bei vollstr. Urk.). — Öffentlichkeit für Eidesleistg. nicht mehr begründbar (Bl. 71[371]: bestr.; anders § 125 KO. — Keine Benachr. der vorgeſ. Behörde in Bayern bei Beamtenldg.: vgl jedoch § 752: (GVBl. 82[38] (Urlaub): Haftvollzug: § 910. — Kosten: §§ 35, 43 GKG.: 23, 31, 32 RAGO.: Streitwertangabe geboten.

Abs. 1. Die Ldg. selbst ist der Antrag nach §§ 807, 883; enthält praktisch Androhg. des Haftantrags u. e. Anleitg. für das Vermögens-Verz. Die Vorausstzg. der ZwV. sind schon bei der Terminsansetzung von amtsw. zu prüfen (Bl. 71[371]); sohin VollstrTitel mit ZustNachw. u. Pfändgsprot. sofort miteinzureichen; Ablehnung durch Beschluß (sof. Beschw.), ZR. 05[515]. — Freiw. Erscheinen beider Parteien, Vertagungsanträge, ausdrückl. Ruhevereinb. statthaft; der Schld. kann erst nach Erlaß des HB. seinerseits laden (bestr.). — **Abs. 2.** Der abwesende Glb. wird vom Terminsergebnis nicht von amtsw. benachrichtigt außer nach § 329 (RO. 10[399]); keine mV., soweit nicht angeordnet, RO. 13[218]. Der Schld. **muß** erscheinen (arg. § 901). — **Abs. 3.** Schriftl. Bestreitung unbeachtlich; nur Anlaß zur Prüfg. u. ev. Abwsg. von amtsw. (aM. Bl. 71[371]); Vertretung im Termine behufs Bestr. zulässig, BZ. 93[141]. Haupteinwände: Unzustdk., frühere Eidesleistg., auch Eidesverzicht (RO. 13[199]). Einwdg. gg. den Anspruch selbst sind unbehelflich (zB. Zahlg., Stundg.), JW. 90[30]. Solchenfalls Zurückwsg. durch Beschluß; Einstellg. gemäß §§ 767 ff., 775 zu erwirken, auch durch OLGericht selbst nach § 769; vgl. ZR. 05[157] RO. 10[377] 13[219] Haftungsbeschrkg.: RO. 11[99] [108]. Krankheit kein WsprGrund, RO. 13[220]. — Formel: Verwerfg. des konkreten Wspr. u. Kostenauflage, RO. 11[100] (nicht Verurteilg. z. Eideslstg.); RMittel: sof. Beschw. ab Zustellg. (trotz Verkdg.: vgl. § 329); weitere Beschw. beachtlich. — Gleichheit des Glb., nicht des Wspr. erforderl., RO. 10[395]. — Nach BeschwVerzicht sof. Eidesabnahme.

§ 901 (782). Gegen den Schuldner, welcher in dem zur Leistung des Offenbarungseides bestimmten Termine nicht erscheint oder die Leistung des Eides ohne Grund verweigert, hat das Gericht zur Erzwingung der Eidesleistung auf Antrag die Haft anzuordnen.

Haftvollzug: §§ 904 ff. — Bestr., ob gg. den Haftanordngsbeschluß (zu unterscheiden vom Haftbefehl: § 908) sof. Beschw. oder Einwdg. nach § 766 zulässig: ersteres gem. M. (RO. 6[143]), letzteres richtiger. Einstellung des Vollzugs: §§ 572, 766; vgl. § 793. Gegen Abweisung sof. Beschw. ab Zustellung. — Kosten: §§ 35, 39, 56 GKG.; 23, 31 32 RAGO.

Prüfung der Voraussetzg. v. amtsw. (S. 12[23]); keine Verhdlgsgeb., RO. 11[150]; vgl. § 900. Die nicht von amtsw. beachtl. WsprGründe werden durch den HB. präkludiert (zB. Eidesverzicht), RO. 13[223]; vgl. aber Bl. 70[187] 71[371] [668]. — Entschuldigung des Ausbleibens beachtlich; vgl. §§ 337, 466 u. insbes. 381 (R. 01[525] ZZP. 23[197]; aM. RO. 10[398]); auch Vertagung auf Antrag des Schld. bei genügender Begr. zulässig (§ 465), R. 01[413]. — Ohne Grund: hierher bereits rechtskr. zurückgewiesene oder offenbar chikanöse Gründe, Gr. 26[267]. — Schriftl. Antrag auf HB. zulässig (Begr. 189), auch noch nach dem Termine; die Gerichtsabschrift der Ladung genügt als Antrag ohne Zustellnachw. allerdings nicht, BZ. 94[186]. Fortwirkung nach Vertagung: DJZ. 05[260] R. 01[413].

§ 902 (783). I Der verhaftete Schuldner kann zu jeder Zeit bei dem Amtsgerichte des Haftorts beantragen, ihm den Eid abzunehmen. Dem Antrag ist ohne Verzug stattzugeben.

II Nach Leistung des Eides wird der Schuldner aus der Haft entlassen und der Gläubiger hiervon in Kenntnis gesetzt.

Haftort: § 907. — Entlassungsanzeige an den GSchr. u. das Gericht: § 6 ZHaftV.: umgekehrt, soferne der Richter sofort in Freiheit setzt, Mitteilung an den GefWärter. — Schuldnerverzeichnis: § 915. — RBehelf gegen ungerechtf. Entlassung: § 766; keine Wiederverhaftung von amtsw., SA. 58[112]. — Zivilrechtl. LE.: § 889. — Kosten: § 899.

Ohne Verzug: schuldhft. Verzögerung; Sonntags nach gem. M. nicht; vgl. § 761. — Vorgängige Benachr. des Glb. angemessen, wenn sofort tunlich (zB. telephon.); sonst Einreichung schriftl. Fragestücke rätlich. — Die Eidesnorm ist aus dem miteingelieferten HB. ersichtlich (§ 908); Übersendung des Prot. an das VollstrG. üblich. — Der HB. wird nach gem. M. auch nach der Eideslstg. nicht aufgehoben (anders § 123 StPO.); übrigens behält ihn der GefWärter (§ 2 ZHaftV.). — Der nichtverhaftete Schld. kann nach gem. M. von der Erlassung des HB. ab selbst zur Eideslstg. laden, Bl. 71[371]; durch diese Ldg. wird allerdings der Haftvollzug rechtlich nicht gehindert; RBehelf gegen ungerechtf. Haftanordnung: § 901.

***§ 903** (784). I Ein Schuldner, welcher den im § 807 erwähnten Offenbarungseid geleistet hat, ist zur nochmaligen Leistung des Eides auch einem anderen Gläubiger gegenüber nur verpflichtet, wenn glaubhaft gemacht wird, daß er später Vermögen erworben habe.

II Diese Vorschrift findet keine Anwendung, wenn seit der Eidesleistung fünf Jahre verstrichen sind.

Vgl. §§ 294, 299, 883, 914; Protokollsabschrift: § 792; Schuldnerverzeichnis: § 915 (Eintrag nicht Voraussetzg. der Einrede).

Nach gem. M., soweit dem Gericht ersichtlich, v. amtsw. zu beachten, Bl. 71[371] ZR. 05[515]. — Vorausgesetzt ist ordnungsm. u. vollständige Ablstg. des früheren Eids; andernfalls Ldg. z. Ergänzung (RO. 10[396]), nicht Verhftg. v. amtsw. (SA. 58[112]). — Der Eid nach § 807 ersetzt nicht den Konkurseid u. umgekehrt; Zeitpkt. der Vermögensangabe u. Umfang verschieden, RO. 1[215]. — Die Glaubhaftm. muß sofort erfolgen; kein Vertagungsrecht, wohl aber Nachbringung mittels Beschw. — Rechtlich mit ZwV. angreifb. Vermögen ist gemeint; beachtl. die Pfdgbeschrkg. für Bargeld. Glaubhaftm. des Erwerbs genügt, über den Verbleib soll eben der Eid aufklären. Oft zeigt der VollstrTitel selbst solchen Erwerb, zB. Kauf, ZR. 05[313, 407]; vgl. aber RO. 6[144] 13[228]. — Gegen früher erlassene HB. anderer Glb. kann sich der Schld. durch Vorweisung e. Auszugs aus dem Eidesregister (§§ 775, 915), Einwdg. nach § 766 bezw. sof. Beschw. schützen (ZR. 05[136] Bl. 70[187] 71[371, 668]).

§ 904 (785). Die Haft ist unstatthaft:

1. gegen Mitglieder einer deutschen gesetzgebenden Versammlung während der Sitzungsperiode, sofern nicht die Versammlung die Vollstreckung genehmigt;
2. gegen Militärpersonen, welche zu einem mobilen Truppenteil oder zur Besatzung eines in Dienst gestellten Kriegsfahrzeuges gehören;

3. gegen den Schiffer, die Schiffsmannschaft und alle übrigen auf einem Seeschiff angestellten Personen, wenn das Schiff zum Abgehen fertig (segelfertig) ist.

Die §§ 904 bis 913 einschl. gelten für alle Fälle der Zivilhaft (§§ 390 Abs. 2, 653, 680, 688, 901, 918, 933; KO. 101, 106; GVG. 178, 182), dagegen nicht für Haft als Strafe (§§ 380, 390, 890; GVG. 179). — Zwangsvorführung: § 184 GVGA.; DJZ. 04³⁵⁸ ESt. 38¹⁷⁹ (statthaft). Haftanordnung bleibt zulässig: Haftunterbrechung: § 905. RBehelf: § 766. — Vgl. §§ 178 GVGA.; 18 bis 21 GVG., insbes. wegen der Konsuln; Art. 17 JPRA. — Zu Nr. 1. Art. 31 RVerf. mit ESt. 22³⁷⁹; Tit. VII § 26 Verfllrk. — Einholg. der Genehm. durch den Glb. oder GVollz. auf dem Dienstweg (§ 382). Telegr. Anzeige vom Haftvollzug an das Justizminist.: Aut. JME. Nr. 4433 v. 24. April 1882. — Zu Nr. 2. §§ 201, 752, 912. — Zu Nr. 3. §§ 482 HGB.; 2 SeemO.; auch Dampfer hierher.

§ 905 (786). Die Haft wird unterbrochen:

1. gegen Mitglieder einer deutschen gesetzgebenden Versammlung für die Dauer der Sitzungsperiode, wenn die Versammlung die Freilassung verlangt;
2. gegen Militärpersonen, welche zu einem mobilen Truppenteil oder auf ein in Dienst gestelltes Kriegsfahrzeug einberufen werden, für die Dauer dieser Verhältnisse.

Vgl. § 904. — Bestr., ob die Entlassung durch den GefWärter oder das Gericht erfolgt. Für letzeres § 4 ZHaftB.; solchenfalls zweifelhaft, ob durch das AmtsG. des Haftorts oder durch das Haftanordngsgericht: ersteres richtiger. — Wiederverhaftung: Note zu § 911.

§ 906 (787). Gegen einen Schuldner, dessen Gesundheit durch die Vollstreckung der Haft einer nahen und erheblichen Gefahr ausgesetzt wird, darf, so lange dieser Zustand dauert, die Haft nicht vollstreckt werden.

§§ 178 GVGA.; 9 GVGO.; 23 bis 26, 92 DuHO.: Kurkosten während der Haft: § 911. — RBehelf: § 766 (bestr., ob auch gg. bevorstehende Verhaftung).

Auch psych. Leiden hierher; nicht Gesundheit Dritter (zB. Kinder); nötigenfalls Vorsorge durch die Armenpfl. Die Aufnahme von der Mutter nicht trennbarer Säuglinge in das Gefängnis ist nicht schlechthin ausgeschlossen: § 26 DuHO. — Wer nicht eidesbereit, ist auf die Folgen der vollen sechsmonatl. Haft zu untersuchen (bestr.): Hebamme, Hausarzt als Auskunftsperson nicht ausschließbar (GVGA. § 178 zu eng). Fluchtverhütung nicht Haftfähiger: § 933. Möglichkeit der Pflegeraufstellg. (§ 1910 BGB.) bestr.; vgl. ZZP. 31⁵²⁷ RO. 13²²⁰.

§ 907 (788). Die Haft wird in einem Raume vollstreckt, in welchem nicht zugleich Untersuchungs- oder Strafgefangene sich befinden.

Haftort (zu unterscheiden vom Verhaftungsort): §§ 1 ZHaftB.; 2 DuHO.: Transporte über den AGBezirk des Ergreifungsorts hinaus kommen praktisch wenigstens beim OE. nicht vor, vgl. § 902. — Haftvollzug: StGB. § 18; ZHaftB. § 3; DuHO. §§ 31, 64, 88, 90, 97; Sprechkarten richtiger vom GefVorstand auszustellen (der Haftrichter ist u. U. weit entfernt). — Absonderung verzichtbar: Gemeinsamkeit des Gebäudes zulässig. — RBehelf (neben AdmBeschw.): § 766.

§ 908 (789). Das Gericht hat bei Anordnung der Haft einen Haftbefehl zu erlassen, in welchem der Gläubiger, der Schuldner und der Grund der Verhaftung zu bezeichnen sind

GVGA. § 177: AGSchrG. § 22. — Eingangsformel: GVBl. 79[707]. — Vgl. §§ 901 933. — Der HB. als solcher ist nicht anfechtbar, sondern nur die haftanordnende Entschdg. (beim PersArrest Widerspruch). — Die Eidesnorm gehört, soweit vom Gesetz abweichend, in den HB.; sonst kann sof. Eidesabnahme bei e. ausw. Gericht nicht erfolgen. — In Bayern wird die Urschrift ausgehändigt u. ist die Erwähnung des PrBev. (wegen dessen direkter Entlassungsbefugnis) vorgeschrieben. Bei Verlust oder RNachf. Ausfert. e. Duplikats.

§ 909 (790). Die Verhaftung des Schuldners erfolgt durch einen Gerichtsvollzieher. Der Haftbefehl muß bei der Verhaftung dem Schuldner vorgezeigt und auf Begehren abschriftlich mitgeteilt werden.

§§ 177, 180, 183 GVGA. (Nachverhaftg., nicht bei Straf- oder Untersuchgshaft): 5 ZHaftB. — Verbot zur Nachtzeit, sowie Sonn- und Feiertags: § 761. — Kosten: § 9 GVGO. (15 Mk. bezw. 5 Mk.; auch bei gleichzeit. Auftrag mehrererGlb. nur eine Gebühr (bestr., VZ. 05[204]). Abstand wegen Unauffindbarkeit gebührenfrei. Beim RA. § 32 GO. beachtlich (RO. 7[231]. Nachträgl. Entlassung durch den Glb. mindert Gebühr nicht mehr, VZ. 05[235].

Mitteilg. formlos, Vorzeigung unverzichtbar. Der GVollz. muß neben dem HB. auch den VollstrTitel bei sich führen; die Zustellg. des letzteren ist nicht erlassen: vgl. jedoch § 929. — Die Verhftg. kann überall erfolgen, wo der Schld. angetroffen wird (vgl. Art. 1147, 1148 BPO. ZR. 05[301], strenger VZ. 05[78]); Vermeidung unnötigen Aufsehens: § 177 GVGA. Fesselung, Fuhrwerk: VZ. 03[18]; Nacheile: § 3 GVO.; vgl. § 168 GVG. Zur Feststllg. der Identität sind u. U. Zeugen zuzuziehen. — Ablieferung in das Gefängnis, nicht an das Gericht, auch wenn eidesbereit (VZ. 90[16]); anders § 182 GVGA., allein mangels entspr. VermVerz. selten praktisch. Taschenpfdg. vor Ablieferung sachgemäß; bei Befriedigung entfällt Verhaftg.

§ 910 (791). Vor der Verhaftung eines Beamten, eines Geistlichen oder eines Lehrers an öffentlichen Unterrichtsanstalten ist der vorgesetzten Dienstbehörde von dem Gerichtsvollzieher Anzeige zu machen. Die Verhaftung darf erst erfolgen, nachdem die vorgesetzte Behörde für die dienstliche Vertretung des Schuldners gesorgt hat. Die Behörde ist verpflichtet, ohne Verzug die erforderlichen Anordnungen zu treffen und den Gerichtsvollzieher hiervon in Kenntnis zu setzen.

Beamte rc. rc.: § 811 (hierher nicht jede öff. Anstalt, ESt. 28[348]); vorgesetzte Dienstesbehörde: §§ 376, 382; Militär: § 912. — § 178 GVGA. — Keine Vorschußpflicht oder Haftung des Glb. für die Vertretungskosten; (Gehaltsabzug durch den Dienstherrn: § 616 BGB. Kosten der Anzeige: § 14 GVGO. Sicherung in der Zwischenzeit: § 933 (zB. Überwachung ohne Dienststörung).

§ 911 (792). Der Gläubiger hat die Kosten, welche durch die Haft entstehen, einschließlich der Verpflegungskosten von Monat zu Monat vorauszuzahlen. Die Aufnahme des Schuldners in das Gefängnis ist unstatthaft, wenn nicht mindestens für einen Monat die Zahlung geleistet ist. Wird die Zahlung nicht spätestens bis zum Mittage des letzten Tages erneuert, für welchen sie geleistet ist, so wird der Schuldner von amtswegen aus der Haft entlassen. Gegen den Schuldner, welcher aus diesem Grunde oder ohne sein Zutun auf Antrag des Gläubigers entlassen ist, findet auf Antrag desselben Gläubigers eine Erneuerung der Haft nicht statt.

§§ 179, 198 GVGA.; 9 GVGO.; 79 Nr. 5 bis 8 GKG.; Höhe (pro Kopf und Tag 1 Mk., bei Selbstbeköstigung 50 Pf.): §§ 1 bis 3 Vdg. v. 3. Dez. 1881 (GVBl. 1331); vgl. §§ 2, 4, 6 ZHaftV.; JMBl. 83[179 193] (insbes. bzgl. Krankheit, Bekleidung, Beerdigung). Bei armen P. u. beim Staat entfällt die Vorschußpflicht: §§ 2 ZHaftV.; 179 GVGA. Mehrere gleichzeitig betrbd. Glb. haften samtverbindlich; anders bei Nachverhftg. — Erlassung u. Ausfertig. des HB. ist vom Vorschuß nicht abhängig. — Beitreibg. vom Schld.: § 788.

Die Vorschußerneuerg. ist dem GefWärter von dem Glb. rechtzeitig nachzuweisen (Quittungsvorlage). — Der Schlußsatz gilt nur bei Identität des VollstrTitels, hier aber auch für RNachf. Bei sonstiger Entlassung Vermerk der Hafttage auf dem HB. rätlich. Behufs Wiederverhftg. ist der GefWärter durch Gerichtsbeschl. zur Ausantwortung des HB. zu ermächtigen.

§ 912 (793). Soll die Haft gegen eine dem aktiven Heere oder der aktiven Marine angehörende Militärperson vollstreckt werden, so hat das Gericht die vorgesetzte Militärbehörde um die Vollstreckung zu ersuchen.

§§ 177 GVGA.; 47, 80a GKG.; 23, 29, 32 RAGO. — Behördenverzeichnis: JMBl. 80[190] (Vorstand des zustdg. MilUntergerichts; jetzt EMStGO. §§ 12, 19; MStGO. § 451). — Der HB. wird vom Zivilgericht erlassen; das Ersuchen findet im Parteibetriebe nur auf Antrag statt. — Vgl. die Noten zu §§ 390, 752, 904.

§ 913 (794). Die Haft darf die Dauer von sechs Monaten nicht übersteigen. Nach Ablauf der sechs Monate wird der Schuldner von amtswegen aus der Haft entlassen.

Entlassung durch den GefWärter (§§ 4, 6 ZHaftV.); das VollstrG. führt keine Haftkontrolle. Mitteilung besonderer Vorkommnisse durch GefVorstand an Haftbefehlsgericht (§ 8 DuHO.).

*§ **914** (795). I Ein Schuldner, gegen welchen wegen Verweigerung des im § 807 erwähnten Offenbarungseides eine Haft von sechs Monaten vollstreckt ist, kann auch auf Antrag eines anderen Gläubigers von neuem zur Leistung dieses Eides durch Haft nur angehalten werden, wenn glaubhaft gemacht wird, daß der Schuldner später Vermögen erworben habe.

II Diese Vorschrift findet keine Anwendung, wenn seit der Beendigung der Haft fünf Jahre verstrichen sind.

Vgl. § 903; Nachverhaftung: § 909. — Gemeint sind sechs Monate auf grund des nämlichen VollstrTitels; Unterbrechg. zusammenzurechnen, soweit nicht ohnehin § 911 Schlußsatz anwendbar.

§ 915. I Das Vollstreckungsgericht hat ein Verzeichnis derjenigen Personen zu führen, welche vor ihm den im § 807 erwähnten Offenbarungseid geleistet haben oder gegen welche wegen Verweigerung des Eides die Haft angeordnet ist. Die Vollstreckung einer Haft ist in dem Verzeichnisse zu vermerken, wenn sie sechs Monate gedauert hat.

II Nach Ablauf der im § 903 Abs. 2 oder der im § 914 Abs. 2 bezeichneten Frist ist die Eintragung dadurch zu löschen, daß der Name unkenntlich gemacht wird.

III Die Einsicht des Verzeichnisses ist Jedem gestattet.

§§ 107 KO.: 84, 104 AGSchrG. (R. 06[129]. — Eidesweig.: auch Ausbleiben, DJZ. 04[501]. — Die auswärtg. Eide nach §§ 479, 902 stehen nur im Verz. des Eidesgerichts (vgl. § 84 AGSchrG.). — Keine Löschg. nach Zahlg. oder Verzicht. — Bestätig. der Eidesleistg. auf Antrag des Schld.: §§ 775, 903: sonstige schriftl. Auskunft, Abschrift der Einträge nur nach §§ 299, 792 (Bl. 70[367] ZR. 05[871]; bestr. — Keine öff. Bekanntm. v. amtsw.

Fünfter Abschnitt.

Arrest und einstweilige Verfügungen.

***§ 916** (796). I Der Arrest findet zur Sicherung der Zwangsvollstreckung in das bewegliche oder unbewegliche Vermögen wegen einer Geldforderung oder wegen eines Anspruchs statt, welcher in eine Geldforderung übergehen kann.

II Die Zulässigkeit des Arrestes wird nicht dadurch ausgeschlossen, daß der Anspruch ein betagter oder ein bedingter ist, es sei denn, daß der bedingte Anspruch wegen der entfernten Möglichkeit des Eintritts der Bedingung einen gegenwärtigen Vermögenswert nicht hat.

Bedingung, Betagung: BGB. §§ 158, 162, 284. — GVGA. §§ 189 bis 198, 212. — Vgl. §§ 135, 136, 161, 163, 184, 353, 499, 883, 1984, 1990, 2016, 2115 BGB.: 54, 65, 110, 154 ff. KO.: 93, 140 StGB.: 325 ff., 480 StPO.; 360 MStGO.: wegen Sicherung von Kosten u. sonstigen öff. Gefällen vgl. §§ 91, 801, 866, 932, 942. Arrestverbote: §§ 778; KO. 14; HGB. 482, 691, 698; JFrU. Art. 23. — Anderw. Sicherung u. Selbsthilfe: §§ 228 ff., 383, 561, 581, 704, 860, 859, 865, 910, 960, 1029 BGB.; 127 StPO. mit §§ 239 ff. KO.; 288, 289 StGB.: Art. 102 AStP.: 37, 138 GmdO.; 19, 20, 55, 80 PolStGB.: 89 EBG.; 6 ff. FeldSchG.; 75 EisBau- u. BetrO.; 59, 131 ForstG. — Keine Konventionalpfdg. gg. Wspr. des Schld. (nur § 794): JW. 04[361]. — Allgem. Ausweispflicht auf amtl. Aufforderg.: RPaßG. § 3: vorl. Festnahme: RSSt. 3[287]; Erpressung bei Rechtsverfolg.: ESt. 36[384] Bl. 71[523]. — Keine Unterbrechg. der Verjährg.: § 209 BGB.

Unterschied von einstw. Verf.: Sicherung e. mindestens event. Geldfrdg. — e. Individuallstg. (E. 30[395] S. 11[265]); Häufung beider möglich, E. 30[352]; zB. bei Zahlg. u. Duldg., paul. Anf. (hier keine Sicherungsvormerkg., E. 60[424] RS. 4[183]). — Arr. zu unterscheiden v. materiellrechtl. Sicherungen (S. 11[704]); vgl. zB. BGB. 843, WO. Art. 25 ff. u. §§ 257 ff.; letztere Klage bedarf keiner Bescheinigung e. Verlustgefahr (voraussichtl. Verzögerung genügt): Arrest daneben möglich, SA. 53[65]. — Bedingt (suspens., nicht bloße spes): auch wenn bloß Ergebnis der Beding. unbekannt (Begr. 190). Kündbarkeit ist Betagung, E. 9[231]; Arr. für Prozeßkosten schon vor Urteilserlaß zulässig (vgl. JW. 06[30]; aM. SA. 58[26]); Arr. für künftigen Unterhalt: Bl. 64[364], vgl. RO. 3[427]; für paul. Anf. schon vor Erlangung des VollstrT., E. 41[189]; bei zweiseit. Vertr. vor Gglstg., E. 54[162]. — Arr. auch nach Erlassung e. vorl. vollstreckb. Urteils möglich (zB. wenn nur gegen Sicherh. vollstreckbar), JW. 90[191] RO. 13[229]; sogar nach Rechtskraft denkbar (zB. Schwierigkeit sofortiger Beschaffg. e. RNachfKlausel, Personalarrest). — Zulässigkeit des Rechtswegs in der Haupts. ist vorausgesetzt, S. 14[165]; Beobachtg. des Art. 2 AZP. entfällt.

Kein Arr. gegen Exterritoriale, ausld. Staaten, E. 62^{165}; vgl. § 18. — Arr. unter Beschränkg. auf bestimmte Vermögensstücke (zB. Frdg.) statthaft (vgl. § 919); im Zweifel nur ZwV. in bewegl. körperl. Sachen (GVGA. § 193).

§ 917 (797). I Der dingliche Arrest findet statt, wenn zu besorgen ist, daß ohne dessen Verhängung die Vollstreckung des Urteils vereitelt oder wesentlich erschwert werden würde.

II Als ein zureichender Arrestgrund ist es anzusehen, wenn das Urteil im Auslande vollstreckt werden müßte.

Arrestverbote vgl. Vornote zu § 916; ferner JPRA. Art. 11. — Vollmacht: § 82 (Ausnützung). — Sonstige Titel: §§ 796, 928. — Keine landesgei. Abweichg. statthaft, E. 26^{460}; Auswanderung: Hock 1^{312} JW. 06^{29}.

Schlechte Vermögenslage, drohende Konkurrenz der Glb., Geschäftsverkauf (RO. 4^{162}) allein genügen nicht, E. 3^{416} JW. 06^{691}; wohl aber Vagieren (JW. 93^{384}), Prozeßchikane, verdächt. Reden (Bl. 62^{9}), Kriminalbeschldg. (JW. 01^{723}) Güterstandsänderg. (S. 12^{451}), Fluchtverdacht, Verborgenhalten, Verschwendg., Besorgnis der Einziehg. v. Guthaben u. Verbrauch des Geldes, auch zur Lebsucht (JW. 03^{292} S. 11^{413} 16^{85}); keine Verweisg. auf Konkurs, SA. 54^{245}. — Bereits bestehende Sicherung kann den A. ausschließen (E. 8^{359}), nicht aber Zweifelhaftigkeit der Rechtsfrage, JW. 97^{325}. — Ausländereigenschaft (auch des Glb.) ist zu Abs. 2 gleichgültig; ebenso, ob RHilfe gewährt wird (bestr.), SA. 45^{63}. — Die materiellen Haftgsbeschränkg., zB. zu gunsten der Erben, gelten auch für den Arrest.

§ 918 (798). Der persönliche Sicherheitsarrest findet nur statt, wenn er erforderlich ist, um die gefährdete Zwangsvollstreckung in das Vermögen des Schuldners zu sichern.

RG. v. 29. Mai 1868 (GBl. 70/71 Beil. 17); EZP. § 13; KO. §§ 101, 106; JPRA. Art. 17. — Vollzug: § 933; Abwendg.: § 923. — Selbsthilfe: § 916.

Auch gegen Prozeßunf. u. gef. Vertr. (bestr., vgl. E. 43^{405}). — Zweck: Verhinderung der Beseitig. (ROHG. 10^{134}) oder Weiterverschleppg. inld. Vermögens; auch Sicherung der Lstg. des OffenbEids., solchenfalls durch Eid unmittelbar abwendbar, sonst nur mittelbar gemäß § 927. Unzulässig zwecks Herbeischaffung ausld. Vermögens (Mot. 450; SA. 55^{127}); bestr., ob zur Erzwing. persönl. Leistungen statthaft, vgl. § 888. Auf nicht vermögensr. Anspr. nicht ausdehnbar, SA. 55^{127}. — Gegenüber dingl. Arr. subsidiär; Kumulierung denkbar.

§ 919 (799). Für die Anordnung des Arrestes ist sowohl das Gericht der Hauptsache als das Amtsgericht zuständig, in dessen Bezirke der mit Arrest zu belegende Gegenstand oder die in ihrer persönlichen Freiheit zu beschränkende Person sich befindet.

Vgl. auch §§ 802, 925 bis 929, 930, 943; GewGG. 57; KfmG. 16. — Vollzug: § 928. — Akten („C"): §§ 72, 76, 90 AGSchrG.; 13, 24, 40 LGSchrG.; 4 OLGSchrG. — Kosten: §§ 26, 28, 35, 38, 39 GKG.; 20, 22, 23, 29, 30 RAGO. (getrennt: schriftl. Antrag u. mV., E. 13^{322}; nicht Verbdg. nach § 149 gemeint). Streitwert: § 3 (freies Erm., weniger als die Hauptf.; ausschl. Zins u. Kosten), E. 26^{412}.

Gesuchseinreichg. entscheidend (E. 6^{414}), nachträgl. Prorog. genügt nicht (E. 45^{346}); Anhängk. der Hauptf. nicht nötig, E. 4^{399}. „Hauptf.": unmittelbar auf die zu sichernde Leistg. zielende Klage, E. 45^{346} 62^{62}. KfHS.

(SA., 52[110]), GewG., KfmG. kann hiernach zuständig sein (vgl. auch § 942); nicht aber ein SchiedsG., E. 31[374]. — Beachtlich die Zustdgk. des AmtsG. auch ohne Dringl., trotz anderweit. Anhängk. der Hauptſ., aber unter Beschränkung auf Sachen im AGBezirk, was im ArrBeſ. (auch des LandG. als II. Inſt.) auszudrücken, Bl. 44[193] (beſtr.); Belegenh. e. Frdg. bemißt sich hierbei nach § 23: E. 7[322]; bei fiskal. Schulden Sitz der vertr. Behörde: § 18. — Bescheinigung der Belegenh. genügt, JW. 91[131]. — Analoge Einr. der Rechtshgk. gegen Doppelanträge: E. 8[359]; Angehg. des LandG. als ProzG. nach Abwſg. durch AG. möglich, E. 33[415]. Keine Erstreckg. der RKr. auf anderwt. Begr. oder Hauptſ., BlFB. 5[297]. — Unzuſtdgk. nur durch Wſpr. (bei Arresturteilen durch RM.) rügbar, Bl. 64[193].

§ 920 (800). I Das Gesuch soll die Bezeichnung des Anspruchs unter Angabe des Geldbetrags oder des Geldwerts sowie die Bezeichnung des Arrestgrundes enthalten.

II Der Anspruch und der Arrestgrund sind glaubhaft zu machen.

III Das Gesuch kann vor dem Gerichtsschreiber zu Protokoll erklärt werden.

Parteibezeichnung: § 329: Ausnahme v. Abſ. 2: §§ 691, 698 GKG. — Vollmacht: §§ 82, 88 (RO. 6[424]). Kein Anwaltszwang für Anbringung des Gesuchs (JW. 93[38]), wohl aber für das weitere Verf. (§ 78); vgl. § 1 AGSchrG.

Anbringung in mV. der Hauptſ. ungenügend, E. 3[372]; Termine verbindbar, Pr. 427. — Nachbringung v. Arrestgründen u. Bescheinig. in der mV. über den Arr. statthaft, E. 5[365]. — Angabe, ob dingl. oder persönl. Arrest, Bezeichng. des Objekts: § 919: JW. 98[118].

§ 921 (801). I Die Entscheidung kann ohne vorgängige mündliche Verhandlung erfolgen.

II Das Gericht kann, auch wenn der Anspruch oder der Arrestgrund nicht glaubhaft gemacht ist, den Arrest anordnen, sofern wegen der dem Gegner drohenden Nachteile eine nach freiem Ermessen zu bestimmende Sicherheit geleistet wird. Es kann die Anordnung des Arrestes von einer solchen Sicherheitsleistung abhängig machen, selbst wenn der Anspruch und der Arrestgrund glaubhaft gemacht sind.

Verfahren: Note zu § 128. — Sicherheit: § 108, hier auch Bürgschaft: Rückgabe: §§ 109, 943; vgl. § 40 HO. — Schadensersatz: § 945. — Feriensache: § 202 GVG.

Anordng. mV. beschwerdefrei, E. 54[348]; Gehör des Schld. in der Regel unpraktisch. — Hier Prüfung v. amtsw., ob Sicherheit zuzulassen, auch wenn nicht angeboten, E. 12[368]. — Die Kaution ersetzt nur mangelnde Glaubhaftm. behaupteter Tatſ., nicht letztere Behptg selbst, JW. 95[167]; sie ist auch zulässig, wenn weder Anspruch noch Verlustgefahr glaubhaft gemacht ist, E. 27[416]. — Bestr., ob bed. Arrest unzulässig u. stets Zwischenbeschl. nach § 922 Abſ. 3 geboten, so E. 20[362] 36[359] (unpraktisch); KB. 219 u. SA. 59[24] für bed. Arr. Jedenfalls keine Frdgspfdg. (§ 930) vor Kautionsnachweis (§ 751). Gegen Kautionsauflage einf. Beschw., E. 16[366] (weil Teilabwſg.).

§ 922 (802). I Die Entscheidung über das Gesuch erfolgt im Falle einer vorgängigen mündlichen Verhandlung durch Endurteil, anderenfalls durch Beschluß.

II Den Beschluß, durch welchen ein Arrest angeordnet wird, hat die Partei, welche den Arrest erwirkt hat, zustellen zu lassen.

III Der Beschluß, durch welchen das Arrestgesuch zurückgewiesen oder vorgängige Sicherheitsleistung für erforderlich erklärt wird, ist dem Gegner nicht mitzuteilen.

Terminserwirkg., Ladung im Parteibetrieb. — Nur Ladungsfrist; Anwaltszwang: § 920; Zustellung: §§ 329, 629, 82, 179 (E. 45[364] S. 14[316]. §§ 4, 12 AGSchrG.; 2 LGSchrG.; 190 GVGA. — Kosten: §§ 91, 919.

Mündl. Verhdlg. (sobald angeordnet, oblig.). Beiderseits nur sof. Beweismittel zuläßig: dem Schld. obliegt für seine selbstdg. Behptg. die Bescheinig.; vgl. §§ 294, 925, E. 27[425]. — VersVerf. (auch in der Beschw.-Instanz nach mV., E. 40[428]) beiderseits zuläßig, E 29[402] (Gesuch: Klage); Widerkl. unstatthaft. — Das EndU. enthält auch den Kostenausspr. (JW. 01[80]), ist diesbezügl. nach allgem. Normen vorl., soweit Arrestbefehl, aber sofort vollstr.; appellabel, revisibel (E. 5[430] 52[271] S. 10[46]). Rücknahme analog § 271, SA. 59[23]; Beruhen, bekl. Ladung statthaft. Verbdg. mit der Haupts.: RO. 3[414]. — Ohne mündl. Verhdlg. Der Arrestbeschl. enthält auch den Kostenausspr., RS. 2[524] (bestr.; vgl. JW. 97[561] 99[695]); ist nur mit Wspr. angreifbar, E. 30[432]. Gegen Abweisgsbeschl. einf. Beschw., E. 16[366] 40[425].

§ 923 (803). In dem Arrestbefehl ist ein Geldbetrag festzustellen, durch dessen Hinterlegung die Vollziehung des Arrestes gehemmt und der Schuldner zu dem Antrag auf Aufhebung des vollzogenen Arrestes berechtigt wird.

Vgl. §§ 108 ff., 931 ff.; Aufhebungsform: § 934; Angabe im Grundbuch: § 931; im Haftbefehl: § 933. — § 109 auf Rückgabe unanwendbar; vgl. E. 18[284] JR. 06[267]. — Rechtsbehelf gg. Höhe wie gg. Arrest selbst. — GVGA. §§ 82, 192. — Gebühr des § 87 RAGO. nicht forderbar: JW. 92[372].

Gilt auch für Arresturteile; nur Barerlage zuläßig. — Betrag: Haupt- u. Nebens. voll deckend; Zinsende fixieren: EF. 7[74]. — Wirkung nach gem. M. „pfandesgleiche“ Haftung (nicht resolut. Zahlg., E. 9[428] 20[396] 39[399]), auch wenn die vollzogene Pfdg. sich schließlich als formell unwirksam erweist oder der Barerlage überhaupt keine Pfdg. voranging. — Konkurs: E. 56[146]; Unterhalt: RO. 7[356].

§ 924 (804). I Gegen den Beschluß, durch welchen ein Arrest angeordnet wird, findet Widerspruch statt.

II Die widersprechende Partei hat den Gegner unter Mitteilung der Gründe, welche sie für die Aufhebung des Arrestes geltend machen will, zur mündlichen Verhandlung zu laden.

III Durch Erhebung des Widerspruchs wird die Vollziehung des Arrestes nicht gehemmt.

Nur Ladungsfrist; Zustellung: § 82; Anwaltszwang: § 78; vgl. Note zu § 922, 925: WsprKl. Dritter gg. Vollzug: §§ 928, 771; JW. 90[191]. — Der Wspr. ist vorschußpfl. (§ 81 GKG.).

Keine Beschw. des Arrestschld., E. 30[432]. — Der Wspr. ist unbefristet, zulässig schon vor Zustellg. des A. (JW. 85[333]), nach Ablauf der Vollzugsfrist (S. 15[358]; vgl. E. 15[430]) oder Aufhebg. wegen Hinterlg. (E. 16[323]). — Zustdg. ausschl. ArrestG. I. J. (E. 29[396]), selbst wenn Arr. vom BeschwG. erlassen, E. 37[369]; keine Prorog., E. 13[365]; § 10 unanwendbar, E. 18[364]. — Aktiv legitim. ist nur der Arrestschld. u. dessen RNachf. oder KonkVerw. (E. 3[396] 16[401] 56[146] S. 13[15]), nicht Drittschld. (E. 16[401]). — Verf. wie bei § 922; der Arrestglb. behält für das VersVerf. die Klägerrolle, E. 20[380] RO. 9[134]. Einr. sind sofort zu bescheinigen, E. 30[376] S. 11[362]. — Einstellg. des Arrestvollz. nach § 719 unzulässig, E. 42[361]; Abhilfe: Gelderlage nach § 923, Abkürzg. der Ldgsfrist.

§ 925 (805). I Wird Widerspruch erhoben, so ist über die Rechtmäßigkeit des Arrestes durch Endurteil zu entscheiden.

II Das Gericht kann den Arrest ganz oder teilweise bestätigen, abändern oder aufheben, auch die Bestätigung, Abänderung oder Aufhebung von einer nach freiem Ermessen zu bestimmenden Sicherheitsleistung abhängig machen.

Vorl. Vollstreckb., soweit aufhebend: §§ 708 Nr. 5, 713 Abs. 2 (E. 25[101]); soweit bestätigend, nur nach allg. Regeln; Vollzug: §§ 775 ff. (RO. 13[230]); Rückgabe der Sicherheit: §§ 109, 943; Schadensersatz: § 945. — Rechtsmittel nach allg. Regeln, E. 27[427]; vgl. § 922. — Rechtskraft beschränkt: § 927; E. 33[418]. — Kosten (bei Bestätig. nur des WsprVerf., bei Aufhbg. ex tunc des gesamten Arrestproz., E. 26[203] S. 11[782]): GKG. § 26; RAGO. § 20. Streitwert: bekl. Interesse.

Auch nachträgl. entstandene oder bekannt gewordene Arrestgründe u. Einr. zur Hauptj. sind vorbringbar (wichtig wegen Schadensersatz); vgl. E. 27[425] 54[345] 60[182] (veränderte Umstände) 62[62] (Klagefristablauf). Ausdehng. des Wspr. in II. J.: SA. 46[79]. — „Abhängig" (Abs. 2): kein Vorbescheid; die Sicherheit kann niederer als der Betrag nach § 923 sein. — Aufrechthaltg. als e. Verf.: JW. 91[131]. — Schriftsatzwechsel nicht forderbar, RO. 13[230].

§ 926 (806). I Ist die Hauptsache nicht anhängig, so hat das Arrestgericht auf Antrag ohne vorgängige mündliche Verhandlung anzuordnen, daß die Partei, welche den Arrestbefehl erwirkt hat, binnen einer zu bestimmenden Frist Klage zu erheben habe.

II Wird dieser Anordnung nicht Folge geleistet, so ist auf Antrag die Aufhebung des Arrestes durch Endurteil auszusprechen.

Anwaltszwang (Abs. 1 u. 2): § 78; Form (Abs. 1): Beschluß; Zustdk. des Vorsitzenden (Abs. 1): § 944. — Zustellg. zu Abs. 1: § 329; zu Abs. 2 vgl. §§ 176, 178, 81. — RMittel zu Abs. 1: gg. Abwig. einf. Beschw.; Stattgabe unanfechtbar, E. 16[366]. Friständerg.: § 224; aM. (Beschwerde): Gr. 30[114]; vgl. RO. 13[230]. — Keine Klagefrist v. amtsw.; vgl. jedoch § 942. — Verbindg. mit Wspr.: § 925, E. 62[62]. — Kosten zu Abs. 1: §§ 47, 80a GKG.; 23, 29 RAGO.; — zu Abs. 2 (nur der Aufhebg., R. 04[180] aM. E. 7[376]) nach allg. Regeln wie § 925; GKG. 26; RAGO. 20.

Klage zum sonst zustdg. Gericht (E. 13[365]); u. U. auf künftige Leistg. (§§ 257 ff.) oder auf Feststellg. Bei Vormerkg. aus § 648 BGB. ist Hptj. Hypothekeinräumg., nicht Zahlg., E. 62[62]; vgl. §§ 919, 943. Der Arrestschld. kann ohne Frist selbst klagen (§ 256). — Kl. zum SchiedsG. genügt, E. 31[371]; bestr., ob Zahlbefehl bei amtsg. Zustdk. — Klagenachweis bis zum Urteil nachbringbar. — Verfahren zu Abs 2: §§ 924, 925; zuständig nur Arrestgericht. Der Schld. hat die Klägerrolle.

§ 927 (807). I Auch nach der Bestätigung des Arrestes kann wegen veränderter Umstände, insbesondere wegen Erledigung des Arrestgrundes oder auf Grund des Erbietens zu einer nach freiem Ermessen zu bestimmenden Sicherheitsleistung die Aufhebung des Arrestes beantragt werden.

II Die Entscheidung ist durch Endurteil zu erlassen; sie erfolgt durch das Gericht, welches den Arrest angeordnet hat, und, wenn die Hauptsache anhängig ist, durch das Gericht der Hauptsache.

Hauptsache: § 919; Verfahren: §§ 924, 925; Schadensersatz: § 921; Aufhbg. des Vollzugs: § 934. — Kosten: §§ 26 GKG.: 20, 23, 29, 36 RAGO.: vgl. §§ 925, 926: Streitwert: JW. 00[139]. Anwdg. des § 93: RO. 13[95].

Hierher zB. rkr. Abweisung der Hauptkl. auch wegen Unzustdk. (E. 50[342]) Versäumung der Vollzugsfrist (E. 51[134]), Ehebruchsbeweis bei § 627 (E. 63[38]); nicht Konkurseröffng., paul. Anf. (E. 6[435] 20[361]), Erlangung e. Definitivtitels (Pr. 566); vgl. E. 60[182]. — Der Antrag setzt vorgängigen Wspr. nicht voraus; dem Glb. steht er nicht zu (E. 15[406]); letzterenfalls Verzicht auf den Arrestvollzug rätlich. — Den Arrestschld. (hier = Kläger) trifft die Bescheinigungspflicht, E. 20[380]. — Wahlrecht mit Wspr.: E. 60[182]; mit RMittel oder Einspruch gg. Arresturteil: E. 57[223]. — Das Gericht der anhäng. Hauptsache ist zuständig, auch wenn es den Arrest nicht erlassen hat.

§ 928 (808). Auf die Vollziehung des Arrestes finden die Vorschriften über die Zwangsvollstreckung entsprechende Anwendung, soweit nicht die nachfolgenden Paragraphen abweichende Bestimmungen enthalten.

Vgl. BGB. §§ 135, 161, 184, 353, 499, 833, 2115. — GBO. §§ 189, 197. — Schiffe: § 931; Grundstücke: § 932. — Zustellung: §§ 922, 750, 929 mit E. 45[364]. Kosten: §§ 23, 29, 35, 36 RAGO.; E. 8[401] 44[373]. § 788 nach GBGA. § 197 unanwendbar; vgl. dagegen JW. 99[483] RS. 2[524]. Jedenfalls sind die Vollzugskosten des dingl. A. nach Erlangung e. Definitivtitels beitreibbar u. nach Aufhebg. des Arr. rückzuerstatten (§ 788), E. 7[374].

Unterschied zwischen Anordnung u. Vollzug (auch im Kostenpkt.): E. 8[401] 16[387] S. 14[318] 16[333]. — Der Arrestbefehl ist VollstrTitel für § 845: E. 8[429]; nach richtiger M. auch für den Offenb.Eid (§ 807); dagegen nicht für die paul. Anf., E. 32[233]. — Bezeichnung eines bestimmten Objekts im A. wirkt nicht als Vollzug, E. 9[321]; vgl. jedoch § 857 Abs. 2 — Auch die Vorschr. über Duldung, Haftgsbeschrkg., Pfändungsausn., WsprKl. (S. 9[522]) sind anwendbar. Sicherg. der Duldung (§ 739) nur durch e. Verf.

***§ 929** (809). I Arrestbefehle bedürfen der Vollstreckungsklausel nur, wenn die Vollziehung für einen anderen als den in dem Befehle bezeichneten Gläubiger oder gegen einen anderen als den in dem Befehle bezeichneten Schuldner erfolgen soll.

II Die Vollziehung des Arrestbefehls ist unstatthaft, wenn seit dem Tage, an welchem der Befehl verkündet oder der Partei, auf deren Gesuch derselbe erging, zugestellt ist, zwei Wochen verstrichen sind.

III Die Vollziehung ist vor der Zustellung des Arrestbefehls an den Schuldner zulässig. Sie ist jedoch ohne Wirkung, wenn die Zustellung nicht innerhalb einer Woche nach der Vollziehung und vor Ablauf der für diese im vorhergehenden Absatze bestimmten Frist erfolgt.

Keine Notfristen, aber v. amtsw beachtl. (vgl. jedoch E. 37[378]). — Vgl. § 932 Abs. 3; 53, 190, 191 GVGA.; 45 AGSchrG. — Rechtsbehelf: §§ 766, 924 ff. (E. 26[395]). — Kosten: §§ 38, 39 GKG.: 35, 36, 24 RAGO.

Abs. 1. Tatsachenklausel hiernach entbehrlich; vgl. wegen Sicherheit §§ 751, 921. Klauselklage möglich, aber meist unpraktisch; zweite Ausf. durch GSchr. ohne Vorsitzd. — Parteiänderung auch beachtlich, wenn schon vor Arresterlassung eingetreten; vgl. § 265. — **Abs. 2** (Vollzugsfrist). Beginn beim Arresturteil aus dem Verkdgsvermerk ersichtlich; beim Beschluß Vorlage des Umschlags oder e. Aktenbestätig. zu fordern, soferne das Beschlußdatum älter als zwei Wochen. — Formlose Aushändg. wirkt gleichwohl als Fristbeginn, E. 11[402] (bestr.). — Erlassung des Pfdgsbeschl., Vorpfdg. nach § 845 wahrt die Frist (SA. 46[149] RO. 2[358]: bestr.), nicht aber Vollstr.-Auftrag an den GVollz. (E. 26[397]); beim OffenbEid braucht nur die Ladung, beim PersArrest nur Verhftg. in die Frist zu fallen (bestr.) Wegnahme des HypBriefs: R. 06[922]. Keine Befristg. der Arrestkostenfestsetzg. (bestr; aM. ZR. 06[344]). Die Fristwahrung erstreckt sich nicht auf anderweitige ZwVInstanzen. — Erneuerung des Arrestgesuchs nach Versäumg. der Vollzugsfrist statthaft, S. 9[127]; bei Teilabwsg. läuft Vollzugsfrist trotz Beschw. — **Abs. 3** (Zustellfrist). Verzichtbar, E. 37[378]; wirkt resolutiv, JW. 89[232]; § 207 anwendbar, Gesuch schon vor Fristbeginn zulässig, E. 40[390]. Auch die vorgäng. Zustellg. der HinterlgUrk. entfällt (SA. 45[68]), nicht aber Hinterlg. selbst. — Die Zustellg. e. verbundenen Arrest- u. Pfdgsbeschl. geschieht nach Arrestnormen, S. 14[318] (wichtig bei ausld. u. öff. Z.)

§ 930 (810). I Die Vollziehung des Arrestes in bewegliches Vermögen wird durch Pfändung bewirkt. Die Pfändung erfolgt nach denselben Grundsätzen wie jede andere Pfändung und begründet ein Pfandrecht mit den im § 804 bestimmten Wirkungen. Für die Pfändung einer Forderung ist das Arrestgericht als Vollstreckungsgericht zuständig.

II Gepfändetes Geld und ein im Verteilungsverfahren auf den Gläubiger fallender Betrag des Erlöses werden hinterlegt.

III Das Vollstreckungsgericht kann auf Antrag anordnen, daß eine bewegliche körperliche Sache, wenn sie der Gefahr einer beträchtlichen Wertsverringerung ausgesetzt ist oder wenn ihre Aufbewahrung unverhältnismäßige Kosten verursachen würde, versteigert und der Erlös hinterlegt werde.

Pfdgsform: (Abs. 1, Satz 3) stets Beschl., auch nach Arresturteil, DJZ. 04[704]; Anwaltszwang: DJZ. 05[258]. — Arrestbeschluß mit Pfdgsbeschl. verbindbar; Ausnahme: § 926 (S. 14[illegible]). — Zustdk. für Einwdg.: § 766; zu Abs. 3: § 764. — Schiffe: § 931. —

§§ 194, 199, 236 GBGA.; Akten: §§ 76, 80 AGSchrG. — Kosten: §§ 35, 39 GKG.; 23, 36 RAGO.; JW. 96[334].

Abs. 1. Frdrg. (Satz 3): einschl. Anspr. nach § 846 u. Rechte, JR. 05[516]. — Überwsg. auch nicht zur Hinterlg., E. 33[421] JR. 05[416]; anders bei e. Verf. (E. 36[390]). Für die nachträgl. Aufhbg. (§ 934) u. die Überwsg. ist stets das AmtsG. zuständig (ibid.), bei eV. auch für die Pfdg. (§ 936). Der Arrestglb. hat nach E. 33[312] nur e. FeststellKl. (vgl. jedoch BGB. § 1281 mit E. 36[357]), der Schld. die HinterlgsKl., E. 17[291] 36[357]; der Drittschld. kann hinterlegen (§ 372 BGB.) — Pfdg. der eigenen Schuld des Arrestglb. gibt e. Einstellgsgrund (§ 767), E. 25[426]. — Mit Eintritt der Vollstreckb. des HauptsTitels u. dessen Zustellg. (Bl. 46[329]) verwandelt sich das Arrestpfand von selbst in ein gewöhnl. VollstrPfand (Pr. 584). Zeitl. Vorrang bleibt; § 923 entfällt. Depothinausgabe: JR. 06[267]; bestr. ob nach Hinterlg. noch Überwsg. forderbar. — **Abs. 2.** Wertpapiere dürfen nicht zwangsweise verkauft werden; vorlfg. Verwahrung: JMBl. 02[384]. — Keine Hinterlg. der beigetriebenen festges. Kosten der Arrestanordng., weil insoweit sofort Definitivtitel. — **Abs. 3.** Hierher auch Wertpapiere (Kursrückgang), nicht aber Frdrg. oder Rechte. — Der Schld. ist (soferne nicht selbst Antragsteller) tunlichst zu hören, auch die Haltbarkeit des Arrests zu würdigen. — Anschlußglb. mit Definitivtitel können ohne weiteres versteigern lassen; ihr Erlösanteil wird nicht hinterlegt.

§ 931. I Die Vorschriften des § 930 gelten auch für die Vollziehung des Arrestes in ein Schiff, das im Schiffsregister eingetragen ist.

II Ist zur Zeit der Arrestvollziehung die Zwangsversteigerung des Schiffes eingeleitet, so gilt die in diesem Verfahren erfolgte Beschlagnahme des Schiffes als erste Pfändung im Sinne des § 826; die Abschrift des Pfändungsprotokolls ist dem Vollstreckungsgerichte einzureichen.

III Das Arrestpfandrecht wird auf Antrag des Gläubigers in das Schiffsregister eingetragen; der nach § 923 festgestellte Geldbetrag ist als der Höchstbetrag zu bezeichnen, für welchen das Schiff haftet. Im übrigen finden die Vorschriften des Bürgerlichen Gesetzbuchs über das durch Rechtsgeschäft bestellte Pfandrecht an einem Schiffe Anwendung.

Abs. 1: Ausnahme von der Immobilisierung registr. Schiffe. Abs. 2 regelt die Anschließg.; Abs. 3 benimmt Dritterwerbern des Schiffs den Schutz des guten Glb. — §§ 100 FGG.; 9, 122, 165 ZVG.; § 1262 Abs. 1 BGB. ist anwendbar. — GBGA. §§ 4, 10. — Arrestverbot: § 482 HGB. mit E. 32[58]. — Schiffsparten, Schiffsregister: § 858; nicht eingetragene Schiffe: § 808.

*__§ 932__ (811). I Die Vollziehung des Arrestes in ein Grundstück oder in eine Berechtigung, für welche die sich auf Grundstücke beziehenden Vorschriften gelten, erfolgt durch Eintragung einer Sicherungshypothek für die Forderung; der nach § 923 festgestellte Geldbetrag ist als der Höchstbetrag zu bezeichnen, für welchen das Grundstück oder die Berechtigung haftet.

II Im übrigen finden die Vorschriften der §§ 867, 868 Anwendung.

III Der Antrag auf Eintragung der Hypothek gilt im Sinne des § 929 Abs. 2, 3 als Vollziehung des Arrestbefehls.

Antrag lediglich im Parteibetrieb: auch die Beschränkg. auf Titel über 300 Mk. (§ 866) ist anwendbar, E. 60[271] (andere nach Art. 56 AGBO.). — Verteilt (§ 867 Abs. 2) wird der Betrag nach § 923. — Abs. 3 setzt Vollzugsfähigkeit voraus, RO. 9[84] EF. 7[71]. Definitivtitel ist Feststellg. nach § 1190 BGB.; vgl. ZBlFG. 4[649]. — Vgl. §§ 931; GBDA. 415, 430, 446 ff., 524 — Zwangsverwaltung (vgl. E. 52[130]) nur auf Grund einstw. Verf.; bei Verschlechterung gilt §§ 1134, 1135 BGB. — Bis zur Grundbuchanlegung gilt das ält. R.: Art. 25 ff. AZP.: 44 SubhNov.: 56 AGBO.: 14 Pfälz. LiegenschG.: 116 ff., 309 GebG.: EZVG. § 15: JMBl. 91[161]; vgl. Mot. BGB. 3[625]. — Kosten: § 866; vgl. JMBl. 02[486] ff.

*§ 933 (812). Die Vollziehung des persönlichen Sicherheitsarrestes richtet sich, wenn sie durch Haft erfolgt, nach den Vorschriften der §§ 904—913 und, wenn sie durch sonstige Beschränkung der persönlichen Freiheit erfolgt, nach dem vom Arrestgerichte zu treffenden besonderen Anordnungen, für welche die Beschränkungen der Haft maßgebend sind. In den Haftbefehl ist der nach § 923 festgestellte Geldbetrag aufzunehmen.

GVGA. §§ 178, 195. — Akten: § 920. — Vollzugsfrist: § 929; Rechtsbehelf: § 766. — Verbindg. des HB. mit Arrestbeschluß in e. Schriftstück unpraktisch.

Beigabe e. Wache (GVollz.), Hausarrest, Wegnahme der Reisepapiere, Fahrkarten, Beschlagn. v. Zeugnissen (nicht dem Sacharrest unterworfen, weil unverkäuflich), Postsperre (mindestens Aushändigungsverbot; bestr., ob Recht auf Öffnung der Korrespondenz, vgl. § 90 DuHO.). — Kein direkter Zwang gegen Dritte ad faciendum. — Grund des Schlußsatzes: Möglichkeit der Vollstr. vor Zustellung.

§ 934 (813). I Die Aufhebung eines vollzogenen Arrestes gegen Hinterlegung des in dem Arrestbefehle festgestellten Geldbetrags erfolgt von dem Vollstreckungsgerichte.

II Das Vollstreckungsgericht kann die Aufhebung des Arrestes auch anordnen, wenn die Fortdauer besondere Aufwendungen erfordert und die Partei, auf deren Gesuch der Arrest verhängt wurde, den nötigen Geldbetrag nicht vorschießt.

III Die in diesem Paragraphen erwähnten Entscheidungen können ohne vorgängige mündliche Verhandlung erfolgen.

IV Gegen den Beschluß, durch welchen der Arrest aufgehoben wird, findet sofortige Beschwerde statt.

GVGA. § 192; vgl. §§ 25, 161, 170 ZBG. — Form: Beschluß: Zustellung: § 329; Vollzug: § 775, 794 Nr. 3. — Gegen Abwsg. eins. Beschw.: JW. 86[147]; vgl. aber E. 15[410]. — Kosten: §§ 35, 39, 81 GKG.: 23, 29, 30, 36 RAGO.

Abs. 1. Zustdg. ist das gewöhnl. VollstrG. (§ 764), auch bei Fordergspfdg. (letzteres bestr.): mehrf. Zustdgk. (nach Bezirken) möglich. — Die Aufhbg. trifft nur die Vollzugsmaßregeln, nicht den Arr. selbst, E. 15[409];

geschieht auch auf Antrag des Glb., R. 06[428]: ist unzulässig nach Erwirkung e. vollstreckb. Definitivtitels; keine teilw. Aufhbg. nach teilwj. Hinterlg. (bestr., vgl. BZ. 91[191]). — § 775 Nr. 3 ist hiernach auf Arr. unanwendbar (vgl. Bl. 62[382]); Wspr. neben obiger Vollzugsaufhbg. möglich, E. 54[345] 56[146]. — **Abs. 2** trifft insbes. Personalarr.; bei körp. bewegl. Sachen, zB. Tieren, Abhilfe nach § 930. — Auf arme P. unanwendbar (§ 115).

§ 935 (814). Einstweilige Verfügungen in Beziehung auf den Streitgegenstand sind zulässig, wenn zu besorgen ist, daß durch eine Veränderung des bestehenden Zustandes die Verwirklichung des Rechts einer Partei vereitelt oder wesentlich erschwert werden könnte.

Vgl. die Noten zu §§ 936, 940 — Unterschied v. Arrest: § 916; v. der einstw. Anordng.: E. 25[407] 30[395] BZ. 95[54] JW. 01[722]. — Zu beachten die Beschränkg. auf den Streitgegenstd.; Einzelh.: § 938. — Irrige Bezeichng. unschädlich, BlEB. 5[33]; Ersetzbarkeit des drohenden Nachteils mit Geld belanglos: E. 29[352].

§ 936 (815). Auf die Anordnung einstweiliger Verfügungen und das weitere Verfahren finden die Vorschriften über die Anordnung von Arresten und über das Arrestverfahren entsprechende Anwendung, soweit nicht die nachfolgenden Paragraphen abweichende Vorschriften enthalten.

Vgl. KO. §§ 14, 221, 236. — Akten: § 920. — Vollzug: § 196 GBGA. — Kosten: §§ 25, 35, 39 GKG.; 20, 23, 29, 30, 33, 36 RAGO.; Streitwert regelm. erhebl. unter Hauptj. (§ 3): E. 22[425] S. 15[196 432]; ausnahmsw. § 6: E. 35[394] (Gleichwert mit Urteil); vgl. auch S. 17[341] FinBl. 14[53]; bei Aufhbg. Interesse des Bekl., JW. 03[174]. — Vollzugskosten: § 928.

Vollzug besteht auch beim Urteil in der Zustellg., E. 21[417]; Verkdg. genügt nicht, E. 51[130]. Nur insoweit auch Vollzugsfrist (§ 929) anwendbar, wenn nicht anderw. Befristg. aus der e. V. selbst erhellt.; Abs. 3 des § 929 gegenstandslos, soweit Zustellg. u. Vollzug identisch. — Die eV. ist bis zur rkr. Erledig. der Hptj. in letzter Instanz wirksam, S. 11[364] 15[838]; Rückstände (zB. Alimente) auch nachher noch beitreibbar. — § 930 unanwendbar, Überwsg. sofort möglich. Zustdg. für den Pfdgsbeschl. ist das AmtsG., E. 36[390]; Ausnahme bei arrestweiser Sicherg. des vom LandG. durch eV. zugebilligten Anspr. — § 887 ist anwendbar, JW. 97[8]; Gebühr bei § 890: KO. 13[258].

§ 937 (816). [I] Für die Erlassung einstweiliger Verfügungen ist das Gericht der Hauptsache zuständig.

[II] Die Entscheidung kann in dringenden Fällen ohne vorgängige mündliche Verhandlung erfolgen.

Vgl. §§ 627, 919, 942; UnlWG. 3. — Zustellg.: §§ 82, 163; JW. 00[13].

MV. ist die Regel, also nicht erst anzuordnen. Dringlichkeit festzustellen (JW. 95[454]); hiergegen keine Beschw., E. 54[348]. Urteilsform u. U. günstiger; vgl. § 328. — Eventualladg. auf gesondertem Schrifts., u. U. mit Antrag auf Abkürzg. der Ladgsfrist sachgemäß, KO. 13[240] aM. Gr. 29[458]. — Anhängk. der Hptj. nicht erforderlich, BlEB. 4[78].

§ 938 (817). I Das Gericht bestimmt nach freiem Ermessen, welche Anordnungen zur Erreichung des Zweckes erforderlich sind.

II Die einstweilige Verfügung kann auch in einer Sequestration sowie darin bestehen, daß dem Gegner eine Handlung geboten oder verboten, insbesondere die Veräußerung, Belastung oder Verpfändung eines Grundstücks untersagt wird.

GVGA. § 196; AZP. Art. 32, 171 äF. — Vgl. auch §§ 940, 883 ff. u. wegen des Grundbuchs §§ 941, 942; GBTA. 122, 365, 379, 386, 401; Vorlage des HypBriefs: EF. 4[68].

Die eV. kann bis zu den äußersten Grenzen der gefährd. künftigen ZwV. gehen (E. 9[234]), ohne Rücksicht auf Erstattbarkeit. Befristg., Bedingung möglich; Antrag nicht schlechthin bindend (E. 9[334] JW. 97[607]), aber nicht überschreitbar, Gr. 48[398]. Zwangsmittel nur nach allg. Regeln, insbes. Haft (JW. 03[386]). — Zulässig: Sequestration, zB. e. JagdR. (SA. 45[123]) oder e. gepfdt. Sache (zB. im Herausgabeproz. e. Dritten); Vollzug (AG.): SA. 46[148] Bl. 61[63] BZ. 06[234] JMBl. 02[418] (zu unterscheiden v. förml. ZwVerwltg.); Räumung (gem. M. gg. Mot. 457); Besitzrückgabe (E. 39[211]); Abschlagszahlg. an e. Rente, E. 27[430] S. 15[838] (nicht an einheitl. Geldschuld: E. 15[377]); vgl. Gr. 49[958] (Gemeinschaft); Gütertrennung (EF. 3[31] JW. 02[205] DJZ. 04[208] RO. 7[102]); Widerrufsverbot des eheherrl. Handelskonsenses, E. 35[32] (jetzt BGB. §§ 1354, 1402); Prozeßkostenvorschuß (§§ 114, 627); Entziehg. der Vertretung bei off. HG. (E. 22[169]); Ermächtig. z. Geldaufnahme (Gr. 33[1207]); Löschung e. Vormerkg. gg. Barkaution, E. 55[140] (anders bei definit. Hypothek; vgl. aber JW. 01[311] S. 8[99]); Verbot e. Konkurrenz (BlEB. 13[322]), bestimmten Reklame (JW. 05[701]), Verbreitg. v. übler Nachrede; e. Geschäftseintritts oder -betriebs (SA. 52[66]), weiterer Dienstlstg. (R. 05[467]), schädl. Grabungen (SA. 38[294]). — Unzulässig: Aussetzg. e. Proz., Einstellg. e. ZwV. mit der Wirkung der §§ 775, 776: E. 56[10] RS. 2[708]; Verbot des Weiterbetriebs der ZwV. unter Strafandrohg. an den Glb. denkbar, zB. Erschleichg. (E. 61[361]) oder Stundgsverspr. e. Glb ggüber anderen Glb. — Keine eV auf zivilrechtl. OffenbEid (JW. 03[102]), Bauvollendg. durch Sequester (ZZP. 31[396]), Abberufg. v. Liquidatoren (nur § 145 FGG., RO. 5[502]). Ge- u. Verbote mit unmittelb. Zwangsvollzug nach §§ 883 ff. können sich nur an e. bestimmt bezeichneten Prozeßgegner richten (JW. 01[9] RO. 8[138] 11[118]); gegen Dritte vgl. § 886; wichtig bei mittelb. Besitz. — Nach gem. M. kann im WsprProz. der Verkauf des streitigen Pfands wegen drohenden Verderbs oder übermäßiger Verwahrgs.-kosten selbst dann angeordnet werden, wenn bereits unanfechtb. Einstellgs.-befehl vorliegt; dieser Verkauf ist nicht identisch mit der sistierten Zw.-Versteig; vgl. §§ 930; BGB. 1218 ff., 383; JW. 98[607] RS. 4[820]; aM. RO. 13[237].

§ 939 (818). Nur unter besonderen Umständen kann die Aufhebung einer einstweiligen Verfügung gegen Sicherheitsleistung gestattet werden.

Zulässig nur, wenn Zweck durch Kaution voll erreichbar, zB. bei § 648 BGB.; nicht bei idealen Anspr., E. 55[140] JW. 05[155]. — Zustdk.: § 927; E. 40[383]. — Vollzug: §§ 775 ff.; nicht § 934, wenn nach §§ 925, 927 gg. Sicherheit aufgehoben. — Die Abhängigmachg. des Erlasses der eV. von e. Sicherheit ist nicht beschränkt u. oft ratsam (§ 945); auch Abwendgsausspruch durch Zahlg. oder materiellrechtl. Hinterlg. in der eV. möglich, zB. Maueranbauverbot. — Vorl. Vollzugseinstellg. weder durch eV. noch durch einstw. Anordn. aus §§ 707, 719 statthaft, E. 40[383] 42[361].

§ 940 (819). Einstweilige Verfügungen sind auch zum Zwecke der Regelung eines einstweiligen Zustandes in Bezug auf ein streitiges Rechtsverhältnis zulässig, sofern diese Regelung, insbesondere bei dauernden Rechtsverhältnissen zur Abwendung wesentlicher Nachteile oder zur Verhinderung drohender Gewalt oder aus anderen Gründen nötig erscheint.

§§ 489, 515, 885, 889, 1134, 1179, 1263, 1716, 1990, 2016 BGB.; 16 HGB.; 25, 76 GBO.; 24 ZVG.; 3 UnlWG. (JW. 01[85]); 127d GewO.; 45 HypG.; Art. 37 GmdO.; 15, 37 SubhO.; 11 ViehgewG.; 22 nF., 87 äF. AZP. (Einziehungsverbot); Missio Hadriana (E. 16[28] 17[204]; Art. 213 EBG.); Art. 11 FeldSchG.; 13 KKG.; §§ 16 EZP.; 240 GBGA.; 15 SubmBd.: Versteigerung unanbringl. Sachen ohne eV.: § 383 BGB. (Bl. 65[307]). — Administrativprovisorien: Krais 1[83] BGH. 21[87]. — Vgl. auch die Noten zu §§ 916, 935 ff., 627, 672.

Beisp.: Baueinstellg. (§ 907 BGB.), Besitzzuweisg. (zB. Vermieterpfand), Unterhaltsauflage (E. 27[429]); sonstige Einzelh.: § 938. — Nicht erforderlich Rechtsverhlt. unter den Parteien (SA. 46[138]), Anhgk. der Haupts. (E. 31[372]) oder Unersetzl. des Nachteils des Antragst. (JW 05[155] NS. 5[478]); Berühmung genügt, JW. 99[770]. — Bezeichn. e. Gegners notwdg. (RO. 8[338]); Gesuchsinhalt: JW. 04[96] Bl. 59[353] 60[414] EB. 13[333]. Ausdrückl. Befristung auf die Dauer des zugehörigen Hauptproz. rätlich; u. U. ist Vollzug der eV. Anlaß, um statt auf Lstg. auf Feststellg. zu klagen. — Nach Wegfall e. derartigen eV. kann der Gegner den früheren Zustand nicht ohne besonderen VollstrTitel (zB. neue eV., JW. 01[724]) zwangsweise wiederherstellen lassen; vgl. E. 35[166] JW. 99[41] RO. 1[376].

§ 941. Hat auf Grund der einstweiligen Verfügung eine Eintragung in das Grundbuch oder das Schiffsregister zu erfolgen, so ist das Gericht befugt, das Grundbuchamt oder die Registerbehörde um die Eintragung zu ersuchen.

Vgl. §§ 942 Abs. 2; BGB. 883, 892 mit Mot. 3[244] Prot. 3[117]; GBO. 13, 25, 39; FGG. 100, 110; GBDA. 31, 56, 139, 140, 524, 528 (Beifügg. begl. Abschr.). Hierher außer Vormerkg. u. Wspr. auch Verfügungsverbote, Löschungen. Ob das G. selbst ersucht, untersteht fr. Erm. (dringl.); Zustellg. nach § 929 ist nicht vorausgesetzt, aber fristzeitig nachzuholen. Verbdg. mit Antrag auf Berichtig. des GB., EF. 5[196]. — Beschw. des Gerichts gegen Vollzugsablehnung zulässig (bestr.). Daneben steht dem Kläger das Recht unmittelb. Betriebes zu; dessen Verständg. vom erfolgten Ersuchen u. dessen Ergebnis sachgemäß. — Keine Ausdehnung auf andere öff. Bücher u. Register (zB. GüterRReg. oder auf Arreste, Hypothekpfdg. (§ 830), VollstrHyp. (§ 867), Löschg. der einstw. V.; vgl. RSchuldBG. § 7. — Anwendbarkeit vor Anlegung des GB. bestr.; vgl. §§ 22, 104, 110, 136, 160, 166 HypG. (Bl. 14[268] EB. 12[364]); Art. 32, 123, 125 AZP. äF.; 174 ABG. Kosten: GebG. Art. 116; vgl. § 119 GBDA., JMBl. 05[502] (fällig nach Eintrag).

***§ 942** (820). [I] In dringenden Fällen kann das Amtsgericht, in dessen Bezirke sich der Streitgegenstand befindet, eine einstweilige Verfügung erlassen, unter Bestimmung einer Frist, innerhalb welcher der Gegner zur mündlichen Verhandlung über die Rechtmäßigkeit der einstweiligen Verfügung vor das Gericht der Hauptsache zu laden ist.

[II] Die einstweilige Verfügung, auf Grund deren eine Vormerkung oder ein Widerspruch gegen die Richtigkeit des Grundbuchs oder des Schiffsregisters eingetragen werden soll, kann von dem

Amtsgericht, in dessen Bezirke das Grundstück belegen ist, oder der Heimatshafen oder der Heimatsort des Schiffes sich befindet, erlassen werden, auch wenn der Fall für dringlich nicht erachtet wird. Die Bestimmung der im Abs. 1 bezeichneten Frist hat nur auf Antrag des Gegners zu erfolgen.

III Nach fruchtlosem Ablaufe der Frist hat das Amtsgericht auf Antrag die erlassene Verfügung aufzuheben.

IV Die in diesem Paragraphen erwähnten Entscheidungen des Amtsgerichts können ohne vorgängige mündliche Verhandlung erfolgen.

Vgl. § 3 UnlWG. — Friständerung: § 224; Fristlauf während der Ferien: § 202 GVG.; Sicherheitsrückgabe: §§ 109, 943 (JW. 06[337]); Schadensersatz: § 945. — Zustellg. der Ladg.: RC. 1[15]; vorl. Vollstreckb. des prozeßg. U. nach allg. Regeln (§ 925). — Zu Abs. 2 (Ersatz für die bisher unmittelbar beim HypAmt erwirkbaren Vormerkungen auf Grund gesetzl. Titels u. Protestationen): §§ 25, 42, 46 GBO.; 103, 123 FGG.; 648, 885, 899, 1179, 1263 BGB.; 480 HGB.; 6 BinnenSchG.; Art. 50 ff., 120 ff. ÜG.; 12, 27 HypG.; 192 ff. EBG.; Art. 14, 89, 123, 128, 152, 164 ABG.; 27 ErbGG.; 46 BrandVG.; 56, 57 AGBO.; §§ 139, 254, 365, 388, 401, 441, 524 GBDA. — Keine „Vormerkung" e. „Widerspruchs"; unmittelb. Antrag nur noch bei § 1139 BGB. (exc. non num. pec.); Sicherg. paul. Anf. nicht hierher, E. 60[424]; nur gewöhnl. e. Verf. (Veräußergsverbot). Neurechtl. Fälle des Eintrags auf unmittelb. amtl. Ersuchen (ohne Gerichtsbeschl.): Art. 55, 56 ÜG.; Art. 89, 123, 128 ABG.; 46 BrandVG.; §§ 1694, 1844, 1897, 1915 BGB. mit §§ 54 FGG.; 39 GBO. — Kosten: §§ 26, 35 GKG.; 20, 23 RAGO. (nur $^{5}/_{10}$: E. 8[338]; vgl. JW. 97[229]. Festsetzung durch HptG.: JW. 91[68] 06[326].

Abs. 1. Zustdk.: JW. 06[326 337]. — Dringlich: auch wenn ProzG. am näml. Ort (vgl. E. 12[356]). Form der amtsg. Entscheidg. stets (auch nach fakult. mV.) Beschluß, E. 13[320]; die prozeßg. Entschdg. ist Urteil. Gegen Abwsg. des Gesuchs durch AG. einf. Beschw., gg. Erlassung kein Wspr., JW. 06[326]. Unterlassung der Fristsetzg. macht eV. nicht unwirksam; Ergänzg. mit einf. Beschw. (bestr., vgl. JW. 97[420]). — Unterschied von Klagefrist (§ 926) beachtlich. — Verhdlg. vor ProzG. oblig. mündlich; Vers.-Verf. anwendbar (Ldgsfrist, Anwaltszwang); RMittel nach allg. Regeln. Ladung auch durch Bekl. statthaft: keine selbstdg. Gegenanträge vor ProzG. (JW. 02[185]): keine vorl. Vollzugseinstellg., SA. 54[131]. — **Abs. 2.** Dringlichkeit entfällt nur vor dem bezeichn. AG. (Verlustgefahr schon nach BGB. entbehrl.). Inhalt der eV.: Gr. 50[566]; Notwdgk. der Bezeichng. e. Gegners, Vorlegg. des HypBriefs: EJ. 7[61]. Geschäftsvertlg.: Prot. BGB. 6[752]; vgl. § 941. Gewöhnl. Zustdk. konkurriert. — **Abs. 3.** Rechtsbehelf gg. (kostenpfl.) Aufhbg.: sof. Beschw., RC. 3[417] (gem. M.); Gehör des Glb. sachgemäß. Keine Aufhbg. v. amtsw.

§ 943 (821). I Als Gericht der Hauptsache im Sinne der Bestimmungen dieses Abschnitts ist das Gericht erster Instanz und, wenn die Hauptsache in der Berufungsinstanz anhängig ist, das Berufungsgericht anzusehen.

II Das Gericht der Hauptsache ist für die nach § 109 zu treffenden Anordnungen ausschließlich zuständig, wenn die Hauptsache anhängig ist oder anhängig gewesen ist.

Vgl. §§ 627, 919, 926, 927, 940; Anhängigkeit: § 176.

Wahlrecht: E. 7[323]. — Einreichg. des Gesuchs entscheidend (E. 7[323]), bei §§ 927, 942 Ldg. (JR. 06[317]); formelle Rechtshgk. genügt, E. 40[377]; vgl. jedoch E. 50[342] (Abwsg.) S. 17[408] RO. 7[330] (VorbehU.). Zwischen Zustellg. des erstinst. Urteils u. der Berufg., sowie nach Zustellg. des revisibl. Urt. II. J. ist die I. J. zustdg., E. 13[362] S. 17[321]. — Für Anhgk. besteht keine Vermutung; bei Abs. 2 wichtig. — Beachtl. der Unterschied vom „Arrestgericht" nach §§ 924, 926, 930, 932: E. 35[350] JJP. 19[317]. Zustdgk. nach Abs. 2, auch wenn das G. der Hpts. die Sicherh. nicht selbst angeordnet hat. — Ehesachen: RO. 13[241] JR. 07[17].

§ 944 (822). In dringenden Fällen kann der Vorsitzende über die in diesem Abschnitt erwähnten Gesuche, sofern deren Erledigung eine vorgängige mündliche Verhandlung nicht erfordert, anstatt des Gerichts entscheiden.

Beachtlich insbes. für die KfHS. u. die OLG., weil Zusammenberufung u. U. zeitraubend. — Auch abweisen kann der Vorsitzende allein, hiergegen Beschw. an das Obergericht; für den Wspr. ist das Gericht I. J. zustdg. — Keine Analogie für einstw. Anordng. oder Pfdgsbeschl. (§ 930); vgl. § 845. Kein Verf. nach §§ 576, 942.

§ 945. Erweist sich die Anordnung eines Arrestes oder einer einstweiligen Verfügung als von Anfang an ungerechtfertigt oder wird die angeordnete Maßregel auf Grund des § 926 Abs. 2 oder des § 942 Abs. 3 aufgehoben, so ist die Partei, welche die Anordnung erwirkt hat, verpflichtet, dem Gegner den Schaden zu ersetzen, der ihm aus der Vollziehung der angeordneten Maßregel oder dadurch entsteht, daß er Sicherheit leistet, um die Vollziehung abzuwenden oder die Aufhebung der Maßregel zu erwirken.

Vgl. die Noten zu §§ 302, 600, 627, 704, 717; auch freiwill. Aufhebg. hierher (E. 58[234]). Verschulden des Glb. nicht erforderl.; § 254 aber anwendbar. Aufhebg. aus § 927 oder sonstigen nachtrgl. formalen Gründen, Fristversäumnis nach § 929, bloße Aufhebg. des Vollzugs nicht hierher; Schadensersatz hier nur nach allg. Regeln (Verschld.); vgl. jedoch E. 59[360] (zu 927). — Ausspruch des ArrestG. (zB. im WsprVerf.) über Rechtmäßigkeit für Ersatzprozeß bindend, E. 50[406] 54[345] 58[236] 59[360]; Arglist: JW. 97[465]. — Ersatzklage keine Feriensache, mit dem Aufhebungsverf. nicht verbindbar (E. 51[41]); WKl. im Hauptproz. möglich (§ 33). GStand des § 32 unanwendbar. — Rückgabe der freigewordenen Sicherheit des Schld.: § 109; Realisierung des Ersatzanspruchs aus der Sicherheit des Glb.: JR. 06[233]. — Schadensersatz an Dritte nur nach allg. Regeln. — Keine Rückwirkung: Art. IX EGZP.: 170 EBG.

Neuntes Buch.

Aufgebotsverfahren.

§ 946 (823). I Eine öffentliche gerichtliche Aufforderung zur Anmeldung von Ansprüchen oder Rechten findet mit der Wirkung, daß die Unterlassung der Anmeldung einen Rechtsnachteil zur Folge hat, nur in den durch das Gesetz bestimmten Fällen statt.

II Für das Aufgebotsverfahren ist das durch das Gesetz bestimmte Gericht zuständig.

Die ZPO. ordnet außer den allg. Normen des Verf. §§ 946 bis 959 noch speziell die Aufg. zwecks Todeserkl., Ausschluß des unbek. Grundstückseigent., Hypotheken- rc. -Glb., der Vormerkg., des VorkaufsR., der Reallast, des SchiffspfandR., Nachlaß-, Gesamtguts-, SchiffsGlb., endlich das Urkundenaufg. — Zustdk. (AG.): §§ 23 GVG.; 11 EZP.; 3 EGV.; Art. 29 AZP.; AnfG.; § 957 (LG.). — Anderw. Aufg. u. Aufforderg.: §§ 50, 66, 1562, 1965, 1983, 2061, 2358 BGB.; 219, 227, 290, 297, 301, 303, 306, 320, 334 HGB.; 17 GewO.; 44, 66 PerſStG.; 1316 BGB; Art. 154 ABG.; 111 KO.; 25, 26 StrandO.; 104, 157 VZollG.; 140 ZVG. mit 12 EZV. u. 33 AZV. (BNotZ. 03[87]); Art. 36 AGB (OLG.) mit 32 AZP. (Fideikomm., Erbgüter: vgl. S. 7[281] 11[642] 15[856]); 32 BewG.; 74 WasserBG.; 12 LKultRG. mit 170 ABG.; 30 FlurBG.; 125 BergG. mit 157 ABG.; 7 UnschädlZG.; 15 ÜG. (Dienstbk.); 10, 12 FeldSchG.; 187 ForstG.; § 46 BPostO. — Fund: § 965 ff. BGB.; RGBl. 98[912] (GVBl. 99[994] JMBl. 99[587]; GebG. Art. 225; vgl. JMBl. 66[318] (Sträflinge); GVBl. 84[95] (Musterüberwsg.); KonsGG. § 35. — Depositen: §§ 39, 52 HO. — Bekanntm. des Verlusts v. Inhaberpapieren: ABG. Art. 90; HGB. § 367; ZustVdg. § 8; RSchldO. § 16 (Vernichtung); JMBl. 02[1638] (ZentrPolBlatt); 99[24] (Deutsches Fahndungsblatt); 01[234] (Bayer. Hdlszeitung); vgl. GVBl. 06[894] (Pfandleiher). — Übergang: Art. 161 ff., 170, 174, 177 ff., 213 EBG.; 25 EHG.; 7, 8, 15 ff., 57 G.; IX EÄZP. — Vgl. auch Note zu § 1003 u. den einzelnen Aufg. — Kosten: §§ 44 GKG.; 40 RAGO.; 1 KJ.; vgl. Art. 23 GebG.; 1 BRAGO.; JMBl. 02[446].

Rechtsnachteil: auch bloße Erschwerung der RVerfolg; braucht nicht kraft Gesetzes einzutreten. Gesetz (§ 12 EZP.): materiell, auch LandesR. Kein vertragsmäßiges A (R. 01[110]); Ausschluß durch Vertrag: §§ 799, 808 BGB. — Das Verf. ist Bestandteil der streitigen Rechtspfl. — Nicht hierher außergerichtl. sowie speziell geordnete gerichtl. A. oder bloße Konstatierungsverf.; bei bestimmtem Gegner neg. Feststellungskl.

§ 947 (824). I Der Antrag kann schriftlich oder zum Protokolle des Gerichtsschreibers gestellt werden. Die Entscheidung kann ohne vorgängige mündliche Verhandlung erfolgen.

II Ist der Antrag zulässig, so hat das Gericht das Aufgebot zu erlassen. In dasselbe ist insbesondere aufzunehmen:

1. die Bezeichnung des Antragstellers;
2. die Aufforderung, die Ansprüche und Rechte spätestens im Aufgebotstermine anzumelden;
3. die Bezeichnung der Rechtsnachteile, welche eintreten, wenn die Anmeldung unterbleibt;
4. die Bestimmung eines Aufgebotstermins.

Vollmacht: § 88. — Verbindung: § 959. — Antragsnachfolge: § 967. — Akten („E“): §§ 1, 72, 74, 85, 88 AGSchrG. — Kein Anwaltszwang; keine Feriensache. — Zulassungsform: Beschluß; Zustellung: § 329; gg. Abweisung einfache Beschw. — Kosten: §§ 44, 81, 89 GKG.; 40 RAGO.; 1 KZ.; vgl. Art. 23 GVG.; 1 BRAGO.; JMBl. 02[446]. — Streitwert: §§ 2, 3, 6, 7; Armenrecht zulässig.

Abs. 1. Die formellen u. materiellen Voraussetzg. (Zulässigkeit) unterliegen der Prüfung v. amtsw. Sof. Glaubhaftm. an sich entbehrlich (§ 952); Ausnahmen bei den einzelnen Aufg. — Antrag auf Ausschlußu. mitverbindbar. — **Abs. 2** enthält sämtl. wesentl. Bestandteile (E. 32[139]). Anmeldg. (beim AmtsG. formlos) sind bis zur Erlassung des Urteils zulässig.

§ 948 (825). Die öffentliche Bekanntmachung des Aufgebots erfolgt durch Anheftung an die Gerichtstafel und durch Einrückung in den Deutschen Reichsanzeiger, außerdem aber, sofern nicht das Gesetz für den betreffenden Fall eine abweichende Anordnung getroffen hat, nach den im § 204 für Ladungen gegebenen Vorschriften.

Also einmalige Einrückg. im RAnz., zweimalige im Amtsblatt. — Ausnahmen: §§ 955, 966, 986, 994, 1009, 1023, 1024; Art. 29 bis 31 AZP.; vgl. § 29 KonsGG. — Zustellg. mit Termin an Antragsteller: § 947; nicht an sonstige gerichtsbek. Interessenten (Mot. 461). — Aufgebot: nicht bloß Auszug; anders § 956 beim Urteil.

§ 949 (826). Auf die Gültigkeit der öffentlichen Bekanntmachung hat es keinen Einfluß, wenn das anzuheftende Schriftstück von dem Orte der Anheftung zu früh entfernt ist oder wenn im Falle wiederholter Bekanntmachung die vorgeschriebenen Zwischenfristen nicht eingehalten sind.

Vgl. § 206. — Auf die Frist in den §§ 950, 1010 ff. nicht anwendbar.

***§ 950** (827). Zwischen dem Tage, an welchem die Einrückung oder die erste Einrückung des Aufgebots in den Deutschen Reichsanzeiger erfolgt ist, und dem Aufgebotstermine muß, sofern das Gesetz nicht eine abweichende Anordnung enthält, ein Zeitraum (Aufgebotsfrist) von mindestens sechs Wochen liegen.

Keine Notfrist; keine richterl. Friständerg. — Abweichende Frist: §§ 965, 987, 1002, 1010 ff., 1023, 1024. — Unterschied der Aufgebotsfrist von den Zwischenfristen mehrfacher Bekanntm. beachtlich.

§ 951 (828). Eine Anmeldung, welche nach dem Schlusse des Aufgebotstermins, jedoch vor Erlassung des Ausschlußurteils erfolgt, ist als eine rechtzeitige anzusehen.

Erlassung: Verkdg.; also Meldg. während Verkdgsfrist reicht. — Form: GSchreiberprot.; event. Sitzgsprot.

***§ 952** (829). I Das Ausschlußurteil ist in öffentlicher Sitzung auf Antrag zu erlassen.

II Einem in der Sitzung gestellten Antrage wird ein Antrag gleichgeachtet, welcher vor dem Aufgebotstermine schriftlich gestellt oder zum Protokolle des Gerichtsschreibers erklärt worden ist.

III Vor Erlassung des Urteils kann eine nähere Ermittelung, insbesondere die Versicherung der Wahrheit einer Behauptung des Antragstellers an Eidesstatt, angeordnet werden.

IV Gegen den Beschluß, durch welchen der Antrag auf Erlassung des Ausschlußurteils zurückgewiesen wird, sowie gegen Beschränkungen und Vorbehalte, welche dem Ausschlußurteile beigefügt sind, findet sofortige Beschwerde statt.

Protokoll: § 509; Öffentlichk.: GVG. §§ 170 ff. — Vertagung: § 955. — Wegen der Differenz mit § 2015 BGB. vgl. DJZ. 99[334]. — Keine Zustellung des Ausschlußll.: Veröffentlichg.: § 956. — Anfechtung (abgesehen von Abs. 4) nur nach § 957; Rechtskraft (außer Abs. 4) mit der Verkdg. — Kosten (soweit kein unterliegd. Gegner, Antragsteller): §§ 44, 81, 89 GKG.; 16, 40 RAGO.: vgl. §§ 95, 96, 971.

Abs. 2. Bestr., ob e. Antrag vor Einleitung des Verf. genügt. — **Abs. 4.** Verweigerg. zB., wenn bereits e. AnfGrund ersichtlich. Nur der Antragsteller ist beschwerdeberechtigt; Fristlauf stets, auch bei Abs. 2 (KB. 221), ab Verkdg. (§ 577).

§ 953 (830). Erfolgt eine Anmeldung, durch welche das von dem Antragsteller zur Begründung des Antrags behauptete Recht bestritten wird, so ist nach Beschaffenheit des Falles entweder das Aufgebotsverfahren bis zur endgültigen Entscheidung über das angemeldete Recht auszusetzen, oder in dem Ausschlußurteile das angemeldete Recht vorzubehalten.

Urkunden: § 1016. — RMitte! bezüglich Aussetzung: § 252. — Anmeldungskosten: §§ 93; RAGO. 40.

Die Anmeldg. kann aber auch zur Zurückwsg. des Antrags auf Ausschlußll. führen, zB. Vorstellg. des gerichtsbek. Verschollenen, begr. Verfahrenseinrede (Mot. 463). Sonstige Anmeldg. u. Widerspr. sind im gewöhnl. Prozeßwege auszutragen (JW. 92[470]), unbegr. VerfEinwände durch Beschl. zurückzuweisen.

***954** (831). Wenn der Antragsteller weder in dem Aufgebotstermine erschienen ist noch vor dem Termine den Antrag auf Erlassung des Ausschlußurteils gestellt hat, so ist auf seinen Antrag ein neuer Termin zu bestimmen. Der Antrag ist nur binnen einer vom Tage des Aufgebotstermins laufenden Frist von sechs Monaten zulässig.

Vgl. §§ 952 Abs. 2, 251. — Anmeldg. im Termin möglich: § 953.

Kein VersVerf., zB. auf Antrag Dritter. — Nach Fristablauf (kein Einstellgsbeschl.) nur mehr Erneuerung des Verf. mit neuer Ausschreibg. möglich; streitig, ob innerhalb der Frist Antragswiederholg. statthaft. — Die Frist ist keine Notfrist, aber unabänderlich; keine Wiedereinsetzg.

§ 955 (832). Wird zur Erledigung des Aufgebotsverfahrens ein neuer Termin bestimmt, so ist eine öffentliche Bekanntmachung des Termins nicht erforderlich.

Gilt auch für §§ 954. — Nur bei nicht verkdt. Terminen Zustellg. an alle Beteiligte (auch an angemeldete Drittberechtigte).

§ 956 (833). Das Gericht kann die öffentliche Bekanntmachung des wesentlichen Inhalts des Ausschlußurteils durch einmalige Einrückung in den Deutschen Reichsanzeiger anordnen.

Verkündung: §§ 309 ff., 952. — Tabellenform zulässig, auch wenn die Urteile nicht vom gleichen Tage. — Vgl. auch § 33 HO., Art. 40 RErbStG., 29 BErbStG., 123 AZP. — Abweichung: §§ 975, 1017, 1023, 1024.

§ 957 (834). I Gegen das Ausschlußurteil findet ein Rechtsmittel nicht statt.

II Das Ausschlußurteil kann bei dem Landgerichte, in dessen Bezirke das Aufgebotsgericht seinen Sitz hat, mittels einer gegen den Antragsteller zu erhebenden Klage angefochten werden:

1. wenn ein Fall nicht vorlag, in welchem das Gesetz das Aufgebotsverfahren zuläßt;
2. wenn die öffentliche Bekanntmachung des Aufgebots oder eine in dem Gesetze vorgeschriebene Art der Bekanntmachung unterblieben ist;
3. wenn die vorgeschriebene Aufgebotsfrist nicht gewahrt ist;
4. wenn der erkennende Richter von der Ausübung des Richteramts kraft Gesetzes ausgeschlossen war;
5. wenn ein Anspruch oder ein Recht ungeachtet der erfolgten Anmeldung nicht dem Gesetze gemäß in dem Urteile berücksichtigt ist;
6. wenn die Voraussetzungen vorliegen, unter welchen die Restitutionsklage wegen einer strafbaren Handlung stattfindet.

Vgl. §§ 41, 580, 948, 950, 973; Art. 119 ABG. — Auch Wiedereinsetzg. (IA. 42[121], Einspr. u. WiederaufnKl. sind unstatthaft; wegen sof. Beschw. vgl. § 952. — Dem Antragsteller steht die Kl. nicht zu; Ausnahme: § 974. — Akten = ordtl. Prozeß („A“). — Anwaltszwang: § 78. — Rechtskraftzeugnis sofort erteilbar. — Ausländ. U.: § 328. — Zahlg.: § 1018.

Die Gründe sind erschöpfend, E. 48[367]; Verletzung der ausschließl. Zustdk. oder der Zwischenfristen, Verspätung der Anmeldg., tatsächl. Irrtum des Urteils nicht hierher. — Unter Nr. 1 (abstrakte Unzulässigk.) fällt Androhung e. gesetzl unzulässigen Präjudizes (vgl. E. 20[216] 32[137]), dagegen unter Nr. 2 Ausspruch e. zulässigen, aber nicht angedrohten Nachteils; Unterbleiben: auch Fehlen e. wesentl. Stücks nach § 947, IW. 03[125] (unmögl. Termin). — Antrag: Ausschlußll. dem Kläger gegenüber unwirksam: Nr. 4 ist enger als §§ 551, 579.

§ 958 (835). I Die Anfechtungsklage ist binnen der Notfrist eines Monats zu erheben. Die Frist beginnt mit dem Tage, an welchem der Kläger Kenntnis von dem Ausschlußurteile erhalten hat, in dem Falle jedoch, wenn die Klage auf einem der im § 957 Nr. 4, 6 bezeichneten Anfechtungsgründe beruht und dieser Grund an jenem Tage noch nicht zur Kenntnis des Klägers gelangt war, erst mit dem Tage, an welchem der Anfechtungsgrund dem Kläger bekannt geworden ist.

II Nach Ablauf von zehn Jahren, von dem Tage der Verkündung des Ausschlußurteils an gerechnet, ist die Klage unstatthaft.

Vgl. 976. — Die öffentl. Bekanntm. steht wirklicher Kenntnis nicht gleich. — Die Frist des Abs. 3 ist eine unabänderl. Präklusiv., keine Notfrist; der Beweis ihrer Wahrung obliegt dem Anfkläger.

§ 959 (836). Das Gericht kann die Verbindung mehrerer Aufgebote anordnen, auch wenn die Voraussetzungen des § 147 nicht vorliegen.

Zweck: Kostenersparnis; praktisch nicht gegen den Willen des Vorschuß leistenden Antragstellers (Gehör); sachgemäß nur bei Gleichartigkeit der Aufg. — Akten: § 76 AGSchrG. — Die Zulassungsgebühr (§ 44 GKG.) u. die Anwaltsgeb. fallen gesondert an; gleichheitl. Verteilg. der Auslagen, soweit nicht, zB. nach Inseratlänge, ausscheidbar.

§ 960. Für das Aufgebotsverfahren zum Zwecke der Todeserklärung gelten die nachfolgenden besonderen Bestimmungen.

§§ 13 ff. BGB.; Art. 9, 158 bis 162 EGBG.; §§ 19 KonsGG; § 8 SchutzGG.; Mot. BGB. 1[41]; Prot. 1[11]. Auch nach Verurtlg. wegen Mords, sofern Leiche nicht findbar. — Pension: JMBl. 05[362]. — Früher: Art. 71 bis 74, 103 ff. AGP.; Gesetz v. 29. Dez. 1873 u. 27. Juli 1874 (GBBl. 71[27 102] JMBl. 74[58]; S. 7[35] 8[24] 13[50]; Art. 28 GebG.; § 1 ält. BRAGO. Zusammenstellg. des ält. R.: Mot. AGP. S. 293. — Streitw.: § 2.

§ 961. Zuständig ist das Gericht, in dessen Bezirke der Verschollene den letzten inländischen Wohnsitz hatte. In Ermangelung eines solchen Wohnsitzes wird das zuständige Gericht für Angehörige eines Bundesstaates von der Landesjustizverwaltung durch allgemeine Anordnung, für andere Verschollene von dem Reichskanzler durch allgemeine Anordnung bestimmt.

Vgl. § 15; EBG. Art. 9; RZ. 5[65]. — Wo die Abwesenheitspflgsch. geführt wird, kommt nicht in Betracht; ebensowenig (auch nicht subsidiär) der Aufenthalt. — Zu Satz 2: RGBl. 00[128] (AG. I Berlin jetzt = Berlin Mitte; vgl. § 18 Note); JMBl. 00[382] (AG. München I).

§ 962. I Antragsberechtigt ist der gesetzliche Vertreter des Verschollenen sowie Jeder, der an der Todeserklärung ein rechtliches Interesse hat.

II Der gesetzliche Vertreter bedarf zu dem Antrage der Genehmigung des Vormundschaftsgerichts.

Abs. 1. Vgl. BGB. § 1847; FGG. § 35. — Interessenten: Ehegatte, Erbe (auch Fiskus), Polizeninhaber, Rentenschuldner, Fideikommißfolger. Wegen Abwesenheitspfleger vgl. ZBlFG. 4[251] 6[229]. Glb., Schld. e. vererbl. Forderung hat kein rechtl. Interesse. — Abs. 2 gilt auch für Eltern.

§ 963. Der Antragsteller hat die zur Begründung des Antrags erforderlichen Tatsachen vor der Einleitung des Verfahrens glaubhaft zu machen.

Hierher auch Antragsrecht u. Zustdk. — Ausnahme von § 947; vgl. § 968 und Art. 115 AGP. ä.F. — Bestr., ob der Antragsteller Zeuge sein kann (R. 03[116] verneint).

§ 964. In das Aufgebot ist aufzunehmen:

1. die Aufforderung an den Verschollenen, sich spätestens im Aufgebotstermine zu melden, widrigenfalls die Todeserklärung erfolgen werde;

2. die Aufforderung an alle, welche Auskunft über Leben oder Tod des Verschollenen zu erteilen vermögen, spätestens im Aufgebotstermine dem Gericht Anzeige zu machen.

Daneben gilt § 947 Abs. 2. — Aufzählg. der einzelnen Rechtsfolgen der TE. nicht erforderlich. — Ausschreibg. Vermißter im ZentrPolBl.: JMBl 02 [1100]. — Verletzg. der Anzeigepflicht (Nr. 2) macht u. U. ersatzpflichtig; Vernehmg.: § 968.

§ 965. Die Aufgebotsfrist muß mindestens sechs Monate betragen.

Ausnahme von § 950; Unterausnahme: § 966. Fristen des § 14 BGB. daneben beachtlich.

§ 966. I In den Fällen der §§ 15—17 des Bürgerlichen Gesetzbuchs kann die Bekanntmachung des Aufgebots durch öffentliche Blätter unterbleiben. Das Gleiche gilt, wenn seit der Geburt des Verschollenen hundert Jahre verstrichen sind.

II Unterbleibt die Bekanntmachung durch öffentliche Blätter, so muß die Aufgebotsfrist mindestens sechs Wochen betragen; sie beginnt in diesem Falle mit der Anheftung des Aufgebots an die Gerichtstafel.

Kriegs-, See-, Unfallverschollenheit. — Grund: dringende Wahrscheinlichkeit des Todes (vgl. dagegen Prot. BGB. 1 [17]); Zweck: Kostenersparnis. — Kein Anschlag in der Heimatgemeinde.

§ 967. Jeder Antragsberechtigte kann neben dem Antragsteller oder statt des Antragstellers in das Verfahren eintreten. Durch den Eintritt erlangt er die rechtliche Stellung eines Antragstellers.

Beisp.: Tod, Unterlassung des Weiterbetriebs. — Eintrittsform: § 947; daneben gilt § 954. — Gegen Verweig. der Zulassung einf. Beschw. — Wegen Kostenersatz gegenüber dem ersten Antragsteller vgl. §§ 971 u. BGB. 812.

§ 968. Das Gericht hat unter Benutzung der in dem Antrag angegebenen Tatsachen und Beweismittel von amtswegen die zur Feststellung des Sachverhalts erforderlichen Ermittelungen zu veranstalten und die geeignet erscheinenden Beweise aufzunehmen.

Verfahren analog § 653. — Zur TE. selbst genügt Glaubhaftm. nicht (nur zur Einleitung). — Eidesnorm: Art. 115 AZP. ä. F. — Keine Mitwirkung des StAnw.

§ 969. Wird derjenige, welcher sich als der angeblich Verschollene meldet, als solcher von dem Antragsteller nicht anerkannt, so ist das Verfahren auszusetzen.

Keine TE. unter Vorbehalt. — Die Austragung des Streits erfolgt durch Status- oder sonstige Rechtsfeststellkl. Anerkennt der Antragsteller den sich Meldenden, so muß er den Antrag bei Meidung der Abwsg. (durch Beschluß) zurückziehen; ähnlich bei sonstigen Nachrichten: § 970; RMittel: § 952.

§ 970. I Das Gericht hat die Todeserklärung nur auszusprechen, wenn die zur Begründung derselben erforderlichen Tatsachen für erwiesen erachtet werden.

II In dem Urteil ist der Zeitpunkt des Todes nach Maßgabe des § 18 Abs. 2 des Bürgerlichen Gesetzbuchs festzustellen.

Art. 1, 4 NachlG. mit 29 BErbStG.; § 40 RErbStG.; GVBl. 06 235 522; GBDA. § 150. — Beweisführung: §§ 286, 968; Bekanntm.: § 956; Anfechtung: § 973. — Das Urteil wirkt nur deklaratorisch, aber für u. gegen alle; Gegenbeweis: § 292. Kein Eintrag im Sterberegister; erfolgt letzterer nachträgl. bei unbek. Leichen, Unglücksfällen ohne Leichenauffindg. (§ 58 Pers.StG.), so erübrigt sich TE. — Zu Abs. 2 ist § 321 nicht anwendbar (R. 01 261); Zeitpkt. wegen Erbfolge wichtig, NS. 2 213.

§ 971. Die dem Antragsteller erwachsenen Kosten, welche zur zweckentsprechenden Durchführung des Verfahrens notwendig waren, fallen, wenn die Todeserklärung erfolgt, dem Nachlasse zur Last.

Das Aussichlußll. ist Festsetzgstitel: § 86 GKG. nicht anwendbar. — Vgl. §§ 947, 952; BGB. § 1967; KO. § 224; Art. 117 AZP. äF. — Nachträgl. Meldung einflußlos.

§ 972. I Die Erledigung der Aufgebotsanträge kann von der Landesjustizverwaltung für mehrere Amtsgerichtsbezirke einem Amtsgericht übertragen werden. Auf Verlangen des Antragstellers erfolgt die Erledigung durch das nach § 961 zuständige Gericht.

II Wird das Aufgebot durch ein anderes als das nach § 961 zuständige Gericht erlassen, so ist das Aufgebot auch durch Anheftung an die Gerichtstafel des letzteren Gerichts öffentlich bekannt zu machen.

Eine Anordnung zu Abs. 1 ist in Bayern bisher nicht ergangen (aut. JME. v. 1. Okt. 1903 Nr. 31300); vgl. übrigens Art. 29 AZP. u. § 1006.

§ 973. Die Anfechtungsklage findet außer den Fällen des § 957 Abs. 2 auch dann statt, wenn die Todeserklärung mit Unrecht erfolgt oder der Zeitpunkt des Todes des Verschollenen unrichtig festgestellt ist.

Erweiterg. der AnfKl. auf tatsächl. Irrtum; Frist, Rückkehr des Verschollenen: § 976.

§ 974. I Zur Erhebung der Anfechtungsklage ist Jeder berechtigt, der an der Aufhebung der Todeserklärung oder an der Berichtigung des Zeitpunkts des Todes ein rechtliches Interesse hat.

II Die Anfechtungsklage ist gegen denjenigen zu richten, welcher die Todeserklärung erwirkt hat, falls aber dieser die Klage erhebt oder falls er verstorben oder sein Aufenthalt unbekannt oder im Ausland ist, gegen den Staatsanwalt.

Vgl. § 684. — Der Ehegatte ist stets rechtl. interessiert. Der ges. Vertr. ist hier abweichend von § 962 nicht genannt, weil dessen Vertretungsmacht mit der TE. endet, NS. 2 45; rechtl. interessiert kann er sein. — Die Erben des Antragstellers sind nicht passiv legitimiert. — Der innerh. der Anfechtgsfrist sich meldende Verschollene bedarf dieser Klage nicht, § 976.

§ 975. Auf das Verfahren über die Anfechtungsklage finden die Vorschriften der §§ 667, 669, 670, des § 673 Abs. 1 und des § 956 entsprechende Anwendung.

Entspr. Anwdg. einzelner Vorschr. über Entm.-Anf. u. damit des Eheproz. (kein VersU.!) — § 956: Veröffentl. im Reichsanzeiger. — Anschlag an der Gerichts- oder Gemeindetafel (vgl. Art. 116 AZP. äF.) ist nicht vorgesehen. — Vgl. § 137 GVG.

§ 976. I Die Anfechtungsklage ist, sofern sie nicht auf einen der im § 957 Abs. 2 bezeichneten Gründe gestützt wird, nur innerhalb der Frist von einem Monate zulässig. Die Frist beginnt mit der Erlassung des die Todeserklärung aussprechenden Urteils. Die mündliche Verhandlung erfolgt nicht vor Ablauf dieser Frist.

II Mehrere Anfechtungsprozesse sind zum Zwecke gleichzeitiger Verhandlung und Entscheidung zu verbinden. Die Vorschrift des § 62 findet Anwendung.

III Wird infolge einer Anfechtungsklage die Todeserklärung aufgehoben oder eine andere Todeszeit festgestellt, so wirkt das Urteil für und gegen alle.

Abs. 1. Die Monatsfrist ist im Gegensatz zu § 958 keine Notfrist, aber gleichwohl unabänderlich. Hiernach können einzelne Gründe ausgeschlossen sein, andere nicht (JW. 03 [126]). Auch nach deren Ablauf steht der Gegenbeweis des Lebens, zB. durch persönl. Erscheinen (Prot. BGB. 6 [731], Art. 121 AZP. äF.) u. die Geltendm der bzgl. Rechte im gewöhnl. Prozeß, abgesehen von gesetzl. Ausnahmen, zB. § 1348 BGB., offen; vgl. §§ 2031, 2070 BGB. (Erbschaftsherausgabe). Das TEUrteil selbst bleibt formell bestehen. — **Abs. 2.** Der Antragst. kann hierdurch zugleich Kl. u. Bekl. werden.

§ 977. Für das Aufgebotsverfahren zum Zwecke der Ausschließung des Eigentümers eines Grundstücks nach § 927 des Bürgerlichen Gesetzbuchs gelten die nachfolgenden besonderen Bestimmungen.

Vgl. Mot. BGB. 3 [327] ff. — Ersatz für die dem BGB. unbekannte Immobiliarersitzung ohne Eintragung in das Grundbuch (§ 900 BGB.); hier wird nämlich vorausgesetzt, daß der Antragsteller nicht als Eigentümer eingetragen ist. — Todeserkl. e. verscholl. Eigentümers nicht erforderlich. — Vgl. § 1024; Art. 31 AZP.; 158 ff. AZP. äF. mit Art. 166 Nr. XVI ABG.; 30 GebG.; 1 BRAGO. — Aufgebot zwecks Ausschließung nicht eingetragener Dienstbarkeiten: Art. 113, 128, 187 ff. EBG.; 15 ff. ÜG.; §§ 11 EZP.; 612, 613 GBTA.; RZ. 1 [25]; Kataster: JMBl. 05 [391].

§ 978. Zuständig ist das Gericht, in dessen Bezirke das Grundstück belegen ist.

Vgl. §§ 24 ff., 36; 983, 1005.

§ 979. Antragsberechtigt ist derjenige, welcher das Grundstück seit der im § 927 des Bürgerlichen Gesetzbuchs bestimmten Zeit im Eigenbesitze hat.

Anrechnung der Besitzzeit (auch mittelb.) von Rechtsvorgängern: §§ 927, 943 BGB.

§ 980. Der Antragsteller hat die zur Begründung des Antrags erforderlichen Tatsachen vor der Einleitung des Verfahrens glaubhaft zu machen.

Besitzzeugnis des Bürgermeisters, Sterbeurk. des Vorbesitzers kann genügen (Prot. BGB. 6 [80]); Anführung e. Erwerbstitels, bona fides nicht erforderlich.

§ 981. In dem Aufgebot ist der bisherige Eigentümer aufzufordern, sein Recht spätestens im Aufgebotstermin anzumelden, widrigenfalls seine Ausschließung erfolgen werde.

Die Vorschrift bildet e. Ergänzg. zu § 947.

§ 982. Für das Aufgebotsverfahren zum Zwecke der Ausschließung eines Hypotheken-, Grundschuld- oder Rentenschuldgläubigers auf Grund der §§ 1170, 1171 des Bürgerlichen Gesetzbuchs gelten die nachfolgenden besonderen Bestimmungen.

Vgl. §§ 1192, 1199 BGB.: 138 ZVG. mit Art. 33 AZVG., § 12 EZVG.; Art. 11 ZubhNov.: Art. 31 AZP. mit § 1024; Fideikomm. u. Erbgüter: Note zu § 946. — Unbekannt ist auch ein Bek., aber Verschollener oder e nicht nach GBL. Legitim. — Beachtl. der Unterschied vom Aufg. des neurechtl. Hypothekenbriefs. — Ält. Recht. a) Amortisation (Löschg. ohne Zahlg. wegen Unbekannth. des Glb.; auch Ewiggeld, keine Adjukation mehr: ZR. 05[471]): §§ 71, 82, 166 HypG.: Art. 123 AZP.: 24 ff. Ges. v. 18. März 1896; Art. 166 XVI AVG.: 23 GebG.; 1 BRAGL.: S. 1[122] 2[364 522] 4[703] 5[407] 6[703] 12[210 230] Bl. 2[253] 36[17] 42[173] 58[377] EB. 13[81 97]. — b) Löschungskl. gg. Hypothekglb. unbek. Aufenth. wegen Befriedig. (entspr. auf andere Eintragungen anwendbar): §§ 159, 166 HypG.; Art. 123 AZP. mit 166 AVG.: S. 5[407] 6[703] 9[19]; vgl. §§ 57, 203. — Überleitung: Art. 39 ff. ÜG.; §§ 603 ff. GBDA. — Nebenkautionen: Note zu § 830.

§ 983. Zuständig ist das Gericht, in dessen Bezirke das belastete Grundstück belegen ist.

Vgl. §§ 25, 36, 978, 988, 1005.

§ 984. I Antragsberechtigt ist der Eigentümer des belasteten Grundstücks.

II Im Falle des § 1170 des Bürgerlichen Gesetzbuchs ist auch ein im Range gleich- oder nachstehender Gläubiger, zu dessen Gunsten eine Vormerkung nach § 1179 des Bürgerlichen Gesetzbuchs eingetragen ist, und bei einer Gesamthypothek, Gesamtgrundschuld oder Gesamtrentenschuld außerdem derjenige antragsberechtigt, welcher auf Grund eines im Range gleich- oder nachstehenden Rechts Befriedigung aus einem der belasteten Grundstücke verlangen kann, sofern der Gläubiger oder der sonstige Berechtigte für seinen Anspruch einen vollstreckbaren Schuldtitel erlangt hat.

Erfordernis des vollstreckb. Titels gilt auch für § 1170 BGB. (Prot. BGB. 6[736]; bestr.).

§ 985. Der Antragsteller hat vor der Einleitung des Verfahrens glaubhaft zu machen, daß der Gläubiger unbekannt ist.

§ 986. I Im Falle des § 1170 des Bürgerlichen Gesetzbuchs hat der Antragsteller vor der Einleitung des Verfahrens auch glaubhaft zu machen, daß nicht eine das Aufgebot ausschließende Anerkennung des Rechts des Gläubigers erfolgt ist.

II Ist die Hypothek für die Forderung aus einer Schuldverschreibung auf den Inhaber bestellt oder der Grundschuld- oder Rentenschuldbrief auf den Inhaber ausgestellt, so hat der Antragsteller glaubhaft zu machen, daß die Schuldverschreibung oder der Brief bis zum Ablaufe der im § 801 des Bürgerlichen Gesetzbuchs bezeichneten Frist nicht vorgelegt und der Anspruch nicht gerichtlich geltend gemacht worden ist. Ist die Vorlegung oder die gerichtliche Geltendmachung erfolgt, so ist die im Abs. 1 vorgeschriebene Glaubhaftmachung erforderlich.

III Zur Glaubhaftmachung genügt in den Fällen der Abs. 1, 2 die Versicherung des Antragstellers an Eidesstatt, unbeschadet der Befugnis des Gerichts, anderweitige Ermittelungen anzuordnen.

IV In dem Aufgebot ist als Rechtsnachteil anzudrohen, daß die Ausschließung des Gläubigers mit seinem Rechte erfolgen werde.

V Wird das Aufgebot auf Antrag eines nach § 984 Abs. 2 Antragsberechtigten erlassen, so ist es dem Eigentümer des Grundstücks von amtswegen mitzuteilen.

§ 1170 BGB. trifft das Aufg. e. angebl. bereits erloschenen Hypothek (Endzweck: Löschg. ohne Gegenleistg.); § 1171 bezieht sich auf materiell fortbestehende Hyp. (Gegenlstg. Voraussetzung der Löschg.). — Der Ausschluß wirkt als Hypothekverzicht u. berührt an sich die persönl. Frdrg. nicht (anders die bish. Amortisation). — § 801 BGB.: 30 Jahre Vorlegungsfrist seit Fälligkeit; Fristablauf des § 1170 BGB. beachtlich. — Löschgsaufschub bei Urteilsvorbehalten: EF. 6[145]. — Glaubhftm.: § 294 (hier insbes. eidesst. Vers.).

§ 987. I Im Falle des § 1171 des Bürgerlichen Gesetzbuchs hat der Antragsteller sich vor der Einleitung des Verfahrens zur Hinterlegung des dem Gläubiger gebührenden Betrags zu erbieten.

II In dem Aufgebot ist als Rechtsnachteil anzudrohen, daß der Gläubiger nach der Hinterlegung des ihm gebührenden Betrags seine Befriedigung statt aus dem Grundstücke nur noch aus dem hinterlegten Betrage verlangen könne und sein Recht auf diesen erlösche, wenn er sich nicht vor dem Ablaufe von dreißig Jahren nach der Erlassung des Ausschlußurteils bei der Hinterlegungsstelle melde.

III Hängt die Fälligkeit der Forderung von einer Kündigung ab, so erweitert sich die Aufgebotsfrist um die Kündigungsfrist.

IV Das Ausschlußurteil darf erst dann erlassen werden, wenn die Hinterlegung erfolgt ist.

BGB. §§ 376, 382, 609; EBG. Art. 145; HO. §§ 14, 15 (Nachweis der Einleitg. des Aufgebotsverf., Erlöschen nach 31 Jahren). — Das Ausschlußll. ist der Hinterlegungsstelle mitzuteilen. — Beachtlich der Unterschied zw. Angebot (Abs. 1) u. Hinterlg. mit Rücknahmeverzicht (Abs. 4).

§ 988. I Die Vorschriften des § 983, des § 984 Abs. 1, des § 985, des § 986 Abs. 1—4 und des § 987 finden auf das Aufgebotsverfahren zum Zwecke der in den §§ 887, 1104, 1112, 1269 des Bürgerlichen Gesetzbuchs für die Vormerkung, das Vorkaufsrecht, die Reallast und für das Pfandrecht an Schiffen bestimmten Ausschließung des Berechtigten entsprechende Anwendung.

II In den Fällen der §§ 887, 1104, 1112 des Bürgerlichen Gesetzbuchs ist auch derjenige antragsberechtigt, welcher auf Grund eines im Range gleich- oder nachstehenden Rechts Befriedigung aus dem Grundstücke verlangen kann, sofern er für seinen Anspruch einen vollstreckbaren Schuldtitel erlangt hat. Das Aufgebot ist dem Eigentümer des Grundstücks von amtswegen mitzuteilen.

Vgl. § 1024; Art. 31 AZP.; 22, 57 AGBO.; 46, 57 ÜG.; § 524 GBDA. — Früheres Recht: § 982. — Beachtlich die Unanwendbarkeit des Aufg. nach BGB. § 1112 oder ÜG. Art. 14 ff. auf die im Grundbuch nicht eingetr. Reallasten. — Abs. 2 ist mangels

Mindestgebot auf SchiffspfandR. unanwendbar (§ 169 ZVG.); hier erlöschen durch den Zuschlag alle Pfandrechte. Ausschließg. gesetzl. SchiffspfandR.: § 1002 („Schiffsgläubiger").

§ 989. Für das Aufgebotsverfahren zum Zwecke der Ausschließung von Nachlaßgläubigern auf Grund des § 1970 des Bürgerlichen Gesetzbuchs gelten die nachfolgenden besonderen Bestimmungen.

§§ 175 ZVG.; 224, 229 KO.; 148 NachlO.; Art. 213 EVG.; Gr. 41[833] 42[683] EF. 3[181]. — Dieses A. trifft bek. u. unbek Glb.; keine landesrechtl. Erleichterg. Entspr. Anwdg. auf Gesamtgut: § 1001. — Außergerichtl. Auffordg. der Gläubiger durch Miterben: BGB. § 2061; NachlO. § 99; Bl. 64[326]. — Zu unterscheiden hiervon. die gerichtl. Auffrdg. zur Anmeldung von unbek. Erben: BGB. §§ 1965, 2358; NachlO. §§ 47, 53, 156; ÜG. Art. 36; AGP. Art. 100, 161, 215 äF.; EVG. Art. 213; S. 5[481] Bl. 8[161] 17[177].

§ 990. Zuständig ist das Amtsgericht, dem die Verrichtungen des Nachlaßgerichts obliegen. Sind diese Verrichtungen einer anderen Behörde als einem Amtsgerichte übertragen, so ist das Amtsgericht zuständig, in dessen Bezirke die Nachlaßbehörde ihren Sitz hat.

§§ 73, 194 FGG.; Art. 147 EVG.; 104 AVG.; 36 ÜG.; 1, 3 NachlG.

§ 991. I Antragsberechtigt ist jeder Erbe, sofern er nicht für die Nachlaßverbindlichkeiten unbeschränkt haftet.

II Zu dem Antrage sind auch ein Nachlaßpfleger und ein Testamentsvollstrecker berechtigt, wenn ihnen die Verwaltung des Nachlasses zusteht.

III Der Erbe und der Testamentsvollstrecker können den Antrag erst nach der Annahme der Erbschaft stellen.

Vgl §§ 305; BGB. 2015; Mot BGB. 5[644] Prot 5[749] [777] 6[737]. — Erweiterg. des Abs. 1: § 997. — Nachlaßpfleger (Abs. 2): hier auch Nachlaßverw. gemäß § 1975 (Begr. 199). — Unbeschrkt. Haftung lediglich gegenüber einzelnen Glb. hindert den Antrag nicht. — Abs. 3 erfordert nicht Inventarerrichtg.; der Nachlaßpfleger ist zeitl. nicht beschränkt.

§ 992. Dem Antrag ist ein Verzeichnis der bekannten Nachlaßgläubiger mit Angabe ihres Wohnorts beizufügen.

Instruktionell; Zweck: Ermöglichung der Zustellg. nach § 994. — Form: §§ 947, 996; Wohnort: nicht Wohnsitz.

§ 993. I Das Aufgebot soll nicht erlassen werden, wenn die Eröffnung des Nachlaßkonkurses beantragt ist.

II Durch die Eröffnung des Nachlaßkonkurses wird das Aufgebotsverfahren beendigt.

§§ 214 ff., 229 KO. — Grund: Eintritt der beschrkt. Haftung. Nachlaßverwltg. hindert das A. nicht. — Verletzung des Abs. 2: § 957.

§ 994. I Die Aufgebotsfrist soll höchstens sechs Monate betragen.

II Das Aufgebot soll den Nachlaßgläubigern, welche dem Nachlaßgericht angezeigt sind und deren Wohnort bekannt ist, von amtswegen zugestellt werden. Die Zustellung kann durch Aufgabe zur Post erfolgen.

Mindestdauer sechs Wochen: § 950. — Keine öff. Zust. an bekannte Glb. mit unbek. Aufenthalt.

§ 995. In dem Aufgebot ist den Nachlaßgläubigern, welche sich nicht melden, als Rechtsnachteil anzudrohen, daß sie, unbeschadet des Rechts, vor den Verbindlichkeiten aus Pflichtteilsrechten, Vermächtnissen und Auflagen berücksichtigt zu werden, von dem Erben nur insoweit Befriedigung verlangen können, als sich nach Befriedigung der nicht ausgeschlossenen Gläubiger noch ein Überschuß ergibt.

§§ 1973 BGB.; 219 KO. — Vgl. § 997.

§ 996. I Die Anmeldung einer Forderung hat die Angabe des Gegenstandes und des Grundes der Forderung zu enthalten. Urkundliche Beweisstücke sind in Urschrift oder in Abschrift beizufügen.

II Das Gericht hat die Einsicht der Anmeldungen Jedem zu gestatten, der ein rechtliches Interesse glaubhaft macht.

Anmeldung beim NachlaßG.; Begl. der Belegabschr. entbehrlich. — Vgl. BGB. § 2010.

§ 997. I Sind mehrere Erben vorhanden, so kommen der von einem Erben gestellte Antrag und das von ihm erwirkte Ausschlußurteil, unbeschadet der Vorschriften des Bürgerlichen Gesetzbuchs über die unbeschränkte Haftung, auch den anderen Erben zu statten. Als Rechtsnachteil ist den Nachlaßgläubigern, welche sich nicht melden, auch anzudrohen, daß jeder Erbe nach der Teilung des Nachlasses nur für den seinem Erbteil entsprechenden Teil der Verbindlichkeit haftet.

II Die Erlassung des Aufgebots mit Androhung des im Abs. 1 Satz 2 bestimmten Rechtsnachteils kann von jedem Erben auch dann beantragt werden, wenn er für die Nachlaßverbindlichkeiten unbeschränkt haftet.

§§ 2013, 2060, 2144, 2383 BGB. — Häufung der Anträge nicht ausgeschlossen. — Abs. 1 Satz 2 stellt eine Verschärfung des § 2061 mit § 1973 BGB. dar; Abs. 2 (auf NachlPfleger od. TestVollstr. nicht anwendbar) erweitert das Antragsrecht nach § 2061 BGB.

§ 998. Im Falle der Nacherbfolge findet die Vorschrift des § 997 Abs. 1 Satz 1 auf den Vorerben und den Nacherben entsprechende Anwendung.

Zweck: Abwendg. e. Wiederholung des Verf.: vgl. § 2144 BGB. Das Urteil kommt sohin dem Nacherben zu statten.

§ 999. Ist eine Ehefrau die Erbin und gehört der Nachlaß zum eingebrachten Gute oder zum Gesamtgute, so kann sowohl die Ehefrau als der Ehemann das Aufgebot beantragen, ohne daß die Zustimmung des anderen Teiles erforderlich ist. Das Gleiche gilt, wenn der Nachlaß zum Gesamtgute gehört, auch nach der Beendigung der Gemeinschaft. Der von dem einen Ehegatten gestellte Antrag und das von ihm erwirkte Ausschlußurteil kommen auch dem anderen Ehegatten zu statten.

Vgl. §§ 997; BGB. 1411, 1459, 1549, 2008; Mot. 5 69; Prot. 5 750 896 6 798; KO. 218.

§ 1000. I Hat der Erbe die Erbschaft verkauft, so kann sowohl der Käufer als der Erbe das Aufgebot beantragen. Der von dem einen Teile gestellte Antrag und das von ihm erwirkte Ausschlußurteil kommen, unbeschadet der Vorschriften des Bürgerlichen Gesetzbuchs über die unbeschränkte Haftung, auch dem anderen Teile zu statten.

II Diese Bestimmungen finden entsprechende Anwendung, wenn jemand eine durch Vertrag erworbene Erbschaft verkauft oder sich zur Veräußerung einer ihm angefallenen oder anderweit von ihm erworbenen Erbschaft in sonstiger Weise verpflichtet hat.

§§ 2371, 2383, 2385 BGB.; Mot. 2 262 Prot. 2 127 6 36; 232, 233 KC.

§ 1001. Die Bestimmungen der §§ 990—996, 999, 1000 finden im Falle der fortgesetzten Gütergemeinschaft auf das Aufgebotsverfahren zum Zwecke der nach dem § 1489 Abs. 2 und dem § 1970 des Bürgerlichen Gesetzbuchs zulässigen Ausschließung von Gesamtgutsgläubigern entsprechende Anwendung.

Nur Gesamtgutsglb. hierher; §§ 997, 998 sind auch nicht analog anwendbar. — ÜG. Art. 24.

§ 1002. I Für das Aufgebotsverfahren zum Zwecke der Ausschließung von Schiffsgläubigern auf Grund des § 765 des Handelsgesetzbuchs und des § 110 des Gesetzes, betreffend die privatrechtlichen Verhältnisse der Binnenschiffahrt, gelten die nachfolgenden besonderen Bestimmungen.

II Zuständig ist das Gericht, in dessen Bezirke sich der Heimatshafen oder der Heimatsort des Schiffes befindet.

III Unterliegt das Schiff der Eintragung in das Schiffsregister, so kann der Antrag erst nach der Eintragung der Veräußerung des Schiffes gestellt werden.

IV Der Antragsteller hat die ihm bekannten Forderungen von Schiffsgläubigern anzugeben.

V Die Aufgebotsfrist muß mindestens drei Monate betragen.

VI In dem Aufgebot ist den Schiffsgläubigern, welche sich nicht melden, als Rechtsnachteil anzudrohen, daß ihre Pfandrechte erlöschen, sofern nicht ihre Forderungen dem Antragsteller bekannt sind.

§§ 754, 475 HGB.; 100 FGG.; 102 ff., 121, 126 BinnenSchG.; Art. 31 AZP. mit § 1024; vgl. Note zu § 858. Hierher nur freiw. Schiffsveräußerg., vom Antragsteller nachzuweisen. — Schiffspfandglb.: § 988.

***§ 1003** (837). Für das Aufgebotsverfahren zum Zwecke der Kraftloserklärung einer Urkunde gelten die nachfolgenden besonderen Bestimmungen.

Reichsrechtl. Urkundenanfg.: WO. Art. 73 mit RDHG. 25 16 (Blankett; BGB. §§ 799, 808, 1162, 1192, 1195, 1199; HGB. §§ 228, 363, 365, 424, 444, 642, 682; RBankG. § 40 mit RBankStat. §§ 8, 9; RSchuldenO. §§ 16 ff.; vgl. RGBl. 04 342. —

Vollmachten: BGB § 176 mit GebG. Art. 132; Schuldscheine: BGB. § 371; Erbscheine: BGB. §§ 2361 ff.; FGG. § 84; NachlO. § 58; GebG. Art. 97; vgl. auch §§ 2368, 1517 BGB.; Eisenbahnfahrkarten: Eger, FrachtR. 3^{188} JW. 05^{426}; Postanwsg.: BPostO. § 42; Gepäckscheine: EVerkO. § 33. Bei Quittungsverlust kein Duplikat forderbar; Zahlungsbeweis nach allg. Vorschr. (ev. FeststellKl., Handelsbücheredit): Rheinschifferpatent, Schiffsattest: GVBl. $05^{170\ 186}$. — Landesrecht u. Übergang: EBG. Art. 101, 102, 169, 170, 174 bis 178; EHG Art. 25; ABG. Art. 54 ff., 125, 157, 166 XVI; ÜG. Art. 7, 8; AZP. Art. 29 bis 31; RSchuldenO. §§ 21 ff.; § 24 Vdg. v. 14. Dez. 1878 (GVBl. 484); JustVdg. § 27; SubmVed. § 29. — Früheres Recht: BundesG. v. 9. Nov. 1867, 21. Juli 1870; RG. v. 12. Mai 1873 u. 23. Febr. 1876; §§ 11, 15 EZP.; Art. 69 AZP. aF.; Ges. v. 18. März 1896 (GVBl. 171); ferner ALR. T. IV K. XIV § 11 Nr. 3 („Mortifikationsschein"): Vdg. v. 10. Okt. 1810 (RBl. 954), 17. Aug. 1813 (RBl. 1082), 12. März 1817 (RBl. 177); Ges. v. 11. Sept. 1825 (GBl. 202), 29. Juni 1851 (GBl. 25), 29. Sept. 1861 (GBl. 33); S. $1^{122\ 494}$ 3^{522} 4^{77} 5^{159} 6^{252} 15^{352} Bl. 5^{153} 20^{340} 27^{415} 30^{225} 35^{273}. — Beschädg., Verunstaltg.: § 798 BGB.; Verjährg.: § 801 BGB. — Vgl. auch die Note zu § 946, insbes. wegen der Bekanntm. durch die Verwaltungsbehörden u. der Kosten. Daneben private Verständig. des Ausstellers u. der Bankgeschäfte sachgemäß; vgl. § 437 BGB.

Ob eine Urk. (nicht bloß Wertpapier) amortisabel, bestimmt das materielle Recht. Beachtlich, daß reichsrechtl. (§ 799 BGB., vgl. jedoch § 228 HGB.) Zins-, Renten- u. Gewinnanteilscheine sowie die auf Sicht zahlb. unverzinsl. Schuldverschreibg. (Banknoten, Reichskassenscheine), ferner (§ 805 BGB.) Erneuerungsscheine (Talons; vgl. Prot. BGB 2^{552} Habicht S. 342, Art. 55 ABG., 15 Ges. v. 18. März 1896) dem A. entzogen sind u. daß Bayern von der Ermächtigung des Art. 102 EBG. für Karten, Marken usw. (§ 807 BGB.) keinen Gebrauch gemacht hat; endlich, daß das Aufg. durch die Urk. selbst ausgeschlossen sein kann (zB. Lose). — Kaufmänn. Anwsg. an Ordre sind nach HGB. §§ 363, 365 amortisabel; andere Anwsg., insbes. nach BGB. § 783, sowie überhaupt reine Rektapap. (auch die nicht an Ordre lautd. Ladescheine, Bodmereibriefe, Seeassekuranzpolizen 2c.) können nicht amortisiert werden; für sie trifft nur §§ 785, 790, 371 BGB. zu (KB. 222). Auch Anteilscheine von GmbH., Genossensch. sind als Beweispap. nicht amortisabel. — Umschreibg. auf Namen benimmt nur die Eigenschaft als Inhaber-, nicht als Wertpapier (RS. 5^{69}). — Die nachflgd. Vorschr. gelten grundsätzl. auch für Inhaberpap. auf e. andere als Geldleistg. (zB. Anteilsrecht); qual. LegPapiere: § 1023. — Ist der Drittinhaber der Urk. bekannt, so hilft §§ 985, 1007 BGB. mit einstw. Verf. (vgl jedoch Mot. BGB. 2^{407}), soweit nicht „Hand wahre Hand" entgegensteht. — Bei Anwdg. der wenig übersichtl. landesgesetzl. u. Übergangsvorschr. ist insbes. der Unterschied zw. Inhaber- u. Namenpap., öffentl. u. Privatoblig., ferner der Zeitpkt. der Ausstellung bezw. Ausgabe, der Fälligkeit sowie der etwaigen Umschrbg. auf Namen, endlich der Anhängk. des Aufg. beachtlich (vgl. Art. 54 ABG., 7, 8 ÜG., JMBl. 99^{455}). Hervorzuheben ist auch die Rückwirkg. für altrechtl. Inhaberpap. (exkl. Koupons) nach Art. 174 EBG., 8 ÜG. Seit dem 1. Jan. 1900 auf Namen ausgestellte Staatsoblig. sind nicht amortisierbar (vgl. § 371 BGB.). Einzelh. bei Adelmann, Kraftloserklärung (1904).

***§ 1004** (838). I Bei Papieren, welche auf den Inhaber lauten oder welche durch Indossament übertragen werden können und mit einem Blankoindossamente versehen sind, ist der bisherige Inhaber des abhanden gekommenen oder vernichteten Papiers berechtigt, das Aufgebotsverfahren zu beantragen.

II Bei anderen Urkunden ist derjenige zu dem Antrage berechtigt, welcher das Recht aus der Urkunde geltend machen kann.

Vgl. § 799 BGB.

Abs. 1. Vernichtg.: auch Tintenflecke, Zerreißen aus Irrtum; nicht Papierbruch durch Umlauf (ROHG. 5²⁴⁷). — Eigentum, Rechtsgrund der Inhabg. hier belanglos (zB. Dieb, Finder): Besitzdiener nicht hierher. Auch der Schld. als letzter Inhaber ist antragsber., zB. wegen Rechngsstellg., Löschg. (vgl. BGB. § 797). Einwillig. des Ehemanns: E. 50²¹². — **Abs. 2.** ZB. Wechsel mit Vollgiro, Anteilpapiere auf Namen. Die Antragsrechte können hier konkurrieren (zB. Pfand): RNachf. in das Antragsrecht möglich.

***§ 1005** (839). I Für das Aufgebotsverfahren ist das Gericht des Orts zuständig, welchen die Urkunde als den Erfüllungsort bezeichnet. Enthält die Urkunde eine solche Bezeichnung nicht, so ist das Gericht zuständig, bei welchem der Aussteller seinen allgemeinen Gerichtsstand hat, und in Ermangelung eines solchen Gerichts dasjenige, bei welchem der Aussteller zur Zeit der Ausstellung seinen allgemeinen Gerichtsstand gehabt hat.

II Ist die Urkunde über ein im Grundbuch eingetragenes Recht ausgestellt, so ist das Gericht der belegenen Sache ausschließlich zuständig.

Vgl. §§ 24, 29, 36 (E. 15³⁶⁸ RL. 2⁴²⁵), 603, 1006.

Abs. 1. Mehrere EO. gelten wahlweise; ausld. ausschl. EO. benimmt die inld. Zustdk. — Indirekte Bezeichn. des EO. genügt (gem. M.). — Zeitpkt. des Antrags maßgebend. — **Abs. 2.** ZB. HypBrief.

***§ 1006.** I Die Erledigung der Anträge auf Erlassung des Aufgebots zum Zwecke der Kraftloserklärung eines auf den Inhaber lautenden Papiers kann von der Landesjustizverwaltung für mehrere Amtsgerichtsbezirke einem Amtsgericht übertragen werden. Auf Verlangen des Antragstellers erfolgt die Erledigung durch das nach § 1005 zuständige Gericht.

II Wird das Aufgebot durch ein anderes als das nach § 1005 zuständige Gericht erlassen, so ist das Aufgebot auch durch Anheftung an die Gerichtstafel des letzteren Gerichts öffentlich bekannt zu machen.

III Unberührt bleiben die landesgesetzlichen Vorschriften, durch welche für das Aufgebotsverfahren zum Zwecke der Kraftloserklärung von Schuldverschreibungen auf den Inhaber, die ein Bundesstaat oder eine ihm angehörende Körperschaft, Stiftung oder Anstalt des öffentlichen Rechts ausgestellt oder für deren Bezahlung ein Bundesstaat die Haftung übernommen hat, ein bestimmtes Amtsgericht für ausschließlich zuständig erklärt wird.

RBankStat. § 8; RSchuldenO. § 17; Art. 29 ff. AZP.; 166 XVI ABG. (allg. GStd. der Staatsschuldentilgungsanstalt bezw. der betr. Korperschaft); vgl. §§ 17, 18, 972. —

Orderpap. nicht hierher; qualif. LegPap.: § 1023; HypBriefe: § 1024. — Anordnung nach Abs. 1 ist in Bayern nicht ergangen.

***§ 1007** (840). Der Antragsteller hat zur Begründung des Antrags:

1. entweder eine Abschrift der Urkunde beizubringen, oder den wesentlichen Inhalt der Urkunde und alles anzugeben, was zur vollständigen Erkennbarkeit derselben erforderlich ist;
2. den Verlust der Urkunde sowie diejenigen Tatsachen glaubhaft zu machen, von welchen seine Berechtigung abhängt, das Aufgebotsverfahren zu beantragen;
3. sich zur Versicherung der Wahrheit seiner Angaben an Eidesstatt zu erbieten.

Vgl. daneben auch § 947. — Klagbare Pflicht des Ausstellers zur Auskunft u. Zeugniserteilg.: §§ 799 BGB., 228 HGB.; vgl. §§ 8 RBankStat.; 16 ff. RSchuldenO., ferner §§ 1010 ff. (Koupons). — Zulassungsfolgen, insbes. Leistung gg. Kaution: §§ 365, 367 HGB.; Art. 73 WO.; Verjährungsunterbrechg. nur durch Zahlungssperre: §§ 1019 ff.

Nr. 1. ZB. Formular, Statut, Schlußnote, Emissionsplan; Begl. entbehrlich. Angabe des Ausstellers, Erfüllgsorts: § 1005; bei Oblig. auch Serie, Nr. — **Nr. 2.** Jedenfalls Zeit der Entdeckung. — **Nr. 3** gilt neben Nr. 2; wirkl. Abnahme liegt im richterl. Ermessen.

§ 1008 (841). In dem Aufgebot ist der Inhaber der Urkunde aufzufordern, spätestens im Aufgebotstermine seine Rechte bei dem Gericht anzumelden und die Urkunde vorzulegen. Als Rechtsnachteil ist anzudrohen, daß die Kraftloserklärung der Urkunde erfolgen werde.

Sonstiger Inhalt: § 947 (nicht 1018). — Gewährschaft: § 437 BGB. — Wirkung: §§ 1016 bis 1018.

Anmeldg. ohne Vorlage der Urk. genügt nicht zur Erledig.; vgl. § 1016. Anmelden kann auch jemand, der selbst die Urk verloren hat; dann mangels Einigung Verwsg. zum ordentl. Proz.

***§ 1009** (842). I Die öffentliche Bekanntmachung des Aufgebots erfolgt durch Anheftung an die Gerichtstafel und in dem Lokale der Börse, wenn eine solche am Sitze des Aufgebotsgerichts besteht, sowie durch dreimalige Einrückung in die in § 204 Abs. 2 bezeichneten Blätter.

II Das Gericht kann anordnen, daß die Einrückung noch in andere Blätter und zu mehreren Malen erfolge.

III Betrifft das Aufgebot ein auf den Inhaber lautendes Papier und ist in der Urkunde vermerkt oder in den Bestimmungen, unter denen die erforderliche staatliche Genehmigung erteilt worden ist, vorgeschrieben, daß die öffentliche Bekanntmachung durch bestimmte andere Blätter zu erfolgen habe, so muß die Bekanntmachung auch durch Einrückung in diese Blätter erfolgen. Das Gleiche gilt bei Schuldverschreibungen, die von einem Bundesstaat ausgegeben sind, wenn die öffentliche Bekanntmachung durch bestimmte Blätter landesgesetzlich vorgeschrieben ist.

Abs. 1. Anheftgsdauer: bis z. Aufgebotstermin. — Einrückg.: des ganzen Aufg.: auch im RAnz. dreimal. — Börse: RG. v. 22. Juni 1896 (RGBl. 157). — Abs. 3. Bestimmt: ausdrückl. (E. 11[371]). Anordg. auf qualif. LegPap.: § 1023; landesrechtl. Ausnahme: §§ 1023, 1024; Art. 30 AZP.: vgl. §§ 18, 19, 21 ff. RSchuldO.; 8 RBankStat. — Mittlg. an Staatsschuldentilggsanstalt: JMBl. 96[113]; Aufgebotsurteil: § 1017; Erledig.: § 1023.

***§ 1010** (843). I Bei Wertpapieren, für welche von Zeit zu Zeit Zins-, Renten- oder Gewinnanteilscheine ausgegeben werden, ist der Aufgebotstermin so zu bestimmen, daß bis zu demselben der erste einer seit der Zeit des glaubhaft gemachten Verlustes ausgegebenen Reihe von Zins-, Renten- oder Gewinnanteilscheinen fällig geworden ist und seit der Fälligkeit desselben sechs Monate abgelaufen sind.

II Vor Erlassung des Ausschlußurteils hat der Antragsteller ein nach Ablauf dieser sechsmonatigen Frist ausgestelltes Zeugnis der betreffenden Behörde, Kasse oder Anstalt beizubringen, daß die Urkunde seit der Zeit des glaubhaft gemachten Verlustes ihr zur Ausgabe neuer Scheine nicht vorgelegt sei und daß die neuen Scheine an einen anderen als den Antragsteller nicht ausgegeben seien.

Vorausgesetzt ist hier Verlust des Mantels samt Koupons u. Zinsbogen auf höchstens vier Jahre; längere Zinsbogen: § 1011; Mantelverlust allein: § 1012. — Zeugnis (§ 799 BGB.) kein Erfordernis der Einleitg. — Zweck: Ausfindigmachg. des jetzigen Inhabers bei Abholg. neuer Zinsscheine. — Unanwendbar nach §§ 1021, 1023, 1024; Art. 54 ABG., 7 ÜG. — Zahlungssperre: §§ 1019 ff.

***§ 1011** (844). I Bei Wertpapieren, für welche Zins-, Renten- oder Gewinnanteilscheine zuletzt für einen längeren Zeitraum als vier Jahre ausgegeben sind, genügt es, wenn der Aufgebotstermin so bestimmt wird, daß bis zu demselben seit der Zeit des glaubhaft gemachten Verlustes von den zuletzt ausgegebenen Scheinen solche für vier Jahre fällig geworden und seit der Fälligkeit des letzten derselben sechs Monate abgelaufen sind. Scheine für Zeitabschnitte, für welche keine Zinsen, Renten oder Gewinnanteile gezahlt werden, kommen nicht in Betracht.

II Vor Erlassung des Ausschlußurteils hat der Antragsteller ein nach Ablauf dieser sechsmonatigen Frist ausgestelltes Zeugnis der betreffenden Behörde, Kasse oder Anstalt beizubringen, daß die für die bezeichneten vier Jahre und später etwa fällig gewordenen Scheine ihr von einem anderen als dem Antragsteller nicht vorgelegt seien. Hat in der Zeit seit dem Erlasse des Aufgebots eine Ausgabe neuer Scheine stattgefunden, so muß das Zeugnis auch die im § 1010 Abs. 2 bezeichneten Angaben enthalten.

Erleichternde Ausnahmen von § 1010 für längere als vierjährige Zinsbogen: vgl. die Note zu 1010. — Abs. 1 Satz 2 trifft auch planwidrige Zinseinstellg.

§ 1012. Die Vorschriften der §§ 1010, 1011 finden insoweit keine Anwendung, als die Zins-, Renten- oder Gewinnanteilscheine, deren Fälligkeit nach diesen Vorschriften eingetreten sein muß, von dem Antragsteller vorgelegt werden. Der Vorlegung der Scheine steht es gleich, wenn das Zeugnis der betreffenden Behörde, Kasse oder Anstalt beigebracht wird, daß die fällig gewordenen Scheine ihr von dem Antragsteller vorgelegt worden seien.

Ausnahme von 1010, 1011; Zweck: Beschleunig. bei Verlust gesondert verwahrter Mäntel. — Vorlegung (Satz 2): auch Einlösung. — Vgl. im übrigen die Note zu §§ 1010, 1013.

*__§ 1013__ (845). Bei Wertpapieren, für welche Zins-, Renten- oder Gewinnanteilscheine ausgegeben sind, aber nicht mehr ausgegeben werden, ist, wenn nicht die Voraussetzungen der §§ 1010, 1011 vorhanden sind, der Aufgebotstermin so zu bestimmen, daß bis zu demselben seit der Fälligkeit des letzten ausgegebenen Scheines sechs Monate abgelaufen sind.

Beispiele: Kündig., Verlosg., nachdem bei der Urk. Zinsscheine auf vier Jahre nicht mehr vorhanden sind: Gegensatz fixer urkundl. Verfalltag (§ 1014). — Bestr., ob auch § 1012 vorgeht: wichtig wegen Termin. — Vgl. die Note zu § 1010: Zeugnisbeibring. bestr.

*__§ 1014__ (846). Ist in einer Schuldurkunde eine Verfallzeit angegeben, welche zur Zeit der ersten Einrückung des Aufgebots in den Deutschen Reichsanzeiger noch nicht eingetreten ist, und sind die Voraussetzungen der §§ 1010—1013 nicht vorhanden, so ist der Aufgebotstermin so zu bestimmen, daß seit dem Verfalltage sechs Monate abgelaufen sind.

Hierher Schuldurkunden aller Art (insbes. kaufm. Anwsg., aber nicht Pap. mit Zinsscheinen oder Fälligkeit kraft Kündig. oder Verlosg. Vgl. im übrigen Note zu § 1010.

*__§ 1015__ (847). Die Aufgebotsfrist muß mindestens sechs Monate betragen. Der Aufgebotstermin darf nicht über ein Jahr hinaus bestimmt werden; solange ein so naher Termin nicht bestimmt werden kann, ist das Aufgebot nicht zulässig.

Gilt für alle Fälle des § 1003; Ausnahmen: §§ 1023, 1024; Folge der Verletzung: § 957. — Zweck von Satz 2: Vermeidung gutglbg. Erwerbs wegen Unkenntnis der allzu lange vorher erfolgten Ausschreibg: Abhilfe: Zahlungssperre nach § 1020; Bekanntm. nach Art. 90 AGB. — Bestr., ob das Jahr von der Terminsbestimmung oder der ersten Ausschrbg ab zu rechnen; letzteres richtiger (Bayer. Ges. v. 18. März 1896 Art. 6).

§ 1016. Meldet der Inhaber der Urkunde vor dem Aufgebotstermine seine Rechte unter Vorlegung der Urkunde an, so hat das Gericht den Antragsteller hiervon zu benachrichtigen und ihm die Einsicht der Urkunde innerhalb einer zu bestimmenden Frist zu gestatten. Auf Antrag des Inhabers der Urkunde ist zur Vorlegung derselben ein Termin zu bestimmen.

Bei Satz 2 behält der Anmeldende das Papier; Fortdauer der Zahlungssperre: § 1022. — Entspr. Anwdg. im Falle des § 953 Abs. 2 bestr. — Anerkennung der vorgelegten Urk. erledigt nur das Aufg.; Herausgabestreit bleibt möglich.

***§ 1017** (848). I In dem Ausschlußurteil ist die Urkunde für kraftlos zu erklären.

II Das Ausschlußurteil ist seinem wesentlichen Inhalte nach durch den Deutschen Reichsanzeiger bekannt zu machen. Die Vorschriften des § 1009 Abs. 3 finden entsprechende Anwendung.

III In gleicher Weise hat nach eingetretener Rechtskraft die Bekanntmachung des auf die Anfechtungsklage ergangenen Urteils, soweit dadurch die Kraftloserklärung aufgehoben wird, zu erfolgen.

Vgl. § 952; falls eine Anmeldg. erfolgt, ist nach §§ 953, 1016 zu verfahren. — Landesrechtl. Erleichterg.: §§ 1023, 1024. — Kosten: § 308.

§ 1018 (850). I Derjenige, welcher das Ausschlußurteil erwirkt hat, ist dem durch die Urkunde Verpflichteten gegenüber berechtigt, die Rechte aus der Urkunde geltend zu machen.

II Wird das Ausschlußurteil infolge einer Anfechtungsklage aufgehoben, so bleiben die auf Grund des Urteils von dem Verpflichteten bewirkten Leistungen auch Dritten, insbesondere dem Anfechtungskläger, gegenüber wirksam, es sei denn, daß der Verpflichtete zur Zeit der Leistung die Aufhebung des Ausschlußurteils gekannt hat.

Sonstige Wirkungen (zB. neue Urk.): §§ 407, 800 BGB.; 228 HGB.; 67 GBO.; 21 RSchuldenO.; 8 RBankStat.; Art. 174 EGBG.; 51 ABG.; Koupons u. Talons: § 1003 Note. — Das Ausschlußu. ersetzt den Besitz der Urk.; Wechselregreß auf Grund des Ausschlußu. zulässig, E. 49 152. Rechte Dritter an der Urk. (zB. Nießbrauch), frühere Einr. des Schld. bleiben unberührt. Sicherung des Anspruchs gegen letzteren: Mot. 2 709. — Kautionsfreigabe nicht nach § 109.

§ 1019. I Bezweckt das Aufgebotsverfahren die Kraftloserklärung eines auf den Inhaber lautenden Papiers, so hat das Gericht auf Antrag an den Aussteller sowie an die in dem Papier und die von dem Antragsteller bezeichneten Zahlstellen das Verbot zu erlassen, an den Inhaber des Papiers eine Leistung zu bewirken, insbesondere neue Zins-, Renten- oder Gewinnanteilscheine oder einen Erneuerungsschein auszugeben (Zahlungssperre); mit dem Verbot ist die Benachrichtigung von der Einleitung des Aufgebotsverfahrens zu verbinden. Das Verbot ist in gleicher Weise wie das Aufgebot öffentlich bekannt zu machen.

II Das an den Aussteller erlassene Verbot ist auch den Zahlstellen gegenüber wirksam, welche nicht in dem Papiere bezeichnet sind.

III Die Einlösung der vor dem Verbot ausgegebenen Zins-, Renten- oder Gewinnanteilscheine wird von dem Verbote nicht betroffen.

Unselbstdg. Zahlungssperre (nur auf Antrag) im Gegensatz zur selbstdg. Sperre nach § 1020. — §§ 799, 802 BGB.: 228 HGB.: Art. 73 WO.: 102, 174, 178 EBG.: 8 ÜG.; Zustellung: § 329; gegen Abwsg. einf. Beschw. (Prot. 6[748]). Öff. Bekanntm: § 1009. — Verbotswidrige Leistung: §§ 135, 136 BGB. — Qualif. Legitim.-Pap.: § 1023. — Früheres Recht: § 15 EZP.: Art. 3 ff. Ges. v. 18. März 1896. — Kosten: §§ 44 GKG.; 40 RAGO.

§ 1020. Ist die sofortige Einleitung des Aufgebotsverfahrens nach § 1015 Satz 2 unzulässig, so hat das Gericht die Zahlungssperre auf Antrag schon vor der Einleitung des Verfahrens zu verfügen, sofern die übrigen Erfordernisse für die Einleitung vorhanden sind. Auf den Antrag finden die Vorschriften des § 947 Abs. 1 Anwendung. Das Verbot ist nach Maßgabe des § 948 öffentlich bekannt zu machen.

Selbstdg. Zahlungssperre: vgl. die Note zu § 1019. — Unanwendbar bei sonstigen Hindernissen des Aufgebots.

§ 1021. Wird die Zahlungssperre angeordnet, bevor seit der Zeit des glaubhaft gemachten Verlustes Zins-, Renten- oder Gewinnanteilscheine ausgegeben worden sind, so ist die Beibringung des im § 1010 Abs. 2 vorgeschriebenen Zeugnisses nicht erforderlich.

Grund: Der Inhaber des Papiers erhält ohne dessen Vorlage keine Zinsscheine: Nichtabholung letzterer macht ihn verdächtig. — Der Aufgebotstermin wird ohne Rücksicht auf diese Folge der Zahlungssperre bestimmt (Begr. 204): Emissionsplan maßgebend.

§ 1022. I Wird das in Verlust gekommene Papier dem Gerichte vorgelegt oder wird das Aufgebotsverfahren in anderer Weise ohne Erlassung eines Ausschlußurteils erledigt, so ist die Zahlungssperre von amtswegen aufzuheben. Das Gleiche gilt, wenn die Zahlungssperre vor der Einleitung des Aufgebotsverfahrens angeordnet worden ist und die Einleitung nicht binnen sechs Monaten nach der Beseitigung des ihr entgegenstehenden Hindernisses beantragt wird. Ist das Aufgebot oder die Zahlungssperre öffentlich bekannt gemacht worden, so ist die Erledigung des Verfahrens oder die Aufhebung der Zahlungssperre von amtswegen durch den Deutschen Reichsanzeiger bekannt zu machen.

II Im Falle der Vorlegung des Papiers ist die Zahlungssperre erst aufzuheben, nachdem dem Antragsteller die Einsicht nach Maßgabe des § 1016 gestattet worden ist.

III Gegen den Beschluß, durch welchen die Zahlungssperre aufgehoben wird, findet sofortige Beschwerde statt.

Vgl. § 1016. — Sonstige Erledigung: zB. Rücknahme, Nichterscheinen u. Unterlassung des Weiterbetriebs, rkr. Abwsg. — Die Aufhbg. erfolgt gebührenfrei: gegen Ablehng. einf. Beschw. Kein Wiederaufleben im Falle des § 1018 Abs. 2. — Qualif. Legitim P.: § 1023.

§ 1023. Bezweckt das Aufgebotsverfahren die Kraftloserklärung einer Urkunde der im § 808 des Bürgerlichen Gesetzbuchs bezeichneten Art, so finden die Vorschriften des § 1006, des § 1009 Abs. 3, des § 1017 Abs. 2 Satz 2 und der §§ 1019 bis 1022 entsprechende Anwendung. Die Landesgesetze können über die Veröffentlichung des Aufgebots und der im § 1017 Abs. 2, 3 und in den §§ 1019, 1020, 1022 vorgeschriebenen Bekanntmachungen sowie über die Aufgebotsfrist abweichende Vorschriften erlassen.

Art. 99, 102, 177, 178 EBG.: 30 AZP.: 111 ff. ABG. — Namenpapiere, Umschreibung auf Namen, Beweisurk., Karten u. Marken: Note zu § 1003 — Kosten: § 947.

Qualif. LegPap. (auf Namen, aber an jeden Inhaber zahlbar); zB. Sparkassebücher, Pfandzettel, Depotscheine, Versichergspolizen, u. U. auch Schecks (vgl. Denkschr. z. HGB 205), Zollniederlagescheine; vgl. § 821. — Satz 1 macht neben den ohnehin geltenden Vorschr. über Urkundenaufg. einige Vorschr. über Inhaberpap. anwendbar, insbes. Zahlungssperre. Art. 30 AZP. beseitigt die Ausschreibg. im RAnz., die dritte Ausschreibg. im Amtsblatt sowie den Börsenanschlag u. setzt die Aufgebotsfrist auf drei (statt sechs) Monate herab. Für derartige Pap. mit Zins- oder Rentenscheinen sowie für Versichergspolizen gilt nur die ZPO. — Sparurkd. können billiger u. rascher durch das wahlweise statthafte Verf. nach Art. 111 ff. ABG. amortisiert werden.

§ 1024. [I] Bei Aufgeboten, welche auf Grund der §§ 887, 927, 1104, 1112, 1162, 1170, 1171, 1269 des Bürgerlichen Gesetzbuchs sowie auf Grund des § 765 des Handelsgesetzbuchs und des § 110 des Gesetzes, betreffend die privatrechtlichen Verhältnisse der Binnenschiffahrt, ergehen, können die Landesgesetze die Art der Veröffentlichung des Aufgebots und des Ausschlußurteils sowie die Aufgebotsfrist anders bestimmen als in den §§ 948, 950, 956 vorgeschrieben ist.

[II] Bei Aufgeboten, welche auf Grund des § 1162 des Bürgerlichen Gesetzbuchs ergehen, können die Landesgesetze die Art der Veröffentlichung des Aufgebots, des Ausschlußurteils und des im § 1017 Abs. 3 bezeichneten Urteils sowie die Aufgebotsfrist auch anders bestimmen, als in den §§ 1009, 1014, 1015, 1017 vorgeschrieben ist.

Abs. 1. Vgl. §§ 977 (Grundstückseigent.), 982 (Hyp.-, Grundschuld-, Rentenschuldglb.), 988 (Vormerkg., VorkaufsR., Reallast, SchiffspfandR.), 1002 (Schiffsglb.). — Zu Abs. 2 vgl. §§ 135, 136 ZVG.: 42, 67 GBO.; Art. 33 AGB.; § 497 GBDA. — Landesrecht: Art. 30, 31 AZP. — Kosten: § 947.

Das AZP. trifft in Art. 31 für sämtl. in Abs. 1 aufgeführte Immobiliaraufg. (sie nach der ZPO. bezeichnend) Erleichterg. durch Wegfall der Ausschrbg. im RAnz. sowie der wiederholten Ausschrbg. im Amtsblatt; die sechswöchentl. Aufgebotsfrist selbst ist unverändert gelassen. Auch die Ausschrbg. des Ausschlußll. erfolgt nur fakult. im Amtsbl. — Für die (in Abs. 1 nur versehentl. mitangeführten) Hypotheken-, Grundschuld- u. Rentenbriefe ist durch Art. 30 AZP. ebenfalls die Ausschrbg. im RAnz., die dritte Ausschrbg. im Amtsblatt u. der Börsenanschlag beseitigt, ferner die Aufgebotsfrist auf drei (statt sechs) Monate herabgesetzt. Das A. von Grund- u. Rentenschuldbriefen auf d. Inh. bemißt sich ausschließl. nach ZPO. §§ 1003 ff.: HypBriefe a. d. Inh. gibt es nicht. Der Schuldbrief wird nicht mitamortisiert. Kraftlosigkeit des Hyp.-Briefs mit Ausschluß des unbek. Glb.: §§ 982; BGB. 1170, 1171. Kein Aufg. des altrechtl. HypBriefs (vgl. Note zu §§ 982, 1003).

Zehntes Buch.

Schiedsrichterliches Verfahren.

§ 1025 (851). Die Vereinbarung, daß die Entscheidung einer Rechtsstreitigkeit durch einen oder mehrere Schiedsrichter erfolgen solle, hat insoweit rechtliche Wirkung, als die Parteien berechtigt sind, über den Gegenstand des Streits einen Vergleich zu schließen.

Zulässigkeit des Vgl.: §§ 296, 6.7 (RO. 6[66]); Vollmacht: § 81; prozeßh. Einr.: § 274; Verjährg.: §§ 220, 941 BGB. — Anwendbar auf KO. § 146 Abs. 3 (nicht Abs. 2, E. 37[40]); unanwendbar auf Staats-(zB. Zoll-)Verträge, Strafs., Verwaltgsrechtss. (vgl. zB. Art. 11, 16 BHGG. mit BGH. 18[246]); §§ 6, 26, 71 ff. GewGG. (Schiedsspr. des Einigungsamts sind nicht vollstreckbar, ZR. 05[46]); 6, 17 KfmG.: 81 b ff. GewO.: 103 ff. InvVG.: 3 ff. UnfVAG.; letztw. Verf., statut. SchiedsG.: § 1048; vgl. SubmBed. § 45. — Alt. Recht: Art. 12 ff. AZP.; § 18 EZP. mit E. 15[358] S. 10[167]. — Kosten: §§ 26, 28, 34, 39 GKG.: 20, 22, 91 RAGO.

Arreste, einstw. Verf., e. Anordng. gehören vor das Staatsgericht, E. 30[319] 31[370]; wegen Einwdg. gg. e. vollstr. Urk. vgl. E. 11[285]; bei Unteilbarkeit des Anspr. bleibt das StaatsG. zuständig, SA. 42[93]. Vereinbarg. von SchGInstanzen zulässig, auch mit vorl. Vollstreckb. des Schiedsspr., E. 17[435] 29[387]. Ausschließl. Zustdk., Rechtshgk. stehen dem SchVertrag nicht entgegen; bei SonderG. nur, soweit ZPO. gilt (§ 3 EZP.). Bindg. des RNachf., KonkVerw.: E. 56[182] Gr. 41[1202]; vgl. E. 56[327] (nicht Test.-Vollstr.). — Wegen Hinfälligkeit des akzess. SchVertrags zufolge Nichtigkeit des Hauptgeschäfts vgl. E. 36[422] (Differenzgesch.) 52[25] 58[152]. — Kein SchVertrag, aber gleichwohl für das StaatsG. bindend ist die Abmachg., es solle nur e. in bestimmter außergerichtl. Form festgestellter Betrag geschuldet sein, E. 20[402] 45[351]; zB. Invalidität, Sachwert bei Versicherg., Lieferbarkeit e. Ware (RO. 9[274]); mangels Vorlage der Feststellg. erfolgt Abwsg. Leistgsbestimmung: §§ 315 ff. BGB.; kein Ausschluß des Gerichts- und Schiedsverf. (S. 9[291] 11[231] E. 37[427]). Unterschied zw. solchen Schätzmännern u. SchRichtern: E. 29[319] JW. 06[573] RS. 6[381] RO 13[245]. Auslegung e. zweifelh. Schiedsklausel: Bl. 70[500]; unbillige Schätzg.: E. 6[193].

§ 1026 (852). Ein Schiedsvertrag über künftige Rechtsstreitigkeiten hat keine rechtliche Wirkung, wenn er nicht auf ein bestimmtes Rechtsverhältnis und die aus demselben entspringenden Rechtsstreitigkeiten sich bezieht.

Vgl. §§ 40; UrhRG. 49; BörsenG. 28. — RVerhlt.: auch Deliktsanspr.; entspringend: auch Rücktritt (Gr. 27[1053]). Geltendmchg. der Unwirksamkeit: § 1037; daneben Feststellgskl.

§ 1027 (853). Ist nach den Bestimmungen des bürgerlichen Rechts ein mündlich geschlossener Schiedsvertrag gültig, so kann jede Partei die Errichtung einer schriftlichen Urkunde über den Vertrag verlangen.

Nach BGB. formlos (Mot. 2[657]; vgl. aber RG. 9[285]), außer Vereinbarg. der Zustdk.: § 1045; PrVG. §§ 1, 9; vgl. SubmVd. § 15. — Kosten: Art. 170 GebG.; 20 NotGebO. — Vollzug: § 888, nicht 894. — Alt. Recht: Schriftform (Art. 12 AZP.); Ausnahme in Handelss.: Art. 317 HGB.; Spezialvollmacht: Art. 13 AZP.; Nebenabreden: S. 7[938]. Übergang: Art. 170 EBG. mit Mot. 255; Gerichtsverf. nach ZPO.; vgl. § 1025; Art. IX EAZP.

§ 1028 (854). Ist in dem Schiedsvertrag eine Bestimmung über die Ernennung der Schiedsrichter nicht enthalten, so wird von jeder Partei ein Schiedsrichter ernannt.

§§ 6 GewGG.; 6 KfmG.; 21 KonsGG.; 45 SubmVd. — Übernahme durch Beamte (Anzeige): Vdg. v. 10. März 1868 (RBl. 449); vgl. GeschO. des ReichsG. § 14. — Funktionspflicht: § 1033; Haftung: §§ 839, 276 BGB.; Belohnung: §§ 675, 427 BGB.; RO. 10[177]; früher Art. 14 AZP. auf Auslagen nicht ausdehnbar.

Zu unterscheiden: Ernennungsweise, Anzahl, namentl. Bezeichng. — Allg. Angabe e. Dritternennenden genügt; solchenfalls keine Beschrkg. auf zwei SchRichter, S. 26[376]; Ernennung durch e. Behörde oder Korporation vereinbar (Privatsache), S. 13[407] 53[1] RO. 13[247]. — Ein Obmann ist gesetzl. nicht vorgeschrieben, aber kraft Vertrags zulässig (S. 29[390] JW. 05[90] RO. 9[80]); ebenso e. einziger SchRichter oder Ernennung nur durch e. Partei allein oder beide gemeinsam, S. 33[265].

§ 1029 (855). I Steht beiden Parteien die Ernennung von Schiedsrichtern zu, so hat die betreibende Partei dem Gegner den Schiedsrichter schriftlich mit der Aufforderung zu bezeichnen, binnen einer einwöchigen Frist seinerseits ein Gleiches zu tun.

II Nach fruchtlosem Ablaufe der Frist wird auf Antrag der betreibenden Partei der Schiedsrichter von dem zuständigen Gericht ernannt.

Auffrdg. formlos; Zustellg. rätlich; verspätete Ernennung nur mit Einwillig. des Gegners, S. 45[782]. Gemeins. Ernennung: S. 33[265]. — Kein Rücktritt nach § 326 BGB: R. 06[627]. — Verf. nach Abs. 2: § 1045; an e. Personalvorschlag ist das Gericht nicht gebunden; vgl. S. 47[401]. Beschw. wegen ungeeigneter Auswahl: SA. 51[79]. Nachprüfg. des SchVertrags: RO. 13[248].

§ 1030 (856). Eine Partei ist an die durch sie erfolgte Ernennung eines Schiedsrichters dem Gegner gegenüber gebunden, sobald derselbe die Anzeige von der Ernennung erhalten hat.

Gilt für Ernennungen jeder Art. — Vgl. BGB. §§ 130 ff.

§ 1031 (857). Wenn ein nicht in dem Schiedsvertrag ernannter Schiedsrichter stirbt oder aus einem anderen Grunde wegfällt oder die Übernahme oder die Ausführung des Schiedsrichteramts verweigert, so hat die Partei, welche ihn ernannt hat, auf Aufforderung des Gegners binnen einer einwöchigen Frist einen anderen Schiedsrichter zu bestellen. Nach fruchtlosem Ablaufe der Frist wird auf Antrag der betreibenden Partei der Schiedsrichter von dem zuständigen Gericht ernannt.

Ersatzverf.: § 1045. Gilt auch bei grundloser Weigerg. (E. 18[369]) oder beim Wegfall e. gerichtl. ernannten SchRichters (JW. 88[17]) zB. durch Ablehnung (JW. 03[382]); dolose Kollusion: JW. 99[165]. Obmann: JW. 98[358]. — Wegfall e. im SchVertrag selbst Ernannten: § 1033.

§ 1032 (858). I Ein Schiedsrichter kann aus denselben Gründen und unter denselben Voraussetzungen abgelehnt werden, welche zur Ablehnung eines Richters berechtigen.

II Die Ablehnung kann außerdem erfolgen, wenn ein nicht in dem Schiedsvertrag ernannter Schiedsrichter die Erfüllung seiner Pflichten ungebührlich verzögert.

III Frauen, Minderjährige, Taube, Stumme und Personen, welchen die bürgerlichen Ehrenrechte aberkannt sind, können abgelehnt werden.

Ablehnungsgründe: §§ 42, 41; StGB. § 32 (kein amtl. Verzeichnis); Verlust des AblR.: E. 44[391]. — Verfahren: § 1045; vgl. §§ 1041, 1042. — Folgen wirks. Ablehnung: §§ 1031, 1033, 1037. — Verzögerg. durch e. im SchV. ernannten SchR.: § 1033.

Die Partei selbst oder deren ges. V., zB. Vereinsvorstand kann begriffsmäßig nicht SchRichter sein (E. 29[319] 53[387]), wohl aber e. anderes Vereinsmitglied (E. 51[393]), Generalversammlung (E. 55[326]), Behörde (E. 13[407]), jur. Person (E. 59[247]). Fiskalsachen: SA. 34[34] SubmBd. § 45. — Sonstige gesetzl. Ausschlußgründe bestehen nicht (E. 51[393]); namentl. Ausschluß durch den SchVertrag zulässig. — Bestr., ob e. Partei den von ihr selbst be- oder ernannten SchRichter nachträgl. ablehnen kann (JW 96[283] 04[495]). — Ausländer sind zulässig (E. 30[368]); Chikane hierbei: SA. 58[46]. — § 41 Nr. 6 ist nicht anwendbar, RO. 13[248].

§ 1033 (859). Der Schiedsvertrag tritt außer Kraft, sofern nicht für den betreffenden Fall durch eine Vereinbarung der Parteien Vorsorge getroffen ist:

1. wenn bestimmte Personen in dem Vertrage zu Schiedsrichtern ernannt sind und ein Schiedsrichter stirbt oder aus einem anderen Grunde wegfällt oder die Übernahme des Schiedsrichteramts verweigert oder von dem mit ihm geschlossenen Vertrage zurücktritt oder die Erfüllung seiner Pflichten ungebührlich verzögert;
2. wenn die Schiedsrichter den Parteien anzeigen, daß unter ihnen Stimmengleichheit sich ergeben habe.

Vgl. auch §§ 1031, 1038 und wegen Nichtigkeit § 1025; weitere Fälle der Erledigung: §§ 1041, 1042. — SubmBd. § 45.

Hierher Unterschriftsverweig. (E. 18[369] 37[414]), sogar nach Abstimmung, vor Zustellg.; Nichteinig. über den nach SchVertrag zu wählenden Obmann (SA. 42[30]); Weig. e. Dritten SchR. zu ernennen (RO. 13[247] aM. JW. 97[400]). — Funktionspflicht des SchRichters bemißt sich nach seinem Vertrag mit der Partei (BGB. §§ 668, 631), E. 41[252]. Übernahme verpflichtet auch gegenüber der anderen Partei; Funktionsklage: E. 59[247];

Honorar: § 1028. — Erlöschen des SchVertrags auch durch Übereinkunft (S. 16[369]), nicht durch Tod oder Konkurs e. Partei (keine Unterbrechg., E. 62[24]) oder Anerkenntnis des Anspr. allein, JW. 91[272].

§ 1034 (860). I Die Schiedsrichter haben vor Erlassung des Schiedsspruchs die Parteien zu hören und das dem Streite zu Grunde liegende Sachverhältnis zu ermitteln, soweit sie die Ermittelung für erforderlich erachten.

II In Ermangelung einer Vereinbarung der Parteien über das Verfahren wird dasselbe von den Schiedsrichtern nach freiem Ermessen bestimmt.

Vgl. SubmVd. § 45; Bestechg., Rechtsbeugung: §§ 334, 336 StGB. — Verletzgsfolge: § 1041.

Gehör: auch schriftl. (E. 23[434]) u. verzichtbar. Kein Anwaltszwang (JW. 03[269] 06[573]), kein VersVerf. (außer wenn vereinbart), E. 29[389]; keine Unterbr. durch Konkurs, E. 62[24]. Die Fristen der ZPO. gelten nicht (RS. 3[910]). Mündl. Schlußverhdlg. nur, wenn zugesagt (E. 35[425]); Abschluß des Schriftwechsels: RS. 6[383] JW. 05[157] (Ermessen). Anrufen durch e. Partei genügt, JW. 92[15]. — An das materielle Recht sind die SchR. nicht gebunden, E. 26[376] RS. 6[384].

§ 1035 (861). I Die Schiedsrichter können Zeugen und Sachverständige vernehmen, welche freiwillig vor ihnen erscheinen.

II Zur Beeidigung eines Zeugen oder eines Sachverständigen und zur Abnahme eines Parteieids sind die Schiedsrichter nicht befugt.

Verf. zu Abs. 2: § 1036; Norm bestimmt das SchiedsG. — Augenschein nimmt das SchiedsG. selbst ein; Urkundeneinholg., Schriftvergleichg. statthaft. Verletzgsfolge: § 1041; vgl. SA. 46[278]. — Arrest, e.Verf.: § 1025.

§ 1036 (862). I Eine von den Schiedsrichtern für erforderlich erachtete richterliche Handlung, zu deren Vornahme dieselben nicht befugt sind, ist auf Antrag einer Partei, sofern der Antrag für zulässig erachtet wird, von dem zuständigen Gerichte vorzunehmen.

II Dem Gerichte, welches die Vernehmung oder Beeidigung eines Zeugen oder eines Sachverständigen angeordnet hat, stehen auch die Entscheidungen zu, welche im Falle der Verweigerung des Zeugnisses oder des Gutachtens erforderlich werden.

Beisp.: § 1035 Abs. 2; Zustellg. im Ausland (SA. 58[130]). — Akten („F"): §§ 75 AGSchrG.; 12 LGSchrG. — Zuständ. u. Verf.: § 1045; kein Ersuchen seitens des SchiedsG. selbst. — Kosten: § 1045.

§ 1037 (863). Die Schiedsrichter können das Verfahren fortsetzen und den Schiedsspruch erlassen, auch wenn die Unzulässigkeit des schiedsrichterlichen Verfahrens behauptet, insbesondere wenn geltend gemacht wird, daß ein rechtsgültiger Schiedsvertrag nicht bestehe, daß der Schiedsvertrag sich auf den zu entscheidenden Streit nicht beziehe oder daß ein Schiedsrichter zu den schiedsrichterlichen Verrichtungen nicht befugt sei.

Beginn ist vorausgesetzt (S. 16^{370}), Ablehng. vor Beginn: JW. 03^{601}. Keine Einstellung des Schiedsverf. durch einstw. Verf. Feststellkl. zum StaatsG. möglich; vgl. auch §§ 1041, 1045, 1046. — Die SchRichter können solchenfalls ihr Verfahren freiwillig aussetzen, wenn keine Verschleppungsgefahr besteht.

§ 1038 (864). Ist der Schiedsspruch von mehreren Schiedsrichtern zu erlassen, so ist die absolute Mehrheit der Stimmen entscheidend, sofern nicht der Schiedsvertrag ein Anderes bestimmt.

Schriftl. Abstimmg. zulässig, RS. 6^{385}; Rücktritt vom Votum: E. 38^{412}. — Stimmengleichheit: § 1033; Summendifferenzen: § 198 GVG. — Vgl. SubmVd. § 45.

§ 1039 (865). Der Schiedsspruch ist unter Angabe des Tages der Abfassung von den Schiedsrichtern zu unterschreiben, den Parteien in einer von den Schiedsrichtern unterschriebenen Ausfertigung zuzustellen und unter Beifügung der Beurkundung der Zustellung auf der Gerichtsschreiberei des zuständigen Gerichts niederzulegen.

Niederlegung: §§ 18 AGSchrG.; 3 LGSchrG.; Zuständk.: § 1045. — Keine Gerichtsgebühr.

Verkündung wirkungslos, E. 38^{392}; § 315 unanwendbar. Niederlegung durch e. SchRichter oder Dritten (nicht Partei, RO. 9^{90}) im Auftrag der übrigen genügt, E. 37^{413}; der Spruch ist auch nach Unterschrift bis zur Zustellg. rücknehmbar u. verbesserbar, E. 16^{420} 38^{396}. — Ausf., nicht Abschrift zuzustellen; nicht im Parteibetrieb (E. 5^{398}), aber an die Parteivertr., E. 13^{430} aM. 37^{413}. — Nachholung: E. 30^{353} 51^{406}; Unterschriftsmangel bewirkt Nichtigkeit, E. 18^{370}.

§ 1040 (866). Der Schiedsspruch hat unter den Parteien die Wirkungen eines rechtskräftigen gerichtlichen Urteils.

Wirkung: §§ 322 ff.; Vollstreckung, Kosten: § 1042; Anfechtung: § 1041 ff.

Zustellg. entscheidend (E. 38^{396}). Gerichtl. RMittel unzulässig (E. 13^{430} 15^{357}); SchRichterinstanzen zulässig (E. 17^{434} 29^{387}), ebenso bedingte (Gr. 39^{1178}) oder Teilspr.; Ergänzung des Kostenausspr.: E. 19^{406}. — Auslegung e. Schiedsspr. ist irrevisibel (E. 8^{377} 40^{420}). — Die Rechtskraft gilt auch für ausld. Schiedsspr. (E. 5^{397}), bindet Dritte nur kraft speziellen Vertrags; Ablehng. des Schiedsspr. wird gegüber StaatsG. nicht rkr., E. 52^{283}.

§ 1041 (867). [1] Die Aufhebung des Schiedsspruchs kann beantragt werden:

1. wenn das Verfahren unzulässig war;
2. wenn der Schiedsspruch eine Partei zu einer Handlung verurteilt, deren Vornahme verboten ist;
3. wenn die Partei in dem Verfahren nicht nach Vorschrift der Gesetze vertreten war, sofern sie nicht die Prozeßführung ausdrücklich oder stillschweigend genehmigt hat;
4. wenn der Partei in dem Verfahren das rechtliche Gehör nicht gewährt war;

5. wenn der Schiedsspruch nicht mit Gründen versehen ist;
6. wenn die Voraussetzungen vorliegen, unter welchen in den Fällen der Nr. 1—6 des § 580 die Restitutionsklage stattfindet.

II Die Aufhebung des Schiedsspruchs findet aus den unter Nr. 4, 5 erwähnten Gründen nicht statt, wenn die Parteien ein Anderes vereinbart haben.

Einschränkung: § 1043; Verfahren: § 1046; Einrede: § 1042. — Vgl. § 45 ZubmBd.

Ersatz der RMittel; keine Frist, außer nach § 1044; keine Abänderg. des Spruchs. Vor der von amtsw. zu prüfenden (E. 49[409]) Zustellg. desselben nur Feststellgskl. — Erschöpfd. Aufzählg.; Überspringen zu anderem AnfGrund ist Klagänderg. (E. 23[432] NS. 3[910]). — Nach Aufhebg. des Spruchs ist (mangels anderer Abmachung) der SchVertrag erloschen, sohin kein neuer Spruch fällbar u. das StaatsG. anzugehen, E. 41[396]. — AnfKl. bewirkt nicht Rechtshgk. für VollstrKl., JW. 04[260]. — **Einzelne Anfechtungsgründe.** **Nr. 1.** Widersinn, des Spruchs (E. 38[413]), Erlassung trotz begr. Ablehng. (E. 13[350]); Überschreitg. der Anträge (SA. 51[81]); Entschdg. e. nicht unterbreiteten Frage (E 8[378]); Nichtbeachtg. des § 1039 (E. 49[409]) oder wesentl. vereinb. Verfahrensgrundsätze (E. 24[397] 47[426]). Nicht jede materielle Gesetzesverletzg. reicht (E 26[376]); nicht einmal offenbar Unbilligkeit, NS. 6[384]. – **Nr. 2.** ZB. unzulässige dingliche Belastg. (E. 57[331]), poliz. absolut Verbotenes (NS. 6[385]). – **Nr. 4.** Gelegenheit z. Gehör (über Neues wiederholt, vgl. jedoch JW. 05[157]) genügt, E. 23[434] JW. 06[477]. — **Nr. 5.** Die Begr. braucht nicht urteilsmäßig genau zu sein (E. 47[429]); Unterschreiben e. dagegen Stimmenden kein AnfGrund (E. 38[412]) — **Nr. 6.** § 580 Nr. 7 nicht hierher, E. 41[251]. — Vereinb. des AnfAusschlusses nur nach Abs. 2, E. 35[424]; Verlust des AnfRechts durch vorbehaltslose Einlassung vor dem SchiedsG. (§ 1042, E. 31[399]) oder Vollstr.-Urteil (§ 1043); Nr. 2 ist unverzichtbar.

§ 1042 (868). I Aus dem Schiedsspruche findet die Zwangsvollstreckung nur statt, wenn ihre Zulässigkeit durch ein Vollstreckungsurteil ausgesprochen ist.

II Das Vollstreckungsurteil ist nicht zu erlassen, wenn ein Grund vorliegt, aus welchem die Aufhebung des Schiedsspruchs beantragt werden kann.

Vgl. §§ 722 ff., 52 VIII GBGA.; Art. 30 EBG. — Zustdk. u. Verf.: §§ 1046; AGSchrG. 34, 35; keine Frist. — Streitwert: Vollstreckgssumme, NS. 3[625]; Kostenpflicht: RC. 13[251].

Keine sonstige materielle Nachprüfung des Spruchs, insbes. der Rechtsgültigkeit des SchVertrags (E. 27[378] 43[407]), wenn im SchVerf. nicht beanstandet. Neues Vorbringen nur nach § 767 zulässig. RNachf.: E. 56[327]. Auch ausländ. Schiedsspr. hierher, wenn der ZPO. entsprechend: E. 5[398] 30[369] JW. 01[424]; ev. Erfüllgskl. (E. 30[360] vgl. BöhmZ. 11[445]). — Versagung des VollstrU. hebt den SchVertrag auf, E. 41[396]; teilw. Stattgabe zulässig, E. 46[419]. — Kein VollstrU. zur Abweisung wegen Unzustdk. (E. 52[285]), wohl aber im Kostenpunkt (E. 19[406]). Das SchG. kann seine Kosten sofort im Spruch oder nachträgl. festsetzen (E. 59[149]); auch hierzu dann VollstrU. nötig.

§ 1043 (869). Nach Erlassung des Vollstreckungsurteils kann die Aufhebung des Schiedsspruchs nur aus den im § 1041 Nr. 6 bezeichneten Gründen und nur dann beantragt werden, wenn glaubhaft gemacht wird, daß die Partei ohne ihr Verschulden außer Stande gewesen sei, den Aufhebungsgrund in dem früheren Verfahren geltend zu machen.

Vgl. §§ 582, 767; RMittel u. Einspruch gehen vor. -- Frist: § 1044. Früheres Verf.: einschl. VollstrKlage.

§ 1044 (870). I Die Klage auf Aufhebung des Schiedsspruchs ist im Falle des vorstehenden Paragraphen binnen der Notfrist eines Monats zu erheben.

II Die Frist beginnt mit dem Tage, an welchem die Partei von dem Aufhebungsgrunde Kenntnis erhalten hat, jedoch nicht vor eingetretener Rechtskraft des Vollstreckungsurteils. Nach Ablauf von zehn Jahren, von dem Tage der Rechtskraft des Urteils an gerechnet, ist die Klage unstatthaft.

III Wird der Schiedsspruch aufgehoben, so ist zugleich die Aufhebung des Vollstreckungsurteils auszusprechen.

Vgl. § 586; Einstellung: § 707. -- Beachtlich, daß nach § 1043 die Erlassung, nach § 1044 die RKraft des VollstrU. maßgebend. -- Ausspruch nach Abs. 3 von amtsw.; vgl. § 321.

***§ 1045** (871). I Für die gerichtlichen Entscheidungen über die Ernennung oder die Ablehnung eines Schiedsrichters oder über das Erlöschen eines Schiedsvertrags oder über die Anordnung der von den Schiedsrichtern für erforderlich erachteten richterlichen Handlungen ist das Amtsgericht oder das Landgericht zuständig, welches in einem schriftlichen Schiedsvertrag als solches bezeichnet ist, und in Ermangelung einer derartigen Bezeichnung das Amtsgericht oder das Landgericht, welches für die gerichtliche Geltendmachung des Anspruchs zuständig sein würde.

II Die Entscheidung kann ohne vorgängige mündliche Verhandlung erfolgen. Vor der Entscheidung ist der Gegner zu hören.

III Gegen die Entscheidung findet sofortige Beschwerde statt.

Vgl. §§ 1029, 1031, 1032, 1033, 1036; OLGBl. 00[1172] (Staatsdiener-Unterstützgsverein) 99[36] (desgl. für die Hinterbl. von Offiz. 2c.) — KfLS. kann nach allg. Regeln zustdg. sein; Prävention: § 1047; beim LG. Anwaltszwang: Bl. 68[325]. — Form: Beschluß; Klage verboten (RS. 3[618]; vgl. RO. 13[246]). -- Beschwerdefrist ab Zustellg. (JW. 99[648]). — §§ 75 AGSchrG.; 12 LGSchrG. („F"). — Kosten: §§ 34, 29 GKG.; 22, 91 RAGO.; Streitwert: § 3, E. 41[362].

Entschdg. über Ablehng. ist durch SchVertrag dem SchG. übertragbar, E. 53[388]; materielle Einr. (zB. Erlöschen des SchV.) im formellen Beschlußverf. möglich (E. 49[353] S. 16[373]), unbeschadet Klage nach § 1046 oder Inzidentausspruch des StaatsG. nach § 274 Nr. 3.

***§ 1046** (871). Das im § 1045 Abs. 1 bezeichnete Gericht ist auch für die Klagen zuständig, welche die Unzulässigkeit des schiedsrichterlichen Verfahrens, die Aufhebung eines Schiedsspruchs oder die Erlassung des Vollstreckungsurteils zum Gegenstande haben.

Zustdk. nach dem Zeitpkt. der Spruchniederlegung; Zwischenzahlg. gleichgültig, E. 30[353]. WKl. auf VollstrUrteil zulässig, E. 54[48]; Kl. auf Hauptf. verbindbar. — Vgl. die Noten zu §§ 1041, 1042, 1045. — Kosten: §§ 26, 28 GKG.: 20 RAGO.

***§ 1047** (871). Unter mehreren nach den §§ 1045, 1046 zuständigen Gerichten ist und bleibt dasjenige Gericht zuständig, an welches sich zuerst eine Partei oder das Schiedsgericht (§ 1039) gewendet hat.

Prävention gilt nur für die örtl. Zustdk. (E. 30[353]); hindert nachträgl. Prorog. nicht (JW. 94[12]), selbst bei dingl. GStand.

§ 1048 (872). Auf Schiedsgerichte, welche in gesetzlich statthafter Weise durch letztwillige oder andere nicht auf Vereinbarung beruhende Verfügungen angeordnet werden, finden die Bestimmungen dieses Buchs entsprechende Anwendung.

Letztw. Verf.: Bedingung oder Auflage (bestr.); vgl. BGB. §§ 1940, 2156, 2192 mit Art. 106 ABG., § 24 ZustVdg; früher GO. Kap. XVII § 2 Nr. 12. — Autonomie: Mot. BGB. 1[11] ff.; EBG. Art. 57, 58; ABG. Art. 1. — Hierher hauptsächl. Gesellschaftsstatuten, Stiftungsurkd., Fideikommißerrichtg.; Rechtsweg überall vorausgesetzt.

Einführungsgesetz
zur
Zivilprozeßordnung.

Vom 30. Januar 1877 (RGBl. S. 244 ff.)

Mit den Abänderungen nach Art. II des Einführungsgesetzes zu dem Gesetze, betr. Änderungen der Zivilprozeßordnung, vom 17. Mai 1898 (RGBl. S. 332 ff.)

---

§ 1. Die Zivilprozeßordnung tritt im ganzen Umfange des Reichs gleichzeitig mit dem Gerichtsverfassungsgesetze in Kraft.

§ 1 EGB.: 1. Okt. 1879; Helgoland: 1. April 1891 (RGBl. 90[207] 91[21]). — Änderungen: RGes. v. 30. April 1886, RGBl. 130 (zu § 809 äF.); 29. März 1887, RGBl. 159 (zu § 749 äF.); 17. Mai 1898, RGBl. 256 (14 §§ gestrichen, 204 §§ geändert, 190 §§ eingeschaltet); Neufassung durch Bekanntm. des RKanzlers v. 20. Mai 1898 (RGBl. 369); neuerl. Änderung durch RGes. v. 5 Juni 1905 (RGBl. 536) bzgl. Rev., Beschw. u. Vollstr. — Alt. R.: §§ 14, 18 EZPO. — Bayer. GO. von 1753 bis 1. Juli 1870; Bayer. PO. von 1869 bis 1. Okt. 1879: Überleitg. der ält. Proz. des ReichskammerG.: RBl. 1808[146]. — Bayer. AusfG. v. 23. Febr. 1879 (GVBl. 63): teilws. Neufassg. v. 26. Juni 1899 (GVBl. 401) nach Maßgabe der Art. 166, 179 AGG.

§ 2. Das Kostenwesen in bürgerlichen Rechtsstreitigkeiten wird für den ganzen Umfang des Reichs durch eine Gebührenordnung geregelt.

Vgl. die Noten zu § 91.

§ 3. I Die Zivilprozeßordnung findet auf alle bürgerlichen Rechtsstreitigkeiten Anwendung, welche vor die ordentlichen Gerichte gehören.

II Insoweit die Gerichtsbarkeit in bürgerlichen Rechtsstreitigkeiten, für welche besondere Gerichte zugelassen sind, durch die Landesgesetzgebung den ordentlichen Gerichten übertragen wird, kann dieselbe ein abweichendes Verfahren gestatten.

§§ 12 bis 14 GVG.: 3, 8, 15 EGV.: 72 KO.: 26 GewGG.; 16 KfmGG.; 14, 16 FGG. (Beschw. stets nach § 20); 41 KonsGG.: 2 SchutzGG.: 11 EStP.: Art. 9 AGV.: 129 ff. AVG.; 18, 20, 22, 37, 38, 41, 46 VGHG: 23 ff. GebG. — Vgl. die Zusammenstellg. zu Abs. 2 im JMBl. 02[445]; Rechtshilfe in ausld. Proz.: S. 11[395]. — Die materiellrechtl. Vorbehalte des EVG. decken sich mit obigen Prozeßausnahmen nicht. — In den Fällen des § 53a KrVG. gilt beim AmtsG. nur die ZPO.

§ 4. Für bürgerliche Rechtsstreitigkeiten, für welche nach dem Gegenstand oder der Art des Anspruchs der Rechtsweg zulässig ist, darf aus dem Grunde, weil als Partei der Fiskus, eine Gemeinde oder eine andere öffentliche Korporation beteiligt ist, der Rechtsweg durch die Landesgesetzgebung nicht ausgeschlossen werden.

§§ 5, 15 Nr. 4 EZP.; Art. 2 AZP.; 7 BGHG.; § 210 BGB. — Vgl. §§ 148, 801 Note: Streitkonsens für Aktivkl.; § 50 Note. — Das Landesrecht kann vorgäng. erfolglose VerwBeschw. als Klagvoraussetzg. aufstellen, E. 17[416] 55[61] (zB. Art. 2 AZP.); der Rechtsweg kann nach der Natur des Anspruchs völlig ausgeschlossen sein, JW. 87[403].

***§ 5.** I In Ansehung der Landesherren und der Mitglieder der landesherrlichen Familien sowie der Mitglieder der Fürstlichen Familie Hohenzollern finden die Bestimmungen der Zivilprozeßordnung nur insoweit Anwendung, als nicht besondere Vorschriften der Hausverfassungen oder der Landesgesetze abweichende Bestimmungen enthalten. Für vermögensrechtliche Ansprüche Dritter darf jedoch die Zulässigkeit des Rechtswegs nicht von der Einwilligung des Landesherrn abhängig gemacht werden.

II Das Gleiche gilt in Ansehung der Mitglieder des vormaligen Hannoverschen Königshauses, des vormaligen Kurhessischen und des vormaligen Herzoglich Nassauischen Fürstenhauses.

Reichsrechtl. Ausnahmen: §§ 219, 375, 479, 482; EGB. 5; vgl. Art. 36, 42, 81 AGB.; 57 EBG.; 1 AZP.; 1 ABG; 3 AStP.; §§ 7 EKO.; 4 EStP.; 71 StPO.; 2 EZB. 189 FGG.; 83, 89 GBO. mit 222, 503 GBDA.; 87 HypG.; 2 GroßjährG.; 72 PersStG.; VerfUrk. Tit. II §§ 1, 7, 8; FamStatut Tit. I § 1; IX §§ 1, 5; X §§ 1 ff.; Herzogl. Linie: RBl. 45[177] GVBl. 89[193]; ZivillisteG. v. 1. Juli 1834 (Umrechng. in Mark: Ges. v. 29. Juli 1876); Staatsgutausscheidung: Ges. v. 9. März 1828; Wittelsbacherpalast: Ges. v. 11. April 1843; Regentschaft: Ges v. 30. Juni 1886; Eheverträge: Vdg. v. 16. Juni 1900 (GVBl. 481) mit aut. JME. Nr. 16596 v. 26. April 1900. — Titel u. Wappen: FamSt. v. 18. Jan. 1816 (RBl. 747) mit RBl. 35[866] [951]. — Fürstenhaus Holstein: RGBl. 04[149]; Nassau (nun in Luxemburg wieder souverän): GVBl. 82[163] [212]. — Materiell gilt zunächst gem. Privatfürstenrecht als Observanz, erst subsidiär BGB. (Art. 57, 59 bis 61 EBG.; Prot. BGB. 6[743] E. 26[743] 41[387]); Scheidg.: E. 12[418] Bl. 42[137] 66[183] DJZ. 02[37] [84]. Anwendg. des Art. 4 EBG. bestr. — In Bayern ist der König selbst an das Privatrecht nicht gebunden, wohl aber die übrigen landesherrl. Familienmitglieder (FamStat. Tit. VIII §§ 2, 5). — Standesherrn (RBl. 43[332]; numerus clausus) nicht hierher; materiell gilt für sie aber primär Hausgesetz u. Observanz (Art. 58 ff. EBG.; XIV Deutsche Bundesakte; VerfUrk. Tit. IV § 9; DJZ. 03[49]). — Keine Exemtion für Hofgebäude oder Hofdienerschaft. — Kosten: Note zu § 91

Abs. 1 Satz 1. Zu unterscheiden Zivilliste u. Schatullgut (vgl. jedoch Becher Mat. IV V Bd. 2[432]), Sondergericht (§ 5 EGB.) u. Sonderverfahren; auch soweit die ordentl. G. (einschl. ReichsG., E. 12[428]) zuständig, gilt die ZPO. nur subsidiär. — Bei vermögensrechtl. Anspr. (§ 2 ZPO.) für u. gegen den König sind die ordentl G. zuständig (Art. 1 AZP.); Real- u. vermischte Klagen gegen sonstige Mitglieder des K. Hauses gehören vor das „einschlägige" OLG., diesbzgl. Aktivkl. vor die ordentl. G.; über alle sonstigen persönl. gerichtl. Angelegenheiten der Prinzen u. Prinzessinnen (zB. Ehestreite, Schuldkl. gegen Prinzen, Vormundschaftssachen, Strafsachen) entscheidet der König, u. U. nach Anhörg. des Familienrats (FamSt. Tit. X §§ 1 ff.). Widerkl.: § 33 (vgl. Bl. 22[251]); Leistgsverbote bei Pfdgsbeschl.: R. 06[302]. Verzichtbarkeit der Privilegs bestr.

Weitere Ausnahmen bestehen in Bayern nicht, insbes. nicht bzgl. Zeugnispflicht, Konkurs, ZwV. Im Verfahren vor dem OLG. als I. Inst. u. dem BOLG. als Berufgs.- u. BeschwerdeG. gilt die jeweilige, sohin jetzt die RZPO. (einschl. Spezialverf., aM. Bl 21[355]), im Verf. vor dem König die GO. v. 1753 (Seydel StR. 1[214]). Die Revisionen in Zivillisteproz. sind dem ReichsG. nicht entzogen. — **Satz** 2 für Bayern belanglos; die Kgl. unmittelb. Gerichtsb. ist dadurch nicht berührt (E. 12[428]). — Keine Ablehng. des Königs wegen Verwandtschaft.

Abs. 2. Nur Grundlage für die Schaffg. landesges. entspr. Normen (KB. 23), da die Hausverfassg. in fremden Territorien nicht von selbst gelten (Pr. 625); der Souverän selbst ist aber auch im Ausland nach Völkerrecht exemt (§ 18). — Der Deutsche Kaiser genießt die Privilegien des Königs v. Preußen (Art. 11 RVerf.).

§ 6. I Mit Zustimmung des Bundesrats kann durch Kaiserliche Verordnung bestimmt werden:

1. daß die Verletzung von Gesetzen, obgleich deren Geltungsbereich sich über den Bezirk des Berufungsgerichts hinaus erstreckt, die Revision nicht begründe;
2. daß die Verletzung von Gesetzen, obgleich deren Geltungsbereich sich nicht über den Bezirk des Berufungsgerichts hinaus erstreckt, die Revision begründe.

II Die auf Grund der vorstehenden Bestimmungen erlassenen Verordnungen sind dem Reichstage bei dessen nächstem Zusammentreten zur Genehmigung vorzulegen. Dieselben treten, soweit der Reichstag die Genehmigung versagt, für die am Tage des Reichstagsbeschlusses noch nicht anhängigen Prozesse außer Kraft. Die genehmigten Verordnungen können nur durch Reichsgesetz geändert oder aufgehoben werden.

Vgl. die Note zu § 549. — Reichstagsbeschl. (Abs. 2); Schlußabstimmung. — Dieses Verordngsrecht ist konsumiert (gem. M.).

§ 7. I Ist in einem Bundesstaat auf Grund der Bestimmung des Einführungsgesetzes zum Gerichtsverfassungsgesetze § 8 für bürgerliche Rechtsstreitigkeiten ein oberstes Landesgericht errichtet, so wird das Rechtsmittel der Revision bei diesem Gerichte eingelegt. Die Einlegung erfolgt durch Einreichung der Revisionsschrift. Eine Abschrift derselben ist der Gegenpartei von amtswegen zuzustellen.

II Das oberste Landesgericht entscheidet ohne vorgängige mündliche Verhandlung endgültig über die Zuständigkeit für die Verhandlung und Entscheidung der Revision. Erklärt es sich für zuständig, so ist der Termin zur mündlichen Verhandlung von amtswegen zu bestimmen und den Parteien bekannt zu machen. Erklärt es sich dagegen für unzuständig, weil das Reichsgericht zuständig sei, so sind dem letzteren die Prozeßakten zu übersenden.

III Die Entscheidung des obersten Landesgerichts über die Zuständigkeit ist auch für das Reichsgericht bindend. Der Termin zur mündlichen Verhandlung vor dem Reichsgericht ist von amtswegen zu bestimmen und den Parteien bekannt zu machen.

IV Die Fristbestimmungen in den §§ 517, 519 der Zivilprozeßordnung bemessen sich nach dem Zeitpunkte der Bekanntmachung des Termins zur mündlichen Verhandlung an den Revisionsbeklagten.

V Die vorstehenden Bestimmungen finden auf das Rechtsmittel der Beschwerde entsprechende Anwendung.

Vgl. §§ 553 ff.: EGB. 8, 10 mit Art. 42 ff. AGP.: Note zu §§ 1, 545: GSchrDB. §§ 47, 49, 51. — **Bekanntmachg.** (Abs 2, 3): §§ 370: EZP. 8. — **Kosten**: §§ 47, 80a GKG.; 23, 29 RAGO. (nicht § 52): RS. 3[24] ZR. 05[181]. KorrespGebühr: § 91: ArmenR. für Vorprüfgsverf. durch BOLG.: RS. 3[24].

Abs. 1. Nur Bayern. — Soweit die hier aufgestellten Spezialnormen sachlich nunmehr nach der ZPO. allgemein gelten, ist § 7 durch den Inhalt der §§ 553 ff. praktisch ersetzt (ZR. 05[313] Bl. 70[718]). — Einlegung beim ReichsG. unwirksam, auch wenn sachl. zustdg. (S. 9[215]). Begl. der Abschrift: § 553a (vgl. jedoch Bl. 62[46]); Urteilsabschrift: § 553a. Anwaltszwang: § 8 EZP. — Keine Ladg. oder Auffrdg. z. Anwaltsbestellg. (E. 28[431] S. 13[349]). — Die nämlichen Formen gelten für die Wiedereinsetzg., JW. 06[756]. — **Abs. 2.** MV. auch nicht fakultativ; schriftl. Gehör möglich; keine Prorog. — Beachtl., daß die Entscheidg. über die Zustdk. u. U. mittelbar auch über den Erfolg der Rev. entscheidet (Verschiedenheit des revisibl. Rechts). — Zustellg. der Vorentschdg.: § 329. — **Abs. 3.** Bindg. für BOLG: JW. 06[756]. — **Abs. 4.** § 519 äF. ist ohne Ersatz aufgehoben: § 517 entspr. dem § 555 nF. — **Abs. 5.** Einreichg. nunmehr nur beim OLG. (§ 569); Anwaltszwang: § 8 EZP. — Über die Zulässigk. entscheidet das OLG., über die Zustdk. das BOLG., über die Begründetheit u. U. das ReichsG. (ZR. 05[314]). Beim BOLG. ist die Bejahg. der Zustdk. u. Entschdg. über die Beschw. selbst verbindbar.

§ 8. I Der Bestellung eines bei dem obersten Landesgericht oder bei dem Reichsgerichte zugelassenen Rechtsanwalts bedarf es erst, nachdem das oberste Landesgericht über die Zuständigkeit Entscheidung getroffen hat. Für die dieser Entscheidung vorgängigen Handlungen können die Parteien sich auch durch jeden bei einem Land- oder Oberlandesgerichte zugelassenen Rechtsanwalt vertreten lassen.

II Die Zustellung der Abschrift der Revisionsschrift an den Revisionsbeklagten und die Bekanntmachung des Termins zur mündlichen Verhandlung an die Parteien erfolgt in Gemäßheit des § 164 der Zivilprozeßordnung.

Abs. 1. Zweck: Ersparg. doppelter Anwaltskosten. Vertretg. insoweit auch durch RA. beim BOLG., nicht aber durch e. RA. beim ReichsG. oder e. AmtsG. (§§ 27, 100 RAO.). — Nach Zustellg. der Vorentschdg. (§ 7) gilt der gewöhnl. Anwaltszwang, insbes. für Rücknahme der Rev. (JW. 85[6] ZR. 05[330]), Begr. (ZR. 05[314] 06[63]; soweit nicht mit Einlegung bereits verbunden), Vertagungsanträge (S. 11[226] Bl. 59[329]). Keine Unterbrechg. durch den Tod des RA. vor Entschdg. über die Zustdgk. (Bl. 53[36]). — Auf Beschw. ist **Abs. 1** nicht ausdehnbar (JW. 02[133] S. 11[176] RS. 6[42]); hierfür gilt nur §§ 569, 571. — **Abs. 2** ist sachlich nun durch §§ 553a Abs. 2 mit 555 Abs. 2 ersetzt. Praktisch fallen jetzt beide Zustellg. auch dann auseinander, wenn das BOLG. sich für zustdg. erklärt.

§ 9. Die Bestimmung des zuständigen Gerichts erfolgt, falls es sich um die Zuständigkeit solcher Gerichte handelt, welche verschiedenen Bundesstaaten angehören und nicht im Bezirk eines gemeinschaftlichen

Oberlandesgerichts ihren Sitz haben, durch das Reichsgericht auch dann, wenn in einem dieser Bundesstaaten ein oberstes Landesgericht für bürgerliche Rechtsstreitigkeiten errichtet ist.

Vgl. § 36; Gerichtsgemeinschaft: § 12 GVG.

§ 10. Die Bestimmungen der Zivilprozeßordnung über das Verfahren in Entmündigungssachen finden auf die Bestellung eines Beistandes für einen Geistesschwachen oder für einen Verschwender, insofern diese Bestellung nach den Vorschriften des bürgerlichen Rechts erforderlich ist, entsprechende Anwendung.

§§ 645 ff.; Art. 155, 156, 211 EBG.; vgl. BLR. Tl. I Kap. VII § 37 Anm. am Ende (fixe Ideen); auf Gebrechenpflegschaft (§ 1910 BGB.) unanwendbar.

***§ 11.** Die Landesgesetze können bei Aufgeboten, deren Zulässigkeit auf landesgesetzlichen Vorschriften beruht, die Anwendung der Bestimmungen der Zivilprozeßordnung über das Aufgebotsverfahren ausschließen oder diese Bestimmungen durch andere Vorschriften ersetzen.

§§ 3 EGR.; 3, 14 EZP.; Art. 29 bis 31 AZP. — Vgl. auch die Anm. zum 9. Buche der ZPO. insbes. zu §§ 946, 1023, 1024; Becher Mat. Abt. IV V Bd. 1[71], Bd. 2[94] JMBl. 02[445]. – Hierher Lehen, Fideikommiß-, Berg-, Wasserrecht, Hinterleg.; zB. Kuxscheine, Namenpapiere aus der Zeit vor 1. Jan. 1900.

§ 12. Gesetz im Sinne der Zivilprozeßordnung und dieses Gesetzes ist jede Rechtsnorm.

Vgl. §§ 550; 2 EKO.; 7 EStP.; Art. 2 EBG. — Gesetz: a) Reich: Art. 2, 4, 17 RVerf. mit §§ 30 KonsGG. u. Vdg. v. 26. Juli 1867 (BGBl. 24); Berichtigungen: DJZ. 03[361]; Staatsverträge: Bl. 58[6]; Zentralblatt: JMBl. 73[220]; b) Bayern: VerfUrk. Tit. VII §§ 2, 30; Tit. X § 7; Ges. v. 4. Juni 1848 betr. die ständ. Init.; Art. 4 Min.-VerantwG.; § 15 Vdg. betr. den Staatsrat v. 3. Aug. 1879 (GVBl 737) mit MB. v. 6. April 1897 (GVBl. 60); Vdg. betr. das Ges.- u. VdgsBl. v. 29. Okt. 1873 (RBl. 1553); JMBl.: RBl. 63[724] u. Hock 1[194]. Beginn der Wirksamkeit: S. 12[7 19 22] NSt. 1[404] VGH. 21[189] 26[285] Bl. 7[55] 15[132] 18[301] 34[162 369] 53[81] 58[161] 64[258 522] 65[130] ZR. 05[132]; Grenzpurifikationen: GBl. 63[9] 68[625] RBl. 68[465]; richterl. Nachprüfg.: ESt. 36[420] E. 24[1] VGH. 4[154] mit Art. 11, 159 PolStGB. — Bei Neutextierg. ist Tag der Sanktion maßgebend, Becher Mat. IV V Bd. 2[527]. — Gesetzeskraft der früheren Plenarerkenntnisse: Ges. v. 17. Nov. 1837 mit EBP. Art. 3; S. 5[45]. — Verzeichnis bei Weber VS. Anhangband S. 646. — Gewohnheitsrecht: § 293; bestr., ob neben ZPO. möglich.

§ 13. I Die prozeßrechtlichen Vorschriften der Reichsgesetze werden durch die Zivilprozeßordnung nicht berührt.

II Aufgehoben werden:

1. § 2 des Gesetzes, betreffend die Aufhebung der Schuldhaft, vom 29. Mai 1868;
2. Artikel 34—36, 37 Satz 2, 39, 77, 78, 79 Abs. 2, 488, 494, 889 des Handelsgesetzbuchs;
3. § 6 des Gesetzes, betreffend die Verbindlichkeit zum Schadensersatze für die bei dem Betriebe von Eisenbahnen, Bergwerken u. s. w. herbeigeführten Tötungen und Körperverletzungen, vom 7. Juni 1871;

4. § 14 des Gesetzes über das Postwesen des Deutschen Reichs vom 28. Oktober 1871, insoweit diese Vorschrift die Unterbrechung der Verjährung an die Anmeldung der Klage knüpft;
5. § 144 Abs. 4 des Gesetzes, betreffend die Rechtsverhältnisse der Reichsbeamten, vom 31. März 1873;
6. § 78 Abs. 3 des Gesetzes über Beurkundung des Personenstandes und die Eheschließung vom 6. Februar 1875.

III Der Art. 80 der Wechselordnung wird dahin abgeändert, daß die Verjährung auch nach Maßgabe der §§ 190, 254, 461 Abs. 2, 471 Abs. 2 der Zivilprozeßordnung unterbrochen wird.

IV In den Fällen der Artikel 348, 365, 407 des Handelsgesetzbuchs ist das im § 448 der Zivilprozeßordnung bezeichnete Amtsgericht zuständig; auf die Ernennung, Beeidigung und Vernehmung der Sachverständigen finden die Vorschriften der Zivilprozeßordnung in dem achten Titel des ersten Abschnitts des zweiten Buchs entsprechende Anwendung.

Vgl. § 32 EBG.; Landesrecht: §§ 14 ff. EZP.

Abs. 1. Prozeßrecht kann in e. materiell. Gesetz enthalten sein u. umgekehrt, S. 9[69]; die ZPO. selbst enthält einzelne materielle Bestimmg. — Die hier nicht aufgehobenen ält. (dh. vor 30. Jan. 1877 publ.) reichsrechtl. Prozeßvorschr. sind aufrecht, selbst wenn sie der ZPO. widersprechen. Wegen der späteren Gesetze gilt Art. 2 RVerf. (BGB. ist älter als ZPO.-Nov. v. 1898); die vorm. Nordd. Bundesgesetze sind nicht ipso jure ReichsG. — Das materielle ält. ReichsR. blieb ebenfalls aufrecht, E. 1[446] 43[384]; wegen der Staatsverträge vgl. Note zu § 722: E. 24[12] 26[128]; Begr. 112 (Aufrechthltg. bestr.). — **Abs. 2. Nr. 1** ist ersetzt durch § 918. — **Nr. 2** widersprach der freien Beweiswürdig. (E. 6[345]): die Bestimmungen fehlen im neuen HGB. ohnehin. — **Nr. 3** u. 5 sind ersetzt durch §§ 286 ff. — **Nr. 4** stand im Wspr. mit § 267; Art. 47 PostG. (Anzeige auf Diensteid) ist aufrecht. — **Nr. 6** betraf das Verf. in Ehes. für Bayern r Rh. — **Abs. 3.** Art. 80 WO. ist nunmehr durch Art. 8 EHGB. überhaupt aufgehoben: vgl. auch § 209 BGB. — **Abs. 4** ist gegenstandslos, weil diese Vorschr. des HGB. ohne Ersatz aufgehoben sind; vgl. nun lediglich. §§ 486, 488 ZPO.

§ 14. I Die prozeßrechtlichen Vorschriften der Landesgesetze treten für alle bürgerlichen Rechtsstreitigkeiten, deren Entscheidung in Gemäßheit des § 3 nach den Vorschriften der Zivilprozeßordnung zu erfolgen hat, außer Kraft, soweit nicht in der Zivilprozeßordnung auf sie verwiesen oder soweit nicht bestimmt ist, daß sie nicht berührt werden.

II Außer Kraft treten insbesondere:

1. die Vorschriften über die bindende Kraft des strafgerichtlichen Urteils für den Zivilrichter;

2. die Vorschriften, welche in Ansehung gewisser Rechtsverhältnisse einzelne Arten von Beweismitteln ausschließen oder nur unter Beschränkungen zulassen;
3. die Vorschriften, nach welchen unter bestimmten Voraussetzungen eine Tatsache als mehr oder minder wahrscheinlich anzunehmen ist;
4. die Vorschriften über die Bewilligung von Moratorien, über die Urteilsfristen und über die Befugnisse des Gerichts, dem Schuldner bei der Verurteilung Zahlungsfristen zu gewähren;
5. die Vorschriften, nach welchen eine Nebenforderung als aberkannt gilt, wenn über dieselbe nicht entschieden ist.

Vgl. Art. 235 ff. AZP. — Verweisg. auf das LandesR. s. Reg.; Aufrechthaltung: §§ 15 ff. EZP.: Verweisung des Landesrechts auf ZPO.: § 1 ErmächtG.; ZR. 05[314].]

Abs. 1. Prozeßrecht: § 13 EZP.; Totalaufhebg., nicht bloß reichsrechtl. Materien. — Nicht beseitigt wurden die Verfahrensvorschr. für SonderG., VerwltgsG., sowie in der freiw. Rechtspfl. (einschließl. Registerwesen); vgl. aber §§ 3 EZP.; 101 GVG. — **Abs. 2 Nr. 1.** Vgl. §§ 149, 581; StPO. 261; KKE. 83[IV]; Art. 64, 166 ForstG.; S. 4[526]. — Das rkr. StrafU. wird meist ohne Erneuerung der Beweisaufn. durch seine Begr. für das ZivilG. überzeugend sein (JW. 87[3]; Ausnahme zB. SchwurG.) Nicht beseitigt sind die gesetzl. Folgen strafrechtl Verurteilg, zB. §§ 135 ff. GewUVG.; E. 13[196] 54[33]. — **Nr. 2.** ZB Beschränkung des Zeugenbeweises auf bestimmte Klagesumme. — Unberührt sind die Formvorschr. (zB. Art. 14 NotG. äF.), E. 10[275]. Beschränkg. des Schadensbeweises durch Vertrag: § 286; vgl. E. 32[159] S. 12[470] (Oralfideik.)., S. 7[679] (Immemorialverjährg.) — **Nr. 3** traf nur die praes. facti, nicht die praes. juris oder juris et de jure (vgl. § 292); übrigens fiel nur die Bindung des Richters, der logische Inhalt bleibt verwertbar. — **Nr. 4.** Moratorien hierher; vgl. Ges. v. 25. Juli 1850 (GVBl. 349); §§ 704, 721 Note. — **Nr. 5.** Vgl. §§ 308, 321 ff.; HypG. 64.

***§ 15.** Unberührt bleiben:

1. die landesgesetzlichen Vorschriften über die Einstellung des Verfahrens für den Fall, daß ein Kompetenzkonflikt zwischen den Gerichten und den Verwaltungsbehörden oder Verwaltungsgerichten entsteht;
2. die landesgesetzlichen Vorschriften über das Verfahren bei Streitigkeiten, welche die Zwangsenteignung und die Entschädigung wegen derselben betreffen;
3. die landesgesetzlichen Vorschriften über die Zwangsvollstreckung wegen Geldforderungen gegen den Fiskus, eine Körperschaft, Stiftung oder Anstalt des öffentlichen Rechts oder eine unter der Verwaltung einer öffentlichen Behörde stehende Körperschaft oder Stiftung, soweit nicht dingliche Rechte verfolgt werden;

4. die landesgesetzlichen Vorschriften, nach welchen auf die Zwangsvollstreckung gegen einen Rechtsnachfolger des Schuldners, soweit sie in das zu einem Lehen, mit Einschluß eines allodifizierten Lehens, zu einem Stammgute, Familienfideikommiß oder Anerbengute gehörende Vermögen stattfinden soll, die Vorschriften über die Zwangsvollstreckung gegen einen Erben des Schuldners entsprechende Anwendung finden.

Nr. 2 äF. betraf außer dem Inhalt der jetzigen Nr. 2 die Fortdauer des GStands nach Auflösg. ält. reg. Gesellschaften und anerk. Vereine in Bayern (vgl. § 17 ZPO.), sodann die Zahlungssperre Art. 3 Ges. v. 18. März 1896; 178 EBG.; 1019 ff.) — **Nr. 3** äF. samt Abs. 2 (erbschaftl. Liquidationsverf.) ist durch §§ 86 ff. FGG., Art. 213 EBG. gegenstandslos; vgl. AZP. Art. 150 ff. (PrLR.), 178 ff. (Pfalz); 33 GSchrDB.; Art. 166 XVI ABG.; § 1 KF. — Zu Nr. 5 äF. (domicil élu, ehel. Gütertrennung): Art. 169, 190 ff. AZP.; 157, 200 EBG.; 166 ABG.; 24, 134 ff. ÜG.

„Unberührt“: neuerl. Erlassung möglich, E. 7[399] 38[154]. — **Nr. 1.** §§ 249, 274; GBG. § 17; KKG. Art. 11 bis 13; landesrechtl. Ausschluß der Beschw. mögl.: E. 25[416]. — **Nr. 2.** Vgl Becher LZR. 1[590]; Art. 16 ff. AZP.; Ges. v. 17. Nov. 1837 (GBl. 246), insbes. Eingang beachtl.; Art. 8 Ziff. 10, 47 BGHG.; 156 BergG.; 24 ff., 298 GebG.; 1 BRAGO.; vgl. Art. 53, 54, 109 EBG.; 139 ABG.; §§ 24 ff. Der Ausspruch auf Sicherheitsleistg. (Art. 23 AZP) ist e. Verf. — **Nr. 3.** Art. 9 bis 11 AZP.; IV EÄKO.; §§ 42, 89 BGB.; Art. 91 EBG.; 157 GmdO.; BGH. 24[370] Bl 3[108] 4[2] AdmBl. 30[172] 38[369] 52[91]. Auch kirchl. Verbände, Stiftg. hierher; die Realexek. u. die ZwV. für den Fiskus als Gläubiger folgt den allg. Regeln (zB. Haft gg. den ges. Vertr.) ZwHyp. gg. den Fiskus nur auf adm. Weg erreichbar; keine Ausdehnung auf die Zivilliste. — **Nr. 4.** (Individualnachf mit beschrkt. Haftg.) §§ 729, 786; BGB. 419; EZBG. 2; Art. 59, 64 EBG.; 28 AZP.; 34 ff. AGBO.; vgl. die Note zu § 869.

***§ 16.** Unberührt bleiben:

1. die Vorschriften des bürgerlichen Rechts über die Beweiskraft der Beurkundung des bürgerlichen Standes in Ansehung der Erklärungen, welche über Geburten und Sterbefälle von den zur Anzeige gesetzlich verpflichteten Personen abgegeben werden;
2. die Vorschriften des bürgerlichen Rechts über die Verpflichtung zur Leistung des Offenbarungseides;
3. die Vorschriften des bürgerlichen Rechts, nach welchen in bestimmten Fällen einstweilige Verfügungen erlassen werden können.

Nr. 4 äF. ist durch § 292 ersetzt; Nr. 5 **bis** 8 sind durch das BGB. mit Art. 201 EBG. gegenstandslos; vgl. Art. 89 bis 92 AZP. äF.; JW. 00[636] (Rückkehrbefehl) zu § 1567 Abs. 2 Nr. 2 BGB.

„Unberührt“: § 15 EZP. **Nr. 1**: Vgl. §§ 64, 65 RelEd. mit 15, 73 PersStG.; Art. 1, 166 XVI ABG.; 206, 231 Nr. 15 GebG.; Silbernagl S. 74, 149; ESt. 29[243]. — **Nr. 2 u. 3** beziehen sich auf das Landesprivatrecht (bestr. bzgl. Verfahren). Beisp. zu Nr. 2: § 889; AZP Art. 85 äF.; zu Nr. 3: Art. 11 ViehgewG.; 45 HypG.; 87 AZP.; E. 5[416]; Note zu § 940.

§ 17. I Die Beweiskraft eines Schuldscheins oder einer Quittung ist an den Ablauf einer Zeitfrist nicht gebunden.

II Abweichende Vorschriften des bürgerlichen Rechts über die zur Eintragung in das Grund- oder Hypothekenbuch bestimmten Schuldurkunden bleiben unberührt, soweit sie die Verfolgung des dinglichen Rechts betreffen.

§§ 415 ff.; BGB. 380, 405, 892, 1139, früher: § 47 HypG.; Ges. v. 26. März 1859 (GBl. 45); Art. 123, 235 AZP.; 295 HGB.; 166 XVI ABG. — Beweislast: E. 56[276].

§ 18. I Auf die Erledigung der vor dem Inkrafttreten der Zivilprozeßordnung anhängig gewordenen Prozesse finden bis zur rechtskräftigen Entscheidung die bisherigen Prozeßgesetze Anwendung.

II Der Landesgesetzgebung bleibt vorbehalten, die Zivilprozeßordnung auf die vor dem Inkrafttreten derselben anhängig gewordenen Prozesse für anwendbar zu erklären und zu dem Zwecke Übergangsbestimmungen zu erlassen.

Art. 225 ff. AZP.; 281 GebG. aF. mit § 1 KJ.: JMBl. 73[129] 75[253, 294]. — Zustellungen: § 166; Aktenausscheidung: JMBl. 70[226] 79[338]; vgl. §§ 14 ff. EGB. — Auf die Novellen zur ZPO. unanwendbar, Bl. 65[82].

Anhängk., RKraft (§ 19 EZP.), Umfang des Verf. bemißt sich nach ält. R.; auch Schiedsverf. (E. 15[357] S. 10[169] NS. 5[634]), Arreste, Mahnverf. hierher. — Vom Abs. 2 hat Bayern keinen Gebrauch gemacht, sondern nur die RKraft durch Unterwerfgsfiktion beschleunigt.

§ 19. I Rechtskräftig im Sinne dieses Gesetzes sind Endurteile, welche mit einem ordentlichen Rechtsmittel nicht mehr angefochten werden können.

II Als ordentliche Rechtsmittel im Sinne des vorstehenden Absatzes sind diejenigen Rechtsmittel anzusehen, welche an eine von dem Tage der Verkündung oder Zustellung des Urteils laufende Notfrist gebunden sind.

Art. 228 AZP.: hier gilt auch der altrechtl. Einspr. als RMittel (Art. 309 BPO.); die Unterwerfgsfiktion des Art. 228 Abs. 1 AZP. erstreckt sich aber auf Versll. nicht. — Notfrist: nach ZPO.; EndU.: nach ält. R. (TeilU. genügt nicht).

§ 20. I Gegen Endurteile, welche vor dem Tage des Inkrafttretens der Zivilprozeßordnung die Rechtskraft erlangt haben, sowie gegen Endurteile, welche in den vor diesem Tage anhängig gewordenen Prozessen nach demselben die Rechtskraft erlangen, finden als außerordentliche Rechtsmittel nur die Nichtigkeitsklage und die Restitutionsklage nach den Bestimmungen der Zivilprozeßordnung statt.

II Der Landesgesetzgebung bleibt vorbehalten, zu bestimmen, in welcher Instanz die Klagen gegen solche Endurteile zu erheben sind.

Art. 767 BPO.; 18 EBPO.; 229 AZP. — Frist: § 586; die Kl. sind statthaft, auch wenn nach früherem R. nicht vorgesehen, E. 9[358].

§ 21. I Eine vor dem Inkrafttreten der Zivilprozeßordnung anhängig gewordene Zwangsvollstreckung ist nach den bisherigen Prozeßgesetzen zu erledigen.

II Der Landesgesetzgebung bleibt vorbehalten, die Zivilprozeßordnung auf die vor dem Inkrafttreten derselben anhängig gewordenen Zwangsvollstreckungen für anwendbar zu erklären und zu dem Zwecke Übergangsbestimmungen zu erlassen.

Art. 230 AZP.; 189 SubhO.; 53 AGBO. §§ 15 EZVG.; 33 GSchrDV.; 79, 80 ZwVVorschr. f. GVollz. (JMBl. 79[1556]; 1 KZ.; vgl. Art. 20 EBPO.; mit 704 Note. — Beachtl. die landger. Zustdgk. für handelsgerichtl. Frdrgseinweisg. u. für Ganten (225, 231 AZP.).

Abs. 1. Anhängig: Art. 230 AZP.; praktisch nur noch Gehaltseinweisg. äR. Für Wsprkl., VertVers., formelle Einwdg. gilt solchenfalls das frühere Recht (S. 7[336] 9[347]), für Einziehgskl. gg. den Drittschld. die ZPO. (S. 10[426]). Keine Rückwirkg. der Pfdgsbeschrk. (S. 5[982] 8[415] JW. 03[243]); die Einstellg. neurechtl. ZwV. aus altrechtl., vor der RKraft vollziehbaren Titeln erfolgt bei RMitteleinleg. in den Formen der ZPO., aber materiell nach Maßgabe des ält. R. — **Abs. 2.** Hiervon hat Bayern keinen Gebrauch gemacht; nach Mot. zu Art. 228 AZP. bleiben die durch Pfdg. unter der BPO. erworbenen Rechte unberührt.

§ 22. Aus einer vor dem Inkrafttreten der Zivilprozeßordnung aufgenommenen Urkunde, aus welcher nach den bisherigen Gesetzen die Zwangsvollstreckung zulässig ist, findet dieselbe auch nach dem Inkrafttreten der Zivilprozeßordnung statt, jedoch nur innerhalb des Rechtsgebietes, in welchem die ihre Zulässigkeit bedingenden Gesetze gegolten haben, sofern nicht die Urkunde den Erfordernissen der Zivilprozeßordnung entspricht.

Art. 80 ält. NotG.; 821 ff., 884 ff. BPO.; 123, 137, 138, 139, 220 ff. AZP. äF.; VIII EAZP.; E. 10[37] RS. 4[121]. — Gemeint ist die Vollstreckungsfähigkeit der Urschrift; entspricht letztere dem § 794, so ist die landesrechtl. Urk. im ganzen Reich vollstreckbar (zB. Vergleich). — Form der vollstreckb. Ausf.: § 704 Note.

§ 23. I Insoweit Pfand- oder Vorzugsrechte, welche vor dem Inkrafttreten der Zivilprozeßordnung auf Grund eines Vertrags, einer letztwilligen Anordnung oder einer richterlichen Verfügung erworben oder in Bankstatuten den Banknoteninhabern rechtsgültig zugesichert sind, gegenüber einem Pfandrechte, welches durch eine nach dem Inkrafttreten der Zivilprozeßordnung bewirkte Pfändung begründet wird, zufolge des § 709 Abs. 2 der Zivilprozeßordnung ihre Wirksamkeit verlieren würden, kann die Landesgesetzgebung für die Forderung des Berechtigten das bisherige Vorrecht gewähren.

II Das Vorrecht kann nicht gewährt werden gegen eine zwei Jahre nach dem Inkrafttreten der Zivilprozeßordnung bewirkte Pfändung, wenn nicht das Vorrecht dadurch erhalten wird, daß dasselbe bis zum

Ablaufe der zwei Jahre zur Eintragung in ein öffentliches Register vorschriftsmäßig angemeldet ist. Der Erlaß von Vorschriften über die Einrichtung solcher Register, sowie über die Anmeldung und Eintragung der Forderungen bleibt der Landesgesetzgebung vorbehalten.

III Die vorstehenden Bestimmungen finden auf ein gesetzliches Pfand- oder Vorzugsrecht der Ehefrau des Schuldners für Forderungen, welche vor dem Inkrafttreten der Zivilprozeßordnung entstanden sind, entsprechende Anwendung.

Kein Vorrecht ggüber Konkursglb., E. 2[93] (bestr.) — In Bayern ist dieser Vorbehalt nicht ausgenützt: Art. 232, 234 AZP. haben nur ein für die ZPO. belangloses Vorrecht nach §§ 61 KO., 12, 13 EKO. geschaffen. — Vgl. Art. 228, 230 AZP. (Mot. 2 u. Note zu § 21 EZP.

***§ 24.** Unter Zustimmung des Bundesrats kann durch Anordnung des Reichskanzlers bestimmt werden, daß gegen einen ausländischen Staat sowie dessen Angehörige und ihre Rechtsnachfolger ein Vergeltungsrecht zur Anwendung gebracht wird.

§ 5 KO.; Art. 31 EBG.; 60 ABG. — Wichtigster Fall: § 328 Abs. 2; vgl. § 101 Österr. JurNorm. — Bisher nicht angewendet.

Einführungsgesetz

zu dem

Gesetze, betr. Aenderungen der Zivilprozeßordnung.

Vom 17. Mai 1898 (RGBl. S. 332).

Art. I. Das Gesetz, betreffend Änderungen der Zivilprozeßordnung, tritt gleichzeitig mit dem Bürgerlichen Gesetzbuch in Kraft.

Art. 1 EBG.: 1. Jan. 1900. — Rückwirkg. auf anhäng. Prozesse: Note zu Art. IX

Art. II. (Änderungen des EZP.: bereits in letzterem berücksichtigt. Eine Neufassung dieses Gesetzes, insbes. der Verweisungen, ist nicht erfolgt).

Art. III. (Änderung des Lohnbeschlagnahmegesetzes; vgl. Note zu § 850.)

Art. IV, V, VI, VII. (Änderungen des GKG., der GVGO., der ZSGO. u. der RAGO.)

Art. VIII. Die landesgesetzlichen Vorschriften über die Vollstreckbarkeit von Hypothekenurkunden bleiben in Ansehung der Hypotheken in Kraft, welche schon zu der Zeit bestehen, zu welcher das Grundbuch als angelegt anzusehen ist.

Art. 127 bis 139 AZP.; 42 SubhNov.; 52 AGBO.; 299 GebG.; 166 XVI ABG.; 24 ÜG.; §§ 21 ff. EZP.; 1 KJ.; Bl. 65[298 306]. — Vor Anlegung des Grundbuchs gilt noch § 766 Abs. 2 äF. weiter. — Die Rückverwig. in Art. 136 AZP. ist jetzt auf die neue Fassung der ZPO. zu beziehen (§ 1 Abs. 2 ErmächtG. v. 17. Mai 1898); vgl. § 801.

Art. IX. I Eine Frist, die zur Zeit des Inkrafttretens des Gesetzes, betreffend Änderungen der Zivilprozeßordnung, läuft, wird nach den bisherigen Vorschriften berechnet.

II Die Frist zur Erhebung des Widerspruchs gegen einen Zahlungsbefehl richtet sich nach den bisherigen Vorschriften, wenn der Zahlungsbefehl vor dem Inkrafttreten des im Abs. 1 bezeichneten Gesetzes erlassen ist.

Fristverkürzungen: §§ 262, 604 (Einlassungsfrist), 692 (Widerspruchsfrist gg. Zahlbefehl); Grund von Abs. 2: der Zahlbefehl enthält ausdrückl. die altrechtl. Frist. — Das EinfG. selbst ist nach Art. 2 RVerf. schon vor 1. Jan. 1900 in Kraft getreten; sof. Anwendbarkeit des neuen Prozeßrechts als jus publ. auch auf anhäng. Prozesse: E. 16[398] 18[316] 19[417] 46[172 344] 48[40 401] 49[65 106 254 429] 50[72] RE. 1[368 775] JW. 00[146] 01[330 346 401] 02[217 420] 03[122] Bl. 65[81 101 275] DJZ. 00[124 201]; Art. 161, 162, 178, 186, 213; Mot. BGB. 1[19]; ÜG. Art. 24, 98 ff. — Ausnahmen ergeben sich aus dem inneren Zusammenhang mit BGB. (insbes. Erbrecht) und GBO., sowie aus der Wirkung der Rechtsügk., (zB. bzgl. Zustdk.), Rechtskraft u. Bindung des Gerichts an seine End- u. Zwll. (zB. §§ 430, 467 äF.), aus der Natur der RMittel, endlich soweit die Prozeßgesetze in Wirklichkeit selbst materielles Recht enthalten (Art. 170 EBG.; zB. § 717 mit E. 49[64]); die Pfdgsausnahmen sind formales Prozeßrecht (bestr. vgl KGBl. 00[19] JW. 00[649] 03[243] RL. 9[128]). Soweit die Novelle nicht alsbald anwendbar, gilt die frühere Fassung fort.

Art. X. Für die zur Zeit des Inkrafttretens des Bürgerlichen Gesetzbuchs gemäß § 114 der Rechtsanwaltsordnung bei einem Oberlandesgerichte zugelassenen Rechtsanwälte kann diese Zulassung mit Zustimmung des Bundesrats von der Landesjustizverwaltung über den bezeichneten Zeitpunkt hinaus erstreckt werden.

OLG. Darmstadt; für Bayern gegenstandslos.

Gesetz, betreffend Aenderungen der Zivilprozeßordnung.

Vom 5. Juni 1905 (RGBl. S. 536).

Art. I. Die darin enthaltenen Aenderungen und Ergänzungen der Vorschriften über Revision (§§ 546, 547, 549, 552, 553, 553a, 554, 554a, 555, 556, 559, 561, 566), Beschwerde (§§ 567, 568, 569, 574, 577) und ZwVollstr. (§ 708 Nr. 3) sind bereits im Text berücksichtigt.

Art. II. Soweit in Reichsgesetzen auf Vorschriften der Zivilprozeßordnung verwiesen ist, welche durch den Artikel I dieses Gesetzes geändert werden, treten die entsprechenden Vorschriften dieses Gesetzes an ihre Stelle.

Vgl. zB. §§ 27 FGG., 78 GBO. (bzgl. Rev.); §§ 4, 16, 47, 48 GKG., 17 ZSGO., 12 RAGO., 60 BGB.; 42, 55, 66 GewGG., 16, 17 KfmGG., 73 KO., 96 ZVG., 35, 36 RAO., 41 KonsGG., 3 SchutzGG., 112 GenG. (bezgl. Beschw.). — Für landesrechtl. Verwfg., zB. Art. 73 AGB., Vdg. v. 22. Sept. 1879 (GVBl. 1283), Art. 39, 49 GebG. gilt die ält. Fassung weiter (JR. 05 [313]); anders § 1 Abs. 2 ErmächtG. v. 17. Mai 1898.

Art. III. Dieses Gesetz tritt mit dem Tage der Verkündigung in Kraft. In Ansehung der Rechtsmittel gegen die vor diesem Zeitpunkte bereits verkündeten oder von amtswegen zugestellten Entscheidungen der Oberlandesgerichte finden jedoch die bisherigen Vorschriften Anwendung.

„Mit": mit Beginn (JW. 05 [730]); Verkdg.: 9. Juni 1905. — Von da ab gilt insbes. bereits die Ergänzg. des § 708 Nr. 3 (JW. 05 [676]). — Soweit verkündete Entschdg. auch v. amtsw. zugestellt w. (vgl. §§ 625, 640, 641), bemißt sich das RMittel nur nach der Verkdg., JR. 05 [314].

Anhang.

Auszug aus dem

Gerichtsverfassungsgesetz.

Vom 27. Januar 1877 (RGBl. S. 41) in der Fassung vom 20. Mai 1898 (RGBl. S. 371) mit den Abänderungen vom 20. März 1905 (RGBl. S. 371) und 5. Juni 1905 (RGBl. S. 533).

Erster Titel.

Richteramt.

§ 1. Die richterliche Gewalt wird durch unabhängige, nur dem Gesetze unterworfene Gerichte ausgeübt.

VerfUrk. Tit. IV § 8; Tit. VII §§ 2, 30; Tit. VIII § 1 ff.; AGV. Art. 1 ff.; OrgVdg. v. 23. Aug. 1879 (GVBl. 1043) mit Vdg. v. 22. Mai 1890 (GVBl. 298) u. 24. Juni 1896 (GVBl. 303); Ges. v. 9. Juni 1899 (GVBl 223). — Anstellungsausschreibg.: RBl. 1809[921] 1824[662]. — Eid: VerfUrk. Tit. X § 3; AGV. Art. 2 bis 4; Vdg. v. 15. März 1850 (RBl. 241); JMBl. 71[356] ESt. 17[375]. — Definitivanstellung: VerfUrk. Tit. II § 18, IX. Beil. §§ 4, 23; Ges. v. 26. Okt. 1887 (GVBl. 625). — Religion: RG. v. 3. Juli 1869 (GBl. 70 71 Beil. S. 28). — Heimat: VerfUrk. Tit. IV §§ 4, 5; § 9 BuStAG.; Art. 2, 14, 42 HeimG.; 15 ArmG; 17 GmdO.; AdmBl. 53[119]. — Dienstwohnsitz (Nachbarorte): Art. 6 AGV.; MB. v 11. Sept. 1879 (GVBl. 1168) mit GVBl. 03[159]; GVG. § 113. — Uniform: RBl 1807[421] [555] 1809[10] §§ 7, 8, 16 OrgVdg.; GVBl. 86[658]; Dienstmütze: RBl. 58[617]. — Sitzungskleidung: § 35 OrgVdg.; JMBl. 79[1909] GVBl 81[613]. — Rang: RBl. 1800[128] 1808[2749] JMBl. 63[102] 64[150] [179] 69[135] GVBl. 03[715] (Weber VS. 32[624]); Dienstalter: JMBl. 80[249]. — Gehalt: Art. 80, 81 EBG.; 12 ABG.; vgl. §§ 7 ff. GVG.; 811, 850 ZPO.; 66 RMilG. mit JMBl. 79[178]; Vdg. v. 23. Juni 1864 (RBl. 737); Regulativ: Vdg. v. 11. Juni 1892 (GVBl. 241) mit JMBl. 04[171] 05[811]); Pension: IX. VerfBeil. §§ 18 ff.; Hauptlandespragm. Ziff. XXIV (RBl. 1805[225]); Versorgung: S. 14[673]; Pensionsgesuche: JMBl. 70[50] GVBl. 82[569] 88[532]; Auszahlg.: JMBl. 73[117] 00[1154] 01[173] 03[436] 04[293];

Hock 3[238]. — *Unterstützungsverein:* RBl. 65[983] GVBl. 88[241] 97[291] 00[592 1163] 02[733]. — *Anstellungstaxen* (Unterstützungsfondsabgaben): Vdg. v. 30. März 1881 (GVBl. 171) u. 11. Juni 1892 (GVBl. 212); Art. 238 GebG. mit KJ. § 71; JMBl. 81[189]. — *Tagegelder u. Reisekosten:* Vdg. v. 11. Febr. 1875 (GVBl. 105), 13. Juli 1892 (GVBl. 485); KJ. § 38: JMBl. 75[49] 80[123] 81[75] 82[257] 83[331] 85[150] 91[170]; Güterzugsbenützg.: JMBl. 98[119]; vgl. auch §§ 91 ZPO.; 167 GVG. — *Urlaub:* Vdg. v. 8. Juni 1904 (GVBl. 167); Vdg. v. 7. Jan. 1872 (RBl. 81) betr. Auslandreisen; Art 21 RVerf.; 35 LandTWahlG.; 7 RDiszG.; 3 GebG.; JMBl. 86[92]; wegen militär. Übg. (Anzeigepflicht) vgl. JMBl. 01[321]; Unabkömmlichkeit: GVBl. 79[1527]. — *Stellvertretung:* § 23 GVG.; Art. 19 ff., 32, 33, 40, 35, 57, 58, 64 AGB.; Liquidationen: JMBl. 82[2 357]. — *Meldeverfahren, Qualifikation:* JMBl. 81[297] 83[293] ff 86[76] 87[138] 91[48] 02[234 1074] 05[781]; vgl. Art. 36 LTWahlG. — *Umzugskosten:* Vdg. v. 20. Nov. 1902 (GVBl. 709) mit JMBl. 02[1034]. — *Verehelichg.:* § 1315 BGB.; Vdg. v. 28. Aug 1868 (RBl. 1633); JMBl. 99[1351]. — *Nebengeschäfte:* §§ 21 der IX. VerfBeil.; 12 GewO.; Art 1 RDiszG.; Vdg. v. 10. März 1868 (RBl. 449) mit JMBl. 68[245 258] § 51 LTAbschd. v. 28. April 1872 (GBl. 71 72[264]); § 1784 BGB.; Art. 173 GmdO.; S. 10[614] Bl. 50[84]; Grundbesitz: EVG. Art. 80; IX. VerfBeil. § 21 mit RBl. 18[987] Bl. 2[256] 9[317]; Jagdpacht: JMBl. 63[11]. — *Todesfälle:* Art. 106 ABG.; Vdg. v. 7. Dez. 1899 (GVBl. 1013); JMBl 83[308]. — *Dienstesverantwortlichkeit:* § 839 BGB.; Art. 60, 61 ABG.; §§ 331 ff., 32 ff. StGB.: Art. 103 ff. AStP.; vgl. JW. 03[133] Beil. — *Dienstaufsicht:* VerfUrk. Tit. X § 4; IX. VerfBeil. §§ 12 ff.; FormVdg. v. 9. Dez. 1825 § 9; MinVerantwG. v. 4. Juni 1848; § 152 GVG.; Art. 69 ff. AGB.; § 11 GBDA.; Art. 3 GebG. mit § 3 KJ.; JMB v. 11. Juli 1900 (JMBl. 997) u. 19. Juli 1905 (JMBl. 783); vgl. auch JMBl. 70[7] 79[540] 81[165] 88[271] 98[510]. — *Hausrecht der Behörden:* E. des B. KassH. 1[173]; *Zeitungsberichtigungen:* JMBl. 67[81]. — *Disziplinargesetz* v. 26. März 1881 (GVBl 183); Vollzugsvorschr.: GVBl. 81[613]; vgl. 97[296]; Art. 2 BRAGO. — *Gerichtsbezirke:* Art. 81 AGB. mit 7 GVG. v. 10. Nov. 1861; VerfUrk. Tit. VIII § 1; Art. 15, 33 LandRG.; 4 GmdO.; Vdg. v. 2. April 1879 (GVBl. 355); JMBl 81[362] 03[401] GVBl. 79[1480] 91[252]; *Bezirksänderungen:* GVBl. 79[1552] 80[507 635] 81[13 318 654] 83[160] 88[648] 89[667] 90[622 661] 91[430] 92[487] 94[316] 97[194 439] 98[5 616] 99[12 989 1017] 01[457] 02[693] 03[386 508] 04[89 527 535] (mit JMBl. 05[567]) 04[571] 05[78]; bayer. *Ortschaftsverzeichn.:* JMBl. 03[353]. — *Grenztafeln:* Krais HB. 1[19 162]; *Amtstafeln:* JMBl. 63[86] EH.; *Beflaggung:* JMBl. 00[1115]; *Beleuchtung:* JMBl. 05[568]; *Bureauaufschriften:* Hock 3[99]; *Dienstsiegel:* JMBl. 79[541] 83[333 392] 84[36] 85[400 461]; Note zu § 317 ZPO; *Bibliothek:* JMBl. 67[108] 68[27] 70[452] 71[157] 88[133] FinMBl. 68[20]; *Amtsblätter:* JMBl. 68[20 27 172] 73[90]; vgl. § 204 ZPO.; *Generalien:* JMBl. 66[321]. — *Geschäftsausweise:* JMBl. 00[1271] 05[30]. — *Regiewesen:* JMBl. 63[76 83] EH., 64[26] 68[145] 69[162 255] 70[485] 75[313] 80[153] 05[787]; vgl. Hock 3[62]. — *Extradition:* JMB. v. 1. Nov. 1862 (RBl. 2384, 2451), 28. Juli 1879 (JMBl. 338, 368), 10. Sept. 1879 (JMBl. 640). — *Dienerpersonal:* Vdg. v. 23. Aug 1879 (GVBl. 1043), 26. Juni 1894 (GVBl. 321) mit GVBl 03[716]; JMBl. 63[6 82 85 87] EH., 66[170] 71[104] 75[349] 77[182] 79[1580] 86[70] 87[69] 97[165] 01[3] 02[721] 04[89 171] 05[681] 06[127 182] FinMBl. 06[300]; Eid: JMBl. 63[14] EH., 66[169].

§ 2. I Die Fähigkeit zum Richteramte wird durch die Ablegung zweier Prüfungen erlangt.

II Der ersten Prüfung muß ein dreijähriges Studium der Rechtswissenschaft auf einer Universität vorangehen. Von dem dreijährigen Zeitraum sind mindestens drei Halbjahre dem Studium auf einer deutschen Universität zu widmen.

III Zwischen der ersten und zweiten Prüfung muß ein Zeitraum von drei Jahren liegen, welcher im Dienste bei den Gerichten und bei den Rechtsanwälten zu verwenden ist, auch zum Teil bei der Staatsanwaltschaft verwendet werden kann.

IV In den einzelnen Bundesstaaten kann bestimmt werden, daß der für das Universitätsstudium oder für den Vorbereitungsdienst bezeichnete Zeitraum verlängert wird, oder daß ein Teil des letzteren Zeitraums, jedoch höchstens ein Jahr, im Dienste bei Verwaltungsbehörden zu verwenden ist oder verwendet werden darf.

E. 4[427] ESt. 11[272] 13[408] 25[237] Bl. 59[368]. — §§ 149 GVG.; 22 EGV.; 40 RAO.; 116 ZPO.; 6, 7 EZV. — Vdg. v. 4. Juli 1899 (GVBl. 367); JMB. v. 6. Juli 1899 (JMBl. 194) u. Art. 3 GebG. mit § 3 KJ.; Vdg. v. 4. Jan. 1901 (JMBl. 31) mit JMB. v. 7. Jan. 1901 (JMBl. 54 u. JMBl. 07²). — Verehelichung: MB. v. 20. August 1868 (RBl. 1609) mit JMBl. 95[234]. Vgl. Note zu § 1 GVG. u. zu § 78 ZPO.; JMBl. 63[78] EH. (Schreibaversum), 68[19] (Stipendienzeugnisse), 68[31] (bezahlte Funktion) mit § 11 Vdg. v. 4. Jan. 1901. — **Abs. 1.** Keine Altersgrenze. — **Abs. 2.** Keine Dispens; deutsch: im Deutschen Reich. — **Abs. 3, 4.** In Bayern ein Jahr Verwaltgspraxis oblig.; dagegen keine Praxis bei der StAnwaltschaft vorgesehen.

§ 3. I Wer in einem Bundesstaate die erste Prüfung bestanden hat, kann in jedem anderen Bundesstaate zur Vorbereitung für den Justizdienst und zur zweiten Prüfung zugelassen werden.

II Die in einem Bundesstaate auf die Vorbereitung verwendete Zeit kann in jedem anderen Bundesstaate angerechnet werden.

§ 4. Zum Richteramte befähigt ist ferner jeder ordentliche öffentliche Lehrer des Rechts an einer deutschen Universität.

Vgl. § 138 StPO. — Deutsch: § 2. Staatskonkurs nicht nötig; auf Lehramtsdauer beschränkt (vgl. aber § 6). Auf außerordentl. Professoren, Privatdozenten nicht ausdehnbar.

§ 5. Wer in einem Bundesstaate die Fähigkeit zum Richteramte erlangt hat, ist, soweit dieses Gesetz keine Ausnahme bestimmt, zu jedem Richteramte innerhalb des Deutschen Reichs befähigt.

ESt. 11[272] 25[237]. — Vgl. § 127 (Reichsgericht).

§ 6. Die Ernennung der Richter erfolgt auf Lebenszeit.

§ 7. Die Richter beziehen in ihrer richterlichen Eigenschaft ein festes Gehalt mit Ausschluß von Gebühren.

Vgl. Note zu § 1 GVG. — Wohnungszuschuß u. Diäten, Nebenamtsbezüge sind zulässig; ausgeschlossen sind nur Parteigebühren (ESt. 3^{231}).

§ 8. ^{I} Richter können wider ihren Willen nur kraft richterlicher Entscheidung und nur aus den Gründen und unter den Formen, welche die Gesetze bestimmen, dauernd oder zeitweise ihres Amtes enthoben oder an eine andere Stelle oder in Ruhestand versetzt werden.

^{II} Die vorläufige Amtsenthebung, welche kraft Gesetzes eintritt, wird hierdurch nicht berührt.

^{III} Bei einer Veränderung in der Organisation der Gerichte oder ihrer Bezirke können unfreiwillige Versetzungen an ein anderes Gericht oder Entfernungen vom Amte unter Belassung des vollen Gehalts durch die Landesjustizverwaltung verfügt werden.

E. 19^{100} 27^{112} 29^{26} 49^{192} AdmBl. 48^{353}. — §§ 129, 131 GVG.; 13, 19, 21 EGV.; vgl. ferner die Noten zu §§ 1, 10 GVG. (Pensionsgesuche; Disziplinargesetz; Richter extr. st.) — Bei Versetzg. oder Pensionierg. bildet der richterl. Ausspruch nur die Grundlage der Verwaltgsverfüg.

§ 9. Wegen vermögensrechtlicher Ansprüche der Richter aus ihrem Dienstverhältnisse, insbesondere auf Gehalt, Wartegeld oder Ruhegehalt darf der Rechtsweg nicht ausgeschlossen werden.

E. $8^{151\ 350}$ $11^{73\ 289}$ 12^{48} 15^{51} 17^{106} 18^{173} 21^{79}. — §§ 29 der IX. VerfBeil.; 70 GVG.; 149 RBeamtG.; Art. 26 AGV.; vgl. §§ 547 ZPO.; EZP. 4; ferner die Note zu § 7 GVG.

§ 10. Die landesgesetzlichen Bestimmungen über die Befähigung zur zeitweiligen Wahrnehmung richterlicher Geschäfte bleiben unberührt.

E. 29^{222} ESt. 2^{30} 3^{231} 13^{408} 14^{154} 27^{343}. — VerfUrk. Tit. VIII § 3 u. IX. VerfBeil.; Art. 76 RDiszG. (nur Richter extra statum; keine unständigen Hilfsrichter); §§ 69, 122, 134, 152 GVG.; Art. 2 AGVO mit § 9 GVDA.; 28 Pfälz. LiegenschG.; 10 GrVAnlG. r/Rh.; ferner § 11 Vdg. v. 4. Jan. 1901 (GVBl. 53); JMBl. 01^{64}. — Die Vdg. v. 15. Okt. 1811 u. 29. Sept. 1812 über die Substitution durch gepr. Rechtsprakt. sind obsolut (OLG. München 19. Febr. 1890; vgl. RBl. 46^{211}); sonstige Geschäftsaushilfe: JMBl. 69^{3}.

§ 11. Auf Handelsrichter, Schöffen und Geschworene finden die Bestimmungen der §§ 2—9 keine Anwendung.

Zweiter Titel.
Gerichtsbarkeit.

§ 12. Die ordentliche streitige Gerichtsbarkeit wird durch Amtsgerichte und Landgerichte, durch Oberlandesgerichte und durch das Reichsgericht ausgeübt.

E. 10[295] 11[92] 33[61] 48[200] ESt. 7[404] 19[260]. — Gegensatz zur ordentl. streitigen Gerichtsb.: freiw., Sonder-, Verwaltgsgerichtsb., Justizverwaltg.; auch das BOLG. ist ein ordentl. Gericht in Streits. — Verbot der Kabinetsjustiz: Verfllrk. Tit. VIII § 4; der Aktenversendg: GO. Kap. XVI § 5; BG. v. 12. Juni 1869 § 12. — Bayer. Gerichtsverzeichnis: Note zu § 1 GVG.; Einfluß von Bezirksänderg. auf anhäng. Prozesse: § 263 ZPO. In Gerichtsgemeinschaft steht Bayern mit keinem anderen Bundesstaat; die Exklaven Ostheim u. Königsberg unterstehen den Gerichten ihres Staats (Sachsen-Weimar; Sachsen-Koburg-Gotha). — Außerhalb Bayern beachtlich die Errichtung e. OLG. in Düsseldorf, die Bezeichng. des OLG. Berlin als „Kammergericht" (Pr. GS. 79[587]) u die Berliner Gerichtsorganisation ab 1. Juni 1906: LG. I, II, III Berlin; AG. Berlin-Mitte (I), Berlin-Schöneberg (II), Berlin-Tempelhof (II), Rixdorf (II), Lichtenberg (II), Weißensee (III), Pankow (III), Berlin-Wedding (III), Charlottenburg (III), Groß-Lichterfelde (II); die LG. II u. III erstrecken sich daneben auf weitere Landbezirke. Außer diesen führen nur noch flgd. Gerichte Ordnungszahlen: LG. München I (AG. München I u. II), München II; AG. Darmstadt I, II. — Außerbayer. Gerichtsgemeinschaft: JW. 05[5].

§ 13. Vor die ordentlichen Gerichte gehören alle bürgerlichen Rechtsstreitigkeiten und Strafsachen, für welche nicht entweder die Zuständigkeit von Verwaltungsbehörden oder Verwaltungsgerichten begründet ist oder reichsgesetzlich besondere Gerichte bestellt oder zugelassen sind.

Vgl. die Noten zu §§ 1, 148, 274 ZPO. — Reichsgesetzlich bestellte Sondergerichte: GewerbeG., KaufmG., MilitärG., VersichergsschiedsG. (einschl. Reichs- u. Landesversicherungsamt), PrisenG. (bestr.). — Zugelassene Sondergerichte: § 14. — Bestr., ob die Konsular- u. SchutzgebietsG. ordentl. oder SonderG. Die letzteren sind zwar deutsche G., die Schutzgebiete selbst aber Ausland; Verzeichnis: Ostafrika, Südwestafrika, Kamerun, Togo, Neuguinea, Marschallinseln, Kiautschou, Karolinen-, Palau- u. Marianneninseln, Samoa.

§ 14. Als besondere Gerichte werden zugelassen:

1. die auf Staatsverträgen beruhenden Rheinschiffahrts- und Elbzollgerichte;
2. Gerichte, welchen die Entscheidung von bürgerlichen Rechtsstreitigkeiten bei der Ablösung von Gerechtigkeiten oder Reallasten, bei Separationen, Konsolidationen, Verkoppelungen, gutsherrlich-bäuerlichen Auseinandersetzungen und dergleichen obliegt;

3. Gemeindegerichte, insoweit denselben die Entscheidung über vermögensrechtliche Ansprüche obliegt, deren Gegenstand in Geld oder Geldeswert die Summe von sechzig Mark nicht übersteigt, jedoch mit der Maßgabe, daß gegen die Entscheidung der Gemeindegerichte innerhalb einer gesetzlich zu bestimmenden Frist sowohl dem Kläger wie dem Beklagten die Berufung auf den ordentlichen Rechtsweg zusteht, und daß der Gerichtsbarkeit des Gemeindegerichts, als Kläger oder Beklagter, nur Personen unterworfen werden dürfen, welche in der Gemeinde den Wohnsitz, eine Niederlassung oder im Sinne der §§ 16, 20 der Zivilprozeßordnung den Aufenthalt haben;
4. Gewerbegerichte.

A. **Auszug aus dem Gewerbegerichtsgesetz vom 29. Juli 1890 in der Fassung vom 29. Sept. 1901 (RGBl. S. 353).**

§ 1 Abs. 1. Für die Entscheidung von gewerblichen Streitigkeiten zwischen Arbeitern einerseits und ihren Arbeitgebern andererseits sowie zwischen Arbeitern desselben Arbeitgebers können Gewerbegerichte errichtet werden.

§ 3. I Als Arbeiter im Sinne dieses Gesetzes gelten diejenigen Gesellen, Gehilfen, Fabrikarbeiter und Lehrlinge, auf welche der siebente Titel der Gewerbeordnung Anwendung findet.

II Im gleichen gelten als Arbeiter im Sinne dieses Gesetzes Betriebsbeamte, Werkmeister und mit höheren technischen Dienstleistungen betraute Angestellte, deren Jahresarbeitsverdienst an Lohn oder Gehalt zweitausend Mark nicht übersteigt.

§ 4. I Die Gewerbegerichte sind ohne Rücksicht auf den Wert des Streitgegenstandes zuständig für Streitigkeiten:

1. über den Antritt, die Fortsetzung oder die Auflösung des Arbeitsverhältnisses sowie über die Aushändigung oder den Inhalt des Arbeitsbuchs, Zeugnisses, Lohnbuchs, Arbeitszettels oder Lohnzahlungsbuchs,
2. über die Leistungen aus dem Arbeitsverhältnisse,
3. über die Rückgabe von Zeugnissen, Büchern, Legitimationspapieren, Urkunden, Gerätschaften, Kleidungsstücken, Kautionen und dergleichen, welche aus Anlaß des Arbeitsverhältnisses übergeben worden sind,
4. über Ansprüche auf Schadensersatz oder auf Zahlung einer Vertragsstrafe wegen Nichterfüllung oder nicht gehöriger Erfüllung der Verpflichtungen, welche die unter Nr. 1 bis 3 bezeichneten Gegenstände betreffen, sowie wegen gesetzwidriger oder unrichtiger Eintragungen in Arbeitsbücher, Zeugnisse, Lohnbücher, Arbeitszettel, Lohnzahlungsbücher, Krankenkassenbücher oder Quittungskarten der Invalidenversicherung,
5. über die Berechnung und Anrechnung der von den Arbeitern zu leistenden Krankenversicherungsbeiträge und Eintrittsgelder (§ 53a, 65, 72, 73 des Krankenversicherungsgesetzes),
6. über die Ansprüche, welche auf Grund der Übernahme einer gemein-

samen Arbeit von Arbeitern desselben Arbeitgebers gegen einander erhoben werden.

II Streitigkeiten über eine Konventionalstrafe, welche für den Fall bedungen ist, daß der Arbeiter nach Beendigung des Arbeitsverhältnisses ein solches bei anderen Arbeitgebern eingeht oder ein eigenes Geschäft errichtet, gehören nicht zur Zuständigkeit der Gewerbegerichte.

§ 5. I Zur Zuständigkeit der Gewerbegerichte gehören ferner Streitigkeiten der im § 4 Abs. 1 Nr. 1 bis 5 bezeichneten Art zwischen Personen, welche für bestimmte Gewerbetreibende außerhalb der Arbeitsstätte der letzteren mit Anfertigung gewerblicher Erzeugnisse beschäftigt sind (Heimarbeiter, Hausgewerbetreibende), und ihren Arbeitgebern, sofern die Beschäftigung auf die Bearbeitung oder Verarbeitung der den ersteren von den Arbeitgebern gelieferten Rohstoffe oder Halbfabrikate beschränkt ist. Das Gleiche gilt von Streitigkeiten der im § 4 Abs. 1 Nr. 6 bezeichneten Art zwischen solchen Hausgewerbetreibenden unter einander.

II Streitigkeiten derjenigen Hausgewerbetreibenden, welche die Rohstoffe oder Halbfabrikate selbst beschaffen, unterliegen der Zuständigkeit der Gewerbegerichte, soweit dies durch das Statut bestimmt ist.

B. Auszug aus dem Gesetz betr. Kaufmannsgerichte vom 6. Juli 1904 (RGBl. S. 266).

§ 1 Abs. 1. Zur Entscheidung von Streitigkeiten aus dem Dienst- oder Lehrverhältnisse zwischen Kaufleuten einerseits und ihren Handlungsgehilfen oder Handlungslehrlingen andererseits können bei vorhandenem Bedürfnisse Kaufmannsgerichte errichtet werden.

§ 4. Auf Handlungsgehilfen, deren Jahresarbeitsverdienst an Lohn oder Gehalt den Betrag von fünftausend Mark übersteigt, sowie auf die in Apotheken beschäftigten Gehilfen und Lehrlinge finden die Vorschriften dieses Gesetzes keine Anwendung.

§ 5. Die Kaufmannsgerichte sind ohne Rücksicht auf den Wert des Streitgegenstandes zuständig für Streitigkeiten der im § 1 Abs. 1 bezeichneten Art, wenn die Streitigkeiten betreffen:

1. den Antritt, die Fortsetzung oder die Auflösung des Dienst- oder Lehrverhältnisses sowie die Aushändigung oder den Inhalt des Zeugnisses;
2. die Leistungen aus dem Dienst- oder Lehrverhältnisse;
3. die Rückgabe von Sicherheiten, Zeugnissen, Legitimationspapieren oder anderen Gegenständen, welche aus Anlaß des Dienst- oder Lehrverhältnisses übergeben worden sind;
4. die Ansprüche auf Schadensersatz oder Zahlung einer Vertragsstrafe wegen Nichterfüllung oder nicht gehöriger Erfüllung der Verpflichtungen, welche die unter Nr. 1 bis 3 bezeichneten Gegenstände betreffen, sowie wegen gesetzwidriger oder unrichtiger Eintragungen in Zeugnissen, Krankenkassenbücher oder Quittungskarten der Invalidenversicherung;
5. die Berechnung und Anrechnung der von den Handlungsgehilfen oder Handlungslehrlingen zu leistenden Krankenversicherungsbeiträge und Eintrittsgelder (§§ 53a, 65 des Krankenversicherungsgesetzes);
6. die Ansprüche aus einer Vereinbarung, durch welche der Handlungsgehilfe oder Handlungslehrling für die Zeit nach Beendigung des

Dienst- oder Lehrverhältnisses in seiner gewerblichen Tätigkeit beschränkt wird.

Vgl. §§ 1 ZPO.; 5, 7 EGV.; Art. 23 ff., 26 ff. GebG.; Art. 1 BRAGO. mit JMBl. 02[450] ff. — In Bayern außer den reichsgesetzlich bestellten GewG., KfmG. u. InnungsschiedsG. (vgl. §§ 81 ff., 91 ff., 100c GewO.; 84 GewGG.; GVBl. 97[355]) nur RheinschiffahrtsG.; Verhlt. der SonderG. zu einander: R. 05[214]. Kompetenzkonfliktsgesetze: § 17. — Die Gemeinden u. Universitäten sowie das MerkantilG. in Nürnberg haben ledigl. e. Vermittlungsamt (Art. 7 EGV., 12 AZP.).

§ 15. I Die Gerichte sind Staatsgerichte.

II Die Privatgerichtsbarkeit ist aufgehoben; an ihre Stelle tritt die Gerichtsbarkeit desjenigen Bundesstaates, in welchem sie ausgeübt wurde. Präsentationen für Anstellungen bei den Gerichten finden nicht statt.

III Die Ausübung einer geistlichen Gerichtsbarkeit in weltlichen Angelegenheiten ist ohne bürgerliche Wirkung. Dies gilt insbesondere bei Ehe- und Verlöbnissachen.

VerfUrk. Tit. IV §§ 8, 9, 31; Tit. VII § 21; Tit. VIII § 1; Tit. X §§ 4 ff.; Ges. v. 4. Juni 1848 (GBl. 97). — Thurn u. Taxis: ÜG. Art. 106. — Vgl. ferner §§ 147 EBG.; 7 EGV.; 41, 76 PersStG.; Konkordat Art. XIII; II. VerfBeil. §§ 38, 60, 64 ff., 73; ehegerichtl. geistl. Instanzen: Vdg. v. 7. Mai 1826 (RBl. 489), 27. Juni 1851 (RBl. 756) und Silbernagl Verf. § 82h (3. Instanz ist an die Erzbischöfe delegiert); päpstl. Taxen: Weber VS. 3[372]. — Verbot der Amtsexpektanzen: VerfUrk. Tit. III § 5 Abs. 4; E. 53[423].

§ 16. Ausnahmegerichte sind unstatthaft. Niemand darf seinem gesetzlichen Richter entzogen werden. Die gesetzlichen Bestimmungen über Kriegsgerichte und Standrechte werden hiervon nicht berührt.

VerfUrk. Tit. IV § 8; Schlußbestimmung zu Abschn. XI der RVerf.; Versaill. Vertrag III 5 Nr. VI; AStP. Art. 2 Nr. 1; BStGB. von 1813 Teil II Art. 441 ff.; RMStGO. v 1. Dez. 1898; vgl. auch §§ 7 EGV.; 7 RG. v. 22. April 1871 (RGBl. 87); RG. v. 30. Mai 1892 (RGBl 667); Art. 26 GebG. — Zu beachten der Unterschied zwischen Zivil- u. Militärstandgerichten. — Prorog., Teilg. der Streitsumme nicht verboten (§§ 39 ff., 91 ZPO.), wohl aber Delegation (vgl. § 36 ZPO.).

§ 17. I Die Gerichte entscheiden über die Zulässigkeit des Rechtswegs.

II Die Landesgesetzgebung kann jedoch die Entscheidung von Streitigkeiten zwischen den Gerichten und den Verwaltungsbehörden oder Verwaltungsgerichten über die Zulässigkeit des Rechtswegs besonderen Behörden nach Maßgabe der folgenden Bestimmungen übertragen:

1. Die Mitglieder werden für die Dauer des zur Zeit ihrer Ernennung von ihnen bekleideten Amts oder, falls sie zu dieser

Zeit ein Amt nicht bekleiden, auf Lebenszeit ernannt. Eine Enthebung vom Amte kann nur unter denselben Voraussetzungen wie bei den Mitgliedern des Reichsgerichts stattfinden.

2. Mindestens die Hälfte der Mitglieder muß dem Reichsgerichte oder dem obersten Landesgerichte oder einem Oberlandesgerichte angehören. Bei Entscheidungen dürfen Mitglieder nur in der gesetzlich bestimmten Anzahl mitwirken. Diese Anzahl muß eine ungerade sein und mindestens fünf betragen.

3. Das Verfahren ist gesetzlich zu regeln. Die Entscheidung erfolgt in öffentlicher Sitzung nach Ladung der Parteien.

4. Sofern die Zulässigkeit des Rechtswegs durch rechtskräftiges Urteil des Gerichts feststeht, ohne daß zuvor auf die Entscheidung der besonderen Behörde angetragen war, bleibt die Entscheidung des Gerichts maßgebend.

§§ 148, 274 ZPO.; 15 EZP.; 1 ff. MStGO. (Art. 10 ff. AGB. sind dadurch gegenstandslos); KompetenzkonfliktsG. v. 18. Aug. 1879 (GVBl. 991); §§ 49, 51 GSchrDV. — Beachtlich die Ausdehng. auf anderweitg. gerichtl. Geschäfte im Verhlt. zur Verwltg. (Art. 27 KKG.); die SonderG. u. die Behörden der freiw. Gerichtsb. haben keine Kompetenz-Kompetenz im Verhlt. zu den ordtl Gerichten, also insoweit Nachprüfg. durch letztere möglich (Ausnahme: §§ 28 GewGG, 16 KfmG.). — Keine Anregung des KK. durch Reichsbehörden oder ggüber dem ReichsG. (E. 48[495]); im übrigen genügt Anhängigk bei Gericht (GVBl. 03[III]); vgl. auch GVBl. 79[I] 85[I] 88[II] 89[I] 92[II] 99[I] 00[I] 02[I] (80[II] ist aufgegeben). — Bzgl. der von 1852 bis 1879 ergangenen Kompetenzkonfliktsentschdg. (460) vgl. die betr. Jahrgänge des RBl. (GVBl.) u. die Zusammenstellg. bei Weber VS. (Anhangband) — Kompetenzstreit unter den Ministerien, Beschw wegen Verletzg. v. Freiheit u. Eigentum bei Unzulässigk. des Rechtswegs (Staatsrat): Vdg. v. 3. Aug. 1879 § 7 (GVBl. 737).

§ 18. I Die inländische Gerichtsbarkeit erstreckt sich nicht auf die Chefs und Mitglieder der bei dem Deutschen Reiche beglaubigten Missionen. Sind diese Personen Staatsangehörige eines der Bundesstaaten, so sind sie nur insofern von der inländischen Gerichtsbarkeit befreit, als der Staat, dem sie angehören, sich der Gerichtsbarkeit über sie begeben hat.

II Die Chefs und Mitglieder der bei einem Bundesstaate beglaubigten Missionen sind der Gerichtsbarkeit dieses Staates nicht unterworfen. Dasselbe gilt von den Mitgliedern des Bundesrats, welche nicht von demjenigen Staate abgeordnet sind, in dessen Gebiete der Bundesrat seinen Sitz hat.

ESt. 3[70]. — §§ 15, 18, 203, 274, 382 ZPO. u. Register unter „Konsul, Missionen"; Art. 10 RVerf.; § 2 KonsGG.; Art. 20 ZollVVertrag; § 21 RBeamtG.; Art. 24 Int. SchiedsAbk. (RGBl. 01[410]). — JMBl. 65[60]

66^{18} 87^{279} 93^{75} 99^{515} 03^{243}. — Unverzichtbare Fiktion ausld. Wohnsitzes; keine Zustellg., ZwV oder Zeugniszwang; kein amtl. Zutritt zum Gesandtschaftsgebäude. Zulässigk. e. Widerkl. bestr. — Auch auf landesrechtl. Sachen anwendbar (Mot. AGB. 126).

§ 19. Auf die Familienglieder, das Geschäftspersonal der im § 18 erwähnten Personen und auf solche Bedienstete derselben, welche nicht Deutsche sind, finden die vorstehenden Bestimmungen Anwendung.

§ 20. Durch die Bestimmungen der §§ 18, 19 werden die Vorschriften über den ausschließlichen dinglichen Gerichtsstand in bürgerlichen Rechtsstreitigkeiten nicht berührt.

§ 21. Die im Deutschen Reiche angestellten Konsuln sind der inländischen Gerichtsbarkeit unterworfen, sofern nicht in Verträgen des Deutschen Reichs mit anderen Mächten Vereinbarungen über die Befreiung der Konsuln von der inländischen Gerichtsbarkeit getroffen sind.

ESt. $17^{51\ 71}$ JW. 88^{154}; NachlO. §§ 134 ff.; FinMBl. 99^{178}. — Konsuln: hier einschl. Wahlkonsuln: Verzeichnis der auswärtg. Konsuln in Bayern: JMBl. 06^{134}; der KonsVerträge des Reichs im Hauptsachreg. zum RGBl. — Direkter Verkehr: JMBl. 03^{243} 04^{2} 05^{5} u. bzgl. Rußland aut. JME. Nr. 14105 v. 7. April 1903. — Ausnahmen von der Gerichtsb. bestehen insbes. bzgl. Zeugenladg., Wohnungszutritt, Unverletzbarkeit der Archive, Personalhaft, Zuziehg. als Dolmetsch, Intervention bei angebl. Rechtsverweig. — Gerichtsb. über Deutsche Konsuln im Ausland: §§ 15, 16 ZPO.

Dritter Titel.

Amtsgerichte.

§ 22. I Den Amtsgerichten stehen Einzelrichter vor.

II Ist ein Amtsgericht mit mehreren Richtern besetzt, so wird einem derselben von der Landesjustizverwaltung die allgemeine Dienstaufsicht übertragen; ist die Zahl der Richter höher als fünfzehn, so kann die Dienstaufsicht zwischen mehreren von ihnen geteilt werden. Jeder Amtsrichter erledigt die ihm obliegenden Geschäfte als Einzelrichter.

E. 1^{233} ESt. 7^{404} 11^{163} 14^{154} 15^{212} S. 5^{792}. — §§ 100, 110 GVG.; Art. 15 bis 22, 69 AGB. mit Art. 167 ABG. u. Note zu § 1 GVG.; §§ 2 ff. OrgVdg. (Ober-Amtsrichter ev. OLGR., Amtsrichter); 3 RheinSchiffVdg.; 4, 11 GVDA.; 53 ff. GewGG.; 16 KfmGG. — Dienstaufsicht u. Geschäftsverteilung (sachlich oder örtlich): §§ 3, 36 OrgVdg.; JMB. v. 16. Sept. 1879 (JMBl. 928); AmtsG. München I: JMBl. 79^{1165} 00^{1173}. — Stellvertr. u. Liquidat.: § 1 GVG.

***§ 23.** Die Zuständigkeit der Amtsgerichte umfaßt in bürgerlichen Rechtsstreitigkeiten, soweit dieselben nicht ohne Rücksicht auf den Wert des Streitgegenstandes den Landgerichten zugewiesen sind:

1. Streitigkeiten über vermögensrechtliche Ansprüche, deren Gegenstand an Geld oder Geldeswert die Summe von dreihundert Mark nicht übersteigt;
2. ohne Rücksicht auf den Wert des Streitgegenstandes:

   Streitigkeiten zwischen dem Vermieter und dem Mieter oder Untermieter von Wohnräumen oder anderen Räumen oder zwischen dem Mieter und dem Untermieter solcher Räume wegen Überlassung, Benutzung oder Räumung, sowie wegen Zurückhaltung der von dem Mieter oder dem Untermieter in die Mietsräume eingebrachten Sachen;

   Streitigkeiten zwischen Dienstherrschaft und Gesinde, zwischen Arbeitgebern und Arbeitern hinsichtlich des Dienst- oder Arbeitsverhältnisses, sowie die im § 3 Abs. 1 des Gesetzes, betreffend die Gewerbegerichte, vom 29. Juli 1890 bezeichneten Streitigkeiten, insofern dieselben während der Dauer des Dienst-, Arbeits- oder Lehrverhältnisses entstehen;

   Streitigkeiten zwischen Reisenden und Wirten, Fuhrleuten, Schiffern, Flößern oder Auswanderungsexpedienten in den Einschiffungshäfen, welche über Wirtszechen, Fuhrlohn, Überfahrtsgelder, Beförderung der Reisenden und ihrer Habe und über Verlust und Beschädigung der letzteren, sowie Streitigkeiten zwischen Reisenden und Handwerkern, welche aus Anlaß der Reise entstanden sind;

   Streitigkeiten wegen Viehmängel;

   Streitigkeiten wegen Wildschadens;

   Ansprüche aus einem außerehelichen Beischlaf;

   das Aufgebotsverfahren.

§§ 2, 3 ff., 274, 709 ZPO.; 70, 202 GVG.; 111 GenG. (E. 32[397]). — Nur Klage, nicht Einrede hierher: Prorog. statthaft, E. 9[349]. — Die Gewerbestreitigk. unter Nr. 2 Abs. 2 gehören nur mangels e. GewG. zum AG. — Viehmängel: BGB. §§ 481 ff.; Kais. Vdg. v. 27. März 1899 (RGBl. 213); vgl. SA. 43[336 337] 52[112] Bl. 37[414]. Bestr., ob zB. Hundehandel hierher. — Wildschaden: BGB. § 835; EBG. Art. 69 ff.; ABG. Art. 144; Bay. Ges. v. 15. Juni 1850 (GBl. 185); Vdg. v. 11. Juli 1900 (GVBl. 693); Bl. 44[251]. Beachtl. die kurze Präklusivfrist (Art. 8a). — Außerehel. Beischlaf: Vaterschaft, Unterhalt (auch nach Anerkenntnis: E. 7[338] 12[368] 29[288]) sowie Wochenkosten u. Entschädig nach §§ 825, 1300 BGB. (bestr.); vgl. S. 15[45] RO. 5[86] Becher Mat. 2[501] sowie die Bem. zu §§ 32, 644 ZPO. — Aufgebot: §§ 946 ff.; EZP. 11; EGB. 3; AZP. Art. 29 ff.

§ 24. Im übrigen wird die Zuständigkeit und der Geschäftskreis der Amtsgerichte durch die Vorschriften dieses Gesetzes und der Prozeßordnungen bestimmt.

Vgl. die Note zu § 1 ZPO.

Vierter Titel.

Schöffengerichte.

§§ 25 bis 57 beziehen sich nur auf Strafsachen.

Fünfter Titel.

Landgerichte.

§ 58. Die Landgerichte werden mit einem Präsidenten und der erforderlichen Anzahl von Direktoren und Mitgliedern besetzt.

ESt. 2^{353} 3^{311}. — Art. 8, 26 bis 33 AGV.; § 2 OrgVdg. mit Vdg. v. 22. Mai 1890 (GVBl. 290): Landgerichtsräte ev OLGR.

§ 59. Bei den Landgerichten werden Zivil- und Strafkammern gebildet.

Zahl ist Verwaltgssache; KfHS.: § 101 GVG.

§ 60 (Untersuchungsrichter) bezieht sich nur auf Strafsachen.

§ 61. Den Vorsitz im Plenum führt der Präsident, den Vorsitz in den Kammern führen der Präsident und die Direktoren. Vor Beginn des Geschäftsjahres bestimmt der Präsident die Kammer, welcher er sich anschließt. Über die Verteilung des Vorsitzes in den übrigen Kammern entscheiden der Präsident und die Direktoren nach Stimmenmehrheit; im Falle der Stimmengleichheit gibt die Stimme des Präsidenten den Ausschlag.

E. 37^{248} ESt. 3^{310} 18^{9} ^{307} 27^{125}. — JMBl. 79^{630} (nur für den Übergang; § 4 Abs. 1 betr. gleichzeitige Zuteilg. zu mehreren Kammern u. § 6 Abs. 2 betr. Heranziehg. des UntersuchgsR. zur ZivilK. gelten praktisch auch jetzt noch); zu dieser Verteilg. wirkt der älteste Rat nicht mit. — Präsident: Art. 58, 80 NotG.; reichsrechtlich ist dem Plenum keine Funktion zugewiesen (vgl. JMBl. 00^{997}).

§ 62. I Vor Beginn des Geschäftsjahres werden auf die Dauer desselben die Geschäfte unter die Kammern derselben Art verteilt und die ständigen Mitglieder der einzelnen Kammern sowie für den Fall ihrer Verhinderung die regelmäßigen Vertreter bestimmt. Jeder Richter kann zum Mitgliede mehrerer Kammern bestimmt werden.

II Die getroffene Anordnung kann im Laufe des Geschäftsjahres nur geändert werden, wenn dies wegen eingetretener Überlastung einer Kammer oder infolge Wechsels oder dauernder Verhinderung einzelner Mitglieder des Gerichts erforderlich wird.

E. 47[380] 48[30] 53[4] ESt. 1[238] 2[51 195 311] 3[8 233 242 310] 9[387] 10[318] 18[9 307] 19[230] 20[385] 23[166] 25[391] 26[412] 28[215] 36[321]. Bl. 44[345] 50[189] JMBl. 79[630 1879] (Kalenderjahr) 81[415]. — Selbstverwaltg. der Gerichte; zuständig Präsidium (§ 63). — Verhinderg.: zB. Urlaub (ESt. 20[386]); vgl. JW. 05[760]; Aushilfskammer: ESt. 19[230]; momentane Behinderg.: §§ 64, 66: der Vorsitz regelt sich nach §§ 61, 65. — Keine Surrogation des Amtsnachfolgers. — Buchstabenverteilg.: ESt. 28[215]. — Unständige Mitgl. (zB. e. anderen Gerichts) als Aushilfe: §§ 10, 69 GVG. — Der Vorsitzd. der KfHS. wird vom Präsidenten allein bestimmt.

§ 63. I Die im vorstehenden Paragraphen bezeichneten Anordnungen erfolgen durch das Präsidium.

II Das Präsidium wird durch den Präsidenten als Vorsitzenden, die Direktoren und das dem Dienstalter nach, bei gleichem Dienstalter das der Geburt nach älteste Mitglied gebildet. Das Präsidium entscheidet nach Stimmenmehrheit; im Falle der Stimmengleichheit gibt die Stimme des Präsidenten den Ausschlag.

Vgl. §§ 69; GVO. 35. — Dienstalter: OrgVdg. § 36; JMBl. 80[249] (Ernennungstag; bei gleichzeitiger Ern. die dabei festgesetzte Reihenfolge). — Anordng. des Präsidenten allein nichtig, selbst bei nachträgl. Genehmig. des Präsidiums (ESt. 23[166] 37[59 301] 38[416]).

§ 64. Der Präsident kann bestimmen, daß einzelne Untersuchungen von dem Untersuchungsrichter, dessen Bestellung mit dem Ablaufe des Geschäftsjahres erlischt, zu Ende geführt werden, sowie daß in einzelnen Sachen, in welchen während des Geschäftsjahres eine Verhandlung bereits stattgefunden hat, die Kammer in ihrer früheren Zusammensetzung auch nach Ablauf des Geschäftsjahres verhandle und entscheide.

Bestimmung: auch formlos, zB. durch Selbstteilnahme an der betr. Sitzung, JW. 05[501].

§ 65. I Im Falle der Verhinderung des ordentlichen Vorsitzenden führt den Vorsitz in der Kammer dasjenige Mitglied der Kammer, welches dem Dienstalter nach und bei gleichem Dienstalter der Geburt nach das älteste ist.

II Der Präsident wird in seinen übrigen durch dieses Gesetz bestimmten Geschäften durch denjenigen Direktor vertreten, welcher dem Dienstalter nach und bei gleichem Dienstalter der Geburt nach der älteste ist.

Art. 32 AGB.: JMBl. 80[249]. — Verhinderg. generell im voraus für bestimmte Tage feststellbar (ESt. 25[389]), aber nicht für alle Sitzg. überhaupt (ESt. 38[416]). Der Vorsitz bleibt bei dem nächstältesten, dienstlich verfügbaren Kammermitglied, mag auch der aushelfende, der Kammer nicht ständig zugewiesene, Richter älter sein (ESt 1[238] 18[307] 23[100] 25[390]); der nur am Vorsitz verhinderte Direktor (zB. bei Heiserkeit) kann beisitzen, ESt. 3[310].

§ 66. Im Falle der Verhinderung des regelmäßigen Vertreters eines Mitgliedes wird ein zeitweiliger Vertreter durch den Präsidenten bestimmt.

E. 16[415] 29[228] 37[248] ESt. 1[276] 2[51] 3[236] 22[168] 23[166] 26[94] 32[283].

§ 67. Die Bestimmungen der §§ 61—66 finden auf die Kammern für Handelssachen keine Anwendung.

§ 68. Innerhalb der Kammer verteilt der Vorsitzende die Geschäfte auf die Mitglieder.

§ 69. I Soweit die Vertretung eines Mitgliedes nicht durch ein Mitglied desselben Gerichts möglich ist, erfolgt die Anordnung derselben auf den Antrag des Präsidiums durch die Landesjustizverwaltung.

II Die Beiordnung eines nicht ständigen Richters darf, wenn sie auf eine bestimmte Zeit erfolgte, vor Ablauf dieser Zeit, wenn sie auf unbestimmte Zeit erfolgte, solange das Bedürfnis, durch welches sie veranlaßt wurde, fortdauert, nicht widerrufen werden. Ist mit der Vertretung eine Entschädigung verbunden, so ist diese für die ganze Dauer im voraus festzustellen.

III Unberührt bleiben diejenigen landesgesetzlichen Bestimmungen, nach welchen richterliche Geschäfte nur von ständig angestellten Richtern wahrgenommen werden können, sowie diejenigen, welche die Vertretung durch ständig angestellte Richter regeln.

E. 29[228] ESt. 3[231] [236] 13[408] 18[307] 22[134] [168] 23[99] [119] [167] 26[94] 32[283]. — Art. 33 AGB.; vgl. §§ 10, 22, 122, 134 GVG. — Solche Vertr. ist erst statthaft, wenn auch Präs. u. Direktoren verhindert sind, ESt. 36[379]; Vorsitz: § 65 GVG.

§ 70. I Vor die Zivilkammern, einschließlich der Kammern für Handelssachen, gehören alle bürgerlichen Rechtsstreitigkeiten, welche nicht den Amtsgerichten zugewiesen sind.

II Die Landgerichte sind ohne Rücksicht auf den Wert des Streitgegenstandes ausschließlich zuständig:

1. für die Ansprüche, welche auf Grund des Gesetzes vom 1. Juni 1870 über die Abgaben von der Flößerei oder auf Grund des Gesetzes über die Rechtsverhältnisse der Reichsbeamten vom 31. März 1873 gegen den Reichsfiskus erhoben werden;
2. für die Ansprüche gegen Reichsbeamte wegen Überschreitung ihrer amtlichen Befugnisse oder wegen pflichtwidriger Unterlassung von Amtshandlungen.

III Der Landesgesetzgebung bleibt überlassen, Ansprüche der Staatsbeamten gegen den Staat aus ihrem Dienstverhältnisse, Ansprüche gegen den Staat wegen Verfügungen der Verwaltungsbehörden, wegen Verschuldung von Staatsbeamten und wegen Aufhebung von Privilegien, Ansprüche gegen Beamte wegen Überschreitung ihrer amtlichen Befugnisse oder wegen pflichtwidriger Unterlassung von Amtshandlungen, sowie Ansprüche in Betreff öffentlicher Abgaben ohne Rücksicht auf den Wert des Streitgegenstandes den Landgerichten ausschließlich zuzuweisen.

Vgl. die Note zu §§ 1, 97, 547 ZPO.; 13 GVG.; Art. 26 AGB. (in letzterem sind sämtliche in Abs. 2 aufgeführten Ansprüche dem LG. zugewiesen).

§ 71. Die Zivilkammern sind die Berufungs- und Beschwerdegerichte in den vor den Amtsgerichten verhandelten bürgerlichen Rechtsstreitigkeiten.

E. 11[73] S. 11[122 279 330] RS. 1[502]. — §§ 511, 567 ZPO.; 101, 160, 183 GVG.; 55 GewGG. 16 KfmGG.; Art. 27 AGB.

§§ 72 bis 76 beziehen sich nur auf Strafsachen; vgl. RG. v. 5. Juni 1905 (RGBl. 533).

§ 77. Die Kammern entscheiden in der Besetzung von drei Mitgliedern mit Einschluß des Vorsitzenden. Satz 2 bezieht sich nur auf Strafsachen.

§ 78 gilt nur für Strafsachen.

Sechster Titel.

Schwurgerichte.

§§ 79 bis 99 beziehen sich nur auf Strafsachen.

Siebenter Titel.

Kammern für Handelssachen.

§ 100. I Soweit die Landesjustizverwaltung ein Bedürfnis als vorhanden annimmt, können bei den Landgerichten für deren Bezirke oder für örtlich abgegrenzte Teile derselben Kammern für Handelssachen gebildet werden.

II Solche Kammern können ihren Sitz innerhalb des Landgerichtsbezirks auch an Orten haben, an welchen das Landgericht seinen Sitz nicht hat.

E. 23[371] 45[343] 48[28] JW. 06[143]. — Art. 1, 30 AGB.; 225 AZP., 37, 38 ÜG.; § 1 OrgVdg.; Vdg. v. 2. Sept. 1879 (GVBl. 1073) u. 7. Sept. 1891 (GVBl. 323); JMB. v. 13. Sept. 1879 (JMBl. 741); vgl. JMBl. 72[109]. — Organisationsänderg.: JMBl. 90[255] 91[187] 00[1201] 01[393]

02[728] 06[51]. — Akten u. Register: §§ 9, 13, 16, 29, 32, 37, 41 LGSchrG. — Die Handels- 2c. Register werden nunmehr von den AmtsG. geführt; Zusammenstellg. der bzgl. Vorschr.: JMBl. 99[789] ff.: vgl. ferner JMBl. 00[969] 01[35] 02[311 679] GBBl. 02[751] 03[5].

***§ 101.** Vor die Kammern für Handelssachen gehören nach Maßgabe der folgenden Vorschriften diejenigen den Landgerichten in erster Instanz zugewiesenen bürgerlichen Rechtsstreitigkeiten, in welchen durch die Klage ein Anspruch geltend gemacht wird:

1. gegen einen Kaufmann im Sinne des Handelsgesetzbuchs aus Geschäften, welche für beide Teile Handelsgeschäfte sind;
2. aus einem Wechsel im Sinne der Wechselordnung oder aus einer der im § 363 des Handelsgesetzbuchs bezeichneten Urkunden;
3. aus einem der nachstehend bezeichneten Rechtsverhältnisse:
   a) aus dem Rechtsverhältnisse zwischen den Mitgliedern einer Handelsgesellschaft oder zwischen dieser und ihren Mitgliedern oder zwischen dem stillen Gesellschafter und dem Inhaber des Handelsgeschäfts, sowohl während des Bestehens als auch nach Auflösung des Gesellschaftsverhältnisses, ingleichen aus dem Rechtsverhältnisse zwischen den Vorstehern oder den Liquidatoren einer Handelsgesellschaft und der Gesellschaft oder deren Mitgliedern;
   b) aus dem Rechtsverhältnisse, welches das Recht zum Gebrauche der Handelsfirma betrifft;
   c) aus den Rechtsverhältnissen, welche sich auf den Schutz der Warenbezeichnungen, Muster und Modelle beziehen;
   d) aus dem Rechtsverhältnisse, welches durch den Erwerb eines bestehenden Handelsgeschäfts unter Lebenden zwischen dem bisherigen Inhaber und dem Erwerber entsteht;
   e) aus dem Rechtsverhältnisse zwischen dem Prokuristen, Handlungsbevollmächtigten, Handlungsgehilfen oder Handlungslehrling und dem Inhaber des Handelsgeschäfts, sowie aus dem Rechtsverhältnisse zwischen einem Dritten und demjenigen, welcher wegen mangelnden Nachweises der Prokura oder Handlungsvollmacht haftet;
   f) aus den Rechtsverhältnissen des Seerechts oder des Rechts der Binnenschiffahrt, insbesondere aus denjenigen, welche sich auf die Reederei, auf die Rechte und Pflichten des Reeders oder Schiffseigners, des Korrespondentreeders und der Schiffsbesatzung, auf die Bodmerei und die Haverei, auf den Schadensersatz im Falle des Zusammenstoßes von

Schiffen, auf die Bergung und Hilfeleistung und auf die Ansprüche der Schiffsgläubiger beziehen.

§§ 23, 70 GVG.; 40 KonsGG.; 47 BörsenG.; 15 UnlWG.; 70 RStempelG.; 30, 125, 143, 147, 159, 161 FGG. mit EF. 6[406]; 16, 30 PrVersG. — Die KfHS. ist im Bereich ihrer Zustdk. auch ProzeßG. (zB. nach 767 ZPO.) u. ArrestG. (auch vor Klageinreichg., bstr.), nicht aber RMittelG. in Vereinssachen (EF. 5[188]), für GewerbeG. u. KaufmG. oder VollstrG. — Für Handelss. vor AG. u. OLG. gelten lediglich die allg. Vorschr. betr. Gerichtsbesetzg. u. Verfahren. — **Nr. 1.** Kfm.: §§ 1 bis 7 HGB.: auch Minderkfm., Privathandelsmäkler. — Teile: Kontrahenten; Registereintrag (außer § 2 HGB.) belanglos; vgl. § 104 GVG. Beachtl., daß nach § 343 HGB. beide Kontrahenten Kaufleute sein müssen, damit e. Handelsgeschäft vorliegt. Ist e. streitgen. Bekl. nicht Kaufmann, so ist die ZivilK. zustdg. — **Nr. 2.** Auch im ordtl. Prozeß zwischen Nichtkaufleuten. — **Nr. 3.** a) Nicht hierher Minderkaufleute, eingetr. Gen., Gelegenheitsgesellschaft (nur Nr. 1 maßgbd.). — Zu lit. c vgl. jetzt KfmGG. Versichergs.-, Patent-, Haftpflichtsachen, Konkursfeststellg. gehören zur ZivilK.

***§ 102.** I Die Verhandlung des Rechtsstreits erfolgt vor der Kammer für Handelssachen, wenn der Kläger dies in der Klageschrift beantragt hat.

II In den Fällen der §§ 505, 506 der Zivilprozeßordnung hat der Kläger den Antrag auf Verhandlung vor der Kammer für Handelssachen in der mündlichen Verhandlung vor dem Amtsgerichte zu stellen.

Abs. 1. Sonst vor ZivilK.; späterer Antrag unbeachtlich (vgl. § 104 GVG.). — Einlassgsfrist wie gewöhnl. — **Abs. 2.** Ob die KfHS. wirklich zustdg., prüft nur letztere (nicht das AG.).

§ 103. I Wird vor der Kammer für Handelssachen eine vor dieselbe nicht gehörige Klage zur Verhandlung gebracht, so ist der Rechtsstreit auf Antrag des Beklagten an die Zivilkammer zu verweisen.

II Gehört die Klage oder die im Falle des § 506 der Zivilprozeßordnung erhobene Widerklage als Klage nicht vor die Kammer für Handelssachen, so ist diese auch von amtswegen befugt, den Rechtsstreit an die Zivilkammer zu verweisen, solange nicht eine Verhandlung zur Hauptsache erfolgt und auf dieselbe ein Beschluß verkündet ist. Die Verweisung von amtswegen kann nicht aus dem Grunde erfolgen, daß der Beklagte nicht Kaufmann ist.

E. 7[387] S. 14[531]. — Hpts (Abs. 2): nicht prozeßh. Einr. — Entscheidgsform (u. U. nach Beweiserhebg.): Beschluß; falls unter den Parteien hierüber Streit: ZwischenU. — Kein RMittel (§ 107); kein Prorog. auf KfHS. — Akten u. Register: §§ 13, 28 LGSchrG.

§ 104. I Wird vor der Zivilkammer eine vor die Kammer für Handelssachen gehörige Klage zur Verhandlung gebracht, so ist der

Rechtsstreit auf Antrag des Beklagten an die Kammer für Handelssachen zu verweisen. Ein Beklagter, welcher nicht in das Handelsregister eingetragen ist, kann den Antrag nicht darauf stützen, daß er Kaufmann ist.

II Der Antrag ist zurückzuweisen, wenn die im Falle des § 506 der Zivilprozeßordnung erhobene Widerklage als Klage vor die Kammer für Handelssachen nicht gehören würde.

III Zu einer Verweisung von amtswegen ist die Zivilkammer nicht befugt.

IV Die Zivilkammer ist zur Verwerfung des Antrags auch dann befugt, wenn der Kläger demselben zugestimmt hat.

ROHG. 19[38] S. 14[432]. — **Abs.** 3: anders KfHS. nach § 103 Abs. 2 GVG. — **Abs.** 4: u. U. Rechtspflicht.

§ 105. I Wird in einem bei der Kammer für Handelssachen anhängigen Rechtsstreite die Klage in Gemäßheit des § 280 der Zivilprozeßordnung durch den Antrag auf Feststellung eines Rechtsverhältnisses erweitert oder eine Widerklage erhoben und gehört die erweiterte Klage oder die Widerklage als Klage nicht vor die Kammer für Handelssachen, so ist der Rechtsstreit auf Antrag des Gegners an die Zivilkammer zu verweisen.

II Unter der Beschränkung des § 103 Abs. 2 ist die Kammer zu der Verweisung auch von amtswegen befugt. Diese Befugnis tritt auch dann ein, wenn durch eine Klagänderung ein Anspruch geltend gemacht wird, welcher nicht vor die Kammer für Handelssachen gehört.

E. 7[387]. — Vgl. §§ 33, 264, 268 ff., 280 ZPO. — Rückverweisg. solchenfalls möglich.

§ 106. I Der Antrag auf Verweisung des Rechtsstreits an eine andere Kammer ist nur vor der Verhandlung des Antragstellers zur Sache zulässig.

II Über den Antrag ist vorab zu verhandeln und zu entscheiden.

Abs. 1. Vgl. §§ 137, 275 ZPO. — **Verhdlg.** z. Sache: auch prozeßh. Einr., JW. 91[465]. — Anträge nach § 102 GVG. nicht hierher. — **Abs. 2.** ZwischenU.

§ 107. Gegen die Entscheidung über die Verweisung eines Rechtsstreits an die Zivilkammer oder an die Kammer für Handelssachen findet kein Rechtsmittel statt. Erfolgt die Verweisung an eine andere Kammer, so ist diese Entscheidung für die Kammer, an welche der Rechtsstreit verwiesen wird, bindend. Der Termin zur weiteren mündlichen Verhandlung wird von amtswegen bestimmt und den Parteien bekannt gemacht.

Satz 1. Auch Ablehng. der Verweisg., JW. 86[225]; vgl. auch §§ 505, 506, 551 ZPO. — Satz 2 hindert nicht anderweit. Entscheidg. zufolge Erhebg. neuer Ansprüche. — Satz 3 meint den ersten Termin des Vorsitzd. der neubefaßten Kammer.

§ 108. Bei der Kammer für Handelssachen kann ein Anspruch in Gemäßheit des § 64 der Zivilprozeßordnung nur dann geltend gemacht werden, wenn der Rechtsstreit nach den Bestimmungen des § 101 vor die Kammer für Handelssachen gehört.

Rechtsstreit: Hauptinterv.: die VollstrInterv. (§ 771 ZPO.) gehört nach gem. M. nie zur KfHS.

§ 109. I Die Kammern für Handelssachen entscheiden in der Besetzung mit einem Mitgliede des Landgerichts als Vorsitzenden und zwei Handelsrichtern.

II Sämtliche Mitglieder der Kammer für Handelssachen haben gleiches Stimmrecht.

III In Streitigkeiten, welche sich auf das Rechtsverhältnis zwischen Reeder oder Schiffer und Schiffsmannschaft beziehen, kann die Entscheidung durch den Vorsitzenden allein erfolgen.

§ 33 LGSchrG. — Den Vorsitzd. bestimmt der LGPräsident; Zuziehg. der HR. auch außerhalb der mV. (zB. eV.). — Durch Abs. 3 wird der Anwaltszwang nicht berührt; vgl. §§ 520 HGB.; 2, 12, 27 SeemO.

§ 110. Im Falle des § 106 Abs. 2 kann ein Amtsrichter Vorsitzender der Kammer für Handelssachen sein.

ESt. 18[307]. — Verfahren u. Instanzenzug wird dadurch nicht berührt; vgl. § 109 Abs. 3 GVG.

§ 111. Das Amt der Handelsrichter ist ein Ehrenamt.

Auch kein Ersatz der Reisekosten.

§ 112. Die Handelsrichter werden auf gutachtlichen Vorschlag des zur Vertretung des Handelsstandes berufenen Organs für die Dauer von drei Jahren ernannt; eine wiederholte Ernennung ist nicht ausgeschlossen.

Keine Übernahmepflicht; Jahr: Kalenderjahr. — Vgl. Note zu § 101 GVG.

***§ 113.** I Zum Handelsrichter kann jeder Deutsche ernannt werden, welcher das dreißigste Lebensjahr vollendet hat und als Kaufmann, als Vorstand einer Aktiengesellschaft, als Geschäftsführer einer Gesellschaft mit beschränkter Haftung oder als Vorstand einer sonstigen juristischen Person in das Handelsregister eingetragen ist oder eingetragen war.

II Zum Handelsrichter soll nur ernannt werden, wer in dem Bezirke der Kammer für Handelssachen wohnt oder, wenn er als Kaufmann in das Handelsregister eingetragen ist, dort eine Handelsniederlassung hat; bei Personen, die als Vorstand einer Aktiengesellschaft, als Geschäftsführer einer Gesellschaft mit beschränkter Haftung oder als Vorstand einer sonstigen juristischen Person in das Handelsregister eingetragen sind, genügt es, wenn die Gesellschaft oder juristische Person eine Niederlassung in dem Bezirke hat.

III Personen, welche infolge gerichtlicher Anordnung in der Verfügung über ihr Vermögen beschränkt sind, können nicht zu Handelsrichtern ernannt werden.

Abs. 1, 2. Fassg. des RG. v. 20. März 1905 (RGBl. 179). — Zeitpkt. der Ernenng. maßgebend; Angehörigk z. betr. Bundesstaat nicht forderbar. — Prokuristen, Handlgsbevollm. nicht hierher. — **Abs. 3.** zB. Entmündg., Konkurs; nicht Arrest.

§ 114. An Seeplätzen können Handelsrichter auch aus dem Kreise der Schiffahrtskundigen ernannt werden.

Vgl. § 2 SeemO. (Kapitäne u. Mannschaften). — Zustdk auf Seeschiffahrt nicht beschränkt.

§ 115. Die Handelsrichter sind vor ihrem Amtsantritte auf die Erfüllung der Obliegenheiten des ihnen übertragenen Amts eidlich zu verpflichten.

Norm landesrechtlich (Art. 1 AGV.); vgl. Note zu § 1 GVG

§ 116. Die Handelsrichter haben während der Dauer ihres Amts in Beziehung auf dasselbe alle Rechte und Pflichten richterlicher Beamten.

§ 11 GVG.; Art. 78 RDiszG.; vgl. §§ 41 ff. ZPO.

§ 117. I Ein Handelsrichter ist seines Amtes zu entheben, wenn er eine für die Ernennung erforderlichen Eigenschaften nachträglich verliert.

II Die Enthebung erfolgt durch den ersten Zivilsenat des Oberlandesgerichts nach Anhörung des Beteiligten.

Abs. 1 nicht erschöpfend; Enthebg. auf eigenes Ansuchen nur durch ernennende Stelle. — **Abs. 2.** Verfahren nicht näher geregelt; vgl. § 128 ZPO. — Kein Rechtsmittel.

§ 118. Über Gegenstände, zu deren Beurteilung eine kaufmännische Begutachtung genügt, sowie über das Bestehen von Handelsgebräuchen kann die Kammer für Handelssachen auf Grund eigener Sachkunde und Wissenschaft entscheiden.

Hierher nur Usancen, nicht GewohnheitsR. (§ 293 ZPO.), E. 44[34]; keine formelle Bindg. des BerufsG., E. 2[384] 10[92].

Achter Titel.

Oberlandesgerichte.

§ 119. Die Oberlandesgerichte werden mit einem Präsidenten und der erforderlichen Anzahl von Senatspräsidenten und Räten besetzt.

Art. 36 bis 40 AGB.; §§ 9 ff. EGB.; 41 RAO.; 42 GBO.; vgl. Note zu § 1 ZPO.

§ 120. Bei den Oberlandesgerichten werden Zivil- und Strafsenate gebildet.

§ 121. Die Bestimmungen der §§ 61—68 finden mit der Maßgabe Anwendung, daß zu dem Präsidium stets die beiden ältesten Mitglieder des Gerichts zuzuziehen sind.

ESt. 1[238]. — Art. 38 AGB; vgl. § 565 ZPO.

§ 122. Zu Hilfsrichtern dürfen nur ständig angestellte Richter berufen werden.

§ 123. Die Oberlandesgerichte sind zuständig für die Verhandlung und Entscheidung über die Rechtsmittel:

1. der Berufung gegen die Endurteile der Landgerichte in bürgerlichen Rechtsstreitigkeiten;

Nr. 2 u. 3 beziehen sich nur auf Strafsachen.

4. der Beschwerde gegen Entscheidungen der Landgerichte in bürgerlichen Rechtsstreitigkeiten;

Nr. 5 betrifft nur Strafsachen.

§ 124. Die Senate der Oberlandesgerichte entscheiden in der Besetzung von fünf Mitgliedern mit Einschluß des Vorsitzenden.

Art. 38 AGB.; 10 EGB. — Keine Zuziehg. von Handelsrichtern.

Neunter Titel.

Reichsgericht.

§ 125. Der Sitz des Reichsgerichts wird durch Gesetz bestimmt.

RG. v. 11. April 1877 (RGBl. 415): Leipzig. — Geschäftsordnung: JMBl. 80[126] 86[249]. — Zustellungspersonal: JMBl. 83[220]. — Dienstlicher Verkehr: JMBl. 80[317] 99[329] aut. JME. v. 30. April 1883 u. 24. Febr. 1890. — Kosten: §§ 91, 545 ZPO.

§ 126. Das Reichsgericht wird mit einem Präsidenten und der erforderlichen Anzahl von Senatspräsidenten und Räten besetzt.

§§ 127 bis 131 betreffen die Dienstverhältnisse der Mitglieder des Reichsgerichts.

§ 132. Bei dem Reichsgerichte werden Zivil- und Strafsenate gebildet. Die Zahl derselben bestimmt der Reichskanzler.

§ 133. Die Bestimmungen der §§ 61—68 finden mit der Maßgabe Anwendung, daß zu dem Präsidium die vier ältesten Mitglieder des Gerichts zuzuziehen sind.

§ 134. Die Zuziehung von Hilfsrichtern ist unzulässig.

§ 135. In bürgerlichen Rechtsstreitigkeiten ist das Reichsgericht zuständig für die Verhandlung und Entscheidung über die Rechtsmittel:

1. der Revision gegen die Endurteile der Oberlandesgerichte;
2. der Beschwerde gegen Entscheidungen der Oberlandesgerichte.

Vgl. die Noten zu §§ 1, 545, 567 ZPO. mit E. 55[138].

§ 136 betrifft die Zuständigkeit in Strafsachen.

§ 137. I Will in einer Rechtsfrage ein Zivilsenat von der Entscheidung eines anderen Zivilsenats oder der vereinigten Zivilsenate, oder ein Strafsenat von der Entscheidung eines anderen Strafsenats oder der vereinigten Strafsenate abweichen, so ist über die streitige Rechtsfrage im ersteren Falle eine Entscheidung der vereinigten Zivilsenate, im letzteren Falle eine solche der vereinigten Strafsenate einzuholen.

II Einer Entscheidung der Rechtsfrage durch das Plenum bedarf es, wenn ein Zivilsenat von der Entscheidung eines Strafsenats oder der vereinigten Strafsenate, oder ein Strafsenat von der Entscheidung eines Zivilsenats oder der vereinigten Zivilsenate, oder ein Senat von der früher eingeholten Entscheidung des Plenums abweichen will.

III Die Entscheidung der Rechtsfrage durch die vereinigten Senate oder das Plenum ist in der zu entscheidenden Sache bindend. Sie erfolgt in allen Fällen ohne vorgängige mündliche Verhandlung.

IV Vor der Entscheidung der vereinigten Strafsenate oder derjenigen des Plenums, sowie in Ehe- und Entmündigungssachen und in Rechtsstreitigkeiten, welche die Feststellung des Rechtsverhältnisses zwischen Eltern und Kindern oder die Anfechtung einer Todeserklärung zum Gegenstande haben, ist der Ober-Reichsanwalt mit seinen schriftlichen Anträgen zu hören.

V Soweit die Entscheidung der Sache eine vorgängige mündliche Verhandlung erfordert, erfolgt dieselbe durch den erkennenden Senat auf Grund einer erneuten mündlichen Verhandlung, zu welcher die Prozeßbeteiligten von amtswegen unter Mitteilung der ergangenen Entscheidung der Rechtsfrage zu laden sind.

Art. 167 XXV ABG. mit § 10 EGB.; Art. 43 BGHG.; §§ 28, 30 FGG.; 81 GBO.; 23 RVAGG.; 17 UnfVersÄG.; Art. 235 AZP. — Auch Beschlüsse hierher; maßgebend stets nur Abweichg. von wesentl. Grundlage der Entschdg., E. 31[154] 44[263] 45[23] DJZ 06[347]; dem näml. Senat steht die Abweichg. ohne weiteres frei. — Bish. Entschdg. der VZS. im Gebiet der ZPO.: E. 1[431] 7[383 421] 10[33 309] 16[291 396] 17[392] 19[416] 21[329 382 420] 24[373] 27[385 402] 28[401] 31[1 9] 33[1] 41[400 427] 42[419] 44[403 409] 45[402] 48[195 409 417 423] 51[1 7 11] 55[345] 57[307 310] 60[273].

§ 138 betrifft nur Strafsachen.

§ 139. I Zur Fassung von Plenarentscheidungen und von Entscheidungen der vereinigten Zivil- oder Strafsenate, sowie der beiden vereinigten Strafsenate ist die Teilnahme von mindestens zwei Dritteilen aller Mitglieder mit Einschluß des Vorsitzenden erforderlich.

II Die Zahl der Mitglieder, welche eine entscheidende Stimme führen, muß eine ungerade sein. Ist die Zahl der anwesenden Mitglieder eine gerade, so hat derjenige Rat, welcher zuletzt ernannt ist, und bei gleichem Dienstalter derjenige, welcher der Geburt nach der jüngere ist, oder, wenn dieser Berichterstatter ist, der nächst ältere kein Stimmrecht.

§ 140. Die Senate des Reichsgerichts entscheiden in der Besetzung von sieben Mitgliedern mit Einschluß des Vorsitzenden.

§ 141. Der Geschäftsgang wird durch eine Geschäftsordnung geregelt, welche das Plenum auszuarbeiten und dem Bundesrat zur Bestätigung vorzulegen hat.

Zehnter Titel.

Staatsanwaltschaft.

§§ 142 bis 153 (für Zivilsachen von geringer Bedeutung).

Elfter Titel.

Gerichtsschreiber.

§ 154. Bei jedem Gerichte wird eine Gerichtsschreiberei eingerichtet. Die Geschäftseinrichtung bei dem Reichsgerichte wird durch den Reichskanzler, bei den Landesgerichten durch die Landesjustizverwaltung bestimmt.

E. 16[304] 48[200] ESt. 11[138]. — §§ 49, 102 ZPO.; 162, 192 GVG.; Art. 59 ff. AGB.; §§ 23 GewGG.; 16 KfmGG.; 16 KonsGG.; 81 RAO.; 10 GBDA.; JMBl. 05[587]. — OrgVdg. §§ 17 bis 26, 35, 38 ff.; Vdg. v. 6. Sept. 1879 (GVBl. 1110), 17. Mai 1890 (GVBl. 255), 12. Juni 1892 (GVBl. 267), 24. Juni 1896 (GVBl. 303); hinsichtl. des nicht pragm., statusmäßigen Personals vgl. Vdg. v. 26. Juni 1894 (GVBl. 321). — *Titulatur*: GVBl. 81[357] 90[255] 92[267 601] 06[182]. — *Prüfungsvorschriften*: JMBl. 80[21 25 37] 81[57] 83[27] 86[112] 89[35]. — Qualifikation: JMBl. 80[36 86 294] 88[107] 91[137]. — Weitere Dienstesvorschr. finden sich insbes. in der NachlaßO., VormO., GBDA., sowie den Bekanntmachg. über die Registerführg. — Rechtsprakt.: JMBl. 01[63]; Finanzdienstbewerber: JMBl. 05[645]. — Wegen des Hilfspersonals vgl. noch JMBl. 64[283] 80[153] 83[68 225] 87 [151] 88[60 107] 90 [85] 91[133 143] 92[132 225] 94[54] 95[129] 96 [219] 01[3 206] 02[679] 06[6]. — Stenographiekunde: JMBl. 97[115]. — Dienstesvorschriften: JMB. v 14 Sept 1879 (JMBl. 743; insbes. §§ 52 ff. beachtlich); für Zivilsachen teilweise ersetzt durch JMB v 30. Dez 1901 (JMBl. 02[1]); vgl. auch JMBl. 05[27] u. bzgl Zustellg. v. amtsw. § 208 ZPO. — Kostenwesen: Note zu § 91; Regie: Note zu § 1 GBG.; Einziehung der Schreibgebühren zur Staatskasse: GVBl. 92[160, 267] JMBl. 92[131 226 290] 93[14 59 273 322] 94[163] 01[175]; Urlaub, Stellvertr. der rechngsf. Sekr.: JMBl. 76[304 362].

Zwölfter Titel.

Zustellungs- und Vollstreckungsbeamte.

§ 155. Die Dienst- und Geschäftsverhältnisse der mit den Zustellungen, Ladungen und Vollstreckungen zu betrauenden Beamten (Gerichtsvollzieher) werden bei dem Reichsgerichte durch den Reichskanzler, bei den Landesgerichten durch die Landesjustizverwaltung bestimmt.

Vgl. die Note zu §§ 166, 753 ZPO.; 125 GVG.

§ 156. Der Gerichtsvollzieher ist von der Ausübung seines Amts kraft Gesetzes ausgeschlossen:

I. in bürgerlichen Rechtsstreitigkeiten:

1. wenn er selbst Partei oder gesetzlicher Vertreter einer Partei ist, oder zu einer Partei in dem Verhältnisse eines Mitberechtigten, Mitverpflichteten oder Schadensersatzpflichtigen steht;
2. wenn seine Ehefrau Partei ist, auch wenn die Ehe nicht mehr besteht;
3. wenn eine Person Partei ist, mit welcher er in gerader Linie verwandt, verschwägert oder durch Adoption verbunden, in der Seitenlinie bis zum dritten Grade verwandt oder bis zum zweiten Grade verschwägert ist, auch wenn die Ehe, durch welche die Schwägerschaft begründet ist, nicht mehr besteht;

II. (bezieht sich nur auf Strafsachen.)

Folge: Nichtigk. — Vgl. §§ 124 ZPO.; 17 GVO.; 48 GBDB.; 4 FinBB. — Keine Ablehng. wegen Befangenheit.

Dreizehnter Titel.

Rechtshilfe.

§ 157. Die Gerichte haben sich in bürgerlichen Rechtsstreitigkeiten und in Strafsachen Rechtshilfe zu leisten.

E. 11[73] 25[365] 33[423] 44[411] ESt. 19[438] 20[101] 26[338] S. 7[556] 8[28 523] 11[395] NS. 4[381] SSt. 1[89] 4[579] 8[284] Bl. 41[410] 45[561] 46[77] 50[328] EB. 7[369]. — Art. 4 Nr. 13 RVerf.; § 46 BG. v. 21 Juni 1869 (GBl. 70 71 Beil. S 73) mit § 6 RG. v. 22. April 1871 u. RGBl 91[22] (Helgoland) u. 91[91] (Kongostaat); Intern. Privatrechtsabk. v. 14 Nov 1896 (RGBl. 99[285]); Art 2 JGll Ferner: §§ 24 EZP.; 2 EGV; 2, 194 FGG.; 61 GewGG; 16 KfmGG.; 99 GKG. mit § 46 KF.; RG. v. 9. Juni 1895 (RGBl 256) mit JMBl. 96[167] 06[52] u. RG. v. 28 Mai 1901 (RGBl. 185); 86 RAO.; 18 KonsGG.; 2 SchutzGG. mit RGBl 05[707]; 70 RMilG; 9, 13 EMStG.; 32 PatG.; 26 BörsenG.; 103p GewO.; 144 GewUVG mit ZBlFG. 5[34] R 05[526]; 154 LuFUVG; 45 BauUVG; 141 SeeUVG.; 172 InvVG.; 20 SeeUnfUntersG.; 14 RG. v. 20. Juni 1899 (RGBl. 315); 79 PrVersG.; 125 SeemO. — Art. 77 AGB.; 10 GBAnlG.; 8 AGBO.; § 29 GBDA.; §§ 93 ff. SchGJ.; 197 NotGeschO.; 3, 5 FinBB.; JMBl. 71[96] 74[69] 79[1256] 80[278] 84[20 28 150 97] 87[288] (allg. Vorschr.), 88[144] 95[37] 01[369]. — Formelle Behandlg.: §§ 46, 47 GSchrDV; 2, 72, 75, 89 AGSchrG.; vgl. §§ 4, 33 Gesch.- u. RegO. (JMBl. 63[107]); Note zu § 299 ZPO.; § 14 MB v. 28. April 1901 (JMBl. 01[369]). — Gemeint sind die ordentl G. aller Bundesstaaten unter sich; das RechtshilfeG. v 1869 gilt nur noch für SonderG., soweit nicht reichsrechtl Spezialvorschrift. Im Verhältnis zu anderen Behörden u. zum Ausland sowie bzgl. sonstiger Rechtsangelegenht. gilt das LandesR. (ZR. 05[138]) bezw. Völkerrecht (Staatsverträge). OffenbEid: BöhmZ 15[110]; Zustellg. v. Pfdgsbeschl.: Gr. 50[348]; Verbot der Vaterschaftsnachforschg. in Italien: aut. JME v. 26 Sept. 1902 Nr. 37483; eidl. Parteivernehmg. auf österr. Ersuchen statthaft (aut. JME v. 16. Jan. 1900 Nr. 41887; aM. ZZP. 26[178]); Zustellg. engl. Klagen: R. 00[14] 04[438] BöhmZ. 14[569]; vgl. S. 11[395]. — Kosten: §§ 165, 166 GVG.

§ 158. Das Ersuchen um Rechtshilfe ist an das Amtsgericht zu richten, in dessen Bezirke die Amtshandlung vorgenommen werden soll.

Vgl. §§ 355 ff., 375 ZPO. mit R. 06[190]. — Gilt auch bei Ersuchen e. GewG. oder KfmG. (bestr.). — Keine Prorog., wohl aber Zeugengestellg., Gerichtsbestimmg. möglich; E. 44[394].

§ 159. I Das Ersuchen darf nicht abgelehnt werden.

II Das Ersuchen eines nicht im Instanzenzuge vorgesetzten Gerichts ist jedoch abzulehnen, wenn dem ersuchten Gerichte die örtliche Zuständigkeit mangelt, oder die vorzunehmende Handlung nach dem Rechte des ersuchten Gerichts verboten ist.

Abs. 1. Abgabe an anderes Gericht (§ 365 ZPO.), Gegenvorstellg. möglich. — **Abs. 2.** Vorgesetzt: ranghöher, nicht gerade örtl. — Ablehng. insbes., wenn keine Rechtshilfehdlg. (E. 25[364] RO. 6[497] JW 04[344]), zB. Urkundenaufnahme (E. 58[94]), Zustellung (RO. 6[498]), Belehrg. e. Partei (RO. 6[497] aM. RO. 3[315]) oder mgls. Beweisthema (JW 99[826] RO. 13[1]); keine Nachprüfg. der Zustdk. des ersuchenden G. (RG 3^{35}; vgl. RG 9^{439}) — Verboten: wider klares Gesetz (JW 86^{113}), zB Vernehmg e gef V. als Zeugen, Beeidig. e. nahen Verwandten (R 01^{362}; Verwaltgsvorschrift genügt nicht, RG. 02^{237} 9^{449}. — Vgl. Art. 10 JPRA; E. 25^{364} 48^{168} ESt. 18^{261} S. 9^{83} Bl. 45^{501} 46^{77} 48^{477} 56^{388} 62^{31} 67^{393} 69^{432}.

§ 160. I Wird das Ersuchen abgelehnt, oder wird der Vorschrift des § 159 Abs. 2 zuwider dem Ersuchen stattgegeben, so entscheidet das Oberlandesgericht, zu dessen Bezirke das ersuchte Gericht gehört. Eine Anfechtung dieser Entscheidung findet nur statt, wenn dieselbe die Rechtshilfe für unzulässig erklärt, und das ersuchende und das ersuchte Gericht den Bezirken verschiedener Oberlandesgerichte angehören. Über die Beschwerde entscheidet das Reichsgericht.

II Die Entscheidungen erfolgen auf Antrag der Beteiligten oder des ersuchenden Gerichts ohne vorgängige mündliche Verhandlung.

E 33^{426} 55^{276} ESt. 19^{438} 20^{401} 22^{111} 24^{1} S 11^{307} SSt. 2^{24} 5^{130} 8^{284} Bl. 48^{477} 53^{70}. — § 8 EGV.; Art 77 AGV; vgl. § 3,9 ZPO. — Akten u. Register: Note zu § 157 GVG. — Ablehng.: auch nur teilwf, zB. Kostenstreit (ESt. 24^{2}) — Auf GVG nicht ausdehnbar, E. 55^{276}; vgl. auch JW 96^{145} RG 8^{181}

§ 161. Die Herbeiführung der zum Zwecke von Vollstreckungen, Ladungen und Zustellungen erforderlichen Handlungen erfolgt nach Vorschrift der Prozeßordnungen ohne Rücksicht darauf, ob die Handlungen in dem Bundesstaate, welchem das Prozeßgericht angehört, oder in einem anderen Bundesstaate vorzunehmen sind.

E. 25^{365} 44^{411} ESt. 26^{333} S. 7^{550}; Art. 13 AZP u. Register unter Militärperson. — Keine Rechtshilfe (§ 158 GVG).

§ 162. Gerichte, Staatsanwaltschaften und Gerichtsschreiber können wegen Erteilung eines Auftrags an einen Gerichtsvollzieher die Mitwirkung des Gerichtsschreibers des Amtsgerichts in Anspruch nehmen, in dessen Bezirke der Auftrag ausgeführt werden soll. Der von dem Gerichtsschreiber beauftragte Gerichtsvollzieher gilt als unmittelbar beauftragt.

E 1^{236} 25^{366} 26^{364}. — §§ 166, 753 ZPO.

§§ 163, 164 betreffen nur den Strafvollzug

§ 165. I Im Falle der Rechtshilfe unter den Behörden verschiedener Bundesstaaten sind die baren Auslagen, welche durch eine Ablieferung oder Strafvollstreckung entstehen, der ersuchten Behörde von der ersuchenden zu erstatten.

II Im Übrigen werden Kosten der Rechtshilfe von der ersuchenden Behörde nicht erstattet.

III Ist eine zahlungspflichtige Partei vorhanden, so sind die Kosten von derselben durch die ersuchende Behörde einzuziehen und der eingezogene Betrag der ersuchten Behörde zu übersenden.

IV Stempel-, Einregistrierungsgebühren oder andere öffentliche Abgaben, welchen die von der ersuchenden Behörde übersendeten Schriftstücke (Urkunden, Protokolle) nach dem Rechte der ersuchten Behörde unterliegen, bleiben außer Ansatz.

ESt. 24^{1} S. 11^{90} Bl. 45^{226}. — Vgl. die Noten zu §§ 91, 199, 362 ZPO.; GVG. § 158; ferner §§ 79 GKG.; 2 FGG.; 12 EMStG.; Art. 11 ff. JBKA.; 129 ABG.; 282 GebG.; 8 AGBO.; § 46 KJ.; JMBl. 04^{267} 05^{8}; FinMBl. 06^{129}.

§ 166. I Für die Höhe der den geladenen Zeugen und Sachverständigen gebührenden Beträge sind die Bestimmungen maßgebend, welche bei dem Gerichte gelten, vor welches die Ladung erfolgt.

II Sind die Beträge nach dem Rechte des Aufenthaltsorts der geladenen Personen höher, so können die höheren Beträge gefordert werden.

III Bei weiterer Entfernung des Aufenthaltsorts der geladenen Personen ist denselben auf Antrag ein Vorschuß zu bewilligen.

ESt. 17^{357} GVBl. 79^{1285} JMBl. 88^{144} 00^{1067}; vgl. Note zu § 401 ZPO. — Entferng. (Abs. 3): auch im eigenen Bezirke, zB. OLG.: Dürftigkeit nicht nachzuweisen. — Zustdg nur ProzeßG. (bestr.).

§ 167. Ein Gericht darf Amtshandlungen außerhalb seines Bezirks ohne Zustimmung des Amtsgerichts des Orts nur vornehmen, wenn Gefahr im Verzuge obwaltet. In diesem Falle ist dem Amtsgerichte des Orts Anzeige zu machen.

SSt. 3^{137}. — Art. 77 AGV.: aut. JME. Nr. 41947 v. 22. Sept. 1902 (Lokal, Aktuar). — Auf Gerichtssitz in fremdem Sprengel (zB. AG München II) nicht anwendbar, SA. 52^{43}. — Beschwerderecht bestr.; vgl. RO. 12^{187} ZZP. 28^{169} ZBlFG. 5^{177}.

§ 168 (Nacheile) betrifft nur Strafsachen.

§ 169. Die in einem Bundesstaate bestehenden Vorschriften über die Mitteilung von Akten einer öffentlichen Behörde an ein Gericht dieses Bundesstaates kommen auch dann zur Anwendung, wenn das ersuchende Gericht einem anderen Bundesstaate angehört.

Vgl. §§ 199, 299, 373, 432 ZPO.; keine förml. Rechtshilfe, RO. 9^{147}.

Vierzehnter Titel.
Öffentlichkeit und Sitzungspolizei.

§ 170. Die Verhandlung vor dem erkennenden Gerichte, einschließlich der Verkündung der Urteile und Beschlüsse desselben, erfolgt öffentlich.

ESt. 2[301] [360] 23[219] 30[104] [244]; SSt. 3[292] RSSt. 1[341] VGH. 1[372] Bl. 52[212] 63[161] 69[97]. — Vgl. die Noten zu §§ 159, 313, 219, 551 ZPO; 195 GVG.; ferner §§ 38 GewGG., 16 KfmGG.; 21 GewO.; 75 PrVersG.; 115, 123 SeemO.; 19 KonsGG.; Art. 78 AGB.; 28, 33, 34 VGHG.; 8 AGVO.; 17 KKG.; 35 RVersAGG.; 15 LVersAEG.; 13 SchiedsGV.; 11 VGHVV.; unanwendbar nach § 8 FGG.; Beeidig. „in öff. Sitzg.": § 4 EGV. — „Erkennend": z. Entscheidg. berufen; auch fakult. mV., nicht b. v. e. R. (Gr. 29[1092]). — Sitzungssaal (nicht Bureau): JMBl. 70[409]; aut. JME. v. 17. Okt. 1884; Ausstattung: JMBl. 63[86] EH., 65[172] 70[51] 86[265] 92[118]. — Preßberichte: ESt. 1[119] 3[303] 19[238] SSt. 9[339] RO. 9[150]; vgl. § 175 GVG.

§ 171. In Ehesachen ist die Öffentlichkeit auszuschließen, wenn eine der Parteien es beantragt.

Ehes: § 606 ZPO.; Kindss. nur § 173 GVG. (KB. z. BGB. 289). — Grundangabe nicht forderbar; Form: Beschluß nach Gehör des ersch. Gegners (§ 175); Revision: E. 16[393]. — Urteilsverkdg. stets öff. (§ 174). — Ausschluß v. amtsw. oder auf Zeugenantrag nur nach § 173 GVG.

§ 172. I In dem auf die Klage wegen Anfechtung oder Wiederaufhebung der Entmündigung einer Person wegen Geisteskrankheit oder wegen Geistesschwäche eingeleiteten Verfahren (§§ 664, 679 der Zivilprozeßordnung) ist die Öffentlichkeit während der Vernehmung des Entmündigten auszuschließen, auch kann auf Antrag einer der Parteien die Oeffentlichkeit der Verhandlung überhaupt ausgeschlossen werden.

II Das Verfahren wegen Entmündigung oder Wiederaufhebung der Entmündigung (§§ 645—663, 675—678 der Zivilprozeßordnung) ist nicht öffentlich.

E. 16[393] S. 9[353] 10[271] JW. 04[210]. — Beachtlich das freie Erm. in Abs 1 Halbs. 2. — Abs. 2 auch auf Trunks. u. Verschwendg. ausdehnbar (arg. § 680 ZPO; bestr.).

***§ 173.** In allen Sachen kann durch das Gericht für die Verhandlung oder für einen Teil derselben die Öffentlichkeit ausgeschlossen werden, wenn sie eine Gefährdung der öffentlichen Ordnung, insbesondere der Staatssicherheit, oder eine Gefährdung der Sittlichkeit besorgen läßt.

Öff. Ordng.: auch ungestörte Verhdlg. (zB. Augenschein), Verhütg. von Zeugenmißhdlg. (JW. 96[511]); Wahrheitsermittlg. (ESt. 30[244]) Sittlichk.: geschlechtl. — Teilws. Ausschluß, jederzeitg. Änderg. möglich; „bis zur Urteilsverkdg." wirkt u. U. für mehrere Termine; Ausschluß für Urteilsgründe: § 174; Schweigegebot: § 175.

***§ 174.** I Die Verkündung des Urteils erfolgt in jedem Falle öffentlich.

II Durch einen besonderen Beschluß des Gerichts kann für die Verkündung der Urteilsgründe oder eines Teiles derselben die Öffentlichkeit ausgeschlossen werden, wenn sie eine Gefährdung der Staatssicherheit oder eine Gefährdung der Sittlichkeit besorgen läßt.

Abs. 1 trifft auch Urt. in Ehe- u. EntmS., **nicht** aber **Beschlüsse** (Ausnahme § 175 Abs. 1 Satz 2); bestr., ob **auch bed. EndU., Zwischenll.** hierher. — **Abs. 2.** Im ZPr. wegen § 311 **belanglos.**

***§ 175.** I Die Verhandlung über die Ausschließung der Öffentlichkeit findet in **nicht** öffentlicher Sitzung statt, wenn ein Beteiligter es beantragt, oder das Gericht es für angemessen erachtet. Der Beschluß, welcher die Öffentlichkeit ausschließt, muß öffentlich verkündet werden. Bei der Verkündung ist anzugeben, ob die Ausschließung wegen Gefährdung der öffentlichen Ordnung, insbesondere wegen Gefährdung der Staatssicherheit, oder ob sie wegen Gefährdung der Sittlichkeit erfolgt.

II Ist die Öffentlichkeit wegen Gefährdung der Staatssicherheit ausgeschlossen, so kann das Gericht den anwesenden Personen die Geheimhaltung von Tatsachen, welche durch die Verhandlung, durch die Anklageschrift oder durch andere amtliche Schriftstücke des Prozesses zu ihrer Kenntnis gelangen, zur Pflicht machen. Der Beschluß ist in das Sitzungsprotokoll aufzunehmen. Gegen denselben findet Beschwerde statt. Die Beschwerde hat keine aufschiebende Wirkung.

ESt. 1[50] 3[295] 10[292] 18[138] 20[21, 52, 383] **21**[136, 396] **24**[4] 25[248] 30[184] 33[181, 311] 35[103, 216, 353]. — **Abs. 1.** Gehörgewähr **genügt**, ESt. 37[437]; Grundangabe bedarf keiner näheren Spezialisierg., ESt. 25[248] JW. 96[511]. Verstoß bewirkt Nichtigk. (ESt. 25[248]); durch Wiederholg. des Verhdlgsabschnitts heilbar, ESt. 35[353]. — Keine Beschw. — **Abs. 2.** Anwesend: auch wenn erst später eingetreten: Prozeßverbindg.: JW. 05[761]. — Strafbarkeit bei Verletzg. des Abs. 2: Art. II RG. v. 5. April 1888 (RGBl. 133); von Preßberichten bei Ausschluß der Öff.: Art. III zit. Ges.: § 184 b StGB.

***§ 176.** I Der Zutritt zu öffentlichen Verhandlungen kann unerwachsenen und solchen Personen versagt werden, welche sich nicht im Besitze der bürgerlichen Ehrenrechte befinden, oder welche in einer der Würde des Gerichts nicht entsprechenden Weise erscheinen.

II Zu nicht öffentlichen Verhandlungen kann der Zutritt einzelnen Personen vom Gerichte gestattet werden. Einer Anhörung der Beteiligten bedarf es nicht.

III Die Ausschließung der Öffentlichkeit steht der Anwesenheit der die Dienstaufsicht führenden Beamten der Justizverwaltung bei den Verhandlungen vor dem erkennenden Gerichte nicht entgegen.

Vgl. §§ 170 GVG.; 38 GewGG.; 16 KfmGG. — **Abs. 1.** Gründe erschöpfend (ESt. 30 244); Versagung zunächst durch den GDiener vorbehaltl. Entschdg. des Vorsitzd. — Beisp.: Begleitg. v. Tieren, Bewaffng., Angetrunkenh.; Unerwachsene: § 181 ZPO. Kinder als Zeugen: BlEB. 15 146. Stellg. unter Polizeiaufsicht reicht nicht — Unterschied zw. Räumg. u. Ausschluß der Ö.: ESt. 30 104. — **Abs. 2.** Ermessen des Gerichts auch in Ehes. — Auch Gerichtsmitgl., GDiener, wartende RA. ausschließbar; kein Recht auf Zulassung von Vertrauenspersonen. — Zulassung ganzer Personenklassen (zB. der bei Gericht beschäftigten RA. u. Rpr.) bestr., aber praktisch. — **Abs. 3.** Kein Gerichtsbeschluß.

§ 177. Die Aufrechthaltung der Ordnung in der Sitzung liegt dem Vorsitzenden ob.

E. 32 390 41 418 ESt. 11 138 15 227 30 104 SSt. 4 446. — Auch Beratg., Nebenräume hierher, BlEB. 6 191; bestr., ob auf Sitzgspausen u. Störg. von außen ausdehnbar. — Ordnungsruf, Wortentziehg.: § 136 ZPO.; Unterbrechg., Aufhebg. der Sitzg.: E 32 390 RO. 12 191. — Keine Strafmaßregel gg. Beisitzer oder StAnw.; keine Anrufg. des Gerichts gg. Vorsitzd. (§ 140 ZPO.).

§ 178. Parteien, Beschuldigte, Zeugen, Sachverständige oder bei der Verhandlung nicht beteiligte Personen, welche den zur Aufrechthaltung der Ordnung erlassenen Befehlen nicht gehorchen, können auf Beschluß des Gerichts aus dem Sitzungszimmer entfernt, auch zur Haft abgeführt und während einer in dem Beschlusse zu bestimmenden Zeit, welche vierundzwanzig Stunden nicht übersteigen darf, festgehalten werden.

E. 43 427 ESt. 20 273 30 104 244 SSt. 3 581. — Vgl. hierher u. zu den flgd. §§ die Note zu § 170 GVG., ferner §§ 158 ZPO., 123 StGB. Keine Beschw. (E. 43 427); Aufhebg. v. amtsw. möglich. — Kosten: JMBl. 02 454.

§ 179. Das Gericht kann gegen Parteien, Beschuldigte, Zeugen, Sachverständige oder bei der Verhandlung nicht beteiligte Personen, welche sich in der Sitzung einer Ungebühr schuldig machen, vorbehaltlich der strafgerichtlichen Verfolgung, eine Ordnungsstrafe bis zu einhundert Mark oder bis zu drei Tagen Haft festsetzen und sofort vollstrecken lassen.

E 2 384 43 427 ESt. 16 221 S. 15 469 SSt. 4 446 9 194 375 Bl. 42 508. — Vgl. § 360 Nr. 11 StGB.; Art. 7 AStP; §§ 62, 92 RAO. — Ungebühr: Beifall, Mißbillig., Beleidig., Trunkenht. (JW. 03 90), Hutaufsetzen (BlEB. 15 378); vgl. RO. 1 219 (allgem.), 2 16 (vorzeit. Entferng.), 8 3 (Weigerg. deutsch zu sprechen), DJZ. 05 280 („Lüge"). Meist vorgäng. Warnung sachgemäß. — Gehör nicht nötig; keine Ausschluß des beleidigten Richters.

Festf. nur in der Sitzg., RO. 11[336] 12[190]. — Haftminimum: ein Tag: keine Umwandlg. in Haft unzulässig (RSSt. 2[139]). — **Beschwerde**: § 183 GVG. — Strafverfolg. daneben möglich, aber keine Gefängnisdisziplinarstrafe hierwegen (RSSt. 4[238]). — Auf Schriftsätze, Eingaben nicht ausdehnbar, RO. 3[420] (§ 128 ZPO.)

§ 180. Das Gericht kann gegen einen bei der Verhandlung beteiligten Rechtsanwalt oder Verteidiger, der sich in der Sitzung einer Ungebühr schuldig macht, vorbehaltlich der strafgerichtlichen oder disziplinaren Verfolgung, eine Ordnungsstrafe bis zu einhundert Mark festsetzen.

E. 43[427] S. 15[469] SSt. 1[244] Bl. 60[208 329]. — RA.: nicht Rpr. (nur § 179); Verhdlg.: konkret. — Ungebühr; zB. hartnäck. Ungehorsam, maßlose persönl. Kritik, frivole Wiederholg. abgewiesener Anträge (ESt. 30[274]), Sitzenbleiben während des Plädoyers (R. 01[125]), ostentat. Davongehen während Verhdlg (JW. 05[302]), unzieml. Kleidg. — **Beschwerde**: § 183 (aufschiebd. Wirkg.) — Verwarng., Wortentziehg.: § 136 ZPO.; Vertagung auf Kosten des RA.: § 102 ZPO.; Anzeige z. AnwKammer: §§ 49 ff. RAO.; keine Abführg. oder Haft.

§ 181. Die Vollstreckung der vorstehend bezeichneten Ordnungsstrafen hat der Vorsitzende unmittelbar zu veranlassen.

E. 43[427] ESt. 15[227]. — Vgl. §§ 380, 390, 904 ZPO.; Unterschied von Zwangshaft beachtl. (§§ 184, 208 GVGA.) Sof. Vollzug auch bei § 179 meist sachgemäß (GDiener), aber nicht geboten; vgl. § 10 GVO.

§ 182. Die in den §§ 177—181 bezeichneten Befugnisse stehen auch einem einzelnen Richter bei der Vornahme von Amtshandlungen außerhalb der Sitzung zu.

ESt. 16[221] S. 15[469] Bl. 53[317 417]. — Auch b. v. e. R.; aufschiebd. Wirkg der Beschw.: § 183.

§ 183. I Ist in den Fällen der §§ 179, 180, 182 eine Ordnungsstrafe festgesetzt, so findet binnen der Frist von einer Woche nach der Bekanntmachung der Entscheidung Beschwerde statt, sofern die Entscheidung nicht von dem Reichsgerichte oder einem Oberlandesgerichte getroffen ist.

II Die Beschwerde hat in dem Falle des § 179 keine aufschiebende Wirkung, in den Fällen des § 180 und des § 182 aufschiebende Wirkung.

III Über die Beschwerde entscheidet das Oberlandesgericht.

E. 2[384] 43[427] ESt. 15[227] 16[221] SSt. 2[244] 3[581] RSSt. 1[97] 2[139] Bl. 60[208 329]; vgl. §§ 9 EGB.; 8 FGG.; 45 GKG. mit FinBl. 9[5]. — **Abs. 1.** Bekanntm.: meist Verkdg., ev. Zustellg. (RO. 2[16]). — **Abs. 2.** Aufschiebd. Wirkg. erst ab Einlegung der Beschw.; Vollzugsaufschub auch ohne Beschw.; Änderg. von amtsw. bestr. (dafür DJZ 00[387]) — Vollzug erledigt die Beschw. nicht, E. 43[427]. — **Abs. 3.** Keine weitere Beschw., E. 2[384].

§ 184. Ist eine Ordnungsstrafe wegen Ungebühr festgesetzt, oder eine Person zur Haft abgeführt, oder eine bei der Verhandlung beteiligte Person entfernt worden, so ist der Beschluß des Gerichts und dessen Veranlassung in das Protokoll aufzunehmen.

§§ 25 AGSchrG.; 11 GSchrDV.; entspr. Protok für Oberinstanz nötig, RO. 3[315]. — Auf Entferng. e. Unbeteiligten unanwendbar.

§ 185. Wird eine strafbare Handlung in der Sitzung begangen, so hat das Gericht den Tatbestand festzustellen und der zuständigen Behörde das darüber aufgenommene Protokoll mitzuteilen. In geeigneten Fällen ist die vorläufige Festnahme des Täters zu verfügen.

SSt. 9[378] (kein Haftbefehl). — §§ 149, 159 ZPO.; 184 GVG.; §§ 127 ff., 156 ff. StPO. — Tatbestand: praktisch Protokollbeilage mit Richterunterschrift (RO. 11[336]).

Fünfzehnter Titel.

Gerichtssprache.

§ 186. Die Gerichtssprache ist die deutsche.

E. 9[431] 31[428] ESt 1[137] 8[153] 11[51] 27[268] S. 12[537]. — §§ 12 EGV. mit RG. v. 12. Juni 1889 (RGBl. 95); 8 FGG. mit Art. 129 AVG., 8 AGVO., § 14 GVDA.; 38 GewGG.; 16 KfmGG.; 19 KonsGG. (JW. 00[529]); 49 RVersAGG.; 32 LVersAGG.; 34 SchiedsGV.; vgl. §§ 129, 142, 157, 199 ZPO. — Gilt auch für Schriftsätze, E. 31[426]; Mundarten (platt) sind deutsch, RO. 8[160].

§ 187. I Wird unter Beteiligung von Personen verhandelt, welche der deutschen Sprache nicht mächtig sind, so ist ein Dolmetscher zuzuziehen. Die Führung eines Nebenprotokolls in der fremden Sprache findet nicht statt; jedoch sollen Aussagen und Erklärungen in fremder Sprache, wenn und soweit der Richter dies mit Rücksicht auf die Wichtigkeit der Sache für erforderlich erachtet, auch in der fremden Sprache in das Protokoll oder in eine Anlage niedergeschrieben werden. In den dazu geeigneten Fällen soll dem Protokolle eine durch den Dolmetscher zu beglaubigende Übersetzung beigefügt werden.

II Die Zuziehung eines Dolmetschers kann unterbleiben, wenn die beteiligten Personen sämtlich der fremden Sprache mächtig sind.

ESt. 1[137 397] 7[388] 8[53] 9[51] 11[51] 25[353] 27[162 268] 33[181 428] 36[355 374] 38[328] Bl. 66[304]. — §§ 9, 178 FGG.; § 25 AGSchrG.; Protokoll: § 159 ZPO. mit JW. 00[782] 02[574]. — Beteiligt: JW. 93[10] (einschl. GSchr.). — Vgl. auch die Konsularverträge.

§ 188. Zur Verhandlung mit tauben oder stummen Personen ist, sofern nicht eine schriftliche Verständigung erfolgt, eine Person als

Dolmetscher zuzuziehen, mit deren Hilfe die Verständigung in anderer Weise erfolgen kann.

ESt. 15[172] (Schwerhörigkeit), 31[313] (schriftl. Frage, mündl. Antwort statthaft), 33[181] 36[355]. — §§ 169, 198 FGG.; Art. 29 NotG.; vgl. §§ 296 ZPO.; 25 AGSchrG.; 80 GBDA. — Unverzichtbar: JW. 04[21].

§ 189. I Ob einer Partei, welche taub ist, bei der mündlichen Verhandlung der Vortrag zu gestatten sei, bleibt dem Ermessen des Gerichts überlassen.

II Dasselbe gilt in Anwaltsprozessen von einer Partei, die der deutschen Sprache nicht mächtig ist.

§ 190. Personen, welche der deutschen Sprache nicht mächtig sind, leisten Eide in der ihnen geläufigen Sprache.

Vgl. § 483 ZPO.; entspr. Protokoll.

§ 191. I Der Dolmetscher hat einen Eid dahin zu leisten:

daß er treu und gewissenhaft übertragen werde.

II Ist der Dolmetscher für Übertragungen der betreffenden Art im allgemeinen beeidigt, so genügt die Berufung auf den geleisteten Eid.

ESt. 1[397] 2[372] 7[390] 11[51]. — § 580 ZPO.; Art. 15a AGB. — Protokollierender GSchr: § 192 GVG.; vgl. § 25 AGSchrG.; solchenfalls keine Gebühr (RO. 13[268]).

§ 192. Der Dienst des Dolmetschers kann von dem Gerichtsschreiber wahrgenommen werden. Einer besonderen Beeidigung bedarf es nicht.

§ 193. Auf den Dolmetscher finden die Bestimmungen über Ausschließung und Ablehnung der Sachverständigen entsprechende Anwendung. Die Entscheidung erfolgt durch das Gericht oder den Richter, von welchem der Dolmetscher zugezogen ist.

ESt. 24[353]. — §§ 42 ff. 406 ZPO. (kein Ausschluß kraft Gesetzes); 9 FGG. — Kosten: §§ 79, 84 GKG.; 13 ZSGO.

Sechzehnter Titel.

Beratung und Abstimmung.

§ 194. I Bei Entscheidungen dürfen Richter nur in der gesetzlich bestimmten Anzahl mitwirken.

II Bei Verhandlungen von längerer Dauer kann der Vorsitzende die Zuziehung von Ergänzungsrichtern anordnen, welche der Verhandlung beizuwohnen und im Falle der Verhinderung eines Richters für denselben einzutreten haben.

Abs. 3 bezieht sich nur Strafsachen.

ESt. 7[284] 12[373] 13[191] 14[206] 15[193] 17[287] 25[237] 26[142] 27[172] 30[226] 35[372] 38[44]. — §§ 22, 77, 124, 109, 124, 140 GVG.; 10 EGV.; 53 GewGG.; 16 KfmGG.; 8 FGG.; Art. 79 AGB.; 37 ff. VGHG.; 18 KKG.; Ausnahme: §§ 139 GVG., 10 EGV. – Auswahl: §§ 62 ff. GVG. — Den Verhindergsfall stellt das Gericht fest (ESt. 7[284] JW. 05[245]); vorher hat der ER. nur das Fragerecht (ESt. 27[172]); bei der Beratg. darf er nicht zugegen sein (ESt. 6[58]; § 195). — Kein Wiedereintritt nach Wegfall der Verhinderg.; keine schriftl. Zirkularabstimmg. (VGH. 24[220]) oder förml. Plenarbeschlüsse der UnterG. (vgl. JMBl. 00[999]).

***§ 195.** Bei der Beratung und Abstimmung dürfen außer den zur Entscheidung berufenen Richtern nur die bei demselben Gerichte zu ihrer juristischen Ausbildung beschäftigten Personen zugegen sein, soweit der Vorsitzende deren Anwesenheit gestattet.

Nur Rpr., auch wenn GSchr., ESt. 18[161]; nicht Aufsichtsbeamte, Diener. — Kein Abstimmgsprot., keine Stimmangabe in der Entscheidg., ESt. 2[70]. — Leise Beratg. im Sitzungszimmer nicht unstatthaft, ESt. 30[226] (zB. Verfll., Ausschluß der Öff.).

§ 196. I Der Vorsitzende leitet die Beratung, stellt die Fragen und sammelt die Stimmen.

II Meinungsverschiedenheiten über den Gegenstand, die Fassung und die Reihenfolge der Fragen oder über das Ergebnis der Abstimmung entscheidet das Gericht.

ESt. 5[404] 8[218]. — Diskussion vor der Abstimmung sachgemäß u. ev. forderbar; letztere kann im ZP. nur nach Urteilselementen (Gründen) stattfinden (Prot. 47).

§ 197. Kein Richter, Schöffe oder Geschworener darf die Abstimmung über eine Frage verweigern, weil er bei der Abstimmung über eine vorhergegangene Frage in der Minderheit geblieben ist.

Inhalt der Abstimmg. steht solchenfalls im pflichtgemäßen Ermessen.

§ 198. I Die Entscheidungen erfolgen, soweit das Gesetz nicht ein Anderes bestimmt, nach der absoluten Mehrheit der Stimmen.

II Bilden sich in Beziehung auf Summen, über welche zu entscheiden ist, mehr als zwei Meinungen, deren keine die Mehrheit für sich hat, so werden die für die größte Summe abgegebenen Stimmen den für die zunächst geringere abgegebenen so lange hinzugerechnet, bis sich eine Mehrheit ergibt.

Abs. 3 bezieht sich nur auf Strafsachen.

E. 38[412] ESt. 2[379] 5[404] 8[218] 14[298] 16[347] 20[171]. — Vgl. ZPO. §§ 320, 1038; GVG. 139. — Separatvota: § 299.

§ 199. I Die Reihenfolge bei der Abstimmung richtet sich nach dem Dienstalter, bei den Schöffengerichten und den Kammern für Handelssachen nach dem Lebensalter: der Jüngste stimmt zuerst, der Vorsitzende zuletzt. Wenn ein Berichterstatter ernannt ist, so gibt dieser seine Stimme zuerst ab.

Abs. 2 bezieht sich nur auf Strafsachen.

E. 38[412]. — Dienstalter: JMBl. 80[249]; Berichterstatter: § 128 ZPO. — Der Vorsitzd. als Berichterst. stimmt zuletzt (R. 04[492]).

§ 200 (Schweigepflicht) bezieht sich nur auf Strafsachen; vgl. ESt. 26[202] 28[242] 36[373]; ZZP. 30[504]; ZPO. § 376 Note.

Siebenzehnter Titel.
Gerichtsferien.

§ 201. Die Gerichtsferien beginnen am 15. Juli und endigen am 15. September.

Beide genannten Tage sind Ferientage, nicht aber anschließende Sonntage. — Urlaub: Note zu § 1 GVG.; Feiertage: § 188 ZPO. — GewG. u. KfmG. haben keine Ferien.

***§ 202.** I Während der Ferien werden nur in Feriensachen Termine abgehalten und Entscheidungen erlassen.

II Feriensachen sind:

1. Strafsachen;
2. Arrestsachen und die eine einstweilige Verfügung betreffenden Sachen;
3. Meß- und Marktsachen;
4. Streitigkeiten zwischen dem Vermieter und dem Mieter oder Untermieter von Wohnräumen oder anderen Räumen oder zwischen dem Mieter und dem Untermieter solcher Räume wegen Überlassung, Benutzung oder Räumung, sowie wegen Zurückhaltung der von dem Mieter oder dem Untermieter in die Mietsräume eingebrachten Sachen;

4a. Streitigkeiten zwischen Dienstherrschaft und Gesinde, zwischen Arbeitgebern und Arbeitern hinsichtlich des Dienst- oder Arbeitsverhältnisses, sowie die im § 3 Abs. 1 Nr. 1, 2 des Gesetzes, betreffend die Gewerbegerichte, vom 29. Juli 1890 bezeichneten Streitigkeiten;

5. Wechselsachen;
6. Bausachen, wenn über Fortsetzung eines angefangenen Baues gestritten wird.

III Das Gericht kann auf Antrag auch andere Sachen, soweit sie besonderer Beschleunigung bedürfen, als Feriensachen bezeichnen. Die gleiche Befugnis hat vorbehaltlich der Entscheidung des Gerichts der Vorsitzende.

Abs. 1. *Zweck:* Erleichterg. des Urlaubs u. Freihaltg. der Erntezeit; gilt für alle Instanzen (wichtig für RevBegrFrist). — *Prozeßdauerregister:* §§ 79 AGSchrG.; 27, 28 LGSchrG; 7 OLGSchrG.; JMBl. 05[27]. — Vgl. §§ 13 RTelegrG.; 10 FGG.; Art. 129 ABG.; 8 AGBO.; § 13 GBDA. — *Fristen:* § 223 ZPO. (beachtl., ob Erklärung als FS. vor oder während Frist). — *Entscheidg.:* auch des b. o. e. R. sowie des GSchr.; bei Beschlüssen ist nur die Zustellg. (=Erlassg.) verboten. Terminsansetzg. in Nichtferiensachen für die Zeit nach den Ferien, sonstige prozeßleitd. Verfüg., gewöhnl. Zustellg. sind nicht gehindert. — *Verstoßfolge:* verzichtb. Unwirksamk. (E. 31[431]); Geltendmchg. durch RMittel, bei Terminsansatz auch Aufsichtsbeschw., ZZP 14[486]. — **Abs. 2.** Vgl. die Noten zu §§ 709 ZPO., 23 GVG — *Nr. 2.* Einschl. Wspr. (S. 6[680]) u. Verf. nach § 942; eA. fallen unter § 204. — *Nr. 4a.* Jetzt GewGG. § 4 Nr. 1 u. 2 sowie Vertragsstrafe (Nr. 4). — *Nr. 5.* Wechselproz nicht erforderl. (JW. 06[716]). — *Nr. 6.* ZB. Kommunmaueranbau. Beweissicherg., Expropr.-, Entmündigs.- (Bl. 65[494]), Handelssachen, Haftpflicht-, Besitz-, Unterhalts-, Urkundenproz., kaufm. Salärkl., Armenrecht sind an sich nicht FS. — **Abs. 3.** Anwaltszwang; Form: Beschluß ohne mV.; Zustellg. der Stattgabe praktisch mit Termin, sonst nach § 329. — RBehelf gg. Abwsg. einf. Beschw. (JW. 92[333]), nicht gg. Stattgabe; nur Ggvorstellg. bzgl. Vorsitzd. (SA. 60[19]). — Anwachsen des Schadens, Armut des Klägers allein genügt nicht (RO. 3[317] JW. 98[459]); keine Pflicht in FS. stets (zB. nach monatelanger Vertagg.) Termin während der Ferien anzusetzen (Pr. 69). Gegengründe: Besetzungswechsel (JW 98[459]), voraussichtl. lange Prozeßdauer. Die Erkl. umfaßt an sich den ganzen Prozeß, (aM. SA 48[235]), ist aber auf einzelne Akte beschränkbar (RO. 9[429]). — Stillschw. Antrag, zB. bei offensichtl. Dringlichk.: E 55[327]; zur Abwsg. ist der Vorsitzd. allein nicht zustdg. — *Kosten:* §§ 47, 80 GKG.; 23, 29 RAGO.; Streitwert: § 3 ZPO.

§ 203. Zur Erledigung der Feriensachen können bei den Landgerichten Ferienkammern, bei den Oberlandesgerichten und dem Reichsgerichte Feriensenate gebildet werden.

Fakultativ; Bildg. nur durch das Präsidium, ESt. 37[59]. — Mit Umfluß der Ferien fallen die Geschäfte (mangels besonderer Anordng analog § 64 GVG.) von selbst wieder der ordentl. Geschäftsverteilg. anheim.

§ 204. Auf das Mahnverfahren, das Zwangsvollstreckungsverfahren und das Konkursverfahren sind die Ferien ohne Einfluß.

E. 18[249] S. 9[738] BlEB. 7[129]. — Bestr., ob RKraftzeugnis-, Klauselerteilg., Sicherheitsrückgabe nach § 715 hierher (gem. M. bejahend, dagegen E. 42[421]); bzgl. der Klagen in der ZwV., insbes. Wspr.-, Duldgskl. gem. M. verneinend (so auch KB. 22). — Vgl. § 36 GBDB.

Einführungsgesetz

zum

Gerichtsverfassungsgesetze.

Vom 27. Januar 1877 (RGBl. S. 77) mit den Abänderungen v. 12. Juni 1889 (RGBl. S. 95) und 17. Mai 1898 (RGBl. S. 252).

§ 1. Das Gerichtsverfassungsgesetz tritt im ganzen Umfange des Reichs an einem durch Kaiserliche Verordnung mit Zustimmung des Bundesrats festzusetzenden Tage, spätestens am 1. Oktober 1879, gleichzeitig mit der im § 2 des Einführungsgesetzes der Zivilprozeßordnung vorgesehenen Gebührenordnung in Kraft.

E. 9[86]. — Vgl. §§ 1 EZP.; 4 KonsGG.; 2, 6 SchutzGG. — Änderungen des GVG. sind durch die RG. v. 17. März 1886 (§ 137), 5. April 1888 (§§ 173 bis 176, 195), 17. Mai 1898 (§§ 22, 23, 74, 101, 102, 137, 172, 202) 20. März 1905 (§ 113) u. 5. Juni 1905 (§§ 27, 28, 75) erfolgt; die letzte Neufassg. datiert vom 20. Mai 1898. — Das EG. erhielt Änderg. durch RG. v. 12. Juni 1889 (§ 12) u. 17. Mai 1898 (§§ 5, 9, 10). Letzteres Gesetz enthält außerdem nur noch e. für die ZPO. belanglose Kostennorm zu §§ 28 FGG., 79 GBO. (JMBl. 00[537]; Art. 130 ff. ABG.; E. 52[248]). — Bayern: AusfG. v. 23. Febr. 1879 mit den Änderg. v. 9. Juni 1899 (Art. 167 ABG., GVBl. 99[64] Beil.); OrgVdg. v. 23. Aug. 1879 (GVBl. 1043). Letztere beruht auf dem Vorbehalt des Art. 81 AGB.; von den dort weiter genannten Art. des GBG. v. 1861 ist nur Art. 76 Abs. 3 (standesherrl. Nachlaß- u. VormundschaftsS.) praktisch noch beachtlich.

§ 2. Die Vorschriften des Gerichtsverfassungsgesetzes finden nur auf die ordentliche streitige Gerichtsbarkeit und deren Ausübung Anwendung.

E. 10[295] 32[100] ESt. 9[357] 22[111] SSt. 4[579] 6[342]. — §§ 3 EZP.; 12, 13 GVG.; 2, 8, 9, 30, 194 FGG.; Sondergerichte: § 3 EGV.

§ 3. [I] Die Gerichtsbarkeit in bürgerlichen Rechtsstreitigkeiten und Strafsachen, für welche besondere Gerichte zugelassen sind, kann den ordentlichen Landesgerichten durch die Landesgesetzgebung übertragen werden. Die Übertragung darf nach anderen als den durch das Gerichtsverfassungsgesetz vorgeschriebenen Zuständigkeitsnormen erfolgen.

II Auch kann die Gerichtsbarkeit letzter Instanz in den vorerwähnten Sachen auf Antrag des betreffenden Bundesstaates mit Zustimmung des Bundesrats durch kaiserliche Verordnung dem Reichsgerichte übertragen werden.

III Insoweit für bürgerliche Rechtsstreitigkeiten ein von den Vorschriften der Zivilprozeßordnung abweichendes Verfahren gestattet ist, kann die Zuständigkeit der ordentlichen Landesgerichte durch die Landesgesetzgebung nach anderen als den durch das Gerichtsverfassungsgesetz vorgeschriebenen Normen bestimmt werden.

E. 2[223] 7[399] 11[73] 12[418] 46[356] 48[195] 55[140]. — §§ 13, 14, 15, 18 GVG.; Art. 8 bis 10 AGV.; §§ 3, 11, 15 EZP.; 19 RHilfeG.; RG. v. 16. Juni 1879 (RGBl. 157); vgl. die Note zu § 1 ZPO. — **Abs.** 2 ohne Belang für Bayern. — **Abs.** 3. ZB. Aufgebot, Zwangsenteigng. — In Rheinschiffahrtss. ist das LG. Frankenthal Berufsinstanz.

§ 4. Durch die Vorschriften des Gerichtsverfassungsgesetzes über die Zuständigkeit der Behörden wird die Landesgesetzgebung nicht gehindert, den betreffenden Landesbehörden jede andere Art der Gerichtsbarkeit, sowie Geschäfte der Justizverwaltung zu übertragen. Andere Gegenstände der Verwaltung dürfen den ordentlichen Gerichten nicht übertragen werden.

E. 57[139] ESt. 9[357] S. 5[914] 10[216] 12[130] NS. 3[56] SSt. 1[130] [543] 10[216]. — § 3 EZP; Art. 15, 15a, 28, 30, 31, 36, 39, 42, 68 ff., 80, 81 AGV.; 1 AGVO.; 1 ABG; §§ 8, 86 HypG.; 7, 9, 10 der IV. Verf.-Beil.; 14 der VII. Verf.-Beil.; vgl. auch Art. 57, 58 EBG.: §§ 189 FGG.; 110 ff. InvVG.; 11, 16 ff. UVÄG.; 89, 91 RBeamtG.; Art. 13, 16 ff. RDiszG.; 83 NotG.; 2 KNG; ferner die Note zu § 1 ZPO. mit Mot. AGV. S. 130 ff. — Reichsrechtl. Trennung der Justiz von der Verwaltg.; Übertragung von Verwaltungsfunktionen an einzelne Richter als Nebenamt zulässig (vgl. zB. Art. 1 BGHG., 58 AGV.) — Landesgesetz: auch Vdg. oder MBek., soweit landesrechtl. statthaft. Hierher zB. Dienstaufsicht, Kassen-, Gebühren-, Hinterlgswesen, Strafvollzugsaufsicht, freiw. Rechtspfl. (jetzt größtenteils Reichsrecht), Beeidigung (§ 11 GSchrDV. mit Art. 10 NotG., §§ 8 GVO., 9 GVDA., JMBl. 02[569]).

***§ 5.** In Ansehung der Landesherren und der Mitglieder der landesherrlichen Familien, sowie der Mitglieder der fürstlichen Familie Hohenzollern finden die Bestimmungen des Gerichtsverfassungsgesetzes nur insoweit Anwendung, als nicht besondere Vorschriften der Hausverfassungen oder der Landesgesetze abweichende Bestimmungen enthalten.

II Das Gleiche gilt in Ansehung der Mitglieder des vormaligen Hannoverschen Königshauses, des vormaligen Kurhessischen und des vormaligen Herzoglich Nassauischen Fürstenhauses.

Vgl. die Note zu § 5 EZP.; Unterschied von § 3 EGB. beachtlich.

§§ 6 (Schwurgerichte), **7** (Militärgerichte u. standesherrl. Austräge) betreffen nur Strafsachen; die zivilgerichtl. Zustdk. der Auditeure im Felde nach dem bayer. Ges. v. 15. Aug. 1828 ist weggefallen (RG. v. 28. Mai 1901, RGBl. 187).

§ 8. I Durch die Gesetzgebung eines Bundesstaates, in welchem mehrere Oberlandesgerichte errichtet werden, kann die Verhandlung und Entscheidung der zur Zuständigkeit des Reichsgerichts gehörenden Revisionen und Beschwerden in bürgerlichen Rechtsstreitigkeiten einem obersten Landesgerichte zugewiesen werden.

II Diese Vorschrift findet jedoch auf bürgerliche Rechtsstreitigkeiten, welche zur Zuständigkeit des Reichs-Oberhandelsgerichts gehören oder durch besondere Reichsgesetze dem Reichsgerichte zugewiesen werden, keine Anwendung.

E. 11^{73} 48^{105} NS. 3^{43} Bl. 50^{398} 62^{99}. — Vgl. die Noten zu §§ 1 ZPO.; 7, 8 EZP.; RG. v. 11. April 1877 (RGBl. 415). BOLG.: Sitz München (§ 1 Vdg. v. 2. April 1879, GVBl. 355). — Beachtl. insbes. § 14 BG. v. 12. Juli 1869 (bei Klagenverbdg., Widerkl. der höhere Wert entscheidend); auf die Begr. von Einreden kommt für die Zustdk. nichts an. Streitgen.: Bl. 62^{99}. Die Zustdk. nach § 101 GVG. und die ausschließl. Zustdk. der LandG. decken sich nicht mit der Zustdk. des ReichsG.; Beschw., Arreste, eV. folgen lediglich der Zustdk. bzgl. Revision (Bl. 45^{378}) nach Maßgabe des Klagegrundes (Bl. 62^{99}). — Im wesentl. gehören zum BOLG. noch Wasser-, Berg- u. Jagdsachen (vgl. Art. 57 ff. EBG.); auch Streitfragen des Zivilprozeß- u. KonkursR. (außer Art. IX EGKO.) sowie der ZwVersteig. sind ihm nicht grundsätzlich entzogen.

§ 9 regelt nur die Zustdk. des BOLG. in Strafsachen.

***§ 10.** I Die allgemeinen, sowie die in den §§ 126, 132, 133, 134, 183 Abs. 1 enthaltenen besonderen Vorschriften des Gerichtsverfassungsgesetzes finden auf die obersten Landesgerichte als Behörden der ordentlichen streitigen Gerichtsbarkeit entsprechende Anwendung. Das Gleiche gilt, sofern ein Zivilsenat des obersten Landesgerichts von der Entscheidung eines anderen Zivilsenats oder der vereinigten Zivilsenate abweichen will, in Ansehung der Vorschriften der §§ 137, 139 des Gerichtsverfassungsgesetzes.

II Die Besetzung der Senate bestimmt sich in Strafsachen nach § 124, in bürgerlichen Rechtsstreitigkeiten nach § 140 des Gerichtsverfassungsgesetzes.

III Auf die Besetzung der Zivilsenate des obersten Landesgerichts findet in Grundbuchsachen sowie in den nach § 199 des Gesetzes über die Angelegenheiten der freiwilligen Gerichtsbarkeit dem obersten Landesgerichte zugewiesenen Angelegenheiten der § 124 des Gerichtsverfassungsgesetzes Anwendung.

Vgl. die Noten zu § 8, 9 EGB.; ferner Art. 167 Nr. XIII AVG.; IV EAGB. — Besetzg. der Zivilsenate nach Abs. 1 u. 2 mit sieben, nach Abs. 3 mit fünf Mitgliedern.

§ 11. I Die landesgesetzlichen Bestimmungen, durch welche die strafrechtliche oder zivilrechtliche Verfolgung öffentlicher Beamten wegen der in Ausübung oder in Veranlassung der Ausübung ihres Amts vorgenommenen Handlungen an besondere Voraussetzungen gebunden ist, treten außer Kraft.

II Unberührt bleiben die landesgesetzlichen Vorschriften, durch welche die Verfolgung der Beamten entweder im Falle des Verlangens einer vorgesetzten Behörde oder unbedingt an die Vorentscheidung einer besonderen Behörde gebunden ist, mit der Maßgabe:

1. daß die Vorentscheidung auf die Feststellung beschränkt ist, ob der Beamte sich einer Überschreitung seiner Amtsbefugnisse oder der Unterlassung einer ihm obliegenden Amtshandlung schuldig gemacht habe;
2. daß in den Bundesstaaten, in welchen ein oberster Verwaltungsgerichtshof besteht, die Vorentscheidung diesem, in den anderen Bundesstaaten dem Reichsgerichte zusteht.

Vgl. ZPO. §§ 148; GVG. 13, 70; Art. 7 VGHG.; §§ 13, 154 RBeamtG.; 839 BGB.; 60 AVG.; 126 NotG.; 12 GBO. — Die strafrechtl. Verfolgung bedarf keiner Vorentscheidung (Art. 2 AStP.); der Zivilrechtsweg kann nach § 13 GVG. überhaupt ausgeschlossen sein. Unterschied von Art. 2 AZP. beachtlich. — Öff. Gewalt: nicht jede Erfüllg. öff.-rechtl. Pflichten, sondern nur die mit Zwangsbefugnissen ausgestattete obrigkeitl. oder doch unmittelbar öff. Zwecken dienende Amtstätigkeit; nicht hierher zB. Besorgung wirtschaftl. Angelegenh. des Staats oder öff. Vermögensverwaltg. (VGH. 24[108] NS. 3[948] E. 55[171]); vgl. Note zu § 547 ZPO.

§ 12 ist aufgehoben durch RG. v. 12. Juni 1889 (RGBl. 95).

§§ 13 (Disziplinarrecht), **14** (Prozesse des ROHG.) regeln nur Uebergangsfragen.

§ 15. Durch Kaiserliche Verordnung kann auf Antrag eines Bundesstaates und mit Zustimmung des Bundesrats die Verhandlung und Entscheidung derjenigen Sachen, welche nach den bisherigen Prozeßgesetzen von dem obersten Landesgerichte zu erledigen gewesen wären, dem Reichsgerichte zugewiesen werden.

Vdg. v. 26. Sept. 1879 (RGBl. 287). — Für Bayern gegenstandslos.

§ 16 (Hilfssenate für die Angelegenheiten des § 15) ist seit 1883 gegenstandslos.

§ 17. I Auf Antrag eines Bundesstaates und mit Zustimmung des Bundesrats kann durch Kaiserliche Verordnung die Verhandlung und Entscheidung der im § 17 des Gerichtsverfassungsgesetzes bezeichneten Streitigkeiten dem Reichsgerichte zugewiesen werden.

Abs. 1 für Bayern gegenstandslos; Abs. 2 betraf nur den Übergang.

§ 18. Die am Tage des Inkrafttretens des Gerichtsverfassungsgesetzes bei den Landesgerichten anhängigen Sachen können den ordentlichen Landesgerichten ohne Rücksicht auf die im Gerichtsverfassungsgesetze bestimmten Grenzen der Zuständigkeit durch die Landesgesetzgebung zugewiesen werden.

§ 18 EZP.; Art. 225 AZP.; 7 AGB. — Aktenausscheidung: JMBl. 79 338 641.

§§ 19 bis 21 betreffen lediglich Übergangsfragen.

§ 22. I Die Bestimmungen des § 2 des Gerichtsverfassungsgesetzes über die Fähigkeit zum Richteramte finden auf diejenigen, welche vor dem Inkrafttreten des Gesetzes die erste Prüfung in einem Bundesstaate zurückgelegt haben, nur insoweit Anwendung, als nicht in dem Bundesstaate abweichende Vorschriften bestehen.

Abs. 2 für Bayern gegenstandslos.

Gesetz,

betreffend die Ermächtigung des Reichskanzlers zur Bekanntmachung der Texte verschiedener Reichsgesetze.

Vom 17. Mai 1898 (RGBl. S. 342).

§ 1. I Abs. 1 ermächtigte den Reichskanzler zur Bekanntmachung des Textes des GVG., der ZPO., KO., des GKG., der GVGO., ZEGO., RAGO. u. des AnfG. nach Maßgabe der bis zum 17. Mai 1898 einschl. erfolgten Änderungen u. zwar bezgl. ZPO. u. KO. unter neuer fortlfd. Nummernfolge. Diese Bekanntmachg. ist am 20. Mai 1898 (RGBl. S. 369 ff.) zugleich mit der Neufassung des GenG., des GmbHG. und des BinnenSchG. (vgl. Art. 13 EHGB.) geschehen.

II Soweit in Reichsgesetzen oder in Landesgesetzen auf Vorschriften der im Abs. 1 Nr. 1 bis 8 bezeichneten Gesetze verwiesen ist, treten die entsprechenden Vorschriften der durch den Reichskanzler bekannt gemachten Texte an ihre Stelle.

Entspr.: sachlich, wenn auch geändert (Bl. 68[150]): vgl. zB. §§ 559 BGB.; 503 StPO.; Art. 78 AGB.; 7, 136 AZP. sowie die Zusammenstellg. in ZR. 05[312]; anders bzgl. Novelle v. 5. Juni 1905. – Einbeziehg. der Neueinschaltg. in die Verweisg., zB. in § 891 ZPO., ist nicht zu beanstanden.

§ 2 ermächtigte den Reichskanzler zur Bekanntmachung des Textes des ZVG. u. EZVG., der GBO. u. des FGG. unter Richtigstellung der Verweisungen auf ZPO., KO., GenG., GmbHG. u. BinnenSchG.; diese Bekanntmachung ist am 20. Mai 1898 (RGBl. S. 713 ff.) geschehen.

Nachträge und Berichtigungen.

(Stand vom 15. Febr. 1907).

§ 1: Verzeichnis der Kaufmannsgerichte: InnMBl. 06^{167}. — Zustdk. d. ReichsG: § 52 KG. v. 9. Jan. 1907

§ 3: JW 06^{688} (Abnahme), 04^{64} ZR. 07^{69} (Reszission u. Rückgewähr); NS. 7^{40} (Nichtbestand e. Miete): ZR 06^{423} (Vertragsstrafe).

§ 13: NS. 7^{102} (Bauakkordant), ^{217} (unehel Kind nach Heirat der Mutter).

§ 18: Die Vdg bzgl. Organis. der Zollverwaltg. ist vom 6. (nicht 16.) Jan. 1906. — Ab 1. April 1907 geht die ges. Vertr. im Bereich der Eisenbahn-, Post- u. Telegraphenverwaltg. auf die fünf Eisenbahnbetriebsdirektionen (Augsburg, München, Nürnberg, Regensburg, Würzburg) bezw. die acht Oberpostdirektionen (an den vorgenannten Orten, ferner in Bamberg, Landshut und Speyer) über; Vdg. v. 18. Dez. 1906 (GVBl 871); vgl. GVBl. 06$^{880\ 883\ 977}$ 07^{28}. — Vertr. des Reichs-Marinefiskus: JW. 06^{575}; des Bayer Militärfiskus bzgl. Abmarkg: KrMBl. 06^{301}; selbstdg. Rechtspersönl. der K. B. Bank: ZR. 06^{480}; Postschließfach: E. 63^{339}. — Vgl. GVBl. 07^{24} (Mainkanalisation).

§ 33: Konnexität nicht v. amtsw. zu prüfen (JW. 06^{561}).

§ 42: Nicht jede voreilige Äußerung über das Prozeßergebnis macht befangen (ZZP. 36^{165}); vgl R. 06^{1007}.

§ 50: NS. 7^{250} (Sparkassen), ^{303} (Bewässergsgen.). — Nicht jede öff. Anstalt ist als solche parteifähig NS 7^{250}). — Persönl. Haftgsausschluß bei nicht rechtsfähg. Verein: E. 63^{62}. — Ges V. der Zivilliste: GVBl. 06^{886}. — S. 26 Zeile 7 v. o. lies „1869" (statt 1866).

§ 51: Geistesstörg. u. Prozeßfähigk.: ZBlFG. 7^{271}.

§ 52: Vollmachtsgenehmigung ist Geschäftsgenehmig. (NS. 7^{1}); Handelsgesellschaft zw Ehegatten: Bl. 72^{51}.

§ 56: Ob Ausschluß des ges. V. im konkreten Prozeß vorliegt (§ 1795 BGB), hat das ProzeßG selbst zu prüfen (E. 7$^{361\ 404}$ 38^{406} NS. 4^{380}). — Kein Anspruch auf Fristsetzg. (JW. 06^{690}). — Scheinprozeß: ZBlFG. 7^{551}.

§ 62: Nichtigkeitskl. gg. e. von mehreren Vertragsgegnern: R. 06^{1202}; Giltigk e. Pfdg: JW 07^{18}.

§ 67: Zustellg. e. der Hauptpartei ungünstigen Urteils durch den NebenJ. eröffnet die Berufgsfrist für erstere nicht (ZR 07^{18}).

§ 78: Haftung der RA (NS. 7^{19} R. 07^{47}); Sozietät: JW 06^{679}. — Prüfg. der Substitution durch Justizminist. v amtsw. (Notorietät). — Ausführg. der Parteirechte umfaßt nicht Antragstellg. (anders gem. M.).

§ 81: Aufforderg nach § 1571 BGB. (E. 63^{115}).

§ 87: „Rücknahme" der Anwaltsbestellg.: ZR. 06^{324}.

§ 91: Auf S. 48 Zeile 20 v. unten ist „IV." zu streichen. — RZentrBl. 05[305 342] (Einzugsverf.); R. 06[1266] (Auslagen für Buchauszüge); RO. 13[98 262] (KorrespMand.); JMBl. 06[192] (Gebührenfreiheit außerbayer. deutscher Armenpflegen); Bl. 71[535] (Inkassogebühr nicht festsetzbar); FinBl. 14[218] (Haftg. des Vaters für Gerichtskosten des mj. Kindes); ZR. 06[89] (Mandatswechsel). — GVBl. 07[33] (Neuregelg. der Portofreiheit).

§ 95: Lies §§ 278 ff. (statt 251).

§ 99: Selbstdg. Beschw. Dritter: RO. 13[88 91 111] (zB. fals. proc.). — Abs. 3 gilt auch für bed. EndU. im Kostenpkt.; Eideszuschiebg. hier noch in der Beschwerdeinstanz (bestr.); vgl. § 128. — Erledig. bis zum Termin: DJZ. 06[972].

§ 104: RO. 13[114] (Festsetzgsantrag durch RNachf.); 13[272] (keine Nachprüfg. festges. Zeugengebühren).

§ 106: RO. 13[258] (Gebühr beider RA.). — Auffordg. auch, wenn nur Gerichtskosten nach § 92 Abs. 1 Satz 2 in Frage. — Einfluß des AR.: RO. 13[114].

§ 108: GVBl. 06[884] (Aschaffenburg); ZR. 06[459] (Form der Sicherheitsleistg. seitens e. Dritten); 06[484] (Heimfall herrenloser Depositen).

§ 109: Teilrückgabe zB. bei teilweiser Arrestaufhebg. denkbar. — Gemeins. Anträge: RO. 13[116].

§ 114: AR. bei Herausgabekl. nach § 1632 BGB. (RO. 13[119]); in England: Gr. 51[19] DJZ. 06[314]. Keine Aussetzg. der Bewillig. bis zum Urteil: Bl. 71[658]. — Zeugnis für Deutsche im Ausland entspr. Art. 15 JPRA. (RO. 13[119]). — Pflicht der Akteneinsicht durch AA.: JW. 07[51]. — AR. im Hauptproz. gilt nicht für eV., E. 45[304] (aM. KGBl. 05[17]).

§ 116: Stellg. des Vertreters; § 124 hier unanwendbar (ESt. 39[118]).

§ 123: Auch Schreibgebühren (aut. JME. Nr. 3641 v. 29. Jan. 1904).

§ 127: Keine Beschw. des Gegners wegen Verletzg. des § 115, E. 63[409]

§ 128: Zuziehg. der Parteien zur Beweiserhebg. bei fak. mV. nur nach Ermessen des Gerichts, NS. 7[119]. — Keine Erhebg. durch Gendarmerie (§§ 65, 71 GendOrgVdg.).

§ 130: Materielle Wirkg. des Inhalts der dem Gegner zugegangenen Schriftsätze reicht über den konkr. Prozeß hinaus, E. 63[411]. — Unterschrift: NS. 7[401].

§ 139: Hinweis auf Änderg. der rechtl. Auffassung nicht geboten, NS. 7[149].

§ 148: Keine Auss. wegen anderwtg. Aufrechng. der Klageforderg., NS. 7[312]; § 135 GewUVG.: JW. 06[687]; § 1666 BGB.: JW. 07[6].

§ 185: Lies „Pfdgsbeschlußzustellg." (statt Zust.); vgl. Nachtrag zu § 56.

§ 193: Angabe v. Straße u. Haus-Nr. (aut. JME. Nr. 18393 v. 4. Aug. 1905). — Ausfüllg. der PostZU. mit Tintenstift statthaft. — Statistik: JMBl. 02[305]. — GVollzGebühr bei Verlust der ZUrk.: VZ. 06[211]; Ferienzustellg.: VZ. 06[196]. — Mangelhft. Nachweis durch den Zustellempfänger: ZR 06[190].

§ 198: Empfangsschein kann Postkarte sein, RO. 13[265].

§ 203: Begriff des Amtsblatts: ESt. 39[20].

§ 220: ZZP. 36[174] (bei versehentl. Unterbleiben des Aufrufs neuer Termin v. amtsw.).

§ 233: Keine WE. mangels Adreßangabe bei Reise ins Ausland (NSSt. 6[190]), wohl aber mgls. Datumvermerk bei ZvA. (ZR. 06[380]).

§ 241: JW. 06^{692} NS. 7^{266} (Auflösg. der off. HG. während des Prozesses).

§ 253: ZR. 06^{147} (kein Rechenexempel im Antrag statthaft); R. 07^{46} (Namensangabe bei Statusproz.); JW. 07^{80} (keine Leistgskl. „nach richterl. Ermessen" ohne Ziffer).

§ 256: In Zeile 5 der Vornote lies: „93" (statt 89). — Feststellg. der Unwirks. e. Erbschaftsausschlagung (JW. 06^{569}); hypothek. Feststellg. (JW. 06^{688}); genaue Angabe des RVerh. in der Urteilsformel: JW. 06^{809}. — Realkonstatierg. (FG.): NS. 7^{61} ^{255}.

§ 265: JW 06^{810} (Einr. der Zession, Pfdg.).

§ 268: R. 06^{1203} (Klagerweiterg. bei off. HG.); ZR. 06^{459} (Aussteuer); JW. 07^{46} (Wandelg. st. Minderg. ist KlÄ.)

§ 274: Zustdk. des KfmG. (DJZ. 06^{604} JW. 06^{396} E. 63^{200}); Prüfg. der Parteifähk. geht der Zustdk. vor u. geschieht auch in höherer Instanz von amtsw., JW. 06^{810}. — Kultusbaustreite: ZR. 07^{78}.

§ 276: Lies „Unzuständigkeit" (statt Zuständigkeit).

§ 282: NS. 7^{5} (Natur der Gemeinderechte); R. 06^{1376} JW. 07^{16} (Entlastgsbeweis nach § 831 BGB.); JW. 06^{649} (Indizienbeweis im Zivilpr.), 06^{686} (Einsichtsmangel Minderj.), 07^{5} (§ 139 BGB.).

§ 286: NS. 7^{239} (keine Zurückweisg. e. Zeugen, weil er das Beweisthema doch nicht bestätigen würde); JW. 06^{689} (§ 446 auf Zeugenbeweis nicht anwendbar).

§ 287: NS. 7^{52} (auch ursächl. Zusammenhang).

§ 294: Lies ESt. 17^{186} (statt 22^{186}).

§ 296: ZZP. 36^{233} (Sühneverweisg. vor kontradikt. Verhdlg.); ZR. 07^{1} (Form der Vergleichsanfechtg.); Bl. 71^{635} (halbe Gebühr des RA. bei Übergabe e. Vgl.), ^{674} (Stundung genügt); FinBl. 14^{112} (sog. bedingter VB. gebührenpflichtig). — Eintrag e. im Vgl. bestellten Hypothek nur im Parteibetrieb; kein Eintragsersuchen des ProzG. — Scheinprozesse: ZBlFG. 7^{547}.

§ 299: ZR. 06^{462} 07^{71} (rechtl. Interesse); JnnMBl. 06^{325} (Gemeindearchive). — Leipz. Ztschr.: aut. JME. v. 12. Jan. 1907 Nr. 1775. — Aktenversendg. insbes. auch zwecks Ermöglichg. der Erklärg. über Urkundenechtheit durch ausw. Partei (keine Rechtshilfe).

§ 304: Gr. 51^{110} (Allgem.); Anerk. dem Grund nach: E. 63^{389}.

§ 312: ZZP. 35^{201} (Tod des Richters vor Urteilsabfassung).

§ 313: JnnMBl. 06^{421} (Meistertitel); ZR. 07^{53} (Tatbestand).

§ 336: Hierher jede Verweigerg. des Versll., E. 55^{310} 63^{365}.

§ 323: E. 63^{118} (keine Rückwirkg. auf altrechtl. Urteile).

§ 363: Vollständige Aufnahme des Beweissatzes (Eides) in das Ersuchschreiben (aut. JME. v. 29. April 1890): Vernehmg. des Konsuls vor ausld. Gericht zu vermeiden.

§ 328: BöhmZ. 16^{406} (Vermögensgerichtsstand in Österreich; Gegens. vorhanden, obwohl Vollstreckgsbewillig. in Österr. durch Beschluß).

§ 339: E. 63^{82} (nachträgl. Bewillig. öff. Zust.).

§ 366: R. 06^{1203} (Beschränkg des b. v. e. R. auf den Beweisbeschluß).

§ 375: JW. 06^{493} (Schwangerschaft).

§ 382: RGBl. 04^{57} 06^{732} (oberste Reichsbehörden).

§ 384: JW. 06^{493} ^{496}.

§ 385: R. 06^{1203} (Unmöglichkeit der Entbindg. nach dem Tod des Interessenten); NS. 7^{201} (zu Nr. 3).

§ 393: JW. 06[329] (Unterschied zwischen Inkassozession u. e. nach § 138 BGB. nichtigen Scheinzession); NS. 7[201] (Unterlassung der Beeidig. wegen Unglaubwürdigkeit). — In Zeile 25 lies: E. 8[406]. — Verzicht auf Streitverkdg. seitens des Schld. muß der Streitverkdg. gleichstehen.

§ 396: ESt. 39[59] (Umfang der Zeugnispflicht bzgl. Verschweigung); ZR. 06[443] (Abschluß der Vernehmg.)

§ 397: GVBl 06[799] (Pfandleihbücher).

§ 401: RGBl. 06[869] (Tagegelder der Militärbeamten); NSSt. 6[206] (Fests. auch, wenn Partei selbst auslegt); RO 13[270] (Ortsbesichtigung des Amtsarztes steht e. Vorbesuch gleich)); JMBl. 06[325] (Uebernachtgsgebühr der Gendarmerie 3 Mk.).

§ 402: InnMBl. 06[316] (Verpackung v. Infektionsstoffen); GVBl. 06[841] (Arbeitermuseum, insbes. Schutzvorrichtungen); ESt. 39[140] (Vertretg. e. schriftl. Gutachtens in der mV.); DJZ. 06[1185] (Handelsbräuche). — Zustdgk. der Bayer. Medizinalkomitees im Zivilproz.: aut. JME. Nr. 28123 v. 21. Aug. 1904. — Sachverstdgkammern f. bild. Kunst u. Photogr.: § 46 RG. v. 9. Jan. 1907 (RGBl. 16).

§ 415: ESt. 39[147] (Nummernpfähle); Bl. 71[700] (unrichtige Präsenzangabe des Notars); JW. 07[53] (Begriff der Echtheit nach § 440).

§ 443: Gefällshinterziehg.: aut. JME. Nr. 15479 v. 14. April 1904; JMBl. 06[236].

§ 546: E. 63[100] (§ 7 ZPO.); NS. 7[214] (Feststellkl. aus § 2148 BGB.), [254] (Unterschied vom Streitw. II. J.); ZR. 06[442] (e. Verf.) — Glaubhftm.: JW. 07[54].

§ 549: ESt. 63[141] (Patentvernichtg.); JW. 06[813] (Kündigung Rechtsbegriff), [809] (Auslegung e. Urk. nur ausnahmsweise gg. übereinstimmenden Parteiwillen), R. 07[66] (Anstellungsdekret irrevis.); JW. 07[12] (Herabsetzg. e. Vertragsstrafe).

§ 553: Telegramm nach gem. M. zulässig (ZR. 05[310]).

§ 554a: Verwerfgsbeschluß schon vor Ablauf der Begründgsfrist, zB. bei Zustellmangel; Beschl. wird sofort rkr.; auch Verwerfg. der Wiedereinsetzg. gg. Ablauf der Revisionsfrist durch Beschluß möglich (JW. 06[756]). — Erweiterg. der RevAnträge nach § 268: R. 07[66].

§ 565: JW. 06[738] (das ReichsG. kann Zwischenurt. nach § 304 selbst erlassen).

§ 567: JW. 06[691] (Beschw. auch wegen unrichtiger Ausübg. freien Ermessens); 63[244] (keine B. gg. Festsetzg. der OLG. bzgl. Zeugengebühren), [409] (AR.-Beschw. betrifft nicht Prozeßkosten); R. 07[134] (desgl. VZS. zu § 102).

§ 568: Abs. 4 schließt die Anrufg. des RG. u. BOLG. sowohl gegen amtsg. als landg. Entscheidg. schlechthin (auch bei Difformität) aus.

§ 580: JW. 06[813] (der Restitutionsgrund aus Nr. 7 muß vor Ablauf der Notfrist entstanden sein); ZR. 06[442] (neue Urkd. nicht zum Nachweis der Unglaubwürd. e. früheren Zeugen benützbar).

§ 606: Zu Abs 4 genügt bzgl. der Vertragsstaaten des InternSchdgsAbk. die deutsche Zustdk. nach Maßgabe des ausld Rechts allein u. ist nicht daneben die Zustdk. nach der deutschen ZPO. forderbar. — Unzustdk. für Türken: ZR. 06[485].

§ 622: JW. 06[753] (Beischlaf als Verzeihg.); vgl. JW. 07[79].

§ 627: ZR. 06 [485] (Türken); 07 [17] (kein Verbindgsverbot; Arrest); RS. 7 [248] E. 63 [238] R. 07 [96] (Kinderverkehr).

§ 640: Angabe des Geburtsorts des Kindes im Urteil wegen Registervermerk geboten; Einforderg. des Geburtsregisterauszugs. — DJZ. 06 [1371] (Zwillinge).

§ 709: Unter Nr. 1 fällt auch die Rückschaffgskl. des Vermieters (ZR. 07 [24]).

§ 715: § 377 BGB. ist auf den Rückgabeanspruch des Schld. bzgl. einer freigewordenen Sicherheit nicht anwendbar.

§ 717: Formelle Aufhebg. genügt zu Abs. 1 u. 2, JW. 07 [18]. — Aufrechng. gg. Schaden an sich möglich, SA. 61 [78]; Ersatzanspruch auch mittels förml. WKl. forderbar, soweit letztere zulässig (E. 63 [367]). — Zahlg. zur Abwendg. e. ZwV. schließt nachträgl. Aufrechng. nicht aus, E. 63 [330]. — Übergang: ZR. 07 [83].

§ 726: RS. 7 [414] (Erbfolgenachweis durch amtl. Feststellg. in e. öff. Urk.).

§ 730: Bei Beschw. gg. Abwig. durch den Vorsitzd. selbst ist Zurückverweisg. (§ 575) sachgemäß.

§ 741: JW. 06 [741] (Begriff des selbstdg. Erwerbsgeschäfts); ZR. 07 [50] (Bereichergskl. gg. Glb.).

§ 750: Bl 71 [638] (Rechtsbehelfe gg. unrichtige Namensangabe im Urteil); 54 [48] (Eintrittszwang).

§ 754: ESt. 39 [143] (Betrug durch falsche Namensangabe gg. GVollz.).

§ 771: RS. 7 [363] (Einfluß der Dispositionsstellg. auf Eigentum); ZR. 07 [50] (Bereichergskl. zulässig).

§ 801: RS. 7 [394] (unifiz. Hypothek), [409] (Angabe der Hypothekanteile); ZR. 07 (gg. Duldgsvollstr aus Hypothekenbriefen äR.).

§ 807: ESt. 39 [42] (fahrl. Falscheid).

§ 808: SA. 61 [482] (Pfdg. von Miteigentum nur durch Beschluß; sonst Wsprkl.); FinBl. 14 [101] (Gebühr für Aufbewahrg. v. Pfändern); Bl. 72 [107] (keine Erhaltgspflicht des Pfandglb.).

§ 811: ESt. 39 [22] (landw. Erzeugnis). — Vgl. § 14 KunstUrhRG. v. 9. Jan. 1907 (RGBl. 7).

§ 821: Gebühren (reichs- u. landesges.): FinBl. 14 [257].

§ 825: ZR. 07 [90] (entspr. Anwendg. des § 816 bei notarieller Versteig.).

§ 829: Hinsichtlich der Verkehrsanstalten stehen neue Vorschriften bzgl. Zustellempfänger in Aussicht (vgl. § 18). — JW. 06 [758] E. 63 [214] Bl 72 [43] (Pfdg. v. Subhastationshebg.); R. 06 [1267] (Leistungsverbot fakral); ZR. 07 [39] (Drittschld. für Gerichtsakten). — Das Ges. v. 20. Dez. 1903 beseitigte den Schutz des guten Glaubens für Vollstreckgshdlg. (§ 25 HypG.).

§ 832: JW. 06 [770] (künftige Mietzinsraten hierher); ZR. 07 [22] (Neuabschluß v. Mietverträgen).

§ 845: JW. 06 [758] (Inhalt der Benachr.; nachträgl. Genehmig.).

§ 850: R. 06 [1367] (Pfdg. des Anspruchs gegen den RA. des Unterhaltklägers auf Herausgabe der an ersteren gezahlten Unterhaltsraten).

§ 851: Vgl. § 14 KunstUrhRG. v. 9. Jan. 1907.

§ 857: RS. 7 [377] (keine Eigentümerhypothek bei Annuitätenzahlg.). — R. 06 [1380] (GmbH.) — Bl. 71 [245].

§ 859: Bestr., ob durch e. Pfdg. des Erbanteils die Befugnis säml. Erben zur Veräußerg. e. Erbschaftssache beschränkt werden kann (DJZ.

03[310]); Miterbe als Erbschaftsschuldner kann der Verklagung vor der Teilg. nur in Höhe seines Anteils widersprechen, JW. 07[79] (vgl. NS. 6[326]).

§ 865: Zubehör (E. 63[171 373 416] ZR. 07[23 28] Bl. 72[8] FinBl. 14[129] RO. 14[8 12]). — Die neurechtl. Hypothekvollstr. umfaßt an sich mgls. Nachweis persönlicher Haftg. nur die hypothezierten Sachen; Beschränkg. auf Mobiliarvollstr. (insbes. geerntete Früchte, Mietzins) hierbei möglich, Bl. 70[257].

§ 866: NS. 7[407] (Grundbuchberichtig.), [422] (Art. 56 AGBO. ist auf Arresthypotheken nicht anwendbar). -- Vgl. zu § 25 HypG. das Ges. v. 20. Dez. 1903.

§ 909: FinBl. 14[66] (bei Verhaftg. für mehrere Gld. nur eine Gebühr).

§ 940: § 45 KunstUrhRG.

§ 977: DJZ. 06[1376] (Urteilsvorbehalte hindern die Umschreibg.).

§ 1026: § 46 KunstUrhRG.

GVG. § 22: Keine Zeugnishaft gg. Konsuln (wohl aber Geldstrafe wegen Ausbleibens).

Inhaltsverzeichnis.

(Die Zahlen bedeuten die Seiten.)

Die Zahlen bedeuten die Seiten.

B.

G.

J.

K.

N.

Die Zahlen bedeuten die Seiten.

Die Zahlen bedeuten die Seiten.

S.

T.

V.

Die Zahlen bedeuten die Seiten.

FSC
www.fsc.org
MIX
Papier | Fördert
gute Waldnutzung
FSC® C083411

Kolibri 360 GmbH
Ferdinand-Jühlke-Straße 7
99095 Erfurt, Deutschland
produktsicherheit@kolibri360.de